Gastgewerbliche Berufe

Hotelfachmann
Hotelfachfrau

Grund- und Fachstufe

von

Werner Fürst
Konrad Schuler

1997

Gehlen

Verlag Dr. Max Gehlen · Bad Homburg vor der Höhe

Gehlenbuch 92651

Bildquellenverzeichnis:
10.1 Hetzel-Hotel Hochschwarzwald, Stuttgart; 19.3 Gloria-Werke, Wadersloh; 19.4 3M, Neuss; 21.5 Braun AG, Kronberg; 49.4 Kage, Lauterstein; 54.2, 55.3, 65.4/5/6 Mike-Fotostudio, Hannover; 80.1 Ed. Wüsthof Dreizackwerk, Solingen; 82.3 Bizerba, Balingen; 94.1/2 Palux, Bad Mergentheim; 97.3 Deutsches Teebüro, Hamburg; Ost-Indien Tee Compagnie, Kressborn; 103.1/2 Kage, Lauterstein; 104.1 Bonduelle, Homburg; 104.2 A.L.X.-Metall, Herbstein; 108.1 Deutsche Extrakt Kaffee GmbH, Hamburg; 117.7 RAL, St. Augustin; 123.3 oben Arbeitsgemeinschaft Pflegekennzeichen, Eschborn; 123.3 unten Cotton Service Büro, Frankfurt; Europäische Seidenkommission, Düsseldorf; Gesamtverband der Leinenindustrie, Bielefeld; Internationales Wollsekretariat, Düsseldorf; 125.3/4 Europäische Teppichgemeinschaft, Wuppertal; 126.1/2, 127.3 HUKLA-Werke, Gengenbach; 131 Informationszentrale Deutsches Mineralwasser, Bonn; 134.1 CMA, Bonn; 135.3 Imhoff-Stollwerck-Museum, Köln; 139.2, 140.2 Deutsches Teebüro, Hamburg; 148.1 Bitburger Brauerei, Bitburg; 150.1 (verändert), 154.2- 7, 157.1, 163.2 Deutsches Weininstitut, Mainz; 174.1 Verband deutscher Sektkellereien, Wiesbaden; 175.2 Arnold Holstein, Markdorf; 182.1 Achenbach, Sulzbach; 186.1 Deutsche See, Bremerhaven; 187.3/4 Achenbach, Sulzbach; 206.2 Deutsche See, Bremerhaven; 207.6 Union Deutsche Lebensmittelwerke, Hamburg; 232 Schweizerische Käseunion, Bern (Emmentaler, Greyerzer, Sbrinz); CMA, Bonn (Edamer, Edelpilzkäse, Brie, Camembert, Harzer); 238 Edmund Garnweidner, Fürstenfeldbruck (Steinpilz, Marone, Speisemorchel); ICT Agentur für Handelswerbung, Offenburg; 251.3 - 8 Profil, Bremen; 257.2/3 Schöller, Nürnberg; 263.3 - 5 CMA, Bonn; IPR & O, Hamburg; 265.1 Achenbach, Sulzbach; 266.1 Altonaer Kaviar Import Haus, Hamburg; 289.2 Schöller, Nürnberg (Karten); 296.1 CMA, Bonn; 296.2, 297.4 Schöller, Nürnberg; 300.1 Bildarchiv Preussischer Kulturbesitz, Berlin; 301.2 Steigenberger, Bad Homburg (Im Restaurant, Auf der Etage); Hotel Mercure, Bielefeld (An der Bar); Hotel Bellevue, Dresden (Im Bankettbereich); 303.2 Carl Zollner, Vilsbiburg; 303.3 Wäschekrone, Laichingen; 305.3 Archiv für Kunst und Geschichte, Berlin; 306.2 Beckmann & Rommerskirchen, Solingen (Besteck); 309.2/3 Bauscher, Weiden; 310.1, 312.2/3 Schott-Zwiesel, Zwiesel; 313.4 Chambrair, Hamburg; 313.6/7, 315.3 WMF, Geislingen; 326.1 Chambrair, Hamburg; Christina Elzer, Hamburg; 326.2 Sopexa, Düsseldorf; 328.1 CMA, Bonn; 334.1 Hotel Mercure, Bielefeld; 336.1/2 WMF, Geislingen; 349 Ost-Indien Tee Compagnie, Kressborn; 361.2 Wäschekrone, Laichingen; 361.3 Schnieder, Lüdinghausen; 362.1/2 Schott-Zwiesel, Zwiesel; 363.4 CMA, Bonn; 365 Dorint-Hotels; 370.1 Protel, Dortmund; 377.4 Sphinx Elektronik, Waldkirch; 381 Deutsche Bahn AG, Mainz; 388.1, 389.3 Caddie, Kehl; 390.1 WMF, Geislingen.

Mit Unterstützung von Küchenmeister K.-H. Sendrowski und seinem Team im Schroedel-Verlag konnten die Fotos vom Fotostudio M. Frühsorge, Hannover, angefertigt werden.

Die Umschlagfotos konnten mit Unterstützung und Beratung von Ursel Gerner und Andreas Knopf (Hotel Nizza, Frankfurt am Main) erstellt werden.

UMWELTFREUNDLICH

... weil aus Papier mit bis zu 50 % Altpapieranteil,
Rest aus chlorfrei gebleichten (TCF) Primärfasern.

Dieses Werk folgt der reformierten Rechtschreibung und Zeichensetzung.
Ausnahmen bilden Texte, bei denen künstlerische, philologische oder lizenzrechtliche Gründe einer Änderung entgegenstehen.

Umschlagfoto: Michael Himpel · Offenbach
Umschlaggestaltung: Ulrich Dietzel · Frankfurt/M.
Fotos: Michael Frühsorge · Hannover
Zeichnungen und Grafiken: Birgitt Biermann-Schickling · Hannover; new vision, Bernhard Peter · Pattensen; Norbert Rößler · Lehrte

ISBN 3-441-**92651**-X

Satz und Repro: Jesse Konzept & Text GmbH · Hannover
Druck: Kleins Druck- und Verlagsanstalt · Lengerich

Vorwort

Das vorliegende Werk ist für den Beruf **Hotelfachmann/Hotelfachfrau** (auch mit Europaqualifikation) als ausbildungsbegleitendes Fachbuch in der Grundstufe und den Fachstufen entwickelt worden.
Die Konzeption dieser Neubearbeitung berücksichtigt in Anordnung und Gliederung der einzelnen Kapitel Lerninhalte dieses Ausbildungsberufes. Sie ist speziell auf die Ausbildungsbedürfnisse der Hotelfachleute ausgerichtet und eignet sich mit dem Stoff der Grund- und Fachbildung auch für die Ausbildung von **Fachkräften im Hotel- und Gaststättengewerbe** sowie für den neu geschaffenen Ausbildungsberuf **Fachmann/Fachfrau für Systemgastronomie.**
Besonders ausführlich sind die berufsspezifischen Ausbildungsinhalte des dritten Ausbildungsjahres berücksichtigt.

Um die Lesbarkeit zu verbessern, sind im Buchtext meist nur die männlichen Berufsbezeichnungen gewählt worden, obwohl natürlich alle Tätigkeiten sowohl von Männern als auch von Frauen ausgeübt werden.

Die einzelnen Kapitel stehen in sachlogischer Reihenfolge, was jedoch nicht ausschließt, dass die jeweils geschlossenen Themenbereiche in geänderter Reihenfolge behandelt werden können.

Es wurde darauf geachtet, die Ausbildungsinhalte so aufzubereiten, dass eine praxisnahe Umsetzung ermöglicht wird. Der Berufsalltag steht im Mittelpunkt. Tipps, Exkurse und ausgewählte Rezepturen heben die Lernmotivation. Von Bedeutung waren daher nicht nur fachliche Aspekte.

So ist ein Buch entstanden, das den unterschiedlichen Gegebenheiten und Interessen entgegenkommt. Für Hinweise und Vorschläge aus Praxis und Theorie zur weiteren Verbesserung sind wir dankbar.

Die Themen und Inhalte des Werkes sind in überschaubare Einheiten gegliedert:

- Texte sind die Basis der zu vermittelnden Inhalte.
- Fotos, Tabellen und Zeichnungen regen dazu an, die Inhalte problemorientiert und exemplarisch zu erarbeiten. Sie schaffen einen Bezug zur Praxis, sorgen für Anschaulichkeit und unterstützen das Verständnis.
- Rezepturen für exemplarisch ausgewählte Gerichte ergänzen den Theorieteil unter praxisorientierten Aspekten.
- Aufgaben, den Themen zugeordnet, dienen zur Überprüfung, Festigung und Vertiefung; sie ermöglichen es, sich auf den Ebenen
  - Reproduktion,
  - Transfer,
  - problemlösendes Denken

  mit den Inhalten des Buches auseinander zu setzen.

Die Verfasser

Inhalt

Gastgewerbliche Berufe

Hygiene und Umweltschutz

Lebensmittel und Ernährung

Werkstoffkunde, Raum- und Wäschepflege

Getränkekunde

Speisenkunde

Verkaufskunde

Menükunde

Servierkunde

Büfett

Sonder-veranstaltungen

Empfang

Hausdamenabteilung

Verwaltungsarbeiten im Büro

Warenbeschaffung und Magazinverwaltung

Betriebsorganisation

Wirtschaftskundliche Grundlagen

Anhang

Gastgewerbliche Berufe

1. Empfangsbereich eines Hotels

1 Berufsausbildung im Gastgewerbe

1.1 Aufbau der Ausbildung

Nach dem Berufsbildungsgesetz ist die Rechtsverordnung zur Berufsausbildung Grundlage für die Ausbildungsberufsbilder und die daraus entwickelten Pläne.

Die Vorteile der Stufenausbildung (Bild 2):

- Ein Berufswechsel innerhalb des Berufsfelds ist nach dem 1. Ausbildungsjahr ohne Zeitverlust möglich.
- Fachkräfte im Gastgewerbe können sich in einem Jahr zu Hotel- oder Restaurantfachleuten ausbilden lassen.
- Durch ein weiteres Ausbildungsjahr können Hotelfachleute zusätzlich Restaurantfachleute werden (und umgekehrt).

Ausbildungsplanung im Betrieb

Es ist die Aufgabe des Ausbildenden einen Ausbildungsplan für den einzelnen Auszubildenden auf der Basis des Ausbildungsrahmenplans zu erstellen. Dabei sind die besonderen Gegebenheiten des Betriebs und des Auszubildenden zu berücksichtigen; zum Beispiel Saisoneinflüsse, regionale Besonderheiten bzw. Blockunterricht der Berufsschule, Vorkenntnisse, Lehrzeitverkürzung. Ist ein Betrieb nicht in der Lage alle Ausbildungsinhalte zu vermitteln, muss er für entsprechende außerbetriebliche Maßnahmen sorgen.

Dieser Ausbildungsplan und der von der Industrie- und Handelskammer (IHK) dem Ausbildungsvertrag beigefügte Katalog der Mindestanforderungen sind Bestandteile des Ausbildungsvertrags und dem Auszubildenden mit dem Ausbildungsvertrag vor Beginn der Ausbildung auszuhändigen. Die Kontrolle liegt bei der IHK.

Ausbildungsplanung in der Berufsschule

Aus dem Ausbildungsberufsbild wird in Zusammenarbeit mit allen an der Ausbildung beteiligten Stellen der Rahmenlehrplan erstellt, der bundeseinheitlich festlegt, welche Ziele und Inhalte in den Berufsschulen (dem zweiten Partner im Dualen System der Berufsausbildung) zu vermitteln sind.

Die einzelnen Bundesländer leiten daraus ihre Lehrpläne ab. Die Lehrkräfte erstellen für jedes Fach und jede Klasse einen Stoffverteilungsplan, in dem die Ziele und Inhalte jeder Unterrichtseinheit festgehalten werden. In vielen Bundesländern muss der Stoffverteilungsplan zu Beginn des Schuljahres der Schulleitung zugänglich sein.

Kontrollen bei der Ausbildung

Eine laufende Kontrolle der betrieblichen Ausbildung ermöglicht der Vergleich des Ausbildungsplans (Soll-Zustand) mit dem Berichtsheft (Ist-Zustand). Wenn die Ausbildung planmäßig verläuft, sollten die Angaben in beiden Dokumenten annähernd übereinstimmen. Nur wenn diese Unterlagen korrekt erstellt und zugänglich sind, kann man feststellen, ob die Ausbildung planmäßig und systematisch verläuft. Zur regelmäßigen Durchführung dieser Kontrolle sind der Ausbildende, der Auszubildende (und seine Erziehungsberechtigten) sowie der Berufsberater der IHK aufgerufen.

Auf schulischer Seite ist der Stoffverteilungsplan (Soll-Zustand) mit den Eintragungen über den tatsächlich gehaltenen Unterricht im Tagebuch (Ist-Zustand) vom Schulleiter und der vorgesetzten Behörde zu vergleichen um die Planmäßigkeit des Unterrichts zu kontrollieren.

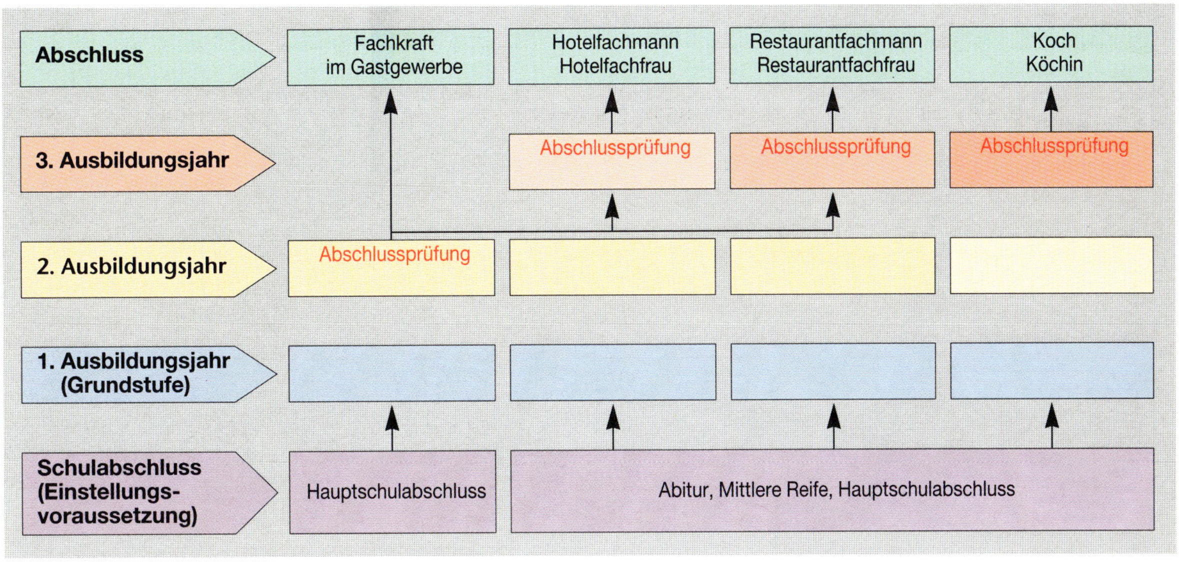

2. Stufenausbildung im Hotel- und Gaststättengewerbe

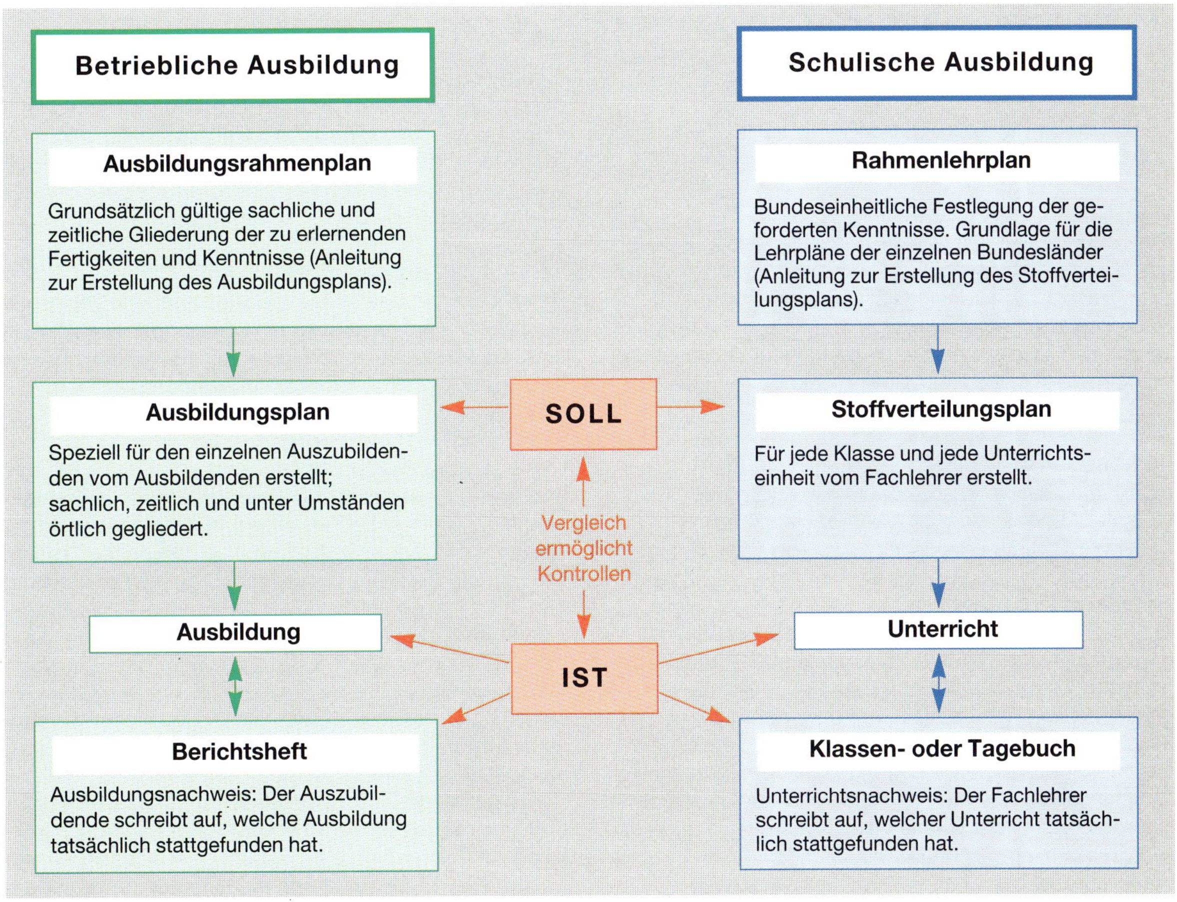

3. Gesetzliche Grundlagen, Pläne und Nachweise in der Dualen Berufsausbildung

Fachkraft im Gastgewerbe und gemeinsamer Teil Hotelfachfrau/-mann Restaurantfachfrau/-mann	• Arbeitsschutz und Unfallverhütung • Umweltbeeinflussung und Umweltschutz • Hygiene • Bedienen und Instandhalten der Arbeitsgeräte • Kenntnis des Ausbildungsbetriebes • Reinigen und Pflegen der Betriebsräume und ihrer Einrichtungen, Pflege der Wäsche • Lagern und kontrollieren der Waren • Kenntnisse des Aufbaus der Speisen- und Getränkekarte, Zusammenstellen der Tagesspeisekarte	• fremdsprachliche Fachausdrücke • Vor- und Zubereiten einfacher Speisen und Getränke unter Berücksichtigung der Grundlagen der Ernährungslehre • Arbeiten am Büfett • Servieren und Ausheben im Restaurant mit den dazugehörigen Arbeitsvorbereitungen • Abrechnungen im Service • Dekorieren von Räumen und Tafeln • Arbeiten im Betriebsbüro (nur Fachkraft)
Besonderer Teil Hotelfachfrau/-mann	• Arbeiten im Büro und am Empfang • Arbeiten in der Hotelorganisation	• Arbeiten in der Haus- und Magazinverwaltung • Werbung
Besonderer Teil Restaurantfachfrau/-mann	• Servieren und Ausheben im Restaurant • Ausführung besonderer Arbeiten am Tisch • Zusammenstellen der Speisen-, Menü-, Getränke- und Weinkarte • Behandeln und Ausschenken von Getränken • Herstellen von Misch- und Mixgetränken	• Vorbereiten und Durchführen von Festlichkeiten und Sonderveranstaltungen • Führen eines Reviers • Rechnungswesen und Zahlungsverkehr • Organisation des Ausbildungsbetriebes • Werbung

1. Inhalte der Ausbildung (Beispiele)

1.2 Anforderungen an Auszubildende

Die Berufe im Gastgewerbe stellen – je nach inhaltlichem Schwerpunkt – unterschiedliche Anforderungen.

Fachkraft im Gastgewerbe

Der Schwerpunkt der Tätigkeit der Fachkraft im Gastgewerbe liegt auf der praktischen Ausführung der Arbeiten. Deshalb werden manuelle Geschicklichkeit und eine rasche Auffassungsgabe gefordert. Der Ausbildungsgang vermittelt in zwei Jahren die Grundlagen für die Ausübung verschiedener Tätigkeiten einer Fachkraft im Hotel- und Gastgewerbe.

Die Einsatzgebiete sind sehr vielseitig und können im Bereich des Service (Kellner/Serviererin), im Küchenbereich (beim Annoncieren oder in der Kalten Küche), am Büfett, im Verwaltungsbereich (Magazin/Betriebsbüro) oder auf der Etage als Zimmermädchen oder Beschließerin liegen.

Hotelfachmann/-frau

Außer den Eigenschaften, die von den Fachkraft im Gastgewerbe verlangt werden, sollten die angehenden Hotelfachleute über Organisationsgeschick verfügen. Die Aufgaben, die von Hotelfachleuten wahrgenommen werden, liegen vor allem im Hotel- und Verwaltungsbereich. Gute Deutschkenntnisse sowie Grundkenntnisse in einer Fremdsprache sollten vor Ausbildungsbeginn vorhanden sein. Überdurchschittliche Lernfähigkeit und -willigkeit und die Fähigkeit zum abstrakten Denken erfordert die Bedienung der elektronischen Datenverarbeitungsgeräte. Die dreijährige Ausbildung vermittelt Kenntnisse in allen Betriebsbereichen. Sie befähigt die Hotelfachleute, Aufgaben in der Küche, im Service und im Magazin, am Büfett und Empfang oder auf der Etage zu übernehmen. Auch der kaufmännische Bereich bietet sich an: Einkauf und Verkauf, Werbung und Vertrieb, Rechnungs- und Personalwesen oder das Hotelsekretariat sind Einsatzgebiete.

Restaurantfachmann/-frau

Der ständige Kontakt mit den Gästen erfordert hier neben fachlichem Können und guter körperlicher Konstitution auch Gewandtheit im Umgang mit Menschen und ein gepflegtes Aussehen. Einfühlungsvermögen und Verkaufsgeschick sind wesentliche Voraussetzungen für eine erfolgreiche Tätigkeit in diesem Beruf.

Die Arbeit des Restaurantfachmanns/der Restaurantfachfrau umfasst vor allem das Empfehlen und Zusammenstellen der Speisen und Getränke und deren fachgerechtes Servieren. Das Tranchieren, Filetieren und Zubereiten von Speisen am Tisch des Gastes gehört zu den besonderen Arbeiten. Hinzu kommt das Erstellen einer ordnungsgemäßen Abrechnung mit dem Gast und dem Büro.

Koch/Köchin

Dieser Beruf verlangt ausgeprägtes Geschmacksempfinden, Gestaltungsvermögen, Geschick und Wendigkeit sowie geistige Beweglichkeit und eine positive Einstellung zur Hygiene und Sauberkeit. Weitere Voraussetzungen sind eine robuste körperliche Konstitution und die Bereitschaft zur Teamarbeit. Die Tätigkeit des Kochs/der Köchin ist von seiner/ihrer Funktion innerhalb der Küche abhängig (siehe Seite 15).

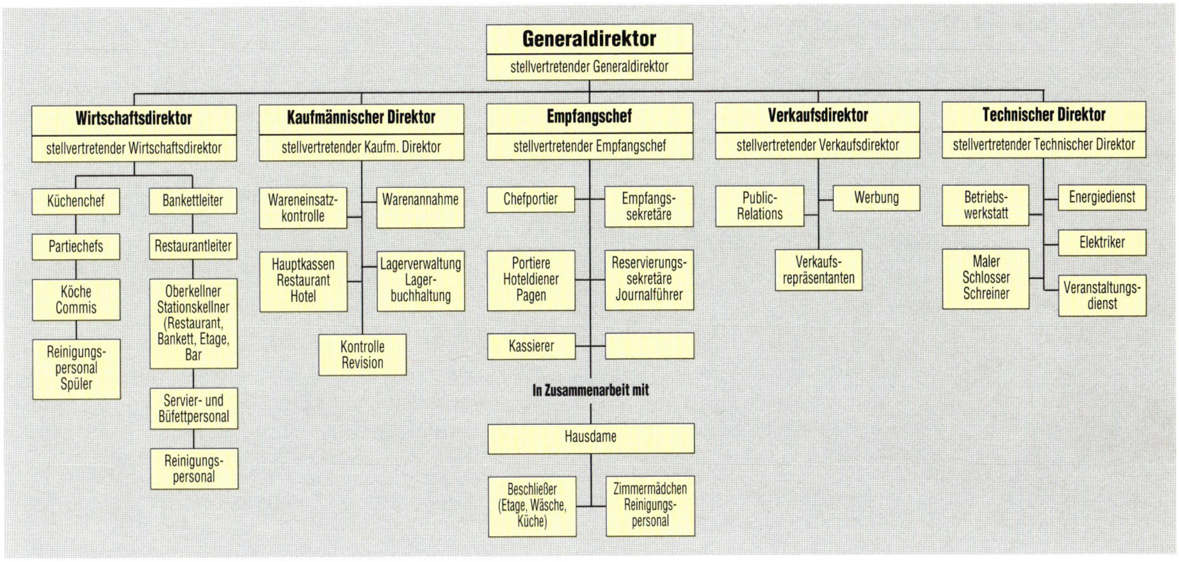

2. Organisationsmodell eines Großhotels

2 Arbeitsteilung in einem Großhotel

Die Organisation der Arbeitsteilung ist u. a. von der Größe und der Mitarbeiterzahl des Hotels sowie dem Anspruch der Gäste abhängig.
In Mittel- und Kleinbetrieben werden mehrere Funktionen zusammengefasst. Die breit angelegte Ausbildung der Hotelfachleute gestattet den flexiblen und abteilungsübergreifenden Einsatz.
Die Arbeitsteilung in einem Hotel soll beispielhaft anhand aller möglichen Einsatzorte der Hotelfachleute einschließlich der Service- und der Küchenbrigade verdeutlicht werden.
Um die Lesbarkeit zu erleichtern wird auf Nennung beider Geschlechter bei den Funktionsbezeichnungen verzichtet. Alle Stellen sind für weibliche und männliche Personen geeignet.

Aufgaben am Empfang

Die Zimmerdisposition einschließlich der Reservierung und Vermietung und deren Korrespondenz bzw. telefonischer Abwicklung stehen im Mittelpunkt der Tätigkeiten. Der direkte Kontakt mit den Gästen umfasst v. a. die Bereiche Information und Verkauf. Dazu kommen die Empfangs-Buchhaltung, die Kostenplanung sowie die Einteilung und Überwachung des Personals (Portier, Pagen, Hoteldiener).

Aufgaben auf der Etage/Hausdamenabteilung

Die Reinigung und Pflege des Hauses und der Wäsche sowie der Blumenschmuck fallen in diesen Arbeitsbereich. Hotelfachleute sind als Hausdamenassistent oder als Hausdame für die Planung und die Überwachung der Ausführung der notwendigen Arbeiten zuständig.
Sie leiten die Zimmermädchen zur rationellen und umweltschonenden Arbeit an und sorgen für die Bereitstellung aller erforderlichen Gegenstände in diesem Bereich.

Aufgaben im Magazin

- Annahme der Waren und Vergleich der Begleitpapiere mit den angelieferten Waren bzw. der Bestellliste.
- Kontrolle der Waren auf Transportschäden.
- Vergleich des Lieferscheins mit der Rechnung.
- Laufende Kontrolle des Warenbestands.
- Verbuchung des Wareneingangs und -ausgangs.
- Warenausgabe.

Aufgaben im Betriebsbüro

Die drei Haupttätigkeiten der Hotelsekretäre sind
- die Buchführung, bei der alle Geschäftsvorfälle buchhalterisch erfasst und für die Auswertung durch andere Abteilungen und das Finanzamt aufbereitet werden;
- der Schriftverkehr mit sämtlichen, den Betrieb betreffenden Personen und Institutionen;
- das Personalwesen, das mit der Gesamtverwaltung aller das Personal betreffenden Vorgänge von der Personalsuche bis zur Entlassung befasst ist.

Aufgaben am Büfett

Vom Bufettier wird erwartet, dass er die heißen Getränke zubereitet und ausgibt (Kaffeeküche), die anderen Getränke temperiert und zapft oder ausschenkt, für die Reinigung und Pflege der Gläser und Schankeinrichtungen sorgt und unter Umständen das Kuchenbüfett betreut.

Bewirtungs- und Beherbergungsbetriebe

Man unterscheidet die Bereiche Bewirtungs- und Beherbergungsbetriebe. In beiden Bereichen gibt es viele Betriebsarten. Weil es kein Gesetz über deren Einteilung gibt (eine Verordnung von 1937 enthält nur grobe Angaben), ist die Abgrenzung in der Praxis ungenau. Die Betriebserlaubnis (Konzession) für alle Betriebsarten erteilt die örtliche Behörde. Die Konzessionsgebühren errechnen sich aus einer Grundgebühr, der Gastraumgröße und der Anzahl der Fremdenzimmer; die Betriebsart wird nicht berücksichtigt. Nur im Haftungs- und Pfändungsrecht spielt die Einteilung in die Bereiche Beherbergungs- bzw. Bewirtungsbetriebe eine Rolle (Seite 458, 459).

Bewirtungsbetriebe (Verpflegung)	• *Restaurant:* Fachlich geschultes Personal, gedeckte Tische, gut sortierte Speisen- und Getränkekarte • *Wirtshaus (Bistro, Pub):* Meist rustikale Einrichtung, regionale Spezialitäten • *Konditorei-Café:* Neben Kuchen und Kaffee auch Getränke und kleine Speisen • *Bahnhofsgaststätte:* Auf bahneigenem Gelände • *Autobahnraststätte:* Bewirtung rund um die Uhr	• *Eisdiele:* Speiseeis, Eisspezialitäten, Getränke • *Bar:* Getränke und eventuell kleine Speisen an der Theke oder an kleinen Tischen • *Unterhaltungsbetriebe (z.B. Varietee, Tanzlokale, Kabarett, Nachtlokale):* Meist auf Getränke beschränktes Angebot; häufig Verkürzung der Sperrzeit • *Schankwirtschaften:* Keine Speisenabgabe
Beherbergungsbetriebe (Verpflegung und Übernachtung)	• *Hotel:* Fachlich versiertes Personal, gehobene Ausstattung, Rezeption, Restaurations- und Aufenthaltsräume für Gäste • *Gasthof:* Im Allgemeinen schlichtere Ausstattung als im Hotel • *Hotel garni:* Reiner Beherbergungsbetrieb, nur Frühstück, Getränke und kleine Speisen für Hausgäste	• *Fremdenheim, Pension:* Nur Voll- oder Halbpension • *Hospiz:* Hotel einer kirchlichen Organisation • *Motel:* „Motor-Hotel“, liegt meist an Fernstraßen, ausreichend Parkplätze direkt vor der Tür • *Kurhaus:* Gastgeweblicher Betrieb in Kur-/Badeorten

1. Betriebsarten im Gastgewerbe und ihre Besonderheiten

Servicebrigade: Arbeitsteilung im Service

Restaurantdirektor und Restaurantgeschäftsführer. Er ist verantwortlich für den gesamten Serviceablauf des Hauses. Bei Arrangements von Festlichkeiten ist er ebenso beteiligt wie bei der Neueinstellung von Servicepersonal und der Zusammenstellung der Getränke- und Menükarte. Er übernimmt auch die Abrechnung mit dem Servicepersonal. Da ihm die Betreuung der Gäste obliegt, sind in seinem Beruf sehr gute Umgangsformen und Fremdsprachenkenntnisse unentbehrlich.

Oberkellner (Maître d'hôtel). Er leitet den gesamten Service im Speisesaal oder im Restaurant. Er trifft die Arrangements für Bankette (Festessen für viele Gäste) und Empfänge (festliche Zusammenkünfte vieler Gäste, bei denen Getränke und kleine Speisen oft im Stehen eingenommen werden), regelt die Tischreservierungen, begrüßt und platziert die Gäste. Er ist ihnen bei der Menüzusammenstellung und der Auswahl der passenden Getränke behilflich. Daneben fällt die Aus- und Weiterbildung des Servicepersonals sowie die Diensteinteilung in sein Ressort.

Stationskellner (Chef de rang). Er ist für eine Station im Service, das heißt für einen aus mehreren Tischen bestehenden Teil des Restaurants, zuständig. Tranchieren, Vorlegen, Zubereiten und Flambieren von Speisen am Tisch des Gastes gehören zu seinem Aufgabenbereich.

Halbchef (Demichef de rang). Er ist dem Chef de rang zugeteilt und übernimmt vor allem das Bestellen, Bonieren und Servieren von Speisen und Getränken.

Gehilfe (Commis de rang). Seine Aufgabe ist es in erster Linie dem Chef bzw. Demichef de rang Speisen und Getränke heranzutragen und ihm beim Aufdecken und Abräumen der Tische zu helfen. Die Vorbereitungsarbeiten wie das Brechen von Servietten oder das Polieren von Besteck und Porzellan gehören ebenfalls zu seinen Tätigkeiten.

Weinkellner (Sommelier). Dieser Getränkefachmann berät den Gast bei der Auswahl der zu den Speisen passenden Getränke. Außerdem leitet er den Weinservice bei einem Bankett oder Empfang.

Zimmerkellner (Chef d'étage, Commis d'étage). Der Chef d'étage führt alle Arbeiten im Zimmerservice durch. Er wird unterstützt vom Commis d'étage, der für das Mise en place (die Vorbereitung) zuständig ist.

Barkellner (Chef de bar, Commis de bar). Der Chef de bar organisiert den gesamten Barbetrieb. Das Mixen von Drinks macht den Hauptteil seiner Tätigkeit aus. Der Commis de bar hilft ihm und sorgt für das Mise en place.

1. Erläutern Sie den Unterschied zwischen dem Ausbildungsrahmenplan und dem Ausbildungsplan.
2. Welche Dokumente müssen geführt werden, damit die planmäßige Ausbildung belegt werden kann?
3. Worin unterscheiden sich die Ausbildungsberufsbilder der Fachkraft und der Hotelfachfrau?
4. Wie viele weitere Ausbildungsjahre sind nötig, damit ein Hotelfachmann die Abschlussprüfung als Restaurantfachmann ablegen kann?

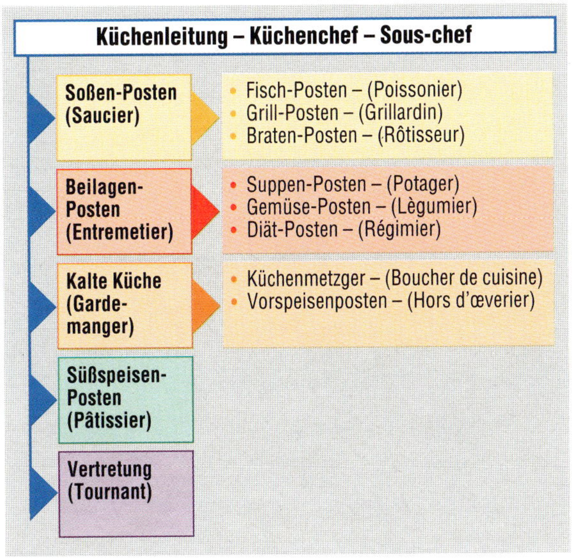

2. Küchenbrigade

Wissen Sie Bescheid?

1. Nennen Sie die besonderen Anforderungen, die ihr Beruf an Sie stellt.
2. Welchen Sinn hat die Führung eines Klassenbuchs und eines Berichtsheftes?
3. Wovon hängt es ab, wie die Aufgabenverteilung in einem Hotel organisiert ist?
4. Erklären Sie die Unterschiede zwischen
   a) Hotel, Hotel garni und Motel
   b) Hotel und Gasthof
   c) Restaurant und Wirtshaus
5. Stellen Sie eine hierarchisch gegliederte Skizze der Servicebrigade auf. Tragen Sie die deutschen und die französischen Bezeichnungen ein.
6. Wie wird die Arbeit in der „warmen" Küche unter den Posten aufgeteilt?
7. Erläutern Sie die Begriffe Sous-chef und Tournant.

Küchenbrigade: Arbeitsteilung in der Küche

In der Küchenbrigade eines großen Hotels oder Restaurants sind in der Regel alle Posten (Unterabteilungen der Küche) mit einem Postenchef (Chef de partie) besetzt. Zusätzlich können jedem Posten ein Halbchef (Demichef de partie) und ein oder mehrere Gehilfen (Commis de partie) zugeteilt sein. Eine vollständig besetzte Küchenbrigade umfasst folgende Positionen: (Die einzelnen Posten können, abhängig von Art und Größe der Küche, weiter untergliedert werden.).

Küchenchef (Chef de cuisine). Er ist verantwortlich für den gesamten Küchenbetrieb, insbesondere für
- Wareneinkauf und Speisenherstellung
- Speisekarten- und Menügestaltung einschließlich der Preiskalkulation
- Diensteinteilung des Küchenpersonals
- Aus- und Weiterbildung

Stellvertreter des Küchenchefs (Sous-chef). Die Vertretung des Küchenchefs wird in manchen Betrieben dem Chef Saucier übertragen.

Soßen-Posten (Saucier). Auf dem Soßen-Posten werden Soßen und Schmorgerichte, Braten und Grillgerichte, Fischspeisen sowie warme Vorspeisen und Zwischengerichte aus Rohstoffen tierischer Herkunft zubereitet.

Beilagen-Posten (Entremetier). Ihm fällt die Zubereitung von Beilagen (Gemüsen, Kartoffeln, Reis, Teigwaren), Suppen und Eierspeisen zu.

Kalte Küche (Gardemanger). Das Personal dieses Postens führt folgende Arbeiten durch: Das garfertige Vorbereiten und Portionieren von rohem Schlachtfleisch, Wild, Geflügel, Fischen, Krusten- und Schalentieren (auch für Saucier und Entremetier). Die Herstellung von Pasteten, Galantinen, Terrinen (Seite 264 f), kalten Platten und Büfetts, Salaten, Cocktails und kalten Vorspeisen fällt ebenfalls in diesen Aufgabenbereich.

Süßspeisen-Posten (Pâtissier). Alle Süßspeisen wie Krems, Eis, Gelees, Fruchtsalate usw. werden auf diesem Posten ebenso gefertigt wie Teige und Massen und die daraus hergestellten Kuchen, Torten und Feingebäcke.

Vertretung (Tournant). Bei Abwesenheit (Krankheit, Urlaub, freien Tagen) eines Partiechefs übernimmt der Chef Tournant dessen Aufgaben. Er muss alle Posten selbstständig führen können.

Wache-Posten (Chef de garde). Er übernimmt die Küchenaufsicht, wenn die anderen Postenchefs abwesend sind (zum Beispiel zwischen den Hauptservicezeiten und im Spätdienst).

Weitere Unterteilungen sind aus Bild 2 ersichtlich.

Bei dieser herkömmlichen Art der Arbeitsaufteilung (Zubereitung und Ausgabe von Speisenkomponenten in der Hand desselben Koches) wird die Arbeitszeit aller Köche von den Servicezeiten bestimmt. Neuere Bestrebungen gehen dahin, die Küchenarbeit in die Teile Speisenproduktion und Speisenausgabe zu unterteilen.
In der Produktionsküche, die von den Servicezeiten unabhängig ist, könnten andere Arbeitszeiten gelten als in der oder den Ausgabeküchen.
In den Ausgabeküchen werden Speisen mit kurzer Garzeit frisch zubereitet und die übrigen vorbereiteten Speisenkomponenten aufbereitet und angerichtet.

1. Gefahrvolle Arbeitsweise

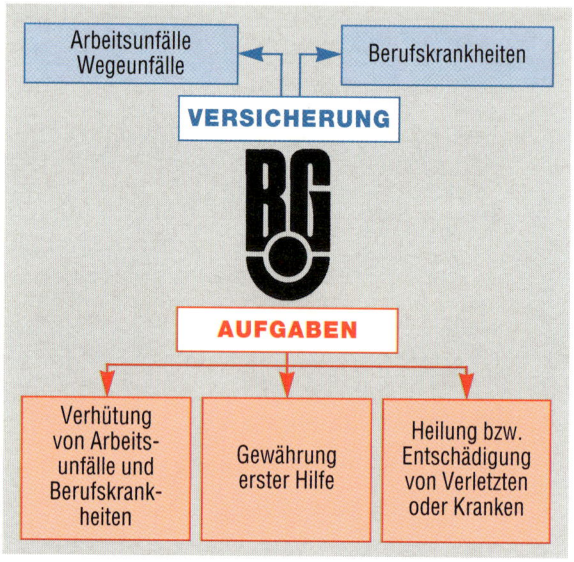

2. Tätigkeitsfeld der Berufsgenossenschaft

3 Arbeitssicherheit im Gastgewerbe

Unfälle sind teuer! Ein Fallbeispiel

Ein Auszubildender im Alter von fünfzehneinhalb Jahren schneidet auf der Schneidemaschine Brotscheiben. Dabei arbeitet er so ungeschickt, dass er einen Teil seines Daumens verliert.
Der Küchenchef, als Leiter der Abteilung, schreibt sofort eine Unfallmeldung an die zuständige Berufsgenossenschaft. Technische Aufsichtsbeamte stellen fest, dass die Maschine den zur Zeit geltenden Unfallverhütungsvorschriften entspricht. Die Behandlungskosten belaufen sich auf etwa 3 000,00 DM. Der Auszubildende erhält eine monatliche Rente von 60,00 DM. Er muss einen anderen Beruf ergreifen.
Die Berufsgenossenschaft bezahlt dem Auszubildenden die Behandlungskosten und die Rente. Der Küchenchef muss ihr aber die Kosten zurückerstatten, weil er die Unfallverhütungsvorschrift „Nahrungsmittelindustrie“ (§ 23 Abs. 1 u. 2) nicht beachtet hat. Darin heißt es: „Die Bedienung und Reinigung von Schneidemaschinen darf nur zuverlässigen Personen übertragen werden, die damit vertraut und über 17 Jahre alt sind. Lehrlinge dürfen an diesen Maschinen zur Ausbildung unter Aufsicht beschäftigt werden, wenn sie über 16 Jahre alt sind.“

1. Nennen Sie den Personenkreis, der gegen Arbeitsunfälle versichert ist.
2. Wie heißt die Institution, die die Einhaltung der Unfallverhütungsvorschriften überwacht?
3. Welche Leistungen erbringt die Berufsgenossenschaft?

3.1 Aufgaben der Berufsgenossenschaft

Alle Arbeitnehmer in Betrieben der gewerblichen Wirtschaft und der Landwirtschaft sind gegen Arbeits- und Wegeunfälle und gegen Berufskrankheiten bei einer Berufsgenossenschaft versichert; Gastronomie-Betriebe bei der Berufsgenossenschaft Nahrungsmittel und Gaststätten.
Als Wegeunfälle gelten Unfälle, die sich auf dem (direkten) Weg vom und zum Betrieb ereignen. Während Berufsunfälle durch kurzfristige schädigende Einwirkungen zustande kommen, geht einer Berufskrankheit oft eine monate- oder jahrelange Einwirkung von Schädigungen am Arbeitsplatz voraus. Über 50 entschädigungs- und meldepflichtige Berufskrankheiten sind anerkannt, darunter das Bäckerasthma, eine Allergie gegen Mehlstaub.
Die Berufsgenossenschaften erlassen Unfallverhütungsvorschriften, die die Unternehmer und die Versicherten einhalten müssen. Wenn Vorschriften nicht beachtet wurden, werden den Geschädigten zwar die Behandlungskosten und gegebenenfalls eine Rente bezahlt, die für den Unfall Verantwortlichen (z. B. die Abteilungsleiter) müssen der Berufsgenossenschaft jedoch diese Kosten ersetzen.
Die Technischen Aufsichtsbeamten der Berufsgenossenschaften beraten die Unternehmen in Fragen der Arbeitssicherheit und überwachen die Einhaltung der Vorschriften. Viele Unternehmer nutzen diesen Service, wenn Neu- oder Umbauten geplant sind. Auch die Hersteller von Maschinen, Geräten und Einrichtungsgegenständen werden beraten und ihre Produkte auf Antrag geprüft. Wird eine ausreichende Sicherheit festgestellt, kann das Produkt ein Sicherheitsprüfzeichen erhalten.

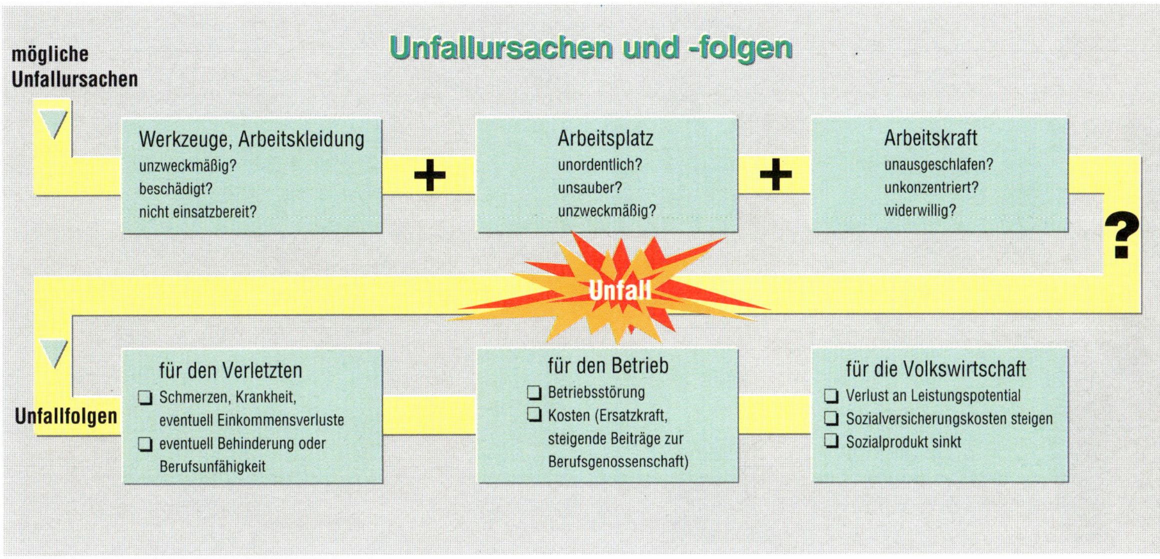

3. **Unfallursachen und -folgen**

3.2 Der Mensch als Unfallverursacher

„Menschliches Versagen" wird häufig als Unfallursache angegeben. Inwieweit solch ein Versagen in einem speziellen Fall vermeidbar gewesen wäre, wird nach einem Unfall zu ergründen versucht um ähnliche Unfälle in der Zukunft auszuschließen.
Die Ursachen für menschliches Versagen lassen sich mehreren Bereichen zuordnen:

- Unzureichende Information über unfallträchtige Einrichtungen und Arbeitsgänge durch Vorgesetzte beim Eintritt eines Mitarbeiters in den Betrieb und in regelmäßigen, zumindest jährlichen Abständen.
- Beeinträchtigung der Leistungsfähigkeit und der Leistungsbereitschaft (siehe Exkurs).
- Leichtfertigkeit und Leichtsinn, die zu Unaufmerksamkeit und zur Missachtung von Arbeitsschutzmaßnahmen führen.
- Überlastung.
- Mangelnde Konzentration durch Übermüdung, falsche Ernährung, häufig wiederkehrende „eingespielte" Arbeitsabläufe, Rauschmittel- und Tablettenmissbrauch.
- Ablenkung durch betriebliche Vorgänge und andere Personen.

Der Anteil von Wegeunfällen an den Arbeitsunfällen nahm in den letzten Jahren stetig zu. Deshalb müssen alle Ursachen, die für Straßenverkehrsunfälle in Betracht kommen, berücksichtigt werden. Die Benutzung öffentlicher Verkehrsmittel ist weit weniger unfallträchtig als die Fahrt mit dem Privatfahrzeug.

Individuelle Faktoren beeinflussen das Gesundheitsrisiko

Die körperliche und geistige Belastung durch die Arbeit darf nicht so groß sein, dass sie kurz- oder langfristig zu gesundheitlichen Schäden führt.
Die **Leistungsfähigkeit** ist von Person zu Person verschieden. Sie unterliegt bei jedem Menschen Schwankungen im Tagesverlauf, die unter anderem vom Schlaf- und Essensrhythmus abhängen. Allgemein ist sie in den Vormittagstunden am höchsten und sinkt nach dem Essen und nach langen Arbeitsphasen.
Die **Leistungsbereitschaft**, der Wille seine Leistungsfähigkeit bei der Arbeit auch einzusetzen, wird vor allem von der Einstellung zur Arbeit und anderen psychologischen Faktoren bestimmt. Positiv wirken sich z. B. ein gutes Betriebsklima und eine interessante Tätigkeit aus. Negativ wird sie von Konflikten im betrieblichen und privaten Bereich und von eintöniger Arbeit beeinflusst. Die Motivation, der Grund, warum jemand arbeitet, liegt in der Befriedigung seiner Bedürfnisse nach Nahrung, Kleidung, Wohnung, Sicherheit und Geborgenheit, sozialer Anerkennung und Selbstverwirklichung. Kann eine Arbeit viele oder alle diese Bedürfnisse befriedigen, ist die Motivation groß.
Mit zunehmener Leistungsfähigkeit und -bereitschaft sinkt die Unfallwahrscheinlichkeit und das Gesundheitsrisiko. Überlastung erhöht die Wahrscheinlichkeit eines Unfalls oder einer Krankheit.

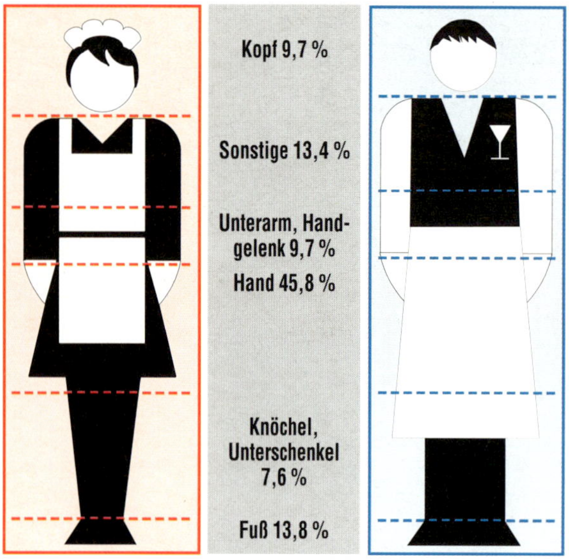

1. Verletzungshäufigkeit im Gastgewerbe

2. Verletzungsgefahr bei Konservendosen

3.3 Unfallquellen und Maßnahmen zur Unfallverhütung

Unfälle durch Schnitte

Nach der Unfallstatistik sind über ein Viertel aller Unfälle Schnittverletzungen. Hiervon entfallen auf

- den Umgang mit Handwerkzeugen: etwa 60 %,
- das Benutzen von Schneide- und Zerkleinerungsmaschinen: etwa 20 %,
- Verletzungen durch Scherben oder Konservendosen: etwa 20 %.

Die meisten Verletzungen beim Umgang mit Messern und Maschinen sind auf Missachtung der Unfallverhütungsvorschriften zurückzuführen. Um solche Unfälle zu vermeiden gelten folgende Regeln:

- Ordnung am Arbeitsplatz durch regelmäßiges Aufräumen gewährleisten.
- Messer in Aufbewahrvorrichtungen (z. B. Wandhalterungen) deponieren oder deutlich sichtbar auf dem Arbeitsplatz ablegen; nicht durch Geschirr, Lebensmittel oder andere Gegenstände verdecken.
- Nur Messer mit fettfreiem und trockenem Sicherheitsgriff verwenden.
- Stets mit scharf geschliffenen Messern arbeiten; stumpfe Klingen erfordern höheren Kraftaufwand und steigern das Unfallrisiko.
- Niemals nach fallenden Messern greifen.
- Beim Tragen von Messern immer die Spitze nach unten und die Schneide vom Körper weg halten; dabei auf Mitarbeiter im näheren Arbeitsbereich achten.
- Scharfe und spitze Gegenstände zum Reinigen niemals ins Spülbecken mit Reinigungslösung legen; im trüben Wasser werden sie leicht übersehen.

Unfälle beim Umgang mit Maschinen

Folgende Grundregeln müssen beachtet werden:

- Nie ohne ausreichende Einweisung und Ausbildung eine Maschine in Betrieb nehmen.
- Nie in laufende Maschinen greifen; immer die vorgesehenen Schutzvorrichtungen wie Restehalter, Nachfüllstöpsel usw. benutzen.
- Vor dem Umbauen und Reinigen die Stromzufuhr unterbrechen; Stecker ziehen bzw. Sicherung ausschalten
- Geschliffene Teile wie Messerscheiben oder Schneidesätze mit größter Vorsicht reinigen.
- Maschinen nur vom dafür ausgebildeten Fachmann reparieren lassen.
- Elektrisch betriebene Maschinen und Geräte zum Reinigen nicht in Wasser legen.

Unfälle beim Beseitigen von Abfall

Die Arbeit mit Geschirr, Gläsern, Flaschen und Konservendosen bringt immer wieder Scherben und scharfkantige Abfälle mit sich. Neben tiefen und unregelmäßigen und somit schlecht heilenden Schnittwunden können durch Dosenränder und -deckel Risswunden entstehen.
Wenn Schmutz in die Wunden gelangt, besteht die Gefahr der Blutvergiftung und des Wundstarrkrampfes. Zeigt sich, dass eine Ader blau anläuft, ist sofort ein Arzt aufzusuchen. Die vorbeugende Impfung gegen Wundstarrkrampf ist unbedingt zu empfehlen.

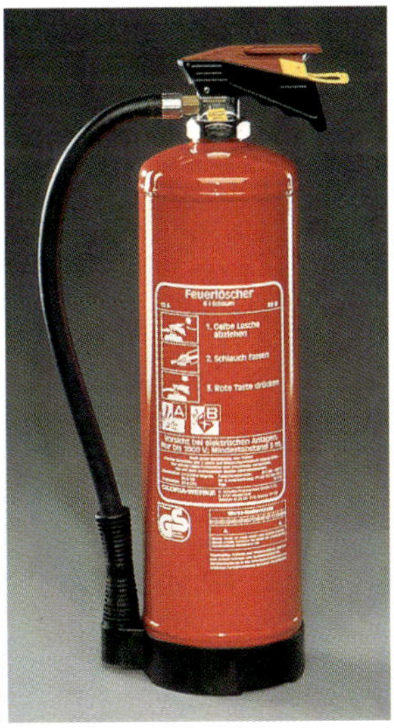

3. **Informieren Sie sich über Aufstellungsorte und Bedienung der Feuerlöscher in Ihrem Betrieb**

4. **Rutschhemmender Bodenbelag**

1. Begründen Sie die Grundregeln, die beim Umgang mit Maschinen einzuhalten sind.
2. Zählen Sie vier Regeln auf, deren Einhaltung die Unfallgefahr im Etagenbereich verringern.
3. Welche Gefahr besteht bei Schnittverletzungen, die man sich an verschmutzten Gegenständen zugezogen hat?

Unfälle durch Ausgleiten und Stürzen

Feuchte und verschmutzte Fußböden, ausgetretene Treppenstufen, schadhafte Tritte und Leitern sind die Hauptursache von Sturzunfällen, deren Anteil an den Unfällen im Gastgewerbe fast ein Drittel beträgt.

Weitere häufige Unfallquellen sind ungeeignetes Schuhwerk (keine rutschhemmende Sohle) und im Wege stehende Gegenstände.

- Durch heruntergefallene Nahrungsmittel **verschmutzte Böden** sind sofort sorgfältig zu reinigen und zu trocknen. Ausstreuen von Salz auf feuchte oder fettige Fußböden kann höchstens kurzfristig die Rutschgefahr vermindern.
- Bei **Treppen** sind neben der schlechten Trittflächenbeschaffenheit fehlende oder mangelhafte Handläufe und unzureichende Beleuchtung Hauptunfallursachen.
- **Tritte und Leitern** dürfen nur zu Zwecken benutzt werden, für die sie nach ihrer Bauart bestimmt sind. Tritte (bis 1 m Höhe) müssen durch Stufen (nicht Holme) sicheres Stehen ermöglichen.

Bauliche Sicherheitsvorschriften im Gastgewerbe

Kühlräume von mehr als 10 m^2 müssen, auch wenn die Türen von außen abgeschlossen sind, jederzeit von innen verlassen werden können.

Verkehrs- und Rettungswege müssen freigehalten werden. Türen im Verlauf von Rettungswegen müssen in Fluchtrichtung aufschlagen und sich von innen leicht öffnen lassen.

Arbeitstische und Schränke dürfen keine scharfen Kanten haben.

Lagereinrichtungen müssen so beschaffen und aufgestellt sein, dass sie bei bestimmungsmäßiger Verwendung die Gegenstände sicher aufnehmen können.

Bodenbelag. Bei Fußböden im Sanitär- und Küchenbereich besteht die Gefahr des Ausrutschens. Bodenbelag mit angerauter und gut entwässernder Oberfläche vermindern diese Gefahr. Deshalb sind für diese Bereiche entsprechende Beläge vorgeschrieben.

Ablaufrinnen und ähnliche Vertiefungen müssen in allen Räumen tritt- und kippsicher, ausreichend belastbar und bodengleich bedeckt sein. In der Küche sind an den Stellen, an denen erfahrungsgemäß Kochgut auf den Boden fällt, rutschhemmende Gitter über den Ablaufrinnen einzubauen; dies gilt auch unter Ablasshähnen von Kochgeräten.

Personen- und Lastenaufzüge müssen nach den Anforderungen der Aufzugverordnung errichtet und betrieben werden.

Sicherheitseinrichtungen wie Überdruckventile, Zündsicherungen, Entriegelungsvorrichtungen und Ähnliches sind funktionsfähig zu halten.

Feuerlöscheinrichtungen müssen, abgestimmt auf die Brandgefährlichkeit der in den Räumen vorhandenen Betriebseinrichtungen und Arbeitsstoffe (z. B. brennbare Flüssigkeiten), vorhanden sein.

Dunstabzugsanlagen und Fettfilter sollen die Brandausbreitung (Flammendurchschlag in nachfolgende Anlagenteile) nach Möglichkeit verhindern; Fettfilter sind mindestens 14-tägig zu reinigen, die Abluftkanäle vierteljährlich zu kontrollieren und bei Bedarf zu reinigen.

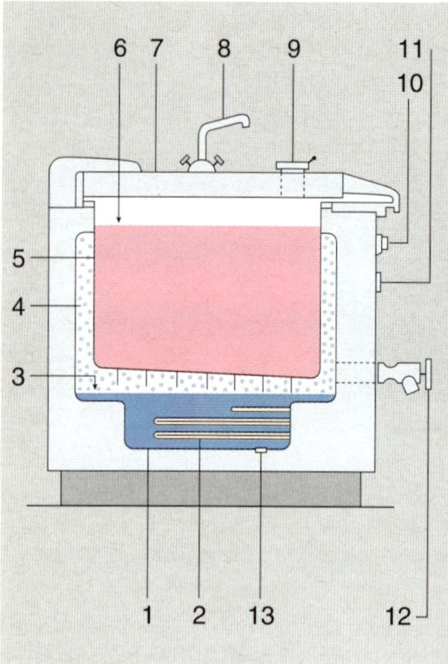

1. **Aufbau eines Druckkochkessels**

- Bei Arbeiten an Gargeräten keine leicht entflammbare Berufsbekleidung tragen.
- Vor Arbeitsbeginn feststellen, wo Abschaltmöglichkeiten für die Geräte sind.
- Wasserstand in Kochtöpfen nicht übermäßig hoch halten; Überkochen vermeiden! Schwere Gefäße nicht ohne Hilfe weg heben oder ruckartig zur Seite ziehen.
- Umherspritzen von heißem Fett vermeiden.
- Sicherheitsvorrichtungen an Druckkochgeräten regelmäßig auf Funktion überprüfen.
- In Druckkochgeräten genügend Luftraum für die Dampfansammlung lassen! Geräte dürfen nur zu öffnen sein, wenn zuvor Druckausgleich hergestellt wurde.
- Keine brennbaren Stoffe in Feuernähe herumstehen lassen!
- Beim Flambieren besonders vorsichtig hantieren um ein Versengen der Haare auszuschließen.
- Vor dem Zugießen der Flambierflüssigkeit geringe Mengen Wasser oder Fruchtsaft in die Flammbierpfanne geben.
- Beim Auftreten von Gasgeruch: sofort alle Flammen löschen, sämtliche Türen und Fenster öffnen! Keine elektrischen Schalter betätigen oder Stecker ziehen! Nicht rauchen.

2. **Beugen Sie Verbrennungen und Verbrühungen vor!**

Unfälle an Gargeräten

Zwei von zehn Unfällen, die sich in der Küche ereignen, führen zu Verbrennungen oder Verbrühungen. Ursache sind weniger technische Mängel an den Gargeräten als vielmehr Bedienungsfehler des Personals. Bei Verbrennungen werden die Verletzungen durch offenes Feuer (Gasflammen), erhitze Flächen (Kochplatten, heiße Pfannenstiele oder Backbleche) oder heiße Luft verursacht. Bei Verbrühungen entstehen die Verletzungen durch heiße Flüssigkeiten (auch Fett) und Wasserdampf.

Die Flamme des Gasbrenners erreicht – je nach Luftzufuhr – an der Flammenspitze Temperaturen bis zu 1400 °C.

Fette werden beim Fritieren und Braten bis 180 °C bzw. 220 °C erhitzt. Der Dampf im Druckkochkessel ist etwa 120 °C heiß; wenn er als Dampfstrahl entweicht, kann er starke Verbrühungen verursachen.

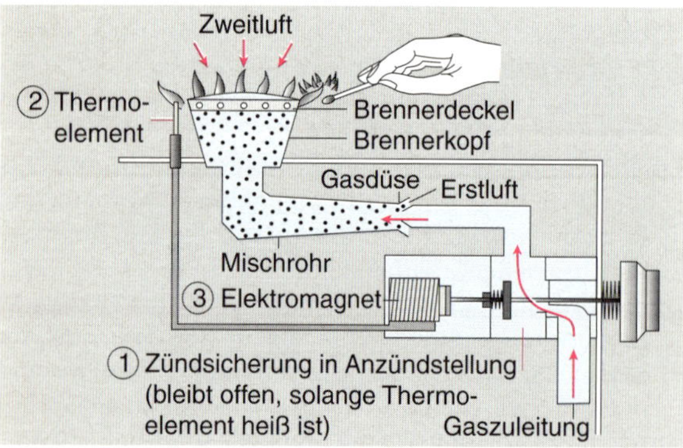

3. **Sicherheitseinrichtungen bei einem Gasbrenner**

Kochendes Wasser hat mit 100 °C noch eine Temperatur, die ungefähr 38 ° über jener liegt, die ausreicht um die menschliche Haut zu verbrühen.

Eine besondere Gefahr stellt die Brennbarkeit vieler Stoffe dar. Fette und Öle entzünden sich bei hohen Temperaturen von selbst, Spirituosen übernehmen die Flamme vom offenen Feuer.

Bei der Vielzahl von Garsystemen in einer Gastronomie-Küche müssen sich die Sicherheitsmaßnahmen nach der Konstruktion der Geräte richten. Gasherde müssen zum Beispiel so gesichert sein, dass beim Verlöschen der Flammen die Gaszufuhr unterbrochen wird.

Die Schuhe, die in der Küche getragen werden, müssen im vorderen Bereich vollkommen geschlossen sein, damit verschüttete Flüssigkeiten die Füße nicht verbrühen können.

1. Welcher Zusammenhang besteht zwischen Leistungsfähigkeit und -bereitschaft einerseits und der Unfallwahrscheinlichkeit andererseits?
2. Was können Sie persönlich tun um die Unfallgefahr in Ihrem Betrieb zu verringern?
3. Welche Arbeiten in Ihrem Beruf halten Sie für besonders unfallträchtig? Nennen sie drei Beispiele und begründen Sie Ihre Antwort.
4. Warum sind stumpfe Messer beim Schneiden gefährlich?
5. Welche Unfälle können durch ungeeignetes Schuhwerk verursacht oder verschlimmert werden?
6. Was unternehmen Sie, wenn Sie in der Küche Gasgeruch feststellen?
7. Welche Stoffe in einer Küche sind leicht entflammbar?

Sicherheitsprüfzeichen

Geräte mit diesem Zeichen sind von der Berufsgenossenschaft auf die Einhaltung der Unfallverhütungsvorschriften und auf Sicherheit überprüft (GS = Geprüfte Sicherheit)

Dieses Zeichen wird von der Prüfstelle des Verbandes Deutscher Elektroningenieure vergeben. Es bescheinigt nur die elektrische Sicherheit eines Gerätes.

Das Prüfzeichen des Technischen Überwachungsvereins bescheinigt die Sicherheitsüberprüfung von Kraftfahrzeugen, aber auch von technischen Anlagen.

4. Sicherheitsprüfzeichen

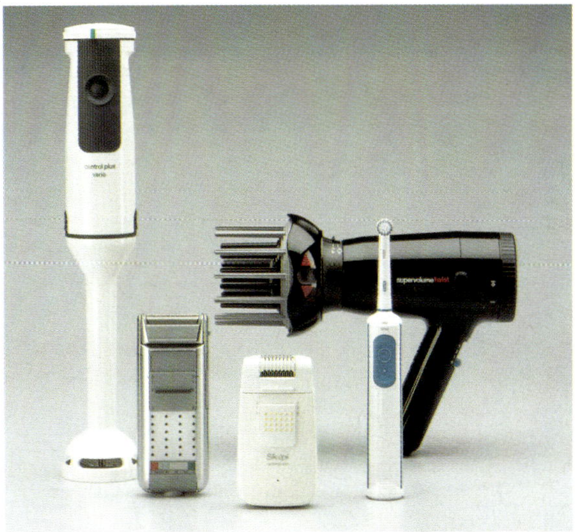

5. Kleingeräte sind durch einen Kunststoffmantel schutzisoliert

Unfälle beim Umgang mit Elektrizität

Die gefahrlose Nutzung der Elektrizität setzt voraus, dass die elektrischen Anlagen nach Vorschrift installiert sind und sich die elektrischen Geräte in betriebssicherem Zustand befinden. Personen, die mit der Wartung und Bedienung beauftragt sind, müssen mit der erforderlichen Sorgfalt und Aufmerksamkeit arbeiten. Pfuscharbeit und Nachlässigkeit können zu Unfällen und Bränden führen.
Um Gefahren gering zu halten wurden vom VDE (Verband Deutscher Elektrotechniker) Schutzbestimmungen erarbeitet. Wenn elektrische Betriebsmittel diesen Bestimmungen entsprechen, sind sie mit dem **VDE-Zeichen** versehen. Das **GS-Zeichen** (Geprüfte Sicherheit) wird von der VDE-Prüfstelle aufgrund einer entsprechenden Prüfung des Gerätes erteilt. Das **CE-Kennzeichen** zeigt an, dass die EU-Richtlinien erfüllt sind.
Vor allem in Räumen mit Nassbereichen (Bäder, Küchen, Spül- und Vorbereitungsräumen) ist mit elektrischen Einrichtungen vorsichtig umzugehen, z. B dürfen Geräte, die unter Spannung stehen, keinen direkten Wasserkontakt haben.

Besondere Aufmerksamkeit ist dem Zustand von Kabeln zu widmen. Ist ihre Oberfläche beschädigt oder brüchig geworden, sind sie vom Stromnetz zu trennen und von Fachleuten zu ersetzen. Geräte wie Waschmaschinen und Kühlschränke werden über Schutzkontakt-Steckdosen und entsprechende Stecker an den Stromkreis angeschlossen (bis 16 Ampère). Neben den stromführenden Leitungen wird bei solchen Verbindungen noch ein zusätzlicher Schutzleiter (gelb-grüne Farbe) geführt. Durch ihn wird bei Kurzschluss die Sicherung ausgelöst, sodass der Stromkreis unterbrochen wird und somit keine Gefahr mehr besteht.

Besondere Sicherungsmaßnahmen

Sicherungsautomaten. Kurzschluss entsteht, wenn in einem Elektrogerät der Strom nicht mehr über den vorgesehenen Weg, sondern über andere leitfähige Teile fließt. In diesem Fall steigt die Stromstärke und erhitzt den Leiter. Das Gleiche passiert, wenn die Leitung überlastet wird durch zu viele Elektrogeräte bei zu geringem Leistungsquerschnitt. Um Schäden zu vermeiden (Schmelzen der Isolation, Brandgefahr) muss bei Kurzschluss oder Überlastung der Stromkreis sofort unterbrochen werden. Dazu baut man Sicherungsautomaten in den Stromkreis.

Fehlerstrom-Schutzschalter. Eine besondere Form der Sicherung wird durch die Fehlerstrom-Schutzschaltung erreicht. Sie ist für die Installationen in Feuchträumen vorgeschrieben. Bei den geringsten Strömen außerhalb der Leiter reagiert sie und trennt schlagartig sämtliche Stromkreise. Die gesamte Anlage ist dann ohne Spannung. Vor dem Wiedereinschalten des Schutzschalters muss die Ursache der Abschaltung behoben sein.

Die Sicherungsautomaten und Fehlerstrom-Schutzschalter können auch von „Hand" ausgelöst werden. Die Hersteller solcher Geräte empfehlen dies in größeren Zeitabständen zu tun um die Funktion zu überprüfen. Wenn Kontaktstellen oxidiert sind, können diese Geräte die Schutzwirkung verlieren.

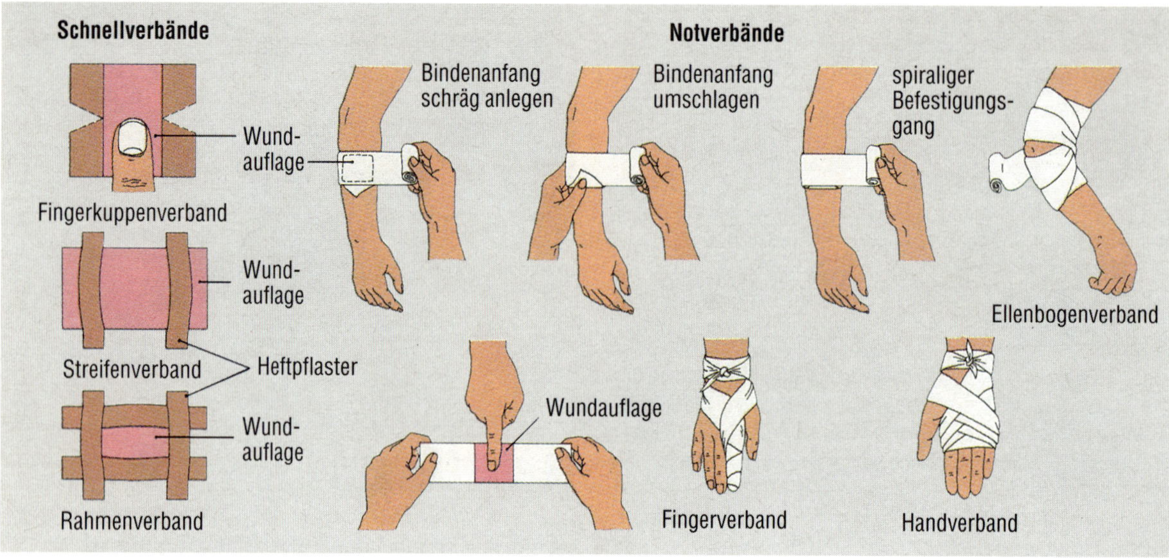

1. **Einfache Verbandarten**

3.4 Erste Hilfe

Bei Unfällen oder plötzlichen Erkrankungen beschränkt sich erste Hilfe auf notwendige Maßnahmen und ist von einem Arzt oder, bis zu dessen Eintreffen, von einem Sanitäter, Ersthelfer oder einem Laien zu leisten. Wer selbst in einer solchen Situation von seinen Mitmenschen rasche und sachgemäße Hilfe erwartet, sollte auch selbst fähig und bereit sein anderen zu helfen. Hilfeleistung ist eine rechtliche und eine sittliche Pflicht!

Erste-Hilfe-Material

In Betrieben, deren Mitarbeiter bei der Berufsgenossenschaft Nahrungsmittel und Gaststätten versichert sind, muss pro 100 Beschäftigten ein großer Verbandskasten nach DIN 13 169 vorhanden sein. Ein bestimmter Mindestinhalt an sterilem und luftdicht verpacktem Verbandsmaterial und Hilfsmitteln ist vorgeschrieben. Er umfasst z. B. Dreieckstücher, Lederfinger und metallisierte Folien als Decken.

Der Verbandskasten muss leicht zugänglich und vor Nässe geschützt sein. Sein Inhalt muss laufend überprüft und rechtzeitig ergänzt und erneuert werden. Der Weg zum Aufbewahrungsort der Verbandskästen ist mit Schildern zu markieren (weißer Pfeil auf grünem Grund); der Verbandskasten trägt ein weißes Kreuz auf grünem Grund.

Um im Bedarfsfall schnell Hilfe leisten zu können sind alle Mitarbeiter über folgende Fragen zu unterrichten:

Welche Mitarbeiter sind Ersthelfer oder Sanitäter? Wem ist ein Unfall zu melden? Wo bzw. wie kann ein Notruf an Rotes Kreuz, Feuerwehr und Polizei gemeldet werden? Wo befinden sich Verbandskasten, Krankentragen, Sanitätsraum? Wie kann der Einzelne das Erste-Hilfe-Personal unterstützen?

Erste-Hilfe-Maßnahmen

Stark blutende Wunden. Jede Blutung lässt sich bei genügend starkem Druck von außen stillen. Ein **Druckverband** mit genügend großer Wundauflage und Druckpolster ist fest anzulegen. Falls die Blutung weiter anhält, ist das verletzte Gliedmaß mit einer Dreiecktuchkrawatte oder einer Staubinde abzubinden (nur von medinizinischem Personal). Der Zeitpunkt des Abbindens muss aufgeschrieben werden, weil die Blutversorgung nicht länger als 30 Minuten unterbrochen werden darf.

Der **Wundverband** soll die weitere Verschmutzung einer Wunde verhindern. Ausdrücken, Auswischen oder Auswaschen und das Entfernen von Fremdkörpern aus der Wunde sind zu unterlassen. Die Wundumgebung kann desinfiziert werden. Keinesfalls dürfen Salben oder Puder in eine Wunde gelangen. Das Verbandsmaterial muss steril (keimfrei) sein. Normalerweise verwendet man Verbandspäckchen oder Verbandmull. Mullbinden verrutschen leicht und müssen mit Heftpflaster befestigt werden. Zur Stabilisierung eines Verbandes dienen auch dehnbare Überzugsnetze.

1. Wie können Sie in Ihrem Betrieb auf dem schnellsten Weg einen Notruf absetzen?
2. Nennen sie die Ziele, die man mit einem Wundverband erreichen will.

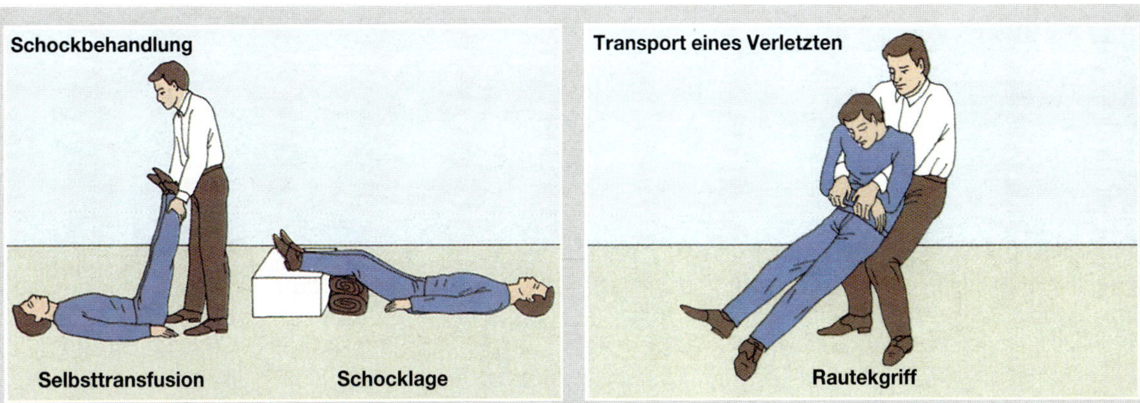

Schock: Herz-Kreislauf-Störung; es besteht Lebensgefahr!
Ursachen: 1. Direkter Blutverlust. 2. Angst, Schreck oder Schmerz erweitern die Blutgefäße in Bauch und Beinen. Das Blut „versackt".
Merkmale: Frieren, kalter Schweiß, Blässe, Unruhe, schlechte Ansprechbarkeit. Schneller Puls, der rasch schwächer wird.
Maßnahmen: Beruhigen, warmhalten, Schocklage. Hochhalten der Beine nur, wenn keine körperlichen Verletzungen zu sehen sind.

2. Schockbehandlung und Transport eines Verletzten

Verbrennungen/Verbrühungen. Verbrühungen werden durch heiße Flüssigkeiten, heißen Dampf oder heißes Fett verursacht, Verbrennungen durch eine Flamme oder sehr heiße Gegenstände. Man unterscheidet Verbrennungen

- 1. Grades (Rötungen),
- 2. Grades (Blasenbildung),
- 3. Grades (Hautverlust).

Betroffene Körperteile sind mit kaltem Wasser zu kühlen, bis Schmerzlinderung eintritt. Brandwunden dürfen nicht gereinigt, sondern nur keimfrei abgedeckt werden.

Personen mit Verbrennungen oder Verbrühungen sind wegen der Schockgefahr in Schocklage (siehe oben) zu bringen. Bis zum Eintreffen des Krankenwagens kann man ihnen leicht gesalzenes Wasser zu trinken geben.

Bewusstlosigkeit. Bei Atemstillstand muss eine Atemspende über die Nase gegeben werden oder eine Mund-zu-Mund-Beatmung erfolgen. Bei vorhandener Atmung ist der Verletzte in Seitenlage zu bringen und der Kopf erdwärts zu drehen, sodass gegebenfalls Flüssigkeit ablaufen kann.

Gehirnerschütterung. Kennzeichen sind Kopfschmerzen und Schwindelgefühl, Übelkeit und eventuell Bewusstlosigkeit. Man bringt die Person in stabile Seitenlage, beobachtet die Atmung und kontrolliert den Kreislauf über den Puls.

Knochenbruch. Das verletzte Körperteil ist ruhig zu stellen.

Verrenkungen/Verstauchungen. Das Gelenk ist ruhig zu stellen und zu kühlen. Einrenken darf es nur der Arzt!

Unfälle durch Elektrizität. Zuerst ist die Stromzufuhr zu unterbrechen (Notausschalter betätigen, Stecker ziehen, Sicherung ausschalten) um den Retter zu schützen. Beim Verletzten besteht die akute Gefahr des Herzstillstands, zudem können Verbrennungen 1. bis 3. Grades auftreten.

Kann die Stromzufuhr nicht schnell unterbrochen werden, stellt sich der Retter auf eine Gummimatte oder eine dicke Zeitung und versucht den Verletzten mit einem nichtleitenden Gegenstand, z. B. einem großen Kochlöffel oder Besenstiel, vom Elektrogerät zu trennen. Anschließend bringt man die Person in Ruhelage und behandelt sie nach äußeren Anzeichen (Bewusstlosigkeit, Schock, Verbrennungen).

Aufzeichnungen von Erste-Hilfe-Leistungen

Jedes Unternehmen ist verpflichtet die Erste-Hilfe-Leistungen aufzuzeichnen. Festzuhalten sind:

Zeit, Ort und Hergang des Unfalls, Art und Umfang der Verletzung, Zeitpunkt, Art und Weise der Erste-Hilfe-Leistung, Name des Verletzten, Namen des Ersthelfers und etwaiger Zeugen.

Die Aufzeichnungen können zum Beispiel mittels Verbandbuch, Kartei oder EDV-Anlage festgehalten werden und müssen fünf Jahre lang aufbewahrt bzw. gespeichert bleiben.

1. Beschreiben Sie die Erste-Hilfe-Maßnahmen bei Verbrühungen.
2. Wie reagieren Sie auf den Vorschlag eines Kollegen auf Brandwunden Mehl zu streuen?

Hygiene und Umweltschutz

Hygiene im Gastgewerbe			
Betriebs-hygiene	**Personal-hygiene**	**Produkt-hygiene**	**Produktions-hygiene**
Beispiele • Reinigung und Desinfektion von Räumen, Maschinen, Geräten usw. • Bekämpfen von Schädlingen	Beispiele • Körperpflege • Gesundheitsvorsorge • Auswahl und Pflege der Arbeitsbekleidung hygienisches Verhalten des Einzelnen	Beispiele • Verarbeitung hygienisch einwandfreier Rohstoffe • hygienische Beschaffenheit der Erzeugnisse sowie Verpackungsmaterialien	Beispiele • hygienische Arbeitsweise durch Einhaltung der Hygienevorschriften sowie der Lager- und Haltbarkeitsbestimmungen

1. Hygienebereiche

1 Hygiene

Das Wort Hygiene stammt aus der griechischen Sprache und kann mit Gesundheitsvorsorge oder Gesundheitspflege übersetzt werden. Dies bedeutet mehr als Sauberkeit. Hygiene spielt im Hotel- und Gaststättengewerbe bei fast allen Tätigkeiten eine unverzichtbare Rolle. Unhygienisches Verhalten wirkt auf alle Mitmenschen abstoßend und ist gefährlich.

Wendet man den Begriff Hygiene auf den Lebensmittelbereich an, so kann man folgern:

Lebensmittelhygiene umfasst alle Maßnahmen beim Umgang mit Lebensmitteln, die darauf zielen den Lebensmittelverderb zu verhindern und die Gesundheit des Menschen durch den Lebensmittelverzehr zu erhalten. Durch Hygienemaßnahmen sollen entfernt bzw. ferngehalten werden:

- Schmutz aller Art,
- Mikroorganismen (Kurzwort: Mikroben, gleichbedeutende Begriffe: Kleinstlebewesen, Keime),
- tierische Schädlinge (Kleinlebewesen wie Insekten und Nager).

Lebensmittelhygiene ist deshalb besonders wichtig, weil gegenüber früheren Zeiten viel mehr Personen ihr Essen aus einer Küche erhalten (Gastronomie und Gemeinschaftsverpflegung in Kantinen, Heime, Krankenhäusern, Mensen). Gesundheitsschädigungen betreffen deshalb nicht nur wenige Personen der eigenen Familie, sondern möglicherweise hunderte „Fremde".

Weiter Gründe sind:

- Viele Speisen bestehen aus zerkleinertem Fleisch, Geflügel, Wild oder Fisch. Mikroorganismen können sich auf den eiweißreichen und großflächigen Rohstoffen sehr schnell vermehren und sie verderben.
- Es werden mehr Speisen hergestellt, die einen guten Nährboden für Mikroorganismen bieten und nach der Zubereitung nicht mehr erhitzt werden (Salate mit Majonäse, Krems, Speiseeis, ...).
- Aufgetaute Lebensmittel können von Mikroorganismen leichter verdorben werden, weil ihre Zellwände durchlässiger sind als die frischer Lebensmittel.
- Krusten- und Schalentiere (Hummer, Langusten, Austern, Muscheln usw.) werden heutzutage häufig angeboten. Lebend eingekaufte Tiere, die beim Transport oder bei der Lagerung verenden, gelten als verdorben, weil ihr Fleisch nach kurzer Zeit giftig ist. Verstöße gegen die Lebensmittelhygiene werden mit Geldbuße belegt oder bestraft. Das Vertrauensverhältnis zwischen Wirt und Gast wird gestört, wenn Gäste mangelnde Hygiene im Betrieb feststellen oder gar deswegen erkranken. Sinkende Umsätze können die Folge sein.

Hygiene lässt sich nicht kaufen. Sie ist das Ergebnis einer Einstellung, einer Denkweise und einer bewussten Orientierung zur Sauberkeit und Reinheit. Dies bezieht sich auf die eigene Person, die eingesetzten Rohstoffe, die Arbeitsweise und den gesamten Betrieb.

Hygienebewusstsein setzt die Kenntnis der Hygienevorschriften und die Einsicht in ihre Notwendigkeit voraus.

Hygienemoral ist die Einstellung, die das unbedingte Einhalten der Hygienevorschriften garantiert. Sie zu erwerben ist die erste Aufgabe eines Mitarbeiters im Hotel- und Gaststättengewerbe.

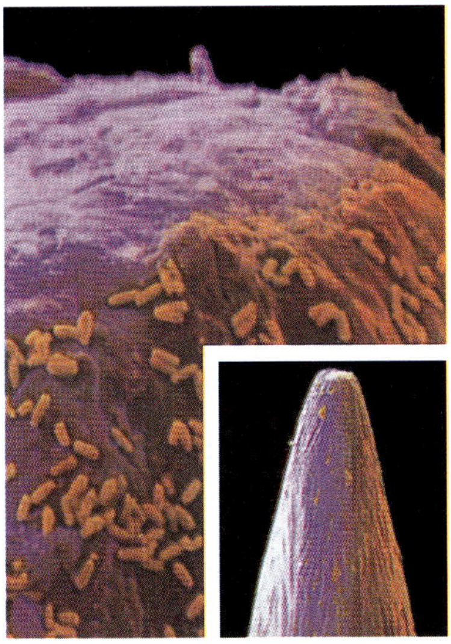

2. **Stecknadelspitze mit Bakterien**

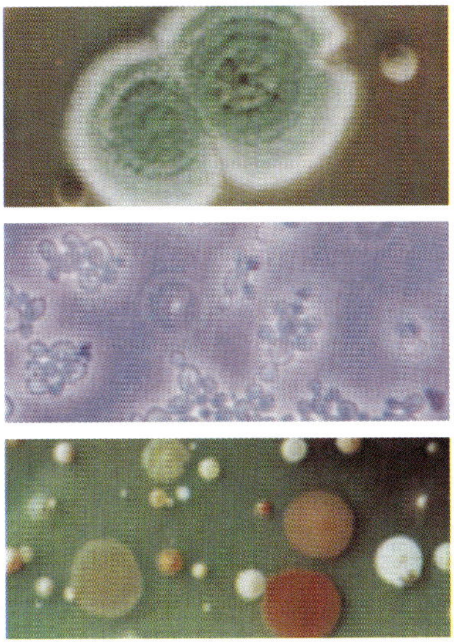

3. **Kolonien von Schimmelpilzen, Hefen und Bakterien**

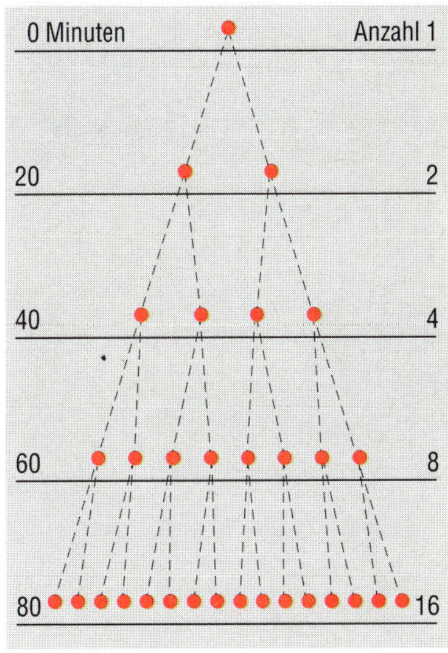

4. **Vermehrung von Mikroorganismen, Generationszeit 20 Minuten**

1.1 Gefahr durch Mikroorganismen

Lebensmittel verderbende Mikroorganismen werden in **Bakterien, Hefen und Schimmelpilze** eingeteilt.
Säuerung, Fäulnis, Gärung und Schimmeln sind bekannte Verderbnisvorgänge. Mikroorganismen sind fast überall vorhanden und können wegen ihrer Winzigkeit mit bloßem Auge nicht erkannt werden. Sichtbar werden sie erst, wenn sich aus Millionen Organismen Kolonien gebildet haben. Eine Arbeitsweise frei von Mikroorganismen ist in der Gastronomie nicht möglich. Hygienische, das heißt auf Einsschränkung der Mikroorganismen bedachte Arbeitsweise muss das Ziel sein. Manchmal verderben Lebensmittel ohne wahrnehmbare Veränderungen; man darf sich also nicht ausschließlich auf seine Sinne verlassen, wenn der Verdacht des Verderbs besteht. Darin liegt die eigentliche Gefährlichkeit der Mikroorganismen.

Mikroorganismen als Infektionsquelle im Hotelbereich

Eine Krankheit, die durch das warme Wasser aus Duschen oder in Whirlpools übertragen wird, ist die sogenannte Legionärskrankheit. Eine besondere Art von Bakterien (Legionellen) sind die Verursacher. Sie kommen überall im Wasser vor und vermehren sich in ungenügend aufgeheiztem Wasser sehr stark. In der eingeatmeten feuchten Luft befinden sich dann so viele Legionellen, dass sie eine Lungenentzündung auslösen können, die das Leben von älteren oder geschwächten Personen gefährdet. Als Gegenmaßnahme werden eine höhere Wassertemperatur (kurzfristiges Erhitzen auf 70 °C) und das Desinfizieren von Duschköpfen empfohlen.

1.1.1 Vermehrung der Mikroorganismen

Mikroorganismen vermehren sich unterschiedlich schnell. Es sind Arten bekannt, die eine Generationszeit von nur 15 Minuten haben. Dies setzt jedoch ideale Bedingungen wie genügend Nahrung, Wasser und gemäßigte Temperaturen voraus.

Um die Größe der Zahlen zu verdeutlichen einige Angaben zu den üblichen Keimzahlen von Lebensmitteln: Je Quadratzentimeter Oberfläche haften etwa 100 bis 100 000 Keime an Kopfsalat (ungewaschen), frischen Erdbeeren und mehrere Tage gelagertem Fleisch. Je Gramm enthalten angemachtes Hackfleisch 100 000 bis 30 000 000, Leberwurst 5 00 000, hausgemachter Fleischsalat bis 300 000 und gemahlener Pfeffer 30 000 bis 1 000 000 Keime.

Wie viele Mikroorganismen eine Vergiftung hervorrufen können, ist abhängig von
- der Art (nur wenige Arten produzieren Gift),
- der Anzahl der Mikroorganismen bzw. der Menge des gebildeten Giftes,
- der Widerstandskraft der Person; Schwache und Kranke sind von Vergiftungen eher und schwerer betroffen.

1. Berechnen Sie die Keimzahl eines Nahrungsmittels nach 3 Stunden Lagerung bei Idealbedingungen (Generationszeit = Teilungszeit: 20 Minuten; 10 m^2 Oberfläche; Keimzahl zu Beginn 2000 pro m^2).
2. Nennen Sie Ursachen für Lebensmittelvergiftungen.
3. Wie wird die Legionärskrankheit übertragen?

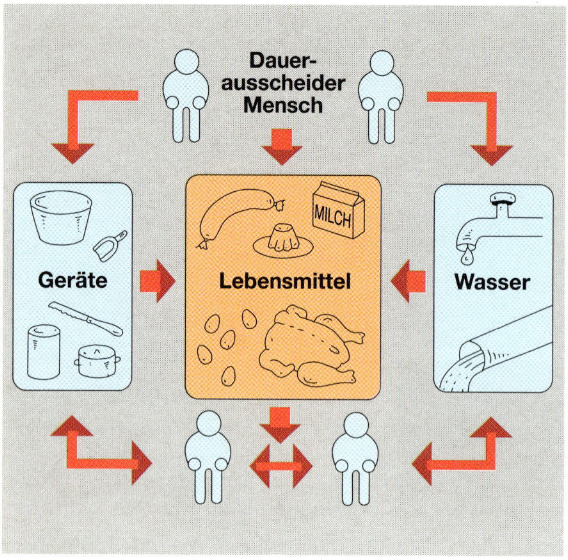

1. Übertragungswege von Salmonellen

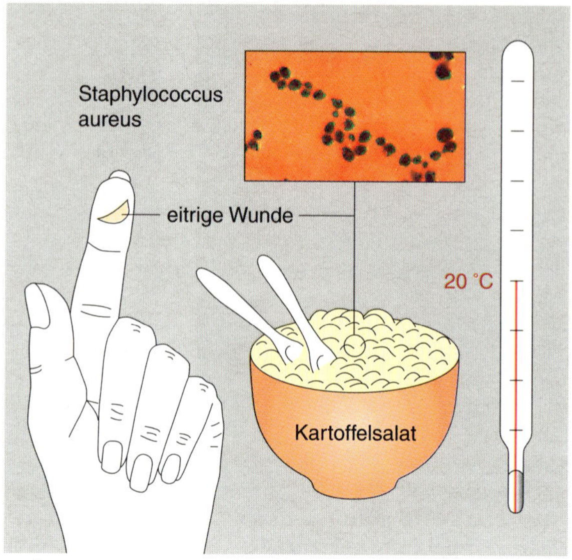

2. Übertragungsweg bei Staphylokokken

1.1.2 Arten und Übertragungswege von Mikroorganismen

Erdboden, Wasser und Luft sind die natürlichen Standorte der Mikroorganismen. Aber auch Mensch und Tier beherbergen in ihren Organen (Darm, Atmungswege) viele zum Teil gefährliche Keime. Die Hände werden von Gegenständen (Lebensmitteln, Türklinken, Geldscheinen usw.) infiziert. Wenn sie nicht gründlich gewaschen und desinfiziert werden, kommt es bei Berührungen von Nahrungsmitteln zu Übertragungen.

Bakterien kommen in sehr vielen Arten vor; sie vermehren sich durch Zellteilung. Gefährliche Bakterien-Gruppen sind Salmonellen, Staphylokokken, Fäulnisbakterien und Sporenbildner (Bazillen und Clostridien).

- **Salmonellen** kommen im Darm von Geflügel häufig vor. Beim Legevorgang (gemeinsamer Darm- und Legeausgang ist die sogenannte Kloake) werden die Eier an der Oberfläche mit Salmonellen infiziert. Beim unsachgemäßen Schlachten kann ebenfalls eine Übertragung von Salmonellen auf die Geflügeloberfläche vorkommen. Aus dem Darm von Dauerausscheidern (Personen, die Salmonellen ausscheiden, dabei aber keine Krankheitssymptome wie Schmerzen oder Durchfall zeigen) können bei unhygienischem Verhalten Salmonellen auf die Hände der Person gelangen.
- **Staphylokokken** halten sich im Nasen-Rachen-Raum von erkälteten Personen und in eiternden Wunden auf. Am sichersten ist es Personen mit entsprechenden Merkmalen nicht im Lebensmittelbereich zu beschäftigen.
- **Fäulnisbakterien** sind überall anzutreffen. Deshalb ist der Kontakt kaum zu vermeiden.
- Besonders gefährlich sind die **Botulinus-Bakterien,** die in der Erde und damit im Staub vorkommen, weil sie ein sehr starkes Gift bilden. Ungünstige Lebensbedingungen (z. B. Hitze, Nahrungsmangel) überdauern sie als Sporen. Sporen enthalten alle lebensnotwendigen Bestandteile, sind aber unempfindlich und können bei günstigen Bedingungen wieder zur normalen Lebensform zurückkehren, sich vermehren und Gift bilden.

Hefen vermehren sich durch Sprossung (nach der Zellteilung bleiben die Zellen im Sprossverband; Seite 25, Bild 3, mittlerer Teil). Ihr Hauptstandort ist auf oder in zucker- oder stärkehaltigen Lebensmitteln. Wilde Hefen werden durch die Luft übertragen und verursachen unerwünschte Gärungen (Bild 4).

Schimmelpilze sind sehr anspruchslos und wachsen auch auf trockenen Lebensmitteln, zum Beispiel auf Brot. Ihre Pilzfäden bilden Sporen, die durch die Luft übertragen werden und auf geeigneten Nahrungsmitteln auskeimen. Das Pilzgeflecht breitet sich im Nahrungsmittel aus und bildet giftige Stoffe (Aflatoxine).

1.1.3 Wachstumsfaktoren von Mikroorganismen

Alle Lebewesen entwickeln sich nur bei bestimmten Lebensbedingungen. Sind sie günstig, vermehren sich die Mikroorganismen schnell, während sie bei Einschränkung einer oder mehrerer Faktoren Wachstum und Vermehrung vorübergehend einstellen oder absterben. Dies ist das Ziel der Lebensmittelhygiene und der Haltbarmachung von Nahrungsmitteln.

Nahrung als Wachstumsfaktor

Wie alle Organismen sind auch Mikroorganismen auf Nährstoffe angewiesen. Deshalb sind alle Nahrungsmittel Nährböden für sie. Die Nährstoffe (Kohlenhydrate, Fett und Eiweiß) müssen durch die Enzyme der Mikroorganismen zerlegt werden und können dann zur Gewinnung von Energie dienen. Auch Wasser und Wirkstoffe (Vitamine und Mineralstoffe) werden von den Mikroorganismen aufgenommen und in ihre Körpersubstanz eingebaut. Nur auf diese Weise sind Lebenserhaltung und Vermehrung möglich.

Die verschiedenen Mikroorganismenarten bevorzugen jedoch unterschiedliche Nährstoffe, sodass sich eine Einteilung in drei Gruppen ergibt:

- kohlenhydratspaltende Mikroorganismen (Hefen, Schimmelpilze, Bakterien)
- fettspaltende Mikroorganismen (z. B. Schimmelpilze)
- eiweißspaltende Mikroorganismen (z. B. Fäulnisbakterien, Schimmelpilze)

Mit fortschreitender Vermehrung der Mikroorganismen werden die Lebensmittel durch die Wirkung der Enzyme so stark verändert, dass sie als verdorben anzusehen sind. Erkennbar wird der Verderb in den meisten Fällen durch Verfärbung, abweichenden Geruch, Fäulnis (z. B. schmierige Oberfläche bei Fleisch), Säuerung, Gasbildung und/oder Ranzigkeit der Fettbestandteile. Besonders gefährlich ist der Verderb von Nahrungsmitteln, der äußerlich nicht wahrnehmbar ist. Er wird hervorgerufen durch giftige Mikroorganismen wie Salmonellen oder solche, die ihr Gift in das Lebensmittel abgeben, z. B. Schimmelpilze, Fäulnis- oder Botulinus-Bakterien. In beiden Fällen kann es zu Lebensmittelvergiftungen kommen.

1. Teilen Sie die Mikroorganismen ein. Beschreiben Sie die Übertragungs- und Vermehrungsmöglichkeiten.
2. Woran kann man Lebensmittelverderb durch Mikroorganismen erkennen? Zählen Sie 6 Veränderungen auf.

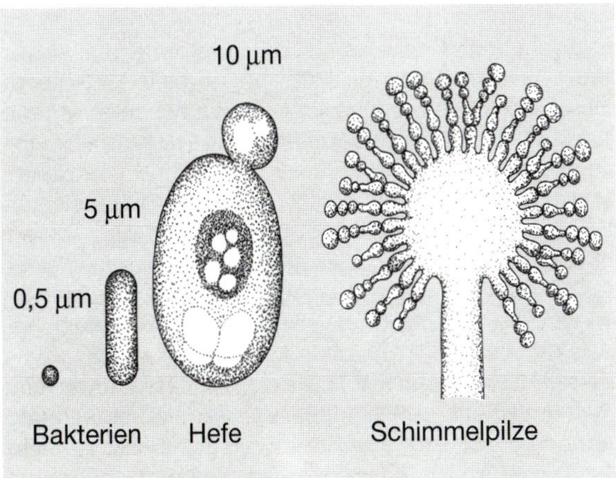

3. Mikroorganismen: Bakterien, Hefe, Schimmelpilz

Nicht alle Mikroorganismen brauchen Sauerstoff

Die Abhängigkeit der Mikroorganismen vom Sauerstoff ist unterschiedlich. Die Schimmelpilze und viele Bakterienarten können sich nur entwickeln, wenn Sauerstoff vorhanden ist. Diese **obligaten Aerobier** vermehren sich vor allem an der Oberfläche von Lebensmitteln. Andere Bakterienarten und Hefen können mit und ohne Sauerstoff aktiv sein. Man nennt sie **fakultative** (wahlweise) **Anaerobier.** Zum Beispiel **veratmen** Hefen bei Sauerstoffanwesenheit den Zucker, dabei werden Energie, Wasser und Kohlenstoffdioxid freigesetzt; ist kein Sauerstoff vorhanden, **vergären** sie den Zucker. Dabei werden Kohlenstoffdioxid und Alkohol oder Säuren frei und die für ihre Existenz erforderliche Energie. Die sporenbildenen Clostridien, z. B. Botulinus-Bakterien, entwickeln und vermehren sich nur ohne Sauerstoff. Diese **obligaten Anaerobier** gedeihen nur in luftdicht verpackten oder im sauerstofffreien Inneren von Lebensmitteln.

Obligate Aerobier leben nur dort, wo es Sauerstoff gibt.		Wachsen nur auf oder in Lebensmitteln **mit** Sauerstoffzufuhr • Bazillen • Schimmelpilze
Fakultative Anaerobier leben auch in sauerstofffreier Umgebung.	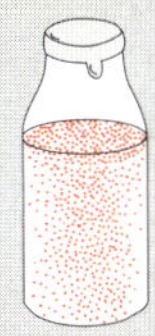	Wachsen nur auf oder in Lebensmitteln • Hefen • Milchsäurebakterien • Fäulniserreger
Obligate Anaerobier leben nur in sauerstofffreier Umgebung.		Wachsen nur in Lebensmitteln **ohne** Sauerstoffzufuhr • Clostridien

Mikroorganismen	verursachen Gärung in	Art der Gärung	Wirkung
Backhefen	Hefeteig, Sauerteig, obergäriges Bier (Alt-, Malzbier)	alkoholische Gärung	+
Bierhefen	untergäriges Bier (Export, Pilsener)	alkoholische Gärung	+
Wein-, Fruchthefen	Wein	alkoholische Gärung	+
Milchsäurebakterien	Rohwurst, Sauerkraut, Sauerteig, gesäuerte Milchprodukte (Jogurt, Quark Sauerrahmbutter)	Milchsäuregärung	+
wilde Hefen	Konfitüren, Gelee, Kompott, Fruchtsäfte (frisch gepresst, offen), Wein (offen)	alkoholische Gärung	–

4. Erwünschte (+) und unerwünschte (–) Gärungen

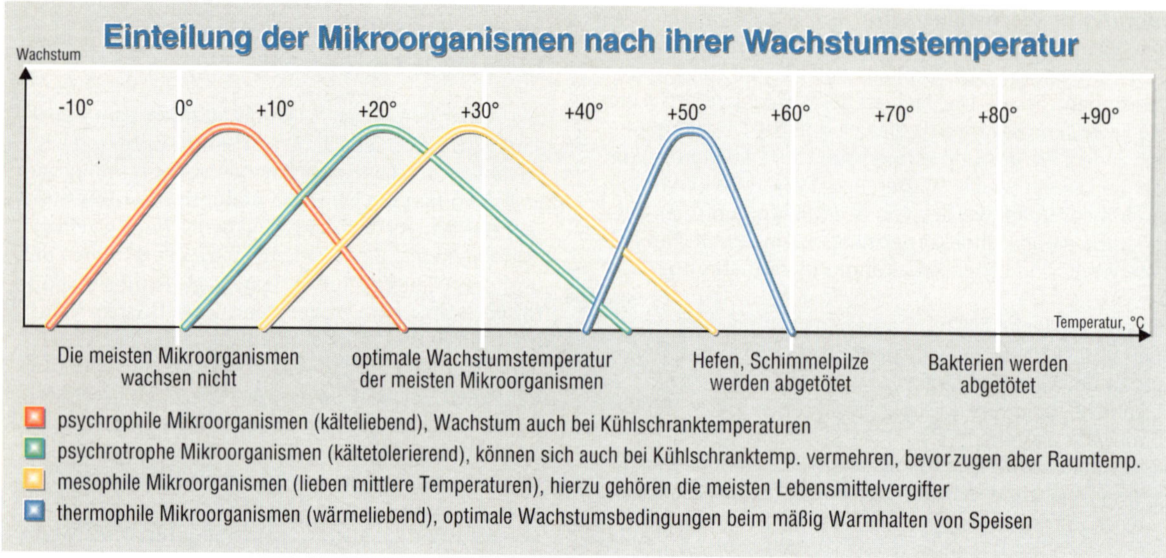

1. Einteilung der Mikroorganismen nach ihrer Wachstumstemperatur

Temperatur als Wachstumsfaktor

Die meisten Mikroorganismen vermehren sich zwischen 15 °C und 50 °C. Um die Vermehrung zu hemmen oder zu verhindern, werden Speisen gekühlt (6 °C bis 3 °C), tiefgekühlt (ca. −3 °C bis −20 °C) oder erhitzt (ca. 70 °C bis 100 °C). Temperaturen zwischen 70 °C und 6 °C sind beim Abkühlen möglichst schnell zu durchschreiten, damit die Mikroorganismen, die aus der Luft in die Speise gelangen, keine Zeit haben sich zu vermehren. Bis −12 °C ist Mikroorganismenwachstum möglich. Durch den Gefrierprozess sterben die Mikroorganismen nicht ab.

Bei hohen Temperaturen werden Mikroorganismen abgetötet. Der Abtötungseffekt ist außerdem von der Einwirkungszeit abhängig: Beim Sterilisieren von Milch (110 °C) benötigt man bis zu 40 Minuten, beim Ultrahocherhitzen (142 °C) nur 2 Sekunden um alle Mikroorganismen mit Sicherheit auszuschalten. Wenn Mikroorganismen zur Verarbeitung von Nahrungsmitteln eingesetzt werden, muss man auf die Einhaltung ihrer optimalen Wachstumstemperatur achten. *Beispiele:* Hefeteig hält man bei 30 °C „auf Gare“, Milch für die Jogurtbereitung bei 40 °C.

Milieu (pH-Wert) als Wachstumsfaktor

Die Mikroorganismenarten bevorzugen einen bestimmten pH-Wert (Bild 3). Der pH-Wert ist ein Maß für den Säuregehalt einer Lösung. Man unterscheidet saures, neutrales und alkalisches Milieu.

Beim neutralen Milieu von pH7 sind fast alle Mikroorganismen aktiv. Unter pH3 (stark sauer) und über pH8,5 (stark alkalisch) ist das Milieu so lebensfeindlich, dass sie nicht existieren können. Bei der Milch- und der Essigsäuregärung erzeugen die Bakterien so viel Säure, bis sie durch diese Säure absterben. Beispiele dafür sind Sauerkraut und Essig.

Wasser als Wachstumsfaktor

Zum Überleben und zur Vermehrung brauchen Mikroorganismen Wasser. Sie können es den Lebensmitteln entziehen bzw. Wasser, das sich darauf niederschlägt, aufnehmen. In stark gesalzenen oder gezuckerten Nahrungsmitteln liegt das meiste Wasser in immobilisierter (gebundener) Form vor und kann von den Mikroorganismen nicht genutzt werden.

Der **a_w-Wert (Wasseraktivität)** gibt an, wie viel freies, nicht an andere Stoffe (wie Salze, Zuckerstoffe, Eiweiße usw.) gebundenes Wasser im Lebensmittel enthalten ist. Dieses Wasser nutzen die Mikroorganismen. Deshalb ist der a_w-Wert eine entscheidende Größe, wenn es um die Haltbarkeit von Nahrungsmitteln geht. Für viele Mikroorganismen sind die a_w-Grenzwerte bekannt, unter denen sie sich nicht mehr vermehren bzw. keine Gifte mehr bilden. Durch eine einfache Messung lässt sich der a_w- Wert ermitteln. Daraus kann auf die Mindesthaltbarkeit eines Nahrungsmittels, beispielsweise einer Wurst, geschlossen werden. Der a_w-Wert eines Lebensmittels kann u. a. durch Salzen, Zuckern oder Trocknen verringert werden.

Die **relative Luftfeuchtigkeit** kann höchstens 100 % betragen, weil dann die Luft kein Wasser mehr aufnehmen kann. Wird mit Wasser gesättigte Luft abgekühlt, kondensiert Wasser an den kältesten Stellen des Raumes, weil kalte Luft weniger Feuchtigkeit aufnehmen kann als wärmere.

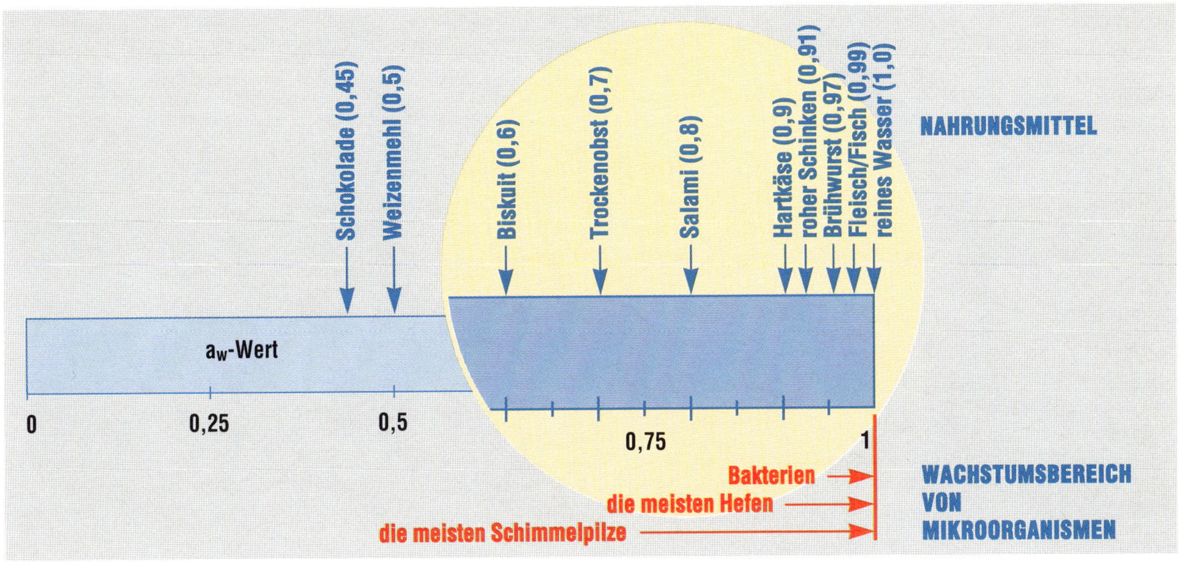

2. a_W-Wert-Skala

Beispiel: Wenn warmer, feuchter Atem auf eine kalte Glasscheibe trifft, beschlägt sie (Wassertropfen bilden sich auf der Scheibe). Das kondensierte Wasser nutzen die Mikroorganismen:

- In den Ecken an der Küchendecke kann sich ein Schimmelbelag bilden, weil die warme und feuchte Küchenluft dort an der kälteste Stelle in der Küche kondensiert und dem Schimmel genügend Wasser liefert.
- Fleischstücke im Kühlschrank werden schmierig, weil immer wieder warme und feuchte Küchenluft beim Öffnen der Tür eindringt, auf dem Fleisch kondensiert und die Fäulnisbakterien mit Wasser versorgt.

Osmotischer Druck als Wachstumsfaktor

Gelöste Stoffe haben das Bestreben nach Konzentrationsausgleich. Wenn in einer Mikroorganismenzelle wasseranziehende Stoffe, zum Beispiel Salze und Zucker, in höherer Konzentration enthalten sind als in dem Lebensmittel, auf dem sie sich befindet, dann wird Wasser von dem Mikroorganismus aus dem Lebensmittel aufgenommen.

Dies ist möglich, weil die Zellwände nur für die sehr kleinen Wassermoleküle durchlässig sind. Die Salz- oder Zuckermoleküle gehen nicht durch die Zellenwände, weil sie durch das Wasser, das chemisch angelagert ist, zu groß sind. Der Ausgleichsvorgang erfolgt so lange, bis der Druck in der Zelle und außerhalb der Zelle gleich ist. Diesen Vorgang bezeichnet man als osmotischen Druck.

Bei stark gesalzenen oder gezuckerten Nahrungsmitteln müssen die Mikroorganismen ihr Zellwasser an das Lebensmittel abgeben, deshalb können sie sich nicht entwickeln und vermehren oder Gifte bilden. Sie sterben ab.

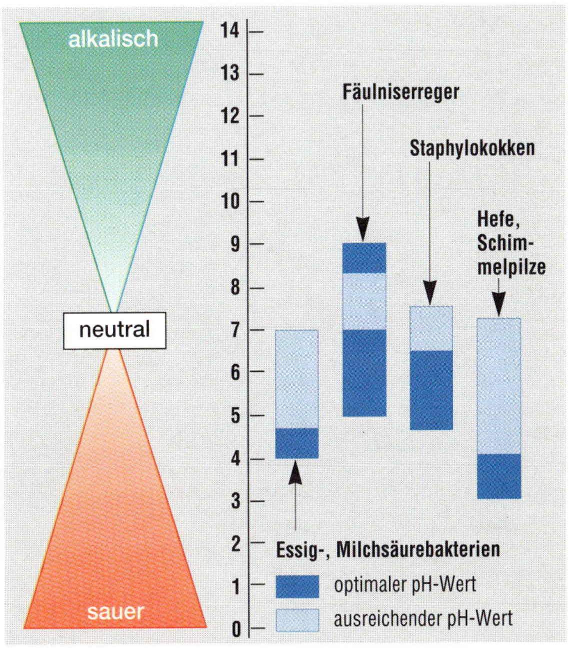

3. pH-Skala mit Wachstumsbereichen von Mikroorganismen

1. Erläutern Sie den Zusammenhang zwischen Temperatur und Wachstum von Mikroorganismen.
2. Geben Sie drei Gründe an, warum man die Kühlhaustür nur so kurz wie möglich öffnen soll.
3. Warum können Mikroorganismen stark gesäuerte Nahrungsmittel nicht verderben?

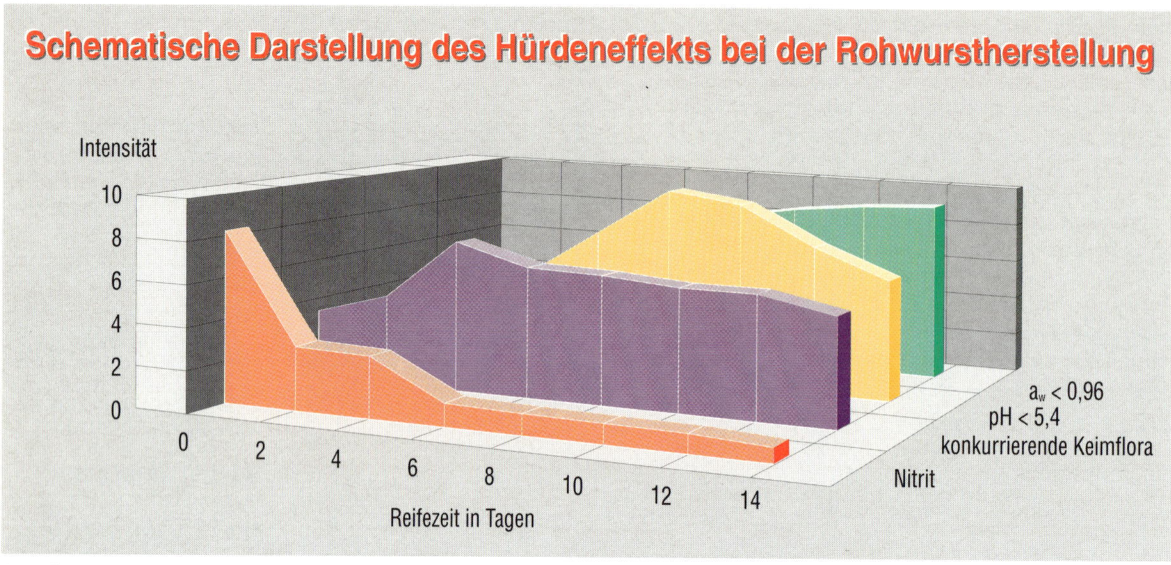

1. Schematische Darstellung des Hürdeneffekts bei der Rohwurstherstellung (Erläuterungen siehe Text)

	Staphylokokken	**Salmonellen**	**Schimmelpilze**	**Fäulnisbakterien**	**Botulinus-Bakterien**
Vorkommen	Nasen-Rachen-Raum, eiternde Wunden	im Darm von Mensch und Tier, in und auf Lebensmitteln, in verschmutztem Wasser	in und auf Lebensmitteln, an feuchten Wänden und Decken	überall	Boden, Staub, verschmutztes Wasser
Übertragung	Husten, Niesen, Spucken, Anfassen	Anfassen mit ungewaschener Hand, Kontakt mit Tieren	als Sporen in Luft, Staub, an Geräten	Lebensmittelkontakt mit Luft, Händen, Erde, Geräten	staubige Luft, verschmutzte Lebensmittel und Wasser
Verminderung einer Übertragung	kein Einsatz betroffener Personen im Lebensmittelbereich, dichter Verband	Dauerausscheider isolieren und behandeln, keine Tiere im Lebensmittelbereich, nur Trinkwasser verwenden	Betriebs-, Personal-, Produkt- und Produktionshygiene (siehe S. 24 Abb. 1)	Betriebs-, Personal-, Produkt- und Produktionshygiene (BPPP-Hygiene)	BPPP-Hygiene, Konserven kühl lagern, Vorsicht bei Selbsteingemachtem
Stark gefährdete Lebensmittel	Krems, Tortenfüllungen, Käse, Fleisch-, Kartoffelsalate	Krems, Speiseeis, Milch, Eier, Eiprodukte, Fleisch-, Wurstwaren	Brot, Weizenmehl, Teigwaren, Erdnüsse	Hackfleisch, Fischkonserven, Kartoffelsalat	Fleisch-, Wurst-, Gemüse-, Fischkonserven, Schinken, folienverpackte Fleisch-, Wurst- und Fischwaren
Wachstumsbedingungen	6 °C-50 °C; pH> 4,5; $a_w > 0,86$; Sauerstoff	6 °C-50 °C; pH> 5; $a_w > 0,95$; Sauerstoff	10 °C-50 °C; pH 3-6; $a_w > 0,95$; Sauerstoff	6 °C-50 °C; pH> 0,89; $a_w > 0,89$; mit und ohne Sauerstoff	6 °C-55 °C; pH> 4,5; $a_w > 0,93$: ohne Sauerstoff
Abtötung	70 °C-120 °C für 15-20 Minuten	80 °C für 10 Minuten	80 °C für 10 Minuten	80 °C für 10 Minuten	Sporen: 100 °C mehrere Stunden; 120 °C für 20 Minuten
Mögliche Erkrankungen	Übelkeit, Erbrechen Durchfall, Kräfteverfall und Kollapsneigung nach 1 - 6 Std.	Fieber, Erbrechen Durchfall nach 6 - 10 Std.	Leberentzündung (Hepatitis), Leberkrebs	Erbrechen, Fieber, Durchfall, Leibschmerzen nach 6 - 36 Std.	Nervengift, Muskellähmungen nach 12 - 36 Std. bis zu 6 Tagen

2. Mikroorganismen im Überblick

1.1.4 Lebensmittelverderb durch Mikroorganismen

Lebensmittelverderb kann durch lebensmitteleigene Enzyme wie beim Faulen eines zu lange gelagerten Apfels, durch chemische Zersetzung wie beim Ranzigwerden von Fett oder durch die Einwirkung von Mikroorganismen erfolgen. Mikroorganismen verursachen 60 % - 90 % des Nahrungsmittelverderbs. Verderbniserreger harmloser Art sind die Arten, die nur die Konsistenz, das Aussehen, den Geruch und Geschmack oder die Farbe beeinträchtigen. Solche Produkte gelten als genussuntauglich und dürfen nicht verkauft werden. *Beispiel:* Angesäuerte Milch, die gerinnt, wenn man sie in heißen Kaffee gießt. Andere Mikroorganismen vergiften die Nahrungsmittel zum Teil ohne merkbare Veränderungen. Deshalb müssen alle Maßnahmen getroffen werden, die eine Übertragung auf Nahrungsmittel verhindern und die Vermehrung einschränken oder unterbinden.

Wichtig sind:

- Die hygienische Gewinnung und Lagerung der Nahrungsmittel; durch sachgerechtes Arbeiten lässt sich der Anfangskeimgehalt niedrig halten.
- Verhinderung der Lebensmittelkontamination (Befall durch Mikroorganismen) durch Verpacken, Abdecken.
- Die Herstellung ungünstiger Lebensverhältnisse durch Konservierungsmaßnahmen wie Kühlen, Tiefkühlen, Salzen, Trocknen, Säuern usw.

Es ist möglich viele Lebensbedingungen der Mikroorganismen zu verschlechtern ohne das Nahrungsmittel in seinem Charakter stark zu verändern und die Qualität zu reduzieren. *Beispiel:* Frisches Fleisch **vakuumieren** – dabei wird eine sauerstoffarme Umgebung erzeugt – **und kühlen unter 5 °C**, um die Temperatur unter einen Wert abzusenken, bei dem die meisten Mikroorganismen sich nicht mehr vermehren. Durch die Kombination verschiedener Maßnahmen bleibt der Frischecharakter des Fleisches erhalten, weil jede Maßnahme eine Hürde für die Vermehrung darstellt und das Nahrungsmittel nicht einseitig behandelt und dadurch stark verändert wird. Dies nennt man das **Hürdenprinzip** der Konservierung.

Dieses Prinzip wird bei der Herstellung von lange haltbaren Nahrungsmitteln genutzt.
Beispiel: Das Fleisch für Salami wird mit Nitrit-Pökelsalz gesalzen und dann zerkleinert. Spezielle Milchsäurebakterien werden zugegeben. Die Wurstmasse wird in Hüllen abgefüllt und bei günstiger Temperatur gereift bzw. getrocknet.

Der Hürdeneffekts (Bild 1) ist, vereinfacht ausgedrückt, folgender:
1. Hürde: Das starke Bakteriengift Nitrit schützt in den ersten drei Tagen der Reifezeit die Wurstmasse vor dem Verderb; die Nitritmenge sinkt, da es zum Teil in Bruchstücke zerfällt.

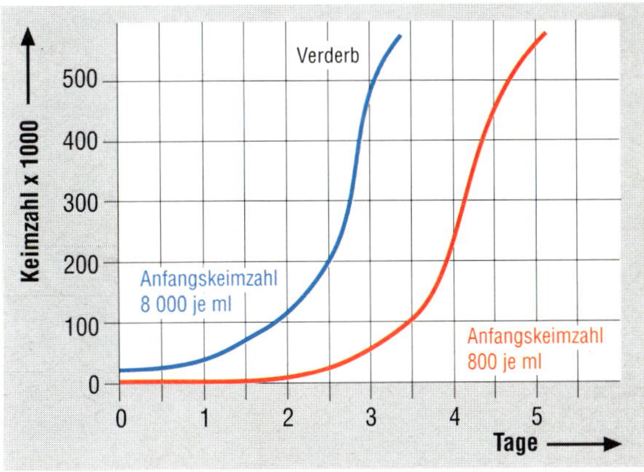

3. **Bedeutung des Anfangskeimgehaltes**

2. und 3. Hürde: Die Milchsäurebakterien verdrängen die anderen, unerwünschten Mikroorganismen, weil sie diesen zahlenmäßig überlegen sind und weil die von ihnen bevorzugten Lebensbedingungen geschaffen werden (Temperatur, a_W-Wert usw.). Außerdem senkt die von ihnen produzierte Säure den pH-Wert so stark, dass andere Mikroorganismen absterben.
4. Hürde: Durch das Trocknen sinkt der a_W-Wert während der Reifezeit unter einen Wert, bei dem ein Verderb durch die in Frage kommenden Mikroorganismen ausgeschlossen ist (der gesunkene a_W-Wert ist als höhere Hürde für die Mikroorganismenvermehrung in Bild 1 dargestellt).

Erkrankungen und gesetzliche Bestimmungen

Eine Übersicht über die häufigsten Erkrankungen, die durch Mikroorganismen hervorgerufen werden, sind in Bild 2 aufgelistet. Wie hoch die Anzahl der Erreger sein muss, damit eine Krankheit ausbricht, ist je nach Mikroorganismenart und -stamm sehr unterschiedlich. Außerdem ist die Disposition des Menschen, z. B. die gesundheitliche Verfassung, wichtig. Manchmal genügen schon wenige Keime pro Gramm einer Speise.
Durch Gesetze und Verordnungen wird versucht die Entstehung und Ausbreitung von Krankheiten zu verhindern. Vorbeugende Untersuchungen, Einschränkung der Verwendung von rohen Eiern für manche Speisen, eine Aufbewahrungspflicht von Speiseproben und eine Meldepflicht bei Verdacht, Krankheit oder Tod sind Beispiele.
Die Einhaltung dieser Vorschriften und der Hygieneregeln wird von den Behörden überwacht. Verstöße können zur Betriebsschließung führen.

1. Wie kann Lebensmittelverderb erfolgen? Geben Sie drei Möglichkeiten an.
2. Nennen Sie drei Maßnahmen, die den Lebensmittelverderb verzögern.
3. Welche Faktoren sind für die lange Haltbarkeit von Salami ausschlaggebend?

Kleinlebewesen	Schädigungen	Bekämpfungsmöglichkeiten
Nager Mäuse, Ratten	Lebensmittelverderb durch Fraßschäden und Verunreinigungen (Kot); Übertragung von Krankheiten und Mikroorganismen; Zerstörung von Isolierungen und elektrischen Leitungen	Fallen; Giftköder; Berührungsgifte; Luftschallgeräte von hoher Intensität (unerträglicher und schmerzhafter Hochfrequenzton) auch kombiniert mit Körperschallgerät (unerträgliche Resonanzschwingungen über feste Körper in Hohlräume)
Schaben Deutsche, amerikanische und orientalische Schabe; Möbel- oder Braunbandschabe	Übertragung von Tuberkulose, Milzbrand, Wurmkrankheiten, Ruhr usw. und allergieauslösenden Stoffen; Verunreinigungen durch Ausscheidungen und verweste Tiere	Chemische Giftstoffe als Staub, Spray, Spritzpulver und Emulsion in Wasser aufgelöst und verspritzt; Lockstoffe kombiniert mit tödlichen elektrischen Lichtbögen; Schallgeräte
andere Insekten Ameisen, Termiten, Fliegen, Wespen, Schnaken, Motten, Flöhe, Wanzen, Heimchen, Silberfischchen, Mücken, Käfer, Milben, Läuse	Übertragung von Fäulnis- und Krankheitserregern; Verderb durch Maden, die aus den in Lebensmitteln abgelegten Eiern schlüpfen	Fliegengitter; Köderdose; Plättchen, Strip; Spray; Streu-, Gieß- und Spritzmittel; UV-Lichtfallen; Luft- und Körperschallgeräte; Nebelautomaten

1. Verderb durch Kleinlebewesen

1.2 Kleinlebewesen: Schädigungen und Gegenmaßnahmen

Kleinlebewesen stellen, im Gegensatz zu den Mikroorganismen, eine sichtbare Gefahr dar. Der Befall wird erkennbar an Fraßschäden (Nager), verendeten Tieren (Schaben) oder fliegenden bzw. krabbelnden Insekten. Jeder Befall muss nach der Hygieneverordnung sofort bekämpft werden. Neben dem materiellen Schaden und dem Gesundheitsrisiko gilt:

- Kleinlebewesen sind für die meisten Menschen Ekel erregend. Deshalb schädigt jedes Auftreten das Image des Betriebs. Alle Betriebsangehörigen sind zu verpflichten jeden Schädlingsbefall sofort zu melden.
- Lebensmittel, die mit Kleinlebewesen in Kontakt kommen, sind Ekel erregend und gelten als verdorben.

Die direkten Bekämpfungsmaßnahmen kann man nach ihrer Wirkungsweise einteilen:

- Mechanische Vorrichtungen wie Fliegengitter, Strips (Klebestreifen zum Aufhängen), Fallen usw.
- Chemische Stoffe wie Lockstoffe und Gifte (in Sprays, Stäuben, Spritzmitteln, Ködern).
- Elektrisch verursachte Anlockung und Tötung durch UV- Licht und elektrische Lichtbögen.
- Akustische Vertreibungsmittel mit Hochfrequenztönen, die von Menschen und Haustieren nicht wahrgenommen werden, aber Schädlingen Schmerzen verursachen.
- Resonanz-Schwingungen auslösende Körperschallgeräte, die Gebäudeteile in Schwingungen bestimmter Stärke versetzen und dadurch Schädlinge vertreiben. Sie wirken auch da, wo kein Luftschall hinkommt und sind für Menschen und Haustiere nicht wahrnehmbar.

Chemische Mittel können bei falscher Anwendung auf Lebensmittel übergehen. Deshalb sind die Gebrauchshinweise der Hersteller genau zu beachten. Im Zweifelsfall ist ein anerkannter Schädlingsbekämpfer einzuschalten.
Durch bautechnische Maßnahmen wie geflieste Böden und Wände sowie Abdichtung auch der kleinsten Ritzen versucht man Kleinlebewesen keinen Lebensraum zu bieten. Fliegengitter sind an allen Fenstern vorgeschrieben, die sich ins Freie öffnen lassen. Weil Insekten mit Warenlieferungen eingeschleppt werden, sollte man deren Verpackungen möglichst außerhalb der Lager- und Produktionsräume entfernen.
Abfälle und Lebensmittelreste sind eine ideale Umgebung für Kleinlebewesen. Deshalb müssen sie in geeigneten, mit Deckel verschließbaren Behältern gesammelt und mindestens täglich entsorgt werden. Die Behälter sind nach dem Leeren zu reinigen und zu desinfizieren.
Schmutz auf Tischen und an Geräten, Maschinen und Geschirr bietet den Kleinlebewesen Nahrung; er muss spätestens bei Betriebsschluss vollständig entfernt werden.
Abflüsse im Fußboden müssen nach Betriebsschluss gereinigt und mit Desinfektionslösung aufgefüllt werden.

1. Erklären Sie den Unterschied zwischen Kleinlebewesen und Mikroorganismen.
2. Nennen Sie vorbeugende Maßnahmen gegen Schädigungen durch Kleinlebewesen.
3. Wie kann man Schaben wirksam bekämpfen?

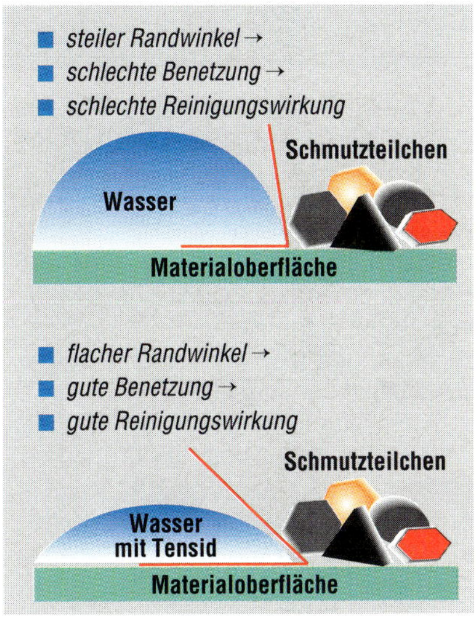

2. **Tenside verringern die Oberflächenspannung des Wassers**

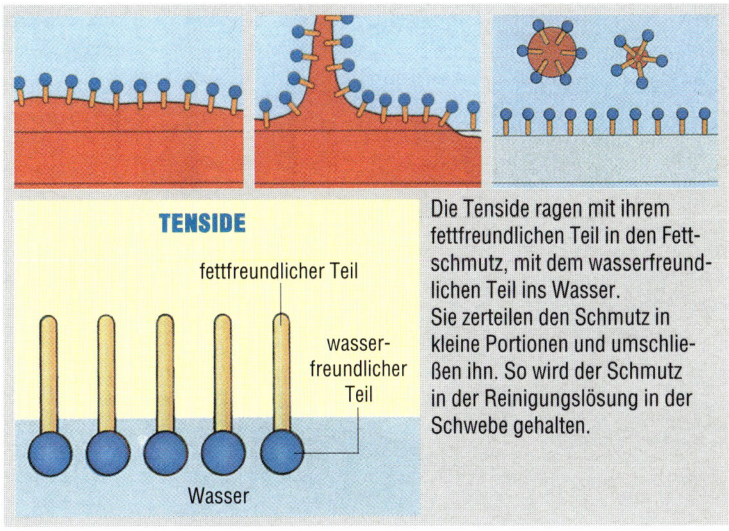

3. **Tenside tragen den Schmutz ab**

1.3 Hygiene durch Reinigen und Desinfizieren

In der Gastronomie gibt es kaum Reinigungsverfahren, bei denen man ohne Wasser auskommt. Auch das Wasser zum Reinigen muss Trinkwasserqualität besitzen. Aufgrund seines chemischen Aufbaus kann Wasser Schmutz aufquellen lassen, lösen und wegspülen.

Temperatur. Sehr eiweißhaltiger Schmutz gerinnt ab etwa 60 °C und klebt dann an den Oberflächen. Deshalb werden z. B. Gegenstände mit angetrockneten Blut- oder Teigresten kalt eingeweicht und abgespült, bevor die Hauptreinigung mit heißer Reinigungslösung durchgeführt wird. Fetthaltiger Schmutz löst sich in heißer Reinigungslösung am besten. Temperaturen über 60 °C beim Spülen oder Waschen töten auch manche Keime ab.

Reinigungsmittel. Seifenartige Stoffe (Fachausdruck: Tenside) setzen die **Grenzflächenspannung des Wassers** herab (Bild 2). Entspanntes Wasser kann den Schmutz besser benetzen und ablösen, weil es sich leichter zwischen die zu reinigende Oberfläche und den Schmutz schieben kann. Tenside sind auch in der Lage Fetttröpfchen und Schmutz einzuschließen und in der Reinigungslösung in Schwebe zu halten. Fett würde sonst auf der Wasseroberfläche eine Schicht bilden (Bild 3). Diese Eigenschaft der Tenside kann die Umweltverträglichkeit herabsetzen; deshalb nur so viel Reinigungsmittel wie unbedingt nötig verwenden und umweltschonende, schnell abbaubare Mittel einsetzen.

Mechanik. Um hartnäckig haftenden Schmutz zu entfernen ist es notwendig, durch Wischen, Kratzen, Bürsten oder Scheuern oder durch Spritzen mit einem starken Wasserstrahl mechanisch auf ihn einzuwirken.

Einwirkungszeit. Je länger Wasser bzw. Reinigungslösung auf den Schmutz einwirken kann, desto leichter löst er sich. In vielen Fällen könnten die Menge des Reinigungsmittels und der mechanische Aufwand verringert werden, wenn die Einwirkungzeit verlängert würde.

Desinfektionsmittel. In vielen Reinigungsmitteln sind zusätzlich Desinfektionsmittel enthalten, die Mikroorganismen auf chemischem Weg abtöten. Wird ein spezielles Desinfektionsmittel verwendet, sind die Hinweise des Herstellers zu beachten. Vor dem Desinfizieren sind die Oberflächen gründlich zu reinigen, sonst wird die Desinfektionswirkung beeinträchtigt.
Desinfiziert werden sollten:
- Sanitärbereiche.
- Hände vor Arbeitsbeginn, nach starker Verschmutzung und nach Toilettenbenutzung.
- Geschirrspülmaschinen, Fußbodenabläufe und Reinigungsgeräte nach Betriebsschluss.

1. Warum soll eine Schüssel mit Teigresten mit kaltem Wasser vorgespüllt werden?
2. Nennen Sie die Ziele beim Einsatz von Reinigungs- und Desinfektionsmitteln.
3. Nennen Sie zwei Gründe, warum der Verbrauch von Reinigungsmitteln reduziert werden sollte.
4. Welche Vorteile hat die Herabsetzung der Oberflächenspannung des Wassers durch Tenside für die Reinigungswirkung?

1. Unhygienischer Lagerraum

Wissen Sie Bescheid?

1. Erläutern Sie den Begriff Lebensmittelhygiene. Begründen Sie, weshalb die Hygiene in der Gastronomie besonders wichtig ist.
2. Warum sind Mikroorganismen aus den Küchen nicht vollständig auszuschließen?
3. Worin liegt die Gefährlichkeit von Mikroorganismen?
4. Mit welchen Maßnahmen kann man das Wachstum von Mikroorganismen hemmen?
5. Bei welchen Nahrungsmitteln werden Mikroorganismen zur Produktion benötigt?
6. Nennen Sie zwei Gärungsvorgänge, jeweils die Ausgangs- und Endprodukte und die beteiligten Mikroorganismen.
7. Welche Wirkungen können durch Gifte von Mikroorganismen beim Menschen verursacht werden?
8. Wie sollte man die Faktoren Temperatur, Reinigungsmittel, Mechanik und Einwirkungszeit im Interesse der Umwelt kombinieren?

Betriebsräume und Einrichtungen

Betriebsräume (Produktions- und Lagerräume) müssen genügend groß und hoch, trocken, leicht zu reinigen, gut beleuchtet, belüftbar, sauber und frei von fremden Gerüchen und Kleinlebewesen sein. Sie dürfen nur Geschäftszwecken dienen; es dürfen keine betriebsfremden Gegenstände darin aufbewahrt werden. Haustiere dürfen nicht geduldet werden. Toiletten und Waschräume für das Personal müssen in ausreichender Zahl vorhanden, leicht erreichbar, hygienisch einwandfrei und von den Betriebsräumen nicht direkt zugänglich sein.

Gegenstände, die mit Lebensmitteln in Kontakt kommen,

- müssen frei von Rost und in einwandfreiem Zustand sein; beschädigte Gefäße dürfen nicht verwendet werden;
- müssen frei von Reinigungsmitteln sein;
- dürfen keine gesundheitsschädigenden oder Ekel erregenden Stoffe an die Lebensmittel abgeben;
- dürfen nicht zu anderen Zwecken verwendet werden.

Personal und Lebensmittel

- Personen mit ansteckenden oder Ekel erregenden Krankheiten dürfen nicht beschäftigt werden.
- Das Personal muss saubere, helle Kleidung und Kopfbedeckung tragen.
- In Betriebsräumen ist Essen und Rauchen verboten.
- Lebensmittel sind ausreichend kühl zu lagern.
- Wenn sich Lebensmittel gegenseitig negativ beeinflussen können, muss dies durch ausreichende Vorkehrung vermieden werden.
- Verdorbene Lebensmittel sind unverzüglich aus Betriebsräumen zu entfernen. Für die vorübergehende Aufnahme von genussuntauglichen Lebensmitteln und Abfällen müssen dicht schließende Behälter benutzt werden.
- Lebensmittel, die von Gästen berührt oder zurückgelassen wurden, dürfen nicht wieder als Lebensmittel für andere verwendet werden.
- Lebensmittel und Betriebsräume dürfen nur mit Trinkwasser behandelt bzw. gereinigt werden.

1.4 Gesetzliche Vorschriften zur Hygiene

Zum Schutz der Verbraucher hat der Gesetzgeber Bestimmungen erlassen, die von allen Lebensmittelbetrieben zu beachten sind.

Allgemeine Vorschriften zur Hygiene enthält das **L**ebens**m**ittel- und **B**edarfsgegenstände-**G**esetz (**LMBG**).

Das **Bundes-Seuchengesetz** hat den Schutz des Menschen vor übertragbaren Krankheiten zum Ziel. Es regelt Meldepflichten, setzt Vorschriften zur Verhütung und Bekämpfung solcher Krankheiten und enthält Bestimmungen über Beschäftigungsverbote.

Die **Lebensmittel-Hygiene-Verordnung** enthält detaillierte Hygiene-Vorschriften. Sie verlangt, dass durch betriebseigene Maßnahmen und Kontrollen eine hygienisch einwandfreie Arbeitsweise sichergestellt wird.

Die Einhaltung der Hygienevorschriften wird von staatlichen Stellen überwacht. Je nach Bundesland werden diese Aufgaben von der Lebensmittel- bzw. Gewerbepolizei oder vom Wirtschaftskontrolldienst wahrgenommen.

2. Trinkwasser: Herkunft und Vergleich

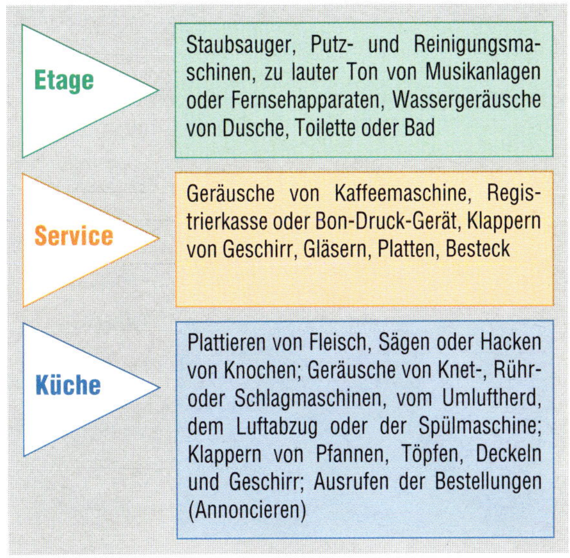

3. Lärm in gastronomischen Bereichen

2 Umweltschutz

2.1 Aspekte des Umweltschutzes

Luft, Boden und Wasser gehören zu den Umweltfaktoren, auf die der Mensch nicht verzichten kann. Lärm ist ein Abfallprodukt der Zivilisation. Dauernde hohe Lärmbelastung führt zu Schwerhörigkeit.

Luft. Die Luftverschmutzung ist in erster Linie eine Folge der zu viel und nicht effektiv eingesetzten Energie für Strom und Heizung, Verkehr und Industrie. Die Reinigung der Abgase reicht noch nicht aus um Mensch und Umwelt vor Schwefel- und Kohlenstoffdioxiden, Stickoxiden und vielen anderen luftverschmutzenden Schadstoffen zu schützen. Die Atemluft ist in manchen Gegenden so stark belastet, dass vermehrt Atemwegserkrankungen festzustellen sind. Außerdem treten Schäden an Gebäuden auf; eine Beeinträchtigung des Klimas ist zu befürchten.

Boden. Durch Niederschläge gelangen die Schadstoffe in den Boden und dessen Versauerung führt zum Baumsterben. Cadmium, ein Schwermetall, gelangt über Klärschlamm und Dünger in den Boden und wird über die Wurzel von der Pflanze aufgenommen. Durch zunehmende Bebauung geht viel unversiegelte Bodenfläche verloren, dadurch steigt die Hochwassergefahr.

Wasser. Die Sorge um das Wasser als Lebensgrundlage bezieht sich auf dessen Qualität (Reinheit) und Quantität (Menge, die ohne Bedenken genutzt werden kann). Industrie, Gewerbe, Landwirtschaft und die Haushalte sind Hauptverursacher der Wasserverschmutzung. Ein Beispiel für die umweltbelastende Form der Landwirtschaft ist die Massentierhaltung, bei der die großen Mengen Nitrat aus den Tierausscheidungen das Grundwasser gefährden können. Mit großem Aufwand versucht man in modernen Kläranlagen die Verschmutzungen soweit zu reduzieren, dass die Flüsse, Seen und Meere ihre Selbstreinigungskraft bewahren können. Ein Problem ist die Erwärmung der Gewässer, weil dadurch das Vermögen des Wassers Sauerstoff zu binden sinkt und manche Wasserbewohner verenden. Weitere Gefahren drohen durch giftige Stoffe, die aus Mülldeponien oder -verbrennungsanlagen ins Wasser gelangen. Abhilfe kann auf lange Sicht nur eine drastische Müllvermeidung und eine Sanierung der Altanlagen schaffen.

Lärm. Schwerhörigkeit bzw. Taubheit sind die häufigsten Berufskrankheiten in Deutschland. Lärm wirkt auf das zentrale Nervensystem ein und kann Beschwerden wie Kopfschmerzen, Herzklopfen, Blutdruckerhöhung, Konzentrationsschwäche und Nervosität auslösen. Ein beträchtlicher Teil des Lärms könnte durch technische Maßnahmen wie bessere Isolierung von Motoren, schallschluckende Boden-, Decken- und Wandbeläge und vor allem durch rücksichtsvolles Verhalten eingedämmt werden. Bei besonders starker Lärmbelastung sollten z. B. Gehörschutzstöpsel getragen werden.

1. Weshalb gewinnt der Umweltschutz immer mehr an Bedeutung?
2. Wie kann Lärm in einem gastgewerblichen Betrieb eingedämmt werden?
3. Welche Beschwerden können durch Lärm verursacht werden?

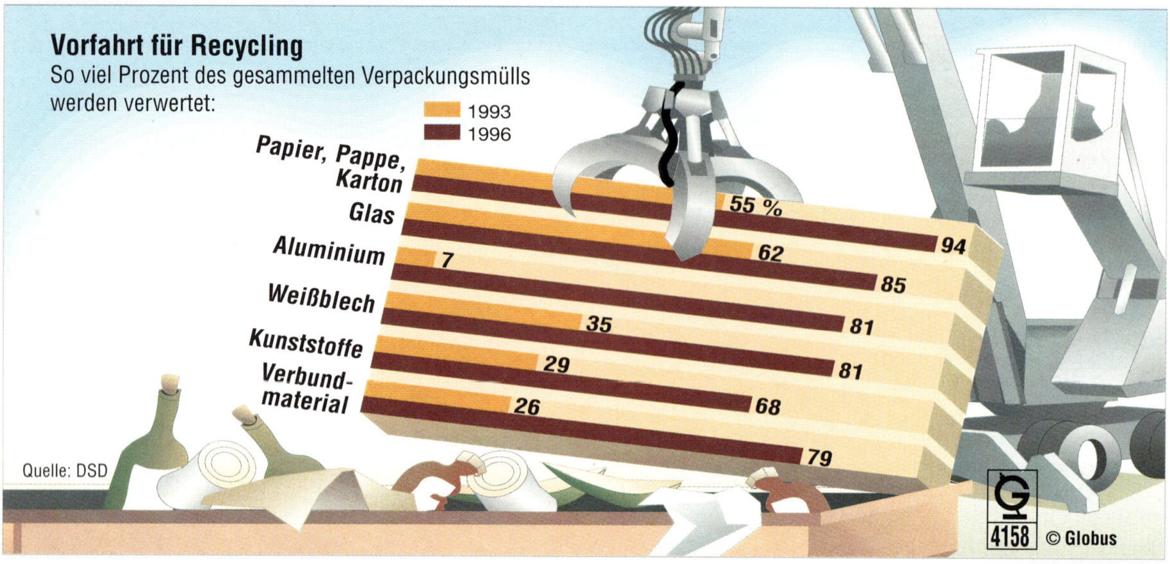

1. Verwertung von Verpackungsmüll

2.2 Maßnahmen zum Umweltschutz

Jedes Produkt belastet die Umwelt, einerseits durch Rohstoffverbrauch, andererseits durch Energieverbrauch, Wasser- und Luftverschmutzung bei der Produktion, beim Transport und bei der Beseitigung.
Der blaue Umweltschutzengel kennzeichnet Produkte mit vergleichsweise geringen Auswirkungen auf die Umwelt und kann bei der Kaufentscheidung hilfreich sein.
Bezogen auf die Gastronomie kann man folgende Entscheidungen zur Verringerung der Umweltbelastungen treffen:

- Auf Einweg-Geschirr und Einmal-Backformen verzichten!
- Nicht mehr benötigte Behältnisse anderen Zwecken zuführen.
- Phosphat- und sulfatfreie Waschmittel verwenden.
- Spül-, Wasch-, Putz- und Desinfektionsmittel sparsam dosieren.
- Abflussreiniger und Backofenreiniger nicht verwenden.
- Keine Zigarettenkippen in die Toilette werfen (eine Kippe verseucht 50 l Wasser mit Nikotin).
- Lärmgedämpfte Rasenmäher und Staubsauger einsetzen.
- Auf Aluminium-Folie verzichten oder die Folie mehrfach verwenden und dem Recycling zuführen.
- Lebensmittelreste für Tierfutter verwenden, Spezialfirmen organisieren zum Beispiel hygienisch einwandfreie Sammlungen und erhitzen die Abfälle, damit keine Krankheiten übertragen werden können.
- Rohe pflanzliche Abfälle kompostieren.
- Im Winter anstelle von Salz Split streuen.
- Problem-Müll gesondert erfassen und sachgerecht entsorgen oder recyclen, zum Beispiel Arzneimittel, Batterien, Büroabfälle wie Toner- und Kopiererrückstände (auch leere Kartuschen), Klebstoffe, Kosmetika, Kühlgeräte, Leuchtstoffröhren, Schädlingsbekämpfungsmittel, Spraydosen, Styropor.
- Sparsamer mit Wasser umgehen: Tropfende Wasserhähne oder undichte Toilettenspülungen reparieren; wassersparende Toilettenspülkästen nutzen; duschen statt baden; Durchflussbegrenzer bei Wasserhähnen und Duschen einbauen; Wasch- und Spülmaschinen nur ganz gefüllt benutzen; Regenwasser für die Gartenbewässerung sammeln.
- Mit Energie sparsam umgehen: Energiesparlampen einsetzen; Licht oder elektrische Geräte nicht unnötig anschalten; Fernsehgeräte ganz ausschalten (Stand-by-Schaltung nur für kurze Fernsehpausen nutzen); Räume nicht überheizen und nachts die Temperatur absenken; bei Spül- und Waschmaschinen Energiesparprogramme benutzen und, wenn möglich, mit 60 °C anstatt mit 90 °C waschen.
- Reparaturfreundliche, energiesparende und langlebige Geräte und Maschinen kaufen.
- Geräte mit Solarbetrieb einsetzen oder wiederaufladbare Batterien verwenden.
- Lösungsmittelarme Klebstoffe einsetzen.
- Getränke in großen Behältern (Fässern, Kanistern mit Rücknahme) oder in Mehrwegflaschen kaufen.
- Artikel aus Recycling-Papier bevorzugen.
- Im Zweifel Produkte kaufen, die den Umweltschutzengel tragen.

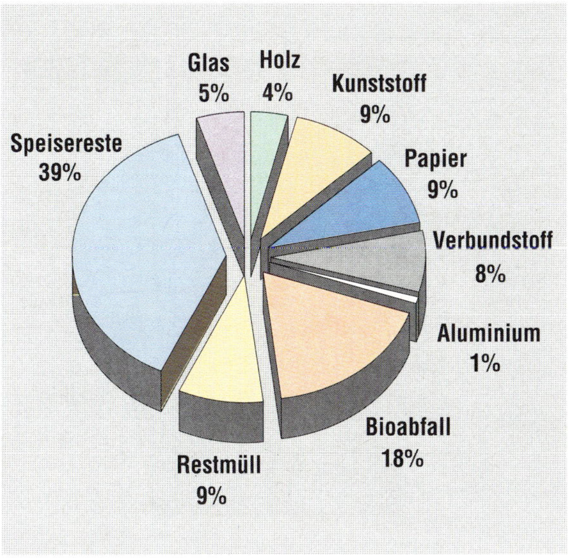

2. Wertstoff-Analyse in gewerblichen Küchen

Entsorgung von Speiseresten

Um die Verbreitung des Schweinepest-Virus zu verhindern, ist die Entsorgung von Speiseabfällen als Schweinefutter nur zulässig, wenn die Abfälle sterilisiert sind. Die früher weit verbreitete Praxis, dass Schweinemäster die Speiseabfälle ohne ausreichendes Erhitzen verfütterten, ist seit einigen Jahren verboten. Gastgewerbliche Betriebe, die auf diesem Weg ihre Speiseabfälle entsorgen, müssen mit einem Strafbescheid wegen unerlaubter Entsorgung und unter Umständen mit Schadenersatzforderungen rechnen. Diese Maßnahmen sind notwendig, weil bisher keine Schutzimpfung oder Krankheitsbehandlung bei Schweinepest möglich ist.

Grundsätzlich zulässig bleibt die Direktabgabe an Mastbetriebe, wenn sichergestellt ist, dass die Abfälle bei mindestens 90 °C eine Stunde sterilisiert wurden. Eine geeignete Anlage ist jedoch teuer.

Entsorgungsfirmen bieten folgenden Service an: Spezialbehälter von 120, 240 oder 1100 l Inhalt werden ein- bis dreimal pro Woche abgeholt und in die Verarbeitungsanlage gefahren. Dort werden die Abfälle zerkleinert, vermischt und im Autoklaven bei 3 bar und 133 °C sterilisiert. Das Produkt wird von Schweinemastbetrieben übernommen. Die Spezialbehälter werden gereinigt zurückgebracht und leihweise zur Verfügung gestellt.

Im Versuchsstadium sind Vergärungsanlagen, die aus Speiseresten Gas erzeugen, das zur Energiegewinnung dienen kann. Der Restmüll ist kompostierbar.

Zur Verpackungsordnung

Im Folgenden sind die wesentlichen Festlegungen der Verpackungsordnung (VO) kurz dargestellt:

1. **Abfallwirtschaftliche Ziele:**
   Verpackungsabfälle sollen vermieden werden durch
   - quantitative Vermeidung,
   - Wiederbefüllung,
   - vorrangig stoffliche Verwertung.
2. **Anwendungsbereich:**
   Alle Hersteller und der gesamte Handel (ausgenommen sind schadstoffbehaftete Verpackungen).
3. **Begriffsbestimmungen:**
   - Es wird unterschieden zwischen Transportverpackungen, Verkaufsverpackungen und Umverpackungen.
   - Getränkeverpackungen sind solche, die für flüssige Nahrungsmittel verwendet werden, ausgenommen sind Jogurt und Kefir.
   - Mehrwertverpackungen sind solche, die zurückgegeben und wiederbefüllt werden.
   - Das Einzugsgebiet des Herstellers ist das Verbreitungsgebiet seiner Waren.
   - Endverbraucher ist, wer die Ware nicht mehr weiterveräußert.
4. **Rücknahmepflicht für Transportverpackungen:**
   Sie sind im Handel bzw. vom Hersteller zurückzunehmen.
5. **Rücknahmepflicht für Umverpackungen:**
   - Sie sind vom Handel im Laden zurückzunehmen und/oder auf dessen Gelände zu entfernen oder zurückzunehmen.
   - Der Handel hat an den Kassen auf diese Möglichkeit hinzuweisen .
6. **Rücknahmepflicht für Verkaufsverpackungen:**
   - Sie sind vom Handel zurückzunehmen.
   - Die Rücknahmepflicht beschränkt sich auf solche Waren, welche der Vertreiber in den Verkehr bringt.
   - Die Rücknahmepflicht kann durch die Beteiligung der Hersteller und Vertreiber an der Dualen Abfallwirtschaft ausgesetzt werden.
   - Für die Erfassung und Sortierung der Verpackungen sind Mindestquoten innerhalb bestimmter Fristen zu erreichen
   - Dies gilt auch fur den Versandhandel.
   - Die Landesbehörden haben festzustellen, ob des Duale System eingerichtet ist und die gesetzten Ziele erreicht werden.

   Für die Rücknahmepflichten gilt grundsätzlich, dass
   - die zurückgenommenen Verpackungen nicht in die öffentliche Abfallbeseitigung gelangen dürfen.
   - die Zuordnung der einzelnen Verpackung und damit deren Verbleib von der Entscheidung des Endverbrauchers abhängt.
   - die Kostenübernahme für die verschiedenen Rücknahme- und Entsorgungsdienstleistungen für Umverpackungen und Transportverpackungen nicht geregelt ist.
7. **Pfanderhebungspflicht für Getränkeverpackungen:**
   Für Getränkeverpackungen größer als 0,2 l wird ein Zwangspfand von 50 Pfennigen erhoben und bei Rückgabe zurückerstattet.
8. Die **Pfandpflicht** gilt entsprechend für die Verpackung von Dispersionsfarben ab 2 kg und Wasch- und Reinigungsmittel ab 0,2 l ausgenommen Nachfüllpackungen.
9. **Befreiung von Rücknahme- und Pfandpflicht:**
   - Die Rücknahmepflicht für Flüssigkeits-Verpackungen tritt nur in Kraft, wenn die aktuellen Mehrwegquoten von durchschnittlich 72 Prozent (bei Milch 17 Prozent) unterschritten werden.
10. **Beschränkung der Rücknahmepflicht und Pfanderhebungspflicht:**
    - Vertreiber müssen nur solche Flüssigkeitsverpackungen zurücknehmen, die sie im Angebot führen und die aus ihrem Einzugsgebiet stammen.

3. Verpackungsordnung

Müllart	mögliche Entsorgung	
Gemüseabfall	verfüttern ➡	Schweinefutter
Fett	verseifen ➡	Waschmittelherstellung
Blech	pressen ➡	Metallgewinnung
Glas	schmelzen ➡	Glasherstellung
Kunststoff	zerkleinern ➡	Kunststoffgewinnung
Papier	zerkleinern ➡	Papierherstellung

1. Mülltrennung und Müllentsorgung

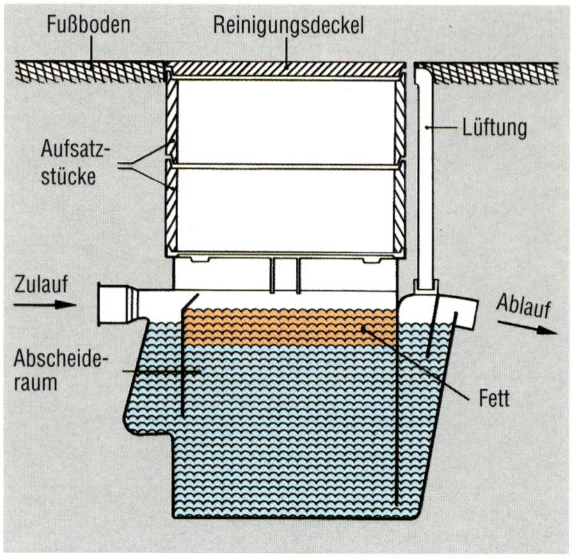

2. Funktion eines Fettabscheiders

2.3 Abfallbeseitigung und Wiederverwertung

Die Zusammensetzung des anfallenden Mülls hängt von der Konzeption des Betriebes ab. Werden etwa hauptsächlich tiefgekühlte Gemüse verwendet, ist der Anteil an Gemüseabfällen gering; nimmt man viele Konservendosen, steigt der Metallabfall.

Beim Sammeln von Müll in den Betriebsräumen ist darauf zu achten, dass keine Geruchsbelästigung, keine Brandgefahr (Aschenbecher mit glimmendem Inhalt) und keine hygienischen Risiken auftreten. Deshalb sind Mülleimer verschlossen zu halten, regelmäßig zu entleeren, zu reinigen und zu desinfizieren. Die Abfälle sind nach ihrer möglichen Weiterverwertung zu sortieren:

- Gemüseabfälle, Kartoffelschalen und Essensreste sind bis zur Abholung zu kühlen. Sollen Speiseabfälle an Tiere verfüttert werden, sind sie vorher zu sterilisieren.
- Verbrauchtes, genussuntaugliches Fett, das besonders beim Fritieren anfällt, wird von Recycling-Firmen abgeholt und zum Beispiel zu Seifen, Waschmittel oder Schmierfetten verarbeitet.
- Die übrigen Müllsorten möglichst getrennt der Wiederverwertung oder umweltschonenden Entsorgung zuführen (Bild 1).

Presscontainer können das Müllvolumen erheblich reduzieren. Es werden auch Geräte eingesetzt, die den Müll in kleine Stücke zerreißen, entwässern und als Granulat wieder abgeben. Müllbehälter müssen bis zur Abholung so aufgestellt und verschlossen werden, dass weder üblen Gerüche auftreten noch Nager oder Insekten angelockt werden.

2.4 Abwasserbeseitigung

Die Abwässer gastgewerblicher Betriebe enthalten drei problematische Stoffgruppen.

- **Chemische Substanzen,** vor allem aus Reinigungs-, Spül-, Wasch- und Desinfektionsmitteln, die ihrem Verwendungszweck entsprechend Mikroorganismen hemmen oder gar abtöten. Die biologische Reinigung der Abwässer wird durch diese Stoffe gestört.
- **Stärkehaltiges Wasser,** das in Betrieben anfällt, die große Mengen Kartoffeln maschinell schälen. Sie müssen einen Stärkeabscheider einbauen, damit die sich absetzende Stärke die Leitungen nicht verstopft.
- **Fetthaltiges Wasser,** das in großen Mengen in Betrieben mit Küchenführung anfällt. Es fließt meist im heißen Zustand in die Entwässerungsleitungen, kühlt darin ab und das Fett lagert sich an den Wänden ab. Weil es sich mit schweren Schmutzteilchen wie Sand, Schlamm, Asche verbindet, erreichen diese Verklebungen Betonhärte. Die verstopften Leitungsrohre müssen gereinigt oder ausgewechselt werden. Aus diesem Grund müssen Betriebe, die mehr als 200 Portionen warmes Essen pro Tag ausgeben, alle fetthaltigen Abwässer über einen Fettabscheider ableiten. Weil es im Fettabscheider zur Bildung von übelriechenden Fettsäuren kommen kann, sollten sie im Freien liegen. Sie müssen regelmäßig entleert und das Fett sachgerecht entsorgt werden.

1. Stellen Sie in einer Tabelle dar, wie der Müll in Ihrem Betrieb sortiert wird.
2. Warum sind Fettabscheider notwendig?

Beispiele der Energieeinsparung

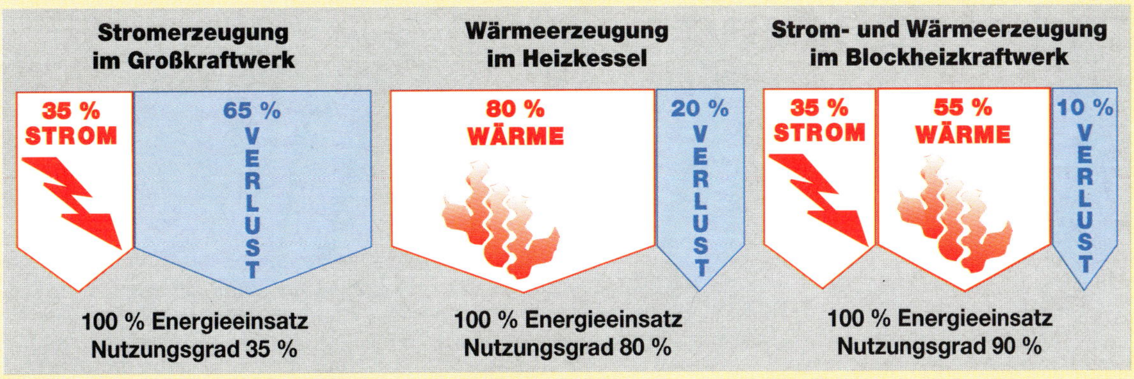

3. Vorteile der Kraft-Wärme-Kopplung

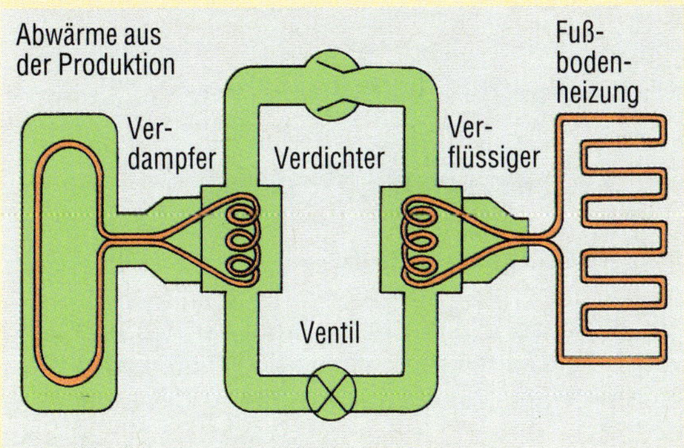

4. Wärmerückgewinnung

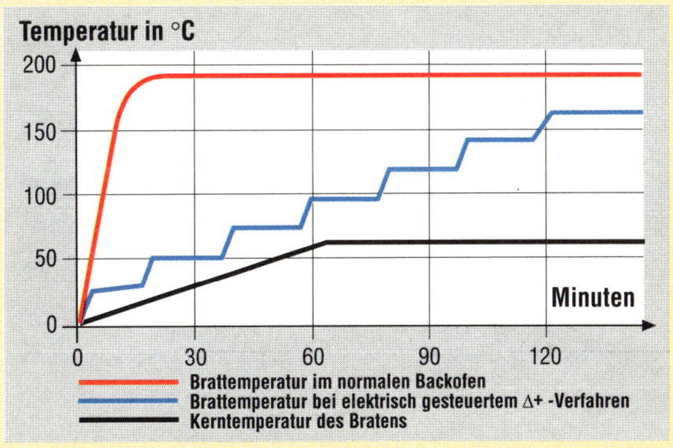

5. Energiesparen beim Braten

Kraft-Wärme Kopplung

Zur Strom- und Wärmeerzeugung werden vor allem Kohle, Erdöl, Erdgas, Uran eingesetzt. Der Nutzungsgrad dieser Primärenergien bei der Stromerzeugung in modernen Großkraftwerken beträgt ca. 35 %; bei der Wärmeerzeugung in Heizanlagen etwa 80 %. Wird die Wärme, die bei der Stromerzeugung anfällt, zur Heizung genutzt, erreicht man einen Nutzungsgrad von 90 %. Kraft-Wärme-Kopplung ist dort sinnvoll, wo die anfallende Wärme auch genutzt werden kann, zum Beispiel in Hotels, Krankenhäusern, Schwimmbädern, Hochhäusern oder Siedlungen, und der erzeugte Strom entweder verbraucht oder in das öffentliche Stromnetz eingespeist wird. Kleine, dezentrale Anlagen (Blockheizkraftwerke) können kostengünstig und umweltschonend Strom und Wärme erzeugen.

Wärmerückgewinnung

Ungenutzte Wärme fällt in vielen Bereichen eines Hotels an. Beispiele hierfür sind die Abluft der Restaurant- und Küchenräume, die Wärmeerzeugung beim Betrieb von Kühleinrichtungen, warme Abwässer aus Hotelzimmern, Spül- und Kochvorgängen. Diese Wärme kann durch Wärmerückgewinnungs-Anlagen nutzbar gemacht werden. Wärmetauscher „fangen" diese Abwärme teiweise auf und setzen sie zur Heißwasserbereitung und Raumheizung wieder ein. Durch eine konsequente Nutzung dieser Technologie lassen sich ca. 15 % der Energiekosten eines Hotels einsparen.

Garen

Im Vergleich zum Kochen in viel Flüssigkeit wird beim Dämpfen wesentlich weniger Energie verbaucht.

Beispiel: *Garen von 20 kg Blumenkohl*
Kochen: *14 kW*
Dämpfen im Kombinations-Gargerät: *5 kW*

Beim Braten mit elektronisch gesteuerten Δt-Verfahren (die Gartemperatur wird stufenweise erhöht, bis der Unterschied zwischen der gewünschten Kerntemperatur des Bratens und der dazu erforderliche Gartemperatur ausgeglichen ist) wird der Energieaufwand halbiert.

Beispiel: *Braten von 20 kg Schweinekamm*
ohne Δt-Verfahren *10 kW*
mit Δt-Verfahren *5 kW*

Lebensmittel und Ernährung

(§ 1) Lebensmittel
Stoffe, die dazu bestimmt sind von Menschen verzehrt zu werden, ausgenommen Arzneimittel.

(§ 2) Zusatzstoffe
Stoffe, die dazu bestimmt sind Lebensmitteln zur Beeinflussung ihrer Beschaffenheit oder zur Erzielung bestimmter Eigenschaften oder Wirkungen zugesetzt zu werden, ausgenommen Wasser und Gewürze.

(§ 3) Tabakerzeugnisse
Produkte, die aus Rohtabak hergestellt und zum Rauchen, Kauen oder Schnupfen bestimmt sind.

(§ 4) Kosmetische Mittel
Stoffe oder Zubereitungen, die äußerlich am Menschen zur Reinigung, Pflege oder zur Beeinflussung von Aussehen und Körpergeruch angewendet werden.

(§ 5) Bedarfsgegenstände
Gegenstände, die dazu bestimmt sind beim Herstellen, Behandeln, Inverkehrbringen oder dem Verzehr von Lebensmitteln verwendet zu werden, zum Beispiel Behältnisse, Geschirr, Reinigungsmittel.

1. **Produktgruppen für die das LMBG gilt**

Allgemeine Vorschriften

Lebensmittel- und Bedarfsgegenständegesetz
enthält Vorschriften zum Schutz des Verbrauchers

- Schutz der Gesundheit
- Schutz vor Täuschung

Zusatzstoff-Zulassungverordnung
regelt die Verwendung von Zusatzstoffen

Lebensmittel-Kennzeichnungsverordnung
schreibt vor, welche Angaben auf der Verpackung stehen müssen

Höchstmengenverordnungen für
- Schadstoffe
- Pflanzenschutzmittel
- Stoffe mit pharmakologischer Wirkung

Vorschriften für einzelne Lebensmittel
- Fleischhygiene-Verordnung
- Hackfleischverordnung
- Eiprodukte-Verordnung
- Getreidegesetz

Deutsches Lebensmittelbuch
enthält Leitsätze zur Herstellung, Beschaffenheit und Bezeichnung bestimmter Lebensmittel

Lebensmittelüberwachung

2. **Bestandteile des Lebensmittelrechts (Beispiele)**

1 Lebensmittelrecht

1.1 Rechtsgrundlagen

Alle Personen, die mit Herstellung, Vertrieb und Verkauf von Lebensmitteln beschäftigt sind, unterliegen der Lebensmittelgesetzgebung. Kernstück ist das Lebensmittel- und Bedarfsgegenständegesetz **(LMBG).** Über 20 weitere Gesetze und 90 davon abgeleitete Verordnungen **(VO)** ergänzen die Rechtsgrundlage in diesem Bereich.
Als Rechtsvorschrift dienen sie den Organen der ausführenden Gewalt (Lebensmittelkontrollbehörden) und der Rechtssprechung (Gerichte). Zunehmend greifen Bestimmungen der Europäischen Union ins Lebensmittelrecht ein. Eine Hilfe bieten auch die Produktbeschreibungen in den **Leitsätzen des Deutschen Lebensmittelbuches,** die den Rang von Sachverständigen-Gutachten haben und den Herstellern einen bestimmten Freiraum gewähren, jedoch größere Qualitätsabweichungen als unzulässig begrenzen.

Lebensmittel-Kennzeichnungsverordnung (LMKV)
Sie gilt für Lebensmittel in Fertigpackungen, die an Verbraucher (auch Gastgewerbe) abgegeben werden. Dazu gehören Lebensmittel in Dosen, Gläsern, Folien, Beuteln. Ausnahmen sind unter anderem vakuumiertes Fleisch oder Gewürze. In Ausnahmefällen kann die Kennzeichnung auf den Begleitpapieren erfolgen, etwa bei verzehrfertig zubereitete Gerichten. Zur Kennzeichnung sind fünf Angaben erforderlich:
Verkehrsbezeichnung, Mengenangabe, Zutatenliste, das Mindesthaltbarkeits- oder Verbrauchsdatum sowie Name und Anschrift des Herstellers, Verpackers oder Verkäufers.

	Verkehrsbezeichnung	Beispiele
	durch Rechtsvorschrift festgelegte Bezeichnung	Deutsche Markenbutter Deutsche Molkereibutter
oder	verkehrsüblich (zum Teil in den Leitsätzen geregelt)	Sauerbraten Wiener Schnitzel Medaillons
oder	für den Verbraucher eindeutig beschrieben	Rinderfilet in Blätterteig
zusätzlich möglich	Herstellerangaben und Handelsmarken Fantasiebezeichnungen	

3. **Angabe der Verkehrsbezeichnung**

MINDESTHALTBARKEIT	Kennzeichnung
weniger als 3 Monate	„mindestens haltbar bis … (Tag und Monat)
3 bis 18 Monate	„mindestens haltbar bis Ende … (Monat und Jahr)
mehr als 18 Monate	„mindestens haltbar bis Ende … (Jahr)
Besonderheiten	
Datum steht auf Deckel oder Boden	„mindestens haltbar bis Datum siehe Deckel/Boden
für die Haltbarkeit sind bestimmte Temperaturen erforderlich	„bei 7 °C mindestens haltbar bis …
VERBRAUCHSDATUM	**Kennzeichnung**
bei zerkleinertem rohem Fleisch (Stücke unter 100 g) und Erzeugnisse daraus	„verbrauchen bis spätestens 14.3. …

4. **Mindesthaltbarkeits- und Verbrauchsdatum**

Mit der Angabe des **Mindesthaltbarkeitsdatums** informiert der Hersteller den Weiterverkäufer oder Verbraucher darüber, wie lange nach seiner Auffassung das Lebensmittel bei sachgerechter Lagerung ohne Qualitätsverlust mindestens haltbar ist. Die Angabe bedeutet keine Garantie.

Das Überschreiten des Mindesthaltbarkeitsdatums bedeutet nicht ohne weiteres, dass das Erzeugnis von minderer Qualität oder gar verdorben ist und nicht mehr verkauft oder verzehrt werden darf. Entsprechende Lebensmittel sind jedoch besonders sorgfältig eingehenden Qualitätskontrollen zu unterziehen. Sollte ein Lebensmittel bereits vor Ablauf des Mindesthaltbarkeitsdatums qualitätsmäßig gemindert sein, ist die Forderung nach Ersatz durchaus berechtigt. Das **Verbrauchsdatum** gibt an, wann ein Lebensmittel als verdorben anzusehen ist.

Verkehrsbezeichnung, Mengenangabe und Mindesthaltbarkeitsdatum sind in einem Sichtfeld oder auf einem Etikett in deutscher Sprache anzugeben.

Im Zutatenverzeichnis müssen alle Zutaten in absteigen der Reihenfolge ihres Gewichtsanteils zum Zeitpunkt der Herstellung angegeben werden.

Zusatzstoff-Zulassungsverordnung

Alle Zusatzstoffe sind auf dem Lebensmittel-Etikett mit ihrem Klassennamen (man unterscheidet z. B. Farb-, Konservierungsstoffe, Antioxidantien, Emulgatoren, Verdickungsmittel, Geschmacksverstärker) **und** mit ihren E-Nummern („E" steht für Europa) anzugeben. Ihre Verarbeitung ist nur in gesetzlich zugelassenen Höchstmengen für ein bestimmtes Produkt erlaubt.

Folgende **Zusatzstoffe** müssen auf Speisekarten deklariert werden. Meist verwendet man ihre Kenn-Nummern:

- **Sorbinsäure** (Kenn-Nr. 1) wird bei verpacktem Schnittbrot gegen Schimmelbildung eingesetzt;
- **Benzoesäure** (2), **PHB-Ester** (3) und **Ameisensäure** (4) verhindern in Sauerkonserven und Majonäsen das Wachstum von Mikroorganismen und die Keimung von Mikroorganismen-Sporen. Schalen von Zitrusfrüchten können mit Konservierungsstoffen behandelt sein; Schalen dieser Früchte dürfen nicht verwendet werden.
- Mit der Kenn-Nr. 5 werden **Farbstoffe** gekennzeichnet.

Preisangabe-Verordnung

Die Position des Verbrauchers soll durch die Möglichkeit zum Preisvergleich gestärkt werden. Zur Preisangabe ist jeder verpflichtet, der Waren oder Leistungen gegenüber Verbrauchern anbietet. Es ist der jeweils gültige Endpreis einschließlich Bedienung, sonstiger Bestandteile, z. B. Konzertzuschlag, und gesetzlicher Umsatzsteuer (Mehrwertsteuer) anzugeben.

Das Speisen- und Getränkeangebot ist in Karten aufzunehmen. Die Karten müssen entweder in ausreichender Zahl auf den Tischen aufliegen oder jedem Gast vor Entgegennahme der Bestellung ausgehändigt werden. Außerdem muss neben dem Eingang zur Gaststätte ein Preisverzeichnis angebracht sein.

In jedem zur Beherbergung dienenden Zimmer ist gut wahrnehmbar angeordnet (nicht im Schrank) ein Preisverzeichnis anzubringen, aus dem der Zimmerpreis und die Preise für sonstige Leistungen, z. B. Halbpension, Telefongebühren, ersichtlich sind.

	Erzeugnisse aus zerkleinertem rohem Fleisch	Bestimmungen
Hackfleischerzeugnisse sind besonders schnell verderblich.Sie dürfen in Gaststätten nur zur Abgabe als verzehrfertige Speisen hergestellt werden. Die Betriebe müssen über abgetrennte Küchen verfügen, die dem Publikumsverkehr nicht zugänglich sind. Zur Herstellung von Hackfleisch benutzte Geräte (auch Steaker) müssen täglich mindestens mittags und abends gründlich mit heißem Wasser gereinigt und bei Verwendung von Reinigungsmitteln mit klarem Wasser nachgespült werden.	• gestückeltes Fleisch an Spießen, gesteakte Fleischstücke, geschnetzeltes Fleisch, Klöße, Klopse, Frikadellen, gehackte Innereien, Hackfleisch;	Hackfleisch darf nur aus rohem Skelettmuskelfleisch (kein gegartes Fleisch und keine Innereien) hergestellt sein. Maximal zulässiger Fettgehalt von Hackfleisch: Rinderhack 20 %, Schweinehack 35 %, Mischungen 30 %, Schabefleisch (Tatar) 6 %. Hackfleisch muss am Tag der Herstellung gegart werden.
	• frische Bratwurst, Wurstbrät, Vorprodukte für Frikadellen und Fleischfüllungen;	Die Abgabe ist auch am Tag nach der Herstellung zulässig.
	• zubereites Hackfleisch wie Tatar, Hackepeter, Thüringer Mett	Keine Zutaten außer Salz, Zwiebeln und Würzmittel

1. **Bestimmungen der Hackfleischverordnung**

HACCP als Hygiene- und Qualitätssicherungskonzept

HACCP (sprich Hässep) heißt sinngemäß

Hazard	=	Gefahr(en)
Analysis	=	Analyse (und Überwachung)
Critical	=	kritischer
Control	=	Kontroll(e)
Points	=	Punkte

Betroffen davon sind alle Betriebe, die Lebensmittel verarbeiten und abgeben. Die Hauptforderung der EU-Richtlinie (Auszug aus Artikel 3, Absatz 2) lautet:
„Die Lebensmittelunternehmen stellen für die Lebensmittelsicherheit kritischen Punkte im Prozessablauf fest und tragen dafür Sorge, dass angemessene Sicherheitsmaßnahmen nach den Grundsätzen des HACCP-Systems festgelegt, durchgeführt, eingehalten und überprüft werden."

Die Grundsätze des HACCP-Systems, die in die Lebensmittelhygiene-Verordnung übernommen wurden:
- Erstellen einer Risikoanalyse der betrieblichen Gesamtsituation und der Lebensmittelbehandlungsprozesse
- Erkennen von Risiken für Lebensmittel bei allen Prozessstufen im Arbeitsablauf
- Festschreibung aller Prüf- und Überwachungsmaßnahmen
- Dokumentation der kritischen Punkte
- Regelmäßige Kontrolle der eingeleiteten Maßnahmen.

Schulungen und Unterweisungen für alle Betroffenen sind dabei Pflicht. Sie sind in bestimmten Zeitabständen zu wiederholen und zu dokumentieren. Die Unterweisungen müssen so erfolgen, dass sie alle verstehen.

Risiko-/Schwachstellenanalyse und kritische Kontrollpunkte

Durch Erstellen einer Risiko-/Schwachstellenanalyse werden alle kritischen Punkte aufgezeigt. Unter kritischen Punkten versteht man alle Stellen im Verarbeitungsprozess, bei denen für Lebensmittel das Risiko besteht genussuntauglich zu werden.
Die Kontrolle dieser Punkte kann durch Checklisten oder durch Ausdrucke von Messgeräten dokumentiert werden.
Beispiel:
- **Wareneingang:** Transportbedingungen, Temperaturen von gekühlter Tiefkühlware, Mindesthaltbarkeitsdatum
- **Lagerhaltung:** Sachgemäße Behälter, Produkttrennung, Temperaturpläne, Schädlinge

Personal- und Gerätehygiene

Vorbereitung. Trennung von reinen und unreinen Arbeitsbereichen (Kreuzkontaminationen), Raumtemperaturen, Schädlinge

Zubereitung und Ausgabe. Einhaltung der Temperatur grenzwerte für gekühlte und erhitzte Speisen

Speisenüberproduktion. Sofortige schnelle Kühlung, geeignete Gefäße, Lagerbedingungen

Spülen, Reinigen. Reinigungspläne, Reinigungs- und Desinfektionsmittel, (Konzentrationen, Einwirkzeiten)

Abfälle. Trennung, Lagerung, Entsorgung, Entsorgungstermine, Schädlinge

1. Erklären Sie den Begriff HACCP.
2. Wer ist von HACCP betroffen?
3. Zählen Sie die Grundsätze des HACCP-Systems auf.

ETAGE	– Reichen die eingesetzten Reinigungskräfte, -methoden, -mittel, -geräte und -maschinen um die erforderliche Sauberkeit zu gewährleisten?
SERVICE UND KÜCHE	– Ist beschädigtes Geschirr im Gebrauch? – Wird zweckmäßige und saubere Arbeitskleidung getragen? – Werden bei der Speisenzubereitung und beim Wiedererwärmen die nötigen Erhitzungszeiten eingehalten? – Wird ausreichend gekühlt? – Sind die Zeiten zwischen Speiseherstellung und Verzehr nicht zu lang?
BUFETT	– Kann der Gast kontrollieren, welche Getränkemenge er bekommt? – Wird das Betriebsbuch richtig geführt?
MAGAZIN	– Entsprechen die Lagerräume den Vorschriften (z. B. keine Holzregale, wenn Mehl im Raum lagert!)? – Werden die Lebensmittel sachgerecht gelagert? Wird auf das Mindesthaltbarkeitsdatum geachtet? – Werden die Räume in kurzen Zeitabständen auf Schädlingsbefall untersucht?

2. **Betriebsinterne Kontrollen**

Wissen Sie Bescheid?

1. Welche Personen unterliegen der Lebensmittel-Gesetzgebung?
2. Wer überwacht die Einhaltung der Rechtsvorschriften im Bereich des Lebensmittelrechts?
3. Zählen Sie die Mindestangaben auf Fertigpackungen bei Lebensmitteln auf.
4. Welche Erzeugnisse fallen unter die Bestimmungen der Hackfleischverordnung?
5. Wodurch unterscheidet sich Rinderhack vom Tatar?
6. Warum trägt verpacktes Hackfleisch ein Verbrauchsdatum und kein Mindesthaltbarkeitsdatum?
7. Nennen Sie zwei Möglichkeiten der Dokumentation von Kontrollmaßnahmen nach dem HACCP-Konzept.
8. Nennen Sie das Hauptziel der Lebensmittelüberwachung und erklären Sie den Begriff Planproben.
9. Worauf ist bei einer Probeentnahme zu achten?

1.2 Kontrolle der Einhaltung gesetzlicher Regelungen

Lebensmittelüberwachung

Besonders ausgebildete Personen staatlicher Überwachungsorgane überprüfen die Einhaltung der Gesetze und Verordnungen. Sie sollen verhindern, dass Lebensmittel zum Verkauf gelangen, die

- mit krankheitserregenden Mikroorganismen infiziert sind,
- durch mangelnde Hygiene bei der Gewinnung, Herstellung und beim Vertrieb Ekel erregend sind,
- zu stark mit Schadstoffen oder Rückständen belastet sind,
- irreführend bezeichnet sind,
- nachgemacht oder verfälscht sind.

Diese Aufgaben sind wie folgt aufgeteilt:

- Beamte der Lebensmittelpolizei bzw. des Wirtschaftskontrolldienstes führen die grundlegenden Arbeiten der Lebensmittelüberwachung durch. Ihr Tätigkeitsbereich erstreckt sich auf die Kontrolle der Einhaltung gesetzlicher Vorschriften und die Probenentnahme.
- Beamte der chemischen Untersuchungsämter untersuchen die Zusammensetzung und Genusstauglichkeit.
- Beamtete Tierärzte führen u. a. die Lebendtierbeschau und die Fleischbeschau durch.
- Amtsärzte der Staatlichen Gesundheitsämter überwachen die Mitarbeiter eines Betriebs nach dem Bundesseuchengesetz und stellen Gesundheitszeugnisse aus.
- Mitarbeiter der Staatlichen Eichämter sind mit der Kontrolle von Waagen und Gewichten und der Einfüllmengen in Verkaufspackungen beauftragt.

Diese staatlichen Organe werden entweder auf behördliche Anordnung tätig oder aufgrund von Beschwerden, die jeder Verbraucher vorbringen kann.
Meist handelt es sich um gemeinsam geplante Maßnahmen, die sich auf einen Schwerpunkt beziehen (z. B. Speiseeis, Fette in Friteusen, Schneideunterlagen, Preisauszeichnungen, baulicher Zustand der Betriebsräume). Die Ämter beraten die Betriebe bei allen Fragen, die mit ihrem Aufgabenbereich zusammenhängen. Hauptziel der Lebensmittelüberwachung ist die vorbeugende Kontrolle.

Betriebskontrolle

Die Beamten sind befugt sämtliche Betriebsräume zu besichtigen. Der Betriebsinhaber und die Mitarbeiter sind verpflichtet die Kontrolleure zu unterstützen.
Betriebskontrollen umfassen auch „Randbereiche" des Lebensmittelrechts. So wird beispielsweise die verschmutzte Berufskleidung oder die fehlende Kopfbedeckung beanstandet. Auf die Einhaltung der Vorschriften der Preisangaben-Verordnung wird im Bewirtungs- und im Beherbergungsbereich besonders geachtet. In Speisekarten wird auf die Angabe von Zusatzstoffen Wert gelegt.

Probeentnahme

Je 10 000 Einwohner werden im Jahr mindestens 50 Lebensmittelproben (Planproben) „gezogen".
Bei der Probeentnahme muss dem Hersteller oder Verkäufer einer Ware eine Gegenprobe gleicher Art, amtlich verschlossen und versiegelt, zurückgelassen werden, wenn er nicht ausdrücklich darauf verzichtet. Sie wird mit dem Entnahme- und dem Mindesthaltbarkeitsdatum beschriftet.

1. Ernährungskreis

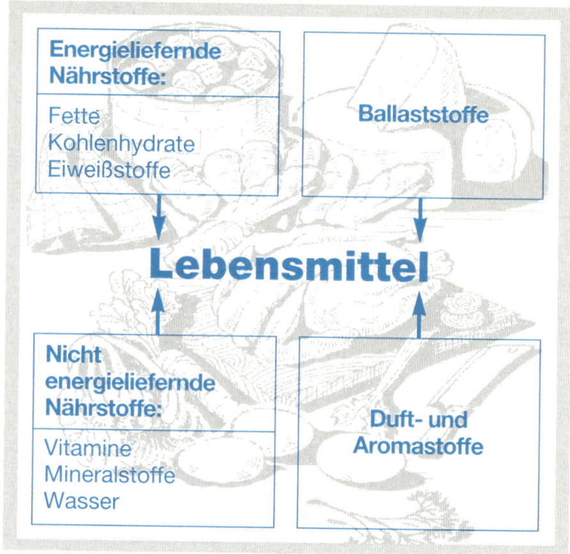

2. Zusammensetzung von Lebensmitteln

2 Grundlagen der Ernährung

Nahrungsmittel dienen der menschlichen Ernährung in unverändertem, verarbeitetem oder zubereitetem Zustand. Sie stammen von Pflanzen oder von Tieren.

Gesetze und Verordnungen regeln den Umgang mit Nahrungsmitteln, die zum Verkauf angeboten werden. Obwohl es viele sehr unterschiedliche Nahrungssmittelinhaltsstoffe gibt, beschränken sich die ernährungsphysiologisch und küchentechnisch bedeutsamen Nahrungsmittelbestandteile auf wenige Stoffgruppen, die Nähr- und Wirkstoffe. Sie liefern die notwendige Energie und dienen zum Aufbau und zur Erhaltung der Körpersubstanz bzw. übernehmen im Körper steuernde und regelnde Funktionen.

Nährstoffe sind Kohlenhydrate, Fette, Eiweißstoffe, Mineralstoffe, Vitamine und Wasser. Energie liefern Kohlenhydrate, Fette, Eiweiß.

Nach ihrer Funktion im Körper unterscheidet man die Nahrungsmittelinhaltsstoffe wie folgt:

- Baustoffe, die im Wesentlichen die Körpersubstanz ausmachen (Wasser, Eiweiß, Mineralstoffe),
- Brennstoffe (Kohlenhydrate, Fett, bedingt: Eiweiß)
- Wirk- und Reglerstoffe (Vitamine, Mineralstoffe, Enzyme, Hormone)
- und den Transportstoff Wasser, der u. a. Nähr- und Wirkstoffe, Sauerstoff und Kohlenstoffdioxid im Blut transportiert,
- funktionsfördernde Bestandteile (Ballaststoffe, Farb-, Duft- und Geschmacksstoffe).

Die **Ernährungslehre** untersucht, in welchen Mengen, in welchem Verhältnis, in welcher Kombination und zu welchen Zeiten dem Körper Nährstoffe zugeführt werden sollen. Sie erklärt, wie der Körper diese Stoffe verdaut, in die Blutbahn aufnimmt (resorbiert) und wie er sie in körpereigene Stoffe umwandelt bzw. Energie daraus gewinnt. Dieses Wissen ist erforderlich, wenn man einem Gast Speisen oder Getränke empfehlen und verkaufen will. Fachleute in der Gastronomie müssen die wichtigsten Begriffe und Zusammenhänge zu diesem Thema verstehen und sich dazu verständlich äußern können.

Im Abschnitt **Nahrungsmitteltechnologie** wird dargestellt, wie die Eigenschaften bestimmter Stoffgruppen bei der Herstellung von Speisen genutzt werden können. Die technologischen Maßnahmen verändern Lebensmittel und ihre Eigenschaften. Speisen unterscheiden sich häufig sehr stark von dem Rohstoff und den Zwischenprodukten, aus denen sie hergestellt wurden. Zum Beispiel haben Getreide, Brotteig und Brot nur noch gemeinsam, dass sie vor allem Stärke und Eiweiß enthalten. Teig ist aber, im Gegensatz zum Brot, wenig schmackhaft, schnell verderblich und schwer verdaulich.

1. Welche Gesichtspunkte stehen bei der Ernährungslehre und in der Nahrungsmitteltechnologie im Vordergrund?
2. Teilen Sie die Nährstoffe nach ihren Funktionen im menschlichen Körper in Gruppen ein.
3. Nennen Sie die energieliefernden Nährstoffe.
4. Warum sind Kenntnisse der Ernährungslehre in gastgewerblichen Berufen unerlässlich?

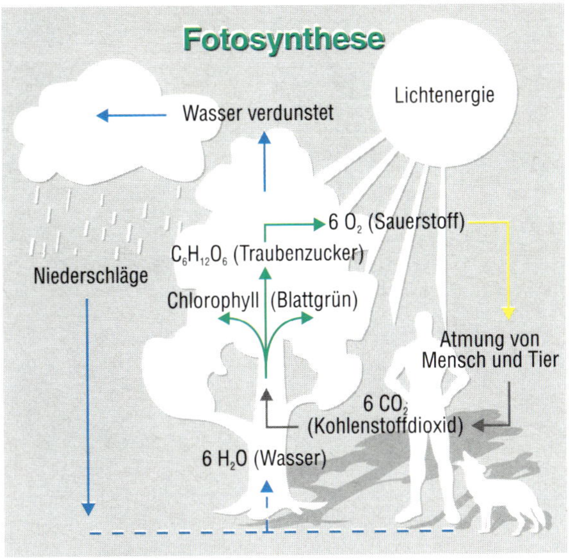

3. Fotosynthese (Schema)

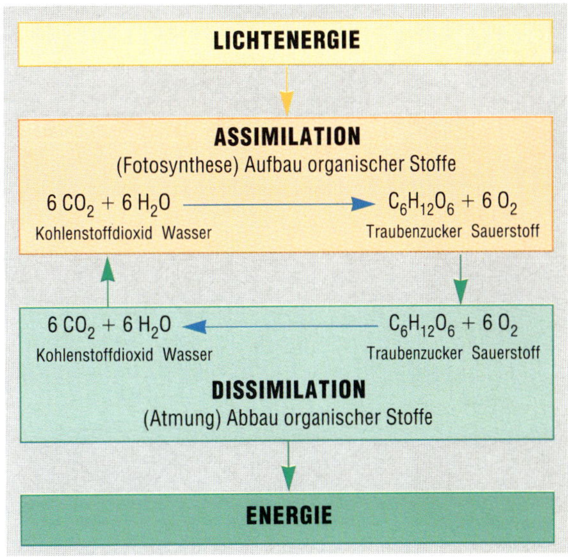

3. Stoffkreislauf in der Natur

2.1 Fotosynthese

Leben ist immer mit Stoffumwandlungen und Energieumsetzungen verbunden. Die beiden grundlegenden Vorgänge, die ständig in der Natur ablaufen, sind die Assimilation, das heißt die Angleichung „toter" Stoffe an „lebendige" Stoffe, und die Dissimilation, das heißt der Abbau von Stoffen.
Menschen und Tiere sind auf energiereiche organische Nährstoffe angewiesen. Nur grüne Pflanzen besitzen die Fähigkeit aus „toten" anorganischen Stoffen (Wasser, Kohlenstoffdioxid, Mineralstoffen) „lebendige" energiereiche Stoffe herzustellen. Energiereiche Stoffe sind Kohlenhydrate (Zuckerstoffe), Fette und Eiweißstoffe.
Weil die Pflanze zum Aufbau von Kohlenhydraten Licht benötigt, bezeichnet man diesen Vorgang als **Fotosynthese** (griechisch: Zusammensetzung mithilfe von Licht). Die Fotosynthese findet in den grünen Pflanzenteilen statt. Das Blattgrün (Chlorophyll) wandelt die energiereichen Sonnen- bzw. Lichtstrahlen in chemische Energie um. Die unmittelbar entstehenden Stoffe sind Einfachzucker. Daraus baut die Pflanze andere Kohlenhydrate wie Cellulose und Stärke bzw. Fette und Eiweißstoffe auf.
Pflanzen, die kein Chlorophyll besitzen, etwa Pilze, können die Lichtenergie nicht nutzen. Sie müssen die organischen Stoffe für ihren Energiebedarf anderen Pflanzen entziehen oder aus Fäulnisprozessen gewinnen.
Da Mensch und Tier nicht wie die grüne Pflanze Energie aus der Fotosynthese gewinnen können, sind sie auf Nahrung angewiesen. Deshalb kann man sagen, die Fotosynthese ist die Grundlage des Lebens auf der Erde.

Die Stoffumsätze bei der Fotosynthese sind beachtlich: 1 m^2 Blattfläche – dies entspricht der Blattfläche einer großen Sonnenblume – erzeugt je Stunde etwa 1/2 g Stärke und verbraucht dazu 1/4 g Kohlenstoff. Sie bindet damit den Kohlenstoffdioxid-Gehalt von 1350 l Luft. Die Bindung von Kohlenstoffdioxid bei der Fotosynthese wirkt dem Treibhauseffekt entgegen. Das Kohlenstoffdioxid entsteht bei der Atmung und bei der Verbrennung von Treibstoffen und Brennmaterial, die letztlich ebenfalls durch die Fotosynthese entstanden sind.
Das zweite Produkt der Fotosynthese ist ebenso lebensnotwendig. Der Sauerstoff ist Voraussetzung für die Atmung (Dissimilation), das heißt für den Vorgang der Energiegewinnung aus energiereichen Nährstoffen. Nur über die Atmung kann in kurzer Zeit ausreichend Energie gewonnen werden.
Zur Aufrechterhaltung der Lebensfunktionen benötigen Mensch und Tier Energie. Die Zuckerstoffe werden in Verbindung mit dem eingeatmeten Sauerstoff verbrannt. Dieser Abbauprozess wird durch Enzyme ermöglicht und gesteuert. Als Produkte dieser Atmung werden Energie, Kohlenstoffdioxid und Wasser frei.
Die Atmung stellt den Umkehrprozess der Fotosynthese dar.

1. Zählen Sie die Stoffe auf, die bei der Fotosynthese und bei der Atmung umgesetzt werden.
2. Welche Produkte der Fotosynthese benötigt der Mensch zum Leben?
3. Wie heißt der Umkehrprozess der Fotosynthese?
4. Welche Energie wird bei der Fotosynthese verbraucht?

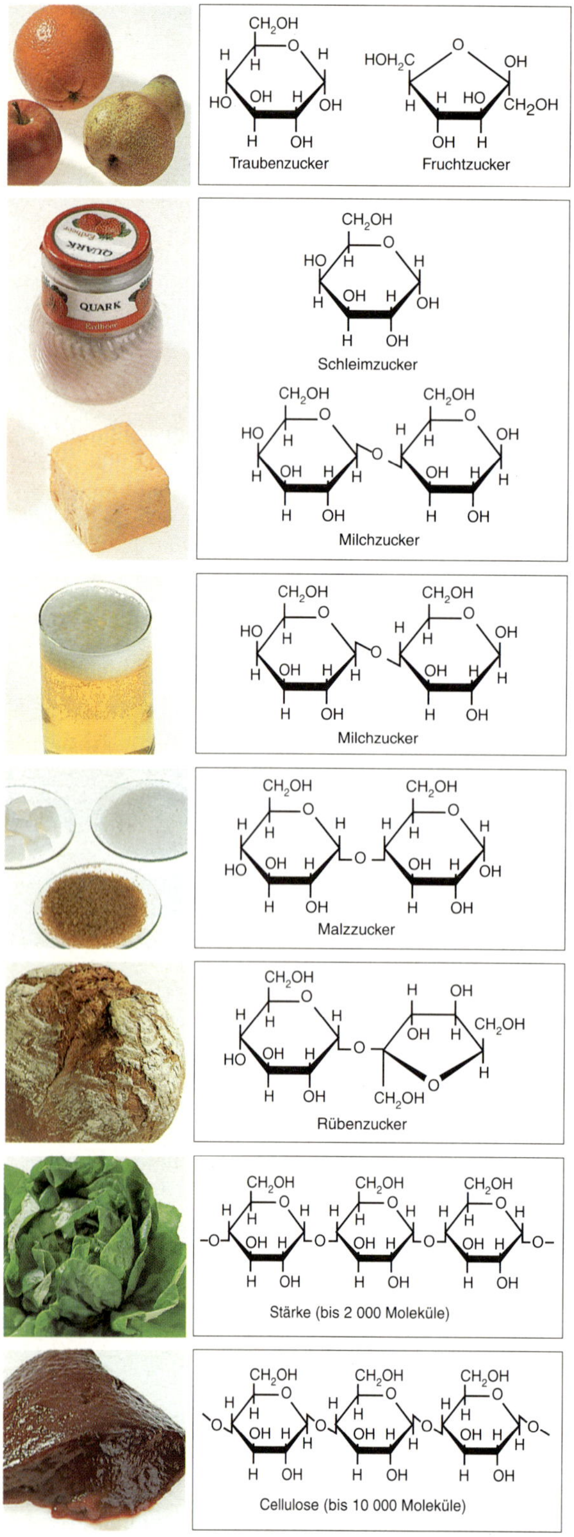

1. **Lebensmittel mit typischen Kohlenhydraten**

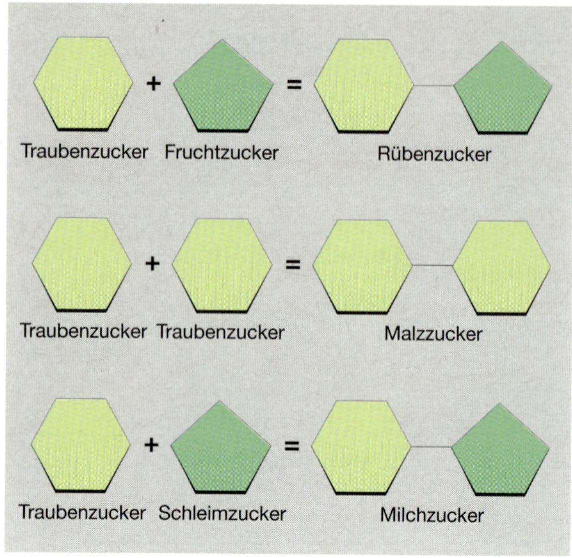

2. **Einfach- und Doppelzucker**

2.2 Kohlenhydrate

Kohlenhydrate oder Zuckerstoffe (Saccharide) sind aus den Elementen Kohlenstoff (chemisches Kurzzeichen C), Wasserstoff (H) und Sauerstoff (O) aufgebaut. Ihr Anteil an der Menge der Energie, die vom Menschen aufgenommen wird, sollte über 50 % betragen. Kohlenhydrate sind vor allem in pflanzlicher Nahrung enthalten; tierische Nahrungsmittel enthalten relativ wenig Kohlenhydrate. Nur Pflanzen sind in der Lage unter Nutzung von Kohlenstoffdioxid und Wasser die Lichtenergie der Sonnenstrahlen in Zucker umzuwandeln.
Von den tierischen Nahrungsmitteln enthalten Milch und Milchprodukte am meisten Kohlenhydrate in Form von Milchzucker. Fleisch kurz nach der Schlachtung enthält geringe Mengen Kohlenhydrate, die bei der Fleischreifung eine wichtige Rolle spielt.

Aufbau und Eigenschaften der Kohlenhydrate

Die Bausteine der Kohlenhydrate sind **Einfachzucker** (Monosaccharide), die bei der Fotosynthese in der Pflanze entstehen. Trotz ähnlicher Summenformel gibt es verschiedene Einfachzucker, weil die einzelnen Elemente (Atome) in den Molekülen unterschiedlich angeordnet sind (Bild 1). Der Molekülaufbau mehrerer Einfachzucker ähnelt einem langgezogenen Sechseck; bei Fruchtzucker einem Fünfeck (Bild 1 und 2). Lebensmittel enthalten die Einfachzucker

- Traubenzucker (Glucose),
- Fruchtzucker (Fructose) und
- Schleimzucker (Galactose)

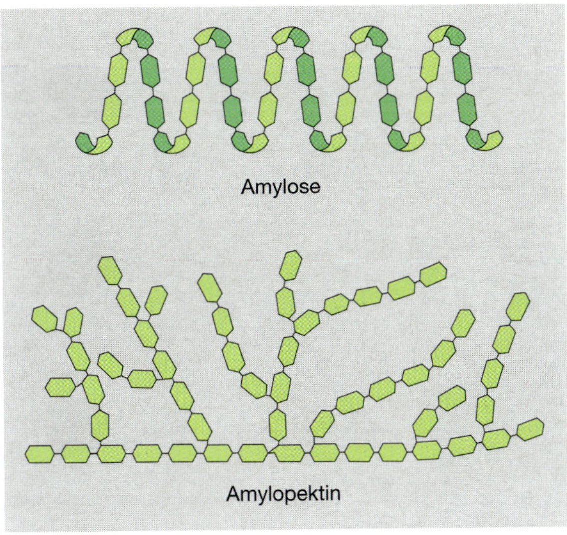

3. **Struktur der Stärkebestandteile: Amylose und Amylopektin**

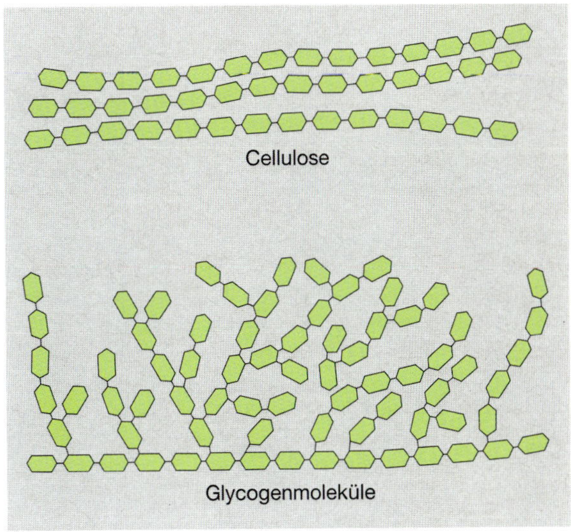

4. **Struktur der Cellulose- und Glycogenmoleküle**

Verbinden sich zwei Einfachzucker, so bildet sich ein **Doppelzucker** (Disaccharid) unter Abspaltung von Wasser. Je nach Art der Einfachzucker ergeben sich verschiedene Doppelzucker mit unterschiedlichen Eigenschaften.

Vielfachzucker (Polysaccharide) entstehen, wenn sich viele Einfachzucker aneinander anlagern. Bei **Stärke** sind dies Traubenzucker-Moleküle (Bild 1).

Amylose, ein Stärkebestandteil, wird aus einer Kette von etwa 300 Einfachzuckern gebildet; **Amylopektin,** der Hauptbestandteil der Stärke (ca. 80 %), besteht aus etwa 2000 Molekülen. Während Amylose eine langezogene, spiralenförmig gedrehte Kette bildet, verzweigt sich das Amylopektin-Moleküle (Bild 3). Beim Quellen von Stärke (Bild 5) ist bei Zimmertemperatur nur eine Benetzung mit Wasser an der Oberfläche möglich; bei der Verkleisterung (Bild 6) lagert sich das erhitzte Wasser zwischen das Netz aus Amylose und Amylopektin.

Bei der Verdauung und beim Abbau durch Hitze – ab 130 °C – entsteht aus Stärke das Polysaccharid **Dextrin.**

Glycogen ist ein Polysaccharid, dessen verzweigte Ketten aus mehreren Tausend Einfachzuckern bestehen. Es wird im tierischen und menschlichen Körper gebildet und in den Zellen gespeichert. Bei Energiebedarf wird es in Einfachzucker gespalten und verbrannt. Eine weitere Speicherstelle ist die Leber (beide Energiespeicher decken etwa einen Tagesbedarf an Energie).

Cellulose besteht aus bis zu etwa 10 000 Traubenzuckermolekülen. Cellulose ist für den menschlichen Körper ein unverdaulicher Ballaststoff, aus dem er keine Energie gewinnen kann. Sie vermittelt ein Sättigungsgefühl und regt die Verdauung an.

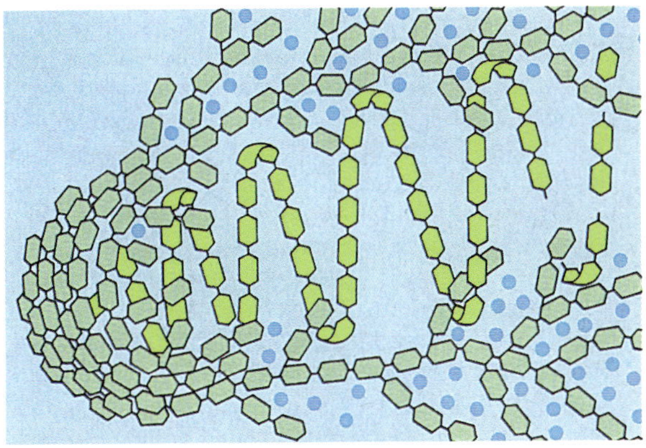

5. **Stärke während der Quellung (Zimmertemperatur)**

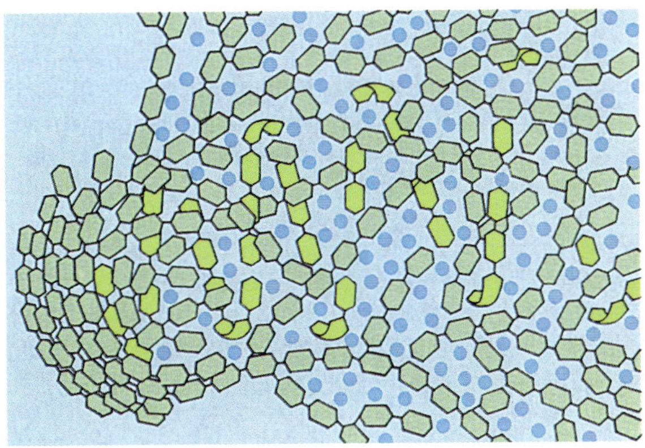

6. **Stärke während der Verkleisterung (über 70 °C)**

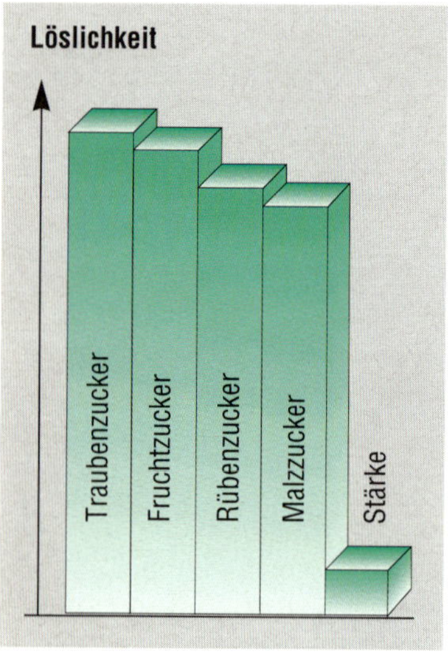

1. Wasserlöslichkeit einiger Kohlenhydrate

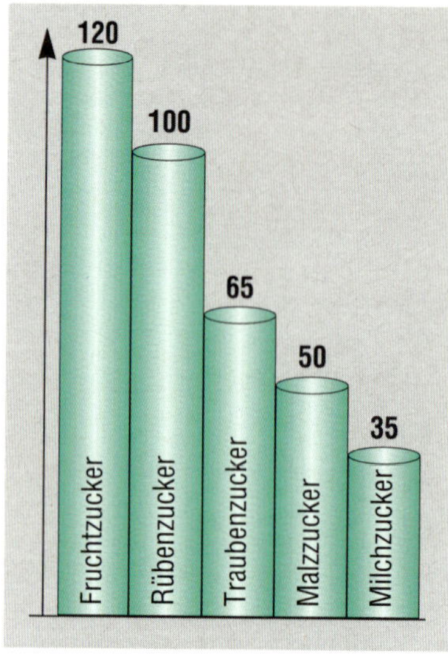

2. Süßkraft der Zucker bei 20 °C

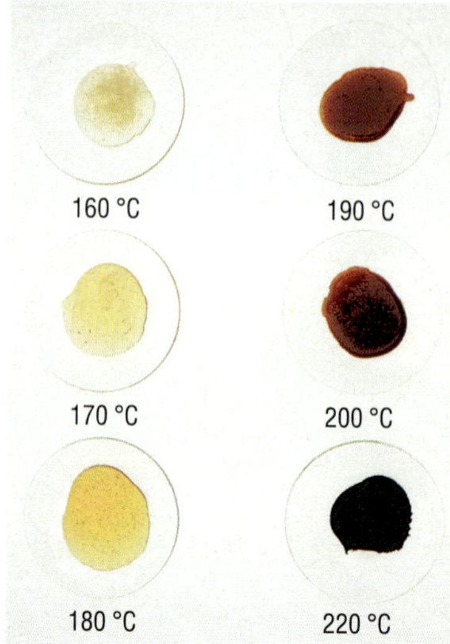

3. Bräunungsgrade von Zucker

2.2.1 Technologische Eigenschaften von Zucker

Wasserlöslichkeit. Wie Bild 1 zeigt, sind die Einfach- und Doppelzucker – im Gegensatz zur Stärke – in kaltem Wasser gut löslich. Die Löslichkeit in Wasser wird mit zunehmender Temperatur höher. Läuterzucker, eine in der Patisserie und an der Bar benötigte Zucker-Wasser-Lösung im Verhältnis 1 : 1 bis 2 : 1, muss aufgekocht werden, damit sich der Zucker gut löst.

Süßkraft. Die einzelnen Zuckerarten unterscheiden sich stark in der Süßkraft. Nimmt man Rübenzucker als Maßstab, ist Fruchtzucker um 20 % süßer, die anderen Zucker sind dagegen weniger süß (Bild 2). Die Süßkraft von Fruchtzucker steigt stark an, wenn die Temperartur fällt; bei 0 °C hat sie den Wert 140. Um weniger energiereiche Süßspeisen herzustellen ist, besonders bei gekühlten Speisen, Fruchtzucker zu empfehlen.

Bräunungsvermögen und Karamellisierung. Beim Erhitzen von Rübenzucker über 150 °C schmelzen die Zuckerkristalle. Bei höheren Temperaturen tritt eine Bräunung ein. Gelblicher bis leicht gebräunter Zucker, mit Wasser verkocht, nennt man Karamell (mit Mandeln oder Haselnüssen vermischt erhält man Krokant). Wird der Zucker noch weiter erhitzt, wird er schwarz (Bild 3). Eine Lösung aus stark gebräuntem Zucker und Wasser wird als Zuckerfarbe (Couleur) bezeichnet .

Vergärbarkeit. Bakterien und Hefen können Zucker vergären. Milchzucker wird durch Milchsäurebakterien zu Milchsäure, die das Milcheiweiß zum Gerinnen bringt. Gesäuerte Milchprodukte sind z. B. Jogurt, Créme fraîche, Käse. Kefir enthält Milchsäure und Alkohol. Auch Sauerkraut und Salami enthalten Milchsäure.

Bei der Hefeatmung, das heißt wenn genügend Sauerstoff vorhanden ist, wird aus dem Zucker viel Energie gewonnen und Wasser und Kohlenstoffdioxid (CO_2) erzeugt. Dieser Vorgang wird genutzt um Hefeteig aufgehen zu lassen und dadurch das Gebäck zu lockern.
Bei der Hefegärung wird aus Zucker Alkohol und CO_2; alle alkoholischen Getränke beziehen ihren Alkoholgehalt aus diesem Vorgang. Essigbakterien können den Alkohol zu Essigsäure abbauen.

Abbaubarkeit von Stärke. Enzyme, z. B. aus der Hefe oder in Verdauungssäften, bauen Stärke zu Dextrinen, Malzzucker und Traubenzucker ab, die zur Alkohol- bzw. Energiegewinnung genutzt werden.

Bindefähigkeit. Stärke kann viel Wasser binden, wenn sie in warmem Wasser quillt und (ab etwa 70 °C) verkleistert. In Hefegebäcken gibt bei etwa 65 °C das gequollene Klebereiweiß des Mehls beim Gerinnen Wasser ab. Die Stärke des Mehls nimmt es zur Quellung und Verkleisterung auf. Verkleisterte Stärke und geronnenes Eiweiß bilden das schnittfeste Porengerüst von Hefegebäck. Soßen und Suppen werden häufig mit Stärke gebunden. Der Gefahr der Klumpenbildung kann man vorbeugen, wenn Stärke in kaltem Wasser angerührt oder mit Fett vermengt und in die heiße Flüssigkeit eingerührt wird. Schon etwa 30 g Stärkepulver (40 g Mehl) können 1 l Brühe für Suppe binden.

Dextrinbildung. Erhitzt man die Stärke in Butter auf etwa 120 °C, wird sie teilweise zu Dextrinen abgebaut, die weniger klebrig binden als Stärke. Auch in der Kruste von Gebäcken werden bei trockener Hitze (bis 220 °C) Dextrine gebildet.

4. **Von Karies befallener Zahn**

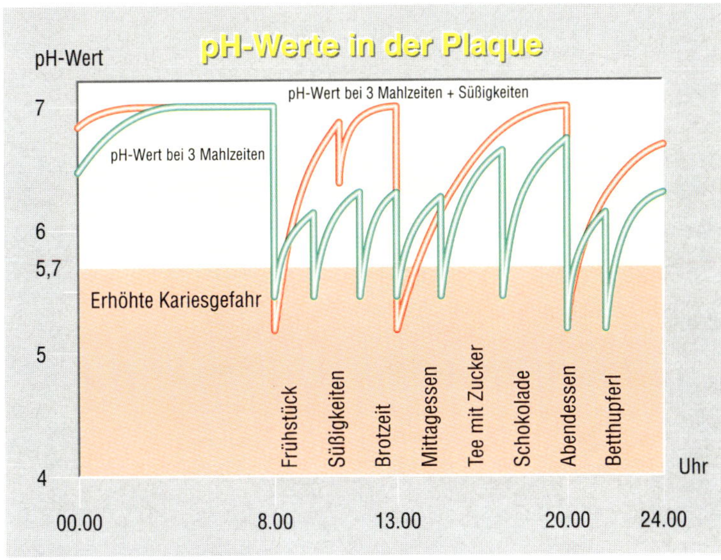

5. **pH-Werte in der Plaque**

2.2.2 Bedeutung der Kohlenhydrate in der Ernährung

Zucker. Einfach- und Doppelzucker gehen sehr schnell in die Blutbahn über und liefern dadurch rasch verwertbare Energie. Der Sättigungswert ist gering, deshalb besteht die Gefahr, dass zu viel Energie mit zuckerreicher Kost aufgenommen wird. Die Folgen sind Fettleibigkeit und ein erhöhtes Risiko für Herz-Kreislauf-Krankheiten. Weil Zucker keine für die heutige Ernährung wichtigen Stoffe wie Vitamine, Mineral- oder Ballaststoffe enthält, begünstigt eine zuckerreiche Kost Mangelkrankheiten. Zucker kann Karies verursachen, wenn sich bei mangelnder Mundhygiene Säuren bilden (Bild 4 und 5).

Stärke. Etwa 40 % der täglich aufgenommenen Energie sollte aus Stärke stammen. Mit Getreide und Kartoffeln lassen sich die sogenannten „Sättigungsbeilagen" herstellen, die viel gequollene und verkleisterte und damit leicht verdauliche Stärke enthalten. Der Körper benötigt einige Zeit, bis die langen Moleküle alle in Traubenzucker gespalten sind. Deshalb liefert Stärke nur nach und nach Energie durch die Darmwand ins Blut. Stärkehaltige Nahrungsmittel enthalten oft Wirk- und Ballaststoffe. Ihr hoher Sättigungswert verhindert, dass zu viel gegessen wird.

Cellulose. Dieses für den Menschen unverdauliche Kohlenhydrat ist ein wichtiger Ballaststoff. Weil es Magen und Darm füllt ohne Energie zu liefern, kann eine cellulosereiche Kost Übergewicht vorbeugen. Ballaststoffe helfen gegen Darmträgheit und binden unerwünschte Stoffe wie etwa Gallensaft, die sich im Darm befinden.

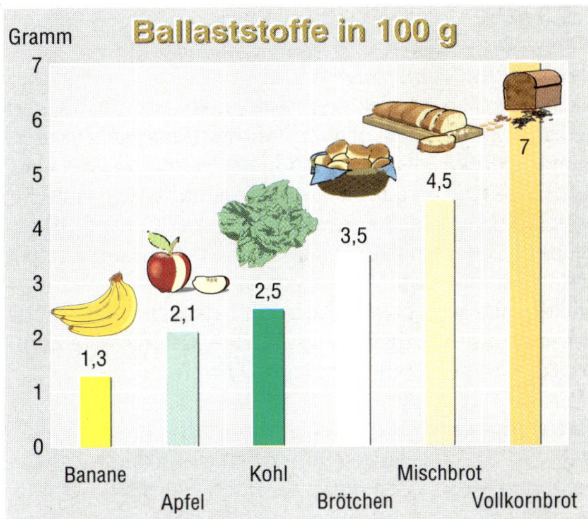

6. **Ballaststofflieferanten**

1. Welche Gruppen von Kohlenhydraten werden unterschieden?
2. Erläutern Sie die Eigenschaften der Kohlenhydratgruppen in technologischer und in ernährungsphysiologischer Hinsicht.
3. Nennen Sie Speisen und Getränke, die viele Kohlenhydrate enthalten.
4. Warum wird eine cellulosereiche Nahrung empfohlen?
5. Nennen Sie Gründe für die Empfehlung: „Esst weniger Zucker!".

	pflanzliche Fette	tierische Fette
feste Fette	Kokosfett Palmkernfett Kakaobutter	Rindertalg Hammeltalg
halbfeste Fette	Pflanzenmargarine	Schmalz Butter
flüssige Fette	Olivenöl Sojaöl	Waltran Fischöl

Fett/Öl	Schmelz-/Erstarrungs-bereich	Siede-/Rauchbereich
Butter	+ 28 bis + 38 °C	ab 50 °C
Rindertalg	+ 40 bis + 50 °C	ab 175 °C
Schweine-schmalz	+ 28 bis + 40 °C	ab 200 °C
Erdnussöl	− 3 °C	ab 235 °C

1. Einteilung und Temperaturverhalten

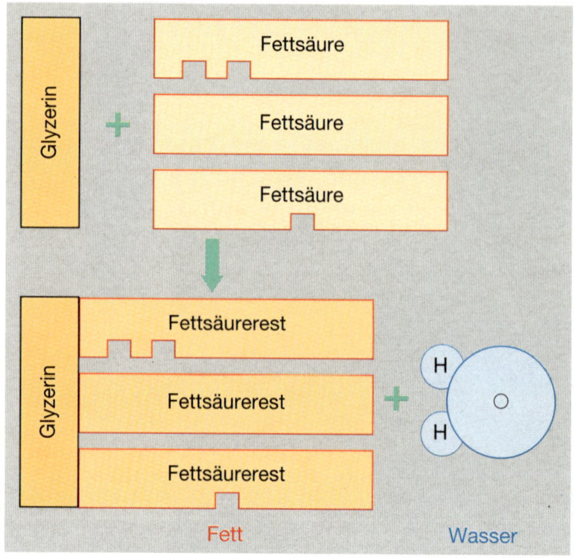

2. Bau eines Fettmoleküls

2.3 Fette

Herkunft und Funktion

Nach der Herkunft unterscheidet man pflanzliche und tierische Fette, nach den Zustandsformen bei Zimmertemperatur flüssige (= Öle) und feste Fette. In erster Linie dienen sie als Energiereserve, weil sie mit einen mehr als doppelt so hohen Brennwert haben als Kohlenhydrate. Pflanzen speichern Fette in Samen, Keimen und Früchten. Fette übernehmen im Körper von Mensch und Tier Schutzfunktionen. Als Wärmeisolator und gegen mechanische Einwirkungen wie Schläge und Druck schützen sie empfindliche Organe, z. B. Augen und Nieren.

Fettgewinnung

Fett wird aus pflanzlichen Rohstoffen meist durch Zerkleinern und Auspressen oder Auslösen mit Fettlösemittel wie Benzin gewonnen. Speiseöle, die ohne nennenswerte Erwärmung ausgepresst wurden, werden als bessere Qualität angesehen; durch Lösemittel gewonnene Fette sind Rohstoffe der Fettindustrie für Margarine und Spezialfette (Brat- und Fritierfett).
Aus dem Fettgewebe von Schlachttieren wird Schmalz oder Talg gewonnen, indem es zerkleinert und erhitzt wird (= Auslassen, Ausbraten). Die Grieben, das sind Fettgewebestücke, aus denen das Fett ausgeschmolzen wurde, entfernt man durch Abseihen.
Das Fett der Milch wird durch Zentrifugieren von der Magermilch abgetrennt, man erhält Sahne mit etwa 30 % Fettgehalt. Beim Buttern der Sahne entstehen die fast fettfreie Buttermilch und Butter mit 83 % Fettgehalt.

Aufbau der Fette

Wie bei den Kohlenhydraten sind auch bei den Fetten nur die chemischen Elemente Kohlenstoff (C), Wasserstoff (H) und Sauerstoff (O) Bestandteile des Moleküls. Fettmoleküle sind Triglyzeride, das heißt, ein Glyzerinmolekül ist mit drei Fettsäuren verbunden. Es können drei gleiche Fettsäuren oder verschiedene Fettsäuren in jeder Kombination angelagert sein.

Speisefette bestehen immer aus verschiedenartig aufgebauten Fettmolekülen, die einen mehr oder weniger hohen Teil des Speisefettes ausmachen.
Welche Fettsäurekombination in den Fettmolekülen vorkommt, ist entscheidend für die Fetteigenschaften.
Fette, die aus Molekülen mit vorwiegend langen und gesättigten Fettsäuren wie der Stearinsäure zusammengesetzt sind, sind bei Zimmertemperatur fest, relativ gut haltbar und schwer verdaulich.
Bestehen die Fettmoleküle vorwiegend aus kurzen und ungesättigten Fettsäuren wie der Ölsäure, sind sie bei Zimmertemperatur flüssig, relativ schnell verderblich und leicht verdaulich.
Pflanzliche Fette enthalten überwiegend Fettmoleküle mit ungesättigten Fettsäuren, tierische Fette hauptsächlich Fettmoleküle mit gesättigten Fettsäuren.
Die drei Fettsäuren in Bild 3 haben jeweils 18 C-Atome. Sie unterscheiden sich durch die Anzahl der Doppelbindungen bzw. der H-Atome. Durch die Anlagerung von H-Atomen an die Doppelbindungen können Ölsäure und Linolensäure zu gesättigter Stearinsäure hydriert werden. Die Hydrierung ist eine Möglichkeit der Fetthärtung.

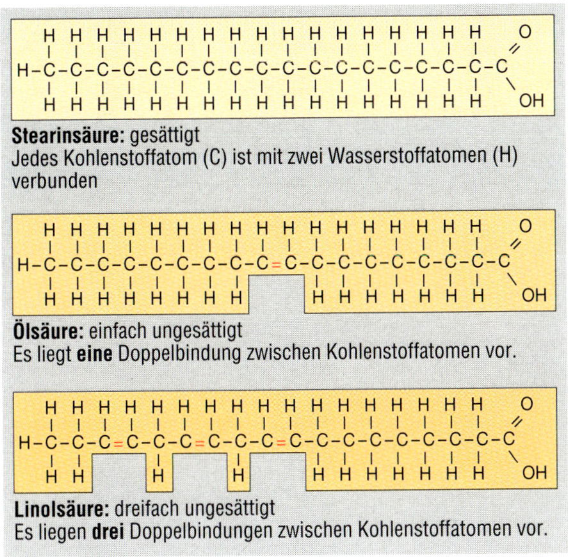

3. Beispiele für Fettsäuren

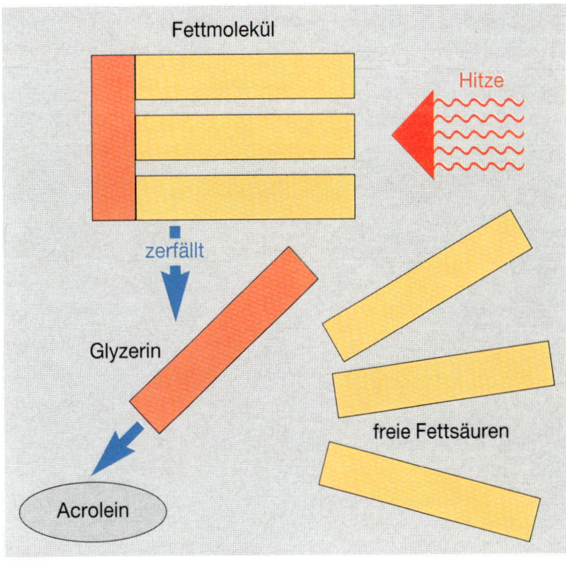

4. Fettzersetzung durch Hitze

2.3.1 Technologische Eigenschaften der Fette

Löslichkeit. Fette sind in Wasser unlöslich und schwimmen wegen der geringeren Dichte auf wässerigen Flüssigkeiten (z. B. Brühen oder Soßen). Man kann sie abschöpfen. In Fettlösemitteln wie Benzin, Benzol und Äther ist Fett löslich. Diese Eigenschaft nutzt man u. a. bei der Fettgewinnung und beim Entfernen eines Fettflecks aus der Kleidung.

Auswirkungen des Schmelz- und Erstarrungsbereichs. Weil Fette Gemische verschiedenartig aufgebauter Fettmoleküle sind, schmelzen bzw. erstarren sie über einen Temperaturbereich von mehreren Grad. Je höher der Erstarrungsbereich ist, desto größer ist die Gefahr, dass das Fett einer nicht mehr ganz heißen Speise beim Essen im Mund erstarrt. Die Geschmacksknospen im Mund werden vom Talg zugeschmiert; ein unangenehmes Gefühl entsteht. Deshalb muss man Speisen, die Talg enthalten, sehr heiß servieren.

Auswirkungen des Siede-/Rauchbereichs und Fettverderb. Wenn ein Fett beim Erhitzen zu „rauchen" beginnt, ist es an der Grenze zum Verbrennen; das heißt, höhere Temperaturen führen zum Verderb. Emulgierte Fette wie Butter oder Margarine enthalten Eiweiß als Emulgator, das ab etwa 150 °C verbrennt. Deshalb sind diese Fette für höhere Gartemperaturen, wie sie beim Braten und Fritieren nötig sind, ungeeignet. Beim Überhitzen von Fetten bricht das Fettmolekül auseinander, die Fettsäuren trennen sich vom Glyzerin, und aus dem Glyzerin kann das gesundheitsschädliche Acrolein entstehen (Bild 4). Beim Ranzigwerden findet außerdem eine Spaltung der Fettsäuren statt.

Emulgiervermögen von Fetten. Fett und Wasser stoßen sich ab. Will man sie verbinden, braucht man einen Stoff mit einer wasserfreundlichen und einer fettfreundlichen Komponente; diese Stoffe eignen sich als Emulgatoren (z. B. Eiweiß, Lezithin). Zur Herstellung einer Emulsion muss man die richtige Technologie anwenden, damit eine dauerhafte Verbindung zwischen Fett und Wasser entstehen kann.

Beispiel: Bei der Majonäse-Herstellung sollen alle Zutaten Zimmertemperaturen haben; das Öl lässt sich dann leichter in feinen Tröpfchen im wässerigen Majonäseansatz verteilen. Zu Beginn des Einrührens halten sich die feinen, vom Emulgator umschlossenen Wassertröpfchen im Öl in der Schwebe (Wasser/Fett-Emulsion). Bei der weiteren Ölzugabe werden die feinen Fetttröpfchen vom Emulgator umschlossen und schweben im wässerigen Teil (Fett/Wasser-Emulsion).

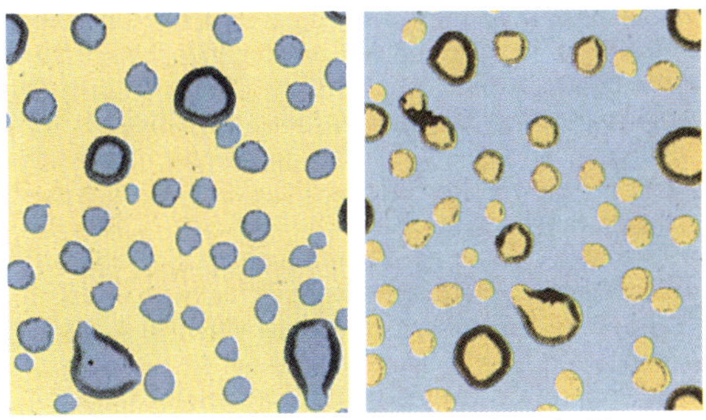

5. Emulsionen: Wasser in Fett (links) und Fett in Wasser

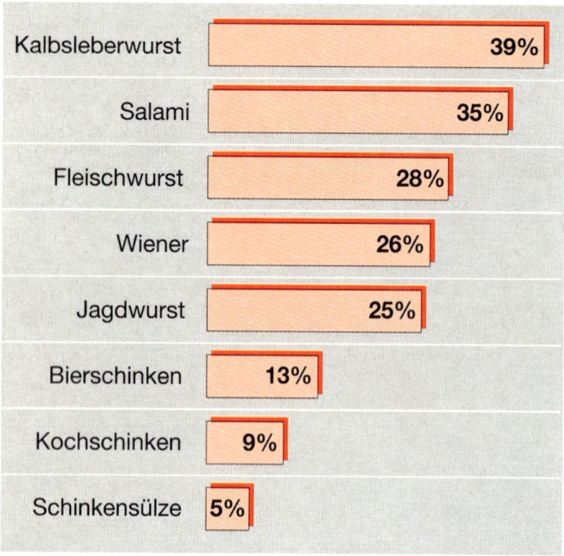

1. **Fettgehalte von Fleischwaren**

	gesättigte Fettsäuren		ungesättigte Fettsäuren			
	Palmitinsäure	Stearinsäure	Ölsäure	Linolsäure	Linolensäure	Arachidonsäure
tierische Fette						
• Schweineschmalz	27	14	45	8		
• Rindertalg	30	20	39	3		
• Butter	24	13	30	2	1	2
pflanzliche Fette						
• Erdnussöl	10	3	50	31		6
• Kokosfett	9	3	6	2		
• Sonnenblumenöl	7	5	23	63		
• Maiskeimöl	13	4	32	50	1	
• Olivenöl	15	2	71	8		
• Rapsöl	4	2	63	20	9	

2. **Fettsäureanteile in Fetten und Ölen**

2.3.2 Bedeutung der Fette in der Ernährung

Mit 37 kJ/g ist Fett der energiereichste Nährstoff. Die Fettaufnahme sollte etwa 25 % bis 30 % der täglichen Gesamtenergiezufuhr betragen. Je kg Körpergewicht benötigt der Mensch täglich etwa 0,7 bis 1 g Fett. Von erheblicher Bedeutung ist dabei die Fettzusammensetzung. Es sollten Fette mit ungesättigten Fettsäuren bevorzugt werden.

Bei der Ermittlung der Gesamtfettaufnahme ist zu beachten, dass neben dem Streichfett auch das Fett zum Garen und Verfeinern von Speisen sowie das in vielen Nahrungsmitteln „versteckte" Fett erfasst wird. Bild 1 zeigt, dass der Fettgehalt von Wurst 25 % und mehr betragen kann, obwohl die Wurst nicht fettig aussieht und schmeckt. Dies ist zum Teil darauf zurückzuführen, dass das Fett in der Wurstmasse (Brät) gleichmäßig fein verteilt wurde.

Auch andere Nahrungsmittel wie Käse, Sahne, Eigelb oder Schokolade sowie Krems, Torten und Eis sind fettreich und deshalb wohlschmeckend. Mit zunehmendem Wohlstand besteht deshalb die Gefahr der (Fett-)Überernährung. Oft wird versucht dem dadurch entstehenden Risiko an Zivilisationskrankheiten (Gefäßverkalkung, Herzinfarkt, Schlaganfall) mit generellem Fettverzicht zu begegnen. Dies ist sicherlich falsch, denn

- Fette sind Lieferanten von Fettsäuren, insbesondere der essenziellen (lebenswichtigen) Linolsäure.
- Fette sind Träger der fettlöslichen Vitamine A, D, E, K und des Provitamins A (Carotin).
- Fette sind Träger von Geruchs- und Geschmackstoffen, die wesentlich den Nähr- und Genusswert bestimmen.

Lezithine und Cholesterine

Lezithine sind fettähnliche Stoffe, die anstelle einer dritten Fettsäure einen wasserfreundlichen Phosphorsäurerest am Glyzerin angelagert haben. Deshalb können Lezithine als Emulgatoren wirken. Sie werden in ausreichender Menge im Körper gebildet und werden beim Aufbau der Zellwand benötigt. Besonders viel Lezithin ist in Gehirn- und Nervenzellen, im Knochenmark und in der Leber vorhanden.

Cholesterin ist ein Begleitstoff von Fetten tierischer Herkunft. Er wird vom menschlichen Körper in genügender Menge gebildet. Unter Verwendung von Cholesterin kann der Körper Vitamin D, Hormone und Zellwände aufbauen. Die Höhe des Cholesterinspiegels im Blut wird von der Ernährung beeinflusst. Viel tierisches Fett in der Nahrung bewirkt bei schon vorhandenem Übergewicht einen hohen Cholesterinspiegel, der zu Kreislauferkrankungen und Herzinfarkt führen kann. Pflanzenöle mit vielen ungesättigten Fettsäuren und ballaststoffreiche Nahrung können den Cholesterinspiegel senken. Cholesterin ist besonders im Kalbshirn, Eidotter und Innereien enthalten.

1. Warum sind Fette mit vielen ungesättigten Fettsäuren leicht verdaulich?
2. Welche Fette haben einen hohen Erstarrungsbereich?
3. Warum darf überhitztes Fett nicht mehr verwendet werden?
4. Welche Stoffe benötigt man für eine Emulsion?
5. Nennen Sie vier cholesterinreiche Speisen. Welche Nahrungsmittelgruppe ist Cholesterinfrei?

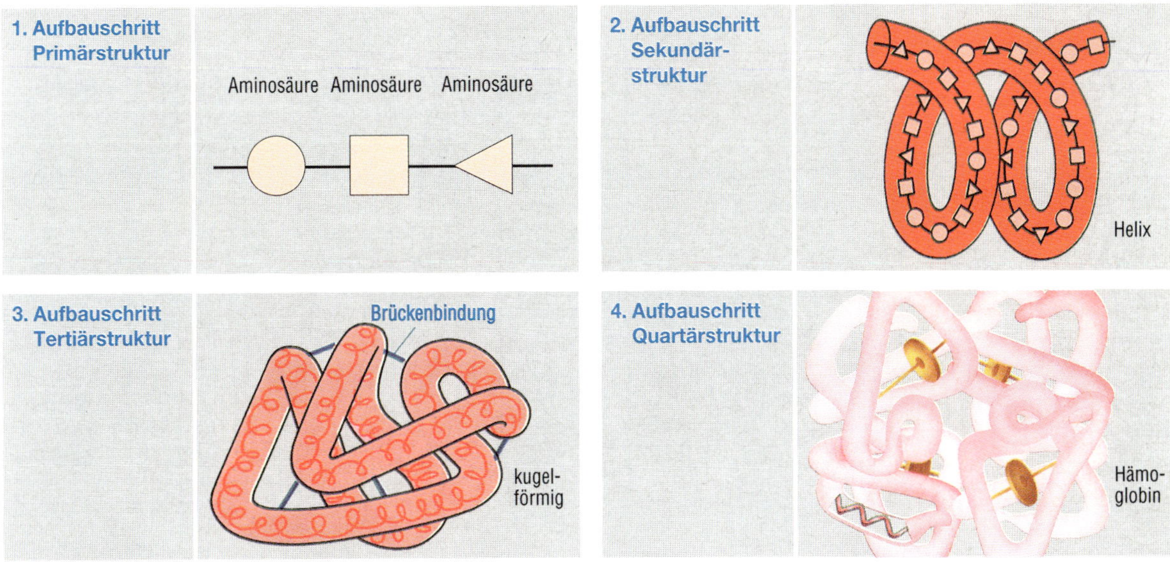

3. Aufbauschritte des Eiweißmoleküls

2.4 Eiweißstoffe

Eine einfache Merkformel für die Elemente, die im Eiweiß enthalten sind, lautet „COHNS" (C= Kohlenstoff, O = Sauerstoff, H = Wasserstoff, N = Stickstoff, S = Schwefel). Eiweißstoffe mit diesen Elementen heißen **Proteine** (einfache Eiweißstoffe). Sind noch andere Elemente, wie Eisen oder Phosphor enthalten, nennt man sie **Proteide** (zusammengesetzte Eiweißstoffe).
Eiweiß ist als **Baustoff** in jeder Zelle zu finden. Die Träger der Erbsubstanz, die Gene, sind aus Eiweißstoffen aufgebaut. Eiweiß ist Bestandteil der Enzyme und vieler Hormone.

Aufbau der Eiweißmoleküle

Als Grundbausteine dienen etwa 20 verschiedene Aminosäuren. Im ersten Aufbauschritt verbinden sich ca. 1 000 Aminosäuren zu einer langen Kette – Primärstruktur. Dabei können sie beliebig kombiniert werden, sodass sehr viele verschiedene Eiweißstoffe entstehen können.
Diese Kette erhält im zweiten Aufbauschritt durch innere Wechselwirkung entweder eine leicht gefaltete Form (Faltblattstruktur) oder eine spiralig gewundene (Helixstruktur) – Sekundärstruktur.
Im dritten Schritt bildet sich daraus, je nach innerer Bindung, ein kugelförmiges (globuläres) oder ein fadenförmiges (fibrilläres) Eiweißmolekül – Tertiärstruktur.
Als vierten Aufbauschritt kann es noch Bindungen zwischen mehreren kugel- oder fadenförmigen Ketten geben – Quartärstruktur. Art und Reihenfolge der Aminosäuren sowie Bindungen innerhalb und zwischen den Ketten geben dem Eiweißmolekül seine charakteristische Eigenschaft.

Arten von Eiweißstoffen

In den Lebensmitteln sind immer mehrere Eiweißarten enthalten. So enthält Fleisch unter anderem Albumine, Globuline, Kollagen und Myoglobin. Die Art und die Menge der enthaltenen Eiweißarten bestimmen die technologischen Eigenschaften der eiweißhaltigen Rohstoffe.

2.4.1 Technologische Eigenschaften von Eiweißstoffen

Die meisten Eiweißarten sind **wasserlöslich.** In Milch oder Ei liegen sie in gelöster Form vor; wenn man eine Fleischbrühe kocht, lösen sich die Eiweißstoffe zum Teil aus dem Fleisch und machen die Brühe „kräftig".
Die **Gerinnung** (Denaturierung) von Eiweiß wird bei der Zubereitung von Speisen bewusst herbeigeführt. Da die meisten Eiweißarten durch Hitze (um 70 °C) denaturieren, enthalten gegarte Nahrungsmittel geronnenes Eiweiß.
Auch **Säuren** bringen Eiweiß zum Gerinnen. Beispiele sind die Milchgerinnung durch die Milchsäure, die Bakterien in der Milch erzeugt haben; im Magen des Menschen schützt die starke Magensäure davor, dass ungeronnenes Eiweiß in den Darm gelangt und giftig wirkt.
Die Eiweißgerinnung durch Salz kann Fisch oder Fleisch „salzgar" machen. Salzheringe, gesalzener Lachs, Räucherfische und Räucherschinken sind Anwendungsbeispiele.
Bei der Gerinnung werden die äußeren Eiweiß-Strukturen aufgebrochen. Die Aminosäureketten können dann von den eiweißabbauenden Enzymen leichter in Aminosäuren gespalten werden. Geronnenes Eiweiß ist leichter verdaulich und hat den gleichen Energiewert wie ungeronnenes.

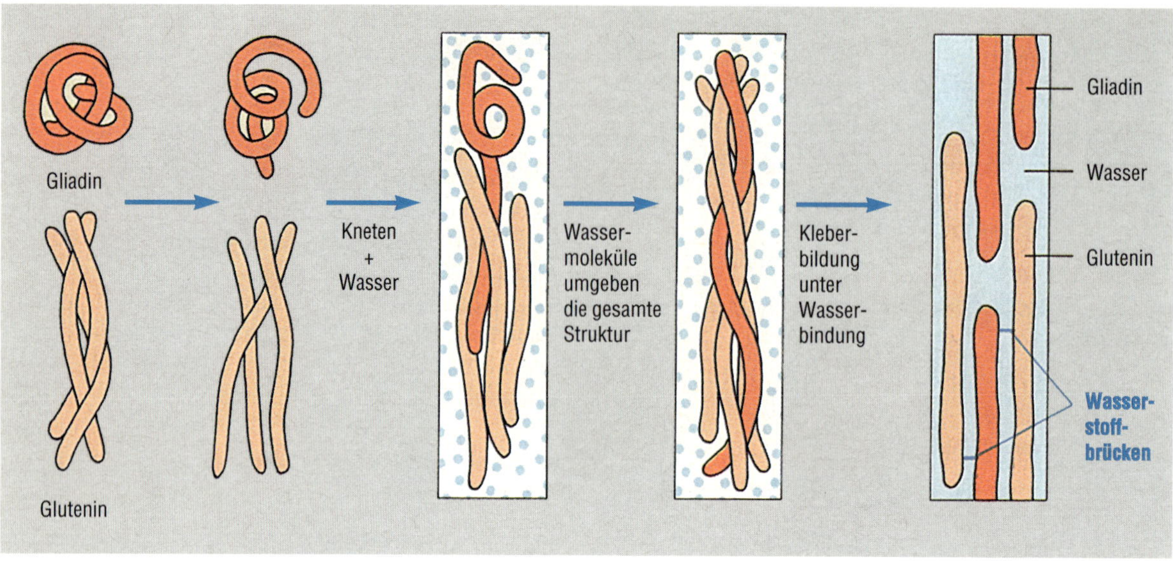

1. **Kleberbildung mit Wasserbindung**

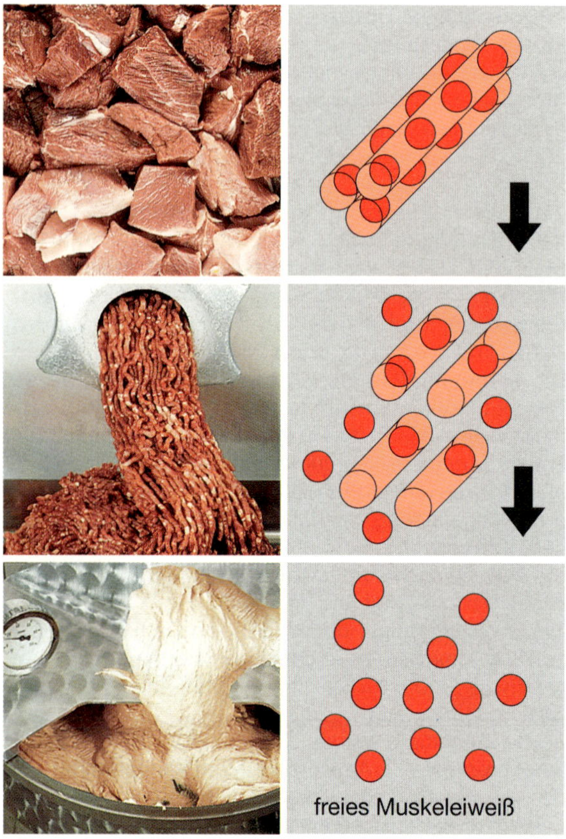

2. **Muskeleiweiß bei der Herstellung von Brühwurstbrät**

2.4.2 Eigenschaften eiweißhaltiger Rohstoffe

Bei der Teigbereitung für Brote muss das Weizenmehl mit Wasser und Salz ausgiebig geknetet werden, um aus den Eiweißgrundstoffen Gliadin und Glutenin den gasundurchlässigen Kleber (Gluten) auszubilden (Bild 1).
Hafermehl enthält keinen Kleber, deshalb zerbröckelt eine Mischung aus Hafermehl, Wasser und Salz; sie ist nicht backfähig. Im Brotteig hat der **Kleber** die Funktion das von der Hefe gebildete Gas (CO_2) in kleinen Poren festzuhalten und dadurch den Teig aufgehen zu lassen bzw. das Gebäck zu lockern. Das Wasser, das der Kleber beim Quellen aufgenommen hat, gibt er bei der Hitzegerinnung wieder ab. Die Stärke verkleistert mit diesem Wasser. Geronnener Kleber und verkleisterte Stärke bilden das Krumengerüst des Brotes (Bild 3).

Fleischmasse (Brät/Farce), hergestellt aus gehacktem Fleisch, Salz, Wasser und Fettgewebe ist eine hitzebeständige Mischung. Das Muskeleiweiß **Globulin** wird dadurch gelöst, dass man Fleisch hackt und im Kutter mit Eisstückchen und Salz mit rotierenden Messern weiter zerkleinert und vermischt (Bild 2). Die Globuline quellen dabei auf und durchziehen fadenartig die Masse. Das zerkleinerte Schweinefettgewebe wird in diese Masse gekuttert. Die Globuline umschließen als Emulgator die Fettteilchen und verhindern, dass sich beim Garen der Wurst das Fett absetzen kann. Aus der streichfähigen Fleischmasse wird (bei etwa 65 °C) schnittfeste Wurst, weil sie sich durch die **Hitzegerinnung** des Eiweißes verfestigt. Bei höheren Temperaturen gerinnt das Eiweiß zu stark, dehnt sich aus und verliert dabei teilweise die Wasser-

3. **Brötchen aus Hefeteig und Tortenboden aus Biskuitmasse**

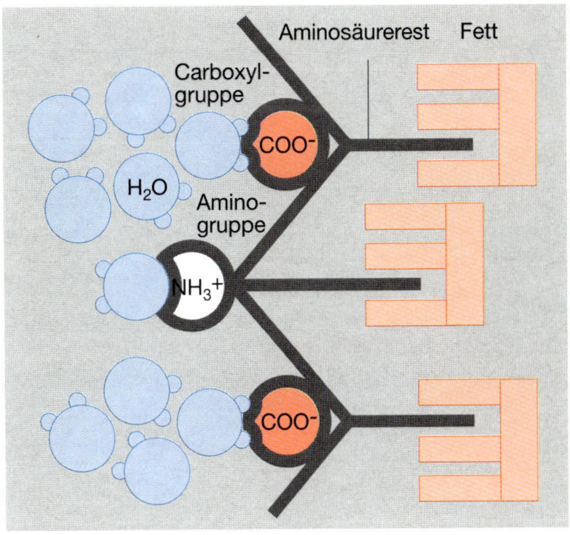

4. **Eiweiß als Emulgator**

bindefähigkeit. *Ergebnis:* Eine geplatze Hülle und weniger saftige Wurst.

Die **Wasserbindefähigkeit** von Eiweiß wird auch beim Kochen eines Hühnereies deutlich. Eiklar enthält 86 % Wasser und 11 % Eiweiß. Im gekochten Ei ist das Wasser vollständig gebunden. Verdünnt man das Vollei mit Milch im Verhältnis 1 : 1 und gart diese Mischung, erhält man schnittfesten Eierstich.

Beim **Schlagen von Eischnee** zerteilen die Stahldrähte des Schneebesens das zähflüssige Eiklar und vermischen es mit Luft. Das ständige Weiterschlagen bewirkt, dass immer mehr Luft in feinen Bläschen durch die Eiweißstoffe (Albumin, Globulin) eingeschlossen wird. Ein Teil der Eiweißstoffe denaturiert und bindet dabei Wasser. Schlägt man Zucker unter das Eiklar, erhöht sich die Schaumstabilität, weil auch der Zucker Wasser bindet. Wird die Schaummasse in Formen gespritzt und bei ca. 100 °C getrocknet, erhält man lockeres poröses Schaumgebäck. Bei zu kurz geschlagenem Eischnee ist die Wasserbindung noch nicht optimal; bei zu lange geschlagenem ist das Eiweiß zu stark denaturiert und kaum noch wasserbindefähig .

Das **Klären** von Flüssigkeiten durch gerinnendes Eiweiß vor allem durch Albumine wird zum Beispiel bei der Zubereitung von Kraftbrühen angewendet. Eine Fleischbrühe wird mit dem eiweißreichen Ansatz – grob gehacktes, mageres Fleisch, Eiklar, Suppengemüse und Gewürze – vermischt und erhitzt. Bei etwa 65 °C gerinnen die Eiweißstoffe und schließen alle Teilchen ein, die eine Brühe trüben. Nach dem Auslaugen der kräftigenden Inhaltsstoffe des Ansatzes wird die Kraftbrühe durch ein Tuch passiert; sie ist vollkommen klar. Nach dem gleichen Prinzip klärt man Sülzen, Aspik oder Weingelee mit Eiklar.

Durch **Legieren** werden Suppen und Soßen verfeinert und leicht gebunden. Eine Mischung aus Eigelb und Sahne wird mit wenig heißer Flüssigkeit verrührt um sie zu temperieren. Dann rührt man sie in die heiße Suppe oder Soße und erhitzt bis zur optimalen Bindung. Wird zu stark erhitzt, gerinnt das Eiweiß des Eigelbs und die Bindung geht verloren.

Die **Emulgatorwirkung** von Eiweiß zeigt sich z. B. bei der Majonäse-Herstellung. Eiweiß aus dem Eigelb schiebt sich zwischen Fett- und Wassertröpfchen und verbindet beide Phasen, indem sich die Reste der Aminosäureketten mit den Fettsäuren und die Carboxylgruppen (COO^-) sowie die Aminogruppen (NH_3^+) des Eiweißes mit den Wassermolekülen verbinden. Dies ist möglich, weil die genannten Teile unterschiedliche elektrische Ladungen tragen (Bild 4).

1. Nennen Sie die Eiweißarten, die technologisch genutzt werden.
2. Wie kommt das lockere Krumengerüst von Brot zustande?
3. Warum setzt sich das Fett in der Wurst nicht ab?
4. Erläutern Sie die Vorgänge beim Schlagen von Eischnee.
5. Warum soll eine Suppe oder Soße nach dem Legieren nicht kochen?

		Albumine	Globuline	Gluten (Kleber)	Kollagen	Hämoglobin	Myoglobin	Kaseinogen
Vorkommen		Fleisch, Fisch, Ei, Milch, Gemüse, Getreide, Hülsenfrüchte, Kartoffeln, Obst	Fleisch, Fisch, Ei, Milch, Blut, Getreide, Hülsenfrüchte, Kartoffeln	Weizen	Bindegewebe, Haut, Knorpel, Knochen	Blut	Fleisch	Milch
Eigenschaften		in Wasser löslich	in Salzwasser löslich		in heißem und angesäuerten Wasser löslich	gelöst	gelöst	gelöst
		wasserbindend	wasserbindend	wasserbindend	wasserbindend			
			quellfähig	quellfähig	quellfähig, gelbildend			
		schaumbildend, gashaltend	schaumbildend, gashaltend	gashaltend				
		gerinnt durch Hitze und Säure	gerinnt durch Hitze und Säure	gerinnt durch Hitze		gerinnt durch Hitze, roter Farbstoff wird grau	gerinnt durch Hitze, roter Farbstoff wird grau	gerinnt und Säure und Lab (Enzym)
		Alle Eiweißstoffe können Fett und Wasser (unterschiedlich gut) emulgieren.						

1. Eiweißstoffe

Zum **Gelieren** von Flüssigkeiten eignet sich das Bindegewebseiweiß Kollagen, getrocknet als Gelatine erhältlich. Es wird aus Schwarten und Knochen von Schlachttieren durch Auskochen gewonnen und ist ein Eiweiß, das im vierten Aufbauschritt eine fadenförmige Struktur bildet. Die Faserstränge des Kollagens lockern sich in heißer Flüssigkeit, quellen stark auf und lösen sich. Ein **Sol** ist entstanden. Erstarrt die Flüssigkeit beim Abkühlen, nennt man sie **Gel.** Dabei wird das gesamte Wasser zwischen den erstarrenden Fasersträngen eingeschlossen. Die Zustandsveränderung ist umkehrbar, weil Kollagen durch Hitze nicht gerinnt (Gerinnung lässt sich nicht mehr rückgängig machen).

Für Sülzen und Aspik wird kollagenreiches Material, zum Beispiel Kopf oder Füße von Kalb und Schwein gekocht; die Brühe geliert in kaltem Zustand.

Gelatine schmeckt neutral, deshalb kann sie auch bei Süßspeisen wie Krems, Gelees, Speiseeis und zum Steifen von geschlagener Sahne eingesetzt werden.

Die Kochwürste (Blut-, Leber- und Sülzwürste) erhalten ihre gelierende Bindung durch mitgekochte Schwarten. Bindegewebereiche Fleischteile werden durch Garen nur kaubar, wenn sie während des Garvorgangs genügend Wasser einlagern können. Es kommen dafür vor allem die Garverfahren Schmoren und Kochen infrage. Weil die Quellfähigkeit des Kollagens in säurehaltiger Flüssigkeit zunimmt, wird zähes Fleisch auch sauer eingelegt, etwa Rindfleisch für Sauerbraten.

Bindegewebearme Fleischstücke, z. B. Roastbeef, lässt man zwei bis vier Wochen reifen (abhängen), damit sich Säure bilden und das Bindegewebe gut quellen kann. Daraus lassen sich zarte und schmackhafte Steaks zubereiten.

Eiweißverderb durch Fäulnis

Fäulnisbakterien können das Eiweiß in den Lebensmitteln zu den übelriechenden und -schmeckenden Aminosäure-Bruchstücken Ammoniak und Schwefelwasserstoff abbauen. Bestimmte Bakterien produzieren beim Faulen aus dem Eiweiß giftige Stoffe, die Übelkeit und Magenkrämpfe verursachen können. Besonders rasch verderben zerkleinertes Fleisch und aufgeschnittene Wurst. Der Verderb ist am widerlichen Geruch und an der grau-grünlichen Verfärbung zu erkennen. Der Verderb lässt sich durch die Einhaltung der Hygienemaßnahmen und gute Kühlung verzögern.

1. Aus welchen Elementen sind Eiweißstoffe aufgebaut?
2. Nennen Sie die kleinsten Eiweißbausteine und beschreiben Sie den Eiweißaufbau.
3. Wodurch unterscheiden sich Proteine und Proteide?
4. Welche Eiweißarten sind im Fleisch, im Ei und in der Milch enthalten?
5. Wodurch können Eiweißstoffe gerinnen?
6. Beschreiben Sie die Funktion des Kleber-Eiweißes im Brotteig.
7. Warum ist bei der Herstellung von Brät oder Farce die Salzzugabe beim Zerkleinern so wichtig?
8. Bei welchen Speisen ist das Klären üblich? Erläutern Sie den Klärvorgang.
9. Warum kann Eiweiß als Emulgator wirken?
10. Welche Eigenschaften hat Kollagen?

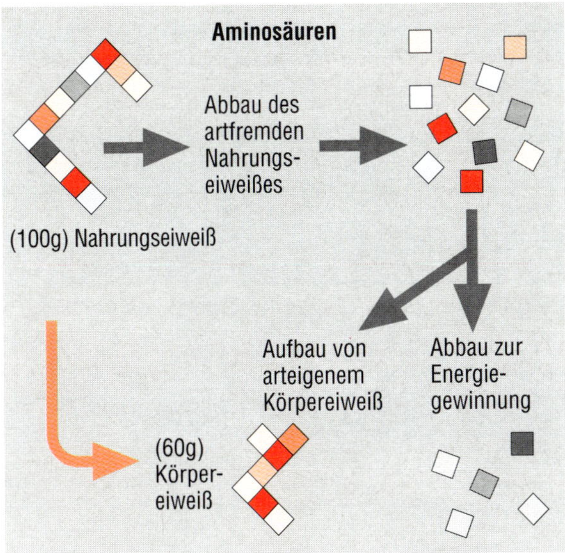

2. Aufbau von Körpereiweiß (Beispielzahlen)

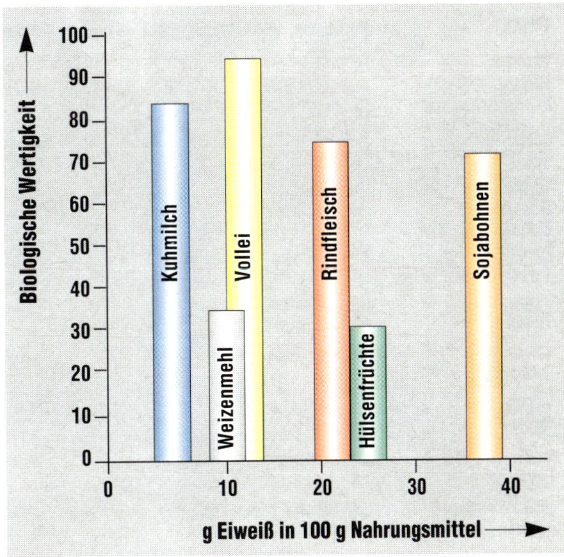

3. Biologische Wertigkeit von Eiweiß

2.4.3 Bedeutung von Eiweiß in der Ernährung

Die Eiweißarten in den Lebensmitteln unterscheiden sich sowohl in der Menge als auch in der Verwertbarkeit für den Menschen. Bedeutsame Eiweißträger sind Hülsenfrüchte 20 % – 35 % (in getrocknetem Zustand), Fleisch und Fisch 12 % – 22 %, Eigelb 17 %, Eiklar 11 %, Mischbrot 7 %.
Eiweiß wird zum Aufbau der Körperzellen benötigt. Es kann weder durch einen anderen Nährstoff ersetzt werden noch ist der menschliche Körper in der Lage selbst Eiweiß aufzubauen, wenn die Eiweißbausteine nicht mit der Nahrung zugeführt werden. Bei der Verdauung werden die aufgenommenen Eiweißstoffe im Darm bis zu ihren Bausteinen, den Aminosäuren, zerlegt. In geänderter Reihenfolge werden sie, gemäß dem genetischen Programm, zu Körpereiweiß zusammengefügt (Bild 2).

Manche Aminosäuren kann der Körper teilweise aus anderen Nährstoffen selbst aufbauen. Dagegen müssen die **essenziellen Aminosäuren** unbedingt mit der Nahrung zugeführt werden. Fehlt eine essenzielle Aminosäure in der Nahrung oder ist sie in zu geringer Menge vorhanden, so kann der Körper das Nahrungseiweiß nicht vollständig zum Aufbau von Körpereiweiß verwenden; es wird in Energie umgewandelt (17 kJ/g).
Weil die Verwertbarkeit des Nahrungseiweißes nicht gleich hoch ist, dient zur Einstufung der Eiweißqualität der Begriff der **biologischen Wertigkeit:** Die biologische Wertigkeit entspricht der Anzahl von Gramm Körpereiweiß, die aus 100 g Nahrungseiweiß aufgebaut werden können.
Die Aminosäurezusammensetzung des tierischen Eiweißes kommt der des menschlichen Eiweißes sehr nahe. Deshalb hat es eine höhere biologische Wertigkeit als das Eiweiß der meisten pflanzlichen Nahrungsmittel.
Von großer Wichtigkeit ist der **Ergänzungswert** der Eiweißstoffe, die aus unterschiedlichen Lebensmitteln stammen. Durch gemischte Kost ergänzen sich die aufgenommenen essenziellen und die im Körper im Überfluss vorhandenen nichtessenziellen Aminosäuren im Idealfall zu einer biologischen Wertigkeit von 140. Deshalb ist Abwechslung innerhalb eines Menüs wichtig für die bestmögliche Nutzung der Nahrung.
Der tägliche **Eiweißbedarf** ist je nach Alter bzw. Lebensstadium und Körpergewicht unterschiedlich hoch. Die Menge an Nahrungseiweiß, die pro Tag zugeführt werden muss, bezeichnet man als physiologisches Eiweißminimum. Es liegt, je nach biologischer Wertigkeit, bei 30 g bis 40 g; das Eiweißoptimum liegt etwa doppelt so hoch. Ein zu hoher Eiweißkonsum kann zu überhöhten Harnsäurewerten im Blut führen. Wenn sich Harnsäurekristalle in den Gelenken ablagern, kommt es zu Gichtanfällen.

Rechenbeispiel:
Wie viel Gramm Körpereiweiß kann aus einem Steak von 200 g aufgebaut werden? (Eiweißgehalt 20 %; biologische Wertigkeit 75).
Berechnung des Eiweißgehalts: 20 % Eiweiß von 200 g Fleisch ergibt 40 g Eiweiß. Aus 40 g Eiweiß mit einer biologischen Wertigkeit von 75 kann 30 g Körpereiweiß (75 % von 40 g) gebildet werden.

1. Wie viel Gramm Körpereiweiß können aus 250 g Milch bzw. 60 g Vollei aufgebaut werden?

Vitamin	Vorkommen in Nahrungsmitteln	Aufgaben im Körper	Mangelerscheinungen
Vitamin A Retinole Provitamin: Carotin	Eigelb, Palmöl Leber, Lebertran Karotten, Eigelb, Spinat, Petersilie	Beeinflussung des Zellwachstums, Beteiligung am Sehvorgang	Nachtblindheit, Verhornung von Haut und Schleimhäuten
Vitamin B_1 Thiamin	Vollkornerzeugnisse Hefe, Fleisch, Innereien	Bestandteil von Enzymen, Abbau der Kohlenhydrate	Wachstumsstörungen, Nervenstörungen, Beriberi-Krankheit
Vitamin B_2 Komplex Riboflavin Niacin Folsäure Pantothensäure	Vollkornerzeugnisse Hefe, Fleisch, Innereien, Eier Milch, Gemüse Pilze	in vielen Enzymen enthalten, Steuerung von Stoffwechselvorgängen	Schädigung der Haut und Schleimhäute, Gewichtsabnahme
Vitamin B_6 Pyridoxin	Getreideprodukte, eiweißreiche Lebensmittel, Blattgemüse	Coenzym im Eiweißstoffwechsel	Krämpfe bei Säuglingen, beim Erwachsenen nicht bekannt
Vitamin B_{12} Colabamin	Tierische Lebensmittel	Bestandteil eines Coenzyms, Aufbau der Zellkernsubstanz, Bildung der roten Blutkörperchen	Störung der Zellbildung, Nervenstörung
Vitamin C Ascorbinsäure	Obst, Gemüse Kartoffeln	Einfluss auf den Stoffwechsel von Bindegewebe	Blutungen in der Haut, Infektionsanfälligkeit, Skorbut
Vitamin D Calciferole	Milch, Eigelb, Lebertran, Pilze	Verknöcherung des Skeletts	Rachitis, Knochenerweichung
Vitamin E Tocopherole	Getreidekeime, Keimöl, Eier, Leber	verhindert Oxidation von ungesättigten Fettsäuren	Muskelschwund

1. Vitaminauswahl (fettlöslich, wasserlöslich)

Vitaminverluste durch	anfällige Vitamine	Regeln zur Vitaminerhaltung
	Vitamin A Vitamin K Vitamin B_{12} Vitamin D Vitamin E Vitamin C Vitamin B_{12} Vitamin B_6	Lebensmittel dunkel und verpackt lagern; Kräuter, Gemüse und Obst erst unmittelbar vor der Zubereitung schneiden; bereits bearbeitete Lebensmittel abdecken
	Vitamin A Vitamin D Vitamin E Vitamin C Vitamin K Vitamin B_1 Vitamin B_{12}	nicht unnötig zerkleinern; keine langen Lagerzeiten; geöffnete Behältnisse schnell wieder verschließen; ansonsten siehe oben
	Vitamin C Vitamin B_1 Vitamin A Vitamin K Vitamin B_2 Vitamin B_6 Vitamin B_{12}	schonend garen (dämpfen, dünsten, grillen); richtige Gar-Temperatur wählen; Garzeiten kurz halten; Warmhalten von Speisen vermeiden (aufwerten, z. B. mit Kräutern)
	Alle Vitamine, mit Ausnahme der fettlösenden Vitamine A, D, E, K	Lebensmittel kurz waschen; nicht stärker als notwendig zerkleinern; wenig Wasser zum Kochen verwenden; Koch- und Dosenwasser mit verwenden

2. Vitaminerhaltung

2.5 Vitamine

Vitamine sind lebenswichtige organische Wirkstoffe. Sie können nicht vom Körper gebildet werden. Nur von den fettlöslichen Vitaminen kann er ein kleines Depot anlegen, die wasserlöslichen müssen dauernd mit der Nahrung zugeführt werden. Vitamine haben Regler- und Schutzfunktionen: Sie regeln Stoffwechselvorgänge, wirken bei der Energiegewinnung mit und sind am Aufbau körpereigener Substanzen wie Enzyme und Hormone beteiligt. Bei der Knochenbildung, beim Wachstum und bei der Wundheilung sind sie unentbehrlich. Sie stärken die Widerstandsfähigkeit gegen Krankheiten und erhöhen die geistige Spannkraft. Provitamine sind Vorstufen von Vitaminen, aus denen der Körper selbst Vitamine bilden kann.

Vitaminbedarf. Vitamine wirken in kleinsten Mengen. Der Tagesbedarf der Vitamine ist umstritten, liegt jedoch unter 10 mg (Ausnahme: Vitamin C bei 100 mg). Er ist von der körperlichen und geistigen Belastung und von Umweltfaktoren, abhängig. Der Gesamt-Vitaminbedarf wird normalerweise bei einer frisch zubereiteten, vollwertigen Mischkost gedeckt. Vitamindefizite können bei Krankheiten, starkem Schwitzen, Nikotin- und Alkoholmissbrauch und durch Medikamente entstehen und zu Mangelerscheinungen führen (Bild 1).

Vitaminerhaltung. Vitamine sind sehr empfindliche Nährstoffe. Sie können durch Hitze, Licht, Luft (Sauerstoff) und zum Teil durch Kälte (Vitamin E) unwirksam werden. Die Wasserlöslichen werden ausgelaugt. Küchentechnische Verfahren sind deshalb so zu gestalten, dass der Vitaminverlust möglichst gering ist (Bild 2).

Element	Vorkommen in Nahrungsmitteln	Mangelerscheinungen	Aufgaben im Körper
Natrium (Na)	Kochsalz, gesalzene Lebensmittel	Muskelkrämpfe, Nervenfunktionsstörung	Regulation des Wasserhaushalts, Enzymaktivierung
Chlor (Cl)	wie Natrium	wie Natrium	Regulation des Wasserhaushalts, Magen-Salzsäure
Kalium (Ka)	Gemüse, Hülsenfrüchte, Salate, Obst, Pilze, Weizenkeime	Muskelkrämpfe, Herzrhythmusstörungen Nieren- und Lungenversagen	Regulation des Wasserhaushalts, Muskel- und Nervenfunktionen, Enzymaktivierung
Calcium (Ca)	Milch- und Milchprodukte, Eigelb, Hülsenfrüchte, Gemüse	Muskellähmung, Knochenwachstumsstörungen, Knochenbrüchigkeit, spontane Blutungen	Knochen- und Zahnbaustoff, Nervenerregung, Muskelkontraktion, Zusammenspiel mit Vitamin D und B_{12}
Phosphor (P)	Milch- und Milchprodukte, Vollkorn, Weizenkeime, Fisch, Fleisch	Störungen des Knochenstoffwechsels, Gliederschmerzen, Schwäche, Müdigkeit	Knochen- und Zahnbaustoff, Energieumsatz
Magnesium (Mg)	alle grünen Pflanzen, Milch, Hefe	Muskelschwäche, Zittern, Schlaflosigkeit	Knochenaufbau, Enzymaktivierung, Nervenfunktionen
Eisen (Fe)	Fleisch, Vollkorn, grüne Gemüse, Leber	Konzentrationsschwäche, Kopfschmerzen, Müdigkeit	Bildung des Blut- und Muskelfarbstoffs Sauerstofftransport
Jod (J)	Seefische, Meerestiere, Leber, Milch	Kropf, Wachstumsstörungen, Schwachsinn	Bestandteil des Schilddrüsenhormons, Stoffwechsel
Fluor (F)	Fisch, Fleisch, Nüsse, Gemüse, Schwarztee	Karies	Zahnfestigung, Karies-Schutz

3. Mineralstoffe (Auswahl)

Um bei der Speisenzubereitung die Vitamin- und Mineralstoffverluste gering zu halten gelten folgende Empfehlungen: Verluste treten im Wesentlichen nur durch Auslaugen bei Waschen, Weichen, Wässern und beim Garen in Flüssigkeit auf. Deshalb sollte Gemüse nur kurz in kaltem Wasser gewaschen werden. Eine Lagerung von geschältem oder gar zerkleinertem Gemüse in Wasser ist zu vermeiden. Blanchieren (kurzes Aufkochen in Wasser) ist nur in wirklich begründeten Fällen durchzuführen. Beim Garen sind Dünsten oder Dämpfen zu bevorzugen. Wenn Gemüse gekocht wird, sollte man alle Garflüssigkeit für Soße oder Suppe verwenden.

2.6 Mineralstoffe

Mineralstoffe sind energiefreie, lebenswichtige anorganische Wirkstoffe, die der menschliche Körper nicht selbst aufbauen kann. Sie stammen ursprünglich aus dem Erdreich, werden von Pflanzen aufgenommen und gelangen über die Nahrungskette zum Menschen. Bei der Verbrennung organischer Substanz findet man die Mineralstoffe in der Asche wieder; Hitze kann sie nicht zerstören.

Mineralstoffbedarf. Die Aufgaben der Mineralstoffe als Bau- und Reglerstoffe sind vielfältig (Bild 3). Nach dem mengenmäßigen Bedarf unterteilt man sie in Mengenelemente (Tagesbedarf mehr als 1 Gramm) und Spurenelemente (Tagesbedarf in Spuren). Im Wesentlichen sind heute nur die Mengen der benötigten Mineralstoffe bekannt, die zur Vermeidung von Mangelzuständen notwendig sind. Die individuell zuzuführende optimale Menge ist sehr von der persönlichen Disposition abhängig, z. B. Alter, Geschlecht, Schwangerschaft, Stillzeit, Arbeitsleistung, körperliche und geistige Anstrengung, Ernährungsweise, Alkohol- und Medikamentenkonsum usw. Da außer mit dem Harn und dem Stuhl auch mit dem Schweiß viele Mineralstoffe ausgeschieden werden, sollte man bei starkem Schwitzen auf eine entsprechende Mineralstoffzufuhr achten.

Um Mangelerkrankungen durch Mineralstoffdefizite vorzubeugen wird – wie auch für die Vitaminversorgung – eine frisch und sorgfältig zubereitete, vollwertige Mischkost empfohlen. Mineralwässer sind eine wichtige Mineralstoffquelle. Getreidemehle enthalten je nach Typenzahl mehr oder weniger viele Mineralstoffe. Ein helles Weizenmehl mit der Typenzahl 405 enthält maximal 500 g Mineralstoffe in 100 kg wasserfreiem Mehl. Im Weizenschrot der Type 1700 sind höchstens 2100 g Mineralstoffe pro 100 kg wasserfreiem Schrot enthalten. Mit steigender Typenzahl erhöht sich auch der Gehalt an Vitaminen und Ballaststoffen. Aus diesen Gründen sollten unbedingt Vollkornerzeugnisse, vor allem beim Frühstück, angeboten werden.

1. Welche Eigenschaften haben Vitamine und Mineralstoffe gemeinsam; wodurch unterscheiden sie sich?
2. Welche Getränke und Speisen empfehlen Sie, wenn auf vitamin- und mineralstoffreiche Ernährung Wert gelegt wird?
3. Warum sollten dem Gast Vollkornprodukte angeboten

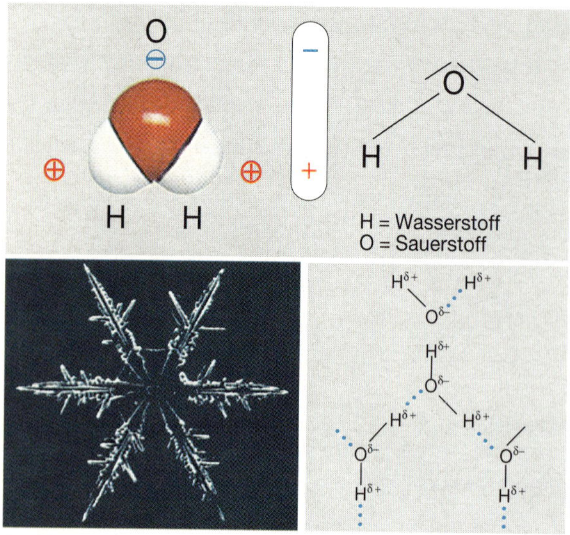

1. Chemischer Aufbau von Wasser/ Wasserstoffbrückenbindung (Schema)

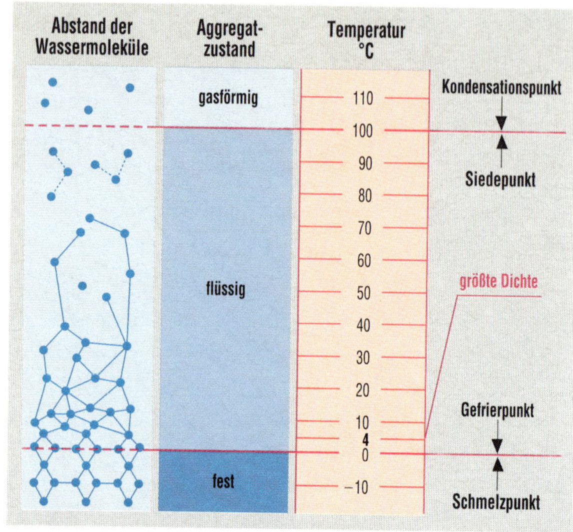

2. Zustandsform von Wasser bei 1 bar

2.7 Wasser

Ein Wassermolekül (H_2O) enthält zwei Atome Wasserstoff und ein Atom Sauerstoff. Bild 1 (oberer Teil) zeigt, dass durch die räumliche Anordnung der Atome ein Molekül mit zwei unterschiedlich elektrisch geladenen Polen (Plus und Minus) entsteht. Deshalb bezeichnet man das Wassermolekül auch als Dipol (Zwei-Pol). Dies bewirkt, dass die Wassermoleküle sich gegenseitig an den verschiedenen Polen anziehen und zusammenlagern und die sogenannten Wasserstoffbrücken bilden. Dabei entstehen Anhäufungen von Wassermolekülen innerhalb des flüssigen Wassers, die beim Gefrieren in der charakteristischen Form der Eisblume erstarren (Bild 1; unterer Teil). Auch die Tropfenbildung, die auf die Oberflächenspannung des Wassers zurückzuführen ist, lässt sich damit erklären.

Technologische Eigenschaften des Wassers

Zustandsformen des Wassers. Der chemische Aufbau verursacht auch die Anomalie (Nichtnormalität) des Wassers. Sie besteht darin, dass Wasser nicht wie andere Stoffe mit sinkender Temperatur immer dichter wird, das heißt an Volumen verliert. Bei 4 °C sind die Anziehungs- und Abstoßungskräfte im Gleichgewicht und das Wasser hat seine größte Dichte (Bild 2). Kühlt man weiter ab, überwiegen die Abstoßungskräfte und das Wasser bzw. Eis dehnt sich aus. Deshalb platzt ein Ei oder ein mit Flüssigkeit gefülltes Glas, wenn man es einfriert. Bei über 4 °C dehnt sich Wasser ebenfalls aus und geht bei Normaldruck (1 bar) bei 100 °C in die Dampfform über.

Quellungs- und Lösungsvermögen. Von Quellung spricht man, wenn sich Wasser in große Moleküle (z. B. Stärke oder Eiweiß) einlagert und deren Volumen vergrößert. So quillt das Bindegewebe von Fleisch beim Kochen; Klebereiweiß quillt im Teig und Stärke quillt auf, wenn man sie mit Wasser erwärmt. Beim Weichen von trockenen Lebensmitteln (Hülsenfrüchte, Pilze, Rosinen) ist Quellung das Ziel.

Das Lösungsvermögen wird bei der Zubereitung vieler Speisen und Getränke und bei der Reinigung genutzt. Die kleinen Wassermoleküle schieben sich dabei in den zu lösenden Stoff, heben die bestehenden Anziehungskräfte innerhalb des Stoffes auf und verteilen seine Moleküle durch Wärmebewegung im Wasser. Deshalb ist das Lösungsvermögen temperaturabhängig. Je höher die Temperatur, desto höher das Lösungsvermögen. Das Quellungs- und Lösungsvermögen von Wasser ist gering bei Fetten und fetthaltigen Stoffen, weil die Fettsäurereste an ihren freien Enden wasserabstoßend sind. Will man Fette und Wasser verbinden, sind ein Emulgator und die richtige Technologie erforderlich.

Wasserhärte. Wasser löst auf dem Weg zur Quelle Mineralstoffe aus dem Erdreich. Ist es besonders mineralstoffreich, bezeichnet man es als Mineralwasser. Je mehr Mineralstoffe gelöst sind, desto härter ist das Wasser. Der frische Geschmack des harten Wassers ist bei Trinkwasser erwünscht. Bei der Nutzung von Wasser zum Waschen, Spülen und Reinigen stören die Mineralstoffe, weil sie seifenartige Stoffe binden und ihre Reinigungswirkung verhindern. Hartes Wasser kann auch den Geschmack von Tee und Kaffee beeinträchtigen.

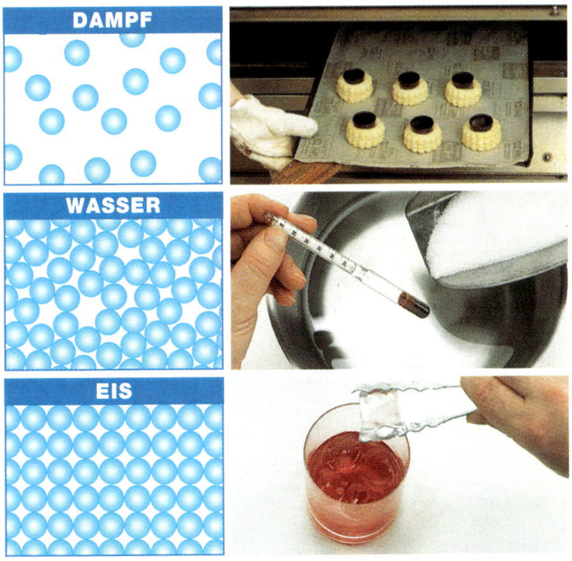

3. **Zustandsformen von Wasser**

Quellungsvermögen	• Quellen getrockneter Lebensmittel • Kleber-Quellung bei der Teigzubereitung • Stärke-Quellung und -Verkleisterung beim Backen • Bindegewebe-Quellung bei Fleisch beim Kochen/ Schmoren
Lösungsvermögen	• Abspülen von Schmutz und Keimen von Gemüse und Obst • Auslaugen von unerwünschten Bestandteilen (Bitterstoffe bei Salatblättern, Fleischfarbstoff bei Rindermark) beim Wässern • Auslaugen von Geschmack-, Farb- und Aromastoffen bei der Zubereitung von Brühen für Suppen und Soßen • Zubereiten von Aufgussgetränken (Tee, Kaffee) • Auslaugen der Stammwürze aus dem Braugetreide • Lösen von Alkohol • Lösen von Salz und Zucker/Süßstoff
Temperaturübertragung	• bei allen Garverfahren in feuchter Hitze • beim Kühlen von Fisch oder Getränken mit Eis • beim Frieren von Speiseeis mit Eis-Salz-Mischung

4. **Wasser bei der Nahrungsmittelherstellung**

Nach Art der gelösten Mineralstoffe werden unterschieden:

- **Karbonathärte (Kalkhärte)** = vorübergehende Härte: Beim Aufkochen fällt der Kalk aus und setzt sich als Kesselstein am Topfboden oder an den Heizschlangen ab. Dadurch steigt der Energieaufwand, der zum Erhitzen nötig ist, und die Heizstäbe können durch Überhitzung durchbrennen.
- **Nichtkarbonathärte (Sulfat- oder Gipshärte)** = bleibende Härte: Sie wird durch Aufkochen nicht beseitigt; um solches Wasser weich zu machen bedient man sich chemischer oder elektrischer Verfahren.

Die Gesamthärte des Wassers ergibt sich aus der Summe von Karbonat- und Nichtkarbonathärte. Sie wird in Millimol je Liter (mmol/l) angegeben (die ältere Einheit der Wasserhärte ist die Deutsche Härte °dH).

0 mmol/l	bis	4 mmol/l	→	sehr weich
4 mmol/l	bis	8 mmol/l	→	weich
8 mmol/l	bis	12 mmol/l	→	mittelhart
12 mmol/l	bis	18 mmol/l	→	ziemlich hart
18 mmol/l	bis	30 mmol/l	→	hart
	über	30 mmol/l	→	sehr hart

Trinkwasser

Zur Zubereitung von Speisen und Getränken und zur Reinigung darf nur Wasser mit Trinkwasserqualität verwendet werden. Anforderungen:

- frei von Krankheitserregern (Thyphus, Parathyphus, Cholera, Salmonellen),
- keimarm (höchstens 100 Keime pro Milliliter), jedoch keine Coli-Bakterien (Darmbakterien),
- frei von gesundheitsschädlichen Stoffen (Blei, Arsen, Chrom, Quecksilber),
- klar, farblos, ohne Geruch und fremdartigen Geschmack.

Bedeutung des Wassers in der Ernährung

Der menschliche Körper ist nur in wassergesättigtem Zustand funktionsfähig. Nur in gelöster Form können die Nährstoffe, Sauerstoff und CO_2 und die Enzyme für den Stoffwechsel in den Körperflüssigkeiten (Blut, Lymphe, Speichel) transportiert werden. Etwa 65 % der Körpersubstanz besteht aus dem Baustoff Wasser. Sinkt der Wassergehalt, weckt dies das Durstgefühl. Besonders nach starkem Schwitzen und nach dem Genuss salziger Speisen verlangt der Körper nach Flüssigkeit. Als Ersatz für die ausgeschiedenen Flüssigkeitsmengen sollte man täglich zwei bis drei Liter Wasser (in Getränken und Speisen) aufnehmen. Die Körperwärme wird über die Verdunstung von Wasser durch die Schweißdrüsen der Haut reguliert.

1. Wie werden die Eigenschaften von Eis, Wasser und Dampf in der Gastronomie genutzt?
2. Wodurch unterscheidet sich Wasser von anderen Stoffen? Welche praktischen Auswirkungen hat diese Anomalie?
3. Nennen Sie die Nachteile, die bei der Nutzung von hartem Wasser auftreten können.
4. Erläutern Sie die Bedeutung des Wassers als Nahrungsmittel und seine Aufgaben im menschlichen Körper.

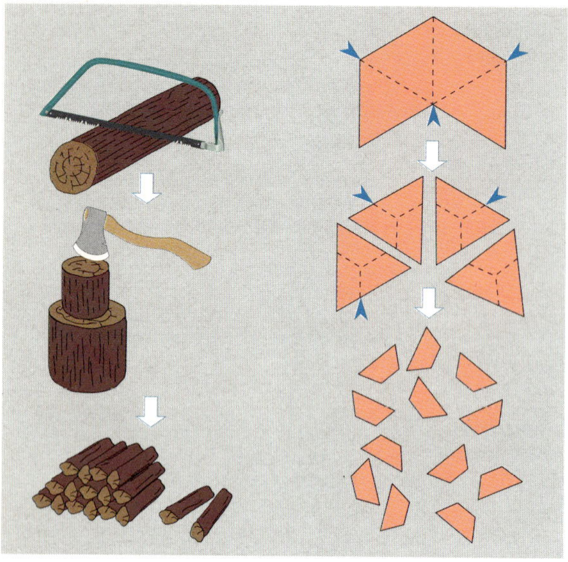

1. Vergleich: Enzyme als Werkzeuge

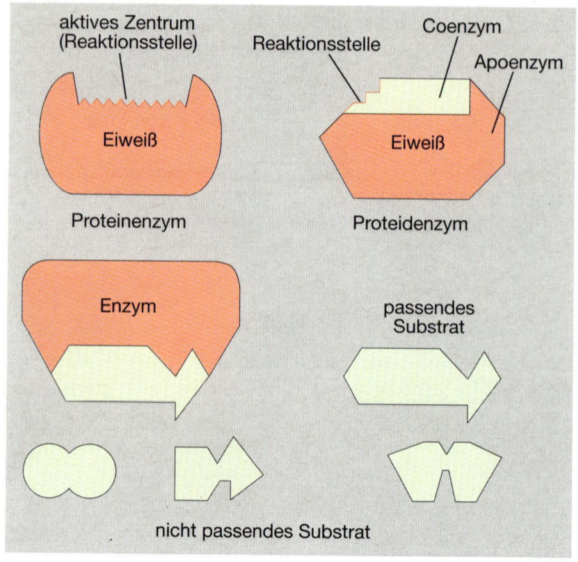

2. Protein- und Proteidenzyme/Substratspezifität

2.8 Enzyme

Enzyme (lateinisch: Fermente) sind Reglerstoffe, die in allen Organismen gebildet werden. Sie fügen andere Stoffe zusammen oder spalten sie in ihre Bausteine.
Beispiele für erwünschte biochemische Reaktionen:

- Bei der Reifung von Fleisch bewirken die fleischeigenen Enzyme das Mürbewerden und die Aromabildung.
- Bei der Reifung von Obst beeinflussen sie Bekömmlichkeit, Konsistenz sowie Farbe, Aroma und Geschmack.
- Die alkoholische Gärung und die Milchsäure-Gärung werden letztlich von Enzymen verursacht, die aus Mikroorganismen stammen. So werden Brot, Bier, Spirituosen, Käse, Sauerkraut und Salami hergestellt.
- Bei der Verdauung sind Enzyme wirksam, die der Körper selbst bildet, z. B. in der Bauchspeicheldrüse. Sie spalten die Nährstoffe in ihre kleinsten Bausteine, die durch die Darmwand resorbiert werden.
- Der Aufbau der körpereigenen Substanzen aus den zugeführten Stoffen ist nur mithilfe spezieller Enzyme möglich, die beispielsweise in der Leber gebildet werden.

Beispiele für unerwünschte biochemische Reaktionen:

- Eiweißverderb durch Überabbau von Eiweiß zu Ammoniak und Schwefelwasserstoff durch fleischeigene Enzyme oder Bakterienenzyme.
- Abbau von Vitaminen in Blattgemüsen bei der Lagerung und Überreife bzw. Faulen von Obst durch die von Natur aus darin enthaltenen Enzyme.
- Verderb durch Mikroorganismen, die durch ihre Enzyme Stoffe abbauen und Giftstoffe bilden können.

Bau- und Wirkungsweise von Enzymen

Hauptbestandteil aller Enzyme ist ein globuläres (kugelförmiges) Eiweißmolekül. Daraus folgt, dass Enzyme durch Hitze und konzentrierte Säure- und Salzlösungen denaturiert werden und dann nicht mehr wirksam sind. Enzyme, die mit der Nahrung aufgenommen werden, werden durch die Magensäure denaturiert und können im menschlichen Körper nicht wirken.
Enzyme werden unterteilt in:

- **Protein-Enzyme:** Diese Enzymgruppe besteht nur aus Eiweiß mit einem aktiven Zentrum, an dem die Auf- oder Abbaureaktionen mit dem Substrat, also dem Stoff, der umgewandelt wird, ablaufen.
- **Proteid-Enzyme:** Sie besitzen außer dem Eiweißanteil, auch Apoenzym genannt, ein sogenanntes Coenzym mit einer Reaktionsstelle. Das Coenzym wird oft von einem Vitamin oder Spurenelement gebildet.

Enzyme werden auch Biokatalysatoren genannt, weil sie beim Ablauf der Reaktionen nicht verbraucht oder verändert werden. Sie sind in kleinsten Konzentrationen wirksam. Manche Enzyme können innerhalb einer Minute Millionen Verbindungen trennen oder zusammenfügen.

Substratspezifität. Stoffe, die von Enzymen umgesetzt werden, nennt man Substrate. Während des Auf- oder Abbauvorganges wird kurzzeitig ein Enzym-Substrat-Komplex gebildet. Weil jedes Enzym nur jeweils ein bestimmtes Substrat oder eine bestimmte Substratgruppe an sich binden kann, spricht man von der Substratspezifität. Substrat und wirksames Enzym passen wie Schlüssel und Schloss zusammen.

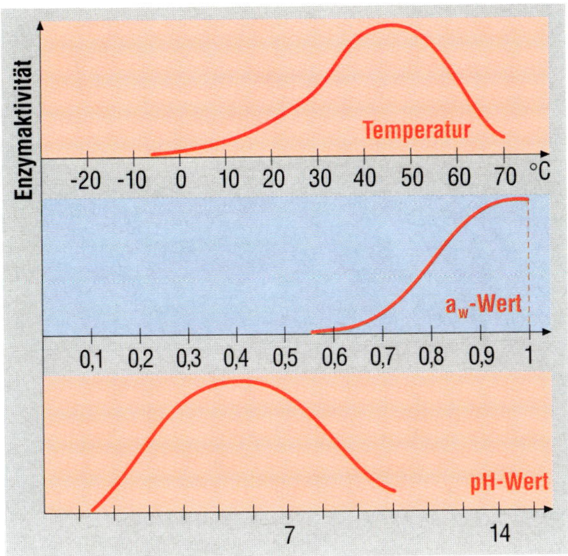

3. **Einflüsse auf die Enzymtätigkeit**

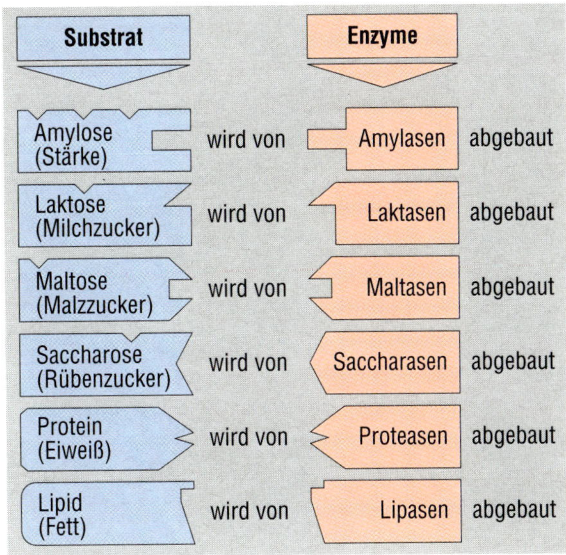

4. **Substrat und wirksames Enzym**

Wirkungsspezifität. Der Begriff Wirkungsspezifität von Enzymen besagt, dass ein bestimmtes Enzym nur eine bestimmte Veränderung bewirken kann: Es kann entweder den Abbau eines Substrats verursachen oder am Aufbau von Stoffen mitwirken.

Benennung der Enzyme. Traditionell werden die Enzyme nach dem Substrat benannt, mit dem sie sich verbinden. So heißt das Enzym, das Amylose (ein Stärkebaustein) abbaut, Amylase. Proteine (Eiweißstoffe) abbauende Enzyme werden Proteasen, Lipide (Fette) abbauende werden Lipasen genannt (Bild 4).

Beeinflussung der Enzymaktivität. Die Enzymaktivität ist von verschiedenen Einflüssen abhängig (Bild 3). Die **Temperatur** spielt dabei eine wesentliche Rolle. Die meisten Enzyme wirken am besten bei Körpertemperatur. Bei zunehmender Hitze lässt die Wirksamkeit nach und kommt durch die Hitzedenaturierung zum Stillstand. Sie ist endgültig und nicht mehr rückgängig zu machen.

Die Ausschaltung von lebensmittelverderbenden Enzymen durch Hitze erfolgt beim Blanchieren, Garen, Pasteurisieren und Sterilisieren. Durch Kühlen und Tiefkühlen werden Enzyme nur gehemmt; erst bei minus 40 °C sind Lipasen unwirksam, die Fette in tiefgekühltem Fleisch ranzig machen und dadurch die Lagerfähigkeit von Fleisch je nach Fettgehalt auf 6 bis 12 Monate beschränken.

Beim Auftauen tiefgekühlter Lebensmittel werden die Enzyme verstärkt wirksam, weil genügend Zellwasser frei wird und der Eiweißteil der Enzyme nur bei genügend freiem Wasser ausreichend quellen kann, sodass die Reaktionsfähigkeit somit besonders hoch ist. Deshalb hängt die Enzymaktivität von der Höhe des **a_w-Wertes** ab: Mit sinkendem a_w-Wert wird sie beeinträchtigt; das heißt in sehr trockenen Lebensmitteln können die meisten Enzyme keine Reaktionen auslösen. Ausnahme sind wieder die Lipasen, die z. B. Milch- oder Eipulver, Schokolade oder Kartoffelchips ranzig machen.

Eine weiter Einflussgröße ist der **pH-Wert.** Enzyme bevorzugen unterschiedliche pH-Werte, die fast alle im leicht sauren Bereich (pH-Wert 4 bis 6,8) liegen.

Küchentechnische Nutzung von Enzymen

Trockenhefe besteht aus wirksamen Hefeenzymen, die bei der Herstellung von Hefeteigen lebende Hefezellen ersetzen. **Proteasen** spielen bei der Fleischreifung eine wichtige Rolle, weil sie Eiweißstoffe in kleine Bruchstücke (Peptide, Aminosäuren) spalten.

Viele Präparate, die Fleisch mürbe machen, enthalten das Enzym Papain, das auch in der Papaya-Frucht vorkommt. Diese pflanzliche Protease kann bewirken, dass relativ zähes Fleisch, wenn man es in Scheiben schneidet und einreibt, in kurzer Zeit merkbar zarter wird.

1. Welche Funktion haben Enzyme in den Nahrungsmitteln bzw. im menschlichen Körper?
2. Welche Faktoren beeinträchtigen die Enzymtätigkeit?
3. Was versteht man unter der Wirkungsspezifität von Enzymen?
4. Welche Nahrungsmittel erhalten ihre erwünschten Eigenschaften durch die Aktivität von Enzymen?

1. Falsche „Kost" – und die Folgen

2.9 Vom Essgenuss zum Essproblem

Obwohl uns heutzutage ein großes Nahrungsangebot zur Verfügung steht, treten immer mehr ernährungsbedingte Krankheiten in der Bevölkerung auf. Die Gründe liegen in der falschen Ernährungsweise: Der Durchschnittsbürger isst zu viel, zu fett, zu viel tierisches Eiweiß, zu viel Süßes, zu wenig Ballaststoffe und trinkt zu viel Alkohol. Trotz des übermäßigen Konsums gibt es bei manchen Menschen Versorgungslücken bei verschiedenen Vitaminen und Mineralstoffen.
Die körperliche Arbeit und damit der Energiebedarf ist in den letzten Jahrzehnten immer mehr gesunken. Die Energiezufuhr ging jedoch nicht zurück, sondern ist im Gegenteil noch gestiegen. Die Folge falscher und nicht bedarfsgerechter Ernährung sind Schwierigkeiten beim Stoffwechsel, die sich in erhöhten Blutfettwerten, Bluthochdruck, Herz-Kreislauf-Erkrankungen, Gicht, Zuckerkrankheit, Magen-Darmerkrankungen, Leberschäden usw. zeigen.

Eine bewusste Ernährung setzt warenkundliche und ernährungsphysiologische Kenntnisse voraus. Wer Lebensmittel für sich und andere zubereitet und verteilt, muss die Rohstoffe mit Bedacht auswählen, schonend vor- und zubereiten und appetitlich anrichten. Dem Gastgewerbe wachsen hier eine Aufgabe und Verantwortung zu, weil immer mehr Mahlzeiten außer Haus eingenommen werden. Art, Menge und Qualität der Lebensmittel und ihre sinnvolle Kombination sind für die Gesundheit ebenso wichtig wie die Verteilung der Mahlzeiten über den Tag.

Lebensmittel und Genussmittel

Der Begriff Lebensmittel erklärt sich selbst: Mittel zum Leben.
Lebensmittel sind Produkte pflanzlicher oder tierischer Herkunft. Die wichtigsten bezeichnet man als Grundnahrungsmittel wie Brot, Fleisch, Milch, Eier, Kartoffeln, Reis, Gemüse, Obst.
Genussmittel dienen weniger der Sättigung, sondern sind vielmehr durch ihre anregende Wirkung auf den menschlichen Organismus gekennzeichnet. Die wichtigsten Genussmittel sind Kaffee, Tee, alkoholhaltige Getränke und Tabakwaren.

Ernährungsgewohnheiten werden in den Familien teilweise über Generationen weitervermittelt und lassen sich nur schwer den aktuellen Erfordernissen anpassen. Falsche Ernährungsgewohnheiten können zu mangelndem Wohlbefinden, geringerer Leistungsfähigkeit oder gar zu Krankheiten führen; Übergewicht ist häufig ein sichtbares Zeichen.
Neben den oben genannten Ursachen können besondere Lebenssituationen zu **Ernährungsproblemen** führen: Starke psychische Belastungen bewirken bei dem einen Heißhunger; andere verlieren den Appetit und magern ab.
Mit zunehmendem Alter ändert sich der Nährstoff- und Energiebedarf. Wer seine Ernährung nicht rechtzeitig umstellt, läuft Gefahr seine Gesundheit zu schädigen. Andererseits können manche Krankheiten mit bestimmten Kostformen gemildert werden.

Falsche Ernährungsweisen

- ✗ stehend oder überhaupt nicht frühstücken
- ✗ Hunger durch Süßigkeiten stillen
- ✗ einseitige Ernährung
- ✗ über den Hunger essen (weil es so gut schmeckt, weil der Teller leer werden muss)
- ✗ grundsätzliches Nachsalzen fertiger Gerichte ohne vorheriges Vorkosten
- ✗ während des Essens fernsehen, Zeitung lesen oder sich anderweitig beschäftigen
- ✗ warmes, üppiges Abendessen mit großem Alkoholkonsum
- ✗ tagelang keine warmen Mahlzeiten

Richtige Ernährungsweisen

- ✗ regelmäßig (zu festen Zeiten) essen
- ✗ fünf kleinere Mahlzeiten über den Tag verteilen
- ✗ genügend Zeit für die Mahlzeiten einplanen
- ✗ zusammen mit anderen essen
- ✗ unbelastende Unterhaltung, keine Eröterung von persönlichen Problemen
- ✗ langsam essen, gut kauen
- ✗ Speisen liebevoll zubereiten und anrichten
- ✗ abwechslungsreiche Mischkost essen

2. **Richtige und falsche Ernährungsgewohnheiten**

1. Welche Fehler werden nach Ihrer Erfahrung beim Essen und Trinken häufig gemacht?
2. Erklären Sie, weshalb falsche Ernährung den Körper unnötig belasten oder sogar krank machen kann.
3. Welche Nahrungsmittel sind nach Ihrer Ansicht bei der täglichen Kost empfehlenswert?
4. Aus welchen Gründen haben manche Menschen falsche Ernährungsgewohnheiten?
5. Welchen Stellenwert hat gesunde Ernährung bei Ihnen und Ihren Freunden/Freundinnen?
6. Welche Kenntnisse sind Voraussetzung für eine bewusste Ernährung?
7. Zählen Sie vier Krankheiten auf, die durch falsche Ernährung beeinflußt werden.
8. Nennen Sie die Ursachen von Übergewicht. Wie kann man Übergewicht abbauen?

3. **Naturbelassene Lebensmittel**

4. **Verarbeitete Lebensmittel**

5. **Genussmittel**

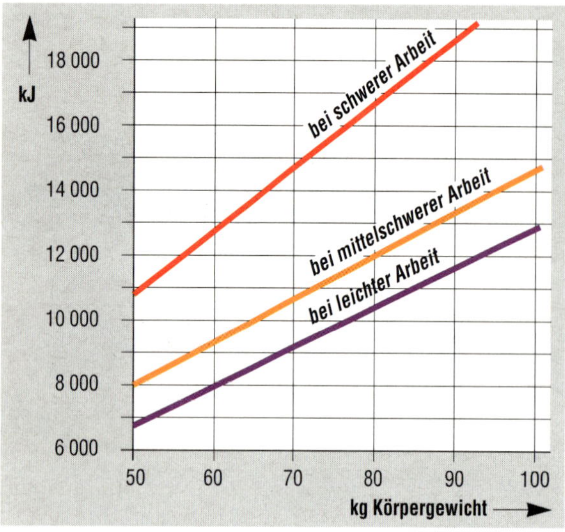

1. **Energieverbrauch in Abhängigkeit von Arbeitsleistung und Körpergewicht**

Wer einen Körper mit der Masse von 102 g um einen Meter hebt, verbraucht dabei die Energiemenge von einem Joule.
1000 Joule sind ein Kilojoule (kJ).
Die alte Energieeinheit Kalorien kann mit dem **Faktor 4,2** in Joule umgerechnet werden:

1 cal	= **4,1868 J ≈ 4,2 J**
1 kcal	= **4,1868 kJ ≈ 4,2 kJ**
1000 kcal	= **4,1868 MJ (Megajoule) ≈ 4,2 MJ**
1 J	= **0,2389 cal ≈ 0,24 cal**
1 kJ	= **0,2389 kcal ≈ 0,24 kcal**

2. **Umrechnung der Energieeinheiten**

2.10 Bedarf an Nährstoffen

Im Stoffwechsel des Körpers werden laufend Stoffe abgebaut und ausgeschieden, die durch die Nahrung ersetzt werden müssen. Außerdem wird ständig Energie zur Erhaltung der Körperwärme, der Lebensfunktionen und der körperlichen und geistigen Leistung verbraucht. Eine zu geringe Nähr- und Wirkstoffaufnahme führt zu Mangelerscheinungen, eine zu hohe Aufnahme zur Überernährung; beides kann Ursache von Erkrankungen sein. Ein Stoffwechselgleichgewicht erfordert deshalb eine dem jeweiligen Bedarf angepasste Kost in Bezug auf Menge und Güte (Nährstoffzusammensetzung).
Da persönliche Faktoren jedes einzelnen Menschen wie Wohlfühlgewicht und unterschiedlicher Ausnutzungsgrad der Nahrung den Energiehaushalt beeinflussen, können für die Nährstoffzufuhr nur allgemein gültige Richtlinien (Durchschnittswerte) gegeben werden.

Energieliefernde Nährstoffe

Kohlenhydrate, Fette und Eiweißstoffe sind energiereiche Verbindungen. Durch die „Verbrennung" mit Sauerstoff in den Körperzellen zu Kohlenstoffdioxid und Wasser wird Energie frei, die in Wärme und Arbeit umgesetzt wird. Die Energieeinheit ist das Joule (J), 1000 J = 1 kJ. Bei der Verbrennung im Organismus liefert:

1 g Kohlenhydrate	→	17 kJ
1 g Eiweiß	→	17 kJ
1 g Fett	→	37 kJ

Mit 30 kJ pro Gramm spielt der Alkohol bei der Energiebilanz eine wichtige Rolle.

Eiweiß. Eiweiß dient dem Körper als Baustoff. Nur überschüssige Eiweißmengen werden verbrannt, also zur Energiegewinnung genutzt.

Kohlenhydrate. Kohlenhydrate insbesondere Zucker, setzt der Körper rasch in Energie um. Zu ihrer Verbrennung sind etwa 10 % weniger Sauerstoff als bei Fett notwendig. Bei starker und lang andauernder körperlicher Beanspruchung kann aus Kohlenhydraten auch ohne Sauerstoff Energie gewonnen werden. Sie liefern dann jedoch weniger Energie und durch den unvollständigen Abbau bleibt im Muskel Milchsäure zurück, deren Anhäufung zu Muskelzittern und Muskelkrämpfen führt.

Fett. Fett hat im Körper unter anderem die Funktion des Energiespeichers. In einem Kilogramm Körperfett steckt die Energiemenge von etwa 30 000 kJ. Fett wird relativ langsam und nur mit Sauerstoff verbrannt, deshalb läuft bei schnellem Energiebedarf zuerst die Kohlenhydratumsetzung ab.

Energiebedarf

Wenn bei einem gesunden Erwachsenen die Energiezufuhr dem Energieverbrauch entspricht, bleibt das Körpergewicht erhalten. Regelmäßiges Wiegen ist deshalb ein wichtiges Hilfsmittel zur Kontrolle einer bewussten Ernährungsweise.

Grundumsatz. Energiemenge, die bei völliger Ruhe, im Liegen, zwölf Stunden nach der letzten Nahrungsaufnahme, leicht bekleidet, in einem Raum mit einer

Energieaufnahme		Energieverbrauch
1 Bonbon	**80 kJ**	3 min. Gymnastik
100 g Kartoffeln	**300 kJ**	30 min. Radfahren
1 Ei (60 g)	**350 kJ**	30 min. Spazierengehen
0,2 l Wein	**600 kJ**	30 min. Tischtennisspielen
100 g Camembert (45 % Fett i. Tr.)	**1300 kJ**	1 h Foxtrott tanzen
0,5 l Vollmilch	**1375 kJ**	2 h Staubsaugen
100 g Schokolade	**2350 kJ**	1 h Waldlauf
100 g Nüsse	**2900 kJ**	2 h Bügeln

3. Energieaufnahme und Energieverbrauch

Temperatur von 20 °C durchschnittlich zur Aufrechterhaltung der Lebensvorgänge nötig ist. Der Grundumsatz eines männlichen Erwachsenen beträgt 4,2 kJ je Körpergewicht und je Stunde, er wird für 24 Stunden berechnet angegeben. Er ist vom Geschlecht, Alter und Körpergewicht und Körperoberfläche abhängig.
Bei Frauen ist er um etwa 8 % niedriger als bei Männern, weil Männer im Durchschnitt mehr energieverbrauchendes Muskelgewebe haben.
Mit zunehmendem Alter sinkt der Grundumsatz, da die Stoffwechselvorgänge langsamer und damit energiesparender ablaufen.
Je größer die Körperoberfläche ist, desto mehr Energie geht durch Wärmeabstrahlung verloren. Große Menschen haben daher einen höheren Grundumsatz.

Leistungsumsatz. Energiemenge, die für Arbeitsleistung, Sport und andere körperliche Beanspruchungen. zum Beispiel auch Schwangerschaft, Stillen, nötig ist.
Man kann den Leistungsumsatz in Arbeits- und Freizeitumsatz einteilen. Bei leichter Tätigkeit beträgt der Leistungsumsatz nur etwa ein Drittel des Grundumsatzes.

Um eine Gewichtszunahme zu vermeiden ist nach Ermittlung des Gesamtenergiebedarfs die Energie der zugeführten Nahrung zu berechnen. Aus Nährwerttabellen kann man die Energiewerte der Nahrungsmittel entnehmen. Wenn man das Gewicht der einzelnen Nahrungsmittel mit diesen Angaben multipliziert und die Energiewerte aller verzehrten Nahrungsmittel addiert werden, erhält man die Gesamtenergiemenge.

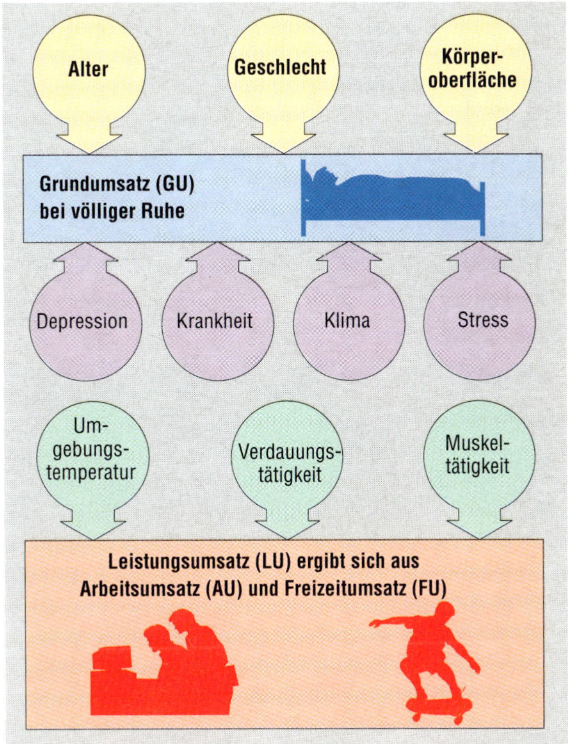

4. Beeinflussung von Grundumsatz und Leistungsumsatz

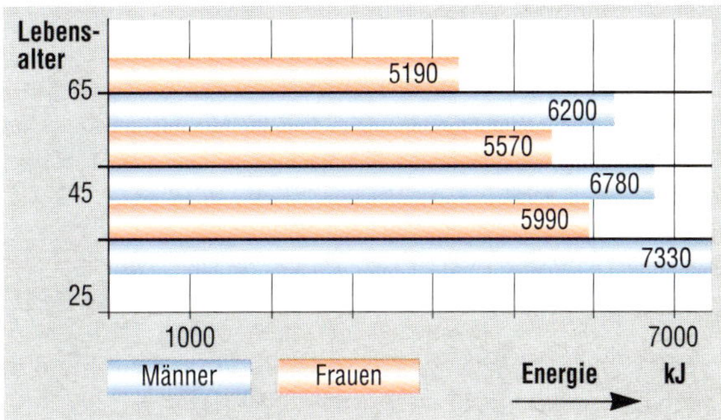

5. Grundumsatz nach Alter

Gesamtenergiebedarf einer Frau: 30 Jahre alt, 60 kg Körpergewicht, 1,70 m groß, mittelschwere Arbeit.

• Grundumsatz:	5 900 kJ
• Arbeitsumsatz:	2 800 kJ
• Freizeitumsatz:	1 200 kJ
Gesamtenergiebedarf:	9 900 kJ

6. Berechnung des Gesamtenergiebedarfs

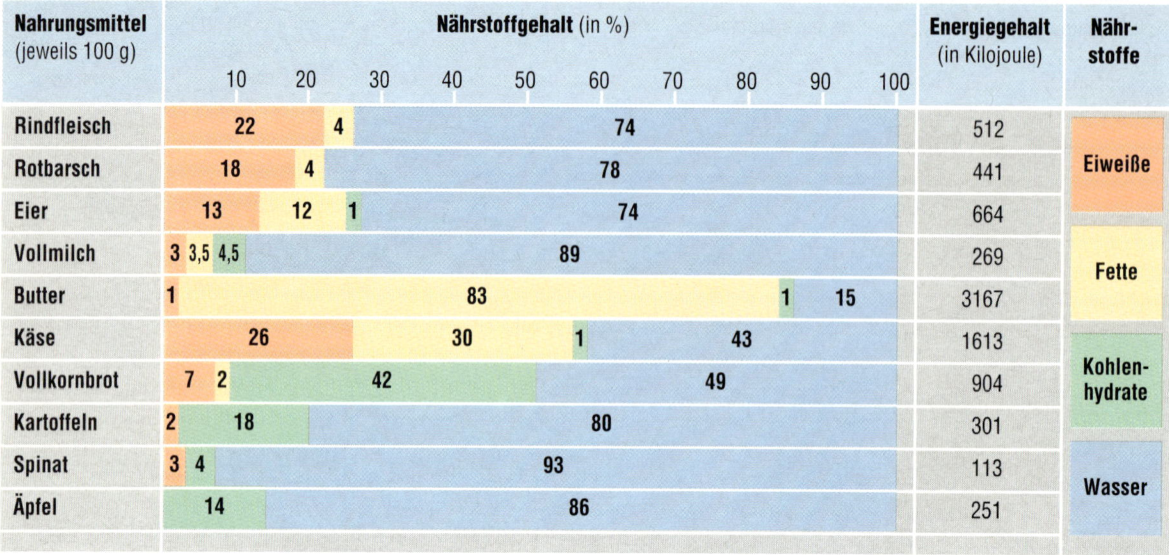

1. Nährstoff- und Energiegehalt ausgewählter Nahrungsmittel

Nährstoffbedarf

Bezogen auf den Gesamtenergiebedarf wird eine Verteilung der energieliefernden Nährstoffe **Eiweiß, Fett, Kohlenhydrate im Verhältnis 15 : 30 : 55** empfohlen. Aus Bild 3 können die entsprechenden Grammangaben je kg Körpergewicht und Tag und die tägliche Nahrungszufuhr für Erwachsene bei leichter Tätigkeit entnommen werden. Wenn viel Körpersubstanz aufgebaut werden muss, z. B. in der Jugend und bei Schwangerschaft, muss die Eiweißzufuhr pro kg Körpergewicht besonders hoch sein.

Energiefreie Nährstoffe

Wassermangel führt am schnellsten zu starken Beeinträchtigungen der Körperfunktionen. Während der Mensch 30 - 40 Tage ohne energiehaltige Nahrung auskommen kann, verdurstet er je nach den Umgebungsbedingungen wie Temperatur und Luftfeuchtigkeit nach etwa 2 - 7 Tagen. Der tägliche Flüssigkeitsbedarf liegt in unserem Klima und bei leichter Tätigkeit bei etwa 2,5 Litern. Ein Teil dieses Wassers ist im Essen enthalten, sodass mindestens 1,5 Liter Flüssigkeit pro Tag getrunken werden sollten. Der Wasser-

Energieaufnahme durch alkoholische Getränke

Alkohol ist mit 30 kJ/g ein fast so guter Energielieferant wie Fett (37 kJ/g). Er kann zwar im Organismus nicht in Fett umgewandelt werden, da er jedoch schneller als andere Nährstoffe zur Energiegewinnung herangezogen wird, werden die anderen Nährstoffe verstärkt zur Körperfettbildung verwendet. Wird z. B. einen Monat lang 1 l Bier pro Tag getrunken, obwohl der Energiebedarf durch andere Nahrung gedeckt ist, nimmt man theoretisch um 1 kg zu.

Laut Statistik werden in der Bundesrepublik Deutschland pro Person und Jahr etwa 150 l Bier (Energiewert ca. 230 000 kJ), 20 l Wein (ca. 66 000 kJ), 4 l Sekt (14 000 kJ) und 6,5 l Branntwein (ca. 52 000 kJ) konsumiert. Dies ergibt einen Energiewert von etwa 362 000 kJ pro Person und Jahr, pro Person und Tag etwa 1000 kJ. Berücksichtigt man, dass etwa die Hälfte der Bevölkerung keine oder nur wenig alkoholische Getränke trinkt, nimmt die andere Hälfte durchschnittlich täglich 1000 - 2000 kJ über Alkohol zu sich. Diese Energiemenge entspricht 10 - 20 % des Energiebedarfs eines Mannes bei leichter körperlicher Arbeit.

Getränk	Vol.-%	Alkohol[1]	Energie[2]
500 ml Bier	4	15,8 g	890 kJ
200 ml Wein	11	17,4 g	660 kJ
100 ml Sekt	11	8,7 g	350 kJ
20 ml Whisky	40	6,3 g	195 kJ

1 Manche Getränke enthalten noch andere energiereiche Stoffe wie Kohlenhydrate und Säuren.

2 Bei der Umrechnung von Vol.-% Alkohol in Gramm ist zu berücksichtigen, dass 100 ml nur 79 g wiegen.

	Eiweißstoffe	Fette	Kohlenhydrate	Wasser	Vitamin C	Mineralstoff (Calcium)	Ballaststoffe
Anteil an der Energieaufnahme	15 %	30 %	55 %	0 %	0 %	0 %	0 %
je kg Körpergewicht und Tag	0,9 g	0,7 - 0,8 g	5 - 6 g	30 - 35 g	1 mg	16 mg	0,5 g
bei 50 kg	45 g	35 - 40 g	250 - 300 g	1,5 - 1,8 l	50 mg	800 mg	25 g
bei 60 kg	54 g	42 - 48 g	300 - 350	1,8 - 2,1 l	60 mg	960 mg	30 g
bei 70 kg	63 g	49 - 56 g	350 - 420 g	2,1 - 2,5 l	70 mg	1120 mg	35 g
bei 80 kg	72 g	56 - 64 g	400 - 480 g	2,4 - 2,8 l	80 mg	1360 mg	40 g

3. Empfohlene Zufuhr von Nahrungsmittel-Inhaltsstoffen bei leichter Tätigkeit

haushalt wird über die Nieren geregelt. Die Niere wird durch reichliches Trinken von alkoholfreien Getränken, z. B. von Säften, Mineralwasser, Kräutertees, in ihrer Tätigkeit entlastet.

Die Bedarfsmengen für **Vitamine und Mineralstoffe** sind in der Fachliteratur angegeben. Die empfohlenen Mengen bewegen sich im Bereich von wenigen mg (Ausnahme: Vitamin C bis 100 mg). Von Zeit zu Zeit werden die empfohlenen Mengen aufgrund neuer Forschungsergebnissen korrigiert.

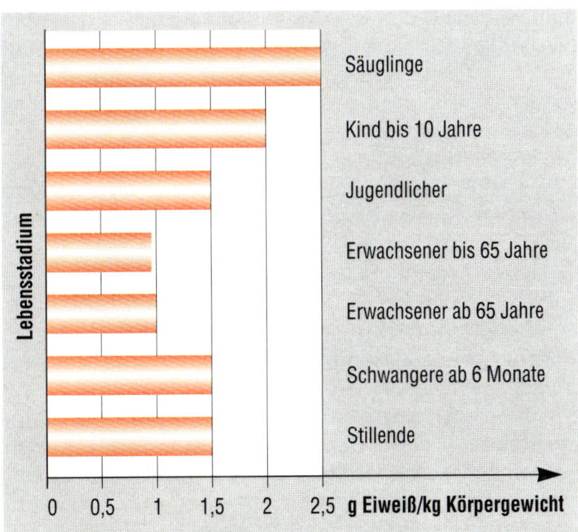

2. Empfohlene Eiweißzufuhr

Sofern keine besondere Lebenssituation vorliegt, wird bei einer abwechslungsreichen Kost der Bedarf gedeckt.

Ballaststoffe sind weitgehend unverdauliche Teile der Nahrung. Das Verdauungssystem des Menschen kann ihren Energiegehalt nicht nutzen. Sie wirken sättigend und regen die Verdauung an. Die empfohlene Menge in der täglichen Nahrung beträgt 30 - 40 g. Der Bedarf wird durch pflanzliche Nahrung, vor allem Vollkornprodukte, Gemüse und Obst, gedeckt.

1. Warum kann jemand von einem bestimmten Nähr- oder Wirkstoff zu wenig aufnehmen, obwohl er sich täglich satt isst?
2. Warum haben Säuglinge und Kinder einen relativ hohen Eiweißbedarf?
3. Nehmen Sie Stellung zu der Aussage: „Bier macht dick!"
4. Warum ist es nicht sinnvoll mehr als 1 Gramm Eiweiß pro kg Körpergewicht zu sich zu nehmen?
5. Berechnen Sie den Energiegehalt folgender Speise: 3 Spiegeleier in 15 g Butter gegart, 120 g Spinat, 150 g Kartoffeln, anhand der Werte in Bild 1.
6. Wie hoch ist Ihr Eiweißbedarf? Diskutieren Sie die Frage anhand der Bilder 2 und 3.
7. Warum empfiehlt die Deutsche Gesellschaft für Ernährung eine abwechslungsreiche Kost?
8. Stellen Sie ein ballaststoffreiches Menü zusammen.

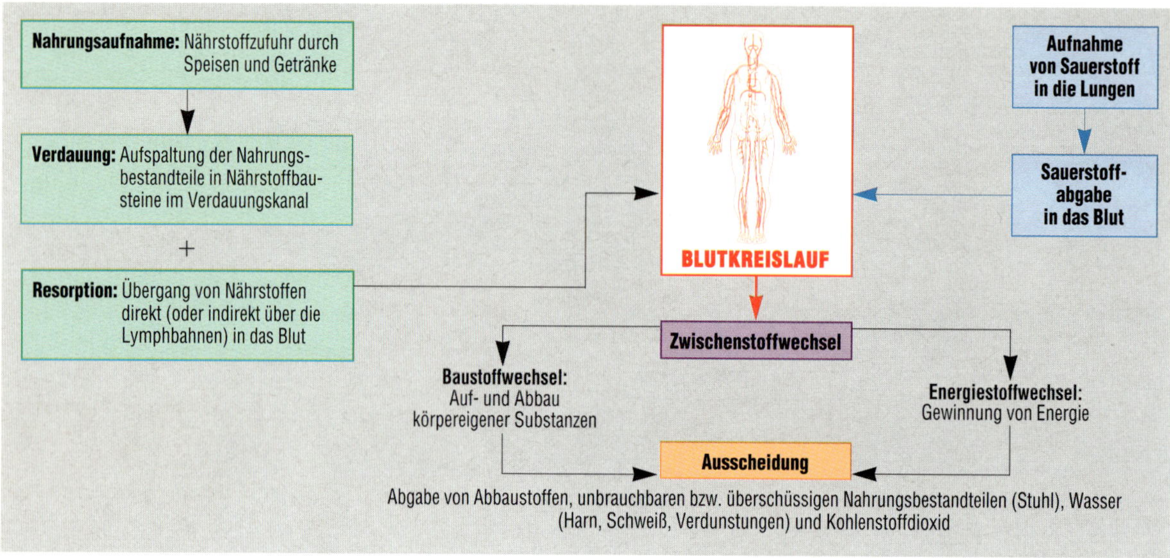

1. Übersicht: Stoffwechsel

2.11 Stoffwechsel

Der menschliche Körper steht in ständigem Stoffaustausch mit seiner Umwelt: Er nimmt Lebensmittel und Sauerstoff auf und baut die daraus gewonnenen Nährstoffe im Körper nach Bedarf ein oder um. Dies dient zur Aufrechterhaltung der Lebensfunktionen und dem Energiegewinn. Ausscheidungsprodukte sind unverdauliche Bestandteile, Wasser und Kohlenstoffdioxid. Diese Vorgänge im Körper werden unter dem Begriff Stoffwechsel zusammengefasst. Beispiele für die dauernde Erneuerung des Körpers sind das Nachwachsen der Nägel und Haare, die Wundheilung, der im Rhythmus von etwa sieben Jahren erfolgende Austausch der Haut, die ständige Neuproduktion von roten und weißen Blutkörperchen, Enzymen und Hormonen.
Stoffwechsel ist somit Kennzeichen bzw. Voraussetzung für Leben. Er kann in die Abschnitte Nahrungsaufnahme, Verdauung und Resorption, Zwischenstoffwechsel und Ausscheidung gegliedert werden. Stoffwechsel ist eine fortlaufende Abfolge von chemischen Reaktionen. Damit sie nicht verzögert wird oder gar zum Stillstand kommt, müssen wir atmen, essen und trinken. Eine besondere Bedeutung bei der Umsetzung und der Steuerung des Stoffwechselgeschehens kommt den Enzymen und Hormonen zu. Beide Wirkstoffe werden im menschlichen Körper vor allem in Drüsen gebildet.

Enzyme ermöglichen Auf- und Abbau von Stoffen, indem sie die Aktivierungsenergie herabsetzen. Das ist die Mindestenergie, die in den zu reagierenden Stoffen vorhanden sein muss, damit bei einem Kontakt eine Reaktion erfolgt. Da alle Reaktionen bei Körpertemperatur erfolgen müssen, ist dies auch die übliche Reaktionstemperatur. Schon eine um wenige Grad erhöhte Temperatur bei Fieber kann lebensbedrohlich werden, wenn das Zusammenspiel und die Wirkung von Hormonen und Enzymen teilweise verloren geht.
Aufgrund ihrer Wirkungs- und Substratspezifität leisten Enzyme „zielsichere" spezifische Arbeit bei den Auf- und Abbauvorgängen im Stoffwechsel.

Hormone sind Verbindungen von sehr unterschiedlichem Aufbau, die aus den Drüsen ins Blut abgegeben und über den Blutkreislauf überall im Körper verteilt werden. Sie sind nicht nur für die Regulation des Stoffwechsels zuständig, sondern beeinflussen auch das Wachstum und die Psyche des Menschen.
Die Reglerfunktion der Hormone im Stoffwechsel geschieht durch Hemmung oder Förderung von Stoffumsetzungen. Ob eine bestimmte Drüse Hormone produziert und abgibt, wird durch Reglerkreise gesteuert.
In einem Reglerkreis wird geprüft, ob ein bestimmter Sollwert vorhanden ist. Wird dieser Sollwert über- oder unterschritten, erfolgt eine entsprechende Meldung, die weitere Abläufe in Gang setzt mit dem Ziel den Sollwert wieder zu erreichen.
Für die Drosselung bzw. Ankurbelung der Hormonproduktion kann ein anderes („übergeordnetes") Hormon oder ein bestimmtes Stoffwechselprodukt Auslöser sein. Ist eine Hormondrüse in ihrer Funktion gestört, kann dies zu erheblichen Beeinträchtigungen führen.

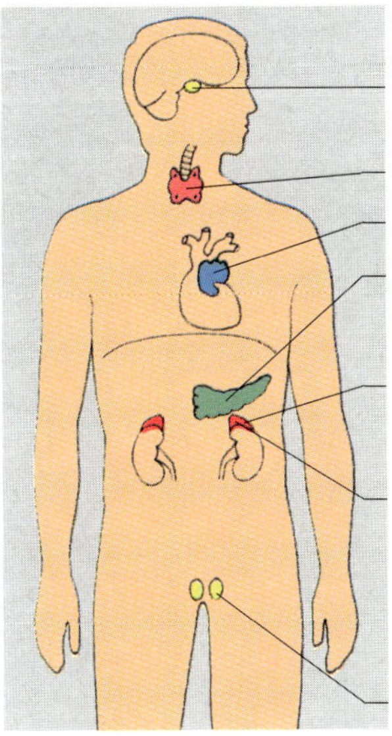

Drüsen	Hormone	Wirkungen
Hypophyse	Wachstumshormone Gonadotropine	fördert Längenwachstum steuern Keimdrüsentätigkeit
Schilddrüse	Iodhormone	steigert Stoffwechseltätigkeit
Thymusdrüse	Thymosin	fördert Abwehr gegen Infektion
Bauch-speicheldrüse	Insulin	fördert Aufnahme von Zucker in die Muskelzellen, steigert Glykogenaufbau in der Leber
Nebennieren-rinde	Androgene	bewirken Vermännlichung, die bei Mädchen durch Östrogene verdeckt wird
Nebennieren-mark	Adrenalin	erhöht Herzschlag, verengt Blutgefäße, aktiviert Glycogenaufbau
Eierstock	Östrogene Gestagene	bewirken Verweiblichung, steuern zusammen mit Östrogenen die Vorgänge des weiblichen Zyklus
Hoden	Androgene	bewirken Vermännlichung

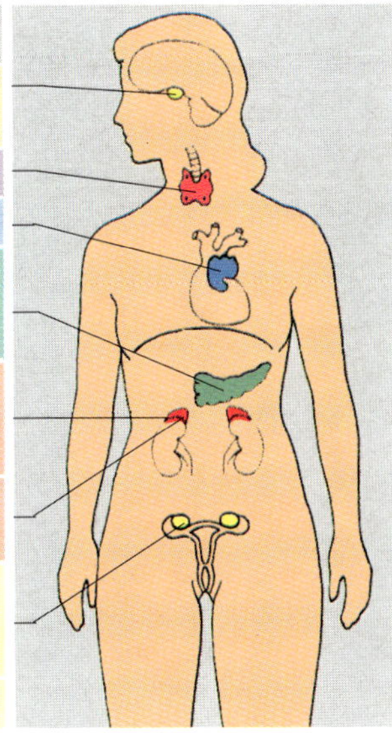

2. Hormondrüsen und Wirkungen der Hormone

Verdauung der Nahrung

Aufgabe und Ziel der Verdauung ist es durch Aufschluss der zugeführten Lebensmittel dem Körper die Nährstoffe in ihren kleinsten Bausteinen zur Verfügung zu stellen.
Wenn diese Bausteine die Darmwand durchdrungen haben, werden sie über das Blut und die Lymphe zu den Zellen transportiert, in denen sie benötigt werden.
Den Übergang durch die Darmwand nennt man Resorption. Die Nahrung wird durch Verfahren wie Zerkleinern, Braten, Kochen, Backen, aber auch Reifen und Gären soweit aufbereitet, dass der Verdauungsapparat wirksam werden kann.

Der Verdauungskanal besteht aus den Verdauungsorganen Mund, Speiseröhre, Magen, Zwölffingerdarm, Dünndarm, Dickdarm. In jedem Organ laufen bestimmte Verdauungsvorgänge ab:

Im **Mund** erfolgt die mechanische Zerkleinerung der Nahrung. Dabei wirken Geruchs- und Geschmackstoffe auf Zunge und Nase ein und ermöglichen den Genuss der Nahrung. Durch appetitliche Nahrung wird die Produktion des Mundspeichels angeregt.
Das Sprichwort „Gut gekaut ist halb verdaut" deutet an, dass gründliches Kauen die weitere Verdauung wesentlich erleichtert. Je besser die Nahrung zerkleinert wird, desto besser kann sie von den Verdauungssäften angegriffen und abgebaut werden. Beim Kauen wird von den Speicheldrüsen Speichel gebildet und abgegeben, der neben Stärke abbauenden Enzymen auch den Schleimstoff für die gute Gleitfähigkeit der Speisen enthält. Das Enzym

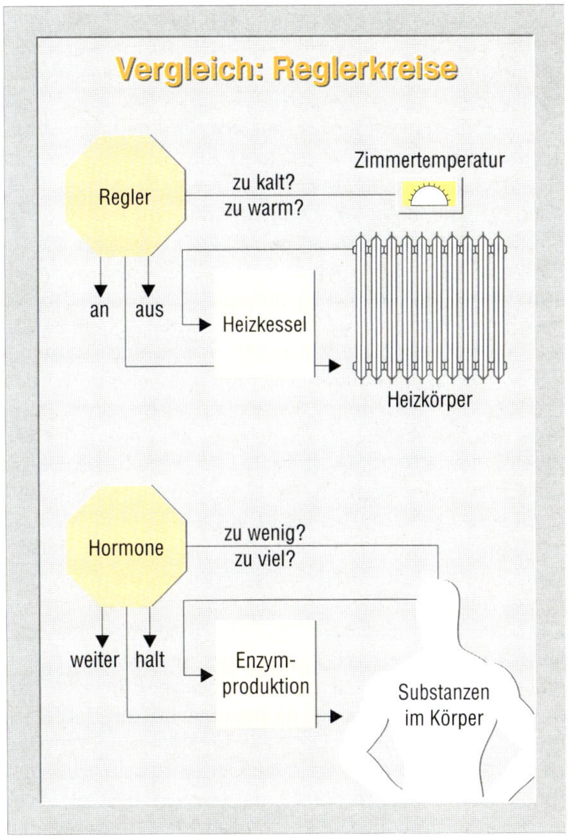

3. Vergleich: Reglerkreise

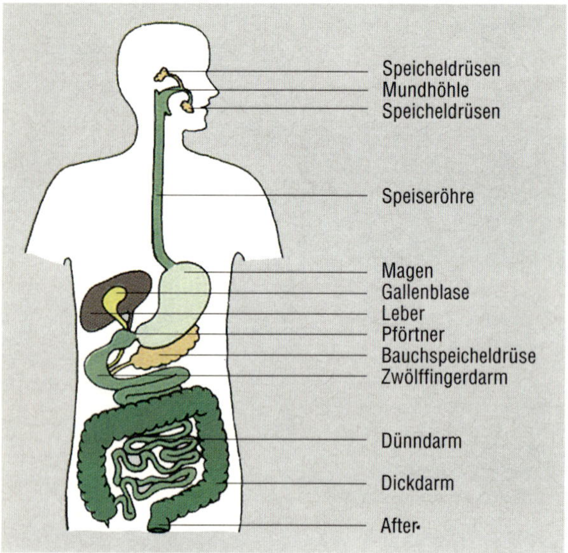

1. Verdauungskanal und -organe

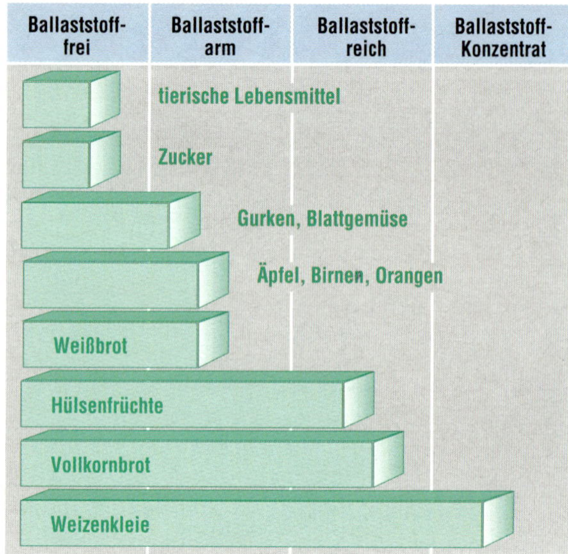

2. Ballaststoffgehalt von Lebensmitteln

Amylase beginnt bereits im Mund mit dem Stärkeabbau (beim längeren Kauen einer Brotkruste entstehen aus Stärke und Dextrinen süßliche schmeckende Zuckerstoffe).

Durch Schluckbewegungen gelangt der Speisebrei in die **Speiseröhre**, die die Verbindung zum **Magen** darstellt. Der Magensaft enthält unter anderem 0,5 %ige Salzsäure, die den Speisebrei ansäuert um ihn für eiweiß- und fettspaltende Magenenzyme leichter aufschließbar zu machen. Von Reflexen gesteuert zieht sich der Magen zusammen und entspannt sich wieder; der Inhalt wird weiter zerkleinert und gemischt. Nach einer Abbauzeit von 1 - 9 Stunden (je nach Zusammensetzung und Fettgehalt der Nahrung) wird der Speisebrei schubweise durch den Pförtner (sich einseitig öffnende Klappe, die einen Rückfluss des Speisebreis in den Magen verhindert) in den Zwölffingerdarm transportiert. In ihm herrscht alkalisches Milieu (pH-Wert über 7) vor. Gallenflüssigkeit zur Fettemulgierung, die in der Leber aus Cholesterin gebildet wird, sowie der enzymreiche Bauchspeichel aus der Bauchspeicheldrüse fließen in den Zwölffingerdarm.

Die **Leber** beeinflusst den Auf- und Abbau der Nährstoffe. Um den Blutzuckerspiegel im Gleichgewicht zu halten, wandelt die Leber bei zu hohem Blutzucker Glucose (Traubenzucker) in Glykogen um und gibt bei zu niedrigem Blutzucker Glucose ab. Der Fett- und Aminosäuregehalt des Blutes wird von der Leber auf vergleichbare Weise geregelt. Das giftige Ammoniak, das beim Eiweißstoffwechsel anfällt, wird von der Leber in Harnstoff umgewandelt und über die Nieren ausgeschieden. Sie wirkt außerdem bei der Enzymbildung mit und entgiftet den Körper von vielerlei Stoffen, etwa Arzneimitteln und Alkohol.

Im **Dünndarm** erfolgt die vollständige Zerlegung der Nährstoffe in ihre Bausteine. Den Abbau bewirken Enzyme aus Bauchspeichel und Darmsaft. Mit der Resorption der Nährstoffbausteine durch die Dünndarmwand (Bild 1) ist der Verdauungsvorgang abgeschlossen. Die resorbierten Nährstoffbausteine werden zu den Zellen transportiert, wo im Zwischenstoffwechsel körpereigene Stoffe daraus aufgebaut werden bzw. Energie gewonnen wird. Die unverdaulichen Ballaststoffe bewirken die Darmbewegung, durch die der Speisebrei durchmischt und weiterbefördert wird. Verstopfungen sind häufig auf eine ballaststoffarme Nahrung zurückzuführen.

Im **Dickdarm** wird dem Speisebrei Wasser entzogen. Mit dem Wasser werden auch einige Vitamine und Mineralstoffe resorbiert. Seine Darmflora (Gärungs- und Fäulnisbakterien) zerlegen die ballaststoffhaltigen Teile des Darminhalts und nutzen sie für ihren eigenen Stoffwechsel. Dabei entstehen Wasser, Kohlenstoffdioxid, kurzkettige Fettsäuren, Ammoniak- und Methangase. Der eingedickte Darminhalt wird durch den After ausgeschieden.

1. Teilen Sie den Stoffwechsel in fünf Schritte ein.
2. Erklären Sie die Begriffe Enzyme und Hormone.
3. Welcher Unterschied besteht zwischen Verdauung und Resorption?
4. Welche Stoffwechselstörungen treten bei Schilddrüsenüberfunktion bzw. -unterfunktion auf?

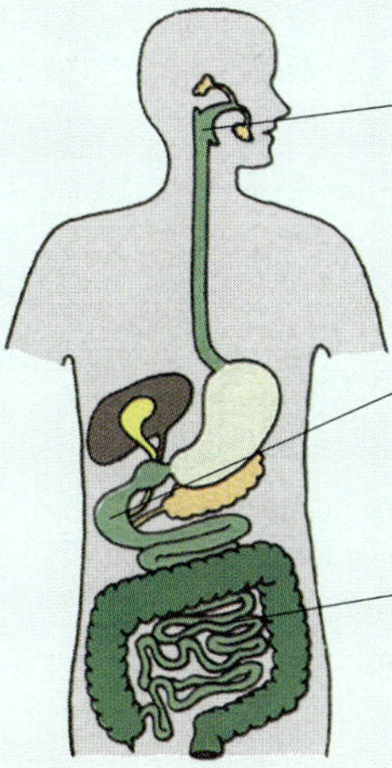

KOHLENHYDRATE

Mund:
Speichel enthält Amylase.
Sie spaltet Stärke in Dextrine und Malzzucker.

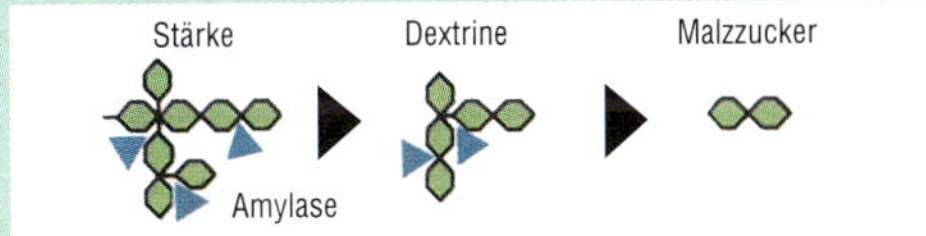

Zwölffingerdarm:
Amylase und Glucosidase aus der Bauchspeicheldrüse.
Glucosidase spaltet Doppelzucker in Einfachzucker.

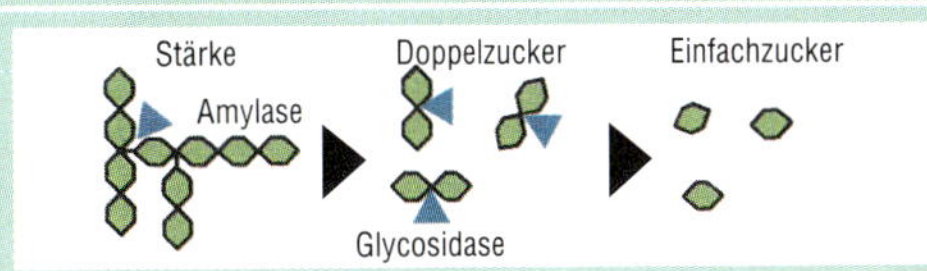

Dünndarm:
Amylase (wenig), Glucosidase und Laktase aus dem Darmsaft.

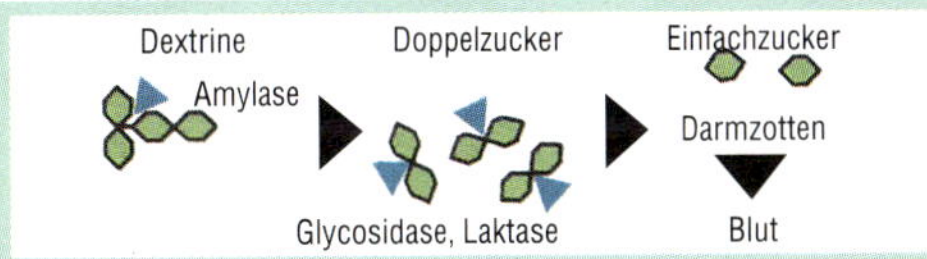

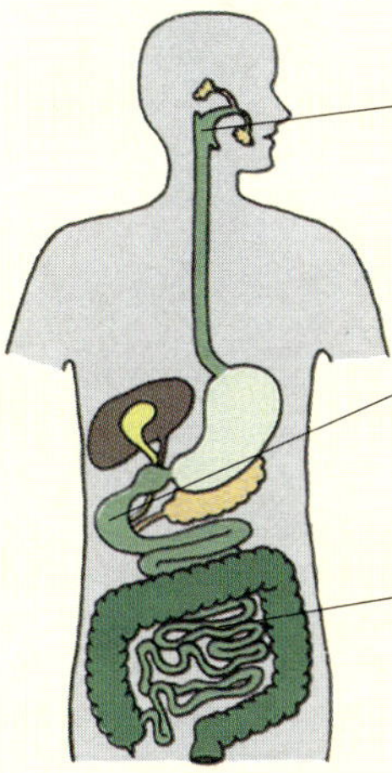

FETTE

Magen:
Lipasen (geringe Mengen) spalten Fettmoleküle.

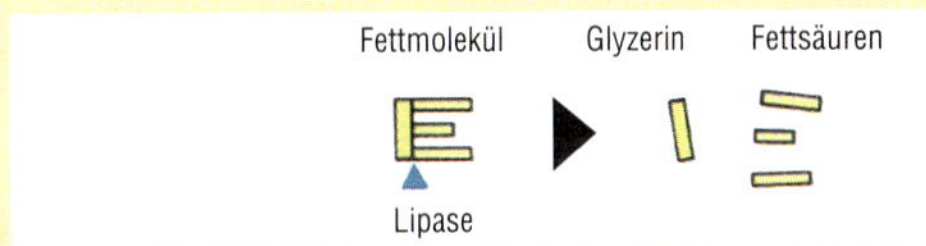

Zwölffingerdarm:
Gallensaft emulgiert Fett.
Gallensäuren aktivieren Lipase.
Lipasen beginnen mit der Fettspaltung.

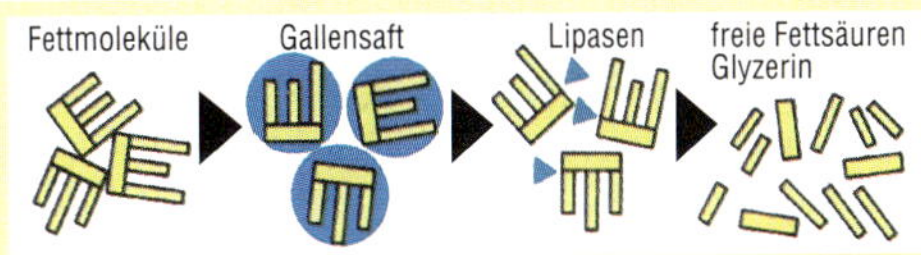

Dünndarm:
Lipasen spalten Fett.
Resorption kurzkettiger Fettmoleküle und Fettbausteine langkettiger Fettmoleküle.

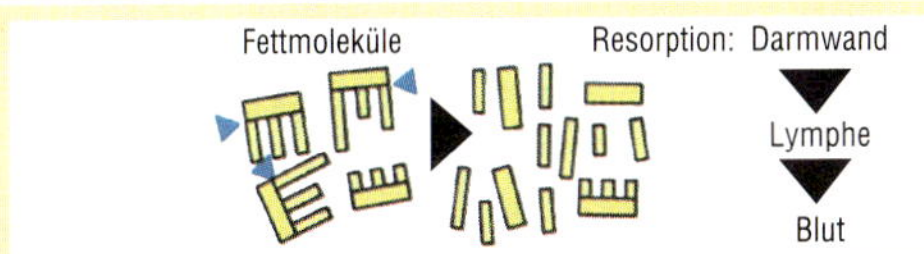

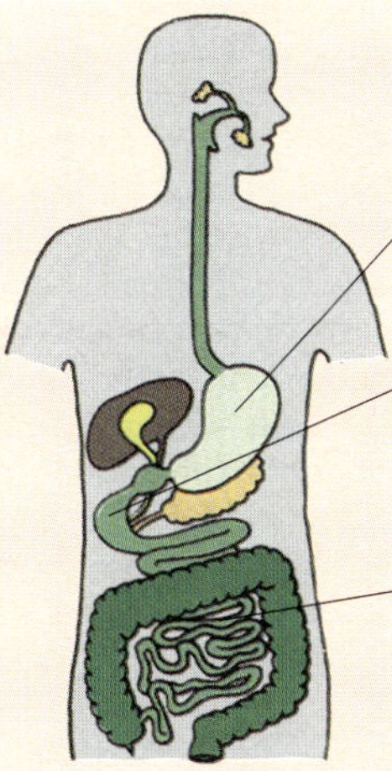

EIWEISS-STOFFE

Magen:
Salzsäure denaturiert Eiweißstoffe.
Endopeptidasen spalten Eiweiße in der Mitte.

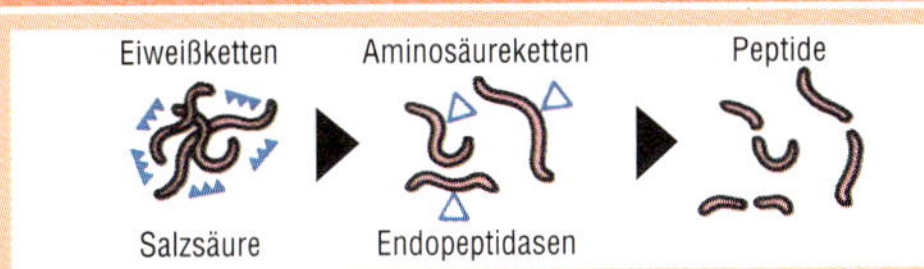

Zwölffingerdarm:
Endopeptidasen und Exopepdidasen aus der Bauchspeicheldrüse führen Eiweißspaltung fort.

Dünndarm:
Exopepdidasen des Darmsaftes spalten Peptide in Aminosäuren.

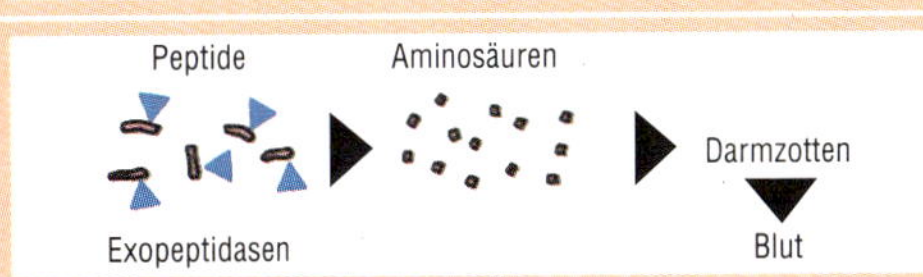

VITAMINE UND MINERALSTOFFE

gelangen im Dünndarm bzw. im Dickdarm unverändert ins Blut

3. Verdauung der Nährstoffe

	Belastete Lebensmittel	Mögliche Schadstoffe	Wie wahrscheinlich ist die Belastung?	Was kann der Verbraucher tun?
Milch und Milchprodukte	alle Käsesorten, Schmelzkäse, Kochkäse	chlorierte Kohlenwasserstoffe Phosphat	Spuren recht oft nachgewiesen immer vorhanden	Verbraucher kann mögliche Belastung nicht erkennen. Verzehr einschränken!
Getreide und Getreide-produkte	Roggen, Weizen alle Getreidearten aus Fahrbahnnähe	Cadmium Blei	Spuren manchmal nachgewiesen Spuren immer vorhanden	Verbraucher kann mögliche Belastung nicht erkennen. Getreide von Anbau in Fahrbahn-nähe meiden
Fleisch, Innereien, Fleischwaren, Wurst	Schweinefleisch Kalbfleisch, Bullenfleisch Fleisch aller Schlachttiere Leber, Nieren älterer Tiere Pökelrote Wurst, Schinken Brühwurst	Psychopharmaka Anabolika, Hormone Antibiotika Cadmium Natriumnitrit Diphosphat	in seltenen Fällen vorhanden in seltenen Fällen nachgewiesen können vorkommen, aber ziemlich selten ziemlich oft nachgewiesen Nitritreste können vorhanden sein fast immer vorhanden, wird deklariert	Verbraucher kann mögliche Belastung nicht erkennen. Verzehr von Innereien älterer Tiere meiden! Auf nicht gerötete Wurst zurückgreifen! Gepökelte Nahrungsmittel nicht braten oder grillen! Verzehr von Wurst mit Phosphat einschränken!
Süßwaren	Kräftig gefärbte Konditoreiwaren, Bonbons, Gummibärchen	Azofarben wie Amaranth und Tartazin	immer vorhanden	Auf Waren mit natürlichen Farbstoffen zurückgreifen! Asthmatiker, besondere Vorsicht!

1. Überblick: Zusatzstoffe, Rückstände und Schadstoffe

2.12 Zusatzstoffe, Rückstände, Schadstoffe, natürliche Giftstoffe

Unsere Nahrungsmittel sind gesundheitlich so sicher wie noch nie zuvor in der Vergangenheit. Schlagzeilen wie „Gift auf den Tisch" sind zugkräftige Überschriften von Beiträgen, die einzelne Missstände aufzeigen, jedoch der Gesamtsituation nicht gerecht werden.

Ein Grund für die vermehrte Diskussion über gesundheitsgefährdende Stoffe in Lebensmitteln sind die ständig verfeinerten Nachweismethoden, die auch geringste Verunreinigungen messbar machen. Grundsätzlich lassen sich Stoffe, die nicht natürlicherweise in Lebensmitteln vorkommen, in die Gruppen Zusatzstoffe, Rückstände und Schadstoffe einteilen.

Zusatzstoffe. Zusatzstoffe im Sinne des Gesetzes sind Stoffe, die dazu bestimmt sind, Lebensmitteln zur Beeinflussung ihrer Beschaffenheit oder zur Erzielung bestimmter Eigenschaften oder Wirkungen zugesetzt zu werden. Wesentliche Gründe für ihren Einsatz sind:

- Verbesserung des Nähr- und Genusswertes,
- Verlängerung der Haltbarkeit,
- Verbesserung der sensorischen Eigenschaften (Geschmack, Geruch, Aussehen, Konsistenz, ...),
- Rationalisierung der Herstellung.

Alle Zusatzstoffe werden auf ihre gesundheitliche Unbedenklichkeit hin überprüft. Die Zulassung wird nur erteilt, wenn erwiesen ist, dass neben der gesundheitlichen Unbedenklichkeit der betreffende Stoff technologisch notwendig ist und seine Anwendung den Verbraucher nicht täuscht.

Rückstände. Rückstände sind Anteile von Stoffen, die nach einer gewollten Behandlung der Vorprodukte von Lebensmitteln teilweise darin verblieben sind, zum Beispiel Pflanzenschutz-, Schädlingsbekämpfungs- und Düngemittel. Zu den Rückständen zählen auch Stoffe, die auf Verunreinigungen zurückzuführen sind, ebenso Tierarzneimittelrückstände.

Schadstoffe. Schadstoffe sind lebensmittelfremde Stoffe, die aus der Umwelt in Lebensmittel gelangt sind und darin verbleiben; wie Schwermetalle (vor allem Cadmium, Blei, Quecksilber), polychlorierte Biphenyle (PCB), Polychlorphenole (PCP), polyaromatische Kohlenwasserstoffe (PAK). Manche essbaren Pilzsorten wie der Wiesenchampignon haben in ihren Lamellen so viel Cadmium angereichert, dass man die Lamellen vor dem Garen entfernen sollte. Ob Schadstoffe für den Menschen giftig sind, hängt von der aufgenommenen Menge und der Häufigkeit der Aufnahme ab.

Von Natur aus enthaltene Giftstoffe. Grüne Bohnen enthalten den Giftstoff Phasin, der beim Kochen zerstört wird. Dies gilt auch für Solanin, ein Gift, das in unreifen Tomaten und Kartoffeln mit grünen Stellen vorkommt. Bittermandeln, Pflaumen-, Aprikosen- und Pfirsichkerne enthalten einen Giftstoff, aus dem im Körper Blausäure entstehen kann.

1. Erläutern Sie die Begriffe Rückstand und Schadstoff.
2. Warum werden Zusatzstoffe bei der Nahrungsmittelherstellung eingesetzt? Welche Risiken will man damit verringern?

Empfehlungen	Begründungen	Umsetzung im Gastgewerbe
Vollkornprodukte bevorzugen	Vitamine, Mineral- und Ballaststoffe sowie essenzielle Fettsäuren	Vollkornbrot, -brötchen, müsli, -teigwaren, -pfannkuchen, Naturreis und spezielle Vorspeisen anbieten.
mehr Obst, Gemüse und Salate verzehren	Durch ihren geringen Energiegehalt kann ihr Verzehr zu insgesamt geringerer Energieaufnahme führen. Sie liefern Vitamine , Mineral- und Ballaststoffe.	Aus frischen oder tiefgekühlten Rohstoffen, Salate und Gemüse so nährstoffschonend wie möglich herstellen .
mehr Fisch essen	Meerestiere enthalten Jod das eine Kropfbildung verhindern kann.	Angebot ausweiten.
mehr Milch und Milchprodukte verzehren	Sie versorgen den Körper mit Mineralstoffen (vor allem Calcium) und Vitaminen (vor allem B_6).	Milchgetränke anbieten; Quark, Jogurt, Käse z. B. beim Frühstück oder als Nachtisch anbieten.
Fleischkonsum einschränken	Fleisch, Innereien und Wurstwaren enthalten viel Eiweiß und z. T. viel Fett, Cholesterin und Purin.	Attraktive fleischlose und fleischarme Gerichte anbieten (z. B. Salate, Gemüseplatten, Teigwaren-, Kartoffel- und Pilzgerichte).
weniger salzen	Hoher Salzkonsum kann Bluthochdruck begünstigen.	Maßvoll salzen oder Salz durch Gewürze und Kräuter ersetzen.
weniger Zucker und Süßigkeiten	Karies wird auf hohen Zuckerkonsum bei mangelnder Zahnhygiene zurückgeführt.	Angebot an ungesüßten Nachspeisen erhöhen; Süßspeisenrezepte überarbeiten.
Alkoholkonsum einschränken	Alkohol kann zu Erkrankungen und Abhängigheit führen. Er liefert viel Energie.	Alkoholfreie und alkoholarme Getränke besser herausstellen.

2. Empfehlungen für eine vollwertige Ernährung

2.13 Vollwertige Ernährung und Vollwertkost

Die zeitgemäße Ernährung ist eine vollwertige Ernährung. Davon zu unterscheiden ist die Vollwertkost.
Der Begriff „Vollwert" bezieht sich auf die Ernährung insgesamt und nicht auf einzelne Lebensmittel, weil es außer Muttermilch kein Lebensmittel gibt, das alle lebensnotwendigen Nährstoffe in den erforderlichen Mengen liefert. Eine vollwertige Ernährung sichert eine ausreichende Nährstoffzufuhr und schließt kein Lebensmittel aus, das den gesetzlichen Vorschriften entspricht.
Die Deutsche Gesellschaft für Ernährung (DGE) empfiehlt eine Kost, die gegenüber den zur Zeit verzehrten Durchschnittsmengen weniger tierisches Eiweiß und Fett, Kochsalz, Zucker, Alkohol, Cholesterin und Purin (Stoffklasse, die Gicht verursachen kann) dafür mehr Stärke und Ballaststoffe enthält.
„Vollwertig" bezieht sich auf die Ausgewogenheit der Nährstoffanteile (Kohlenhydrate, Fette, Eiweißstoffe, Vitamine, Mineralstoffe) sowie auf den Ballaststoffanteil der Nahrung: Nahrungsmittel sind demnach so auszuwählen und zuzubereiten, dass sie diese Stoffe möglichst vollständig und in ihrem vollen Wert liefern. Vollwertige Ernährung kann bewirken, dass

- weniger ernährungsbedingte Krankheiten entstehen,
- manche Krankheiten günstiger verlaufen,
- der Stoffwechsel störungsfreier funktioniert und damit die Grundlage für die körperliche und geistige Entwicklung und Leistungsfähigkeit gegeben ist.

Vollwertige Ernährung kann keine Krankheiten heilen.

Vollwerkost bzw. Vollwert-Ernährung

Diese Begriffe stehen für die teilweise Abkehr von der naturwissenschaftlich begründeten Ernährungsweise. Besonderer Wert wird auf die „Naturbelassenheit" der Nahrung gelegt; „industriell gefertigte" Kost stößt auf Ablehnung. Entscheidend für die Qualität der Nahrung ist der möglichst geringe Verarbeitungsgrad und nicht der Nährstoffgehalt; die Nahrung soll aus kontrolliert biologischer Landwirtschaft stammen. Bei der Vollwerternährung werden die Nahrungsmittel in 5 Stufen eingeteilt:

- **Stufe 1:** Besonders empfehlenswert, umfasst die unveränderte Nahrung wie Vorzugsmilch/Rohmilch.
- **Stufe 2:** Sehr empfehlenswert, schließt bearbeitete Nahrungsmittel wie Jogurt ein.
- **Stufe 3:** Empfehlenswert, bezieht sich auf erhitzte Nahrungsmittel, zum Beispiel pasteurisierte Milch.
- **Stufe 4:** Weniger empfehlenswert sind „verarbeitete" Nahrungsmittel wie homogenisierte und ultrahocherhitze Milch (H-Milch).
- **Stufe 5:** Nicht empfehlenswert sind isolierte Nahrungsmittelbestandteile und Fertigprodukte wie Milchzucker oder Milcheiweiß, Auszugsmehl.

Für die Ernährung sollten nur Lebensmittel aus den Stufen 1 bis 3 gewählt werden, wobei etwa die Hälfte als Frischkost verzehrt werden soll. Pflanzliche Lebensmittel sind zu bevorzugen. Einheimische Nahrungsmittel der Saison sind erste Wahl. Hinter allen Vollwert-Kostformen stehen auch ökologische und soziale Aspekte: Nicht nur die Gesundheit des Einzelnen gilt es zu berücksichtigen, sondern auch die Umwelt- und Sozialverträglichkeit der Ernährung.

2.14 Besondere Kostformen

Die besonderen Kostformen beruhen auf
- weltanschaulichen, religiösen oder ideellen Überzeugungen, z. B. vegetarische Ernährungsformen und/oder
- krankheitsbedingten Zwängen (alle Diäten).

Vegetarische Ernährungsformen

Vegetarier können in drei Gruppe eingeteilt werden: **Veganer**, die nur pflanzliche Kost verzehren, **Lacto-Vegetarier**, die die vegetarische Kost mit Milch und Milchprodukten anreichern, **Ovo-lacto-Vegetarier**, die zusätzlich Eier essen.

Häufig ernähren sie sich nach den Grundsätzen der Vollwertkost, verzichten weitgehend auf Nikotin und Alkohol und streben eine gesunde Lebensweise an.

Diese Kostform setzt gutes Ernährungswissen voraus um Versorgungsdefizite bei Vitamin B_{12}, Eisen, Calcium, das auch für die Vitamin-D-Bildung benötigt wird, und Jod zu vermeiden. Veganer müssen sorgfältig auf eine ausreichende Eiweißaufnahme achten, weil pflanzliches Eiweiß nicht vollwertig ist.

Diäten

Diäten sind Kostformen, die sich von der frei gewählten Ernährung durch eine besondere Nährstoff- und damit Nahrungsmittelauswahl unterscheiden. Sie beschränken sich bei der Zubereitung der Speisen auf Verfahren, die auf die individuelle Verträglichkeit Rücksicht nimmt. Eine Diät soll zur Verhütung, Besserung oder Linderung einer Krankheit dienen.

Leichte Vollkost. Es wird versucht die Organe dadurch zu schonen, dass man unverträgliche Lebensmittel und röststoffbildende Garverfahren ausschließt.

Reduktionskost. Die Nahrungsenergie wird auf etwa 5 000 kJ pro Tag, in der gemilderten Form auf 7 000 kJ, beschränkt. Verzicht auf fett- und zuckerreiche Lebensmittel und Alkohol ist selbstverständlich. Vollkorn-Backwaren, frisches Obst und Gemüse sollen reichlich gegessen werden um den Wirkstoffbedarf zu decken.

Diabetes-Diät. Bei Zuckerkranken ist der Kohlenhydratstoffwechsel beeinträchtigt. In der Bauchspeicheldrüse wird zu wenig oder kein Insulin produziert, das zur Steuerung des Blutzuckerspiegels nötig ist. Bei Diabetes wird kohlenhydrat- und fettarme Kost empfohlen; stärkehaltige Lebensmittel sind begrenzt erlaubt; die Menge wird vom Arzt in Broteinheiten (BE) vorgegeben. 1 BE entspricht 12 g Kohlenhydraten = 25 g Vollkornbrot. Diabetiker sollten in kurzen Abständen, aber wenig essen, damit der Blutzuckerspiegel kaum schwankt.

Kochsalzarme (natriumarme) Diät. Bei zu hohem Blutdruck und bestimmten Nieren- und Herzleiden sollte der Kochsalzkonsum eingeschränkt werden. Die durchschnittliche Kochsalzzufuhr beträgt etwa 12 g pro Tag und sollte bei dieser Diät auf etwa 3 g gesenkt werden.

Wissen Sie Bescheid?

1. Welche Aufgabe hat die Ernährungslehre?
2. Erklären Sie die Bedeutung der Assimilation und Dissimilation im Stoffkreislauf der Natur.
3. Welche zwei Kohlenhydrat-Gruppen sind mengenmäßig am häufigsten in der Ernährung vertreten?
4. Wie lautet die Summenformel von Traubenzucker?
5. Nennen Sie einen Einfachzucker, der besonders süß ist.
6. Erläutern Sie die Begriffe Glycogen und Dextrin.
7. Warum ist Cellulose ein Ballaststoff?
8. Stellen Sie die technologischen Eigenschaften von Kohlenhydraten in einer Tabelle zusammen.
9. Warum sind Fette, deren Fettmoleküle viele ungesättigte Fettsäuren enthalten, rasch verderblich?
10. Beschreiben Sie die Fettgewinnung aus drei verschiedenen Rohstoffgruppen.
11. Welche Vorgänge können zum Fettverderb führen?
12. Worauf ist bei der Herstellung einer Emulsion zu achten? Erläutern Sie die kritischen Punkte anhand der Herstellung von Majonäse.
13. Diskutieren Sie die Aussage: „Am besten ist es, auf Fette in der Nahrung zu verzichten."
14. Worin unterscheiden sich grundsätzlich Cholesterine von Lezithinen?
15. Nennen Sie eine lebenswichtige Fettsäure.
16. Welche Funktionen haben die Eiweißstoffe im menschlichen Körper?
17. Wodurch gerinnt Eiweiß? Kann die Gerinnung rückgängig gemacht werden?
18. Wozu dient der Kleber (Gluten) bei der Hefeteigherstellung?
19. Woran erkennt man, dass eiweißhaltige Nahrungsmittel verdorben sind? Welche Stoffe entstehen beim Eiweißverderb?
20. Erklären Sie die Begriffe Ergänzungswert und biologische Wertigkeit.
21. Nennen Sie vier Vitamin-Mangelerscheinung.
22. Durch welche küchentechnischen Maßnahmen lässt sich der Vitaminverlust reduzieren?
23. In welchen Lebensmitteln ist der Mineralstoffanteil besonders hoch?
24. Wozu benötigt der menschliche Körper Mineralstoffe?
25. Welche Krankheiten können bei Jodmangel auftreten?
26. Bei welchen Arbeiten in der Gastronomie ist die Oberflächenspannung des Wassers störend?
27. Nennen Sie drei Nachteile von karbonathartem Wasser und beschreiben Sie die Gegenmaßnahmen.
28. Erläutern Sie die Anforderungen, die an Trinkwasser gestellt werden.

vorbereiten	bearbeiten	garen	fertig stellen
putzen	reifen	garziehen/pochieren	überglänzen/glasieren
waschen	gären	kochen/sieden	überbacken/gratinieren
schälen	zerkleinern	dämpfen	flambieren
wässern	tournieren	dünsten	verfeinern
abziehen	trennen	mikrowellengaren	abschmecken
parieren	messen	backen im Ofen	anrichten
rupfen	wiegen	backen in Fett/fritieren	garnieren
schuppen	zählen	braten in der Pfanne	
ausnehmen	vermischen	rösten	
blanchieren	lockern	schwenken/sautieren	
	formen	braten im Ofen	
	blanchieren	schmoren	
		grillen	

2. Beispiele für Zubereitungstechniken

3 Grundtechniken der Speisenherstellung

Der größte Teil aller Rohstoffe zur Speisenherstellung kommt aus landwirtschaftlicher Erzeugung. Jagd und Fischerei haben nur einen geringen Anteil an der Bedarfsdeckung. Nur wenige Rohstoffe sind in ihrem ursprünglichen Zustand für den Menschen genießbar. Die meisten müssen aus unterschiedlichen Gründen einer mehr oder weniger aufwendigen Behandlung unterzogen werden, bevor sie als Speisen verzehrbar sind.

So ist z. B. Obst ein **pflanzliches Nahrungsmittel**, das erntefrisch (nach gründlichem Waschen) gegessen werden kann. Auch einige Gemüsesorten sind, wenn sie unter einwandfreien Bedingungen gezogen wurden, roh verzehrbar. Rohes Obst und Gemüse sind, wegen der hohen Wirkstoffgehalte, besonders geschätzt. Zerkleinertes Obst und Gemüse als Salat, Rohkost oder Müslibestandteil werden ebenso gern gegessen wie viele Schalenfrüchte, z. B. Nüsse, Mandeln, Pistazien.

Unter den **tierischen Nahrungsmitteln**, welche im naturbelassenen Zustand genießbar sind, ist vor allem Bienenhonig zu nennen. Auch Milch wird, wenn sie sorgfältig gewonnen wurde (tierärztlich beaufsichtigte Bestände, hygienische Stallungen, saubere Melkeinrichtungen), als nicht vorbehandelte Vorzugsmilch angeboten. Fleisch muss erst durch Schlachtung gewonnen werden, kann jedoch dann bei geeigneter Qualität als Carpaccio, Schabefleisch oder Mett roh angeboten werden. Auch rohes Fischfleisch wie Lachstatar findet bei den Gästen Anklang. Austern werden bevorzugt roh angeboten und in den Schalen serviert.

Arbeiten zur Herstellung von Nahrungsmitteln bezeichnet man als Grundtechniken, ihre Anwendung im ablaufenden Verfahren als Technologie. Die hierzu notwendigen Tätigkeiten lassen sich wie folgt unterteilen:

- Bei der **Vorbereitung** sollen alle Rohstoffteile entfernt werden, die nicht erwünscht sind, wie Schmutz, Wurzeln, welke Blätter, Kerngehäuse, Steine, Schalen, Häute, Sehnen, Schuppen, Federn, Gedärme.
- Die **Bearbeitung** umfasst alle Verfahren, mit denen ein Rohstoff verzehrfähig bzw. garfertig gemacht wird.
- Beim **Garen** werden vorbereitete und bearbeitete Rohstoffe durch Hitzebehandlung zwischen 70 °C und 350 °C in verzehrfähige Speisen umgewandelt. Die wichtigsten Vorgänge dabei sind die Eiweißgerinnung und die Stärkeverkleisterung sowie die Röststoffbildung; ein bekömmliches und wohlschmeckendes Produkt entsteht.
- Durch die **Fertigstellung** wertet man verzehrfähige Speisen geschmacklich und optisch auf.

Die einzelnen Stufen der Grundtechniken sind nicht immer exakt gegeneinander abzugrenzen. So kann Blanchieren zum Abziehen der Tomaten- oder Pfirsichhaut als Vorbereitungsverfahren, Blanchieren zum Vorgaren von Pommes frites als Bearbeitungsverfahren aufgefasst werden.
Ein Rohstoff muss auch nicht alle Stufen durchlaufen. So ist es durchaus möglich, dass ein Nahrungsmittel bereits nach der Vorbereitungsphase verzehrfertig ist (Früchte, Austern), ein anderes nach der Bearbeitung (Butter, Majonäse, Rohkost), während viele üblicherweise erst nach dem Garen und Fertigstellen verzehrfähig sind.

1. Zwiebeln schälen

2. Abziehen einer Seezunge

1. Nennen Sie Gründe für die Forderung: „Alle Rohstoffe grundsätzlich waschen!“
2. Welche Tätigkeit bei tierischen Nahrungsmitteln ist mit dem Putzen bei Gemüse vergleichbar?
3. Warum soll Gemüse beim Waschen nicht lange im Wasser liegen bleiben?

3.1 Vorbereiten der Rohstoffe

Waschen

Nicht nur sichtbare Verunreinigungen wie Erde oder Kleinlebewesen, sondern auch Schadstoffe und Mikroorganismen haften an den Lebensmitteln. Intensive Reinigung ist deshalb notwendig. Wasser bringt den Schmutz zum Quellen, löst und schwemmt ihn ab. Warmes Wasser reinigt besser. Mit mechanischer Einwirkung, durch Bürsten oder Wasserstrahldruck, kann auch hartnäckig anhaftender Schmutz entfernt werden.

Mit dem Waschwasser können die unerwünschten Schwebestoffe (Schmutzteile, Mikroorganismen, Rückstände von Pflanzenschutzmitteln) weitergetragen und im Waschgut verteilt werden. Aus diesem Grund soll man in fließendem Wasser waschen oder das Wasser so oft erneuern, bis die höchstmögliche Reinheit erreicht ist. Viele Rohstoffe enthalten wertvolle wasserlösliche Substanzen wie Vitamine, Mineral-, Geschmack-, Farb- und Duftstoffe, die sich bei langer Behandlung im Wasser lösen und beim Wegschütten verloren gehen. Deshalb soll grundsätzlich nur so lange und so warm gewaschen werden, wie zur Reinigung unbedingt notwendig ist.

Schälen und Putzen

Gemüse, Obst und Südfrüchte werden meist geschält oder geputzt. Die Schalen vieler Pflanzen enthalten holzige Cellulosefasern oder bitter schmeckende Stoffe, die für den menschlichen Genuss nicht geeignet sind. Vor dem Schälen sollten die Lebensmittel gewaschen werden, weil sonst eventuell die Verschmutzung an die geschälten Teile weitergetragen wird. Die Schale möglichst dünn abschälen, weil dicht darunter wichtige Vitamine und Mineralstoffe konzentriert sind und weil zu viel Abfall unnötigen Verlust bedeutet. Von Putzen spricht man, wenn unerwünschte Bestandteile von Obst und Gemüse, Pilzen, Kartoffeln oder Kräutern entfernt werden. Das Waschen erfolgt meist nach dem Putzen, weil sonst die Teile, die entfernt werden, unnötigerweise mitgewaschen würden. Nach dem Entkernen oder Entsteinen von Obst sollte nicht gewaschen werden, weil sonst die Auslaugverluste an Nähr-, Farb-, Duft- und Geschmackstoffen zu hoch wären.

Wässern

Durch Wässern werden unerwünschte Stoffe aus Nahrungsmitteln gelöst. Bei zu stark gesalzenen oder gepökelten Rohstoffen (Fisch, Fleisch) soll das überschüssige Salz ausgelaugt werden. Auch Bitterstoffe, z. B. in Endivien, Schikoree, Radicchio, können durch Wässern in lauwarmem Wasser entfernt werden. Der bei Nieren vorhandene unerwünschte Beigeschmack kann durch Einlegen in Wasser oder Milch gemildert werden. Um den Blutfarbstoff, der beim Garen durch Hitzegerinnung unerwünschte graue Stellen verursachen würde, aus Mark, Bries, Hirn usw. zu lösen wässert man diese einige Zeit.

Parieren

Zur längeren Haltbarkeit bewahrt man die Fleischteile im anhaftenden Bindegewebe auf. Vor der Zubereitung müssen alle Bindegewebshäute, Knorpeln, Sehnen und Fettgewebe abgeschnitten und die Fleischteile in Form geschnitten werden. Diese Abschnitte werden Parüren genannt.

Alkoholische Gärung (ohne Sauerstoff/anaerob), z. B. Bier-, Wein-, Hefeteigherstellung						
$C_6H_{12}O_6$	Hefe-Enzyme (Zymase) →	$2\ C_2H_5OH$	+	$2\ CO_2$	+	88 kJ
Traubenzucker		**Alkohol**		**Kohlenstoffdioxid**		**Wärme**

Essigsäure-Gärung (mit Sauerstoff/aerob), z. B. Essigherstellung								
$2\ C_2H_5OH$	+	O_2	Enzyme der Essigsäurebakterien →	$2\ CH_3COOH$	+	$2\ H_2O$	+	8300 kJ /l Alkohol
Alkohol				**Essig**		**Wasser**		**Wärme**

Milchsäure-Gärung (ohne Sauerstoff/anaerob), z. B. Jogurt-, Käseherstellung				
$C_2H_{12}O_6$	+	O_2	Enzyme der Milchsäurebakterien →	$2\ C_3H_6O_3$
Traubenzucker				**Milchsäure**

3 Stoffumsetzungen bei Gärungen (vereinfachte Darstellung)

3.2 Bearbeitung von Lebensmitteln

Wenn die Vorbereitung der Rohstoffe beendet ist, erhalten sie ihre Form, werden zerkleinert, gemischt oder durch Reifung bzw. Gärung zum Verzehr oder zur Zubereitung hergerichtet.

Reifung

Lebensmitteleigene Enzyme oder Enzyme von gezielt eingesetzten Mikroorganismen können in Lebensmitteln erwünschte biochemische Vorgänge (Reifung oder Gärung) bewirken. Beispiele für die Reifung sind:

- **Fleischreifung:** Das Fleisch von Schlachttieren und Wild muss je nach Tierart, Lebensalter und Verwendungszweck Tage oder Wochen in kontrolliertem Klima (Temperatur, Luftfeuchtigkeit) reifen. Typisches Fleischaroma und zarte Fleischstruktur sind das Ziel.
- **Käse:** Alle Käsesorten benötigen zur Entwicklung ihrer spezifischen Eigenschaften eine Reifezeit unter kontrollierten Bedingungen. Je nach Käsesorte kann sie Wochen, Monate oder wie bei Parmesankäse Jahre dauern.
- **Obst und Früchte:** Manche Sorten, z. B. Äpfel, Birnen, Mangos, Avocados, Bananen, Papayas und Melonen, schmecken erst nach einer Lagerzeit (Nachreifung) am besten und haben dann die gewünschte Festigkeit. Wesentliche Reifemerkmale sind das Weich werden, die zunehmende Süße sowie Farb- und Aromaveränderungen.

Alle Reifungsvorgänge sind von Enzymen verursacht und erreichen irgendwann ihr Optimum. Weitere Lagerung führt zur Überreife und schließlich zum Verderb.

Gärung

Bei der Gärung können je nach Rohstoff unterschiedliche Ziele angestrebt werden. So lassen sich Aussehen, Geschmack, Aroma und Konsistenz der Produkte durch die Art der zugesetzten oder von Natur aus vorhandenen Mikroorganismen bis zu einem gewissen Grad bestimmen. Auch die Steuerung der Gärung, vor allem durch die Temperatur, beeinflusst die Art und Qualität der Produkte.
Durch Gärung entsteht Alkohol oder Säure, die ab einer bestimmten Konzentration konservierend wirkt. So vergären die Enzyme der Hefen Traubensaft bis zu einer Alkoholkonzentration von höchstens 15 vol.%, weil sie dann unwirksam werden. Ähnlich sind die Zusammenhänge bei der Milchsäuregärung. Kohlenstoffdioxid, das bei der alkoholischen Gärung frei wird, lässt Bier frisch schmecken und lockert Hefegebäck.

Weichen und Quellen

Getrockneten Lebensmitteln muss das entzogene Wasser wieder zugeführt werden. Deshalb weicht man sie mehrere Stunden in Wasser ein und/oder gart sie in Flüssigkeit. Dadurch quellen die Lebensmittel auf und erreichen ihr ursprüngliches Volumen. Im Einweichwasser sind Nährstoffe gelöst, deshalb sollte es mitverwendet werden.

1. Erläutern Sie den Unterschied zwischen Reifung und Verderb.
2. Wodurch werden die Reifung und die Gärungen verursacht?
3. Nennen Sie vier Nahrungsmittel, bei denen eine alkoholische Gärung abläuft.

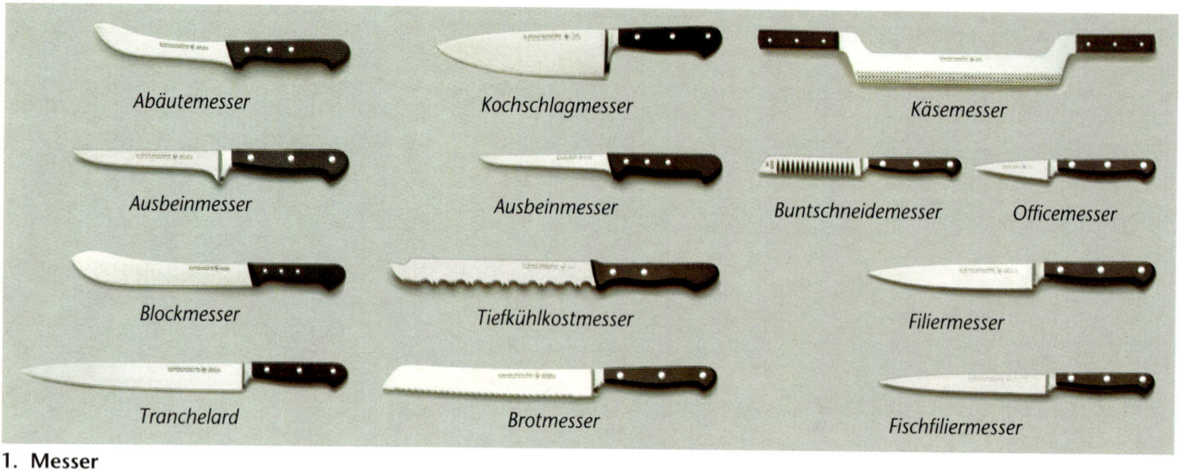

1. **Messer**

1. Ordnen Sie die abgebildeten Messer bestimmten Vor- und Bearbeitungstechniken zu.
2. Warum sollen Messer gut geschärft sein? Welche Nachteile haben stumpfe Messer?
3. Bei welchen Nahrungsmitteln und Schnittformen ist eine Aufschnittmaschine dem Messer vorzuziehen?

3.3 Zerkleinerungstechniken

Schneiden ist eine häufig anfallende Arbeit in der Küche. Meistbenutztes Schneidewerkzeug ist das Messer.
Für verschiedene Anwendungszwecke werden unterschiedliche Messer benötigt, wenn exakt, rasch und sicher geschnitten werden soll. Die Schneidebewegung im Zusammenspiel mit dem Schneidedruck führt zu einem glatten Schnitt, sofern die Schneide scharf ist. Eine unverrutschbare Schneideunterlage trägt zum sicheren Schneiden bei.
Hobeln ist eine Schneideart, bei der das Schnittgut, im Gegensatz zum Schneiden, am Messer vorbeigeführt wird; ähnlich wie beim Schneiden mit der Aufschnittmaschine. Wichtiges Ziel beim Schneiden und Hobeln ist die gleichmäßige Form um den optischen Eindruck einer Speise appetitlich zu gestalten und die gleiche Garzeit sicherzustellen.
Beim **Raspeln** wird in längliche Streifen zerkleinert, z. B. Rettiche oder Karotten für Salat.
Das **Reiben** bewirkt ein Zerreißen der Lebensmittel in kleine Fetzen; z. B. Zitronenschale, Muskatnuss.
Zum **Hacken** von Küchenkräutern kann ein Wiege- oder Hackmesser, zum Hacken von Knochen ein Hackbeil verwendet werden. Hackfleisch wird mit dem Fleischwolf nach dem Prinzip des Scherenschnitts erzeugt.
Mahlen erfolgt bei Getreide, Kaffeebohnen oder Gewürzen in den entsprechenden Mühlen.
Beim **Pürieren/Passieren** werden weiche Nahrungsmittel wie Beeren, gegarte Äpfel oder Kartoffeln durch ein Sieb oder eine Presse gedrückt und dabei fein zerkleinert, z. B. für Beerenmark, Apfelmus, Kartoffelpüree.

Beim **Mixen** oder **Kuttern** ist der Zerkleinerungsvorgang mit einem Vermischungsvorgang gekoppelt. Im Mixer entsteht bei genügend flüssiger Konsistenz der Rohstoffe ein zirkulierender Strom, sodass die Lebensmittel am Messerkreuz vorbeiziehen und dabei immer feiner zerkleinert werden. Für größere Mengen und festere Konsistenz der Lebensmittel wird der Kutter eingesetzt (siehe unten).

Maschinen zum Zerkleinern

Aufschnittmaschine. Durch den schnellen Lauf des Messers ist der Schneidedruck auf das Schnittgut gering. Deshalb lassen sich gleichmäßige Scheiben mit glatten Schnittflächen erzielen. Dies gilt beispielsweise für Fleisch, Schinken, Wurst, Käse, Gemüse und Brot.

Streifenschneider. Auf einer Walze sind im Abstand von wenigen Millimetern viele Messerscheiben angeordnet. Die Messerwalze dreht sich schnell gegen eine rotierende Riffelwalze, die das Schnittgut nach unten durch die Messer zieht. Gemüseblätter wie Endivien oder in Scheiben geschnittene Wurst kommen hierfür in Frage.

Kutter. Im Gegensatz zum Mixer rotieren nicht nur die Messer, sondern auch die Kutterschüssel. Deshalb kann man auch relativ festes Material im Kutter zerkleinern und mit anderen Zutaten mischen. Im Kutter werden zum Beispiel Fleisch- oder Fischfarcen (meist wird der Rohstoff im Verhältnis 1 : 1 mit Schlagsahne verarbeitet) für Pasteten, Terrinen oder Klößchen hergestellt.

Mixer. Das Messerkreuz rotiert mit sehr hoher Geschwindigkeit. Durch seine Senkrechtstellung in einem topfförmigen Gefäß und entsprechende Formung der Messer kommt es im Schneidbereich zu Druck- und

Verfahren	Darstellung	Beispiel
Messerschnitt Mit einer keilförmigen Klinge wird eine Schneidbewegung ausgeführt und ein Schneiddruck ausgeübt. Dem Schneiddruck muss ein Schneidwiderstand entgegenwirken.	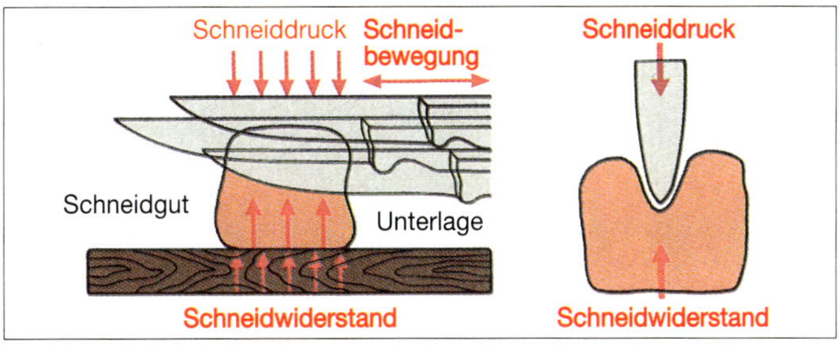 	**Werkzeuge:** Messer, Spalter **Maschinen:** Aufschnittmaschine, Kutter, Mixer, Würfelschneider
Scherenschnitt Zwei „stumpfe" Klingen arbeiten gegeneinander und üben zwei sich entgegenwirkende Schneiddrücke aus. Das Schneidgut wird durch die entstehende Scherwirkung zerkleinert.	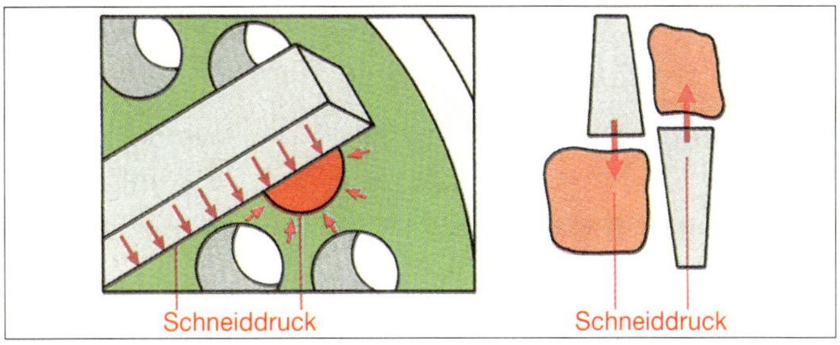 	**Werkzeuge:** Tranchierschere **Maschinen:** Fleischwolf, Kutter

2. Vergleich: Messerschnitt und Scherenschnitt

Sogwirkungen. Das Schneidgut wird durch sein Eigengewicht immer wieder in den Schneidsatz zurückgeführt. Weil bei solchen Geräten nur die Messerwelle rotiert, muss die Konsistenz der Mischung relativ flüssig sein.

Fleischwolf. Darin werden die zu zerkleinernden Rohstoffe nach dem Einfüllen mit einer Förderschnecke durch Scheiben mit verschieden großen Bohrungen gepresst und unmittelbar danach von rundlaufenden, präzise eingeschliffenen Kreuzmessern geschnitten.

Küchenmaschinen. Sie können mit Einsätzen zum Hobeln, Raspeln, Reiben, Mahlen und Pürieren betrieben werden. Universal-Küchenmaschinen haben zudem Vorrichtungen zum Kneten, Rühren und Schlagen.

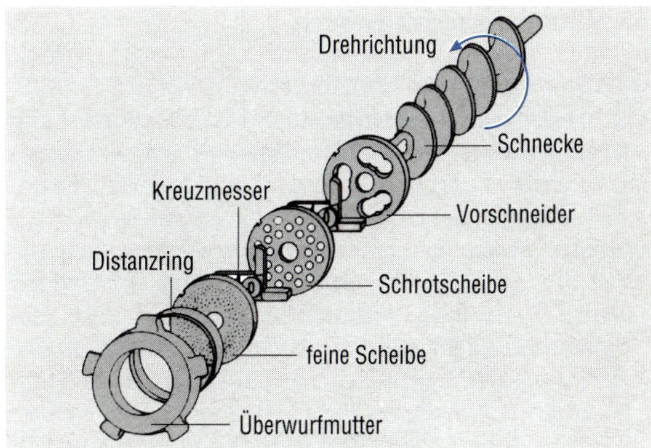

3. Schneidesatz des Fleischwolfes

Hygiene und Arbeitssicherheit

Beim Zerkleinern bleiben an den Maschinen leicht verderbliche Rückstände haften, die umgehend zu entfernen sind. Nicht einwandfrei gereinigte Geräteteile stellen Nährböden für Mikroorganismen dar. Nach den Vorschriften der Berufsgenossenschaft müssen alle Maschinen so gebaut sein, dass die Unfallgefahr gering ist, wenn die Sicherheitsvorkehrungen funktionieren und sachgerecht mit den Maschinen gearbeitet wird. Dennoch verlangt der Umgang mit Maschinen generell erhöhte Aufmerksamkeit.

Bevor man diese Maschinen und Geräte benutzt, sollte man sich gründlich einweisen lassen, weil nicht nur die Maschinen beschädigt werden können oder die Lebensmittel anschließend nicht mehr zu gebrauchen sind, sondern auch weil die Gesundheit auf dem Spiel steht.

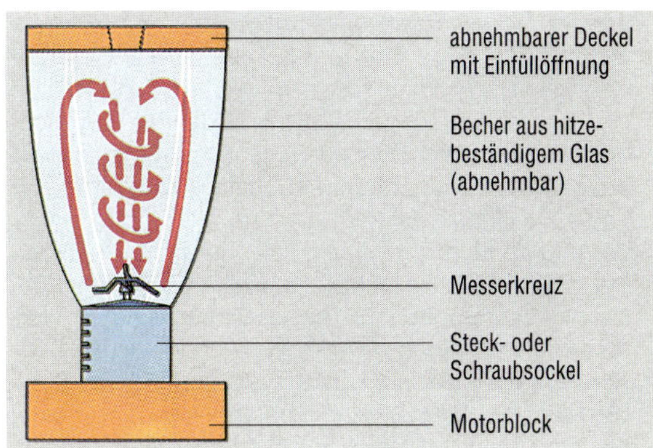

4. Schneidewirkung beim Mixer

1. **Bedeutung von Mengenbestimmungen**

Lebensmittel	Rohgewicht
Nudeln, getrocknet	50 - 70 g
Reis	50 - 70 g
Kartoffeln	150 - 200 g
Spargel	400 - 500 g
Blumenkohl	180 - 250 g
Prinzessbohnen	180 - 200 g
Linsen, getrocknet	60 - 80 g
Fleisch für Steaks bzw.	150 - 200 g
panierte Schnitzel	120 - 150 g
Gulasch	180 - 200 g
Kotelett mit Knochen	200 - 230 g
Fischfilet	125 - 150 g
Fische mit Gräten	200 - 250 g
Fische mit Kopf	250 - 350 g

2. **Benötigte Rohstoffmengen pro Portion**

1. Warum ist bei der Herstellung einer Masse die Menge der Zutaten unbedingt einzuhalten?
2. Welche negativen Folgen können eintreten, wenn zu viel oder zu wenig Portionen zubereitet werden?
3. Wie kann der Gast kontrollieren, ob er die richtige Menge eines Getränks erhalten hat?

3.4 Wiegen und Abmessen

Anlässe für das Wiegen und Abmessen sind

Kontrolle der gelieferten Mengen bei Fleisch, Fisch, Obst und Gemüse usw. bei der Warenanlieferung. Bei der Warenanlieferung muss geprüft werden, ob tatsächlich die bestellte Ware in der bestellten Menge angeliefert wurde.

Zubereitung einer Speise für eine bestimmte Personenzahl. Vor der Zubereitung von Speisen muss entschieden werden, wie viele Portionen herzustellen sind. Geschieht dies nicht, wird zu wenig oder zu viel produziert. Im einen Fall verärgert man Gäste durch Streichungen auf derSpeisekarte. Im andern Fall werden Reste produziert, die während der Lagerung an Qualität verlieren oder unverkäuflich werden.

Einhaltung der Rezepturen (Verhältnis der Zutaten zueinander) bei der Herstellung von Speisen und Mischgetränken. Für Teige und Massen, Suppen, Soßen und viele garfertige Erzeugnisse müssen die Zutaten in einem bestimmten Verhältnis miteinander vermischt oder gegart werden. Nur durch genaues Abmessen und Wiegen sind Rezepturen einzuhalten und Produkte hoher Qualität zu erzielen.

Einhaltung der Portionsmengen bzw. -gewichte. Bei Speisen erwartet der Gast eine bestimmte Portionsmenge. Damit keine ungleichen Portionen ausgegeben werden, muss der Koch die Mengen durch Wiegen oder Abmessen kontrollieren. Die je Portion verwendeten Mengen der Zutaten sind von der Geschäfts- bzw. Küchenleitung festgelegt und dienen als Kalkulationsgrundlage für die Verkaufspreise.

Besondere Bedeutung kommt dem Wiegen und Abmessen bei der Zubereitung und Ausgabe von Diätkost zu. Werden hier die Mengen nicht eingehalten, verlieren die meisten Diätmaßnahmen ihren Sinn.

Auf der Getränkekarte muss die angebotene Menge stets angegeben sein. Gläser, in denen offene Getränke ausgeschenkt werden, müssen einen Füllstrich besitzen, damit der Gast kontrollieren kann, ob er die bestellte Menge erhält. Auch Originalflaschen enthalten festgelegte Mengen.

Als Geräte zum Wiegen in der Küche sind eine Waage und zum Abmessen ein Litermaß erforderlich.

3. **Waage**

Mischungstechnik	Ziele	Anwendungsbeispiele	Produkte	Geräte/Maschinen
Mischen/Mengen Feste Stoffe	einheitliches Gemenge	Hackfleisch, Ei, Zwiebeln, Brot,	für Hackmasse (Hackbraten)	Kochlöffel Küchenmaschine
Kneten Feste und flüssige Stoffe	einheitliches Gemenge und Ausbildung der Kleberstruktur	Mehl, Salz, Wasser/Milch,	für Teige (Hefegebäck, Brot)	von Hand Knetmaschine
Rühren Feste, zähflüssige und gasförmige Stoffe	einheitliches Gemenge und Einarbeitung von Luft	Eier, Zucker, Butter, Milch, Mehl, Luft	für Rührmassen (Rührkuchen)	Schneebesen Rührmaschine
Schlagen Zähflüssige und gasförmige Stoffe	einheitliches Gemenge und Einarbeitung von Luft	Eiklar oder Sahne, Luft	für Schaummassen (Meringen/Baiser)	Schneebesen Anschlagmaschine Sahnebläser
Emulgieren 1. Flüssige oder 2. feste Stoffe	Emulsion	1. Eigelb, Essig, Zitrone, Öl/Butter 2. Fleisch, Salz, Roheis, Fettgewebe	für aufgeschlagene Soßen für Brät/Farce (Wurst/Pastete)	Schneebesen Anschlagmaschine Mixer Kutter

4. Vermischungstechniken mit Beispielen

3.5 Vermischungstechniken

Der größte Teil aller Lebensmittel, die wir herstellen und verbrauchen, besteht aus Mischungen verschiedener Produkte.

Man unterscheidet die Verfahren nach der Beschaffenheit der zu mischenden Rohstoffe:

- Feste Rohstoffe werden **gemischt.** Dies ist beispielsweise der Fall, wenn Schweine- und Rindfleisch gewürfelt und für Gulasch gerichtet werden.
  Ein bekanntes Mischgemüse besteht unter anderem aus Erbsen, Karotten und Spargel: Leipziger Allerlei.
- Wenn die einzelnen Bestandteile einer Mischung nicht mehr erkennbar sind, wurde **vermengt.** So könnte man aus der Gulaschmischung mit Einsatz des Fleischwolfes ein Gemenge herstellen: gemischtes Hackfleisch. Fügt man noch weitere Zutaten hinzu, so erhält man Hackmasse für Frikadellen.
- **Emulsionen** sind Mischungen von Stoffen, die sich aufgrund ihrer Beschaffenheit nicht verbinden würden wie Öl und Wasser. Eine bekannte Emulsion ist die Milch. In naturbelassenem Zustand entmischt sie sich jedoch sehr rasch, sie rahmt auf.
  Um Eidotter, Öl, Essig, Salz und Gewürze miteinander zu emulgieren bedarf es umfangreicher Rührarbeit und des im Eigelb enthaltenen Eiweißes und Lezithins als Emulgator, bis Majonäse oder (mit Anteil von Stärkekleister) Salatmajonäse hergestellt ist.
- Mischungen von festen (Mehl) und flüssigen Rohstoffen (Wasser oder Milch) werden in kaltem Zustand zu einem homogenen Teig **geknetet.** Hierbei müssen die festen Bestandteile quellende Eigenschaften besitzen um die zugeschüttete Flüssigkeit aufzunehmen, bis eine bestimmte Stabilität erreicht wird. Dies ist besonders beim stärke- und eiweißhaltigen Mehl der Fall, wenn die Fettanteile, die man zum Teig gibt, nicht zu hoch sind.
  Beim Kneten von Hefeteigen wird die Ausbildung der Eiweißstruktur (Kleber) angestrebt, die für das Gashaltevermögen des Teiges und das Volumen des Gebäckes entscheidend ist.
- Auch beim **Rühren** mischt man feste und flüssige Bestandteile. Nur werden mehr Fett, Zucker und Eier als bei einem Teig verarbeitet. Dadurch entsteht ein pastöses, streichfähiges Produkt: die Masse. Ihre Lockerung erreicht man mit eingerührter Luft, untergezogenem Eischnee und Backpulver.
- Beim **Schlagen** mit dem Schlag- oder Schneebesen wird viel Luft in eine eiweißreiche (Eiklar) oder fettreiche (Schlagsahne) Flüssigkeit geschlagen um Eischnee oder geschlagene Sahne herzustellen.
- Das Mischen von Flüssigkeiten und Getränken bezeichnet man als **Verschneiden.** Viele französische Weine und Weinbrände wie Champagner sowie Cognac sind aus Weinen bzw. Weinbränden verschiedener Sorten und Jahrgänge gemischt.
  Gegenüber sortenreinem Wein kann ein Verschnitt aus verschiedenen Weinen eine höhere Qualität erreichen; Weine aus den Anbaugebieten Bordeaux und Burgund belegen dies.

1. Teig und Masse (Rohstoffe, Verfahren, Produkte)

2. Formgebung – Beispiele und Geräte

3.6 Weitere Bearbeitungsverfahren

Lockerung von Teigen und Massen

Die **physikalische Lockerung** wird durch Einrühren oder Einschlagen von Luft erreicht.

Die **chemische Lockerung** kann durch Zugabe von Triebmitteln wie z. B. Backpulver, Hirschhornsalz oder Pottasche erfolgen. Bei Wärme und Feuchtigkeit spalten sie Gase ab, die während des Backens im Eiweißgerüst der Massen die Poren vergrößern und so für das Aufgehen der Massen sorgen.

Die **biologische Lockerung** von Teigen durch Hefe beruht darauf, dass das bei der Hefegärung frei werdende Kohlenstoffdioxid in den Klebersträngen des Teiges festgehalten wird.

Die **Lockerung durch Zusätze**, etwa durch eingeweichte und ausgedrückte Brötchen bzw. Brandmasse in Hackfleischmasse bzw. Fischfarce verhindert, dass eiweißreiche Massen nach dem Braten oder Pochieren zu fest und zu trocken sind. Der Fachausdruck für solche Zusätze ist Panade.

Trennen

Um die Flüssigkeit bei der Herstellung von Brühen oder Soßen durch **Abseihen oder Passieren** von den übrigen Bestandteilen zu trennen benutzt man feine Siebe oder Passiertücher.

Beim **Zentrifugieren** werden Flüssigkeiten durch Schleudern in schwere und leichtere Teile getrennt.

Beispiel: Milch wird in Schlagsahne und Magermilch getrennt.

Beim **Dekantieren** werden alte französische Rotweine von ihrem „Depot" (abgesetzte Trübstoffe) getrennt. Dazu wird der Wein aus der Flasche in eine Karaffe umgefüllt; das Depot bleibt in der Flasche.

Das **Destillieren** von Alkohol wird bei der Spirituosenherstellung angewendet. Die Maische (alkoholhaltiger Ansatz) wird erhitzt und der verdampfende Alkohol mit einem gewissen Wasseranteil und den gelösten Aromastoffen in ein anderes Gefäß geleitet. Dabei werden die Gase gekühlt, so dass sie wieder flüssig werden.

Formen

Attraktive Formen sollen den Appetit der Gäste anregen und für Abwechslung sorgen.

Teiglinge für Hefeteiggebäck sind oft kunstvoll **gerollt** oder **geflochten** wie Brezeln, Hörnchen, Zöpfe u. a.

Durch **Tournieren** (Zurechtschneiden) werden „fleischige" Gemüsesorten oder Kartoffeln in bestimmte Formen geschnitten, z. B. in Schiffchenform.

Mit speziellen Ausbohrern kann man verschiedene Größen von Kugeln oder olivenförmigen Stücken **ausbohren.**

Von **Kannelieren** spricht man, wenn mit einem Messer oder einem Kanneliermesser Kerben in Pilze, Möhren, Zitronen usw. geschnitten werden.

Massen können durch **Aufspritzen** mittels Spritzbeutel und Stern- oder Lochtülle dekorative Formen wie z. B. Rosetten erhalten oder durch **Abstechen** mit einem Löffel bzw. **Abdrehen** zwischen den Handflächen in Klößchen bzw. Kugelform gebracht werden.

Wärmeleitung

... findet immer in **festen Stoffen** statt. Die kleinsten Stoffteilchen können sich untereinander nicht bewegen. Deshalb wird die Wärme von Teilchen zu Teilchen weitergegeben. Die Atome in Metallen liegen dicht beieinander und können deshalb Wärme besonders gut leiten.

Beispiel

Pfannen- oder Topfboden, Unterhitze im Backofen, Kontaktgrill

Wärmeströmung

... findet in **flüssigen oder gasförmigen Stoffen** statt. Erwärmte Flüssigkeiten und Gase dehnen sich aus, werden spezifisch leichter und steigen nach oben. Bei ständiger Wärmezufuhr entsteht eine natürliche Wärmeströmung. Ventilatoren können sie verstärken.

Beispiel

Wasser, Brühe und flüssiges Fett; Dampf und Heißluft

Wärmestrahlung

... wird von glühenden Körpern abgegeben. Dabei handelt es sich um elektromagnetische Strahlung, die Infrarotstrahlung genannt wird. Mikrowellen haben eine andere Wellenlänge und erhitzen direkt das Wasser im Inneren des Garguts.

Beispiel

Infrarotgrill, glühende Kohle, Oberhitze im Backofen; Mikrowelle

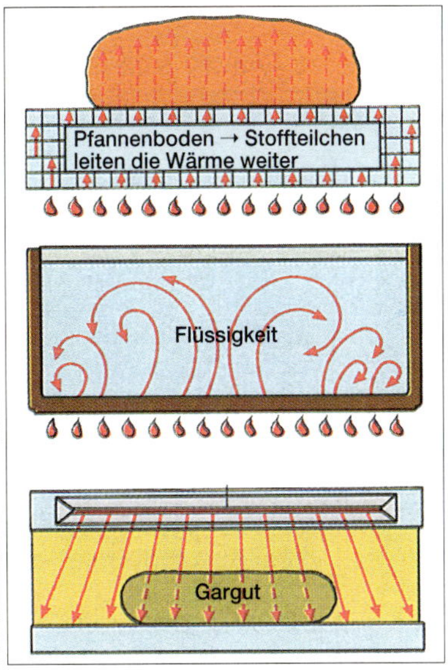

3. **Überblick: Formen der Wärmeübertragung**

Blanchieren

Blanchieren ist der kurzfristige Einsatz von Hitze (kochende Flüssigkeit oder heißes Fett) zur Vorbereitung oder Bearbeitung (nicht Zubereitung) von Rohstoffen.
Dabei treten immer Verluste an Vitaminen und Mineralstoffen auf. Das Verfahren ist deshalb nur in begründeten Fällen anzuwenden und möglichst rasch, in wenigen Minuten, teilweise nur Sekunden, durchzuführen.

Rohstoff/ Verwendung	angestrebtes Ziel	Gründe
Kohlblätter für Kohlrouladen	Biegsamkeit der Blätter zum Füllen	
Tomaten, Pfirsiche	leichtes Abziehen der Haut	
Knochen für Brühen	entfernen von Trübstoffen	verarbeitungstechnische
Kartoffelstäbchen für Pommes frites	vorgaren	
Spinat und Lauch für Gemüsegerichte	Verringerung des Volumens	
Lauch, Rosenkohl	Entfernung streng schmeckender Stoffe	geschmackliche
Gemüse zum Einfrieren	Inaktivierung von Enzymen, Abtöten von Mikroorganismen	hygienische

4. **Gründe für das Blanchieren**

Panieren

Viele Nahrungsmittel werden vor dem Braten oder Fritieren paniert, das heißt, ihre Oberfläche wird mit Zutaten umhüllt, die nach dem Garen eine schmackhafte, braune Schicht bilden und gleichzeitig das Gargut saftig halten.

Beispiele:
- **Wiener Art:** Mehl, geschlagenes Ei, Brösel.
- **Pariser Art:** Mehl, geschlagenes Ei.
- **Mailänder Art:** Mehl, geschlagenes Ei, Mischung aus geriebenem Käse und geriebenem Weißbrot.
- **Französische Art:** Mehl, Backteig.

1. Nennen Sie pflanzliche und tierische Rohstoffe, die üblicherweise roh verzehrt werden.
2. Welche Stufen der Zubereitung muss ein Kartoffelsalat durchlaufen?
3. Weshalb soll Obst und Gemüse möglichst dünn geschält werden?
4. Langes Wässern kann die Qualität von Nahrungsmitteln negativ beeinflussen.
   Begründen Sie diese Aussage.
5. Erklären Sie den Unterschied zwischen Weichen und Wässern.
6. Nennen Sie Ziele der Reifung von Nahrungsmitteln.
7. Welche Trennverfahren werden im Gastgewerbe angewendet?
8. Nennen Sie zwei Ziele, die mit dem Panieren angestrebt werden.
9. Welche Nachteile werden beim Blanchieren von Gemüse in Kauf genommen?

Garverfahren		Technologie	Besonderheiten
Garziehen/ Pochieren		• Garen in viel Flüssigkeit unter dem Siedepunkt • ca. 70 °C bis 95 °C	• Auslaugverluste entstehen (Vitamine, Mineral-, Farb-, Geschmack- und Aromastoffe) • für eiweißreiche Rohstoffe • formschonendes Verfahren
Kochen/Sieden	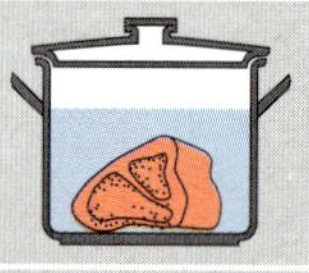	• Garen in viel wallender Flüssigkeit • ca. 100 °C	• Auslaugverluste entstehen, (oder Brühe mitverwenden!) • Lebensmittelbestandteile können gut quellen
Dämpfen		• Garen im strömenden Wasserdampf bei ca. 100 °C • gut, aber nicht luftdicht schließender Deckel	• keine Auslaugverluste • formschonendes Verfahren
Dünsten		• Garen im eigenen Saft • ca. 100 °C • keine oder geringe Zugabe von Flüssigkeit und/oder Butter locker abgedeckt	• keine Auslaugverluste • Geschmacksverbesserung durch Anschwitzen in Butter (bei Gemüse) • nur für zarte Rohstoffe
Mikrowellengaren	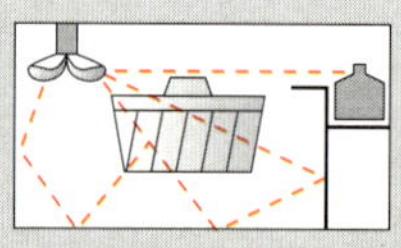	• Garen durch Erhitzen der Zellflüssigkeit in allen Zellen der Lebensmittel • Mikrowellen erhitzen vor allem Wassermoleküle	• schonendes Garen/Erwärmen • zum schnellen Auftauen und Erhitzen von Speisen und Getränken • nur für kleine Mengen
Kurzbraten/Braten in der Pfanne		• Garen in wenig heißem Fett • ca. 160 °C bis 200 °C • Pfanne nicht zugedeckt	• entstehende Röststoffe verleihen Geschmack • für kleine sehr zarte Fleischstücke
Langzeitbraten/ Braten im Ofen	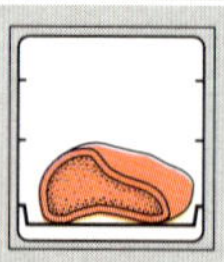	• Garen in wenig heißem Fett bei Rundumhitze • ca. 160 °C bis 200 °C • Wasser nur zur Soßenbereitung	• entstehende Röststoffe verleihen Geschmack • für große Fleischstücke • nur wenig Soße entsteht
Schmoren		• Anbraten in wenig Fett und Weitergaren im Ofen (abgedeckt), in Flüssigkeit (übergießen) • Anbraten bei 200 °C, dann 100 °C	• entstehende Röststoffe verleihen Geschmack • für weniger zarte große und kleine Fleischstücke • relativ viel Soße entsteht
Backen im Ofen	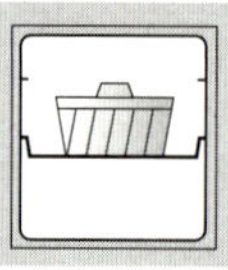	• Garen von Teigen und Massen unter Bildung einer Kruste bei Rundumhitze • ca. 160° C bis 240° C	• schmackhafte Kruste (mit Röststoffen) und lockere Krume (durch Eiweißgerinnung/ Stärkeverkleisterung)
Fritieren/Backen im Fettbad		• Garen in viel heißem Fett • ca. 160 °C bis 180 °C	• entstehende Röststoffe verleihen Geschmack • Speisen nehmen relativ viel Fett auf (energiereich, schwer verdaulich)
Grillen	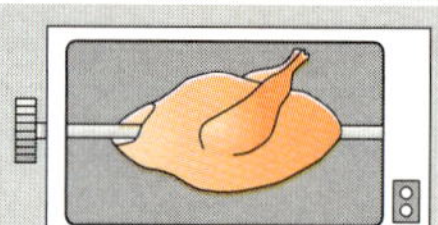	• Garen durch Wärmestrahlung mit wenig Fettzugabe • ca. 160 °C bis 220 °C	• entstehende Röststoffe verleihen Geschmack • Fett schmilzt aus

1. Überblick: Herkömmliche Garverfahren

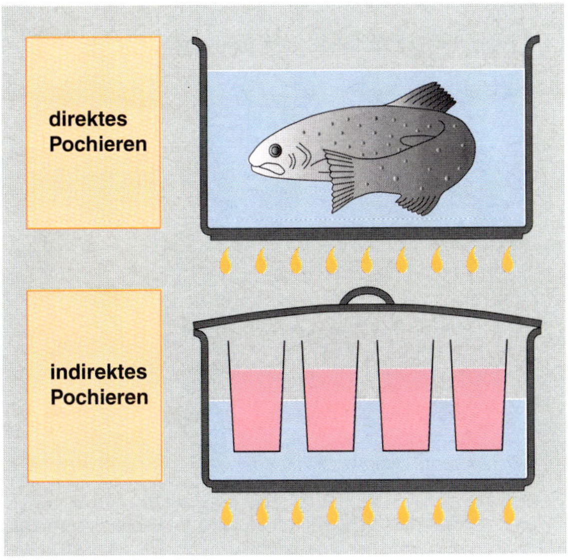

2. **Direktes und indirektes Pochieren**

Direkt pochierte Speisen	Garzeit
Verlorenes Ei	3 bis 4 Minuten
Forellenfilet	4 bis 5 Minuten
Forelle blau	8 bis 10 Minuten
Kabeljauscheibe	8 bis 10 Minuten
Fleisch- und Fischklößchen	je nach Durchmesser: 3 bis 10 Minuten
Kartoffelklöße	20 bis 30 Minuten

Indirekt pochierte Speisen		Garzeit
Wiener Würstchen	in Portions-förmchen	6 bis 8 Minuten
Eierstich		
Karamellpudding		15 bis 20 Minuten
Gemüsepudding		
Terrinen		je nach Durchmesser. 20 bis 60 Minuten

3. **Beispiele und Garzeiten pochierter Speisen**

3.7 Gartechniken

Erst durch Zubereitung unter Hitzeeinwirkung erreichen viele Rohstoffe ihren Genusswert. Die Festigkeit wird durch das Auflockern der Faserstrukturen, das Aufquellen und Gerinnen von Eiweißstoffen und das Verkleistern von Stärke bestimmt. Diese Prozesse verbessern auch die Verdaulichkeit. Geschmack und Aroma werden durch die Zugabe von Salz, Zucker, Kräutern und fetthaltigen Rohstoffen wie Sahne, Crème fraîche oder Butter und Gewürzen verbessert und durch stoffliche Veränderungen intensiviert. So bilden sich

aus Eiweiß	→	Röststoffe (ab ca. 150 °C),
aus Stärke	→	Dextrine (ab ca. 120 °C),
aus Zucker	→	Karamell (ab ca. 150 °C).

Ab etwa 160 °C bräunt die Oberfläche der Speisen. Es bildet sich eine Kruste, deren Beschaffenheit ein Qualitätsmerkmal darstellt.
Garzeiten sind exakt einzuhalten, da die Inhaltsstoffe zu knapp gegarter Speisen nicht voll erschlossen, die Inhaltsstoffe übergarter Speisen teilweise zerstört werden. Der Geschmackswert übergarter Speisen ist herabgesetzt; bei vielen Speisen verblassen die Farben.
Auch Gartechniken unterliegen aus mehreren Gründen Veränderungen und Verbesserungen. Ursachen dafür sind z. B. neue oder verbesserte Gargeräte wie Niedrigtemperatur-Gargeräte, die die Temperatur auch im unteren Bereich genau einhalten, oder Kerntemperaturfühler, mit denen sich der Garpunkt und damit die Garzeit genau bestimmen lassen, sowie Induktionskochplatten, bei denen die Hitze nur entsteht, wenn man den Topf aufstellt (Induktionskochen Seite 96).

Garziehen oder Pochieren

Garziehen oder Pochieren ist Garen in Flüssigkeit unter dem Siedepunkt bei 65 °C bis 95 °C. Die Hitze dringt durch Wärmeleitung in das Gargut ein. Zum Pochieren eignen sich Nahrungsmittel von besonders zarter Struktur wie Fische, Gerichte mit hohem Eianteil und Massen mit hohem Eiweißgehalt. Zwei Arten von Garziehen werden unterschieden:

- **Direktes Pochieren:** Das Nahrungsmittel gart in der gewürzten Flüssigkeit. Die Flüssigkeit darf nicht kochen, damit die Speisen (besonders Fisch) nicht durch starke Dampfentwicklung im Innern zerfallen und ihre Saftigkeit verlieren.
- **Indirektes Pochieren:** Die Nahrungsmittel sind in Förmchen oder sonstige Gefäße gefüllt und werden im zugedeckten Wasserbad unter dem Siedepunkt gegart und damit gestockt. Bei zu hohen Temperaturen würden die Speisen aufgehen und nach dem Garen wieder rasch zu sammenfallen. Das Innere wäre nicht glatt und saftig, sondern porös und strohig.

1. Welche Veränderungen treten auf der Oberfläche der Speisen im Temperaturbereich zwischen 120 °C und 180 °C auf?
2. Worin unterscheidet sich das direkte vom indirekten Pochieren?

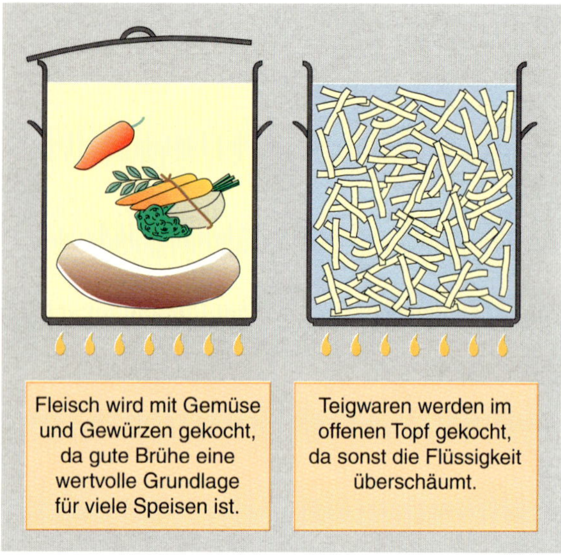

1. **Kochen in wallender Flüssigkeit**

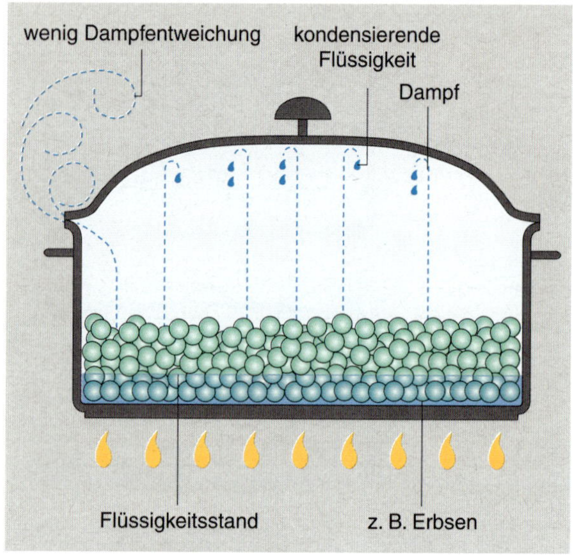

2. **Flüssigkeitskreislauf beim Dünsten**

Kochen oder Sieden

Kochen ist Garen in viel wallender Flüssigkeit bei etwa 100 °C. Dabei dringt die feuchte Hitze durch Wärmeleitung in das Nahrungsmittel ein und bewirkt bei bindegewebereichem Fleisch eine Lockerung, weil Flüssigkeit an das zähe Bindegewebe (Kollagen) angelagert wird, sodass daraus kaubare Gelatine entsteht. In der Anfangsphase wird Flüssigkeit aufgenommen, in der Endphase tritt Saft aus (Fleischbrühe für Suppen).
Die Kochzeiten für Fleisch schwanken je nach Größe und Qualität. Sobald das Fleisch weich ist, muss der Garvorgang beendet werden, da es sonst trocken und faserig wird. Ausgesuchte Rindfleischstücke wie Rinderbrust und Tafelspitz, aber auch Gerichte aus Schweine-, Kalb- oder Lammfleisch werden durch Kochen gegart, bei Geflügel vor allem Suppenhühner.

Bei stärkehaltigen Nahrungsmitteln (Teigwaren, Reis, Kartoffeln) kommt es zum Aufquellen und Verkleistern der Stärke. Das Eiweiß gerinnt und wird dadurch leichter verdaulich. Die Kochzeit von Teigwaren ist vom verwendeten Getreideprodukt (Mehl, Grieß) und von der Eimenge abhängig, die zur Teigherstellung eingesetzt wurden.
Bei cellulosereichen Gemüsen wird durch Kochen das feste Zellgefüge aufgelockert. Durch Kochen gart man z. B. Spargel, Artischocken, Schwarzwurzeln und Hülsenfrüchte. In der Brühe sind Nährstoffe, Farb-, Geschmack- und Aromastoffe gelöst.
Deshalb sollten Brühen von tierischen Nahrungsmitteln und Gemüsen zum Auffüllen von Soßen oder Suppen verwendet werden.

Dünsten

Dünsten ist Garen im zugedeckten Gargefäß mit wenig Fett und Flüssigkeit und bei geringer Hitze (80 °C - 130 °C). Als Fett kommen vor allem Butter oder Margarine in Frage, weil dadurch Speisen geschmacklich aufgewertet werden. Die Flüssigkeit muss zum Gargut passen:

- bei Gemüse: Gemüse- oder Fleischbrühe,
- bei Fisch: Wein und Fischbrühe,
- bei Obst: Läuterzucker, Wein, Fruchtsaft.

Bei Gemüse wird erst angeschwitzt (120 °C bis 130 °C) um einen besseren Geschmack zu erzielen, anschließend mit wenig Flüssigkeit angegossen und zugedeckt gegart.
Das Dünstgefäß muss breit genug sein, damit das Gargut nicht zu hoch geschichtet darin liegt. Dadurch wird ein gleichmäßiges Garen erreicht und häufiges Rühren überflüssig. Die entweichende Dampfmenge ist bei richtiger Hitzezufuhr gering. Der Flüssigkeitsverlust wird durch den Saft, der aus dem Gargut austritt, fast ausgeglichen. Bei zu viel Hitze verdampft die Flüssigkeit zu schnell.
Nach dem Erreichen des Garpunktes soll wenig oder keine Flüssigkeit mehr vorhanden sein. Gedünstete Speisen werden entweder naturell angerichtet oder mit der Soße serviert, die auf der Grundlage der Dünstflüssigkeit zubereitet wurde. Gedünstet werden

- fast alle Gemüse- und Pilzarten,
- Fische, Fischscheiben und Fischfilets,
- Krusten- und Schalentiere,
- Fleischscheiben von sehr zartem und hellem Fleisch,
- eher zarte Stücke von hellem Geflügel,
- feste Obstsorten wie Birnen und Äpfel.

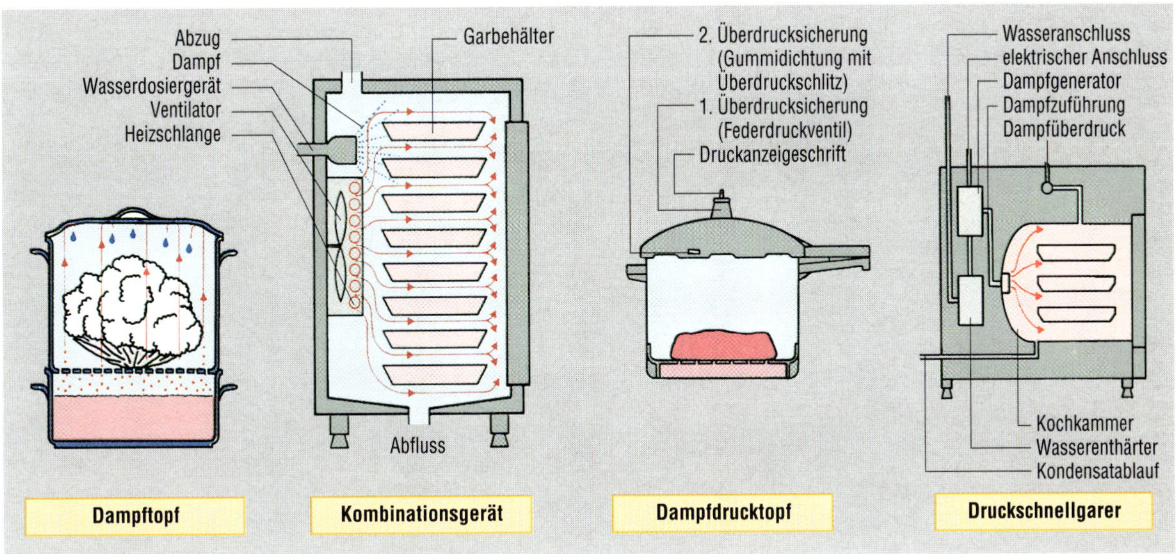

3. Dampftopf, Kombinationsgargerät, Dampfdrucktopf, Druckschnellgarer

Dämpfen

Dämpfen ist Garen in strömendem Wasserdampf bei etwa 100 °C. Das Gargut wird durch Wärmeleitung erhitzt, es nimmt jedoch weniger Flüssigkeit auf als beim Kochen. Deshalb ist dieses Garverfahren auf Nahrungsmittel beschränkt, die keiner starken Lockerung bedürfen. Im Wesentlichen sind dies Fisch, Gemüse, Kartoffeln, zarte und helle Fleischstücke.

Das Dämpfen wird im Dampftopf durchgeführt, in dem das Gargut in einem Siebeinsatz über der kochenden Flüssigkeit gart. Das Austreten des Dampfes wird durch einen gut schließenden Deckel weitgehend verhindert.
Für große Rohstoffmengen sind Kombinationsgargeräte auf dem Markt. Die vorbereiteten und bearbeiteten Lebensmittel werden auf Lochbleche gesetzt und im Gerät gedämpft. Das Gargut ist zu salzen und zu würzen. Die Garzeiten sind mit denen von Kochen und Pochieren vergleichbar.

Der Vorteil des Dämpfens liegt in der weitgehenden Erhaltung von Vitaminen, Mineral-, Farb-, Aroma- und Geschmackstoffen. Das Gargut laugt nicht aus und behält sein natürliches Aussehen.
Das Dämpfen ist ein besonders schonendes Garverfahren. Je besser bei einem Garverfahren der Eigengeschmack der Nahrungsmittel erhalten bleibt, desto weniger brauchen die Speisen gesalzen zu werden. Nach dem Dämpfen können die garen Speisen einige Zeit ohne Hitzezufuhr im Gargerät warm gehalten werden. Es tritt ein nur unbedeutender Qualitätsverlust ein.

Überdruckgaren

Überdruckgaren ist Garen (Kochen, Dämpfen, Dünsten, Schmoren) im hermetisch verschlossenen Garraum über 100 °C bis 120 °C und bei einem Druck von 1 bar bis 2 bar. Bei 1 bar, also bei Normaldruck, kocht das Wasser bei 100 °C. Führt man mehr Hitze zu, so erhöht sich die Temperatur trotzdem nicht weiter, sondern das Wasser verdampft. Verschließt man den Garraum luftdicht, kann der Dampf nicht entweichen, es entsteht Überdruck. Bei verdoppeltem Druck (2 bar) kocht das Wasser erst bei 120 °C. Durch die höheren Temperaturen werden alle Vorgänge, die beim Kochen ablaufen, verstärkt. Deshalb wird der Garpunkt in kürzerer Zeit erreicht.
Solange der Garraum unter Druck steht, ist er nicht zugänglich. Deshalb sollten die genauen Garzeiten bekannt sein, da ein Kontrollieren des Garzustandes während des Garens nicht möglich ist.
Geräte zum Überdruckgaren sind

- der Dampfdrucktopf, bei dem die Druckhöhe am Druckanzeigestift feststellbar ist,
- der Dampfschnellgarer oder Steamer, bei dem der Über druck separat erzeugt und bei Bedarf in die Garkammer gedrückt wird. Dadurch beginnt das Garen sofort bei eingegebenem Druck bzw. Überdruck. Nach Ablauf der Garzeit schaltet das Gerät ab, der Überdruck wird abgeleitet und die Garkammer lässt sich sofort öffnen.

Bei welchem Druck man gart, hängt von der Struktur des Nahrungsmittels ab. Bei Fisch, Gemüse und zartem Fleisch darf der Druck nicht so hoch sein wie bei bindegewebereichem Fleisch.

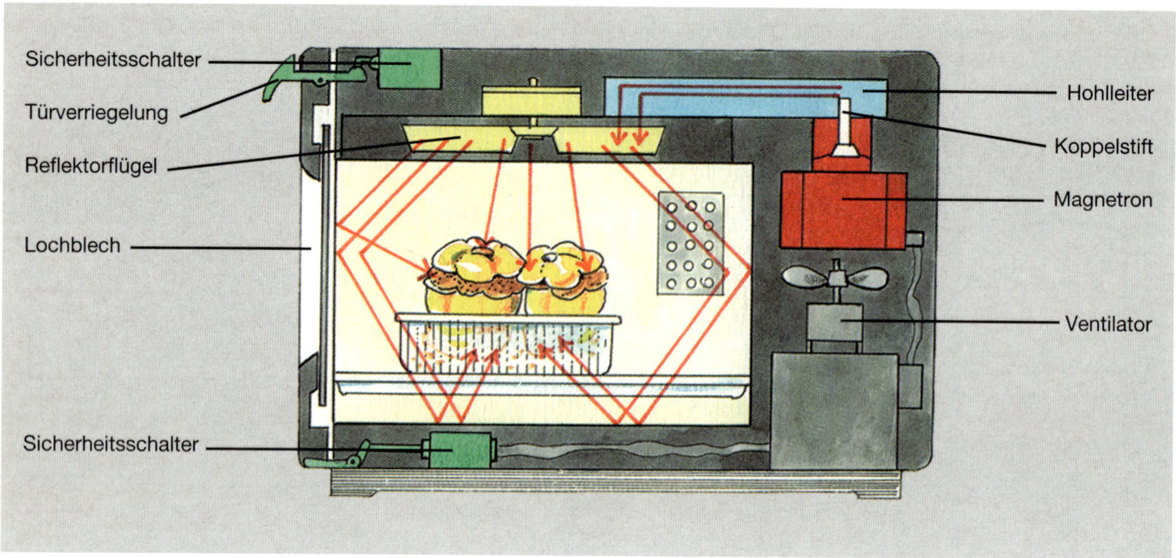

1. **Aufbau eines Mikrowellengerätes**

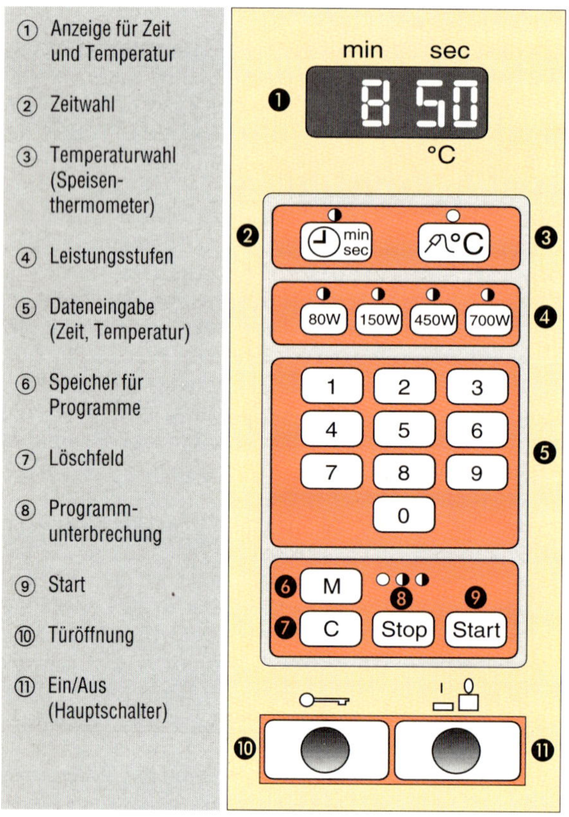

2. **Bedienungsfeld eines Mikrowellengeräts mit Mikroprozessor**

Garen, Auftauen und Erhitzen mit Mikrowellen
Aufbau und Funktionsweisen von Mikrowellengeräten. Das Magnetron erzeugt elektromagnetische Schwingungen (Mikrowellen), die durch einen Hohlleiter in den Garraum gelangen. Am Reflektorflügel werden die Mikrowellen reflektiert und in alle Richtungen im Garraum verteilt. Der Garraum ist mit Metall ausgekleidet, an dem die Mikrowellen ebenfalls reflektiert werden. Dadurch wird die Wellendichte erhöht, sodass Mikrowellen jeden Punkt auf und im Lebensmittel treffen. Das Lebensmittel wird in einem gewissen Abstand zum Boden des Gerätes auf eine Glasplatte gestellt, damit Mikrowellen auch von unten eindringen und im Lebensmittel Wärme erzeugen können.
Treffen die Mikrowellen auf Lebensmittel, werden rasche Bewegungen innerhalb der Moleküle entgegen deren Bindungskräfte erzwungen. Dadurch entsteht überall auf und im Lebensmittel Wärme. Die Mikrowellen sind bis etwa 2,5 cm tief im Lebensmittel wirksam, weil dann ihre Energie zu etwa 2/3 in Wärme umgewandelt wird.
Metall reflektiert Mikrowellen ähnlich wie ein Spiegel sichtbares Licht. Deshalb verhindert Metallgeschirr die optimale Nutzung der Mikrowellen; im rundum geschlossenen Metallgeschirr ist ein Erhitzen nicht möglich. Porzellan, Glas oder Kunststoff werden von Mikrowellen weitgehend durchdrungen, ähnlich wie Licht Glas durchdringt. Solche Stoffe werden von Mikrowellen in Gegenwart von Lebensmitteln kaum erwärmt und sind daher als Geschirr für Mikrowellengeräte gut geeignet.
Das Gehäuse des Mikrowellengeräts ist vollständig aus Metall, damit keine Wellen austreten können. Die Tür des Garraumes besitzt ein Fenster mit Metallgitter.

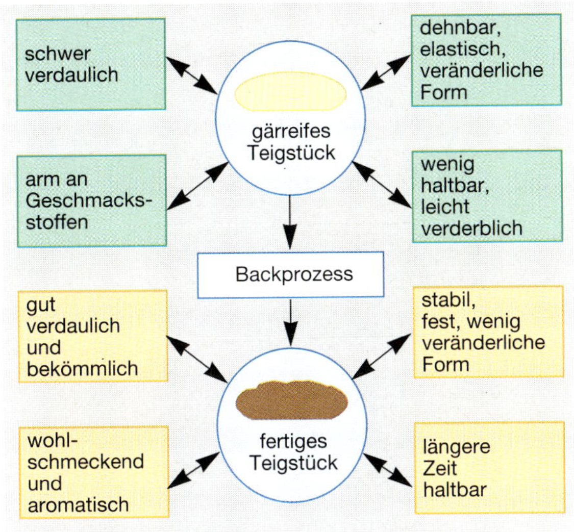

3. **Veränderung der Eigenschaften des Teigstückes während des Backens**

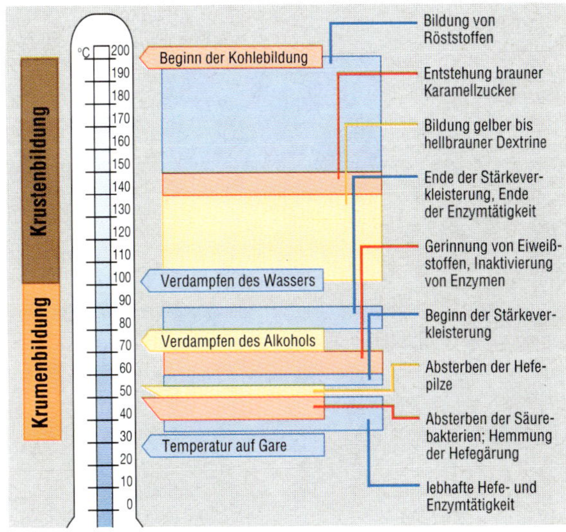

4. **Temperaturverlauf und Vorgänge während des Backens**

Einsatz des Mikrowellengeräts. Durch die Einwirkung von Mikrowellen werden Nahrungsmittel (in beschränkter Menge) rasch aufgetaut, erwärmt und gegart.
Beim **Auftauen** kommt es zu unterschiedlich starker Erwärmung der einzelnen Stellen im Lebensmittel. Stellen, an denen zuerst Wasser entsteht, erhitzen sich sehr schnell, während andere noch gefroren sind. Deshalb sollte bei geringer Leistungsstufe und mit Zwischenpausen, in denen sich die Hitze verteilen kann, aufgetaut werden.

Das Mikrowellengerät wird in der Gastronomie in erster Linie zum **Erwärmen** eingesetzt, weil hier bei sachgemäßer Arbeitsweise
- die Energie nur zum Erhitzen der Speisen, nicht der Heizplatte und des Topfes eingesetzt wird,
- auf dem Teller erhitzt werden kann, also kein weiteres Geschirr zur Reinigung anfällt,
- die Benutzung des Gerätes sehr einfach ist, wenn Zeit und Energiestufe bekannt sind.

Die Einschaltzeiten zum Erwärmen von Speisen sind genau einzuhalten. Schon Zeitüberschreitungen von wenigen Sekunden können eine Suppe zum Überkochen bringen, Soßen auf den Tellerrändern eintrocknen lassen.
Bessere Ergebnisse erreicht man, wenn die Speisen abgedeckt werden.

Zum **Garen** eignen sich neben Gemüse, Obst und Fisch auch bindegewebsarmes Fleisch.

Backen im Ofen

Backen im Ofen ist Garen von Teigen und Massen in trockener Rundumhitze unter Bildung einer Kruste (160 °C bis 240 °C). Im Innern des Backgutes steigt die Temperatur nicht über 100 °C. Durch die Hitze gerinnt das Eiweiß und die Stärke verkleistert; an der Oberfläche entstehen Dextrine, Karamell und Röststoffe.

Geräte zum **Backen** sind der Backofen, bei dem bei Unter- und Oberhitze auf einem Blech pro Backrohr gebacken wird, und der Umluftofen bzw. das Kombinationsgargerät, in denen in einem Garraum auf mehreren Blechen übereinander gleichzeitig gebacken werden kann, weil die heiße Luft am Gargut vorbeigeblasen wird. Meist wird im vorgeheizten Ofen gebacken. Die Backtemperatur und die Backzeit ist von der Gebäckart und der Teighöhe abhängig. Folgende Zeiten sind Richtwerte:
- Kleingebäck 10 bis 15 Minuten,
- Hefekranz etwa 40 Minuten,
- Marmorkuchen bis zu einer Stunde.

Die Gewichtsverluste sind bei kleinen Gebäckstücken wie Brötchen, Brezeln, Lebkuchen besonders groß. Sie können bis zu 20 % betragen, bei großen Gebäckstücken etwa die Hälfte.
Neben süßem Gebäck wird in der Küche auch salziges hergestellt, z. B. Käsegebäck, Zwiebelkuchen, Quiche, Pizza. Beliebt sind Speisen, bei denen um ein meist vorgegartes Nahrungssmittel ein Teigmantel (z. B. aus Brot- oder Blätterteig bei Schinken oder Filets) gelegt und anschließend gebacken wird.

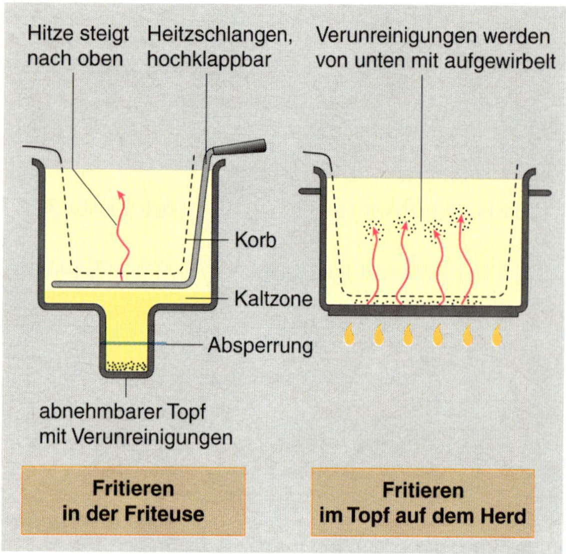

1. **Fritieren in der Friteuse**

2. **Qualitätstest für Fritierfette**

Fritieren

Fritieren ist Garen im Fettbad unter Bildung einer Kruste bei 160 °C bis 180 °C. Durch Wärmeleitung dringt die Hitze des Backfettes in das Gargut ein.

In der Gastronomie wird meist mit elektrisch beheizten Friteusen gegart. Der Fettinhalt der Friteuse wird als Fritüre bezeichnet.

Wichtige Merkmale einer Friteuse sind:

- Genügend große Heizleistung, damit beim Fritieren die Temperatur nicht unter 160 °C absinkt.
- Ein exakt arbeitender Temperaturregler um ein einwandfreies Fritiergut zu erzielen und das Fett nicht zu überhitzen.
- Eine Kaltzone unterhalb der Heizschlangen, weil dann die Backreste nicht aufgewirbelt und mitgebacken werden. Sie würden verbrennen (dabei Giftstoffe erzeugen, die in das Fett übergehen) und als unansehnliche Punkte an den Speisen haften.

Als Backfett eignet sich wasserfreies und hitzebeständiges Fett. In der Praxis werden spezielle Fritierfette eingesetzt. Da Fett beim Fritieren in die Speisen eindringt, daran haftet und somit mitgegessen wird, muss es stets genusstauglich sein. Durch langes Erhitzen, Sauerstoffkontakt und Belastungen durch das Gargut (Feuchtigkeit, Verunreinigungen) zersetzt sich Fett. Beginnenden Fettverderb erkennt man an folgenden Merkmalen:

- deutliche Braunfärbung,
- starkes Schäumen während des Backens,
- Rauchentwicklung bei Temperaturen unter 180 °C,
- unangenehmer Geruch und Geschmack.

Mit speziellen Tests kann man die Genusstauglichkeit prüfen. Nicht mehr gebrauchsfähiges Fett ist vollständig auszuwechseln. Nachfüllen von frischem Fett ist nicht sinnvoll, da zersetztes Fett dadurch nicht verbessert wird. Zersetztes Fett ist gesundheitsschädlich. Wer es verwendet, macht sich strafbar.

Regeln, damit Fritierfett lange gebrauchsfähig bleibt:

- Über 180 °C zersetzt sich Fett sehr rasch, deshalb nicht überhitzen!
- Bei jeder Temperaturerhöhung um 10 °C verdoppelt und um 20 °C vervierfacht sich der Fettabbau. Daher in den Arbeitspausen Temperatur senken oder Gerät abschalten!
- Salz zersetzt Fett; nicht über der Friteuse salzen!
- Fett täglich filtern; Friteuse reinigen! Verkohlte Speiserückstände belasten das Fett!

Um Garpunkt und Bräune gleichzeitig zu erreichen müssen Speisen mit langer Garzeit bei niedriger Temperatur (160 °C), Speisen mit kurzer Garzeit bei 180 °C fritiert werden.

Meist werden Nahrungsmittel vor dem Fritieren abgetrocknet, gewürzt und paniert. Manche Rohstoffe wie Gemüse oder Kartoffeln müssen, abhängig von ihrem Durchmesser, vorgegart werden. Andere Nahrungsmittel wie dünne Stücke von Fleisch, Fisch, Geflügel und Obst sind in wenigen Minuten servierbereit.

Um die Kruste nach dem Fritieren knusprig zu erhalten dürfen die Speisen nicht zugedeckt werden, weil der eingeschlossene Dampf die Kruste aufweicht.

Rohstoffe	Brattemperaturen	Bratfett
sehr zarte Fleischscheiben (Schnitzel)	anbraten 200 °C - 160 °C nachbraten bei 160 °C	hitzestabiles, geschmacksneutrales Fett
dickere Fleischscheiben (Medaillons, Steaks, Koteletts)	anbraten bei 200 °C, nachbraten bei 160 °C	oder Öl; zum Nachbraten: Butter
Portionsfische (Forelle, Seezunge) Fischfilets (Zander, Goldbarsch) Fischscheiben (Lachs, Heilbutt)	anbraten bei 180 °C, nachbraten bei 160 °C	Butterschmalz (geklärte Butter); zum Nachbraten: Butter
Gemüsescheiben (Auberginen, Zucchini) Pilze	konstant 160 °C	Öl, Butterschmalz oder Butter
Kartoffeln (Rösti, Würfel- und Bratkartoffeln)	konstant 160 °C	Schweineschmalz, Butterschmalz, Butter

3. Braten verschiedener Rohstoffe in der Pfanne/ geeignetes Bratfett

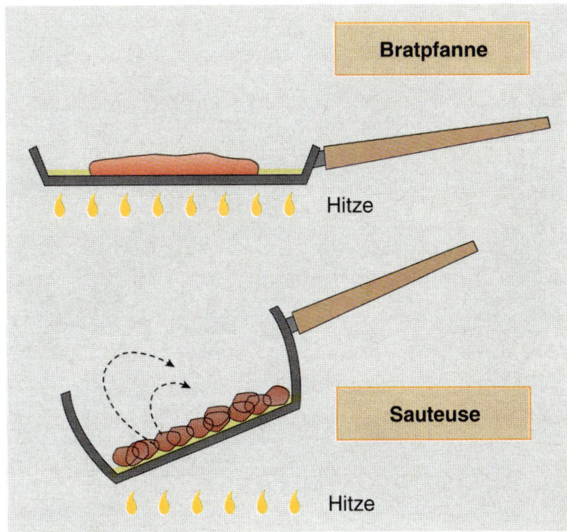

4. Braten in der Pfanne/Sautieren

Braten in der Pfanne

Braten in der Pfanne ist Garen und Bräunen in wenig heißem Fett bei 160 °C bis 200 °C. Die Hitze wird durch Metall und Fett übertragen und dringt durch Wärmeleitung in das Nahrungsmittel ein. Gebraten wird in der Bratpfanne, Kippbratpfanne oder auf der Bratplatte. Als Rohstoffe kommen vor allem Portionsstücke von zartem Fleisch einschließlich Wild und Geflügel sowie Fisch und Gemüse in Frage. Sie müssen eine trockene Oberfläche aufweisen, damit sie nicht am Metall ankleben. Daher wird teilweise erst nach dem Braten gesalzen, da Salz Zellsaft aus dem Nahrungsmittel zieht und so die Oberfläche feucht wird.

Helle Fleischsorten (Kalb-, Lamm-, Schweinefleisch), aber auch Fisch und Wild werden oft kurz vor dem Braten mehliert. Neben dem Schutz vor dem Ankleben wird eine bessere Krusten- und Farbbildung erreicht. Die Pfanne und das Fett müssen beim Anbraten so heiß sein, dass an der Oberfläche der Nahrungsmittel das Eiweiß sofort gerinnt und kein Saft austritt. Während des Bratens werden durch starke Hitzeeinwirkung geschmacksbildende Röststoffe erzeugt.

Helles Fleisch wird meist durchgebraten. Rind- und Lammfleisch brät man auf Wunsch in bestimmten Garstufen:

- blau, im Kern roh (blau, raw)
- rosa, im Kern blutig (blutig, saignant, rare),
- innen voll rosa (rosa, à point, medium),
- innen grau, aber nicht trocken (durchgebraten, bien cuit, well done).

Je nach Lebensmittel und erforderlicher Brattemperatur wird ein geeignetes Fett gewählt (Bild 3). Butter wird aus Geschmacksgründen zum Nachbraten verwendet.

Schwenken oder Sautieren

Darunter versteht man das Braten von klein geschnittenen Nahrungsmitteln in wenig Fett bei 160 °C bis 220 °C. Man verwendet sehr zartes Schlachtfleisch, Wild, Geflügel und Fisch, die man würfelig, streifig oder blättrig schneidet und für Speisen wie Züricher Geschnetzeltes zubereitet.

Wichtig ist beim Sautieren, dass während des Anbratens nur wenig Saft austritt und somit die Stücke genügend bräunen und nicht kochen. Sie würden sonst zäh. Deshalb muss das Anbraten bei großer Hitze erfolgen. Die Stücke sind rosa zu braten. Das Wenden erfolgt durch Schwenken des Bratgefäßes. Bei Erreichen des Garpunktes wird das Bratgut sofort in ein bereitgestelltes Gefäß gegeben oder vorher mit Flüssigkeit wie Wein und Spirituosen abgelöscht. Im Bratgefäß wird die Soße bereitet. Die Stücke werden unter die heiße Soße geschwenkt, jedoch nicht weitergegart, sondern sofort angerichtet. Wenn das Fleisch in der Soße kocht, wird es zäh.

Braten im Ofen

Braten im Ofen ist Garen bei trockener Hitze und wenig heißem Fett bei 160 °C bis 220 °C. Metall und Fett leiten die Hitze in das Bratgut. Trockene Hitze wird durch Wärmestrahlung übertragen.

Es eignen sich größere Stücke von zartem Schlachtfleisch und Wild, junges Geflügel und Wildgeflügel. Um Austrocknen und Verkrusten der Oberfläche zu vermeiden wird zum Teil gespickt oder mit Speckscheiben umwickelt. Die Bratenstücke werden gesalzen, gewürzt und im Ofen bei großer Hitze angebraten. Nach ausreichender Farbgebung wird bei niedrigerer Temperatur fertig gegart.

1. Grillrost

2. Gerät zum Grillen am Spieß

Das Bratgeschirr ist so zu wählen, dass neben dem Braten keine zu große Fläche frei bleibt, da der austretende Bratensaft sonst schnell verbrennt. Während des Bratens müssen die Stücke ab und zu gewendet und mit Bratfett übergossen werden. Zur Geschmacksverbesserung werden Röstgemüse und Gewürze zugegeben. Aus dem Bratensatz wird die Bratensoße hergestellt.
Besonders zart und saftig werden die Bratenstücke, wenn nach der Garphase eine Nachzieh-Reife-Phase von über 30 Minuten eingehalten wird.

Braten bei Niedrigtemperatur
Dies ist Garen von sehr zarten Fleischstücken zwischen 70 °C und 130 °C. Diese Gartechnik ist vor allem in modernen Gargeräten möglich, in denen die Temperatur exakt eingehalten werden kann. Da beim Garvorgang keine Kruste entsteht, wird vor dem Portionieren in der Pfanne nachgebraten.

Grillen am Spieß oder auf dem Grillrost
Garen durch Wärmestrahlung bis zu 350 °C. Vor allem große, zarte Rohstoffe, die mit Fettgewebe durchwachsen oder mit einer Fettgewebeschicht umgeben sind wie Lammkeule, Spanferkel, Schweinehachse, Schweinebauch, Makrelen und Ente, werden am Spieß gebraten. Auf dem Grillrost ist wird die Garmethode „Rösten" angewendet.

Rösten
Rösten ist Garen durch direkten Metallkontakt bei großer Hitze (200 °C bis 300 °C). Die Hitze wird von Metall und durch Wärmestrahlung übertragen und dringt durch Wärmeleitung in das Gargut ein. Geeignete Geräte sind neben dem Bratrost die Grillplatte und der Kontaktgrill. Portionsstücke von sehr zartem Fleisch und Geflügel eignen sich gut, vor allem, wenn sie so viel Fett enthalten, dass es beim Braten ausschmilzt. Bei mageren Stücken wird das Röstgut oder die Garfläche mit Öl eingepinselt, weil sonst das Gargut anhängt. Es wird nach dem Garen gesalzen. Fische, Fischfilets eignen sich ebenfalls.

Schmoren oder Braisieren
Schmoren ist Garen durch Anbraten (180 °C) und anschließendes Weitergaren in Soße (100 °C). Geschmort werden bindegewebereiche und grobfaserige Fleischstücke. Beim Anbraten entstehen an der Oberfläche des Fleisches aromatische Röststoffe. Durch mehrmaliges Ablöschen mit wenig Flüssigkeit, dies löst den Bratensatz im Geschirr, und durch erneutes Anbraten nach dem Verdampfen werden Brataroma und braune Farbe verstärkt.
Zum Anbraten wird ein hocherhitzbares Fett verwendet, in dem Röstgemüse, Tomatenmark und eventuell Mehl zur Soßenherstellung geröstet bzw. erhitzt werden. Aufgegossen wird mit der passenden Brühe. In der gewürzten Soße werden die Fleischstücke zugedeckt bei etwa 180 °C im Ofen gegart. Während des Garens sind große Fleischstücke, die zu einem Viertel in der Soße liegen sollten, mehrmals zu wenden und zu übergießen. Die Soße wird entfettet, eingekocht, eventuell gebunden, passiert und mit Sahne oder Wein vollendet. Während des Garens in feuchter Hitze wird das zähe Bindegewebe zu weicher Gelatine. Durch Einlegen in Säuremarinade wird dieser Vorgang beschleunigt.

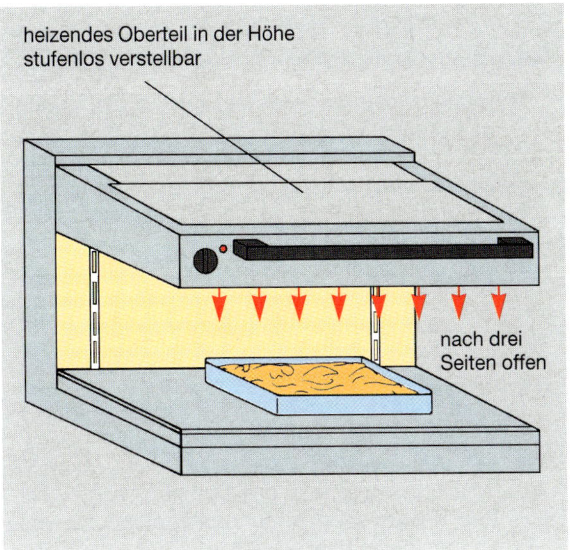

3. Gerät zum Überbacken: Salamander

geeigneter Belag	Anwendungsbeispiele
geschlagene Sahne – mit Cognac – mit Eigelb	Schneckensuppe Ochsenschwanzsuppe
Holländische Soße (eventuell mit Schlagsahne vermischt)	Fleisch- und Eierspeisen Krusten- und Schalentiere feine Gemüse Fischgerichte
weiße Käsesoße (Mornay-Soße)	Fleisch- und Eierspeisen Gemüse- und Fischgerichte
Käsescheiben	Toastgerichte
geriebener Käse, geriebenes Brot und Butterflocken	feines Ragout

4. Beispiele für gratinierte Speisen

3.8 Fertigstellungstechniken

Bereits gegarte Speisen können durch die Anwendung besonderer Techniken aufgewertet werden.

Überglänzen oder Glasieren von Gemüse. Beim Glasieren wird gedünstetes Gemüse in eingekochter Dünstflüssigkeit überglänzt. Gebräuchlich ist dieses Fertigstellungsverfahren bei Karotten, kleinen Zwiebeln, Esskastanien (Maronen) und Rübchen. Die Gemüse werden mit Butter, Zucker und wenig Flüssigkeit zugedeckt gedünstet. Vor dem Ende der Garzeit wird die Flüssigkeit eingekocht, indem man ohne Deckel weitergart. Die beim Einkochen entstehende Verbindung aus Butter, Zucker und Flüssigkeit gibt dem Gemüse einen glänzenden Überzug. Wird zu stark eingekocht, trennen sich die Komponenten und der Glanz geht verloren. Während des Einkochens darf das Gemüse nicht übergaren.

Überbacken oder Gratinieren. Gegarte Speisen werden beim Überbacken durch sehr starke Oberhitze überkrustet und gebräunt. Sie bekommen so geschmacklich und optisch eine besondere Note. Der sogenannte Salamander ist das eigens für diese Fertigstellungsart gebaute Gerät, bei dem die Hitzestrahlung von oben auf die Speisen einwirkt. Auch in der auf höchster Stufe vorgeheizten Bratröhre oder dem Backofen kann überbacken werden. Bei einigen Gerichten genügt es sie kurze Zeit starker Oberhitze auszusetzen, um die charakteristische Bräunung herbeizuführen. Oft muss die Speise mit einem geeigneten Belag bedeckt werden (Bild 4), damit sie schnell bräunt.

Glasieren von Braten. Durch häufiges Übergießen mit Bratensaft erhält Braten von Kalb, Schwein und Hausgeflügel durch den reduzierenden (einkochenden) Fleischsaft einen glänzenden Überzug. Bei Schweinebraten mit Schwarte kann durch häufiges Übergießen mit Bier die Glanzbildung verstärkt werden. Gekochter Schinken kann durch Bestreichen der eingeritzten Fettschicht mit Sirup oder verdünntem Honig und anschließender Einwirkung von starker Oberhitze glasiert werden. Ursache sind die durch Hitze bräunenden Zuckerstoffe.

Flambieren. Beim Flambieren soll der Geschmack der Speisen aufgewertet werden. Durch das Abbrennen des unerwüschten Alkohols bleiben die in den Spirituosen enthaltenen aromatischen Stoffe in der Speise. Wenn man die Spiritouse in einer Schöpfkelle über der Gasflamme erwärmt, kann man die Flamme auf die Alkoholdämpfe überspringen lassen und die brennende Spirituose über die Speise gießen. Speise und Spirituose müssen sich geschmacklich ergänzen. Oft werden folgende Kombinationen verwendet; teilweise wird mit zwei Spirituosen bei einem Gericht flambiert:

- gebratenes Fleisch – Weinbrand, Whisky, Wodka
- Krustentiere – Whisky, Weinbrand
- Kirschen – Kirschwasser, Orangenlikör
- Himbeeren – Himbeergeist
- Bananen – Rum, Arrak

1. Erläutern Sie vier Fertigstellungstechniken und nennen Sie jeweils vier Speisen.
2. Zählen Sie Spirituosen auf, die zu Kiwi, Orangen, Entenbrust und Langustenschwänzen passen.

Induktionskochen

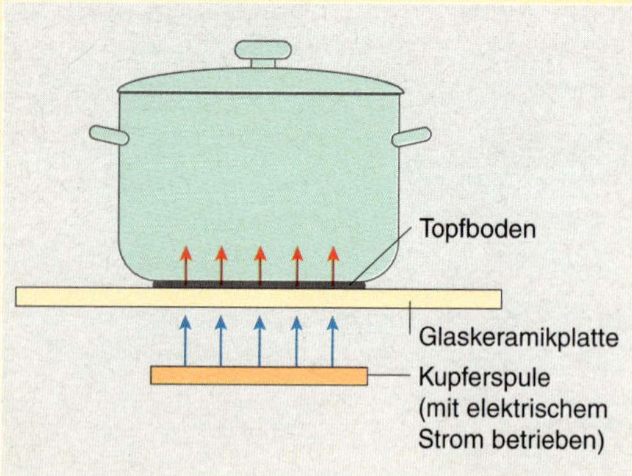

1. Schemazeichnung: Funktion des Induktionskochens

Induktionskochstellen

Die induktive Kochstelle besteht aus einer Kupferspule, die mit Wechselstrom gespeist wird. Dadurch bilden sich magnetische Wechselfelder, die eine Glaskeramikplatte passieren können.

Um Hitze entstehen zu lassen muss der Boden des Kochgeschirrs aus einem magnetisierbaren Werkstoff, etwa aus Stahl, bestehen; ungeeignet sind herkömmlicher Edelstahl oder Kupfer.

Der induktiven Erhitzung liegt folgendes Prinzip zugrunde:

Wird das Kochgeschirr auf der Herdplatte dem Einfluss des elektromagnetischen Wechselfeldes ausgesetzt, so wird in ihm ein elektrischer Strom induziert, der nur in einer dünnen, der Spule zugewandten Schicht fließt. Diese Schicht wirkt wie ein ohmscher Widerstand, das heißt, das Glaskeramikkochfeld erwärmt sich nur durch den Kontakt mit dem Kochgeschirrboden. Beim Abheben des Kochgeschirrs wird die Stromzfuhr sofort abgeschaltet. Vorteile von Induktionskochstellen:

- Die Hitze wird direkt dem Kochgeschirrboden zugeleitet, dadurch entstehen wenig Wärmeverluste und ein hoher Wirkungsgrad.
- Strom wird nur verbraucht, wenn ein Topf auf der Platte steht.
- Die nicht benötigte Kochplatte bleibt kalt, dadurch ist die Erwärmung in der Küche gering und der Herd lässt sich leicht reinigen, weil nichts einbrennt.
- Die Hitzeabgabe reagiert sofort auf jede Schaltereinstellung. Dadurch erübrigt sich ein Vorheizen bzw. Heißhalten der Kochplatten. Dies führt, gerade bei schwankendem Arbeitsanfall, zu hohen Energieeinsparungen.

Wissen Sie Bescheid?

1. Nennen Sie drei Arten der Wärmeübertragung und ordnen Sie jeder Art zwei Garverfahren zu.
2. Worin besteht der Unterschied zwischen Blanchieren und Kochen?
3. Welche Garverfahren können auch bei Überdruck durchgeführt werden?
4. Welche Gartemperaturen sind beim Kochen, Druckgaren und Garziehen einzuhalten? Ordnen Sie diesen Gartechniken je drei Nahrungsmittel und drei Speisen zu.
5. Welche Veränderungen treten bei etwa 70 °C im Gargut ein?
6. Weshalb verwendet man zum Garen hauptsächlich Metallgefäße?
7. Welche Vorteile hat das Dämpfen gegenüber dem Kochen aus ernährungsphysiologischer und aus technologischer Sicht?
8. Warum soll beim Dünsten der Topf zugedeckt werden?
9. Vergleichen Sie Kochen und Dünsten in Bezug auf Geschmack und Nährstofferhaltung.
10. Worin sehen Sie Vor- und Nachteile des Mikrowellengarens?
11. Warum können Mikrowellen nicht bräunen?
12. Wie hoch muss die Gartemperatur sein, damit Röststoffe gebildet werden?
13. Weshalb werden Kurzbratstücke in Butter nachgebraten?
14. In welchen wesentlichen Punkten unterscheiden sich Braten in der Pfanne und Sautieren?
15. Erläutern Sie die Vorgänge im Teig und an der Gebäckoberfläche während des Backprozesses.
16. In welchem Temperaturbereich wird fritiert? Welche Folgen haben das Unter- und das Überschreiten der Grenztemperaturen?
17. Nennen Sie vier Regeln um Fritierfett lange gebrauchsfähig zu halten.
18. Warum sollen fritierte Speisen nicht zugedeckt werden?
19. Welche Nahrungsmittel eignen sich nicht zum Fritieren?
20. Welche Gemeinsamkeiten und welche Unterschiede gibt es beim Braten im Ofen und beim Schmoren?
21. Erläutern Sie das Prinzip des Induktionskochens. Welche Vorteile bietet diese Technik?
22. Welche Veränderungen treten an der Oberfläche der Nahrungsmittel bei Temperaturen von über 160 °C ein?
23. Welche Garverfahren werden besonders häufig angewendet? Versuchen Sie einige Gründe für diese Bevorzugung herauszufinden.

2. Teeverkostung

4 Qualität von Lebensmitteln

Beurteilungskriterien
Qualität ist die Summe aller Eigenschaften und Merkmale eines Lebensmittels.
Eine wichtige Komponente ist der sogenannte **Eignungswert,** der die Ernte-, Lager-, Transport- und Verarbeitungseigenschaften umfasst. Erzeuger, Händler und Verarbeiter stellen jeweils andere Eigenschaften in den Vordergrund, wenn sie ein ein Lebensmittel beurteilen.

Zum **Genusswert** eines Lebensmittels oder einer Speise gehören unter anderem Frische und Reife, das Aussehen, die Konsistenz, gegebenenfalls die Temperatur sowie Geruch und Geschmack.

Der **Gesundheitswert** ist von den Inhaltsstoffen eines Lebensmittels und deren Wirkung auf den menschlichen Körper abhängig. Insbesondere ist der Gehalt an Nähr- und Wirkstoffen, an Energie und an eventuell vorhandenen Zusatzstoffen und Rückständen, Giften oder krankheitserregenden Mikroorganismen wichtig. Die Kaufentscheidung wird auch bestimmt durch

- *Gewohnheiten:* In jeder Region werden bestimmte Rohstoffe und Speisen bevorzugt, andere abgelehnt;
- *religiöse Vorschriften:* Katholiken sollen freitags kein Fleisch essen; Moslems ist der Genuss von Schweinefleisch untersagt;
- *bestimmte Vorstellungen:* Aale sehen wie Schlangen aus; roh verzehrte Austern leben im Magen weiter;
- *unterstellte Eigenschaften und Vorurteile:* Alle Innereien sind stark mit Schadstoffen belastet;
- *Prestige- und Erlebnisgründe.*

Ökologische Gründe gewinnen zunehmend an Bedeutung, wenn sich jemand für oder gegen den Verzehr eines Nahrungsmittels entscheidet, etwa im Hinblick auf Chemikalien-Einsatz, Energieverbrauch bei Produkion und Transport, Artenschutz.

Qualitätsprüfungen
In Zusammenarbeit mit der CMA (Centrale Marketinggesellschaft der Deutschen Agrarwirtschaft) veranstaltet die Deutsche Landwirtschaftsgesellschaft (DLG) regelmäßig Qualitätsprüfungen für Nahrungsmittel. Bei den Prüfverfahren wird anhand von Listen geprüft, in denen zutreffende Qualitätsmerkmale anzukreuzen sind. Jedes Prüfmerkmal wird mit höchstens 5 Punkten bewertet:

5 Punkte (sehr gut) – volle Erfüllung des Qualitätsstandards
4 Punkte (gut) – Abweichung
3 Punkte (zufriedenstellend) – Mangel
2 Punkte (weniger zufriedenstellend) – deutlicher Fehler
1 Punkt (nicht zufriedenstellend) – starker Fehler
0 Punkte (keine Beurteilung) – Bedingungen nicht erfüllt

Bewertet werden: Äußerer Zustand, Aussehen, Farbe, Zusammensetzung, Konsistenz, Geruch und Geschmack. Aufgrund ihrer Bedeutung für den Wert eines bestimmten Produktes erhalten die einzelnen Prüfmerkmale zusätzliche Gewichtung, z. B. äußerer Zustand x 2, Geruch und Geschmack x 8. Um Mängel bei der Bewertung leichter zu erkennen wird auf produktionstypische Fehler in den Prüflisten besonders hingewiesen.

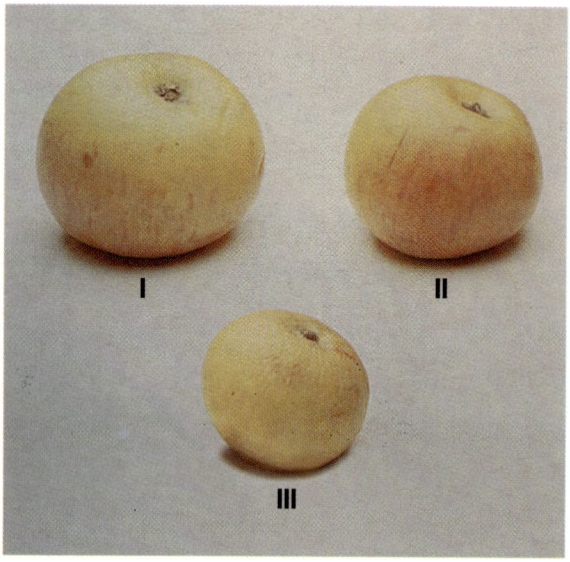

1. Güteklassen im Vergleich

Mindesteigenschaften	Erläuterungen
ganz	unbeschädigte Frucht (kein Vogel-, Insektenfraß u. Ä.)
gesund	frei von Krankheiten, ohne Schorf, Flecken, unvernarbte Risse, krankes Fruchtfleisch
sauber	frei von unsichtbaren Unsauberkeiten jeglicher Art
ausreichend entwickelt, reif und frisch	zur Beurteilung dieses Stadiums sind gute Kenntnisse der Sorten und der Transportbedingungen nötig
außerdem: frei von fremdem Geruch und Geschmack, von anomaler Feuchtigkeit; sorgfältig gepflückt	

2. Mindestanforderung bei Früchten

4.1 Rohstoffqualität

Wer hochwertige Speisen und Getränke bieten will, kann nicht darauf verzichten Rohstoffe, Halbfertig- oder Fertigprodukte in ausgezeichneter Qualität einzukaufen.
Qualitätsmängel bei den Ausgangsstoffen sind auch durch die beste Zubereitung und sachgerechte Behandlung oft nicht mehr auszugleichen. So kann aus einem wenig aromatischen Röstkaffee auch bei größter Sorgfalt kein aromatischer Kaffee gebrüht werden. Ein drittklassiger Wein wird auch durch optimale Lagerung, Temperierung und perfekten Weinservice nicht erstklassig.
Viele Lebensmittel werden in Handels- und Güteklassen eingeteilt, an denen sich der Käufer orientieren kann. Trotzdem bleibt ihm oft nichts anderes übrig, als die Ware mit seinen Sinnen zu prüfen und aufgrund von Erfahrung zu entscheiden.

Einkauf

Vor dem Einkauf sind folgende Überlegungen anzustellen:

1. ***Welche Ware wird in welcher Qualität und Verarbeitungsstufe gebraucht?***
   Es ist nur sinnvoll Ware zu kaufen, die von den Gästen auch verlangt und preislich akzeptiert wird. Es gibt zwei grundsätzlich verschiedene Verfahren beim Einkauf:
   - Das Angebot des Marktes wird begutachtet und bei günstigem Angebot eingekauft um dann die Artikel auf der Speise- und Getränkekarte den Gästen anzubieten.
   - Bestimmte Speisen und Getränke werden auf den Karten über längere Zeit angeboten. Der Bedarf wird auf dem Markt gedeckt, indem das günstigste Angebot für diese Artikel gesucht wird.

   Das erste Verfahren ist für Saisonartikel und spezielle Rohstoffe (Obst, Gemüse, Wild, Fisch, Wein), das zweite für Standardwaren (Markengetränke, Grundnahrungsmittel) zu empfehlen.
   Ob frische Rohstoffe oder vorgefertigte Waren einzukaufen sind, hängt von der Qualifikation und der Anzahl des zur Verfügung stehenden Personals ab, das für die Weiterverarbeitung eingesetzt werden kann. Mitentscheidend sind auch die räumliche Ausstattung, die Ausrüstung mit Maschinen und die Gästeerwartung.
2. ***Welche Mengen werden von den einzelnen Lebensmitteln gebraucht?***
   Wird diese Frage nach der Menge nicht richtig beantwortet, verärgert man entweder den Gast, wenn ein gewünschter Artikel ausgegangen ist, oder es entstehen Verluste durch Lagerkosten und überlagerte Waren.

Qualitätsbeurteilung bei Fleisch

Bei Fleisch sind neben der Beschaffenheit des Materials auch seine Eigenschaften hinsichtlich der Zubereitungsmöglichkeiten und die Beliebtheit des fertigen Endprodukts zu berücksichtigen. Qualitätsmerkmale sind:

- **Aussehen:** Es ist abhängig von der Farbe (Farbton, Helligkeit), der Marmorierung, das heißt der Verteilung des sichtbaren Fettes in der Muskulatur, von der Größe der einzelnen Muskelpartien und von der feinen oder groben Faserung.

3. **Sichtprobe: Das obere Ei ist frisch**

Gütemerkmal	Klasse A-Extra	Klasse A	Klasse B
	ab Legedatum 9 Tage	Mindesthaltbarkeit ab Legedatum 28 Tage	
Schale	sauber, normal, unverletzt		normal, unverletzt
Luftkammer	bis 4 mm	bis 6 mm	bis 9 mm
Eiklar	klar, durchsichtig, fest, frei von Fremdeinlagerungen		klar, durchsichtig
Dotter	beim Durchleuchten nur schattenhaft sichtbar		
Keim	nicht sichtbar entwickelt		
Geruch	frei von fremden Gerüchen		

Gewichtsklassen	S	M	L	XL
	bis 52 g	53 g bis 62 g	63 g bis 72 g	über 72 g

4. **Gütemerkmale von Eiern/Gewichtsklassen**

- **Zartheit:** Um sie zu beurteilen muss unter anderem auf die Konsistenz (Festigkeit) und einen mehr oder minder fortgeschrittenen Reifezustand geachtet werden.
- **Saftigkeit:** Sie wird weitgehend vom Safthaltevermögen des Muskeleiweißes und dem Fettgehalt der Muskulatur bestimmt. Auch das Alter des Tieres ist in diesem Zusammenhang wichtig. Fleischteile, die viel Bindegewebe enthalten, erfordern ein angemessenes Garverfahren (Kochen oder Schmoren), weil dann das Bindegewebe genügend quellen kann und kaubar wird.
- **Geruch und Geschmack:** Bei der Beurteilung von rohem Fleisch können diese beiden Faktoren kaum voneinander getrennt werden. Das für zubereitetes Fleisch charakteristische Aroma bildet sich erst unter dem Hitzeeinfluss beim Garen.

Die sensorische Qualität (betrifft alle durch die Sinne erkennbaren Eigenschaften) von Schlachttierfleisch ist unterschiedlich und vor allem von Geschlecht, Rasse und der Art der Fütterung abhängig.

Handels-/Güteklassen bei Obst und Gemüse

Unter der Bezeichnung Obst wird eine Vielzahl von Früchten mehrjähriger Pflanzen zusammengefasst, deren Gehalt an Fruchtsäure und Zucker für den Geschmacks- und Genusswert maßgebend ist. Gemüse stammt meist von einjährigen Pflanzen und wird roh oder gegart vorwiegend als Beikost zu Hauptmahlzeiten verzehrt. Für Obst/Früchte und Gemüse sind Gütemerkmale und Mindestanforderungen festgelegt (Bild 2). Erzeuger und Vermarkter sind verpflichtet die Ware entsprechend zu sortieren und zu kennzeichnen. Verliert eine Ware auf dem Weg zum Verbraucher an Qualität, muss sie herabgestuft werden.

Die Einteilung in Handels- (gelten nur in der Bundesrepublik Deutschland) und Güteklassen (gelten in der Europäischen Union) kann in die Klassen Extra, I, II, bei manchen Sorten auch III erfolgen. Sie wird vor allem nach dem äußeren Wert (Farbe, Größe, Frische, glatte Haut) vorgenommen.

Qualitätsbeurteilung bei Speisekartoffeln

Nach ihren Kocheigenschaften, die von der Höhe des Stärkegehalts abhängen, unterscheidet man:

- Festkochende Sorten/Salatkartoffeln (Stärkegehalt ca. 10 %) wie Hansa und Linda, auch für Salz- und Bratkartoffeln.
- Vorwiegend festkochende Sorten (13 %) wie Bintje, Grata und Christa, auch für Kartoffelkroketten-Masse.
- Mehlig-festkochende Sorten (15 %) wie Adretta, Aula und Irmgard, auch für Klöße, Püree, Suppen.

Qualitätsmerkmale sind

- der Geschmack, der von mild bis kräftig reichen kann,
- die Farbe, die weiß bis gelblich erscheint; weißfleischige werden als wässrig und leer empfunden.

Qualitätsbeurteilung bei Eiern

Eier werden in Güteklassen angeboten. Eier der Klasse C, Bruch- oder Knickeier, dürfen nur in der Nahrungsmittelindustrie verwendet werden. Eier werden nach Gewichtsklassen sortiert. Die Mindesthaltbarkeit muss angegeben werden, sie beträgt 28 Tage.

Angebotsform	Vorbereiten	Bearbeiten	Garen	Aufbereiten	Anrichten
Rohstoffe	Entfernen unerwünschter Bestandteile				
küchenfertige/ mischfertige Ware		Zerkleinern, Wiegen, Mischen, Weichen, Formen, Panieren ...			
garfertige Ware			Garen		
aufbereitfertige/ regenerierfertige Ware				Erhitzen, Verfeinern	
verzehrfertige Ware					Anrichten, Garnieren

1. **Überblick über die Produktionsstufen in der Küche**

Die Frische kann am einfachsten auf folgende Weise geprüft werden:

- **Schüttelprobe:** Mit zunehmender Lagerdauer verdunstet Wasser durch die Eischale. Beim Schütteln schwappt der Eiinhalt deutlich hörbar hin und her.
- **Sichtprobe:** Wölbt sich der Dotter eines aufgeschlagenen Eies, so ist es frisch; bei lange gelagerten Eiern ist er flach. Das Eiklar älterer Eier fließt ohne Konturen auseinander, während beim Eiklar frischer Eier deutlich unterschiedlich flüssige Teile erkennbar sind. Wird ein überlagertes Ei gekocht, befindet sich der Dotter in Schalennähe, bei frischen Eiern im Zentrum.

4.2 Vorgefertigte Erzeugnisse

Halbfertigerzeugnis ist ein Sammelbegriff für küchen-, gar- oder mischfertige Produkte. Als Fertigerzeugnis bezeichnet man aufbereitfertige und verzehrfertige Erzeugnisse.

Einsatz vorgefertigter Erzeugnisse

Beispiele für vorgefertigte Erzeugnisse eigener und fremder Herstellung sind:

- Küchenfertige Ware, bei der die Vorbereitungsarbeiten bereits abgeschlossen sind, wie geschälte Kartoffeln, geputzte und gewaschene Blattsalate.
- Garfertige Produkte wie getrocknete Teigwaren (kochfertig), Fleisch-, Geflügel-, Wild- oder Fischportionen (bratfertig), Apfelstrudel (backfertig), vorgegarte Pommes frites (fritierfertig).
- Mischfertige Produkte wie Trockenerzeugnisse für Brühen, Suppen, Soßen, Kartoffelspeisen, Speiseeis, Teige und Massen, die mit Flüssigkeit vermischt und zum Teil erhitzt werden müssen.
- Aufbereitfertige/regenerierfertige Produkte wie Pilze, Gemüse, Fonds, Suppen in Dosen oder Gläsern und tiefgekühlte Fertiggerichte, die nur erwärmt werden müssen. Dazu zählen auch Erzeugnisse, die nach dem Portionieren und Anrichten serviert werden können, etwa Feinkostsalate, Pasteten, Galantinen, Terrinen, Speiseeis.
- Verzehrfertige Erzeugnisse, die nach dem Auspacken verzehrfertig sind, wie Salzmandeln, Kleingebäck, Speiseeis-Portionen.

Aspekte beim Einsatz vorgefertigter Erzeugnisse

Ob der Einsatz vorgefertigter oder frischer Ware günstiger und zweckmäßiger ist, ist nur nach einem Vergleich von Kosten, Zeitaufwand und Qualität zu entscheiden. Dabei ergeben sich für jede Ware und für jeden Betrieb andere Ergebnisse. Es ist zu beachten, dass auch frische Ware bis zur Anlieferung mehrere Tage unterwegs sein kann und dadurch einen höheren Qualitätsverlust aufweist als Ware, die sofort nach der Ernteverarbeitet und tiefgekühlt wurde. Grundsätzlich ist zu bedenken:

- Saisonartikel wie Beeren oder manche Gemüsearten sind meist nur in konserviertem Zustand außerhalb der Saison zu einem akzeptablen Preis erhältlich.
- Seefisch an Bord vorzubereiten und einzufrieren ist oft sinnvoller, als ihn mit großem Aufwand nach einigen Tagen als Frischfisch anzuliefern.

Halbfertigerzeugnisse	Zusätze zur Verfeinerung und Vorbereitung	Zubereitungs- und Fertigstellungsmöglichkeiten
Brühen und Suppen (Zusätze auch bei Soßen)	Sahne, Butter, Legierung, Wein, Weinbrand, Gewürze, Gemüsestreifen, Schinken- oder Speckwürfel, Pilze, Kräuter, Tomatenfleischwürfel	• mit Kräutern bestreuen • mit geschlagener Sahne überbacken • mit Croûtons und Käse überbacken • dazu servieren: Käsestange, Croûtons
Gemüse (je nach Art)	Gewürze, Butter, Kräuter, Sahne, Crème fraîche, angeschwitzte Speck- und Zwiebelwürfel, Schinkenstreifen, Soßen, mit anderen Gemüsen oder Pilzen mischen	• mit Speck- und Schinkenscheiben umwickeln • panieren und braten und fritieren • pürieren, glasieren oder überbacken • in andere Gemüse, z. B. Tomaten, füllen • abschmelzen (Mandeln, Bröselbutter, Eiwürfel)
Kartoffelknödel	Gewürze, Kräuter, Croûtons, angeschwitzte Speck- und Zwiebelwürfel, Schinkenwürfel, Pilzstücke untergemischt oder in die Mitte gefüllt	• in Scheiben schneiden und eventuell anbraten • mit Bröselbutter oder Speck-Zwiebel-Schmelze übergießen • mit feinen Kräutern bestreuen • als Walze garen
Speiseeis	mischen bzw. garnieren mit Sahne, Spirituosen, Sekt, Schokolade, Fruchtstückchen oder -soßen, Kleingebäck, Schalenfrüchten	• auf Teller oder in Becher anrichten • in Biskuit und Baisermasse einhüllen und überbacken • mit Schaumsoße überbacken

2. Variationsmöglichkeiten bei Halbfertigprodukten

- Betriebe mit nicht voraussehbarem Geschäftsgang brauchen vorgefertigte Waren als Reserve.
- Ab einer bestimmten Portionenzahl ist die Vor- und Bearbeitung mancher Lebensmittel kaum noch wirtschaftlich zu bewerkstelligen.

Bei guter Planung und gezieltem Einsatz vorgefertigter Ware können das Betriebsergebnis und die Arbeitszeit des Personals verbessert werden.

Erzeugnisse aus eigener Herstellung

Ein wichtiges Ziel jedes Unternehmens ist die Wirtschaftlichkeit. Auch gastronomische Betriebe müssen versuchen die Kosten für die Leistungserstellung niedrig zu halten. Eine Möglichkeit dazu bietet die Verwendung vorgefertigter Erzeugnisse.
Im eigenen Betrieb kann man beispielsweise folgende Produkte im Voraus kostengünstige produzieren:

- Suppen, portionsweise vakuumiert und gekühlt oder tiefgekühlt bzw. in Dosen oder Gläsern sterilisiert.
- Suppeneinlage wie Klößchen, Eierkuchenstreifen oder geschnittene Gemüse; vakuumiert und gekühlt/tiefgekühlt aufbewahrt.
- Blattsalate, die man nach dem Putzen, Waschen und Schleudern in dicht schließenden Behältern kühlt.
- Salatsoßen in Flaschen gefüllt und gekühlt.
- Fleischstücke pariert, vakuumiert und gekühlt.
- Gegarte Fleischportionen, mit oder ohne Soße vakuumiert und gekühlt bzw. tiefgekühlt.
- Sahneeis oder Eistorten, tiefgekühlt.
- Kuchen oder Torten, gekühlt oder tiefgekühlt.

Erzeugnisse aus fremder Herstellung

Die Unterscheidung zwischen Rohstoffen und Erzeugnissen ist schwierig, weil auch Lebensmittel wie Sahne, Butter, Käse, Zucker, Brot oder Fleisch- und Wurstwaren eine Vor- und Bearbeitung durchlaufen haben bzw. gegart wurden.
Man unterscheidet zwischen Erzeugnissen, die nur zur Geschmacks- und Farbverbesserung selbstproduzierten Speisen zugesetzt werden wie Instantprodukte für Brühen oder Fruchtpasten und solchen, die die Grundlagen von Speisen bilden.

Gründe für die Konkurrenzfähigkeit von Erzeugnissen fremder Herstellung können sein:

- Einsatz moderner Technologie bei geringem Arbeitsaufwand und gute Auslastung der Produktionsanlagen.
- Günstige Einkaufspreise durch hohe Abnahmemengen.
- Bessere Rohstoffqualität, weil der Erzeuger nach genauen Vorgaben produziert.
- Frischere Rohstoffe, weil Transport- und Lagerbedingungen besser kontrolliert werden.
- Gleich bleibende Qualität und hoher Hygienestandard dank genauer Kontrollen.

Verfeinerung vorgefertigter Erzeugnisse

Häufig werden vorgefertigte Erzeugnisse bewusst so produziert, dass bei den nachfolgenden Arbeitsschritten die Speisen individuell gegart, vervollständigt, verfeinert und angerichtet werden können. Wird diese Möglichkeit nicht genutzt, besteht die Gefahr, dass die Speisen in jedem Betrieb gleich aussehen und schmecken.

Zeitvergleich: selbst gemachte und vorgefertigte Portionen

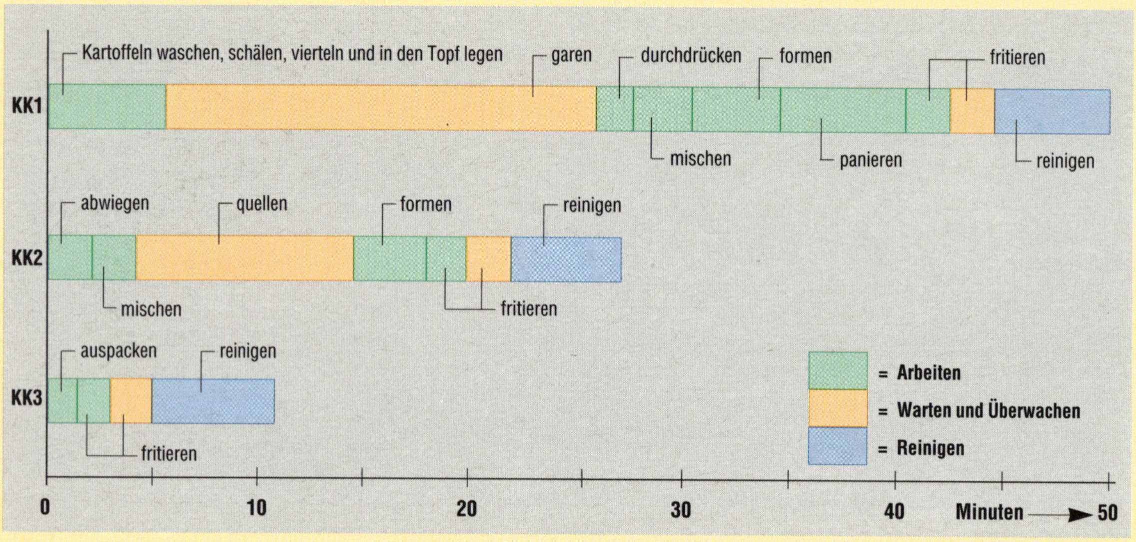

Die Tabelle zeigt einen Zeitvergleich zwischen der Herstellung von selbst gemachten Kartoffelkroketten **(KK1)**, einem mischfertigen Kartoffelkrokettenpulver, das mit Wasser angerührt wird und nach einer Quellzeit geformt, aber nicht paniert werden muss **(KK2)** und tiefgekühlten Fertigkroketten **(KK3)**. Beim Praxistest wurden jeweils 20 Portionen zubereitet.

Die einzelnen Zeiten sind zum besseren Vergleich in „reine" Arbeitszeiten, Überwachungs- und Wartezeiten (in denen „nebenher" andere Arbeiten möglich sind) und in Reinigungszeiten aufgeschlüsselt. Die Zeit zur Reinigung der Friteuse ist nicht berücksichtigt.

Nicht berücksichtigt ist, dass bei der Krokettenherstellung aus Kartoffeln wesentlich bessere Fachkenntnisse nötig sind, weil sonst die Produktionssicherheit und die gleichmäßige Qualität nicht immer gewährleistet wäre.

Es ist zu beachten, dass bei höheren Portionszahlen die eigene Herstellung immer weniger Aufwand pro Portion erfordert, weil einerseits die Misch- und Reinigungszeiten weniger stark zunehmen und andererseits sich der Einsatz eines speziellen Formgeräts lohnt.

Wissen Sie Bescheid?

1. Welche Punkte spielen bei der Bewertung von Lebensmitteln eine Rolle?
2. Erstellen Sie eine Tabelle, bei der die Bewertungskriterien danach aufgegliedert sind, ob sie für den Erzeuger, Händler oder Verbraucher im Vordergrund stehen.
3. Welche Entscheidungen sind vor dem Einkauf von Lebensmitteln zu treffen? Welche Folgen haben Einkaufsentscheidungen ohne entspechende Analysen?
4. Warum sind nicht alle Kartoffelsorten für jeden Verwendungszweck geeignet?
5. Wie kann man schnell beurteilen, ob Eier frisch oder schon lange gelagert sind?
6. Welche Verwendung kommt für Äpfel der Klasse „Extra" bzw. „II" in Frage?
7. Nennen Sie für jede Produktionsstufe ein Kartoffelerzeugnis, das als Erzeugnis fremder Herstellung angeboten wird.
8. Unterscheiden Sie die Begriffe Halbfertig- und Fertigerzeugnis.
9. Zählen Sie die Veränderungs- und Verbesserungsmöglichkeiten bei folgenden Erzeugnissen auf: Salatsoßen, portionierfertiges Speiseeis, Puddingpulver, Tortenböden.
10. Zählen Sie je drei Erzeugnisse auf, die Ihrer Meinung nach besser im eigenen Betrieb hergestellt bzw. aus fremder Herstellung bezogen werden. Nennen Sie jeweils die Gründe für Ihre Entscheidung.
11. Welche Folgen kann der Einsatz vorgefertigter Produkte für das Personal eines Betriebes haben?

1. **Gärende Flüssigkeit und Hefesprossung**

2. **Schimmelndes Brot und Schimmelpilz**

5 Verpackungen, Lagerung, Konservierung

Um die Versorgung der Bevölkerung mit Nahrung das ganze Jahr hindurch zu sichern ist es notwendig Nahrungsmittel zu lagern und zu konservieren. Am Beispiel der Erntezeiten für Frischgemüse und Obst in Deutschland wird deutlich, dass in Zeiten des Überangebots durch Haltbarmachung vorgesorgt werden muss. So sind aus heimischem Anbau Spargel und Erbsen frisch nur im Frühjahr bzw. im Sommer erhältlich sind; die meisten Beerenarten haben nur wenige Monate im Jahr Saison, in den anderen Jahreszeiten muss auf getrocknete, tiefgekühlte oder sterilisierte Ware zurückgegriffen werden.

Tierische und pflanzliche Rohstoffe sind verschiedenen Einflüssen ausgesetzt, die ihren Verderb bewirken oder begünstigen können:

- In den Nahrungsmitteln laufen ständig Umwandlungsprozesse ab, die durch eigene Inhaltsstoffe (Enzyme) verursacht werden. Die Geschwindigkeit, mit der diese Veränderungen ablaufen, wird je nach Lebensmittel durch Wärme, Feuchtigkeit, Licht und Luft (Sauerstoff) mehr oder weniger stark beeinflusst. Beispielsweise sind sehr fetthaltige Nahrungsmittel wie Nüsse, Mandeln, Pistazien oder Butter von Ranzigkeit bedroht. Enzyme spalten die Fettmoleküle trotz Kühlung in übel riechende und schmeckende Abbauprodukte und machen sie genussuntauglich.
- Die Übertragung von Mikroorganismen auf Lebensmittel kann zu deren Verderb führen, vor allem, wenn die Umstände ihre Vermehrung begünstigen. Deshalb darf z. B. Wild in der Decke oder Frischgemüse nicht im Fleischkühlraum aufbewahrt werden. Haustiere und Kleinlebewesen (Nager und Insekten) sind aus Betriebsräumen fernzuhalten. Personen ohne Gesundheitszeugnis dürfen Betriebsräume nicht betreten.
- Daneben können sich Lebensmittel gegenseitig durch Geruchsübertragung negativ beeinflussen. Besonders empfindlich sind Käse, Obst, Butter, Tee, Kaffee, Bier und Wein.

Ein wesentlicher Teil der unerwünschten Beeinflussung kann durch geeignete Lagerung, Verpackung und Konservierung verhindert werden. Alle Veränderungen lassen sich aber nicht ausschließen; die meisten Nahrungsmittel verderben nach einer gewissen Zeit (Ausnahmen: Salz, Zucker). Es wäre dennoch falsch auf Verpackung und Konservierung ganz zu verzichten, weil:

- die Erntezeiten von Obst und Gemüse sich nicht beliebig dem Verbrauch anpassen lassen,
- die Einhaltung von Schonzeiten (z. B. bei Fischen, Krusten- und Schalentieren, Wild) den Bestand sichern,
- viele Nahrungsmittel erst nach einer Reifezeit genussfähig sind und ihren höchsten Genusswert erreicht haben (z. B. Fleisch und Fleischerzeugnisse, Käse, Wein, Bier, Spirituosen).

1. Nennen Sie vier Gründe, die eine Lagerung von Nahrungsmitteln notwendig macht.
2. Welche Ursachen kann der Verderb während der Lagerung haben?
3. Nennen Sie fünf Nahrungsmittel, deren höchste Qualität erst nach einer Lager- und Reifezeit erreicht wird.

1. Abfüllen und Verpacken von Erbsen in Dosen

2. Verpacken von Fertiggerichten

5.1 Verpacken von Nahrungsmitteln

Die meisten Rohstoffe und Nahrungsmittel werden verpackt an gastgewerbliche Betriebe geliefert. Um Verluste im Betrieb zu vermeiden müssen auch dort Nahrungsmittel jeder Zubereitungsstufe bis zur Weiterverarbeitung richtig verpackt und aufbewahrt werden.
Durch die Verpackung werden Nahrungsmittel vor Mikroorganismen, Insekten und Nagern, oft auch vor Licht- und Lufteinflüssen geschützt. Folgende Anforderungen werden an Verpackungen gestellt:

- Sie dürfen keinen artfremden Geruch oder Geschmack auf Lebensmittel abgeben und dürfen keine gesundheitsschädlichen Stoffe abgeben.
- Sie sollen (in den meisten Fällen) flüssigkeits- und aromadicht sowie alterungsbeständig sein.
- Sie sollen Stoß und Druck und große Temperaturschwankungen aushalten.
- Sie sollen leicht zu handhaben, etwa stapelbar, leicht zu öffnen und zu schließen sein.
- Sie sollen die Umwelt möglichst wenig belasten, sowohl bei ihrer Herstellung als auch bei der Entsorgung.

Als Verpackungsmaterialien kommen in Frage:

- **Blechpackungen** aus Weißblech oder Aluminiumblech für Fässer, Eimer, Dosen und Tuben, in denen Bier, Konfitüre, Senf, eingemachtes Obst und Gemüse und Tomatenmark gelagert und transportiert wird.
- **Metallfolien**, vor allem Aluminiumfolien, da ihre Oberfläche keinen Nährboden für Mikroorganismen bildet. Sie ist lichtundurchlässig und bietet Aromaschutz. Die Reflektion der auftreffenden Wärmestrahlung bewirkt eine längere Kühl- bzw. Warmhaltung.
- **Glas** findet vor allem für Flaschen und Konservengläser Verwendung. Für lichtempfindliche Produkte wie Bier wird es gefärbt.
- **Keramikbehälter** eignen sich wegen ihrer Widerstandsfähigkeit für gesäuertes Material. Das Gleiche gilt für **Porzellan.**
- **Papier- und Papppackungen** (Tüten, Beutel, Taschen, Säcke). Fetthaltige Produkte können gut mit Pergamentersatz verpackt werden. Fette, Kaffee, Milch und Trockensuppen werden mit kunststoff- oder aluminiumbeschichtetem Papier verpackt. Weil an den Außenflächen von Kartons und Kisten Schmutz, Mikroorganismen und auch Eier von Insekten haften können, sollten solche Behältnisse nicht in Vorrats- oder Kühlräume bzw. -schränke gestellt, sondern ausgepackt und ohne Umverpackung eingelagert werden.
- **Kunststoffpackungen** lassen sich je nach Anforderungen im Hinblick auf das Nahrungsmittel fertigen. Die Verwendung beliebiger Kunststoffgefäße, z. B. Tragetaschen, Reinigungsmittelbehälter, als Aufbewahrungsbehälter ist nicht erlaubt, weil Bestandteile der Kunststoffe auf die Nahrungsmittel übergehen könnten. Verpackungen steigern die Kosten und belasten die Umwelt. Dies trifft besonders für Portionspackungen zu.

1. Welche Vor- und Nachteile bieten die verschiedenen Verpackungsmaterialien?
2. Kann ein gastgewerblicher Betrieb ohne verpackte Nahrungsmittel auskommmen?

Lagerraum	Temperaturen	Luftfeuchte	Beispiele
Vorratsraum	10 °C - 18 °C	60 - 70 %	Vollkonserven, Teigwaren, Zucker, Salz, Mehl, Reis
gekühlter Vorratsraum	10 °C - 14 °C	70 %	Käse, Obst, Südfrüchte
kühler Keller	4 °C - 10 °C	70 - 75 %	Getränke, Kartoffeln, Gemüse
Kühlraum	2 °C - 10 °C	70 - 90 %	Obst, Eier, Milchprodukte, Blattgemüse
Kühlraum	– 2 °C - 4 °C	80 -90 %	Fleisch, Fisch, Geflügel, Wild
Tiefkühlraum	kälter als – 18 °C	nahe 100 %	alle tiefgekühlten Nahrungsmittel

3. Geforderte Lagerbedingungen

Vitamingehalt in mg/100 g Lebensmittel (frisch)		**Lagerdauer** in Tagen	**Vitamin-C-Verlust in %** Lagertemperatur 4 °C	12 °C	20 °C
Blumenkohl	120	1 7	7 9	10 23	12 53
Grüne Bohnen	27	1 3	25 36	38 52	40 55
Kopfsalat	26	1 7	22 55	25 69	27 –
Spinat	72	1 2	27 33	41 51	56 79

4. Vitamin-C-Verluste durch Lagerung

5.2 Lagern von Nahrungsmitteln

Zwischen Erzeugung und Verbrauch der Nahrungsmittel liegt ihre Lagerung. Deren große Bedeutung für die Nährstofferhaltung zeigt sich an den durchschnittlichen Vitamin- und Mineralstoffverlusten, zum Beispiel für Obst, Gemüse oder Kartoffeln von 25 % bis 35 %.
Die Lagerhaltung muss auf Art und Zustand wie Reifegrad, Verpackung, Konservierung des Nahrungsmittels abgestimmt sein um Verluste durch Verderb zu vermeiden.
Zur Erreichung dieses Ziels benötigt man geeignete Räume und Geräte, denn angepasste Temperatur und Luftfeuchtigkeit sind für die Haltbarkeit der Produkte entscheidend. Nahrungsmittel, die sich gegenseitig negativ beeinflussen, sind getrennt zu lagern. Lagerhaltung ist teuer. Es entstehen:

- Anschaffungskosten für Einrichtungen,
- Gewichtsverluste bei den meisten Nahrungsmitteln,
- Verluste an Rohstoffen durch Verderb und Bruch,
- Aufwand für Raum, Energie, Reinigung, Verwaltung und Wartung der Geräte,
- Zinskosten durch Kapitalbindung.

Grundsätzlich gilt, dass zuerst die Waren zu verbrauchen sind, die zuerst eingelagert wurden. Ein wichtiger Anhaltspunkt ist das Mindesthaltbarkeitsdatum bzw. das Verbrauchsdatum. Gekühlte Räume sind möglichst wenig zu öffnen, da warme und feuchte Luft zu Kondenswasserniederschlägen an der Oberfläche der Lebensmittel führt, wodurch das Wachstum von Mikroorganismen gefördert wird.

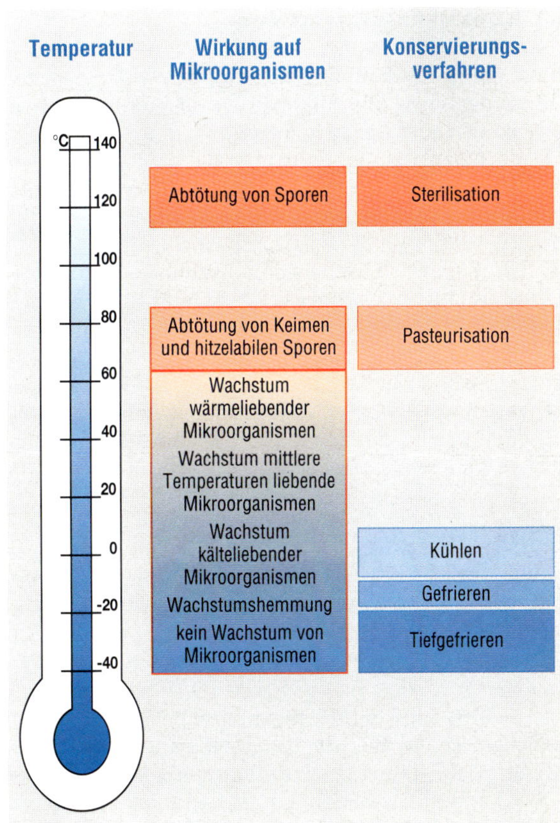

5. Wirkung verschiedener Temperaturen

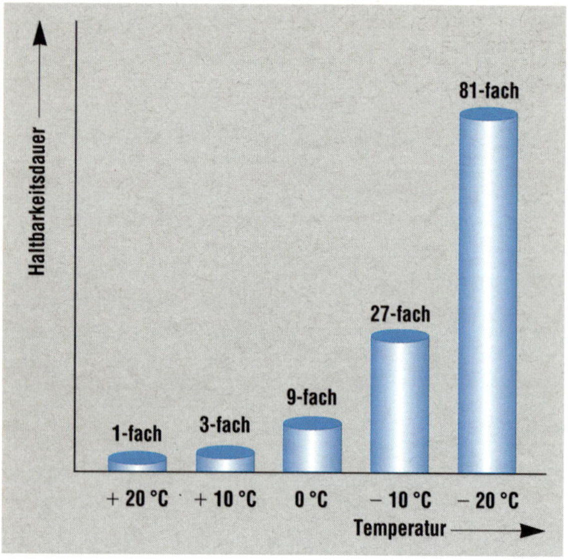

1. Konservierung durch Temperatursenkung

Kühllagerzeiten	Lebensmittelbeispiele
nicht über Nacht	Hackfleisch geschnetzeltes Fleisch gesteaktes Fleisch
wenige Tage	Fisch portioniertes Fleisch Frischgeflügel Gemüse und Obst aus Konserven aufgetaute Lebensmittel Frischgemüse gegarte Speisen
1 bis 3 Wochen	Eier Butter große Fleischstücke vakuumverpacktes Fleisch und Wild

2. Richtwerte für Lagerzeiten

5.3 Konservierungsverfahren

Durch die Konservierung wird versucht Einwirkungen von Mikroorganismen und Enzymen auf Nahrungsmittel zu unterbinden oder einzuschränken.
Welche Konservierungsart man wählt, hängt von den erhaltenswerten Eigenschaften des Nahrungsmittels ab. Im Allgemeinen wird ein Zustand angestrebt, der dem frischen Nahrungsmittel möglichst nahe kommt.
Bei den chemischen Konservierungsverfahren werden die Nahrungsmittel in Geschmack, Geruch und Aussehen zum Teil stark verändert. Weil man sich an diese Veränderungen gewöhnt hat, werden zum Beispiel die Verfahren Säuern, Salzen und Räuchern heute in großem Umfang angewendet, obwohl beispielsweise Tiefgefrieren weniger aufwendig wäre und die Nahrungsmittel nach dem Auftauen frischer Ware sehr ähnlich sind.

Kühlen

Laut Hygiene-Verordnung sind verderbliche Nahrungsmittel zu kühlen. Die Verderblichkeit eiweißreicher Nahrungsmittel ist vor allem vom pH-Wert und dem a_W-Wert abhängig. Je niedriger diese Werte sind, desto haltbarer ist das Produkt, das heißt, desto weniger Kühlung ist notwendig.
Die häufigste Form der Frischhaltung in gastgewerblichen Betrieben ist das Kühlen. Die Temperatur kann dabei bis zum Gefrierpunkt der Nahrungsmittel (– 0,5 °C bis – 3 °C) abgesenkt werden. Im Zellwasser der Nahrungsmittel sind Nährstoffe gelöst, die den Gefrierpunkt unter 0 °C senken.

Es gilt: Je tiefer die Temperatur, desto länger bleiben die Nahrungsmittel frisch, denn Kälte hemmt das Wachstum von Mikroorganismen.
Wenn beim Transport oder während der Vorbereitung und Bearbeitung die Temperatur der Nahrungsmittel stark ansteigt, ist die weitere Lagerdauer eingeschränkt.

Dazu folgendes *Beispiel:*
Bei 0 °C ist Fleisch etwa 25 Tage haltbar bzw. etwa 18 Tage verkaufsfähig. Wird nach 7 Tagen die Kühlung für 2 Tage unterbrochen und die Temperatur steigt dabei für kurze Zeit auf 20 °C an, so ist die Haltbarkeit auf 14 Tage, die Verkaufsfähigkeit auf 10 Tage zurückgegangen. Deshalb muss die Kühlkette eingehalten werden.

Folgende Regeln gelten für das Kühlen:
- Flüssigkeiten und geruchsempfindliche Nahrungsmittel verschlossen aufbewahren.
- Keine heißen Speisen in den Kühlraum stellen. Sie werden zuvor im kalten Wasserbad abgekühlt.
- Kühlräume regelmäßig reinigen und desinfizieren.
- Optimale Temperatur und Luftfeuchtigkeit einhalten.

Mit modernen Kühlanlagen lassen sich folgende, auf die Nahrungsmittel abgestimmte Klimazonen einstellen:
- 0 °C und 90 % Luftfeuchtigkeit als ideale Lagerbedingungen für Eier, Gemüse, Salate und Obst.
- 0 °C und 50 % Luftfeuchtigkeit für schnell verderbliche Ware wie Fisch, Fleisch, Geflügel, Wild, Wurst, Milch, Sahne, Feinkostsalate, vorbereitete Speisen.
- 8 °C bis 12 °C für Butter, Käse und viele Getränke.

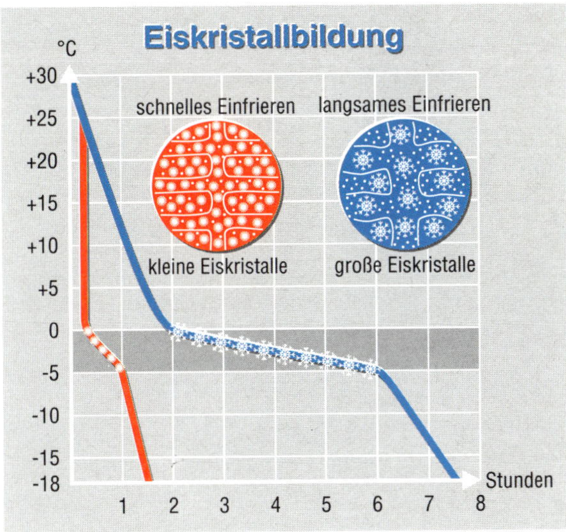

2. Eiskristallbildung bei schnellem und bei langsamem Einfrieren

3. Gefrierbrand bei Geflügel

Gefrieren – Tiefgefrieren

Unter Gefrieren versteht man allgemein eine Aufbewahrung von Nahrungsmitteln zwischen – 10 °C und – 15 °C. Beim Tiefgefrieren (auch: Tiefkühlen) muss mit Temperaturen unter – 20 °C eingefroren und ohne Unterbrechung (Tiefkühlkette) bei mindestens – 18 °C gelagert werden.
Die Tiefkühlindustrie gefriert bei Temperaturen bis unter – 50 °C ein (Schockfrosten); sie verwendet dazu Kälteanlagen, die mit Kohlenstoffdioxid kühlen. Die Zeit, während der die Temperatur im Nahrungsmittel von 0 °C auf – 5 °C absinkt, gilt als Maß für die Gefriergeschwindigkeit. Je langsamer dieser Temperaturbereich durchschritten wird, desto größer sind die sich bildenden Eiskristalle.
Beim langsamen Gefrieren erstarrt zuerst das Wasser zwischen den Zellen, weil dort die Konzentration an gelösten Stoffen nicht so hoch ist wie im Zellwasser und dadurch der Gefrierpunkt früher erreicht wird. Gleichzeitig tritt Zellsaft durch die Zellwände aus, lagert sich an die im Zellzwischenraum bereits gebildeten Eiskristalle an und vergrößert sie. Mit zunehmender Größe schädigen die Eiskristalle die Struktur des Gewebes, sodass beim Auftauen das Wasser nicht mehr gebunden wird. Mit dem auslaufenden Saft ist der Verlust von Gewicht, Nährstoffen, Geschmack und Saftigkeit verbunden. Beim schnellen Gefrieren bilden sich nur kleine Eiskristalle, die zu weniger Saftverlust führen.
Eine weitere Voraussetzung für die Qualitätserhaltung ist eine andauernd niedrige, gleichmäßige Tiefkühltemperatur, da es bei Temperaturschwankungen zur Umwandlung kleiner in große Eiskristalle kommt.

Bei schlecht verpacktem Gefriergut kommt es durch Wasserverlust zu Eisschneebildung und Gefrierbrand. Dabei verdunstet (sublimiert) das Wasser aus dem Lebensmittel, das heißt, es geht direkt vom festen in den gasförmigen Zustand über. Die Folgen sind grau aussehende Stellen, die nach der Zubereitung trocken und strohig sind. Außerdem können Geschmacksübertragungen und Verschmutzungen auftreten, sodass der Verpackung große Bedeutung zukommt. Von ihr, dem Fettanteil der Produkte (Fett wird auch bei tiefen Temperaturen ranzig) und der Lagertemperatur hängt die Lagerdauer ab.

Auftauen

- Größere Nahrungsmittel wie Geflügel oder Fisch sollten langsam im Kühlraum aufgetaut werden. Das kristallisierte Wasser wird so nach und nach flüssig und kann an die Stellen zurückkehren, von denen es beim Gefrieren zur Eiskristallbildung angelagert wurde. Ungeeignet ist das Auftauen bei Zimmertemperatur ohne Abdeckung. Dabei entsteht ein hoher Saftverlust. Durch die Erwärmung der Randschichten wird auch die Haltbarkeitsreserve herabgesetzt.
- Kleine Stücke wie Schnitzel, Fischfilets oder Pommes frites tauen beim Garen auf.
- Viele Gemüse kann man direkt in kochendes Wasser geben. Es muss genügend Flüssigkeit im Topf sein, weil sonst der entstehende Dampf am Gemüse zu Eis gefriert und das Gemüse zu einem Klumpen aneinander gefriert.
- Gefrorene Beeren können sehr schnell, etwa im Mikrowellengerät, aufgetaut und erhitzt werden.

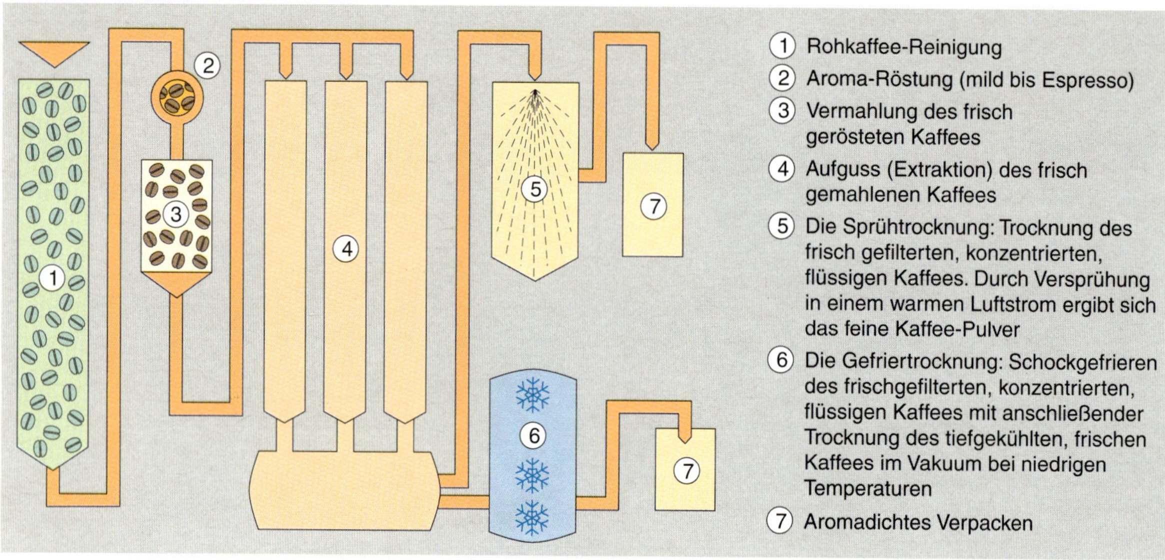

1. Extraktkaffee: Herstellung durch Sprüh- oder Gefriertrocknung

Sterilisieren – Pasteurisieren

In luftdicht verschlossenen Behältnissen (Dosen, Gläser, Vakuumbeutel) werden Mikroorganismen durch Erhitzen abgetötet und Enzyme wirkungslos gemacht. Es sind relativ hohe Temperaturen erforderlich, die eine bestimmte Zeit auf die Nahrungsmittel einwirken. Am widerstandsfähigsten sind die Sporen (Überlebensformen) einiger Mikroorganismenarten. Sie werden erst bei etwa 120 °C in wenigen Minuten abgetötet. In der Konservenindustrie werden diese Temperaturen in Druckkesseln (Autoklaven) erreicht.

Durch die Hitzebehandlung verändern sich einige Nährstoffe. So gerinnt Eiweiß, Kohlenhydrate werden zum Teil abgebaut, Farb- und Aromastoffe wandeln sich um.

Neben der Höhe der Temperatur ist die Einwirkungszeit der Hitze für die manchmal starke Veränderung der Nahrungsmittel verantwortlich. Sie kann verkürzt werden, wenn man die Wärmeleitung in den Gefäßen verbessert. Bei Rotationsautoklaven werden deshalb die Behältnisse während der Erhitzung dauernd bewegt. Je nach Art und Zusammensetzung des Nahrungsmittels dringt die Hitze mit unterschiedlicher Geschwindigkeit ins Zentrum vor:

- Sterilisierte, keimfreie und keimdicht verschlossene Produkte sind **Vollkonserven** (meist Obst, Gemüse, Fleisch, Wurst). Sie sind im Vorratsraum bei maximal 18 °C zwei bis vier Jahre haltbar.
- Um Hitzeveränderungen zu vermeiden, werden empfindlichere Nahrungsmittel schonender behandelt. Sie werden auf Temperaturen zwischen 65 °C und 85 °C erhitzt (pasteurisiert). Dadurch werden alle krankheitserregenden Keime abgetötet, jedoch nicht die Sporen. Diese **Halbkonserven** (Präserven) sind weniger lange haltbar und müssen gekühlt werden. Pasteurisiert werden vor allem flüssige Nahrungsmittel wie Milch, Fruchtsäfte oder Bier sowie solche mit zarter Struktur (z. B. Beeren und Fische).
- Bei Milch wird auch das Ultrahocherhitzen angewendet. Wenige Sekunden wird auf 140 °C bis 150 °C erhitzt (H-Milch).
  Vorteil: weniger „Kochmilchgeschmack".

Wenn sich bei Konserven Deckel und Boden nach außen wölben (Bombage), haben gasbildende Mikroorganismen den Inhalt zersetzt und verdorben.

Trocknen – Gefriertrocknen

Durch Wasserentzug wird den Mikroorganismen beim Trocknen die Grundlage für ihre Vermehrung genommen. Das Trocknen muss bei einer dem Trocknungsgut angepassten Temperatur durchgeführt werden. So erhält man weitgehend die Eigenschaften des frischen Produktes – Verdaulichkeit, Nährwert, Geschmack, Aroma, Aussehen.

Trocknungsverfahren

- Trocknung kann durch bewegte Luft, auf beheizten Walzen oder in Zerstäubungsanlagen erfolgen.
- Instant-Pulver aus Kaffee, Milch, Frucht- und Gemüsesäften werden in Hochvakuumtrocknern hergestellt.
- Am schonendsten ist die Gefriertrocknung, bei der in einem Hochvakuum und bei Temperaturen von etwa – 30 °C durch Wärmezufuhr das gefrorene Wasser in den Nahrungsmitteln direkt in den gasförmigen

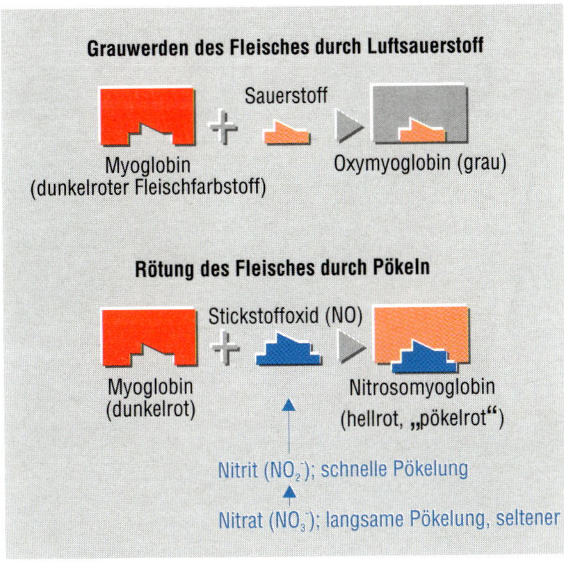

2. **Abläufe bei der Umrötung**

Konservierung	Aroma	Aussehen
• Wasserentzug • Salzanreichung • Ketone	• Phenole • Aldehyde	• rote Farbe durch CO-Anlagerung an Fleischfarbstoff
• keimhemmende Rauchbestandteile		• Anlagerung von Rauchbestandteilen
• Eiweißgerinnung auf der Oberfläche	lockere Anlagerung und feste Bindung	• Bräunung

3. **Wirkungen des Räucherns**

Zustand überführt wird (= Sublimation). Dieses Verfahren wird zum Beispiel bei Kräutern, Kaffee- und Fruchtsaftextrakt angewandt, weil nur wenige Aromastoffe entweichen.

Salzen

Salz hat wie Zucker eine stark wasseranziehende Wirkung. Es entzieht den Zellen und Mikroorganismen das Wasser und bindet es an sich. Dadurch sinkt der Anteil des freien Wassers (a_W-Wert-Senkung). Salzen wird als Trockensalzen und Einlegen in Salzlake (Salz-Wasser-Lösung) bei Fleisch und Fisch durchgeführt.

Pökeln

Bei diesem Salzungsverfahren wird ein Pökelstoff, meist Nitrit, eingesetzt. Nitrit bzw. das aus seinem Abbau entstehende Stickstoffoxid wirkt konservierend, farbbildend (Umwandlung der Fleischfarbe in „Pökelrot"), aromabildend (typisches Pökelaroma), antioxidativ, das heißt, die Fettranzigkeit wird verzögert. Wegen seiner Giftigkeit darf Nitrit nur in einer Mischung mit Salz (max. 0,5 % Nitrit) verwendet werden (Nitritpökelsalz). Bei Fleischwaren unterscheidet man:

- Rohpökelwaren wie Rohschneider, Schwarzwälder Schinken, Parma-Schinken, Bauernspeck.
- Kochpökelwaren wie Kochschinken, Kasseler Rippenspeer, Rippchen, Eisbein, Pökelzunge.

Räuchern

Unter Räuchern versteht man die Einwirkung von Rauch auf Fleisch- und Wurstwaren oder Fisch. Der Rauch wird durch Verglimmen von Spänen, Sägemehl oder Zweigen naturbelassener Hölzer erzeugt. Besonders geeignet sind harte Laubholzarten wie Eiche und Buche.
Zur Aromatisierung werden dem Räuchermaterial häufig Wacholderbeeren oder andere Gewürze zugesetzt. Man unterscheidet:

- Kalträuchern für Rohpökelwaren bei etwa 20 °C.
- Warmräuchern um 40 °C für Fische und zum Nachräuchern bei Dauerbrühwurst und Kochwurst.
- Heißräuchern bei 75 °C bei Brühwürsten und Kochwürsten um Farbe und Aroma zu verbessern.

Dem Räuchern geht fast immer das Salzen oder Pökeln voraus. Kaltrauch macht die Produkte trockener und dadurch zusätzlich länger haltbar.

Konservierung durch Zucker

Weil Zucker Wasser chemisch binden kann, wirkt er in entsprechender Konzentration konservierend. Obst kann durch Zusatz von Zucker als Konfitüre, Gelee oder kandierte Früchte für längere Zeit haltbar gemacht werden. Dabei ist ein 50 %iger Zuckeranteil und – bei Konfitüre bzw. Marmelade – das Erhitzen auf 100 °C notwendig. Steigt der Zuckeranteil über 70 %, bleiben Fruchtsaftkonzentrate auch ohne Erhitzen vor Verderb geschützt.

Konservierung durch Alkohol

Alkohol wird durch Hefen erzeugt. Bei Alkoholgehalten von mehr als 15 Vol.-% können Mikroorganismen nicht mehr existieren. Es ist daher möglich durch Zusatz hochprozentigen Alkohols zu konservieren. Ein bekanntes

Beispiel ist der Rumtopf, bei dem die Früchte in Zucker und hochprozentigen Rum eingelegt und somit mehrere Monate haltbar gemacht werden.

Konservieren durch Säuerung
Essig ist das am häufigsten zur Säuerung genutzte Konservierungsmittel. Durch Säuerung werden z. B. konserviert: Essiggurken, Mixed Pickles, Rote Bete, Fischpräserven. Jogurt, Sauerkraut und Sauerteig sind Beispiele für die Konservierung durch Milchsäuregärung. Die Haltbarmachung erfolgt durch Verschiebung des pH-Werts in den für das Mikroorganismenwachstum hemmenden (sauren) Bereich.

Konservieren mit chemischen Konservierungsstoffen
Chemische Konservierungsstoffe sind geprüfte und für unschädlich gehaltene Zusatzstoffe. Sie dürfen nur in genau vorgeschriebenen Mengen für festgelegte Nahrungsmittel verwendet werden. Sie verändern die Zellwände der Mikroorganismen oder unterbinden deren wichtigste Lebensvorgänge. Ihre Verwendung muss, z. B. auf der Verpackung und in Speise- und Getränkekarten, deklariert werden.

Bestrahlen von Nahrungsmitteln
Nach der Lebensmittel-Bestrahlungs-Verordnung dürfen Nahrungsmittel nur mit ionisierenden und ultravioletten (UV-)Strahlen behandelt werden, soweit dies ausdrücklich zugelassen ist.
Zugelassen sind die UV-Entkeimung von Trinkwasser und Oberflächen von Obst- und Gemüseerzeugnissen sowie von Hartkäse bei der Lagerung. Die Entkeimung der Kühlraumluft ist gestattet, wenn die Lebensmittel dabei nicht direkt von UV-Strahlen getroffen werden und wenn keine Personen im Raum sind.
In manchen Ländern wird sie auch durchgeführt zur Entkeimung von Gewürzen und anderen Trockenprodukten. Durch Bestrahlen wird auch das frühzeitige Auskeimen von Kartoffeln und Zwiebeln verhindert. Die teilweise Zerstörung von Vitaminen und die Beschleunigung der Fettranzigkeit nimmt man dabei in Kauf.

Vakuumverpacken/Vakuumieren
Das Nahrungsmittel wird in eine Dehn- oder Verbundfolie eingelegt. Im Vakuumiergerät wird die Luft aus der Folie herausgesaugt und die Öffnung verschweißt.
Es sind Vakuumiersysteme auf dem Markt, die das Vakuum nicht in Folien sondern in speziellen Gastronorm-Behältern erzeugen.
Mit diesem Verfahren kann die Haltbarkeit fast aller rohen oder gegarten Nahrungsmittel wesentlich verlängert werden, wenn sie zusätzlich gekühlt werden. Es werden jedoch keine Mikroorganismen abgetötet.
Mikroorganismen, die keinen Sauerstoff benötigen, sind kälteempfindlich und bilden bei kühler Lagerung keine Giftstoffe. Bei Kühltemperaturen um 0 °C kann z. B. Frischfleisch bis zu sechs Wochen gelagert werden.

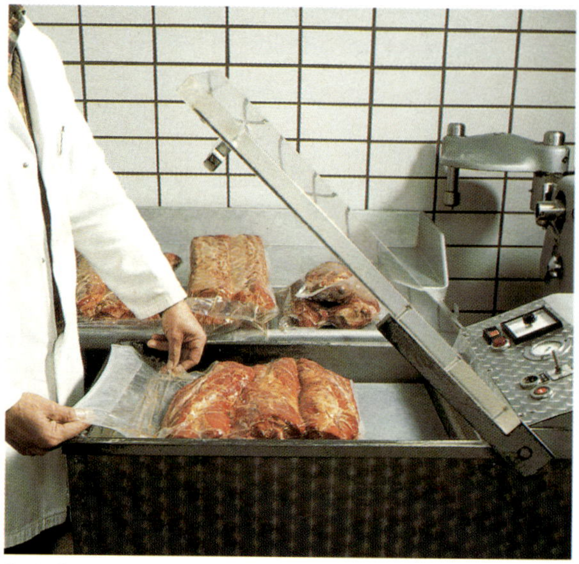

1. Vakuumieren

Wissen Sie Bescheid?

1. Zählen Sie sechs Konservierungsarten für Fleisch auf.
2. Warum ist nur frische, einwandfreie Ware zur Lagerung und Konservierung geeignet?
3. Weshalb ist die Luftfeuchtigkeit der Lagerräume für die Haltbarkeit mancher Nahrungsmittel wichtig?
4. Warum sollten Nahrungsmittel schnell eingefroren werden?
5. Erläutern Sie die Regeln für das Auftauen tiefgefrorener Nahrungsmittel.
6. Wie müssen getrocknete Nahrungsmittel gelagert werden?
7. Erläutern Sie das Prinzip der Gefriertrocknung anhand eines bestimmten Nahrungsmittels.
8. Aus welchen Gründen wird das Räuchern durchgeführt?
9. Welche Nahrungsmittel werden durch Zucker konserviert?
10. Welche Eigenschaft, die für die konservierende Wirkung verantwortlich ist, haben Salz und Zucker gemeinsam?
11. Warum kann mit Alkohol konserviert werden?
12. Nennen Sie sechs Konservierungsverfahren, die bei Fisch gebräuchlich sind.
13. Bei welchen Nahrungsmittelgruppen wird das Bestrahlen angewendet? Nennen Sie zwei Ziele des Bestrahlens.
14. Zählen Sie je drei Konservierungsverfahren auf, bei denen die Mikroorganismen abgetötet bzw. nur ihre Ausbreitung verhindert wird.

Verfahren	Eignung für Nahrungsmittel	Küchentechnische Regeln und Weiterverarbeitung	Veränderung aus Sicht der Ernährungsphysiologie	Konservierende Wirkung
Kühlen	für fast alle geeignet	Qualität ständig überprüfen, Temperatur, Luftfeuchtigkeit einhalten	mit zunehmender Lagerdauer sinkt der Vitamingehalt	Temperatursenkung
Tiefgefrieren	für fast alle geeignet	nicht länger als 3 bis 6 Monate tiefkühlen; im Kühlraum langsam auftauen oder direkt garen	beim Auftauen entsteht Saftverlust, das Nahrungsmittel wird trocken, der Nährstoffgehalt sinkt	Temperatursenkung
Pasteurisieren	Fisch, Krustentiere, Feinkost, Getränke, Milch	etwa 6 Monate kühl (max. 10 °C) aufbewahren; nicht in geöffneten Dosen lagern	Nährstoffverluste durch Erhitzen und bei zunehmender Lagerdauer	Hitzeeinwirkung; Abtötung vieler Mikroorganismen
Sterilisieren	Obst, Gemüse, Pilze, Fleisch, Wurst	mehrere Jahre bei max. 18 °C lagerfähig; nicht in geöffneten Dosen lagern; Inhalt ist bereits gegart	Nährstoffverluste durch hohe Erhitzung und bei zunehmender Lagerdauer; Mineralstoffe und z. T. Vitamine sind in der Schüttflüssigkeit gelöst	Hitzeeinwirkung; Abtötung von Mikroorganismen
Ultrahocherhitzen	Milch	wie Frischmilch; ohne Kühlung haltbar	leichte Eiweiß- und Geschmacksveränderungen	Hitzeeinwirkung; Abtötung von Mikroorganismen
Trocknen	Obst, Pilze, Gemüse, Fisch	im Allgemeinen einweichen, dann wie frische Nahrungsmittel garen, Einweichwasser mit verwenden	Vitamin- und Mineralstoffverluste sind möglich	a_W-Wert-Senkung
Trocknen von Flüssigkeiten	Säfte, Milch, Eier, Eigelb, Eiklar	Pulver mit Wasser im angegebenen Verhältnis mischen	Hitze- und sauerstoffempfindliche Vitamine werden zerstört	a_W-Wert-Senkung
Gefriertrocknen	hochwertige Pilz- und Gemüsesorten, Kräuter, Säfte	nach Herstellerangaben zubereiten	Aromastoffe bleiben besser erhalten als beim Trocknen	a_W-Wert-Senkung
Salzen	Fleisch, Fisch	eventuell wässern; Fisch (z. B. Matjeshering) ist verzehrfertig	hoher Salzgehalt kann gesundheitsgefährdend sein	a_W-Wert-Senkung
Pökeln Räuchern	Fleisch- und Wurstwaren	nur in Flüssigkeit erhitzen, nicht rösten (es können krebserregende Stoffe entstehen!)	appetitanregend wegen Farberhaltung (Pökelrot) und Rauchgeschmack, hoher Salzgehalt	a_W-Wert-Senkung
Vakuumieren	für fast alle geeignet	Fleisch kühl lagern (unter 5 °C); nach Auspacken Farbregeneration	Fleischreifung geht weiter: Aroma und Zartheit werden besser	Sauerstoffentzug
Säuern	Sauerkraut, Essiggurken, Fisch	Sauerkraut nicht waschen (Vitaminverlust)	Vitaminverluste; Eiweiß wird denaturiert und kann ausgelaugt werden; Kohlenhydrate und Mineralstoffe laugen aus	pH-Wert-Senkung
Konservierungsstoffe	Fischkonserven, verpackte Speisen z. B. Majonäse	bei Verwendung auf Speisekarten kennzeichnen	Vitaminverlust	Veränderung der Zellwände von Mikroorganismen
Alkohol	Obst und Früchte z. B. für Rumtopf	bei über 16 Vol.% monatelang haltbar	Alkohol kann die Gesundheit beeinträchtigen	Veränderung der Zellwände von Mikroorganismen
Zucker	Obst und Früchte z. B. für Konfitüre	bei Konzentration über 50 % jahrelang haltbar	Erhöhung des Energiegehalts	a_W-Wert-Senkung
Bestrahlung	Gewürze, Garnelen, Kartoffeln, Zwiebeln	Kartoffeln und Zwiebeln keimen nicht aus	Umwandlung ungesättigter Fettsäuren in gesättigte; Vitaminverlust	Abtötung von Mikroorganismen

2. Konservierungsverfahren

Werkstoffkunde, Raum- und Wäschepflege

1. Gegenstände aus verschiedenen Werkstoffen

1 Werkstoffe und ihre Reinigung

Alle Gegenstände, die der Mensch gebraucht, bestehen aus Werkstoffen. Natürlich vorkommende Materialien wie Holz, Wolle oder Metalle werden entsprechend ihren Eigenschaften wie Härte, Glanz, Temperaturbeständigkeit und -leitfähigkeit, Formbarkeit, spezifisches Gewicht usw. für Kleidung, Behausung, als Transportgefäß oder Küchengerät und für viele andere Zwecke genutzt. Die meisten Werkstoffe sind gegen Umwelteinflüsse empfindlich. Holz bekommt Risse, fault oder wird vom Holzwurm durchlöchert, Eisen rostet, Wolle verfilzt oder wird von Motten zerfressen.
Durch die Entwicklung und Anwendung geeigneter Technologien ist es möglich negative Veränderungen zu verhindern oder zu reduzieren. Beispiele hierfür sind das Behandeln von Holz oder Veredeln von Metallen. Die letzte Stufe der Entwicklung ist die Herstellung künstlicher Werkstoffe, deren Eigenschaften genau auf die Bedürfnisse des Menschen ausgerichtet sind.
Gebrauchsgegenstände haben einen funktionellen, die Eignung für den Verwendungszweck betreffenden, und einen ästhetischen, das angenehme Aussehen betreffenden Wert. Um beide Werte zu erhalten muss man diese Gegenstände sachgerecht handhaben, reinigen und pflegen.
Im Hotel- und Gaststättengewerbe kommt es besonders auf die richtige Auswahl der Einrichtungsgegenstände an: So sollen Räume, die von Gästen genutzt werden, nicht nur ihrer Funktion gemäß ausgestattet sein. Die Ausstattung ist auch Teil der besonderen Note und Atmosphäre des Hauses und wird als Ambiente bezeichnet.

1.1 Metalle

Metalle werden aus Erzen der Erdkruste geschmolzen. Jedes Metall hat eine bestimmte Härte und einen charakteristischen Glanz. Durch das Mischen (Legieren) von Metallen können Werkstoffe mit nahezu idealen Eigenschaften erzeugt werden.

Metalle auf Eisenbasis
Roheisen ist preiswert und lässt sich zu formbarem Gusseisen und zu Stahl weiterverarbeiten. Wichtigstes Metall auf Eisenbasis für die Gastronomie ist der **Edelstahl**/Chrom-Nickel-Stahl (CN-Stahl; Handelsnamen: z. B. Cromargan, Nirosta), weil er nicht rostet und unempfindlich gegen Säuren und Laugen ist, gut aussieht und sich ohne großen Aufwand hygienisch reinigen lässt.
Eine bewährte Mischung besteht aus 72 % Eisen, 18 % Chrom und 10 % Nickel (18/10-Stahl). Edelstahl leitet Wärme gut, ist aber ein schlechter elektrischer Leiter, deshalb sind Edelstahltöpfe für Induktionsherde ungeeignet.
Metallgefäße aus **Stahlblech** oder **Gusseisen** mit Emailüberzug werden selten verwendet, weil die Emailschicht abblättern kann und das Geschirr dann unbrauchbar ist.

1. Teilen Sie die Werkstoffe in vier Hauptgruppen ein.
2. Nennen Sie die wichtigsten Unterschiede zwischen Stahl und Edelstahl.
3. Der Wert eines Gebrauchsgegenstands liegt nicht nur darin, dass er seine Funktion erfüllt. Welchem Anspruch muss er noch genügen?

Metall	Gebrauchsgegenstände	Reinigung und Pflege nach Gebrauch	Grundreinigung
Gusseisen	Herdplatten, Brat- und Schmortöpfe, Pfannen, Kippbratpfannen	trocken ausreiben oder feucht auswischen und gut abtrocknen	mit Scheuermittel und wenig Wasser ausbürsten; trocknen
Edelstahl/ Chrom-Nickel-Stahl	Töpfe, Schüsseln, Tische, Maschinen, Gastro-Norm-Behälter, Gargeräte, Bestecke	mit Reinigungsmittellösung abwaschen, nachspülen und trockenreiben bzw. polieren	sehr feine Scheuermittel oder Spezialreinigungs- und -poliermittel verwenden
Silber (siehe auch unter Besteck)	Bestecke, Platten, Anrichtgeschirr, kunstgewerbliche Artikel	mit Reinigungslösung spülen, nachspülen und polieren (eventuell mit Silberputztuch)	Silberputzmaschine, Silberbad, Schlämmkreide und Spiritus, Spezialmittel
Kupfer	Flambierpfannen, Beleuchtungskörper	mit Essig oder Zitronensäure abwischen, polieren	Spezialreinigungsmittel
Messing	Möbel-/Türbeschläge	trocken abreiben/polieren	Spezialmittel

2. Reinigen und Pflegen von Metallen

Nichteisenmetalle (Buntmetalle)

Nichteisenmetalle rosten nicht. Auf ihrer Oberfläche kann sich jedoch ein Belag bilden, der durch Reinigen und Polieren entfernt werden muss. Die wichtigsten Nichteisenmetalle:

Aluminium ist ein relativ weiches und leichtes, nichtrostendes Metall. Es leitet die Wärme besser als Edelstahl, ist jedoch gegen Säuren und Laugen empfindlich. Auch durch Eloxieren (Verstärkung der natürlichen Schutzschicht) wird die Oberfläche von Aluminiumgeschirr nicht so robust wie Edelstahlgeschirr.

Kupfer hat eine hervorragende Leitfähigkeit für Temperatur und Elektrizität. Gefäße aus Kupfer müssen an der Innenfläche feuerverzinnt sein, weil sich sonst durch Säureeinwirkung giftiger Grünspan bilden kann.

Messing ist eine Legierung aus Kupfer (55 % bis 90 %) und Zink.

Zinn ist silberweiß und geht, im Gegensatz zu Zink, mit Nahrungsmitteln keine gesundheitsschädlichen Verbindungen ein. Zinngefäße sind relativ teuer.

Weißblech ist aus einer Stahl-Zinn-Legierung hergestellt und wird für Konservendosen verwendet. Fein ausgewalzte Zinnfolie nennt man Stanniol.

Alpaka besteht aus einer Legierung mit Kupfer-, Zink- und Nickelanteilen und dient als Unterlage bei Silberbesteck.

Silber wird vor allem als Überzugsmetall eingesetzt. Bei massiv silbernen Gegenständen wird immer eine Legierung mit einem Anteil festigendem Metall wie Kupfer verwendet, weil reines Silber zu weich ist.

Reinigen und Pflegen von Metallen

Der Einsatz von Reinigungs- und Pflegemitteln ist mit Gefahren verbunden, weil sie Stoffe enthalten, die reizend oder ätzend wirken bzw. Allergien auslösen können. Deshalb müssen die Hinweise auf den Verpackungen in Bezug auf Dosierung, Anwendungsbereich, Sicherheitsmaßnahmen usw. unbedingt beachtet werden.

Auszug aus dem Etikett eines Edelstahl-Reinigungsmittels:

Gefahrenhinweis: Reizt Atemwege, Augen und Haut.
Sicherheitsratschläge: Bei Berührung mit den Augen gründlich mit viel Wasser abspülen und den Arzt konsultieren. Beschmutzte, getränkte Kleidung sofort ausziehen. Bei Berührung mit der Haut sofort mit Wasser abwaschen. Bei der Arbeit geeignete Schutzhandschuhe und Schutzbrille/Gesichtsschutz tragen.

Tragen Sie beim Umgang mit Gefahrstoffen eine Schutzausrüstung

Material	Gegenstand	Reinigung und Pflege nach Benutzung	Grundreinigung
Holz			
unbehandelt	Fußböden; Regale in Schränken	kurz mit Reinigungslösung abwischen, trocknen	mit feiner Stahlwolle/Scheuersand scheuern
versiegelt	Fußböden (Parkett), Treppen	mit Reinigungslösung feucht wischen, trocknen	mit Glanzemulsion oder Wischwachs pflegen
poliert	Möbel	abstauben	mit Politur behandeln
lasiert, lackiert	Möbel, Türen, Bilder- und Fensterrahmen	abstauben	kurz feucht reinigen/ Spezialmittel einsetzen
Stein	Fußböden, Wände	mit Reinigungslösung feucht wischen	Wischwachse/Wischglanzmittel einsetzen
Leder	Möbel, Bekleidung, Schuhe	entstauben oder feucht reinigen, mit Spezial-Pflegemittel einreiben	Spezialreinigung

1. Reinigung und Pflege von natürlichen Werkstoffen

1.2 Natürliche Werkstoffe

Zu den natürlichen Werkstoffen gehören:

Holz. Holz besteht hauptsächlich aus Cellulose. Die Härte, die Farbe und die Maserung, das heißt der Verlauf der Holzfasern im Längsschnitt, sind von der Baumart abhängig und dienen als Unterscheidungs- und Qualitätsmerkmal.

Zum Schutz vor Feuchtigkeit und Schädlingen sowie zur Verschönerung wird Holz verschiedenen Behandlungen unterzogen: beizen, wachsen, mattieren, polieren, lackieren, mit Farbe streichen, lasieren oder versiegeln. Danach richtet sich die Reinigung und die Pflege.

Holz „arbeitet". Dieser Begriff beschreibt folgende Zusammenhänge: Frisches Holz mit einem Wassergehalt bis zu 50 % nimmt beim Trocknen an Gewicht und Volumen ab; es **schwindet.** In feuchter Umgebung nimmt es wieder Wasser auf; es **quillt.** Außerdem kann es reißen, sich verziehen, krümmen und werfen.

Um das „Arbeiten" des Holzes zu verhindern werden **Sperrholz** (dünne Holzschichten, die jeweils quer zum Faserverlauf aufeinander geklebt sind) und Pressholz (sehr dünne Holzschichten, die mit Kunstharz getränkt und bei Hitze zusammen gedrückt wurden) für Tischplatten oder Stuhlsitze hergestellt.

Kork. Er wird vom Bildungsgewebe der Korkeichenrinde produziert. In den Korkzellen entsteht Suberin, das ihn gegen Verdunstung und Infektionen schützt. Kork ist sehr leicht, fast undurchlässig für Flüssigkeiten und Gase, ein schlechter Wärmeleiter, schluckt Schall und fault nicht. Verwendung: Flaschenkorken und Bodenbelag.

Stein. Aus Stein sind Boden- und Wandbeläge. Man unterscheidet **Naturwerksteinplatten,** z. B. Marmor, die durch Zersägen, Schleifen und Polieren von Gestein erzeugt werden, **Fliesen, Betonwerksteinplatten und Zementestriche.** Stein ist gegen Feuchtigkeit unempfindlich und lässt sich hygienisch reinigen. Deshalb werden stark beanspruchte Böden, Nassräume (Bäder, Duschen, Toiletten) sowie Küchen dekorativ mit Fliesen ausgelegt.

Steinplatten halten Witterungseinflüssen stand und sind für Außenanlagen geeignet. Eine Marmorplatte wird in der Patisserie als gekühlte Unterlage zur Bearbeitung von wärmeempfindlichen Mürbe- und Blätterteigen sowie Schokolade verwendet.

Leder. Es wird aus enthaarten Tierhäuten durch chemische und physikalische Behandlung (Gerben) hergestellt. Dabei wird die Lederhaut von der Unter- und Oberhaut getrennt und haltbar gemacht. Nach dem Hautmaterial wird Rind-, Kalb-, Ziegen- oder Wildleder unterschieden, nach der Zurichtungsart zum Beispiel Velour-, Nappa- oder Nubukleder. Die Eigenschaften sind stark vom Hautmaterial und der Zurichtungsart abhängig.

Leder kann weich und biegsam oder fest, empfindlich oder strapazierfähig sein. Leder wird vor allem für Schuhe, Bekleidung und als Bezugsmaterial für Sitzmöbel verwendet.

Naturfasern. Ihre Eigenschaften sind im Vergleich mit den Kunstfasern am besten darzustellen, deshalb werden beide Faserarten im Kapitel „Faserstoffe" beschrieben.

Glasart	Verwendung
Wirtschaftsglas (Natron-Kalk-Glas)	einfache Pressgläser, Flaschen, Konservengläser, Platten, Teller
Kristallglas (Kali-Kalk-Glas)	Gläser besserer Qualität, Vasen, Platten, Teller, Leuchter
Bleikristall (Blei-Kali-Kalk-Glas)	hochwertige Trinkgefäße, Karaffen, Vasen, Schalen (häufig mit eingeschliffenen, eingravierten oder eingeätzten Verzierungen)
Spezialglas	
feuerfestes Glas	Back- oder Kochgefäße (Jenaer Glas), Glasteile in Kaffeemaschinen
Verbundglas	wärmeisolierende Scheiben in Fenstern und Türen
Sicherheitsglas	nichtsplitterndes Glas bei Scheiben in Fenstern und Türen

2. Glasarten und ihre Verwendung

Material	Eigenschaften und Verwendung
Tonzeug	fein gesintert, wasserundurchlässig, hell klingend
Porzellan	weißer Scherben für dünnwandiges Ess- und Anrichtegeschirr, Vasen, Kunstgegenstände
Feinsteinzeug	farbiger Scherben für dickwandiges (rustikales) Geschirr, Vasen, Krüge, Kunstgegenstände
Tongut	porös gesintert, ohne Glasur wasserdurchlässig, dumpf klingend
Steingut	weißer Scherben für dickwandiges Geschirr einfacher Ausführung, Sanitärkeramik für Toilette und Bad
Irdengut	farbiger Scherben für Krüge, Vasen, Blumentöpfe, Römertöpfe (unglasiert)

3. Keramische Werkstoffe

1.3 Synthetische Werkstoffe

Synthetische (künstlich hergestellte) Werkstoffe:

Glas. Für die verschiedenen Glasarten werden die Glasrohstoffe Quarzsand und Kalk und, zur Erleichterung des Einschmelzens, die Flussmittel Natron in Form von Soda oder Kalium in Form von Pottasche sowie Bleioxid in Form von Mennige bei etwa 1500 °C geschmolzen. Je nach Verwendungszweck kann man dem Glas durch Zusätze unterschiedliche Eigenschaften geben. Durch Blasen, Gießen, Walzen, Pressen oder Ziehen wird es geformt und dann behutsam abgekühlt. Glas ist durchsichtig und empfindlich gegen Stoß und starke Temperaturschwankungen.
Zum Reinigen von Glasflächen (Fenster, Spiegel) werden Spezialreinigungsmittel oder Spiritus verwendet.

Porzellan. Porzellan ist ein feinkeramischer Werkstoff, der etwa zu 50 % aus einer Mischung von feinstem Ton (Kaolin/Porzellanerde), aus Gesteinspulver (Quarz und Feldspat zu je etwa 25 %) und geringen Mengen Flussmittel (siehe oben) besteht. Die Masse wird geformt, getrocknet, zweimal gebrannt, glasiert, nochmals gebrannt und dekoriert.

Beim ersten Brennen bei etwa 1000 °C erhält das Porzellan die notwendige Festigkeit, der gebrannte „Scherben" ist aber noch so porös, dass er Feuchtigkeit aufnimmt. Diese Eigenschaft nutzt man zum Auftragen der Glasur. Die Glasur soll dem Porzellan einen harten, glasartigen Überzug verleihen. Die Glasurmasse besteht aus den gleichen Rohstoffen wie die Porzellanmasse, enthält aber mehr kieselsäurehaltiges Quarzpulver und Flussmittel. Der Bodenrand der Porzellanteile fühlt sich rau an, weil er unglasiert bleibt.
Beim zweiten Brennen schmelzen die Rohstoffe zu einem einheitlichen Stoff. Diesen Vorgang nennt man „sintern". Während der Sinterung „schwindet" das Porzellan; es wird um 1/6 kleiner, der Scherben wird dabei dicht, weiß und durchscheinend.

Das **Dekorieren** (Auftragen von Mustern) kann vor dem Glasieren, der Unterglasurdekor, oder nach dem zweiten Brennen, der Aufglasurdekor, erfolgen. Beim anschließendem Brennen bei 800 °C - 830 °C wird die Glasur abwaschfest. Unterglasurdekor ist spülmaschinenfest, allerdings wird die hohe Hitze nur von Kobaltfarben (Blau, Grün, Hellrot und Schwarz) vertragen.
Inglasurdekore werden auf die gebrannte Glasur aufgetragen. Beim nachfolgenden Brennen bei etwa 1250 °C sinken die Farben in die verflüssigte Glasur ein und verbinden sich „spülmaschinenfest" mit ihr.

Porzellan- oder andere Keramikteile mit bleihaltigen Glasuren dürfen für Speisen und Getränke nicht verwendet werden, weil Säuren das giftige Blei lösen. Verboten ist auch die Benutzung von Geschirr oder Glas, das Risse oder Absplitterungen aufweist, weil sich Mikroorganismen darin festsetzen können. Neben weißem Porzellan ist auch schwarz eingefärbtes Porzellan auf dem Markt, das bei der Servicezusammenstellung einen interessanten Kontrast bildet.
Für die Grundreinigung sind Spezialmittel im Handel.

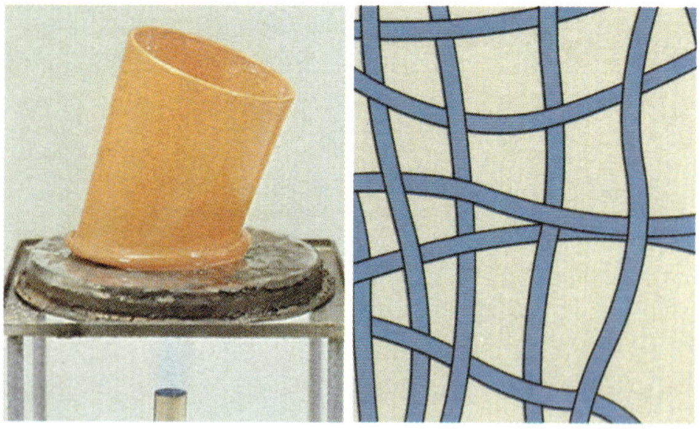

1. Thermoplaste – unvernetzte Makromoleküle

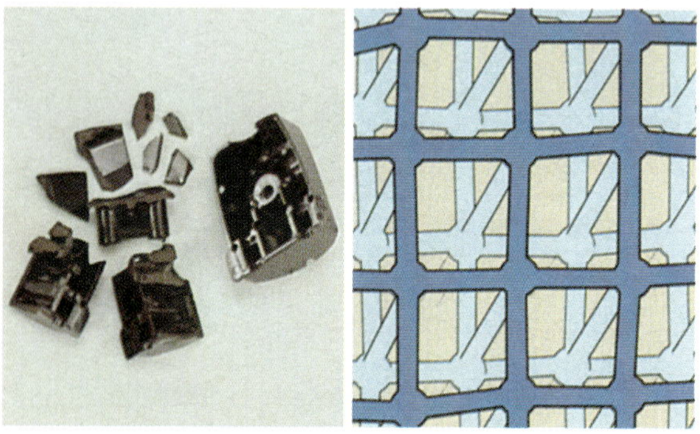

2. Duroplaste – stark vernetzte Makromoleküle

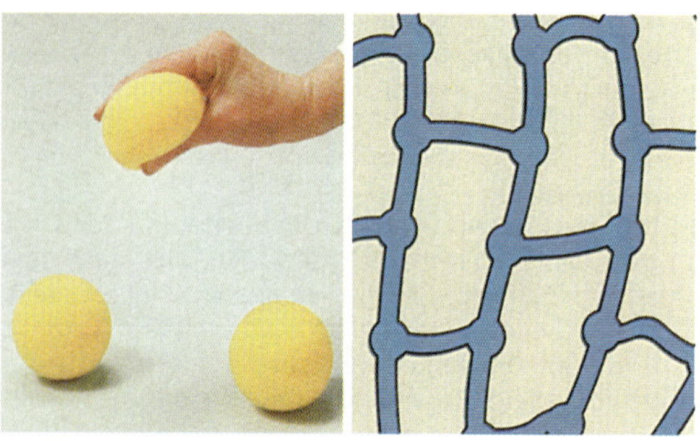

3. Elastomere – schwach vernetzte Makromoleküle

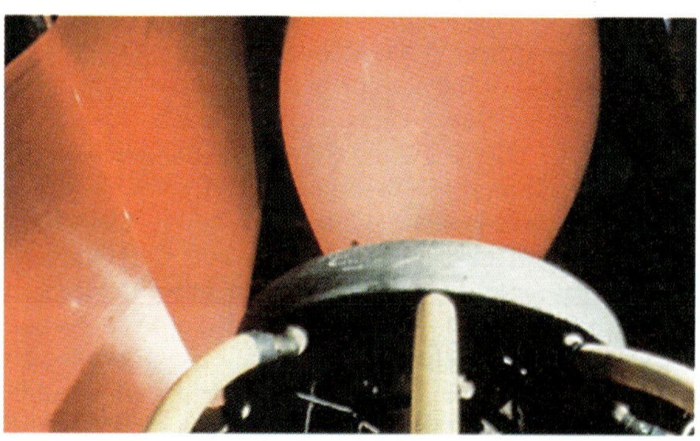

4. Blasen von Folien

Kunststoffe

Kunststoffe sind künstlich hergestellte chemische Verbindungen aus Kohlenwasserstoffen, die durch Aneinanderreihen sehr vieler Moleküle (Polymerisation) synthetisiert wurden. Ein wichtiges Ausgangsmolekül ist das Ethen, das aus Erdöl, Erdgas oder Kohle gewonnen wird.

Thermoplastische Kunststoffe. Thermoplaste bestehen aus linearen und wenig verzweigten Molekülen unterschiedlicher Länge, die durch Wasserstoffbrückenbindungen zusammengehalten werden. Je nach Kettenlänge, angelagerten anderen chemischen Stoffen, Zusätzen bzw. Schäumung erhält man Werkstoffe unterschiedlichster Eigenschaften.
Thermoplast werden duch Pressen oder Gießen bei Hitze in die gewünschte Form gebracht und erstarren beim Abkühlen. Die meisten Gegenstände aus Thermoplast werden beim Erwärmen weich und verflüssigen sich bei Hitze.

Duroplastische Kunststoffe. Duroplaste bestehen aus Molekülen, die dreidimensional engmaschig vernetzt sind. Die netzartige Struktur macht sie so hart, dass sie durch Hitze nicht weich werden. Duroplast muss deshalb in den Formen synthetisiert werden und kann nach dem Erstarren nur noch mechanisch bearbeitet (gesägt, gebohrt, geschliffen) werden.

Elastische Kunststoffe. Elastomere verhalten sich gummiartig, weil ihre Netzstruktur weitmaschig und weniger starr ist. Sie lassen sich verformen, gehen aber wieder in ihre Ausgangsform zurück.

Einsatzbereiche von Kunststoffen

Kunststoffe ersetzen zunehmend natürliche Werkstoffe wie Holz, Leder, Metall und Naturfasern. Auch Glas und Porzellan wird in manchen Bereichen von ihnen verdrängt, etwa durch Plexiglas. Als Verpackungsmaterial hat Kunststoff aufgrund seiner Vielseitigkeit alle anderen Werkstoffe überholt. Die Eigenschaften können genau auf das Verpackungsgut abgestimmt werden. Je nach Bedarf können Kunststoffe wasser- und gasdicht oder -durchlässig, weich oder hart sein.

Kunststoffe sind korrosionsfest und umweltbeständig (nur UV-Licht zerstört Kunststoff), reißfest und bruchbeständig, ohne scharfe Kanten und sehr leicht.

Kunststoff-Folien können mit anderen Werkstoffen wie Pappe oder Metall verbunden werden. Sie können unterschiedlich stark, dehnbar, selbst klebend, bedruckbar, klar oder trüb, gefärbt und geschmacksneutral sein.

Kunststoff-Schneideunterlagen haben gegenüber Holzbrettern den Vorteil, dass ihre Oberfläche besser von Mikroorganismen freizuhalten ist.

Kunststoffe dürfen keine Stoffe an Lebensmittel abgeben oder dem Lebensmittel Stoffe entziehen.

Kunststoffe, die lebensmittelgeeignet sind, können das **RAL**-Kennzeichen FÜR LEBENSMITTEL tragen.

Kunststoff	Eigenschaften	Verwendung
Thermoplaste		
Polyethen	geschmacks- und geruchsfrei, unzerbrechlich, nicht schnittfest, wachsartige Oberfläche	Schüsseln, Eimer, Verpackungen, Beutel
Polyvinylchlorid		
hart	schlagfest, verschweißbar, schwer entflammbar	Flaschen, Verkleidungen, Rollläden, Maschinenteile
mit Weichmacher	geschmeidig, verschweißbar, schlagfest	Folien, Tischdecken, Schläuche, Vorhänge
Polystyrol	hart, klar oder gefärbt	billige Haushaltswaren
geschäumt	sehr leicht und porig	Isolierungen, Blumentöpfe
durch Zusätze gehärtet	kratz-, schlag-, biegfest	Ess- und Anrichtegeschirr, Gehäuse von Elektrogeräten
Duroplaste		
Phenolharz PF	kratz-, bieg-, schlagfest	Elektrostecker und -schalter, Griffe an Töpfen und Bügeleisen
Melaminharz MF	robust, geruchs- und geschmacksfrei, kochfest	Ess- und Küchengeschirr
Elastomere		
Polyurethan PUR	hart- oder weichelastisch, schäumbar	Verpackungen, Isolierungen, Badematten, Matratzen

5. **Eigenschaften und Verwendung von Kunststoffen (Beispiele)**

Werkstoff	**Zugfestigkeit** in $N \cdot mm^{-2}$
Polyamide	500 – 800
Polyester (glasfaserverstärkt)	200 – 630
Thermoplaste (glasfaserverstärkt)	35 – 250
Thermoplaste (unverstärkt)	2 – 70
Stahl	400 – 1000
Eisen	300 – 400
Aluminium	150 – 290
Holz	60 – 85

Werkstoff	**Dehnung** in %
Elastomere	10 – 1000
Thermoplaste	3,3 – 80
Thermoplaste (glasfaserverstärkt)	1,1 – 3,3
Duroplaste	0,8 – 3,1
Duroplaste (verstärkt)	0,2 – 0,8
Holz	0,7 – 1,5
Glas	etwa 0,15
Stahl	etwa 0,05

6. **Vergleich der Eigenschaften von Kunststoffen und anderen Werkstoffen**

7. **RAL-Zeichen „Für Lebensmittel"**

1. Nennen Sie die wichtigsten Rohstoffe für die Kunststoff-Herstellung.
2. Zählen Sie die Unterschiede zwischen den drei Kunststoff-Gruppen auf (Molekülstruktur, Formgebung, Einsatzmöglichkeiten).
3. Welche Eigenschaften der Kunststoffe haben dazu geführt, dass natürliche Werkstoffe zunehmend verdrängt wurden?
4. Warum sind Kunststoff-Schneideunterlagen den Holzbrettern in hygienischer Sicht überlegen?
5. Erläutern Sie die Bedeutung des RAL-Kennzeichen FÜR LEBENSMITTEL.
6. Welcher Kunststoff eignet sich für Schüsseln?

	Naturfaser Waschtemperatur	Gewinnung	Eigenschaften	Verwendung in der Gastronomie
tierische Fasern	**Wolle** (bis 30 °C)	Tierhaare vom ***Schaf:*** Merino (glatt), Schottland (rau), Lambswool (weich); ***Hase:*** Angora; ***Ziege:*** Kaschmir, Mohair; ***Lamm:*** Alpaka	saugfähig; wärmend, knitterarm; elastisch; hitzeempfindlich; laugenempfindlich	Decken; Teppiche, Bezugsstoffe
	Seide (bis 30 °C)	Kokon der Seidenraupe Wild-Rohseide (grob); Honanseide (glänzend)	hautsympathisch; knitterarm, leicht; laugenempfindlich; hitzeempfindlich	Tücher; Tapeten; Übergardinen; Teppiche
pflanzliche Fasern	**Baumwolle** (bis 95 °C)	Samenhaare der Baumwollkapsel	saugfähig; kochfest; atmungsaktiv; fusselt	Bett-, Tischwäsche; Frottierware, Molton; Passier- und Handtücher; Arbeitsbekleidung
	Leinen (bis 95 °C)	Faser der Flachspflanze	glatt, glänzend; kochfest; atmungsaktiv; fusselt nicht	Bett-, Tischwäsche; Gläsertücher

1. Naturfasern

1.4 Faserstoffe

Zu den Faserstoffen werden alle zur textilen Verarbeitung geeigneten Fasergebilde gezählt. Man unterscheidet Natur- und Chemiefasern.

1.4.1 Naturfasern

Tierische Fasern

Wolle. Haare bestimmter Tierarten werden als Wolle verwendet; die meiste Wolle wird aus Schafwolle hergestellt. Ihr Hauptbestandteil ist Eiweiß. Wolle ist aus verschiedenen Schichten aufgebaut; die Oberfläche der Wollfasern ist geschuppt. Wolle wird nach der Stärke (Feinheit) des Wollhaars und der damit zusammenhängenden Kräuselung klassifiziert.
Das Internationale Wollsiegel wird nur an Wolle vergeben, die von lebenden, gesunden Schafen stammt und zum ersten Mal verarbeitet wurde. Diese Wolle wird als „Reine Schurwolle" bezeichnet. Reißwolle ist wiederverwendete Wolle.

Seide. Die Spinnfäden, die bestimmte Schmetterlingsarten zur Herstellung eines Kokons (Hülle, in der aus der Raupe ein Schmetterling wird) erzeugen, können zu Seide aufbereitet werden. Der eiweißreiche Kokon wird gekocht und der Faden abgewickelt. Seide wird von gezüchteten Schmetterlingsarten gewonnen, deren „Futter" die Blätter von Maulbeerbäumen sind. Wild lebende Schmetterlingsarten liefern die Wild-Rohseide.

Pflanzliche Fasern

Baumwolle. Die Samenhaare des Baumwollstrauches bestehen hauptsächlich aus dem Pflanzengerüststoff Cellulose. Trotz der Konkurrenz durch die synthetisch hergestellten Fasern ist sie die wichtigste Textilfaser. Die Qualität der Baumwolle wird durch die Faserlänge und -feinheit bestimmt. Je feiner und länger die Fasern, desto höher wird die Qualität beurteilt.
Als Mako-Baumwolle wird eine besonders gute Qualität aus Ägypten bezeichnet. Das Internationale Baumwoll-Zeichen bürgt für gute Qualität aus neuen Baumwollfasern. Baumwolle ist gut färbbar, waschfest und saugfähig – sie kann viel Wasser aufnehmen ohne ein unangenehmenes Gefühl beim Tragen zu erzeugen. Ihre hohe Luftdurchlässigkeit und die geringe wärmende Wirkung werden als positiv empfunden.
Durch geeignete Ausrüstung werden z. B. der Glanz und die Formbeständigkeit verbessert. In Kombination mit anderen Fasern lassen sich Gewebe für Textilien mit vielfältigen Eigenschaften produzieren.

Leinen. Aus den Stängeln der Flachspflanze werden die Bastfasern für Leinengewebe (Leinwand) erzeugt. Die Pflanze wächst im gemäßigten Klima. Flachsfasern sind lang und geben dem Gewebe ein „kühles" Aussehen.

Kokos, Sisal, Jute, Hanf. Diese groben Pflanzenfasern eignen sich nur zur Herstellung derber Gewebe für Textilien, Teppichböden, Säcke, Seile und Polsterauflagen.

	Chemiefaser Waschtemperatur Handelsbezeichnung	Gewinnung	Eigenschaften	Verwendung in der Gastronomie
aus pflanzlichen Fasern	**Viskose** (bis 95 °C) Reyon, Zellwolle	aus Holz gewonnene Cellulose, mit Chemikalien verflüssigt und durch Spinndüsen zu Fäden gepresst	weich, fließend; preiswert; gut hautverträglich; knittert	Übergardinen
	Acetat (unter 60 °C) Rhodia, Arnel, Tricel	mit Essigsäure veresterte Cellulose, mit Aceton verflüssigt und durch Spinndüsen zu Fäden gepresst	seideähnlich, glänzend; knitterarm, pflegeleicht; hitzeempfindlich; laugenempfindlich	Übergardinen
synthetische Fasern	**Polyester** (bis 60 °C) Diolen, Trevira		wärmespeichernd; formbeständig knitterarm	Gardinen, Stores; Füllmaterial für Steppdecken; Teppiche
	Polyamid (bis 60 °C) Vylon, Perlon	Kohlenstoff aus Erdöl, Teer oder Kohle chemisch aufbereitet und durch Spinndüsen zu Fäden gepresst.	scheuerfest; sehr leicht; schnell trocknend	Bezugsstoffe; Gardinen; Bodenbeläge, Teppiche
	Polyacryl (bis 30 °C) Dralon, Orlon	Durch Zusätze lassen sich Festigkeit, Farbe und Glanz bestimmen.	bauschelastisch; wärmespeichernd; knitterarm	Deko-Stoffe; Markisen; Gardinen, Teppiche
	Polyurethan (bis 60 °C) Elasthan, Lucra		sehr elastisch; laugenempfindlich	elastische Strick- und Webwaren; Badebekleidung

2. Chemiefasern

1.4.2 Chemiefasern

Chemiefasern aus Cellulose

Für ihre Herstellung wird die Cellulose, ein Naturstoff aus Holz- oder Baumwollfaser-Abfällen, aufgelöst und die Lösung durch feinste Düsen zu einem Faden gepresst.

Synthetische Chemiefasern

Die Herstellung synthetischer Chemiefasern im Trockenspinn-Verfahren ist in Bild 3 am Beispiel des Nylons schematisch dargestellt.

Das Nylongranulat, ein Polyamid, bestehend aus Molekülen mit Peptidbindungen, lässt sich durch Hitze schmelzen und verspinnen. Die großen, fadenförmigen Moleküle werden beim Verstrecken parallel zueinander geordnet. Dadurch erhöht sich ihre Zugfestigkeit.

Beim **Nass-Spinn-Verfahren** erstarrt der Faden nicht durch die Einwirkung von Kühlgas, sondern in einer speziellen Flüssigkeit, einem Fällbad.

1. Welche Fasern bestehen vor allem aus Eiweiß?
2. Bei welchen Fasern ist Cellulose der Hauptbestandteil?
3. Teilen Sie die Naturfasern in fusselnde und nichtfusselnde ein.
4. Erläutern Sie die Begriffe „Reine Schurwolle“ und „Mako-Baumwolle“.
5. Erklären Sie, warum die Chemiefaser aus Cellulose auch als halbsynthetische Faser bezeichnet werden kann.
6. Welche Rohstoffe werden zur Herstellung von synthetischen Fasern eingesetzt?

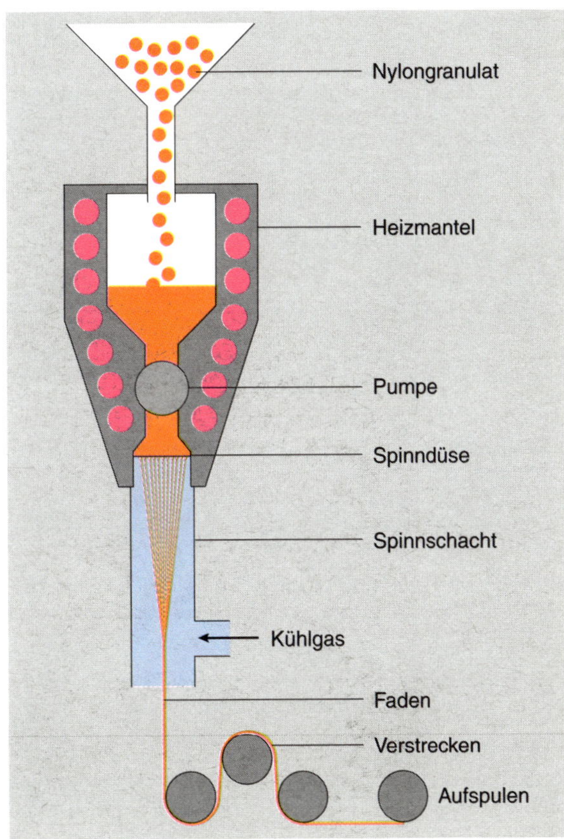

3. Trockenspinn-Verfahren bei Nylon

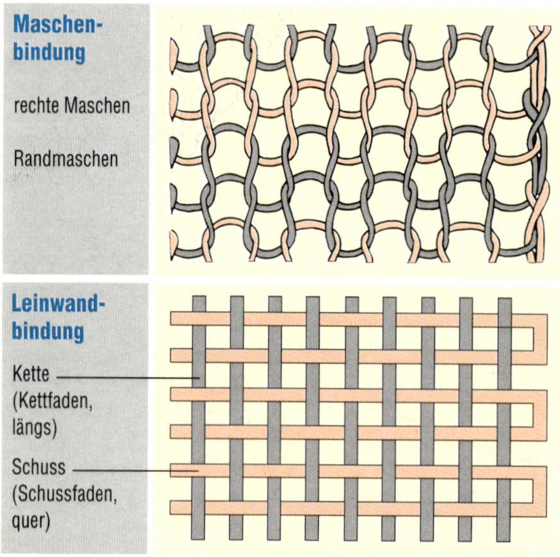

1. Maschen- und Leinwandbindung (Schema)

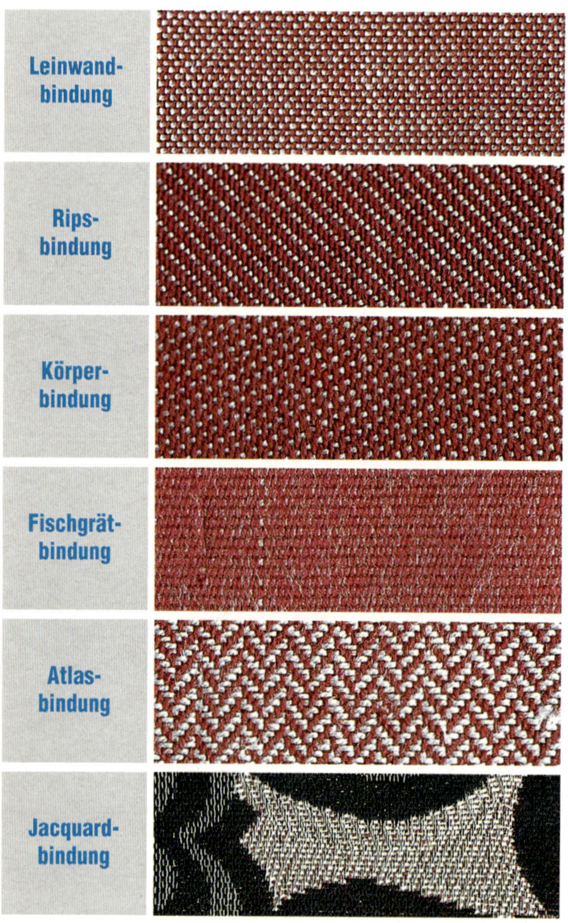

2. Verschiedene Bindungsarten

1.5 Textilien

Textilien werden aus Garnen bzw. Fäden hergestellt, die aus Fasern gesponnen werden. In vielen Fällen werden Garne verzwirnt, das heißt zwei oder mehrere Garne werden zusammengedreht. Grundsätzlich unterscheidet man zwischen **Maschenbindung** bei Maschenware (Strick- und Wirkware) und **Gewebebindung** bei Webwaren, Vliesstoffen und Flortextilien.

Maschenware

Diese elastischen Stoffe wie Trikot oder Jersey werden, außer für Kleidung, auch für Spannbettücher verwendet.

Gewebe/Webwaren

Sie sind dadurch gekennzeichnet, dass sich zwei oder mehrere Fäden rechtwinkelig kreuzen. Die in Längsrichtung verlaufenden Fäden bilden die Kette, die kreuzenden den **Schuss.**

Bei der **Leinwandbindung** kreuzt ein Kettfaden einen Schussfaden. Aufgrund der vielen Bindungspunkte sind die Stoffe dünn und trotzdem sehr strapazierfähig. Bekannte Stoffe mit Leinwandbindung: Leintuch, Taft, Nessel, Linon, Tweed, Batist, Popeline.

Bei der **Köperbindung** kreuzen mehrere Schussfäden einen oder mehrere Kettfäden. Im Vergleich zur Leinwandbindung (bei gleicher Anzahl Kett- und Schussfäden) ist Köpergewebe loser und weicher. Bei dichterer Einstellung kann es schwerer und strapazierfähiger hergestellt werden. Köper, Drell, Flanell, Inlett, Denim und Fischgrat sind Beispiele.

Bei der **Atlasbindung** wird nur jeder 5. bis 20. Kettfaden vom Schussfaden erfasst. Weil zwischen den Bindungspunkten die Fäden über längere Strecken freiliegen, zeigt die Warenoberseite ein glattes, glänzendes Aussehen. Gewebe mit Atlasbindung (französisch: Satin) wirkt elegant, ist aber weniger strapazierfähig.

Auf dem **Jacquardgewebe** können verschiedene Bindungsarten kombiniert werden. Das Gewebe ist daher durch glänzende Streifen, Punkte, Ornamente usw. in sich gemustert. Damast, das bekannteste Jacquardgewebe, ist für Bett- und Tischtücher und als Dekorationsstoff geeignet.

Vliesstoffe/Filze

Dünne, längsgeordnete Faserschichten nennt man Vliese. Vliesstoffe bestehen aus mehreren miteinander verbundenen Vlieslagen. Die Verbindung kann durch Kleben oder durch Nadeln mit Widerhaken (Nadelfilz) erreicht werden. *Einsatzgebiete:* Staub-, (Einweg-) Tischtücher, Grundmaterial für Teppichböden.

Flortextilien (Schlingen- und Velourware)

In das Grundgewebe (z. B. Leinwandbindung) oder die Maschenware (z. B. Trikot) werden Schlingen eingearbeitet. Schneidet man diese Schlingen auf, spricht man von Velour. *Verwendung:* Frottiergewebe und Teppichböden.

2 Wäschepflege

Waschen. Die Waschbedingungen sind:

- Waschtemperatur,
- Wassereigenschaften, insbesondere der Kalkgehalt,
- Art des Wasch- und Pflegemittels,
- Waschintensität wie Vollwaschgang oder Schonwaschgang; sie ist je nach Faserart, Ausrüstung, das heißt Verarbeitung und Veredelung der Wäsche einschließlich Färben und Drucken, und Verschmutzungsgrad zu wählen. Auch die Eigenschaften des Konfektionszubehörs wie Knöpfe, aufgesetzte Kragen, Futterstoffe sind zu berücksichtigen.

Das Wasser dient als Lösungsmittel für das Waschmittel und den wasserlöslichen Schmutz. Wasserunlöslicher Schmutz wie Fett wird mithilfe des Waschmittels in der Waschmittellösung in Schwebe gehalten. Durch die Waschbewegung der Waschmaschine wird der gequollene Schmutz von den Fasern abgelöst. Das Waschmittel enthält neben reinigenden auch pflegende Wirkstoffe sowie technische Hilfsstoffe (Seite 122). Reinigend wirken vor allem die seifenartigen Stoffe (Tenside), weil sie die Oberflächenspannung des Wassers verringern.

Schleudern. Der Schleudergang der Waschmaschine entwässert die Wäsche. Er entfällt ganz oder teilweise bei pflegeleichten Textilien und bei Wolle.

Trocknen. Beim Trocknen verliert die Wäsche durch Verdunsten überschüssiges Wasser. Dazu wird sie großflächig aufgehängt oder in Trommeltrocknern getrocknet.

Bügeln. Beim Bügeln wird die Wäsche mit einem Bügeleisen oder einer Bügelmaschine geglättet. Dabei spielen die Faktoren Hitze, Druck, Feuchtigkeit und Zeit eine Rolle. Die Wäsche ist nach ihrer Hitzeverträglichkeit zu sortieren (siehe Pflegesymbole), damit die Geräte nicht zu oft auf eine andere Hitzeleistung umgestellt werden müssen.

Legen. Vor dem Aufbewahren im Wäscheschrank wird die Wäsche zusammengefaltet und gelegt. Sie ist dabei stets auf die gleiche Weise zu falten, damit beim Auflegen von Tischdecken, Brechen von Servietten oder Überziehen von Betten stets die eingeübten Handgriffe angewendet werden können.

Aufbewahren. Die Wäsche sollte so aufbewahrt werden, dass sie nicht knittern, verstauben oder von Motten befallen werden kann.

1. Nennen Sie den Unterschied zwischen Garn und Zwirn.
2. Welche Gewebe sind für Betttücher geeignet?
3. Stellen Sie die Eigenschaften der Leinwand-, Köper- und Atlasbindung in einer Tabelle einander gegenüber.
4. Erläutern Sie den Begriff „Ausrüstung".
5. Welche Ausrüstung schützt gegen Mottenfraß, welche gegen elektrostatische Aufladung?

Ausrüstung	angestrebtes Ziel/Anwendungsbeispiele
Indanthren-färben	Allgemein übliches wasch-, licht-, koch- und wetterechtes Färben
appretieren	Appretiermittel (Stärken, Kunstharze, Kunststoffe) geben dem Gewebe den gewünschten Griff und Glanz (z. B. bei Tischwäsche) sowie schmutzabweisende Eigenschaften. Die Appretur ist nach dem Waschen meist zu erneuern oder aufzufrischen.
mercerisieren	Baumwollgewebe wird mit Natronlauge behandelt und gespannt. Dadurch entsteht bei Bett- und Tischwäsche ein waschbeständiger Glanz und eine erhöhte Festigkeit.
sanforisieren	Baumwollgewebe wird durch spezielle Behandlung entspannt und dann durch Trocknen fixiert. Das Warenzeichen „Sanfor" garantiert, dass das Gewebe um höchstens 1 % einläuft und formbeständig ist.
desodorieren, antimikrobiell ausrüsten	Wäsche, Bekleidung und Matratzen werden mit hautverträglichen und waschbeständigen Chemikalien behandelt um Geruchsbildung und den Befall durch Mikroorganismen zu verhindern. Die Wirkstoffe werden zum Teil durch Waschen aktiviert.
schmutzabweisend ausrüsten (Scotchgard, Oleophobol)	Nach Behandlung mit Kunstharzen weist das Gewebe wässrige, alkohol- und fetthaltige Verschmutzungen ab, sodass sie abzutupfen sind (Anwendung bei Tischdecken, Polsterstoffen, Teppichböden, hochwertiger Oberbekleidung). Nachteil: Die Gewebe sind weniger strapazierfähig
eulanisieren	Wasch- und chemischreinigungsechtes Ausrüsten von Wolle durch Eulan oder Mitin gegen Mottenbefall.
bügelarm ausrüsten	1. Baumwolle wird mit Kunstharzen versetzt. Nachteil: nur bis 60 °C waschbar. 2. Die Struktur der Baumwolle wird verändert (z. B. nach dem Cottonova-Verfahren). Sie bleibt dadurch kochfest, ist aber weniger strapazierfähig.
antistatisch ausrüsten	Die elektrostatische Aufladung synthesefaserhaltiger Gewebe wird durch ein Pflegemittel verhindert. Ein entsprechender Zusatz im letzten Spülwasser kann die Wirkung erneuern.

3. **Ausrüsten (= Veredeln) von Fasern und Textilien**

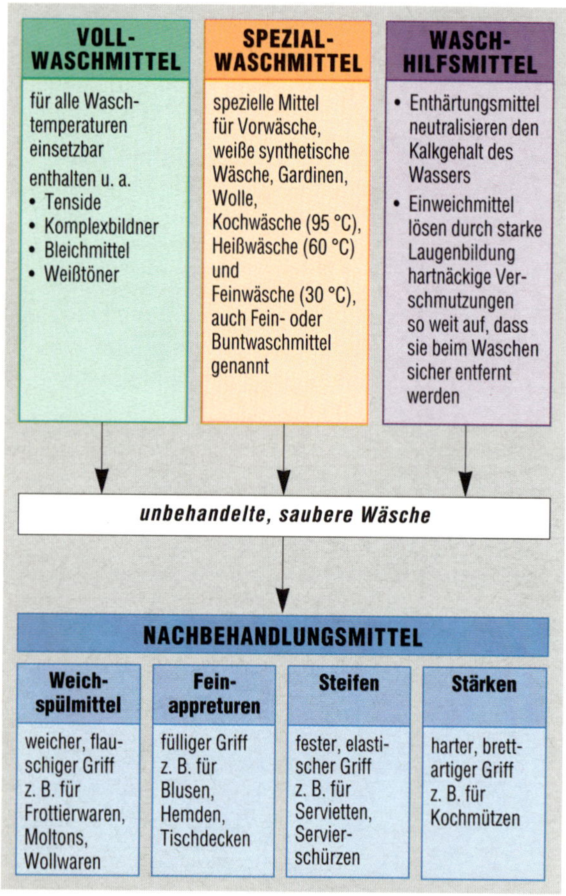

1. Einsatz von Wasch- und Nachbehandlungsmitteln

Fleckenart	Entfernen ...
Bier, Cola	mit lauwarmer Feinwaschmittellösung
Eiklar/Eigelb	mit kaltem Wasser einweichen, mit lauwarmer Feinwaschmittellösung abreiben
Fett	mit Waschbenzin oder Fleckenwasser
Fruchtsaft	mit lauwarmer Feinwaschmittellösung
Kaffee	wenig Benzinseife auf Tuch, abreiben, mit warmem Wasser nachbehandeln
Kakao	mit lauwarmer Feinwaschmittellösung
Kaugummi	Waschbenzin oder Fleckenwasser
Kugelschreiber	mit saugfähigem Tuch, getränkt in Benzin, abtupfen
Likör	mit reinem Alkohol, mit warmer Feinwaschmittellösung
Lippenstift	mit Waschbenzin oder Fleckenwasser, mit Feinwaschmittel nachbehandeln
Milch/Sahne	fettige Substanz mit Waschbenzin, dann mit warmer Feinwaschmittellösung
Rotwein	mit lauwarmer Feinwaschmittellösung
Soßen/Suppen	mit Waschbenzin reinigen, mit Feinwaschmittel nachbehandeln

2. Entfernen von Flecken aus Stoffen

2.1 Wasch-, Reinigungs-, Desinfektions- und Pflegemittel

Alle chemischen Hilfsstoffe zum Waschen, Reinigen, Desinfizieren und Pflegen müssen entsprechend den Herstellerangaben angewendet werden. Welche Mittel und Verfahren man einsetzt, hängt von folgenden Faktoren ab:

- Materialeigenschaften des behandelnden Gegenstandes,
- Art und Menge des Schmutzes,
- Ansprüchen an die Sauberkeit und den Pflegezustand.

Die Mittel dürfen den Gegenstand nicht schädigen oder im Aussehen beeinträchtigen. Fast alle chemischen Hilfsstoffe belasten die Umwelt. Deshalb sollte man die Mittel nur sparsam einsetzen und möglichst umweltfreundliche Produkte verwenden.

Waschmittel

Im Handel wird eine Vielzahl von Mitteln zum Waschen und Nachbehandeln angeboten. Waschmittel sollten

- verschiedene Arten von Schmutz entfernen können,
- die Ausrüstung und Färbung nicht beeinträchigen,
- der Wäsche einen frischen Duft geben,
- sich gut dosieren lassen und nicht zu stark schäumen.

Ein Beitrag zur Umweltschonung ist das Waschen bei niedrigen Temperaturen, weil dadurch Energie gespart wird. Die Hersteller versuchen Waschmittel zu erzeugen, deren Wascherfolg trotzdem hohe Erwartungen befriedigt.

Nachbehandlungsmittel werden in die Gruppen Weichspülmittel und Appreturen (Mittel, die der Wäsche einen „Griff" verleihen) eingeteilt.
Weichspülmittel kann die sogenannte Wasserstarre verhindern. Sie entsteht, weil durch die mechanische Einwirkung beim Waschen die aus der Wäsche herausragenden Fasern und Garne ineinander verhaken.
Appreturen sollen verhindern, dass die Textilien durch das Waschen eine „lappige" Form erhalten. **Steifen** auf Kunstharzbasis sind als Flüssigkeiten oder Sprays im Handel. Sie dringen in die Textilien ein und werden durch die Hitzeeinwirkung beim Bügeln oder Pressen ausgehärtet. Kunstharzsteifen sind waschbeständig. **Feinappreturen** auf Basis modifizierter Stärke geben der Wäsche nicht nur den erwünschten Griff, sondern wirken auch einer raschen Wiederverschmutzung entgegen. Mit **Stärken** auf Reisstärkebasis ist der höchste Steifheitsgrad erreichbar. Stärke kann den Glanz weißer Wäsche bzw. die Klarheit der Farbtöne bei Buntwäsche beeinträchtigen. Stärkesprays werden erst vor dem Bügeln aufgesprüht. Die Stärke verfestigt sich durch Hitze. Sogenannte **Formspüler** erhöhen die innere Festigkeit der Textilien. Hemden, Blusen, Bett- und Tischwäsche können bequem durch Zugabe des Mittels im Nachspülgang der Waschmaschine in Form gebracht werden.

Reinigungsmittel
Reinigende Wirkung haben in erster Linie **Lösungsmittel, Scheuermittel** und wässerige Lösungen von **Seifen** und **Tensiden** (synthetisch hergestellte, seifenartige Stoffe). Reinigend wirken auch die **Reibemittel.** Durch Reiben mit Lappen oder Tüchern aus Baumwolle, Leinen oder Leder können Schmutz oder Staub trocken oder feucht entfernt werden.
Schwämme werden bei der feuchten Reinigung eingesetzt. Sie können auch „schleifende" oder „seifige" Einlagen enthalten. Hartnäckige Verschmutzungen auf unempfindlichen Oberflächen werden damit entfernt. Sehr feine Stahlwolle ist dafür ebenfalls geeignet.
Bürsten mit weichen Borsten eignen sich zum Ausbürsten von Textilien und Polstermöbeln.
Einige Metalle können anlaufen und müssen mit geeigneten **Polier- und Putzmitteln** gereinigt und poliert werden.

Desinfektionsmittel
Sie sind häufig den Reinigungsmitteln zugesetzt und sollen Mikroorganismen abtöten.

Pflegemittel
Sie sollen die Oberflächen gegen mechanische und chemische Einwirkungen schützen, das Aussehen verbessern sowie die weitere Unterhaltsreinigung erleichtern. Reinigungs- und Pflegemittel werden oft zu einem Mittel kombiniert um Arbeitsgänge zu sparen.
Lackierte oder gebeizte Holzoberflächen und Holzfurniere werden mit Spezialmitteln poliert.

2.2 Pflegehinweise

Die **internationalen Pflegekennzeichen** sind Herstellerangaben, die die Eigenschaften der Textilien offen legen. Sie sollen dem Verbraucher einen zweckgerechten Einkauf und eine sachgerechte Reinigung und Pflege ermöglichen. Bei Reklamationen können sie als Nachweis dienen. Gesetzlich vorgeschrieben sind jedoch nur Angaben über die Art und den Gewichtsanteil der verwendeten Rohstoffe. Die Pflegemaßnahmen richten sich dann nach dem empfindlichsten Faseranteil.
Gütezeichen geben Auskunft über bestimmte Zusammensetzungen der Wäsche in bezug auf Rohstoffqualität und Verarbeitung. Sie sind für ganze Warengruppen geschaffen. Die Gütezeichengemeinschaft, ein Zusammenschluss von Herstellern, erlaubt und überwacht die rechtmäßige Benutzung.

1. Nennen Sie drei Faktoren, von denen es abhängt, welche Mittel und Verfahren zum Waschen, Reinigen und Desinfizieren eingesetzt werden.
2. Wie werden die Nachbehandlungsmittel eingeteilt?
3. Welchen Vorgang sollen Weichspülmittel bzw. Appreturen verhindern?

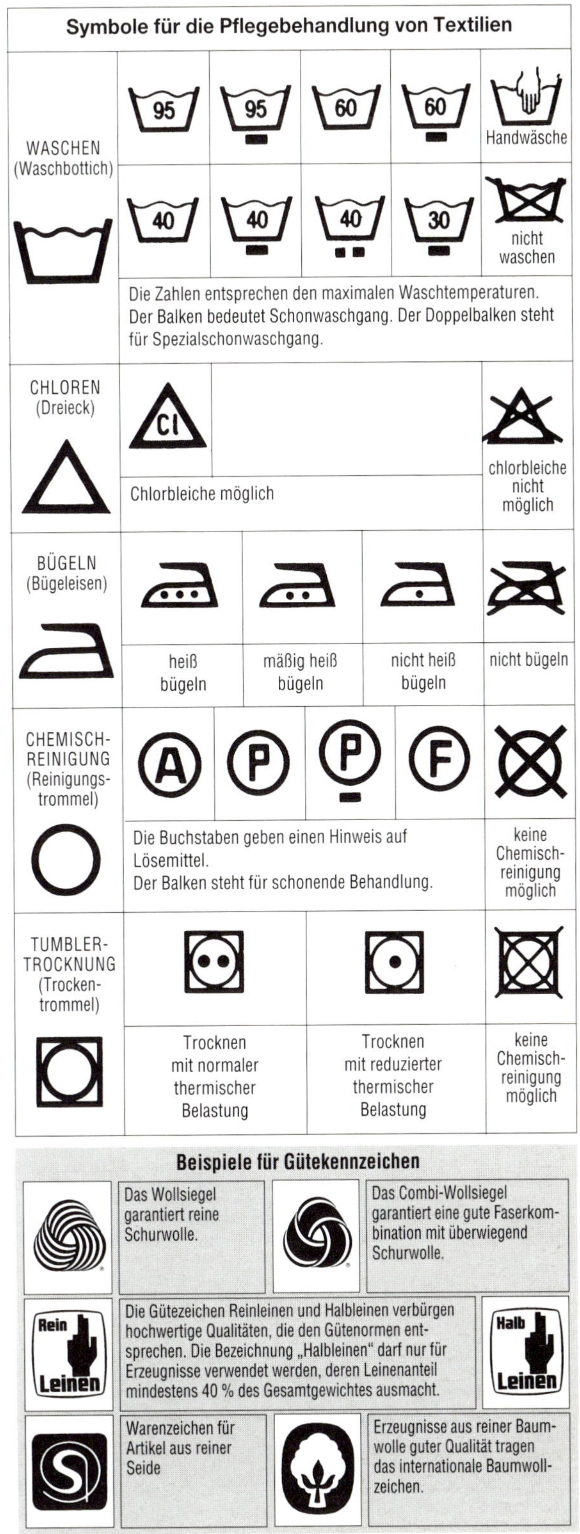

3. Internationale Pflege- und Gütekennzeichen

	Materialien	Anwendungsbeispiele	Pflegemaßnahmen und -mittel
WÄNDE	Dispersionsfarbe, wischfeste Tapeten	stärker strapazierte Wände	mit einem mäßig feuchten Tuch abwischen
	Ölfarbenanstrich, abwaschbare Tapeten	Feuchträume (Küche, Waschküche, Sanitärbereich)	mit leichter Reinigungslösung abwaschen, evtl. desinfizieren, mit klarem Wasser nachwaschen, trockenreiben
	keramische Fliesen, Kunststoffplatten	Feuchträume, Wände in Restaurant und Halle	mit heißer, starker Reinigungslösung abwaschen evtl. desinfizieren, mit klarem Wasser nachwaschen, trockenreiben
BÖDEN	(Vor-) Reinigung für Böden aller Art		fegen
	Teppichböden, Teppiche	Hotelzimmer, Restaurant, Flure , Treppen	staubsaugen, gelegentlich schampunieren und absaugen
	Kunststoff- und Gummiböden	Hotelzimmer, Restaurant, Halle	feucht wischen, gelegentlich Selbstglanzemulsion oder Wischwachs, trocknen lassen
	Steinfußböden (Natur- oder Kunststeinplatten, Terrazzo)	Restaurant, Halle, Flure, Treppen, Terrassen	mit Reinigungslösung reinigen, gelegentlich Wischpflegemittel verwenden, nicht nachspülen
	keramische Fliesen	Feuchträume, Restaurant, Treppen	mit starker Reinigungslösung säubern, evtl. mit Desinfektionsmittel behandeln

1. Reinigung und Pflege bei Wänden und Böden

Mittel	Eigenschaften und Verwendung
Lösungsmittel-reiniger	nicht mit Wasser mischbar, giftige Dämpfe; entfernt Fett, Teer, Streifen von Gummiabsätzen
Lösungsmittel-haltige Reiniger	mit Wasser mischbar: nicht bei kunststoff- und asphaltgebundenen Belägen verwenden
Lösungsmittel-freie Reiniger • mit Scheuermittel • auf Seifenbasis (Schmierseife) • Syndetreiniger	beste Reinigungswirkung: aufstreuen, anfeuchten, abschrubben, nachspülen; Keramikoberflächen, Fliesen, Steinfußböden kann Hände und Beläge angreifen, bildet Kalkseifen-Ablagerungen; nur bedingt geeignet ohne die Nachteile der Schmierseife; alle Böden
Spezialreiniger	zur Entfernung von Wachs- und Selbstglänzer-Rückständen (hauptsächlich zur Grundreinigung)
Pflegemittel auf Lösungsmittelbasis	wasserunlöslich; nach Bohnern glänzender Film auf unbehandelten Dielen- und Parkettböden
Lösungsmittelfreie Pflegemittel	Glanz entsteht durch Trocknen; Kunststoffböden; versiegelte und lackierte Holzböden
Lösungsmittelfreie Kombinationsmittel • Wischmittel • Wischwachse • Wischglanzmittel (Selbstglänzer)	arbeits- und zeitsparend, aber nicht so wirkungsvoll wie spezielle Mittel; wasserlöslich; reinigt und erzeugt Schutzfilm unverdünnt; erzeugt Schutzfilm auf Holzfußböden unverdünnt; reinigt, pflegt und schützt Fliesen, Stein- und Holzfußböden

2. Reinigungs- und Pflegemittel für Fußböden

3 Reinigung von Oberflächen und Bodenbelägen

Sauberkeit in allen Räumen ist eine Grundforderung in gastgewerblichen Betrieben. Die ständige Verschmutzung hat viele Ursachen: Personal und Gäste tragen Schmutz ins Haus, bei der Nutzung der Räume werden Wände, Böden und Einrichtungsgegenstände verschmutzt.
Es kommt darauf an möglichst schnell, gründlich und unauffällig den Schmutz zu entfernen und die Oberflächen zu pflegen. Diese arbeitsintensiven und ständig wiederkehrenden Tätigkeiten sind gut zu planen und mit effektiv arbeitenden Reinigungsgeräten rationell auszuführen. Eine wirksame Kontrolle der Reinigungs- und Pflegemaßnahmen ist für den Hygienestandard eines Hauses maßgebend.

Auswahl von Oberflächen und Belägen

Bereits bei der Einrichtung eines Betriebes sollte darauf geachtet werden, dass unempfindliche, nicht zu schnell verschmutzende und leicht zu reinigende Beläge und Oberflächen den Vorzug erhalten. Außerdem können z. B. Schmutzfangmatten und Fliesenlaufstreifen zwischen Eingang und Empfang verhindern, dass Teppichböden stark verschmutzen. In Nassräumen (Küchen, Bädern, Toiletten usw.) sind Fliesen an Wänden und Fußböden vorgeschrieben, weil sie sich hygienisch reinigen und desinfizieren lassen.
Die verwendeten Reinigungs- und Pflegemittel müssen nicht nur auf die jeweilige Oberfläche, sondern auch auf die eingesetzten Arbeitsmittel, Geräte und Maschinen abgestimmt sein. Der Einsatz moderner Maschinen kann die Reinigungsleistung beträchtlich steigern.

3. **Teppichsiegel (an der Teppichunterseite)**

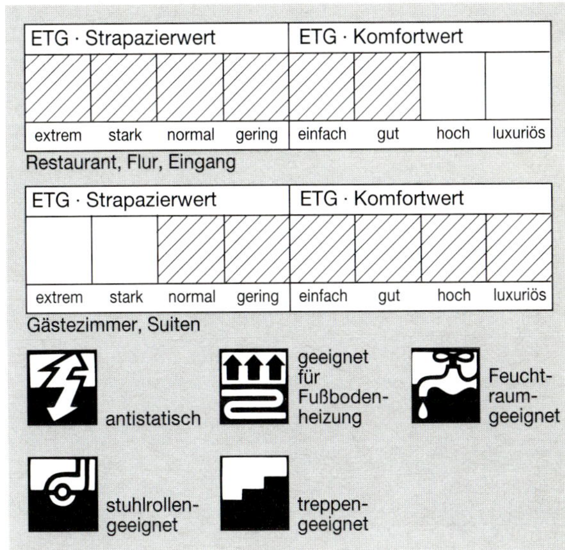

4. **Eignungsbereiche für Teppiche (Symbolerklärung)**

Teppiche

Außer den Teppichen im engeren Sinn werden Teppichläufer, Brücken, Bettumrandungen und Wandbehänge sowie Auslegeware (Teppichböden und -fliesen) unter diesem Begriff zusammengefasst.

Sie können aus verschiedenen Materialien wie Wolle, Baumwolle, Seide, Tierhaaren und synthetischen Chemiefasern hergestellt werden. Allein daraus ergeben sich für die Eignung, Reinigung und Pflege viele Unterschiede. Herstellungstechniken (Knüpfen, Weben, Wirken, Stricken usw.) sowie die Dichte und die Art und Höhe der Schlingen bzw. des Flors haben ebenfalls Einfluss auf die Qualität.

Deshalb sollte beim Kauf der Rat von Teppichfachleuten in Anspruch genommen werden. Eine Hilfe können auch die Symbole auf dem Teppichsiegel sein (Bild 3 und 4). Das Teppichsiegel erhalten nur Teppiche, die bestimmten Qualitätskriterien genügen. Damit Teppiche nicht rutschen, wellen oder wandern, kann eine Kunststoffunterlage verwendet werden.

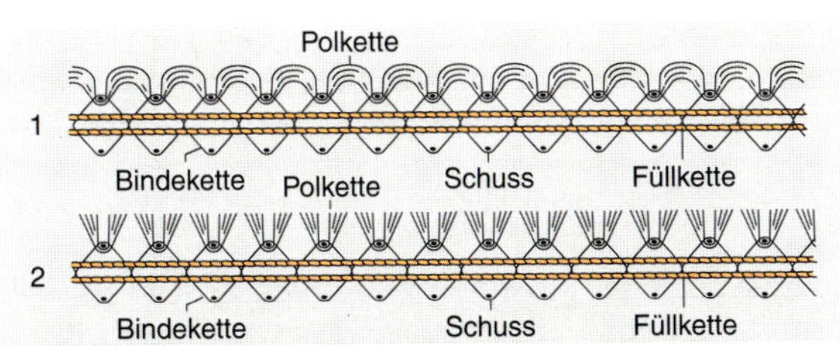

5. **Teppichherstellung: ① Buklee-Teppich (mit geschlossener Polkette; Schlinge); ② Velours-Teppich (mit ausgeschnittener Polkette; Flor)**

Teppichböden

Teppichböden haben sich als Bodenbelag in vielen Bereichen eines Hotels durchgesetzt. Für fast jeden Raum und jede Beanspruchung werden geeignete Qualitäten angeboten. Im Vergleich zu Stein-, Fliesen- oder Holzfußböden

- sind sie schall- und wärmedämmend (dadurch energiesparend),
- verbreiten sie eine wohnliche Atmosphäre,
- lassen sie sich relativ leicht und schnell reinigen und pflegen. Für Bereiche mit hohem Fleckenrisiko ist eine Flecken-Schutzimprägnierung zu empfehlen.

Teppichböden benötigen einen trockenen, ebenen und rissfreien Untergrund, bevorzugt Estrich. Sie können sowohl verspannt, geklebt als auch lose verlegt werden.

Um die Umweltbelastung gering zu halten, sollte man Teppichböden wählen, die vom Hersteller zurückgenommen und wieder verwertet werden. Voraussetzung ist, dass diese Teppichböden nicht vollflächig geklebt werden.

1. Nennen Sie Beispiele für pflegeleichte und pflegeaufwendige Bodenbeläge.
2. Wovon hängt es ab, welche Reinigungs- und Pflegemittel Sie für einen bestimmten Belag verwenden?
3. Ist ein Teppichboden im Badezimmer zu empfehlen? Begründen Sie Ihre Antwort.
4. Nennen Sie drei Vorteile von Teppichböden.
5. Wie können Sie verhindern, dass Teppiche rutschen, sich wellen oder wandern?

1. Einfach verstellbarer Lattenrost

2. Mehrfach verstellbarer Lattenrost

4 Gästebetten

4.1 Auswahl von Bettgestell und Matratze

Erholsamer Schlaf ist die zentrale Dienstleistung des Hotelgewerbes. Aufbau und Qualität des Gästebettes tragen entscheidend dazu bei, denn falsches Liegen kann Rücken- und Kopfschmerzen oder Muskelverspannungen verursachen. Vor dem Kauf von Hotelbetten empfiehlt es sich den Rat von Bettenfachleuten einzuholen, weil

- neue Erkennnisse der Schlafforschung und der Orthopädie zu Neuentwicklungen führen,
- neue Materialien und Verarbeitungsmethoden die Qualität verbessern und den Pflegeaufwand verringern können,
- die Betten den verschiedenen Schlafbedürfnissen der Gäste genügen sollen,
- sie sich harmonisch in das Gesamtbild des Raumes einfügen sollen.

Bettgestelle

Gestelle halten den Rost bzw. Spiralnetzrahmen, auf dem die weiteren Bestandteile des Bettes aufliegen. Sie bestehen aus Holz, selten aus Kunststoff oder Metall.
Einzelbetten werden für die Matratzengrößen

- 0,90 m x 1,90 m oder
- 1,00 m x 2,00 m

Doppelbetten für die Matratzengrößen

- 1,60 m x 1,90 m bzw.
- 1,90 m x 2,00 m

als Normgröße angeboten.

Die Matratze sollte möglichst 20 cm länger als die Person sein, die darauf schläft.

Matratzenunterlagen

Roste bilden die leicht federnde Unterlage der Matratze und halten sie im Gestell. Roste sollten

- der Matratze auf der ganzen Fläche den nötigen Halt und zusätzliche Elastizität geben, damit sie sich flexibel in allen Schlaflagen jeder Körperform anpassen kann,
- im Kopf- und Fußteil verstellbar sein, damit der Gast sie nach seinen Bedürfnissen einstellen kann.

Lattenroste verfügen über elastische, gewölbte Holzleisten, die in federnde Gummi- oder Kunststoffprofile gelagert und am Rostrahmen befestigt sind. Jede Leiste wird bei Belastung etwas nach unten gedrückt und seitlich geneigt. Die Matratze passt sich dadurch besser der Körperform an.

Matratzenschoner werden zwischen Rost und Matratzenunterseite gelegt um den Materialverschleiß durch Reibung am Rost zu vermeiden. Matratzenschoner bestehen aus eingefasstem Grobpolster und sind ca. 1 cm hoch. Um die Oberseite der Matratze zu schonen kann zwischen Matratze und Bettuch ein Molton, ein beidseitig aufgerauter, leinwandbindiger Baumwollstoff mit hoher Saugfähigkeit, gelegt werden.

Matratzen

Eine Matratze soll in erster Linie den Körper sanft stützen, damit sich die Muskulatur entspannen kann und die Bandscheiben entlastet werden. Deshalb sind sie häufig in der Mittelzone verstärkt. Matratzen sollten weder zu hart noch zu weich sein.

In zweiter Linie soll die Matratze dazu beitragen Wärme und Feuchtigkeit zu regulieren. Über die Haut gibt der Körper pro Nacht etwa 0,2 l Flüssigkeit ab, die zum Teil über die Matratze abgeführt werden muss. Durch eine ausreichende Luftzufuhr von unten wird unangenehmer Wärme- und Feuchtigkeitsstau vermieden.

Federkern-Matratzen haben als tragendes Element einzelne Stahlfedern, die miteinander verbunden sind und von einem Stahlrahmen gehalten werden. Oben und unten sind sie mit mehreren Schichten Grobpolster (Kokos-, Palm- oder Sisalfasern bzw. Rosshaar) und Feinpolster (meist Wolle oder Baumwolle) eingefasst und mit strapazierfähigem Drellbezug versteppt.
Bei **Taschen-Federkern-Matratzen** sind die Federn zur Geräuschdämmung in Leinentaschen eingenäht.

Schaumstoff-Matratzen bestehen aus synthetischem Schaumstoff oder natürlichem Schaumgummi (Latex). Luftkammern verbessern Elastizität und Luftzirkulation.
Bei **Schaumstoff-Matratzen mit Federkern** sind Federelemente in die Längskanäle der Schaumstoff-Matratze eingearbeitet. Da sie nicht untereinander verbunden sind, passen sie sich gut der Körperform an. Durch die Längskanäle ist der Luftaustausch gewährleistet.

4.2 Auswahl der Bettwäsche

Zur Bettwäsche zählen Betttücher, Kissen- und Deckenbezüge. Für Gästebetten sind vor allem Leinen, Halbleinen und Baumwolle gebräuchlich, weil sie trotz starker Beanspruchung lange ansprechend aussehen.
Bei Bettwäsche auf Baumwoll-Basis wird die Qualität von Damast (Jacquardgewebe) durch die Güte der Baumwolle und die Fadendichte bestimmt. Besonders strapazierfähig ist Kretone, ein leinwandbindiger Baumwollstoff. Biber und Feinbiber sind beidseitig aufgerauhte, flauschig-weiche Stoffe mit Leinwand- oder Atlasbindung, die gut wärmen. Jersey aus reiner Baumwolle oder Mischgarnen ist besonders hautfreundlich und bügelfrei.
Bei Bettwäsche auf Leinenbasis werden vor allem Mischgewebe mit Polyester bzw. Diolen verwendet.

Betttücher/Bettlaken müssen besonders strapazierfähig sein. Sie werden deshalb aus Leinen, Halbleinen oder Mischgewebe, etwa Baumwolle mit Viskose, hergestellt.

Deckbetten- und Kissenbezüge haben üblicherweise den Hotelverschluss, bei dem ein überlappendes Stoffstück die Einschuböffnung verschließt und deshalb keine Knöpfe notwendig sind. Er macht ein rationelleres Arbeiten möglich, weil das Auf- und Zuknöpfen entfällt und keine abgerissenen Knöpfe angenäht werden müssen. Deshalb lohnen sich die Ausgaben für den Mehrbedarf an Stoff.

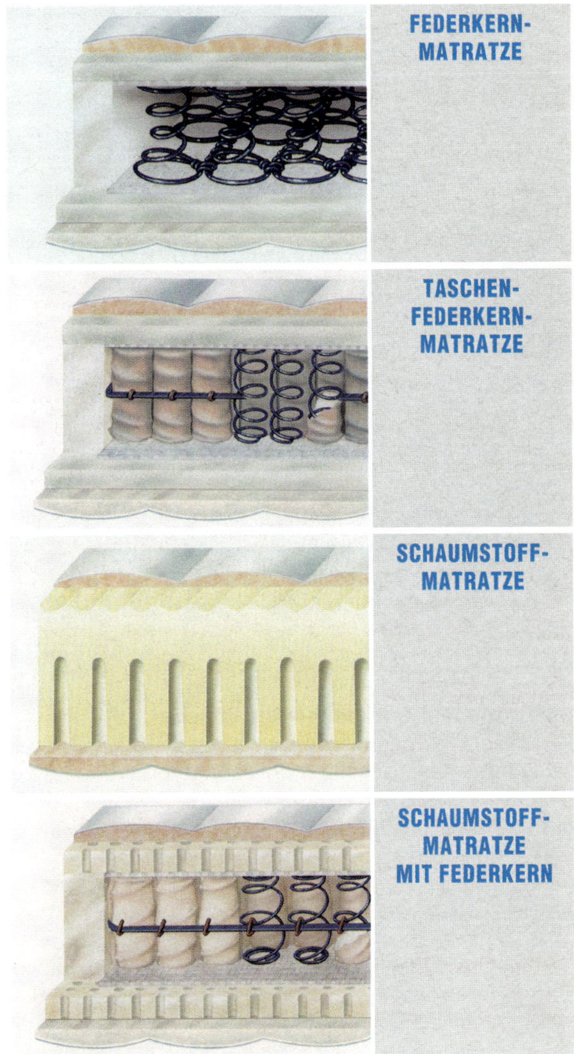

3. Matratzenarten (Beispiele)

Bettwäsche	Größe
Betttücher	160 cm x 260 cm
Spannbetttücher	100 cm x 200 cm
Deckbettbezüge Normalgrößen Übergrößen Französische Betten	 135 cm x 200 cm / 155 cm x 200 cm 135 cm x 220 cm / 155 cm x 220 cm 200 cm x 200 cm
Kissenbezüge	80 cm x 80 cm / 80 cm x 60 cm 60 cm x 40 cm / 40 cm x 40 cm
Plumeau (kleines Federbett)	130 cm x 130 cm

4. Gängige Bettwäschengrößen

1. Gänsefedern, Daunen, Entenfedern

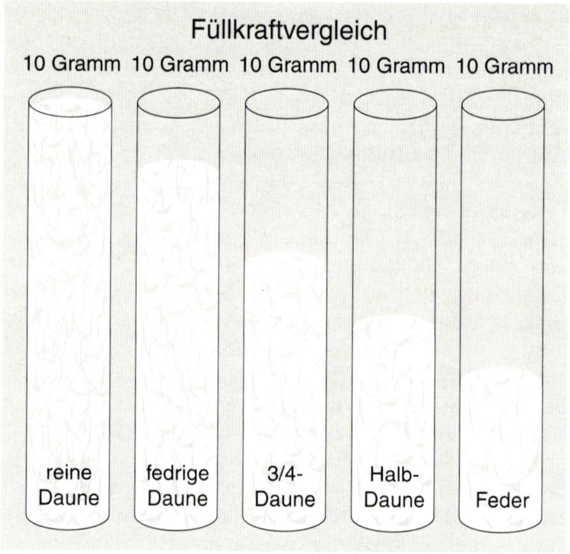

2. Bauschkraft von Federn bei gleichem Gewicht

Materialien für Deckbetten und Kissen

Für ein ausgeglichenes, körpergerechtes Schlafklima ist ein Federbett unübertroffen. Es erfüllt alle Anforderungen, die man an ein Deckbett stellt. Es ist anschmiegsam und atmungsaktiv, feuchtigkeitsregulierend, gut wärmehaltend und -ausgleichend, auch bei schwankenden Zimmertemperaturen.

Als Deckbett werden Flachbetten bevorzugt, deren Hülle (Inlett) durch eingenähte Stoffstege unterteilt, das heißt gesteppt ist. Gegenüber ungesteppten Deckbetten haben sie folgende Vorteile:

- Die Unterteilungen verhindern ein Verrutschen, Zusammendrücken und Klumpen des Füllmaterials; sie brauchen deshalb kaum aufgeschüttelt zu werden.
- Art und Menge des Füllmaterials können auf das unterschiedliche Wärmebedürfnis der Körperzonen abgestimmt werden. Beispielsweise können am Fußende besonders viele Daunen eingearbeitet sein um ein Auskühlen der Füße zu unterbinden.
- Abgesteppte Deckbetten hüllen den Körper besser ein und belasten nicht durch eine geballte Füllung.

Kissen werden nicht abgesteppt. Als Kopfunterlage sollen sie sich vom Schläfer zur gewünschten Höhe formen lassen. Beim Bettenmachen müssen sie gut aufgeschüttelt werden.

Bettfedern und Daunen

Original-Federn und Daunen müssen von Gans oder Ente stammen. Folgende Eigenschaften machen Federn zum meistgebrauchten Füllmaterial:

- Haarfeine Luftkanälchen zwischen den einzelnen Federstrahlen schließen die isolierte Luft ein.
- Die natürliche Krümmung sorgt für noch mehr wärmedämmende Hohlräume zwischen den Federn und macht die Füllung weich und elastisch.
- Sie sind wasseranziehend und leiten die aufgenommene Feuchtigkeit an die Umgebungsluft ab.

Daunen sehen wie eine bauschige Schneeflocke aus. Vom kaum sichtbaren Kern stehen strahlenförmige Verästelungen ab, die sich mit den Verästelungen der anderen Daunen zu einer äußerst leichten und luftigen Füllung verbinden.

Die Eiderdaune (von der Eiderente) ist besonders groß, fein und leicht. Je höher der Daunenanteil einer Füllung, desto höher die Oualität und der Preis.

Die Angabe des Daunenanteils bezieht sich auf den Gewichtsanteil. 15 % Daunen bei der Halbdaunen-Füllung bedeutet 15 % Gewichtsanteil; der volumenmäßige Anteil beträgt 50 % .

Beim Kauf ist auf die Bezeichnung **Original** oder **Originalware** zu achten. Fehlt dieser Zusatz, kann es sich ganz oder teilweise um gebrauchte, wieder aufgearbeitete Feder- oder Daunenfüllungen handeln.

Inlett (Hüllen für Füllungen)

Feder- und Daunenfüllungen müssen in Hüllen, Inlett oder Einschütte genannt, gefüllt werden. Darüber wird der Decken- oder Kissenüberzug gezogen. Das Inlett muss so dicht sein, dass es auch von feinen Federkielen nicht durchstoßen wird. Es muss luftdurchlässig sein, damit die Füllung beim Aufschütteln Luft aufnehmen kann und sich auflockert. Diese fast gegensätzlichen Forderungen werden von dicht gewebten Köperbindungen und feinfädigen Baumwollbatisten erfüllt. Für Daunenfüllungen eignen sich Satins (leichte, feinfädige Gewebe in Atlasbindung). Um die Funktion der Füllungen zu erhalten muss man Feder- und Daunenbetten gut pflegen.

Beim täglichen Aufschütteln wird die Füllung nicht nur gelockert, die neu gebildeten Lufträume sorgen auch für einen Klimaausgleich. Das Lüften dient dem Abtransport der Feuchtigkeit, die der Körper abgegeben hat. Zum Lüften genügen ein bis zwei Stunden bei offenem Fenster oder auf dem Balkon. Bei Regen und Nebel soll das Federbett im Zimmer bleiben, weil es Feuchtigkeit anzieht.

Pralles Sonnenlicht entzieht den Federn und Daunen die zelleigene Feuchtigkeit. Dadurch verlieren sie im Laufe der Zeit ihre Elastizität; sie werden spröde und brechen ab. Etwa alle fünf Jahre sollten Federbettfüllungen zur Reinigung gegeben werden, Kissen wegen der stärkeren Beanspruchung alle drei Jahre. Dabei werden der Staub sowie Bruchstücke von Federn und Daunen entfernt.
Auch das Inlett erfordert Pflege. Leichtes Bürsten mit einer weichen Bürste ist die schonendste Art das Inlett vom Staub zu reinigen.

Sonstige Materialien für Bettdecken
Decken mit **synthetischen Füllungen** werden vor allem verwendet, weil sie preisgünstig und maschinenwaschbar sind. Personen, die gegen Federn und Haare allergisch sind, bevorzugen Decken mit synthetischen Füllungen.
Als **Naturhaar-Decken** werden leichte Decken aus Tierhaaren folgender Gattungen angeboten: Schaf, Lamm, Alpaka, Mohair- und Kaschmir-Ziege, Kamel, Angora-Kaninchen und Yak. Sie sind weich, anschmiegsam, atmungsaktiv und Temperatur ausgleichend. Naturhaar-Decken werden von vielen Rheumakranken bevorzugt, weil sie die Wärme besonders gut zurückhalten.
Decken aus **Seide** sind sehr leicht und deshalb für die warme Jahreszeit besonders geeignet.

Gewichtsanteil Daunen	Bezeichnung
100 %	Original reine Daune
90 %	Original Daune
50 – 89 %	Original federige Daune
30 – 49 %	Original Dreivierteldaune
15 – 29 %	Original Halbdaune
9 – 14 %	Original daunenhaltige Daune
0 %	Original Federn

3. Bezeichnungen verschiedener Füllungen

Wissen Sie Bescheid?

1. Ordnen Sie den folgenden Metallen Gebrauchsgegenstände zu und geben Sie die Regeln zu ihrer Reinigung und Pflege an: Silber, Kupfer, Edelstahl.
2. Welche Schutzmaßnahmen treffen Sie um gesundheitliche Schäden bei Reinigungsarbeiten zu vermeiden?
3. Beschreiben Sie den schrittweisen Ablauf der Glas- und der Porzellan-Herstellung.
4. Erklären Sie die Unterschiede zwischen Unterglasur-, Aufglasur- und Inglasurdekor.
5. Nennen Sie drei Kunststoffarten und je zwei Verwendungsbeispiele.
6. Vergleichen Sie die Eigenschaften von tierischen Fasern und pflanzlichen Fasern.
7. Welche Vor- und Nachteile haben Stoffe aus synthetischen Fasern?
8. Welche Gewebearten unterscheidet man?
9. Zählen Sie vier wichtige Waschbedingungen auf.
10. Wie heißen die Stoffe, die im Waschwasser die Oberflächenspannung herabsetzen und dadurch reinigend wirken?
11. Nennen Sie die Faktoren, die beim Bügeln auf die Wäsche einwirken.
12. Welche Informationen werden durch die internationalen Pflegekennzeichen vermittelt?
13. Wozu dienen Desinfektionsmittel?
14. Welche Ziele werden durch das Appretieren von Wäsche erreicht?
15. Wie kann beim Waschen Energie gespart werden? Zählen Sie drei Möglichkeiten auf.
16. Worauf sollten Sie bei der Auswahl und der Verwendung von Reinigungs- und Pflegemitteln achten?
17. Wie können Reinigungs- und Pflegemaßnahmen rationell durchgeführt werden?
18. Nennen Sie die wichtigsten Funktionen der Matratze im Gesamtsystem Bett.
19. Welche Vorteile bietet der Hotelverschluss bei Betten- und Kissenbezügen?
20. Erläutern Sie die zwei Vorteile abgesteppter Bettdecken.
21. Erklären Sie den Unterschied zwischen Federn und Daunen.
22. Welche Eigenschaften machen Federn und Daunen zum meistverwendeten Füllmaterial?
23. Warum muss ein Federbett gelüftet werden? Welche Regeln sind dabei zu beachten?
24. Erläutern Sie den Begriff „Halbdaunen". Wie viel Gewichtsanteile Daunen sind darin enthalten?
25. Welche Anforderungen stellen Sie an ein Inlett? Wie soll es gepflegt werden?
26. Welche Vorzüge haben Decken mit synthetischen Füllungen und Naturhaardecken?

Getränkekunde

1. Etikett eines Mineralwassers

1 Alkoholfreie Getränke

Unter dieser Bezeichnung werden alle Getränke zusammengefasst, die keinen Alkohol enthalten. Dazu zählen folgende Gruppen:

- Wässer wie Mineral-, Quell- und Tafelwässer,
- Fruchtsäfte, Fruchtnektare,
- Gemüsesäfte und Gemüsetrunke,
- Erfrischungsgetränke wie:
  - Fruchtsaftgetränke,
  - Limonaden,
  - Brausen,
  - Mineralstoffgetränke (z. B. isotonische Getränke),
  - Diät-Erfrischungsgetränke,
  - brennwertverminderte Getränke,
  - brennwertarme Getränke.

Im weitesten Sinne kann man auch Milch, Kaffee und Tee zu der Gruppe der alkoholfreien Getränke zählen. Alkoholfreie Getränke werden von vielen Menschen gegenüber alkoholhaltigen bevorzugt. Die Bevölkerung ist gesundheitsbewusster geworden. Im Zuge dieses Trends sind alle Produkte gefragt, die das sportlich-aktive Leben unterstützen.

Besonders Mineralwasser vereint fast alle Attribute, die diesem Trend gerecht werden und ist in der Gunst des Verbrauchers sehr stark gestiegen. Als mögliche Erklärung lassen sich stichwortartig angeben: Kalorienfreiheit (es enthält keine Energie), gestiegenes Ernährungs- und Gesundheitsbewußtsein, Einhalten der Promillegrenze und die kritische Beurteilung der Trinkwasserqualität. Die Beliebtheit alkoholfreier Getränke zeigt sich im Anstieg des Pro-Kopf-Verkaufs vom 3,8 l im Jahr 1950 auf fast 100 l heute.

1.1 Mineral-, Quell- und Tafelwasser

Mineralwasser

Natürliches Mineralwasser ist als einziges Lebensmittel in Deutschland „amtlich". Um diese amtliche Anerkennung zu erreichen, muss es

- seinen Ursprung in einem unterirdischen, vor Verunreinigungen geschützten Wasservorkommen haben und aus einer oder mehreren natürlichen oder künstlich erschlossenen Quellen gewonnen werden;
- am Quellort abgefüllt werden und mit einem Verschluss versehen sein, der Verfälschungen oder Verunreinigungen unmöglich macht. Es darf nicht offen (glasweise), sondern nur in Originalbehältnissen verkauft werden;
- sich einer Analyse unterwerfen, die etwa 200 chemische Substanzen umfasst:
- eine ernährungsphysiologische Wirkung haben.

Für Wasser mit weniger als

- 1000 mg gelösten Bestandteilen (Mineralstoffen)
- 150 mg Calcium, 50 mg Magnesium
- 250 mg freier Kohlensäure oder 1mg Fluorid in einem Liter ist eine zusätzliche Überprüfung unter ernährungsphysiologischen Gesichtspunkten erforderlich.

Aus optischen und geschmacklichen Gründen ist das Entfernen von Eisen- und Schwefelverbindungen, Filtrieren oder Dekantieren (Abgießen von Bodensatz) erlaubt. Kohlensäure darf entzogen oder zugesetzt werden. Eine Nutzungsbescheinigung bestätigt die einwandfreie Beschaffenheit aller Anlagen.

Entstehung und Wirkung von Mineralwasser

Mineralwasser ist Regenwasser, welches vor vielen, vielen Jahren in die Erde eingesickert ist und unterschiedliche Gesteinsschichten durchwandert hat. In bis zu 1000 m Tiefe sammelt es sich wieder an einer wasserdichten Gesteinsschicht.
Auf dem Weg nach unten lösen sich Mineralstoffe aus dem Gestein, die dem Wasser seine unverwechselbare Geschmacksnote geben. So schmecken calcium- und magnesiumreiche Wässer frisch, Wässer mit einem hohen Anteil

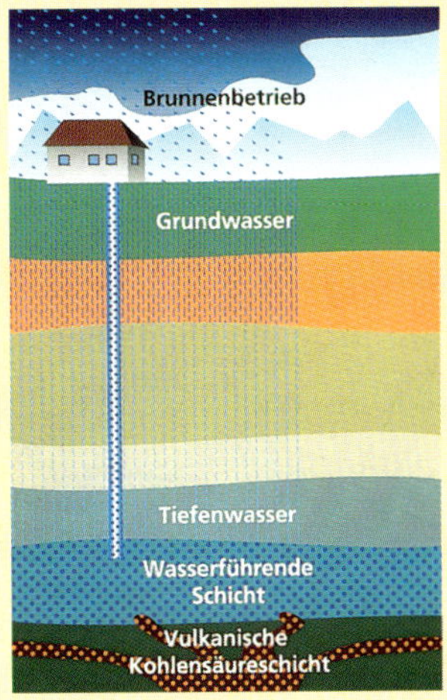

von Natrium und Chlorid kräftig und würzig und hydrokarbonathaltige Wässer erdig.
Die gelösten Mineralien sind Wirkstoff und Bausteine für den menschlichen Organismus, wie Natrium und Kalium für die Bewegung der Muskeln, Chlorid für die Verdauung, Calcium als Baustein für Knochen und Zähne, Magnesium für die Koordination von Muskeln und Nerven sowie die Verbesserung der Konzentration. Sulfat wirkt entgiftend im Leberstoffwechsel. Eisen trägt bei zur Bildung der für den Sauerstofftransport verantwortlichen roten Blutkörperchen.

1. Welche Behandlungsmethoden sind aus optischen oder geschmacklichen Gründen bei Mineralwässern erlaubt?
2. Erklären sie gastgerecht den Unterschied zwischen Säuerling und Heilwasser .

Säuerling oder Sauerbrunnen darf sich ein natürliches Mineralwasser nennen, wenn der natürliche Kohlensäuregehalt über 250 mg liegt. Diese Bezeichnung kann durch die Benennung „**Sprudel**" ersetzt werden, wenn das Wasser unter natürlichem Kohlensäuredruck hervorsprudelt.

Flavored Water ist eine Bezeichnung für natürliches Mineralwasser, welches mit Auszügen von Zitrone, Limone oder Apfel aromatisiert wird. Künstliche Geschmacks- oder Farbstoffe sowie Zucker dürfen nicht zugesetzt werden. Das Wasser erhält dadurch einen kräftigeren Geschmack, liefert jedoch keine Energie.

Heilwässer sind Mineralwässer, denen nach längerer Erprobungszeit heilende Wirkung zuerkannt wurde. Heilwässer sind für den dauernden Gebrauch ohne ärztliche Beratung nicht geeignet. Für Heilwässer – ein natürliches Heilmittel des Bodens – gilt nicht das Lebensmittel-, sondern das Arzneimittelgesetz. Wird Kohlensäure entzogen, werden sie mit dem Hinweis „still", „leicht", „medium" u. Ä. gekennzeichnet.

Das Etikett für Mineralwasser enthält folgende Angaben:
- Herkunft (Quellenname, Name des Abfüllers),
- die Zusammensetzung, das Analyseinstitut,
- die Mindesthaltbarkeit,
- die Angaben „natürlich-kohlensäurehaltig", „Kohlensäure ganz entzogen" oder „- teilweise entzogen", „mit Kohlensäure versetzt", „enteisent", „entschwefelt",
- die Bezeichnung „fluoridhaltig" bei über 1,5 mg/l,
- für Heilwässer die Angabe der Zusammensetzung, Gegenanzeigen und Anwendungsgebiete.

Quellwasser
Vorkommen wie Mineralwasser. Die Quellen müssen nicht vor jeder Verunreinigung geschützt sein, keine bestimmten ernährungsphysiologischen Wirkungen haben und nicht amtlich anerkannt werden. Quellwasser darf nicht mit Bezeichnungen versehen werden, die zu Verwechslungen mit natürlichem Mineralwasser führen können. Geografische Bezeichnungen und Hinweise auf seine chemische Zusammensetzung sind als Angaben nicht erlaubt.

Tafelwasser
Es wird aus Wasser, das wie Trinkwasser behandelt (Ozonisieren, Chlorieren usw.) werden darf, hergestellt. Sole, Meerwasser, Mineralsalze oder Kohlendioxid dürfen einzeln oder in Kombination zugesetzt werden. Mit Meerwasser hergestelltes Tafelwasser darf nur in Verkehr gebracht werden, wenn es mit der Angabe „mit ...% Meerwasser" gekennzeichnet ist. Die mikrobiologischen Anforderungen an Tafelwasser sind dieselben wie für Mineralwasser. Für Quellwasser nicht zulässige irreführende Bezeichnungen dürfen auch für Tafelwasser nicht verwendet werden. **Sodawasser** darf sich ein Tafelwasser nennen, das mindestens 570 mg Natriumhydrogencarbonat sowie Kohlenstoffdioxid enthält.

Verwendung der Wässer
- als Durstlöscher oder als Begleiter zu allen Speisen,
- zum Mischen mit anderen Getränken,
- zum Kaffee um die Röststoffe verträglich zu machen,
- zur Neutralisierung des Geschmacks bei Weinwechsel,
- zum Garen von Speisen (Vichy-Karotten).

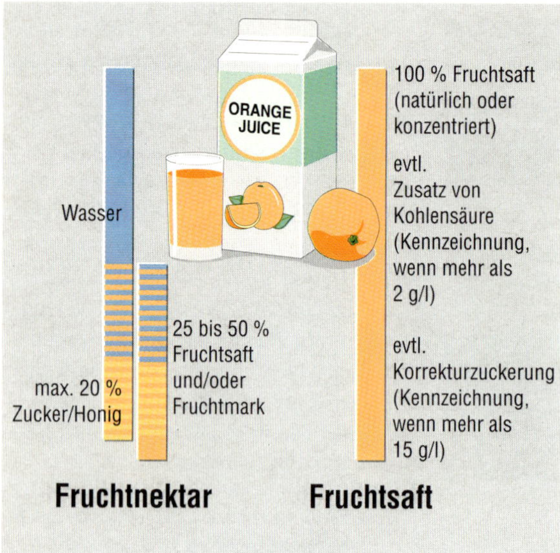

1. Unterschiede Fruchtsäfte und Nektare

2. Etikett bei Fruchtsäften, Pflichtangaben

1.2 Fruchtsaft, Fruchtnektar, Gemüsesaft, Gemüsetrunk

Fruchtsäfte

Fruchtsäfte sind die gärfähigen, aber nicht gegorenen Säfte aus frischem oder durch Kälte haltbar gemachtem Kern-, Beeren- oder Steinobst, Wildfrüchten, Trauben oder Südfrüchten. Die Früchte müssen gesund, im zweckentsprechenden Reifezustand und zum Verzehr geeignet sein. Sie werden auf mechanischem Weg durch Zerkleinern, Pressen, Zentrifugieren gewonnen. Sie müssen die Farbe, das arteigene Aroma und den arteigenen Geschmack der Früchte aufweisen, von denen sie stammen. Fruchtsäfte müssen ohne Farbstoff und Konservierungsmittel hergestellt werden. Die Haltbarmachung erfolgt durch Pasteurisieren (Kurzzeiterhitzung ca. 80 °C) und Entkeimungsfiltrationen (bei blanken Säften).

Als Fruchtsaft gilt auch das aus **Fruchtsaftkonzentrat** hergestellte Getränk, dem die Wassermenge zugefügt wurde, die bei der Konzentrierung entzogen wurde. Fruchtsäfte dürfen auch auf der Basis von **Fruchtmark** hergestellt werden; dies ist üblich bei Mehrfruchtsäften. Fruchtart- oder wetterbedingt darf Zucker bei Mangel zugesetzt werden (jedoch ist im Zutatenverzeichnis darauf hinzuweisen):

- bis 15 g pro l erlaubt bei jedem Fruchtsaft,
- bis 100 g pro l, mit Ausnahme von Apfelsaft,
- bis 200 g pro l bei Zitronen, Limetten, Bergamotten, Johannisbeersaft, außerdem:
- Zitronensäure bis 3 g pro l bei Ananassaft,
- Kohlensäure, soweit seine Menge 2 g pro l übersteigt, ist eine Kenntlichmachung erforderlich.

Fruchtnektare

Fruchtnektare sind Getränke

- aus frischem oder konzentriertem Fruchtsaft,
- aus frischem oder konzentriertem Fruchtmark oder
- ein Gemisch beider Erzeugnisse mit Zusatz von Wasser und Zucker.

Der Zuckerzusatz darf höchstens 20 % auf die Trockenmasse bezogen betragen. Bei Fruchtnektaren aus Fruchtmark oder konzentriertem Fruchtsaft ist ein Zusatz von bis zu 20 % Bienenhonig erlaubt, sofern keine Zuckerarten verwendet werden. Sie müssen, je nach Säuregehalt der Fruchtart, 25 % bis 50 % Fruchtanteil enthalten. Auf dem Etikett vorgeschriebene Angaben sind:

- Mindestgehalt an Fruchtbestandteilen in %,
- prozentualer Zusatz von Fruchtmark, Honig, Zitronensaft, Wein- oder Milchsäure.

Gemüsesäfte

Gemüsesäfte sind die unverdünnten, aus Gemüse oder aus konzentriertem Gemüsesaft hergestellten Erzeugnisse. Zur Geschmacksabrundung dürfen Gemüsesaft, Speisesalz, Genusssäuren, Essig, Zuckerarten, Gewürze und Kräuter zugesetzt werden (Kennzeichnungspflicht!).

Gemüsetrunke

Gemüsetrunke sind die über die ursprüngliche Saftstärke hinaus verdünnten Zubereitungen aus Gemüsesaft, -mark und/oder konzentriertem Gemüsesaft, -mark. Bei Gemüsetrunken beträgt der Gemüse- bzw. Gemüsemarkanteil mindestens 40 % (Rhabarber 25 %); der Rest ist Wasser.

Isotonische Getränke für Sportler

Sportler müssen viel trinken, denn der Verlust an Flüssigkeit, Mineralstoffen und Vitaminen muss ausgeglichen werden, zusätzlich müssen Kohlenhydrate zur Energiegewinnung aufgenommen werden. Dafür gibt es spezielle, „isotonische" Getränke auf dem Markt.

Isotonische Getränke enthalten gleich viele gelöste Teilchen (Kohlenhydrate, Vitamine, Mineralstoffe) wie die Flüssigkeiten des menschlichen Körpers. Dadurch können diese Teilchen sowie das Wasser besonders schnell vom Organismus aufgenommen werden. Auch die Mischung von einem Teil Orangen- oder Apfelsaft mit einem bis vier Teilen Mineralwasser (mit mindestens 200 mg Natrium pro Liter) ergibt ein isotonisches Getränk.

1. Zählen Sie Gruppen alkoholfreier Getränke auf?
2. Erläutern Sie die Anforderungen, die an Mineralwasser gestellt werden.
3. Wodurch unterscheidet sich Tafelwasser von Mineralwasser?
4. Weshalb darf Mineralwasser nicht glasweise im Restaurant serviert werden?
5. Definieren Sie den Begriff „Fruchtsaft".
6. Welche Zusätze dürfen Fruchtsäften zugesetzt werden?
7. Wodurch unterscheiden sich Fruchtsäfte von Fruchtnektaren?
8. Erklären Sie die Begriffe „Gemüsesäfte" und „Gemüsetrunke".
9. Wodurch unterscheiden sich brennwertverminderte und diätetische Erfrischungsgetränke?

1.3 Erfrischungsgetränke

Dazu zählen vorwiegend die traditionellen Erfrischungsgetränke wie Fruchtsaftgetränke, Limonaden, Brausen und Getränke besonderen Typs wie isotonische und Diätgetränke. Nicht dazu zählen Fruchtsäfte, Fruchtnektare.

Fruchtsaftgetränke werden aus Fruchtsäften oder Fruchtsaftgemischen oder Fruchtsaftkonzentraten, Trink- oder Tafelwasser und Zucker hergestellt. Ein Zusatz natürlicher Aromen ist erlaubt. Der Fruchtsaftanteil beträgt bei

- Kernobst oder Traubensaft mindestens 30 %,
- Saft von Zitrusfrüchten mindestens 6 %,
- anderen Fruchtsäften mindestens 10 %.

Limonaden werden aus natürlichen Essenzen, Zucker, Genusssäuren, Trink- oder Tafelwasser, mit oder ohne Kohlensäure hergestellt. Auch Fruchtsäfte können enthalten sein. Limonaden dürfen mit natürlichen Farbstoffen gefärbt sein. Dies ist jedoch kennzeichnungspflichtig. Limonaden werden unterteilt in:

- Limonaden mit Fruchtsaft (meist von Zitrusfrüchten); sie müssen mindestens die halbe Menge an Fruchtsaft, wie es für Fruchtsaftgetränke gilt, enthalten.
- Essenz-Limonaden wie klare Limonaden mit Zitronenessenz.
- Cola-Limonaden enthalten zwischen 6,5 mg und 25 mg Coffein pro Liter.
- Chininhaltige Limonaden wie Tonic-Water, Bitter-Lemon, enthalten höchstens 85 mg Chinin pro Liter.
- Kräuter-Limonaden zum Beispiel Ginger-Ale.

Brausen sind nachgemachte Fruchtsaftgetränke und Limonaden. Dabei werden zum Teil künstliche Süßstoffe (Saccharine) und künstliche Aromen verwendet. Auf die Geschmacksrichtung wird durch Angaben wie „Himbeeraroma", „Fruchtaroma" usw. hingewiesen. Färben mit künstlichem Farbstoff ist unter Kenntlichmachung erlaubt. Brausen, denen keine Kohlensäure zugesetzt ist, werden als „Künstliches Heißgetränk" oder „Künstliches Kaltgetränk" bezeichnet.

Brennwertverminderte Erfrischungsgetränke (Fruchtsaftgetränke, Limonaden, Brausen) werden hergestellt durch den Austausch von Zucker gegen Süßstoffe. Der Brennwert muss gegenüber vergleichbaren herkömmlichen Getränken um 40 % vermindert sein. Häufig wird zusätzlich der nicht geschützte Begriff „light" verwendet. Diese Getränke unterliegen nicht der Diätverordnung.

Brennwertarme Erfrischungsgetränke dürfen höchstens einen Brennwert von 84 kJ (20 kcal) pro 100 ml haben.

Isotonische (Mineralstoff-) Getränke werden durch Zusatz von Mineralstoffen, zuweilen auch Vitaminen hergestellt. Sie sollen Mineralstoffverluste nach sportlicher Betätigung (Schwitzen) ausgleichen.

Diätetische Erfrischungsgetränke sind vorwiegend für Diabetiker und krankhaft Übergewichtige geeignet. Sie unterliegen den Bestimmungen der Verordung über diätetische Lebensmittel. Zur Süßung wird ausschließlich Saccharin oder Cyclamat zugesetzt.

1. Milchmischgetränke

Milch kann pur kalt und warm getrunken werden. Wer sie pur nicht gut verträgt oder sie nicht mag, kann sie mit Obst oder Obstsäften mischen bzw. mixen. Damit die Milch nicht gerinnt, ist es wichtig, erst die Milch und dann die Geschmackszutaten in das Gefäß zu geben, gut zu schütteln oder mit dem Mixer zu zerschlagen. Auch in Verbindung mit Spirituosen oder erhitzt mit Gewürzen wie Majoran, Thymian oder Muskatnuss wird Milch gern getrunken. Bekannte Milchmischgetränke sind:

Milchshakes	Flips	Heiße Milchgetränke
kalte Mixgetränke, meistens auf der Basis von pürierten Früchten, Zucker und Milch, manchmal auch unter Zugabe von etwas Speiseeis.	auf der Grundlage von Eigelb, Fruchtsirup, kalter Milch und Fruchtsäften, mit Eiswürfeln im Shaker kräftig geschüttelt und in ein Glas passiert.	wie Malz-, Honig-, Vanille- oder Gewürzmilch sowie Milchpunsch, wobei man heiße Milch mit zerstoßenen Pimentkörnern 5 Minuten ziehen lässt, abpassiert und mit Zucker und Weinbrand abschmeckt.

2. Getränke von und mit Milch

1.4 Milch

Milch ist neben Wasser das älteste Getränk der Menschheit. Unter Milch wird landläufig Kuhmilch verstanden. Sie besitzt eine ideale Nährstoffzusammensetzung und wird wegen ihrer leichten Verdaulichkeit sehr geschätzt. Ein Liter Milch deckt die Hälfte des täglichen Bedarfs an Eiweiß und Fett sowie den ganzen Bedarf an Calcium, Kalium und Phosphor eines Erwachsenen.

Handelssorten

Rohmilch ist weder erhitzt noch molkereimäßig bearbeitet. Sie darf wegen eventuell vorhandener krankheitserregender Mikroorganismen und der daraus bestehenden gesundheitlichen Gefahr nur unter besonderen Bedingungen direkt vom Hof an den Verbraucher abgegeben werden.

Vorzugsmilch kommt ausschließlich in verkaufsfertiger Verpackung in den Handel und ist eine amtlich besonders überwachte Milchsorte in natürlicher Beschaffenheit mit unverändertem Fettgehalt, roh und nicht erhitzt. Rohmilch und Vorzugsmilch sollten für Säuglinge erhitzt werden.

Konsummilch ist molkereimäßig behandelt und pasteurisiert, ultrahocherhitzt oder sterilisiert.

Nach Fettgehalt eingeteilt gibt es folgende Sorten:

- Vollmilch mit natürlichem Fettgehalt (mindestens 3,5 % Fett) oder mit eingestelltem Fettgehalt (3,5 % Fett),
- Teilentrahmte (fettarme) Milch mit 1,5 % bis 1,8 % Fettgehalt,
- Entrahmte Milch (Magermilch) mit höchstens 0,3 % Fettgehalt.

Kennzeichnung von verpackter Milch:

- Verkehrsbezeichnung (z. B. Vollmilch, fettarme Milch oder Magermilch),
- Name (Firma) und Anschrift des Herstellers, Einfüllers oder eines in der EU ansässigen Verkäufers,
- Mindesthaltbarkeitsdatum und Lagertemperatur,
- Verbrauchsdatum bei Vorzugsmilch „Rohmilch – verbrauchen bis ... – aufbewahren bei höchstens + 8 °C“. Dabei darf das späteste Verbrauchsdatum eine Frist von 96 Stunden nach der Gewinnung nicht überschreiten,
- Art der Wärmebehandlung, z. B. pasteurisiert, ultrahocherhitzt zusätzlich mit dem Buchstaben H, sterilisiert oder Sterilmilch,
- Füllmenge in Liter,
- Fettgehalt,
- bei homogenisierter Milch „homog.“ oder „homogenisiert“ (Vereinheitlichung der Fetttröpfchengröße),
- Verzeichnis der Zutaten bei teilentrahmter oder entrahmter Milch, wenn sie mit Milcheiweißerzeugnissen angereichert worden ist.

Lagerung von ungeöffneten Packungen: H-Milch sowie Sterilmilch ohne Kühlung bis zum Mindesthaltbarkeitsdatum. Überlagerte Milch kann sauer werden. H-Milch und Sterilmilch verderben ohne Säuerung. Geöffnete Packungen oder offene Milch sollten innerhalb von zwei bis drei Tagen verbraucht und zugedeckt, kühl und dunkel bei maximal 8 °C gelagert werden.

3. Frucht des Kakaobaumes

Kakao	(Kakaopulver) mindestens 20 % Kakaobutter und höchstens 9 % Wasser;
Fettarmer Kakao	(fettarmes Kakaopulver) mindestens 8 % Kakaobutter;
Gezuckerter Kakao	(Schokoladepulver) Saccharose (Rübenzucker) und mindestens 32 % Kakaopulver;
Gezuckerter Haushaltskakao	(Haushaltsschokoladepulver) Saccharose und mindestens 25 % Kakaopulver;
Fettarmer, gezuckerter Kakao	Saccharose und mindestens 32 % fettarmes Kakaopulver;
Kakaohaltige (Instant-)Getränkepulver	diese Pulver sind leicht mit Milch mischbar. Sie enthalten einen hohen Anteil (bis zu 80 %) an Zucker (meist Saccharose und Traubenzucker)!
Fertiger Kakaotrunk	wird aus Milch unter Zusatz von Kakaopulver und Zucker hergestellt und ist als pasteurisiertes, ultrahocherhitztes (H-Kakao) oder sterilisiertes Produkt erhältlich.

4. Im Handel erhältliche Kakaopulver und -getränke

1.5 Kakao

Ausgangssubstanz für kakaohaltige Getränke ist das Kakaopulver. Die übliche Zubereitung erfolgt durch Vermischen mit Milch. Das Kakaopulver löst sich dabei allerdings nicht in der Flüssigkeit, sondern wird nur aufgeschlämmt (suspendiert). Im Gegensatz zur Zubereitung von Tee oder Kaffee wird das Kakaogetränk nicht gefiltert, sondern das Kakaopulver wird mitverzehrt. Kakao wirkt aufgrund seiner Aromastoffe und des Theobromins (geringere Wirkung als Coffein) anregend und belebend, jedoch in geringerem Maß als Kaffee oder Tee. Wegen des hohen Anteils an Kakaobutter und der Gehalte an Kohlenhydraten (ca. 17 %) und Eiweiß (ca. 13 %) zählen Kakaogetränke zu den energiereichen Getränken.
Anbauländer für Kakao sind in Südamerika vor allem Ecuador, die Dominikanische Republik und Brasilien sowie im tropischen Westafrika die Elfenbeinküste, Ghana und Kamerun.

Gewinnung der Kakaobohne

Kakao wird aus den Samenkernen (= Kakaobohnen) des Kakaobaumes gewonnen. Die baseballförmigen Früchte sind 10 - 20 cm lang, gelb oder rotbraun. Eine Frucht des Baumes enthält 25 bis 60 in Längsreihen angeordnete weißliche Samen (Kakaobohnen). Ihre Hauptbestandteile bestehen aus rund 50 % Fett (Kakaobutter), 15 % Eiweiß, 8 % Stärke, 7 % Gerbstoffen sowie Alkaloiden, 1 % bis 2 % Theobromin und 0,2 % bis 0,3 % Coffein. Die Früchte werden nach dem Ernten geöffnet um ein Keimen der Samen zu verhindern.

Herstellung des Kakaopulvers

Das **Gären** (Rotten) der weißen Bohnen, das einige Tage lang dauert, mildert den ursprünglich herben Geschmack. Dabei entwickeln sich Aromastoffe, das typische Kakaobraun entsteht. Danach werden die Bohnen **gewaschen** und **getrocknet**.
Nach dem **Reinigen** und **Rösten** werden die Bohnen gebrochen, von Schale und Keimling befreit und in Mühlen zu einer **Kakaomasse** vermahlen. Dieser Kakaomasse wird ein Teil des Fettes abgepresst.
Der **Kakaopresskuchen** (fettarmer Pressrückstand) wird zu Kakaopulver vermahlen, gesiebt und zum Teil auch gewürzt. Je nach Restmenge an Kakaobutter unterscheidet man zwischen schwach und stark entöltem Kakao.

Lagerung von Kakaopulver

Die Lagerung von Kakaopulver soll trocken, in gut verschlossenen Behältnissen und ohne Geruchseinwirkung erfolgen. Ein durch schlechte Lagerung feucht gewordenes Kakaopulver bildet Klümpchen, die sich mit Flüssigkeit schlecht mischen lassen. Feuchtes Kakaopulver kann leicht schimmeln und entwickelt dabei einen unangenehmen, muffigen Geruch.

(Zubereitung von Kakaogetränken Seite 349).

1. Milch trinken ist gesund! Begründen Sie diese Aussage.
2. Erklären Sie die Herstellung eines Milchshakes.
3. Nennen Sie einige im Handel erhältliche Kakaopulver und Kakaogetränke.

Woher stammt der Kaffee?

Die Geschichte über den Kaffee ist sagenumwoben. Wahrscheinlich war er schon im 9. Jahrh. bekannt. Sicher ist, dass im arabischen Raum bereits im 15. Jahrhundert Kaffee getrunken wurde. 1440 lernten Mönche in Kaffa (Äthiopien) die anregende Wirkung von einem Hirten kennen und nutzten diesen Trank, um sich bei den nächtlichen Gebeten wachzuhalten. Von dort aus gelangte der Kaffee in den Jemen und im 16. Jahrh. auch nach Mekka. Von Mekka aus verbreitete er sich in der ganzen islamischen Welt. Der erste verbriefte Bericht eines Europäers über Kaffee stammt von dem Augsburger Arzt L. Rauwolf, der um 1570 den Vorderen Orient bereiste. 1626 kam der Kaffee nach Rom und Venedig. Einige Jahre später war Kaffee in allen europäischen Seehandelsstädten erhältlich. Durch die niederländische Ostindische Kompanie gelangte die Kaffeepflanze in der Mitte des 17. Jahrh. nach Java, Sri Lanka und Surinam. In der Mitte des 18. und seit dem 19. Jahrhundert breitete sie sich über weite Gebiete Lateinamerikas aus.

Kaffee **Coffein** (50 – 150 mg pro Tasse) wirkt erregend auf das Zentralnervensystem, verstärkt u. a. die Herztätigkeit, steigert die geistige und auch körperliche Leistungsfähigkeit. **Chlorogensäure** beschleunigt die Darmtätigkeit, regt die Salzsäurebildung des Magens an, erhöht die Gallenausscheidung und wirkt zentralerregend. Chlorogensäure und **„ätherisches Röstöl"** wirken lokal reizend, vor allem auf die Magenschleimhäute.

Tee **Coffein (Teïn)** (50 – 100 mg pro Tasse) belebt das Zentralnervensystem, wird vor allem in den ersten zwei Minuten des Ziehenlassens abgegeben, wirkt anregend und leistungssteigernd. **Gerbstoffe** bremsen bzw. steuern den Coffeineinfluss, somit langsames Einsetzen, aber Anhalten der belebenden Wirkung. Je länger das Getrank „zieht" (3 – 5 min.), um so höher wird auch sein Anteil an Gerbstoffen, die u. a. auch Magen und Darm beruhigen.

Kakao **Coffein** (5 – 50 mg pro Tasse) bleibt weitgehend wirkungslos; vorwiegend der Gehalt an **Theobromin** bewirkt, dass Kakao eine weniger anregende Wirkung hat; **Gerbstoffgehalt** des Getränks kann Darmtätigkeit schwächen und somit stopfende Wirkung hervorrufen.

1. Wirkung der Alkaloide und Inhaltsstoffe von Kaffee, Tee und Kakao

1.6 Kaffee

Kaffee ist neben Alkohol und Tabak das weitverbreitetste Genussmittel unseres Kulturkreises. Üblicherweise wird zum Frühstück Kaffee getrunken, dann wieder am Nachmittag. Außerdem ist es vielfach bereits Sitte die Mahlzeiten mittags und abends mit einer Tasse Kaffee zu beschließen. Die Gründe für den Kaffeegenuss sind vielfältig: Während er vielen Menschen bei der Überbrückung der Mittags- oder Nachmittagsmüdigkeit hilft, dient er anderen als Mittel zur Förderung zwischenmenschlicher Beziehungen. Die Wirkung des Kaffees tritt etwa 20 bis 30 Minuten nach dem Genuss ein. Sie ist in erster Linie eine Wirkung des Coffeins. Außer der Überwindung von Müdigkeit erhöht Kaffee das Leistungsvermögen, stimuliert die Magensäuresekretion und wirkt harntreibend. Zu hoher Kaffeekonsum (Menge individuell unterschiedlich) führt unter anderem zu Unruhe, Herzklopfen und Schlaflosigkeit. Herkömmlicher Kaffee kann eine starke Reizwirkung auf den Magen ausüben und wird bei Erkrankung der Gallenwege häufig schlecht vertragen.

Anbauländer befinden sich in Zentralamerika, Südamerika, Afrika und Asien (Bild 3).

- Hochlandkaffee (meistens der Sorte Arabica), Anbauhöhe 600 m bis 1800 m, reift langsam, ist aromatisch, würzig, voll im Geschmack; sein Preis ist hoch.
- Tieflandkaffee (meistens der Sorte Robusta), Anbauhöhe bis 600 m, hat ein rasches Wachstum, jedoch Tendenz zum „harten, erdigen" Geschmack; sein Preis ist niedriger.

Gewinnung der Kaffeebohnen

Die Kaffeepflanze ist ein Strauch, aus dessen weißen Blüten sich in etwa neun Monaten kirschähnliche Früchte entwickeln. Das „Herz" der Kirsche enthält zwei Samen, die Kaffeebohnen.

Geerntet wird Kaffee in den Anbaugebieten zu den unterschiedlichsten Jahreszeiten mit ein bis zwei Haupterntezeiten. Reif sind die Früchte, wenn die Kaffeekirsche eine tiefrote bis violette Farbe aufweist.

Nach der Ernte werden die Samen vom Fruchtfleisch befreit. Gebräuchlich sind zwei Methoden der Aufbereitung.

Die trockene Aufbereitung bringt eine einfachere Kaffeequalität. Die Kirschen werden in der Sonne getrocknet und anschließend das Fruchtfleisch, meist auch die Pergament- und Silberhaut, von den Samen entfernt.

Die nasse Aufbereitung verwendet man für hochwertigeren Kaffee. In einem Wassertank werden die Kirschen sortiert. Die reifen, guten Früchte sinken dabei auf den Grund; alles andere wird abgeschöpft. Die Kaffeekirschen werden anschließend maschinell gequetscht und dabei vom Fruchtfleisch befreit (entpulpt). Bei der anschließenden Fermentation in Behältern beginnen die noch anhaftenden Fruchtfleischreste zu gären und lösen sich innerhalb von ein bis zwei Tagen vollständig ab. Die Samen werden gewaschen und getrocknet. Mit einer Maschine werden die Pergament- und Silberhaut abgeschält.

Das **Ergebnis** beider Aufbereitungsverfahren sind grüne Kaffeebohnen, die sortiert und verpackt zu Kaffeeröstern in alle Welt verschickt werden.

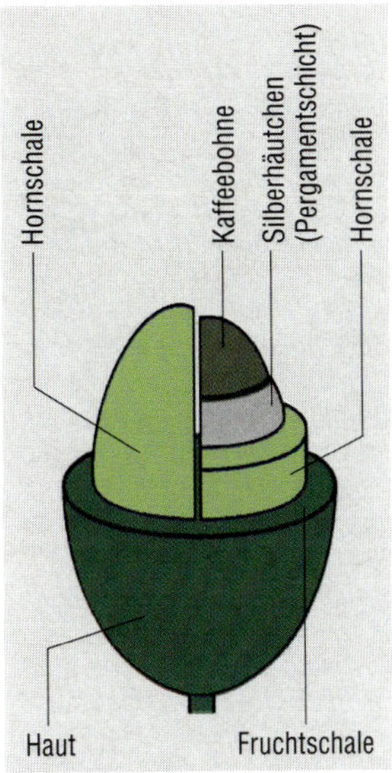

2. Kaffeekirsche

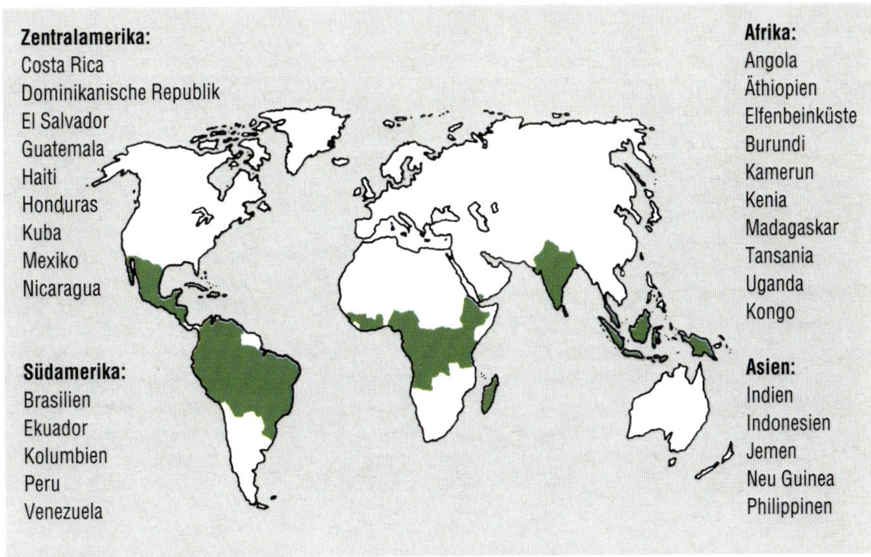

3. Weltkarte des Kaffeeanbaus

Rösten des Rohkaffees

Das Rösten des Rohkaffees erfolgt in den Verbraucherländern. Dies geschieht bei Temperaturen zwischen 200 °C und 250 °C im Heißluftstromverfahren oder im Aerothermverfahren (Wirbelstrom) oder in sich drehenden Rösttrommeln.

Dabei entstehen folgende Veränderungen:

- Das Wasser in den Bohnen verdampft.
- Die Kaffeebohnen vergrößern sich.
- Durch die Hitze erhalten sie ihre braune Farbe.
- Geschmacks- und Aromastoffe entwickeln sich.
- Die Bohnen werden gut mahlbar.

Nach dem Röstvorgang erfolgt das Verlesen der Kaffeebohnen, wobei besonders die Fehlbohnen aussortiert werden. Um eine gewünschte Geschmacksrichtung des Endproduktes zu erzielen werden Kaffees aus mehreren Anbaugebieten gemischt.

Einkauf und Lagerung

Röstkaffee ist sauerstoff- und feuchtigkeitsempfindlich und sollte daher trocken, kühl und geruchsfrei gelagert werden. In handelsüblicher Verpackung hält sich Röstkaffee etwa 2 Monate frisch. Vakuumverpackter, gemahlener Kaffee ist 6 bis 8 Monate haltbar.

Nach dem Öffnen muss Kaffee luftdicht aufbewahrt und rasch verbraucht werden. Bereits nach einer Woche tritt ein Alterungsprozess verbunden mit Aroma- und Qualitätsverlust ein. Bei Lagerung im Kühl- oder Gefrierschrank ist darauf zu achten, dass sich keine Feuchtigkeit auf dem Kaffeemehl niederschlägt.

Im Handel erhältlich

Röstkaffee als ganze Bohnen oder beim Kauf frisch gemahlen oder gemahlen und vakuumverpackt.

Spezialkaffee. Behandelter Kaffee, dem bestimmte Inhaltsstoffe entzogen oder zugesetzt worden sind.

- **Entcoffeinierte Kaffees:** Durch spezielle Verfahren wird aus diesen Röstkaffees das Coffein weitgehend entfernt. Sie dürfen höchstens 1 g Coffein pro kg Kaffeetrockenmasse (= 0,1 %) enthalten. Sie sind besonders für herz- und kreislaufempfindliche Kaffeetrinker bekömmlicher.
- **Reizstoffarme Kaffees:** Sie werden sowohl entcoffeiniert als auch coffeinhaltig angeboten. Durch den Entzug von Gerbstoffen und anderen Reizstoffen wird die Bekömmlichkeit, vor allem für magen-, galle- und leberempfindliche Konsumenten verbessert.
- **Aromatisierte Röstkaffees:** Diese Kaffees werden nach dem Mahlen, z. B. mit Vanille, aromatisiert.

Kaffee-Extrakt. Kaffee wird dazu in großen Mengen auf die herkömmliche Art hergestellt. Der reine, flüssige Kaffee wird dann getrocknet. Dazu gibt es zwei Verfahren: die Sprühtrocknung und die Gefriertrocknung.

Kaffee-Ersatzprodukte (Kaffeesurrogate bzw. Landkaffee), die durch Rösten von stärke- und zuckerhaltigen Pflanzenteilen (Getreidemalz, Zichorie, etc.) erzeugt werden, sind coffeinfrei.

Zubereitung von Kaffeegetränken Seite 347/348.

1. Schildern Sie die Geschichte des Kaffees.
2. Beschreiben Sie die Wirkung der Alkaloide und Inhaltsstoffe von Kaffee, Tee und Kakao.

1. **Weltanbaukarte des Tees**

Tee auch als Speise?

Am Anfang war der gekochte Tee eigentlich mehr Speise bzw. Gewürz als Trank. Die Blätter wurden gedämpft, zerstampft, zu Fladen geformt und dann mit Reis, Ingwer, Orangenschalen, Salz, Gewürzen, Milch und manchmal auch noch mit Zwiebeln gekocht. Ähnliche Zubereitungsarten existieren noch heute in Tibet und bei den mongolischen Steppenvölkern. Als Getränk wird er schon etwa 2700 Jahre v. Chr. in China, zunächst als Heil- und Genussmittel, im Buch „Ben-Cao" erwähnt. Über 3000 Jahre blieb der Anbau des Teestrauchs ein Privileg der Chinesen. Erst im 5. und 6. Jahrh. n. Chr. brachten buddhistische Mönche den Tee nach Japan. Noch heute erinnern die Zeremonien, die das Teetrinken in Japan begleiten, an den einstigen Kult mit religiösem Hintergrund. Über Japan kam der schwarze Tee schließlich nach Europa. Der wichtigste Teelieferant war bis ins vorige Jahrhundert China. Doch dann zogen die europäischen Verbraucher die aromatischeren Sorten aus Indien und Sri Lanka dem weichen, rauchig schmeckenden Tee aus China vor.

1.7 Tee

Nur der Aufguss aus Blättern der Teepflanze darf als Tee bezeichnet werden. Die Teepflanze, eigentlich ein Baum, den man jedoch regelmäßig auf Buschhöhe zurückschneidet, ist ein tropisches bis subtropisches Gewächs und wird heute ausschließlich in Plantagen in einer Höhe von etwa 80 cm bis 90 cm gezogen um die Ernte zu erleichtern. Je jünger diese Baumsträucher sind und je langsamer diese wachsen, desto wertvoller ist die Teequalität. Aus diesem Grund ist gerade der langsam wachsende Tee Nordostindiens aus der Anbauzone Darjeeling, die sich in 2000 bis 3000 m Meereshöhe befindet, von besonderer Qualität. Heute sind Indien mit seinen bekannten Anbaugebieten Darjeeling und Assam sowie Sri Lanka (Ceylon-Tees) die wichtigsten Anbauländer.

Je nach Erntezeit erhalten die nordindischen Tees verschiedene Bezeichnungen:

- „first flush" (erster Trieb) nennt man die ersten Tees nach der Winterperiode. Sie sind hell und haben ein herb-bitteres Aroma.
- „second flush" (zweiter Trieb) wird die Ernte von Mai bis Mitte Juli genannt. Sie ergibt einen dunklen Tee mit würzigem Aroma.
- „bread and butter tea" ist der in der Regenzeit von August bis Oktober geerntete Tee, der eine gute Gebrauchsqualität ergibt.

Die anderen Tee produzierenden Länder haben – mit Ausnahme von China – für den Import wenig Bedeutung, weil sie einen hohen Eigenverbrauch haben.

Ernte und Aufbereitung der Teeblätter

Die Teeernte wird auch heute noch zum großen Teil von Hand durchgeführt. Gepflückt werden in der Regel die jüngeren Triebe mit den Blattknospen und die oberen Blätter (two leaves and a bud). Bei der Ernte sind die Teeblätter grün und völlig geruchlos.

Das **Welken** der grünen Blätter auf Netzen oder in speziellen Welktrögen, wobei sie ca. 30 % Feuchtigkeit verlieren, ist der erste Arbeitsgang. Er dauert ca. 14 bis 18 Stunden und wird oft mithilfe von Ventilatoren auf ca. 10 Stunden verkürzt.

Das **Rollen** der welken Blätter bewirkt, dass die Blattzellen aufbrechen und der Zellsaft mit dem Luftsauerstoff in Berührung kommt. Es beginnt ein chemischer Vorgang, die Fermentation, die danach im Fermentationsraum fortgesetzt wird. Das Rollen wird heutzutage oft durch das CTC-Verfahren (crushing, tearing, curling = zermalmen, zerreißen, rollen) ersetzt, wobei die Blätter zwischen gedornten Walzen zerrissen werden. Stängel und Blattgerippe werden ausgeschieden, nur das „Fleisch" der Blätter kommt zur Weiterverarbeitung.

Das **Fermentieren** (Vergären des Zellsaftes) wird im Fermentationsraum bei hoher Luftfeuchtigkeit fortgesetzt und ist nach 2 bis 3 Stunden beendet. Die Blätter sind kupferrot. Durch die Vergärung entwickeln sich Geschmacksstoffe, die enthaltenen Bitterstoffe werden abgebaut.

Durch **Trocknen** wird dem kupferroten Tee das Wasser entzogen, wobei sich die Blätter dunkel verfärben.

Durch **Sieben** wird der Tee nach Blattgrößen sortiert (nicht beim CTC-Verfahren) und danach verpackt.

Das **Mischen** der Tees erfolgt im Bestimmungsland.

2. Two leaves and a bud (zwei Blätter und die Knospe)

Teesorten

Je nach Fermentationsgrad wird zwischen Grünem Tee, Oolongtee oder Schwarzem Tee unterschieden.

Grüner Tee wird hergestellt, indem nach dem Welken die in den Blättern vorhandenen Fermente (Enzyme) noch vor dem Rollen durch starke Dampferhitzung zerstört werden. Die Teeblätter bleiben oliv-grün. Grüner Tee enthält noch alle Bitterstoffe und hat deshalb einen sehr herben Geschmack.

Oolongtee (Gelber Tee) ist ein halbfermentierter Tee und wird in China und Japan gerne getrunken.

Schwarzer Tee ist ein ganz fermentierter Tee und vor allem in Europa sehr beliebt.

Teemischungen

Gemischt wird der Tee in den jeweiligen Bestimmungsländern von den Teefirmen. Gründe für das Mischen:

- Der Konsument verlangt einen gleichbleibenden Geschmack, unabhängig von den jahreszeitlichen Qualitätsschwankungen der Ernten.
- Preisschwankungen können ausgeglichen werden.
- Typische Geschmacksrichtungen werden erzielt.

Beispiele für Mischungen sind:

- Englische Mischung aus Darjeeling-, Assam- und Ceylon-Tees,
- Ostfriesische Mischung aus Assam- und Sumatra- oder Javatee,
- Russische Mischung (Herkunftsbezeichnung) – diese Mischung gibt es mit und ohne Rauchgeschmack,
- Chinesische Mischung (Herkunftsbezeichnung).

Blatt-Tees (ganze Blätter)

Flowery Orange Pekoe – FOP
Die jüngsten Blätter des Zweiges.

Golden Flowery Orange Pekoe (Darjeeling) – GFOP
Im Tee sind goldbraunfarbene Blätter enthalten.

Tippy Golden Flowery Orange Pekoe (Darjeeling) – TGFOP
Es werden junge, zarte Blattknospen verwendet und besonders sorgfältig verarbeitet. Die jüngsten Blätter werden dabei goldgelb.

Orange Pekoe – OP
Lange, drahtige Blätter, größer als beim FOP.

Pekoe – P
Kurze, grobe Blätter, oft nicht fein gerollt.

Pekoe Souchong – PS
Pekoe (chin.): behaarte Blattknospen,
Souchong: gröbste Ware

Kleinblättrige Tees (gebrochene Blätter)

Flowery Broken Orange Pekoe – FBOP
Golden Flowery Broken Pekoe – GFBOP
Tippy Golden Flowery Broken Orange Pekoe – TGFBOP
Relativ teure Tees. Tippy ist der Anteil der Spitzen,
Golden bezieht sich auf die Farbe,
Flowery Orange Pekoe auf die Größe der Blätter.

Broken Orange Pekoe – BOP
Kräftiger als FBOP.

Broken Pekoe – BP
Einfacher Tee, dünner Aufguss.

Broken Pekoe Souchong – BPS
Bezeichnung für nordindischen Tee.

Funnings und Dust (feinste Aussiebungen)

Fannings – F
Dust – D
meist stark, nur für Teebeutel geeignet.

Orange Fannings – OF
Broken Orange Pekoe Fannings – BOPF
Pekoe Fannings – PF
Dunkel färbende Tees mit vorzüglichem Aroma,
vor allem bei Hochlandsorten.

3. Blattgradbezeichnungen

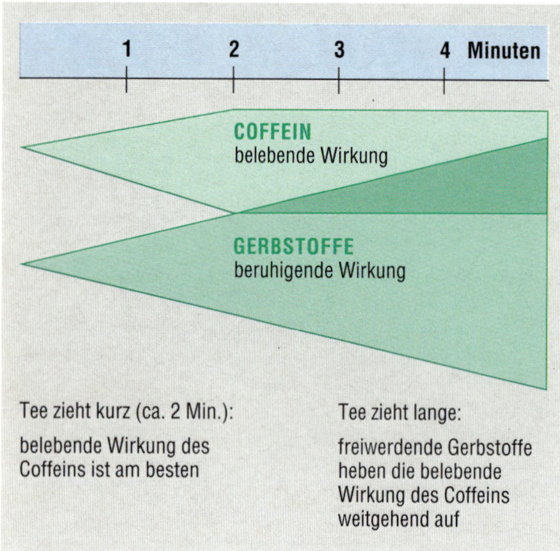

1. **Wirkung des Tees**

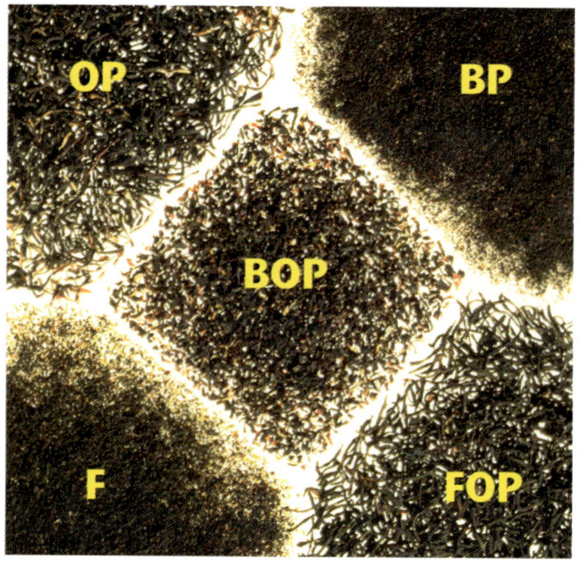

2. **Blattgrade**

Aromatisierte Tees
Hierfür werden Schwarztees einfacher Qualität verwendet. Bei der Aufbereitung werden sie mit ätherischen Pflanzenölen besprüht oder mit getrockneten Blüten, Frucht- oder Schalenstücken versetzt. Sie werden unterteilt in Tees mit

- natürlichen Aromen wie Lavendelöl oder Bergamotteöl, mit dem der klassische Earl Grey-Tee aromatisiert wird;
- naturidentischen Aromen wie Zimt, Vanille, Anis, aromagebenden Pflanzenteilen, Jasmin, Rosen;
- Rauchgeschmack.

Teeähnliche Erzeugnisse
Unter diesen Begriff fallen etwa 500 Heil- und Genusskräuteraufgüsse, ebenso Mischungen aus verschiedenen Sorten, zum Beispiel Hagebutte mit Hibiskus. Kräutertees enthalten kein Coffein und keine Gerbstoffe. Der coffeinhaltige Matétee wird aus einer südamerikanischen Stechpalmenart gewonnen. Einigen Tees wird lindernde Wirkung bei körperlichen Beschwerden zugeschrieben wie,

- Hagebutte bei Blasen- und Nierenbeschwerden,
- Pfefferminz bei Magenbeschwerden.

Einkauf und Lagerung
Tee wird lose in feuchtigkeitsdichten Weichpackungen oder Dosen, verpackt in Papierumhüllungen, als Teeaufgussbeutel oder als Tee-Extrakt (Instant-Tee) angeboten. Luftdicht verschlossener Tee kann bis zu 2 Jahre gelagert werden, aromatisierte Tees nur kurzfristig.

Zubereitung von Tee Seite 349.

Wissen Sie Bescheid?

1. Zählen Sie die Handelssorten von Milch auf.
2. Beschreiben Sie die Lagerung von H-Milch und Sterilmilch in geöffneten und ungeöffneten Packungen.
3. Zählen Sie Milchmischgetränke auf und erklären Sie die Herstellung eines dieser Getränke.
4. Nennen Sie die Hauptanbaugebiete für Kakao, Kaffee und Tee.
5. Schildern Sie die Verarbeitung der Kakaobohne bis zur Herstellung des Kakaopulvers.
6. Durch welche Kriterien unterscheiden sich Hoch- und Tieflandkaffee?
7. Beschreiben Sie die trockene und nasse Aufbereitung der Kaffeebohnen.
8. Welche Veränderungen treten durch das Rösten des Rohkaffees in der Kaffeebohne ein?
9. Welchem Gästekreis empfehlen Sie folgende Spezialkaffees: a) entcoffeinierten Kaffee, b) reizstoffarmen Kaffee?
10. Erklären Sie folgende Begriffe der Tee-Ernte: „first flush", „second flush", „bread and butter-tea".
11. Beschreiben Sie Ernte und Aufbereitung der Teeblätter.
12. Begründen Sie, weshalb Teemischungen hergestellt werden.
13. Welche Bedeutung haben folgende Blattgradbezeichnungen: FOP, GFOP, F, D?

3. **Alkoholgehalt verschiedener Getränke**

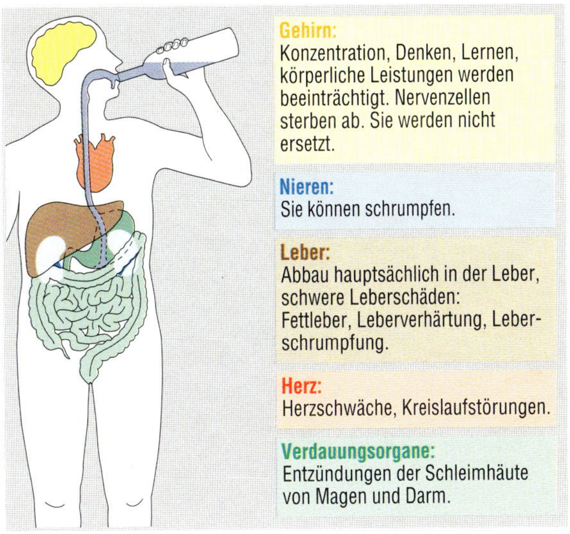

4. **Gesundheitliche Schäden durch starken Alkoholkonsum**

2 Alkoholische Getränke

Ernährungsphysiologische Wirkung des Alkohols

Alkohol muss nicht wie Nährstoffe erst verdaut werden. Er ist direkt resorbierbar. Die Resorption erfolgt zum geringen Teil schon über die Schleimhäute des Mundes und anschließend über die Schleimhäute des Magen-Darm-Traktes. In der Leber erfolgt der biochemische Abbau des Alkohols. Alkohol ist mit 30 kJ/g ein fast so guter Energielieferant wie Fett (37 kJ/g). Er kann zwar im Organismus nicht in Fett umgewandelt werden; da er jedoch schneller als andere Nährstoffe zur Energiegewinnung herangezogen wird, werden diese verstärkt zur Fettbildung benutzt.

Wirkung des Alkohols auf den Menschen

- Bis 0,5 ‰: Die Fähigkeit zur Raumschätzung nimmt ab, die Unfallgefahren vervielfachen sich.
- 0,5 ‰ bis 0,8 ‰: Die Konzentration lässt nach.
- 0,8 ‰ bis 1,2 ‰: Das Blickfeld verengt sich, Enthemmungen und Euphorie beginnen.
- 1,2 ‰ bis 2,5 ‰: Die eigenen Fähigkeiten werden überschätzt, die Reaktion lässt nach, Konzentrationsschwächen und Gleichgewichtsstörungen beginnen.
- Ab 2,5 ‰: Bewusstseinseintrübungen treten ein.

Motive des Alkoholkonsums

Alkoholische Getränke werden aus verschiedenen Gründen getrunken, z. B.l

- bei Festen oder anderen Zusammenkünften,
- bei Ärger, Stress, Unlustgefühlen oder schlechter Laune,
- um Schwäche, Magenverstimmung zu „behandeln",
- zur besseren Verdauung nach schweren Speisen,
- aus Gewohnheit oder Sucht.

Jugendliche und Alkohol

Jugendliche und Kinder sind durch Alkohol besonders gefährdet, da ihr Körper wesentlich empfindlicher reagiert. Jugendliche sind im Allgemeinen unkritischer und leichter zu beeinflussen als Erwachsene. Die Bereitschaft Alkohol zu sich zu nehmen wird durch das „Vorbild" der Erwachsenen noch gefördert.

Alkoholkonsum gilt für viele als Symbol für Erwachsensein. Er erzeugt ein künstliches, trügerisches „Wir-Gefühl". Besonders in jungen Jahren kann dies leicht zur Sucht führen. Regelmäßiger Alkoholgenuss führt fast immer zur körperlichen Abhängigkeit, sodass Alkohol aufgrund seiner Suchtwirkung als Droge zu bezeichnen ist. Ist der junge Mensch erst einmal der Droge Alkohol verfallen, kommen zu den gesundheitlichen Schäden noch weitere Folgen. Er vernachlässigt seine Ausbildung, entfremdet sich der Familie, gleitet gesellschaftlich ab und findet sich im Leben nicht mehr zurecht.

Aus diesen Gründen sollten Jugendliche alkoholfreie Getränke alkoholhaltigen vorziehen, denn sie sehen und erleben täglich an erwachsenen „Vorbildern", was Alkohol anrichten kann.

1. Aus welchem Grund ist Alkohol beinahe ein so starker Energielieferant wie Fett?
2. Nennen Sie Gründe des Alkoholkonsums.
3. Beschreiben Sie die Wirkung des Alkohols auf den Menschen bei geringem und hohem Alkoholkonsum.
4. Nehmen Sie Stellung zu dem Problem Jugendliche und Alkohol.

$$C_6H_{12}O_6$$

Traubenzucker (Glucose)

Hefen
(Enzymkomplex Zymase)

$$\downarrow$$

$$2\,C_2H_5OH \quad + \quad 2\,CO_2$$

Ethanol (Alkohol) — Kohlenstoffdioxid

1. Stoffumsetzung bei der alkoholischen Gärung

2.1 Alkoholische Gärung

Die alkoholische Gärung ist ein Vorgang, der bei Lebensmitteln oft unbeabsichtigt und unerwünscht abläuft. Er wird durch wilde Hefen hervorgerufen, die, von der Luft transportiert, auf zuckerhaltigen Lebensmitteln Nahrung finden oder sich bereits auf diesen befinden (Trauben, Obst). Ein Beispiel dafür sind Kahmhefen, die auf Säften eine weiße Haut bilden. Schleimhefen, die die Säfte schleimig machen oder Spitzhefen, die den Lebensmitteln einen unangenehmen Geschmack verleihen. Diese unerwünschten alkoholischen Gärungsabläufe führen in den meisten Fällen zum Verderb der befallenen Lebensmittel.
In der Getränkeindustrie wird die alkoholische Gärung jedoch nicht dem Zufall überlassen, sondern bewusst eingeleitet. Die Hefen, die dabei Verwendung finden, werden in Labors gezüchtet. Es sind spezielle Bier-, Wein- und Brennereihefen. Eigenschaft und Aufgabe dieser Hefen ist es, vermehrt Alkohol zu bilden.
Dazu benötigen sie

- Nahrung in Form von Einfach- und Doppelzuckern sowie Stickstoffverbindungen und Mineralstoffen,
- Wasser, da durch die Zellwand der Hefe nur gelöste Nahrung aufgenommen werden kann,
- Wärme für die Vermehrung und zur Gärung,
- Sauerstoff zur Atmung und vor allem vor Gärungsbeginn zur Vermehrung der Hefezellen.

Die Hefezelle besteht aus einer Zellhaut (Membrane). Diese ist durchlässig für nährstoffhaltige Flüssigkeiten und Gase, was zur Nahrungsaufnahme nötig ist. Der Zellkern stellt die Schaltzentrale der Hefezelle dar, er wird von Zellflüssigkeit umgeben, die viele Enzyme und B-Vitamine enthält. Ein gesonderter Saftraum (Vakuole) ist für Abfallstoffe vorhanden; er ist bei jungen Zellen klein, bei älteren sehr groß. Hefezellen vermehren sich durch Teilung bzw. Sprossung.

Ablauf der Gärung

Die Bildung von Ethanol (Alkohol) aus Traubenzucker und anderen Zuckerarten durch Hefen bezeichnet man als alkoholische Gärung. Sie wird in Bierbrauereien und Wein- und Sektkellereien durchgeführt.
Um eine Gärung herbeizuführen, werden Zucker, Flüssigkeit und Hefe benötigt. Enthält das Ausgangsprodukt keinen Zucker, sondern Stärke, muss die Stärke erst zu Zucker abgebaut werden, wie dies z. B. bei der Bierherstellung der Fall ist.
Die Fähigkeit der Hefe, Zucker in Ethanol und Kohlenstoffdioxid umzuwandeln, wird durch Zymase, das die Hefezelle selbst bildet, ermöglicht. Zymase ist ein Enzymkomplex aus 12 Enzymen mit unterschiedlichen Aufgaben.

Zu Beginn der Gärung benötigt die Hefe Nahrung (Zucker) und Sauerstoff, um sich zu vermehren. Die Ethanolbildung ist dabei sehr gering. Danach wird die Sauerstoffmenge verringert, da die Bildung des Ethanols und des Kohlenstoffdioxids (gelöst: Kohlensäure) am besten unter Luftabschluss einsetzt. Dies ist möglich, da Hefen auch ohne Sauerstoff leben können wenn ihnen genügend Zucker zur Verfügung steht.

Vereinfacht dargestellt, läuft der Gärprozess folgendermaßen ab (siehe Abb. 1):
Zymase spaltet ein Zuckermolekül in zwei Moleküle Kohlenstoffdioxid und zwei Moleküle Ethanol, wobei Energie (Wärme) frei wird.

Die Hefen können jedoch nicht unbegrenzt Alkohol bilden. Bei etwa 15 -16 Vol. % sterben die Hefezellen durch die Alkoholeinwirkung ab, sodass die Gärung zum Stillstand kommt. Dies kann noch früher geschehen, wenn der Zuckergehalt der zu vergärenden Flüssigkeit sehr hoch ist. Bei normalen Gärungsabläufen kann aus diesem Grund die 15 - 16 Vol.-%-Marke nicht überschritten werden. Deshalb müssen Getränke mit höherem Alkoholgehalt destilliert werden.

1. Nennen Sie Beispiele von erwünschten und unerwünschten Gärungsabläufen.
2. Beschreiben Sie den Aufbau und die Vermehrung von Hefezellen.
3. Welche Voraussetzungen benötigen Hefezellen um Lebensmittel zu vergären?
4. Schildern Sie den Ablauf der alkoholischen Gärung und stellen Sie die Stoffumsetzung grafisch dar.

BIER WAR SCHON IMMER BELIEBT

In alten Keilschriften wird nachweisbar überliefert, dass ca. 6 000 Jahre v. Chr. bei dem ältesten Kulturvolk dieser Erde, den Sumerern, das Brauen bierähnlicher Getränke aus gärendem Brotteig üblich war. Im 2. Jahrtausend v. Chr. zerschlugen die Babylonier das sumerische Reich und übernahmen von ihnen u. a. die Kunst des Bierbrauens. Ihr König Hamurabi ließ schon damals Biergesetze in eine Dioritsäule meißeln (die älteste Gesetzessammlung der Welt). Je nach sozialer Stellung bekamen Arbeiter täglich zwei, Beamte drei, Verwalter und Oberpriester vier Liter Bier. In Deutschland sind die Bieramphoren (Aufbewahrungsgefäße) der frühen Hallstattzeit (800 Jahre v. Chr.) in der Nähe von Kulmbach, der früheste Nachweis, dass Bier auf deutschem Boden gebraut wurde. In den ersten Jahrhunderten unserer Zeitrechnung verfeinerten vor allem die Klöster die Kunst des Bierbrauens. In Brabanter Klöstern wurde Hopfen zum Würzen von Bier verwendet. Daraus entstand wahrscheinlich die Sage von Brabanterkönig Gambrinus als Erfinder des Bieres, der auch heute noch als Schutzpatron der Brauer verehrt wird. Ein wichtiges Datum in der Geschichte des Bieres ist der Erlass des Reinheitsgebotes im Jahre 1516 durch Herzog Wilhelm IV. von Bayern, welches besagte, dass Bier nur aus Gerste (später Gerstenmalz), Hopfen und Wasser gebraut werden dürfte. Die Verwendung von Hefe war damals noch nicht bekannt. Die Gärung wurde dem Zufall überlassen. Dieses Reinheitsgebot von 1516 ist die älteste lebensmittelrechtliche Vorschrift der Welt, die noch heute in Deutschland Gültigkeit hat.

Bestandteile des deutschen Bieres: Hopfen, Gerste, Hefe, Wasser

3 Bier

3.1 Bestandteile des Bieres nach dem deutschen Reinheitsgebot

Brauwasser

Das Brauwasser muss Trinkwasserqualität besitzen. Eine Vorbehandlung ist nur zur Entziehung des Eisengehaltes, zur Entkeimung und zur Enthärtung gestattet. Ferner kann das Wasser gefiltert und gekocht werden. Der Brauvorgang wird vom Mineralstoffgehalt beeinflusst. So erfordern Biere nach dem

- Pilsener Typ (helle Biere) weiches Wasser,
- Münchener Typ (dunkle Biere) karbonathartes Wasser,
- Dortmunder Typ (helle und dunkle Biere) sulfathartes Wasser.

Braumalz

Der wichtigste Rohstoff für das Bier ist das Malz. Für untergärige Biere darf nur Gerstenmalz verwendet werden. Für andere Biersorten, zum Beispiel Alt, Kölsch, Weizenbiere usw., wird zusätzlich zum Gerstenmalz Malz aus Weizen, Roggen oder Dinkel verwendet. Der Hauptbestandteil ist jedoch immer Gerstenmalz.
Als Braugerste wird zweizeilige Sommergerste verwendet. Sie muss folgende Eigenschaften besitzen:

- Hoher Stärkegehalt, denn dadurch entsteht viel vergärbarer Zucker
- Gute Keimkraft zum Abbau der Stärke zu Malzzucker
- Wenig Eiweiß, da dadurch Trübung des Bieres eintritt.

Hopfen

Hopfen bringt die Würze in das Bier. Es ist erlaubt anstelle der Hopfendolden Auszüge daraus zu verwenden. Hopfen ist eine vier bis acht Meter hoch wachsende Schlingpflanze. Nur ihre unbefruchteten weiblichen Blüten (Dolden) eignen sich zur Bierherstellung, da nur sie die Lupulinkörner mit ihren Bitter- und Aromastoffen enthalten. Bekannte Anbaugebiete von Hopfen sind:

- Hallertau und Holledau bei Ingolstadt,
- Spalt und Hersbruck bei Nürnberg,
- Tettnang am Bodensee,
- Kinding im Jura,
- Bruchsal bei Karlsruhe,
- Halle und Magdeburger Börde in Sachsen-Anhalt und
- Saaz in Böhmen.

Hefe

Um Zucker in Alkohol zu verwandeln, wird Hefe benötigt (siehe alkoholische Gärung). Brauhefe ist ein einzelliger Mikroorganismus und zählt zur Gruppe der Sprosspilze. Zum Brauen werden spezielle Brauheferassen verwendet.

Da der Geschmack des Bieres durch die Hefe sehr stark beeinflusst wird, züchten die Brauereien ihre Heferassen in Reinzucht (aus jeweils einer Ursprungszelle), sodass alle Hefezellen einer Rasse die gleichen Eigenschaften haben. Man unterscheidet zwischen Brauhefen, die die Würze obergärig oder untergärig vergären.

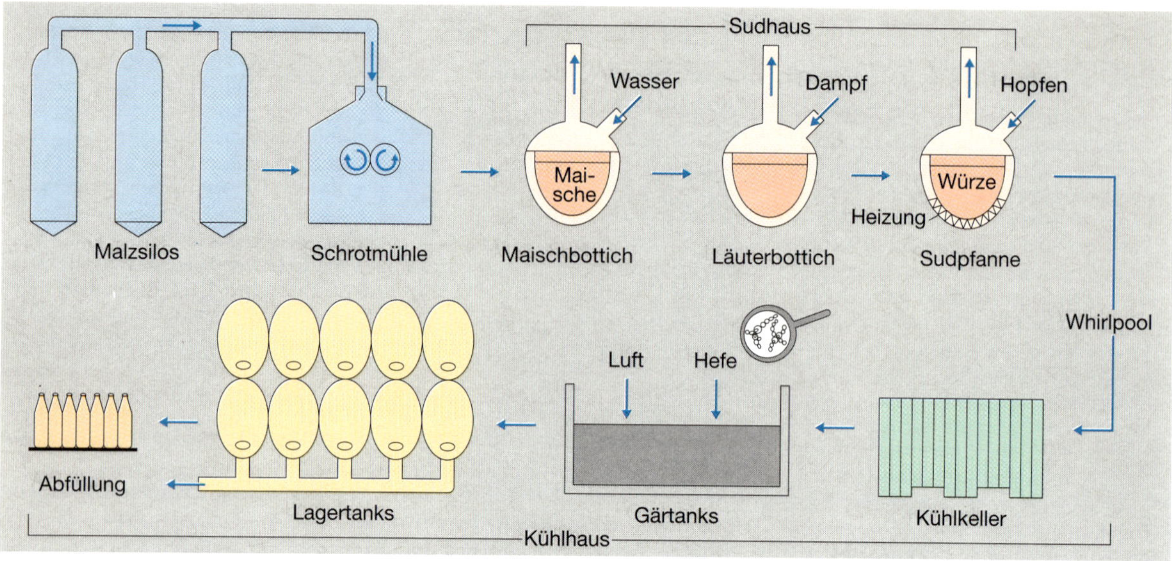

1. Bierherstellung – Schema

3.2 Bierherstellung

Aus Gerste (Weizen, Dinkel, Roggen) wird Grünmalz

Wird bei der Bierherstellung von Malz gesprochen, ist stets Gerstenmalz gemeint. Malz aus anderen Getreidearten wird mit dem Namen des Getreides verbunden.

Malz ist nichts anderes als umgewandeltes Getreide. Die Getreidekörner enthalten Stärke. Diese muss erst in vergärbaren Zucker umgewandelt werden.

Die Gerste wird durch Zugabe von Wasser ein bis zwei Tage in einer Weiche geweicht. Durch die Wasseraufnahme quellen die Korninhaltsstoffe. Danach werden die geweichten Körner ca. eine Woche lang in Keimkästen ausgebreitet und bei gleichmäßiger Temperatur von 15 °C bis 18 °C unter ständigem Umschaufeln zum Keimen gebracht. Dabei wird Stärke durch Enzyme zu Dextrinen und Malzzucker abgebaut; dadurch werden diese Stoffe wasserlöslich. Das Produkt ist Grünmalz.

Darren des Grünmalzes

Um die Keimung zu stoppen wird das Grünmalz auf der Darre getrocknet. Beim Trocknen (Darren, Dörren) erhält das Malz sein Aroma und seine Farbe. Durch unterschiedliche Darrtemperaturen wird die Bierfarbe beeinflusst:

- 50 °C bis 80 °C ergibt helles Malz,
- 100 °C bis 110 °C ergibt dunkles Malz,
- 220 °C ergibt Farbmalz.

Die Enzyme werden inaktiv und wirken im trockenen Malz nicht weiter. Dies geschieht erst, wenn sie wieder mit Wasser in Berührung kommen.

Putzen des Malzes

Die Würzelchen der Keimlinge fallen schon während des Darrprozesses ab. Die fetthaltigen Keimblätter, die dem Bier einen unangenehmen Geschmack geben würden, werden in der Malzputzerei maschinell entfernt. Damit endet die Tätigkeit des Mälzens; das Ergebnis ist Darrmalz.

Schroten des Darrmalzes

Das Darrmalz wird von den meisten Brauereien nicht mehr hergestellt, sondern fertig gekauft. Um daraus Bier herzustellen muss es in Schrotmühlen zerkleinert werden. Die Mühlen liefern groben und feinen Grieß und Mehl; die Spelzen bleiben im Ganzen erhalten. Das richtige Verhältnis und die Zusammenstellung der unterschiedlichen Mahlgrade beeinflussen stark die Qualität der Bierwürze. Durch das Schroten wird eine Oberflächenvergrößerung erzielt; die Malzinhaltsstoffe können besser ausgelaugt werden.

Maischen (Mischen) des Schrotes mit Wasser

Das Malzschrot wird mit Wasser vemengt und in den Maischbottich, auch „Erste Braupfanne" genannt, gepumpt. Ein Teil der Maische wird in der Maischpfanne erhitzt und mit der Maische im Maischbottich vermengt (in modernen Sudwerken auch in einer Kombination aus beidem – einer heizbaren Maischbottichpfanne).

Dabei werden die Enzyme aktiviert, die beim Darrprozess ihre Arbeit eingestellt hatten, und bauen die Dextrine (Malzstärke) zu leicht löslichem Malzzucker ab, während Eiweißstoffe in Peptide gespalten werden.

Stufenweise wird die Maische bis auf 70 °C erhitzt.

2. **Bestandteile des deutschen Bieres**

3. **Wirkung der Inhaltsstoffe des Hopfens**

1. Beschreiben Sie die Wirkung des Hopfens auf das Bier und den Menschen.
2. Was bewirken die unterschiedlichen Darrtemperaturen beim Darren des Grünmalzes?

Läutern der Maische

Unter Läutern versteht man das Trennen der löslichen von den unlöslichen Bestandteilen. Die Maische wird in einen Läuterbottich gepumpt. Die unlöslichen Bestandteile des Malzschrotes, der sogenannte Treber und die Spelzen, werden abgetrennt (separiert) und als Futtermittel verwendet. Zurück bleibt die flüssige **Würze** (süßer Malzextrakt).

Kochen der Würze

Die Würze wird in die Würzpfanne (Sudpfanne) geleitet und dort unter Beigabe von Hopfen bzw. Hopfenextrakt ca. zwei Stunden gekocht.
Dabei geschieht Folgendes:

- Die Enzyme werden zerstört; dadurch können durch sie keine chemischen Änderungen mehr eintreten.
- Die aromatischen Stoffe des Hopfens verbinden sich mit dem Malzaroma zum Biergeschmack.
- Eiweißstoffe flocken aus.
- Die Würze wird durch Verdampfen konzentriert und auf den vorgesehenen Stammwürzegehalt gebracht.

Die **Stammwürze** ist gleich dem Extrakt der Bierwürze, wobei unter Extrakt alle nicht flüchtigen Bestandteile verstanden werden, also alle aus dem Malz, dem Hopfen und dem Brauwasser stammenden gelösten Anteile (Malzzucker, lösliche Malzdextrine, Eiweiß, Vitamine, Spurenelemente sowie Bitter- und Aromastoffe des Hopfens).
Die Biersteuer und Biergattung hängen von der Höhe des Stammwürzegehaltes ab. Bei der Vergärung verwandelt sich die Stammwürze in ca. 1/3 Alkohol, 1/3 Kohlendioxid und 1/3 Restextrakt.

Filtern und Kühlen der Würze

Im Whirlpool, einem stehenden zylindrischen Tank, werden die beim Kochen ausgefällten Eiweißteilchen und Hopfenrückstände ausgeschieden. Danach wird die heiße Würze in Wärmetauschern auf Kellertemperatur, 5 °C bis 6 °C (Anstelltemperatur), gekühlt.

Vergären der Bierwürze

Zur Vergärung (Hauptgärung) wird die Würze mit Hefe angestellt. Aus den vergärbaren Zuckern der Würze entstehen Alkohol und Kohlenstoffdioxid.

- Die untergärige Hefe vergärt die Bierwürze bei 4 °C bis 9 °C ca. 8 Tage. Die Gärung verläuft langsam. Dabei setzt sich die Hefe am Boden des Gärbottichs ab.
- Die obergärige Hefe bewirkt bei 15 °C bis 18 °C einen schnelleren Gärvorgang, ca. 5 Tage. Die Hefe sammelt sich an der Oberfläche an.

Das Ergebnis ist das **Jungbier** bzw. grünes Bier.

Nachgärung des Jungbieres

Das Jungbier wird in große Tanks im Lagerkeller umgefüllt und kommt hier zur Ruhe. Die Nachgärung beginnt. Je nach Biersorte lagert es dort bei ca. 0 °C mehrere Wochen. Dabei wird vorhandener Restzucker abgebaut und durch Aufsetzen von Spundapparaten der CO_2-Gehalt des Bieres auf ca. 0,4 % reguliert.

Filtern und Abfüllen des Bieres

Durch Filtern werden eventuell noch vorhandene Hefe-, Eiweiß- oder Hopfenrückstände entfernt. Das Bier wird dadurch klar und haltbarer. Anschließend wird es abgefüllt.

Gattungen	Bier mit niederem Stammwürzegehalt (Pflichtangabe auf Etikett)	Schankbier (Pflichtangabe auf Etikett)		Vollbier (Diese Bezeichnung muss nicht auf dem Etikett erscheinen)		Starkbier/Bockbier (Pflichtangabe auf Etikett)	
Stammwürzegehalt	weniger als 7%	7% bis weniger als 11%		11% bis weniger als 16%		16% oder mehr	
Brauart	obergärig	untergärig	obergärig	untergärig	obergärig	untergärig	obergärig
Beispiele von Sorten	• Süßbier	• einige alkoholfreie Biere • Leichtbiere	• Berliner Weiße • Braunbier	• Pils • Export • Märzen • einige alkoholfreie Biere • Lagerbier hell oder dunkel	• Alt • Kölsch • Weizenbier (Weißbier) • Malzbier Spezial	• Bock • Doppelbock	• Weizenbock • Weizendoppelbock

1. Biergattungen, Bierarten nach Gärverfahren, Biersorten

3.3 Bekannte untergärige Biere

Alkoholarmes Bier enthält höchstens 1,5 % Alkohol und wird als Schankbier angeboten; **alkoholfreies Bier** darf einen Alkoholgehalt von höchstens 0,5 % aufweisen.

Diätbier, helles Vollbier, enthält höchstens 0,75 g belastende Kohlenhydrate je 100 ml. Es enthält mit 4 % fast ebenso viel Alkohol wie normales Vollbier.

Leichtbier hat bis zu 40 % weniger Kalorien und Alkohol als normales Vollbier.

Pils (Pilsener) ist heute keine Herkunftsbezeichnung mehr, sondern bezeichnet den Biertyp nach Pilsener Art.

Dortmunder ist ein helles Vollbier, das weniger gehopft ist als Pils, aber herber als ein Münchener Bier schmeckt.

Lagerbier ist ein Vollbier, das hell oder dunkel gebraut und schwach bis mittel gehopft wird.

Märzen ist ein Vollbier, das früher – als nur im Winter gebraut werden konnte – im März stärker eingebraut wurde um es durch höheren Alkoholgehalt länger gegen Verderb zu schützen.

Bockbiere sind untergärige Starkbiere, die hell und dunkel gebraut werden. Sie besitzen einen vollmundigen und malzaromatischen Geschmack und einen Alkoholgehalt von mehr als 5 %. Die Stadt Einbeck in Niedersachsen ist die Geburtsstätte des Bockbieres. Das Bier fand bei den Bayernherzögen so viel Anklang, dass sie Einbecker Braumeister abwarben. Heute gilt Bayern als das Bockbierzentrum.

Doppelbock ist kein doppelstarkes, sondern ein stärker gebrautes Bockbier mit mindestens 18 % Stammwürze und etwa 6,7 % Alkohol. Meist wird es unter traditionellen Namen angeboten, die mit der Silbe „...ator" enden.

3.4 Bekannte obergärige Biere

Weizenbier (Weißbier) wird als Voll- und Starkbier hergestellt. Zum Brauen von Weizenbier wird neben Gerstenmalz auch Weizenmalz mit einem Anteil von ca. 25 % verwendet. Weizenbier gibt es als trübes „Hefeweizenbier" oder klares „Kristallweizen".

Berliner Weiße ist eine bekannte erfrischende Spezialität, die vor allem im Sommer gern aus breiten Kelchen mit einem Schuss Himbeer- oder Waldmeistersirup getrunken wird. Das Schankbier, mit einem Alkoholgehalt von etwa 2,6 %, wurde zum ersten Mal in Berlin gebraut. Charakteristisch ist die Verwendung von Gersten- und Weizenmalz und gleichzeitige Hefe- und Milchsäurevergärung. Dadurch enthält das Bier eine aparte Säure und einen hohen Gehalt an Kohlensäure.

Altbier, auch kurz **Alt** genannt, bezieht seinen Namen von der alten, traditionsreichen Brauart. Es ist meist kupferfarben mit aromatischem, hopfenbitterem Geschmack. Seine Heimat ist der Niederrhein mit Zentrum Düsseldorf.

Kölsch ist ein helles Vollbier mit hopfenbitterem, aromatischem Geschmack und einem Alkoholgehalt von etwa 3,7 %. Nach der sogenannten Kölsch-Konvention ist Kölsch (im Gegensatz zum Alt) eine Herkunftsbezeichnung und darf deshalb nur im Großraum Köln gebraut werden.

Rauchbier ist ein obergäriges Spezialbier, dessen typisch zarter Rauchgeschmack beim Darren des Malzes entsteht. Statt heißer Luft wird Rauch von Buchenholzfeuer über das Malz geführt. Bekannt dafür ist die Stadt Bamberg.

Dampfbier ist ein obergäriges, bernsteinfarbenes Bier und gilt als eine Spezialität aus Bayreuth.

Wissen Sie Bescheid?

1. Wie reagiert der Mensch auf Alkoholgenuss?
2. Welche organischen Erkrankungen können durch übermäßigen Alkoholgenuss entstehen?
3. Erläutern Sie anhand des abgebildeten Erklärungsmodells für Abhängigkeit, wie Menschen alkoholkrank werden können.
4. Nennen Sie die Zutaten, die nach dem Reinheitsgebot von 1516 beim Brauen für Bier in Deutschland verwendet werden dürfen.
5. Erklären Sie folgende Begriffe: Darren, Läutern, Maischen, Würze, Stammwürze, Jungbier, Grünmalz.
6. Beschreiben Sie den Brauvorgang von unter- oder obergärigem Bier in Stichworten.
7. Handelt es sich um unter- oder obergärige Biere: Pils, Weizen, Altbier, Rauchbier, Export, Berliner Weiße?
8. Erläutern Sie, worauf beim Einkauf und bei der Lagerung von Bier zu achten ist.

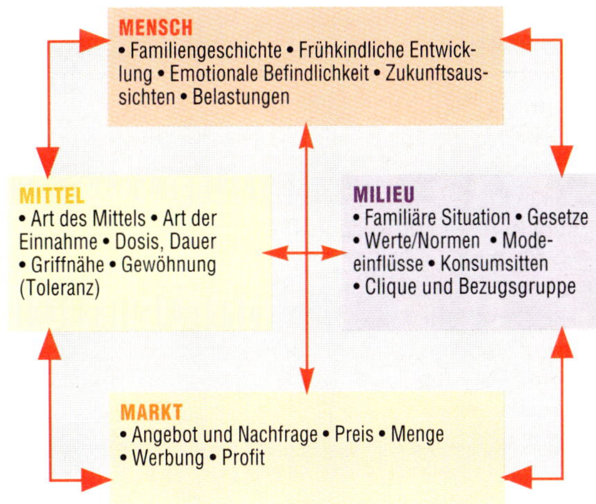

3.5 Ausländische Biere

Ausländische Biere unterliegen nicht dem Reinheitsgebot und werden zum Teil auch aus anderen stärkehaltigen Produkten wie Reis oder Mais gebraut.

Englische Biere
- Porter ist ein stark gehopftes, sehr dunkles Bier mit hohem Stammwürzegehalt.
- Ale ist der englische Ausdruck für obergäriges, starkes, helles oder dunkles hopfenbitteres Bier.
- Stout ist ein dunkles, fast schwarzes obergäriges Bier, das aus stark geröstetem Malz hergestellt wird.

Belgisches Bier. Brüsseler Lambic ist ein überbitteres, obergäriges Bier. Die Gärung erfolgt durch Wildhefe. Framboise, ein Lambic, in dem während einer dritten Gärungsphase Himbeeren weichen.

Tschechien liefert das wohl bekannteste Bier, das in Pilsen gebraute Pilsener Urquell, von dem alle untergärigen deutschen Biere nach Pilsener Art ihren Namen haben.

Dänische Biere. Am bekanntesten sind die aus Kopenhagen stammenden Biere Carlsberg und Tuborg.

Französische Biere. Bekannt sind vor allem elsässische Biere wie Kronenbourg und Mutzig-Pils.

Amerikanische Biere
- Steam Beer ist ein untergäriges Bier aus Kalifornien mit Eigenschaften des Lagers und des Ales.
- Light Beer ist die amerikanische Bezeichnung für ein schwach gebrautes Bier nach Pilsener Brauart.

Irisches Bier. Guiness ist ein dunkles, obergäriges, leicht bitteres Bier mit einem kremigen Schaum.

3.6 Biereinkauf und Bierlagerung

Bestellung. Fass- und Flaschenbier sind so zu bestellen, dass das Bier vor dem Ausschank mehrere Tage ruhen kann. Das Mindesthaltbarkeitsdatum ist zu beachten.

Bierkeller. Der Bierkeller soll ausschließlich der Bierlagerung dienen, gut gelüftet und mit Wasseranschluss und Wasserablauf mit Geruchsverschluss versehen sein. Die Wände müssen abwaschbar sein. Die Fässer sollten in der Reihenfolge der Anlieferung gelagert und angestochen werden. Damit sich das Bier gut zapfen lässt, sollten die Fässer vor dem Anstich nicht unnötig bewegt werden. Aus hygienischen Gründen sollten leere Flaschen und Fässer nicht im Bierkeller gelagert werden.

Temperaturen. Bier ist gegenüber plötzlichen Temperaturschwankungen sehr empfindlich. Die ideale Ausschanktemperatur liegt zwischen 7 °C und 9 °C. Durch falsche Lagertemperaturen können Geschmacksfehler entstehen. Die Lagertemperatur sollte ca. 2 °C unter der Ausschanktemperatur liegen.

Kältetrübung. Sie tritt durch zu niedrige Temperaturen ein und verschwindet bei richtiger Lagertemperatur.

Hefetrübung. Wird im Sommer das Bier zu warm gelagert, gärt es im Fass nach. Es kann nicht mehr ausgeschenkt werden.

Geschmacksveränderungen durch Licht. Schon eine relativ kurze Einwirkung von Licht beeinträchtigt Geschmack und Haltbarkeit von Bier sehr. Deshalb wird Bier in braunen oder grünen Flaschen abgefüllt. Wird Bier der Sonne ausgesetzt, bekommt es einen unangenehm „öligen" Geschmack.

3.7 Bierzapfanlage

Die Bierzapfanlage besteht aus:

- einem Drucksystem, bei dem als Druckmittel nur Kohlenstoffdioxid erlaubt ist. Die technische Einrichtung dafür beinhaltet:
  - Kohlenstoffdioxidflasche in einer Halterung
  - Druckminderungsventile zur Herabsetzung des Druckes
  - Sicherheitsventil, verplombt, damit eine unerlaubte Veränderung der Höchstdruckeinstellung (3 bar) nicht möglich ist.
  - Druckmesser zur Prüfung der Druckhöhe. Der Betriebsdruck richtet sich nach der Biersorte und dem Höhenunterschied, den das Bier in der Leitung zurücklegen muss.
- Bierleitungen und Zapfsäulen.
- Schankhähnen, je nach Bierart und Zapfmethode (Pils, Export), Kompensator oder Degenhahn.

Reinigung der Anlage

Das Zapfrohr vor dem Anstich mit Wasser gut ausspülen. Die Getränkeleitung einschließlich der Zapfarmaturen laut Gesetz mindestens alle 14 Tage reinigen sowie beim Wechsel der Getränkeart oder einer Betriebsunterbrechung von mehr als 7 Tagen. Die Reinigung muss in einem Betriebsbuch für Getränkeanlagen festgehalten werden.

Anstich

Beim Einstoßen des Korkens darf nie Gewalt angewendet werden. Zapfloch und Zapfrohr sind vor dem Anstich sorgfältig zu reinigen.
Einfacher ist das Anschließen des Fasses beim Keg-System: Die Fässer aus rostfreiem Stahl besitzen ein eingebautes Steigrohr mit Zapfknopf. Auf diesen Knopf werden Bier- und CO_2-Leitung aufgesetzt und angeschlossen. Durch Drücken des Handhebels ist das Bier zapffähig.

(Bierausschank Seite 345)

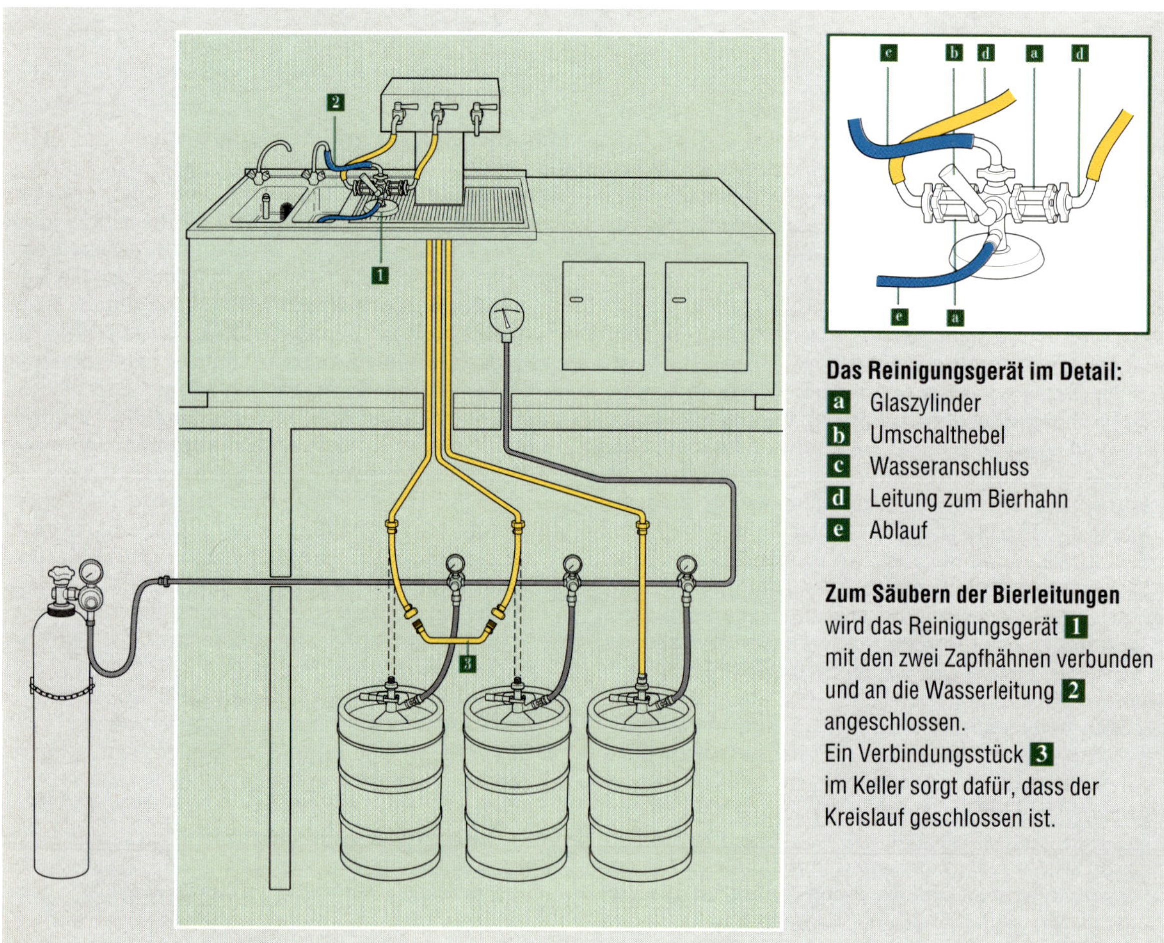

1. **Zapfanlage und Reinigung**

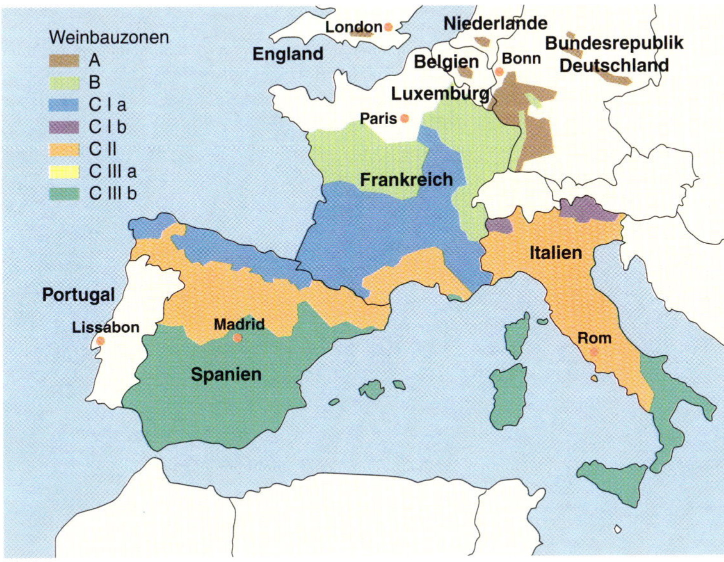

Abhängig von den klimatischen Bedingungen sind die Mindestmostgewichte und die wichtigsten Maßnahmen der Weinbereitung nach Weinbauzonen festgelegt.
Dies ist bisher für Portugal und Östereich noch nicht erfolgt. Abgesehen von Baden (Zone B) gehören alle deutschen Rebflächen zusammen mit Luxemburg zur Zone A.

2. Weinbauzonen in der Europäischen Union

4 Wein – Schaumwein

Wein (aus dem Lateinischen „vinum" = Wein) ist die durch das Weingesetz geschützte Bezeichnung für das ausschließlich durch vollständige oder teilweise alkoholische Gärung aus frischen oder auch eingemaischten Weintrauben oder Traubenmost hergestellte Getränk.

Weinbauzonen in der Europäischen Union

Da die Herstellungsbedingungen innerhalb der Europäischen Union sehr unterschiedlich sind, wurden Zonen gebildet. Die weinrechtlich bedeutsamsten Unterschiede zwischen den Zonen liegen in verschieden hohen Ausgangsmostgewichten bzw. den niedrigeren Anreicherungswerten. Dies bedeutet, dass je nach Gebiet mehr Öchslegrade bzw. Zusatz von weniger Zucker zur Herstellung bestimmter Qualitätsstufen gefordert bzw. erlaubt werden.
Das für die Weinwirtschaft geltende Weinrecht ist in einer Vielzahl von Rechtsgrundlagen zerstreut. Es beinhaltet zunächst das von der Europäischen Union gesetzte supranationale Recht, das wie das nationale Recht verbindlich ist. Daneben bestehen noch nationale Bestimmungen in Form von Bundes- und Landesverordnungen.
Im Weinrecht sind Verbraucherinteressen stark vertreten. Die Gruppeneinteilung der Weine sowie die Kennzeichnungsregelung bei den Etiketten stellen Einkaufshilfen dar.

1. Im welchem Jahrtausend kam der Weinbau nach Europa?
2. Beschreiben Sie in Stichworten den geschichtlichen Werdegang des Weinanbaus in Deutschland.
3. Begründen Sie die Einteilung der Europäischen Union in Weinbauzonen.

Geschichte des Weins

Funde und Überlieferungen aus dem Altertum bezeugen, dass der Wein bei allen Kulturvölkern als Getränk und als religiöses Symbol eine große Rolle spielte. Im 2. Jahrtausend v. Chr. kam der Weinbau - vermutlich über die Phöniker - nach Griechenland. Durch griechische Kolonisten gelangte er dann nach Italien; von dort mit den Römern in die eroberten Gebiete, nach Burgund, in das Elsass sowie an Rhein und Mosel. Im späten Mittelalter erreichte der Rebenanbau seine größte Ausdehnung von Südwestdeutschland bis Sachsen, Brandenburg und Pommern bis nach Ostpreußen.
Im 15. Jahrhundert begann der Rückgang des Weinbaus. Ursachen dafür sind eine um 1500 einsetzende Veränderung des Großklimas, der Import von süßem Südwein als Konkurrenz und die preiswertere Herstellung von Bier ab der 1. Hälfte des 16. Jahrhunderts. Die Auflösung zahlreicher Klöster im Zuge der Reformation, der Bauernkrieg sowie der 30-jährige Krieg und die Revolutionskriege um 1800 führten zur Dezimierung der weinbautreibenden Bevölkerung und zur Vernichtung von Rebflächen. Um 1860 verursachten Rebkrankheiten und Schädlinge (Mehltau, Reblaus) große Schäden. Zur Abhilfe pfropfte man auf amerikanische Rebwurzeln, die reblausimmun waren, Rebreise von europäischen Edelsorten. Dies hatte Erfolg. Der Weinbau in Deutschland erholte sich wieder und wurde in kleinerem Umfang fortgeführt. Heute werden in Deutschland Spitzenerzeugnisse, insbesondere Weißweine, produziert.

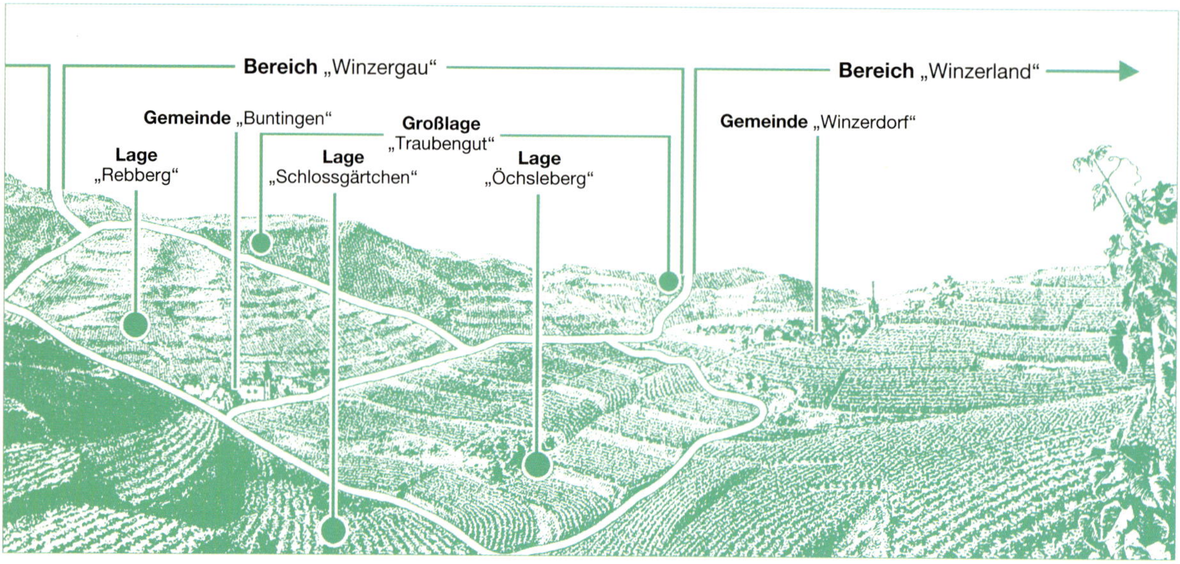

1. Anbaugebiet, Bereich, Weinbaugemeinde, Weinbergslage

4.1 Weinbau in Deutschland

Die weinproduzierenden Länder der EU sind nach klimatischen und geografischen Gesichtspunkten in Weinbauzonen gegliedert. Die Bundesrepublik liegt in der Weinbauzone A (Baden = Zone B). Zusätzlich unterscheidet der Gesetzgeber zwischen Tafelweingebiete für Tafelwein/Landwein und bestimmte Anbaugebiete für Qualitätswein.

Gebiete für Tafelwein (Landwein)

Tafelweingebiete. Die Gebiete für Tafelwein, von denen es zur Zeit fünf gibt, sind abgegrenzte, großräumige Gebiete mit ihren See- und Flusslandschaften, z. B. Bayern. Diese Tafelweingebiete werden nochmals in Untergebiete unterteilt, z. B. das Weinbaugebiet für Tafelwein Oberrhein in die Untergebiete Burgengau und Römertor.

Landweingebiete. Landwein ist Tafelwein gehobener Qualität. Die Gebiete, aus denen er stammen muss, sind kleinere, natürliche, historische Landschaften in den Untergebieten für Tafelwein, z. B. Fränkischer Landwein aus dem Untergebiet für Tafelwein Main.

Bestimmte Anbaugebiete für Qualitätswein

Die 13 bestimmten Anbaugebiete für Qualitätswein umfassen jeweils eine Weinbaulandschaft mit verhältnismäßig gleichartigen natürlichen Standortbedingungen. Ihre jeweiligen Weine werden durch ähnliche geologische und klimatische Vorzüge, die sich innerhalb eines solchen Gebietes gleichen, geprägt. Die 13 bestimmten Anbaugebiete sind in über 30 Bereiche, etwa 150 Großlagen und ca. 2600 Einzellagen unterteilt.

Bereich. Ein Bereich ist eine Zusammenfassung mehrerer Lagen, die in nahe beieinander liegenden Gemeinden desselben bestimmten Anbaugebietes gelegen sind. Qualitätsmerkmale und Wachstumsbedingungen der Weine innerhalb dieser Bereiche stimmen weitgehend überein. Deshalb müssen Qualitätsweine der obersten Güteklassen, die Qualitätsweine mit Prädikat, auch aus einem einzigen Bereich stammen.

Weinbaugemeinden (Gemarkungen). Ein Bereich umfasst eine größere Anzahl von Weinbaugemeinden, die sich wiederum in Groß- bzw. Einzellagen aufteilen.

Weinbergslage (Einzellage). Eine Lage ist ein bestimmter Abhang, Talbogen oder ähnliche natürliche Fläche, wo aufgrund gleichartiger Bodenverhältnisse und kleinklimatischer Bedingungen gleichwertige Weine gleichartiger Geschmacksrichtung wachsen. Die Weinbergslagen sind genau abgegrenzt und ihre Namen werden in die amtliche **Weinbergsrolle** eingetragen. **Einzellagen** repräsentieren also die höchste Individualität und stellen die kleinste geografische Einheit dar. Die Mindestgröße der Weinbergslage muss 5 ha betragen. Bei gleichen Wachstumsvoraussetzungen kann die Lage auch 100 ha und mehr umfassen.

Großlagen. Zusammenhängende Einzellagen mit gleichwertigen klimatischen und geologischen Bedingungen sind zu Großlagen zusammengefasst. Daraus ergibt sich die Unterscheidung zwischen Einzellage, d. h. einem tatsächlich sehr eng abgegrenzten Weinberg und den sogenannten Großlagen als Zusammenfassung verhältnismäßig gleichartiger Einzellagen.

Güteklasse		Tafelwein	Landwein	Qualitätswein bestimmter Anbaugebiete	Qualitätswein mit Prädikat
Herkunft der Trauben zu 100 %		von deutschem Rebland	aus einem Weinbaugebiet für Landwein	aus einem bestimmten Anbaugebiet	aus einem Bereich
Natürliches Mindestmostgewicht		44 °Oe Zone A 50 °Oe Zone B	50 °Oe Zone A 55 °Oe Zone B	50 °Oe bis 72 °Oe je nach Weinbauzone	67 °Oe bis 154 °Oe je nach Prädikat, Rebsorte und Weinbauzone
Anreicherung (Chaptalisation) (Zuckerzugabe oder rektifiziertes Traubenmostkonzentrat zu Most oder Jungwein vor 1. Abstich)		erlaubt	erlaubt	erlaubt	verboten
Vorgeschriebener vorhandener **Mindestalkoholgehalt** im Wein		8,5 Vol.-% = 67 g pro l	8,5 Vol.-% = 67 g pro l	7 Vol.-% = 56 g pro l	7 Vol.-% = 56 g pro l 5,5 Vol.-% ab Beerenauslese
Zulässiger Alkoholhöchstgehalt nach Anreicherung	Rotwein	12 Vol.-% Zone A 12,5 Vol.-% Zone B	12 Vol.-% Zone A 12,5 Vol.-% Zone B	13 Vol.-% Zone A 13,5 Vol.-% Zone B	entfällt
	alle anderen Weinarten	11.5 Vol.-% Zone A 12 Vol.-% Zone B	11,5 Vol.-% Zone A 12 Vol.-% Zone B	12 Vol.-% Zone A 12,5 Vol.-% Zone B	
Süßung (Zugabe von Süßreserve) – nur auf der Stufe der Erzeugung und des Großhandels zulässig –		erlaubt, auch außerhalb der Weinbauzone möglich	erlaubt, auch außerhalb des Landweingebietes möglich	erlaubt; nur innerhalb desgleichen Anbaugebietes,aus dem der Wein stammt	erlaubt; sie darf auch aus einem anderen Bereich des gleichen Anbaugebietes stammen
Erlaubte Geschmacksrichtung		trocken, halbtrocken, lieblich, süß	trocken, halbtrocken	trocken, halbtrocken, lieblich, süß	trocken, halbtrocken, lieblich, süß
Kontrollen/Prüfungen		Lebensmittelrechtliche Kontrolle	Lebensmittelrechtliche Kontrolle	Amtliche Qualitätsprüfung	Amtliche Qualitätsprüfung

2. Güteklassen deutscher Weine

Kabinettwein Bei dem Prädikat Kabinettwein müssen die Anforderungen an Qualitätswein mit Prädikat wie oben stehend erfüllt sein. Der mit dem Prädikat „Kabinett" bezeichnete Wein darf nicht vor dem auf die Ernte der verwendeten Trauben folgenden 1. Januar, andere Qualitätsweine mit Prädikat nicht vor dem 1. März abgefüllt und abgegeben werden. Die Bedingungen für Kabinettwein gelten für alle Prädikate. Um die folgenden Prädikatstufen zu erreichen, müssen noch zusätzliche Anforderungen erfüllt werden.

Spätlese Aus Trauben, die in einer späteren Lese geerntet werden, in keinem Fall früher als 7 Tage nach Beginn der Hauptlese für die jeweilige Rebsorte.

Auslese Es dürfen nur vollreife Weintrauben unter Aussonderung aller kranken und unreifen Beeren verwendet werden. Handlese kann durch Landesverordnung vorgeschrieben werden.

Beerenauslese Es dürfen nur edelfaule oder wenigstens überreife Beeren verwendet werden. Handlese ist vorgeschrieben.

Trockenbeerenauslese Es dürfen nur weitgehend eingeschrumpfte oder edelfaule Beeren verwendet werden. Ist wegen besonderer Sorteneigenschaften oder besonderer Witterung keine Edelfäule eingetreten, genügt auch Überreife der eingeschrumpften Beeren. Handlese ist vorgeschrieben.

Eiswein Bei Eiswein müssen die Weintrauben in gefrorenem Zustand bei unter minus 7 °C gelesen und gefroren gekeltert werden. Der Mindestalkoholgehalt muß die im jeweiligen Anbaugebiet für Beerenauslese vorgeschriebene Höhe erreichen. Handlese kann durch Landesverordnung vorgeschrieben werden.

3. Die Prädikate der deutschen Qualitätsweine

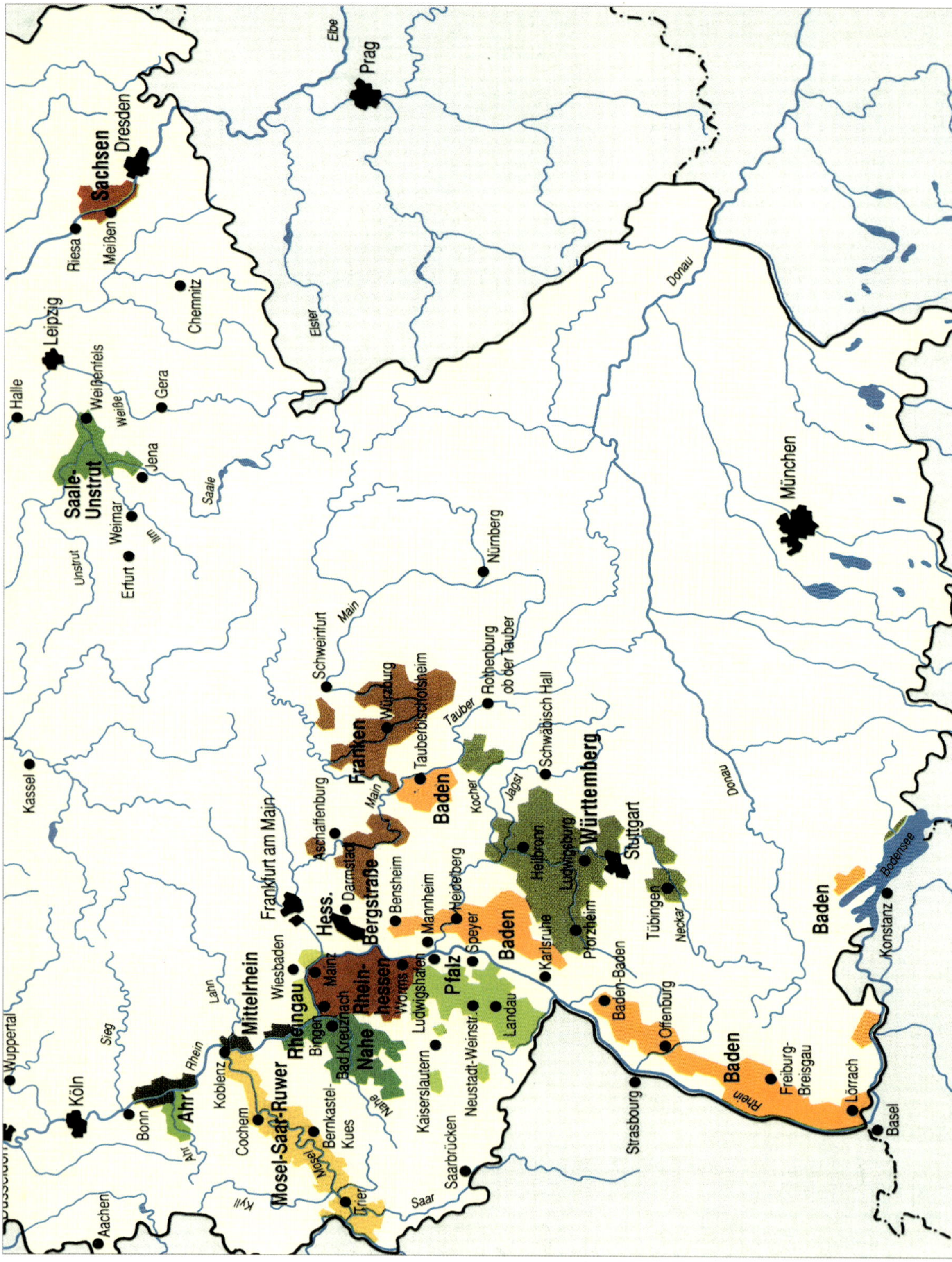

1. **Bestimmte Anbaugebiete in Deutschland**

Qualitätsweine b. A.:	
bestimmte Anbaugebiete	**„Bereiche“**
Ahr	Walporzheim/Ahrtal
Hessische Bergstraße	Starkenburg Umstadt
Mittelrhein	Loreley Siebengebirge
Nahe	Nahetal
Rheingau	Johannisberg
Rheinhessen	Bingen Nierstein Wonnegau
Pfalz	Südliche Weinstraße Mittelhaardt- Deutsche Weinstraße
Mosel-Saar-Ruwer	Zell/Mosel Bernkastel Obermosel Moseltor Saar-Ruwer
Franken	Steigerwald Maindreieck Mainviereck
Württemberg	Bayer. Bodensee Remstal – Stuttgart Württemberg. Unterland Kocher – Jagst – Tauber Oberer Neckar Württemberg. Bodensee
Baden	Bodensee Marktgräflerland Kaiserstuhl Tuniberg Breisgau Ortenau
	Bad. Bergstraße/Kraichgau
	Tauberfranken
Sachsen	Elstertal Meißen
Saale Unstrut	Schloss Neuenburg

Tafelwein		
Weinbaugebiete	**Untergebiete**	**Landweingebiete (Landweinbezeichnungen)**
Rhein-Mosel	**Rhein**	Ahrtaler Landwein
		Starkenburger Landwein
		Rheinburgen-Landwein
		Nahegauer Landwein
		Altrheingauer Landwein
		Rheinischer Landwein
		Pfälzer Landwein
	Mosel	Landwein der Mosel Saarländischer Landwein der Mosel Landwein der Saarr Landwein der Ruwer
Bayern	**Main**	Fränkischer Landwein
	Donau	Regensburger Landwein
	Lindau	Bayer. Bodensee-Landwein
Neckar		Schwäbischer Landwein
Oberrhein	**Römertor**	Badischer Landwein
	Burgengau	
		Taubertäler Landwein
Albrechtsburg		Sächsischer Landwein
		Mitteldeutscher Landwein

Um Verwechslungen zwischen Qualitätsweinen und Tafelweinen zu vermeiden, unterscheidet das EU-Recht zwischen „bestimmten Anbaugebieten“ und „Weinbaugebieten“.
Für Landweine (Tafelweine) mussten unterscheidungsfähige Namen festgelegt werden.

2. Die bestimmten Anbaugebiete, Weinbaugebiete und Bereiche in Deutschland

Anbaugebiet	Weiße Rebsorten	Rote Rebsorten
Ahr	Riesling, Müller-Thurgau, Kerner	Spätburgunder, Portugieser, Dornfelder
Hessische Bergstraße	Riesling, Müller-Thurgau, Silvaner, Grauburg	Spätburgunder, Portugieser, Dornfelder
Mittelrhein	Riesling, Müller-Thurgau, Kerner	Spätburgunder, Portugieser
Nahe	Riesling, Müller-Thurgau, Silvaner, Scheurebe	Portugieser, Spätburgunder, Dornfelder
Rheingau	Riesling, Müller-Thurgau, Ehrenfelser	Spätburgunder, Portugieser
Rheinhessen	Müller-Thurgau, Silvaner, Kerner, Riesling, Scheurebe, Bacchus, Faberrebe, Huxelrebe	Portugieser, Dornfelder, Spätburgunder, Heroldrebe
Pfalz	Müller-Thurgau, Riesling, Kerner, Silvaner, Scheurebe, Huxelrebe, Bacchus, Ortega	Portugieser, Dornfelder, Spätburgunder, Heroldrebe
Mosel-Saar-Ruwer	Riesling, Müller-Thurgau, Elbling, Kerner	Spätburgunder, Dornfelder,
Franken	Müller-Thurgau, Silvaner, Bacchus, Kerner	Spätburgunder, Portugieser, Müllerrebe
Württemberg	Riesling, Kerner, Müller-Thurgau, Silvaner	Trollinger, Schwarzriesling (Müllerrebe), Lemberger, Spätburgunder, Portugieser, Samtrot
Baden	Müller-Thurgau, Grauburgunder, Gutedel, Riesling	Spätburgunder, Müllerrebe, Portugieser
Sachsen	Müller-Thurgau, Weißburgunder, Riesling	Spätburgunder, Portugieser
Saale-Unstrut	Müller-Thurgau, Kerner, Elbling, Bacchus	Portugieser, Dornfelder

1. Die wichtigsten Rebsorten der bestimmten Anbaugebiete (rot: hauptsächlich angebaute Rebsorten)

2. Silvaner

3. Müller-Turgau

4. Ruländer

5. Blauer Spätburgunder

6. Trollinger

7. Portugieser

Rebsorten-bezeichnung (Synonyme)	**Farbe**	**Aroma/Bukett** (Duft/Geschmack)	**Säure** (Ausprägung)	**Körper** (Gehalt)
Weißweine				
Müller-Thurgau (Rivaner)	blass- bis hellgelb	blumig duftend, zartes Muskataroma	sehr mild	mittel bis kräftig
Riesling (Klingelberger/Baden)	blassgelb mit zartem Grünstich	feinfruchtig, Pfirsich, Apfel	säurebetont, rassig	leicht
Silvaner	blass, fast wasserhell	dezent, sehr verhalten	mild bis feinrassig	leicht bis mittel
Kerner	hellgelb bis strohgelb	feiner Duft, fruchtig Eisbonbon, Drops	feinrassig bis rassig	mittel bis kräftig
Scheurebe	hellgelb bis goldgelb	voll, aromatisch	feinrassig	mittel bis kräftig
Grauer Burgunder (Ruländer)	stroh- bis goldgelb	deutlicher Honigduft, voll, manchmal leichter Mandelton	mild bis feinrassig	gehaltvoll
Weißer Burgunder (Pinot blanc)	blass- bis hellgelb	zart, verhaltener als Grauer Burgunder	feinrassig	mittel bis kräftig
Gutedel (Chasselas)	blassgelb	verhalten	mild	leicht
Traminer	hell- bis goldgelb	kräftiges Bukett	feinrassig	mittel bis schwer
Morio-Muskat	hellgelb	sehr blumig (Lavendel), erinnert an Muskatgewürz	feinrassig	mittel bis kräftig
Bacchus	hellgelb	blumig, zarter Muskatton	feinrassig	leicht bis mittel
Rotweine				
Blauer Spätburgunder (Pinot noir)	tiefrot	deutlich, Aroma an Brombeeren erinnernd, zarter Mandelton	weich, samtig, feine Gerbsäure	gehaltvoll
Blauer Portugieser	hellrot	feinfruchtig, verhalten	mild	leicht
Trollinger (Blauer Trollinger)	leuchtend hell- bis blassrot	feinblumig, zarter Muskatton, fruchtig	betont rassig	leicht
Blauer Lemberger (Limberger)	tiefrot bis schwarzrot	blumig (Holunder), leichte Bittertöne, fruchtig (Banane)	betonte Säure gerbstoffreich	kräftig
Dornfelder	schwarzrot	fruchtig (Himbeer, Brombeer)	betont, gerbstoffreich	gehaltvoll
Müllerrebe (Schwarzriesling, Pinot meunier)	tiefrot bis schwarzrot	insgesamt burgunderähnlich	weich bis feinrassig	mittel
Samtrot	kräftiges Rot	burgunderartig	kernig, frisch	mittel
Blauer Frühburgunder	tiefrot	zarter Burgunderton	mild	leicht bis mittel

8. Rebsorten

Klima, Boden und Rebsorten

Das Klima. Ein abwechslungsreiches, günstiges Klima bestimmt den Charakter und die Qualität deutscher Weine. Die Besonderheit des Klimas liegt darin, dass die deutschen Weinbaugebiete im Grenzbereich zwischen dem durch den Golfstrom feuchten maritimen Klima und dem trockenen Kontinentalklima des Ostens liegen. Kaum strenge Winter und nicht zu heiße Sommer mit Regenfällen während der Vegetationsperiode, die für den Wachstumsfortschritt und Frische der Reben sorgen, sind die natürlichen Ursachen für Frische und Harmonie deutscher Weine. Diese Frische und Feinheit wird auch durch die verhältnismäßig kühlen Lesetemperaturen im Herbst begünstigt, da bei diesen Temperaturen das Lesegut nicht so schnell oxydiert. Diese klimatischen Bedingungen unterscheiden die deutschen Weine von den Weinen südlicher Länder, denen durch überschnelle Reife und durch die heißen und niederschlagsfreien Sommermonate oft die Fruchtsäure fehlt.

Der Boden. Durch unterschiedliche Landschaftsformen und -arten mit sehr unterschiedlichen Böden werden sehr differenzierte Reifebedingungen geschaffen. Die besten Weine gedeihen auf steinigen, durchlässigen, sich schnell und nachhaltig erwärmenden, trockenen, d. h. geringen Böden. Diese vielen unterschiedlichen Bodenarten, die teilweise vom Ausgangsgestein geprägt wurden, bestimmen, außer anderen Einflüssen, den Charakter der Weine mit. So entwickeln sich auf Kalkböden kräftige Weine, auf Schieferböden spritzige Weine, auf Vulkanböden feurige Weine und auf Sandböden leichte, milde Weine.

Die Rebsorten. Etwa zwei Dutzend traditionelle Weiß- und Rotweinrebsorten bestimmen die deutsche Weinlandschaft.
Jede Rebsorte besitzt typische Geschmacksmerkmale.

4.2 Weinarten in der Bundesrepublik Deutschland

Je nach Weinbereitung dürfen Weißwein, Rotwein, Roséwein, Rotling und Perlwein hergestellt werden.

Weißwein. Wein aus weißen Trauben, deren Maische vor der Gärung gekeltert wird.

Rotwein. Wein aus Rotweintrauben, wobei die roten Farbstoffe aus der Beerenhaut durch Vergärung bzw. Erhitzung der Maische gewonnen werden.

Roséwein. Blass- bis hellroter Wein aus Rotweintrauben. Ein Verschnitt mehrerer Rotweinsorten ist zulässig.

- „Weißherbst" darf sich ein Roséwein nennen, wenn er aus hell gekeltertem Most einer einzigen Rebsorte hergestellt wurde und mindestens Qualitätsstufe erreicht hat.

Rotling ist ein Wein von blass- bis hellroter Farbe, der durch Verschneiden von Weißwein- und Rotweintrauben oder deren Maischen hergestellt wird. Der Begriff kann für Tafel- und für Qualitätsweine verwendet werden.

- „Schillerwein" ist die Bezeichnung für einen Rotling in Württemberg von mindestens Qualitätsweinstufe.
- „Badisch Rotgold" ist ein Rotling aus Baden, aus den Rebsorten Grauburgunder (über 50 %) und Spätburgunder von mindestens Qualitätsweinstufe.

Perlwein. Ein Wein mit natürlicher oder zugesetzter Kohlensäure, der bei 20 °C einen Kohlensäuredruck von mindestens 1,0 bar und nicht über 2,5 bar aufweist und erkennbar perlt. Weinart und Güteklasse müssen angegeben werden. Perlwein darf in der äußeren Aufmachung nicht mit Schaumwein verwechselbar sein.

Typenweine in der Bundesrepublik Deutschland

Außer den schon genannten gebietstypischen Besonderheiten wie „Schillerwein", „Badisch Rotgold" sind noch mehrere gängige Typenweine im Angebot.

- „Riesling-Hochgewächs": Ein Weißwein ausschließlich aus Rieslingtrauben mit mindestens 1,5 Vol.- % über dem vorgeschriebenen natürlichen Mindestalkoholgehalt und mindestens drei erreichten Punkten bei der amtlichen Prüfung, zugelassen nur für Qualitätswein.
- „Affentaler": Qualitätsweine und Qualitätsweine mit Prädikat der Rebsorte Blauer Spätburgunder aus der Gemarkung Altschweier, den Gemarkungen Bühl, Eisental und Neusatz, der Stadt Bühl, der Gemarkung Bühlertal sowie der Gemarkung Neuweier der Stadt Baden-Baden.
- „Ehrentrudis": Weißherbst der Sorte Blauer Spätburgunder aus dem Bereich Tuniberg.
- „Huck": Weißwein aus den Sorten Riesling, Silvaner oder deren Abkömmlingen aus den bestimmten Anbaugebieten Ahr, Hessische Bergstraße, Mittelrhein, Nahe, Rheingau, Rheinhessen oder Pfalz.
- „Liebfrauenmilch" oder „Liebfraumilch": Ein lieblicher Weißwein der Anbaugebiete Nahe, Rheinhessen, Pfalz und Rheingau, der mindestens zu 70 % aus Trauben der Rebsorten Riesling, Silvaner, Müller-Thurgau oder Kerner hergestellt ist. Die Bezeichnung darf nur für Qualitätsweine verwendet werden.
- „Moseltaler": Qualitätswein aus dem bestimmten Anbaugebiet Mosel-Saar-Ruwer, der ausschließlich aus den Rebsorten Riesling, Müller-Thurgau, Kerner oder Elbling hergestellt ist; Rebsortenangabe nicht erlaubt.

1. Handrefraktometer

4.3 Herbstbuch, Lesezeitpunkt, Lesearten

Herbstbuch. Die Herbstordnung verlangt, dass ein Herbstbuch zu führen ist, in dem während der Erntezeit die Lese unter Angabe von Herkunft, Erntemenge, Rebsorte und Mostgewicht zu erfassen sind. Zu der Feststellung sind alle Betriebe verpflichtet die Trauben zu Traubenmaische verarbeiten. Werden Menge und Mostgewicht mit automatischen Einrichtungen festgestellt, treten die ausgedruckten Seiten an die Stelle des Herbstbuches.

Lesezeitpunkt. Die Winzer legen in eigener Verantwortung den Beginn der Lese fest. Weintrauben dürfen erst gelesen werden, wenn sie unter Berücksichtigung der Witterung, der Rebsorte und des Standortes die in dem Ertragsjahr erreichbare Reife erlangt haben; dies gilt nicht, wenn eine Lese infolge ungünstiger Witterung oder sonstiger nicht zu vertretender Umstände zur Sicherung der Ernte vor der Reife zwingend notwendig ist.

Lesemethoden. Das Lesegut zur Herstellung von Beerenauslese und Trockenbeerenauslese muss ausschließlich von Hand gelesen werden. Alle anderen Weinstufen können auch mit Maschinen gelesen werden.

Gesamterntemeldung. Sie muss bis zum 10. Dezember eines jeden Jahres erfolgen.
Dadurch wird kontrolliert, ob die zulässige Erzeugungsmenge eingehalten wurde. Übersteigt die Produktion den im Anbaugebiet zulässigen Hektar-Ertrag, darf die Mehrmenge im Folgejahr nicht als Wein in Verkehr gebracht werden.

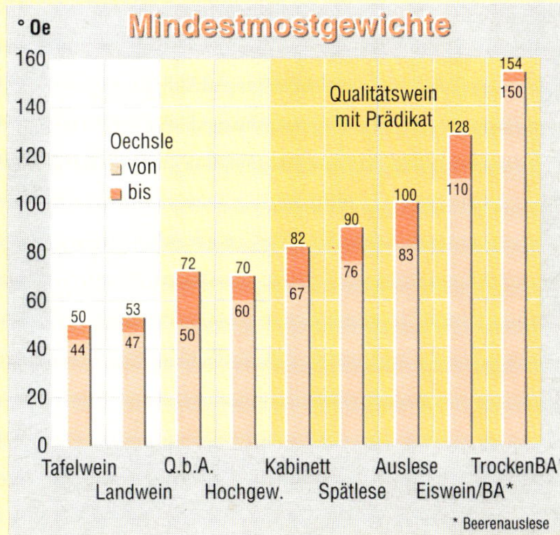

Mostgewicht. Die Menge des in den Trauben gebildeten Zuckers ist mitentscheidend für die spätere Qualitätseinstufung des Weines. Mit dem Zuckergehalt steigen bis zu einer bestimmten Grenze der spätere Alkoholgehalt und die Restsüße des Weines. Der Zuckergehalt, der in Oechslegraden angegeben wird, kann mit einer Oechselwaage oder einem Handrefraktometer gemessen werden.

Oechslewaage. Eine Senkwaage, die das spezifische Gewicht der Flüssigkeit misst (erfunden von dem Pforzheimer Optiker und Goldschmied Oechsle). Sie gibt an, um wie viel Gramm ein Liter Most bei 20 °C schwerer ist als ein Liter Wasser. Die Differenz ist gleich Oechslegrade.
Oechslegrade. Der Zuckergehalt wird über die Angabe des Mostgewichts in Oechslegraden errechnet.
1 Grad Oechsle enthält ca. 2,3 g Zucker und 0,3 g Mineralstoffe und Säuren.
Nach einer Faustregel beträgt der spätere Alkoholgehalt des Weines etwa 1/8 der ermittelten Oechslegrade. Da die Vergärung durch Hefezellen jedoch bei etwa 15 bis 16 Vol.-% endet, weisen Weine mit über 120 Oechslegraden eine natürliche Restsüße auf (ohne dass Süßreserve zugegeben wird), da der restliche Zucker nicht mehr vergoren werden kann.

Handrefraktometer. Dieses Gerät ist in der Verwendung einfacher. Nach dem Anbringen einer Mostprobe auf dem Prisma erscheint in der Optik des Refraktometers die entsprechende Auswertung.

1. Welche Einflüsse haben das Klima und der Boden auf den Weinbau und den Wein in Deutschland?
2. Nennen Sie fünf Typenweine aus Deutschland, ihre besonderen Merkmale und woher sie stammen.
3. Erklären Sie den Begriff „Oechslegrade“.

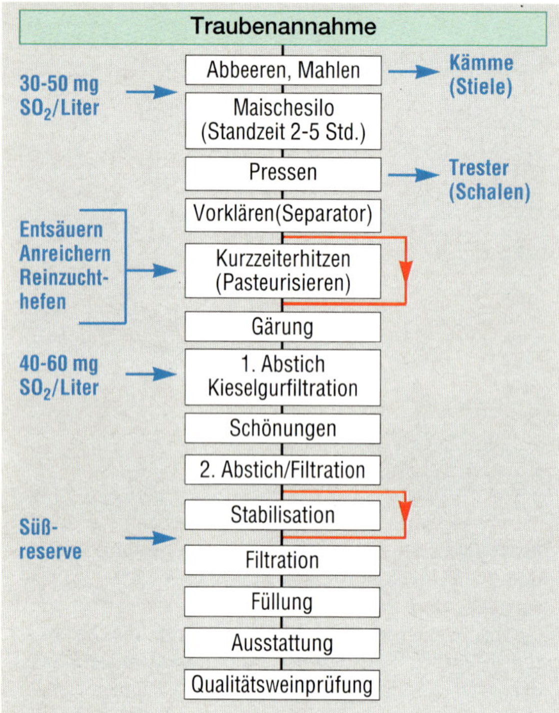

1. Schema der Weißweinherstellung

Wein	Schweflige Säure in mg/l
Rot- bzw. Weißwein unter 5 g/l Restzucker	160 bzw. 210
Rot- bzw. Weißwein über 5 g/l Restzucker	210 bzw. 260
Spätlese und viele französische AOC-Weine	300
Auslese und vergleichbare Weine der EU	350
Beeren-, Trockenbeerenauslese, Eisweine und vergleichbare EU-Weine	400

2. EU-Höchstwerte für schwefelige Säuren

Weinbauzone		A	B
zulässige Erhöhung durch Anreicherung um		3,5 Vol.-%	2,5 Vol.-%
zulässiger Gesamtalkohol			
Tafelwein	Rotwein	12,0 Vol.-%	12,5 Vol.-%
	andere Weine	11,5 Vol.-%	12,0 Vol.-%
Qualitätswein	Rotwein	13,0 Vol.-%	13,5 Vol.-%
	andere Weine	12,0 Vol.-%	12,5 Vol.-%

3. Anreicherungshöchstgrenzen/zulässiger Gesamtalkohol

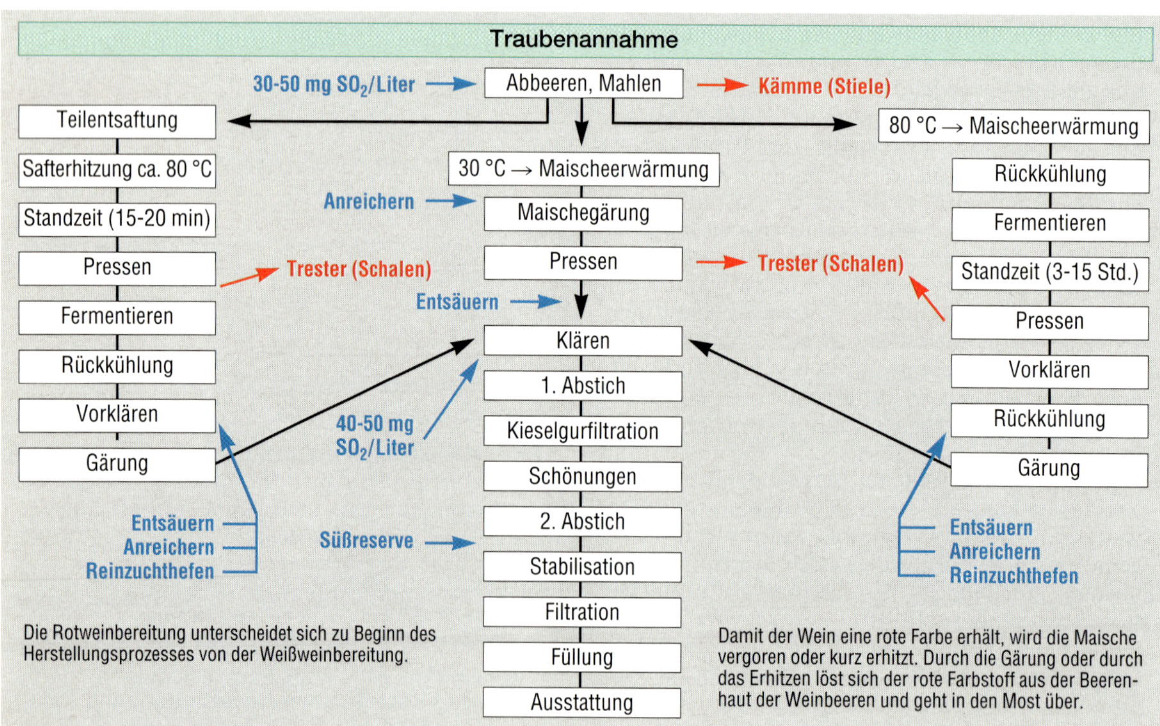

4. Verschiedene Verfahren der Rotweinherstellung

4.4 Herstellung von Wein (Weißwein)

Entrappen (Entfernen der Stiele und Kämme). Die gesammelten Trauben werden, wenn die technischen Möglichkeiten gegeben sind, im Kellereibetrieb entrappt. Da im Durchschnitt der Jahre die Traubenstiele bei der Lese in Deutschland noch grün sind, wird eine negative Beeinflussung des Weines durch die in den Stielen vorhandenen Gerbstoffe und grasigen Säuren vermieden.

Mahlen der Trauben. Nach dem Entrappen der Trauben werden diese in einer Traubenmühle gequetscht bzw. gemahlen. Das daraus entstehende Produkt wird als Maische bezeichnet. Diese besteht aus Fruchtfleisch, Schale, Kernen und Saft. Eine Standzeit der Maische von 2 bis 5 Stunden in Silos führt zu erhöhter Saftausbeute, leichterer Filtrierbarkeit und zur Ausbildung des typischen Traubenbuketts. (Bei der Rotweinbereitung zusätzlich Maischegärung oder Kurzzeithocherhitzung, Schema 4, Seite 158)

Keltern und Schwefeln der Maische. Zur Vermeidung von Oxidationsvorgängen und Entwicklung von Mikroorganismen wird die Maische geschwefelt. Danach wird gekeltert. Dabei wird der Traubenmost von den festen Bestandteilen, dem Treber bzw. Trester, getrennt. Falls keine Schwefelung der Maische erfolgte, kann diese auch – je nach Verfahren – am Traubenmost durchgeführt werden.

Klären des Mostes. Nach der Mostgewinnung erfolgt eine Mostklärung in Klärschleudern (Separatoren) oder durch Absitzenlassen des trüben Mostes. Die damit verbundene Entfernung von Trübteilchen (Staub, Erde, Fruchtfleisch) führt zu reintönigeren Weinen.

Zur Vermeidung von Qualitätseinbußen schließt sich gegebenenfalls eine Kurzzeiterhitzung (Pasteurisation) an. Dadurch wird auch Oxidationen und Fehlgärungen vorgebeugt. Außerdem kann dadurch der Zusatz von Schwefeldioxid niedriger gehalten werden.

Anreichern (Chaptalisation) des Mostes. Als Anreicherung werden Maßnahmen zur Erhöhung des Alkoholgehaltes bezeichnet. Eine Anreicherung kann erfolgen, sofern der natürliche Mindestalkoholgehalt erreicht ist.

Zur Anreicherung kann Saccharose (Trockenzucker) oder rektifiziertes Traubenmostkonzentrat verwendet werden. Bei Prädikatsweinen ist jegliche Anreicherung verboten. Die Anreicherung ist bis zum Stadium des Jungweines zulässig (nach dem ersten Abstich).

Entsäuern. Klimabedingt können in der Bundesrepublik in manchen Jahren Trauben für die Weinherstellung zu viel Säure enthalten. Aus diesem Grund darf Most oder Jungwein entsäuert werden.

Vergären des Mostes. (Alkoholische Gärung, Seite 142) Vorgeklärte bzw. pasteurisierte Moste werden mit Reinzuchthefen zur Gärung gebracht. Bei Temperaturen von 20 °C bis 25 °C ist die Gärung nach 6 bis 10 Tagen beendet. Das Ergebnis ist der Jungwein.

Nach der Hauptgärung folgt meistens eine Nachgärung, durch die ein biologischer Säureabbau bewirkt wird (u. a. mit Umwandlung der Apfelsäure in die mildere Milch- und Kohlensäure). Außerdem kann ein Teil der Weinsäure als Weinstein ausfallen.

Der Jungwein wird nochmals zur Unterdrückung des Bakterienwachstums und zum Oxidationsschutz geschwefelt.

Erster und zweiter Abstich. Nach der Gärung wird der Jungwein vom „Geläger", dem am Fass- oder Tankboden abgesetzten Hefetrub, abgezogen. Diesen Vorgang bezeichnet man als Abstich, wobei durch zwischengeschaltete Filter noch vorhandene Trübstoffe abgetrennt werden.

Schönung und Stabilisation erfolgt oft beim 2. Abstich. Man versteht darunter die Behandlung unerwünschter Eigenschaften des Weines, z. B. Beseitigung von Schwefelwasserstoff und Mercaptan-Böcksern (fauliger Geschmack und Geruch) durch Silberchloridpräparate oder das Klären der Weine durch Zusatz bestimmter Stoffe, die Trübstoffteilchen anziehen oder einhüllen. (Bild 1 Seite 160)

Verschnitt und Süßung des Weines (Harmonisierung). Die Harmonisierung ist die letzte Stufe der Weinbereitung vor dem Abfüllen. Sie hat eine Geschmacksabrundung zum Ziel und garantiert auch in witterungsmäßig ungünstigen Jahren genießbare Weine. Eine Harmonisierung wird durch Süßung oder Verschnitt oder beides zusammen erreicht.

Verschnitt bei Wein wird beim Verbraucher oft abfällig beurteilt. Viele Weine von Weltruf (Bordeaux, Port, Sherry) entstehen jedoch aus der Kunst des Verschneidens. Gründe des Verschneidens sind:

- Duftlose Weine werden mit bukettreichen Sorten gemischt (z. B. Riesling 90 %, Müller-Thurgau 10 %).
- Die Säure kann harmonisiert werden.
- Farbverbesserungen können erzielt werden.

Es dürfen nur die Qualitätsgruppen innerhalb des Gebietes verschnitten werden, aus dem sie stammen müssen.

Süßung des Weines erfolgt durch Zugabe von Süßreserve.

- Bei nicht angereichertem Tafel- und Landwein kann sie aus Traubenmost oder konzentriertem Traubenmost bestehen.
- Bei angereichertem Tafel-, Land- und Qualitätswein: aus Traubenmost.
- Bei Qualitätswein mit Prädikat: aus Traubenmost.

Geschmacksangaben. Je nach Menge der zugegebenen Süßreserve entstehen verschiedene Süßegrade. (Bild 2, Seite 160)

1. Erklären Sie den wesentlichen Unterschied in der Weinbereitung zwischen Weißwein und Rotwein.
2. Nennen Sie in Prozent die Anreicherungshöchstgrenzen in den Weinbauzonen A und B.
3. Was bewirkt die Zugabe von Schwefel?

Zur Entsäuerung:	• Neutrales Kaliumtartrat • Kaliumbicarbonat • Kalziumcarbonat • Kalziumtartrat oder Weinsäure
Zur Klärung:	• Speisegelatine • Hausenblase • Tierisches Eiweiß • Bentonit (hochquellfähiger Ton) • Kaolinerde
Weitere Stoffe	• Kaliumbitartrat (zur Ausfällung des Weinsteins) • Kupfersulfat (zur Beseitigung geschmacklicher oder geruchlicher Mängel) • Zitronensäure (endgültiger Gehalt maximal 1 g pro l) • L-Ascorbinsäure (Oxidationsschutz, maximal 150 mg pro l) • Sorbinsäure (Endgehalt maximal 200 mg pro l)

1. Behandlungsstoffe bei der Weinherstellung (auszugsweise)

Trocken	darf ein Wein nur bezeichnet werden, wenn er einen Restzuckergehalt von • höchstens 4 g pro l oder • höchstens 9 g pro l aufweist und der Gesamtsäuregehalt höchstens um 2 g pro l niedriger ist als der Gehalt an Restzucker (Formel: Säure + 2).
Halbtrocken	darf ein Wein nur bezeichnet werden, wenn er einen Restzuckergehalt von • höchstens 12 g pro l oder • höchstens 18 g pro l aufweist und der Gesamtsäuregehalt höchstens um 10 g pro l niedriger ist als der Gehalt an Restzucker (Formel: Säure + 10).
Lieblich	darf ein Wein bezeichnet werden, wenn er einen Restzuckergehalt von höchstens 45 g pro l Restzucker enthält.
Süß	darf ein Wein nur bezeichnet werden, wenn der betreffende Wein mindestens 45 g pro l Restzucker enthält.

2. Zugelassene Begriffe für Geschmacksangaben bei Wein

Wissen Sie Bescheid?

1. In welche Weinbauzonen ist die Bundesrepublik Deutschland aufgeteilt?
2. Aus welchen Gründen wurden diese Weinbauzonen geschaffen?
3. Welche Gebietseinteilungen gelten für Tafel-, Land- und Qualitätswein?
4. Nennen Sie die Mindestreife für Sherry der Geschmacksrichtungen Fino und Manzanilla.
5. Nennen Sie fünf Punkte, in denen sich Qualitätswein von Tafelwein unterscheidet.
6. Zählen Sie die Prädikate für Qualitätsweine auf und nennen Sie die Mindestanforderungen.
7. Erklären Sie folgende Begriffe aus der Weinbereitung: Entrappen, Keltern, Anreichern, Abstich, Schönung, Verschnitt, Süßreserve.
8. Schildern Sie die Herstellung von Weißwein, Rotwein, Rotling und Roséwein in Stichworten.
9. Stellen Sie für einen Gast einen Geschenkkorb zusammen, in dem sich Weine aus vier roten und sechs weißen Rebsorten befinden.
10. Nennen Sie einen Rotwein und einen Weißwein aus je einer Rebsorte und beschreiben Sie Farbe, Aroma/Bukett, Säure und Körper dieser Weine.
11. Welche verpflichtenden Angaben muss ein Etikett für Tafel- oder Qualitätswein enthalten?
12. Beschreiben Sie Gütezeichen und Prämierungen für deutsche Weine.

4.5 Weinkrankheiten, Weinfehler, Weinmängel

Weinkrankheiten sind natürliche Veränderungen, die auf mikrobiologische Ursachen zurückzuführen sind.

Weinfehler sind Veränderungen, die meist bei der Gewinnung, Bereitung und Lagerung auftreten und oft auf Behandlungsfehler zurückzuführen sind.
Typische Weinkrankheiten und Weinfehler sind:
- Essigstich: Durch Einschleppen bestimmter Bakterienarten wird der Alkohol in Essigsäure umgewandelt.
- Bitterwerden: Tritt besonders bei Rotweinen durch Bakterien und Schimmelpilze infolge der Veränderung der Gerbstoffe auf.
- Altersgeschmack: Entwickelt sich bei zu langer Lagerung im Fass.
- Korkgeschmack (Stopfengeschmack): Kann durch Bakterien, Schimmelpilze oder durch minderwertige Korken verursacht werden.
- Maischegeschmack (Trester- oder Rappengeschmack): Entsteht, wenn der Saft zu lange auf der Maische stand.
- Luftgeschmack: Durch Lagerung in nicht vollständig gefüllten Fässern.

Weinmängel sind die Wertminderungen, die durch natürlichen Mangel oder Übermaß wesentlicher Weinbestandteile entstehen. Zu den Mängeln zählen Unreife (grüner, grasiger Geschmack), zu hoher bzw. zu geringer Säuregehalt, Mangel an Zucker, Mangel an Extrakt, Alkohol (unselbstständige Weine), zu hoher einseitiger Alkoholgehalt (brandige Weine).

3. Beispiele von Weinetiketten (blau: Angaben verpflichtend, schwarz: Angaben wahlweise)

4. Deutsches Weinsiegel

5. Gütezeichen Franken

6. Preise der Bundesweinprämierung

Prüfmerkmal	Möglichkeiten der Punktvergabe					
Geruch	5,0 4,5 4,0 3,5 3,0 2,5 2,0 1,5 1,0 0,5 0					
Geschmack	5,0 4,5 4,0 3,5 3,0 2,5 2,0 1,5 1,0 0,5 0					
Harmonie	5,0 4,5 4,0 3,5 3,0 2,5 2,0 1,5 1,0 0,5 0					
Qualitäts-beschreibung (Qualitätszahl)	Hervorragend (4,50 – 5,00)	sehr gut (3,50 – 4,49)	gut (2,50 – 3,49)	zufriedenstellend (1,50 – 2,49)	nicht zufriedenstellend (0,50 – 1,49)	keine Bewertung, d. h. Ausschluss des Weines

1. Sensorische Prüfmerkmale/Punktvergabe

4.6 Qualitätsweinprüfung

Deutsche Qualitätsweine mit Prädikat tragen seit 1971 eine amtliche Prüfungsnummer. Nur Weine, die gesetzlich festgelegten Qualitätsanforderungen entsprechen und amtlich geprüft sind, dürfen diese AP-Nummer tragen. Sie enthält für den Verbraucher und für die staatliche Weinkontrolle eine Reihe von Informationen über die Identität des Weines.

A.P. Nr. 03	12	132	014	97
Kennziffer der Prüfstelle	Kennziffer der Anbaugemeinde	Kennziffer des Abfüllbetriebes	Nummer des geprüften Weines	Jahr der Prüfung

Bei Eindeutigkeit ist die Angabe der Prüfstelle und der Anbaugemeinde nicht Pflicht. Der Antrag auf Zuteilung einer Prüfungsnummer muss mindestens folgende Angaben enthalten:

- Prüfungsbehörde
- beantragte Prüfungsnummer
- Antragsteller: Name, Anschrift
- beantragte Bezeichnung des Erzeugnisses:
  - Jahrgang
  - bestimmtes Anbaugebiet, Gemeinde, Lage oder Bereich
  - Weinart, Rebsorte(n)
  - beantragte Qualitätsbezeichnung
  - Mostgewicht oder natürlicher Alkoholgehalt
  - Weinnummer, Gesamtmenge der Weinnummer
  - abgefüllte Menge der Weinnummer
  - Abfülldatum
- Zusammensetzung des Erzeugnisses:
  Dem Antrag ist ein Untersuchungsbefund beizufügen, der von einem von der Prüfbehörde zugelassenen Laboratorium ausgestellt ist. Für Kontrollzwecke werden drei Probeflaschen bei der Prüfbehörde eingelagert.

Die Qualitätsprüfung wird in den weinanbauenden Bundesländern von besonderen Prüfungsbehörden vorgenommen. Die Prüfung erfolgt in drei Abschnitten:

1. **Analytische Prüfung:** Die Prüfstelle nimmt stichprobenweise Kontrollen der eingereichten Analysen vor, soweit die Analysen nicht durch sie selbst erstellt wurden.
2. **Herkunftsprüfung:** Der im Antrag näher beschriebene Wein wird jahrgangs- und qualitätsstufenbezogen von der Ernte- und Erzeugungsmeldung des Antragsstellers abgebucht. Darüber hinaus erfolgt eine Plausibilitätsprüfung der geografischen Herkunftsangabe.
3. **Sinnenprüfung:** Sie ist für die endgültige Festlegung der Güteklasse eines Weines entscheidend und wird wie folgt durchgeführt.

Sensorische Vorbedingungen

Die folgenden Vorbedingungen werden auf ja/nein-Entscheidungen geprüft. „Nein" bedeutet Ausschluss von der weiteren Prüfung.

- Rebsorte → wenn angegeben, aber nicht typisch, kann der Wein ohne Rebsortenangabe zugelassen werden
- Prädikat → wenn nicht für das beantragte, aber für ein anderes Prädikat typisch, kann der Wein für dieses zugelassen werden
- bestimmtes Anbaugebiet bzw. Bereich
- Farbe
- Klarheit
- im Barrique (Eichenfass) gereift

Harmonie ist das Zusammenwirken von Geruch, Geschmack und sensorischen Vorbedingungen. Ihre Bewertung darf gegenüber Geruch und Geschmack um höchstens 1,0 Punkte nach oben abweichen. Sind Geruch und Geschmack unterschiedlich bewertet, gilt jeweils die höhere Punktzahl. Alle Prüfmerkmale werden gleich gewichtet. Die Mindestpunktzahl für jedes Prüfmerkmal ist 1,5. Die durch 3 geteilte Summe der für Geruch, Geschmack und Harmonie erteilten Punkte ergibt die *Qualitätszahl.* Sie muss für Weine aller Qualitätsstufen mindestens 1,5 sein.

Lehnt die Prüfstelle einen Antrag ab, hat sie zusammen mit der Ablehnung über die Herabstufung des Weines zu entscheiden.

2. Flaschenformen

Anforderungen	Begründung
• Lage möglichst nach Norden, gleichbleibend kühl, dunkel	• Wein ist sehr empfindlich gegen Wärme und Licht. An der Nordseite sind geringere Temperaturschwankungen als an der Südseite. Ideale Kellertemperatur: zwischen + 8 °C und 12 °C.
• relative Luftfeuchtigkeit 60 % - 70 %	• Zu hohe Luftfeuchtigkeit lässt den Keller modern.
• gute Luftzirkulation	• Luftzirkulation vermeidet unangenehme Gerüche.
• mit Naturkorken verschlossen, Wein nicht bei stark riechenden Waren lagern	• Starke Gerüche beeinflussen die Geschmacks- und Geruchsstoffe des Weines, da der Korken die Flasche nicht völlig luftdicht verschließt.
• erschütterungsfrei lagern	• Erschütterungen lassen den Wein nicht in Ruhe reifen. Gerbstoffablagerung (Chemise) ist kaum möglich.

3. Anforderungen an einen Weinkeller

4.7 Flaschenformen und -größen für deutsche Weine

Folgende Flaschengrößen sind für die Füllung mit Wein zugelassen:
0,1 l; 0,25l; 0,375 l; 0,5 l; 0,75 l; 1,0 l; 1,5 l; 2,0 l; 3,0 l; 4,0; 5,0 l; 6,0 l; 8,0 l; 9,0 l; 10,0 ; zusätzlich für die Luftfahrt, Seeschiffe und Eisenbahnzüge 0,187 l.

Schlegel- oder Keulenform

- 1-Liter-Flasche: Weiß- und Rotweine der Güteklassen Tafel-, Land- und Qualitätswein bestimmter Anbaugebiete, meist für den offenen Ausschank.
- 1/1-Flasche (0,75 l) sowie auch kleinere Flaschengrößen für Weiß- und Rotweine der gehobenen Klasse.

Spezialformen

- Buddelflasche: Vor allem für badische Weine (zum Beispiel Yburgberg)
- Bocksbeutel, auch Cantil-Flasche genannt: Ausschließlich für Qualitätsweine aus dem bestimmten Anbaugebiet Franken, aus dem badischen Taubertal und dem Schüpfergrund sowie aus den Gemeinden Neuweier, Steinbach, Umweg und Varnhalt.
- 1/1-Flasche (Burgunderflasche): Rotweine.

In letzter Zeit werden immer mehr Portionsflaschen anstelle der offenen Schankweine im Verkauf eingesetzt. Dadurch wird der Nachteil, den der offene Ausschank mit sich bringt (starke geschmackliche Veränderungen der im Anbruch stehenden Weine) vermieden.

4.8 Weinlagerung

Die Lagerung der Flaschen im Weinkeller erfolgt meist in Regalen. Bei Holz- und Metallregalen ist dabei an Holz- bzw. Rostschutz wegen der hohen Luftfeuchtigkeit zu denken. Bei Lagerung in Tonröhren muss die Luftzirkulation gewährleistet sein. Die Weine müssen nach Jahrgang, Qualitätsstufe und Herkunft eingeordnet sein. Falls keine getrennten Lagerräume vorhanden sind, sollten die Weine ihrer Serviertemperatur gemäß eingeordnet sein:

- Schaumwein in Fußbodennähe (niedrige Temperaturen)
- Weiß- und Roséwein in den mittleren Regalzonen
- Rotwein in oberen Regalzonen (höhere Temperaturen).

Temperaturschwankungen um 5 °C nach oben schaden dem Wein zwar nicht, lassen ihn jedoch schneller altern.
Die Führung eines Kellerbuches oder einer Kartei ermöglicht eine permanente Bestandsermittlung. Außerdem ist leicht festzustellen, welche Weine bevorzugt verkauft werden sollten bzw. nicht mehr nachkaufbar sind.

Schraubverschluss. Flaschen mit Schraubverschluss können genauso wie Sektflaschen mit Kunststoffverschluss stehend gelagert werden.

Naturkorkenverschluss. Naturkork ist minimal luftdurchlässig. Wein- und Sektflaschen mit Naturkorkverschlüssen müssen liegend gelagert werden; der Kork bleibt dadurch feucht, elastisch und gesund.

1. Schildern Sie den Vorgang der Qualitätsweinprüfung.
2. Nennen Sie Flaschenformen für deutsche Weine.
3. Zählen Sie Anforderungen an einen Weinkeller auf.

1. Weinanbaugebiete Frankreichs

✔ **Vin de Table (Tafelwein).** Französische Tafelweine sind meist Verschnitte verschiedener Weinbaugebiete; dies gewährleistet gleichbleibende Eigenschaften über viele Jahre hinweg.

✔ **Vins de Pays (Landwein).** Höherwertige Tafelweine. Sie kommen aus bestimmten geografischen Regionen (Departements oder Produktionszonen) und dürfen nicht mit Weinen anderer Herkunft verschnitten werden.

✔ **V.D.Q.S.-Weine.** „**V**in **D**élimité de **Q**ualité **S**upérieure" (Weine höherer Qualität bestimmter Gegenden). Diese Qualitätsweine unterliegen ähnlichen, aber etwas weniger strengen staatlichen Kontrollen wie die A.O.C.-Weine.

✔ **A.O.C.-Weine. A**ppellation d'**o**rigine **c**ontrollée (kontrollierte Herkunftsbezeichnung), die höchste Qualitätsstufe in Frankreich. Der Begriff „origine" wird auf dem Etikett durch die Angabe des Anbaugebietes, des Bereichs, der Gemeine oder Lage ersetzt. A.O.C.-Weine unterliegen strengen Qualitätskontrollen.

2. Güteklassen französicher Weine

4.9 Weinanbaugebiete in Frankreich

Bordeaux. Die Namen der bekanntesten Gebiete sind Médoc, Graves, Sauternes, Pomerol, Saint-Emilion und Fronsac. Médoc und Graves liefern die berühmtesten Rotweine der Welt, Sauternes den berühmtesten Weißwein. Fünf Weine aus dem Médoc und Graves zählen zu der Klassifizierung „Premiers Grands Crus Classés": Chateâu Lafite-Rothschild, Chateâu Latour, Chateâu Margaux, Chateâu Mouton-Rothschild und Chateâu Haut-Brion (Graves); Aus Sauternes kommt der berühmte Weißwein Chateâu-d'Yquem.

Burgund. Diese Weinregion umfasst die Basse Bourgogne, Chalonnais, Mâconnais, Beaujolais und die Côte d'Or, bestehend aus Côte de Nuits, Côte de Beaune und Arrière Côte. Die weltbekannten Chablis-Weine werden in der Basse Bourgogne im Departement Yonne aus Chardonnay-Trauben gewonnen. Ihre Klassifizierungen sind Chablis Grand Cru, Chablis Premier Cru, Chablis und Petit Chablis. Die Rotweine der Côte d'Or werden fast ausschließlich aus der Rebsorte Pinot Noir gewonnen.

Die Qualitätsstufen bei Beaujolais sind Beaujolais, Beaujolais Supérieur und Beaujolais Villages. Der junge, erste Beaujolais (Beaujolais primeur) wird ab dem dritten November-Donnerstag vermarktet.

Rhônegebiet. Die Côte du Rhône liefert weltbekannte Konsumweine. Die nördliche Zone (Côte Rôtie, Condrieu, Château-Grillet, Hermitage, Crozes-Hermitage) und die südliche Zone (Châteauneuf-du-Pape, Gigondas, Lirac, Tavel) liefern auch hervorragende Qualitäten.

Provence. Dort wachsen die Grenache- und die Carignan-Traube, aus denen fruchtige Rosé- und helle, weiche Rotweine gekeltert werden.

Juragebiet. Dieses Gebiet bietet die Spezialitäten Vin jaune, ein mindestens sechs Jahre alter Wein, der durch eine zweite Gärung sherryartig wird und den Strohwein, dessen vollreife Trauben auf Stroh trocknen, damit ihr Saft noch süßer wird.

Loiregebiet. Fruchtige Weine sind typisch für diese Gegend. Bekannt sind das Muscadet-Gebiet, die Touraine-Weinberge und Anjou-Samur mit dem beliebten Rosé d'Anjou.

Champagne. Ihre Weinbaugebiete sind
- Montagne de Reims (bekannt für die Rotweine Crus Rilly, Verzenay und Bouzy),
- das Marne-Tal mit den Weinorten Mareuil, Ay, Damery, Hautvillers und Cumières,
- Côtes de Blances (Cramant, Le Mesnil),
- die Weinberge bei Bar-sur-Seine, Bar-sur-Aube und Aisne. Der nichtschäumende Wein der Champagne heißt Côteaux Champenoise.

Languedoc-Roussillon. Das größte Weinbaugebiet Frankreichs produziert unter anderem Dessertweine von ausgezeichneter Qualität.

Elsass. Im Gegensatz zu den übrigen französischen Weinanbaugebieten werden im Elsass sortenreine Weine angeboten. Die Ursprungsbezeichnung „Alsaçe" oder „Vin d'Alsaçe" wird meist mit der Rebsortenangabe und dem Namen der Weinbaugemeinde ergänzt. Edelzwicker wird ein Verschnitt aus verschiedenen weißen Rebsorten genannt.

3. **Weinanbaugebiete Italiens**

- ✔ **Vino da tavola** aus verschiedenen Rebsorten und Herkunftsgebieten gemischt.
  - Vino da tavola con indicazione geografica, Tafelwein mit geografischer Herkunftsbezeichnung, die verwendeten Rebsorten müssen aus dem angegebenen Raum stammen.
- ✔ **Vino tipico** Landwein
- ✔ **D.O.C.** „**D**enominazione di **o**rigine **c**ontrollata“ sind Qualitätsweine kontrollierten Ursprungs, die aus einem genau umgrenzten Anbaugebiet stammen müssen.
  - Classico superiore riserva (Gebietsherzstück vorgeschriebene Lagerzeit wurde eingehalten)
- ✔ **D.O.C.G.** „**D**enominazione di **o**rigine **c**ontrollata e **g**arantita“ sind Qualitätsweine mit kontrollierter, garantierter Ursprungsbezeichnung, die noch strengeren Bedingungen unterliegen. Sie müssen schon mit den D.O.C. ausgezeichnet sein und in ihren wesentlichen Qualitätsmerkmalen über dem Durchschnitt der D.O.C.-Weine liegen.

4. **Güteklassen italienischer Weine**

4.10 Weinanbaugebiete in Italien

In ganz Italien wird Wein angebaut. Das Land ist in 18 Weinanbauregionen unterteilt: von Südtirol, der Lombardei und Piemont im Norden bis Kalabrien im Süden, dazu auf den Inseln Sizilien und Sardinien. Bekannte Weine in den Anbaugebieten:

Südtirol: Bekannt ist hier der Vernatsch (in Deutschland als Trollinger bezeichnet), die Meraner Kurtraube und der rote Tischwein Kalterer See Auslese

Veneto: Venetien, das Anbaugebiet zwischen Gardasee und Adriabecken, ist bekannt für Valpolicella, einem Wein mit mildem Geschmack und dem Soave, einem frischen Weißwein; außerdem Bardolino rot oder roséfarben.

Venezia Giulia (Triest): Aus dieser Gegend kommen die bekannten Spezialitäten Prosecco und Terrano

Lombardei: Veltiner Gebiet → Sasella, Inferno
Gardasee-Gebiet → Sangiovese, Vernaccia

Piemont – Val d'Aosta (Land zu Füßen der Berge): Von hier kommen die beiden bekannten D.O.C.G.-Weine Barbaresco und Barolo. Beides sind vollmundige, kräftige und samtige Rotweine aus der Nebbiolo-Traube.
Weitere Spezialitäten sind Asti spumante (italienischer Naturschaumwein in erster Gärung fertiggestellt) sowie der rote Spumante mit Namen Recoto

Ligurien: Cinque Terne, Vermentino

Emilia-Romagna: Sie gliedert sich in eine Gebirgszone und eine Ebene vom Po bis zum Meer. Weinbau wird oft als Felderbegrenzung betrieben. Bekannt ist der Lambrusco, ein leicht perlender Rotwein.

Toscana: Sie hat eine Vielzahl von Weinen zu bieten, von denen vor allem der Chianti am bekanntesten ist. Der Chianti wird aus verschiedenen Rebsorten, vor allem Sangiovese, gekeltert. Er ist von rubinroter Farbe, sein Bukett erinnert manchmal an Veilchenduft. Aus den Provinzen Florenz und Siena stammt der Chianti Classico (D.O.C.G.). Er ist bis zu 10 Jahren haltbar; nach 3 Jahren darf er mit „Reserva“ gekennzeichnet werden.

Marche: Vernaccia, Vini dei Castelli di Jesi

Umbrien: Orvieto, Sacrantino

Lazio: Liegt südlich der Toscana. Von dort stammen die berühmtesten Weißweine Italiens, wie der Frascati und der bekannte Weißwein Est! Est!! Est!!!

Abruzzen: Sehr leichte Konsumweine

Campania: Capri, Lacrimea Christi (feurige und starke Weine)

Puglia: Locorotondo, Primitivo (Konsumweine)

Basilicata: Aglianico

Kalabrien: Ciro, Greco (feurige und schwere Weine)

Sizilien: Im ältesten Weinbaugebiet Italiens werden außer dem bekannten Likörwein Marsala vorzügliche Rotweine (Corvo), auch der bekannte goldgelbe Malvasia delle Lipari und der schwere, trockene bis leicht süßliche Mamertino aus Messina hergestellt.

Sardinien: Nasco Ogliastra

1. Zählen Sie bekannte Weinbaugebiete Italiens und Spezialitäten davon auf.
2. Ordnen Sie folgende Weine dem entsprechenden Weinbaugebiet zu: Chablis, Edelzwicker, Barolo, Lambrusco und Kalterer See Auslese.

1. Die Weinbauländer Europas

4.11 Weinanbaugebiete in Spanien

Spanien hat drei Klimazonen: Im Norden das gemäßigte Klima, den sonnigen und trockenen mittleren Teil des Landes und den Süden mit höchsten Temperaturen.
Eingeteilt sind die Weine in folgende Qualitätsstufen:

- Vino de mesa (Tafelwein), überwiegend zur Destillation
- Vino de la tierra (Landwein)
- Denominación de Origen (Qualitätsweine)
  Spaniens Qualitätsweine sind nach Kategorien klassifiziert, die sich an Reifeprozess und Alter orientieren.
  - Vino de Calidad: Junge Qualitätsweine ohne Reifungszeit
  - Vino de Crianza: Sechs Monate Lagerung im Holzfass sind vorgeschrieben.
  - Vino de Reserva: Rotweine, die mindestens ein Jahr in Eichenfässern und zwei Jahre auf der Flasche lagern.
  - Vino de Gran Reserva: Rotweine, die mindestens zwei Jahre im Fass und weitere drei in der Flasche reifen. Weiße und Rosé-Gran Reserva lagern vier Jahre, davon sechs Monate im Fass.

Die wichtigsten Weinbaugebiete in Spanien sind:
Rioja: Das Tal des mittleren Ebro. In diesem Gebiet werden mit die besten Rotweine Spaniens, vor allem aus den Rebsorten Tepranillo, Garnacha tinto und Graciano, meist als Verschnitt hergestellt.
Navarra: Ist bekannt für Rot- und Roséweine.
Penedés: Ist bekannt für seine Weißweine, die fast ausschließlich von den Schaumweinherstellern der Stadt San Saduria de Noya verarbeitet werden.

4.12 Weinanbaugebiete in Österreich

Weinbau gibt es in Österreich in vier Weinbauregionen: Niederösterreich, Burgenland, Steiermark, Land Wien.
Die Güteklassen der österreichischen Weine sind ähnlich denen der deutschen.

- Tafelwein aus allen Gegenden
- Landwein aus einer Weinbauregion
- Qualitätswein aus einem Weinbaugebiet
- Prädikatswein aus einem Weinbaugebiet; er darf nicht angereichert und mit Süßreserve versehen werden und muss eine Jahrgangsbezeichnung tragen. Die Prädikate sind Spätlese, Auslese, Eiswein, Strohwein (aus vollreifen, Beeren, die mindestens 3 Monate auf Stroh oder Schif gelagert oder an Schnüren aufgehängt waren), Beerenauslese, Ausbruch, Trockenbeerenauslese.

Typische österreichische Gewächse sind:

- Zierfandler (Spätrot), oft zusammen gekeltert und verschnitten mit dem Rotgipfler, ergeben den klassischen Gumpoldskirchner,
- Grüner Veltiner aus den Anbaugebieten Niederösterreich, Burgenland und Wien. Ein typisch österreichischer Wein, fruchtig, spritzig, würzig, pfeffrig, manchmal auch mit starker Säure,
- Neuburger aus der Gegend von Wien, Wachau und Krems; in guten Jahren mit beachtlichem Alkoholgehalt,
- Blauer Zweigelt, Österreichs verbreitetste Rotweinsorte; feinfruchtig, samtig,
- Blauer Wildbacher (Schilcher), eine Roséwein-Spezialität der Steiermark, fein, säuerlich und fruchtig.

2. Internationale Flaschenformen

Wissen Sie Bescheid?

1. Nennen Sie die Weinanbaugebiete Frankreichs. Ordnen Sie diesen Gebieten jeweils einen Wein zu.
2. Erklären Sie gastgerecht die Herkunft von Beaujolais primeur und ab wann er vermarktet wird.
3. Welche Bedeutungen haben die Abkürzungen „V.D.Q.S." und „A.O.C." bei französischen Weinen.
4. Nennen Sie Weine aus den italienischen Anbaugebieten Piemont, der Toscana und Venetien.
5. Aus welchen Anbaugebieten Italiens stammen Lambrusco, Est! Est!! Est!! und Kalterer See?
6. Ordnen Sie folgende europäische Weinbaugebiete den entsprechenden Ländern zu: Navarra, Penedes, Rioja, Burgenland, Steiermark, Vinho verde, Douro-Gebiet.
7. Nennen und beschreiben Sie Weinspezialitäten aus Griechenland und Ungarn.

4.13 Weitere europäische Weinbauländer und Weinbaugebiete

Portugal. Portugal ist in erster Linie berühmt durch seinen Likörwein, Portwein und Madeira. Portugal mit seinem durch den Atlantik bedingten, sehr frischen und niederschlagsreichen Klima, erzeugt außer Rosé- und Rotwein eine ganze Reihe von charaktervollen, frischen, spritzigen Weißweinen.

Bekannte Gebiete sind unter anderen

Vinho Verde: Als größte Weinbauregion mit seinen roten und vor allem seinen spritzigen weißen Weinen,

Dao: Benannt nach dem dortigen Fluss mit seinen körperreichen Rotweinen,

Douro: Mit seinen weltbekannten Rotweinen.

Griechenland. Außer dem bekannten Likörwein Samos sind Qualitätsweine aus Mantinia, Rhodos und Patras bekannt. Eine Spezialität der Weinbereitung ist, vor allem bei Landweinen, während des Gärprozesses oder in der Nachbehandlung Harz (= Retsina) zuzusetzen. Von den sonstigen Weinen sind der Santa Laura, der helle, trockene, weiße Domestica und als Likörwein der Mavrodaphne stark auf dem Markt vertreten.

Schweiz. In der Schweiz werden in den bekanntesten Anbaugebieten wie Wallis, Neuchatel, Waardt und Tessin einfache bis mittlere Weiß- und Rotweine hergestellt. Spitzenqualitäten sind die Ausnahme. Bekannt sind der weiße, trockene, blumige Fendant, der weiße Johannisberger und der rote Dôle. Die Weine aus der Schweiz sind fast immer durchgegoren, wenig gesüßt und deshalb als Tischweine sehr gut geeignet.

Ungarn. Der bei uns wohl bekannteste Wein dürfte der Tokaji-Aszu (Ausbruch Tokajer) sein. Bei der Herstellung werden auf 136 Liter (Gönczer-Fass) Most 2 bis 6 Butten (Butte = 12 kg bis 15 kg) edelfaule, eingetrocknete, mit der Hand ausgebrochene Beeren zugegeben und langsam vergoren. Das Ergebnis sind feurige Weine mit würziger Süße und zarter Fruchtsäure. Szamorodni sind Tokajer Weine aus einer späten Lese, kräftig und leicht bitter im Nachgeschmack.

Jugoslawien (ehemaliges). In Slowenien, Kroatien, Bosnien-Herzegowina, Serbien, Mazedonien und Dalmatien werden qualitativ sehr gute Rot- und Weißweine erzeugt. Die wichtigsten Rebsorten sind für Weißweine Riesling, Traminer und Malvasier, für Rotweine Merlot und Spätburgunder.

GUS (Gemeinschaft Unabhängiger Staaten). Durch günstige Klima- und Bodenverhältnisse werden zum Teil sehr wertvolle Weine, überwiegend in Grusinien, Armenien, Usbekistan, Kasachstan, Turkmenien, der südlichen Ukraine, am Don und der Krim produziert. Die Palette reicht vom trockenen Weißwein über vollmundige Rotweine bis zu Likörweinen. An Schaumweinen sind der Krim-Sekt und Zimljanskoe-Sekt weltbekannt.

Bulgarien. Bulgarien hat sich in den letzten Jahren auf die französischen Rebsorten Cabernet, Chardonnay und Merlot spezialisiert. An heimischen Rotweinen bietet es schwere Rotweine aus der Rebsorte Mavrud. Bei den weißen Rebsorten ist die Rcatciteli sehr bekannt.

1. Herkunft von Likörweinen

4.14 Likörwein

Unter Likörweinen versteht man Weine, die, wenn sie in der EU hergestellt werden, einen Alkoholgehalt von mindestens 15 Vol.-% und höchstens 22 Vol.-% aufweisen müssen. Sie werden aus Traubenmost oder Wein, der einen natürlichen Alkoholgehalt von mindestens 12 Vol.-% aufweist, hergestellt. Während oder nach der Gärung wird der Most bzw. Wein mit folgenden Erzeugnissen je nach Herstellungsmethode vermischt:

- Zusatz von Alkohol, der aus Wein destilliert sein muss.
- Zusatz von konzentriertem Traubenmost.

Verschiedene Verfahren, wie z. B. das Solera-System, schließen während der Lager- und Reifezeit die Herstellung ab.

Solera- und Criadera-System. Beim Ausbau und Verschneiden von Likörweinen, insbesondere bei Sherry, wird dieses System angewandt. Nach der Gärung wird der Wein filtriert und in 600-Liter-Eichenfässer, die nur zu 5/6 gefüllt und nie ganz verschlossen werden, abgefüllt. Die Luftzufuhr ist wichtig, damit sich die Oberflächenhefe als dünne Schicht auf dem Wein bilden kann. Sie schützt den Wein und ist für Geschmack und Typ ausschlaggebend. Die Fässer werden in mindestens drei Lagen übereinander gelagert. In der untersten Fassreihe, der „solera", befindet sich der älteste Sherry. Wird der untersten Fassreihe etwas entnommen, wird diese Menge aus der darüberliegenden Reihe, der „primera criadera", aufgefüllt und diese wiederum durch die darüberliegende Reihe der „segunda criadera".

Sherry – Besonderheiten bei der Herstellung:
Herstellung nach dem Solera- und Criadera-System.
Die Reifezeit und das Mindestalter für Manzanillas und Finos beträgt mindestens 3 Jahre, für Amontillados mindestens 5 und für Olorosos mindestens 7 Jahre.
Die Altersangabe von Sherry wird verschieden definiert, zum Beispiel „50 Jahre alt":

- Der Mischungstyp ist seit 50 Jahren unverändert.
- Das Fass wurde vor 50 Jahren zum ersten Mal mit Sherry gefüllt. Es können also nach dem Solera-System noch Spuren davon enthalten sein.

Da es keinen Jahrgangs-Sherry gibt, hat Sherry immer eine gleichbleibende Qualität und Geschmacksrichtung. Geschmachsrichtungen bei Sherry:

- Fino: Aus der weißen Palominotraube, trocken, hellgolden, mit feinstem Mandelaroma und zurückhaltender Säure
- Manzanilla: Eine trockene und leichte Art des Fino, der nahe der Küste in Sanlúcar de Barrameda hergestellt wird.
- Amontillado: Ein meist halbtrockenener, bernsteinfarbener, Sherry mit leichtem Haselnussaroma.
- Oloroso (der Wohlriechende): Mit intensivem Nussaroma, kräftig, vollmundig und trocken.
- Pale Cream: Blasser, milder, lieblicher Sherry.
- Cream: Mild, die süße Variante des Oloroso.

Sherry wird in tulpenförmigen Kelchen, sogenannten Copitas serviert. Trockene Sherry-Arten werden leicht gekühlt als Aperitif oder zu Vorspeisen, lieblichere bis süße Geschmacksrichtungen temperiert als Digestif getrunken.

2. Solera-System

Konzentrierte Likörweine (überwiegend süß)

- **Trockenbeeren** ausgezogen durch
  - Most, z. B. Malaga hell (Spanien)
  - Wein, z. B. Samos (Griechenland)
- **Most** eingedickt,
  z. B. Marsala (Italien), Malaga dunkel (Spanien)

Trockene Likörweine (wenig Zucker)

nach kurzer Gärung durch hohen Alkoholzusatz stumm gemacht (→jahrelange Lagerung möglich)
- **Trockenbeerenmost und Alkohol,**
  z. B. Sherry (Spanien),Portwein, Madeira (Portugal)
- **Normalmost und Alkohol,** z. B. Tarragona (Spanien)
- **Wein und Alkohol,** z. B. Wermut-Grundwein

1. Nennen Sie gesetzliche Bestimmungen für Likörwein in der EU.
2. Zu welchen Speisen empfehlen Sie trockenen Sherry, süßen Portwein und Pineau de Charentes?

Malaga ist ein Likörwein von Malaga in Spanien. Die Beeren werden auf Strohmatten ausgelegt und getrocknet. Zu ihrem Most werden Mostkonzentrate, Alkohol, alte Malagaweine und karamellisierte Zuckerlösung zugefügt. Gute Sorten werden nach dem Solera-Verfahren hergestellt. Malaga-Likörweine gibt es überwiegend in süßer Geschmacksrichtung; trockenere Malaga-Likörweine sind z. B. Pajarete, Semi dulce oder Blanco seco.
- Muscatel: Dieser Malaga-Typ wird nur aus Muskatellertrauben hergestellt. Er hat ein intensives, fruchtiges Muskateller-Bukett. Je nach Alter reicht seine Farbe von goldgelb bis goldbraun.
- Pedro Ximenez: Dieser Malaga-Typ aus der nördlichen Zone des Malaga-Anbaus wird hauptsächlich aus der Pedro-Ximenez-Traube hergestellt. Er hat eine dunkle sirupartige Farbe und einen leicht bittersüßen Nachgeschmack.

Pineau des Charentes. Dieser französische Likörwein aus dem Cognac-Gebiet ist eine Mischung aus Weinmost und Cognac. Laut Vorschrift darf nur der zuerst gepresste Saft mit einem Mindestzuckergehalt von 180 g pro l verwendet werden. Nach Zugabe des Cognac ist eine zweijährige Reifezeit in Eichenfässern üblich. Der Wein wird gekühlt, jedoch nicht eiskalt, evtl. mit Zugabe eines Spritzers Zitronensaft zu Süßspeisen getrunken.

Samos/Mavrodaphne. Dies sind griechische Likörweine. Samos wird auf der gleichnamigen Insel aus der Muskatellertraube gewonnen. Mavrodaphne ist ein aromatisch süßer Wein von intensiv roter Farbe aus der Mavrodaphne-Rebe, „Mavrud" genannt.

Portwein (Port) kommt aus den Douro-Tälern Nord-Portugals. Sowohl die weißen als auch die roten Portweine können trocken bis sehr süß sein. Meist sind jedoch die weißen Portweine die trockenen, die als Aperitif geeignet sind, während die roten halbsüßen bis süßen Sorten als Dessertweine Verwendung finden:
- White Port (weiß): Aus weißen Trauben; meist sehr trocken und alkoholreicher als roter Port,
- Red oder Ruby Port (rot/rubin): Junger Portwein mit sehr dunkler Farbe; fruchtig und meist süßlich,
- Tawny Port (lohfarben): Heller und älter als Ruby Port, halbtrocken oder süß; der vielfältigste unter den Portweinen,
- Vintage Port oder Novidadce: Besonders gute Jahrgänge werden nach zwei Jahren auf Flaschen abgezogen und altern dort (15 bis 30 Jahre) weiter. Er muss dekantiert werden.

Madeira von der portugiesischen Insel. Madeira gibt es in den Geschmacksrichtungen:
- Sercial: Sehr trocken; als Aperitif geeignet
- Verdelho: Trocken, weicher, runder, etwas rauchig
- Boal: Würziges, reiches Aroma
- Malvasier: Dickflüssig, samtig und süß

Marsala ist ein sizilianischer, überwiegend zum Dessert gereichter Wein. Geschmacksrichtungen sind
- Marsala fino: Voller Geschmack, leicht bitter
- Marsala superiore: Voller Geschmack, süß
- Marsala vergine: Bernsteingelb, klar, mit spezieller, wohlriechender Blume; im Geschmack samtartig, voll
- Marsala speziale: Durch Zusätze, zum Beispiel von Bananen, Nüssen usw. aromatisiert

1. Herstellung einer kalten Ente

Wissen Sie Bescheid?

1. Erklären Sie den Begriff Likörwein.
2. Mit welchen Erzeugnissen wird Most bzw. Wein je nach Herstellungsmethode vermischt um Likörweine herzustellen?
3. Beschreiben Sie das Solera-System bei der Sherry-Herstellung.
4. Nennen Sie die Mindestreifezeit für Sherry der Geschmacksrichtungen Fino und Manzanilla.
5. Ein Gast wünscht einen Sherry von 1994; können Sie diesen Wunsch erfüllen? Begründen Sie Ihre Antwort.
6. Erklären Sie die Geschmacksrichtungen „Fino", „Manzanilla" und „Oloroso".
7. Aus welchen Ländern stammen die Likörweine Malaga, Pineau des Charentes, Marsala und Samos?
8. Welchen Likörwein würden Sie Ihren Gästen zu folgenden Speisen empfehlen: Rehpastete – Apfelbeignets – Melone?
9. Ihr Kollege behauptet: White Port ist immer sehr süß! Ist diese Aussage richtig?
10. Welchem Gesetz unterliegen weinhaltige Getränke?
11. Nennen Sie Zutaten für weinhaltige Getränke.
12. Erklären Sie die weinhaltigen Getränke Schorle, Wein-Aperitif und Maiwein.
13. Aus welchen Rohstoffen können weinähnliche Getränke hergestellt werden?
14. Wodurch unterscheiden sich weinähnliche Getränke von Wein?

4.15 Weinhaltige und weinähnliche Getränke

Weinhaltige und weinähnliche Getränke sind alkoholische Getränke, die dem Gesetz unterliegen. Dazu zählen nicht sonstige hergestellte Bowlen, Punsche usw.

Weinhaltige Getränke

Sie unterliegen dem Weingesetz und sind unter Verwendung von Wein, Perlwein, Likörwein sowie Schaumwein oder Grundwein, auch vermischt miteinander, hergestellte alkoholhaltige Getränke.

- Der Weinanteil der genannten Erzeugnisse muss mehr als 50 % betragen.
- Das fertige Getränk darf höchstens 20 Vol.-% Alkohol enthalten.
- Eine Gärung darf bei der Herstellung nicht stattgefunden haben.
- Der Druck bei 2 °C darf 2,5 bar nicht überschreiten.

Kalte Ente darf sich ein weinhaltiges Getränk nennen, wenn es hergestellt wird durch Vermischen von Wein, Perlwein oder Perlwein mit zugesetzter Kohlensäure und Schaumwein oder Schaumwein mit zugesetzter Kohlensäure sowie natürlichen Zitronenbestandteilen oder deren Auszügen, die geschmacklich deutlich wahrnehmbar sein müssen. Der Anteil des Schaumweins oder Schaumweins mit zugesetzter Kohlensäure muss mindestens 25 % betragen.

Schorle darf sich ein weinhaltiges Getränk nennen, das durch Vermischen von Wein, Perlwein oder Perlwein mit zugesetzter Kohlensäure mit kohlensäurehaltigem Wasser hergestellt wird.

Wein-Aperitif darf sich ein weinhaltiges Getränk nennen, wenn es mindestens zu 70 % aus Wein oder Schaumwein, auch in Vermischung miteinander, besteht.

Glühwein darf sich ein weinhaltiges Getränk nennen, wenn es ausschließlich aus Rot- oder Weißwein, Zucker und würzenden Stoffen hergestellt ist. Ist Weißwein verwendet worden, so ist die Verkehrsbezeichnung „Glühwein" um die Worte „aus Weißwein" zu ergänzen.

Maiwein darf sich ein weinhaltiges Getränk nennen, das aus Wein unter Zusatz von Waldmeister (Asperula odorata) oder dessen Auszügen so hergestellt ist, dass der Waldmeistergeschmack deutlich wahrnehmbar ist.

Weinähnliche Getränke

Weinähnliche Getränke sind alkoholische Getränke, die wie Wein, jedoch nicht aus Weintrauben hergestellt werden. Es werden zwei Arten unterschieden:

- Obstweine, z. B. Apfel- oder Birnenwein
- Beerenweine, z. B. Johannisbeer-, Erdbeer-, Stachelbeerwein.

Weinähnliche Getränke müssen neben dem Wortstamm „-Wein" mit dem Namen der verwendeten Frucht bezeichnet werden.

Zur Geschichte des Schaumweins

Der Beginn der Schaumweinherstellung liegt im Dunkeln. Dokumentarisch nachgewiesen ist, dass die Mönche der Abtei Saint-Hilaire in Südfrankreich bereits 1531 Schaumweine herstellten. Sie verwendeten dabei die „méthode rurale" (ländliche Methode), bei der der Wein vor Beendigung der ersten Gärung in Flaschen abgefüllt wird, sodass die Gärung in der Flasche weitergeht.
Diese Methode wird auch heute noch zur Herstellung von Schaumweinen wie „Asti spumante", „Blanquette de Limoux", „Clairette de Die" und „Aromatischem Qualitätsschaumwein" angewandt.
Erst über 100 Jahre später wurde in der Champagne in der Abtei Hautvillers von Dom Perignon mit der Herstellung von Champagner im heutigen Sinne begonnen. Dabei wird dem Wein eine Mischung aus Hefe und Zucker zugesetzt. Dieser Zusatz führt zu einer zweiten Gärung, die unter Verschluss vollzogen wird, sodass die dabei entstehende Kohlensäure nicht entweichen kann. Die zugegebene Zuckermenge muss dabei genau dosiert werden um zu verhindern, dass sich zu viel Kohlensäure bildet.
Durch unkontrollierte Gärabläufe „explodierten" zunächst viele Flaschen. Erst die 1836 von Francois entdeckte Methode der Zuckermessung ermöglichte die genaue Bestimmung der Zuckermenge, die für die zweite Gärung zugesetzt werden muss.
Bis zum Jahr 1919 (Versailler Vertrag) durfte man den schäumenden Wein bei uns ebenso wie in Frankreich „Champagner" nennen; danach wurde dieser Begriff von Frankreich gesetzlich geschützt.
In Deutschland kam der Begriff „Schaumwein" auf, bis 1925 im Weingesetz dafür die Bezeichnung „Sekt" bedeutungsgleich eingeführt wurde. Das Weingesetz von 1971 trennte beides in die Begriffe „Schaumwein" und „Qualitätsschaumwein" (Sekt). Der Begriff „Sekt" ist auch in den EU-Staaten sowie in Drittländern erlaubt, wenn die Bedingungen für Qualitätsschaumwein erfüllt sind.

4.16 Schaumwein

Laut EU-Richtlinien wird Schaumwein folgendermaßen definiert:
Schaumwein ist ein Erzeugnis das gewonnenen wird durch erste oder zweite alkoholische Gärung von

- zur Gewinnung von Tafelwein geeigneten frischen Weintrauben,
- zur Gewinnung von Tafelwein geeignetem Traubenmost,
- zur Gewinnung von Tafelwein geeignetem Wein,
- Tafelwein,
- Qualitätswein b. A. oder
- eingeführtem Wein.

Schaumwein muß mindestens 3,0 bar bei 20 °C aufweisen, mindestens 9,5 Vol.-% Alkohol besitzen und braucht keine Anforderungen über Herstellungsdauer und Lagerung auf der Hefe erfüllen.

Aromatischer Qualitätsschaumwein

Aromatischer Qualitätsschaumwein darf nur aus Most, zum Teil vergoren (kein Wein), folgender Rebsorten hergestellt werden: Huxelrebe, Gewürztraminer, Perle, Scheurebe, Müller-Thurgau. Er muß mindestens 10 Vol.-% Gesamtalkoholgehalt und 3 bar Überdruck aufweisen, eine Herstellungsdauer von mindestens einem Monat haben und darf keine Versanddosage erhalten.
Aromatischer Qualitätsschaumwein darf nicht als Sekt bezeichnet werden, da er die Anforderungen dafür nicht erfüllt.

Qualitätsschaumwein bzw. Sekt

Der Begriff Sekt kann nur für einen Qualitätsschaumwein verwendet werden. Qualitätsschaumwein darf nur aus Wein hergestellt werden.
Die Kohlensäure muss ausschließlich in der zweiten Gärung entstanden sein und der Überdruck mindestens 3,5 bar bei 20 °C betragen (3,0 bar bis 25 cl Inhalt). Der Alkoholgehalt muss mindestens 10 Vol.-% betragen und die vorgegebenen Lager- und Reifezeiten müssen eingehalten werden (Herstellungsverfahren, Seite 173).

Zusätzliche mögliche Angaben

- Deutscher Sekt: Wenn die Trauben aus Deutschland stammen und die Herstellung in Deutschland erfolgt.
- Qualitätsschaumwein b. A. oder Sekt b. A.: Wenn die Grundweine zu 100 % aus einem Anbaugebiet stammen. Eine Prüfnummer ist erforderlich.
- Jahrgangs- und/oder Rebsortenangabe ist erlaubt, wenn sie zu 85 % zutrifft.
- Winzersekt muss aus selbsterzeugten Trauben bzw. Grundweinen eines Weinbaubetriebes bzw. deren Genossenschaft hergestellt werden. Lohnversektung ist möglich.
- Diabetikerschaumwein darf höchstens enthalten:
  - 4 g pro l Glukose und keine Saccharose
  - 40 g pro l Fructose
  - 12 Vol.-% vorhandener Alkohol.
- Crémant: Bezeichnung für Qualitätsschaumwein/-sekt b.A. (z. B. Crémant Baden) – Voraussetzung: traditionelle Flaschengärung, Lagerung auf der Hefe neun Monate, Zuckergehalt unter 50 g pro l.

4.17 Herstellung von Schaumwein

Bereitung der Cuvée (Verschnitt). Die Cuvée ist der Traubenmost, der Wein oder die Mischung von Traubenmosten oder Weinen, die zur Herstellung eines Schaumweines bestimmt sind. Dieser Verschnitt, auch aus verschiedenen Jahrgängen, ist die Grundlage zur Herstellung von Schaumwein. Von dieser Zusammenstellung sind Qualität und Geschmack des Endproduktes abhängig.

Einleiten der Gärung durch die Fülldosage. Nach dem Zusammenstellen der Cuveé wird eine Mischung aus Hefe und Saccharose (Zucker 20 g bis 25 g pro l), Traubenmostkonzentrat oder Wein, die sogenannte Fülldosage, zugegeben. Sie bringt die Cuvée zur Gärung. Die Gärung zum Zweck der Schaumweinherstellung darf nur in Flaschen oder druckfesten Großraumbehältern erfolgen. Durch die Gärung (zweite alkoholische Gärung) erhöht sich der Alkoholanteil um ca. 1,5 Vol.-%.

Herstellungsdauer. Je nach Herstellungsverfahren ist eine gesetzliche Herstellungsdauer vorgeschrieben. Die vorgeschriebene Herstellungsdauer beinhaltet die Alterung im Herstellungsbetrieb. Darin ist die Zeit der vorgeschriebenen Lagerung auf der Hefe enthalten.

Enthefen des Schaumweins. Je nach Herstellungsverfahren (Seite172, 4.18) wird der Schaumwein von der Hefe getrennt.

Zugabe der Versanddosage. Nach dem Enthefen kann dem durchgegorenen Schaumwein eine Dosage zur Süßung zugesetzt werden. Diese wird aus Saccharose, Traubenmostkonzentrat, Wein oder Weindestillat hergestellt. Die Angabe der Süßegrade (Seite 173, Bild 3) ist auf dem Etikett verpflichtend vorgeschrieben. Dabei dürfen nur Begriffe verwendet werden, die der Verbraucher versteht. Für Deutschland wird davon ausgegangen, dass außer den deutschen auch die französischen und englischen Begriffe verständlich sind.
Bei der Bezeichnung eines aromatischen Qualitätsschaumweines kann die Geschmacksangabe durch die Angabe des Restzuckergehaltes in Gramm pro Liter ersetzt werden.

Verschließen der Flasche. Die Flaschen müssen mit einem pilzförmigen Stopfen aus Kork oder anderem für Lebensmittel zugelassenem Material und einer Haltevorrichtung (zum Beispiel Versandbügel mit Drahtschleife) verschlossen werden. Bei Flaschen bis 0,2 l sind auch Kronkorken oder Andrehverschlüsse zugelassen.

Qualitätsprüfung. Abgefüllter inländischer Schaumwein kann auf Antrag als Qualitätsschaumwein überprüft werden und eine Prüfnummer erhalten.

1. Erklären Sie folgende Begriffe aus der Schaumweinherstellung: Cuvée, Fülldosage, Rütteln, Degorgieren, Versanddosage.
2. Schildern Sie die Schaumweinherstellung in Stichworten.

4.18 Arten der Schaumweinherstellung

Um Schaumwein herzustellen gibt es die Großraumgärung, die Flaschengärung (Transvasierverfahren) und die Flaschengärung nach dem traditionellem Verfahren (Méthode Champenoise), auch bezeichnet als Traditionelles Verfahren.
Die Bezeichnung „Méthode Champenoise" ist für deutschen Schaumwein nicht mehr erlaubt.

Großraumgärung

Sie findet in Tanks von 200 000 und mehr Litern Fassungsvermögen statt und wird überwiegend bei der Herstellung preiswerter Schaumweine angewandt.

Herstellungsdauer. Sie muss von Beginn der Gärung an mindestens sechs Monate betragen; davon 90 Tage auf der Hefe in Tanks ohne und 30 Tage in Tanks mit Rühreinrichtung. Filtern, Zugabe von Versanddosage (Süßung) und Abfüllen schließen das Verfahren ab.

Flaschengärung (Transvasierverfahren)

Die Gärung erfolgt in der Flasche. Nach der Gärung und Lagerzeit auf der Hefe werden die Flaschen geöffnet und um den Verlust der Kohlensäure zu vermeiden in einen unter Gegendruck stehenden Behälter entleert. Nach Zugabe der Versanddosage (Süßung) werden die Hefebestandteile über Filter abgeschieden, der Sekt auf Flaschen gefüllt (Umfüllen = Transvasieren), verkorkt und gelagert.

Herstellungsdauer. Wird in der Etikettierung eines Qualitätsschaumweines die Angabe „Flaschengärung" verwendet, ist eine Herstellungsdauer, einschließlich der Alterung im Herstellungsbetrieb, vom Beginn der Gärung an von mindestens neun Monaten vorgeschrieben. Die Lagerung auf der Hefe muss mindestens 90 Tage betragen.

Flaschengärung nach dem traditionellen Verfahren

(Méthode Champenoise)
Die mit Fülldosage versehene Cuvée wird auf Flaschen gefüllt. Die Flaschen werden verkorkt und liegend gestapelt. Die Gärung setzt ein. Nach beendeter Gärung hat sich der Hefetrub am Flaschenbauch abgesetzt.

Rütteln. Danach werden die Flaschen in Rüttelpulte eingesetzt. Durch tägliches Rütteln (kurzes Drehen) - wobei der Flaschenboden jeweils weiter angehoben wird - setzt sich der Hefetrub am Flaschenhals fest.

Degorgieren. Darunter versteht man das Entfernen des Hefepfropfens im Flaschenhals. Dabei wird der Flaschenhals schockgefroren. Danach wird der Korken entfernt. Der jetzt gefrorene Hefepfropfen wird durch den Kohlensäuredruck herausgepresst. Die Zugabe von Versanddosage (Süßung) sowie das Verkorken schließen das Verfahren ab.

Herstellungsdauer. Sie muss von Beginn der Gärung an neun Monate betragen. Dabei ist eine gesetzliche neunmonatige Lagerung auf der Hefe vorgeschrieben.

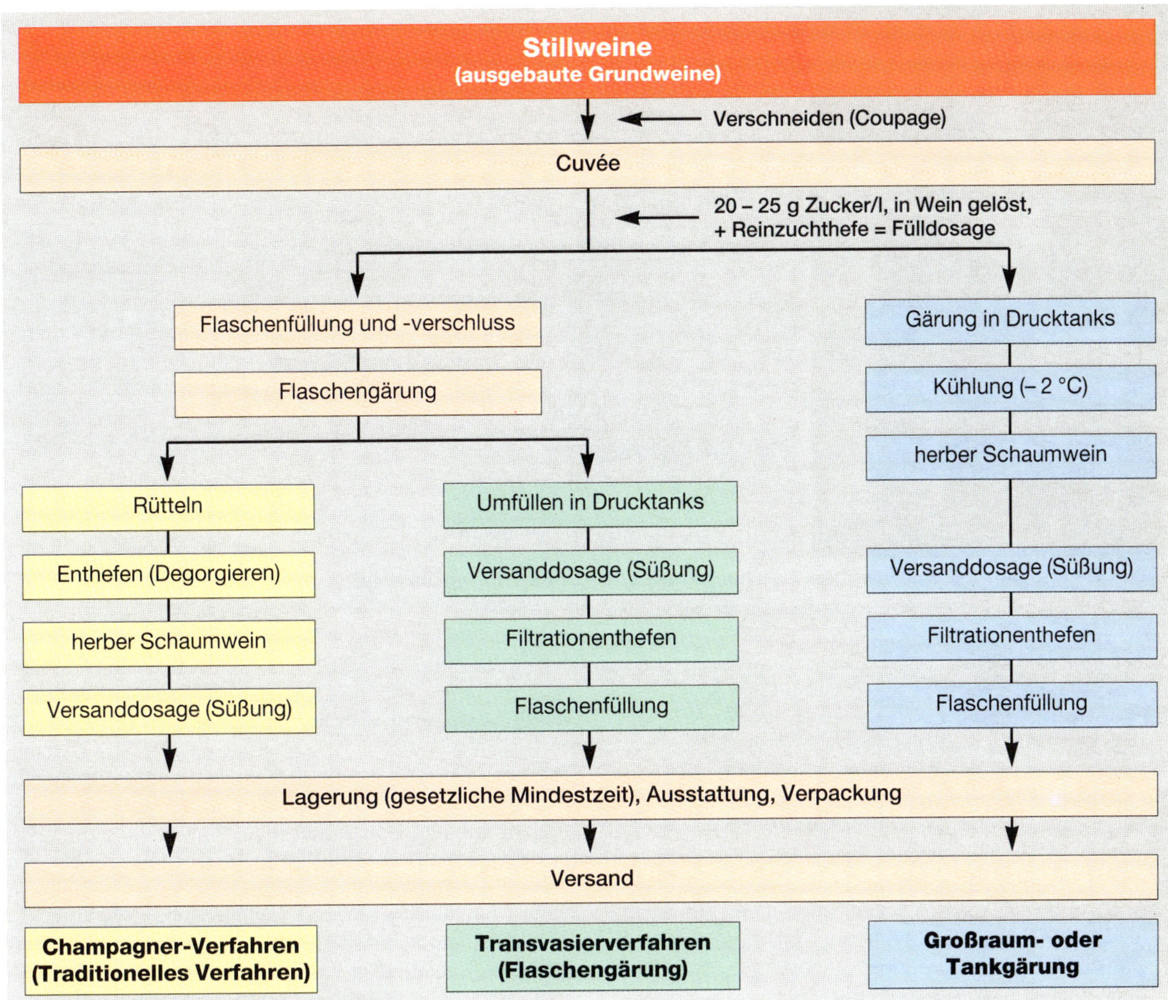

1. Herstellungsverfahren für Schaumweine

2. Rüttler bei der Arbeit

Geschmacksangabe	Restzuckergehalt
naturherb, brut nature	0 bis 3 g/l, Zuckerzugabe nach Gärung verboten
extra herb oder extra brut	0 bis 6 g/l
herb oder brut	weniger als 15 g/l
extra trocken, tres sec, extra dry	12 bis 20 g/l
trocken, sec, dry	17 bis 35 g/l
halbtrocken, demi sec, medium dry	33 bis 50 g/l
mild, doux, sweet	mehr als 50 g/l

3. Süßgrade nach der Schaumweinverordnung

Schaumweine dürfen nur in Glasflaschen abgefüllt, angeboten und in den Verkehr gebracht werden.
Dazu dürfen nur nachstehend aufgeführte Flaschengrößen verwendet werden:

- 0,125 l
- 0,20 l
- 0,375 l
- 0,75 l
- 1,50 l (Magnum)
- 3,00 l (Doppelmagnum oder Jerobéam)
- 4,50 l (Rehobéam)
- 6,00 l (Methusalem oder Impériale)
- 9,00 l (Salmanasar)

Als Schauflaschen

- 12,00 l (Balthasar)
- 15,00 l (Nebukadnezar)

1. Flaschengrößen – Nennfüllmengen, Flaschenformen und -größen für Schaumwein

4.19 Champagner

Champagner (richtige Bezeichnung „Champagne") ist Qualitätsschaumwein aus dem französischen Weinbaugebiet Champagne, der nach der Méthode Champenoise (Traditionelle Flaschengärung) hergestellt wird und folgende Bedingungen erfüllen muss:

- Die Grundweine müssen aus der Champagne stammen, der Schaumwein in der Champagne produziert werden.
- Die Produktionsbedingungen (Rebschnitt, Höchstertrag) müssen eingehalten werden.
- Die Reifung muss mindestens 15 Monate unter CO_2-Druck betragen haben, davon 12 Monate auf der Hefe.

Zur Herstellung werden als Mischsatz meistens drei Rebsorten verwendet: zwei rote Rebsorten, Pinot noir (Spätburgunder), Pinot meunier (Müller-Rebe, auch Schwarzriesling genannt) und die weiße Rebsorte Chardonnay.

Champagner gibt es auch als folgende Spezialitäten:

- Blanc de blancs aus der weißen Rebsorte Chardonnay,
- Blanc de noirs, weißer Champagner aus blauen Rebsorten,
- Millésimés, Champagner mit Jahresangabe, für den eine Mindestlagerzeit von 3 Jahren vorgeschrieben ist.

Bekannte Champagner-Firmen sind Bollinger, Heidsiek, Charles und Monopole, Môet et Chandon, Pommery & Greno, Taittinger, Veuve Cliquot.

(Servieren von Schaumwein, Seite 326)

4.20 Lagerung von Schaumwein

Schaumwein ist nach dem gesetzlich vorgeschriebenen Verbleib auf Gär- und Reifelägern in den Herstellungsbetrieben auf dem Höhepunkt seiner Entwicklung und zum alsbaldigen Verbrauch bestimmt. Je nach Qualität beginnt nach etwa drei Jahren der Alterungsprozess, der sich in Firne (dunklere Farbe) und Nachlassen des Perlens ausdrückt. Schaumwein soll trocken, dunkel und kühl (10 °C bis 15 °C) gelagert werden; Flaschen mit Naturkork liegend, Flaschen mit anderen Verschlüssen auch stehend.

Wissen Sie Bescheid?

1. Seit wann wird Schaumwein nach heutigen Methoden bewusst in zweiter Gärung hergestellt?
2. Erklären Sie den gesetzlichen Unterschied zwischen Schaumwein und Qualitätsschaumwein.
3. Welche zusätzlichen Anforderungen werden an Winzersekt und Diabetikerschaumwein gestellt?
4. Begründen Sie, warum eine Schaumweinherstellung aus einer Cuvée von Wein ohne Zucker- und Hefezugabe nicht möglich ist.
5. Beschreiben Sie die unterschiedlichen Verfahren der Schaumweinherstellung.
6. Wodurch unterscheidet sich im Süßegrad trockener Wein von trockenem Sekt?
7. Zählen Sie die Rebsorten auf, die zur Herstellung von Champagner benötigt werden.

2. Destillationsanlage

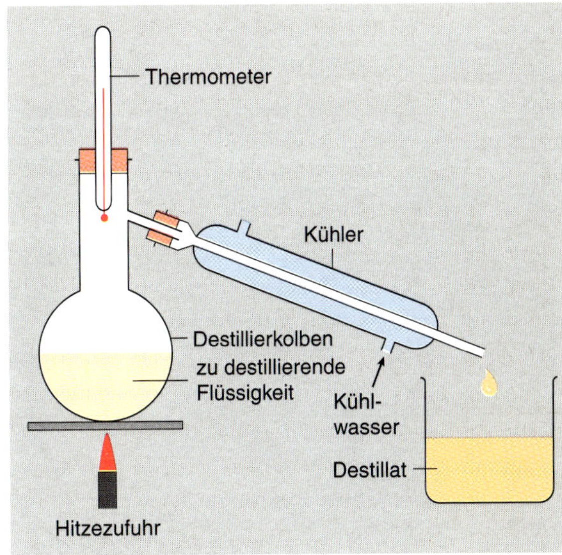

3. Prinzip der Destillation

5 Spirituosen

Spirituosen sind Genussmittel. Der Alkoholgehalt wird in Volumenprozent (Vol.-%) ausgedrückt. Dieser Wert gibt an, wie viel ml reinen Alkohols in 100 ml enthalten sind.

Als Spirituose gilt die alkoholische Flüssigkeit, die zum menschlichen Verbrauch bestimmt ist, besondere organoleptische, vor allem geschmackliche Eigenschaften aufweist (kein Fremdgeschmack) und einen Mindestalkoholgehalt von 15 Vol.-% aufweist (Ausnahme: Eierlikör mindestens 14 Vol.-%).

Die Spirituose muss gewonnen werden

- im Wesentlichen durch Destillieren mit oder ohne Zusatz von Aromastoffen aus natürlichen, vergorenen Erzeugnissen
- oder durch Mischung einer Spirituose mit
  - einer oder mehreren anderen Spirituosen,
  - Ethanol (Alkohol) landwirtschaftlichen Ursprungs (der Mindestalkoholgehalt beträgt 96 Vol-%), Destillat landwirtschaftlichen Ursprungs oder Brand,
  - einem oder mehreren alkoholischen Getränken,
  - einem oder mehreren Getränken.

5.1 Spirituosenherstellung

Die Destillation

Aus den vorgenannten Rohstoffen wird durch alkoholische Gärung (Seite 142) eine alkoholhaltige Flüssigkeit hergestellt. Da auf diese Weise jedoch nicht mehr als 15 Vol.-% Alkohol erzeugt werden können, müssen zur Erzielung höherer Alkoholgehalte alkoholhaltige Flüssigkeiten destilliert werden.

Das Prinzip der Destillation beruht auf unterschiedlichen Verdampfungstemperaturen der einzelnen Bestandteile der Flüssigkeit. Wasser siedet bei ca. 100 °C, Alkohol bei ca. 78 °C, Aromastoffe sind bei etwas mehr als 78 °C flüchtig. Wird eine alkoholhaltige Flüssigkeit auf ca. 80 °C erhitzt, werden Alkohol und Aromastoffe gasförmig und steigen auf. Die gasförmigen Stoffe werden aufgefangen und durch Abkühlung wieder verflüssigt. Das Ergebnis (Destillat) ist der Raubrand. Wiederholte Destillation heißt Rektifikation.

Raubrand enthält noch Methanol aus dem Vorlauf, da Methanol bei 64 °C verdunstet, Ethanol, dem einzig trinkfähigen Alkohol, sowie Fuselöle (Amylalkohol) aus dem Nachlauf, die bei ca. 85 °C bis 95 °C verdunsten.

Feinbrand. Beim zweiten Brennvorgang werden Vor- und Nachlauf vom Mittellauf (Herzstück) abgetrennt. Die Alkoholkonzentration des Herzstückes liegt bei ca. 70 Vol-%. Der Geschmack ist rein und angenehm.

Ethanol (Alkohol) landwirtschaftlichen Ursprungs. Durch viele nacheinander geschaltete Destillationsvorgänge (Kolonnenverfahren, Rektifikation) wird der Mindestalkoholgehalt auf über 96 Vol-% konzentriert (Sprit). Ausgangsprodukte sind überwiegend Kartoffeln und Getreide.

1. Erklären Sie, weshalb alkoholhaltige Flüssigkeiten mit über 15 Vol-% Alkohol destilliert werden müssen.
2. Beschreiben Sie das Prinzip der Destillation.
3. Welche Mindestanforderungen werden in Bezug auf Geschmack und Mindestalkoholgehalt an Spirituosen gestellt?

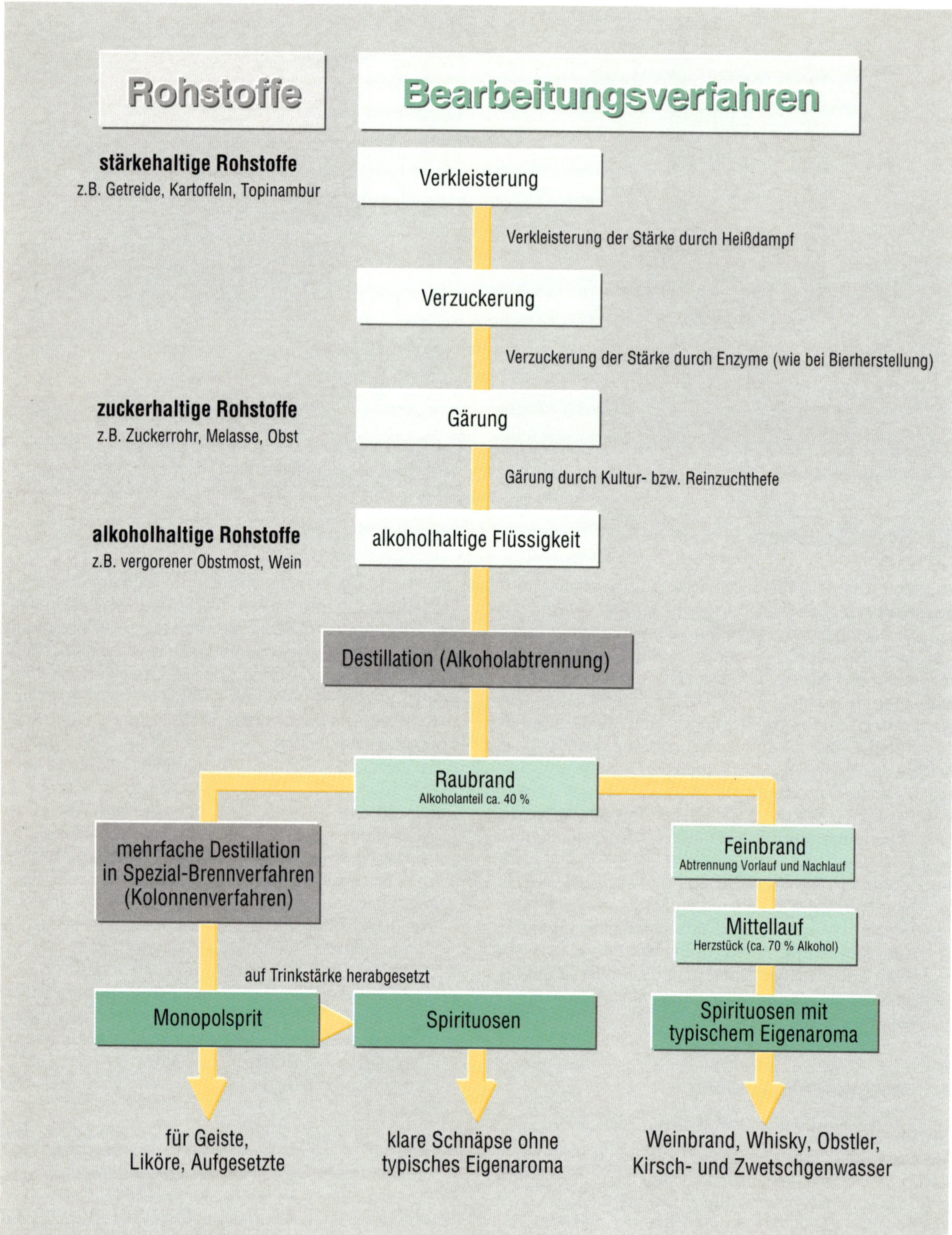

1. Spirituosenherstellung nach Rohstoffen

Spirituose,
die alkoholische Flüssigkeit, die zum menschlichen Verbrauch bestimmt ist, besondere organoleptische Eigenschaften besitzt und einen Mindestalkoholgehalt von 15 Vol.-% (Ausnahme Eierlikör) aufweist.
Die Gewinnung erfolgt durch Destillation von natürlichen, vergorenen Erzeugnissen (Agraralkohol)
– mit oder ohne Zusatz von Aromastoffen – …

… oder durch Mischen einer Spirituose mit
– einer oder mehreren anderen Spirituosen
– Ethylalkohol und/oder Destillaten landwirtschaftlichen Ursprungs
– einem oder mehreren alkoholischen Getränken
– einem oder mehreren Getränken

ROHSTOFF WEIN

Branntwein 37,5 Vol.-%
- ***Cognac***, 40 Vol.-%
- ***Armangnac***, 40 Vol.-%

Weinbrand, Brandy 36 Vol.-%
- ***aus Spanien***
- ***aus Italien***, 38 Vol.-%
- ***aus Griechenland***
- ***aus Deutschland***
  Deutscher Weinbrand: Mindestalkoholgehalt 38 Vol.-% oberste Destillationsgrenze 86 Vol.-% Fertigstellung in Deutschland, amtliche Prüfungsnummer nach dem deutschen Weingesetz.

Tresterbrand und Trester aus Trauben 37,5 Vol.-%
- ***Marc de …*** *(Frankreich)*, 40 Vol.-%
- ***Grappa*** *(Italien)*, 38 Vol.-%

ROHSTOFF GETREIDE
Getreidespirituosen 35 Vol.-%

Getreidebrand
nur aus Roggen, Weizen, Gerste, Hafer, Buchweizen
- **Kornbrand**, 37,5 Vol.-%
- **Korn**, 32 Vol.-%

Whiskey/Whisky
aus Ländern der EU
- ***Schottischer Whisky***, 40 Vol.-%
- ***Irischer Whiskey***, 40 Vol.-%
- ***Deutscher Whisky***, 40 Vol.-%

aus Nicht-EU-Ländern
- **Amerikanischer Whiskey**
- **Kanadischer Whisky**
- **Japanischer Whisky**

ROHSTOFF OBST
Obstspirituosen 25 Vol.-%

Obstbrand 37,5 Vol.-%
Gewonnen durch Vergärung und Destillation von frischen, fleischigen Früchten oder des Mostes mit oder ohne Steine. (Beim …geist werden die Früchte unvergoren in Alkohol eingelegt, dann wird das Gemisch destilliert.)
- **Kirschbrand/-wasser**
- **Zwetschgenbrand/-wasser**
- **Aprikosenbrand**
- **Williams-Birnenbrand**
- ***Schwarzwälder Obstbrände***, 40 Vol.-%

Brand aus Apfel- oder Birnenwein 37,5 Vol.-%
- ***Eau-de-vie-de cidre***, 40 Vol.-%
- ***Calvados***, 40 Vol.-%

Korinthenbrand 37,5 Vol.-%

Brand aus Obsttrester 37,5 Vol.-%

ROHSTOFF ETHANOL
landwirtschaftlichen Ursprungs

aromatisiert mit Wacholderbeeren
- **Genever**
- **Gin**, 37,5 Vol.-%
- **destillierter Gin**, 37,5 Vol.-%
- ***Steinhäger***, 38 Vol.-%

aromatisiert mit Kümmel 30 Vol.-%
- **Kümmel**
- **Akvavit/Aquavit**, 37,5 Vol.-%

aromatisiert mit Anis 35 Vol.-%
- ***Ouso***, 37,5 Vol.-%
- **Pastis**, 40 Vol.-% (mit Süßholz)

mit Aroma und Aromaextrakten 15 Vol.-%
- **Bitter**
- **Anis**

durch Rektifiktation-Filtration
- **Wodka**, 37,5 Vol.-%

SONSTIGE ROHSTOFFE

Rohstoff Zuckerrohr
- **Rum**, 37,5 Vol.-%
- **Rum-Verschnitt**, 37,5 Vol.-% (mindestens 5% des Alkoholanteils aus Rum)
  Herabsetzung auf Trinkstärke: Bei „Original-Rum" im Herstellungsland, bei „Echtem Rum" in Deutschland.

Enzian
- ***Bayrischer Gebirgsenzian***, 38 Vol.-%
- ***Südtiroler Enzian***

Liköre
(Mindestzuckergehalt 100 g/l)
Herstellung durch Aromatisieren von landwirtschaftlichem Alkohol und gegebenenfalls Zusatz wie Milchprodukte, Obst, Wein, natürliche/naturidentische Aromastoffe

…creme 15 Vol.-%
(Mindestzuckergehalt 250 g/l)
- **Crème de Cassis**, Zuckergehalt 400 g/l

Eierlikör 14 Vol.-%
Mindesteigelbgehalt 140 g/l
(bei Likör mit Eizusatz 70 g/l)
Mindestzuckergehalt 150 g/l

Kursiv geschriebene Bezeichnungen sind Beispiele von geografischen Angaben.
Die Alkoholangaben sind Mindestalkoholgehalte laut EU-Spirituosen-Verordnung. Höhere Alkoholgehalte sind länderspezifisch zugelassen.

2. Begriffsbestimmungen für Spirituosen nach der EU-Spirituosen-Verordnung

5.2 Einteilung der Spirituosen nach Rohstoffen

Je nach Rohstoff werden die Spirituosen in verschiedene Gruppen unterteilt.

5.2.1 Wein (Trester bzw. Korinthen) als Rohstoff

Branntwein

Branntwein darf ausschließlich durch Destillieren von Wein oder Brennwein oder durch erneutes Destillieren eines Weindestillates gewonnen werden. Dabei muss das gewonnene Destillat weniger als 86 Vol.-% Ethanol enthalten. Bekannt sind Cognac oder Armagnac.

- **Cognac** ist ein Branntwein aus den Départements Charente und Charente Maritime. Durch das Mitbrennen der Hefe auf offenem Feuer und Lagerung in Limousin-Eichen-Fässern sowie Verschnitt bekommt Cognac seinen typischen Geschmack. Er stammt aus den sechs Bereichen Grande Champagne, Petite Champagne, Borderies, Fins Bois, Bons Bois und Bois ordinaires. Eine Mischung aus Grande Champagne (mindestens 50 %) und Petite Champagne wird als „Fine Champagne" bezeichnet.
  Alterbezeichnungen, die sich auf die Fassreife beziehen:
  - **VS, ***** (3 Sterne): Das jüngste Destillat der Mischung ist 30 Monate alt.
  - **VO** und **VSOP** (**v**ery **s**uperior **o**ld **p**ale = vorzüglich, alt, hell): Das jüngste Destillat der Mischung ist 4,5 Jahre alt.
  - **Extra, XO, Napoléon** und **Grande Réserve** sind Bezeichnungen für sehr alte Destillate.
- **Armagnac** ist ein Branntwein aus der Gascogne, der aus den gleichen Rebsorten wie Cognac hergestellt wird. Armagnac wird nur einmal gebrannt. Das beste Gebiet ist Bas Armagnac, dann folgen Ténarèze und Haut Armagnac. Bekannt ist Pruneaux à l'Armagnac.

Weinbrand/Brandy

Weinbrand/Brandy wird aus Branntwein mit oder ohne Weindestillat, das zu weniger als 94,8 Vol.-% destilliert ist, gewonnen, sofern mit diesem Destillat nicht mehr als 50 % des Alkoholgehaltes des Fertigerzeugnisses erreicht werden. Er muss in Eichenholzbehältern mindestens 1 Jahr, wenn das Fassungsvermögen der Eichenfässer unter 1000 Litern liegt, mindestens 6 Monate reifen.

Tresterbrand oder Trester (Marc, Grappa, Tsikoudria, Bacageira, Eau de vie de vin)

Er wird aus vergorenem Traubentrester (Rückstände ausgepresster Trauben) entweder unmittelbar durch Wasserdampf oder durch Zusatz von Wasser gewonnen, wobei die Destillation unter Beigabe des Tresters zu einem Destillat mit höchstens 86 Vol-% Alkoholgehalt führen darf.

Korinthenbrand oder Raisin Brandy

Er wird durch Gärung des Extraktes aus getrockneten Beeren der Reben „Schwarze Korinth" oder „Malaga Muskat" und anschließender Destillation gewonnen.

5.2.2 Getreide als Rohstoff

Getreidebrände werden in der EU aus Roggen, Weizen, Gerste, Hafer oder Buchweizen hergestellt; in Nicht-EU-Ländern auch aus Mais und Reis.

Korn

Eine Spirituose, die als Korn oder Kornbrand bezeichnet wird, kann aus mehreren der genannten Getreidearten hergestellt werden. Wird eine Getreidebezeichnung im Namen verwendet (z. B. Weizenkorn), darf er nur aus dieser Getreideart hergestellt sein.

Whisky/Whiskey

Die unterschiedliche Schreibweise wurde vor etwa 80 Jahren von den Herstellern vereinbart.
Man unterscheidet Whisky/ey aus Ländern der EU: irischen Whiskey, schottischen und deutschen Whisky; sowie aus Nicht-EU-Ländern: amerikanischen Whiskey, japanischen und kanadischen Whisky.

- **Irischer Whiskey:** In Deutschland meist bekannt als Mischung aus „Malt-Whiskey" und „Grain-Whiskey". Durch seinen milden Geschmack und sein angenehmes Malzaroma ist er sehr gut geeignet für Mischgetränke, vor allem für Irish-Coffee.
- **Schottischer Whisky:**
  - Malt-Whisky hat einen typisch rauchigen Geschmack: Der typische rauchige Geschmack wird durch Torfrauch beim Darren der Gerste erzielt
  - Grain-Whisky ist meist ohne Rauchgeschmack und mild,
  - Blended-Scotch-Whisky (Blending): Darunter versteht man, dass bis zu 50 verschiedene Malt- und Grain-Whiskys zu einer gewünschten Geschmacksrichtung vermischt werden.
- **Deutscher Whisky:** Schottischer Malt-Whisky wird mit Kornfeindestillaten in Deutschland vermischt.
- **Amerikanischer Whiskey:**
  - American Blended Whiskey: Mindestens 20 % Straight-Whiskey-Anteil sowie neutralem Sprit und Wasser
  - Straight Bourbon: Lagerzeit mindestens 2 Jahre (für die EU 3 Jahre), Maisanteil mindestens 51 %
  - Blended Straight Bourbon: Eine Mischung aus verschiedenen Straight Bourbon Whiskeys
  - Blended Bourbon: Mindestens 51 % Straight Bourbon Whiskey sowie neutraler Getreidesprit und Wasser.
- **Kanadischer Whisky:** Er wird überwiegend aus Roggen hergestellt und ist im Geschmack weitgehend neutral; Malzaroma und Rauchgeschmack fehlen.

Bekannte Whisky/ey-Marken

- Irish Whiskey: Old Bushmills, Tullamore
- Scotch-Whisky: Chivas Regal, VAT 69, White Horse
- Canadian Whisky: Canadian Club, Schenley's, Corby's
- Straight Bourbon Whiskey: Old Grand-Dad, Four Roses

1. Herkunft bekannter Spirituosen in Europa

5.2.3 Obst als Rohstoff

Brände aus Obst unterscheiden sich in ihrer Herstellung. Bei **Obstwasser** werden frische, fleischige Früchte mit oder ohne Stein oder frischer Most vergoren und anschließend destilliert. **Obstgeist** wird durch Einmaischen ganzer, nicht vergorener Früchte in Ethanol und anschließendem Destillieren gewonnen. In den zugesetzten Alkohol gehen dabei die Aromastoffe der Früchte über.

- **Obstler** ist ein Obstbrand aus Äpfeln und/oder Birnen oder deren Säften. Bei der Verwendung von einer Frucht darf der Name der Frucht, zum Beispiel Apfelbrand, genannt werden.
- **Kirschwasser** wird ausschließlich aus Kirschen hergestellt. „Schwarzwälder Kirschwasser" muss aus dem Schwarzwald (oder Vorland) stammen und dort verarbeitet werden.
- **Zwetschgenwasser** wird ausschließlich aus zerquetschten, reifen und vergorenen Pflaumen oder Zwetschgen hergestellt. Kerne sind für das typische Aroma mitbestimmend.
- **Himbeergeist.** Frische Himbeeren werden mit Alkohol angesetzt. Dabei gehen die Duft- und Geschmackstoffe in den Alkohol über. Danach wird destilliert.
- **Calvados** ist eine geschützte Bezeichnung für in der Normandie, der Bretagne und im Gebiet der Maine hergestellten Brand aus Cidre (Apfelwein). Seine goldgelbe Farbe erhält er durch mehrjährige Lagerung in Eichenholzfässern. Qualitativ unterscheidet man den gewöhnlichen „reglementierten" Calvados (Appelation règlementé) sowie die Spitzenqualität aus dem Cidre-des-Auge-Tal „Calvados du Pays d'Auge".

5.2.4 Spirituosen aus Ethanol landwirtschaftlichen Ursprungs

Aromatisiert mit Wacholder

- **Gin** wird überwiegend in England hergestellt. Der Wacholderbeergeschmack muß bei diesem Getränk vorherrschend sein. Getrunken wird Gin meistens in Mischungen von Longdrinks und ist Hauptzutat für viele weltbekannte Cocktails (z. B. Martini-Cocktail).
- **Genever (Jenever, Genievre oder Peket)** wird überwiegend in Holland hergestellt. In Holland unterscheidet man den aromatischen „ouide" (alten) und den weniger aromatischen „jonge" (jungen) Genever.

Aromatisiert mit Kümmel

Akvavit/Aquavit ist als Bezeichnung für eine Spirituose zulässig, wenn die Aromatisierung mit einem Gewürz oder Kräuterdestillat vorgenommen wurde. Andere Aromastoffe können zusätzlich verwendet werden, wobei jedoch der wesentliche Teil des Aromas aus der Destillation von Kümmelsamen und/oder Dillsamen stammen muss. Besonders Dänemark ist bekannt für die Herstellung.

Aromatisiert mit Anis

Pastis oder **Ouzo** sind zwei bekannte Spirituosen, die mit natürlichen Extrakten von Sternanis, Anis, Fenchel oder anderen Pflanzen aromatisiert werden. Pastis enthält außerdem natürliche Extrakte aus Süßholz.

Pastis und Ouzo werden meist temperiert, pur, nach dem Essen oder mit Eiswasser gemischt getrunken.

(Verwendung und Service von Spirituosen Seite 327, 344)

Frucht	Sorten
Kirsche Brombeere Johannisbeere	Kirschsaftlikör, Cherrybrandy Blackberry, Kroatzbeere Cassis
Maraskakirsche Pommeranze Birne Aprikose	Maraschino Curaçao, Cointreau Bergamotte Apricotbrandy

1. Fruchtsaftliköre (oben), Fruchtaromaliköre (unten)

Pflanzenteile	Drogen
Kräuter	Artemise-Arten, Bitterklee, Melisse, Pfefferminze, Salbei, Rosmarin, Thymian, Ysop
Wurzeln	Alant, Angelika, Arnika, Enzian, Ingwer, Kalmus, Rhabarber, Zitwer
Samen und Früchte	Anis, Fenchel, Wacholder
Rinde	Angostura, Chinarinde, Zimt

2. Gewinnung der bekanntesten Drogen

Wissen Sie Bescheid?

1. Erklären Sie den Begriff Spirituose.
2. In welche verschiedenen Hauptgruppen werden die Spirituosen unterteilt?
3. Beschreiben Sie das Prinzip der Destillation.
4. Wie müssen stärkehaltige Rohstoffe vorbehandelt werden, damit sie sich zur Destillation eignen?
5. Ordnen Sie folgenden Ländern jeweils eine bekannte Spirituose zu: Schottland, England, Dänemark, Deutschland, Griechenland.
6. Beschreiben Sie die Cognac-Herstellung und nennen Sie Mindestlagerzeiten und Bezeichnungen für Cognac.
7. Geben Sie jeweils eine Spirituose aus Ethanol landwirtschaftlichen Ursprungs an, die mit Wacholder, Kümmel oder Anis aromatisiert wird.
8. Erklären Sie gastgerecht den Unterschied zwischen Birnenwasser und Birnengeist.

5.2.5 Liköre

Darunter versteht man Spirituosen, die einen Mindestzuckergehalt, ausgedrückt als Invertzucker, von 100 g/l aufweisen, durch Aromatisieren von Ethanol oder eines Destillats landwirtschaftlichen Ursprungs oder einer Mischung der genannten gesüßten Erzeugnisse bestehen und denen gegebenenfalls Erzeugnisse landwirtschaftlichen Ursprungs wie Rahm, Milch oder Milcherzeugnisse, Obst, Wein sowie aromatisierter Wein beigegeben werden.

- **Fruchtsaftliköre** müssen als geschmacksbestimmenden Anteil den Saft (mindestens 20 %) derjenigen Fruchtart enthalten, nach der der Likör benannt ist. Zusatz weiterer Fruchtsäfte sowie Branntwein, Brandy, Rum, Kirsch oder Whiskey sind erlaubt.
- **Fruchtaromaliköre** erhalten ihren Geschmack aus Früchten oder Fruchtauszügen (Destillaten), nach denen sie benannt sind. Mit Ausnahme von Vanillin sind künstliche Aromastoffe nicht erlaubt.
- **Fruchtbrandys** (wie Cherrybrandy) sind Fruchtsaft- und Fruchtaromaliköre mit einem Zusatz von mindestens 5 % Obstbrand. Der Obstbrand muss aus der namensgebenden Frucht hergestellt sein.
- **Kräuter-, Gewürz-, Bitterliköre** werden mit Auszügen aus Pflanzenteilen (Drogen) hergestellt. Die verwendeten Drogen werden auf verschiedene Art gewonnen:
  - Mazeration (Kaltauszug): Drogen werden mit hochprozentigem Sprit angesetzt und extrahiert.
  - Digestion (Heißauszug): Die Ansatzstoffe werden durch Heißauszug schneller gelöst.
  - Perkolation: Die zerkleinerten Rohstoffe werden mit Sprit angesetzt. Während der mit Extraktstoffen gesättigte Alkohol langsam nach unten abfließt, wird gleichzeitig von oben Alkohol zugegeben.

  Bekannte Liköre dieser Art sind:
  - Kräuterliköre: Benedictine, Chartreuse, Kartäuser
  - Gewürzliköre: Anis (Anisette), Kümmel (Allasch),
  - Pfefferminzlikör, Rosmarinlikör (Aqua d'oro)
  - Bitterliköre (aus Kräutern, Gewürzen und Rinden): Jägermeister, Escorial, Campari
- **Emulsionsliköre** werden durch Mischen geschmacksgebender Zutaten mit dem bereits vorgefertigten Grundlikör aus Alkohol und Zucker hergestellt und mit Zutaten wie Eier, Sahne, Milch, Schokolade bei der Herstellung homogenisiert und emulgiert.
- **Sonstige Liköre** können in keine der vorangegangenen Gruppen eingereiht werden. Zu ihnen zählen zum Beispiel Vanille-, Honig- und Whiskey-Likör.

5.2.6 Spirituosen aus sonstigen Rohstoffen

- **Rum** ist eine Spirituose aus einem Destillat aus Zuckerrohrsaft bzw. Zuckerrohrmelasse oder -sirup.
  - „Echter Rum" wird in Deutschland auf Trinkstärke herabgesetzt.
  - „Original-Rum" wird im Herstellungsland fertig gestellt.
  - „Rum-Verschnitt" muss mindestens 5 % des Alkoholanteils aus Rum enthalten (Rest ist Monopolsprit).

- **Enzian** wird aus einem Enziandestillat durch Gärung von Enzianwurzeln mit oder ohne Zusatz von Ethanol landwirtschaftlichen Ursprungs hergestellt. Im Handel ist er meist nur mit ca. 5 % reinem Enziandestillatanteil.

KLEINES SPIRITUOSEN-ABC

Abricotine: süßer Aprikosenlikör aus Frankreich, gut geeignet zum Mixen.

Acqua Bianca: Likör aus Italien, mit Bergamottegeschmack, enthält kleinste Silberplättchen.

Angostura-Aromatik-Bitter: hergestellt aus Ethanol, Auszügen aus Chinarinde, Enzianwurzel, Zimt, Pommeranzenschale, Kardamom usw.; zum Aromatisieren von Getränken.

Arrak: am bekanntesten ist der Batavia-Arrak aus Java, hergestellt aus Zuckerrohr und Reis. Arrak-Verschnitt muss mindestens 10 % des Alkoholanteils aus Arrak enthalten; Verwendung in der Konditorei und für Schwedenpunsch.

Barack Palinka: Ungarns Nationalschnaps, aus Aprikosen destilliert.

Bénédictine: französischer Kräuterlikör; die drei Buchstaben „D.O.M." sind Abkürzungen für das lateinische „ Deo optimo maximum" (Gott dem Größten, Besten). Das Rezept gehört seit Jahrhunderten zu den bestgehüteten Geheimnissen.

Cacao, Crème de cacao: weißer oder brauner Likör mit Kakaogeschmack, pur trinkbar oder zum Mixen verwendbar.

Calisay: Magenlikör mit Chinarindengeschmack aus Katalonien

Cassis: aus schwarzen Johannisbeeren, Crème de Cassis (Johannisbeerlikör) Sirop des Cassis (Johannisbeersirup); alle Arten vielseitig zum Mixen verwendbar.

Certosa: italienischer Kräuterlikör, der dem Chartreuse ähnelt

Chartreuse: Kräuterlikör von etwa 130 Kräutern und Pflanzen aus dem Kloster Chartreuse in Frankreich. Chartreuse grün: verdauungsfördernd, Chartreuse gelb: zart und samtig im Geschmack.

Cherry Heering: stark aromatisierter Kirschlikör, gut zum Mixen geeignet.

Curaçao: Gattungsbezeichnung, die nichts über die Herkunft des Getränks aussagt. Das Getränk besitzt ein dem Orangenlikör ähnliches, feines Aroma, einen leicht bitter-süßen Geschmack. Herstellung aus den getrockneten Schalen unreifer Pommeranzen. Alkoholreichere Sorten werden auch mit den Zusatzbezeichnungen sec (trocken), tripple sec (dreifach trocken) versehen. Weißer Curaçao wird pur getrunken, die gefärbten Sorten werden zum Mixen verwendet.

Cointreau: Herstellung auf Curaçao-Basis.

Dranbuie: Likör aus altem Scotch-Whisky, Kräutern, Gewürzen und Heidehonig.

Eiskümmel: Kümmellikör mit Zuckerkruste in der Flasche.

Ettaler Klosterlikör: Kräuterlikör grün und gelb aus dem Benediktiner-Kloster Ettal.

Fernet Branca: Magenbitter aus Italien.

Fraisa: Erdbeerlikör aus Frankreich.

Grand Marnier: französischer Likör, zu dessen Herstellung die Schalen bitterer Haiti-Orangen verwendet werden und dessen Alkoholgehalt von Branntwein (Cognac) stammt.

Half om Half: holländischer Likör aus Curaçao und Orangebitter

Irish Mist: irischer Likör aus Tullamore-Dew-Whiskey, Heidehonig und pflanzlichen Extrakten.

Kahlua: mexikanischer Kaffeelikör (auch in Lizenz in Europa hergestellt).

Krambambuli: Danziger Gewürzlikör; seine Farbe verdankt er einer kräftigen Heidelbeertinktur.

Lakka: finnischer Multebeerenlikör.

Menthe, Crème de Menthe: Pfefferminzlikör weiß und grün, gut zum Mixen geeignet.

Millefiori: („1000 Blumen") süßer italienischer Kräuterlikör mit einem Zweig im Flascheninnern, an dem sich Zuckerkristalle bilden.

Nalewka: polnischer Kirschgewürzlikör.

Ojen: anisgewürzte, spanische Spirituose.

Parfait Amour: lilafarbener, nach Zimt schmeckender Likör, zum Mixen und Färben von Cocktails.

Pecco, Crème de Pecco: holländischer Teelikör.

Persiko: italienischer Likör mit Extrakt aus bitteren Mandeln und Pfirsichkernen.

Pruneau: französischer Pflaumengeist.

Raki: türkische Spirituosen aus Trauben oder Rosinenwein, mit Anissamen destilliert.

Tequila: Spirituose aus dem Saft der blaugrünen Magueypflanze, einer Agavenart; getrunken wird Tequila mit Salz und Zitrone.

Tia Maria: aus Kaffee-Extrakt, Zuckerrohrsaft, tropischen Kräutern und Vanille hergestellter Likör aus Jamaica.

Tcuika: rumänischer Pflaumenschnaps.

Speisenkunde

1. Amuse gueule – Mini-Lamm-Pastete

1 Amuse gueule oder Amuse bouche

Um die Zeit zu überbrücken, die bis zum Servieren des ersten Ganges eines Menüs vergeht, und um die Gäste auf das Menü einzustimmen wird in vielen Restaurants ein Amuse gueule bzw. Amuse bouche (französisch: amuser = unterhalten; gueule = Maul; bouche = Mund) gereicht. Dabei gelten keine Einschränkungen in Bezug auf Rohstoffe und Zubereitungsarten; das Amuse gueule muss nur klein portioniert sein sowie optisch und geschmacklich den Appetit wecken. Es kann heiß, lauwarm oder kalt angeboten werden.

Ursprünglich steht die Idee dahinter dem Gast schon vor dem Essen eine Kleinigkeit, die bei der Zubereitung sozusagen „nebenher anfällt", spontan zukommen zu lassen. Vor diesem Hintergrund ist es verständlich, dass z. B. kleine Teile eines Tieres wie Innereien oder Filets als Rohstoff eingesetzt werden, deren Menge nicht ausreicht um daraus Vorspeisen herzustellen.

Bei der zweiten Variante wird das Amuse gueule wie ein weiterer Gang im Menü geplant und zubereitet, das heißt es muss in das Menü passen und die Rohstoffe werden speziell dafür eingekauft.

Der dritte Weg besteht darin, dass man für einen längeren Zeitraum festlegt, was der Gast als Amuse gueule serviert bekommt, unabhängig davon, welches Menü er bestellt. Dafür eignen sich gut vorzubereitende Speisen wie Terrinen, Galantinen oder Salate verschiedener Arten.

2 Kalte Vorspeisen

Kalte Vorspeisen sind leichte und delikate Gerichte, für die fast alle Rohstoffe verwendbar sind. Sie werden stets gut gekühlt serviert. Ihre Stellung als erster Gang der Speisefolge erfordert ein besonders appetitanregendes Würzen und Anrichten. Sie sind maßvoll zu portionieren, da eine zu üppige Vorspeise den Genuss am Verzehr der nachfolgenden Speisen mindert. Aufgrund der geringen Portionsmengen und des feinen Geschmacks bieten sich relativ teure Rohstoffe wie Lachs, Kaviar und Austern, Hummer oder Langusten für Vorspeisen an.

2.1 Canapés (Appetithäppchen)

Auf gerösteten Weißbrotscheiben angerichtete Zutaten nennt man Canapés (es wird auch ungeröstetes Weiß- oder Schwarzbrot verwendet). Die Brotscheiben werden mit Butter oder einer Buttermischung dünn bestrichen und mit einem feinen Belag bedeckt.

Alle bei kalten Vorspeisen genannten Rohstoffe kommen in Betracht, sofern sie das Brot nicht aufweichen. Eine passende Garnierung vollendet die Appetithäppchen, deren Vorzug darin besteht, dass sie ohne weitere Zugabe auch unter schwierigen Raum- und Sitzplatzbedingungen (z. B. Stehempfang) ohne Besteck verzehrt werden können.

Nennen Sie drei Grundsätze, die für kalte Vorspeisen allgemein gelten.

2. Garnierungen bei Canapés

3. Canapé-Platte

Rohstoffbeispiele	Garniervorschläge
geräucherte Fische	
• Aalfilet (in Scheiben)	auf Radicchio, halbe Eischeibe und schwarze Olive
• Forellenfilet (passendes Stück)	auf Friséeblatt, Sahnemeerrettichtupfen, Olivenscheibe oder Krebsschwanz
• Lachs (feinste Scheiben)	auf Kopfsalat, Sahnemeerrettichtupfen, Dillzweig oder Kaviar
• Stör (feinste Scheiben)	Kaviar rot oder schwarz
Fischkonserven	
• Ölsardine (Filets)	auf Kopfsalat, Tomatenscheibe, Eigelbkremtupfen und schwarze Olive
• Sardellen (Filetstreifen)	auf Eischeiben gitterartig gelegt, Kapern
Kaviar	
• Kaviar (rot oder schwarz, dünn auf hellem Brot verteilt)	bei schwarzem Kaviar: geschälte, geviertelte Zitronenscheiben bei rotem Kaviar: halbes Wachtelei, Kresse
Fleischwaren	
• roher Schinken (hauchdünn geschnitten und locker aufgelegt oder fein gewürfelt)	Cornichonscheiben oder halbiertes Maiskölbchen
• gekochter Schinken (glatt oder locker aufgelegt oder gefüllt und gerollt oder zur Tüte gedreht)	Röllchen: mit feingeschnittenem Salat oder mit marinierten Spargelspitzen gefüllt, Majonäsetupfen und rund ausgestochenes Tomatenfleisch
• Roastbeef (dünne Scheiben locker aufgelegt oder gefüllt und gerollt)	Röllchen: gefüllt mit Maiskölbchen, Spargel oder mit feinem Salat; Majonäsetupfer, Scheiben gefüllter Oliven
• Tatar (pikant angemacht und exakt aufgestrichen)	1/2 Eischeibe und in gehackter Petersilie gewälzte Perlzwiebeln
Käse	
• Käsescheiben (dünn geschnitten und glatt gelegt)	Radieschenscheiben, Salzbrezeln oder halbierte, entkernte Trauben
• Käsekrem (Frischkäse oder passierter Gorgonzola oder Roquefort mit Butter würzig angemacht und aufgestrichen oder -gespritzt	Tomatenecke und Petersilienzweig oder tourniertes Radieschen oder eine blaue Traube oder Salzmandeln
vegatarischer Belag	
• Avocadokrem (passiertes Avokadofleisch mit Salz und Pfeffer würzig angemacht und aufgestrichen)	Tomatenfleischstreifen oder -rauten
• Ei und Tomate (abwechselnd Ei- und Tomatenscheibe, leicht gesalzen und gepfeffert)	Schnittlauch oder Kresse

4. Beispiele und Garniervorschläge für Canapés

1. Shrimps-Cocktail

2. Matjesfilet-Cocktail

3. Avocado-Cocktail

4. Tomaten-Cocktail

5. Geflügel-Cocktail

6. Salat Waldorf

7. Salat nach Nizzaer Art

8. Gefüllte Eier auf Gemüsesalat

2.2 Cocktails und Salate

Für Vorspeisen dieser Art werden die ausgewählten Nahrungsmittel zerkleinert und gewürzt. Einen pikanten Geschmack erzielt man durch sorgfältige Kombination von Würzmitteln unterschiedlicher Geschmacksrichtungen (sauer, scharf, süß und salzig). Frische Kräuter erhöhen den Geschmack und den gesundheitlichen Wert. Majonäse oder Salatöl wird oft durch Jogurt, Sahne oder Crème fraîche ersetzt um den Energie- und Sättigungswert herabzusetzen. Beim Anrichten und Garnieren sind folgende Regeln zu beachten:

- Teller- und Plattenrand nicht belegen.
- Teller bzw. Platten nicht überladen.
- Grundsätzlich ausgesuchte Teile der Zutaten zum Garnieren mitverwenden wie Geflügelbrustscheiben, Champignonköpfe, Spargelspitzen für Geflügelsalat.
- Frische, farbintensive Garniermittel bevorzugen, z. B. Ei, Tomaten, Oliven, Trüffel, Zitronen, Petersilie, Dill, Paprikaschoten.

Cocktails werden in Gläsern, Salate auf Tellern oder in großen, weiten Gläsern (Salatpokalen), aber auch in ausgehöhlten Früchten oder Gemüsen angerichtet.

Bezeichnung	weitere Zutaten	Vorbereitung	Soßenherstellung	Garnierung
Krusten- und Schalentier Hummer Languste Shrimps Krabben Krebsschwänze Austern (kein Alkohol) Muscheln	Salatblätter oder -streifen zum Auslegen der Gläser; Spargel, Champignons, Tomatenfleischwürfel, Artischockenböden oder -herzen	Zutaten zerkleinern und schöne Teile für die Garnierung reservieren. Mit Salz, Zitronensaft und Worcestershiresoße marinieren, gut abtropfen lassen und 1/3 der Cocktailsoße untermischen; in Gläser füllen	Coktailsoße: 2 Teile Majonäse, 1 Teil Schlagsahne, Tomatenketchup, geriebener Meerrettich, Zitronensaft, Weinbrand, Tabasco, Salz; Zutaten mit Soße nappieren	Am Glasrand Zitronenscheiben oder -ecke; Cocktail mit reservierten Stücken der Zutaten, Dill- und Petersilienzweigen, Tomatenecke, Oliven-, Trüffel- oder Eischeibe, Radicchioblatt garnieren
Tomaten		abziehen, entkernen, in Streifen schneiden; mit Salz, Zitrone marinieren	Jogurt, Schnittlauch oder Dill, Salz und Pfeffer verrühren	ein Löffel Jogurt, Tomatenfleischstreifen, Dillzweig oder Olive
Matjesfilet	Äpfel, Dill, Petersilie	Filets in Streifen schneiden, mit Apfelscheiben, Kräutern, Zitronensaft marinieren und 1/3 der Soße untermischen; in Gläsern anrichten	Jogurt mit saurer Sahne (30 % Fettgehalt) 1 : 1 mischen und mit Salz, Pfeffer, Zitronensaft abschmecken; Zutaten mit Soße nappieren	Schleifchen von längs halbiertem Matjesfilet, Apfelspalte von rotem Apfel, Dillzweig, Tomatenrose
Avocado	eventuell Krustentierfleisch	halbieren, schälen, in Scheiben schneiden; mit Salz, Pfeffer und Öl marinieren	Cocktailsoße eventuell mit passiertem Avocadofleisch vermischt	halbe Avocadoscheibe, ausgesuchte Krustentiere, Zitrone am Glasrand

9. Anrichteweisen von Cocktails (Rezeptbeispiele)

Bezeichnung	Zutaten und Schnittform	Fertigstellung	Anrichteweise/Verwendung
Geflügelsalat	gekochtes und gebratenes Geflügelfleisch, Champignons, Spargel, Ananas in nicht zu kleine Stücke schneiden; mit Salz, Zitrone und Worcestershiresoße marinieren	die gut abgetropften Zutaten mit einer pikant abgeschmeckten Soße aus Majonäse, Schlagsahne, Curry, Salz und Zitronensaft anrichten	eventuell in Orangenschale anrichten und mit Scheiben von Geflügelbrust, Teilen von Ananasscheiben, Spargelspitzen, Champignonköpfen, Orangenspalte, Kaiserkirschen und Petersilienzweigen garnieren
Salat nach Nizzaer Art	Thunfischstücke (in Öl) oder Sardellenfilets, Kartoffelwürfel und grüne Bohnen (beides gegart), Scheiben von Tomaten und Salatgurken, gesalzen und gepfeffert, vermischen oder lagenweise anrichten	mit French-Dressing (Senf mit 1 Teil Essig glattrühren, 2 – 3 Teile Öl, Salz und Pfeffer darunterrühren) anmachen bzw. überziehen	auf Salatblättern anrichten, mit gefüllten oder schwarzen Oliven und Eierscheiben garnieren
Gemüsesalat	Würfel von Karotten und Sellerie, Stücke von Spargel und Bohnen sowie feine Erbsen und eventuell Essiggurkenwürfel mit Essig, Salz und Worcestershiresoße marinieren	die gut abgetropften oder ausgepressten Zutaten mit fester Majonäse anmachen und mit Senf abschmecken	mit Karottenscheiben, Spargelspitzen, Tomatenfleischstreifen, Eischeiben und Essiggurken garnieren/auch als Sockel bei kalten Eiervorspeisen oder in ausgehöhlte Tomaten füllen
Salat Waldorf	Äpfel und Sellerieknollen in feinste Streifen oder Würfel schneiden und grob gehackte Nüsse daruntermischen	mit einer Soße aus Majonäse, geschlagener Sahne, Salz, Zitronensaft und Worcestershiresoße anmachen	mit Radicchio- oder Schikoreeblättern umlegen und mit Nüssen, Mandarinenspalten und Kaiserkirschen garnieren/ auch in ausgehöhlte Tomaten- oder Ananashälften gefüllt

10. Anrichteweisen von Vorspeisen-Salaten (Rezeptbeispiele)

1. Verschiedene Räucherfische

2.3 Vorspeisen der europäischen Küche

Italienische Vorspeisen (Antipasti)
Diese pikanten Vorspeisen umfassen meist
- Mortadella, Salami, Parmaschinken,
- raffiniert zubereitete Fischgerichte von Sardellen, Sardinen und Thunfisch sowie Krusten- und Schalentieren (auch als Salat),
- Früchte und Gemüse wie Melonen, Tomaten (z. B. mit Mozarella), Artischocken, Oliven, Pilze, Auberginen, Zwiebeln und Paprikaschoten, häufig in Marinade eingelegt,
- rohe, hauchdünne Scheiben von Fleisch, Fisch oder Gemüse, die mariniert als Carpaccio bezeichnet werden.

Französische Vorspeisen (Hors d'oeuvres)
Typisch sind aus unterschiedlichen Rohstoffen hergestellte Massen (Farcen), die auf verschiedene Weise gegart wurden.
Zu unterscheiden sind:
- Terrinen (in einer Terrinen-Form gegarte Farce)
- Pasteten (in Teig gebackene Farce mit Kruste)
- Galantinen („Rollpastete"– die Farce wird eingewickelt, gerollt und in Flüssigkeit gegart)

Weitere Vorspeisen sind:
- Krusten- und Schalentiere (roh und gegart),
- Fischspezialitäten, Räucherfische,
- Eier- und Käsezubereitungen.

Russische Vorspeisen (Sakuski)
Bevorzugte Rohstoffe sind
- verschiedene Kaviarsorten,
- gesalzene und geräucherte Edelfische, besonders Lachs und Stör sowie Fischmarinaden,
- eine Vielzahl an Salaten von Fisch, Wild, Geflügel und Gemüsen,
- Gerichte von Gänsen,
- marinierte Früchte, Gemüse und Pilze,
- würzige Soßen.

Schwedische Vorspeisen (Smörgas)
Das schwedische Vorspeisenbüfett besteht aus kalten und warmen Gerichten, z. B. aus
- Fischen (gesalzen, geräuchert), einer großen Auswahl an Fischmarinaden sowie Krusten- und Schalentieren,
- geräucherten, gesalzenen oder gebratenen Speisen von Schweinefleisch und Wild,
- eingelegten Gemüsen, Salaten sowie pikanten Soßen.

Dänische Vorspeisen (Smörrebröd)
Smörrebröd bedeutet Butterbrot. Aus einer sehr umfangreichen Auswahl belegter Brote kann sich der Gast in dänischen Restaurants seine Vorspeisen servieren lassen. Als Brotbelag kommen in Betracht:
- Käse und Eier,
- verschiedene Schinken- und Wurstsorten,
- gesalzene oder geräucherte Fische,
- Krustentiere, vor allem Nordseekrabben,
- Kaviar verschiedener Fischarten.

Rohstoffe	passende Beigabe	Anrichteweisen /Garniermittel
Gänseleber (Pastete)	Toast	in Original-Terrine oder in Scheiben auf gekühltem Teller oder als Canapé-Belag
Austern (geöffnet)	Toast oder Schwarzbrot, Zitrone, Pfeffermühle	auf gestoßenem Eis, mit gebrühtem Seetang umlegt
Kaviar	gekochtes Eigelb und Eiklar (kleine Würfel), Toast und Butter	in Original-Dose auf Eis oder Eissockel oder als Canapé-Belag
Hummer, Languste	Majonäsesoße, Toast und Butter	halbiert, Hummerscheren aufgebrochen, als Cocktail oder Salat und als Canapé-Belag
Kaisergranat (Scampi), Garnelen (Crevetten), Krebse	Majonäsesoße, Toast und Butter	vor allem als Cocktail und Salat, auch als Canapé-Belag
geräucherte Fische wie Lachs,Stör, Forelle	Toast und Butter, Sahne-Meerrettich	Lachs und Stör in dünne Scheiben geschnitten, garniert mit Zitronenscheibe, Ei, Tomaten, Dillzweige, auch als Canapé-Belag
gekochter oder roher Schinken, Parmaschinken, Roastbeef, kalter Braten	Brot und Butter, Cornichons, Mixed Pickles	in dünne Scheiben geschnitten, auch als Röllchen gefüllt oder zu Tüten geformt, als Canapé-Belag
Pasteten, Terrinen, Galantinen von Fleisch, Wild, Geflügel und Fisch	Toast und Butter, Cumberlandsoße bei Wild, Waldorf-Salat	in Scheiben geschnitten, Galantine und Terrine auch als Canapé-Belag
Früchte wie Melonen, Grapefruit, Feigen, Avocado	mariniert mit Likörwein	gefüllt auf Eis, als Cocktail und Salat, garniert mit Kirschen und Trauben
Gemüse wie Artischocken, Tomaten, Gurken, Staudensellerie	Toast und Butter	gefüllt mit Salat und Krem, als Cocktail oder Salat
gefüllte Eier	Toast und Butter	oft auf Salat, garniert mit Tomatenstreifen, Kaviar, Lachsstreifen, Garnelen, Radieschen
kombinierte Vorspeisen aus verschiedenen oben genannten Rohstoffen	Toast und Butter	als Vorspeisenteller, als gemischte Platte auf Silberplatte oder Platte mit Glaseinsätzen, als Vorspeisen-Büfett auf Vorspeisenwagen

2. Bekannte kalte Vorspeisen

3. Minipasteten

4. Vorspeisenbüfett

Wissen Sie Bescheid?

1. Wie lautet die deutsche Bezeichnung für Canapés?
2. Nennen Sie Zutaten, mit denen der Fettgehalt von Cocktails und Salaten gesenkt werden kann.
3. Welche Räucherfische werden bei russischen Vorspeisen bevorzugt?
4. Erklären Sie die Besonderheiten der italienischen, schwedischen und dänischen Vorspeisen.
5. Nennen Sie acht kalte Vorspeisen mit den wichtigsten Zutaten, Beigaben und Anrichteweisen.
6. Worin unterscheiden sich kalte Vorspeisen und Amuse gueule?
7. Weshalb ist Fisch als kalte Vorspeise sehr beliebt?
8. Beschreiben Sie die unterschiedlichen Anrichteweisen von Kaviar.
9. Welche Beigaben reichen Sie zu Pasteten, Terrinen und Galantinen?
10. Nennen Sie vier unterschiedliche Präsentationsweisen von kalten Vorspeisen und diskutieren Sie die jeweiligen Vor- und Nachteile.
11. Welche Vorspeisen-Rohstoffe sind für Carpaccio geeignet?
12. Stellen Sie eine Platte mit acht Canapé-Sorten zusammen. Legen Sie die jeweilige Garnierung fest.

Grundbrühen (Fonds)	Rohstoffe (außer Wasser)	geschmacks- und farbgebende Zutaten	Verwendung
Knochenbrühe Bouillon ordinaire	Rinderknochen	großes Bouquet garni, gebräunte Zwiebeln, Gewürze und Salz	Braune Brühe, auch als Ersatz für Fleischbrühe
Fleischbrühe Bouillon	Rindfleisch, Rinderknochen	wie Knochenbrühe	Kraftbrühe, Suppen und Soßen
Kalbsbrühe Fond de veau	Kalbfleisch, Kalbsknochen	gespickte Zwiebel, Gewürze und Salz	Suppen und Soßen (Velouté de veau)
Geflügelbrühe Fond de volaille	Geflügel (Huhn), Geflügelklein	großes Bouquet garni, gebräunte Zwiebeln, Gewürze und Salz	Geflügelkraftbrühe, Suppen und Soßen (Velouté de veau)
Fischbrühe Fond de poisson	Fisch, Gräten, Abschnitte	Weißwein, Gewürze und Salz	Fischkraftbrühe, Suppen und Soßen (Velouté de veau)
Gemüsebrühe Fond de légumes	Gemüse (ohne Kohl)	Salz	Suppen und Soßen
Wildbrühe (braun) Fond de gibier	Wildfleisch, Wildknochen	Rotwein, Mirepoix, Gewürze und Salz	Wildkraftbrühe, Suppen und Soßen
Braune Brühe, Fond brun (Jus ordinaire)	Kalbs- und Schweineknochen	Mirepoix, Tomatenmark, Gewürze und Salz	Suppen und Soßen (Jus oder Demiglace)

1. Grundbrühen zur Herstellung von Kraftbrühen, hellen und braunen Suppen und Soßen

großes Bouquet garni	Bündel von Wurzelgemüse wie Möhren, Sellerie, Lauch, Petersilie
kleines Bouquet garni	Kräutersträußchen aus Petersilie, Thymian, Lorbeerblatt, eventuell Knoblauch
Mirepoix (Röstgemüse)	grob gewürfelte Zwiebeln, Möhren, Sellerie, Lauch (Größe je nach Garzeit der Speisen)
gespickte Zwiebeln	geschälte Zwiebel, an der ein Lorbeerblatt mit Gewürznelken befestigt ist
gebräunte Zwiebeln	Zwiebelhälften, deren Schnittflächen in einer trockenen Pfanne stark gebräunt wurden
Gewürzbeutel	der Speise entsprechende Gewürze wie Lorbeerblätter, Gewürznelken, zerdrückte Gewürzkörner (Pfeffer, Piment, Wacholderbeeren), Majoran und Thymian werden in ein kleines Tuch gebunden

2. Standardzugaben für Grundbrühen

Bezeichnung	Grundbrühen (Fonds) zum Auffüllen	Zutaten zur Kräftigung und Verfeinerung	Beispiele für Einlagen
Rinderkraftbrühe **Doppelte Rinderkraftbrühe**	Fleischbrühe	zerkleinertes Rinderklärfleisch; Kerbelblätter, gehackte Petersilie; Südwein (Madeira, Portwein, Sherry); Weinbrand (Armagnac, Cognac); Essenzen von Kräutern und Pilzen; angebratenes Wildgeflügel (Rebhuhn, Fasan, Wachteln)	Klößchen aus Grieß, Mark; Kalbfleisch; Eierstich; Profiteroles; Gemüsestreifen; Tomatenfleischwürfel;Trüffelstreifen; Morchelbiskuit
Geflügelkraftbrühe **Doppelte Geflügelkraftbrühe**	Geflügelbrühe	zerkleinertes Geflügelklärfleisch; angeröstetes Geflügelfleisch	Geflügelfleischklößchen; Geflügelbruststreifen; pochiertes Ei; Spargelspitzen
Wildkraftbrühe **Doppelte Wildkraftbrühe**	Wildbrühe	zerkleinertes Wildklärfleisch; Wildfleisch; Wildgeflügelteile; Weinbrand oder Südwein; Pilzauszüge	Klößchen von Wild oder Wildgeflügel; gegartes Wildfleisch; Pilze
Fischkraftbrühe **Doppelte Fischkraftbrühe**	Fischbrühe	zerkleinertes Fischfleisch; Fischabschnitte; Weißwein	Fischklößchen; Krebse; pochierte Austern; grüne Spargelspitzen

3. Arten von Kraftbrühen

3 Suppen

Suppen stellten in den Küchen früherer Zeiten vollständige Mahlzeiten dar. Sie enthielten neben Gemüse auch Fleisch, Geflügel oder Fisch und dienten der Sättigung. Bei einigen Regional- und Nationalsuppen ist dies noch deutlich erkennbar. Heute haben Suppen innerhalb der Speisefolge die Aufgabe den ersten Hunger zu stillen und gleichzeitig den Appetit auf die nachfolgenden Gänge zu erhöhen. Daher werden bei Menüs mit mehr als drei Gängen klare Suppen bevorzugt, da sie weniger sättigen. Suppen dienen auch als Zwischenmahlzeit.

3.1 Grundbrühen für Suppen und Soßen

Grundbrühen sollten besonders gewissenhaft hergestellt werden, da sie einerseits als eigenständige Suppen – mit einer passenden Einlage – gereicht werden und andererseits von ihrer Qualität die Güte aller daraus zubereiteten Speisen beeinflusst wird.
Für helle Brühen sind die Rohstoffe mit kaltem Wasser anzusetzen und aufzukochen. Der sich beim Kochen bildende Schaum und das Fett werden abgeschöpft. Brühen werden bei geringer Hitze kochend gehalten (Fischbrühe 20 Minuten, andere Brühen 1 bis 3 Stunden).
Helle Brühen dürfen keinesfalls zu dunkel geraten, da sie sonst zum Auffüllen heller Soßen und Suppen nicht mehr geeignet sind. Fleischbrühe, die als klare Brühe mit Einlage serviert wird, sollte jedoch getönt sein.
Für braune Brühen werden die Rohstoffe angebraten und mit Wasser verkocht. Zugaben an Gemüsen und Gewürzen dienen dem Geschmack und der Farbgebung.

Klare Suppen

Außer den Grundbrühen – vor allem Fleischbrühe – sind Kraftbrühen und doppelte Kraftbrühen Vertreter der klaren Suppen.
Um „Kraft" in den Brühen zu erzielen werden die kalten, entfetteten Brühen der entsprechenden Geschmacksrichtung mit grob gehacktem Rind-, Geflügel- oder Wildfleisch bzw. Fisch (Kraftbrühe: 200 g/Liter, doppelte Kraftbrühe: 400 g/Liter) vermischt, erhitzt und ganz schwach gekocht. Gleichzeitig werden durch die Hitzegerinnung des Fleischeiweißes alle in der Brühe vorhandenen Trübstoffe gebunden; die Brühe wird geklärt. Eiklar verstärkt die Klärwirkung. Geschmack und Farbe lassen sich mit Zusätzen von Gemüsen und passenden Gewürzen verbessern.
Kraftbrühen werden durch ein Passiertuch abgeseiht, vollständig entfettet, abgeschmeckt und mit Einlage in Tassen aufgetragen.
Doppelte Kraftbrühen können mit trockenem Likörwein oder Cognac verfeinert werden.

Einlagen für Brühen und Suppen

Sie werden aus ausgewählten Rohstoffen hergestellt, gleichmäßig geschnitten bzw. geformt und sorgfältig gegart. Die Benennung richtet sich nach dem Rohstoff der Brühe, die Einlage wird ebenfalls angegeben. Bei kombinierten Einlagen sind Bezeichnungen festgelegt:

- **Rinderkraftbrühe Dubarry:** mit Eierstich, Reis und Blumenkohlröschen,
- **Geflügelkraftbrühe Brillant-Savarin:** mit Möhren-, Trüffel- und Champignonstreifen,
- **Wildkraftbrühe Diana:** mit Wildklößchen und Trüffel.

Suppeneinlagen (Rezepte für 10 Portionen)

Kleine Windbeutel
(Profiteroles)

0,1 l Milch, 20 g Butter, 60 g Mehl, Salz, Muskat, 1 Ei, 10 g geriebener Käse

▷ Milch mit Butter, Salz und Muskat aufkochen
▷ das gesiebte Mehl auf einmal hineinschütten
▷ abbrennen (mit dem Kochlöffel rühren, bis sich die Masse vom Topf löst)
▷ vom Herd nehmen, kurz abkühlen, Ei und Käse einrühren
▷ erbsengroße Kugeln auf ein Blech mit Backpapier spritzen
▷ bei etwa 200 °C etwa 7 Minuten backen
▷ beim Anrichten auf die Brühe oder Suppe legen

Markklößchen
(Quenelles à la moelle)

100 g Rindermark, 250 g Weißbrot ohne Kruste (oder 100 g getrocknete Weißbrotkrumen), 2 Eier, Salz, Muskat, gehackte Petersilie

▷ gewässertes Rindermark zerkleinern und mit wenig Wasser erhitzen um das Fett auszulassen
▷ Weißbrot in Würfel schneiden, das zerlassene Mark darauf seihen und mit den übrigen Zutaten vermengen und abschmecken
▷ 20 Minuten zum Durchkühlen in den Kühlschrank stellen
▷ zu kleinen Kugeln formen (dabei die Handflächen mit geriebenem Brot bestreuen oder mit Wasser befeuchten)
▷ die Kugeln in Salzwasser oder Brühe etwa 15 Minuten gar ziehen lassen

Schinkenbiskuit
(Bisquit de jambon)

50 g gesiebtes Mehl, 50 g fein geschnittener Schinken, 3 Eigelb, 3 Eiklar, Salz, Muskat, Schnittlauch, gehackte Petersilie

▷ Eigelb mit Salz und Muskat schaumig rühren
▷ Mehl, Schinken und Kräuter mischen
▷ Eiklar zu Schnee schlagen
▷ Mehl-Schinken-Mischung und Eischnee abwechselnd unter den Eigelbschaum heben
▷ Backblech mit Backpapier auslegen und die Masse 2 cm hoch aufstreichen
▷ bei 200 °C etwa 10 Minuten im vorgeheizten Ofen backen
▷ abkühlen lassen und in Rauten schneiden oder ausstechen

Eierkuchenstreifen
(Celestine)

0,1 l Milch, 80 g Mehl, 2 Eier, Salz, wenig Muskat, Schnittlauch, gehackte Petersilie, 20 g Butter

▷ Mehl in Milch sowie Salz und Muskat glatt rühren
▷ Eier und die Kräuter darunter rühren
▷ den Teig 10 Minuten ruhen lassen
▷ in einer heißen Pfanne wenig Butter erhitzen und mehrere dünne Pfannkuchen ausbacken
▷ nach dem Abkühlen in feine, ca. 5 cm lange Streifen schneiden
▷ beim Anrichten die warmen Eierkuchenstreifen in die Suppentassen geben und mit heißer Brühe auffüllen
▷ mit Schnittlauch bestreuen

Grießnocken
(Noques de semoule)

30 g Butter, 60 g Grieß, 1 Ei, Salz und Muskat

▷ Butter mit dem Ei, Salz und Muskat schaumig rühren
▷ anschließend den Grieß unterheben (der Grieß darf nicht mit purer Butter vermischt werden, weil er dann nicht mehr quillt)
▷ die Masse abschmecken und im Kühlschrank 20 Minuten durchkühlen
▷ mit 2 Kaffeelöffeln Nocken formen, die 3 gleiche Seitenflächen haben
▷ in 1 l kochendes Salzwasser legen und unter dem Siedepunkt mindestens 30 Minuten gar ziehen und quellen lassen, sie vergrößern sich um das Dreifache
▷ Klößchen abtropfen lassen und in der Brühe anrichten

Klößchen von Kalb, Wild, Geflügel oder Fisch

250 g sehnenfreies Fleisch bzw. Fischfleisch ohne Haut und Gräten, Salz, Pfeffer, 100 g Weißbrot ohne Kruste, 1 Eiklar, 0,2 l Schlagsahne

▷ Fleisch/Fisch klein schneiden, salzen, pfeffern und zum Kühlen 10 Minuten tiefkühlen
▷ Weißbrot in Würfel schneiden und mit dem Eiklar und wenig Sahne vermischen; 5 Minuten tiefkühlen
▷ Brot und Fleisch/Fisch zweimal durch die feinste Scheibe des gekühlten Fleischwolfes drehen
▷ die restliche gekühlte Sahne darunter rühren und abschmecken
▷ kleine Klößchen abstechen und in Salzwasser pochieren

Geflügelsamtsuppe

Zutaten für 10 Personen

60 g Butter
40 g Mehl
80 g helles Mirepoix
1 l gewürzte Geflügelbrühe
0,1 l Sahne
1 Eigelb
10 dünne Geflügelbrustscheiben
als Einlage: 16 kleine, gedünstete Karottenkugeln; 12 kleine, gedünstete Zucchinikugeln
zum Abschmecken: Weißwein, Zitronensaft, Salz

Arbeitsgänge

▷ Mirepoix in Butter farblos anschwitzen, Mehl zugeben und ebenfalls anschwitzen; abkühlen
▷ mit heißer Brühe auffüllen und mit einem Schneebesen glatt rühren
▷ bis zum Aufkochen mit dem Kochlöffel am Topfboden rühren
▷ nach 20 Minuten Kochzeit durch ein feines Sieb seihen; erneut aufkochen
▷ Sahne und Eigelb mit einem Schöpflöffel heißer Suppe verrühren
▷ diese Mischung in die heiße, aber nicht kochende Suppe rühren
▷ bis zur Bindung erhitzen, aber nicht kochen lassen; abschmecken
▷ die vorgewärmte Geflügelbrustscheiben auf die angerichtete Suppe legen und mit Gemüsekugeln verzieren

3.2 Gebundene Suppen

Zur Bindung der meisten Suppen wird entweder eine Mehlschwitze (Roux) oder das fein passierte Püree des Suppenrohstoffes verwendet. Auch die Kombination beider Möglichkeiten ist gebräuchlich.
Für die Mehlschwitze sind 40 g Mehl in 60 g Butter farblos anzuschwitzen; sie wird für Suppen mit einem Liter entsprechender Brühe verkocht. Das Ergebnis nennt man Velouté. Die Verfeinerung erfolgt durch Zugabe von Rahm, Eigelb, Butter und Wein. *Einlage:* klein geschnittene Stücke des entsprechenden Rohstoffes.

Samtsuppen (Potages veloutés)
Sie sind mit Mehlschwitze gebunden und mit einer Mischung aus Eigelb und Rahm (Legierung: Liaison) verfeinert. Samtsuppen sollen nicht kochen, weil sonst das Eigelb gerinnt und die samtige Bindung verloren geht.

Rahmsuppen (Potages crèmes)
Wie Samtsuppen, jedoch mit Rahm und Butter vollendet.

Püreesuppen (Potages purées)
Die Bindung dieser Suppen erfolgt durch das Püree des Rohstoffes. Falls dessen Bindekraft nicht ausreicht, wird mit Mehlschwitze oder Velouté oder durch Mitkochen und Passieren von Kartoffeln oder Reis gebunden. Sie können mit Rahm und Butter verfeinert werden. Die bekanntesten Püreesuppen sind Kartoffel- und Erbsensuppe. Auf eine *Einlage* wird oft verzichtet, dafür bestreut man sie mit gerösteten Weißbrotwürfeln (Croûtons).

Braune gebundene Suppen
In diese Gruppe gehören die Wildsuppen und Suppen von besonderen Fleischstücken wie Ochsenschwanz und Kalbskopf. Sie werden mit einer braunen Mehlschwitze gebunden und mit braunem Fond aufgefüllt und verkocht. Wildpüreesuppen können mit Linsenpüree gebunden sein. Zur Verfeinerung dienen Wein oder Likörwein und als *Einlage* Klößchen oder Würfel des entsprechenden Fleisches und gedünstete Pilze oder Pilzstücke.

Benennung
Sie richtet sich bei gebundenen Suppen nach dem für die Brühe verwendeten Rohstoff oder dem geschmackgebenden Püree. Für die Bezeichnung vieler Suppen gibt es feste Namen, die in Küchenlexika aufgelistet und beschrieben sind:

- **Agnes Sorel:** Rahm- oder Samtsuppe vom Huhn mit Streifen von Champignons, Hühnerfleisch und Pökelzunge.
- **Aurora:** Rahmsuppe von Geflügel und Tomaten mit Geflügelklößchen.
- **Parmentier:** Püreesuppe von Kartoffeln und Lauch mit gerösteten Weißbrotwürfeln.

1. Nennen Sie je drei passende Suppeneinlagen für Fleischbrühen, doppelte Kraftbrühen, Rahm-, Samt- und Püreesuppen.
2. Welche Rohstoffe eignen sich für Rahmsuppen, für Samtsuppen oder für Püreesuppen?
3. Warum darf eine Samtsuppe nach der Fertigstellung nicht mehr aufkochen?

Bouillabaisse (Marseiller Fischsuppe)

Zutaten für 2 l Suppe

320 g Fischfilet aus Mittelmeerfischen, sowie Krusten- und Schalentiere
1 Esslöffel Öl
160 g Streifen von Zwiebel, Lauch, wenig Fenchelknolle
30 g Tomatenfleischwürfel
zum Auffüllen: 1/8 l trockenen Weißwein, 1 l Fischbrühe
zum Würzen: Salz, Pfeffer, Knoblauch, Thymian, Safranpulver oder -fäden, 1/2 Lorbeerblatt
Einlage: 1/4 Stangenweißbrot

Arbeitsgänge

▷ Zwiebel-, Lauch- und Fenchelstreifen in Öl anschwitzen

▷ die Fischwürfel, Krusten- und Schalentiere, den Weißwein und die Würzmittel zugeben

▷ 5 Minuten bei geringer Hitze gar ziehen und mit der Fischbrühe auffüllen

▷ Tomatenfleischwürfel zugeben, aufkochen und abschmecken

▷ die Brotscheiben im Ofen leicht anrösten und mit einer Knoblauchzehe einreiben; separat reichen oder in den Teller legen und die Suppe darauf schöpfen

Abwandlung:
Die Fische mit Kopf und Gräten in der Suppe garen und als ersten Gang ganz servieren (als zweiten Gang die „Gemüsesuppe" über die Brotscheiben geschöpft reichen)

Beigabe:
Knoblauchsoße (Ailloli/Aïoli): 2 hartgekochte Eigelb, 5 Knoblauchzehen mit Salz zerrieben, 1 Esslöffel Zitronensaft, 1/8 l Olivenöl

▷ wie eine Majonäse aufschlagen

3.3 Gemüsesuppen

Charakteristisch ist ihr Gehalt an Gemüsen (hauptsächlich Möhren, Lauch, Sellerie, Weißkraut, Zwiebeln) in gleichmäßig zerkleinerter Form. Die Würfel, Streifen oder Blättchen werden in Butter oder Schmalz angeschwitzt und in Fleischbrühe gegart. Mit Kartoffeln oder Suppennudeln verkochte Gemüsesuppen haben einen höheren Sättigungswert. Erfolgt zusätzlich eine Geflügel- oder Fleischzugabe, spricht man vom Suppentopf (Marmite).
Gemüsesuppen werden gern in Suppenterrinen angerichtet.

3.4 Spezielle Suppen

Zu den **Spezialsuppen** zählen vor allem Suppen von Krustentieren – auch als Bisque bezeichnet – und von Schalentieren.
Unter **exotischen Suppen** versteht man meist doppelte Kraftbrühen, die mit Auszügen exotischer Zutaten verfeinert sind, wie Haifischflossen und Schwalbennester.
Doppelte Kraftbrühen mit Auszügen aus einheimischen Rohstoffen, z. B. Morcheln, Fasanen, werden als **Essenzen** bezeichnet. Spezialsuppen, exotische Suppen und Essenzen werden meist in kleinen Tassen serviert.
Regionalsuppen stammen aus deutschen Regionen und werden aus Rohstoffen hergestellt, die es dort gibt.
Die international bekannten **Nationalsuppen** aus verschiedenen Ländern sind durch typische Zutaten der dortigen Küchen gekennzeichnet.

3.5 Kalte Suppen

Kalte Suppen sollten in gut gekühlten Tassen eiskalt serviert werden. Da bei kalten Suppen der Geschmack weniger stark empfunden wird, sind sie intensiver zu würzen.

Kalte Kraftbrühe soll leicht gelieren. Daher gibt man bei der Zubereitung Kalbsfüße oder Geflügelknochen in die Brühe. Sie muss absolut klar und fettfrei sein um appetitlich auszusehen. Als Einlage kommen gedünstete Pilz- oder Gemüsestreifen in Frage. Der Geschmack kann durch Wein, Likörwein oder Weinbrand sowie durch Pilz- oder Wildgeflügelauszüge variiert werden.

Kalte gebundene Suppen. Dies sind meist Püreesuppen von Kartoffeln oder Gemüse, wobei Gemüsepüree auch roh Verwendung findet. Farbe und Geschmack lassen sich durch Zugabe frischer Kräuter, Sahne oder Jogurt verbessern. Ein Beispiel ist die Gazpacho Andaluse, eine spanische Gemüsesuppe, die aus Tomaten, Salatgurken, Paprikaschoten, kalter, sehr kräftiger Fleischbrühe, Olivenöl und Knoblauch zubereitet wird.

Kaltschalen sind besonders in der deutschen Küche zu Hause. Die Materialien für die Herstellung – vorwiegend Früchte – sollten möglichst roh belassen werden, weil dann ihr Geschmack intensiver und erfrischender ist.

1. Erklären Sie den Unterschied zwischen einer Gemüsesuppe und einer Gemüserahmsuppe.
2. Was versteht man unter einer Bouillabaisse?
3. Welche Suppen werden in kleinen Tassen serviert?
4. Zählen Sie die Hauptbestandteile von drei Regional- und drei Nationalsuppen auf.

Apfelkaltschale

Zutaten für ca. 10 Portionen

1,2 l Wasser
80 g Zucker
ein kleines Stück Zimtstange
600 g Apfelstücke
Saft einer Zitrone
0,2 l Weißwein oder Apfelsaft
zum Binden: 30 g Sago oder Stärkepulver
Einlage: 150 g gedünstete Apfelwürfel und 40 g eingeweichte Rosinen
zum Bestreuen: kleines Baiser- oder Makronengebäck

Arbeitsgänge

▷ Wasser, Zucker und Zimt aufkochen

▷ 1 l davon mit Sago 10 Minuten verkochen oder mit kalt angerührter Stärke binden

▷ das übrige Zuckerwasser mit Apfelstücken, Zitronensaft und Wein mixen und in die abgekühlte Zuckerlösung passieren

▷ die Einlage hinzufügen

▷ gut durchkühlen und abschmecken

▷ mit Gebäckstücken bestreut anrichten

Bezeichnung	Typische Rohstoffe
Minestra Gemüsesuppe nach italienischer Art	Fleischbrühe, alle frisch verfügbaren Gemüse, Reis oder Spagetti, Knoblauch
Borschtsch Gemüse-Fleischsuppe auf russische Art	Fleischbrühe, Rind-, Schweine - oder Entenfleisch, Speck, Gemüsestreifen, Rote Bete, Sauerrahm
Bouillabaisse Fisch-Gemüse-Suppe auf französische Art	Fischbrühe, Mittelmeerfische, Krusten- und Schalentiere, Lauch, Knoblauch, Safran, Fenchel, Tomaten
Zwiebelsuppe auf französische Art	Fleischbrühe, Zwiebelstreifen, Weißwein, Knoblauch, Käse, Weißbrot
Mutton-Broth Hammel-Graupen-Suppe auf schottische Art	Hammelbrühe, Hammelfleisch, Perlgraupen, Gemüsewürfel
Clear Oxtail Soup Klare Ochsenschwanzsuppe nach englische Art	braune Brühe, Ochsenschwanzstücke, Klärfleisch, spezielle Gewürzmischung, Sherry

1. Nationalsuppen

Bezeichnung	Rohstoffe/Einlagen
Schwäbische Riebelesuppe	Fleischbrühe, mit geriebenem Nudelteig verkocht
Berliner Löffelerbsensuppe	Fleischbrühe, getrocknete gelbe Erbsen, Kartoffel- und Speckwürfel
Badische Grünkernsuppe	Fleischbrühe, Grünkern, Gemüsewürfel, Markklößchen
Hamburger Aalsuppe	Fleischbrühe, Aal, Gemüsewürfel, Birnen, Backpflaumen, Schwemmklöße, Speck

2. Regionalsuppen

Milchkaltschale	Fruchtkaltschale	Bierkaltschale
Rohstoffbasis Milch, Zucker	Früchte, -püree, Mineralwasser, Wein, Zucker	Bier, Zucker
Bindung Eier oder Stärkemehl	Sago oder Tapioka	geriebenes Schwarzbrot
Geschmacksverbesserung, -abwechslung Zitronen- und Orangenschale, Vanille, Nüsse, Pistazien	Zitronensaft	Zitronenschale und Zitronensaft
Einlage Beeren oder Fruchtwürfel	Beeren oder Früchtewürfel, Biskuitwürfel	Rosinen

3. Kaltschalen

Grundsoßen					
Demiglace	**Wildsoße**	**Velouté**	**Béchamel**	**Hollandaise**	**Majonäse**
Art des Rohstoffes					
Kalb, Schwein	Wild	Kalb, Geflügel, Fisch			
Aufgussflüssigkeit					
brauner Fond		heller Fond	Milch und Fond		
Art der Zubereitung					
gekocht				warm geschlagen	kalt geschlagen
Art der Bindung					
mit Stärke gebunden (Mehlschwitze)				Emulsion aus gewürzter Flüssigkeit (Reduktion), Eigelb und ausgekochter Butter	Emulsion aus Essig, Senf, Eigelb und Öl
Farbe					
dunkel oder braun		hell oder weiß			
Serviertemperatur					
warm					kalt

1. Übersicht: Grundsoßen und ihre Einteilung nach verschiedenen Gesichtspunkten

4 Soßen

Soßen sollen Speisen geschmacklich und optisch aufwerten. Sie werden grundsätzlich aus dem beim Garen der Rohstoffe anfallenden Saft oder Fond (Brühe) hergestellt und nach der Verfeinerung zur entsprechenden Speise serviert. Falls kein Saft oder Fond anfällt wie beim Kurzbraten, Grillen, Fritieren, Dämpfen, wird auch keine Soße gereicht oder man gibt

- eine Ableitung der Demiglace,
- eine weiße Soße, mit Milch zubereitet (Béchamel) und deren Ableitungen,
- eine warm aufgeschlagene Soße (Hollandaise) und deren Ableitungen,
- eine kalt aufgeschlagene Soße: Majonäse und deren Ableitungen,
- zerlassene, geklärte oder gebräunte Butter,
- eine Buttermischung.

Auch die eigenständigen Soßen finden hier ihre Anwendung wie z. B. Tomatensoße, Curry-Fruchtsoße, Englische Meerrettichsoße, Cumberlandsoße. Die Vielzahl der Soßenableitungen gewährleistet Abwechslung im Speisenangebot. Soßen werden nach den jeweiligen Zusätzen benannt wie Senf-, Trüffel-, Kapern-, Rahmsoße oder haben festgelegte Bezeichnungen:

- Soubise für Zwiebelzusatz,
- Mornay für Käsezusatz,
- Bigarade für Zusatz von Zitrusfrüchten.

Die Zusammensetzung klassischer Soßen wie Italienische Soße, Pächterin- oder Walewskasoße ist in Küchenlexika beschrieben.

Die meisten Soßen haben durch ihren Gehalt an Stärke, Eiweiß und Fett einen beträchtlichen Energiewert. Sie sind möglichst leicht zu halten weil sie sonst zu stark sättigen. Damit keine störenden Bestandteile die Soßenqualität beeinträchtigen, müssen viele Soßen möglichst fein passiert werden. Dazu verwendet man Passiertücher aus kochbarem Baumwollgewebe (Nessel) oder feine Siebe, sogenannte Haarsiebe.

Vor allem Soßen, die von ihrer Konsistenz her als Überzug auf den Speisen bleiben, etwa Holländische Soße oder Majonäse, werden über die Speisen gegeben (nappiert). Dünnflüssige Soßen werden als sogenannter Soßenspiegel auf den Teller oder die Platte gegeben, bevor man die Speise darauf anrichtet.
Alle Soßen können auch in einer Sauciere à part serviert werden.

1. Nach welchen Gesichtspunkten werden die Soßen eingeteilen?
2. Welche Soßen reicht man zu Speisen, bei deren Garen kein Saft oder keine Brühe anfällt?
3. Versuchen Sie das System zu erklären, das es ermöglicht die Vielzahl verschiedener Soßen herzustellen und einzuteilen.
4. Wie unterscheiden sich Grundsoßen von Soßenableitungen?
5. Warum werden Soßen am besten durch Passiertücher passiert?
6. Wie beurteilen Sie die Zugabe von Butterflocken unter ernährungsphysiologischen Gesichtspunkten?

Weiße Grundsoße

Zutaten für 10 Portionen
60 g Butter
30 g Zwiebeln
30 g Weißes vom Lauch
60 g Mehl
1 l Kalbs-, Geflügel- oder Fischbrühe
1 kleines Lorbeerblatt,
3 zerdrückte Pfefferkörner
1 Gewürznelke

Arbeitsgänge

▷ Zwiebeln und Lauch in Stücke schneiden und in Butter anschwitzen
▷ Mehl zugeben und farblos anschwitzen (durch das Anschwitzen des Mehls in Fett bei ca. 130 °C wird der Stärkeanteil teilweise zu Dextrinen gespalten. Die Soße wird dadurch weniger zähflüssig und klebrig und verliert den Mehlgeschmack)
▷ mit Brühe auffüllen und mit einem Schneebesen glatt rühren; die Mischung aus Mehlschwitze und Brühe sollte nicht mehr als 60 °C haben, damit sich die Mehlschwitze klumpenfrei in der Brühe verteilen lässt
▷ bis zum Aufkochen mit dem Kochlöffel am Topfboden rühren (bis die Stärke ab etwa 70 °C verkleistert, hat sie die Tendenz, sich am Topfboden abzusetzen; die Soße brennt in dieser Zubereitungsphase leicht an)
▷ die Gewürze zugeben
▷ 20 Minuten kochen lassen – durch die relativ lange Kochzeit werden Konsistenz und Geschmack verbessert; eventuell muss die dabei verdampfende Flüssigkeit ersetzt werden; ab und zu am Topfboden rühren und abschäumen
▷ durch ein Passiertuch oder sehr feines Sieb passieren und abschmecken; die Soße ist erst nach der Verfeinerung servierfähig

4.1 Helle Soßen

Samtsoßen (Sauces Veloutés)
Grundlage einer Velouté ist der jeweilige Fond, der mit Mehlschwitze (60 g Butter, 60 g Mehl/1 l Flüssigkeit) gebunden wird.
Die wichtigsten Geschmacksrichtungen der Grundsoßen sind Kalb (velouté de veau), Geflügel (velouté de volaille) und Fisch (velouté de poisson). In der verfeinerten Form sind sie zum Servieren geeignet:

Grundsoße	Verfeinerung	servierbare Soßen
Velouté de veau	Eigelb und Sahne	Deutsche Soße (Sauce allemand)
Velouté de volaille	Sahne und Champignonfond	Geflügelrahmsoße (Sauce suprême)
Velouté de poisson	Eigelb, Sahne, Weißwein	Fisch-Weißwein-Soße (Sauce au vin blanc de poisson)

Aus den servierfertigen Soßen können durch vielerlei Zutaten weitere Soßen abgeleitet werden. Bekannte Ableitungen der Deutschen Soße (zu gekochten bzw. gedünsteten Kalbfleischgerichten):

- Kapernsoße, leicht säuerlich abgeschmeckt, mit Kapern als Einlagen.
- Kräutersoße, verfeinert mit gehacktem Kerbel, Schnittlauch, Petersilie und Zitronensaft.

Wichtige Ableitungen der Geflügelrahmsoße (zu gedünstetem, gekochtem und pochiertem hellem Hausgeflügel):

- Pächterinsoße mit gedünsteten Gemüsestreifen,
- Andalusische Soße mit gedünsteten grünen Paprikaschotenwürfeln,
- Trüffelsoße mit Trüffelstreifen und Madeira.

Ableitungen der Fisch-Weißwein-Soße (zu gedünsteten und pochierten Fischgerichten):

- Diplomatensoße mit Hummerbutter, Hummerfleisch und Trüffel,
- Joinville-Soße mit Krebsbutter.

Currysoße kann von Samtsoßen aller Geschmacksrichtungen abgeleitet werden.

Milchgrundsoße (Sauce Béchamel)
Die Mehlschwitze für die Sauce Béchamel wird mit Milch aufgefüllt und verkocht. Ihre Ableitungen, die vor allem zum Binden, Nappieren und Überbacken dienen, werden oft mit einem geschmackgebenden, eingekochten Fond verkocht und mit weiteren Zusätzen verfeinert, z. B.:

- Kardinalsoße mit Fischfond, Trüffelfond, Sahne und Hummerbutter,
- Mornaysoße mit Eigelb, Sahne, geriebenem Käse und Butterflocken,
- Walewskasoße (Mornaysoße auf Fischfond-Basis)
- Soubisesoße mit Zwiebelmus und Sahne.

1. Wie werden helle Soßen gebunden?
2. Erklären Sie den Begriff „Mehlschwitze".

Braune Kraftsoße
(Sauce demiglace)

Zutaten für 2 l Soße

120 g Bratfett
1,5 kg Schweine- oder Kalbsknochen
200 g Mirepoix
1 Esslöffel Tomatenmark,
120 g Mehl
1 Kaffeelöffel Rosenpaprikapulver
0,1 l Rotwein
3 l braune Brühe (Grand jus)
10 g Salz
5 zerdrückte Pfefferkörner
3 Pimentkörner, 1 Knoblauchzehe
1 Lorbeerblatt
1 Thymianzweig

Arbeitsgänge

▷ die Knochen in Fett braun anbraten
▷ Mirepoix zugeben und ebenfalls anbraten (den Lauch erst später zugeben, weil er in dünne Blättchen zerfällt und rasch verbrennt)
▷ Tomatenmark einrühren und anrösten
▷ mit wenig Wasser (1/2 Kaffeetasse) ablöschen und dieses Wasser bei starker Hitze vollständig einkochen (reduzieren)
▷ diesen Reduziervorgang zweimal wiederholen um genügend braune Farbe zu erzeugen
▷ nach dem letzten Einkochen das Mehl unter das Fett mengen und etwa 5 Minuten anschwitzen, damit die Stärke im Mehl durch die Hitze in Dextrine gespalten wird
▷ Paprikapulver unterrühren und sofort (Paprikapulver verbrennt sehr rasch) mit kalter Brühe auffüllen
▷ glatt rühren und unter Rühren aufkochen
▷ abschäumen und entfetten
▷ eine Stunden vor dem Ende der Kochzeit die Gewürze und das Salz zugeben
▷ die Soße durch ein Tuch oder ein feines Sieb passieren
▷ entsprechend der Bezeichnung (Bild 1) verfeinern

Soße	Zutaten	häufige Verwendung
Soße auf **Jägerart** (Sauce chasseur)	angedünstete Champignons mit Weißwein eingekocht (reduziert), Tomatenmark	zu gegrillten, gebratenen, kurzgebratenen und sautierten Kalb- und Schweinefleischgerichten
Soße auf **Burgunder Art** (Sauce bourguignonne)	Reduktion von angebratenen Schinkenschwarten und Zwiebeln mit Burgunder Rotwein	zu gepökelter Rinderzunge und gekochtem Schinken
Soße auf **Bordelaiser Art** (Sauce bordelaise)	Reduktion von Bordeauxer Rotwein mit Gewürzen; Einlage: Rindermarkwürfel	zu Rinderbraten und Steaks, zu geschmortem Fenchel, Schikoree und Staudensellerie
Esterhazysoße (Sauce Esterhazy)	gedünstete Gemüsestreifen, Wein, saure Sahne sowie der anfallende Bratensaft oder Schmorfond	zu kurzgebratenen und geschmorten Rind- und Hackfleischgerichten, evtl. Rostbraten
Robertsoße (Sauce Robert)	Reduktion aus Zwiebeln, Essig und Wein; Senf unter nicht mehr kochende Soße mischen	zu Steaks und Koteletts von Schweinefleisch
Soße auf **provenzalische Art** (Sauce provençale)	Einlage: Tomatenfleischwürfel mit Knoblauch in Olivenöl gedünstet, Petersilie	zu Teigwaren, Steaks und Braten von Schlachtfleisch, Eier- und Fischgerichten
Morchelsoße (Sauce aux morilles)	angedünstete Morchelstücke mit Rotwein eingekocht (reduziert)	zu sautierten Gerichten, kurzgebratenem Kalb- oder Wildfleisch, gebratenem Geflügel

1. Ableitungen der Sauce demiglace

4.2 Braune/Dunkle Soßen

Braune Kraftsoße (Sauce demiglace)
Für die Grundsoße werden Schweine- und Kalbsknochen, Röstgemüse und Tomatenmark angebraten, mit Mehl versetzt und mit braunem Fond und Gewürzen verkocht. Nach einer Kochzeit von vier Stunden wird durch ein feines Tuch passiert.
Wird die Demiglace bei einer Speise eingesetzt, bei deren Zubereitung Bratensaft oder -satz anfällt, wird sie damit verkocht.
Die Demiglace bildet die Grundlage servierfähiger Ableitungen, die meist mit einer Reduktion (Flüssigkeit auf 1/3 der ursprünglichen Menge eingekocht) und einer Einlage verfeinert und mit der Grundsoße verkocht werden.

Wildsoße (Sauce gibier)
Wildsoße wird wie die Demiglace hergestellt. Kalbsknochen und brauner Fond werden jedoch durch Wildknochen und Wildfond ersetzt. Die Soße wird mit Rotwein und Gewürzen verkocht. Zu Wild und Wildgeflügelgerichten reicht man folgende Ableitungen:

- Wildrahmsoße mit Sahne und Zitronensaft;
- Wildpfeffersoße mit einer Reduktion aus Speck, Zwiebeln und Pfefferkörnern;
- Dianasoße auf Grundlage der Wildpfeffersoße mit saurer Sahne, Trüffel- und Eiweißwürfeln;
- Wacholdersoße, mit einer Reduktion aus Wacholderbeeren und Rotwein mit Zitronensaft und Wacholderbranntwein abgeschmeckt.

Holländische Soße
(Sauce hollandaise)

Zutaten für 0,25 l oder 4 Portionen

2 Eigelb, Salz, 4 Esslöffel Reduktion (1 Teelöffel Essig, 1 Esslöffel Schalottenwürfel, 0,1 l Wasser, 4 zerdrückte Pfefferkörner), 160 g Butter

zum Abschmecken: Salz, Zitronensaft

Arbeitsgänge

▷ Butter erhitzen, bis der Wasseranteil ausgekocht ist; die Eiweißflocken durch Passieren entfernen
▷ Zutaten für die Reduktion auf 4 Esslöffel Flüssigkeit einkochen und in eine kleine Metallschüssel passieren
▷ Eigelb und Salz dazugeben und im heißen Wasserbad bis zur Bindung schaumig schlagen (bis die Masse nicht mehr vom Schneebesen tropft)
▷ etwa 60 °C heiße Butter tropfenweise darunterschlagen; abschmecken

Majonäse
(Sauce mayonnaise)

Zutaten für 1/2 l oder 10 Portionen

2 Eigelb, 1 Esslöffel Essig, 1 Esslöffel Zitronensaft, 1 Teelöffel Senf, Salz, 0,5 l Öl (ca. 25 °C)

eventuell mit Wasser verdünnen

Arbeitsgänge

▷ in einer Schüssel alle Zutaten außer Öl mit einem Schneebesen aufschlagen
▷ das Öl anfangs tropfenweise, wenn eine gute Bindung erreicht ist, löffelweise unter die Eigelbmasse schlagen (sollte die Soße gerinnen, gibt man in eine andere Schüssel ein Eigelb und schlägt die geronnene Majonäse tropfenweise darunter)
▷ abschmecken und gekühlt aufbewahren
▷ zur weiteren Verwendung eventuell verdünnen oder eine Ableitung daraus zubereiten

4.3 Holländische Soße (Sauce hollandaise)

Die Bindung der warm aufgeschlagenen Soßen entsteht durch das Erwärmen von Eigelb in wenig Flüssigkeit unter stetigem Schlagen mit dem Schneebesen. Als Flüssigkeit dient eine Reduktion aus Zwiebeln, Pfefferkörnern, Essig und Wasser. Unter die gebundene, schaumige Eigelbmasse wird warme, ausgekochte bzw. geklärte Butter geschlagen. Holländische Soße wird zu feinem Gemüse und zu Eierspeisen gereicht.

Soße	Zutaten	häufige Verwendung
Schaumsoße (Sauce mousseline)	geschlagene Sahne und Zitronensaft	zu gedünstetem und pochiertem Fisch, Krustentieren und Gemüse und zum Überbacken
Soße auf **göttliche Art** (Sauce divine)	Sherry, Trüffelfond, Geflügelextrakt und geschlagene Sahne	Hummer und Languste, Spargel und Artischocken
Soße auf **maltesische Art** (Sauce maltaise)	Saft und abgeriebene Schale von Blutorangen	zu Spargel
Soße auf **venezianische Art** (Sauce vénetienne)	Kräuterpüree	zu gedünsteten und pochierten Fischgerichten und pochierten Eiern
Soße auf **Béarner Art** (Sauce béarnaise)	Reduktion aus Weißwein, Estragon, Kerbel und Pfefferkörnern; Einlage: gehackter Estragon und Kerbel,	zu gegrillten und kurzgebratenen Fleisch- und Fischgerichten und pochierten Eier
Choron Soße (Sauce Choron)	Béarner Soße tomatisiert	wie Soße Béarner Art

2. Ableitungen der Holländischen Soße

4.4 Majonäse (Sauce mayonnaise)

Eine Verbindung (Emulsion) aus Pflanzenöl, Eigelb, Essig und Zitronensaft wird als Majonäse bezeichnet. Die Verbindung kommt nur zustande, wenn das Öl in den übrigen Zutaten nach und nach sehr fein verteilt wird. Dabei wirken das Eiweiß und das Lezithin des Eigelbs als Emulgatoren, indem sie sich zwischen die einzelnen Öltröpfchen lagern und so ihr Zusammenfließen verhindern. Die Zutaten sollten Zimmertemperatur haben.

Soße	Zutaten	häufige Verwendung
Chantilly Soße (Sauce Chantilly)	geschlagene Sahne, Zitronensaft und Cayenne-Pfeffer	zu Spargel und Artischocken
Remouladensoße (Sauce rémoulade)	Senf, fein gehackte Gewürzgurken, Kapern, Sardellen, Petersilie, Kerbel u. Estragon	zu fritierten Fischen, kaltem Braten und Eierspeisen
Soße auf **Tartarenart** (Sauce tartare)	gehacktes Ei und Schnittlauch pikant gewürzt	zu fritierten Fischen, kaltem Braten und Eierspeisen
Soße auf **Moskauer Art** (Sauce moscovite)	Hummerfleischwürfel, Kaviar und wenig geschlagene Sahne	zu pochierten Edelfischen und Krustentieren
Soße auf **Tiroler Art** (Sauce tyrolienne)	Chili, Tomatenfleischwürfel, gehackte Schalotten, Estragon und Petersilie	zu Fischen, Krustentieren, Eiern und kaltem Braten
Grüne Soße (Sauce verte)	Püree von blanchierten Kräutern	zu Eiern, fritiertem Fisch und pochierten Edelfischen, zu kalten Fleischspeisen

3. Ableitungen der Majonäse

Garverfahren	Soßenableitungen/Buttermischung	Beispiele
Kochen	Velouté von der anfallenden Brühe Béchamel Hollandaise	Blumenkohl, Frikassee Meerrettichsoße zur Rinderbrust Spargel, Artischocken
Garziehen/Pochieren	zerlassene Butter Béarnaise	Forelle blau verlorene Eier
Dämpfen	Béchamel/Hollandaise	Blumenkohl und Brokkoli
Dünsten	Velouté vom Dünstfond	Gemüse und Fisch
Kurzbraten, Rösten oder Grillen	Buttermischungen oder Béarnaise	Steaks
Braten im Ofen und am Spieß	Bratenjus des jeweiligen Gargutes	Schweine- und Kalbsbraten, Gänse- und Entenbraten
Schwenken/Sautieren	Demiglace	Saure Leber
Schmoren	Demiglace	Rouladen, Schmorsteaks
Fritieren	Tomatensoße Majonäse Buttermischungen	Fisch, in Bierteig gebacken Scampi, Goldbarsch Seezunge Colbert
Überbacken (gegarte Speisen)	Béchamel Hollandaise	Sauce Mornay bei Blumenkohl Spargel, Blumenkohl

1. Abhängigkeit der Soßenzugabe vom Garverfahren

4.5 Eigenständige Soßen

Als eigenständige Soßen werden die Soßen bezeichnet, die nicht von Grundsoßen abgeleitet sind und nicht als Grundsoßen angesehen werden.

Bratenjus
Bratenjus wird beim Braten großer Fleischstücke oder Geflügel zubereitet, indem der austretende Fleischsaft, der während des Bratvorgangs bräunt (Bratensaft/Jus), mit brauner Brühe (Grand jus oder Jus ordinaire), Röstgemüse und Gewürzen verkocht wird. Die Soße wird entfettet und passiert, eventuell leicht mit Stärke gebunden und klar gekocht. Sie wird zu Braten oder Geflügel gereicht, findet aber auch bei sautierten Gerichten Verwendung. Gebundene Kalbsjus kann durch Zusatz von Sahne zur Kalbsrahmsoße verwandelt werden. Sie wird mit Zitronensaft abgeschmeckt und zu Kalbsbraten bzw. -schnitzel serviert.

Tomatensoße
Zur Herstellung einer Tomatensoße wird eine helle Mehlschwitze mit Röstgemüse, frischen Tomaten und Tomatenmark sowie kräftiger heller Brühe der entsprechenden Geschmacksrichtung verkocht. Speck, Knoblauch und ein kleines Bouquet garni verstärken den Geschmack (Tomatensoße für Fisch ohne Speck). Zum Abschmecken und Verfeinern werden nach dem Passieren Zucker, Salz, Essig, Pfeffer und einige Butterflocken hinzugefügt. Aufgrund ihres würzigen Geschmacks und ihrer intensiven Farbe passt Tomatensoße zu Teigwaren, Eiern, Fleisch- und Geflügelgerichten, Fischen und Gemüsen.

Curry-Fruchtsoße
Aus Zwiebeln, Äpfeln, Bananen, Ananas und Mango kocht man mit Currypulver, kräftiger heller Brühe und Kokosmilch ein Mus, das gemixt und/oder durch ein Sieb gestrichen wird. Kokosmilch wird zubereitet, indem man 30 g Kokosflocken in 100 g Milch aufkocht, 30 Minuten ziehen lässt und passiert. Die Soße wird mit geschlagener Sahne erhitzt und mit Zitronensaft, Sojasoße und Salz geschmacklich vollendet. Sie passt zu gekochtem Fleisch und Geflügel, pochiertem Fisch und zu Fleisch-Fondue.

Meerrettichsoße auf englische Art (Sauce au raifort)
Meerrettichsoße auf englische Art wird nicht von der Sauce Béchamel abgeleitet, sondern als eigenständige Soße hergestellt. Dabei werden heiße Milch und etwas Fleischbrühe mit frisch geriebenem Weißbrot ohne Kruste gebunden und mit Meerrettich, Salz, Zucker, Essig und Worcestershire-Soße abgeschmeckt. Frisch geriebene Weißbrotkrume bindet erst nach einer gewissen Quellzeit; deshalb besteht die Gefahr, daß man zu viel Brot zugibt. Meerrettichsoße passt zu gekochtem Rindfleisch.

Cumberlandsoße (Sauce Cumberland)
Die Basis dieser kalten Soße bildet Johannisbeergelee, das nicht zu süß sein sollte. Es wird mit englischem Senfpulver, Orangen- und Zitronensaft, Portwein und Cayenne-Pfeffer abgeschmeckt und erhält eine Einlage aus in Rotwein gekochten Streifen von ungespritzter Orangen- und Zitronenschale. Cumberlandsoße passt besonders zu kaltem, gebratenem Wild und Wildgeflügel sowie zu kalten Pasteten, Terrinen und Galantinen.

Buttermischungen	Zutaten zur Herstellung
Kräuterbutter	vermengt mit allen gehackten Kräutern, Salz, Pfeffer und Zitronensaft
Colbertbutter	vermengt mit Fleischextrakt, Zitronensaft, Pfeffer und wenig Salz
Café-de-Paris-Butter	schaumig gerührte Butter mit Kräutern, Cognac, Knoblauch, Paprika, Sardellen und Zitronensaft
Hummerbutter* Krebsbutter* Lachsbutter Trüffelbutter Sardellenbutter	schaumig gerührte Butter mit Hummerfleisch Krebsfleisch Räucherlachs gehackten Trüffeln gehackten Sardellenfilets
Schneckenbutter	vermengt mit Kräutern und Gewürzen, häufig mit Knoblauch

** Farb- und Geschmackstoffe werden durch Erwärmen der zerkleinerten Krusten in Butter gelöst*

2. Anwendungsbereich von Buttermischungen

Sahne-Meerrettich (Crème de raifort)
Geschlagene Sahne wird mit geriebenem Meerrettich vermischt und mit Zitronensaft, Salz, Zucker und Worcestershire-Soße abgeschmeckt. Sie wird vor allem zu geräucherten Fischen und Rindfleischgerichten gereicht.

Essigkräutersoße (Sauce vinaigrette)
Eine Mischung aus Essig und Salatöl im Verhältnis 1 : 2, feinen Zwiebelwürfeln, gehackten Salatkräutern, Salz und Pfeffer heißt Sauce vinaigrette. Sie wird als Salatsoße, auch bei Sülzen und warmen Fleischspeisen verwendet.

4.6 Butter und Buttermischungen

Butter verfeinert den Geschmack fast aller Speisen und kann somit eine Soße ersetzen. Zerlassene oder gebräunte Butter kann zu pochierten Fischen oder feinem Gemüse serviert werden. Erhitzte Butter mit gebräunten Weißbrotkrumen wird über Gemüse, Teigwaren oder Klöße gegeben. Frische Butter hat ein besonders feines Aroma und kann durch Untermischen von frischen, hochwertigen Rohstoffen geschmacklich variiert werden.
Grundlage von Buttermischungen kann auch schaumig geschlagene Butter sein. Sie hat einen zarteren Schmelz und ist streichfähiger.
Neben Fett und Wasser enthält Butter etwa 0,8 % Eiweiß. Beim Erhitzen gerinnt das Eiweiß und ist durch Flockenbildung sichtbar. Für geklärte Butter passiert man die Eiweißflocken mit einem Tuch heraus. Durch Erhitzen entsteht gebräunte Butter.

Wissen Sie Bescheid?

1. Welche Bedeutung haben Grundbrühen für die Qualität der Soßen? Begründen Sie Ihre Antwort.
2. Nennen Sie je drei Ableitungen der Fisch-Weißwein-Soße, der Deutschen Soße und der Geflügelrahmsoße.
3. Zählen Sie die Gemeinsamkeiten bei der Zubereitung von Sauce Velouté und Sauce Demiglace auf.
4. Nennen Sie die Verwendungsmöglichkeiten der Sauce Béchamel.
5. Die Mornay-Soße ist eine Ableitung der Béchamel-Soße. Wie heißt die Ableitung auf Fischbasis?
6. Wie bereitet man eine Lamm-Jus im Gegensatz zu einer Gänse-Jus zu?
7. Wie bereitet man eine Kalbsrahmsoße zu? Wozu wird sie serviert?
8. Welcher Unterschied besteht zwischen der Sauce Hollandaise und der Sauce Béarnaise?
9. Geben Sie drei Soßen an, die Sie zu Artischocken empfehlen würden.
10. Zu welchen warm servierten Speisen passen die Ableitungen der Majonäse?
11. Zählen Sie vier eigenständige Soßen auf und nennen Sie ihre Hauptbestandteile.
12. Welche eigenständigen Soßen kombinieren Sie mit kaltem Rehrücken, gekochter Lammkeule, gekochter Rinderbrust, Gänsebraten, Tortellini, Sülze?
13. Erklären Sie den Begriff „geklärte" Butter.

Pastetchen auf Königin Art
(Petits pâtes à la reine)

Zutaten für 5 Vorspeisenportionen

5 Blätterteigpastetchen
350 g gekochtes Kalbfleisch
150 g gekochtes Geflügelfleisch
10 g Butter
150 g geviertelte Champignons
0,1 l Weißwein
0,5 l Kalbsvelouté
0,1 l Sahne
1 Eigelb
Salz
Zitronensaft
Worcestershiresoße
zum Garnieren: Zitronenspalten, Petersilienzweige oder Gartenkresse

Arbeitsgänge

▷ Kalb- und Geflügelfleisch in 0,5 cm große Würfel schneiden
▷ die Champignons in Butter anschwitzen
▷ die Fleischwürfel zugeben und mit Weißwein ablöschen
▷ drei Minuten leicht erhitzen
▷ mit Soße auffüllen und aufkochen
▷ Eigelb und Sahne verrühren
▷ in das Ragout rühren und kurz erhitzen (nicht kochen lassen)
▷ würzig abschmecken
▷ in die erwärmten Pastetchen füllen
▷ mit Zitronenspalten und Kressesträußchen garnieren

Abwandlung

▷ Blumenkohl, Kohlrabi, Erbsen, Karotten und Bohnen klein schneiden und in Butter mit Kalbsfond knackig dünsten.
▷ Eine Bechamelsoße herstellen.
▷ Gemüse und Soße mischen, aufkochen und in die erwärmten Pasteten füllen.

5 Warme Vorspeisen

Rohstoffe für warme Vorspeisen können auf vielfältige Art zu Speisen verarbeitet, gegart und angerichtet werden. Bei Fischen, Krusten- und Schalentieren, Pilzen und feinen Gemüsen unterscheiden sich die Herstellungsverfahren warmer Vorspeisen selten von denen der Hauptgerichte, lediglich die Portionsgrößen sind reduziert. Da die heutige Küche das Prinzip der leichten Kost verfolgt, können auch Rohstoffe für Hauptgerichte zu Vorspeisen verarbeitet werden.

5.1 Anrichteweisen warmer Vorspeisen

In vorgebackenen Teigförmchen angerichtet. Törtchen (Tartelettes), Schiffchen (Barquettes) und Pastetchen (Bouchées) werden mit einem feinen Ragout aus Pilzen, Innereien, Schlachtfleisch, Geflügel oder Meeresfrüchten gefüllt, mit passender Soße überzogen.

Als Masse paniert und fritiert (Kroketten). Feine Ragouts von Fleisch, Geflügel, Pilzen oder Fisch werden stark gebunden und gut durchgekühlt, geformt, paniert, fritiert und mit passender Soße serviert, etwa Tomatensoße, Trüffelsoße oder Majonäse.

Gefüllte Krapfen (Beignets oder Fritots). Vorgegartes Gemüse, Fleisch, roher Fisch und Pilze, Hirn und Bries werden durch Backteig gezogen, fritiert und mit Tomaten- oder Tatarensoße gereicht.

Kleine Aufläufe (Petits soufflés). Unter eine Auflaufmasse aus dick gehaltener Béchamelsoße (mit Eigelb gebunden) wird der Rohstoff als Püree oder klein geschnitten gemischt. Die Masse wird mit Eischnee gelockert, in Förmchen gefüllt und gebacken. Als Rohstoffe eignen sich besonders Käse, Gemüse, Schinken, Krustentiere und Fische.

In kleine Pfannkuchen gefüllt (Pannequets). Man unterscheidet drei Arten, die alle mit Ragout oder Püree verschiedenster Rohstoffe gefüllt sind:

- heiß gefüllt und mit Schaumsoße überbacken (nur mit gegarter Füllung möglich),
- in einer Mischung aus Ei und Milch pochiert,
- kalt gefüllt oder bestrichen, gerollt und durchgekühlt, paniert und fritiert und mit Soße serviert.

Auf Weißbrotschreiben (Toasts). Getoastete Weißbrotscheiben können mit kurz gebundenem Ragout aus Pilzen, Eiern, Schinken, Käse, Krustentieren und Mischungen daraus bestrichen, mit geriebenem Käse bestreut oder mit Holländischer Soße nappiert und überbacken werden.

In Näpfchen angerichtet (Cassolettes). Ragouts oder Pürees aus Geflügelleber, Gemüsen, Pilzen, Fleisch und Fisch lassen sich ansprechend in Näpfchen anrichten und verzieren. Als Dekor eignet sich je nach Inhalt eine Trüffel-, Gänseleber- oder Schinkenscheibe oder ein Champignonkopf. Gerichte in Näpfchen werden oft überbacken.

In Teig gebacken (Quiche). Eine mit ungesüßtem Mürbeteig, Quark-Öl-Teig oder Blätterteig ausgelegte Form erhält eine Füllung verschiedener klein geschnittener Rohstoffe (Schinken, Speck, Käse, Pilze, Fisch, Krusten- und Schalentiere, Lauch oder Spinat) und wird mit einem gewürzten Gemisch aus Ei und Milch oder Sahne aufgegossen und im Ofen gebacken.

Quiche lorraine
(Lothringer Speckkuchen)

Zutaten für 6 Vorspeisenportionen
120 g Mehl
60 g Butter
1 Ei
1 Esslöffel Wasser, Salz
100 g hauchdünne Speckscheiben
100 g hauchdünne Käsescheiben
150 g Lauchstreifen
20 g Butter
2 Eier
0,2 l Sahne, 0,2 l Milch
Salz, Pfeffer, Muskat, Knoblauch

Arbeitsgänge

▷ Mehl, Butter, Salz, Ei und Wasser rasch verkneten, 30 Minuten kühlen
▷ dünn ausrollen
▷ Backblech mit schrägem Rand ausbuttern, mit dem Teig auslegen
▷ mit einer Gabel Löcher in den Teig stupfen
▷ erst mit Speckscheiben, dann mit Käsescheiben bedecken
▷ die Lauchstreifen in Butter anschwitzen und darauf verteilen
▷ 2 Eier, Sahne und Milch verrühren, abschmecken und die Backform damit zu 2/3 füllen
▷ im vorgeheizten Ofen bei 200 °C etwa 25 Minuten backen
▷ portionieren und warm servieren

In Muschelschalen überbacken (Coquilles au gratin). Große Muschelschalen eignen sich zur dekorativen Aufnahme von feinen Ragouts oder gegarten, in Scheiben geschnittenen Speisen. Sie werden mit einer passenden Soße oder mit Käse und Butterflocken überbacken. Als Rohstoffe kommen vor allem Bries, Fisch-, Muschel-, Geflügel- und Pilzragouts in Frage.

In Becherformen gegart (Timbales). Ausgebutterte Förmchen werden mit einem Dekor ausgelegt und mit einer ungegarten Masse (Farce) gefüllt. Sie werden im Wasserbad pochiert, beim Anrichten gestürzt und mit passender Soße umkränzt.

Pochierte Klößchen (Quenelles). Feine Farcen aus Kalbfleisch, Geflügel und Fisch können mit einem Löffel zu Klößchen geformt und in einem hellem Fond direkt pochiert werden. Die Soße wird aus dem Fond zubereitet und die Klößchen damit nappiert.

5.2 Arten von warmen Vorspeisen

Warme Vorspeisen von Schlachtfleisch, Geflügel, Wild und Wildgeflügel

Vor allem zarte und fettarme Teile von **Kalb** und **Lamm** kommen als Vorspeisenrohstoff in Betracht. Daneben kann auch fein gehacktes Schweinefleisch in Fleischmassen und mageres Rindfleisch in Fleischpasteten (Pies oder Pastys) Verwendung finden.

Ragouts aus gekochtem Fleisch, Klößchen und sautierte Gerichte aus den zartesten Teilen können u. a. als Füllungen für Pastetchen, Schiffchen, Tartelettes, Reisrand, Pfannkuchen oder Muschelformen dienen. Besonders **Bries, Zunge, Leber und Nieren** sind vielseitig verwendbar und ergeben schmackhafte Vorspeisen, vor allem in Verbindung mit Pilzen und feinen Gemüsen.

Junges oder gemästetes **Geflügel** wie Stubenküken und Hähnchen eignen sich gebraten, gekocht und gedünstet zu Vorspeisengerichten. Ragouts oder Farcen – als Klößchen oder in Becherform – lassen sich daraus abwechslungsreich zubereiten und anrichten.

Die **Leber** der Geflügelarten, besonders Gänse- und Entenleber sind für jede Zubereitungsart ein hochgeschätzter, aber teurer Rohstoff. Das Zwangsmästen (Stopfen) von Geflügel ist in Deutschland verboten.

Wildfleisch ist eiweißreich und fettarm. Zu warmen Vorspeisen lassen sich Reh- und Hasenrücken als gebratene Steaks (Medaillons) oder als geschnetzelte Speise in Pastetchen, Näpfchen oder Pfannkuchen gefüllt anrichten. Pilze sind häufig Bestandteil von Wildvorspeisen. Garniert wird gern mit Birnen oder Äpfeln, die mit Gelee oder Preiselbeeren gefüllt werden.

Zur Verarbeitung von Wildgeflügel für Vorspeisen werden junge Wachteln oder Rebhühner und zarte Teile von Fasanen und Tauben bevorzugt. Meist werden sie gebraten zubereitet und mit Jus serviert. Zur Füllung sind Massen mit Gänseleber oder Pilzen geeignet. Als Bestandteil von Ragouts oder Pürees finden Wildgeflügel ebenfalls Verwendung.

Die **Soßen** für warme Vorspeisen werden häufig mit Wein oder Spirituosen verfeinert und besonders würzig abgeschmeckt.

Gefüllte Champignonköpfe
(Champignons farcis)

Zutaten für 4 Vorspeisenportionen

16 große Champignonköpfe
20 g Butter
3 Esslöffel Zwiebelwürfel
80 g gekochter Schinken
2 Scheiben Toastbrot ohne Kruste
Salz, Pfeffer, Knoblauch
1 Kaffeelöffel gehackte Petersilie
2 Esslöffel geriebener Emmentaler Käse
20 g Butter für Butterflocken

Arbeitsgänge
▷ Champignons waschen und entstielen
▷ die Pilze mit der Vertiefung nach oben auf ein Backblech setzen und mit Salz und Pfeffer bestreuen
▷ Stiele in feine Würfel schneiden
▷ Zwiebel- und Champignonwürfel in Butter anschwitzen, 3 Minuten dünsten, abkühlen lassen
▷ Toastkrume reiben
▷ Zwiebel-Pilz-Masse mit den übrigen Zutaten mischen, abschmecken
▷ die Champignonköpfe mit dieser Masse füllen und mit je einem kleinen Butterstückchen belegen
▷ im vorgeheizten Ofen bei 180 °C etwa 10 Minuten garen
▷ mit einem Salatbukett garnieren

Warme Vorspeisen aus stärkehaltigen Rohstoffen
Stärkehaltige Speisen wirken rasch sättigend. Sie sind deshalb als Vorspeise nur geeignet, wenn die nachfolgenden Gänge des Menüs besonders leicht sind, etwa Fisch als Hauptgericht und Früchte als Dessert.

Teigwarengerichte. Nudeln, Spagetti, Makkaroni oder Lasagne werden in Salzwasser gekocht und mit Soße (Béchamel- oder Tomatensoße), Käse, Schinken, Pilzen oder Tomaten kombiniert. Der Teig kann mit Spinat grün gefärbt werden. Teigwarengerichte werden oft mit Käse serviert oder überbacken. Nudelteig eignet sich auch zum Füllen mit Massen unterschiedlichster Rohstoffe wie Fleisch, Geflügel, Leber, Hirn und Pilzen. Ravioli, Cannelloni, Lasagne und Maultaschen sind Speisen dieser Art.

Reisgerichte. Pilaws sind gedünstete, nach dem Garen trockene Speisen aus Langkornreis. Sie werden meist in Ringform angerichtet (Reisrand) und mit einem Ragout aus Geflügelleber, Fleisch, Meeresfrüchten oder Pilzen gefüllt. Risotto ist ein saftig gehaltener gedünsteter Reis. Er wird nicht zu weich gegart und mit geriebenem Parmesankäse und Butter vermischt. Stücke von Scampi, Geflügel, Kalbfleisch und Pilzen werden beim Anrichten darüber gegeben oder darunter gemischt.

Warme Vorspeisen von Gemüsen und Pilzen
Gemüse und Pilze sind energiearme Lebensmittel. Ihr Einsatz als warme Vorspeise ist deshalb günstig, z. B.:
- gekochter Spargel und Artischocken,
- gefüllte Auberginen, Zucchini, Tomaten und Gurken,
- gedünsteter Schikoree, Bleichsellerie und Spinat, auch mit einer passenden Soße oder mit Käse überbacken.

Sie sind beliebt in der Kombination mit Fischen, Krusten- und Schalentieren, Eiern und Schinken. Pilze, besonders Edelpilze wie Trüffel, Morcheln, Champignons, Steinpilze und Pfifferlinge werden in vielelei Zubereitungen als Vorspeise gewünscht. Sie können gedünstet, gebraten, sautiert, fritiert sowie mit einer Füllung versehen und gebacken auf den Tisch kommen.

Warme Vorspeisen von Eiern
- Verlorene/pochierte Eier auf Toast, Törtchen oder Schiffchen mit Ragout, Gemüsen oder Pilzen kombiniert und mit passender Soße nappiert.
- Eier in Näpfchen mit Pürees oder Ragouts aus Gemüsen, Pilzen, Schinken, Geflügel oder Krustentieren.
- Rühreier können mit Kräutern, Pilzen, Gemüsen wie Artischocken und Tomaten, Krustentieren, Innereien (vor allem Leber, Bries und Nieren) sowie Schinken und Räucherlachs zubereitet werden.

Vorspeisen von Fischen, Krusten- und Schalentieren
Gerichte aus diesen Rohstoffen sind auf den folgenden Seiten beschrieben. Kleine Portionen eignen sich besonders gut als warme Vorspeisen, weil sie, fettarme Zubereitung vorausgesetzt, wenig sättigen.

1. Nennen Sie fünf Rohstoffgruppen, die für warme Vorspeisen gut geeignet sind. Begründen Sie.
2. Stellen Sie die Anrichteweise warmer Vorspeisen in einer Tabelle unter folgenden Gesichtspunkten zusammen: dekorativ; energiearm; sättigend; für viele Personen leicht zuzubereiten.

6 Gerichte von Fischen, Krusten- und Schalentieren

Der Wert der Fische für eine gesunde Ernährung liegt in ihrem hohen Gehalt an Mineralstoffen (Jod bei Fischen aus Salzwasser) sowie an fettlöslichen Vitaminen, vornehmlich A und D. Das Fett der Fische ist reich an essentiellen Fettsäuren, das Eiweiß ist hochwertig und leicht verdaulich. Zu den Edelfischen zählen

- die lachsartigen Fische wie Lachs (Salm), Forelle und Renke (Felchen),
- Aal, Zander, Hecht, Karpfen und Wels,
- Plattfische wie Seezunge, Stein- und Heilbutt.

Als Konsumfische gelten u. a. Makrele, Hering, Schellfisch, Kabeljau, Köhler (Seelachs), Rotbarsch, Scholle.

6.1 Zubereitungsarten von Fisch

Bei pochiertem, gedämpftem und gedünstetem Fisch ist der Eigengeschmack sehr ausgeprägt und wird durch Butter oder eine passende Soße abgerundet. Gebratene und gegrillte Fische erhalten durch die Bräunung einen kräftigen Geschmack. Panierte und fritierte Fische besitzen eine schmackhafte Kruste. Sehr aromatisch schmecken heiß geräucherte und servierte Fische wie Forellen oder Karpfen. Kalte Speisen aus Fisch und ihre Anrichteweisen sind im Abschnitt „Kalte Vorspeisen" beschrieben.

Fischart	Herrichtungsform	Bezeichnung	Garniturbestandteile	Beilage
① **Seezunge** (sole)	ganz	auf Müllerinart (gebraten)	Zitronensaft, gehackte Petersilie, mit schäumender Butter	gedämpfte Kartoffeln und Blattsalate
		Colbert (fritiert), angerichtet auf Platte mit Manschette	gefüllt mit Colbertbutter	Salatblatt
	Filets	Doria (gebraten)	olivenförmige, dedünstete Gurkenstücke und braune Butter	Pariser Kartoffeln
		Dugléré (gedünstet) als Schleifchen oder Röllchen	Weißweinsoße, gehackte Petersilie und Tomatenfleischwürfel	gedämpfte Kartoffeln oder Reis
Steinbutt (turbot)	Filets	nach Florentiner Art (pochiert)	auf Blattspinat mit Mornaysoße und Käse überbacken	gedämpfte Kartoffeln
Kabeljau (cabillaud)	Scheiben	pochiert	mit Senf- oder Kräutersoße und Zitronensaft	Salzkartoffeln
② **Lachs** (saumon)	Filets in Scheiben	Walewska (gedünstet)	Walewskasoße, mit Käse überbacken, Béarner Soße	Reis, Kartoffeln, Schlosskartoffeln
Aal (anguille)	in Stücken	vom Rost (gegrillt)	Zitronenstücke, Majonäseableitung	Petersilienkartoffeln, Gurkensalat
		Orly (in Bierteig fritiert)	Zitronenstücke, gebackenen Petersilie, Tomatensoße	Salatplatte
③ **Forelle** (truite)	ganz	blau (pochiert)	Zitronenecke, zerlassene Butter	Dampfkartoffeln
	Klößchen	in Kressesoße	Kressezweig, Krebsschwanz, -nase	Reis, Kartoffeln oder Nudeln
Zander (sandre)	ganz oder Filets	in Mandeln (gebraten)	gehobelte Mandeln, gebräunte Butter, Zitronenecke	gedämpfte Kartoffeln
Karpfen (carpe)	halbiert	auf polnische Art (gedünstet) in Bier oder Rotwein	Fond mit Schwarzbrot binden, Sultaninen und Mandeln	Salzkartoffeln
Hecht (brochet)	Klößchen	Nantua (pochiert)	Krebssoße, Krebsschwänze, Trüffelscheiben	Nudel oder Reis

1. Garnituren, Beilagen und Anrichteweisen von Fischgerichten (① Salzwasserfische; ② sowohl in Salz- als auch in Süßwasser lebende Fische; ③ Süßwasserfische)

Scampischwänze in Cognacsoße

Zutaten für 4 Portionen

- 16 bis 24 Scampischwänze
- 20 g Öl
- 2 Esslöffel Schalottenwürfel
- 0,1 l trockener Weißwein
- 0,1 l Sahne
- 100 g Tomatenfleischwürfel
- 2 cl Cognac
- Salz, Zitronensaft, Paprikapulver, wenig geriebener Knoblauch
- zum Mehlieren: 20 g Mehl

Arbeitsgänge

▷ Scampischwänze schälen und den Darm entfernen
▷ würzen und durchziehen lassen
▷ in Mehl wenden und gut abklopfen
▷ in heißem Öl anbraten
▷ Schalottenwürfel zugeben und anschwitzen
▷ mit Cognac flambieren
▷ mit Wein und Sahne auffüllen und die Scampischwänze kurze Zeit gar ziehen lassen (nicht kochen)
▷ Scampischwänze auf einen Teller legen und warm stellen
▷ Garflüssigkeit bis zur gewünschten Soßenmenge einkochen
▷ das Tomatenfleisch zugeben, erhitzen und die Soße abschmecken
▷ Scampischwänze anrichten und mit der Soße übergießen

Krustentiere	Gerichte und Anrichteweisen	Zubereitung	Beilagen
Hummer (homard) **Languste** (langouste)	als Ragoutbestandteil meist in die Kruste gefüllt und gratiniert	in gewürztem Sud gekocht oder gedünstet	Weißbrot
Flusskrebs (écrevisse)	als Ragoutbestandteil in vielfältiger Form verarbeitet und angerichtet in Dillsoße im Reisrand im Sud in der Terrine (Schüssel)	gedünstet oder im gewürzten Sud gekocht	Weißbrot Reis
Scampi (langustines) **Garnelen** (crevettes)	als Ragoutbestandteil in der Kruste paniert (mit Majonäseableitung)	gedünstet oder gebraten fritiert	Reis Nudeln Weißbrot

1. Gerichte von Krustentieren

Rohstoffe	Gerichte und Anrichteweisen	Zubereitung	Beilagen
Schalentiere ***Austern*** (huîtres)	als Ragoutbestandteil oder in der Schale mit passender Soße überbacken	in eigener Flüssigkeit kurz und wenig erhitzt; zur Fertigstellung überbacken	Weißbrot
Jacobsmuscheln (coquilles Saint-Jacques)	als Ragout in Muschelschalen angerichtet paniert (mit Majonäseableitung)	überbacken, gebraten oder fritiert	Weißbrot
Mies- oder Pfahlmuscheln (moules)	als Ragoutbestandteil oder im Sud in der Terrine	gedünstet	Reis, Brot
Weichtiere ***Tintenfische*** (calmars)	in Streifen geschnitten, gewürzt und paniert, auf Platte mit Manschette angerichtet, Tomatensoße	gebraten oder fritiert	fritierte Petersilie Zitronenecke
Weinbergschnecken (escargots)	im Häuschen mit Schneckenbutter im Näpfchen	vorgekocht, in Butter, Soße oder Wein erhitzt	Weißbrot

2. Gerichte von Schalen- und Weichtieren

Überbackene Jakobsmuscheln (Coquilles Saint-Jacques gratinées)

Zutaten für 4 Vorspeisenportionen

300 g Fleisch von Jakobsmuscheln mit Corail (rötlicher Rogen)
Salz, Zitronensaft
20 g Butter
1 Esslöffel Schalottenwürfel
1 kleiner, geschälter Apfel
1 Messerspitze Currypulver
0,1 l Sahne
1/8 l Fisch-Weißwein-Soße
4 Esslöffel Holländische Soße
Beigabe: Toast

Arbeitsgänge

▷ Corail vom Muschelfleisch abschneiden, würzen und kühl stellen
▷ das Muschelfleisch in Scheiben schneiden und würzen
▷ Schalotten in Butter anschwitzen, das Muschelfleisch darin erhitzen
▷ den Apfel ausstechen
▷ in 0,5 cm große Würfel schneiden
▷ Apfelwürfel in Butter anschwitzen
▷ Currypulver darunter rühren
▷ sofort mit Sahne und Fischsoße auffüllen und aufkochen
▷ Muschelfleisch und Corail zugeben und unter dem Siedepunkt garen
▷ würzig abschmecken
▷ in die Muschelschalen füllen
▷ je einen Esslöffel Holländische Soße darüberziehen und überbacken

3. Garnele

4. Scampo

5. Languste

6. Hummer

7. Miesmuscheln, Weinbergschnecke

8. Jakobsmuschel

9. Austern

Muschelarten
① Jakobsmuschel
② Sandklaffmuschel
③ Felsenaustern
④ Claims,
⑤ Meermandel
⑥ Herzmuscheln
⑦ Miesmuscheln

Flachschalige Austern	Rauschalige Austern
Imperial (Holland)	**Portugaise** (ganze Atlantikküste)
Natives (England)	**Fine claire** (französische Atlantikküste)
Belon (Frankreich)	**Royal** (Sylt)
Limfjord (Dänemark)	

1. Austernarten (Herkunft)

Austern	Zubereitung/Anrichteweise
auf Eis mit Chesterecken	geöffnete Austern mit halber Zitrone und Seetang auf gestoßenem Eis anrichten; Beilage: Chesterecken (wechselnde Lagen von Vollkornbrot und Chester in Ecken geschnitten)
Angel on horseback	Fleisch von großen Austern mit hauchfeinen Speckstreifen umwickeln und auf einem Spieß grillen
Lucca-Auge	dreieckiges Tatarhäppchen mit russischem Kaviar umkränzen, rohes Austernfleisch als Mittelpunkt

2. Austernspeisen

6.2 Krustentiere, Schalen- und Weichtiere

Die wichtigsten in der Gastronomie verwendeten Arten von Krustentieren sind die Tiefseekrebse Hummer, Langusten und Scampi, Garnelen (große: Prawns, Gambas; kleine: Shrimps, Crevetten) und Flusskrebse. Weil das Fleisch von Krustentieren rasch verdirbt, werden sie lebend oder konserviert (meist tiefgekühlt oder pasteurisiert) eingekauft. Lebende Tiere dürfen nur durch Einlegen in kochendes Wasser getötet werden. Krustentierfleisch ist eiweiß-, vitamin-, mineralstoffreich und fettarm.
Schalentiere sind Weichtiere mit kalkhaltigem Gehäuse, z. B. Muscheln, Austern und Schnecken. Von Weichtieren ohne Gehäuse werden vor allem Tintenfische und Kraken verwendet. Schnecken werden meist in vorbereitetem Zustand eingekauft, entweder als Konserve – die Häuschen separat verpackt – oder mit einer Buttermischung in Häuschen gefüllt und tiefgefroren. Austern werden von der Gastronomie ausschließlich aus Austernzuchten bezogen. Sie sind das ganze Jahr über im Angebot, sind jedoch während der Laichzeit, die in den Sommermonaten liegt, nicht sehr wohlschmeckend. Austern werden in erster Linie roh serviert. Für warme Gerichte werden noch lebende Muscheln, Austern und Schnecken gegart und in Soße oder im Sud, Schnecken oft in einer Buttermischung, angerichtet. Junge Tintenfische bereitet man gebraten, gefüllt und geschmort oder paniert und fritiert zu.

1. Welche Einteilung von Fischen kennen Sie? Geben Sie die Einteilungskriterien an.
2. Welche Beilagen passen zu gebratenem Fisch?

Garzustand	Bezeichnung deutsch	Bezeichnung französisch	Bezeichnung englisch
außen gegart, Kern roh	Kern: 45 °C blau	bleu	raw
innen rosa, Kern rot	Kern: 48 °C – 55 °C blutig	saignant	rare bzw. underdone
innen durchgehend rosa	Kern: 58 °C – 63 °C rosa	à point	medium
innen durchgehend grau, aber saftig	Kern: 75 °C – 85 °C durchgegart	bien cuit	well done

3. Garpunkte von Fleisch/Bezeichnungen

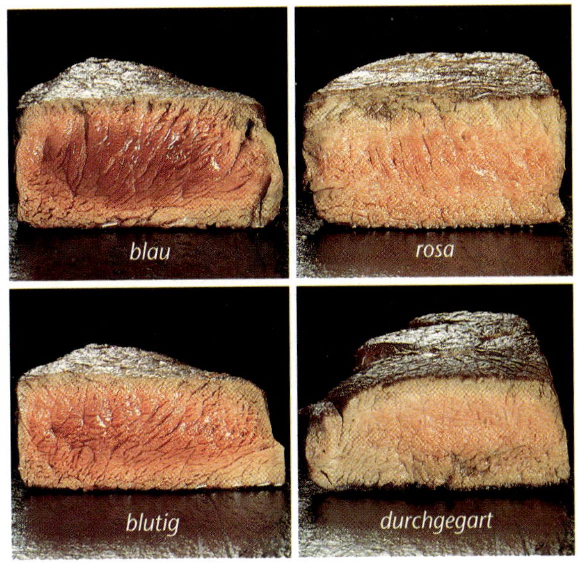

4. Garpunkte beim Filetsteak

7 Hauptgerichte von Schlachtfleisch

Aufgrund seiner Nährstoffzusammensetzung, dem hohen Anteil an hochwertigem Eiweiß, dem Gehalt an wichtigen Vitaminen und Mineralstoffen sowie dem erkennbaren Fettanteil und seinem kräftigen, arttypischen Geschmack ist Fleisch sehr geschätzt. Mit Soße, Garnitur, kohlenhydrathaltiger Sättigungsbeilage und Salat- oder Gemüsebeilage mit ergänzenden Vitaminen und Mineralstoffen und wichtigen Ballaststoffen, bildet Fleisch oft den Mittelpunkt eines Menüs.

Unter **Schlachtfleisch** versteht man die Skelettmuskulatur der Schlachttiere (Rind, Kalb, Schwein, Schaf und Pferd). Zur Herstellung von Speisen werden außerdem Leber, Nieren, Herz, Zunge, Bries (Wachstumsdrüse), Kutteln (Magenwand), Hirn, das Blut und die Knochen (für Brühen, Soßen) verwendet.
Die **Fleischqualität** ist abhängig von Tierart, Rasse, Geschlecht, Alter, Fütterung und Haltung (Weide oder Stall). Aber auch Verfahrens- und Hygienefehler vor, während und nach dem Schlachten können die Fleischqualität beeinflussen. Für Geschmack und Zartheit des Fleisches ist die Fleischreifung entscheidend. Fleisch ist ein teurer Rohstoff, der sachgemäß bearbeitet und zubereitet werden muss.
Jedes Fleischteil hat bestimmte Eigenschaften wie
- einen mehr oder weniger hohen Bindegewebsanteil,
- einen mehr oder weniger hohen Fettanteil und
- eine unterschiedliche Art der Fettverteilung im Fleisch.

Daraus ergibt sich die optimale Zubereitungsart für ein bestimmtes Stück.

Garnituren für Fleischgerichte
Garnituren sind ergänzende Speiseteile, deren Zusammensetzung sich im Lauf der Zeit herausgebildet hat und die in Fachbüchern und Küchenlexika festgeschrieben wurden. Ständig werden neue Garnituren für Speisen aus allen erdenklichen Rohstoffen entwickelt, von denen ein Teil ebenfalls Anklang findet und Allgemeingut wird.
Durch eine Garniturbezeichnung werden bei einer Speise die Garmethode, die Beigaben (teilweise auch die Beilagen) und die Soße festgelegt. Bestimmte Garnituren passen nur zu bestimmten Rohstoffen, die auf festgelegte Weise zubereitet wurden.
Die Garniturbestandteile sollen die Speise optisch und geschmacklich vervollständigen. Wichtigstes Kriterium für eine Kombination bleibt jedoch die geschmackliche Harmonie mit der Speise. Häufig gebrauchte Rohstoffe für Garnituren:
- Gemüse aller Art, vielfältig geschnitten, geformt und gegart sowie Edelpilze,
- Innereien wie Bries, Niere und Zunge,
- Eier, Kräuter, Früchte.

Garpunkte von Fleisch
Zartes Fleisch von Rind und Schaf sowie Leber und Nieren müssen nicht solange gegart werden, bis im Innern die rote Fleischfarbe durch die Hitze in Grau umschlägt. Der Kern kann mehr oder weniger rot bleiben.
Dadurch kommt der typische Fleischgeschmack noch intensiver zur Geltung und das Stück ist sehr saftig. Helle Fleischsorten und bindegewebsreiches Fleisch werden grundsätzlich durchgegart.

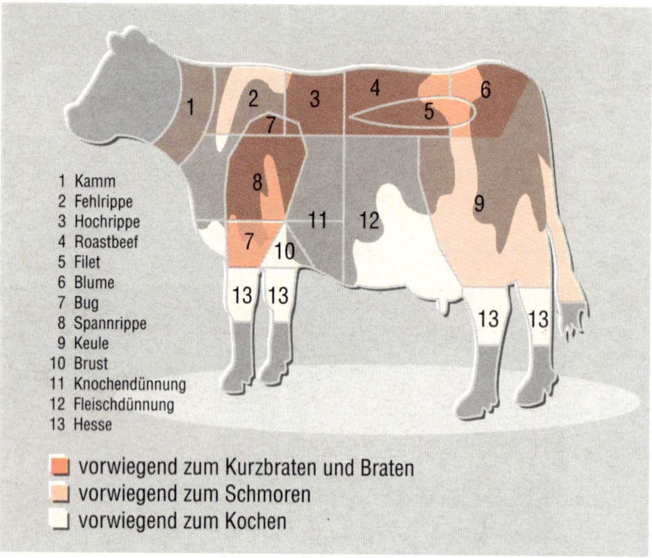

1. **Qualitätsstufen und Benennung der Fleischteile beim Rind**

Teilstück	Kurzbraten/ Braten	Schmoren	Kochen
Filet	***		
Roastbeef	***		
Fleischdünnung			***
Knochendünnung			*
Brust (ganz)		*	***
Hochrippe	***	**	*
Spannrippe		*	***
Fehlrippe	*	**	***
Keule:			
Hinterhesse		**	***
Schwanzstück		***	***
Oberschale		***	
Kugel		***	
Blume (Hüfte)	*	***	
Bug:			
Vorderhesse		*	***
Falsches Filet		***	
Schaufelstück		**	*
Dickes Bugstück		***	*
Kamm		**	**

* möglich ** gut möglich *** sehr gut möglich

7.1 Hauptgerichte von Rindfleisch

Rindfleisch wird je nach Teilstück und Zuschnitt als Braten, oder Steak sowie geschmort, gekocht oder sautiert serviert. Auch die Innereien wie Leber, Nieren, Herz, Hirn, Bries, Zunge und Kutteln finden in vielerlei Zubereitungen ihren Platz auf der Speisekarte. Rinderbrühe bildet die Basis vieler Suppen. Gehacktes Rindfleisch wird zu Frikadellen, Hacksteaks, Hackbraten oder Hamburgern verarbeitet.

Geschmorte Gerichte aus Rindfleisch

Geschmort wird vor allem das bindegewebsreiche und mit Sehnen durchzogene Fleisch aus Keule und Bug. Es muss in feuchter Hitze garen um genügend Flüssigkeit zur Lockerung und Quellung aufzunehmen. Beim Schmoren wird das Fleisch meist angebraten und in Soße, Wein oder Fond oder Mischungen daraus fertig gestellt.
Bekannte Schmorgerichte sind:

- Schmorbraten (boeuf braisé), auch als Spickbraten;
- Sauerbraten, der durch Einlegen in saure Flüssigkeit (meist Essig, Wein, Mirepoix und Gewürze) geschmacklich beeinflusst und dessen Bindegewebe dadurch gelockert wurde;
- Gulasch (goulash), bei dessen Herstellung Fleischwürfel zusammen mit Zwiebeln in Fett angeschwitzt, gewürzt und in wenig Flüssigkeit gegart werden;
- Ragout: angebratene, in Soße geschmorte Fleischwürfel (Ochsenschwanzragout wird mit Knochen zubereitet);
- Rouladen (paupiettes de boeuf): Fleischscheiben mit würziger Füllung, gerollt und geschmort;
- Rostbraten, die teilweise geschmort und mit passender Garnitur angerichtet werden;
- Schmorsteak, aus der Keule geschnitten.

Bei Schmorgerichten wird eine kräftige Soße erzeugt, die eine Beilage aus Kartoffeln (gekochte Kartoffeln, Kartoffelpüree, Klöße), Semmelknödeln, Teigwaren oder Reis ermöglichen. Gemüse oder Salate mit intensivem Geschmack wie Rotkraut, Rosenkohl, grüne Bohnen, Schikoree oder Feldsalat passen dazu.

Gekochte Rindfleischgerichte

Beliebte Fleischstücke zum Kochen sind die Rinderbrust (poitrine de boeuf), der Tafelspitz (ein Stück aus der Keule), die Hesse und Teile des Bugs. Sie werden in kochendes Wasser gelegt und mit Bouquet garni und Gewürzen gekocht. Beim Anrichten kann man die Fleischscheiben mit in Brühe gedünsteten Gemüsen wie Möhren, Sellerie, Lauch und Weißkohl umlegen. Salz- oder Bouillonkartoffeln eignen sich als Sättigungsbeilage.
Als pikante kalte Beilagen sind Preiselbeeren, Essiggurken oder Rote Bete, als Soße Meerrettich- oder Kräutersoße gebräuchlich, als Salatbeilage Rettich-, Gurken-, Sellerie- oder Bohnensalat.

1. Welche Garverfahren können bei Rindfleisch angewendet werden?
2. Nennen Sie vier Rindfleischspeisen, die in der Pfanne gebraten werden.
3. Erklären Sie den Unterschied zwischen einem Porterhouse-Steak und einem Rinderkotelett.

Filetspitzen/Filetgulasch Stroganow

Zutaten für 1 Portion
160 g Rinderfiletstreifen
10 g Öl oder Bratfett
Salz, Pfeffer
10 g Butter
1 Esslöffel Zwiebelwürfel
20 g gegarte, geschnittene Steinpilze
10 g Gewürzgurkenstreifen
1/2 Kaffeetasse Burgundersoße
2 Esslöffel saurer Rahm (30 % Fetthalt)

Arbeitsgänge

▷ Sauteuse (Stielkasserole) erhitzen
▷ in heißem Öl die Filetstreifen auf allen Seiten rasch anbraten (innen sollen die Streifen noch rosa sein)
▷ salzen und pfeffern und durchschwenken
▷ die Filetstreifen auf einen Teller schütten
▷ Butter in die Sauteuse geben und die Zwiebelwürfel darin anschwitzen
▷ Pilze, Gurkenstreifen, Soße und 1 Esslöffel Rahm dazugeben und aufkochen; abschmecken
▷ die Sauteuse vom Feuer nehmen, das Fleisch darin erhitzen, aber nicht mehr aufkochen lassen
▷ den Filetgulasch anrichten und mit einem Esslöffel Rahm garnieren

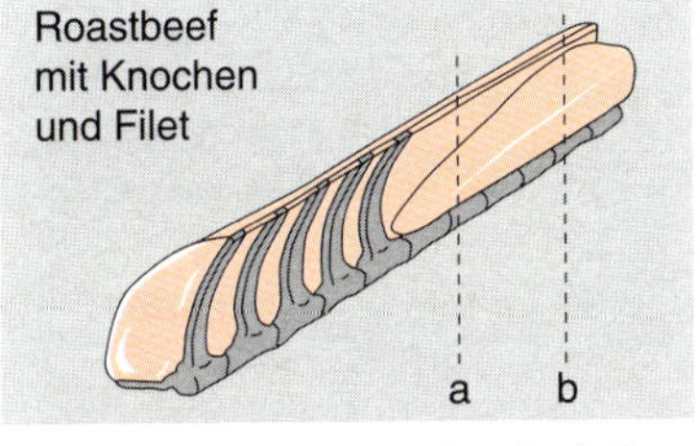

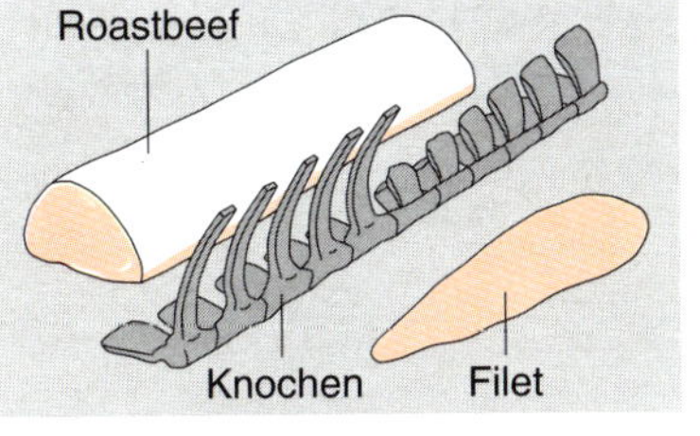

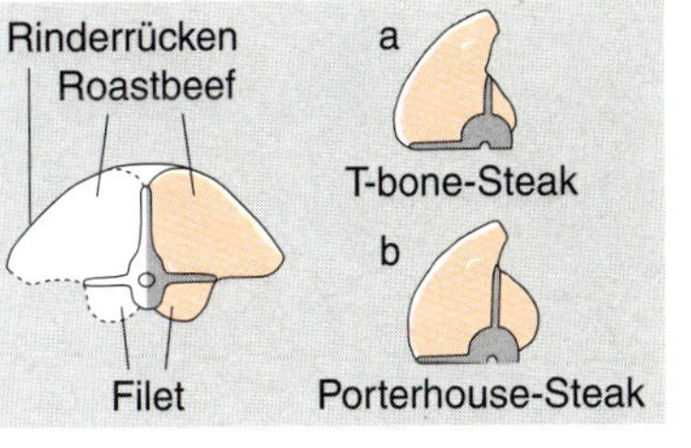

2. **Aufteilung von Roastbeef mit Knochen und Filets (aloyau de bœuf)**

Zubereitung	Garnituren, Soßen, Beilagen
Hochrippe (hohes Roastbeef) mit Knochen, am Stück gebraten **Roastbeef** ohne Knochen (Contrefilet), gebraten	• **englische Art:** Yorkshire-Pudding und Bratenjus, gekochte Gemüse und Kartoffeln • **Bristol:** grüne Bohnenkerne mit Velouté gebunden, kugelförmige Reiskroketten, Pariser Kartoffeln • **andalusische Art:** mit Reis gefüllte kleine Paprikaschoten, fritierte Auberginenscheiben und Tomatenfleischwürfel, tomatisierte Demiglace
Roastbeef oder **Hochrippe** kalt angerichtet	• **moderne Art:** mit kaltem, mariniertem Gemüse umlegt, Fleischgeleewürfel; Majonäseableitung
Ganzes Roastbeef mit Knochen und Filet: **Porterhouse-Steak** (großer Filetanteil) – für 2 bis 3 Personen – **T-bone-Steak** (geringer Filetanteil) – für 1 bis 2 Personen –	• **elsässische Art:** gedünstete Weißkohlköpfchen oder Sauerkraut, gebratenen Speckscheiben, Schmelzkartoffeln; Bratenjus oder Demiglace-Ableitungen • **Lyoner Art:** gefüllte, geschmorte Zwiebeln oder glasierte Zwiebelchen, Nusskartoffeln, Bratenjus • **Dubarry:** umlegt mit Blumenkohlröschen, die mit Mornaysoße überbacken wurden; gebundene Kalbsjus; Kartoffelzubereitung
Rinderkotelett (Côte de bœuf) – für 2 bis 3 Personen – (Roastbeef ohne Filet, mit Knochen) **Doppeltes Zwischenrippenstück** (Entrecôte double) – für 2-3 Personen – **Zwischenrippenstück** (Entrecôte /Rumpsteak) – für 1 Person –	• **Tiroler Art:** mit Knoblauch gewürzte, sautierte Tomatenfleischwürfel, gebackene Zwiebelringe, Kartoffeln • **Béarner Art:** Béarner Soße mit Fleischglace beträufelt, Schloss- oder aufgeblähte Kartoffeln • **Choron:** Artischockenböden mit grünen Spargelspitzen oder Erbsen gefüllt; Choronsoße, Nusskartoffeln • **Bordelaiser Art:** mit blanchierten Ochsenmarkscheiben belegt und Bordelaiser Soße überzogen; fritierte Kartoffeln
Rostbraten (aus dem hohen Roastbeef oder der Blume, kurzgebraten oder geschmort) – für 1 Person –	• **Esterhazy-Rostbraten:** geschmort, mit brauner gebundener Rahmsoße und Gemüsestreifen angerichtet; Nudeln oder Reis • **Zwiebel-Rostbraten:** gebraten, mit gebackenen oder gebratenen Zwiebelringen bedeckt • **Westmoreland-Rostbraten:** in Rotwein mit Mixed Pickles, Tomaten und Kapern geschmort und angerichtet

3. **Gebratene und kurzgebratene Gerichte vom Rind**

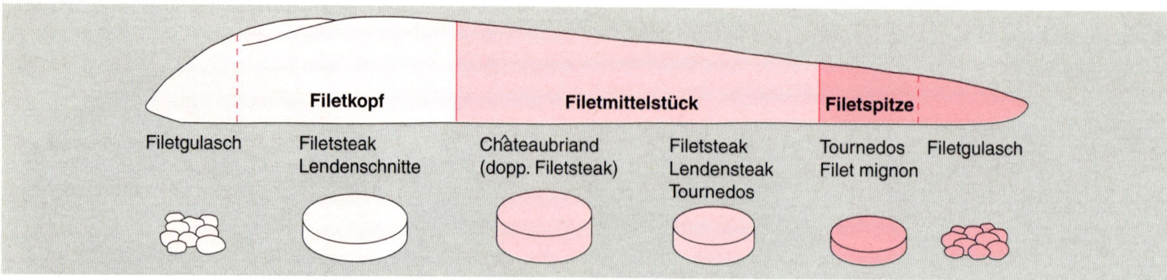

1. Aufteilung des Rinderfilets

Zubereitungen	Garnituren und Soßen	Beilagen
Rinderfilet (Filet de bœuf rôti) am Stück gebraten	**Gärtnerinart:** mit Gemüse umlegt; Bratenjus	Kartoffelzubereitung
angebraten und in Teig im Ofen gebacken	**Wellington:** angebratenes Filet mit Pilzfüllsel und Blätterteig eingehüllt und gebacken; Madeirasoße	Gemüse, Salat, Kartoffelzubereitung
Filetstücke kurz gebraten oder gegrillt	**Haushofmeisterart (à la maître d`hôtel):** mit Kräuterbutter	fritierte Kartoffeln, Salat
Doppeltes Filetsteak (Châteaubriand)	**Richelieu:** gefüllte Tomaten und Champignonköpfe, gedünsteter Kopfsalat; Kalbsjus	Schlosskartoffel
Filetsteak/Lendenschnitte (Tournedos)	**Othello:** mit verlorenem Ei und Trüffelsoße bedeckt; grüne Erbsen	Strohkartoffeln
Filet mignon (2 Stück pro Person)	**Rossini:** mit einer Scheibe gebratener Gänsestopfleber und Trüffel belegt; Madeirasoße mit Trüffelessenz	Kartoffelzubereitung, Gemüse, Salat
klein geschnittene Filetstücke/ Filetgulasch/Filetspitzen (Filet de bœuf sauté)	**Stroganow:** sautiert mit Steinpilzen in Soße mit saurem Rahm, Gewürzgurken	Bratkartoffeln, Salat

2. Rinderfiletgerichte

Fleischteil/Garmethode	Garnituren	Beilagen *(zur Garnitur gehörend)*
Kalbsrücken am Stück gebraten	• **Prinz Orlow:** Zwiebelmus und Trüffelscheiben zwischen den Fleischscheiben, mit Mornaysoße überbacken • **Romanow:** gebundene Steinpilze zwischen den Fleischscheiben, mit einem Gemisch aus Béchamelsoße und Krebsbutter überzogen	• *Spargelspitzen,* sonstige feine Gemüse, fritierte oder im Ofen gegarte Kartoffeln • gedünsteter Fenchel, fritierte oder im Ofen gegarte Kartoffeln, Schloss- oder Pariser Kartoffeln
Kalbsrücken/-keule geschnitten in Medaillons Steaks, Koteletts, Schnitzel, naturell kurzgebraten	• **au four:** mit Ragout fin, geriebenem Käse und Butterflocken überbacken • **Holstein:** mit Spiegelei belegt und mit Kapern bestreut, umlegt mit Sardellen-, Sardinen- und Räucherlachs-Canapés • **auf ungarische Art:** mit Paprikasoße überzogen und mit dünnen Zitronenscheiben belegt	• feine Gemüse, fritierte oder im Ofen gegarte Kartoffeln • *Bratkartoffeln, Scheiben von Pfeffergurken und Roten Beten* • Nudeln oder Spätzle, Salate
paniert kurzgebraten	• **Wiener Art:** in Mehl, Ei und Panierbrot paniert, mit Zitronenecken und Petersilie garniert • **Cordon bleu:** mit gekochtem Schinken und Schweizer Käse gefüllt und paniert • **Mailänder Art:** in Mehl, Ei und geriebenen Weißbrotkrumen, mit Käse vermischt , paniert • **Piccata nach Mailänder Art:** in einer Mischung aus Ei und Parmesankäse paniert	• Salatplatte oder fritierte/gebratene Kartoffeln, Gemüse/Salat • fritierte oder gebratene Kartoffeln, Salate oder feine Gemüse • *Mailänder Spagetti (Streifen von Schinken, Zunge, Champignon, Trüffel), Tomatensoße* • *Mailänder Spagetti, Tomatensoße*

3. Zubereitungen, Garnituren, Soßen und Beilagen von Kalbfleischgerichten

Kalbsmedaillons auf Prinzessinart

Zutaten für 1 Portion
2 Kalbsmedaillons à 80 g
Salz, Pfeffer
10 g Bratfett
Mehl zum Mehlieren
10 g Butter
6 – 10 Spargelspitzen
2 Esslöffel Holländische Soße

Arbeitsgänge

▷ in einer kleinen Pfanne Fett erhitzen
▷ Medaillons salzen und pfeffern
▷ in Mehl wenden und abklopfen
▷ auf beiden Seiten braun anbraten
▷ das Bratfett abgießen und durch Butter ersetzen
▷ bei kleiner Flamme fertig braten
▷ die Medaillons anrichten
▷ mit den erhitzten Spargelspitzen belegen
▷ mit Holländischer Soße überziehen
▷ im Salamander bei starker Oberhitze überbacken
▷ mit tournierten Gemüsen und einer Kartoffelspirale umlegen

7.2 Hauptgerichte von Kalbfleisch

Kalbfleisch ist wesentlich heller und zarter, aber auch geschmacksärmer als Rindfleisch. Die Aufteilung des Kalbes in Fleischteile ist der beim Rind sehr ähnlich, jedoch mit teilweise anderen Bezeichnungen. Fast alle Stücke vom Kalb lassen sich im Ofen braten. Zum Kurzbraten, Grillen und Sautieren kommen Rückenfleisch, Filet und Keule in Frage.
Der ganze **Kalbsrücken** (selle de veau) kann am Stück gebraten und serviert werden. Dazu wird das gebratene Fleisch vom Knochen gelöst, in Scheiben geschnitten und zur ursprünglichen Form wieder auf die Knochen gesetzt. Aus dem längs halbierten Kalbsrücken lassen sich vor allem Kurzbratstücke wie Kalbskotelett, Kalbsrückensteak und aus dem Filet Kalbsmedaillons schneiden.
Die **Kalbskeule** wird in vier Teile zerlegt: Kalbsnuss, -oberschale und -fricandeau, aus denen sich Schnitzeln, Steaks und saftige Braten herstellen lassen, sowie die Kalbshachse, die sich zum Braten oder Schmoren eignet.
Im Ofen gebraten wird auch die **Kalbsbrust** (poitrine de veau) und der **Kalbsbug** (épaule de veau).

Zu gekochten Kalbfleischgerichten zählen:

- **das Blankett** (blanquette de veau), bei dem Fleischwürfel (Bug, Hals, Brust) gekocht und in weißer Soße, aus der Brühe zubereitet, angerichtet werden,
- **das Frikassee** (frikassée de veau), bei dem Fleischwürfel in Butter angeschwitzt, mit Mehl bestäubt, mit Brühe aufgegossen und in der Soße gegart werden.

Zu beiden Gerichten passen Pilze, Spargel, Krebsschwänze, Kalbfleischklößchen, als Beilagen Nudeln oder Reis.

Zum Schmoren werden die gewürzten Fleischstücke angebraten und in Soße oder Fond bei geringer Hitze gegart. Für Kalbsragout (sauté de veau) eignen sich Fleischwürfel aus Bug und Hals, für die italienische Spezialität „Osso bucco" Scheiben aus der Kalbshachse (jarret de veau), die geschmort werden.
Aus den zartesten, klein geschnittenen Kalbfleischstücken kann man sautierte Gerichte (emince de veau) zubereiten, etwa geschnetzeltes Kalbfleisch auf Züricher Art oder Kalbsfiletstreifen mit Steinpilzen.
Aus gehacktem Kalbfleisch stellt man Farcen für Klößchen, Pasteten und Terrinen her.

Bekannte Gerichte vom **Kalbskopf:**

- Kalbskopf (tête de veau): in Brühe gekocht und auf Schildkrötenart (en tortue) mit Schildkrötensoße (Demiglace mit Madeira und Schildkrötenkräutern gewürzt) und Klößchen, Oliven, Gewürzgurke, Champignons, Trüffelscheiben, herzförmig geschnittenen Croûtons und Scheiben von Kalbshirn und -zunge sowie einem gebackenen Ei garniert.
- Kalbskopf Vinaigrette: in der Brühe angerichtet und mit Vinaigrette-Soße serviert.
- Kalbskopf gebacken (frite): paniert, fritiert, mit einer Majonäse-Ableitung, gebackener Petersilie und Zitrone angerichtet.

1. Nennen Sie drei Teile der Kalbskeule und geben Sie deren Verwendung an.
2. Worin unterscheidet sich ein Kalbsmedaillon vom Kalbskotelett?

Lammragout
(Navarin d'agneau)

Zutaten für 4 Portionen

1 kg Lammfleisch von Bug oder Hals
50 g Bratfett
20 g Tomatenmark
40 g Mehl
1 l Brühe
1/8 l Wein
Salz, Pfeffer, Majoran, Thymian, Knoblauch, Lorbeerblatt, Gewürznelke
150 g ausgebohrte Karotten
150 g ausgebohrte weiße Rübchen
150 g kleine Zwiebeln
100 g grüne gegarte Bohnenkerne

Arbeitsgänge

▷ Fleischwürfel schneiden und würzen
▷ in Mehl wenden und gut abklopfen
▷ in heißem Fett anbraten
▷ Tomatenmark zugeben und anbraten
▷ mit einer halben Tasse Wasser ablöschen und einkochen lassen
▷ nochmals anbraten
▷ das Mehl einrühren und anschwitzen
▷ mit Brühe aufgießen, glattrühren, mit den Gewürzen ca. 60 Minuten zugedeckt bei kleiner Hitze schmoren
▷ Fleisch mit einer Fleischgabel in einen anderen Topf stechen
▷ die Soße auf das Fleisch passieren und mit den Gemüsen nochmals 20 Minuten schmoren (oder die Gemüse separat garen und über das angerichtet Fleisch geben)
▷ abschmecken und anrichten

7. 3 Hauptgerichte von Schaffleisch

Schaffleisch ist je nach Alter und Fütterung von sehr unterschiedlicher Qualität in Bezug auf Farbe, Geschmack, Konsistenz, Fettgehalt und Fettverteilung:

- Milchlammfleisch (Agneau de lait) ist hellrosa und stammt von Tieren, die bis zu einem halben Jahr alt sind.
- Mastlamm (Agneau) hat rotes Fleisch; die Tiere sind beim Schlachten zwischen 6 und 12 Monate alt.
- Hammelfleisch (Mouton) ist das Fleisch männlicher und weiblicher Tiere im Alter von 1 bis 2 Jahren. Es ist dunkelrot. Das Fleisch älterer Tiere findet aufgrund seines intensiven Geruchs und Geschmacks selten zur Speisenherstellung Verwendung.

Milchlammfleisch (besonders zu Ostern verzehrt) wird stets durchgegart. Gerichte von Mastlamm und Hammelfleisch sind würzig und kräftig im Geschmack. Die mageren Teile sind gut verdaulich. Gebratene, kurzgebratene und gegrillte Fleischstücke werden meist rosa gegart und sind sehr aromatisch. Durch Würzzugaben wie Rosmarin, Thymian, Basilikum und Knoblauch wird das Aroma noch verstärkt.

Die Einteilung der Fleischstücke ist mit der des Rindes vergleichbar. Die Innereien wie Leber, Zunge, Nieren und Hirn können auf vielerlei Art zubereitet werden. Weil Lammfett bereits bei etwa 45 °C erstarrt, müssen Lammfleischgerichte möglichst heiß auf vorgewärmtem Geschirr angerichtet und rasch serviert werden.

Gekochte und gedünstete Lammfleischgerichte
Zum Kochen und Dünsten verwendet man Keule und Bug, die auch gegrillt zubereitet werden. Man kocht sie in gewürztem Wasser (Lorbeerblatt, Gewürznelke, Knoblauch, Salz, Zwiebel) oder dünstet sie in Brühe und Wein und stellt aus dem Fond eine Soße her, in der man die Fleischscheiben serviert. Die Soße kann mit Kapern oder Curry variiert werden.

Blankett von Lammfleisch
Gekochte Lammfleischwürfel werden in weißer Soße angerichtet. Die aus der Brühe hergestellte Soße wird mit Eigelb und Sahne legiert. Neben Reis kommen auch Nudeln als Beilage in Betracht.

Curry von Lammfleisch
Gewürzte Fleischwürfel werden zusammen mit Äpfeln und Zwiebeln in Öl oder Butter angeschwitzt und leicht gebräunt, mit Mehl und Currypulver bestäubt, mit Brühe aufgegossen und gegart. Nach Entnahme des Fleisches wird die Soße abgeseiht und mit Mangochutney und Sahne vollendet. Häufig wird durch Zugabe von pürierten Mandeln oder Kokosmilch der Geschmack variiert. Man kann mit gebratenen Bananen garnieren und Mangochutney dazu reichen. Beilage: gekochter Reis.

Lammtopf auf irische Art (Irish Stew)
Lammfleischwürfel werden mit Zwiebel- und Lauchstreifen, blanchiertem und in Stücke geschnittenem Weißkraut und Kartoffelwürfeln angesetzt. Mit einem Gewürzbeutel versehen, mit Lammbrühe bedeckt und zugedeckt gegart.

Fleischstücke	Garnituren, Soßen und Beilagen
Im Ganzen am Spieß oder im Ofen gebraten	**Belle-Alliance:** mit gefüllten Tomaten, gedünstetem Kopfsalat und Kartoffelkroketten garniert; leicht gebundene Jus
Rücken (Selle)	**auf Herzoginart:** garniert mit Herzoginkartoffeln; Madeirasoße
Sattel, Teil des Rückens mit kurzen Rippenknochen **Karree** (Carré) **Filet** (Filet mignon)	**auf Nizzaer Art:** umlegt mit Prinzessbohnen, Schlosskartoffeln und Tomatenfleischwürfeln mit Knoblauch und Estragon; Jus
Keule (Gignot)	**Roast Leg of Lamb mit Mint Sauce (englisch):** den Bratensatz mit Mintsoße verkocht; Röstkartoffeln
Lammschulter (Epaule d´agneau)	**auf bretonische Art:** mit weißen Bohnenkernen und tomatierter Jus
Lammbrust (Poitrine d´agneau)	**gefüllt:** mit Kalbsfarce gefüllt, mit Spinat, gedünsteten Gurken, Brokkoli und Prinzessbohnen umlegt; Jus
kurzgebratene und gegrillte **Fleischscheiben**	**Braganzer Art:** mit Béarner Soße gefüllte Tomate, gedünstetem Fenchel, fritierten Kartoffeln; reduzierte Jus
Kotelett (Côtelette)	**auf Schäferart:** mit gebratenen Speckscheiben, Morcheln und Strohkartoffeln umlegt
Chops, eine Scheibe quer über den Sattel mit Knochen und Filets	**Saint-James:** gefüllte Champignons und Tomatenreis, Madeirasoße mit Trüffelstreifen
Nüsschen (Noisette)	**auf sizilianische Art:** angerichtet mit Nudeln, die mit Geflügellebermus und Parmesankäse vollendet wurden
Schnitzel (Escalope)	**paniert** oder **naturell** gebraten, mit Gemüse und Kartoffeln angerichtet; Jus

1. Gebratene, kurzgebratene oder gegrillte Schaffleischgerichte

Geschmorte Lammfleischgerichte

Keule und Bug sind bevorzugte Stücke zum Schmoren. Sie werden im Ofen von allen Seiten angebraten, mit Brühe angegossen und zugedeckt zusammen mit Gewürzen und Röstgemüse gegart.

Bekannt für geschmortes Lammfleisch ist die Garnitur Bäckerinart, bei der Zwiebelstreifen und Kartoffelstreifen mitgeschmort und als Sockel unter den Fleischscheiben angerichtet werden. Als weitere Beilage kann gedämpftes oder gedünstetes Gemüse gereicht werden.

Reisgerichte mit Lammfleisch (Pilaw d'agneau, Pilaw de mouton)

Halbgar gedünsteten Fleischwürfeln wird roher Reis zugesetzt und mit Brühe soweit aufgegossen, dass der Reis quellen kann.

Je nach Rezeptur sind dem ursprünglich orientalischen Gericht Gemüse (Auberginen, Tomaten, Paprika- oder Okraschoten) und Gewürze (Knoblauch, Safran, Curry, Ingwer oder Zimt) zuzusetzen. Im Ofen wird die Speise zugedeckt gar gedünstet.

Lammragout (Navarin)

Fleischwürfel aus Bug, Hals und Brust sind für Ragout geeignet.

Sie werden angebraten und in einer Soße aus Brühe, Zwiebeln, Tomatenmark und Mehl mit Gewürzen geschmort. Vervollständigt wird mit Bohnenkernen oder mit kleinen gebratenen Zwiebeln und formschön geschnittenen Wurzelgemüsen (Rübchen, Karotten, Sellerie) sowie Kartoffeln.

Hammelbohnenfleisch (Haricot de mounton)

Große Würfel von Bug und Hals sowie grüne Bohnen und Kartoffeln bilden die Hauptbestandteile des Gerichts. Sie werden auf angeschwitzte Zwiebelstreifen schichtweise in einen flachen Topf gelegt, kräftig gewürzt und in Fleischbrühe zugedeckt gegart. Frisches Bohnenkraut ist das typische Würzkraut.

Die Kombination Hammelfleisch und Bohnen ist allgemein üblich.

1. Worin unterscheiden sich Milchlamm und Mastlamm? Zu welchen Jahreszeiten werden sie bevorzugt angeboten?
2. Nennen Sie vier Lammfleischgerichte, die durch Kochen zubereitet werden. Welche Beilagen und Beigaben können Sie zu diesen Gerichten empfehlen?
3. Zählen Sie vier Gewürze auf, mit denen Lammgerichte üblicherweise gewürzt werden.
4. Welche Teile vom Lamm eignen sich zum Braten in der Pfanne? Nennen Sie drei Gerichte.
5. Welche Soßen passen zu Lammkoteletts vom Rost?
6. Warum sollen Lammfleischgerichte besonders heiß serviert werden?
7. Erläutern Sie die Begriffe Chops, Nüsschen und Sattel.
8. Welche Fleischteile sind für die Schmorgerichte vom Lamm geeignet?
9. Wie wird ein Blankett vom Lammfleisch zubereitet?
10. Welche Gemüsearten werden zu Lammgerichten serviert? Nennen Sie fünf Beispiele.
11. Zu welchen Jahreszeiten werden Gerichte von Schaffleisch bevorzugt?

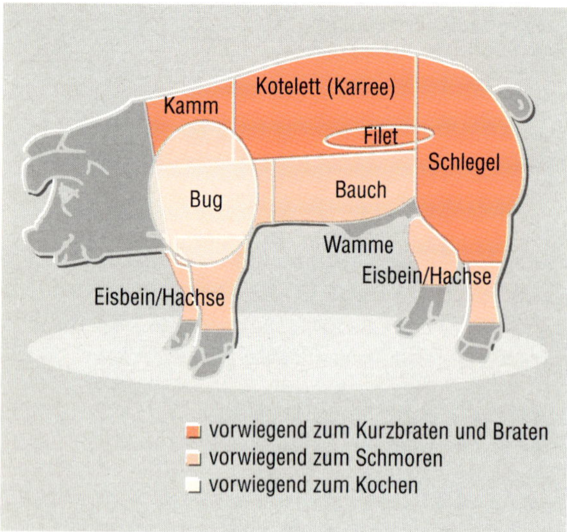

1. **Qualitätsstufen und Benennung der Fleischteile beim Schwein**

Schweinemedaillon Carapulka

Zutaten für 4 Portionen

800 g Schweinefilet, Salz, gemahlener Pfeffer,
1 Esslöffel Mehl, 40 g Öl, 1/4 l Currysoße

für die Garnitur:
80 g Schinkenstreifen, 80 g Champignonscheiben,
2 Esslöffel gestiftete, geröstete Mandeln

Arbeitsgänge

▷ 12 Medaillons à 50 g schneiden
▷ leicht auf der Schnittfläche klopfen; sie sollen etwa 2,5 cm hoch sein
▷ salzen, pfeffern, mehlieren und braten
▷ die Currysoße erhitzen und das Fleisch damit überziehen
▷ Schinkenstreifen und Champignonscheiben anbraten und über den Medaillons verteilen
▷ mit Mandelstiften bestreuen

7.4 Hauptgerichte von Schweinefleisch

Die Qualitätseinteilung des Schweinefleisches richtet sich in erster Linie nach dem Fleisch-Fett-Verhältnis und nach der Faserstruktur. Festes, nicht wässriges Fleisch mit verhältnismäßig geringem Fettanteil (leicht mit Fett durchzogen = marmoriert) wird bevorzugt. Aufgrund seines niedrigen Myoglobingehaltes, dem Fleischfarbstoff, ist Schweinefleisch heller als Rind- oder Hammelfleisch.

Im Gegensatz zu Rindfleisch ist Schweinefleisch schon in den ersten Tagen nach der Schlachtung zur Verarbeitung in der Küche geeignet. Schweinefleisch wird stets durchgegart. Ernährungsphysiologisch ist es durch seinen hohen Gehalt an Vitaminen der B_1-Gruppe bedeutsam.

Das Spanferkel wird mit einem Lebensalter von etwa 5 Wochen geschlachtet, hat helles und sehr zartes Fleisch und wird meist gebraten (cochon de lait).

Alle Teile des ausgewachsenen Schweines (porc) können zum Braten im Ofen verwendet werden, weil ausschließlich junge Tiere (Schlachtalter 6 bis 8 Monate) für die Küche eingekauft werden, bei denen auch die Fleischteile geringerer Qualität wie dem Bug oder Bauch wenig Bindegewebe enthalten und auch weniger mit Fettgewebe durchzogen sind.

Schweinebraten wird jedoch hauptsächlich aus Karree (carré de porc rôtie), Hals (cou) und Schlegel (cuissot) hergestellt und mit Jus angerichtet.

Besonders schmackhaft ist Schweinebraten, wenn er mit dem anhaftenden Fett und der eingeritzten Schwarte gebraten wird und während des Bratvorgangs mit dunklem Bier bestrichen wird.

Für das Fett des Schweines (Speck) gibt es verschiedene Verwendungsmöglichkeiten:

- Fetter Rückenspeck wird zum Spicken (Durchziehen von Fleisch mit dünnen Speckstreifen) und Bardieren (Umwickeln mit dünnen Speckscheiben) benutzt.
- Ausgelassenes Fett (Schmalz) wird zum Braten oder als Brotaufstrich verwendet.
- Fein vermischt mit dem entsprechenden Anteil an Magerfleisch wird es zu Farcen für Würste, Pasteten, Terrinen und Galantinen benötigt.

Die Innereien liefern viele Gerichte. Die Nieren werden meist „sauer" zubereitet, die Leber auch gebraten. Außerdem gibt sie der Leberwurst das typische Aroma. Blut und Schwarten sind wichtige Rohstoffe der Blutwurst.

Gepökelte Schweinefleischgerichte
Häufig wird Schweinefleisch gepökelt. Dazu verwendet man Nitritpökelsalz, das den gesetzlich festgelegten Anteil an Natriumnitrit von 0,4 % bis 0,5 % enthält. Dadurch werden eine hitzestabile Rotfärbung des Fleisches, eine Geschmacksveränderung und eine längere Haltbarkeit erreicht.
Nach dem Pökeln wird das Fleisch in Wasser oder Dampf gegart oder geräuchert, man erhält z. B. gekochten und rohen Schinken (jambon).

Bezeichnung	Garnituren, Beilagen und Soßen
Schmorgerichte: Schweinepfeffer (Civet de porc) Schweineragout (Sauté de porc)	• in einer Soße aus Rotwein und braunem Fond geschmorte Fleischwürfel (vom Bug) mit Blut vollendet; Einlage: Speckstreifen, Perlzwiebeln,Champignons, mit Croûtons umlegt, Nudeln • grobe Fleischwürfel in Öl anbraten, mit Mehl verrühren, mit Weißwein und braunemFond auffüllen und schmoren, Pilze und Teigwaren als Beilage
Kurzgebratene Gerichte: Kotelett (Côte de porc) Schnitzel – aus der Keule – (Escalope) Medaillons vom Schweinefilet (Filet mignon de porc)	• **mit Robert-Soße:** naturell gebraten, mit Robert-Soße und Kartoffelpüree angerichtet • **Westmoreland:** naturell gebraten, nappiert mit Demiglace, vermischt mit gehacktem Essiggemüse, Kapern und Champignons, Dampfkartoffeln • **auf kurländische Art:** in zerlassener Butter und geriebenem Weißbrot paniert, gegrillt und mit glasierten Maronen und Rotkraut garniert; Madeirasoße, Streichholzkartoffeln • **paniert:** mit Mehl, Ei und Brösel und in der Pfanne gebraten, mit Zitrone und Petersilie garniert, Salatplatte • **naturell gebraten:** mit Rotkraut und Kartoffelpüree angerichtet; Jus • **Carmen:** naturell gebraten, auf Paprikagemüse angerichtet; mit Béarner Soße nappiert; Herzoginkartoffeln, • **Armand:** naturell gebraten, mit gedünsteten Apfelscheiben belegt und mit Choron-Soße nappiert; Mandelreis
Sautierte Gerichte: **Geschnetzeltes Schweinefilet** (Filet de porc saute)	• **mit Steinpilzen:** geschnetzelt, sautiert, mit Rotwein abgelöscht und mit Demiglace und Sahne und gedünsteten Steinpilzen vermischt; Nudeln oder Spätzle • **auf Brüsseler Art:** Rosenkohl und gedünsteter Schikoree; Madeirasoße; Schlosskartoffeln

2. Geschmorte, kurzgebratene und sautierte Gerichte vom Schweinfleisch

Durch den mehr oder weniger hohen Salzgehalt ist gepökeltes Schweinefleisch in der warmen Jahreszeit weniger geschätzt als im Winter, weil es Durst verursacht. Bei bestimmten Krankheiten (Bluthochdruck, Nierenleiden) sollten stark gesalzene Speisen gemieden werden.

In der klassischen feinen Küche war nur der gepökelte Schweineschinken in nennenswertem Umfang vertreten.

Folgende Fleischstücke werden häufig gepökelt angeboten:

- **Schlegel** (Keule) für Schinken und Rollschinken
- **Bug** (auch Stücke davon) für Schinken und Rollschinken,
- **Karree** (längs halbierter Rücken) für Rippchen oder zusätzlich geräuchert als Kasseler Rippenspeer,
- **Hals**, auch als Kasseler Hals,
- **Hachse** für Eisbein,
- **Brustrippchen.**

Schinken, Karree und Hals werden in 78 °C heißem Wasser gar gezogen und anschließend in Brotteig gebacken oder im Fond oder mit einer passenden Soße angerichtet. Als Soßen eignen sich Ableitungen der Demiglace mit Weinzusatz (Rotwein, Madeira-, Sherry-, Portwein). Sättigungsbeilagen und Gemüse oder Salate vervollständigen das Gericht.

Gepökeltes Fleisch darf nicht gegrillt werden, da sich gesundheitsschädliche Nitrosamine beim starken Bräunen bilden.

Eisbein und Brustrippchen werden nach dem Garen in Wasser ohne Soße vorwiegend mit Kartoffelpüree und Sauerkraut, Erbspüree, Linsen oder weißen Bohnen angerichtet.
Eine Schlachtplatte wird mit gekochtem Schweinefleisch, Blut-, Leber- und Bratwürsten und als Beilage mit Sauerkraut, Kartoffel- und Erbspüree angerichtet.
Garniertes Sauerkraut ist ähnlich zusammengestellt, umfasst aber auch gepökeltes Fleisch.

Geschmorte, kurzgebratene und sautierte Schweinefleischgerichte

Zum Schmoren eignen sich vor allem Bug, Hals und Brust, die meist als Gulasch, Ragout oder Schweinepfeffer zubereitet werden.
Schmorbraten oder Sauerbraten vom Schwein werden selten angeboten, weil diese Stücke auch ohne Flüssigkeitszugabe beim Garen weich und kaubar werden.
Zum Kurzbraten sind die Teile des Rückens und der Keule geeignet, zum Sautieren in erster Linie das Filet.

1. Aus welchem Grund können alle Schweinefleischteile im Gegensatz zu den Rindfleischstücken im Ofen gebraten werden?
2. Nennen Sie je drei Gerichte aus Schweinefleisch, die gebraten, gekocht bzw. geschmort werden.
3. Welche Beilagen passen zu
   a) Eisbein,
   b) Kotelett,
   c) Geschnetzeltem,
   d) Medaillons?

Cannelloni nach Paduaer Art

Zutaten für 5 Portionen

- 250 g gemischtes Hackfleisch,
- 1/2 fein geschnittene Zwiebel
- 100 g gehackter Spinat
- 2 Esslöffel Öl
- 1 Esslöffel Tomatenmark
- 2 Scheiben Weißbrot, fein gerieben
- 2 Eier
- Salz, Pfeffer, Oregano oder Majoran, Knoblauch, Petersilie
- 12 Nudelteig-Quadrate 10 x 10 cm
- 1/2 l Tomatensoße
- 120 g Mischpilze, mit Butter in Zwiebeln angeschwitzt und gewürzt
- 50 g geschlagene Sahne
- 50 g geriebenen Käse

Arbeitsgänge

▷ Hackfleisch und Zwiebeln in Öl in einer Pfanne scharf anbraten
▷ Tomatenmark, Spinat und Gewürze kurz mitbraten
▷ abkühlen lassen
▷ Eier und geriebenes Weißbrot hinzufügen, vermengen und abschmecken
▷ Teig-Quadrate kochen, nebeneinander legen und die Füllung mit einem Spritzbeutel aufspritzen
▷ zusammenrollen, in eine feuerfeste Form legen und mit den Pilzen bedecken
▷ mit Tomatensoße übergießen und mit geschlagener Sahne und Käse im Ofen bei 200 °C erhitzen und überbacken

Bezeichnung	Zutaten	Garmethoden und Soßen	Beilagen
Hackfleischgerichte: Deutsches Beefsteak	• Hackfleischmasse aus gehacktem Rind- und Schweinefleisch, Eiern, Brot, Zwiebeln, Gewürzen	• zu Steak geformt, in der Pfanne gebraten, Jus oder Ableitung der Demiglace, gebratene Zwiebelringe	• Teigwaren oder Kartoffelgerichte ; Gemüse oder Salate
Hackbraten	• Hackfleischmasse Jus oder Ableitung der Demiglace	• zu einem Laib geformt und im Ofen gebraten,	
Königsberger Klopse	• Hackfleischmasse mit Sahnezusatz und gehackten Sardellen	• zu Kugeln geformt und in Salzwasser gegart; Kapernsoße	• Dampfkartoffeln Kartoffelpüree
Maultaschen	• Hackfleischmasse mit gehacktem Spinat	• in Nudelteig gewickelt, in Fleischbrühe gekocht, Zwiebelschmelze	• Kartoffelsalat Blattsalate
Cannelloni	• Hackfleischmasse aus angebratenem Rind-, Schweine- und Kalbfleisch mit gehacktem Spinat	• vorgekochte Nudelteigstücke (10 x 10 cm) füllen und als Rolle mit Tomatensoße und Käse überbacken	• Blattsalate
Grillgerichte: Gemischter Filetspieß	• Filetstücke von Rind, Kalb, Schwein mit Speck, Pilzen oder Paprikaschoten	• auf Spießchen gesteckt und in Pfanne oder auf Grill gebraten; Paprikasoße, aufgeschlagene Soße oder Buttermischung	• Curry-, Tomaten-, Safranreis, Salate oder Gemüse
Mixed Grill	• meist Lammkotelett und -niere, kleine Filetstücke von Kalb und Rind, Speckscheibe, kleine Grillwürstchen	• auf dem Rost gebraten, Béarner Soße oder Buttermischung	• fein geschnittene Kartoffeln, Prinzessbohnen
Eintopfgericht: Pichelsteiner Fleisch	Rind-, Kalb- und Schweinebugwürfel, Markscheiben, Gemüse und Kartoffelstücke, Gewürze	mit Wasser untergossen, im dicht verschlossenen Topf im Ofen gegart	
Schmorgericht: Straßburger Bäckerofen	Schweinehals, Lammschulter, Speckscheiben,Kartoffelscheiben, Zwiebelstreifen, Wein und Gewürze	im gut verschlossenen Geschirr im Ofen gegart	

1. Gerichte aus dem Fleisch verschiedener Schlachttiere

Leberklöße/Leberknödel
(Quenelles de foie)

Zutaten für 5 Portionen

je 350 g Leber (Rind/Schwein) und durchwachsenes Schweinefleisch, 2 Eier, Salz, Pfeffer, Muskat, Majoran, Knoblauch, etwas geriebene Zitronenschale

in 2 Esslöffel Öl angeschwitzt:
120 g Zwiebelstreifen,
30 g abgezupfte Petersilie

zur Lockerung:
150 g Weißbrot ohne Kruste in Wasser eingeweicht und gut ausgedrückt

zum Garen:
2 l Salzwasser, 1 Zwiebel mit Lorbeerblatt und Gewürznelke gespickt

zum Abschmelzen:
100 g Speckstreifen und 100 g Zwiebelstreifen in 60 g Butter leicht gebräunt

Arbeitsgänge

▷ Leber und Schweinefleisch würzen und mit den angeschwitzten Zutaten durch die feine Scheibe des Fleischwolfes drehen
▷ Weißbrot und Eier zugeben und vermengen; abschmecken
▷ mit einem Esslöffel Klöße/Knödel abstechen und in Salzwasser mit gespickter Zwiebel pochieren
▷ beim Anrichten mit Speck-Zwiebel-Schmelze überziehen

2. Innereien

Zubereitung	Garnituren, Soßen, Beilagen
Leber (foie) in Scheiben, kurz gebraten, kleine Leberstücke am Spieß geschnetzelte Leber	• **nach Berliner Art:** gebratene Apfelscheiben und Zwiebelstreifen; Kalbsjus; Bratkartoffeln oder Kartoffelpüree • **auf amerikanische Art:** mit gebratenen Speckstreifen und gebratenen Tomaten, Bratkartoffeln • **auf Züricher Art:** mit Speckstreifen kombiniert und mit Salbei gewürzt, Reis • **sauer:** mit Zwiebelwürfeln in Butter sautiert, mit Essig und Weißwein abgelöscht und mit Kalbsjus und Demiglace vermischt, Bratkartoffeln
Nieren (rognons), rosa gebraten, gebratene Scheiben geschnetzelt und sautiert	• **auf Hausfrauenart:** mit gebratenen Speckwürfeln und Würfelkartoffeln; Kalbsjus • **auf Baseler Art:** auf gerösteten Weißbrotscheiben mit Speck und gebratener Tomate angerichtet; Teufelsoße • **General Guisan:** mit Weinbrand flambiert, Kalbsrahmsoße, Senf und Morcheln
Kalbsmilch oder -bries (ris de veau), vorgekocht vorgegart, in Scheiben gebraten	• **Julienne:** in Scheiben geschnitten, auf Gemüsestreifen in Sahne angerichtet; Reis oder Kartoffeln • **Baden-Baden:** auf Annakartoffeln angerichtet und mit Champignonköpfen und Spargelspitzen garniert; Madeirasoße
Hirn (cervelle) vorgegart vorgegart, in Scheiben gebraten vorgegart, in Scheiben fritiert	• **mit brauner Butter:** übergossen mit brauner Butter, die mit Essig gesäuert wurde, gehackte Petersilie und Kapern • **auf Zigeunerart:** auf gebratenen Schinkenscheiben angerichtet, mit Zigeunersoße gewürzt, paniert, fritiert, mit gehackter Petersilie und Zitronenstücken garniert; Tiroler Soße und Salat
Herz (cœur)	• **auf bayerische Art:** in weißem Fond mit Wurzelgemüse kochen und darin anrichten, mit Essig leicht säuern • **auf bürgerliche Art:** geschmort und mit gegarten Zwiebeln, Karotten und gebratenen Speckwürfeln angerichtet
Zunge (langue), gekocht gepökelt, gekocht	• **auf italienische Art:** Zungenscheiben mit italienischer Soße bedeckt, Spagetti • **auf Burgunder Art:** Zungenscheiben mit Burgunder Soße bedeckt, Gemüse- und Kartoffelzubereitung
Kutteln, Kaldaunen (tripes)	• **in saurer Soße:** saure Kutteln, vorgekocht, in Streifen geschnitten, mit Zwiebelstreifen in Demiglace gegart, mit Essig gesäuert, Bratkartoffeln • **auf Caener Art:** vorgekocht, in breite Streifen geschnitten, mit Kalbsfüßen, Karotten- und Zwiebelscheiben, Calvados und Apfelwein in einer Steingutschüssel im Ofen gegart

3. Gerichte von Innereien

Qualitätsbezeichnungen der Arten	Lebensalter und Gargewicht	gebräuchlichste Zubereitung und durchschnittliche (Gardauer in Minuten)
Hühner		
Stubenküken oder Küken (poussin)	bis 4 Wochen bis ca. 700 g ≙ 1 Portion	gebraten, gedünstet, Vorspeise oder Zwischengericht (12)
Hähnchen (poulet)	7 bis 10 Wochen 700 – 1600 g ≙ 2 – 4 Portionen	ganz gebraten oder gegrillt (25 – 45) Teile geschmort, gedünstet oder fritiert (8 – 12)
Suppenhuhn (poule)	12 –15 Monate 1500 – 2500 g ≙ 3 – 6 Portionen	gekocht (120 – 200)
Puten		
Babyputer (dindonneau)	2 Wochen 2000 – 5000 g ≙ 6 – 15 Portionen	am Stück gebraten (60 – 120);
Truthahn (dindon) Truthenne (dinde) (bis 5000 g)	3 – 7 Monate 5000 – 7500 g ≙ 15 – 20 Portionen	Brust (30), Ober- und Unterschenkel (45) gebraten, poêliert; Brust: Schnitzel, Steak (6 –10)
Enten		
Frühmastente	etwa 8 Wochen 1500 – 2000 g ≙ 2 – 4 Portionen	gebraten oder gegrillt (40 – 60)
Junge Ente (caneton)	6 – 8 Monate 2000 – 3000 g ≙ 4 Portionen	gebraten oder gegrillt (50 – 70)
Ente (canard)	über 1 Jahr 2000 – 3000 g ≙ 4 Portionen	gebraten oder geschmort (60 – 100)
Gänse		
Frühmastgans (caneton)	3 – 5 Monate 3000 – 4000 g ≙ 4 – 6 Portionen	gebraten (100)
Junge Gans (oison)	etwa 10 Monate 4000 – 6000 g ≙ 6 – 8 Portionen	gebraten (150)
Gans (oie)	über 1 Jahr 5000 – 6500 g ≙ 6 – 8 Portionen	gebraten (180) oder geschmort
Tauben		
Junge Taube (pigeonneau)	bis zu 1 Jahr 200 – 300 g ≙ 1 Portion	gebraten, gegrillt, geröstet (10 – 15)
Taube (pigeon)	über 1 Jahr 200 – 300 g ≙ 1 Portion	geschmort (40); für Suppen
Perlhühner		
Junges Perlhuhn (pintadeau)	bis zu 1 Jahr 1000 – 1400 g ≙ 2 Portionen	gebraten (20 – 30)
Perlhuhn (pintade)	über 1 Jahr 1200 – 1500 g	geschmort (60); für Suppen

1. Qualitätsbezeichnungen und Qualitätsmerkmale

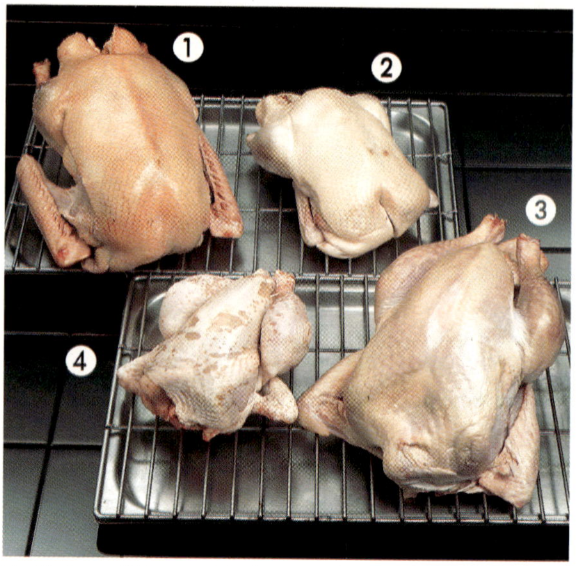

2. ① Gans, ② Ente, ③ Babypute, ④ Hähnchen

8 Hauptgerichte von Geflügel

8.1 Hausgeflügel

Bei Hausgeflügel unterscheidet man Arten mit hellem Fleisch (Hühner und Puten) und mit dunklem Fleisch (Enten und Gänse). Hühner- und Putenfleisch von jungen Tieren ist von zarter Struktur, fettarm, eiweißreich und leicht bekömmlich.
Enten und Gänse sind fettreich. Das Fettgewebe ist jedoch nicht im Fleisch, sondern vor allem zwischen Haut und Fleisch oder in der Bauchhöhle eingelagert. Bei der Zubereitung tritt es zum größten Teil aus. Trotzdem zählen Enten- und Gänsegerichte zu den relativ schwer verdaulichen und energiereichen Speisen.

Zubereitungsarten von Hausgeflügel

Das Grillen am Spieß oder auf dem Rost ist bei ganzem Geflügel üblich. Bei sachgerechter Anwendung werden damit die besten Geschmackswerte erzielt. Speziell konstruierte Geräte verhindern durch die seitlich angebrachte Hitzequelle, dass das abtropfende Fett verbrennt und das Gargut im Geschmacks- und Gesundheitswert beeinträchtigt wird.
Das Braten im Ofen ist für alle jungen Geflügelarten und für Geflügelteile geeignet. Die knusprig gebräunte Haut und das saftig gegarte Fleisch von gebratenem Geflügel wird mit einer Garnitur und einer passenden Beilage serviert. Als Soße wird Geflügeljus gereicht.
Beim Portionieren von ganzem Geflügel ist darauf zu achten, dass jeder Gast je ein Stück Brust und Keule zugeteilt bekommt. Das Portionieren und Tranchieren von Geflügel und Geflügelteilen wird oft im Restaurant durchgeführt.

Barbarie-Entenbrust mit Ananas und Carambola

Zutaten für 4 Portionen

2 Barbarie-Entenbrüste
Salz, Pfeffer
10 g Öl
2 dünne Scheiben frische Ananas
10 g Butter
4 cl trockenen Sherry
1 Tasse Kalbsjus
4 dünne Scheiben Carambola (Sternfrucht)
4/2 rote Kaiserkirschen

Arbeitsgänge

▷ Entenbrüste würzen und in Öl auf jeder Seite 4 Minuten braten. Wegen des kräftigen Geschmacks lässt man die Haut am Brustfleisch, schneidet aber einen sauberen Rand
▷ das Bratfett abschütten und die Entenbrüste in Butter nachbraten (sie sollen innen leicht rosa sein)
▷ auf einen Teller legen und im Ofen bei 120 °C warm stellen
▷ in der Bratbutter die Ananasscheiben leicht anbraten und warm stellen
▷ den Bratensatz mit Sherry ablöschen und mit Kalbsjus verkochen
▷ die Entenbrüste schräg in je 6 Scheiben schneiden, geviertelte Ananasscheiben dazwischen legen und anrichten
▷ mit Jus untergießen und mit Carambolascheiben und Kirschen garnieren

Abwandlungen

Das Brustfleisch der Barbarie-Ente kann auch wie ein Steak mit Johannisbeeren, grünem Pfeffer oder mit gebratenem Knoblauch zubereitet werden.

Durch Braten in der Pfanne können Teile wie ausgelöste Brusthälften, Steaks oder Schnitzel aufgrund ihrer kurzen Garzeit auf Bestellung zubereitet werden.
Sautierte (geschnetzelte) Gerichte werden vor allem aus den zarten Bruststücken hergestellt.
Für Geflügelteile ist das Schmoren eine geeignete Zubereitungsart (französisch: sauté).
Zum Dünsten eignen sich besonders Geflügelteile von jungem, hellem Hausgeflügel und kleine Geflügelarten.
Das Kochen wird bei Suppenhühnern angewendet um das Fleisch dieser relativ alten Tiere zu garen und eine kräftige Hühnerbrühe zu erzeugen.
Junges Geflügel kann durch Garziehen/Pochieren bei 80 °C bis 95 °C in gewürzter Flüssigkeit gegart werden. Durch die geringere Hitze bleibt das Fleisch saftig.
Ein fritiertes Geflügelgericht ist das Backhähnchen nach Wiener Art. Das geviertelte Hähnchen wird nach dem Würzen paniert, schwimmend in Fett gebacken und mit fritierter Petersilie und Zitronenachteln angerichtet.

Anrichteweisen von Geflügelgerichten

Frikassee vom Huhn oder Hähnchen wird wie Kalbsfrikassee zubereitet. Je nach Bezeichnung kommen Pilze, Spargelspitzen, Artischockenböden, Blätterteighalbmonde oder Krebsschwänze als Garniturbestandteil hinzu.
Gebratenes Entenfleisch wird gern geschmacklich mit Früchten verbunden. Schalen, Saft und Fleisch von Bitterorangen (Garnitur Bigarade), Ananas oder Pfirsichen heben das Aroma der Soße und wirken dekorativ. Die Flugentenbrust (Barbarie-Ente) wird rosa gebraten (siehe Rezept).
Gänse werden gebraten, geschmort, gekocht, gepökelt und geräuchert zubereitet. Die Weihnachtsgans und die Martinsgans (Martinstag: 11. November) sind traditionelle Bezeichnungen für gebratene Gänse. Als Beilagen werden häufig Rotkraut, glasierte Maronen und eine Kartoffelzubereitung gereicht. Als **Gänseklein** bezeichnet man Hals, Herz, Magen, Leber und den vorderen Flügelteil. Sie werden gekocht oder geschmort zubereitet.

Gerichte von Geflügelleber

Die Lebern von hellem und dunklem Hausgeflügel werden oft als Bestandteil von Füllungen, Pasteten, Parfaits und Aufläufen eingesetzt. Man darf sie nur rosa braten, weil sie sonst trocken und zäh werden.
Gänse- oder Entenstopfleber gilt als Delikatesse. Die Tiere, die diese Leber liefern, werden zwangsgemästet, sodass die Leber ungewöhnlich groß und sehr fettreich ist und dadurch hell aussieht. Diese Mast ist in Deutschland aus Tierschutzgründen verboten.
Stopfleber wird vor allem zu Pasteten und Parfait verarbeitet. Sie kann auch in Scheiben geschnitten und in Butter gebraten werden. Geflügelleber und Pilze – bei Stopfleber vorzugsweise Trüffel – finden als Kombination in der warmen und kalten Küche vielfältige Verwendung.

Kalte Gerichte von Hausgeflügel

Geflügelgalantine (entbeintes, gefülltes und gegartes Geflügel) wird in gekochtem Zustand kalt als Vorspeise oder Hauptplatte angeboten. Sie eignet sich als wirkungsvolle Platte für kalte Büfetts ebenso wie gebratenes kaltes Geflügel und geräucherte Gänse- oder Putenbrust.

Truthahnbrust mit Pilzfüllung

Zutaten für 8 Portionen

1,5 kg Truthahnbrust, Salz, Pfeffer
30 g Öl, breite, hauchdünne Speckscheiben

für die Füllung:
40 g Butter, 60 g Zwiebelwürfel,
50 g getrocknete Steinpilze,
300 g frische Champignons, Salz,
Pfeffer, Knoblauch, Petersilie,
100 g Sahne, 2 Eier, 4 Scheiben
Toastbrot

für die Soße:
5 cl Portwein, 1/4 l Kalbsjus

Arbeitsgänge

▷ die getrockneten Steinpilze etwa 30 Minuten in 1/4 l Wasser einweichen
▷ Champignons waschen und in feine Würfel schneiden
▷ Zwiebeln in Butter anschwitzen
▷ die Pilze (frische und getrocknete), Salz und Pfeffer zugeben und im offenen Topf dünsten, damit die Flüssigkeit verdampft
▷ gehackte Petersilie und 2 Eier darunter rühren und abschmecken
▷ mit so viel geriebenem Weißbrot vermengen, bis die Masse formbar ist
▷ in die Truthahnbrust eine Tasche schneiden und innen und außen würzen
▷ die Pilzmasse in die Tasche füllen
▷ die gefüllte Truthahnbrust formen und mit Speckscheiben umhüllen
▷ mit Bindfaden umwickeln und verschnüren, damit die Füllung nicht austreten kann
▷ in Öl etwa 1 Stunde im Ofen braten, ab und zu wenden und übergießen
▷ Truthahnbrust herausnehmen und zugedeckt etwa 5 Minuten ruhen lassen, damit beim Aufschneiden der Saft im Fleisch bleibt
▷ den Bratensatz mit Steinpilz-Einweichwasser, Portwein und Kalbsjus verkochen und abschmecken
▷ Truthanbrust in Scheiben schneiden und mit der Soße servieren

Abwandlung

▷ unter die Füllung 200 g Geflügel- oder Kalbfleischfarce und 20 g Pistazien mengen

Garnitur	Garmethode und Geflügelart	Garniturbestandteile und Soßen	passende Beilagen
Stubenküken auf Hamburger Art (à la hambourgoise)	entbeint, mit Kalbsfarce gefüllt und gebraten	gebratene Würfel von Kartoffeln und Artischockenböden, Trüffelscheiben; Bratensatz mit Kalbsjus verkocht	Gurkensalat
nach Hausfrauenart (à la bonne femme)	gebratene oder poêlierte Küken und Hähnchen	gebratene Speckscheiben, glasierte Zwiebeln und Schlosskartoffeln mit Weißwein verkochter Bratensatz	Gemüse (Rosenkohl, Brokkoli) oder Salate
Junger Hahn in Wein (Coq au vin)	geschmort (sauté)	mit Zwiebeln, Speck und Pilzen in Wein geschmort; Soße mit Sahne verfeinert	Nudeln oder Reis, Blattsalate
Marengo	geschmort (sauté), Hähnchen	nach dem Anbraten mit Wein und Weinbrand fertig gestellt; Demiglace, Knoblauch, gewürfelte Tomaten, Champignons und Trüffel zur Soße; mit ganzen Krebsen, gebackenen Eiern, herzförmigen Croûtons und gebackener Petersilie umlegt	Reis oder Nudeln, Kopfsalatherzen
Hühnerbrüstchen (Suprême de volaille) Agnes Sorel	pochierte Hähnchen- oder gekochte Hühnerbrust	mit Champignonscheiben, Pökelzunge und Trüffelscheibe belegt, mit Geflügelrahmsoße überzogen	Risi-Pisi (Risotto mit gedünsteten Erbsen)
Saint-Germain	in Butter gebratene Hähnchenbrust	Püree von frischen grünen Erbsen; Béarner Soße	Herzoginkartoffeln
Piemonteser Art (à la piémontaise)	gefüllte Hähnchen, poêliert oder gebraten	Füllung; Risotto mit weißem Trüffel vermischt; Fond mit Demiglace und Madeira verkocht	Füllung und grüner Spargel
Truthahnschnitzel (escalope de dindon) Cordon rouge	gefüllt, in Weißbrotkrume paniert, in Butter gebraten	Füllung; Gänseleberparfait; mit Zitronenstücken und gebackener Petersilie garniert; Madeirasoße	Williamskartoffeln, mit Blattspinat gefüllte Tomaten
Babyputer (dindonneau) Chipolata	am Stück gebraten (auch für Hähnchen, Gans und Ente anwendbar)	umlegt mit gedünsteten Maronen, glasierten Zwiebeln und Karotten, gebratenen kleinen Würstchen (Chipolata) und Speckwürfeln; Bratensatz mit Demiglace	Kartoffelpüree

1. Garnituren, Soßen und Beilagen zu Gerichten von hellem Geflügel

Arten/durchschn. Gewicht	Anrichteweise, Garnituren und Soßen	passende Beilagen
Wachtel (caille) 100 g	**auf normannische Art:** angebraten, in einen halben, ausgehöhlten Apfel gesetzt, mit Apfelschnaps übergossen, in Blätterteig gehüllt und im Ofen gebacken	
Junges Rebhuhn, Feldhuhn (perdreau) **Rebhuhn, Feldhuhn** (perdrix) 200 g	• **mit Kirschen:** in Butter angebraten, mit Weinbrand, Portwein und Zitronensaft übergossen und fertig gegart, auf Brotsockel angerichtet und mit gedünsteten Sauerkirschen garniert • **Rossini:** entbeint, mit getrüffelter Gänseleberfarce gefüllt und gebraten, auf einer gebratenen Gänseleberscheibe angerichtet und mit einer Trüffescheibe belegt; Madeirasoße	• Mandelkroketten • Herzoginkartoffeln
Schnepfe (bécasse) 200 g	• **in der Kasserole:** in Weinbrand zwei Tage mariniert, in einer Porzellankasserole gebraten und mit Wildjus darin serviert	• Kartoffelpüree, Rosenkohl
Haselhuhn (gelinotte) 200 g **Fasan** (faisan) 1000 – 1400 g	• **nach Winzerinart:** gebraten; mit entkernten Trauben, angebratenen Speckscheiben und mit Leberfarce bestrichen und überbackenen Brotcroûtons umlegt, angerichtet • **gefüllte Fasenenbrust auf kaiserliche Art:** mit Trüffel und Schinken gespickt und in Butter gebraten, Madeirasoße mit Trüffel- und Champignonstreifen	• mit Champagner gegartes Sauerkraut, Kartoffelpüree; • Kartoffelkroketten, Brokkoli
Wildente (canard sauvage) 1400 – 1800 g	**gefüllt** mit einer Brot-Leber-Füllung und mit Röstgemüse und Gewürzen geschmort, Schmorfond zur Soße verfeinert	Brotfüllung und Apfelrotkohl
Wildgans (oie sauvage) 2500 – 3500 g	**auf Bauernart:** geschmort, mit blättrig geschnittenem Wurzelgemüse, Bohnenstückchen und grünen Erbsen angerichtet	Kartoffelnudeln

2. Arten und Anrichteweisen, Garnituren, Soßen und Beilagen zu Wildgeflügelgerichten

8.2 Hauptgerichte von Wildgeflügel

Die Jagdzeit von Wildgeflügel dauert je nach Art vom Spätsommer bis zum Beginn des Winters. Das Angebot schwankt stark; die Fleischqualität, die wesentlich vom Alter und der Ernährung abhängt, ist im Rohzustand nicht immer genau feststellbar. Wachteln und Fasane werden auch gezüchtet und sind ganzjährig frisch erhältlich.
Wildgeflügel hat im Vergleich zum Hausgeflügel dunkleres Fleisch und ist aromatischer.
Suppen aus Wildgeflügel bringen Abwechslung auf die Speisekarte. Ältere Tiere oder die Knochengerippe roh entbeinter Tiere lassen sich dabei verwerten.
Vor dem **Braten** wird Wildgeflügel gebunden (bridiert) und häufig mit Speck umwickelt (bardiert) um die Saftigkeit zu erhalten. Es wird im Allgemeinen rosa gebraten. Teilweise wird es auch entbeint, gefüllt und zusammengerollt zubereitet.

Kalte Wildgeflügelgerichte

Gebratenes Wildgeflügel wie Wachteln, Rebhühner, Fasane oder Wildenten eignet sich für kalte Platten.
Pasteten, Terrinen und **Galantinen** von Wildgeflügel zählen zu den begehrtesten und wohlschmeckendsten kalten Vorspeisen und Büfettplatten. Für diese Speisen wird das ausgebeinte Wildgeflügelfleisch mit magerem Schweinefleisch und fettem Rückenspeck vermischt, gesalzen und gewürzt und sehr fein zerkleinert. Mit Trüffeln, Pistazien und Gänsestopfleber wird diese Masse geschmacklich und farblich verbessert, anschließend schonend gegart und nach dem Durchkühlen in Scheiben geschnitten.

Wissen Sie Bescheid?

1. Welche Garverfahren eignen sich bei Forellenfilets?
2. Welche Beilagen empfehlen Sie zu warmen Speisen von Krustentieren?
3. Nennen Sie zwei Zubereitungsarten von Weinbergschnecken.
4. Zu welcher Jahreszeit empfehlen Sie frische Austern und Muscheln? Begründen Sie.
5. Definieren sie den Begriff „Schlachtfleisch".
6. Erläutern Sie vier Garpunkte bei Fleisch. Geben Sie jeweils die deutsche und die französische Bezeichnung an.
7. Zählen Sie vier Schmorgerichte von Rindfleisch auf. Empfehlen Sie dazu je eine Soße und die Beilagen.
8. Beschreiben Sie die wichtigsten Arbeitsgänge bei der Zubereitung von „Kalbsmedaillons auf Prinzessinart".
9. Nennen Sie vier gepökelte Stücke vom Schwein. Geben Sie jeweils die Bezeichnung einer Speise an, die von diesen Stücken zubereitet wird.
10. Welche Zutaten werden für eine Hackfleischmasse benötigt? Zählen Sie fünf Hackfleischgerichte auf.
11. Nennen Sie vier Garverfahren für Kalbsleber.
12. Welche Speisen lassen sich aus einer Truthahnbrust herstellen? Erläutern Sie die Zubereitung von fünf Speisen.

Arten		Alter	Durchschnittsgewicht	Jagdzeiten (regional abweichend)
Rehwild (chevreuil)	männlich/weiblich			
	Bockkitz/Rickenkitz	bis zu 1 Jahr	bis zu 12 kg	September bis Februar
	Jährling/Schmalreh	bis zu 2 Jahren	12 kg bis 15 kg	Mitte Mai bis Mitte Okt./Mai bis Febr.
	Bock/Ricke, Geiß	über 2 Jahre	12 kg bis 18 kg	Mitte Mai bis Mitte Okt./Mai bis Febr.
Rotwild (cerf)	männlich/weiblich			
	Hirschkalb/Wildkalb	bis zu 1 Jahr	bis zu 60 kg	August bis Februar
	Spießer/Schmaltier	bis zu 2,5 Jahren	bis zu 100 kg	Juni bis Februar
	Hirsch/Alttier	über 2,5 Jahren	bis zu 150 kg	August bis Januar
Schwarzwild (sanglier)	Frischling	bis zu 1 Jahr	bis zu 25 kg	Mitte Juni bis 31. Januar
	Überläufer	bis zu 2 Jahren	bis zu 60 kg	(in der Rauschzeit von
	Keiler (männlich)/Bache	über 2 Jahre	bis zu 180 kg/140 kg	Dezember bis Januar minderwertig)
junger **Hase** (levreaut)		3 bis 8 Monate	1,5 kg bis 2,5 kg	Anfang Oktober bis Januar
Hase (lièvre)		über 8 Monate	2 kg bis 3 kg	Anfang Oktober bis Januar
junges **Kaninchen** (lapereau)		3 bis 8 Monate	1 kg bis 2 kg	ganzjährig
Kaninchen (lapin)		über 8 Monate	1,5 kg bis 2,5 kg	ganzjährig

1. Bezeichnungen, Eigenschaften und Jagdzeiten der wichtigsten einheimischen Wildarten

9 Wildgerichte

9.1 Hauptplatten von Wild

Die meisten Wildarten sind nur zu bestimmten Jahreszeiten in ungefrorenem Zustand und bester Qualität erhältlich. Das Fleisch des Wildes, das Wildbret (la venaison), enthält im Vergleich zu Schlachtfleisch in der Regel weniger Fett- und Bindegewebe. Wegen der feinen Faserstruktur ist das Fleisch junger Tiere zart und leicht verdaulich. Seine Farbe ist dunkelrot bis bräunlich, der Geschmack kräftig und würzig. Qualitativ vergleichbare Wildbretteile sind eher teurer als entsprechende Stücke von Schlachtfleisch.

Das Fleisch junger Tiere sollte nach kurzer Abhängezeit frisch verarbeitet werden. Beim Abhängen werden der Wildgeschmack (haut goût) verstärkt und eine Lockerung der Fleischfasern erzielt. Nur älteres Wildfleisch, das grobfasrig und schwer verdaulich ist und bei manchen Arten intensiv schmeckt, wird durch Einlegen in eine Marinade (Beize) verbessert. Wildbret, das eingefroren war, sollte nicht eingelegt werden.

Vorbereitungsarbeiten sind das Abziehen der Decke (Fell) und das Enthäuten und Entsehnen des Fleisches. Gespickt werden vor allem Rücken und Keule.

Der Körperbau des Wildes gleicht dem der Schlachttiere. Das zarteste Stück, der Rücken, kann im Ofen rosa gebraten, in der Pfanne als Steak oder geschnetzelt sautiert zubereitet werden. Die Keulen junger Tiere eignen sich zum Braten, auch zum Kurzbraten als Steak oder Schnitzel, von älteren Tieren zum Schmoren. Die Blätter (auch Läufe oder Büge genannt) werden als Schmorbraten oder als Ragout zubereitet, Hals, Brust und Bauch als Ragouts.

Neben den in Bild 1 aufgeführten Wildarten sind u. a. auch Gämsen, Elche, Rentiere und Damwild erhältlich. Aufteilung, Zubereitung, Garnituren, Soßen und Beilagen sind im Wesentlichen die gleichen wie bei anderen Wildbretarten.

Würzen von Wildgerichten

Wie bei allen Speisen soll der Geschmack des Wildes nicht durch Würzen übertönt, sondern nur unterstrichen werden. Dies ist besonders bei jungem Wild von feinem Geschmack zu beachten. Typische Würzzutaten sind

- Wacholderbeeren (immer zerdrückt verwenden),
- weiße und schwarze Pfefferkörner (frisch gemahlen oder zerdrückt),
- Lorbeerblätter, Majoran und Thymian und Knoblauch in kleinen Mengen,
- Rot- und Weißwein als Bestandteil der Marinaden und zum Mitkochen und Abschmecken der Soßen,
- Essig, vor allem als Marinadenbestandteil,
- Mirepoix in Marinaden und bei der Soßenherstellung,
- Preiselbeerkompott, Moosbeerenkompott, Johannisbeergelee, Spirituosen, Zitronen- und Orangensaft und -schale zum würzigen Abschmecken der Soßen,
- Rosmarin (besonders zu Kaninchen).

Beigaben zu Wildgerichten

Pilze spielen eine wichtige Rolle beim Zubereiten und Anrichten von Wildgerichten. Am häufigsten werden Steinpilze, Pfifferlinge, Morcheln, Butterpilze und Champignons verwendet. Maronen (Edelkastanien), glasiert oder als Maronenpüree zubereitet, und Nüsse können Wildgerichte ebenfalls verfeinern.

Kalter Rehrücken mit Früchten

Zutaten für 5 Portionen

1 Rehrücken von ca. 1,1 kg
Salz, Pfeffer
3 Esslöffel Öl
400 g Waldorfsalat
150 g Lebermus (60 g Butter, 90 g Kalbsleberwurst, Salz, Weinbrand)
Orangenspalten und Kaiserkirschen
5 kleine pochierte Äpfel
250 g glasierte Maronen
Cumberlandsoße
Toast oder Baguette-Scheiben

Arbeitsgänge

▷ Rehrücken enthäuten, würzen und in Öl etwa 15 bis 20 Minuten bei 180 °C leicht rosa braten; gut durchkühlen
▷ Rückenfilets und Filets auslösen
▷ die Karkasse mit Waldorfsalat zur ursprünglichen Rehrückenform füllen
▷ Lebermus: Butter schaumig rühren und mit den übrigen Zutaten vermengen
▷ auf den Waldorfsalat einen Lebermus-Streifen spritzen, damit die Fleischscheiben daran haften
▷ das Fleisch des Rückens schräg in dünne Scheiben schneiden und ziegelartig so auf den Rücken legen, dass das rosa gebratene Innere der Scheiben zu erkennen ist
▷ mit Lebermus-Rosetten und Früchten garnieren; mit Waldorfsalat gefüllten Äpfeln und glasierten Maronen umlegen

Um den würzigen Geschmack hervorzuheben sind süßlichherb schmeckende Beigaben traditionelle Bestandteile der Wildgerichte. Wegen ihrer geringen Süße und ihres ausgeprägten Geschmacks sind wild wachsende Preiselbeeren und Moosbeeren als Kompott begehrt.
Apfelmus und gebratene oder pochierte Apfelscheiben oder -hälften sowie pochierte Birnenhälften sind zur dekorativen Aufnahme von Füllungen (Beeren, Kirschen, Trauben, Johannisbeergelee) und damit zum Umlegen von Wildplatten gut geeignet.
Auch Orangen, Bananen, Ananas und Grapefruit können Geschmack und Aussehen heben.

Beilagen zu Wildgerichten

Da Wildgerichte meist mit Soße angerichtet und serviert werden, kommen vor allem stärkehaltige Beilagen in Frage wie

- Nudeln oder Spätzle,
- Kartoffelklöße von gekochten Kartoffeln oder Kartoffelnudeln,
- Kartoffelmusgerichte wie Püree und Ableitungen der Duchesse-Masse wie Kroketten, Herzogin-, Macaire- und Dauphinkartoffeln,
- gratinierte Kartoffeln Dauphiner Art (Kartoffelscheiben, mit Sahne im Ofen gegart).

Kräftig schmeckende Salate wie Feldsalat, Radicchio, Schikoree, Sellerie und Gemüse wie Rosenkohl, Rotkraut und Fenchel vervollständigen die Speisen. Die Salatsoße kann auf Essig-Öl- bzw. Sahne- oder Jogurt-Basis hergestellt werden.

9.2 Kalt servierte Wildgerichte

Der Rücken von Reh und Hirsch eignet sich, leicht rosa gebraten und erkaltet, für eine Platte zu kalten Büfetts. Rohstoffe zum Garnieren sind Früchte, Nüsse, Pistazien, Trüffel und Champignons. Gebratene, kalt angerichtete Medaillons oder Koteletts, Pasteten oder Terrinen sind außer bei kalten Büfetts auch als kalte Vorspeisen beliebt. Dazu serviert man meist Waldorfsalat oder einen Pfifferlingsalat und Cumberlandsoße.

1. Warum soll das Wild einige Tage in der Decke abhängen?
2. Welche Argumente sprechen für bzw. gegen das Beizen von Wildfleisch?
3. Welche Teile vom jungen Wild eignen sich zum Braten im Ofen und zum Braten in der Pfanne?
4. Nennen Sie vier typische Gewürze für Wildgerichte.
5. Welche sonstigen Würzmittel werden für Wildgerichte noch verwendet?
6. Welche Beigaben empfehlen Sie zu einem gebratenen Rehrücken?
7. Welche Wildteilstücke werden zu Ragout verwendet? Welche Beilagen passen zu diesen Speisen?
8. Nennen sie vier Soßen, die bei Wildgerichten angeboten werden können.
9. Welche Besonderheiten weisen Wildgerichte, im Vergleich mit Gerichten von Schlachtfleisch, auf?
10. Stellen Sie ein Wildmenü mit vier Gängen zusammen.
11. Welche Wildteilstücke eignen sich als Speisen bei einem kalten Büfett? Begründen Sie Ihre Auswahl.

Rehragout in Trollingersoße

Zutaten für 4 Portionen

1 kg Rehschulter oder -hals
60 g Bratfett
1 Esslöffel Mehl
200 g Mirepoix
10 g Tomatenmark
Salz, Pfeffer
30 g Mehl
1/8 l Trollinger (Rotwein)
3/4 l braune Brühe
20 g Preiselbeerkompott
1 Lorbeerblatt, 5 Pfefferkörner, 3 Wacholderbeeren, 1 Knoblauchzehe

Arbeitsgänge

▷ Fleisch in etwa 40 g schwere Stücke schneiden, salzen und pfeffern
▷ in Mehl wenden und abklopfen
▷ in einer Pfanne in Fett anbraten
▷ Mirepoix mitbraten
▷ Tomatenmark einrühren und anrösten
▷ mit wenig Wasser ablöschen und unter Rühren einkochen lassen
▷ diesen Vorgang 1- bis 2 - mal wiederholen
▷ Flüssigkeit vollständig einkochen
▷ 30 g Mehl zum Binden in das Fett rühren und kurz anschwitzen
▷ mit Wein und brauner Brühe auffüllen und glatt rühren
▷ bis zum Aufkochen mit einem Kochlöffel am Topfboden rühren, weil in dieser Phase die Soße leicht anbrennt
▷ 1 – 2 Stunden zugedeckt bei kleiner Hitze schmoren
▷ etwa alle 10 Minuten rühren (eventuell mit Trollinger oder brauner Brühe bis zur gewünschten Konsistenz verdünnen)
▷ das gegarte Fleisch wird ausgestochen, indem man mit einem Drahtlöffel die Fleischstücke aus der Soße hebt, mit einer Fleischgabel aufspießt und in einen anderen Topf legt
▷ die Soße durch ein Tuch oder ein feines Sieb auf das Fleisch passieren
▷ Preiselbeeren zugeben, aufkochen und würzig abschmecken

Abwandlung

▷ 150 g frische Pilze (Champignons, Steinpilze, Pfifferlinge) dünsten und unter das Ragout mischen

Fleischteile/Bezeichnung	Garnituren, Anrichteweise und Soßen	passende Beilagen
Rücken von ... (am Stück) (Selle de ...)	• **Baden-Baden:** gebraten, auf einer Platte angerichtet und mit gedünsteten Birnenhälften, mit Johannisbeergelee gefüllt, umlegt; Wildrahmsoße	• Nudeln und Spätzle, Feldsalat
daraus geschnitten: **Medaillons von ...** (Médaillons de ...)	• **Mirza:** kurzgebraten, halber gegarter Apfel mit Preiselbeeren gefüllt; Wildpfeffersoße	• Kartoffelkroketten
Nüsschen von ... (Noisettes de ...)	• **Diana:** auf mit Lebermus bestrichenen Brotcroûtons angerichtet, Maronenpüree, Dianasoße	
Kotelett von ... (Côtelettes de ...)	• **mit Wacholderbeeren:** kurzgebraten, mit Genever flambiert, auf herzförmigen Brotcroûtons angerichtet; Wacholderrahmsoße	• warmes Apfelpüree
Keule von ... (am Stück) (Gigue de ...)	• **Berny:** gebraten, auf Platte angerichtet, garniert mit Tarteletts, mit Linsenpüree gefüllt, mit einer Trüffelscheibe belegt, Bernykartoffeln und glasierte Maronen; Wildsoße	• Mandelkroketten, Eisbergsalat
daraus geschnitten: **Schnitzel von ...** (Escalope de ...)	• **auf Jägerart** (à la chasseur)**:** Bratensatz mit Wein verkocht, Champignonscheiben in Butter ansautiert mit Wildsoße und gehackter Petersilie vermischt	• Kartoffelnudeln, Rosenkohl
Ragout von ... à la forestière (Côtelettes de ...)	**auf Försterinart:** in Rotwein geschmort, mit in Speckstreifen angebratenen Pilzen bestreut und mit kleinen, herzförmigen Croûtons umlegt	Spätzle, Preiselbeeren
Pfeffer von ... (Civet de ...)	mit Blut vollendetes und gebundenes Ragout	Spätzle oder Nudeln, Radicchiosalat

1. Garnituren, Anrichteweisen, Soßen und Beilagen von Reh-, Rot- und Schwarzwild

Pochierte oder verlorene Eier

Arbeitsgänge

▷ Essigwasser (1 l Wasser, 3 Esslöffel Essig) aufkochen
▷ ein Ei behutsam in eine Kaffeetasse schlagen (Eigelb muss ganz bleiben)
▷ das Ei in das schwach kochende Essigwasser gleiten lassen
▷ mit einem Kochlöffel das Eiklar um das Eigelb legen
▷ mit den übrigen Eiern – zwei bis drei Stück pro Portion – ebenso verfahren
▷ das Essigwasser nochmals kurz zum Kochen bringen, sofort vom Feuer nehmen und die Eier ohne weitere Hitzezufuhr 3 Minuten gar ziehen lassen
▷ die gegarten, innen noch weichen Eier herausnehmen und abtropfen lassen
▷ ausgefranste Eiklarränder stutzen
▷ die Eier mit Salz bestreuen und das Gericht fertig stellen oder
▷ in lauwarmem Salzwasser bis zum Gebrauch bereithalten und bei Bedarf kurz in heißem Salzwasser aufwärmen

Pochierte Eier Florentiner Art

▷ auf gedünstetem Blattspinat anrichten und mit Mornaysoße (Béchamelsoße mit Käse) und geriebenem Käse überbacken

Pochierte Eier Cardinal

▷ auf gerösteten, ausgestochenen Weißbrotscheiben anrichten, mit Geflügelrahmsoße nappiert und mit Hummer- und Trüffelscheibe belegt; Stangenspargel als Beilage

10 Eierspeisen

10.1 Arten und Eigenschaften von Eiern

Wenn nicht ausdrücklich anders gekennzeichnet, werden unter Eiern stets Hühnereier verstanden. Gänse- und Enteneier dürfen wegen häufigen Salmonellenbefalls in gastgewerblichen Betrieben nicht verarbeitet werden. Möwen- und Kiebitzeier werden nur im April und Mai angeboten, Wachteleier ganzjährig.

Salmonellen, die über das Geflügel in das Ei geraten, werden durch Kälte in ihrer Vermehrung gehemmt und durch Hitze zerstört. Deshalb werden Eier gekühlt aufbewahrt. Nicht durchgegarte Eierspeisen sind besonders sorgfältig herzustellen.

Eier liefern dem Körper vollwertiges Eiweiß zu einem günstigen Preis. Eier benötigt man in der Küche zum großen Teil bei der Bereitung von Teigen und Massen.

Küchentechnisch wichtige Eigenschaften des Eies:

- Neutraler Geschmack, deshalb bei gesüßten und gesalzenen Speisen einsetzbar.
- Bei geringer Hitze (ca. 70 °C) gerinnt Eiweiß, wodurch jede Masse mit entsprechend hohem Eigehalt bindet und sich verfestigt.
- Bei höheren Temperaturen bringt ein hoher Eigehalt Massen und Teige zum Aufgehen und trägt damit zur Lockerung bei.
- Eigelb kann als Emulgator, etwa bei Majonäse und Holländischer Soße und als Bindemittel wie bei Weinschaum und legierten Suppen wirken.
- Eiklar kann zum Klären von Flüssigkeiten dienen. Beispiele sind Kraftbrühe und Weingelee. Zu Eischnee geschlagen kann es Massen lockern.

10.2 Gerichte und Zubereitungstechniken

Spiegeleier

Für Spiegeleier sind nur wirklich frische Eier zu verwenden. An der Form von Eiklar und Eigelb ist auch in gegartem Zustand der Frischezustand erkennbar. In eine leicht erhitzte Pfanne oder Porzellan-Eierplatte mit wenig Butter werden die Eier vorsichtig eingeschlagen, damit das Eigelb nicht zerfließt. Sie sind bei schwacher Hitze zu garen. Dabei muss das Eiklar stocken, der Rand darf jedoch nicht bräunen. Das Eigelb soll zum Teil flüssig bleiben. Nur das Eiklar ist leicht zu salzen, weil die Salzstückchen auf dem Eigelb kleine Poren verursachen. Am besten ist es einen Salzstreuer einzudecken.

Am bekanntesten sind Zugaben von Speck oder Schinken, die in Scheiben geschnitten und in der Pfanne angebraten wurden. Mit Bratkartoffeln und Salat wird daraus ein einfaches Mittag- oder Abendessen.

Weitere Garnituren:

- **Bercy:** mit kleinen gebratenen Schweinswürstchen (zwei pro Ei) umlegt und mit Tomatensoße umkränzt.
- **Auf amerikanische Art:** auf gebratenen Speckscheiben gegart und mit im Ofen gebackenen Tomaten garniert.
- **Nach Meyerbeer:** zu jedem Ei eine halbierte, gegrillte Lammniere oder Kalbsnierenscheibe legen und mit wenig Trüffelsoße nappieren.
- **Ham and Eggs (Eier mit Schinken):** Eier auf angebratene Schinkenscheiben schlagen und im Ofen garen, bis das Eiklar fest und das Eigelb mit einem leichten Schleier aus geronnenem Eiklar überzogen ist.

Rühreier

Arbeitsgänge

▷ 3 frische Eier, 3 Esslöffel Milch oder Sahne und eine Prise Salz mit dem Schneebesen schlagen
▷ eine besonders gründlich gereinigte Pfanne erhitzen und 10 g Butter darin aufschäumen lassen (sie darf auf keinen Fall bräunen)
▷ die Eimasse hineinschütten
▷ mit einem Kochlöffel oder einer Palette am Pfannenboden rühren, bis die Masse großflockig stockt (Rühreier sollen locker und nicht trocken und braun sein)
▷ auf vorgewärmtem Teller anrichten oder im Eierpfännchen servieren

Rühreier mit Schinken

▷ pro Portion 50 g Schinkenstreifen in die Pfanne mit Butter geben und dann die Eimasse hinzufügen (statt Schinkenstreifen können auch Champignonscheiben, Tomatenfleischwürfel, Räucherlachs, Trüffelstreifen, Kalbsbrieswürfel oder Krustentiere verwendet werden)

Rühreier mit Spargelspitzen

▷ an das angerichtete Rührei pro Portion 4 gekochte Spargelspitzen legen und mit Butter bestreichen (auch gebratene Kalbsnierenscheiben, halbe Lammnieren, Champignonköpfe, Artischockenherzen oder -böden, kleine Rostbratwürstchen oder Krebsschwänze können mit Rühreiern kombiniert werden)

Das Kochen von Eiern

Die Schale der Eier muss unverletzt sein. Durch den Temperaturunterschied zwischen Ei und kochendem Wasser und die Ausdehnung des Eiinhaltes beim Garen entsteht eine beträchtliche Spannung, die die Schale zum Springen bringen kann. Deshalb muss am stumpfen Ende eingestochen werden. Grundsätzlich wird empfohlen die Eier nach Beendigung der Garzeit kalt abzuschrecken. Dadurch wird der Garprozess sofort beendet. Außerdem lassen sich die Eier dann besser schälen.
Die Garzeit gekochter Eier richtet sich nach der Eigröße und nach der gewünschten Festigkeit des Inhalts.

Das Pochieren von Eiern

Der Eiinhalt wird in kochend heißes Essigwasser gelegt, dabei soll das Eiklar den Dotter einschließen (dies gelingt nur bei frischen Eiern). Essig soll ein noch schnelleres Festwerden bewirken; Salzzugabe würde zu einer porigen Oberfläche führen. Das Eigelb darf nicht hart werden, deshalb beträgt die Garzeit nur etwa 4 Minuten. Die gegarten Eier werden abgeschreckt, von den ausgefransten Rändern befreit und gesalzen.

Rühreier

Die Arbeitsvorgänge bei der Rühreizubereitung und ihre Anrichteweisen sind im Rezept (siehe oben) beschrieben.

Fritierte Eier

Fett wird auf 180 °C erhitzt. Den Eiinhalt von ganz frischen Eiern schlägt man am besten in eine Kaffeetasse und schüttet ihn dann behutsam in das Fett. Dabei soll das Eigelb vom Eiklar eingehüllt bleiben. Nach etwa 3 Minuten sind die Eier außen gebräunt und fest, das Eigelb noch weich. Vor dem Anrichten legt man die Eier auf eine saugfähige Unterlage, damit das anhaftende Fett aufgesaugt wird. Sie werden gesalzen, meist auf Toast, der mit erhitzten Schinken- oder Speckscheiben belegt ist, angerichtet.
Im Ofen gegarte Tomaten oder Tomatensoße sowie fritierte Petersilie passen dazu.

Omeletts

Voraussetzung für das gute Gelingen eines Omeletts ist eine Pfanne an der die Eier nicht haften. Sie sollte nur zur Zubereitung von Omeletts benutzt werden.
Im Gegensatz zum Rührei wird das Omelett nicht in grobe Flocken zerteilt, sondern an einem Stück serviert. Die Oberfläche der charakteristischen, länglich-ovalen Eirolle soll glatt und nicht gebräunt sein.
Omelett wird wie Rührei hergestellt, jedoch ist das Rühren zu beenden, wenn etwa die Hälfte der Eimasse gestockt ist. Die restliche flüssige Masse muss jetzt die eventuell vorhandenen Lücken zwischen der gestockten Masse ausfüllen. Bevor die Eimasse vollständig gestockt ist, rollt man das Omelett mithilfe einer Palette zusammen und stürzt es auf eine vorgewärmte Porzellanplatte.

1. Zählen Sie vier Verwendungszwecke für Eier auf.
2. Welche Garmethoden sind bei Eiern gebräuchlich?
3. Erläutern Sie drei Spiegeleigerichte.
4. Beschreiben Sie den Unterschied zwischen Rührei und Omelett.
5. Welche Beigaben passen zu fritierten Eiern?

Garnituren	Bestandteile	Anrichteweisen
auf andalusische Art	• gedünstete Paprikaschoten und Tomatenfleischwürfel • gebackene Zwiebelringe	• in das Omelett eingerollt • auf das Omelett garniert
mit Artischockenböden	gegarte, klein geschnittene Artischockenböden	unter die Eimasse gemischt
Opéra	• Rotweinsoße • sautierte Geflügelleber • grüne Spargelspitzen • Madeirasoße	• das Omelett damit umkränzt • in das fertige Omelett einen Spalt geschnitten und die Garniturbestandteile dekorativ eingefüllt • das Omelett damit umkränzt
mit Steinpilzen	sautierte Steinpilze, Schlosskartoffeln	das fertige Omelett damit umlegt
mit Krebsschwänzen	ausgebrochene Krebsschwänze, Krebssoße	auf das fertige Omelett garniert und mit wenig Soße nappiert
nach Bauernart	• Kartoffel-, Speck- und Zwiebelwürfel • gehackte Petersilie und Kerbel	• in der Pfanne angebraten und mit den Eiern fertig gestellt • auf das Omelett gestreut
Konfitüre	• Erdbeer- oder Himbeerkonfitüre • Puderzucker	• in das Omelett eingerollt • darauf gesiebt und mit glühendem Stab ein Gitter eingebrannt

1. Garnituren und Anrichteweisen von Omeletts

Bezeichnung	Zubereitung/Garzeit	Garnituren, Anrichteweisen, Soßen und Beilagen
gekochte Eier weich bis wachsweich (œufs mollets) hart gekocht (œufs durs)	 3 bis 6 Minuten 8 - 10 Minuten	• in der Schale als Frühstücksei oder geschält im Glas warm gereicht; • geschält, in Tomaten- oder Senfsoße oder in Käsesoße mit Käse überbacken, mit Kartoffelpüree oder Reis, Gemüse oder Salat; auch zu kalten Eierspeisen wie Russische Eier, gefüllte Eier oder Eiersalat
pochierte oder verlorene Eier (œufs pochés) 1 - 2 Eier als Vorspeise 2 - 3 Eier als Hauptplatte	4 - 5 Minuten in Essigwasser ohne Schale direkt pochiert	• wie hart gekochte Eier, warm gereicht • **Béarner Art:** auf Artischockenböden oder Toast angerichtet und mit Béarner Soße überzogen • **auf italienische Art:** auf Reissockel oder Toast angerichtet und mit Schinkenkräutersoße nappiert, mit gehackter Petersilie bestreut • **Cardinal:** auf Croûtons angerichtet, mit Cardinalsoße überzogen, mit Hummerscheibe und Trüffelscheibe belegt • **Comtesse:** auf Croûtons angerichtet, mit Geflügelrahmsoße nappiert und mit Spargelspitzen garniert • **auf Florentiner Art:** auf gedünstetem Blattspinat angerichtet und mit Mornaysoße überbacken
Eier im Näpfchen (œufs en cocottes) 1 Ei als Vorspeise 2 Eier als kleines Hauptgericht	ein rohes Ei in ausgebuttertes, oft mit Farce oder feinem Ragout gefülltes Näpfchen schlagen, salzen, pfeffern und mit Butterflocken belegen; zugedeckt im Wasserbad etwa 5 Minuten indirekt pochieren	• **Gouffé:** mit einer Mischung aus gehacktem Schinken, Hirn und Schnittlauch ausgelegt, nach dem Garen mit Tomatensoße umkränzt • **nach Cherburger Art:** mit leichter Fischfarce ausgestrichen; nach dem Garen mit Garnelensoße umkränzt • **nach Lothringer Art:** mit einer Mischung aus angebratenen Speckwürfeln, Käsewürfeln und Sahne ausgelegt • **nach Königinart:** mit Hühnerpüree ausgestrichen oder mit feinem Ragout aus Hühnerfleisch, Kalbfleisch, -zunge und -bries sowie Champignons ausgefüllt

2. In Flüssigkeit gegarte Eierspeisen

Pfannkuchen

Zutaten für einen großen Pfannkuchen

50 Mehl, 100 g Milch, 2 Eier, Salz

zum Garen:
20 g Butter oder Butterschmalz

Arbeitsgänge

▷ das Mehl in eine Schüssel sieben, Salz und Milch zugeben und mit einem Schneebesen glattrühren
▷ die Eier hineinschlagen und gut verrühren oder die Eier trennen, das Eigelb in den Teig rühren, das Eiklar zu Schnee schlagen und unterheben
▷ eine Pfanne erhitzen und das Fett darin schmelzen
▷ den Pfannkuchenteig hineinschütten

▷ auf einer Seite so lange erhitzen, bis der Pfannkuchen leicht gebräunt ist
▷ behutsam wenden und im vorgeheizten Ofen bei 180 °C einige Minuten backen (der Pfannkuchen soll gut aufgehen)
▷ sofort auf einer vorgewärmten Platte anrichten und servieren

Abwandlungen

Pfannkuchen können mit fast allen Rohstoffen kombiniert werden, z.B.
▷ gefüllt mit gewürfeltem, geschnetzeltem oder gehacktem Fleisch
▷ gefüllt mit einem Ragout aus Pilzen, Fleisch, Geflügel, Krustentieren oder Fisch
▷ mit leicht angebratenen Speck- oder Schinkenscheiben oder -streifen
▷ vermischt oder gefüllt mit Früchten wie Bananen, Äpfeln, Kirschen, Heidelbeeren, Rosinen sowie mit Nüssen oder Mandeln
▷ mit Kompott oder Konfitüre, Frucht- oder Schokoladensoße (separat angerichtet)

11 Milch und Milchprodukte

11.1 Bestandteile und Verarbeitung der Milch

Milch ist besonders bekömmlich, weil das Milchfett in feinsten Tröpfchen in der Flüssigkeit emulgiert ist und sein Schmelzbereich unter der Körpertemperatur (36 °C) liegt. Ihre Inhaltsstoffe sind in der Art und Menge für den Aufbau und die Gesunderhaltung des Körpers besonders vorteilhaft kombiniert.
Milch besteht aus durchschnittlich 87,5 % Wasser und 12,5 % Trockenmasse, die sich zusammensetzt aus 3,8 % Milchfett, 3,3 % Milcheiweiß (hauptsächlich Kasein), 4,8 % Milchzucker, 0,6 % Mineralstoffen (besonders Phosphor und Calcium) sowie Vitaminen.

Ein ganzer Industriezweig befasst sich mit der Verarbeitung der Milch zu Sauermilch, Jogurt, Kefir, Sahne, Butter, Quark und Käse.
Bei der Sahne- und Butterherstellung fallen große Mengen von Mager- bzw. Buttermilch an, die außer Milchfett noch alle ursprünglichen Nährstoffe enthalten und somit wertvolle Nahrungsmittel darstellen. Auf ihnen basieren fettarme Milchgetränke, Sauermilchprodukte, Magerkäse und -milchpulver.
Im Handel sind Milch und Milchprodukte in vielen Verpackungsgrößen erhältlich. Neben der Bezeichnung müssen Angaben über den Hersteller, die Menge, den Fettgehalt, die Haltbarkeit und die Art ihrer Behandlung (pasteurisiert, sterilisiert, ultrahocherhitzt, homogenisiert) auf der Packung angegeben sein.
Bei einem Preisvergleich ist vor allem auf den Fettgehalt zu achten.

zentrifugieren	Trennung der leichten (Rahm, Sahne) und schweren Teile der Milch (Magermilch) durch starke Schleuderbewegung.
pasteurisieren	Keimarmmachung durch Hitze. Erhitzung auf 75 °C für 15-30 Sekunden. Bei kühler Lagerung einige Tage haltbar.
sterilisieren	Keimfreimachen durch 20 - 30-minütiges Erhitzen auf 109 - 112 °C. *Vorteil:* Keimfrei verpackt auch ohne Kühlung lange Zeit haltbar. *Nachteil:* Kochmilch-Geschmack, Vitaminverluste, Eiweißveränderung.
ultrahocherhitzen	Keimfreimachen durch sehr kurzes Erhitzen auf ca. 150 °C. *Vorteil:* Auch ohne Kühlung (bei entsprechender Verpackung) lange (mind. 6 Wochen) haltbare Milch, kaum Geschmackseinbuße.
homogenisieren	Gleichmäßig feine Verteilung der Fetttröpfchen. *Vorteil:* Vollmundiger Geschmack, nur schwache Ausbildung der Milchhaut, kein Aufrahmen.
kondensieren	Entzug von Wasser.
evaporieren	Wasserentzug durch Eindampfen im Vakuum.

1. Verfahren bei der Herstellung von Milch und Milchprodukten

Topfenpalatschinken
(mit Quarkfüllung)

Zutaten für 4 Portionen

100 g Mehl, 200 g Milch, 2 Eier, Salz

zum Garen: 30 g Butter

für den Guss:
40 g Butter, 30 g Puderzucker, 2 Eigelb, 1 Esslöffel Zitronensaft, Salz, 3 Eiklar, 30 g Zucker

für die Füllung:
1 Eigelb, 30 g Butter, 30 g Zucker, abgeriebene Zitronenschale, 1 Päckchen Vanillezucker, 200 g Quark, 20 g Rosinen oder Sultaninen

Arbeitsgänge

▷ Rosinen/Sultaninen einweichen
▷ 4 dünne Pfannkuchen herstellen
▷ Zutaten für den Guss (außer Eiklar und Zucker) schaumig rühren
▷ Zutaten für die Füllung schaumig rühren (außer Quark und Rosinen/Sultaninen); beides anschließend unterheben
▷ die Pfannkuchen mit der Füllung bestreichen und zusammenrollen
▷ quer halbieren und in eine gebutterte Form (Plat russe) ziegelartig einsetzen; Schnittflächen nach oben
▷ Eiklar und Zucker schlagen und unter die Masse für den Guss heben
▷ die Pfannkuchen damit überziehen
▷ bei 200 °C etwa 12 Minuten backen
▷ mit Puderzucker bestreut servieren

Beigabe

▷ eine beliebige Fruchtsoße

Bezeichnung und Herstellungsweise	Beispiele und Fettgehalt		Verwendung
Milch (lait)	• Magermilch • teilentrahmte/fettarme Milch • Vollmilch	bis 0,3 % 1,5 - 1,8 % 3,5 % - 3,8 %	• Basis für Krems, Milchspeiseeis und Milchkaltschalen; Bestandteil von Pürees und Soßen (Béchamel)
Sauermilcherzeugnisse (Sauermilch/Dickmilch) **Jogurterzeugnisse** **Kefirerzeugnisse** hergestellt mit speziellen Milchsäurebakterienkulturen, naturell oder mit Früchten	• entrahmt • teilentrahmt • Vollmilchstufe • Sahnestufe	bis 0,3 % 1,5 - 1,8 % 3,5 % mind. 10 %	• als Getränk oder erfrischende Zwischenmahlzeit bzw. Vorspeise; als Basis für Salatsoßen und, mit Früchten kombiniert, als Nachspeise; entrahmte und teilentrahmte Erzeugnisse bei Reduktionskost und gestörtem Fettstoffwechsel
Kondensmilch homogenisierte, kondensierte oder evaporierte, sterilisierte Milch	• ohne Zuckerzusatz: verschied. Fettgehalte • mit Zuckerzusatz: gezuckerte Kondensmilch	 1 %, 4 %, 7,5 %, 10 % 8,5 %	• als Zusatz zu Aufgussgetränken
Buttermilcherzeugnisse gesäuerte Milch, die bei der Butterherstellung anfällt	• Buttermilch • Reine Buttermilch (ohne Flüssigkeitszusätze bei der Butterung)	bis 1,0 % bis 1,0 %	• als erfrischendes, leicht verdauliches Milchgetränk und Basis für Mixgetränke
Sahneerzeugnisse durch Abscheiden der Magermilch oder Einstellung des Fettgehaltes hergestellt	• Kaffeesahne (Trinksahne, Kaffeerahm,Sahne, Rahm) • Schlagsahne (Schlagrahm) • Crème double	mind. 10 % mind. 30 % mind. 40 %	• als Zusatz zu Aufgussgetränken und zur Verfeinerung von Speisen • geschlagene Sahne als Beigabe und Verzierung von Süßspeisen und Eis, Kuchen und Torten, zum Legieren, Verfeinern und als Bestandteil von Suppen, Soßen, Pürees und Farcen
Saure Rahmerzeugnisse mit speziellen Milchsäurebakterienkulturen hergestellt	• Saure Sahne • Crème fraîche	mind. 10 % mind. 30 oder 40 %	• zur Verfeinerung, geschmacklichen Abrundung und Konsistenzverbesserung von Salatsoßen, Soßen und Suppen
Butter aus Milch oder Sahne, süß oder gesäuert gewonnen	• Süßrahmbutter • Sauerrahmbutter	mind. 82 % mind. 82 %	• zum Ansetzen und Verfeinern von Suppen und Soßen, zum Dünsten von Gemüsen, Fischen, zartem Fleisch und Geflügel, zum Nachbraten kurzgebratener Speisen

2. Wichtige Milchprodukte und ihre Verwendung bei der Speisenzubereitung

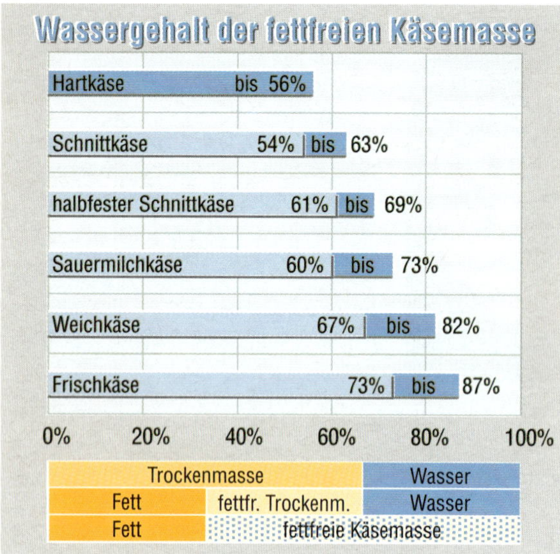

1. Einteilung in Käsegruppen (nach Käse-Verordnung)

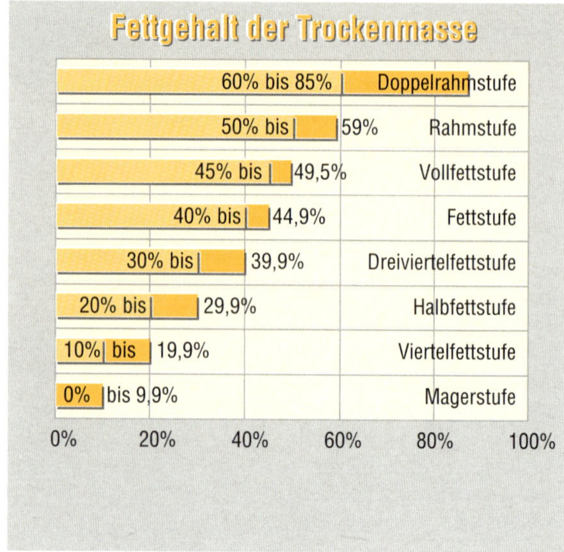

2. Einteilung in Fettgehaltsstufen (nach Käse-Verordnung)

11.2 Käse

Die Milch für die Käseherstellung (Kuh-, Schaf- oder Ziegenmilch) wird durch Entrahmen oder Rahmzusatz auf die Fettgehaltsstufe eingestellt und durch Säure- oder Labgerinnung dick gelegt.
Man unterscheidet etwa fünfzig verschiedene Verfahren der Käseherstellung. Die dick gelegte und entwässerte Milch-Quark bzw. Bruch – ist das Grundprodukt des Käses.
Für Schichtkäse werden abwechselnd fettarmer und fettreicher Quark in Formen geschichtet.
Bei allen anderen Käsesorten wird der Bruch in Formen gefüllt, die bereits der endgültigen Käseform entsprechen, und zur weiteren Ausscheidung der Molke mehrere Stunden, teils unter Druck, entwässert. Sobald die Käsemasse genügend Festigkeit erreicht hat, wird sie längere Zeit in einem Salzbad getränkt. Neben der Rindenbildung bei Hartkäse beeinflusst das Salz den Geschmack und die Haltbarkeit aller Käsesorten.
In Reifungs- und Lagerräumen mit gesteuerter Temperatur und Luftfeuchtigkeit reift und lagert der Käse je nach Sorte einige Tage bis Monate, einige Hartkäse sogar Jahre.
Während dieser Zeit werden manche Käsesorten mit Wasser oder Salzwasser abgerieben um eine Schimmelbildung auf der Rinde zu verhindern und den Reifeprozess günstig zu beeinflussen, sichtbar als Schmierebildung bei Limburger, Romadur und Tilsiter.
Dem Bruch von Edelschimmelpilzkäsen werden Schimmelpilzsporen einer besonderen Art zugesetzt. Camembertartige Käsesorten reifen durch einen Pilz, der an der Oberfläche wächst.

Hartkäse reift in der ganzen Masse, wobei Mikroorganismen Gase erzeugen, die die charakteristische Lochbildung hervorrufen. Weichkäse reift dagegen von außen nach innen.
Bei diesen Vorgängen entwickeln sich auch die spezifische Konsistenz sowie Geruch und Geschmack der Käsesorten.
Da die Reifungsvorgänge stets weitergehen, ist Käse so zu lagern, dass seine Qualität verbessert und nicht beeinträchtigt wird. Die mögliche Lagerdauer und -temperatur richtet sich nach der Käsesorte und nach dem Reifegrad.
Hart- und Schnittkäse kommen ausgereift in den Handel und sind bei 15 °C einige Zeit haltbar. Weich- und Sauermilchkäse sollten bei ca. 16 °C ausreifen und sind bei 10 °C für kurze Zeit lagerfähig. Die Anschnittflächen sind vor dem Austrocknen zu schützen.

Verwendung von Käse in der Küche

Käsebrot, -teller, -platte oder -brett werden als Bestandteil von Frühstück, Zwischenmahlzeiten oder Abendessen und als Nachspeisen serviert. Warme Käsegerichte haben in erster Linie Hartkäse als Grundlage. Er wird, fein gerieben, auch als Würzzutat vielfältig eingesetzt.

1. Welche Mikroorganismen sind bei der Käseherstellung beteiligt?
2. Welche Lagertemperatur ist bei Käse einzuhalten?
3. Nennen Sie vier Verwendungszwecke von Käse.
4. Wie wird der Fettgehalt bei der Käseherstellung eingestellt?
5. Welche Unterschiede bestehen zwischen Milch, Schlagsahne und Butter?

Käsesorte	ursprüngliches Herkunftsland	angebotene Fettstufen	Verwendungsbeispiele
Hartkäse mit Lochbildung: • Emmentaler, Bergkäse, Greyerzer, Appenzeller • Allgäuer Emmentaler • Comté	Schweiz Deutschland Frankreich	vollfett	• zum Frischverzehr • zu Käse-Fondue oder Raclette, • zum Überbacken und als Füllung (Cordon bleu, Omeletts), • in Stücke geschnitten, paniert und fritiert
Hartkäse ohne wesentliche Lochbildung: • Parmesan • Sbrinz • Chester, Cheddar • Cantal • Provolone	Italien Schweiz England Frankreich Italien	dreiviertelfett vollfett vollfett und Rahmstufe dreiviertelfett bis vollfett	• zum Frischverzehr • als Reibekäse für Spaghetti, Minestrone und Risotto • als Reibekäse, auch als würzender Bestandteil von Käse-Fondue; zu Welsh Rarebit (Käsetoast) und zum Überbacken • zum Überbacken • zum Backen bzw. Überbacken von Pizza, Cannelloni, Lasagne
Schnittkäse: • Edamer, Gouda • Danbo • Tilsiter	Holland Dänemark Deutschland	dreiviertelfett bis Rahmstufe	• zum Frischverzehr • zum Überbacken von Toastgerichten
Halbfester Schnittkäse: • Italico (Bel paese) • Esrom • Butterkäse, Steinbuscher, Weißlacker, Bierkäse	Italien Dänemark Deutschland	fett bis Rahmstufe	• zum Frischverzehr
mit Innenschimmel: • Roquefort, Fromage bleu • Danablu • Gorgonzola • Bavaria blu • Stilton	Frankreich Dänemark Italien Deutschland England	vollfett bis Doppelrahmstufe	• zum Frischverzehr • zum Überbacken von Toastgerichten und Obst (z. B. Birne mit Roquefort) • fein gerieben in Salatsoße
Weichkäse mit Schmierebildung: • Limburger, Romadur • Münster • Weinkäse	Deutschland Frankreich Deutschland	halbfett bis Rahmstufe vollfett und Rahmstufe	• zum Frischverzehr
mit Schimmelbildung: • Camembert • Brie	Frankreich Frankreich	dreiviertelfett bis Doppelrahmstufe vollfett bis Rahmstufe	• zum Frischverzehr, Fritieren und Überbacken
Frischkäse: • Speisequark • Rahmfrischkäse • Doppelrahmfrischkäse • Schichtkäse (gallertartig) • Cottage cheese • Mozarella	 Italien	mager bis fett Rahmstufe Doppelrahmstufe viertelfett bis vollfett	• zum Frischverzehr • als Bestandteil von Salatsoßen • zum Kochen, Braten, Würzen
Sauermilchkäse mit Schmierebildung: • Harzer, Mainzer, Handkäse	Deutschland	Magerstufe	• zum Frischverzehr (mit Butter und Zwiebeln)
mit Schimmelbildung: • Handkäse, Korbkäse	Deutschland	Magerstufe	• zum Frischverzehr

3. **Beispiele für Verwendung von Käse**

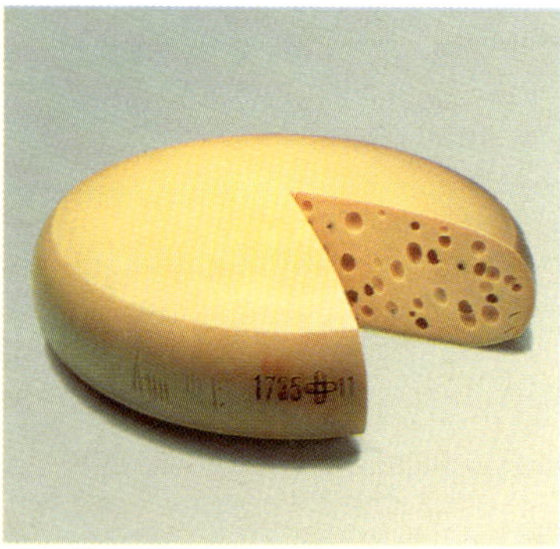
Emmentaler

Greyerzer

Sbrinz

Edamer

Butterkäse

Edelpilzkäse

Münster

Brie

Camembert

Cottage Cheese

Harzer Käse

Korbkäse

Gemüseplatte, Gemüseteller

Zutaten für 4 Portionen

Glasierte Karotten

200 g Karottenstäbchen,
20 g Butter, Salz, 15 g Zucker

Karotten in Butter anschwitzen, salzen und zuckern, wenig Flüssigkeit untergießen und zugedeckt dünsten. Am Ende der Garzeit die Flüssigkeit soweit einkochen, dass sie das Gemüse sirupartig überzieht.

Bohnenbukett

200 g gekochte Prinzessbohnen, Salz, Pfeffer, 4 hauchdünne Speckscheiben, 10 g Butter

Bohnen würzen, 4 Bündel mit Speck umwickeln und in einer gebutterten Pfanne im Ofen erhitzen.

Blumenkohlröschen, Brokkoliröschen

200 g Blumenkohlröschen/Brokkoliröschen, Salz, Zitronensaft, 4 Teelöffel Mornaysoße oder braune Butter mit gerösteten Mandelblättchen oder gerösteten Weißbrotkrumen

Blumenkohlröschen/Brokkoliröschen würzen, dämpfen und mit Soße oder Butter überziehen.

Provenzalische Tomaten

4/2 Tomaten, Salz, Pfeffer,
10 g Butter, 20 g Zwiebelwürfel,
10 g geriebenes Weißbrot, Knoblauch, gehackte Kräuter,
10 g geriebener Käse

Tomatenhälften würzen, in eine Pfanne setzen und mit einer Mischung aus in Butter angerösteten Brotkrumen, angeschwitzten Zwiebelwürfeln, Knoblauch, Kräutern und Käse bedecken. Im Ofen bei 200 °C 6 Minuten garen.

Stangenspargel auf holländische Art

4 gekochte Spargelstangen
4 Teelöffel Holländische Soße

12 Gemüse, Pilze und Salate

12.1 Gemüse

Gemüse sind Teile von Pflanzen, die roh oder gegart verzehrt werden. Durch ihren geringen Gehalt an Fett und verdaulichen Kohlenhydraten ist ihr Energiewert niedrig. Sie spielen deshalb bei allen Kostformen, bei denen die Energiezufuhr einzuschränken ist, eine wichtige Rolle. Die Bedeutung der Gemüse für die Ernährung beruht hauptsächlich auf ihrem Geschmackswert, ihrem Gehalt an Vitaminen, Mineralstoffen und Ballaststoffen.
Um Geschmacks- und Wirkstoffe weitgehend zu erhalten, sollte Gemüse möglichst frisch zubereitet werden. Während der notwendigen Lagerung ist Gemüse kühl und dunkel aufzubewahren (2 °C bis 8 °C bei ca. 90 % Luftfeuchtigkeit).
Viele rohe und gegarte Gemüse können als Rohkost bzw. Salat Verwendung finden.

Vorbereitende Arbeiten bei Gemüse
Die meisten Gemüsearten werden nach dem Waschen geschält oder geputzt. Wenn Gemüse zerkleinert wird, ist exaktes Schneiden wichtig, damit es gut aussieht und alle Stücke zur gleichen Zeit gar sind.
Bei einigen Gemüsearten ist das Blanchieren in kochendem Wasser sinnvoll, da es

- die Keimzahl stark verringert,
- bei grünen Gemüsen wie Bohnen, Erbsen, Spinat, Kohlblätter die Farbe erhält und im Pflanzengewebe enthaltene Luft entweichen läßt, wodurch vor allem Blattgemüse stark zusammenfällt und so leichter zu bearbeiten ist,
- bei Kohlarten und Zwiebelgemüsen störende Geruchs- und Geschmacksstoffe entfernt,
- den Nitratgehalt reduzieren kann.

Blanchieren verursacht Nähr- und Wirkstoffverluste.

Garen und Fertigstellen von Gemüse
Gemüse dürfen auf keinen Fall übergart werden, da durch die Einwirkung von Hitze und Sauerstoff Vitamine zerstört werden und übergarte Gemüse viel von ihrem ursprünglichen Geschmack verlieren. Die richtige Konsistenz gegarter Gemüse ist ein Qualitätskriterium. Überflüssiges Warmstellen ist ebenso zu vermeiden wie übermäßiges Würzen. Bei der Auswahl des Garverfahrens ist schonendem Dünsten oder Dämpfen der Vorzug zu geben. Verfahren mit viel Flüssigkeitszugabe laugen das Gemüse stark aus. Dabei gehen Vitamine und Mineralstoffe sowie ein Teil der Geschmacksstoffe ins Wasser über. Gebräuchliche Garverfahren:

- Kochen in viel Wasser, etwa bei Spargel, Artischocken, Bohnen und Hülsenfrüchten;
- Dämpfen/Überdruckdämpfen im Dampftopf oder Kombinationsgargerät, Überdrucktopf oder Dampfschnellgarer (Steamer);
- Dünsten im eigenen Saft bei wenig Flüssigkeitszugabe im geschlossenen Topf;
- Schmoren durch leichtes Anbraten und anschließendes Garen in Brühe oder Soße;
- Fritieren, bei dem meist panierte (rohe oder gegarte) Gemüse eine braune Kruste erhalten;
- Braten in der Pfanne, bei dem Gemüsescheiben in Öl oder Butter auf beiden Seiten angebräunt werden.

Gefüllte Zucchini

Zutaten für 5 Portionen
5 kleine Zucchini
10 g Öl
30 g Zwiebelwürfel
3 Scheiben frisches Weißbrot
Tomatenfleischwürfel von 2 Tomaten
40 g Käsewürfel (Edamer)
Salz, Pfeffer, Knoblauch,
gehackte Petersilie
1/8 l Fleischbrühe
20 g Butterflocken

Arbeitsgänge

▷ aus den Zucchinihälften mit einem Kugelausbohrer das Fruchtfleisch aushöhlen; einen Rand stehen lassen
▷ das Fruchtfleisch grob hacken
▷ Zwiebeln in Öl anschwitzen und das Fruchtfleisch darin halbgar dünsten
▷ das Weißbrot ohne Kruste reiben und in einer Pfanne anrösten
▷ die Zutaten vermengen und würzig abschmecken
▷ in die gewürzten Zucchinihälften füllen und mit Butterflocken belegen
▷ in wenig Fleischbrühe im Ofen garen

Gemüse wird auch tiefgekühlt oder in Gläsern und Dosen konserviert das ganze Jahr in guter Qualität angeboten. Tiefkühlgemüse ist im Allgemeinen gefroren in kochendem Wasser oder in Dampf zu garen. Konservengemüse ist bereits gegart und braucht nur noch erwärmt, verfeinert und abgeschmeckt zu werden.

Durch Kochen, Dämpfen oder Dünsten gegartes Gemüse kann naturell, mit einer leichten Soße gebunden sowie überbacken serviert werden. Zum Binden eignen sich

- eine helle Soße (Mehlschwitze mit Gemüsefond oder Milch aufgefüllt),
- der mit Mehlbutter gebundene Dünstfond,
- Sahne oder Crème fraîche.

Eine gebräunte Schicht beim Überbacken erzielt man durch Käse- und Butterflocken oder mit Soße, z. B. Mornay- oder Holländische Soße, mit geschlagener Sahne vermischt.

Für Gemüseaufläufe werden gegarte, pürierte Gemüse mit dick gehaltener Béchamelsoße und Eigelb stark gebunden, mit Eischnee gelockert und im Wasserbad im Ofen gegart. Sie fallen schnell zusammen und sollten deshalb rasch serviert werden.

Gemüsepuddings sind mit Ei und Sahne vermischte, pürierte Gemüse, die man im Wasserbad stockt.

Zur Herstellung von Gemüsepürees aus Hülsenfrüchten und Maronen werden die gegarten Gemüse püriert und mit Sahne und Butter verfeinert.

Gemüse mit wenig Stärkegehalt sind roh zu zerkleinern, gar zu dünsten und mit Butter, Sahne oder Crème fraîche zu verfeinern.

Anrichteweisen von Gemüsen

Gemüse kann als Beilage, Vorspeise, Gemüsegang (Einzelgemüse wie Spargel, Artischocken, Schikoree) oder Gemüseplatte angeboten werden.

Optische Vorteile bietet das Anrichten auf Tellern oder Platten, wenn das Gemüse an die übrigen Essensbestandteile garniert wird. Dabei sind folgende Regeln einzuhalten:

- Der Rand von Platte/Teller darf nicht belegt werden.
- Die Soße gebundener Gemüse muss so knapp bemessen sein, dass andere Speisen nicht beeinträchtigt werden. Besser ist ein Nappieren mit aufgeschlagener Soße oder Bepinseln mit heißer Butter.
- Es ist auf farbliche Harmonie zu achten.

Teilweise wird Gemüse wie Spargel oder Artischocken auf Fleisch oder Fisch als Garnitur angerichtet oder wie Blattspinat oder Paprikagemüse als Sockel verwendet. Beispiele für Gemüse-Mischgerichte:

- Leipziger Allerlei, ein leicht gebundenes Gemüsegericht aus kleinen Karotten, feinen Erbsen, Spargelstücken, Morcheln und Blumenkohlröschen (auch mit Krebssoße gebunden und mit Krebsschwänzen garniert).
- Ratatouille, ein Gemüseragout aus Auberginen, Zucchini, Paprikaschoten, Zwiebeln und Tomaten, mit Knoblauch und Kräutern gewürzt.

1. Zählen Sie vier Gründe auf, warum in jedem Menü Gemüse, roh oder gegart, vorkommen sollte.
2. Welche Garverfahren sind bei Gemüse zu empfehlen?
3. Nennen Sie fünf Gemüsearten der Saison.

Spinatpudding
(Flan)

Zutaten für 5 kleine Becherformen

250 g blanchierter, gehackter Spinat
2 Eier
1 Tasse Milch oder Sahne
Salz, Pfeffer
Muskat
1/2 fein geriebene Zwiebel
10 g Butter für die Formen

Arbeitsgänge

▷ alle Zutaten vermischen und würzig abschmecken
▷ in 5 gebutterten Becherformen verteilen
▷ die Formen in einen flachen Topf stellen und mit kochend heißem Wasser zur halben Höhe der Formen auffüllen
▷ den Topf zudecken und den Spinatflan unter dem Siedepunkt etwa 25 Minuten garen (pochieren)
▷ beim Anrichten den Flan mit einem Messer vom Becherrand lösen und stürzen

1. Ratatouille, Leipziger Allerlei

2. Stangenspargel mit Schinken

3. Tomaten nach provenzalischer Art

4. Anrichteweisen von Bohnen

Gemüsearten	Hauptsaison	gebräuchliche Zubereitung und Verwendung *(Garniturbestandteil)*
Blütengemüse		
Artischocken (Artichauts)	April bis August	gekocht, ganz mit aufgeschlagener Soße oder Butterzubereitung angerichtet; kalt, mit Vinaigrette-Soße oder einer Majonäsenableitung; Böden gefüllt mit Erbsen oder Spargelköpfen *(Choron)*
Samen-, Fruchtgemüse		
Auberginen (Aubergines)	Juli bis November	halbiert, ausgehöhlt, mit gegarter Fleischmasse (mit Auberginenfleisch vermischt) gefüllt und überbacken; in Scheiben geschnitten, paniert und fritiert oder gebraten; als Ratatouille-Bestandteil
Avocado (Avocado)	Oktober bis April	wird meist roh zu Salaten oder gefüllt als Vorspeise (häufig mit Krustentieren) oder zu Suppen verwendet
Bohnen • Grüne Bohnen (Haricots vert) • frische Bohnenkerne (Flageolets) • getrocknete Bohnenkerne	 Juli bis September Juli bis August	 • gekocht und blanchiert und gedünstet oder gedämpft • wie grüne Bohnen • eingeweicht und gekocht, als Gemüse gebunden oder püriert in Suppen; Bestandteil von Cassoulet (Eintopf mit Geflügel, Schweine- oder Hammelfleisch)
Erbsen • Junge Erbsen (Petits pois) • Zuckerschoten – ganze junge Erbsenschoten – (Pois mange-tout) • getrocknete Erbsen (Pois sec)	 April bis Juli	 • gedünstet oder gekocht und mit Butter verfeinert, auch leicht gebunden auf **französische Art:** leicht gebundene, gedünstete Erbsen mit Streifen von Kopfsalat und Schinken • in Butter gedünstet • eingeweicht und gekocht als Suppe, Püree oder Eintopf
Gurken (Concombres)	Juni bis Oktober	geschnitten und gedünstet oder ganz gefüllt *(Doria);* in kalten oder warmen Suppen
Kürbis (Courge)	Juni bis Oktober	Kürbisfleisch gewürfelt, gedünstet oder geschmort, auch süßsauer eingelegt
Linsen (Lentilles)	(nur getrocknet)	eingeweicht und in Speck gekocht; auch als Linsensuppe oder Püree
Mais/Zuckermais (Mais sucré)	Juli bis September	ganze Kolben gekocht oder gegrillt; Körner gedünstet oder gekocht zu Salaten
Maronen (Marons)	September bis Dezember	gedünstet und glasiert; als Maronenpüree und für Füllungen und Suppen
Okra/Gombo	Juni bis September	blanchiert und gedünstet, mit Sahne gebunden, auch überbacken; blanchiert durch Backteig gezogen und fritiert
Paprika (Piments doux)	Juli bis Oktober	ganz gefüllt und geschmort; in Streifen geschnitten und gedünstet; als Soßenbestandteil
Tomaten (Tomates)	Juni bis November	roh ausgehöhlt und gegart, mit Gemüsen (Erbsen, Spargel, Mais) gefüllt oder gratiniert; als Rohstoff für Suppen und Soßen; als Tomatenfleischwürfel (franz.-Tomates concassées)
Zucchini (Courgettes)	September bis März	halbiert, ausgehöhlt und gefüllt, im Ofen gegart oder in Scheiben geschnitten; paniert und gebraten bzw. fritiert; als Ratatouille-Bestandteil
Zwiebelgemüse		
Lauch/Porree (Poireaux)	Juni bis Januar	halbiert, blanchiert und gedünstet oder geschmort oder in Stücke geschnitten, blanchiert, gedünstet und mit Béchamelsoße und Sahne gebunden; für Suppen und Lauchkuchen
Zwiebeln (Oignons)	Juli bis Februar	roh ausgehöhlt, mit Fleischfüllung gefüllt und geschmort; zur Suppen- und Soßenherstellung; für Zwiebelmus und Zwiebelkuchen; Ringe durch Backteig gezogen und fritiert; kleine Zwiebeln als Perl- oder Silberzwiebeln sauer eingelegt oder glasiert

1. Gemüsearten: Blütengemüse, Samen- und Fruchtgemüse, Zwiebelgemüse

Gemüsearten	Hauptsaison	gebräuchliche Zubereitung und Verwendung (Garniturbestandteil)
Wurzelgemüse		
Karotten, kugelförmig	Juni bis Dezember	in Scheiben, Würfel oder Stäbchen geschnitten, gedünstet und glasiert. Für Garnitur *(Chipolata).* Karotten Vichy: Scheiben in Mineralwasser gedünstet
Möhren, walzenförmig (Carottes)	ganzjährig	gedünstet oder glasiert, tourniert und gegart
Speiserübchen (Navets)	Mai bis Juni oder	gedünstet und glasiert, zu Püree verarbeitet, als Bestandteil von Eintopfgerichten und Lammragouts
Teltower Rübchen (Navets de Teltow)	Oktober bis März	gedünstet und glasiert
Schwarzwurzel (Salsifis)	Oktober bis Februar	gekocht oder gedünstet, auch paniert und fritiert
Knollensellerie (Céleri-rave)	August bis April	vorgekocht, in Scheiben geschnitten, paniert und in der Pfanne gebraten
Blattgemüse		
Schikoree (Chicorée sauvage)	November bis März	blanchiert und gedünstet oder geschmort, auch mit Käse überbacken
Fenchel (Fenouil)	November bis April	gedünstet oder geschmort, auch überbacken oder paniert und fritiert
Kopfsalat (Laitue)	Mai bis September	blanchiert, gedünstet oder geschmort, auch überbacken
Mangold (Bette)	Juni bis September	Blätter wie Spinat, Stengel wie Spargel zubereitet
Spinat (Epinards)	März bis Juni und September bis November	blanchiert und gehackt als Rahmspinat mit Béchamelsoße und Sahne gebunden; blanchiert und gedünstet als Blattspinat (Florentiner Art). Beachten: Spinat enthält Nitrat, das sich bei warmer Lagerung und beim Wiedererhitzen in gesundheitsschädliches Nitrit umwandeln kann!
Stauden-/Bleichsellerie (Coeurs de céleri/ Céleri en branches)	August bis März	gedünstet oder geschmort, auch überbacken
Kohlarten		
Kopfkohl		
• Weißkohl/Weißkraut (Chou-blanc)	Juli bis Dezember Oktober bis März	• **Bayerischkraut:** in Streifen geschnitten und mit gebräuntem Zucker und Kümmel gedünstet; blanchiert für Kohlrouladen, in Eintöpfen • Durch Milchsäuregärung entsteht aus Weißkraut **Sauerkraut,** das gedünstet, mit Speck, Wein, Ananas, Champagner oder Ähnlichem zubereitet wird.
• Wirsing (Chou de Milan)	Juni bis Dezember	• meist blanchiert, geschnitten und gedünstet, auch gebunden; ganze Blätter zum Einwickeln von zartem Fleisch oder Fisch vor dem Garen
• Rotkohl/Rotkraut (Chou-rouge)	Juli bis Dezember	• in Streifen geschnitten und gedünstet; häufig mit Äpfeln oder Backpflaumen
Blütenkohl		
• Blumenkohl (Chou-fleur)	Mai bis Oktober	• gedämpft oder gekocht, mit Rahmsoße oder aufgeschlagener Soße überzogen, auch überbacken (Dubarry); auf polnische Art: mit gehacktem Ei und Petersilie bestreut und mit heißer Bröselbutter übergossen oder vorgekochte Röschen paniert und fritiert
• Brokkoli (Chou brocoli)	Februar bis April	• gekocht oder gedämpft, wie Blumenkohl fertig gestellt
Blätterkohl		
• Grünkohl (Chou vert)	November bis Februar	• blanchiert, gehackt und mit Speck gedünstet, auch mit Béchamelsoße und Sahne gebunden
• Rosenkohl (Chou de Bruxelles)	September bis Februar	• gekocht oder gedünstet, auch mit Béchamelsoße gebunden; überbacken (Brüsseler Art)
• Kohlrabi (Chou rave)	Mai bis Oktober	• in Blättchen oder Stäbchen geschnitten, gedünstet, Fond mit Mehlbutter und Sahne gebunden
Sprossengemüse		
Spargel (Asperges)	April bis Juni	gekocht, mit einer Butterzubereitung oder aufgeschlagener Soße serviert; gekocht, durch Backteig gezogen und fritiert oder gekocht und überbacken

2. Gemüsearten: Wurzelgemüse, Blattgemüse, Sprossengemüse

1. **Steinpilze ①, Champignons ②, Pfifferlinge ③, Austernpilze ④, Maronen ⑤, Speisemorcheln ⑥**

12.2 Pilze

Speisepilze sind die Fruchtkörper der Pilzpflanze. Sie werden entweder gezüchtet oder gesammelt. Von den etwa 2500 Arten in Mitteleuropa werden nur wenige in der Gastronomie verarbeitet. Da es giftige Arten gibt, sind nur die Pilze zu verarbeiten über deren Genießbarkeit keine Zweifel bestehen.

Pilze enthalten etwa 90 % Wasser, daneben Eiweißstoffe, Kohlenhydrate, geringe Fettmengen und Wirkstoffe. Die Gerüstsubstanz ist Chitin, ein unverdaulicher Vielfachzucker. Der Energiewert der Pilze ist gering und dem von Gemüse vergleichbar. Der Geschmack ist von Art zu Art unterschiedlich und reicht von mild wie bei Champignons bis stark aromatisch wie bei Morcheln (Morilles), Trüffeln (Truffe), Pfifferlingen (Chanterelles) und Knoblauchpilzen (Mousserons).

Weil nicht immer frische Pilze aller Arten zur Verfügung stehen, wird auch konservierte Ware eingekauft. Auf dem Markt ist sterilisierte, getrocknete und gefrorene Ware unterschiedlicher Sortierung und Qualität. Bevorzugt werden kleine und junge Pilze. Bei Champignons wird auf geschlossenene Köpfe Wert gelegt. Zu den Edelpilzen, den geschmacklich hochwertigen Pilzen, zählen Champignons, Pfifferlinge, Steinpilze (Cêpes), Morcheln und Trüffeln. Außer Edelpilzen werden vor allem gezüchtete Austernseitlinge, Shitake-Pilze und Stockschwämmchen angeboten. Butterpilze und Maronenröhrlinge sind meist Hauptbestandteil von Mischpilz-Konserven.

Frisch gesammelte Pilze sind vorwiegend im Sommer und Frühherbst auf dem Markt, Morcheln im Frühjahr.

Bei Trüffeln unterscheidet man den schwarzen Wintertrüffel (bekannteste Sorte: Perigord-Trüffel) und den weißen Sommertrüffel (bekannteste Sorte: Piemonter Trüffel).

Die Vor- und Zubereitung ist bei allen Pilzen ähnlich. Sie werden geputzt, wobei schadhafte Stellen großzügig entfernt werden, und gewaschen. Ganz oder in Scheiben geschnitten werden sie meist gedünstet, selten gebraten. Sie werden zur Suppenherstellung und zur Verfeinerung von Soßen für Fleisch-, Wild- und Geflügelspeisen verwendet.

Pilzgerichte können aus einer Pilzart oder aus Mischungen bestehen. Sie werden – meist mit Sahne verfeinert – mit Eierspeisen angerichtet oder mit stärkehaltigen Beilagen wie Klößen, Kartoffeln oder Spätzle gereicht.

Frische Speisepilze verderben durch Mikrobeneinwirkung sehr schnell und sind dann stark giftig. Sie sollen kühl und luftig aufbewahrt werden. Auch gegarte Pilze können bei unsachgemäßer Behandlung verderben.

Folgende Regeln sind deshalb zu beachten:

- Geöffnete Dosenware in wenigen Tagen verbrauchen und nicht in den Dosen aufbewahren; kühl lagern!
- Beim Warmstellen von Pilzgerichten die Temperatur über 70 °C halten!
- Beim Abräumen rasch abkühlen und kühl stellen.

1. Nennen Sie drei Pilzgerichte mit passenden Beilagen.
2. Bei welchen Hauptgerichten werden Pilze als Garniturbestandteil angeboten?
3. Aus welchen Stoffen bestehen Pilze hauptsächlich? Welche Vorteile für eine gesunde Ernährung können sich daraus ergeben?

2. **Salatbeilagen: Spargel in Vinaigrette-Soße, Gemischter Salat, Griechischer Champignonsalat (oben); Salat mit Thousand-Island-Dressing, Salatkomposition, Salat von Sprossen und Keimlingen (unten)**

12.3 Salatbeilagen

Man unterscheidet zwischen einfachen und zusammengesetzten Salaten (Salade). Zu den einfachen gehören alle Blattsalate wie Kopf-, Schikoree-, Radicchio und Feldsalat und solche, die nur aus einem Gemüse hergestellt sind.
Zusammengesetzte Salate bestehen aus mehreren Rohstoffen und werden, jeder für sich angemacht, nebeneinander auf Tellern oder Platten angerichtet oder beim Anmachen untereinander gemischt und auf Tellern oder in Schüsseln serviert. Bei zusammengesetzten Salaten unterscheidet man auch Salatkompositionen (nebeneinander angerichtet) und gemischte Salate.
Salate mit eiweißreichen Zutaten wie Fleisch, Fisch, Geflügel, Wurst und Käse nennt man kombinierte Salate oder Feinkost-Salate. Sie werden nicht als Beilage, sondern als Vorspeise, kleiner Imbiss oder im Rahmen eines kalten Büfetts angeboten. Kartoffel-, Reis- und Nudelsalate sind stark sättigend.

Vor- und Zubereitung der Salate

Bei Blattsalaten sind die Salatblätter gründlich und behutsam in reichlich kaltem Wasser zu waschen. Dabei ist das Wasser mehrmals zu wechseln. Falls nötig sind die Blätter in mundgerechte Stücke zu teilen oder, wie bei Endivien, in Streifen zu schneiden. Das anhaftende Wasser wird abgetropft oder durch Schleudern entfernt, weil sonst die Soße verdünnt wird und auch nicht am Salat haftet. Blattsalate sind erst kurz vor dem Verzehr anzumachen, damit ihre knackige Struktur und ihr frisches Aussehen erhalten bleiben.
Gurken und Rettiche sollten nicht eingesalzen und ausgedrückt werden, weil ihre Wirkstoffe und ihre Festigkeit verloren gehen (Gurken werden schwer verdaulich). Gegarte Gemüse wie Rote Bete, Karotten, Spargel oder feste rohe Gemüse wie Kraut, Tomaten und Paprikaschoten werden grundsätzlich vorgewürzt (mit Säure, Salz, Pfeffer und Würzsoßen) und nach einiger Zeit der Einwirkung (auch marinieren genannt) mit Salatsoße fertig gestellt.
Beliebt sind Salatbüfetts, bei denen sich der Gast aus einer Anzahl Salaten und Salatsoßen selbst bedienen kann.

Zutaten für Salatsoßen

Öl. Bevorzugt wird ein neutral schmeckendes Pflanzenöl wie Sonnenblumen-, Maiskeim- oder Rapsöl. Zu manchen Salaten passen auch Oliven- oder Nussöl, die jedoch einen ausgeprägten Eigengeschmack haben. Öl kann durch Milchprodukte, die emulgiertes Fett enthalten, ersetzt werden. Salate ohne Öl- oder Fettzusatz entwickeln nicht ihren vollen Geschmack. Im Fett sind wichtige Vitamine enthalten. Karotin (Provitamin A, z. B. aus Möhren) kann der Körper nur in Verbindung mit Fett nutzen. Man sollte daher nur in begründeten Fällen auf Öl bzw. fetthaltige Milchprodukte verzichten.

Säure. Es kommen Essig und Zitronensaft in Frage. Im Allgemeinen enthält Essig 5 % Säure. Es gibt Essig in verschiedenen Geschmacksrichtungen, z. B. Wein-, Sherry-, Himbeer- oder Kräuteressig. Beim Einkauf ist auf Qualität zu achten, da minderwertige Sorten viele Portionen Salat abwerten. Säure ist auch in gesäuerten Milchprodukten wie Jogurt, Quark oder Frischkäse enthalten.

Salatsoße	Zutaten/Herstellung	Verwendungsmöglichkeiten
Vinaigrette-Soße	1 Tasse Essig, Salz, Pfeffer mit 2 Tassen Öl verrühren, Zwiebelwürfel, Salatkräuter; Erweiterung: Ei-, Paprika-, Tomatenfleischwürfel	Blattsalate, Tomatenscheiben, Paprikastreifen, gekochte grüne Bohnen und Bohnenkerne, gegarte Möhren-, Sellerie- und Rote-Bete-Scheiben mit dem Buntmesser geschnitten, rohe Champignonscheiben, gegarte kleine Champignonköpfe, Blumenkohlröschen, Spargel, Artischockenböden und Artischockenherzen, geraspelter Rettich
Sahne-Kräuter-Dressing	1 Tasse Sahne, 1 Esslöffel Quark, Salz, Pfeffer, Petersilie, Schnittlauch, Dill und Zitronensaft	Blattsalate, Tomatenscheiben, Gurkenscheiben oder -stifte, gegarte Fenchelstreifen, Rettichscheiben, Staudenselleriescheiben, Sprossen, Keimlinge
Jogurt-Frucht-Dressing	1 Tasse Jogurt, 3 Esslöffel Fruchtsaft oder -mark, 2 Esslöffel Fruchtstücke, Zucker, Salz, Zitronensaft	Blattsalate, besonders Radicchio und Eisbergsalat, geraspelte Möhren, Sprossen und Keimlinge, gegarte Maiskörner, Paprikarauten, gegarte Staudensellerie, Maiskörner, Selleriescheiben
Thousand-Island-Dressing	2 Tassen Majonäse, je 1 Tasse Sahne und Chilisoße, Salz, Pfeffer, Zitronensaft, Paprikaschotenwürfel	Blattsalate, rohe Champignonscheiben, Zucchinischeiben, Sprossen und Keimlinge, gegarte Sellerie- oder Möhrenscheiben; Maiskörner, Bohnenkerne, Blumenkohlröschen, Spargel

1. Salatsoßen und ihre Verwendung

Salz. Es ist nur feinkörniges Salz zu verwenden. Vor der Ölzugabe muss es in Essig bzw. Zitronensaft aufgelöst werden.

Zucker. Feine Sorten lösen sich besser auf. Zucker rundet den Geschmack der Salate ab.

Pfeffer. Frisch gemahlen kommt sein Geschmack am besten zur Geltung.

Knoblauch. Er wird fein gepresst oder mit Salz gerieben. Will man nur einen leichten Knoblauchgeschmack, wird die Schüssel mit einer Knoblauchzehe ausgerieben.

Zwiebeln. Je nach Salat werden sie in feinste Streifen oder Würfel geschnitten oder gerieben verwendet. Bei Salaten, die längere Zeit stehen, ist die Zwiebel wegen ihres intensiven Geschmacks zu blanchieren oder kurz in Öl zu erhitzen.

Kräuter. Sie sind erst kurz vor Gebrauch zu zerkleinern. Salatkräuter sind vor allem Petersilie, Schnittlauch, Dill, Kerbel und Zitronenmelisse.

Einteilung der Salatsoßen

Die Begriffe Salatsoße, Marinade und Dressing bedeuten dasselbe in verschiedenen Sprachen und sind deshalb austauschbar. Man unterscheidet drei Hauptgruppen von Salatsoßen.

Essig-Öl-Soßen. Vinaigrette-Soße und French-Dressing sind die klassischen Vertreter dieser Gruppe.
French-Dressing: 1 Tasse Essig, Salz, Pfeffer und Senf verrühren, 2 Tassen Öl tropfenweise einrühren. Für Gurkenscheiben, Eisberg-Salat, Staudensellerie, Zucchini, Sprossen, Keime und gekochte grüne Bohnen.

Salatsoßen auf Milchprodukt-Basis. Die Grundlage bilden Sahne, saure Sahne, Jogurt, Kefir, Dickmilch, Quark, Crème fraîche, Frischkäse oder Kombinationen daraus.

Salatsoßen auf Majonäse-Basis. Sie werden mit Sahne auf die gewünschte Konsistenz verdünnt und würzig abgeschmeckt.

Alle Salatsoßen können mit folgenden Zutaten farblich und geschmacklich variiert werden, sofern die Harmonie gewahrt bleibt: Kräuter, Zwiebeln, Knoblauch, Nüsse, grüne Pfefferkörner, Senf, Tomaten-Ketchup, Tomatenfleischwürfel, Paprikaschotenwürfel, Cognac, Chilisoße, passierter Edelpilzkäse, Fruchtsäfte und Fruchtstücke sowie Milchprodukte.

1. Wodurch unterscheiden sich Salatkompositionen von gemischten Salaten?
2. Aus welchen Zutaten können Salatsoßen bestehen?
3. Welche Zutaten sind für eine Salatsoße nötig?
4. Warum ist bei allen Salatsoßen ein fetthaltiges Milchprodukt bzw. Öl ein Bestandteil der Rezeptur?
5. Welche drei Hauptgruppen von Salatsoßen unterscheidet man? Nennen Sie zwei Vertreter dieser Gruppen.
6. Nennen Sie vier Salatsoßen, die für Gurkensalat in Frage kommen.
7. Bei welchem Gang des Menüs können Salate angeboten werden? Begründen Sie Ihre Antwort.
8. Zählen Sie je vier Salate auf, die aus rohen bzw. gegarten Zutaten bestehen.
9. Welche Vorteile kann ein Salatbüfett für den Betrieb bzw. die Gäste bieten?

Kartoffel-Lauch-Kuchen

Zutaten für 8 Portionstücke

800 g Kartoffeln
Salz, Muskat
20 g Butter
300 g Lauchstreifen
2 Knoblauchzehen
1/8 l Sahne
Salz, Pfeffer, Muskat
30 g Butter
zum Garnieren: 8 ausgebohrte Karottenhalbkugeln 8 Lauchrauten

Arbeitsgänge

▷ Kartoffeln 12 Minuten halb gar kochen, schälen, raspeln und würzen
▷ Lauchstreifen mit Knoblauch in Butter anschwitzen
▷ mit Sahne und den Würzmitteln etwa 5 Minuten verkochen
▷ würzig abschmecken
▷ 20 g Butter in einer Pfanne von 24 cm Durchmesser erhitzen
▷ die Hälfte der geraspelten Kartoffeln etwa 1 cm hoch darin verteilen und fest andrücken; anbraten
▷ Lauchmasse aufstreichen, übrige Kartoffeln darauf verteilen, fest drücken und stürzen
▷ in 10 g Butter ebenfalls anbraten, anrichten, 12 Kuchenstücke schneiden und garnieren

13 Sättigungsbeilagen

Durch ihren Stärke- und Eiweißgehalt wirken Speisen aus Getreide und Kartoffeln sättigend. Eine ausgewogene Ernährung sollte zu mehr als einem Drittel der täglichen Energiezufuhr aus Stärke bestehen, die durch Brot und Sättigungsbeilagen aufgenommen wird.

Stärke ist, wenn sie in genügend Wasser erhitzt wurde, leicht verdaulich. Da sie neutral schmeckt, lassen sich Sättigungsbeilagen passend zu warmen Vorspeisen und Hauptgerichten zubereiten.

Am häufigsten werden folgende Sättigungsbeilagen verzehrt:

Kartoffeln (Pommes de terre). In gedämpfter, pochierter, gekochter, pürierter, gebratener, gebackener oder fritierter Form. Eine Vielzahl von Kartoffelbeilagen erhält man, wenn die Rezepturen durch Zusätze, unterschiedliche Formgebung oder Panierung abgewandelt werden.

Teigwaren (Pates). Aus Mehl, Grieß und Wasser, oft auch mit Ei hergestellt und teilweise getrocknet, z. B. Nudeln, Spätzle, Spagetti. Bei Bedarf werden sie in reichlich Wasser gekocht.

Klöße, Knödel und Nocken. Sie werden sowohl aus Kartoffeln als auch aus Grieß, Mehl oder Brot bzw. Brötchen (Semmeln) zubereitet.

Reis (Riz). Für Beilagen verwendet man gekochten oder gedünsteten Langkornreis, den man mit Gewürzen, Pilzen, Gemüsen oder Schalenobst wie Nüssen oder Pistazien, farblich und geschmacklich abwandeln kann.

13.1 Kartoffeln

Kartoffelknollen sind die Speicherorgane der Kartoffelpflanze. Neben etwa 75 % Wasser enthalten sie durchschnittlich 17 % Stärke, 0,5 % Zucker und Vitamin C.

Speisekartoffeln werden nach ihrem Stärkegehalt eingeteilt: festkochende (bis 14 %) vorwiegend-festkochende (14 % bis 16 %) und mehlig-festkochende (über 16 %). Festkochende (z. B. Erstling, Hansa) eignen sich für Kartoffelsalat und wie die vorwiegend-festkochenden Sorten (z. B. Hella, Sieglinde, Grata) für Pell-, Salz- und Bratkartoffeln. Bintje, Irmgard oder Datura sind als mehligfestkochende Sorten für Kroketten, Püree, Klöße und Kartoffelpuffer/Reibekuchen geeignet.
Geschälte Kartoffeln bewahrt man in kaltem Wasser auf um eine Verfärbung zu vermeiden. Beim Garen in der Schale entstehen weniger Auslaugverluste.

Zubereitungsarten und Anrichteweisen

Um ein gleichmäßiges Garen und ein appetitliches Aussehen zu erreichen sind Kartoffeln exakt zu schneiden und zurechtzuschneiden (tournieren).
Fritierte Kartoffeln dürfen nicht zugedeckt werden, weil sonst die knusprige Kruste durch den sich bildenden Dampf aufweicht.

Kartoffelbeilagen können in Beilagenschalen oder neben die Hauptgerichte gelegt werden und wirken in entsprechender Form, beispielsweise tourniert bzw. dressiert, dekorativ.

Bezeichnung	Form, Fertigstellung	als Beilage geeignet für ...
roh, ohne Schale zubereitet (Kartoffeln mit wenig bis mittlerem Stärkegehalt		
• Salzkartoffeln (Pommes à l'anglaise) • Dampfkartoffeln (Pommes vapeur)	• in Stücken oder tourniert, in Salzwasser gekocht • in Stücken oder tourniert, gesalzen und gedämpft	Eierspeisen, helle Fleischgerichte, gekochtes Rindfleisch, Fischgerichte
roh fritierte Kartoffeln		
• Stäbchenkartoffeln (Pommes frites) • Waffelkartoffeln (Pommes gaufrettes) • Strohkartoffeln (Pommes paille) • Streichholzkartoffeln (Pommes allumettes)	• bei 140 °C vorgebacken, bei 180 °C fritiert • mit dem Universalhobel in löchrige Scheiben geschnitten • in feine Streifen geschnitten • in Streichholzform geschnitten	kurzgebratenes und gegrilltes Fleisch und Geflügel
im Ofen gegarte Kartoffelscheiben		
• Annakartoffeln (Pommes Anna) • Bäckerinkartoffeln (Pommes boulangère) • gratinierte Kartoffeln Dauphiner Art (Gratin de pommes Dauphinoise)	• ziegelartig in runde Form eingesetzt und mit Butter gegart • mit Zwiebelstreifen und Fleischbrühe gegart • in 3 cm hoher Form mit Milch und Sahne (evtl. Ei), Knoblauch und geriebenem Käse gegart	Braten von Schlachtfleisch und Geflügel
in der Pfanne gebraten (meist vorgekocht)		
• Nusskartoffeln (Pommes noisettes) • Pariser Kartoffeln (Pommes parisiennes) • Schlosskartoffeln (Pommes château) • Elsässer Kartoffeln (Pommes alsaciennes)	• kugelförmig ausgebohrt • kugelförmig ausgebohrt, in Fleischglace gerollt • länglich-oval tourniert • würfelförmig, mit Speck- und Zwiebelwürfeln	Steaks und Koteletts von Schlachtfleisch und Fisch (gebraten)
in Fleischbrühe gekocht		
• Bouillonkartoffeln (Pommes en bouillon)	würfelig geschnitten, mit feinen Gemüsewürfeln (Brunoise)	zu gekochtem Rindfleisch
roh, fein gerieben, mit Grießbrei oder pürierten, gekochten Kartoffeln gelockert (stärkereiche Kartoffeln)		
• Klöße aus rohen Kartoffeln	zu Kugeln geformt, geröstetes Weißbrot in der Mitte und in viel Wasser gegart	fette Speisen wie Gänse- oder Schweinebraten oder Sauerbraten
in der Schale gegarte Kartoffeln, geschält (Kartoffeln mit wenig oder mittlerem Stärkegehalt)		
• neue Kartoffeln (Pommes nouvelles) • Bratkartoffeln (Pommes sautées) • Lyoner Kartoffeln (Pommes lyonnaises) • Berner Rösti (Pommes à la bernoise) • Rahmkartoffeln (Pommes à la crème)	• in Butter angeschwenkt oder naturell serviert, auch mit Kräutern vermischt • Kartoffelscheiben in der Pfanne gebraten • Bratkartoffeln mit Zwiebelstreifen • geraspelt und (evtl. mit Speck) in der Pfanne in Form eines Pfannkuchens gebraten und angerichtet • warme Kartoffelscheiben, mit Rahm-Béchamelsoße gebunden	Spargelgerichte, Matjes kurzgebratene und sautierte Speisen aus Schlachtfleisch und Innereien geschnetzeltes Kalbfleisch und andere sautierte Gerichte gebratene Fleischgerichte

1. Kartoffelgerichte

Kartoffel-Zucchini-Gratin

Zutaten für 4 Portionen

500 g geschälte Kartoffeln,
40 g Butter, 300 g Zucchini, Salz,
Pfeffer, 1 kleine Knoblauchzehe,
je 1/8 l Sahne und Milch,
30 g geriebenen Emmentaler

Arbeitsgänge

▷ Kartoffeln in 3 mm dicke Scheiben schneiden; Zucchini waschen und in 4 mm dicke Scheiben schneiden
▷ den Backofen auf 180°C vorheizen
▷ die Knoblauchzehe schälen, fein hacken, mit Salz vermischen und zerreiben; unter die Zucchini mischen
▷ Auflaufform mit Butter ausstreichen
▷ Kartoffel- und Zucchinischeiben ziegelartig einsetzen; würzen
▷ die Sahne und Milch darübergießen und den Käse daraufstreuen
▷ Butterflocken auflegen und im Ofen 35 Minuten bei 180 °C garen

Abwandlungen

▷ Anstelle Zucchini Lauch- oder Steinpilzscheiben verwenden

Knödel/Klöße von gekochten Kartoffeln

Zutaten für 4 Portionen

600 g gekochte und geschälte Kartoffeln, 150 g Mehl, Salz, geriebene Muskatnuss, 20 g geröstete Weißbrotwürfel, 2 Esslöffel Bröselschmelze

Arbeitsgänge

▷ Kartoffeln durch die Presse drücken
▷ Mehl, Eier, Salz und Muskatnuss dazugeben
▷ zu einem Teig verkneten und abschmecken
▷ mit bemehlten Händen Klöße/-Knödel formen, dabei geröstete Weißbrotwürfel ins Zentrum der Kugeln drücken
▷ in reichlich kochendes Salzwasser legen, aufkochen und 15 – 20 Minuten gar ziehen (nicht kochen)
▷ beim Anrichten mit schäumender Bröselschmelze übergießen

Kartoffelzubereitungen – eine Auswahl

① Pommes frites
② Streichholzkartoffeln
③ Strohkartoffeln
④ Waffelkartoffeln
⑤ Gratin Dauphiner Art
⑥ Chips
⑦ Annakartoffeln
⑧ Klöße
⑨ Pariser- und Schlosskartoffeln
⑩ Bäckerinkartoffeln
⑪ Berner Rösti
⑫ Bouillonkartoffeln

1. **Kartoffelzubereitungen (Auswahl)**

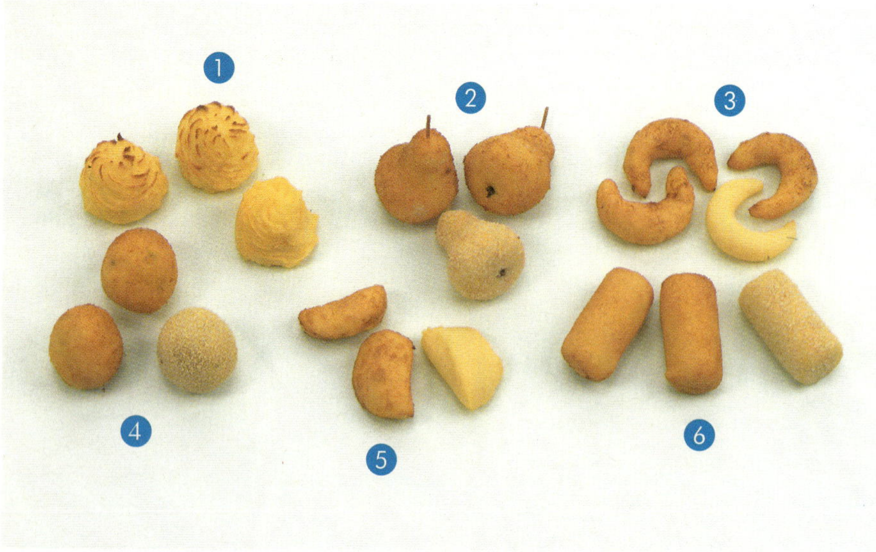

Kartoffelgerichte aus Duchesse- und Dauphine-Masse

① Herzoginkartoffeln

② Williamskartoffeln

③ Lorettekartoffeln

④ Bernykartoffeln

⑤ Kronprinzessinkartoffeln

⑥ Kartoffelkroketten

1. Kartoffelgerichte aus Duchesse- und Dauphine-Masse (je ein Stück ungegart)

Bezeichnung	Form/Garmethode/Fertigstellung	als Beilage geeignet für...
mit Milch, Butter und Sahne verfeinert		
Kartoffelpüree (Purée de pommes)	Zutaten werden zügig zu einem lockeren Brei vermischt, beim Anrichten mit Butter beträufeln	gebratene und geschmorte Fleischgerichte, Innereien und gedünsteten Fisch
mit Eigelb gebunden (Krokett- oder Duchesse-Masse)		
• Kartoffelkroketten (Croquettes de pommes) • Bernykartoffeln (pommes Berny) • Herzoginkartoffeln (Pommes Duchesse)	• walzenförmig (max. 5 cm lang, 2 cm Durchmesser), in Ei und Brösel paniert, fritiert • Krokett-Masse mit gehackten Trüffeln vermischt, zu Kugeln geformt und in Mandeln paniert, fritiert • Kartoffelmasse mit Butterzusatz zu Rosetten gespritzt oder geformt, mit Eigelb bestrichen, im Ofen gebacken	kurzgebratene und gebratene Fleisch-, Wild- und Geflügelgerichte
mit Brandmasse gebunden (Dauphine-Masse) und fritiert		
• Dauphine- oder Kronprinzessin- oder Thronfolgerinkartoffeln (Pommes Dauphine) • Lorettekartoffeln (Pommes Lorette)	• mit einem Esslöffel zu Nocken oder Klößchen abgestochen • Dauphine-Masse mit Käse vermischt und zu kleinen Hörnchen geformt	kurzgebratene und gebratene Fleisch-, Wild- und Geflügelgerichte
mit Mehl (und evtl. Grieß) und Ei gebunden und pochiert		
• Klöße aus gekochten Kartoffeln • Kartoffelnudeln, Schupfnudeln	• zu Kugeln geformt, geröstete Weißbrotwürfel in der Mitte; beim Anrichten gebuttert oder geschmelzt • Klöße-Masse zu fingergroßen, an den Enden spitz zulaufenden Nudeln geformt, kurz gekocht (ein bis zwei Minuten), gut abgetropft in der Pfanne gebraten	fette oder soßenreiche Speisen wie Gänse- oder Schweinebraten, Pilzgerichte, Sauerbraten, Gulasch, Ragouts, Schmorbraten Gerichte mit Sauerkraut, Braten, Wild- und Pilzgerichte

2. Gerichte aus gekochten und pürierten Kartoffeln

Spätzle

Zutaten für 4 Portionen

300 g Mehl
4 Eier
1 Kaffeetasse Wasser
Salz, wenig Muskat

Arbeitsgänge

▷ Mehl sieben und mit den übrigen Zutaten in einer Schüssel 8 Minuten verkneten
▷ den Teig vom Schüsselrand kratzen und 15 Minuten zugedeckt ruhen lassen
▷ 5 l Salzwasser in einem breiten Topf aufkochen
▷ eine kleine Teigmenge auf ein angefeuchtetes Brett setzen und mit einer angefeuchteten Palette etwas auseinanderstreichen
▷ mit der Palette dünne Teigstreifen ins kochende Wasser schaben; dabei die Palette und den Teig auf dem Brett öfter ins Wasser tauchen, damit der Teig nicht hängen bleibt
▷ die Spätzle 2 Minuten kochen lassen und mit einem Schaumlöffel in reichlich kaltes Wasser legen
▷ die beschriebenen Arbeitsgänge wiederholen, bis der Teig aufgebraucht ist
▷ die Spätzle auf einen Seiher schütten, gründlich mit kaltem Wasser abschwenken und gut abtropfen lassen
▷ bei Bedarf in einer Pfanne mit Butter anschwenken, abschmecken und auf einer vorgewärmten Platte anrichten oder in einem Sieb in heißem Salzwasser erhitzen, gut abtropfen lassen, anrichten und mit wenig Bröselschmelze fertigstellen

Abwandlungen
Käsespätzle: heiß vermischt mit gebräunten Zwiebelwürfeln und lagenweise mit geriebenem Emmentaler Käse in eine Auflaufform geschichtet; mit Käse überbacken

Leberspätzle: anstelle des Wassers 100 g gehackte Leber zur Teigherstellung verwenden.
Leberspätzle können als Einlage für Fleischbrühe eingesetzt oder leicht angebraten, mit Kartoffelsalat oder Sauerkraut, angeboten werden.

13.2 Teigwaren

Man unterscheidet zwischen Grieß- und Mehl-Teigwaren. Deutsche Teigwaren werden fast ausschließlich aus dem Hartweizengrieß des Durumweizens hergestellt.
Die Qualitätseinteilung erfolgt nach dem Eigehalt je kg Mehl oder Grieß:

- **Eierteigwaren:** mindestens 2 1/4 Eier,
- **Teigwaren mit hohem Eigehalt:** mindestens 4 Eier,
- **Teigwaren mit besonders hohem Eigehalt:** mindestens 6 Eier.

Teigwaren mit weniger Eigehalt gelten als eifrei, auf das Fehlen von Ei muss auf der Verpackung nicht hingewiesen werden. Bei Frischeiteigwaren müssen ausschließlich frische Hühnereier verwendet werden. Das Färben von Teigwaren ist verboten. Auch gelblich eingefärbte Klarsichtpackungen sind nicht erlaubt. Zu den Teigwaren besonderer Art zählt man Milch-, Gemüse- (meist Spinat), Kräuter-, Vollkorn-, Graumehl- und Roggenteigwaren.

Zubereitung, Fertigstellung und Anrichteweise
Teigwaren werden kochfertig angeboten und in Salzwasser (1 kg Teigwaren, 5 bis 8 l Wasser, 30 g Salz) gekocht. Sie sind gar, wenn sich beim Durchschneiden kein weißer Kern mehr zeigt. Durch übergaren verlieren Teigwaren ihren Biss. Auch längeres Warmhalten wirkt sich negativ auf die Qualität aus.
Nach dem Abgießen des Kochwassers und kurzem Abbrausen mit heißem Wasser sind die Teigwaren verzehrfertig. Butterzusatz ergibt einen vollmundigen Geschmack. Verbreitet ist ein Abschmelzen mit gebräunter Bröselbutter.
Auf Vorrat gekochte Teigwaren müssen in reichlich Wasser abgeschwenkt werden, damit sie nicht zusammenkleben. Sie sind sehr kühl (etwa 3 °C) und zugedeckt aufzubewahren. Wieder erwärmt werden sie meist in kochendem Wasser. Sie können auch mit Butter in der Pfanne angeschwenkt bzw. im Ofen erhitzt werden. Außer mit Salz kann man mit wenig Muskatnuss würzen.
Das Anrichten erfolgt in Beilagenschalen oder -schüsseln; auch tiefe Platten sind geeignet. Mit Ausnahme der Suppenteigwaren (Fadennudeln, Sternchen, Buchstaben) reicht man Teigwaren als Beilagen zu soßenreichen Gerichten. Besonders hohle und/oder gedrehte Formen wie Makkaroni, Hörnchen, Spätzle, nehmen Soßen gut auf. 50 g bis 70 g getrocknete Teigwaren ergeben etwa 150 g bis 200 g gekochte Teigwaren (eine Portion).

Teigwaren eigener Herstellung
Nudeln und Spätzle sind hierzu am besten geeignet, da zu ihrer Herstellung keine speziellen Geräte nötig sind.
Man bereitet aus Mehl, Ei, Wasser und Salz einen Teig, der für Nudeln sehr fest und für Spätzle zähfließend gehalten wird. Wichtig ist ein ausreichendes Kneten des Teiges, damit genügend Bindung durch die Ausbildung des Klebers entsteht. Unter den Teig können gehackte Kräuter, Spinat oder andere farbintensive Zutaten gemengt werden. Nudelteig wird dünn ausgerollt.
Maultaschen und Ravioli sind gefüllte und gegarte Nudelteig-Taschen. Sie werden in Brühe oder Soße angerichtet oder mit Käse überbacken.

Risotto

Zutaten für 5 Portionen

300 g italienischer Reis (festkochende Sorte)
30 g Butter oder Öl
1 Esslöffel feingeschnittene Zwiebeln
1/8 l Weißwein
1/2 l Fleischbrühe
Salz
10 g geriebener Parmesankäse
10 g Butterflocken
(eventuell Fleischbrühe zum Regulieren von Saftigkeit und Konsistenz)

Arbeitsgänge
▷ Zwiebeln in Öl/Butter anschwitzen
▷ den Reis abspülen und zu den Zwiebeln geben; ebenfalls anschwitzen
▷ mit Wein und Fleischbrühe aufkochen
▷ zugedeckt bei kleiner Hitze etwa 18 Minuten im Ofen bei 180 °C garen
▷ Fleischbrühe (Risotto soll saftig sein), Käse und Butter darunter mengen und abschmecken

Abwandlungen
▷ Fleischbrühe durch Gemüse-, Fisch-, Geflügel- oder Lammbrühe ersetzen
▷ Risipisi (ital: Risi e Piselli): Risotto mit Erbsen vermischen
▷ Safran-, Curry- oder Paprikarisotto: Gemahlene Gewürze unmittelbar vor dem Auffüllen ins mäßig heiße Fett rühren
▷ Pistazien, Trüffel oder Schinken zerkleinern und unterheben

13.3 Reisbeilagen

Für Beilagen wird Langkornreis (Weißreis oder Parboiled Reis) verwendet, der beim Garen im Gegensatz zu Rundkornreis körnig bleibt.
Reis wird bei der industriellen Aufbereitung zuerst von der ihn umgebenden Hülse befreit. Das entstandene Produkt nennt man Natur- oder Braunreis. Er ist noch von der vitamin- und mineralstoffreichen Silberhaut umgeben und besitzt noch den fetthaltigen Keim. Durch den Fettgehalt ist die Haltbarkeit von Naturreis auf 1 Jahr begrenzt.
Naturreis ist ein beliebter Rohstoff der Vollwertküche; seine Garzeit beträgt etwa 25 Minuten. Beim Schälen wird der fettreiche Keim entfernt und die vitamin- und mineralstoffreiche Silberhaut abgeschliffen.
Dieser Weißreis wird mit einer Schutzschicht aus Glukose und Talkum überzogen und ist etwa 2 Jahre haltbar. Vor dem Garen ist er zu waschen.
Parboiled Reis wird noch in der Hülse mit Druck und Dampf behandelt, sodass ein Teil der Wirkstoffe aus der Silberhaut in das Innere des Korns übertreten und beim Schleifen nicht entfernt wird. Auch die Ergiebigkeit und die Kochfestigkeit erhöhen sich durch diese Behandlung. Er braucht nicht gewaschen zu werden.

Zubereitung, Fertigstellung und Anrichteweise

Reis wird entweder in viel Wasser gekocht oder in so viel Flüssigkeit gegart, dass er genügend aufquellen kann und nach dem Garen trocken ist (Verhältnis Reis : Flüssigkeit 1 : 2 bis 1 : 3). Die Gardauer liegt bei beiden Verfahren bei 18 Minuten.

Reis wird in Beilagenschalen oder -schüsseln angerichtet. Durch Einpressen in beliebige Formen (z. B. Schöpfkellen, Tassen, Reisränder, Becher) und anschließendes Stürzen kann man auch hier Abwechslung erreichen. Er wirkt dann, auf Platten oder Tellern zusammen mit der Hauptspeise angerichtet, sehr dekorativ.
Reisbeilagen passen besonders gut zu Gerichten von Fisch und hellem Fleisch. Soße wird gut von Reis aufgenommen. Bei japanischen oder indonesischen Speisen ist Reis als Beilage fast obligatorisch.

Wildreis als Beilage

Wilder Reis ist der Samen eines Wassergrases, der in Kanada oder im Süden der USA gesammelt und zur Haltbarmachung geröstet wird. Er hat eine dünne, längliche Form und dunkle Farbe. Sein Geschmack ist leicht nussartig, sein Preis wegen des geringen Ertrags und der aufwendigen Ernte sehr hoch.
Wildreis wird in viel Wasser gekocht und geht dabei stark auf. Deshalb genügen etwa 40 g pro Portion. Mit Butter verfeinert reicht man ihn zu Geflügel, vor allem Wildgeflügel und kurzgebratenem Kalbfleisch. Wildreis kann unter Langkornreis gemischt werden.
Reis nach Kreolen Art wird halb gar gekocht, abgeschüttet und im Ofen zugedeckt fertiggegart. Anschließend wird der Reis mit Butterflocken vermischt und dabei aufgelockert.

1. Erläutern Sie die Unterschiede zwischen Braunreis, Weißreis, Parboiled Reis, Naturreis und Wildreis.
2. Geben Sie Variationsmöglichkeiten bei Reisbeilagen an.

Brot-/Semmelknödel

Zutaten für 5 Portionen

300 g am Vortag gebackene Brötchen (bayerisch: Semmeln) oder altbackenes Weißbrot
ca. 300 g Milch, 3 Eier, 20 g Butter
2 Esslöffel Zwiebelwürfel, 1 Esslöffel gehackte Petersilie
wenig Salz und geriebene Muskatnuss

Arbeitsgänge

▷ Brötchen oder Brot mit der Kruste in Würfel oder dünne Scheibchen schneiden
▷ die Milch aufkochen und über dem Brot verteilen
▷ etwa 10 Minuten stehen lassen, damit die Milch vom Brot aufgesogen wird und das Brot quellen kann
▷ Zwiebelwürfel in Butter anschwitzen und mit den Eiern, Petersilie, Salz und Muskat unter das Brot mischen
▷ die Masse abschmecken und 30 Minuten ausquellen lassen
▷ 4 l Salzwasser aufkochen, einen Probeknödel formen und pochieren (wenn der Knödel zerfällt, Semmelbrösel unter die Masse mengen)
▷ ca. 80 g schwere Knödel formen und in das kochende Salzwasser legen
▷ kurz aufkochen und 20 Minuten unter dem Siedepunkt gar ziehen lassen
▷ beim Anrichten mit zerlassener Butter bepinseln und mit Petersilie bestreuen

Abwandlungen

▷ Speck- oder Schinkenwürfel mit den Zwiebeln anschwitzen
▷ gedünstete Pilzstücke oder Gemüsewürfel unter die Masse mengen
▷ gegarte, ausgekühlte Knödel in 1 cm dicke Scheiben schneiden und in Butter anbraten
▷ **Serviettenknödel:** Masse in ein gebuttertes Tuch einrollen (Durchmesser der Rolle 6 cm bis 8 cm), an den Enden zusammenbinden und in Salzwasser pochieren; in Scheiben schneiden und abschmelzen

13.4 Backwaren als Beilage

Brot, Klein- und Laugengebäck gehören zu unseren wichtigsten Nahrungsmitteln. Sie werden besonders zu kalten Speisen (Vorspeisen, Fleisch- und Wurstwaren, Büfett), aber auch zu warmen Speisen (Suppen, gebratenen Würsten) verzehrt.
In Bäckereien und Brotfabriken werden Backwaren aus relativ preisgünstigen Rohstoffen rationell produziert und sind deshalb im Vergleich zu anderen Lebensmitteln billig. Sehr frisches Brot, das aufgrund seiner Struktur meist zu kurz gekaut wird, kann bei empfindlichen Personen Magenschmerzen verursachen.

Brot

In Deutschland werden etwa 200 Sorten Brot hergestellt. Mehl und Schrot (grobes Mahlprodukt) von Roggen und Weizen bilden die Grundlage aller Brote. Wasser, Salz und Lockerungsmittel, bei manchen Sorten auch Milch, Zucker und Fett sind weitere Zutaten. Die Mehle und Schrote können je nach Ausmahlungsgrad heller oder dunkler sein und damit mehr oder weniger Ballaststoffe und Wirkstoffe enthalten. Vollkornbrot ist deshalb energieärmer, wirkstoffreicher und von höherem Sättigungswert als helles Brot.
Die gute Backfähigkeit beruht auf dem Klebergehalt des Weizens, der ein gutes Gashaltevermögen und hohe Quellfähigkeit besitzt. Auch Roggen enthält die Klebergrundstoffe Gliadin und Glutenin. Die Ausbildung eines auswaschbaren elastischen Klebers wird aber durch Pentosane (Schleimstoffe) behindert.
Durch Säureeinwirkung (Sauerteig) verbessert sich das Gashaltevermögen des Roggenklebers. Das Lockerungsgas ($C0_2$) wird Brot auf biologische Weise erzeugt, dabei entstehen neben dem Gas Geschmacks- und Aromastoffe, im Hefeteig Alkohol, im Sauerteig zusätzlich Essig- und Milchsäure. Je nach Zutatenmischung und Herstellungsverfahren entstehen Brote unterschiedlicher Form (Lang-, Rund-, Kasten- oder Stangenbrote), heller oder dunkler Farbe und spezifischem Geschmack.
Brot kann einige Zeit gelagert werden. Um Schimmelbildung zu vermeiden, soll es in sauberen, trockenen und gut gelüfteten Behältern bei etwa 15 °C aufbewahrt werden. Da Schimmel gesundheitsschädliche Substanzen an das Brot abgibt, gilt Brot mit Schimmelbefall als verdorben.
Einfrieren von Backwaren ist möglich; je frischer sie eingefroren werden, desto besser. Durch Kühlschrank-Lagerung werden Brot und Brötchen sehr schnell altbacken.
Aus Brot oder Brötchen können Knödel bzw. Klöße zubereitet werden. Zur geschmacklichen Abwandlung können angebratene Speck- oder Schinkenwürfel unter die Masse gemischt werden. Semmelknödel passen zu gebratenem Schweinefleisch und zu soßenreichen Gerichten, besonders zu Wild und Sauerbraten.

1. Worin unterscheidet sich die Weizen- von der Roggenbrot-Herstellung?
2. Es wird behauptet, dass helles Brot weniger gesund sei als dunkle Brotsorten. Nehmen Sie Stellung.
3. Nennen Sie Möglichkeiten der Verwendung von altbackenen Brötchen.
4. Wie ist mit angeschimmeltem Brot zu verfahren?

1. Kleingebäck

2. Spezialbrote

Kleingebäck

Darunter versteht man Gebäckstücke, die pro Stück unter 250 g wiegen. Die Beliebtheit von Kleingebäck ist auf die knusprige und lockere Beschaffenheit und den hohen Krustenanteil zurückzuführen. Auch das appetitliche Aussehen und die Vielfalt der Formen und Geschmacksvarianten, die durch unterschiedliche Teigzusammensetzung und -zusätze sowie das Bestreuen mit Samenfrüchten erreicht wird, führt dazu, dass Kleingebäck dem Brot häufig vorgezogen wird.

Laugengebäck

Vor dem Backen werden die Kleingebäck-Teiglinge in verdünnte Natronlauge getaucht. Dadurch erhalten sie beim Backen ihre charakteristische Bräunung und den arteigenen Geschmack.

Spezialbrote

Sie können zu einem abwechslungsreichen Angebot beitragen. Zu den Spezialbroten zählen:

- **Holzofenbrote,** die im direkt beheiztem Ofen bei hoher Anfangshitze gebacken werden. Wegen ihrer kräftig ausgebildeten und aromatischen Kruste reicht man sie zu würzig-deftigen kalten Speisen und Suppen.
- **Pumpernickel,** der aus Roggenvollkornschrot nach kräftiger Sauerteigführung und mindestens 16-stündigem Backprozess in Dampfkammern bei mäßiger Hitze herge stellt wird.

  Das dunkle und saftige Brot erhält dabei einen ausgeprägt süßlichen Geschmack. Da es nach dem Verpacken sterilisiert wird, ist es lange haltbar.

  Pumpernickel isst man vor allem zu herzhaften kalten Speisen wie Käse und geräuchertem Schinken.
- **Grahambrot,** das als kochsalzarmes Diätbrot ursprünglich aus Weizenvollkornschrot und Wasser ohne weiteren Zusatz durch spontane Gärung gelockert wird.
- **Steinmetzbrot,** das aus Getreide hergestellt wird, bei dem durch ein spezielles Schälverfahren nur die Frucht- und nicht die Samenschale abgetrennt wurde.
- **Knäckebrot,** ein wasserarmes, sprödes Trockenflachbrot, das in sehr vielen Geschmacksrichtungen angeboten wird. Es ist lange haltbar und sehr bekömmlich.
- **Toastbrot,** aus hellem Mehl (Typ 550) oder aus dunkleren Mehlen und mit Zusatz von Ölsaaten (Leinsamen, Sonnenblumenkerne usw.).

1. Welche Rohstoffe kommen für Sättigungsbeilagen in Frage? Begründen Sie.
2. Warum ist die Auswahl der richtigen Kartoffelsorte für ein bestimmtes Kartoffelgericht so wichtig?
3. Nennen Sie Zutaten für Kartoffelkroketten. Welche Garmethode wird angewendet? Zu welchen Speisen passen sie?
4. Nach welchem Qualitätsmerkmal werden Teigwaren eingeteilt?
5. Beschreiben Sie drei Möglichkeiten Teigwaren fertig zu stellen.
6. Nennen Sie drei Speisen, zu denen Reis gut passt.
7. Nennen und begründen Sie die Brotlagerungsregeln.
8. Warum bevorzugen viele Gäste Kleingebäck?
9. Nennen Sie fünf Spezialbrote und ihre Besonderheiten.

	Süßspeisen
Obst und Früchte	• als Obstsalat oder Kompott • in Eisbechern • mit Krems, Gelees, Fruchtsoßen • in Quark und Jogurtspeisen • als Kuchenbelag • in Bierteig fritiert (Beignets) • als Füllung für Strudel • als flambierte Früchte
Krems und Gelees	• Bayerischer Krem • Fruchtkrem, Schaumkrem • Charlotten • Fruchtgelee • Weingelee
Eierspeisen	• Fruchteis für Eisbecher, Sorbet, Eis-Punsch • Kremeis für Eisbecher, Eisbombe (Mantel) • Rahmeis Eisbombe, Fürst-Pückler-Eis, Eistorte, Eisauflauf (Soufflé)

3. Süßspeisen; rot: warm zu servierende Speisen

	Nachtisch und Gebäck	
aus Teigen	Hefeteig	Savarin, Baba, Bienenstich
	Strudelteig	Obst- oder Quarkstrudel
	Mürbeteig	Torteletts oder Kuchen mit Obst
	Blätterteig	gefüllte Teigtaschen, Holländer Kirschschnitten, Apfel im Schlafrock
	Pfannkuchenteig	Crêpes, gefüllte Pfannkuchen
	Bierteig	Fruchtkrapfen (Beignets)
aus Massen	Biskuit-Masse	Roulade mit Krem- oder Konfitüre-füllung,
	Wiener Masse	Kuchen- oder Tortenboden
	Brand-Masse (Brüh-Masse)	Puddings, Aufläufe, Eclairs, Windbeutel, Spritzkuchen
	Schaum-Masse (Baiser-Masse, Meringen-Masse)	als Schale oder Rosetten, mit Eis und geschlagener Sahne

4. Nachtisch, Gebäck; rot: warm zu servierende Speisen

14 Süßspeisen

Süßspeisen bilden bei den meisten Speisefolgen den krönenden Abschluss. Käse kann sowohl anstatt als auch vor oder nach der Süßspeise gereicht werden, warm servierte Süßspeisen in jedem Fall vor dem Käse.

Süßspeisen sollen durch geschmackliche Zusammensetzung und durch dekorative Aufmachung bestechen. Da die Gäste weitgehend gesättigt sind, legen sie beim Dessert mehr Wert auf Qualität als auf Quantität.

Stein-, Kern- und Beerenobst sowie Südfrüchte – außer Bananen – sind durch geringen Energiegehalt, Saftigkeit und frischen, süßsäuerlichen Geschmack sowie gute Bekömmlichkeit ein wichtiger Rohstoff für Süßspeisen. Schalenobst wie Nüsse, Pistazien oder Mandeln sind dagegen sehr energiereich.

Die Qualität der Süßspeisen hängt von der sorgfältigen, fachgerechten Herstellung und der Hochwertigkeit der Rohstoffe ab. Zu letzteren gehören:

- Milch und Milcherzeugnisse wie Sahne oder Jogurt,
- Streu- oder Puderzucker, oft in Form von Zuckersirup (Läuterzucker), in Glasuren, gebräunt als Karamell oder mit Mandeln oder Nüssen gebräunt als Krokant,
- Eier, oft getrennt in Eigelb und Eiklar,
- Mehl, in erster Linie helles Mehl (Typ 405),
- Würzmittel wie Weine, Likörweine und Spirituosen,
- Gewürze wie Vanille, Anis und Zimt,
- geschmack- und farbbestimmende Zutaten wie Kakao, Schokolade, weiße Schokolade und Marzipan,
- Mandel-Zucker-Mischung,
- verschiedene Obstsorten,
- Bindemittel (Stärke), Geliermittel (Gelatine) und Lockerungsmittel (Hefe, Backpulver).

Süßspeisen von guter Qualität entstehen nur, wenn exakt gearbeitet wird beginnend beim genauen Abwiegen der Zutaten, der Einhaltung der Arbeitsfolge und der Bearbeitungstemperatur über das nötige handwerkliche Geschick beim Kneten, Schlagen, Unterheben und Formen bis zum Garen, Fertigstellen und Verzieren der Speisen.

Eine geeignete Ausrüstung mit Bearbeitungsgeräten (Schlagkessel, Schneebesen, Spritzbeuteln, Tüllen, Rundhölzern und Ausstechern), mit Gargeräten (Öfen, Friteusen), Kühleinrichtungen und Back- und Anrichteformen (Gläser, Schüsseln, Platten) ist Grundvoraussetzung für gutes Gelingen und optimale Präsentation.

Bei der Süßspeisenherstellung ist Hygiene oberstes Gebot. Die Rohstoffe, besonders Mischungen aus Milch, Sahne, Eiern und Zucker, und die Produkte wie Krems, Eis und süße Soßen sind ideale Nährböden für Mikroorganismen. Gerade im Bereich der Süßspeisen sind viele vorgefertigte Produkte auf dem Markt.

1. Welche Art von Süßspeisen wird vor dem Käse serviert?
2. Obst und Früchte sind bei Speisefolgen von mehr als vier Gängen als Hauptbestandteil einer Süßspeise zu empfehlen. Geben Sie drei Gründe dafür an.
3. Warum sollen Süßspeisen wie Krems und süße Soßen stets gekühlt aufbewahrt werden?
4. Welche Gruppen von Süßspeisen kann man unterscheiden? Geben Sie fünf Gruppen und je drei wichtige Vertreter dieser Gruppen an.
5. Warum gehört Kremeis zu den Speisen, die durch Bakterien besonders gefährdet sind?

Kernobst	Äpfel, Birnen, Quitten
Steinobst	Kirschen, Aprikosen, Pfirsiche, Pflaumen, Mirabellen
Beerenobst	Erdbeeren, Johannisbeeren, Stachelbeeren, Himbeeren, Brombeeren, Heidelbeeren, Weintrauben
Südfrüchte	Apfelsinen, Zitronen, Grapefruit, Bananen, Ananas, Mango, Papaya, Kiwi
Schalenobst	Walnüsse, Haselnüsse, Erdnüsse, Kokosnüsse, Mandeln, Pistazien

1. Einteilung der Obstsorten

Obstsalat von frischen Früchten

Zutaten für 4 Portionen

4 Orangen, 1 Apfel, 1 Banane, 1 Pfirsich, 1 Kiwi, 100 g Trauben, 4 Erdbeeren

2 cl Kirschwasser

Arbeitsgänge

▷ Orangen schälen und filetieren; den Saft aus den Abschnitten pressen
▷ geschälte und geputzte Äpfel, Pfirsiche und Bananen zerkleinern und mit den Orangenfilets vermengen, damit der Saft der Orangen eine Bräunung der Früchte verhindert
▷ Kiwi schälen, Scheiben schneiden (4 zum Garnieren zurücklegen) und die übrigen zum Salat geben
▷ Trauben halbieren und entkernen; untermengen
▷ eventuell mit Läuterzucker süßen und mit Kirschwasser mazerieren; kühlen und anrichten
▷ mit Kiwischeiben und Erdbeeren garnieren

14.1 Obst und Früchte

Obst sind alle essbaren Früchte und Samen, die von mehrjährigen Planzen stammen (Getreidepflanzen sind beispielsweise einjährig und zählen nicht zum Obst). Früchte sind Gewebe, die den Samen des Obstes umschließen. Der gesundheitliche Wert von Obst liegt vor allem in ihrem Gehalt an Fruchtsäuren, Zuckern, Mineralstoffen und Vitaminen. Wegen des hohen Wassergehalts sind sie relativ energiearm. Nur Schalenobst wie Nüsse, Mandeln usw. sind fettreich.
Tafelobst – das zum Frischverzehr bestimmt ist – erfordert bei Einkauf und Verarbeitung genaue Kenntnisse. So ist Beerenobst erst kurz vor der Verarbeitung einzukaufen, da es sehr rasch verdirbt. Dagegen ist bei exotischen Früchten damit zu rechnen, dass die Ware im Handel nicht voll ausgereift ist und somit ihren vollen Geschmackswert noch nicht erreicht hat, oft sogar noch ungenießbar ist. Planvoller, rechtzeitiger Einkauf und sachgerechte Nachreifung können Enttäuschungen vermeiden.

Während einige Obstarten das ganze Jahr über frisch angeboten werden wie Äpfel, Bananen, Apfelsinen usw., sind andere Arten ausgesprochene Saisonartikel. Deshalb wird häufig konserviertes Obst verarbeitet. Fast alle Sorten eignen sich zum Sterilisieren in Dosen oder Gläsern sowie zum Tiefgefrieren. Kandierte (stark gezuckerte) Früchte werden zum Dekorieren (z. B. Kirschen) oder als Gebäckbestandteil (Orangeat, Zitronat) verwendet. In Alkohol und Zucker konservierte Früchte (z. B. Rumtopf) werden gern mit Eis verzehrt.

Obst wird in großen Mengen zu Marmeladen (aus Zitrusfrüchten), Konfitüren, Gelees und Säften verarbeitet und findet bei der Zubereitung von Süßspeisen vielfältige Verwendung.
Regeln für die Obstverarbeitung:

- Obst muss vor der Zubereitung gründlich gewaschen werden um Pflanzenschutzmittelreste zu entfernen.
- Obstsorten, deren Schnittflächen sich an der Luft verfärben, sind mit Zitronensaft zu behandeln oder zu blanchieren.
- Gefrorenes Obst ist in gefrorenem Zustand zu verarbeiten, da es schnell seine natürliche Form verliert. Sterilisiertes oder pasteurisiertes Obst darf nicht in der geöffneten Dose gelagert werden.
- Der Geschmack lässt sich auch durch Mazerieren (kurzes Einlegen in Spirituosen wie Kirschwasser, Maraschino, Orangenlikör) erhöhen und verändern.
- Das Fett im Schalenobst wird rasch ranzig. Deshalb ist auf die Frische der Ware zu achten. Durch leichtes Rösten werden Geruch und Geschmack verbessert.

1. Nennen Sie fünf Konservierungsmethoden, die bei Obst angewendet werden. Ordnen Sie bestimmte Obstsorten den geeigneten Methoden zu.
2. Zu welchen Speisen wird konserviertes Obst benötigt? Nennen Sie vier Beispiele.
3. Wie kann man dem Verfärben von Apfelscheiben entgegenwirken?
4. Wie sollen Ananasscheiben nach dem Öffnen der Dose über Nacht gelagert werden?
5. Wie werden tiefgekühlte Beeren verarbeitet?

Obst	Vorbereitung	Weiterverarbeitung	Verwendungsbeispiele
Pfirsich	kurz in kochendes Wasser tauchen und Haut abziehen	halbieren und entsteinen	pochiert für „Melba" oder als Kompott
Trauben	abbeeren, enthäuten	halbieren, entkernen	Weingelee, Obstsalat
Ananas	Strunk und Blattansatz großzügig wegschneiden, Schale von oben nach unten großzügig abschneiden	Scheiben schneiden, Strunk ausstechen	frisch oder pochiert als Dessertbestandteil
Orangen	oben und unten großzügig abschneiden, Schale von oben nach unten abschneiden	Fruchtfleisch zwischen den Häuten der Filets ausschneiden	zum Garnieren, für Eisbecher
Kiwi	mit Schälmesser schälen	in Scheiben oder Spalten schneiden	zum Garnieren, für Eisbecher oder Obstsalat
Kaki (Sharonfrucht)	noch feste Früchte schälen, an vollreifen die Haut belassen	fest: Scheiben schneiden vollreif: quer halbieren	zum Garnieren, für Eisbecher; vollreif: auslöffeln
Mango	Haut abziehen, Längsschnitt um Kern führen und das Fruchtfleisch vom Kern lösen	in Blättchen, Würfel oder Spalten schneiden	für Eisbecher oder Obstsalat; als Hälfte serviert
Papaya	schälen, halbieren und Kerne mit einem Löffel herausschaben	in Blättchen, Würfel oder Streifen schneiden	für Eisbecher oder Obstsalat; als Hälfte serviert

2. Vorbereitung von Obst

3. Gelbe Grenadilla

4. Guave

5. Kaki

6. Litschi

7. Papaya

8. Passionsfrucht (Maracuja)

Süßspeise	Zutaten, Garniturbestandteile
• Birne Helene	halbierte, pochierte Birne auf Vanilleeis, mit Schlagsahne umkränzt; Schokoladensoße extra
• Pfirsich Melba	pochierter, halber Pfirsich auf Vanilleeis, mit Himbeerpüree überzogen
• Apfel van Dyk	kalte, gedünstete Apfelwürfel auf Vanilleeis angerichtet, mit Vanillesoße überzogen, Muster von Johannisbeergelee
• Bananensplit	längs halbierte, geschälte Banane, auf Vanilleeis angerichtet, mit Schokoladensoße überzogen, Sahnerosette
• Erdbeeren Romanoff	mit Portwein und Zucker mazerierte Erdbeeren, mit Sahne überzogen, mit frischen Erdbeeren garniert
• Apfel im Schlafrock mit Vanillesoße	Apfel (geschält, ausgestochen), mit Zimtzucker und mit in Rum getränkten Rosinen gefüllt, in Blätterteig eingeschlagen, gebacken, aprikotiert
• Aprikose Colbert	zwei halbe Aprikosen, mit gekochtem Milchreis gefüllt, zusammengesetzt, paniert, fritiert; Aprikosensoße
• Birne Condé	pochierte, halbe Birne auf Milchreissockel; Kirschen, Aprikosensoße

1. Kalte (oben) und warme (unten) Süßspeisen aus Früchten

2. Birne Helene, Pfirsich Melba, Apfel van Dyk

14.2 Krems und Gelees

Krems und Gelees sind mehrere Stunden vor dem Servieren fertig zu stellen und in Formen oder Gläser abzufüllen. Gutes Durchkühlen ist besonders wichtig, weil sie zum Teil leicht verderblich sind und zum Anrichten gestürzt werden sollen. Bei genügend langer Kühlzeit kann die Menge der zugesetzten Gelatine geringer gehalten werden; die Krems sind dadurch lockerer und die Gelees zarter.
Garniert wird oft mit geschlagener Sahne, ausgesuchten Fruchtstücken, Schokoladeraspeln und Pistazien.
Bekannte Abwandlungen der Bayerischen Krem:

- **Krem auf Diplomatenart:** Biskuitwürfel und mazerierte Fruchtwürfel werden lagenweise mit der Krem in ein Gefäß gefüllt oder in Gläser gefüllt, die mit Scheiben von Biskuitrouladen ausgelegt sind (Bild 4).
- **Krem auf Florenzer Art:** mit fein gehackten Mandeln oder Marzipan verfeinerte Krem wird mit Kirschwasser-Schlagsahne und gehackten Pistazien garniert.

Fruchtkrems (Creme aux fruits)
Mischt man frisches Fruchtpüree oder Fruchtsaft unter die Bayerische Krem, so kann die Milch durch die Fruchtsäure gerinnen. Deshalb verwendet man als Basis Läuterzucker, der mit Saft oder Fruchtpüree und Gelatine vermischt und beim Gelieren mit geschlagener Sahne vermengt wird.

Charlotten
Eine beliebige Krem wird in eine Form gefüllt, die zuvor mit Löffelbiskuit, Biskuitstreifen oder dünnen Scheiben von Biskuitroulade ausgelegt wurde.

Pochierte Krems
Bei ihrer Herstellung wird eine Mischung aus Milch und Eiern, gezuckert und vanilliert, im Wasserbad gestockt. Die Formen oder Förmchen sind vor dem Füllen einzufetten, damit sie nach dem Auskühlen gut zu stürzen sind. Für Karamellkrem wird gebräunter und mit Wasser verkochter Zucker vor der Ei-Milch-Mischung in eine Becherform eingefüllt und indirekt pochiert. Nach dem Stürzen fließt der Karamell über die Krem.

Gelees
Fruchtgelee und Weingelee sind durch Gelatine gestockte, gesüßte Speisen. Um den natürlichen Geschmack zu erhalten wird zur Auflösung des Zuckers nur etwa ein Drittel der Flüssigkeit erhitzt und die eingeweichte Gelatine zugesetzt. Nach dem Abkühlen wird die übrige Flüssigkeit darunter gemischt.
Sollen Stücke von frischen Früchten oder Kompott in das Gelee eingesetzt werden, sind die Formen oder Gläser erst 2 cm hoch zu füllen und durchzukühlen. Auf das feste Gelee garniert man die Früchte, gießt nochmals wenig Gelee an und wartet, bis es geliert. Beim Auffüllen behalten die Früchte ihre Position.
Um ein vollständig klares Gelee zu erhalten ist es manchmal notwendig die Grundflüssigkeit zu klären. Dazu wird eine entsprechende Menge Eiklar unter die gesamte Flüssigkeit gemischt und die Mischung erhitzt. Nach dem Aufkochen sind alle Trübstoffe vom geronnenen Eiklar eingeschlossen und werden beim Abseihen durch ein Passiertuch mit dem geronnenen Eiklar entfernt. Zu Gelees passen farblich und geschmacklich harmonierende Dessersoßen.

Bayerische Krem
(Grundkrem)

Zutaten für 8 Portionen

1/4 l Milch
2 Eigelb (60 g)
60 g Zucker
1/4 Vanilleschote
3 – 5 Blatt Gelatine (je nach Verwendungszweck)
1/4 l Schlagsahne

Arbeitsgänge

▷ Gelatineblätter in 1 l kaltem Wasser etwa 10 Minuten einweichen
▷ Milch mit dem Mark der Vanilleschote aufkochen
▷ Eigelb mit Zucker in einer Metallschüssel schaumig rühren und die kochend heiße Milch unter Rühren langsam zugeben
▷ im heißen Wasserbad bis zur „Rose" abziehen (die Masse unter Rühren mit einem Kochlöffel so lange erhitzen, bis die Masse leicht bindet und den Kochlöffel überzieht)
▷ die Gelatineblätter ausdrücken und in der heißen Masse auflösen
▷ die Masse passieren und im kalten Wasserbad abkühlen lassen
▷ kurz vor dem Stocken (Gelieren) die geschlagene Sahne unterheben, abschmecken und portionieren (in Schalen anrichten und garnieren oder in Förmchen füllen, die zum Anrichten gestürzt werden) oder für andere Zwecke, etwa als Füllkrem in Rouladen, verwenden

Ableitungen

Mokkakrem: Instant-Kaffeepulver in der heißen Milch auflösen; die Krem mit Weinbrand abschmecken
Schokoladenkrem: Kuvertüre (Blockschokolade) in der Milch schmelzen
Nusskrem: geröstete, gemahlene Nüsse unterheben
Früchtekrem: klein geschnittene Fruchtstücke (keine sauren Früchte) unterheben und mit passenden Spirituosen abschmecken

3. **Garnierungen bei Bayerischer Krem**

4. **Krem auf Diplomatenart**

5. **Karamellkrem**

6. **Weingelee mit Beeren und Vanillesoße**

Soßen zu Süßspeisen (Zutaten für 10 Portionen)

Vanillesoße (mit Stärke und Ei)

Zutaten

1/2 l Milch, 40 g Zucker, 1/2 Vanilleschote, 2 Eigelb (60 g), 15 g Stärke

Arbeitsgänge

▷ 1/2 Tasse Milch mit Stärke und Eigelb glatt rühren
▷ übrige Milch mit Zucker und Vanillemark aufkochen und damit verrühren
▷ kurz aufkochen; heiß servieren oder bis zum Abkühlen öfter umrühren

Vanillesoße
(mit Eigelb abgezogen)

Zutaten

1/2 l Milch, 60 g Zucker,
1/2 Vanilleschote, 6 Eigelb (180 g)

Arbeitsgänge

▷ Milch mit Vanillemark aufkochen
▷ Eigelb mit Zucker schaumig rühren und die Milch einrühren
▷ im heißen Wasserbad bis zur „Rose" abziehen (unter Rühren bis zur Bindung erhitzen)

Karamellsoße

▷ Zucker (50 g/l) leicht gebräunt und mit einer Tasse Wasser verkocht, in die Vanillesoße rühren

Schokoladensoße

Zutaten

200 g Kuvertüre (oder Blockschokolade), 1/2 l Milch, 1/2 Vanilleschote
20 g Zucker oder Honig, 2 cl Rum

Arbeitsgänge

▷ Kuvertüre in einer Metallschüssel im Wasserbad schmelzen lassen
▷ Milch mit Vanillemark aufkochen und auf etwa 50 °C abkühlen lassen
▷ Vanillemilch nach und nach unter die Kuvertüre rühren; abschmecken

Weinschaumsoße (warm serviert)

Zutaten

4 Eigelb (120 g), 1 ganzes Ei (60 g)
50 g Zucker, 2 cl Zitronensaft,
1/4 trockener Weißwein, 8 g Stärke

Arbeitsgänge

▷ Eigelb, Eier und Zucker aufschlagen
▷ Weißwein, Zitronensaft und Speisestärke zugeben und im Wasserbad warm aufschlagen

Weinschaumsoße (kalt serviert)

Wie warm servierte Weinschaumsoße herstellen, jedoch mit 2 Blatt Gelatine versetzen und kalt schlagen

Zabaione
(italienischer Weinschaum)

Zutaten

4 Eigelb (120 g), 2 Eier (120 g)
100 g Zucker, 1/4 l Marsala (Likörwein)

Arbeitsgänge

▷ Eigelb und Eier mit Zucker in einer Metallschüssel mit einem Schneebesen schaumig schlagen
▷ die Schüssel in ein heißes Wasserbad setzen, die gewünschte Flüssigkeit zugeben und bis zur Bindung weiterschlagen (dabei soll eine luftige, leicht gebundene Masse entstehen)
▷ sofort in Gläser anrichten und servieren

Variationen

- Zabaione anstatt mit Marsala mit Cream-Sherry, Portwein bzw. Malaga zubereiten **oder**
- 100 g pürierte und durch ein Sieb passierte Himbeeren unter die fertige Zabaione heben **oder**
- Zabione neben Fruchtstücken anrichten **oder**
- zu flambierten Früchten reichen

Anmerkung

Um den Alkoholgehalt der Zabaione zu senken kann man den Likörwein mit Fruchtsäften oder Schaumweinen verdünnen.

Fruchtmarksoßen

Zutaten

400 g Fruchtmark (einer oder mehrerer Fruchtarten), 160 g Zucker (je nach Fruchtsüße),
Zitronensaft (nach Geschmack),
eventuell 4 cl Spirituosen

Arbeitsgänge

▷ alle Zutaten mixen und abschmecken
▷ gekühlt servieren

Gebundene Fruchtsoßen

Die Fruchtmarksoße mit 3 Eigelb, 3 Eiern und 10 g Speisestärke warm aufschlagen, im kalten Wasserbad kalt schlagen, mit 1/4 l geschlagener Sahne lockern und abschmecken; gekühlt servieren

Bischofsoße

Zutaten

1/2 l Rotwein, 60 g Zucker,
1 Esslöffel feinste Streifen von Orangen- und Zitronenschale,
16 g Speisestärke

Arbeitsgänge

▷ Speisestärke in 1/10 l Rotwein anrühren
▷ die übrigen Zutaten aufkochen und mit der angerührten Stärke binden
▷ etwa 3 Minuten kochen lassen, bis die Soße nicht mehr milchig-trüb ist, sondern eine klare Bindung erhalten hat
▷ abschmecken und heiß servieren

Speiseeissorten	Beurteilungsmerkmale (Mindstanforderung nach den Leitsätzen)
Kremeis, Eierkremeis	auf 1 l Milch mindestens 270 g Vollei oder 90 g Eigelb
Fruchteis	20 % Fruchtanteil; bei Zitrusfrüchten 10 %
Rahmeis, Sahneeis	18 % Milchfett aus dem verwendeten Rahm (entspricht etwa 60 % Rahm)
Milcheis	70 % Milch
Fruchteiskrem	8 % Milchfett und einen deutlich wahrnehmbaren Fruchtgeschmack
Eiskrem	10 % Milchfett
Einfacheiskrem	3 % Milchfett
Eis aus Pflanzenfett	3 % Pflanzenfett und einen deutlich wahrnehmbaren Fruchtgeschmack
Fruchtsorbet	25 % Fruchtanteil; bei Zitrusfrüchten 15 % Fruchtanteil
Kunstspeiseeis	kann naturidentische oder künstliche Aromastoffe und Farbstoffe enthalten

1. **Speiseeissorten**

2. **Fruchteis-Sorbet**

14.3 Eisspeisen

Von den Speiseeissorten werden in der Gastronomie fast ausschließlich Krem-, Frucht- oder Rahmeis hergestellt, die übrigen werden von der Speiseeis-Industrie als servierfertige Portionen angeboten.
Speiseeis wird oft aus Halbfertigprodukten hergestellt. Die Industrie bietet dafür unter anderem Speiseeispulver und Fruchtmarkextrakte für viele Geschmacksrichtungen (Eisarten) an.

Ein Grund für den weit verbreiteten Einsatz von industriell hergestelltem Speiseeis ist seine sehr geringe Keimzahl. Deshalb sind die Hygienevorschriften weniger streng. Im Betrieb hergestelltes Krem- oder Fruchteis darf nur am Herstellungstag abgegeben werden.

Kremeis. Vanillekremeis ist die Grundlage für die in verschiedenen Geschmacksrichtungen hergestellten Kremeisarten. Früchte mit viel Säure bringen die Milch zum Gerinnen und sind deshalb ungeeignet.

Fruchteis. Bei der Herstellung von Fruchteis muss in der Rezeptur der unterschiedliche Zuckergehalt der Früchte berücksichtigt werden. Zum Süßen des Fruchtsaftes bzw. -markes wird Läuterzucker verwendet.

- ***Sorbet.*** Sorbet ist matschig gefrorenes Fruchteis.
- ***Granité.*** Granité ist eine aus Fruchtsaft, -mark und Läuterzucker kristallin (grob oder fein) gefrorene Eisspeise.

Sorbet und Granité können nach dem Anrichten mit Schaumwein aufgegossen werden.

Weil vom Zuckergehalt der Fruchteismasse nicht nur die Süße, sondern auch die Konsistenz des Speiseeises abhängt, wird die Zuckerkonzentration mit einer Spindelwaage (Gradeinteilung nach Beaumé) gemessen.
Sorbet soll einen um 2 bis 3 Grad niedrigeren Beauméwert haben als die übrigen Fruchteisarten.

Rahmeis (Sahneeis, Halbgefrorenes, Parfait). Rahmeis wird im Gegensatz zu anderen Eissorten im Gefrierschrank ohne zu rühren gefroren.
Die Grundmasse besteht aus einer schaumig gerührten Eier-Zucker-Masse (eventuell warm-kalt-geschlagen) und geschlagener Sahne. Diese Grundmasse erhält durch Unterziehen von Kuvertüre, kandierten Früchten, Fruchtmark, Spirituosen usw. verschiedene Geschmacksrichtungen. Rahmeis wird zur Herstellung von Eisbomben, -torten, -aufläufen, -biskuit und -charlotten verwendet.

- **Eisbiskuit** wird hergestellt, indem Rahm-, Krem- bzw. Fruchteis in eine Form eingesetzt und in die Mitte eine mit Likör getränkte Biskuitschicht eingelegt wird.
- **Eisauflauf** wird in der Form serviert, in die er vor dem Gefrieren eingefüllt wurde. Das „Aufgehen" wird nur imitiert.

Als Kombination und zur Ergänzung von Eisspeisen dienen unter anderem süße Soßen, Früchte und Spirituosen. Zum Dekorieren werden Schlagsahne, Hippen (dünnblättriges Mandelgebäck), Nüsse, Beeren, exotische Früchte, Schokoladenstreusel usw. verwendet.

Kremeis

Zutaten für 6 Portionen

5 Eigelb (150 g), 125 g Zucker, 1/2 l Milch, 1/2 Vanilleschote, 1/8 l Sahne

Arbeitsgänge

▷ Eigelb und Zucker schaumig schlagen
▷ Milch mit Vanillemark aufkochen und in die Eigelbmasse rühren
▷ im Wasserbad unter Rühren so lange erhitzen, bis die Masse leicht gebunden ist (zur „Rose" abziehen)
▷ passieren und im kalten Wasserbad rasch abkühlen
▷ während des Gefrierens in der Eismaschine geschlagene Sahne zugeben

Fruchteis

Zutaten für 6 Portionen

1/4 l Wasser, 250 g Zucker, 1/4 l Fruchtsaft oder -mark, 1 Blatt Gelatine, Zitronensaft, evtl. Spirituosen, 1/8 l geschlagene Sahne

Arbeitsgänge

▷ Wasser und Zucker aufkochen (wird mit der Zuckerwaage gemessen, hat dieser Läuterzucker ca. 29 ° Beaumé)
▷ eingeweichte Gelatine darin auflösen
▷ mit Fruchtsaft oder -mark vermischen und abschmecken; auf 18 ° Beaumé einstellen (Fruchtsaft bzw. Läuterzucker zugeben)
▷ während des Gefrierens in der Eismaschine geschlagene Sahne zugeben

Rahmeis/Sahneeis

Zutaten für 10 Portionen (Grundmasse)

100 g Zucker, 0,2 l Wasser, 8 Eigelb (240 g), 0,8 l Sahne, 2 Blatt Gelatine, geschmacksgebende Zusätze wie Schokolade, Fruchtmark, kandierte Fruchtstücke, Spirituosen, Schalenfrüchte

Arbeitsgänge

▷ Gelatine einweichen
▷ Zucker und Wasser auf 0,2 l einkochen; auf 50 °C abkühlen lassen
▷ Eigelb zugeben und im Wasserbad warm aufschlagen
▷ Gelatine darin auflösen
▷ im kalten Wasserbad kalt schlagen
▷ geschlagene Sahne unterheben
▷ die Masse mit geschmacksgebenden Zusätzen vermischen und abschmecken
▷ in Formen füllen und tiefkühlen
▷ stürzen, portionieren und garnieren

Abwandlung

Eisauflauf: Auflaufförmchen innen mit einem 3 cm überstehenden Papierrand versehen, Rahmeismasse einfüllen, etwa 3 Stunden tiefkühlen, den Papierrand vorsichtig entfernen, garnieren

Eisbomben

Arbeitsgänge

▷ Eisbombenform ca. 1 cm dick mit Kremeis oder Fruchteis ausstreichen
▷ den übrigen Forminhalt mit Rahmeismasse füllen
▷ die Oberfläche glatt streichen und die Form mit einem Deckel verschließen
▷ je nach dem Durchmesser der Form 3 bis 6 Stunden gefrieren (werden Fruchtstücke als Einlage verwendet, müssen diese einige Stunden in Läuterzucker oder eine hochprozentige Spirituose eingelegt werden, weil sie sonst steinhart gefrieren)
▷ zum Anrichten wird die Eisbombe gestürzt, portioniert und mit Sahnetupfern, Beeren, Schokoladeraspeln, Pistazien usw. garniert

Eisbiskuit

Arbeitsgänge

▷ eine Ziegelform im Tiefkühlfach vorkühlen
▷ mit einer Schicht Kremeis oder Fruchteis ausstreichen oder mit Rahmeismasse 2 cm hoch füllen; gefrieren
▷ eine mit Spirituose getränkte Biskuitschicht darauf legen
▷ mit einer zweiten Schicht Eis bedecken und gut durchkühlen
▷ in Scheiben schneiden und garnieren

Abwandlung

Eistorte: Eine Tortenform mit einem dünnen Boden aus Baisermasse oder einem mit Spirituosen getränkten Biskuitboden auslegen, mit Rahmeismasse auffüllen, die Oberfläche glatt streichen und mit Pergamentpapier bedecken, gefrieren, portionieren, garnieren.

Cassata auf neapolitanische Art

Zutaten für 10 Portionen

- 400 g Vanilleeis
- 300 g Erdbeereis
- 200 g Schokoladeneis
- 2 Eiklar (60 g)
- 50 g Zucker
- 4 Esslöffel Maraschino (Kirschlikör)
- 20 g Makronenwürfel (Marzipangebäck)
- 20 g geschnittene kandierte Früchte (Orangeat, Zitronat, Kirschen),
- 10 g geschnittene Pistazienkerne
- 150 g geschlagene Sahne

zum Garnieren:
geschlagene Sahne, kandierte Früchte, Hippengebäck

Arbeitsgänge

▷ Makronenwürfel und Früchtewürfel in Maraschino durchziehen lassen
▷ das Eis in Schichten von etwa 1 cm nacheinander in vorgekühlte Bombenformen (Halbkugelform) oder in Schüsseln so einfüllen, dass im Zentrum ein Hohlraum bleibt; sofort tiefkühlen
▷ Eiklar und Zucker im Wasserbad warm aufschlagen, bis sich der Zucker gut gelöst hat und der Eischnee steif ist
▷ im kalten Wasserbad kalt schlagen
▷ Makronen, Früchte, Pistazien und die geschlagene Sahne unterheben und in den Hohlraum der Eisbomben füllen
▷ mindestens 3 Stunden tiefgefrieren
▷ auf eine vorgekühlte Platte stürzen
▷ in Portionen teilen
▷ garnieren

Eisbombe	Mantel	Füllung
Adlon	Nusseis	Orangensaft
Aisha	Erdbeereis	Ananas- und Orangenparfait
Bismarck	Vanilleeis mit Maraschino und Mandeln	Aprikosenparfait
Frou Frou	Pistazieneis	Kirschparfait
Fürst Pückler	ohne Mantel	Erdbeer-, Vanille-, Schokoladenparfait
Josephine	Mokkaeis	Pistazienparfait

Eisbecher	Zutaten, Garnitur
Besancon	Vanille-, Ananas-, Erdbeereis, Sahnerosette
Cardinal	Vanilleeis mit Makronen, überzogen mit Himbeersoße, Sahnerosette, Erdbeeren
Farrar	Vanilleeis, Obstsalat, Vanillesoße, Sahnerosette, Fruchtstücken
Japanische Art	Tee-Eis, Ingwerwürfel, Erdbeersahne, Minzeblatt
Medici	Erdbeereis, Orangenfilets, Pistaziensahne
Schwarzwälder Art	Vanille-, Schokoladeneis, gedünstete Sauerkirschen, Kirschwasser, Sahnerosette, Schokoladenstreusel
Gaby	Haselnussneis, Banane mit Honig, Kirschwasser und Orangensaft mazeriert, Sahnerosette, geröstete Haselnüsse, Honigfäden

1. Eisbomben, Eisbecher

2. Eisbecher „Birne Royal“ und „Sektsorbet“

3. Cassata

Crêpes

für 15 Crêpes von 15 cm Durchmesser

1/4 l Milch
100 g Mehl
2 ganze Eier (120 g)
2 Eigelb (60 g)
25 g zerlassene Butter
1 Prise Salz
1 Esslöffel Zucker
1 cl Weinbrand oder Orangenlikör
abgeriebene Zitronenschale

Arbeitsgänge

▷ Mehl mit Milch glatt rühren
▷ mit den übrigen Zutaten verrühren
▷ 20 Minuten quellen lassen
▷ spezielle Crêpes-Pfanne, am besten aus Gusseisen, erhitzen und mit eingefettetem Küchenkrepp ausreiben
▷ Crêpesmasse für einen Crêpe in die Pfanne gießen und sehr dünn verteilen
▷ sobald die Unterseite leicht gebräunt ist, wenden und ziemlich farblos fertig garen

Abwandlung

Crêpes Barbara: Crêpes auf beiden Seiten leicht zuckern, auf eine Arbeitsplatte legen und mit Orangenlikör beträufeln, gezuckerte Erdbeerstücke mit geschlagener Sahne vermischt einfüllen.

14.4 Crêpes

Pfannkuchen, Eierkuchen, pancakes in England, Palatschinken in Österreich oder crepês in Frankreich sind alles Bezeichnungen für flache Fladen. Manche Arten können 2 cm bis 3 cm dick sein, andere hauchdünn; der Durchmesser kann 10 cm bis 40 cm betragen. Sie bestehen aus Milch, Mehl, Eiern und etwas Fett und werden in einer Pfanne in wenig Fett ausgebacken. Rezepturen für Pfannkuchen siehe Eierspeisen.

Crêpes Suchard. Warm anrichten, Schokoladenbutterkrem und Schokoladensoße extra servieren.

Crêpes Siro. Mit Aprikosenkonfitüre füllen, zusammen legen, mit gehobelten, gerösteten Mandeln bestreuen, mit brennendem Kirschwasser übergießen, servieren.

14.5 Süßspeisen aus Gebäcken von Teigen und Massen

Eine einfache, klare und in allen Fällen zutreffende Unterscheidung zwischen Teigen und Massen ist nicht möglich. Massen sind jedoch im Allgemeinen gerührt oder aufgeschlagen, während Teige durch Verkneten der Zutaten hergestellt werden.

Gebäcke sättigen meist sehr stark, deshalb ist der Gebäckanteil bei den Süßspeisen klein zu halten. Dies gilt auch für **Kuchen und Torten,** wenn sie als Menübestandteil gereicht werden. In Verbindung mit Krem und Früchten lassen sich unzählige Süßspeisen daraus zubereiten, die gut vorzubereiten sind.

Hefeteig. Süßspeisen aus Hefeteig sind vor allem Savarin und Baba. Ein fettreicher Hefeteig wird in Ringform (Savarin) oder Becherform (Baba) gebacken und – noch warm – in Sirup, häufig mit Rum versetzt, getränkt und mit Früchten kombiniert angerichtet.

Mürbeteig dient unter anderem zur Herstellung von Tortelettes, die mit einer Krem oder mit geschlagener Sahne und Früchten gefüllt als Süßspeisen Anklang finden. Kleines Mürbeteiggebäck dient häufig der Dekoration.

Blätterteiggebäcke sind sehr locker. Die verschiedenen Formen – beispielsweise Schillerlocken – lassen sich mit Krem, Sahne und Früchten kombinieren.

Biskuitmasse. Gebäcke aus Biskuitmasse finden als Bestandteil von Süßspeisen wie Diplomatenkrem, Tiramisu oder Charlotten Verwendung. Auch Tortelettes lassen sich herstellen.

Brandmasse. Gebäcke aus Brandmasse werden häufig gefüllt angeboten. Windbeutel und Eclair sind im Ofen gebacken, Spritzkuchen sind fritiert.

Schaummasse. Durch den hohen Zuckeranteil sind Schaummassen-Gebäcke vor allem zur Dekoration geeignet. Ein bekanntes Dessert ist die Eis-Meringe.

1. Zählen Sie drei andere Bezeichnungen für Crêpes auf.
2. Welche Vermischungsverfahren werden bei Teigen bzw. Massen angewendet?
3. Woran erkennen Sie Blätterteiggebäcke?
4. Nennen Sie drei Süßspeisen, bei denen Biskuit verwendet wird.
5. Worin unterscheiden sich Savarin und Baba?

Tiramisu

Zutaten für 12 Portionen

400 g Löffelbiskuit
1/4 l sehr starker, gesüßter Kaffee
3 Esslöffel Mandellikör
500 g Mascarpone (Rahmfrischkäse)
4 Eiklar (pasteurisiert)
4 Eigelb (pasteurisiert)
100 g Zucker
abgeriebene Zitronenschale
1 Esslöffel Kakaopulver

Arbeitsgänge

▷ den Boden einer länglichen Form mit 200 g Löffelbiskuit auslegen
▷ mit der Hälfte der Spirituose und der Hälfte des Kaffees beträufeln
▷ Eiklar mit 1 Esslöffel des Zuckers zu steifem Schnee schlagen (wegen der Salmonellengefahr nur pasteurisiertes Ei verwenden)
▷ Eigelb mit dem übrigen Zucker und der abgeriebenen Zitronenschale mit einem Rührgerät gut schaumig schlagen; die Masse muss so fest wie möglich sein
▷ den Mascarpone in den Eigelbschaum heben
▷ den Eischnee unter die Käse-Ei-Masse heben
▷ die Hälfte der Käse-Ei-Masse gleichmäßig auf dem Biskuit verteilen
▷ die zweite Lage Biskuit tränken und auflegen
▷ mit der zweiten Hälfte der Masse bedecken und glatt streichen
▷ in den Kühlschrank stellen und je nach Temperatur 1 – 5 Stunden oder über Nacht kühlen und durchziehen lassen
▷ vor dem Portionieren mit Kakaopulver dick besieben

Abwandlungen

▷ anstelle von Kakaopulver Früchte (halbierte und entkernte Trauben oder Beeren) auflegen
▷ fein zerkleinertes Mandelkrokant unter die Masse heben

Bezeichnung	Zutaten	Herstellung	Gebäcke
Teige: • Hefeteig *(Pâte à levure)*	250 g Mehl 100 g Wasser/Milch 20 g Hefe 30 g Zucker 40 g Butter 25 g Ei Prise Salz	• Zutaten abwiegen und temperieren • Hefe, Zucker in Wasser/Milch (lauwarm) auflösen • Mehl in eine Schüssel sieben • Hefeflüssigkeit, Butter, Ei und Salz mit dem Mehl verkneten • die Teigschüssel mit einem Tuch abdecken • den Teig bei ca. 30 °C 20 – 30 Minuten gehen lassen	Kuchenböden Hefezopf Gugelhupf Savarin Baba Berliner Krapfen
• Mürbeteig *(Pâte frolle)*	300 g Mehl 200 g Butter 100 g Zucker 50 g Ei Prise Salz	• Mehl sieben und mit Salz mischen; Kranz formen • Zucker und Ei in die Mitte geben und mit gekühlter, würfelig geschnittener Butter mischen • alles rasch durchkneten, zu einer Kugel formen und zugedeckt durchkühlen	Tortenböden Teegebäck Torteletts
• Blätterteig *(Pâte feuilletée)*	500 g Mehl 500 g Ziehmargarine 250 g Wasser 7 g Salz	• 400 g Mehl, 100 g Fett, Wasser und Salz verkneten (Grundteig) • 400 g Fett und 100 g Mehl verkneten (Fettmasse) • Fettmasse in gekühlten Grundteig einschlagen, ausrollen und zusammenklappen; durchkühlen und erneut ausrollen und zusammenklappen	Schillerlocken Schweinsohren Pastetchen Fleurons
Massen: • Biskuit-Masse *(Pâte à biscuit)* (Wiener Masse)	300 g Ei 125 g Zucker 60 g Mehl 60 g Stärke (40 g Butter)	• Eier und Zucker im Wasserbad (35 – 40 °C) aufschlagen • kalt schlagen (20 – 25 °C) • Mehl und Stärke mischen, sieben und unterheben • für Wiener Masse erhitzte Butter unterheben	Löffelbiskuits Tortenböden Rouladen
• Brandmasse *(Pâte à chou)*	250 g Wasser/Milch 65 g Butter 140 g Mehl 200 g Ei Salz	• Wasser (oder Milch) mit Butter und Salz aufkochen • Mehl in die kochende Flüssigkeit geben • mit dem Kochlöffel rühren, bis sich ein fester, glatter Klumpen bildet; in eine Schüssel geben • Eier nach und nach unter die Masse arbeiten	Windbeutel Eclairs Spritzkuchen
• Schaummasse/ Baiser-Masse *(Appareil à meringue)*	250 g Eiklar 350 g Zucker 150 g Puderzucker 10 g Stärke	• Eiklar mit 200 g Zucker zu Schnee schlagen • nach und nach restlichen Zucker zugeben • Puderzucker und Stärke mischen und kurz unterschlagen	Meringen/Baiser Tortenböden

1. Teige und Massen

Gestürzter Auflaufpudding (Grundrezept)

Zutaten für 10 Portionen

0,3 l Milch
1/2 Vanilleschote (Mark)
100 g Zucker
125 g Butter
125 g Mehl
6 Eigelb (60 g)
6 Eiklar (60 g)
1 Prise Salz

Arbeitsgänge

▷ Mehl und Butter vermengen

▷ Milch mit Vanillemark und 50 g Zucker aufkochen und mit der Mehl-Butter-Mischung und unter Rühren so lange erhitzen, bis eine feste Masse entstanden ist

▷ das Eigelb unterarbeiten

▷ Eiklar mit 50 g Zucker zu Schnee schlagen und unter die Masse heben

▷ in 10 gebutterte und gezuckerte Becherförmchen füllen (nur 2/3 hoch)

▷ in heißes Wasserbad stellen und im Ofen bei ca. 160 °C etwa 15 Minuten backen; stürzen und warm servieren

Abwandlung

▷ mit gemahlene Mandeln, kleinen Fruchtstücken und Kirschwasser verfeinern und mit Weinsoße servieren

14.6 Sonstige Süßspeisen

Puddinge (Poudings)

Mit Stärkepulver gebundene, gesüßte und aromatisierte Milch, die man erkalten und fest werden lässt, wird häufig als Pudding bezeichnet, zählt jedoch fachlich gesehen zu den Flammeris.

Zwei Arten von Pudding werden zubereitet:

- **Auflaufpuddinge,** bei denen eine gesüßte Brandmasse mit Eischnee gelockert, mit Geschmackszusätzen wie Mandeln, Nüssen, Fruchtpürees vermischt und im Wasserbad gegart wird. Dabei gehen diese Puddinge auf. Sie müssen rasch serviert werden.
- **Brotpuddinge,** bei denen in Scheiben geschnittenes Weißbrot mit Früchten wie Kirschen und Aprikosen oder Rosinen in eine Form geschichtet, mit Eiermilch übergossen und im Wasserbad im Ofen gebacken wird.

Flammeris (Flameries)

Flammeris sind mit stärkehaltigen Rohstoffen (Stärke, Grieß, Reis) gebundene, gesüßte Milchspeisen. Die Milch wird mit Geschmackszusätzen aufgekocht (Schokolade, Karamell) und mit angerührter Stärke bzw. Grieß oder Reis gebunden. Dieser Flammeri wird gekühlt serviert.

Grießflammeri erhält man durch Einstreuen und Garen des Grießes in kochende Milch. Die leicht abgekühlte Masse wird mit Eigelb verrührt und mit Eischnee gelockert (wegen Salmonellengefahr pasteurisiertes Ei verwenden). Sie wird noch heiß in Formen gefüllt, durchgekühlt und gestürzt.

Beigaben: Soßen, Beeren oder Kompott.

Aufläufe (Soufflés)

Die bekannteste Methode zarte Aufläufe zuzubereiten ist das Herstellen einer gebundenen Grundmasse aus Milch und Mehlbutter. Sie wird mit Vanille und Zucker, Eigelb und Eischnee verfeinert und gelockert. In gebutterte und gezuckerte Formen gefüllt wird die Masse im Ofen, meist im Wasserbad, gegart. Dabei steht das Wasserbad auf einem Gitter.

Die Hitze von 200 °C muss konstant gehalten werden. Weil Aufläufe keine abfallende Hitze vertragen, darf während der gesamten Backzeit die Tür des Backofens nicht geöffnet werden. Wegen der Gefahr des Zusammenfallens müssen Aufläufe sehr rasch in der Form serviert werden.

Mit Früchten, Schokolade oder Spirituosen kann der Geschmack variiert werden.

Grützen

Bei Grützen wird gesüßter Fruchtsaft oder Früchte und Wasser aufgekocht und mit angerührter Stärke gebunden. Früher wurde Grütze zum Binden verwendet. Das sind grobe bis feine Bruchstücke von Hafer, Gerste oder Buchweizen. Die Masse ist nach dem Portionieren, Erkalten und Festwerden servierbereit.

Sie kann mit Wein und Spirituosen verbessert werden. Man reicht eine passende süße Soße oder flüssige Sahne dazu.

Fruchtreis
(Reis Trauttmansdorff)

Zutaten für 10 Portionen

1/4 l Milch
Mark von 1/2 Vanilleschote
1 Prise Salz
60 g Langkornreis
3 Blatt Gelatine
2 cl Orangenlikör
100 g gewürfelte Früchte (keine sauren Früchte)
1/4 l Sahne
1/5 l süßes Rotweingelee
1/4 l Himbeersirup

Arbeitsgänge

▷ 10 Förmchen 5 mm hoch mit Rotweingelee ausgießen und gelieren lassen
▷ den Reis in Wasser 3 Minuten vorkochen
▷ Reis mit Vanillemark und Milch aufkochen und bei geringer Hitze 20 Minuten quellen lassen
▷ Zucker und eingeweichte Gelatine darunter mischen und auskühlen lassen
▷ Früchte und geschlagene Sahne unterheben, abfüllen und gut kühlen
▷ stürzen und mit geschlagener Sahne und Früchten und garnieren
▷ mit Himbeersirup umgießen

Reiscreme

Zutaten für 4 Portionen

▷ 500 ml Milch mit 80 g Reismehl aufkochen, auf kleiner Stufe kochen lassen, rühren
▷ abkühlen lassen, dabei öfter umrühren
▷ 200 ml Sahne sehr steif schlagen
▷ Zimt und 4 Esslöffel Honig in die Reiscreme rühren, 3/4 der Sahne unterheben
▷ in Gläser füllen
▷ mit Banane, Zimt und der restlichen Sahne garnieren

Rote Grütze

Zutaten für 10 Portionen

je 100 g rote und schwarze Johannisbeeren,
125 g Himbeeren
0,7 l Wasser
120 g Zucker,
60 g Speisestärke
Einlage: 150 g frische Johannisbeeren
Beigabe: 1/2 l Vanillesoße oder 1/4 l flüssige Sahne

Arbeitsgänge

▷ Beeren mit Wasser und Zucker kochen
▷ durch ein Sieb passieren und den Fruchtsaft zum Kochen bringen
▷ Speisestärke in Wasser anrühren und den Saft damit binden
▷ Einlage unterziehen, abschmecken, in Portionsgläser oder in eine Schüssel füllen
▷ nach dem Durchkühlen garnieren und mit Sahne oder Vanillesoße servieren

Abwandlung

▷ 300 g Rhabarber, 150 g Stachelbeeren, 2 Kiwis, 140 g Zucker, 0,7 l Wasser, 50 g Speisestärke entsprechend zubereiten.
▷ Einlage: 3 Kiwis in Würfel geschnitten

Wissen Sie Bescheid?

1. Warum soll Obst grundsätzlich gewaschen werden?
2. Wie werden gefrorene Himbeeren verarbeitet?
3. Erläutern Sie den Begriff mazerieren.
4. Warum werden Mandeln und Nüsse vor der Verarbeitung leicht geröstet?
5. Welche Soße empfehlen Sie zu Weingelee?
6. Nennen Sie zwei Möglichkeiten der Kremherstellung.
7. Beschreiben Sie die Zubereitung von Karamellkrem.
8. Zählen Sie die wichtigsten Zutaten von Bayerischer Krem auf und nennen Sie zwei Ableitungen.
9. Welche Ziele werden mit der Zugabe von Gelatine beziehungsweise geschlagener Sahne bei der Kremherstellung erreicht?
10. Warum müssen Krems immer gekühlt aufbewahrt werden?
11. Welche Eissorten und Eisarten werden in Ihrem Ausbildungsbetrieb angeboten?
12. Nennen Sie die Hauptbestandteile von Kremeis, Fruchteis und Rahmeis.
13. Wodurch unterscheidet sich die Rahmeisherstellung von der Kremeisherstellung?
14. Beschreiben Sie die Zusammenstellung eines Eisbechers nach Schwarzwälder Art.
15. Erklären Sie die Begriffe Eisauflauf, Eisbiskuit und Eisbombe.
16. Zählen Sie sechs Garniermittel auf, die zum Garnieren von Eisspeisen in Frage kommen.

1. **Rohpökelwaren (Schwarzwälder Schinken, Kasseler Kotelett, Bündner Fleisch)**

2. **Kochpökelware (Schweinebrust, Rinderzunge, gekochter Schinken)**

15 Fleisch- und Wurstwaren

Wurst- und Fleischwaren werden hauptsächlich von Fleischereien und Fleischwarenfabriken hergestellt.
Für warme Speisen werden sie nur noch erwärmt oder angebraten.
Für den Kaltverzehr werden sie in Portionsstücke oder in dünne Scheiben geschnitten und dekorativ angerichtet. Sie sind als Grundlage für Feinkostsalate geeignet.

Fleischwaren

Rohpökelwaren. Hierfür wird Schweinefleisch, seltener Rindfleisch verwendet. Die Fleischstücke werden nach dem Pökeln geräuchert und/oder getrocknet. Beispiele sind Bündner Fleisch, Parmaschinken.

Kochpökelwaren. Hierbei sind die typische Pökelfarbe, der milde, aromatische Fleischgeschmack und die Saftigkeit die wichtigsten Qualitätsmerkmale. Nach dem Pökeln in milder Lake werden manche Sorten zur Aromaverbesserung geräuchert wie Schinken und Kasseler. Gegart wird bei etwa 75 °C durch Garziehen oder Dämpfen. Pökelzunge und Eisbein müssen gekocht werden.

Kochpökelwaren können in Scheiben geschnitten mit Soßen und Beilagen als warme Speisen gereicht werden. Dünn aufgeschnitten sind sie wesentlicher Bestandteil kalter Platten und Büfetts oder Beigabe zu Spargelgerichten. Zum Anrichten kalter Platten wird häufig kalter Braten verwendet. Kalte Büfetts sind ohne gebratenes Fleisch, z. B. Roastbeef oder Rehrücken, nicht vollständig.

Zu kaltem, gebratenem Fleisch reicht man kalte Soßen wie Remouladensoße oder Cumberlandsoße.

Wurstwaren

Unterschiedliche Zusammensetzung des Ausgangsmaterials und verschiedene Herstellungsverfahren ergeben Wurstwaren von solcher Vielfalt, dass allgemeine Aussagen über Nährwert, Geschmack, Haltbarkeit oder Preis nicht möglich sind.
In den Leitsätzen für Fleisch und Fleischerzeugnisse sind die Qualitätsstandards festgelegt.

Kochwürste. Sie umfassen die Gruppen Kochstreichwürste, Blutwürste und Sülzwürste. Kochstreichwürste sind durch erstarrtes Fett verbunden und streichfähig.

Brühwürste. Sie erhalten ihre Bindung und Festigkeit durch die im Brät (Wurstmasse aus rohem, zerkleinertem Fleisch, Speck und Wasser in Form von Eisschnee) gelösten Fleischeiweiße. Diese emulgieren die übrigen Zutaten und gerinnen beim Brühen (Hitzebehandlung bei 65 °C).

Rohwürste. Sie sind umgerötete, ungekühlt lagerfähige, roh zum Verzehr gelangende Wurstwaren. Sie können schnittfest (Salami) oder streichfähig (Mettwurst) sein.

Regeln beim Anrichten von Fleisch- und Wurstwaren

- Die Ränder von Platten und Tellern nicht belegen.
- Nur mit essbaren Materialien garnieren, die in Geschmack und Farbe mit der Speise harmonieren.
- Das Garniermaterial soll nicht überwiegen und nicht über die Fläche verstreut sein, sondern gezielt an wenigen Stellen eingesetzt werden.
- Symmetrisches Auflegen der Scheiben ergibt ein klares Gesamtbild und erleichtert das Vorlegen.

① Thüringer Rotwurst
② Zungenwurst
③ Plunze (Blut-Leberwurst)
④ Sülzwurst
⑤ Schinkensülzwurst
⑥ Schwartenmagen
⑦ Blutschwartenmagen
⑧ Hausmacher Blutwurst
⑨ Kalbsleberwurst
⑩ Pfälzer Leberwurst
⑪ Hausmacher Blutwurst luftgetrocknet
⑫ Grobe Leberwurst

3. **Kochwürste**

① Lyoner Schinkenwurst
② Gelbwurst
③ Bierschinken
④ Bierwurst
⑤ Jagdwurst
⑥ Fleischkäs
⑦ Wiener Würstchen
⑧ Regensburger
⑨ Fleischwurstring
⑩ Frankfurter Würstchen
⑪ Weißwürste

4. **Brühwürste**

① Salami
② Cervelatwurst
③ Plockwurst
④ Grobe Schinkenwurst
⑤ Katenrauchmettwurst
⑥ Teewurst
⑦ Streichmettwurst
⑧ Schinkenmettwurst
⑨ Braunschweiger Streichmettwurst

5. **Rohwürste**

Wildpastete mit Pistazien

Zutaten für 10 Portionen

für den Teig:
250 g Mehl, je 75 g Wasser und Schweinefett, Salz, 1 Ei

zum Auslegen:
Rückenspeckscheiben

für die Einlage:
1 Hasenrückenfilet, 30 g Pistazien, 100 g Schinkenwürfel

für die Farce:
500 g Wildfleisch, je 150 g Schweinerückenfleisch und Speck, 0,1 l Sahne, Salz, Pfeffer, Pastetengewürz, je 4 cl Madeira und Weinbrand, 10 g Öl, je 100 g Zwiebel und Apfelwürfel, 150 g Geflügelleber

zum Auffüllen:
1/4 l Madeiragelee

Arbeitsgänge

▷ gekühlte Teigzutaten rasch verkneten und zugedeckt durchkühlen
▷ Hasenrückenfilet kräftig würzen, in Öl kurz anbraten, kühlen
▷ Fleischwolf mit feiner Scheibe, Kutter, Speck und Sahne stark kühlen
▷ Wild- und Schweinefleisch in Würfel schneiden und würzen; anfrieren
▷ Leber, Zwiebeln und Äpfel kurz in Öl anbraten, flambieren, kühlen
▷ mit Wild- und Schweinefleisch zweimal durch den Fleischwolf drehen
▷ Speck danach separat durchdrehen
▷ auf Eis: Speck und Sahne nach und nach unter das Fleisch mischen oder im Kutter mixen; abschmecken
▷ Pistazien und Schinken untermengen
▷ Pastetenform mit Teig- und Speckplatten auslegen, die Farce kompakt einfüllen (Hasenfilet in die Mitte)
▷ mit Speck und Teig verschließen; 2 Löcher als Kamin ausschneiden, mit Teig verzieren und mit Ei bestreichen
▷ bei 220 °C 10 Minuten und bei 180 °C ca. 40 Minuten backen, auskühlen
▷ mit Madeiragelee auffüllen, kühlen
▷ zum Anrichten in Scheiben schneiden und mit Waldorfsalat und Cumberlandsoße servieren

16 Feinkost

Unter Feinkost versteht man Speisen, die besonderen Ansprüchen bzw. verfeinerten Essgewohnheiten genügen. Im Folgenden wird auf Pasteten, Terrinen, Galantinen, Stopflebern und Kaviar näher eingegangen.

16.1 Pasteten

Pasteten bestehen meist aus einer Masse (Farce). Man unterscheidet: Pasteten in der Kruste gebacken, Terrinen (Pasteten mit Speckhülle in Gefäßen gegart) und Galantinen oder „Rollpasteten".

Die **Farcen** bestehen aus dem jeweiligen namengebenden Grundstoff, magerem, sehnenarmem Schweinefleisch und frischem, fettem Speck. Alle Zutaten werden mit charakteristischer Gewürzmischung und Weinbrand oder Likörwein mariniert und gut gekühlt, fein gehackt und/oder gekuttert und durch ein Sieb gestrichen. Die Bindung wird durch das mithilfe des Salzes gelöste Fleischeiweiß erreicht. Fettärmer sind Massen, die anstelle von Speck mit Sahne zubereitet werden (Mousslinefarcen). Als Einlage werden gebratenes Filet, gekochter Schinken, Trüffel und Pistazien beigegeben, die das Schnittbild farblich gestalten und den Geschmack verbessern. Behutsames Garen ist ausschlaggebend für die Qualität.
Die Kerntemperatur von 55 °C (bei Fisch 45 °C) soll durch genau dosierte Hitzezufuhr erreicht und keinesfalls überschritten werden. Deshalb werden Pasteten bevorzugt im Ofen gebacken, Terrinen im Ofen im Wasserbad und Galantinen im Sud pochiert.

Pasteten in der Kruste
Farcen von Wild, Wildgeflügel, Geflügel, Kalb, Fisch oder Leber werden für Pasteten in Teighülle in rechteckigen Formen aus Metall gebacken. Sie erhalten meist eine Einlage von ausgesuchten Stücken des Grundstoffes, zum Beispiel Wild- oder Kalbsfilet, Geflügelbrust, Gänsestopfleber. Nach dem Backen und Abkühlen wird der entstandene Hohlraum zwischen Teig und der gegarten Farce, die an Volumen verloren hat, mit feinem Gelee ausgegossen.
Zum Anrichten wird die Pastete in Scheiben geschnitten und mit passender Soße (Cumberland- oder Hagebuttensoße bei Wild und Wildgeflügelpasteten) oder Gelee, das mit Likörwein oder Weinbrand abgeschmeckt wurde, serviert.

Terrinen
Die Farcen für Fleisch-, Wild- oder Geflügelterrinen werden in mit sehr dünnen Speckscheiben ausgelegte Steingut- oder Porzellanformen gefüllt und im Wasserbad im Ofen gegart (anstelle der Speckscheiben oder zusätzlich kann die Form mit einer hitzebeständigen Kunststoff-Folie ausgelegt werden).
Nach dem Auskühlen wird das Fett entfernt, das sich unter Umständen oben abgesetzt hat. Die Oberfläche wird eventuell mit einem würzigen Gelee versiegelt. Fischterrinen werden gern mit einer Einlage aus Spinatblättern, Lachsstreifen und/oder Krustentierschwänzen aufgewertet und pochiert.
Terrinen werden zum Anrichten aus der Form genommen und in Scheiben geschnitten. Geleewürfel oder kalte Soßen bietet man dazu an.

1. Auswahl an Pasteten

Galantinen

Für die klassischen Galantinen (auch Ballotinen genannt) werden ganze Tiere so entbeint, dass ihr Fleisch mit der Haut an einem Stück zusammenbleibt. Die Farce wird auf das ausgebeinte Fleisch gelegt und eingerollt (ist das Fleisch nicht zart genug, wird es zur Farceherstellung verwendet und nur die Haut als Hülle benutzt).
Nach dem Vernähen der Hautenden wird die Galantine in eine Tuchserviette gebunden und im entsprechenden Fond gegart. Sie soll im Fond erkalten und wird dann in Scheiben geschnitten.
Heute werden Galantinen meist als „Rollpasteten", die in der Form einer Wurst ähnlich sind, hergestellt. Anstelle der Haut und des daran haftenden Fleisches wird eine Folie verwendet. Dadurch entfällt das aufwendige Herausschälen des gesamten Knochengerüstes; die Tiere können geteilt und dann entbeint werden bzw. man verwendet Fleisch ohne Knochen. Diese Galantinen werden in der Folie pochiert oder gedämpft.

Galantinen werden aus Geflügel, Wildgeflügel, Spanferkel und Fischen, aber auch aus Krusten- Schalen- und Weichtieren hergestellt. Der gefüllte Schweinsfuß (Zambone) oder die gefüllte Kalbsbrust sind auch Galantinen.

Zu Galantinen aus Fleisch, Geflügel und Wild reicht man z. B. Cumberlandsoße, zu solchen aus Fisch und Meeresfrüchten z. B. eine Majonäseableitung oder eine Crème-fraîche-Mischung mit körnigem Senf, Meerrettich oder Kräutern. Durch Mischen mit Jogurt kann der Fettgehalt der Soße vermindert werden.

16.2 Speisen aus Stopflebern

Getrüffeltes Gänseleber-/Entenleberparfait

(Parfait bedeutet das Beste/das Feinste)
Für diese Zubereitung wird Gänsestopf- oder Entenstopfleber von den Adern und Venen befreit, enthäutet und mit Weinbrand und Gewürzmischung einige Zeit mariniert und durchgekühlt.
Spezielle Formen werden mit sehr dünnen Speckscheiben ausgelegt und die Gänseleber hineingepresst, sodass sie die Gestalt der Form annimmt. Die Trüffel werden im Zentrum platziert (bei Parfait wird keine Farce verwendet). Die Form wird mit Speckplatten verschlossen.
Das Parfait wird zugedeckt und im Wasserbad im Ofen pochiert. Es bleibt bis zur Verwendung in der Form und wird gut gekühlt aufbewahrt. Beim Anrichten wird die Speckhülle entfernt und das Parfait in Scheiben geschnitten, mit Gelee überzogen und mit Madeirageleewürfeln angerichtet.
Feinkosthersteller bieten Gänsestopfleberprodukte als Frischware bzw. Halb- oder Vollkonserve an. Sie müssen folgenden gesetzlichen Mindestanforderungen genügen:

- **Gänseleberpastete oder -terrine:** Kochwurstpastete mit mindestens 70 % Gänseleberstücken in einer Farce aus Schweinefleisch, Schweineleber, Speck und Gänsefett.
- **Gänseleberparfait:** besteht aus einer Farce von Schweinefleisch sowie Gänseleber und Gelee.
- **Gänseleberwurst:** Kochstreichwurst aus einer Farce von Schweinefleisch und -leber und 20 % Gänseleberstücken.

	Bezeichnung	Fischart	Eigenschaften
Echter Kaviar (von Stör oder Sterlet-Arten) wird überwiegend auf Eis serviert (als Vorspeise, zum Frühstück oder beim kalten Büfett)	• Beluga • Sevruga • Ossiotr	• Hausen • Scherg • Waxdick	• Korngröße etwa 3 mm, grau-schwarz, mit sehr zarter Eihaut • kleinkörnig, relativ helles Grau, zarte Eihaut • mittelgroßes Korn, dunkles Grau, relativ feste Eihaut
Kaviar-Ersatz-Erzeugnisse überwiegend als Garniermittel, Soßen- oder Farcenbestandteil	• Deutscher Kaviar • Keta-Kaviar • Forellenkaviar	• Seehase • Lachs • Bachforelle • Lachsforelle	• sehr kleinkörnig, schwarz gefärbt, hoher Salzgehalt • Korngröße 3 bis 4 mm, natürliche blassrote Farbe, • Korngröße 2 bis 3 mm, goldgelbe natürliche Farbe

1. Kaviararten und ihre Verwendung: Keta-Kaviar und Sevruga

16.3 Kaviar

Unter Kaviar versteht man die von Häuten und Sehnen befreiten Fischeier (Rogen) verschiedener Fischsorten. In großen Mengen wird Kaviar vor allem in Russland und im Iran gewonnen. Die Fische der Störarten werden im Frühjahr bzw. im Herbst kurz vor dem Ablaichen gefangen, der Rogen wird abgestreift. Die Fischeier werden nun eingesalzen. Dadurch bekommen sie eine festere Konsistenz, werden haltbar und die hellglasigen Fischeier dunkeln nach.

Qualitätsmerkmale des echten Kaviars

Bei gutem Kaviar muss die Oberfläche trocken erscheinen, wenn der Behälter (Dose oder Glas) geöffnet wird. Reiner, nicht fischiger oder traniger Geschmack, sowie eine gleichmäßige Körnung und ein relativ geringer Salzgehalt zeichnen die besten Sorten aus. Mindere Qualitäten erkennt man am unreinen oder salzigen Geschmack und an der schleimigen oder fettigen Oberfläche.

Angebotsformen von echtem Kaviar

Der Salzgehalt von Kaviar beträgt 2 % bis 4 %. Der Zusatz Malossol weist auf eine besonders milde Salzung hin. Presskaviar ist pastenartig; er wird überwiegend für Füllungen verwendet.

Aufbewahrung von Kaviar

Ungeöffnete Originaldosen und -gläser bewahrt man für wenige Wochen bei 0 °C auf. Sie sollten bei einer Teilentnahme sofort wieder verschlossen werden, weil Luftkontakt die Qualität mindert.

Wissen Sie Bescheid?

1. In welche Gruppen werden die Wurstwaren eingeteilt? Nennen Sie die spezifischen Eigenschaften.
2. Erklären Sie den Begriff umröten.
3. Wie werden Pökelwaren gegart?
4. Welche Fleischwaren eignen sich für ein kaltes Büfett?
5. Welche Vorteile hat das symmetrische Auflegen von Scheiben bei kalten Platten?
6. Nennen Sie vier Regeln für die Auswahl bzw. den Einsatz von Garniermitteln.
7. Definieren Sie den Begriff Feinkost.
8. Welcher Hauptbestandteil ist charakteristisch für Mousslinefarcen?
9. Worin unterscheiden sich Pasteten und Galantinen?
10. Warum werden Pasteten mit Gelee (Aspik) aufgefüllt?
11. Welche Soßen empfehlen Sie zu einer Fasanenpastete oder zu einer Geflügelgalantine?
12. Wie werden Terrinen gegart?
13. Warum werden Terrinen mit Gelee (Aspik) bedeckt?
14. Welche Beigaben passen zu Terrinen?
15. Beschreiben Sie in Stichworten die Kaviargewinnung.
16. In welchen Verpackungen wird Kaviar geliefert? Wie lagern Sie ihn?

Kaltes Büfett mit Feinkostartikeln

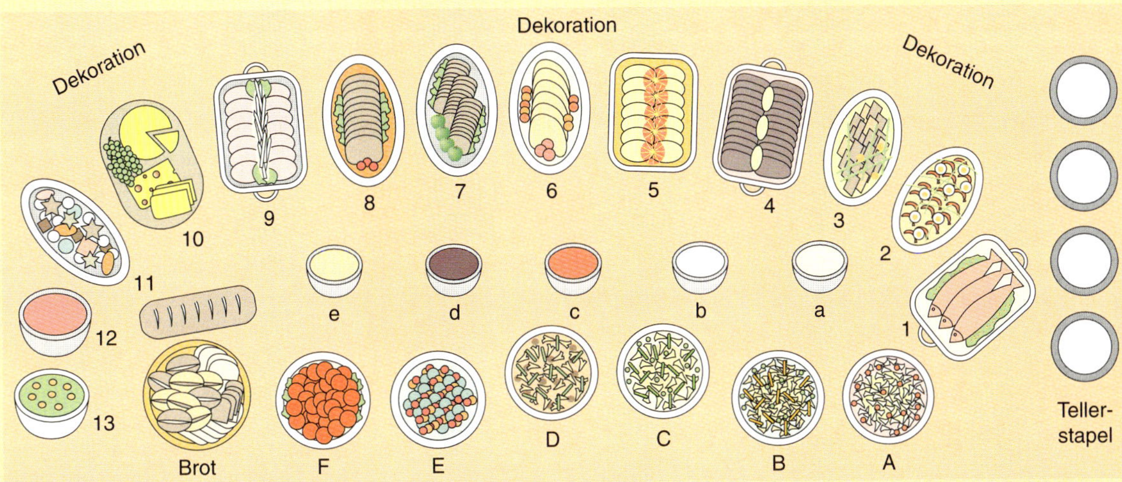

Beispiel für das Arrangieren eines kalten Büfett ab 50 Personen

Hauptplatten

1 Pochierter Lachs mit Lachskaviar
2 Langusten mit Beluga-Eiern
3 Variationen von Räucherfisch
4 Schwarzwälder Schinken mit Netzmelone
5 Fasanengalantine mit rosa Grapefruit
6 Gebratenes Geflügel mit Senffrüchten
7 Rehrücken mit gefüllten Äpfeln
8 Spanferkelrücken
9 Roastbeef mit mariniertem Spargel
10 Käsebrett mit Trauben
11 Petits fours
12 Erdbeerkrem
13 Fruchtsalat

Soßen

a Sahne-Majonäse
b Sahne-Meerrettich
c Hagebuttensoße
d Cumberlandsoße
e Remouladensoße

Salat

A Krebsschwanzsalat
B Waldorfsalat
C Geflügelsalat
D Pfifferlingssalat
E Gemüsesalat
F Tomatensalat

Im Rahmen eines kalten Büfetts werden Feinkostartikel oft in Kombination mit anderen Speisen angeboten. Dabei können die Feinkostartikel Speisen und Platten verfeinern, beispielsweise kann Kaviar eine Fischplatte aufwerten, oder sie werden auf separaten Platten angerichtet, wie etwa eine Fasanengalantine.

Beim Arrangieren eines kalten Büfetts sind unter anderem folgende Punkte zu beachten:

Unterschiedlichkeit der angebotenen Speisen. Ziel ist es, dem Gast die Möglichkeit zu geben, eine Speisefolge für sich zusammenzustellen, die aus seinen „Lieblingsspeisen" besteht und dennoch alle Nährstoffe in ausreichender Menge enthält.

Geschmackliche und optische Harmonie. Die Platten, Schüsseln und Saucieren sollten so arrangiert werden, dass das Gesamtbild des Büfetts optimal wirkt und die Platten bei den dazugehörigen Salaten und Soßen stehen.

Die Reihenfolge der angebotenen Speisen soll sich nach den Vorgaben des klassischen Menüaufbaus richten. Blumenbuketts, Kerzen und Bänder verschönern jedes Büfett.

Erleichterungen für den Gast. Alle Gefäße sollten mit geeignetem Entnahme- oder Vorlegebesteck versehen sein, damit der Gast sich problemlos bedienen kann. Viele Gäste empfinden es als besonderen Service, wenn ein Koch am Büfett manche Speisen vorlegt und Auskünfte oder Empfehlungen geben kann. Wird das Besteck und die Brotauswahl an den Speisetischen eingedeckt, haben die Gäste weniger zu tragen. Abstellmöglichkeiten für benutztes Geschirr und Besteck sind vorzubereiten.

Verkaufskunde

Für unser gut eingeführtes

HOTEL mit RESTAURANT

suchen wir solventes Pächterpaar zum baldmöglichsten Termin.

Das Hotel, in der Nähe Stuttgarts, ist ein elegantes Komforthotel mit einem exklusiven Restaurant mit ca. 120 Sitzplätzen. 40 Einzel- und Doppelzimmer mit insgesamt 70 Betten sind Bad und Dusche, Kabel-TV, Selbstwähltelefon etc. ausgestattet und können über die hauseigene Tiefgarage mit dem Aufzug erreicht werden. Für Veranstaltungen stehen zusätzlich 2 Tagungsräume für ca. 50 und 30 Personen (auch zusammen einsetzbar) zur Verfügung. Die Lage des Hauses, im Zentrum der Stadt am Stadtpark, ist äußerst verkehrsgünstig, der S-Bahnhof befindet sich in unmittelbarer Nähe, der historische Stadtkern kann in ca. 5 Minuten bequem zu Fuß erreicht werden.

Interessenten für das Projekt melden sich bitte schriftlich bei
Firma A. Musterfrau, Verwaltungsgesellschaft mbH
Irgendwostraße 121, 11111 Irgendwo

1. **Inserat in der Fachpresse**

1 Marketing in der Gastronomie

Unter Marketing versteht man betriebliche Maßnahmen zur Sicherung und Steigerung des Absatzes.

Die Lage der Gastronomie hat sich in den letzten Jahrzehnten grundlegend geändert. Einer großen Zahl von gastgewerblichen Anbietern steht eine – wirtschaftlich gesehen – oft nicht mehr ausreichende Zahl von Kunden (Gästen) gegenüber.
Die Zeiten, als die gastronomischen Anbieter durch das von ihnen vorgegebene Angebot den Markt bestimmen konnten (dies nennt man einen Verkäufermarkt), gehören der Vergangenheit an. Das Ergebnis dieses Wandels ist, dass der Gast mehr oder weniger bestimmt, was in der Gastronomie gefragt ist (dies nennt man einen Käufermarkt). Dadurch ist die Gastronomie mehr als früher dazu gezwungen ein Marketingkonzept zu erarbeiten, welches den Anforderungen des heutigen Gästekreises entspricht.
Dazu zählen

- **Standort- und Marktanalysen:**
  - Umfeldanalysen,
  - Angebotsanalysen
- **Marketingkonzepte:**
  - Planung,
  - Ausführung
- **Marketing-Instrumente im Einsatz als Marketing-Mix:**
  - Leistung,
  - Preis,
  - Verkaufswege,
  - Verkaufsförderung,
  - Werbung,
  - Öffentlichkeitsarbeit

Fallbeispiel eines jungen Fachpaares:
Sie, 34 Jahre alt,

- abgeschlossene Lehre als Hotelfachfrau,
- staatlich geprüfte Hotelbetriebswirtin,
- Ausbildereignungsprüfung,
- Berufserfahrung durch Tätigkeit in verschiedenen Häusern in Restaurant, Empfang, Etage und Hotelbüro.

Er, 36 Jahre alt,

- abgeschlossene Lehre als Koch und Restaurantfachmann,
- Küchenmeister IHK,
- Ausbildereignungsprüfung,
- staatlich geprüfter Gastronom,
- Berufserfahrung durch Tätigkeit in verschiedenen Häusern in Küche und Service, die letzten drei Jahre als F & B-Leiter.

Die fachliche Qualifikation des Paares kann für eine Betriebsgründung bei dieser Berufserfahrung als gut bezeichnet werden. Sie beabsichtigen, in einer Stadt mit 15000 Einwohnern ein kleines Hotel mit 70 Betten (40 Zimmer) und einem Restaurant sowie zwei Tagungsräumen zu pachten (nähere Beschreibung siehe Leistungsangebot). Viele Wochen, bevor der Pachtvertrag unterzeichnet wird, beginnen sie mit ihrer Marktbeobachtung und erstellen eine Standort- und Marktanalyse sowie eine Analyse über das Umfeld und das Angebot. Das positive Ergebnis dieser Analysen führt dazu, dass sich das Paar dazu entschließt das oben angebotene Hotel mit Restaurant zu pachten.

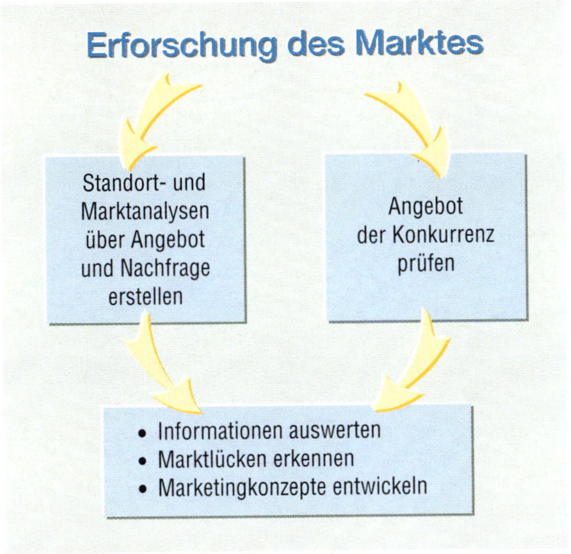

2. **Erforschen des Marktes**

Marketing-Grundregeln

Erfolg ist kein Zufallsprodukt, sondern kann bis zu einem gewissen Grad geplant werden.

- Als Erstes gilt es seine persönlichen Stärken und Schwächen als Leiter eines Gastronomiebetriebes zu erkennen, danach den eigenen Betrieb gründlich zu durchleuchten.
- Die Gästenachfrage für seinen Betrieb zu untersuchen ist eine weitere Voraussetzung für die Gestaltung eines Marketing-Konzeptes.
- Ein Blick auf die allgemeine Lage und die Entwicklung des Fremdenverkehrs in der Gastronomie ist unerlässlich.
- Informationen über Konkurrenzbetriebe geben Hinweise für die Gestaltung der Marketing-Instrumente.
- Unternehmensziele müssen gesetzt, überprüft und daraus Marketingziele formuliert werden.
- Marktchancen nutzen, Marktsegmente auswählen, sich daraus Wettbewerbsvorteile zu verschaffen und darauf seine Kräfte zu konzentrieren, sind die weiteren Marketing-Grundregeln.

1.1 Erforschung des Marktes

Bei der Erforschung des Marktes müssen Standort- und Marktanalysen über Umfeld und Angebot erstellt werden.

Der Standort

- Wo und wie ist die Lage des Betriebes, gibt es Besonderheiten in der Umgebung des Standortes?
- Gibt es in dem Ort Planungen, die die Qualität des Standortes beeinflussen können?
- Wie groß ist die Einwohnerzahl im Verhältnis zur Gewerbe- und Infrastruktur?
- Wie ist die Verkehrssituation?
- Sind fremdenverkehrsfördernde Einrichtungen geplant?
- Welche Freizeitangebote bestehen?

Das Angebot

- Wie war die Entwicklung der Bettenkapazität?
- Welches Preisniveau und welche Qualität haben die Zimmer der jeweiligen Betriebstypen im Ort?
- Welches Preisniveau und welche Qualität bieten die einzelnen gastronomischen Betriebe?

Die Nachfrage

- Welche Bettenauslastung ergibt sich, nach Betriebstypen unterteilt?
- Wie lang ist die durchschnittliche Aufenthaltsdauer?
- Wie ist der Saisonverlauf im Jahr?
- Wie setzt sich die Gästestruktur zusammen?
- Welchen Anteil haben jeweils Tourismus, Messen, Tagungen und Geschäftsreisende bei der Nachfrage?

Die Konkurrenz

- Über welche Beherbergungs- bzw. Sitzplatzkapazitäten verfügen die Konkurrenzbetriebe?
- Welche Vor- und Nachteile haben diese Betriebe?
- Sind neue Konkurrenzbetriebe zu erwarten?
- Welche Planungen der Konkurrenz sind zu erwarten?
- Gibt es Marktlücken im Angebot der Konkurrenz?

Informationen auswerten und Marketingkonzepte entwickeln

Nach dem Sammeln und Auswerten der Informationen müssen daraus die richtigen Schlüsse gezogen werden. Informationen über Konkurrenzbetriebe bieten wertvolle Hinweise für die Gestaltung der verschiedenen Marketing-Instrumente. Die Auswertung dieser Informationen sollte aber nicht ausschließlich zur Nachahmung benutzt werden, sondern im Gegenteil den Mut zur Eigenständigkeit fördern um sich von den Mitbewerbern abzuheben. Um im Wettbewerb bestehen können müssen spezielle Angebote gemacht werden; vor allem, wenn im jetzigen Angebot ein gewisser Sättigungsgrad erreicht ist.

Eine Marktanalyse kann beispielsweise ergeben, dass Fisch und neuzeitliche Ernährungsformen auf den Speisekarten der Konkurrenz selten angeboten werden. Auch Wochenendpauschalen werden trotz niedriger Übernachtungszahlen an diesen Tagen nicht angeboten. Für diese Marktlücken gilt es ein Marketingkonzept zu entwickeln und zur Planung und Ausführung zu bringen. Dabei werden viele Marketing-Instrumente auf einmal eingesetzt werden. Dies nennt man ein Marketing-Mix.

1. Marketing-Mix-Maßnahmen

1.2 Marketing-Instrumente als Marketing-Mix einsetzen

Die Leistung

Die Leistungen des im Fallbeispiel (Seite 268) genannten Hauses sind folgende:

Das **natürliche Leistungsangebot** des Hauses besteht darin, dass es sich in ruhiger Lage am Stadtpark und doch zentrumsnah befindet. Parkplätze sind vorhanden. Die **Verpflegungsleistung** mit einem wohlsortierten Angebot aus Küche und Keller sowie einer kleinen Bar beinhaltet ein gemütlich eingerichtetes Restaurant sowie zwei Nebenräume, welche als Tagungs- aber auch als Veranstaltungsräume genutzt werden können mit. Die Produktpolitik zielt darauf ab, das bisherige Küchenangebot nur zum Teil beizubehalten und durch Fischgerichte und zeitgemäße Ernährungsformen zu ergänzen. Täglich wechselnde Speisekarten, ein Salat- und Saftbüffet sollen dazu beitragen sich von der Konkurrenz abzuheben. Die **Beherbergungsleistung** sind modern eingerichtete Zimmer, deren Auslastung von Freitag bis Sonntag sehr schwach ist. Durch besondere Wochenendpauschalen im Verbund mit dem neuen Speisenangebot soll diese Lücke gefüllt werden. Eine Nichtraucheretage wird angeboten. Die Nebenleistungen beinhalten Swimmingpool, Whirlpool, Sauna, Fitnessraum.

Die **persönlichen Dienstleistungen** sind freundliches, gut geschultes Personal, Etagenservice, Gästewäsche. Die **zusätzlichen neuen Leistungen** sind Theatermenüs, Brunch am Wochenende, Spielplatz/Spielzimmer, Wandern, Tennis, Reiten, Golf – im Verbund mit den hiesigen Vereinen.

Der Preis

Der Preis muss mindestens den Aufwand decken, sollte jedoch möglichst einen angemessenen Gewinn bringen. Zur Wahl stehen folgende Möglichkeiten:

- Leichte Preisunterbietung der Konkurrenz um Gästen einen finanziellen Anreiz zu bieten.
- Qualitätsüberbietung der Konkurrenz, die jedoch zu einer leichten Preiserhöhung führt.

Beides ist im Fallbeispiel möglich. Das neue, besondere Angebot aus Küche und Keller wird durch die Qualitätssteigerung sicherlich ein Erfolg und ein leicht erhöhter Preis ist angebracht. Bei der Preisgestaltung der Wochenendpauschalen ist eine Preisreduzierung der üblichen Übernachtungspreise möglich, da bei einem Aufenthalt der Gäste von Freitag bis Sonntag die Fixkosten gleich bleiben, durch bessere Auslastung die variablen Kosten jedoch sinken (fixe und variable Kosten, Seite 398).

Verkaufsförderung (Sales Promotion)

Zur Verkaufsförderung zählen alle Maßnahmen, die ergriffen werden, um einen guten Kontakt zwischen dem Hotel mit seinen Mitarbeitern und den Gästen herzustellen. Dabei wird zwischen persönlichen und sachlichen Verkaufsförderungsmaßnahmen unterschieden. Die **persönliche Verkaufsförderung** beginnt bei der Aus- und Weiterbildung der Mitarbeiter, die mit den Gästen (mündlich oder schriftlich) in Kontakt stehen. Sie müssen Leistung und Verkaufsziele des Betriebes kennen und darüber Auskunft geben können. Besonderer Wert wird dabei auf Detailpflege gelegt. Darunter versteht man kleine Aufmerk-

2. Werbung ist alles

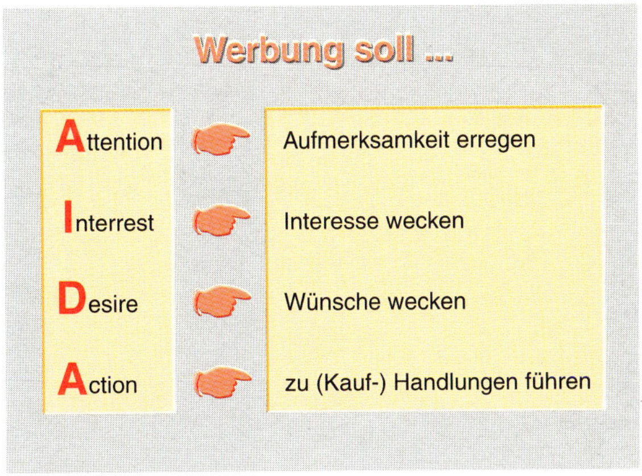

3. AIDA-Formel

1. Zählen Sie materielle und immaterielle Leistungen eines gastronomischen Betriebes auf.
2. Nennen Sie Beispiele für Möglichkeiten der sachlichen und persönlichen Verkaufsförderung.

samkeiten, die der Gast speziell beachtet und anerkennt. Dies beginnt bei Vorschlägen und Tipps, die den Gästen am Empfang für ihren Aufenthalt gegeben werden oder Zusatzdienstleistungen auf der Etage und im Service.
Zur **sachlichen Verkaufsförderung** im Hause zählen Hinweise auf bestimmte Speisen und Getränke im Restaurant, spezielle Dienstleistungen wie Tagungsmöglichkeiten, Pauschalprogramme usw. Geeignete Mittel dafür sind zum Beispiel Hauszeitungen oder Aufhänger.

Verkaufsförderung, Verkaufswege außer Haus

Um mit einem Angebot infrage kommende Gäste zu erreichen gibt es direkte und/oder indirekte Verkaufswege.
Bei **direkten Verkaufswegen** wird der Gast ohne Mittler angesprochen. Dies geschieht auf verschiedene Weise:

- Pflege der Stammgästekartei; diese Gäste werden schriftlich über die Angebote informiert;
- Absatzhelfer werden gewonnen wie Taxifahrer, Auskunftspersonen im örtlichen Reisebüro, Tankstellenwarte, Sekretärinnen von Firmen, Reisebus-Chauffeure.

Indirekte Verkaufswege führen über Reisemittler. Diese haben den Vorteil einen großen Gästekreis anzusprechen. Dazu zählen

- Reisebüros, welche diese Programme vermitteln;
- Reiseveranstalter, die beispielsweise das Wochenendarrangement in ihre Kataloge einbringen;
- Anschluss an örtliche Verkehrsvereine, nationale und internationale Reservierungssysteme;
- Zusammenschluss mit ähnlich gelagerten Hotels durch gegenseitige Empfehlung und Gratisreservierung.

Die Werbung

Durch Werbung wird gezielt der Verkauf gefördert. Ohne Werbung werden Leistungen nicht bekannt und die Nachfrage bleibt aus. Bevor mit der Werbung begonnen werden kann ist darauf zu achten, dass das Leistungsangebot stimmt, gemäß der Erfahrung: Leistung kommt vor Werbung.
Bei der **Innenwerbung** kann der Erfolg der Werbung durch eine gute Qualität der Leistungen beeinflusst werden. Ist die Qualität sehr gut und das Preis-/Leistungsverhältnis stimmt, werden zufriedene Gäste durch Mund-zu-Mund-Propaganda eine wichtige Werbewirkung erzielen.
In der **Außenwerbung** empfiehlt sich folgende Vorgehensweise: Zusammen mit einem Werbefachmann werden ein Werbeetat aufgestellt und die Art und der Zeitpunkt der Werbekampagne festgelegt. Dies ist besonders wichtig, damit die Werbekampagne auch zur richtigen Buchungszeit auf den Markt kommt. Die Zielgruppen und infrage kommenden Zielgebiete müssen schon lange vor der Eröffnung erforscht und festgelegt werden. Als Werbemittel und -träger bieten sich an:

- Hotelprospekte für Gäste und für Reisemittler
- Werbebriefe (Mailing-Aktionen) an Firmen und Privatpersonen,
- Inserate in Zeitungen/Zeitschriften,
- Plakate an erlaubten Stellen der Stadt,
- Hinweistafeln an genehmigten Stellen in der Stadt an Straßen und Gebäuden,
- Schrift- und Leuchtreklame am Hotel.

Zielgruppe	Maßnahmen in der Öffentlichkeitsarbeit (Public Relation = PR)
Mitarbeiter und deren Angehörige	Offene Informationspolitik für die Mitarbeiter um das Wir-Gefühl zu stärken. Die Mitarbeiter sollen sich mit dem Betrieb im positiven Sinne identifizieren und ihre Zufriedenheit durch Worte und Taten auch den Gast spüren lassen. Einladungen an Angehörige, Partner, Eltern von Auszubildenden um den Betrieb vorzustellen.
Hotel- und Restaurantgäste im Hause	• Vorstellung leitender Mitarbeiter, durch Porträtfotos mit Namen und Funktion im Betrieb • Informationsmöglichkeiten schaffen um den Gast ständig auf dem Laufenden über das Haus, die Stadt und Region zu halten, z. B. durch Hauszeitung, Anschläge, Theaterprospekte, Exkursionen.
Potentielle Kunden außer Haus	• Glückwunschkärtchen, z. B. zum Geburtstag • Neues vom Hotel und der Umgebung zur Information (nicht nur preisbezogen)
Einwohner der Umgebung, Vereine, Behörden, Gewerbe, Industrie, Abschlussklassen mit Lehrern, Presse, Rundfunk	• Tag der offenen Tür mit interessanten Angeboten und Vorstellungen • Anbieten von Stammtischrunden, z. B. Lions, Round Table • das Hotel als Ausbildungsstätte • das Hotel in der touristischen Fachpresse, Regionalpresse und im regionalen Rundfunk..

1. Mögliche Maßnahmen der Öffentlichkeitsarbeit

Öffentlichkeitsarbeit (Public-Relation)
Ein gutes Angebot und Werbung allein genügen nicht um einen geschäftlichen Erfolg zu sichern. Es ist bekannt, dass Werbung und Öffentlichkeitsarbeit oft mit den gleichen Mitteln betrieben werden. Der wesentlichen Unterschied ist jedoch: Durch Werbung sollen Dienstleistungen und Produkte verkauft werden und dieses Angebot wird direkt an die Gäste geschickt, während sich die Öffentlichkeitsarbeit (PR) an die Öffentlichkeit richtet um den Bekanntheitsgrad des Betriebes positiv zu steigern, indem eine offene Informationspolitik betrieben wird.

1.3 Überprüfung und Kontrolle des Erfolges der Marketing-Maßnahme

Um eine Erfolgskontrolle der Marketing-Maßnahmen durchführen zu können sind überprüfbare Zielvorgaben, die von vornherein festgelegt werden, nötig. Qualitative Zielvorgaben sind dabei schwer zu prüfen, während quantitative Vorgaben (z. B. Umsatz) leicht zu überprüfen sind, vor allem wenn sie mit einer anderen bestimmten Größe verglichen werden können.
Ein Beispiel dafür:

- Eine Steigerung des Getränkeumsatzes gegenüber dem Umsatz an Speisen im Restaurant um fünf Prozent innerhalb von drei Monaten durch Verkaufsschulung, Angebot neuer Getränke und bessere Präsentation.

Nach Abschluss der Marketing-Maßnahmen müssen alle Dienstleistungen immer wieder hinterfragt und zielgruppengerecht auf die Gästebedürfnisse abgestimmt werden. Dafür gibt es zum Beispiel folgende Möglichkeiten:

- Den Gast als Betriebsberater – durch Auslegen von Fragebogen nutzen. Stets mit dem Ohr beim Gast können viele Verbesserungsanregungen aufgegriffen werden; denn der Gast mietet nicht nur Zimmer und kauft Essen, er hofft auch auf Dienstleistungserlebnisse, die man nur durch Gästebefragungen in Erfahrung bringen kann.
- Das eigene Personal als Betriebsberater.
- Die Reaktion der Konkurrenz.

1. Erläutern Sie den Begriff Marketing.
2. Welche Marketing-Instrumente können im Verbund als Marketing-Mix eingesetzt werden?
3. Nennen Sie Beispiele von Leistungen, die in Ihrem Betrieb besonders im Vordergrund stehen.
4. Auf welche Weise können Gäste auf direkten und indirekten Verkaufswegen angesprochen werden?
5. Erklären Sie den Begriff Sales Promotion und schildern Sie Beispiele daraus.
6. Was versteht man unter der AIDA-Formel?
7. Nennen Sie Möglichkeiten der Werbung.
8. Übersetzen Sie den Begriff Public Relation.
9. Erklären Sie den Unterschied zwischen Werbung und Public-Relation.
10. Welche PR-Maßnahmen können in gastronomischen Betrieben eingesetzt werden?
11. Nennen Sie Möglichkeiten, den Einsatz der Marketingmaßnahmen zu überprüfen.

Vereins- und Interessen-Gastronomie	Gastronomie mit Beherbergung	auf Speisen und Getränke ausgerichtete Gastronomiebetriebe	Handelsgastronomie	zweckbezogene Gastronomie
Sport- und Freizeitvereine Festbewirtschaftung Straßenfeste ambulantes Gastgewerbe	Hotels Gasthöfe Pensionen Ferienzentren	Speisenorientierte Betriebe, z. B. • Cafés • Restaurants • Speisegaststätten • Fast-Food-Restaurants • Imbissbetrieb • Eisdielen Getränkeorientierte Betriebe, z. B. • Bierlokale • Weinlokale • Bars • Diskotheken	Warenhausgastronomie, z. B. • Cafeteria, Coffeshop • Selbstbedienungsrestaurant • Free-flow-Restaurant Verzehrsstellen im Handwerkshandel, z. B. • Bäckereien, Metzgereien • Fischgeschäfte Verzehrsstellen in Betrieben des Einzelhandels, z. B. • Fachmärkte • Kauf- und Warenhäuser • Automobilhändler • Tankstellen Trinkhallen Kioske	Verkehrsgastronomie Veranstaltungsgastronomie

2. Arten von gastronomischen Betrieben

1.4 Betriebsarten und ihre Zielgruppen

Hotels. Sie sind Beherbergungsbetriebe mit angeschlossenem Verpflegungsbetrieb für Hausgäste und Passanten. Je nach Lage, Art und Ausstattung der Hotels werden die unterschiedlichsten Zielgruppen angesprochen.

- **Stadthotel:** Zielgruppen sind überwiegend Geschäftsreisende, Tagungs-/Kongressteilnehmer, Besucher von kulturellen und sportlichen Programmen und Veranstaltungen.
- **Kurhotel:** In einem Heilbad oder Kurort gelegenes Hotel, in dem medizinische Versorgung und Diät gewährleistet sind. Die Zielgruppen der Kurhotels sind überwiegend Erwachsene mittleren und höheren Alters.
- **Ferienhotel (z. B. Familienhotel, Sporthotel, Aparthotel):** Von diesen Hotels werden, je nach Lage, Art des Betriebes, Angebot und Preis alle Zielgruppen angesprochen.
- **Hotel garni:** Ein Betrieb, der Beherbergung, Frühstück, Getränke und auch kleine Speisen anbietet. Er wird gerne von Geschäftsreisenden und Gästen, die sich zu einem Kurzbesuch in der Stadt aufhalten, genutzt.
- **Hotel-Pension, Pension, Fremdenheim:** Sie unterscheiden sich durch eingeschränkte Dienstleistungen von einem Hotel; letzteres zeichnet sich durch Einfachheit aus. Die Zielgruppe sind preisbewusste Gäste, die oft über einen längeren Zeitraum verweilen.
- **Motel (Motorhotel):** Diese Betriebsart ist durch ihre Verkehrslage, Bauart und ihre Einrichtungen besonders auf die Bedürfnisse von Autofahrern eingerichtet.

Restaurants. Sie sind Bewirtungsbetriebe mit einer ausgewogenen Speisekarte und der dazu passenden Getränkeauswahl. Das Angebot, die Ausstattung und das Preisniveau werden, je nach Betrieb, sowohl einfachen als auch gehobenen Ansprüchen gerecht.

- **Restaurants mit deutscher Küche:** Ihre Zielgruppe sind vorwiegend Gäste mittleren und gehobenen Alters.
- **Restaurants mit ausländischer Küche oder Steakhäuser:** Sie sprechen überwiegend die Altersgruppe der 25- bis 50-jährigen an, bei der die Erlebnisgastronomie, „das Essen gehen", sehr stark ausgeprägt ist.
- **Selbstbedienungsrestaurants** in gehobenem Stil sind oft spezialisiert und bieten vor allem dem eiligen, gesundheitsbewussten Gast eine reiche Auswahl an.

Fast-food-Betriebe. Sie sind mit einer kleinen, standardisierten Speise- und Getränkekarte auf raschen Verzehr eingestellt. Ihre Zielgruppen sind vor allem der eilige Gast und Jugendliche, denen das Angebot auch vom Preis her entgegenkommt.

Pubs. Sie sind Schankbetriebe nach englischem Vorbild. Bevorzugt werden im Thekenbetrieb alkoholische Getränke ausgeschenkt; dezente Musik und gepflegte Atmosphäre sprechen das Publikum mittleren Alters an.

Discos. Moderne Musik und Tanz, Getränke und ein kleines Speisenangebot sprechen als Zielgruppe vor allem jugendliche Gäste an.

Cafés, Bistros. Sie haben als Zielgruppen überwiegend Gäste jugendlichen und mittleren Alters.

Kaufmotive		
triebmäßige Kaufmotive	gefühlsmäßige Kaufmotive	verstandesmäßige Kaufmotive
• Selbsterhaltung (z.B. Essen, Trinken, Schlafen, Kleidung) • Nachahmung • Neugierde • Geltungsbedürfnis • Sammellust • Betätigungslust	• Genusssucht (z.B. zur Erhöhung der Lebensfreude) • Schönheits- empfinden • Gesundheits- streben • Geruch • Geschmack	• Preiswürdigkeit (z.B. geringes Einkommen, Sparsamkeit) • Zweckmäßigkeit (z.B. Zeitersparnis, Haltbarkeit, Bequemlichkeit) • Gesundheits- streben (siehe gefühlsmäßigen Kaufmotiven)

1. Kaufmotive (Auswahl)

überwiegen vernunftbetont	überwiegend gefühlsbetont
• Geldersparnis	• Bequemlichkeit
• Preiswürdigkeit	• Neugierde
• Zeitersparnis	• Nachahmungsdrang
• Arbeitsersparnis	• Genusssucht
• Zweckmäßigkeit	• Konsumdrang
• Sicherheitsbestreben	• Vergnügungssucht
• Gesundheitsbewusstsein	• Sammellust
• Umweltbewusstsein	• Geltung, Ansehen
• Schönheitsempfinden	

2. Einteilung von Kaufmotiven

2 Umgang mit Gästen

2.1 Kaufwünsche und ihre Ursachen

Jedem Kaufwunsch liegt ein Beweggrund (Motiv) zugrunde. Wenn ein Jogger am Kiosk „etwas zu trinken" verlangt, ist sein Durst das Kaufmotiv. Hier sind keine besonderen Verkaufskenntnisse nötig um dem Kunden das richtige Getränk anbieten zu können.

Wenn ein Unternehmer seine Geschäftspartner zu einem Bankett einlädt, stehen Hunger und Durst des Gastes sicherlich nicht im Vordergrund, wenn er um Vorschläge für „ein besonderes, vielleicht nicht alltägliches Abendmenü" bittet. Vielleicht will er imponieren, bewundert werden oder originell sein. Im Vordergrund des Kaufwunsches stehen also bestimmte, in diesem Fall eher exklusive Speisen und Getränke. Das Kaufmotiv („besonderes, ... nicht alltägliches") deutet an, welchen Nutzen oder Vorteil der Gast von dem Produkt oder der Dienstleistung erwartet.

Insbesondere, wenn ein Gast unschlüssig ist und Beratung erwartet, ist die Erforschung von Kaufmotiven wichtig. Wird ein Motiv erkennbar, können Angebot und Beratung daran ausgerichtet werden. Nicht selten stehen hinter einem Wunsch vernunfts- als auch gefühlsbetonte Motive.

Neben **vernunftmäßigen (rationalen)** Gründen für eine Kaufentscheidung können auch **irrationale Argumente** zum Kauf einer Ware oder deren Ablehnung führen. Dazu zählen Hoffnungen, Träume, Wünsche und Ängste eines Menschen, deren Anregung für den Kauf mitentscheidend sind.

So können bestimmte Erlebnisse wie Hausbrand, Diebstahl, Eigenschaften, zum Beispiel Aberglaube bei der Zahl 13 oder negativ empfundene Erlebnisse wie zurückliegende Auseinandersetzung mit dem Partner dazu führen, dass ein Gast ein bestimmtes Zimmer oder einen bestimmten Tisch nicht akzeptiert. In solchen Fällen muss der Wunsch des Gastes respektiert werden, auch wenn die Gründe für eine Ablehnung nicht begreifbar erscheinen.

Die Gründe für Kaufentscheidungen sind vielfältig. Sie sind den wenigsten Gästen und Kunden bewusst. Wenn jedoch der Verkäufer diese Zusammenhänge kennt, kann er ein Verkaufsgespräch entsprechend steuern.

So stellt zum Beispiel auch die Beratung über die Zusammenstellung eines Menüs ein Verkaufsgespräch dar. Je nach Einschätzung des Gastes müssen unterschiedliche Empfehlungen ausgesprochen werden um ihn zufriedenzustellen. Entscheidend ist hierbei meistens, mit **welchen Formulierungen** gezielt, aber vom Gast unbemerkt, bestimmte Gefühle oder Bedürfnisse angesprochen werden. Jedem Kauf liegt ein **Bedürfnis** zugrunde. Dabei ist es unwesentlich, ob dieses Bedürfnis echt ist oder ob es zum Beispiel durch Werbung geweckt wurde. Nicht alle Menschen haben jedoch gleiche Wünsche und Bedürfnisse, auch wenn dieselbe Werbung auf sie einwirkt. Die Art der Bedürfnisse hängt vielmehr von der Umwelt, in der die Menschen leben, von ihrer eigenen sozialen Situation (wie arm oder reich, niedriger oder hoher Bildungsstand) und von ihren jeweiligen Interessen ab.

Lebensstile, Kaufmotive

Eine Studie über die als Trendsetter gepriesenen „Oberen Zehntausend", wo und was beim Ausgehen, Essen und Trinken „in" ist, ergab Folgendes: Wer es sich leisten kann, stilisiert die Nahrungsaufnahme hoch zum theatralen Bestandteil seiner Alltagskultur. Essen und Trinken erfüllen als Statussymbole ihren Zweck ebenso wie edle Designer-Mode. Vor allem das identitätsstiftende „Drumherum" (Ambiente) muss stimmen. Welches Restaurant „in" ist, ist fast wichtiger als die Frage, wo es gut schmeckt; denn darin liegt ein gewichtiger statusdifferenzierender Lifestyle-Faktor. Das Image, die Inszenierung des Essens, wird in dieser Studie in der Upper-Class sehr hoch eingestuft; das Essen als solches rückt in den Hintergrund. Die Auswertung dieser Studie dürfte für Gastronomen sehr interessant sein.

soziale Anerkennung	„Für Sie reservieren wir das schönste Zimmer."
Sicherheit	„Wir garantieren Ihnen einen harmonischen Verlauf Ihres Festessens."
Geborgenheit	„Wir bieten Ihnen in unserem Haus eine familiäre Atmosphäre."
Vertrauen	Selbstverständlich können Sie den Hausschlüssel mitnehmen."
Selbstachtung	„Ich finde, diese Art des Empfangs steht Ihnen unbedingt zu."
Unabhängigkeit	„Wir richten uns ganz nach Ihnen."

3. Ansprechen sekundärer Kaufmotive

Ein Bedürfnis lässt sich immer auf einen Mangelzustand zurückführen. Wer Hunger hat, möchte etwas essen. Minderwertigkeitsgefühle gleichen manche Menschen durch auffallende Kleidung aus. Sind solche Bedürfnisse erfüllt, fühlt sich der Mensch zufrieden. Der Organismus ist dann im Gleichgewicht, bis sich das nächste Bedürfnis einstellt. Die Verhaltenslehre spricht von der **Bedürfnishierarchie.** Ein hungriger und müder Mensch wird zuerst essen und schlafen wollen, bevor er Kontakt zu anderen sucht oder Unabhängigkeit und Eigenverantwortung anstrebt.

Bedürfnisse, die nicht auf einen echten Bedarf zurückgehen, sogenannte **Luxusbedürfnisse**, gehören zu den Sekundärbedürfnissen. Gerade diese Bedürfnisse werden in der **Erlebnisgastronomie** gezielt geweckt und befriedigt.

Wer mit Kunden und Gästen umgeht, kann sie bei Kenntnis oder richtiger Einschätzung ihrer Situation (Lebensbereich, Bildungsniveau) in die entsprechenden Stufen der Bedürfnishierarchie einordnen. Es müssen dann im Verkaufsgespräch solche Argumente gewählt werden, die den Kunden oder Gast auch ansprechen.

Auch durch **Werbung** werden Kaufmotive erzeugt. Werbung weckt neue Bedürfnisse, die zuvor verdeckt oder gar nicht vorhanden waren. Dabei spielt die Verknüpfung von (An-)Trieben mit bestimmten Reizen eine große Rolle. Gute Werbung ist so angelegt, („aufgemacht"), dass sie beim Kunden gerade solche Instinkte anspricht, die Bedürfnisse erzeugen und so Kaufmotive entstehen lassen.

Lob und Bestätigung als Verstärker für Kaufmotive

Jeder Mensch strebt danach belohnt zu werden. Besucht ein Gast einen gastronomischen Betrieb löst dies positive Gefühle aus, wenn er den Besuch als angenehm empfand und wenn Ware oder Dienstleistung ihm außerdem noch die Erfüllung bestimmter **Wünsche** wie Glück, Wohlbehagen, Anerkennung, gutes Gewissen, gehobenes Niveau vermittelt. Ware oder Dienstleistung bleiben dem Gast im Gedächtnis, sie werden als eine Art **Belohnung** empfunden.

Auch das Personal in der Gastronomie kann beim Gast durch Zuhören, Lob und Bestätigen diese Kaufmotive ansprechen; denn gerade in der Gastronomie sind Lob und Bestätigung als Verstärker von Kaufmotiven wichtig. Zum Beispiel kann das Restaurantpersonal durch Hilfsbereitschaft bei der Auswahl von Speisen und Getränken **positive Reize** aussenden, die der Gast als „Belohnung" empfindet. „Belohnung" ist nicht nur eine Belobigung des Gastes für seine gut getroffene Wahl, die ihn als Gourmet auszeichnet, sie schließt auch Anerkennung und das Entgegenbringen von Vertrauen ein. Die allzeitige Dienstbereitschaft ist grundlegende Voraussetzung zur Schaffung einer ansprechenden Atmosphäre. Durch Vergesslichkeit, Missachtung oder Unfreundlichkeit sendet das Personal negative Reize dem Gast gegenüber aus. Der Gast empfindet dies als Missachtung seiner Person, als „Bestrafung".

1. Nennen Sie verschiedene Arten von Kaufmotiven.
2. Geben Sie Kaufwünsche und ihre Ursachen an.
3. Weshalb verstärken Lob und Bestätigung Kaufmotive?

Es hat sich die Erkenntnis durchgesetzt, dass das jeweils beobachtbare Verhalten eines Menschen durch persönliche Merkmale und Erfahrungen bzw. durch die Situation beeinflusst wird, in der sich der Mensch befindet. Wer also Aussagen, Mimik und/oder Gestik eines Gastes gut beobachtet, sie richtig einschätzen (deuten) kann, ist in der Lage sein eigenes Verhalten entsprechend einzustellen. Persönlichkeitsmerkmale sind Eigenschaften oder Verhaltensweisen, die nicht situationsbedingt beobachtbar, sondern – wie der Begriff dies ausdrückt – (häufig auftretende) persönliche Merkmale sind. Sicher ist es aber falsch einen Gast als redselig einzustufen, wenn er bei der Aufgabe seiner Bestellung über das Thema Wetter auf seinen letzten Urlaub zu sprechen kommt. Möglicherweise liegt dieser erst kurz zurück und ist ihm noch in positiver Erinnerung.

Für die Einschätzung von Verhaltensweisen ist es deshalb wichtig, nicht nur bestimmte Konstanten (Persönlichkeitsmerkmale), sondern auch Variable, d. h. die aktuelle Situation, in der sich der Gast befindet, in Betracht zu ziehen.

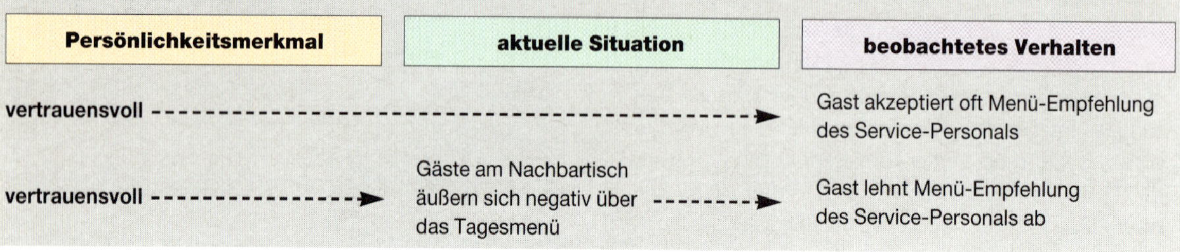

1. Verhalten in Abhängigkeit von Persönlichkeitsmerkmalen und aktueller Situation

2.2 Verhaltensweisen von Gästen

Unter den Gästen, mit denen man im Laufe eines Arbeitstages in Kontakt kommt, gibt es viele verschiedene Menschen mit unterschiedlichen Eigenschaften und Verhaltensweisen. Dennoch gibt es Verhaltensweisen, in denen sich Gäste gleichen. Wenn eine Person einen Raum betritt, gibt sie durch Haltung, Mimik, Gesten, Kleidung und Sprache ungewollt Auskunft über sich. In manchen Situationen sind Gäste leicht einschätzbar: Wer es eilig hat, sendet oft ebenso eindeutige Signale aus wie jemand, der guter oder schlechter Laune ist. Auf solches Verhalten kann man sich leicht einstellen. Ob jedoch der eilige Kunde für Empfehlungen aufgeschlossen oder verschlossen ist, wird sich bestenfalls im Gesprächsverlauf herausstellen.
Vieles wird instinktiv richtig gehandhabt – „man hat es im Gefühl". Aber das Beobachten und Interpretieren (Einschätzen) von Verhaltensweisen kann auch geübt und gelernt werden. Grundsätzlich muss man sich aber der Gefahr bewusst sein ein Verhaltensmerkmal isoliert zu betrachten und das eigene Verhalten alleine daran auszurichten. Unter diesem Gesichtspunkt sind auch die folgenden Verhaltensregeln zu betrachten; sie können nur Orientierungshilfe sein.

Redselig. Solche Gäste haben ein großes Mitteilungsbedürfnis. Eine Beratung kann sich schwierig gestalten, weil man den Gast nicht schroff unterbrechen bzw. abrupt zum eigentlichen Thema zurückführen kann. Keinesfalls sollte man sich an Klatsch beteiligen oder gar Fragen stellen, die den Redefluss des Gastes weiter fördern.

Geltungsbedürftig, rechthaberisch, überheblich, arrogant. Diese Verhaltensweisen sind verwandt und erfordern größte Disziplin von Seiten des Personals. Es wäre falsch in gleicher Weise oder schnippisch zu reagieren. Ebenso falsch ist es den Gast zu belehren oder zurechtzuweisen, weil man damit Widerspruch herausfordert und so die unerwünschten Verhaltensweisen noch fördert.
Anerkennende Äußerungen und Bestätigung sind gesprächsfördernde Elemente im Beratungsgespräch, weil sie als Anerkennung interpretiert werden.
Eine besondere Variante dieser Gruppe von Verhaltensweisen stellt der „Besserwisser" („Auch-Fachmann") dar. Er versucht das Personal mit Fragen über Speisen und Getränke in die Enge zu treiben, um mit seinen Fachkenntnissen glänzen zu können. Um nicht selbst in Gefahr zu geraten belehrend auf den Gast zu wirken sollte man Diskussionen über Fachthemen vermeiden und zu unverbindlichen Gesprächsthemen wechseln. Empfehlungen, gegebenenfalls fachlich begründet, nehmen solche Gäste gerne an.

Eilig, hektisch, nervös. Solche Gäste sind oft ungewollt unhöflich und merken es selbst gar nicht. Man sollte solches Verhalten nicht auf sich beziehen und beleidigt sein. Richtig verhält man sich auf jeden Fall, wenn man Gerichte mit kurzer Zubereitungszeit empfiehlt und den Gast mit besonderer Aufmerksamkeit und zügig bedient.

Misstrauisch, kritisch. Gäste mit diesen Verhaltensweisen sind manchmal am skeptischen Gesichtsausdruck, aber auch an ihrer Wortkargheit zu erkennen. Sofern solches

Verhalten nicht ein Persönlichkeitsmerkmal des Gastes ist, wurde er vielleicht bei einem früheren Besuch enttäuscht. Mangelnder Entscheidungsfreude darf nicht mit Überredungsversuchen begegnet werden. Empfehlungen müssen der Qualitätserwartung des Gastes entsprechen. Bei der Auswahl des Weines kann der Gast z. B. durch Kostprobe zweier zur Wahl stehender Weine zu einer Entscheidung geführt werden.

Schüchtern, gehemmt. Dieses Verhalten ist oft bei Gästen anzutreffen, bei denen „groß ausgehen" nicht zu ihrem gewohnten Lebensstil zählt. Freundliche, einfühlsame Ansprache ist hier besonders wichtig um ihnen die Schwellenangst zu nehmen.

Ernährungsbewusst, gesundheitsbewusst, weltanschaulich geprägt. Bei einem Teil dieser Gäste zeigt sich ihre Einstellung zu bestimmten Nahrungsmitteln während der Beratung, indem sie Gerichte wie Innereien, Schwalbennestersuppe, Gänsestopfleber, Froschschenkel, Hummer oder alkoholische Getränke ablehnen.

Gründe können entweder in einem besonderen Bewusstsein, einer bestimmten Überzeugung (Vegetarier, Antialkoholiker) oder in einer Krankheit liegen, die den Verzehr bestimmter Nahrungsmittel und Getränke ausschließt.Die Beratung muss entsprechend differenziert erfolgen.

Betrunken. Ein Sonderfall bei den Verhaltensweisen stellt die Trunkenheit dar. So leicht sie zu erkennen ist, so schwer ist damit umzugehen, weil betrunkene Gäste verschieden reagieren. Oft missachten sie die Gefühle ihrer Mitmenschen. Über Taktlosigkeit und Beleidigungen solcher Gäste muss man erhaben sein und sie, wenn es zu vertreten ist, aus Höflichkeit und Geschäftsinteresse übersehen. Die Kontakte sind auf das Nötigste zu beschränken. Vor dem Servieren weiterer alkoholischer Getränke ist vorgesetztes Personal zu befragen. Bei einem volltrunkenen Gast ist es Aufgabe des Hauses für einen sicheren Heimweg zu sorgen.

2.3 Besondere Gästegruppen

Kinder, Senioren, Behinderte, Ausländer können als besondere Gästegruppen betrachtet werden, weil die jeweilige Gruppe jeweils besondere Verhaltensweisen zeigen kann. Auch hier sei vor einer Typisierung gewarnt.

Kinder als Gäste. Kinder wissen meist genau, was sie wollen. Oft sind ihre Wünsche jedoch ernährungsphysiologisch zu einseitig und man kann die Eltern gut dabei unterstützen den Kindern etwas anderes zu empfehlen. Gerade bei Kindern kann das Personal mitwirken eine neue Generation gastronomisch zu „erziehen" um aus Kindern verständige Gäste zu machen.

Um Unruhe zu vermeiden, sollte Kindern das Essen vor den Erwachsenen serviert werden.

Senioren als Gäste. Vermindertes Hör- und Sehvermögen oder körperliche Gebrechen machen manche Senioren unsicher. Andere erhalten bis ins hohe Alter ihre Vitalität. Deshalb können auch Senioren nicht nach einem bestimmten Muster behandelt werden.

Manche ältere Gäste haben mit den heutigen Angebotsformen (wie Frühstücks-, Salat-, Dessertbüfett) Schwierigkeiten, sei es aus Gebrechlichkeit oder weil sie es gewohnt sind sich bedienen zu lassen. In diesen Fällen sollte das Personal behilflich sein. Eine Beratung erfordert oft großes Einfühlungsvermögen und Geduld, wenn es um Auswahl und Erläuterung von Speisen geht.

Behinderte Menschen als Gäste. Hier ist es für das Hotelpersonal besonders wichtig, schnell herauszufinden, ob der Gast sich gerne helfen lässt oder ob er unter allen Umständen selbstständig sein möchte. Übertriebene Hilfsbereitschaft ist nicht angebracht und könnte als peinlich empfunden werden. Beispiele von Hilfestellungen könnten sein:

- Rollstuhlfahrern leicht zugängliche Tische oder Zimmer zuweisen;
- Armbehinderte, vor allem wenn sie ohne Begleitung sind, fragen, ob man die bestellten Speisen zerteilen darf;
- Sprechbehinderten geduldig zuhören und ihnen nicht ins Wort fallen;
- Blinde, wenn sie ohne Begleitung sind, zum Platz führen und die Karte vorlesen; im Übrigen die Speisen, vor allem Salate, Vor- und Nachspeisen, in Schalen oder hochrandigen Tellern anrichten lassen.

Ausländer als Gäste. Für sie sollten Speisekarten in englischer und französischer Sprache zur Verfügung stehen. Das Personal sollte auch bei der Tageskarte in beiden Sprachen beraten können.

Wenn es vorkommt, dass die Frau ausschließlich über den Mann bestellt, auch wenn sie sich verständigen könnte, sollte man dies nicht als Beleidigung auffassen. Auch Tonstärke, sowie Gestik sollte nicht als befehlend oder herablassend interpretiert werden. Die Tischmanieren anderer Nationalitäten sind ohne sichtbare Reaktionen vom Personal zu tolerieren.

Wissen Sie Bescheid?

1. Nennen Sie gefühlsbetonte Kaufmotive.
2. Geben Sie zwei Beispiele an, wie Sie an Ihrer Arbeitsstelle sekundäre Kaufmotive einsetzen.
3. Schildern Sie aus Ihrer Erfahrung einen Vorfall, wie eine aktuelle Situation das Verhalten eines Gastes beeinflusst hat.
4. Nennen Sie Verhaltensweisen von Gästen und wie Sie reagieren sollten.
5. Wie sollte man sich gegenüber Kindern , wie gegenüber behinderten Menschen verhalten.

Wünschenswerte Kenntnisse über ...

- das betriebliche Angebot des Hauses (Zimmer, Räumlichkeiten, Betriebsabläufe, technische und personelle Möglichkeiten)
- Herstellung und Zusammensetzung von Speisen
- Arten, Sorten und Geschmacksrichtungen von Getränken
- Zusammenstellung von Menüs und den dazu passenden Getränken

Wünschenswerte Eigenschaften

- psychologisches Einfühlungsvermögen
- gleichbleibende Höflichkeit
- Geduld beim Zuhören
- Verzicht auf Widerspruch
- Diskretion
- Toleranz und Nachsichtigkeit gegenüber Agressionen und Ungerechtigkeiten
- sprachliches Geschick
- gute Allgemeinbildung
- Fremdsprachenkenntnisse
- schnelle Auffassungsgabe
- gute Merkfähigkeit

1. **Wünschenswerte Eigenschaften und Kenntnisse eines Verkäufers in der Gastronomie**

3 Beraten und Verkaufen im Gastgewerbe

3.1 Grundlagen des Verkaufs

Wer in der Gastronomie mit Gästen Kontakt hat, muss damit rechnen, dass alle seine Äußerungen, auch die Körpersprache, von den Gästen aufgenommen und gedeutet werden. Der Erfolg eines Verkaufsgesprächs oder einer Beratung wird durch die Beziehung zwischen dem Verkäufer und dem Gast bestimmt. Die Sympathie, das Fachwissen und die Überzeugungskraft sind genauso wie Erscheinungsbild, Mimik, Gestik und die Art und Weise der Ansprache des Verkäufers entscheidend für den geschäftlichen Erfolg dieser meist kurzen Beziehung.

Die Sympathie

Grundlage für Sympathie ist ein positives äußeres Erscheinungsbild, das der Gast als Erstes wahrnimmt. Dies soll jedoch nicht zu der irrigen Annahme führen, dass adrettes, gutes Aussehen allein genügt. Wichtig ist es ebenfalls seine Individualität zu behalten. Künstlich anerzogene Verkaufsgewohnheiten wie gezierte Sprechweise, übertriebene Freundlichkeit oder butlerhaftes Benehmen (Pokerface) sind nicht angebracht. Ebenso wenig schätzt der Gast Geschwätzigkeit, Unterwürfigkeit und Vertraulichkeit. Wirkung und Ausstrahlung können nur durch Individualität erreicht werden, wobei natürlich davon ausgegangen wird, dass ein Verkäufer nicht von Natur aus missmutig und nörglerisch ist. Grundsätzlich gilt: Lächeln bringt Gäste!

Das Fachwissen

Ein Verkäufer, der seine Ware nicht kennt, kann nicht verkaufen. Fachwissen soll jedoch keinesfalls prahlerisch oder belehrend geäußert werden. Fachjargon – für den Gast oft unverständlich – ist zu vermeiden. So kann beispielsweise ein Gast mit der Aussage: „Bei uns bekommen Sie alles supplement." nichts anfangen. Um nicht für ungebildet gehalten zu werden scheut sich der Gast nachzufragen und ist verunsichert.

Die Überzeugungskraft

Das Wissen muss geschickt und überzeugend angebracht werden. Sprachliches Geschick und Einfühlungsvermögen, feines Gespür und die Fähigkeit, das Wesentliche rasch zu erkennen, sind dabei sehr wichtig.

Die Stimme

Folgendes ist zu beachten:

- Richtig atmen – ohne Atem keine Stimme.
- Lautstärke der Geräuschkulisse anpassen, jedoch auf Diskretionsbedürfnis des Gastes Rücksicht nehmen.
- Richtig betonen.
- Sprechtempo wechseln. Spricht man zu schnell, nimmt der Gast wenig Notiz; bei zu langsamem Sprechen wird er unkonzentriert.
- In Sprechpausen den Mund schließen: Dadurch vermeidet man Stör- oder Verlegenheitslaute, wie „ä-ä".

Die Mimik

Die Mimik ist vorwiegend emotional bedingt. Ein Verkäufer sollte eigentlich nur eine Art der Mimik kennen: das lächelnde Gesicht. Lächeln wirkt motivierend und entwaffnend. Negative, provozierende oder skeptische Mimik wirkt auf den Gast abstoßend.

Mit solchen Verkäufern ist man „verkauft"!

Meine Kollegin und ich kamen um 7 Uhr morgens im Hotel an. Laut Absprache mit der Konferenzabteilung stünde der Raum ab 7 Uhr zur Verfügung, damit wir ihn in Ruhe für unsere Seminarvorbereitungen nutzen könnten. Wir begaben uns zum Empfang. Dahinter saß ein Herr, der eine Zeitung las. Ein kurzer Blick über den Zeitungsrand war seine einzige Reaktion. - Ein Guter-Morgen-Gruß unsererseits brachte ihn wenigstens dazu die Zeitung zu senken. Über seine Lippen kam kein Laut, nur sein Gesicht nahm einen fragenden Ausdruck an. „Wir sind von der Firma ... und haben für heute den Konferenzraum Nr. 9 reserviert. Unsere Seminarunterlagen sind gestern angeliefert worden. Der Raum soll uns ab 7Uhr zur Verfügung stehen". Der Herr hinter dem Empfang schüttelte den Kopf und zeigte auf den Fahrstuhl. Während er sich schon wieder in seine Zeitung vertiefte, sagte er: „Weiß ich nichts von. Fahren Sie in den 4. Stock zur Konferenzetage; vielleicht finden Sie dort jemanden von der Konferenzabteilung, aber die kommen eh meistens zu spät die (murmel – murmel)!" Oben angekommen fanden wir auch bald Konferenzraum Nr. 9 und das Büro der Konferenzabteilung, beide dunkel und verschlossen, vor. Einige Minuten vergingen; wir waren unschlüssig, was tun? Endlich, 7.20 Uhr erschien eine Dame, die zur Konferenzabteilung gehörte. Ohne Entschuldigung wurde uns Konferenzraum Nr. 9 geöffnet. Der Raum war mit der von uns gewünschten Tischform versehen, Tagungsgetränke waren eingedeckt. Die Frage nach unseren Seminarunterlagen wurde mit: „stehen hinten bei uns im Büro", der Wunsch nach einer Tasse Kaffee mit: „Frühstück gibt's unten!" leicht schnippisch beantwortet. Unsere Stimmung war auf dem Nullpunkt. Meine Kollegin flüsterte mir zu: „Mit solchen Verkäufern ist man verkauft!" Wir schafften es das Seminar pünktlich zu beginnen. Der gebuchte Raum war erstklassig mit allen Hilfsmitteln ausgestattet. Trotzdem waren wir uns einig: HIER NIE WIEDER!

Der Blickkontakt

Der Blickkontakt ist das optische Hauptsignal. Der Blick sollte nicht starr auf einen Punkt oder eine Person gerichtet sein, sondern lebendig (nicht gelangweilt!) kreisen. Erfolgt ein Blickkontakt, sollte dieser nicht länger als zwei bis drei Sekunden aufrechterhalten werden, da er sonst aufdringlich wirkt.

Die Gestik

Die Gestik wird durch den Kopf (Nicken, Kopfschütteln), durch den Oberkörper (Schulterzucken usw.) und durch die Hände ausgeführt. Grundsätzlich soll die Geste dem gesprochenen Wort etwas vorausgehen, vom Verkäufer in der Gastronomie jedoch sparsam eingesetzt werden.

Um nicht Gefahr zu laufen, mit den Händen oder Armen zu gestikulieren, sich zu kratzen oder sich vielleicht sogar am Tisch oder Stuhl des Gastes aufzustützen, sucht man einen „Halt". Am Empfang oder an der Bar kann man die Hände auf die Arbeitsfläche legen. Im Restaurantservice bietet es sich an, die Hände auf dem Rücken zu verschränken oder Aufnahmeblock und Schreibgerät in die Hand zu nehmen. Die Arme dürfen nicht vor der Brust verschränkt werden. Die Hände haben beim Sprechen nichts vor dem Gesicht zu suchen.

1. Zählen Sie Verhaltensbeispiele auf, die im Umgang mit Gästen beim Verkauf zum Erfolg führen.
2. Nennen Sie verkaufshemmende Eigenschaften und wie man sie beheben oder vermeiden könnte.

Persönliche „Eigenheiten"
zum Beispiel Mundgeruch, „feuchte Aussprache", unruhiger Blick, ungeschickte Gestik.

Ungleiches Sprach- bzw. Verständigungsniveau
zum Beispiel Hochsprache – Dialekt
Gast: *„Entschuldigung, Herr/Frau"*
Personal: *„Kriaget Se no ebbes?"*
Gast: *„Wie bitte....?"*

Missverständnisse
zum Beispiel durch Hörfehler, Irrtum, mangelnde Fachkenntnisse des Verkaufspersonals
Personal: *„Was wünschen Sie zu trinken?"*
Gast: *„'n dry Martini, bitte!"*
Personal: *„Erwarten Sie noch jemanden?"*

Herablassendes Verhalten
zum Beispiel in Mimik oder Ausdrucksweise
Gast: *„Ich möchte gerne eine kleine Salatplatte und ein Fläschchen Mineralwasser!"*
Personal (hochnäsig): „Ist das alles?"

Schnippisches, spöttisches Verhalten
Gast: *„Haben Ihre Zimmer Bad oder Dusche und WC?"*
Personal: *„Glauben Sie, wir sind eine Jugendherberge?"*

Mangelhafte Rhethorik (Sprachgeschick)
Das Verkaufspersonal macht lange, schwer verständliche Aussagen.

2. Verkaufshemmende Eigenschaften

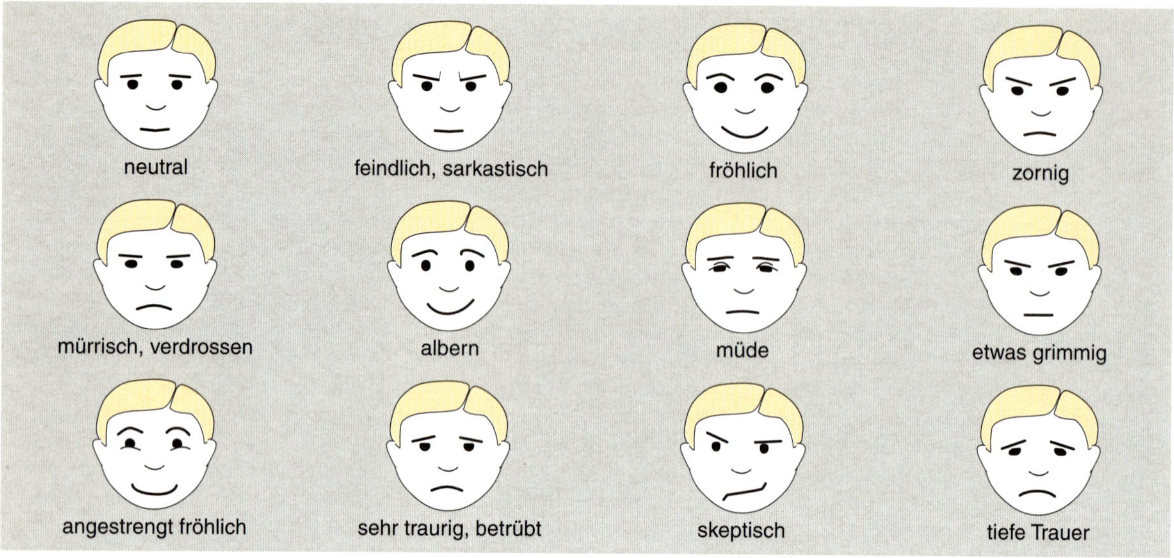

1. Beispiele für Stellung der Augenbrauen und des Mundes

Die Körpersprache des Gastes
Auch der Gast sendet durch die Körpersprache Signale aus. Die Körpersprache ist die einzige Sprache, die alle Menschen sprechen; sie verrät mehr als alle Worte.
Die Körpersprache umfasst Bewegungen, Körperhaltung, Sitzposition, Armhaltung, Gesichtsausdruck, Augenbewegungen, Händedruck, Gangart, Abstand zum anderen, Kleidung u. a. m.

Vorsicht bei der Deutung der Körpersprache
Bei der Deutung der Körpersprache darf man sich nicht auf einzelne Details beschränken und Schlüsse daraus ziehen.
Wenn sich jemand z. B. an die Nase fasst oder den Mund beim Sprechen halb bedeckt, fasst man diesen Teil der Körpersprache normalerweise als Ausdruck von Unsicherheit auf; aber worauf bezieht sich die Unsicherheit? Auf das, was er sagen will oder welchen Eindruck das Gesagte auf den Empfänger macht oder unterdrückt er ein Niesen?
Kommen jedoch mehrere Details zusammen wie verschränkte Arme, hochgezogene Schultern, herabgezogene Mundwinkel, gesenkter Kopf, womöglich noch lauernder Blick und die Augenbrauen in V-Stellung, dann können Sie mit recht großer Sicherheit davon ausgehen, dass der Gast mit Ihnen oder der ganzen Situation ausgesprochen unzufrieden ist.

Die Arme und Beine
- Verschränkte Arme: Ablehnung
- Füße um Stuhlbeine geklammert: Unsicherheit

Der Kopf und die Schultern
- Erhobener oder seitlich geneigter Kopf, gesenkte Schultern können bedeuten: Offenheit, Interesse;
- Gesenkter Kopf und hochgezogene Schultern können bedeuten: Unzufriedenheit, Verschlossenheit, Unsicherheit.

Das Gesicht als ausdrucksvollster Körperteil
Die verschiedenen Kombinationen von Mundstellung, Stellung der Augenbrauen und dem Ausdruck der Augen vermitteln einen wesentlichen Einblick in die Stimmung eines Gastes.
- Augenbrauen
  - V-förmig, Stirn gerunzelt können bedeuten: Sarkastisch, zornig, verdrossen, mürrisch,
  - Augenbraue hochgezogen kann bedeuten: Zweifelnd, skeptisch.
- Pupillen
  - Große Pupillen können bedeuten: Schwaches Licht, großes Interesse, Ehrlichkeit, Offenheit, Einnahme von Alkohol oder anderen Drogen, Entspannung, Wohlbefinden.
  - Kleine Pupillen können bedeuten: Starkes Licht, geringes Interesse, Misstrauen, Feindseligkeit, Müdigkeit, Stress, Trauer, Kater, Einnahme bestimmter Stoffe.
- Mund
  - Heruntergezogene Mundwinkel können bedeuten: Schlecht aufgelegt, müde, traurig, mürrisch, verdrossen.
  - Nach oben gezogene Mundwinkel können bedeuten: In guter Stimmung, fröhlich, albern, zum Scherzen aufgelegt.

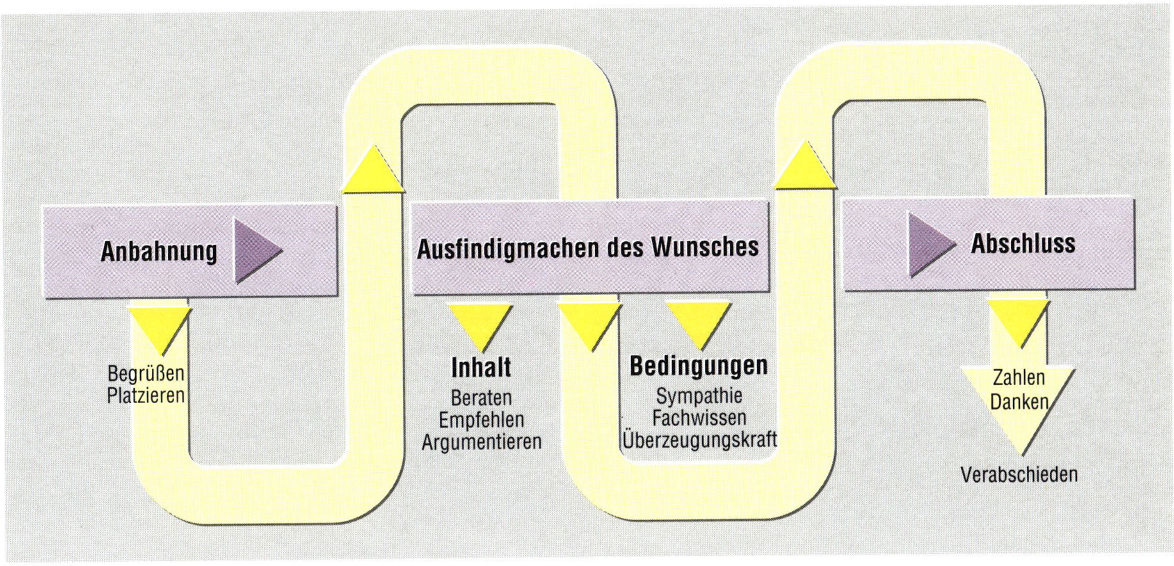

2. Ablauf eines Verkaufsgesprächs (schematisch)

3.2 Das Verkaufsgespräch

Bedienen ist nicht verkaufen und ein guter Redner ist noch lange kein guter Verkäufer. Als Verkäufer wird man nicht geboren, Verkaufen ist lernbar. Der wirtschaftliche Erfolg eines Betriebes hängt unmittelbar mit erfolgreichen Verkaufsgesprächen zusammen.
Was ist Verkauf? Bei jedem Kontakt, den ein Gast mit dem Personal oder mit dem Haus hat, wird etwas „verkauft", auch wenn sich nicht jeder freundliche Guten-Morgen-Gruß sofort in höhere Umsätze verwandelt. Grundlage für ein gutes Verkaufsgespräch ist die Unterstützung einer perfekten **materiellen Leistung** des Betriebes. Zu diesen betrieblichen Leistungen zählen zum Beispiel

- Ausstattung,
- Verpflegungs- und Getränkeangebot,
- personelle Besetzung,
- Arbeitsmethoden und -abläufe,
- technische Hilfsmittel.

Ist diese Grundlage gegeben, fällt es einem Verkäufer in der Gastronomie viel leichter seine Persönlichkeit, seine persönliche **immaterielle Leistung** als zweite Grundlage in ein erfolgreiches Verkaufsgespräch einzubringen. Dabei muss sich ein Verkäufer darüber klar sein, dass er durch die Art und Weise, wie er sich dem Gast gegenüber verhält, die Grundlage, die das Haus bietet, im Verkaufsgespräch fördern oder zerstören kann (Bild 2). Um ein Verkaufsgespräch erfolgreich zu führen ist es wichtig den Gast in eine gute Stimmung zu versetzen, damit er das Kauferlebnis als angenehm empfindet.

Ablauf eines Verkaufsgespräches
Betritt ein Gast einen gastronomischen Betrieb, so entwickelt sich – da dieser Gast Wünsche hat – ein Verkaufsgespräch.

Begrüßung, Anbahnung. Jeder Gast wird nach Möglichkeit mit seinem Namen und gegebenenfalls seinem Titel begrüßt.
Die dazu gehörenden Formulierungen richten sich nach

- der Tageszeit (guten Morgen, guten Tag, usw.),
- der orts- oder landesüblichen Art (Grüß Gott),
- dem Geschlecht (männlich/weiblich).

Bei der Absprache von Extraessen wird der Gast vom Personal zu Beginn des Verkaufsgespräches mit Händedruck begrüßt, wobei es sich selbst vorstellt und seine Position, die es bekleidet, nennt. Am Empfang und im Restaurant sollte ein Händedruck vom Gast ausgehen.
Am Ort des Verkaufs (wie Restaurant, Bar, Verkaufsbüro) wird nach mehr oder weniger allgemeinen Bemerkungen das Verkaufsgespräch begonnen.

Beim **Ausfindigmachen des Gästewunsches** bietet sich die offene Fragestellung an. Sie bringt den Gast dazu, seine Wünsche, Ansichten und Vorstellungen zu äußern und ist stets ein guter Einstieg in ein Verkaufsgespräch.

- Welche Zimmerkategorie bevorzugen Sie?
- Was darf ich Ihnen zu trinken anbieten?
- Wünschen Sie zu speisen?
- Wie ist Ihre Vorstellung über die Tafelform?
- Wie haben Sie sich das Programm vorgestellt?

Dies führt zum Erfolg	Dies führt zu Misserfolg
▲ Lächeln ▲ Augenkontakt halten ▲ dem Gast ungeteilte Aufmerksamkeit widmen ▲ sich positiv äußern über die Einstellung des Gastes, seine Person und Handlungen ▲ den Gast als Mensch, ohne Rücksicht auf Rasse, Kultur, Religion, Geschlecht akzeptieren und respektieren ▲ dem Gast zeigen, dass Sie Ihr Unternehmen und Ihre Kollegen respektieren ▲ durch Auftreten und Körperhaltung zeigen, dass Sie ein fröhlicher, positiver Mensch sind, der mit sich und seiner Umgebung im Einklang ist ▲ ruhig, gepflegt und entspannt auftreten ▲ situations- und gastbezogen argumentieren ▲ nicht überreden – überzeugen ▲ den Gast in den Mittelpunkt des Verkaufsgeschehens stellen	▼ Belästigung der Gäste mit situationsbedingten, betrieblichen Unstimmigkeiten ▼ abfällige Bemerkungen über Mitarbeiter, Gäste oder die Konkurrenz machen ▼ Untergebene im Beisein von Gästen tadeln ▼ einen Gast so beraten, dass es einer Belehrung gleichkommt ▼ sich in den Mittelpunkt des Verkaufsgeschehens stellen ▼ Bloßstellung eines Gastes vor anderen Gästen, weil er etwas nicht wusste oder sich falsch verhalten hat ▼ Aufzählung von Vorschlägen ohne den Gast zu Wort kommen zu lassen, statt gemeinsamer Vorschlagserarbeitung ▼ unhaltbare Versprechungen machen ▼ Geschäftsinteresse deutlich in den Vordergrund stellen ▼ für den Gast unverständliche Fachausdrücke verwenden ▼ eigene Meinung, vor allem religiöser und politischer Art, mit in das Verkaufsgespräch einbringen

1. Erfolg und Misserfolg

Formulierungen im Verkaufsgespräch

Angebot der Karte	Beschreibung durch den Verkäufer
Zartes T-bone-Steak nach Ihren Wünschen zubereitet.	*„Unsere Steaks sind deshalb so zart, weil wir das Fleisch in einem speziellen Kühlraum lange reifen lassen."*
Frisch geräucherte Forelle mit Meerrettich, Landbrot und Butter (30 Min.)	*„Wir räuchern jede Forelle erst auf Bestellung, denn heiß und frisch geräuchert schmecken sie doch am besten."*
Nicht erfüllbarer Gästewunsch	**Alternativvorschlag**
„Haben Sie wirklich keine Flusskrebse aus dem Sud mehr?"	*„Nein, leider sind schon alle verkauft; aber die Küche kann Ihnen, wenn Sie es wünschen, Riesengarnelen auf die gleiche Art zubereiten."*
Nicht verkaufsfördernd	**verkaufsfördernd**
„Was möchten Sie dazu trinken?"	*„Zu Rehnüsschen kann ich Ihnen diesen .....-Rotwein empfehlen."*
„Nehmen Sie eine Nachspeise?"	*„Unsere Erdbeeren werden jeden Morgen frisch gepflückt angeliefert."*

Empfehlungen aussprechen

Um qualifiziert empfehlen zu können müssen die Grundlagen des Verkaufs beachtet werden.

Während des Verkaufsgesprächs ist darauf zu achten, dass das Gespräch nicht zu sehr vom eigentlichen Thema abschweift, da man dadurch gehindert wird Empfehlungen und Vorschläge zu unterbreiten. Bei der Empfehlung und Beratung ist die Wortwahl von größter Bedeutung.

- Das Angebot ist stets beim Namen zu nennen.
- Ein Angebot nie so formulieren, dass der Gast mit einem glatten „nein" antworten kann.
- Wirtschaftliche Erwartungen des Betriebes sollten berücksichtigt werden, jedoch im Verkaufsgespräch nicht ausschließlich im Vordergrund stehen.
- Keine Überrumpelungstaktiken anwenden, wie „Nehmen Sie als Aperitif einen trockenen Sherry oder ein Glas Champagner?", „Ich bringe Ihnen noch eine Flasche Wein!" oder die kurze, bündige Frage: „Mokka oder Kaffee?". Der Gast stellt im Nachhinein fest, dass er „überfahren" wurde und ist unzufrieden.

Werden von einem Gast Wünsche geäußert, die nicht erfüllt werden können, muss versucht werden ein ähnliches, gleichwertiges Angebot (Alternativangebot) zu machen. Sollte der Preis wesentlich von dem vom Gast gewünschten abweichen, ist es wichtig dies zu begründen.

1. Nennen Sie Verhaltensweisen, die im Verkaufsgespräch zum Erfolg führen können.
2. Verbessern Sie die Fragestellung eines Verkäufers: „Wünschen Sie einen Aperitif?"

Berechtigte Reklamationen (Sachreklamationen)

- Technische Einrichtung (z. B. Fernseher, Minibar) auf dem Gästezimmer defekt
- keine Handtücher oder kein Bademantel im Bad
- mangelhafte Ware: Zähes Fleisch, versalzene Suppe
- zu lange Wartezeiten
- warme Erfrischungsgetränke

Unberechtigte Reklamationen

Ihr Ursprung und die Gründe, die dazu führen, können vielfältig sein, z. B.:

- körperliche Gebrechen, Schmerzen, Unwohlsein
- schlechte Laune, Geltungssucht
- Unverschämtheit (Spekulation auf Preisreduzierung oder Preisnachlass)

Diese Art von Reklamationen sind vor allem dem ungeschulten Personal oft unverständlich und werden als Unrecht empfunden.

3. Typische Reklamationen in der Gastronomie

Klage einer Kommunionsgesellschaft deren Festessen mit 1 1/2-stündiger Verzögerung serviert wurde

Das Landgericht Karlsruhe entschied:
Wird in einem Restaurant für eine große Gesellschaft, der im Laufe des Tages mehrere Mahlzeiten geboten werden sollen, das Mittagessen 1 1/2 Stunden später als vereinbart serviert, so rechtfertigt dies eine Preisminderung von 30 Prozent.
Die Festversammlung, eine 50-köpfige Kommunionsgesellschaft, konnte nicht in ein anderes Lokal ausweichen. Außerdem war es für den Ablauf des Tages, für den auch Kaffeetrinken und Abendessen vorgesehen war, besonders wichtig, dass es nicht bereits zu Beginn der Feier zu erheblichen Verzögerungen kam. Eine Verspätung von 1 1/2 Stunden stellt einen derart erheblichen Mangel dar, dass dem Gericht eine Herabsetzung des Preises für das Mittagessen um 30 Prozent angemessen erschien.

(Urteil von 1993-05-12, 1 § 196/92).

3.3 Behandlung von Reklamationen

Gästebeschwerden sind nie restlos auszuschließen. Der Gast, der sich beschwert, ist ein guter Gast, denn er steht noch in Kontakt mit dem Betrieb und ist uns dabei behilflich eventuelle Missstände zu beheben. Bei Reklamationen geht es weniger um Recht oder Unrecht als um die Zufriedenstellung des Gastes. Eine Universallösung für die Behandlung von Reklamationen gibt es nicht; jede Reklamation muss nach den individuellen Gegebenheiten behandelt werden. Dazu sind langjährige Erfahrung, Fingerspitzengefühl und die Vollmacht des Hauses nötig Ersatz anzubieten oder die reklamierten Speisen oder Getränke zurücknehmen zu können. Ein Gast, der reklamiert, befindet sich meist in einer agressiven Stimmung, die zum einen daher rührt, daß er mit der ihm erbrachten Leistung nicht zufrieden ist, zum anderen, dass er Bedenken hat, dass seine Reklamation nicht ernstgenommen bzw. anerkannt wird. Er möchte nicht um sein Recht kämpfen müssen. Diese Bedenken sind ihm sofort zu nehmen.

Verhalten bei Reklamationen im Restaurant

Folgendes Vorgehen ist zu empfehlen

Entschuldigen. Es ist selbstverständlich sich beim Gast zu entschuldigen. Man entschuldigt sich für das Haus, es sei denn, die Reklamation betrifft eine persönliche Leistung.

Reklamationsgegenstand entfernen. Der Reklamationsgegenstand ist, falls noch vorhanden, sofort vom Tisch zu entfernen. Befindet sich ein Fremdkörper in der Speise (wie Haar, Fliege), so darf die Speise keinesfalls sofort in die Küche zurückgebracht werden. Sie ist in Sichtweite des Gaste zu platzieren, da sonst bei dem Gast der Verdacht entstehen könnte, der Fremdkörper würde lediglich entfernt werden.

Aufmerksam zuhören. Dem Gast, der seinen Unmut äußert, ist aufmerksam zuzuhören; man muss ihn ausreden lassen - dabei ist Offenheit und Interesse für sein Anliegen zu signalisieren. Persönliche und unsachliche Angriffe sollten nicht zur Kenntnis genommen werden.

Ausreden. Auf keinen Fall dürfen langatmige Erklärungen und Entschuldigungsgründe vorgebracht werden. Es interessiert den Gast nicht, ob der Küchenchef frei hat oder die Kühleinrichtung ausgefallen ist.

Regulieren. Es ist grundsätzlich Ersatz anzubieten. Wünscht der Gast keinen Ersatz, ist der Artikel von der Rechnung zu streichen. Besonders schwierig ist die Behandlung von Reklamationen, die erst nach dem Verzehr von Speisen oder Getränken vom Gast vorgebracht werden, da hier kein Ersatz mehr angeboten werden kann. Solche Gäste sollte man freundlich darauf hinweisen, dass sie doch – falls sie wieder einmal Grund zu einer Beanstandung hätten – dies sogleich sagen, damit die Angelegenheit sofort zu aller Zufriedenheit geregelt werden kann. Hier ist lediglich noch eine freundliche Geste des Hauses möglich (Kaffee, Cognac etc. kostenlos anzubieten).

Auswerten. Wichtig ist die Auswertung der Reklamation um die Fehlerquelle umgehend aufzuspüren. Dazu gehört je nach Reklamation die Überprüfung der Ware, der Organisation, der Diensteinteilung und der Fähigkeit des für die Reklamation verantwortlichen Personals.

1. Servierpersonal in Süddeutschland

Auszüge aus den vergilbten Blättern eines Fachbuchfragmentes, dessen Fund keinen Aufschluss über Titel, Verleger und Jahr gibt. Gleiches wird heute in ausgefeilter, psychologischer Schulung vermittelt. Auf jeden Fall war der Autor jener Tage nicht von zimperlicher Art:

Die Haartracht sei immer in Ordnung, doch ist das übermäßige Einölen mit stark riechender Flüssigkeit zu vermeiden. Andererseits müssen die Haare fest anliegen und nicht etwa herunterhängen. Der Körper muss sauber gewaschen sein und wohl riechen. Mundgeruch ist abstoßend und daher der Mund öfter zu spülen. Die Kleidung muss sauber und darf nicht abgewetzt sein. Auffallende Schmucksachen dürfen nur Gäste tragen.

Als grobe Verstöße im Lokal sind anzusehen:

Die Fingernägel zu putzen, den Schweiß mit der Handserviette abzuwischen, in der Nase zu bohren, sich zu kratzen und zu jucken, zu kauen oder zu schnäuzen;

Im Vertrauen auf die Einförmigkeit der Gäste in eine unpersönliche, gleichgültige Verkaufsleier zu verfallen, in der unlustig auf die Fragen der Gäste geantwortet wird.

3.4 Der Verkaufablauf im Restaurant à la Carte

Empfangen und Begrüßen der Gäste

Die Gäste werden beim Eintreten begrüßt; danach ist man Ihnen, wenn nicht schon geschehen, beim Ablegen der Garderobe behilflich. Bei Damen in Herrenbegleitung übernimmt diese Aufgabe jedoch meistens der Herr. Bei Gästen, die reserviert haben, sollte man sich nochmals über die Personenzahl vergewissern. Bei Gästen, die nicht reserviert haben, muss man sich ebenfalls nach der Personenzahl erkundigen und fragen, ob sie zu speisen wünschen.

Platzieren der Gäste

Haben die Gäste einen Tisch reserviert oder handelt es sich um Stammgäste, weiß man, wo sie zu platzieren sind, da diese Tische vorbereitet sind. Anders verhält es sich bei Gästen, die nicht reserviert haben. Hier versucht man auf die Wünsche der Gäste einzugehen wie Nichtraucher, Fensterplätze. Dabei müssen jedoch auch betriebliche Gegebenheiten wie möglichst gleichmäßige Auslastung der einzelnen Stationen berücksichtigt werden um eine Konzentrierung von Gästen an beliebten Tischen und Stationen zu vermeiden.

Platzieren zu anderen Gästen ist in manchen Betrieben üblich. Ist dies der Fall, muss das Servierpersonal stets als Vermittler zwischen den Gästen auftreten. Die neu angekommenen Gäste werden um etwas Geduld gebeten. Auf gar keinen Fall sollte man mit neu angekommenen Gästen „im Schlepptau" zu einem in Frage kommenden Tisch gehen; dadurch würden sich die dort sitzenden Gäste genötigt fühlen dem Platzierungswunsch zustimmen zu müssen. Folgende Regeln sind zu beachten:

- Einzelgast immer zu Einzelgast (männlich zu männlich und weiblich zu weiblich),
- Zwei zusammengehörende Personen zu zwei zusammengehörenden Personen,
- Einzelgäste oder ein Paar nie zu Gruppen setzen; sie würden sich verloren fühlen.

Gäste zum Tisch führen

Um die Gäste zu platzieren werden sie vom Servierpersonal zum Tisch geführt. Dabei geht das Servierpersonal voraus. Am Tisch angekommen werden die Gäste gefragt, ob sie mit dem Tisch einverstanden sind. Danach ist das Servierpersonal beim Platznehmen behilflich.

Anbahnen des Verkaufs

Haben die Gäste Platz genommen, werden – wenn nicht bereits zuvor geschehen – die Kerzen angezündet. Brot und Butter werden eingesetzt.

Als **Verkaufsunterlagen** werden den Gästen Speise- und Getränkekarte, wenn möglich von der rechten Seite gereicht. Sie sollen jedoch keineswegs das Verkaufsgespräch ersetzen. Je nach Situation muss geschickt der richtige Augenblick gewählt werden um zu beraten und zu empfehlen (Seite 271 bis 282).

Eine gute Zusammenarbeit mit der Küche ist beim Verkauf im A-la-Carte-Service von großer Bedeutung. Wissen über besondere, am Verkaufstag frisch zubereitete Speisen, nur kurzfristig haltbare Speisen, die bevorzugt anzubieten sind oder auf der Karte gestrichene Gerichte, ist sehr wichtig. Es darf nie Verblüffung über einen „absonderlichen" Geschmack gezeigt werden.

Der **Demonstrationsverkauf** ist möglich, wenn das Haus die Voraussetzungen dafür bietet. Es eignen sich Apéritif-, Digestifwagen, Kühlvitrinen mit Vorspeisen und Gerichten, Fleischwagen, Käsewagen, Salatbüfetts oder Kuchenvitrinen.
Bei dieser Art des Verkaufs ist es besonders wichtig die angebotene Ware genauestens zu kennen und erklären zu können, da hier sehr oft Fragen über Herkunft, Geschmack gestellt werden.

Aufnehmen der Bestellung
Die Bestellung wird, wenn möglich, von der rechten Seite des Gastes aufgenommen.
- Die Körperhaltung sollte aufrecht sein, keinesfalls darf die Bestellung auf dem Beistelltisch oder sogar auf dem Gästetisch notiert werden.
- Bei mehreren Gästen sind die Bestellungen exakt, am besten im Uhrzeigersinn zu notieren, oder es ist im Aufnahmeblock ein kleiner Tischplan zu erstellen und die Bestellungen für den jeweiligen Gast einzutragen. So wissen auch Mitarbeiter, welche Speisen und welche Getränke welcher Gast bekommt, ohne rückfragen zu müssen.
- Sonderwünsche wie Bratstufen bei Steaks, Tee mit Milch oder Zitrone usw. sind zu erfragen. Nach dem Aufnehmen der Bestellung werden die Speise- und Getränkekarten wieder eingesammelt.

Bonieren
Nach der Bestellungsaufnahme wird boniert. Je nach Betriebsart sind die Bonierungsarten (Seite 337) sehr unterschiedlich.

Servieren der Speisen und Getränke
Bevor mit dem Servieren der Speisen und Getränke begonnen wird, werden je nach Bestellung Gläser, Geschirr und Bestecke ein-, aus- oder umgedeckt. Der Servierablauf à la Carte richtet sich nach der jeweiligen **Serviermethode** (Seite 321) des Hauses. Nach Beendigung des Essens können Zusatzangebote wie Mokka, Digestif oder Zigarren gemacht werden. Kleine **Extradienstleistungen** sind auch im A-la-Carte-Geschäft eine Selbstverständlichkeit. Dazu zählen: Wasser für Tabletten, Fußbank, Sitzkissen, Kinderstühle, Rufen von Taxen.

Kassieren
Verlangt der Gast seine Rechnung, wird sie ihm verdeckt oder gefaltet auf einem Tablett oder in einem Kästchen gebracht (Kassieren, Zahlungsmöglichkeiten, Seite 340). Speise- und Getränkekarten sollten bereitgelegt werden, damit der Gast eine Kontrollmöglichkeit hat.

Verabschieden der Gäste
Brechen die Gäste auf, wird mit einem kurzen Blick der Tisch daraufhin überprüft, ob nichts liegengelassen wurde. Nachdem den Gästen in die Garderobe geholfen wurde, werden sie zur Tür begleitet und verabschiedet. Dabei bedankt man sich für den Besuch und wünscht einen guten Heimweg. Ein Händedruck muss vom Gast ausgehen.

Abschlussarbeiten
Der freigewordene Tisch muss umgehend in einen einwandfreien Zustand gebracht werden, bevor er an andere Gäste vergeben wird. Dazu werden
- die Krümel mit einer klein zusammengefalteten Handserviette oder Tischbürste auf ein kleines Tablett gefegt;
- wenn nötig, werden das Tischtuch und/oder die Deckserviette erneuert. Danach wird neu eingedeckt; die Stühle werden auf Sauberkeit überprüft und ausgerichtet.

Vorausreservierungen der Gäste werden umgehend eingetragen und die **Gästekartei**, wenn nötig, aktualisiert.

Wissen Sie Bescheid?

1. Zählen Sie wünschenswerte Eigenschaften und Kenntnisse eines Verkäufers in der Gastronomie auf.
2. Begründen Sie, weshalb man sich bei der Deutung der Körpersprache eines Menschen nicht auf einzelne Details beschränken und daraus Schlüsse ziehen sollte.
3. Erläutern Sie anhand von Beispielen, was ein bestimmter Gesichtsausdruck aussagen kann.
4. Schildern Sie, wie man sich bei einem Verkaufsgespräch bei der Begrüßung und Anbahnung verhalten sollte.
5. Nennen Sie Beispiele für materielle und immaterielle Leistungen, die im Verkauf eingesetzt werden.
6. Wählen Sie eine Verkaufssituation und beschreiben Sie, wie ein bestimmtes Verhalten Ihrerseits zu Erfolg oder Misserfolg führte.
7. Nennen Sie Verkaufsformulierungen, die sich in einer Empfehlung verkaufsfördernd auswirken.
8. Nehmen Sie Stellung zu der Aussage: „Ein Gast, der reklamiert, ist ein guter Gast!"
9. Geben Sie Beispiele für berechtigte und unberechtigte Reklamationen.
10. Beschreiben Sie die Behandlung einer Reklamation an dem Beispiel „Schnecke im Salat".
11. Schildern Sie den Ablauf des A-la-Carte-Service von der Begrüßung bis zur Verabschiedung des Gastes.

Menükunde

1. Die Speisekarte – oft der erste Kontakt mit Gästen

1 Speisekarten im Tagesablauf

Je nach Tageszeit werden in gastronomischen Betrieben den Gästen unterschiedliche Speisekarten vorgelegt.

Frühstückskarten werden in Betrieben aufgelegt, die schon morgens viele Gäste erwarten. Dazu zählen Cafés, Bistros, Restaurants im Stadtzentrum oder Betriebe wie Autobahnraststätten, Bahnhofs- oder Flughafenrestaurants. Das Angebot der Karte beinhaltet ein einfaches Frühstück bestehend aus warmen Getränken, Brötchen und Brot, Butter, Konfitüre, Honig.
Je nach Gästekreis werden auf der Karte zusätzliche Angebote gemacht, mit denen sich der Gast das einfache Frühstück nach Wunsch erweitern kann (Seite 332 bis 333).
Eine Frühstückskarte, die das Angebot des Frühstücksbüfetts enthält, liegt in manchen Hotels aus und dient dem Gast als Information, was er am Büfett vorfindet.

Die **kleine Speisekarte**, auch Brotzeit-, Vesper- oder Nachtkarte genannt (für à la carte), bietet außerhalb der Hauptessenszeiten, also vormittags, nachmittags und am späten Abend, eine kleine Speisenauswahl.
Auch diese Karte wird nach der klassischen Speisenfolge aufgebaut. Dabei kommen besonders deutlich der Einfluss des Gästekreises und die Art des Betriebes zum Ausdruck, z. B.

- **Tanzlokal (nachmittags und abends):**
  - kleine Vorspeisen wie Räucherlachs, Garnelencocktail, Canapés, Salatbar,
  - Suppen wie Schneckensuppe, Brühen mit Einlage, kleine Fleischgerichte auf Toast, Pastetchen, kleine Gerichte aus Teigwaren,
- **Ausflugslokale oder Landgasthof mit Metzgerei:**
  - meist kein Angebot an Vorspeisen,
  - kräftige Suppen und Eintopfgerichte,
  - einfache kalte und warme Hauptgerichte, Wurstsalat, Fleischkäse, Sülzen, Rippchen usw.
- **Gasthaus mit Stammtisch und Biertheke:**
  - pikante, würzige Suppen z. B. Gulaschsuppe, Zwiebelsuppe,
  - Soleier, Hacksteaks, Tatarbrötchen, Laugenbrezeln mit Rettich, Kümmelstangen, Rollmöpse usw.

Die **große Speisekarte** (für à la carte) ist eine Angebotskarte für mittags und abends, auf der vorbereitete oder meist kurzfristig herzustellende Speisen angeboten werden. Eine Auswahl verschiedener Vorspeisen, Suppen, Zwischengerichte, Hauptgerichte und Süßspeisen soll dem Gast die Zusammenstellung seiner Bestellung in der richtigen Reihenfolge erleichtern. Die Karte ist nach der klassischen Speisenfolge aufgebaut.

Spezielle Karten

Menükarten. Sie beinhalten für den Gast zusammengestellte Menüs mit meist täglich wechselndem Angebot.

Brunchkarten, Büfettkarten. Diese Karten erleichtern dem Gast die spätere Auswahl am Büfett.

Saisonangebote. Auf diesen Karten werden meist saisonale Gerichte (Spargel, Fisch, Wild usw.) zum Mittag- und Abendessen angeboten.

Karten für Zielgruppen. Kinder, Vegetarier usw. erhalten auf sie zugeschnittene Angebote.

Geschichte der Speisekarte

Aufzeichnungen darüber, was man zu Tische aß, sind ab dem Jahre 1148 vorhanden.
Die erste in Deutschland mit einer Speisekarte vergleichbare Niederschrift als Information für den tafelnden Gast führt auf Herzog Heinrich von Braunschweig zurück, der beim Reichstag von Regensburg dadurch Aufsehen erregte, dass beim „Schmaus ein langer Zedel bei ihm auf der Tafel liegen that, den er oftmals besahe".
Auf die Frage des Grafen Hugo von Montfort, was er denn so eifrig lese, ließ ihn der Herzog den Zettel sehen. Der Zeitbericht meldet: „Darin hat der Küchenmeister alle esen und trachten (Tracht = aufgetragener Gang) in der Ordnung ufgezeichnet und kunnt sich demnach der Herzog mit seinen esen darnach richten und sinen apetitum uf die besten trachten sparen."
Da die Bediensteten für jede neu aufgetragene Speise in der Menüfolge einen Gang zur Küche machen mussten, werden deshalb die einzelnen Speisen auch als Gänge eines Menüs bezeichnet.

GETRÄNKE

Vanillemilchshake [5)]	0,3 l	3,80 DM
Schokomilchshake	0,3 l	3,80 DM
Colagetränk [5, 13)]	0,3 l	2,70 DM
Colagetränk light [5, 8, 13)]	0,3 l	2,70 DM
Orangenlimo [2, 5)]	0,3 l	2,70 DM
Kaffee	0,25 l	2,50 DM
heißes Kakaogetränk	0,25 l	2,50 DM
Bier	0,3 l	3,0 DM

2) mit Konservierungsstoff Benzoesäure
5) mit Farbstoff
8) mit Süßstoff Aspartam, enthält Phenylalalin
13) coffeinhaltig

2. Kennzeichnung auf einer Getränkekarte

Gesetzliche Verordnungen für Speise- und Getränkekarten

Auszüge aus
§ 5 der Preisangabenverordnung (1 bis 4) und
§ 8 der Zusatzstoff-Zulassungsverordnung (5)

(1) Inhaber von Gaststättenbetrieben haben Preisverzeichnisse für Speisen und Getränke aufzustellen und in hinreichender Zahl auf den Tischen aufzulegen oder jedem Gast vor Entgegennahme von Bestellungen und auf Verlangen bei Abrechnung vorzulegen.
(2) Neben dem Eingang zur Gaststätte ist ein Preisverzeichnis anzubringen, aus dem die Preise für die wesentlichen Getränke und bei regelmäßigem Angebot warmer Speisen an jedermann die Preise für die Gedecke und Tagesgerichte ersichtlich sind. Ist der Gaststättenbetrieb Teil eines Handelsbetriebes, so genügt das Anbringen des Preisverzeichnisses am Eingang des Gaststättenteils.
(3) Inhaber von Selbstbedienungsgaststätten, Erfrischungshallen, Kiosken, Stehbierhallen, Bierzelten und ähnlichen Betrieben haben Preisverzeichnisse anzubringen, aus denen die Preise der angebotenen Speisen und Getränke ersichtlich sind. Absatz (2) bleibt unberührt.
(4) Die in den Preisverzeichnissen aufgeführten Preise müssen das Bedienungsgeld und sonstige Zuschläge einschließen (Inklusiv- bzw. Endpreise).
(5) Der Gehalt an Zusatzstoffen in Lebensmitteln muss bei deren Abgabe an Verbraucher ... kenntlich gemacht sein.

1. Zählen Sie alle Arten von Speisekarten auf, die im Verlauf eines Tages eingesetzt werden können.
2. Seit wann ist es in Deutschland bekannt und üblich den Gästen Speisekarten vorzulegen?

Kenntlichmachung von Zusatzstoffen

Die Information darüber, welche Zusatzstoffe dem Lebensmittel zugesetzt wurden, kann der Verpackung oder den Begleitpapieren der gelieferten Lebensmittel entnommen werden, z. B.:

- „Mit Konservierungsstoff ... (Name des Konservierungsstoffes)"oder
- „Konserviert mit ... (Name des Konservierungsstoffes)".
- „Mit Süßstoff ... (Name des Süßstoffes)".

Auf Speise- und Getränkekarten dürfen die vorgeschriebenen Angaben in Fußnoten angebracht werden, wenn bei der Speise/dem Getränk mit einer Kennziffer oder einem sonstigen Zeichen auf diese Fußnote klar hingewiesen wird.
Für die Angabe der Zusatzstoffe in Fußnoten wird folgende Nummerierung empfohlen:

Nr. 1 Mit Konservierungsstoff Sorbinsäure
Nr. 2 Mit Konservierungsstoff Benzoesäure
Nr. 3 Mit Konservierungsstoff PHB-Ester
Nr. 4 Mit Konservierungsstoff Ameisensäure
Nr. 5 Mit Farbstoff
Nr. 6 Mit Süßstoff Saccharin
Nr. 7 Mit Süßstoff Cyclamat
Nr. 8 Mit Süßstoff Aspartam, enthält Phenylalanin
Nr. 9 Mit Süßstoff Acesulfam
Nr. 10 Mit Phosphat
Nr. 11 Geschwefelt
Nr. 12 Chininhaltig
Nr. 13 Coffeinhaltig
Nr. 14 Mit jodiertem Speisesalz

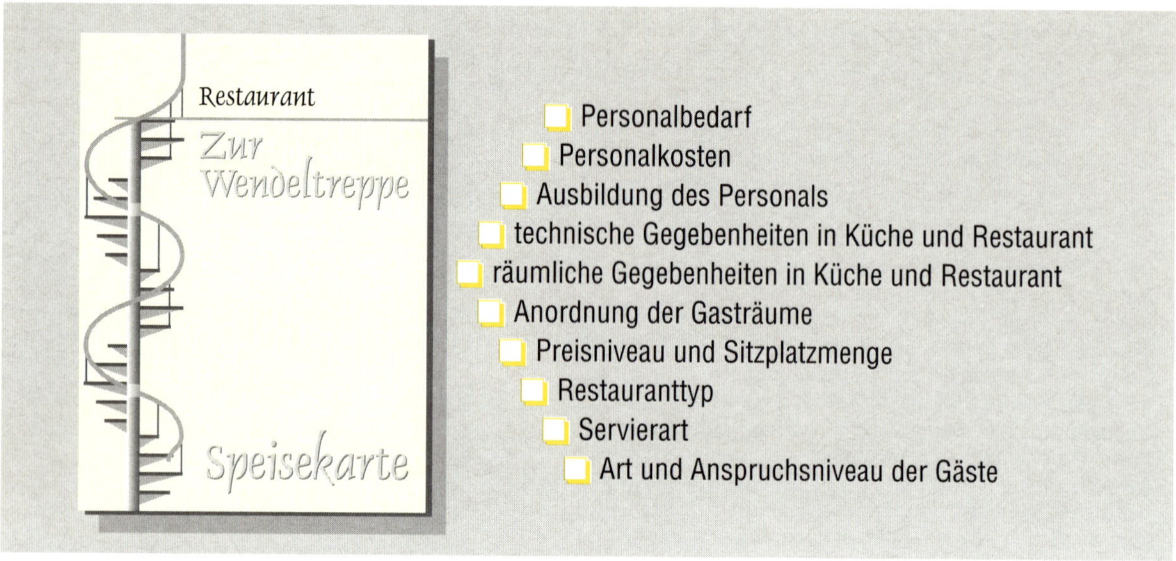

1. Einflüsse, die beim Erstellen von Speisekarten zu berücksichtigen sind

1.1 Gestalten und Erstellen von Speisekarten

Vorüberlegungen

Die Speisekarte ist – richtig gestaltet – ein wirksames Instrument in der Verkaufsförderung. Sie ist in vielen Fällen der erste Kontakt, den der Gast mit dem Haus hat. Inhalt und Aufmachung bilden oft die Grundlage zur Beurteilung eines Hauses (AIDA-Effekt, Seite 271).

Bevor eine neue Speisekarte aufgestellt und gedruckt wird, ist es wichtig folgende Fragen zu klären:

- Welche Kosten entstehen durch das Gestalten und den Druck der neuen Speisekarte?
- Stehen die Kosten in einem vernünftigen Verhältnis zur Art des Betriebes und dem Umsatz?
- Welchen Gästekreis soll die Speisekarte besonders ansprechen?
- Was bietet die Konkurrenz?
- Sind Lücken im Angebot der umliegenden Betriebe sichtbar?
- Wie ist das Verhältnis von Einrichtung, Angebot, Qualität und Preisen bei der Konkurrenz im Vergleich zum eigenen Betrieb?
- Welche neuen Produkte würden in das Angebot des Hauses passen?

In der bestehenden Karte ist eine Angebotsanalyse der Gerichte nach Beliebtheitsgrad vorzunehmen. Nach erfolgten Streichungen der schlecht laufenden Gerichte können Überlegungen angestellt werden, ob mit neuen Gerichten eventuell ein zusätzlicher Gästekreis angesprochen werden kann.

Ein Hauptaugenmerk ist bei dieser Umgestaltung darauf zu richten, ob das erneuerte Angebot auch räumlich, personell und technisch zu bewältigen ist.

Das Format

Je nach Angebot oder Tageszeit werden Speisekarten in verschiedenen Größen und Formen aufgelegt. Die Karte sollte eine bestimmte Größe nicht überschreiten, damit sie im Verkauf kein Hindernis ist und die Kommunikation der Gäste untereinander verhindert, wenn sie wie eine Trennwand zwischen den Gästen steht oder wenn beim Aufschlagen der Karte durch ihre Größe Gläser umgestoßen werden. Auch ein Ablegen der Karte auf dem Tisch sollte noch möglich sein.

DIN-Formate. Kostengünstig und rationell sind Kartenformate, die sich an DIN- oder Papierformaten ausrichten, weil dafür auch die im Haus gebräuchlichen Drucker, Kopierer usw. geeignet sind.

Sonderformate. Sie sind sehr individuell und wecken das besondere Interesse der Gäste. Hat das Haus einen bestimmten Namen, z. B. „Zeppelin", „Kanne", „Sonne", „Krug", „Kochtopf", so ist es sehr werbewirksam, jedoch auch teurer Speisekarten gestalten zu lassen, die diese Form haben.

Das Material des Umschlags

Das „Kleid"der Speisekarte sollte in seinem Material zum Stil des Hauses passen. Der Umschlag muss aus hygienischen Gründen leicht zu reinigen sein. Geeignete Materialien sind z. B. drucklackiertes oder cellophaniertes Papier, Karton, Leder, Kunstleder,Kunststoff, aufklappbare Holztafeln.

2. Beispiele für die äußere Gestaltung von Speisekarten

Die äußere und innere Gestaltung

In einem Entwurf wird festgelegt, wie die Karte gestaltet werden soll. Dabei sind folgende Punkte zu klären:

- Soll die Karte einfarbig, zweifarbig, mehrfarbig sein?
- Sollen Bilder bzw. Fotografien mit verwendet werden?
- Werden Grafiken benötigt?
- Soll die Karte Werbung enthalten?
- Welche Schriftart, Buchstabengröße und Schriftbilder werden für Überschriften und Text verwendet?

Die Farbe. Die Karte muss farblich zur Einrichtung, vor allem zu Tischwäsche und Dekoration passen. Bei zu vielen Farbtönen besteht die Gefahr, dass die Karte kitschig wirkt.

Fotografien und Grafiken. Sie lockern das Gesamtbild einer Speisekarte auf, sollten jedoch von Fachleuten erstellt werden. Es ist ratsam als Vorlage dafür Speisen und Getränke allgemeiner Art zu wählen und nicht Speisen und Getränke abzubilden, die auf der Karte angeboten werden; denn bei Fotos dieser Art legt man sich fest ohne sicher zu sein auch stets die Leistung wie abgebildet zu erbringen.

Werbung. Sie muss sein, ist jedoch auf der Speisekarte sehr sparsam einzusetzen.

Eigenwerbung kann in Form von Legenden, Geschichte des Hauses, besondere Auszeichnungen oder Besonderheiten über Bezug des angebotenen Materials usw. eingesetzt werden. Da man sich wünscht, dass der Gast sie liest, sollte man sich kurz fassen.

Fremdwerbung sollte nur erfolgen, wenn es aus finanziellen Gründen notwendig ist.

Seiten – fest gebunden oder auswechselbar. Bei einer Standardkarte besteht die Wahl zwischen fest gebundenen oder auswechselbaren Seiten.

Fest gebundene Seiten ergeben ein sehr schönes Gesamtbild, haben jedoch den Nachteil, dass die Karten neu gedruckt werden müssen, wenn sich Speisen oder Preise ändern, da eine Karte mit gestrichenen Gerichten oder geänderten Preisen sehr unansehnlich wirkt.

Auswechselbare Seiten erleichtern eine Neugestaltung des Angebotes und der Preise, ohne dass die Speisekarte im Gesamten neu gedruckt werden muss.

Schriftarten. Sie müssen für jeden Gast lesbar sein. Am besten eignen sich leicht lesbare, zeitgemäße und handelsübliche Schriften. Handgeschriebene Speisekarten sind originell, jedoch für viele Gäste schwer lesbar.

Buchstabengrößen. Sie dürfen nicht zu klein gewählt werden. Sie müssen an der Stelle und bei der Beleuchtung geprüft werden, wo sie auch der Gast lesen muss. Überschriften sollten sehr groß gestaltet werden. Bei Gerichten sollten der Hauptbestandteil und die Garniturbezeichnung eventuell in fetten Buchstaben, Beilagen und Erläuterungen in Normalgröße gedruckt werden.

Schriftbilder nach grafischen Gesichtspunkten:

Das Schriftbild ist rechtsbündig.

Das Schriftbild ist linksbündig.

Das Schriftbild ist zentriert (mittig).

Reihenfolge der Gerichte. Um für den Gast das Angebot der Karte übersichtlich zu gestalten bietet es sich an die Speisen in Angebotsgruppen zu gliedern. Als Reihenfolge dient dazu die klassische Speisefolge mit einer dazu passenden Überschrift. (Bild 1, Seite 292)

1. Zweimal das gleiche Menü

Vergleichen und beurteilen Sie die beiden Speisekarten

1.2 Regeln für das Erstellen von Speisekarten

Sprachengemisch auf Speisekarten ist zu vermeiden. Es muss stets in einer Sprache geschrieben werden! Dies heißt natürlich nicht, dass eine Speisekarte nicht in französisch, englisch oder einer anderen Sprache für ausländische Gäste geschrieben werden soll.
Ausnahmen auf einer in deutscher Sprache geschriebenen Karte sind fremdsprachliche Begriffe, die einen festen Platz in der deutschen Sprache eingenommen haben. Diese werden auch in ihrer Grundschreibweise angewandt, z. B. Grill, Toast, Cocktail, Roastbeef, Filet usw.

Textanordnungen innerhalb eines Ganges sollten immer die gleiche Reihenfolge haben.
Dazu dient folgendes Raster:

	Beispiel
• Fleisch	Rehrücken
• Garnitur und/oder besondere Zubereitung	Baden-Baden, rosa gebraten, mit gedünsteter Williamsbirne
• Soße	Wacholderrahmsoße
• Pilze	frische Steinpilze
• Gemüse	junge, grüne Bohnen
• Sättigungsbeilagen	Butternudeln
• Salat	Feldsalat
• Kompott	Preiselbeeren

Abkürzungen auf der Karte sollten vermieden werden. Sie sind für den Gast oft nicht deutbar und können zu Missverständnissen führen.

Garniturbezeichnungen sollten deutlich erklärt werden. Zu viele Garniturbezeichnungen verwirren den Gast.

Schreibweise:

- **Endungen** bei Beilagen beachten.
  mit jungen grünen Bohnen
  mit hausgemachten Nudeln
- **Anführungszeichen** werden nicht bei klassischen Garnituren, sondern nur bei Fantasiebezeichnungen gesetzt.
  Pfirsich Melba — *Gulaschsuppe „Höllenglut"*
  Salat nach Nizzaer Art — *Gemüsesalat „Bauerngarten"*
- Eingedeutschte Wörter aus der französischen Sprache werden ohne **Akzente** geschrieben.
  Ragout — *Creme*
- Zusammengesetzte Hauptwörter werden gewöhnlich **zusammengeschrieben.**
  nach Müllerinart — *Apfelkaltschale*
  auf Jägerart — *Geflügelcremesuppe*
- **Bindestriche** können wegen der besseren Lesbarkeit bei Wortkombinationen von mehr als zwei Wörtern eingesetzt werden.
  Apfel-Sahnemeerrettich — *Grünerbsen-Püreesuppe*
- **Geografische Namen mit der Endung -er** werden groß geschrieben. In Kombinationen mit anderen Wörtern wird getrennt geschrieben.
  auf Burgunder Art — *nach Malteser Art*
- **Geografische Namen mit der Endung -isch** werden klein geschrieben.
  auf chinesische Art — *nach türkischer Art*

Speisekarte

Italienisches Osso bucco

Filet Wellington

Chefsalat

Kinderschnitzel

Farcierte Tomate

Pfirsich nach Melba-Art

Speisekarte

Osso bucco
Kalbshachsenscheiben, auf italienische Art zubereitet

Rinderfilet Wellington, rosa gebraten,
mit feiner Pilzmasse im Blätterteigmantel gebacken

Salat nach Art des Chef's
gartenfrische Salate, reichhaltig garniert mit Geflügelbrust,
Räucherlachs, Garnelen, Ei und Artischockenherzen

Kalbsschnitzelchen
in Butter gebraten, für unsere kleinen Gäste

Tomate mit Thunfischsalat gefüllt

Pfirsich Melba
gedünstete Pfirsichhälfte auf Vanilleeis mit Himbeerpüree

2. Zwei Speisekarten im Vergleich

1.3 Klarheit und Wahrheit des Angebotes

Die Klarheit des Angebotes ist im Verkauf besonders wichtig. Ein Angebot in der Fachsprache der Gastronomie ist für den Laien unverständlich. Er erwartet bei Ausdrücken wie „Reistimbale“, „tournierte Karotten“, „braisierter Lauch“, „Salpicon von ...“ usw. etwas Außergewöhnliches.
Viele Gäste scheuen sich zu fragen, wenn sie die Ausdrücke auf der Speisekarte nicht kennen und weichen deshalb auf ihnen bekannte Gerichte aus. Wie wichtig es ist Klarheit zu schaffen und Garnituren zu erläutern, zeigt das Beispiel des folgenden Gerichtes, dessen Garnitur den Geschmack der Speise stark beeinflusst:

Rumpsteak Mirabeau
mit Sardellenstreifen und Oliven belegt
dazu Butterbohnen und Pommes frites

Übertreibungen auf der Speisekarte führen zu enttäuschten Gästen. Ein Currystäubchen macht das Gericht noch nicht „indisch“ und eine Glasnudel als Beilage macht aus einem Hühnerbrüstchen keines, das die Bezeichnung „auf chinesische Art“ rechtfertigt.

Fantasienamen zu besonderen Anlässen sind angebracht und erlaubt. Aber auch hier sollte – wenn nötig – eine Erklärung folgen,
z. B.

- **Fasching:** Salat „Höllenglut“ – feuriger Rindfleischsalat mit Landbrot und Butter

Die **Wahrheit** des Angebotes muss neben der Klarheit ein weiteres Prinzip der Speisekartengestaltung sein. Warenunterschiebung ist kein Kavaliersdelikt. Das Angebot auf der Karte muss der Wahrheit entsprechen.

Bei Speisen mit **Herkunftsbezeichnung**, z. B. Straßburger Gänseleberpastete, Frankfurter Würstchen, Schwarzwälder Schinken, erwartet der Gast zu Recht, dass ihm die Originalware und nicht eine Imitation serviert wird.
Werden Speisen mit einer Herkunftsbezeichnung angeboten, bei denen es sich nicht um das Original handelt, so ist immer die Beschreibung „auf ... Art“ oder „nach ... Art“ zu verwenden:

Rostbratwürste Nürnberger Art.

Wird bzw. wurde die Speise zu **Ehren einer Person** benannt, entfällt „auf“ oder „nach der Art“:

Fürst-Pückler-Eis.

Unangebracht oder sogar makaber sowie vom Material her für den Gast nicht erkennbar sind Speiseangebote wie „Kinderschnitzel“, „Seniorenteller“, „Jäger- oder Zigeunersteak“.
Speisen, die auf der Karte mit einer bestimmten Materialverwendung (Champagnerkraut), Eigenschaft oder Qualität (zarter Wildwasserlachs) angeboten werden, müssen auch so beschaffen sein.

1. Nennen Sie fünf Beispiele für die richtige Schreibweise auf Speisekarten.
2. Erklären Sie, weshalb Übertreibungen auf Speisekarten nur zu Beginn Verkaufserfolge bringen.

deutsch	französisch	englisch
• Kalte Vorspeise	Hors d'œuvre froid•	• Side-dishes, cold hors d'œuvre
• Suppe	• Potage	• Soup
• Warme Vorspeise	• Hors d'œuvre chaud	• Hot hors d'œuvre
• Fischgericht	• Poisson	• Fish
• Großes Fleischgericht	• Grosse pièce	• Joint
• Warmes Zwischengericht	• Entrée chaude	• Hot entrance
• Kaltes Zwischengericht	• Entrée froide	• Cold entrance
• Gefrorenes Getränk	• Sorbet	• Sorbet
• Braten (Salat, Kompott)	• Rôti (salade, compote)	• Roast (salad, compote)
• Gemüsegericht	• Entremets de légume	• Vegetables
• Warme Süßspeise	• Entremets de douceur chaud	• Hot sweet entremet
• Kalte Süßspeise (Eis)	• Entremets de douceur froid (glace)	• Cold sweet entremet (ice)
• Käsegericht	• Entremets de fromage	• Cheese
• Nachtisch	• Dessert	• Dessert
• Mokka	• Moka	• Mocca

1. Aufbau der klassischen Speisefolge

1.4 Die Menükarte

Bei Menükarten handelt es sich um ein fertig zusammengestelltes Angebot von Speisefolgen an den Gast. Je nach Tagesmahlzeit, mittags oder abends, Anlass (Feiertage, Arbeitsessen, Banketts, usw.) ist das Angebot vom einfachen dreigängigen Menü für Mittags- und Arbeitsessen bis zu exklusiven, mehrgängigen Menüs vielfältig.

Die klassische Speisefolge. Sie dient als Raster für die Reihenfolge sämtlicher Speisekarten und Speisefolgen. Komplett wird die Vielzahl ihrer Gänge kaum mehr angeboten.

Eine Ausnahme in der Einhaltung der Reihenfolge eines Menüs kann der Käsegang in Verbindung mit festgelegten korrespondierenden Getränken bilden. Wenn zur Süßspeise ein korrespondierendes Getränk, etwa Sekt, serviert wird, wird der Käsegang vor der Süßspeise serviert. Als korrespondierendes Getränk zum Käse kann, wenn passend, der Wein des Hauptganges serviert werden. Dadurch wird der Wechsel Wein – Sekt – Wein vermieden.

Mittagsmenüs. Sie bestehen fast immer aus drei, höchstens vier Gängen. Die gut vorbereiteten oder ganz fertig gestellten Gerichte für diese Menüs ersparen vor allem dem eiligen Mittagsgast längere Wartezeiten. Durch die kurze Servicezeit müssen die Speisen nicht lange warm gehalten werden.

Abendmenüs. Sie sind exklusiver und werden zum Teil erst auf Bestellung zubereitet. Der Grund dafür ist, dass Gäste abends oft aus einem besonderen Anlass ein Restaurant aufsuchen und ihnen auch mehr Zeit zur Verfügung steht.

1.5 Regeln zum Erstellen von Menüs

Bei der Zusammenstellung eines Menüs beginnt man mit dem Hauptgang und richtet die anderen Gänge danach aus.

Das für den Hauptgang verwendete Material und seine Geschmacksrichtung bestimmen, von welcher Art Suppe, Vorspeisen, Zwischengerichte und Süßspeisen sein müssen. Die modernen Menükombinationen gehen über fünf bis sechs Gänge kaum hinaus.

Ernährungsphysiologische Grundsätze. Menüs müssen ein ausgewogenes Verhältnis von Eiweiß, Fetten, Kohlenhydraten und Ballaststoffen aufweisen sowie vitamin- und mineralstoffreich zusammengestellt werden.

Auswahl und Zubereitung der Speisen müssen den verringerten Energiebedarf des heutigen Menschen berücksichtigen.

Sättigungswert. Bei mehr als drei Gängen sollten keine gebundenen Suppen gereicht werden. Im Sommer verzichtet man auf das Angebot schwerer Speisen.

Saison und Marktangebot. Moderne Transportmittel haben Länder und Erdteile einander auch kulinarisch näher rücken lassen, sodass man nicht mehr wie früher an die Saison bzw. einheimische Lebensmittel gebunden ist.

Moderne Konservierungsmethoden gewährleisten die Verfügbarkeit fast aller Nahrungsmittel über das ganze Jahr.

Manche Lebensmittel werden jedoch, bedingt durch Schonzeiten oder klimatische Bedingungen, nur in bestimmten Monaten frisch oder in besonders guter Qualität angeboten. Dies sollte im Angebot der Speisekarte zum Ausdruck kommen.

Wiederholungen. Sie machen ein Menü eintönig und beeinträchtigen dadurch seinen Genusswert. Ausnahmen können jedoch bei speziellen Menüs gemacht werden, die auf einen Rohstoff bzw. Anlass abgestimmt sind. Beispiele dafür sind Jagd-, Spargel-, Fischmenüs, wo sich der gleiche Rohstoff, jedoch stets anders zubereitet, im Menü wiederholen kann.

Für alle anderen Menüs gilt es, sie harmonisch, jedoch abwechslungsreich zu gestalten. Besonders auf der Tageskarte, auf der mehrere Menüs mit der gleichen Suppe und Süßspeise angeboten werden, schleichen sich oft Wiederholungsfehler ein.

Folgende Wiederholungen sollten **vermieden** werden:

- **Farbe:** z. B. Tomatensuppe, Hähnchen in Paprikarahm, rote Grütze (3 x rot),
- **Rohstoff:** z. B. Geflügelsalat, Hühnerkraftbrühe, Putenbruststeak (3 x Geflügel) – Ausnahmen s. oben!
- **Zubereitungsart:** z. B. Geflügelrahmsuppe, Frikassee vom Kalb, Kremspeise (3 x „gekremt"),
- **Garungsart:** z. B. Tintenfischringe in Bierteig, Rinderfilet Wellington, Apfelkrapfen (3 x gebacken),
- **Geschmacksrichtung:** z. B. Melone in Portwein, Schinken in Burgunder, Weinschaum (3 x Wein).

Steigerungen. Innerhalb eines Menüs muss sich die Qualität der Speisen und Rohstoffe ergänzen und steigern. Wird mit qualitativ hochwertigen Vorspeisen und Suppen begonnen, darf das Angebot zum Hauptgang hin nicht nachlassen.

Ein **negatives Beispiel** wäre:

Vorspeise:	Gänseleberpastete
Suppe:	Austernrahmsuppe
Hauptgang:	Sauerbraten oder Schweinegulasch

1.6 Menügestaltung für bestimmte Anlässe

Menüs werden je nach Anlass, Personenkreis oder Jahreszeit unterschiedlich zusammengestellt.

Menügestaltung für Feiertage

Menüs an Feiertagen wie Ostern, Pfingsten, Weihnachten, Neujahr bringt der Gast mit bestimmten Speisen in Verbindung, die bedingt durch das Saisonangebot auch eine bestimmte Tradition haben. Dieser Erwartung soll man Rechnung tragen.

Beispiele für Material, das für traditionelle Menüs zusammengestellt werden kann, sind:

- **Ostern:** Als Vorspeise Eier von Kiebitz, Wachteln oder Möwen im Kressenest; zum Hauptgang Lammbraten.
- **Pfingsten:** Das Frühjahr mit seinem vielfältigen Angebot erleichtert die Menügestaltung. Als Vorspeisen bieten sich frische Frühlingssalate an, zum Hauptgang Rehbock (ab 15. Mai), junge Frühjahrsgemüse und frischer Spargel.
  Zum Dessert stehen Erdbeeren und Rhabarber zur Verfügung.
- **Weihnachten** werden von vielen Gästen typische Gerichte von Karpfen, Gans, Truthahn, Wild und Wildgeflügel mit den dazu passenden Gemüsen der Jahreszeit wie Kohl, Maronen und Wintersalaten bevorzugt.
  Zur Herstellung von Desserts bieten sich besonders wohlschmeckende Früchte der Jahreszeit wie Äpfel, Maronen, Nüsse und Orangen an.
- **Silvestermenüs** zeichnen sich durch sehr viele Delikatessen wie Edelfische, Schalen- und Krustentiere aus.
  Zum Hauptgang beim Galamenü werden überwiegend die besten Teile (Filet, Rücken) von Schlacht- und Jagdtieren verwendet oder Brustfleisch von Haus- und Wildgeflügel.

1. Zählen Sie die Gänge der klassischen Speisefolge in der richtigen Reihenfolge in Deutsch auf.
2. Wodurch unterscheiden sich im Wesentlichen Menüs für das Mittagessen von den Abendmenüs?
3. Nennen Sie Beispiele für Wiederholungfehler in Menüs.
4. Ordnen Sie folgende Speisen der jeweiligen Jahreszeiten zu: Gänsebraten, Austern, Spargel, Erdbeeren, Spinat und Karpfen.

Frohe Ostern

Gekochte Kiebitzeier im Kressenest
mit pikanter Cocktailsoße und Röstbrot
***
Kraftbrühe von Kaninchen
***
Lammkeule, rosa gebraten,
mit Rosmarinsoße, Blattspinat
und neuen Kartoffeln
***
Eisschale "Ostergruß"
Waldmeisterparfait mit österlichen Naschereien

Frohe Festtage

Rehkraftbrühe mit Madeira verfeinert
***
Auflauf von Karpfen
Tomatenreis und Blätterteiggebäck
***
Weihnachtsgans, knusprig gebraten,
mit glasierten Maronen, Apfelrotkohl
und Kartoffelklößen nach Thüringer Art
***
Geeister Christstollen
mit Orangenschaum,
Weihnachtsgebäck

Prosit Neujahr

Pastete von Jagdfasan
mit Apfel-Selleriesalat, Cumberlandsoße,
warme Brioche
***
Kürbisrahmsuppe
unter der Blätterteighaube
***
Neptuns Spezialitäten
Eine Variation von Auster, Hummer, Lotte und Steinbutt
mit Kräuterschaum
***
Mandelsorbet
***
Medaillons vom Kalbsfilet
mit Gemüselasagne und schwarzen Nudeln
***
Eisbombe „Sankt Silvester"
Baumkuchenscheiben, gefüllt mit Pralineneis,
umlegt mit exotischen Früchten

2. Menübeispiele für Festtage

Herrenessen

Pikanter Rindfleischsalat
mit Landbrot
***
Zwiebelsuppe auf französische Art
***
Hechtfilet, gedünstet, in Senfsoße
***
Knusprig gebratenes Spanferkel
mit Kartoffel- und Kopfsalat,
gerädelter Rettich
***
Walnusshalbgefrorenes
mit Orangenfilets

Jagdessen

Der Jäger oft vergeblich harrt,
bequemer ist es à la carte!

Hasenkraftbrühe,
mit Madeira verfeinert
***
Zanderfilet, im Gemüsebett
mit Krebsschwänzen
***
Geschnetzelte Rehleber
mit frischen Steinpilzen im Kartoffelnest
***
Fasanenbrüstchen in Sahnesoße
mit glasierten Trauben und Maronen,
Champagnerkraut und Spätzleomelett
***
Parfait von Waldbrombeeren
Feingebäck

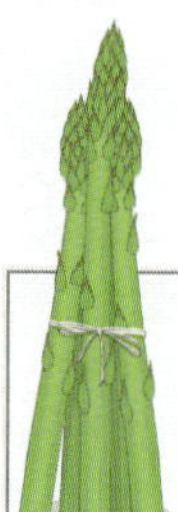

Spargelessen

Salat von grünen Spargelspitzen
mit Toast und Butter
***
Spargelbouillon mit Eierstich
und Spinatklößchen
***
Schwetzinger Stangenspargel auf badische Art
in Schinkenpfannkuchen gehüllt,
mit Käse überbacken
***
Karamellisierte Spargelspitzen
mit Erdbeeren und Vanilleeis

1. Menübeispiele für verschiedene Anlässe

Menügestaltung für Arbeits- und Festessen

Die Menügestaltung für einen größeren Personenkreis unterscheidet sich in vielen Punkten von der Menügestaltung für die tägliche Menükarte, bei der der Gast außer dem vorgeschlagenen Menü noch viele andere Gerichte zur Wahl hat. Anlässe für die Gestaltung dieser Menüs sind

- Tagungen mit Arbeitsessen,
- Festessen aus persönlichen oder betrieblichen Gründen wie Geburtstage, Hochzeiten, Jubiläen,
- Banketts zum Anlass von Staatsempfängen/Presseball.

Da bei solchen Veranstaltungen von einem größeren Personenkreis die gleichen Speisen verzehrt werden, ist es ratsam Speisen anzubieten, von denen man annehmen kann, dass sie von der Mehrzahl der Gäste gern gegessen oder zumindest nicht abgelehnt werden.
Gerichte und Rohstoffe, die nicht von allen Gästen gegessen werden, sind unter anderem fettes oder blutiges, nicht durchgebratenes Fleisch, frische Austern, Schnecken, Wildhase, Innereien. Die Ablehnung kann auch religiöse, ethische oder gesundheitliche Gründe haben.

Bei der Zusammenstellung eines Menüs für einen großen Personenkreis muss außer auf die Gäste auch auf die betrieblichen Gegebenheiten Rücksicht genommen werden. Gerichte, die küchen- und serviertechnisch oft Schwierigkeiten bereiten, sind u. a. überbackene Suppen, Forelle blau, reichhaltiges Beilagenangebot zum Vorlegen oder Süßspeisen wie Crêpes Suzette, am Tisch bereitet.

Menügestaltung unter einem bestimmten Motto

Werden Menüs unter einem bestimmten Motto wie „Herrenessen", „Kulinarisches Frühlingserwachen", „Buntes Faschingstreiben" angeboten, so müssen die Menüs und die Rohstoffwahl auf das Motto abgestimmt werden.
Werden herzhafte Gerichte gereicht, sollte man im Angebot nicht immer herzhaft mit fett gleichsetzen, was jedoch nicht heißt, dass man auf Schweinshachse oder Gänsebraten verzichten muss. Beliebt sind deftige, herzhafte Gerichte wie gepökelte Ochsenbrust, Gulasch, Schinken in Brotteig, aber auch würzige Fischgerichte.

Menügestaltung, die an einen bestimmten Rohstoff gebunden ist

Wird das Thema des Menüs von einem bestimmten Anlass oder Rohstoff bestimmt, so ist die Regel „keine Wiederholung von Rohstoffen" aufgehoben. Beispiele:

Jagdmenüs. Bei Menüvorschlägen für Jagdgesellschaften darf alles, auch wiederholt, angeboten werden, was Land und Wasser dem Jäger und Fischer bieten. Besondere Spezialitäten sind dabei auch der Aufbruch (Herz, Leber). Als Beilagen sollten Zutaten aus Wald und Feld mit in die Menüs aufgenommen werden.

Fischmenüs. Bei Fischmenüs kann die ganze Vielfalt aus Neptuns Reich angeboten werden, auch Schalen- und Krustentiere.

1.7 Menüs für bestimmte Zielgruppen

Auf der Tageskarte können gezielt bestimmte Personengruppen angesprochen werden. Kleine Menüs, die ohne großen Aufwand von der bestehenden Karte abgewandelt werden können, genügen oft schon.

Kinder. Durch originelle Kartengestaltung (Sets, Kinderbüfett) oder Fantasienamen, die man Speisen verleiht, Einfluss auf den kleinen Gast gewinnen. Kindergerechte Zubereitung gehört dazu.

Senioren/Autofahrer. Ihnen bietet man leichte Menüs an, vor allem keine blähenden Speisen. Eine Reduzierung der normalen Portionsgröße ist angebracht.

Vegetarier. Menüs für Vegetarier sind im Allgemeinen nur in darauf spezialisierten Restaurants zu bekommen. Gemüse- oder Salatpltte mit Ei sollte jedoch nicht das einzige Gericht sein, welches man diesem Gästekreis auf Anfrage anbietet.

Energiebewusste. Interesse findet auf jeden Fall ein Menü für Gäste, die sehr auf die schlanke Linie achten. Dabei interessiert es sie besonders, wieviel Joule sie zu sich nehmen.

Vollwertmenü. Diese Kostform findet viele Anhänger. Ein entsprechendes Menüangebot sollte auf keiner Speisekarte fehlen.

Diabetiker-, Magenschonkostmenüs. Diese Menüangebote sollte man solchen Betrieben überlassen, die sich darauf spezialisiert haben und denen dafür ausgebildetes Personal zur Verfügung steht.

Wissen Sie Bescheid?

1. Welche Rückschlüsse auf das Restaurant kann der Gast aus der Gestaltung (inhaltlich, formal, grafisch) der Speisekarte ziehen?
2. Nennen Sie drei vom Gesetzgeber angeordnete Vorschriften für Speisekarten.
3. Welche Einflussfaktoren sind beim Erstellen von Speisekarten zu berücksichtigen?
4. Nennen Sie fünf Regeln zur Erstellung von Speisekarten in Bezug auf Schreibweise und Rechtschreibung.
5. Begründen Sie, weshalb Klarheit und Wahrheit des Angebotes zu den wichtigsten Punkten beim Erstellen von Speisekarten zählen.
6. Erstellen Sie zwei dreigängige Menüs aus Spezialitäten Ihres Bundeslandes und achten Sie darauf, dass diese Menüs auch von landesfremden Gästen verstanden werden.
7. Erstellen Sie ein fünfgängiges Menü mit drei korrespondierenden Getränken, Motto „kulinarischer Frühling".
8. Ein Gast bestellt für 100 Personen frische Austern als Vorspeise; was würden Sie ihm raten?

Leichte Kost für Autofahrer

Rinderkraftbrühe mit Gemüsestreifen

***

Geschnetzeltes von der Putenbrust
im Püreenest
mit Kopfsalatherzen

***

Vanilleeis mit Kiwischeiben und Sahne

Vegetarisches Menü

Tofusalat auf schwedische Art
mit Äpfeln, Zwiebeln, rote Bete, Gurken

***

Auberginenschnitzel, gebacken,
auf Tomatenspagetti

***

Kaiserschmarren mit Zwetschgenkompott

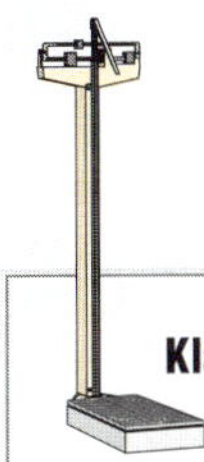

Für Energiebewusste

Klare Champignonsuppe mit Kräutern

***

Rumpsteak (150 g) vom Grill
Kartoffeln mit Kümmel in der Folie gegart,
gerädelter Rettich

***

Obstsalat von frischen Früchten
2840 Kilojoule (700 kcal)

Vollwertmenü

Brennnesselsuppe
mit Klößchen von Dinkelkörnern

***

Gedünstetes Zanderfilet
auf Gemüsekeimlingen mit Braunreis

***

Pumpernickelkrem,
dazu frische Erdbeeren, mit Honig gesüßt

2. Menübeispiele für bestimmte Zielgruppen

Gerichte für Menüs regionalen deutschen Ursprungs

1. Maultaschen

2. Leberknödelsuppe

Baden-Württemberg

Flädlesuppe: Pfannkuchenstreifen in Fleischbrühe
Brätknödelsuppe: Brätbällchen (Brät = Wurstmasse) in Fleischbrühe
Gaisburger Marsch: Eintopf aus Fleischbrühe mit Spätzle, Kartoffelwürfeln und Rindfleisch, mit Zwiebelschmelze
Zwiebelrostbraten: auf Filderkraut mit Spätzle
Schwetzinger Stangenspargel: mit Kratzede (zerissene Pfannkuchen)
Maultaschen: große Nudelteigtaschen (ca. 6 x 6 cm) mit Hackfleisch-Spinatfüllung
Saure Kutteln: Streifen von gekochtem Rindermagen in brauner, säuerlicher Soße
Zwiebelkuchen: Zwiebel-, Speckstreifen, Ei-Sahne-Masse auf dünnem Hefeteig; zu neuem Wein
Schwarzwälder Kirschsahnetorte

Bayern (Mittel- und Südbayern)

Leberknödelsuppe: Fleischbrühe mit einem großen Knödel aus Leber und Brötchen
Züngerl sauer: gekochte, in Streifen geschnittene Kalbslunge in brauner, säuerlicher Soße
Schweins- und Kalbshachsen: mit Kraut, Knödel
Donauwaller (Wels): gekocht mit Kräutersoße
Schwammerl: Pilzragout mit Speck und Zwiebeln, Semmelknödel
Pichelsteiner (Büchelsteiner = Berg bei Regensburg): Gemüsetopf mit Rind- und Schweinefleisch, Kartoffeln, Rindermarkscheiben
Obazter (Baz = Masse): mit Zwiebeln, Butter, Bier und Kümmel angemachter Camembert oder Frischkäse

Bayern (Nordbayern und Franken)

Nürnberger Gewarch (Durcheinander): Salat von Ochsenmaul, Nürnberger Stadtwurst, gekochten Eiern und Zwiebeln
Saure Zipfel: Nürnberger Bratwürste, gekocht in Essigsud mit Lorbeer, Pfeffer, Zwiebeln
Kronfleisch: gekochtes Rinderzwerchfell (wird oft zum 2. Frühstück gereicht)
Hopfensprossen: gekocht, mit Soße aus Milch, Brötchen und hartgekochten Eiern
Nürnberger Lebkuchen

Berlin-Brandenburg

Kartoffelsuppe mit Bockwurst
Kasseler (Caseler) Rippenspeer: gepökelter, geräucherter Schweinerücken, gebraten
Löffelerbsen mit Speck: Eintopfgericht aus gelben Erbsen
Teltower Rübchen: weiße kleine Rüben
Gardesterne: runde Brotscheibe mit Tatar, Spiegelei; Garnitur: zwei kreuzweise gelegte Streifen Sardellen
Hackepeter: angemachtes Schweinehack mit Schusterjungen (Kümmelbrötchen)
Berliner Pfannkuchen
Amerikaner
Kalte Ente (kaltes Ende): aus Weißwein, Schaumwein, Zitrone: wurde bei General von Papen als „kaltes Ende" statt Mokka nach der Mahlzeit serviert

Bremen – Niedersachsen

Oldenburger Blutsuppe: Schlachtfestbrühe mit Mehl und Schweineblut gebunden, leicht säuerlich
Braunkohl (Grünkohl) mit Pinkel: Braun- oder Grünkohl mit Bremer Wurstspezialität aus Hafergrütze, Speck und Zwiebeln
Labskaus: Gericht aus Pökelfleisch, Kartoffeln und Zwiebeln, garniert mit roter Bete, Salzhering, Salzgurken und evtl. Spiegelei
Eiserkuchen: Hippengebäck

Hamburg – Schleswig-Holstein

Hamburger Aalsuppe: Suppe aus Gemüse, Schinkenbrühe, Backpflaumen, kleinen Kochbirnen, Schwemmklößchen, etwas frischem Aal

Gerichte für Menüs regionalen deutschen Ursprungs

3. Grüner Heinrich

4. Frankfurter Kranz

Friesische Buttermilchsuppe: aus Speckbrühe, Buttermilch, getrockneten Birnenschnitzen und Rosinen
Hamburger Rundstück: halbiertes Brötchen, belegt mit heißem Schweine- oder Rinderbraten oder einer Frikadelle (Diese Komposition eroberte Amerika als ‚Hamburger')
Grüner Heinrich: Eintopf aus Speck, grünen Bohnen und säuerlichen Bergamottbirnen
Rote Grütze
Lübecker Marzipan
Apfelsuppe mit Schneeklößchen

Hessen

Frankfurter Würstchen: aus Schweinefleisch, kalt geräuchert
Frankfurter Grüne Soße: aus 7 Kräutern mit gekochten, gehackten Eiern, Majonäse und Jogurt hergestellt (zu gekochtem Rindfleisch)
Schwarzer Magister: Auflauf aus Weißbrot und Backpflaumen
Frankfurter Kranz
Frankfurter Pudding: aus Semmelmehl, Mandeln, Butter, Eiern, Zucker

Thüringen und Sachsen

Rotwickel: Rotkohlrouladen mit einer Füllung aus Wildhackfleisch und Pilzen
Leipziger Allerlei: junges Frühjahrsgemüse, leicht in Soße gebunden, Morcheln, Krebsbutter
Köthener Krautklump: Eintopfgericht aus Schweinefleisch, Weißkohl, Kochbirnen und Gemüse mit Einlage von Kartoffelklößen
Soleier: gekochte Eier (mit angeknackter Schale) in Sole (Lake) aus Salz, Wasser, Gewürzen
Sächsische Quarkkeulchen: Masse aus Kartoffeln, Mehl, Zucker, Quark, Backpulver, Zimt, Milch, in schwimmendem Fett ausgebacken und heiß mit Zimtzucker serviert

Mecklenburg – Vorpommern

Pommersche Bohnensuppe: aus weißen Bohnen und Gänseleber
Herzschlagsuppe: aus Kalbsherz, Lunge, Gerste, Zwiebeln, Perlgraupen, Kartoffeln
Rindfleisch mit Backpflaumen: gekochtes Rindfleisch mit Zwiebelsoße und Backpflaumen
Gänseschwarzsauer: gekochtes Gänseklein mit in Blut und Mehl gebundener Soße; als Einlage kleine Kartoffelklöße und Backpflaumen
Geräucherte Flunder: auf Kümmelweißkraut

Rheinpfalz und Saarland

Pfälzer Weinsuppe
Gefüllter Saumagen: mit Hackfleisch und Kartoffeln gefüllt, gekocht oder gebraten
Kastanien (Keschte): geröstet zu Wein oder in Form von Püree als Beilage
Gfillte: geschälte rohe Kartoffeln, ausgehöhlt, mit Hackmasse gefüllt und gebraten

Rheinland und Westfalen

Rheinischer Sauerbraten in mit Pfefferkuchen angedickter Soße mit Rosinen
Pannhas (Knabbeldanz): Schlachtbrühe mit Blut- und Leberwurstmasse, mit Buchweizenmehl angedickt, erkaltet in Scheiben geschnitten und gebraten
Himmel und Erde: Brei aus Kartoffeln (Erde) und Äpfeln (Himmel) mit gebratener Blutwurst
Westfälischer Pfefferpotthast: Rindfleischwürfel und Zwiebeln geschmort, Soße mit geriebenem Weißbrot gebunden
Westfälisches Blindhuhn: Eintopf aus grünen und weißen Bohnen, Karotten, Kartoffeln, Äpfeln und Speck
Halver Hahn: Halbes Roggenbrötchen mit Holländer- oder Limburger Käse und Senf

Welcher Wein zu welchen Speisen?

Grundregeln:

- Helles Fleisch/Fisch Garungsart ohne Farbgebung → Weißwein
- Helles Fleisch/Fisch Garungsart mit Farbgebung → Weißwein/Rosé, leichte Rotweine
- Dunkles Fleisch/Fisch Garungsart mit Farbgebung → mittlere bis schwere Rotweine
- Milde Speisen → leichte Weine
- Kräftige Speisen → schwere Weine
- Süße Speisen → Weine mit großer Restsüße
- Stark gewürzte Speisen → fruchtige Weine

Reihenfolge der Weine im Menü

- Weiß vor Rosé und Rot
  Ausnahme: trockene Likörweine bei einer Vorspeise vor Weißweinen!
- Leicht vor schwer
- Jung vor alt
- Trocken vor lieblich/süß

Welcher Wein zu welchen Speisen?

◉ sehr geeignet
● geeignet

	Fisch, Meeresfrüchte	Eierspeisen	Huhn, Kalb gebraten	Fleischpasteten	Schwein gebraten	Rind, Lamm gebraten	Wild gebraten, geschmort	Ente, Gans gebraten	Eintopf, Brotzeit	Nudelgerichte, Pizza	milder Käse	scharfer Käse	Eis
Deutschland													
Trockener Riesling (Mosel-Saar-Ruwer, Nahe, Mittelrhein, Rheingau, Pfalz)	◉		◉	●	●				◉		◉		
Neutrale trockene Weißweine (Silvaner, Weißburgunder, Ruländer, Gutedel)	●	◉	●	●	●				●		●		
Trockener Müller-Thurgau		●	●	●	●				●		●	●	
Halbtrockener Riesling und Kerner			●	◉							◉		
Halbtrockene bis milde Bukett-Sorten (Scheurebe, Gewürztraminer)				●							●	●	
Trockener Weißherbst			◉	●	◉				●		●		
Trockene Rotweine wie Spätburgunder, Portugieser (Pfalz, Baden, Ahr)				●	◉		◉	●			●		
Weißwein mit deutlicher Süße (gut gekühlt)				●									◉

2 Die Getränkekarte

Für das Erstellen von Getränkekarten gelten die gleichen Richtlinien in Bezug auf Klarheit, Wahrheit und Verständlichkeit wie für das Erstellen von Speisekarten.
Gegliedert wird die Getränkekarte in folgende Hauptgetränkegruppen, wobei je nach Betriebsart (Wein-, Bierlokal, Hotel, Restaurant, Disco etc.) diese oder jene Getränkegruppe in den Vorder- bzw. Hintergrund gestellt wird:

- Aperitifs
- Wässer
- Alkoholfreie Getränke
- Fruchtsäfte
- Spirituosen
- Offene Weine
- Flaschenweine
- Schaumweine
- Heiße Getränke

Die Ausschankmenge (Seite 343) und der Inklusivpreis müssen angegeben werden.
Mindestens ein nichtalkoholisches Getränk muß bei gleicher Ausschankmenge ebenso billig wie die preiswerteste alkoholische Erfrischung angeboten werden.
Der Alkoholgehalt der Getränke kann angegeben werden.

2.1 Aufbau einer Weinkarte

Bei der Erstellung der Weinkarte ist Folgendes zu beachten:

- **Reihenfolge:** Erst offene, dann Flaschenweine, zuerst inländische, dann ausländische Weine.
- **Anbaugebiete bzw. Weinbaugebiete:** Man beginnt mit dem Gebiet, in dem der Betrieb liegt.
- **Weinart:** Weißwein, Rotwein, Rosé, Rotling, Perlwein.
- **Qualität:** Bei jeder Weinart abgestuft, beginnend bei einfachen bis hin zu Weinen gehobener Qualität.

Angaben, die für den Gast von Interesse sind, am Beispiel von Flaschenwein:

- Jahrgang und Herkunft: Land, Anbau- oder Weinbaugebiet sowie Lage, Gemarkung und Abfüller
- Weinart, Rebsorte oder Sortenverschnitt
- Qualitätsstufe, Geschmacksrichtung
- Alkoholgehalt, Prämierungen und besondere Empfehlungen.

1995er Alde Gott **0,75 l**

Spätburgunder Rotwein – trocken –
Qualitätswein aus Baden

Abfüller: W. G. Sasbachwalden

Goldene Medaille, 11,5 Vol. %, ein vollmundiger, harmonischer Spätburgunder, empfehlenswert zu unseren Wildgerichten

Preis: ....

2.2 Korrespondierende Getränke

Mit der Frage: „Welches Getränk zu welcher Speise?" ist die Vorrangigkeit der Speise bereits betont. Das Getränk hat eine dienende Funktion und soll die Speise hervorheben und ergänzen.

***Wasser** als korrespondierendes Getränk:* Die in vielen Ländern übliche Sitte zu den Tagesmahlzeiten Trinkwasser (Leitungswasser) – oft auch in Karaffen mit Eis – zu reichen, ist in Deutschland nicht verbreitet. Bevorzugt werden Mineral-, Quell- oder Tafelwasser; wobei Wässer mit geringem Eigengeschmack und reduziertem Kohlensäuregehalt (Medium-Mineralwasser) am besten mit den Speisen korrespondieren.

Erfrischungsgetränke. Sie werden als korrespondierende Getränke besonders von Besuchern der Fast-Food-Betriebe zu diesen Speisen getrunken.

Fruchtsäfte. Sie eignen sich als korrespondierende Getränke, oft in Verbindung mit kohlensäurehaltigem Wasser, besonders gut in der warmen Jahreszeit zu leichten Gerichten von Geflügel, Kalb oder Fisch.

***Gemüsesäfte** als korrespondierende Getränke.* Sie werden oft in Betrieben angeboten, deren Hauptangebot aus fleischlosen Speisen besteht.

Bier. Es wird als korrespondierendes Getränk von vielen Menschen bevorzugt. Je nach Gegend wird von den Gästen das für die Region charakteristische Bier bevorzugt. Bier paßt besonders gut zu deftigen Wurstwaren und Schinken, Grillgerichten, Gänse- und Entenbraten Schlachtplatten und Geräuchertem.

Bier sollte nicht zu Speisen empfohlen werden, die in oder mit viel Wein zubereitet wurden sowie zu zarten Gerichten von weißem Schlachtfleisch oder Geflügel wie Frikassee oder zartem ohne Farbgebung zubereitetem Fisch, wie Forelle blau.

Spirituosen. Sie werden oft noch als zusätzliches korrespondierendes Getränk zu Speisen angeboten.

Man reicht

- Korn, Kirschwasser, Obstler zu Vespertellern,
- Aquavit zu Speisen mit kalten, geräucherten Fischen,
- Wodka zu Kaviar, geräuchertem Lachs und Stör,
- Anisschnaps zu würzigen Gerichten der griechischen oder türkischen Küche.

Sekt oder Champagner. Er wird dem Gast bei speziellen Menüs als begleitendes Getränk gereicht. Dabei gelten die gleichen Regeln über die Einhaltung der Reihenfolge wie bei Wein.

Wein als korrespondierendes Getränk

Werden zu Speisen oder in einer Speisenfolge Weine als korrespondierendes Getränk gereicht, sollten diese, mit Ausnahme zu Süßspeisen, halbtrocken oder trocken sein. Dies schließt die obersten Prädikatsstufen aus, da diese zu viel Restsüße besitzen. Wein wird nicht zu Speisen, die mit Essig oder Zitrusfrüchten angemacht sind und zu Süßspeisen mit Schokoladenguss empfohlen.

Welcher Wein zu welchen Speisen?

◉ sehr geeignet (violett)
● geeignet

	Fisch, Meeresfrüchte	Eierspeisen	Huhn, Kalb gebraten	Fleischpasteten	Schwein gebraten	Rind, Lamm gebraten	Wild gebraten, geschmort	Ente, Gans gebraten	Eintopf, Brotzeit	Nudelgerichte, Pizza	milder Käse	scharfer Käse	Eis
Frankreich													
Rassige trockene Weißweine (Sancerre, Chablis, Muscadet, Entre-deux-mers)	◉			◉							◉		
Volle trockene Weißweine (Elsässer, Meursault, Bordeaux blanc)	●	●	●	●	◉						●	●	
Süße Weißweine (Sauternes, Monbazillac)				●									◉
Trockene Rosé-Weine			◉	◉	●					●	●		
Leichte frische Rotweine (Bourgueil, Beaujolais)				●	◉			●		◉	●	●	
Rote Landweine (Roussillon, Minervois, Corbières)					●	●	●	●	◉	●	●	●	
Rote Burgunder						◉	◉	◉			●		
Schwere gerbstoffreiche Rotweine (Bordeaux, Rhône)						◉	◉	●			●	●	
Italien													
Rassige trockene Weißweine (Soave, Südtiroler, Terlaner, Orvieto)	●		●	◉							●	●	
Weiche trockene Weißweine (Friaul. Verdicchio, Vernaccia di S. Gimignano)	●	●	●	●							●		
Rotweine (Bardolino, Valpolicella)			◉	●	●				●	◉	●	●	
Derbe jüngere Rotweine (Barbera d'Asti, Montepulciano d'Abruzzo)				●	●	●	●	●	●	◉	●	●	
Schwere Piemonteser Rotweine (Barolo, Barbaresco)						◉	●	●			●		
Schwere Toscana Rotweine (Chianti classico, Nobile di Montepulciano)						◉	●	◉			●		
Andere Länder													
Spanische Weißweine (Rioja, Navarra, Penedés)	◉	●	●	●							●		
Mittelschwere spanische Rotweine (Rioja, Navarra)						◉	●	◉			●		
Schwere spanische Rotweine (Alicante, Valdepenas, Valencia)						●	◉	●		●	●	●	
Schweizer Weißweine (Fendant, Dorin, Johannisberger)	●	●	●	●							●		
Schweiz. Rotweine (Dole)			●	●	●		●			●	●		
Trockene österr. Weißweine (Grüner Veltiner)	●	●	●	●	●						●		
Süße Burgenländer													●

Servierkunde

1. Französisches Restaurant um 1850

Geschichtliche Entwicklung der Servierberufe

Soweit bekannt ist, waren die Römer die Ersten, die auf dem Gebiet des heutigen Deutschlands verfeinerte Tischsitten pflegten. Nach ihrer Vertreibung dauerte es bis zum 15. Jahrhundert, ehe an den deutschen Adelshöfen nicht mehr gewöhnliche Knechte und Mägde Speisen und Getränke auftrugen, sondern speziell angeleitetes Personal servierte. Diese Veränderungen, die in Spanien und Frankreich ihren Ursprung hatten, umfassten auch das Darbieten, Zerteilen und Aufschneiden (Tranchieren) und das Vorlegen von Speisen.

In den Schenken und Herbergen, die der einfache Bürger aufsuchte, bediente nach wie vor die Magd oder der Knecht. Erst im 19. Jahrhundert wurden im deutschsprachigen Gebiet die ersten Hotels und Restaurants im heutigen Stil gegründet. Das erforderliche geschulte Servierpersonal wurde von den Adelshöfen übernommen. Der Beruf des Kellners war entstanden.

Auf dem Kellnerkongress 1878 in Erfurt gründeten die Teilnehmer den deutschen Kellnerbund die Union Ganymed, der bis heute besteht. Er sollte wie eine Genossenschaft die Mitglieder und ihre Familien unterstützen; unter anderem durch die Einrichtung einer Darlehns-, Spar- und Begräbniskasse.

1950 wurde ein verbindliches Berufsbild für den Kellnerberuf geschaffen, der damit vom Anlernberuf zum Ausbildungsberuf mit dreijähriger Ausbildungszeit wurde.

Seit 1980 ist die offizielle Berufsbezeichnung „Restaurantfachfrau/-fachmann".

Auch heutzutage wird ein fachlich guter Service nur von einem Teil der Bevölkerung gewünscht und bezahlt.

Guter Service ist aufwendig und schließt einen breiten Aufgabenbereich ein. Der anspruchsvolle Gast erwartet neben geschmackvoll eingerichteten und gepflegten Räumlichkeiten sowie besten Speisen und Getränken auch Servierpersonal, das seinen Beruf beherrscht.

Dazu gehören entsprechende Umgangsformen, ein gepflegtes Aussehen, Fremdsprachen- und Warenkenntnisse um beim Anbieten der Speisen und Getränke Auskunft und, falls gewünscht, Rat geben zu können.

Fachliches Wissen und Können sind beim Vorlegen, Filetieren, Tranchieren und beim Zubereiten von Speisen am Tisch des Gastes oder beim Dekantieren eines lange gelagerten Rotweins zu beweisen. Zum handwerklichen Geschick muss die nötige Konzentrationsfähigkeit kommen, damit auch in stark belastenden Situationen ein tadelloser und freundlicher Service gewährleistet ist.

Immer mehr Gäste schätzen es, wenn das Servierpersonal eine gastliche Atmosphäre schafft; sie sind bereit, und sei es auch nur zu bestimmten Anlässen, diese Leistung zu bezahlen.

Im Restaurant

An der Bar

Auf der Etage

Im Bankettbereich

Im Catering (Außer-Haus-Service)

Vorbereitungsarbeiten

2. Arbeitsbereiche des Servierpersonals

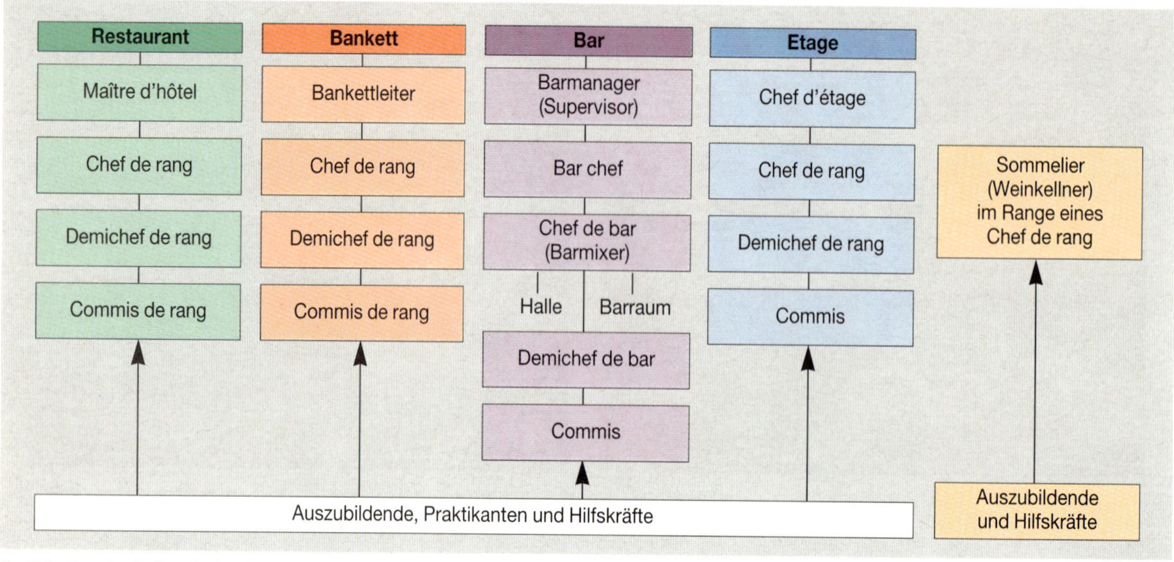

1. **Die Servicebrigade in ihrer positionellen Einstufung**

1 Stellenbeschreibungen des Restaurantfachpersonals

Je nach Betriebsgröße und der Art, wie der Service abläuft, ist die Servierbrigade, genau wie die Küchenbrigade, in verschiedene Hierarchien unterteilt.

Oberrestaurantfachfrau/-mann (Maitre d'hôtel, chef de service, chef de salle, headwaiter)
Die persönlichen und fachlichen Anforderungen für diese Stelle sind: Meisterprüfung, Ausbildereignerprüfung, Führungseigenschaften, Organisationstalent, Beherrschung des First-Class-Service, Sprachkenntnisse in Englisch und Französisch, mehrjährige Restaurant- und Banketterfahrung, Kontaktfreude und Verkaufstalent.
Unterstellt ist diese Position je nach Betriebsstruktur dem Geschäftsführer, Restaurantdirektor oder Food & Beverage-Manager (Food = Speisen, Beverage = Getränke).
Überstellt ist diese Position, je nach Betrieb, dem Servier- und Arbeitspersonal am Büfett, im Restaurant, in der Halle, an der Bar, im Bankett- oder Etagenservice.
Die Aufgaben- und Entscheidungsbereiche sind je nach Betrieb die Ausbildung der unterstellten Personen, Erstellen von Stations-, Dienst- und Urlaubsplänen, Annahme von Extraessen und Tischreservierungen, Begrüßung und Platzierung der Gäste, Beratung und Verkauf, Bearbeitung von Reklamationen.

Leiter einer Station (Chef de rang)
Die persönlichen und fachlichen Anforderungen für diese Stelle sind mehrere Jahre Praxis im erstklassigen Service, die Fähigkeit, eine kleine Personengruppe zu führen, englische und französische Sprachkenntnisse, Kontaktfreude und Verkaufstalent.
Unterstellt ist diese Position der/dem Oberrestaurantfachfrau/-mann und deren Vorgesetzten.
Überstellt ist diese Position dem Servierpersonal der jeweiligen Station oder des Arbeitsbereiches.
Die Aufgaben und Entscheidungsbereiche sind je nach Betrieb die Vertretung des Vorgesetzten, die Einteilung des Servierpersonals in der jeweiligen Station, die Beratung der Gäste, der Verkauf, das Bonieren (inkassobevollmächtigt) sowie das Arbeiten am Tisch des Gastes wie Vorlegen, Flambieren, Tranchieren und Filetieren sowie die Bearbeitung von Reklamationen.

Vertreter der Stationsleiter (Demi chef/Halbchef)
Das Aufgabengebiet umfasst während der Anwesenheit des Stationsleiters die Arbeiten eines Commis de rang. Zusätzlich muss er in der Lage sein den Stationsleiter bei Abwesenheit zu vertreten.

Gehilfe (Commis de rang)
Die Anforderung für diese Stelle ist eine abgeschlossene Ausbildung. Unterstellt ist diese Position dem Chef de rang sowie dessen Vorgesetzten.
Überstellt ist diese Position allen Hilfskräften und Auszubildenden in dem betreffenden Arbeitsbereich.
Der Aufgaben- und Verantwortungsbereich umfasst das Erstellen des Mise en place (Bereitstellung), Eindecken der Tische, während der Servicezeit das Abrufen, Herantragen von Speisen und Getränken, das Abräumen des Geschirrs sowie die Unterstützung des Chef de rang beim Vorlegen, Einschenken, Flambieren, Tranchieren und Filetieren.

2. Skirting

3. Tischdeckenunterlagen

2 Tischwäsche, Besteck, Geschirr, Gläser und Tafelgeräte

2.1 Tischwäsche

Ein beachtlicher Kostenfaktor in der Gastronomie ist die Anschaffung, Sauberhaltung und Instandhaltung der Tischwäsche (Seite 121 und folgende). Die hohen Wäsche- und Instandhaltungskosten können reduziert werden, wenn große Aufmerksamkeit auf saubere Unterseiten der Platten und Teller, öfteres Auswechseln der Aschenbecher und vorsichtiges Einschenken der Getränke gelegt wird. Unter Tischwäsche versteht man sämtliche Wäschestücke, die bei Tisch Verwendung finden. Dazu zählen Tischdeckenunterlagen, Tisch- und Tafeltücher, Skirtings, Deckservietten, Tischläufer, Sets und Mundservietten.

Tischdeckenunterlagen bestehen meistens aus Molton, einem aufgerauten Baumwollgewebe. Befestigungsmöglichkeiten sind ein eingenähter Gummizug (System Spannbettuch) oder Bänder, mit denen man die Unterlage an den Tischbeinen befestigt. Synthetische Tischdeckenunterlagen sind meistens von sich aus rutschfest. Tischdeckenunterlagen sollten nicht festgeklebt oder -genagelt werden um sie regelmäßig abnehmen und waschen zu können. Sie sollten gerollt aufbewahrt werden. Gründe für die Verwendung von Tischdeckenunterlagen:

- Die Tischdecke verrutscht nicht so leicht und wird an den Ecken und Kanten geschont.
- Das Ein- und Absetzen von Geschirr, Gläsern und Besteck kann geräuschärmer ausgeführt werden.
- Verschüttete Flüssigkeiten werden aufgesaugt.
- Die Tischoberfläche bekommt ein „volleres“ Aussehen.
- Die Bruchgefahr wird verringert.

Tisch- und Tafeltücher bestehen aus Naturfasern wie Leinen und Baumwolle oder Chemiefasern, zum Beispiel Viskose (Modal) sowie gemischten Fasern wie Leinen und Baumwolle (Halbleinen) oder Baumwolle mit Modal. Elegante, vornehm wirkende Tischwäsche wird in Restaurants und bei Festtafeln verwendet. In Räumen mit rustikaler Einrichtung bieten sich grobere Gewebe an. Auf der Terrasse sollte keine glänzende Tischwäsche verwendet werden, da diese bei Sonnenschein blendet. Die Tischdecke soll allseitig 25 bis 30 cm über die Tischkanten hängen und nicht weiter als 5 cm über der Sitzoberkante des Stuhles enden.

Skirtings sind am Rand eines Tisches befestigte faltenrockartige, bis zum Fußboden fallende Umrandungen. Befestigt werden sie mit Klammern oder Klettverschluss. Man verwendet sie zum Verkleiden von Büfetts und Schautischen oder auf der Innenseite von U-Tafeln, wenn diese nur außen bestuhlt werden.

Deckservietten sind in der Regel immer quadratisch (Ausnahme: runde Deckservietten auf runden Tischen); Materialien wie bei Tischdecken. Eine Deckserviette kann, muss aber nicht aufgelegt werden. Gründe für die Verwendung von Deckservietten sind:

- Senkung der Wasch- und Anschaffungskosten,
- Abdecken von kleinsten Verschmutzungen,
- Verdecken von Nahtkanten,
- schneller ausgewechselt als Tischdecken.

Normgrößen von Deckservietten sind beispielsweise 80 cm x 80 cm / 90 cm x 90 cm / 100 cm x 100 cm.

1. Tischtuch, Mundservietten, Tischbänder

Größe	Material	Verwendung
20 cm x 20 cm	Papier, Zellstoff	Cocktails Eis Kakao
33 cm x 33 cm	Papier, Zellstoff	Zwischen-mahlzeiten
40 cm x 40 cm	Papier, Zellstoff Leinen	Frühstück
50 cm x 50 cm und größer	Leinen	Haupt-mahlzeiten

2. Serviettengrößen/Verwendung

Wissen Sie Bescheid?

1. Beschreiben Sie in Stichworten die geschichtliche Entwicklung Ihres Berufes als Servierfachkraft.
2. Zeichnen Sie auf einem Extrablatt die Restaurantbrigade in ihrer klassischen positionellen Einstufung auf.
3. Zeichnen Sie daneben die Restaurantbrigade Ihres Ausbildungsbetriebes auf und vergleichen Sie beide.
4. Nennen Sie die persönlichen und fachlichen Anforderungen, die man zur Leitung einer Station im Restaurant benötigt.
5. Zählen Sie sämtliche Wäschestücke auf, die beim Eindecken von Tischen verwendet werden.
6. Wie können Sie dazu beitragen die hohen Reinigungs- und Instandhaltungskosten von Tischwäsche zu reduzieren?
7. Nennen Sie verschiedene Materialien, die als Tischdeckenunterlagen verwendet werden.
8. Nennen Sie vier Gründe für den Einsatz von Tischdeckenunterlagen.
9. Wie groß muss eine Tischdecke sein, wenn die Tischoberfläche 80 cm x 80 cm beträgt?
10. Erklären Sie den Begriff „Skirting".
11. Aus welchen Gründen werden Deckservietten aufgelegt?
12. Wo bietet sich der Einsatz von Platzdeckchen an?
13. Weshalb sollten Mundservietten in verschiedenen Größen und Materialien verwendet werden?

Platzdeckchen (Set). Man versteht darunter eine kleine Unterlage für ein Gedeck. Neben dem üblichen Material, aus dem Tischwäsche besteht, sind Platzdeckchen auch oft aus Kunststoff, Leder oder Holz. Voll waschbare Platzdeckchen sind aus hygienischen Gründen vorzuziehen.
Platzdeckchen werden als Tischdeckenersatz auf Tischen aus Glas, Marmor und Holz sowie am Bartresen verwendet, für Kinder auch auf Tischen mit Tischwäsche.

Mundservietten dienen zum Abtupfen der Fett- und Speisereste von den Lippen vor dem Trinken und nach dem Essen.
Je nach Preisgefüge, Tagesmahlzeit und Anlass werden Servietten aus Leinen, Halbleinen, Baumwolle, Zellstoff oder Papier dem Gast gereicht.
Da der Verbrauch an Mundservietten sehr groß ist, sollten aus Kostengründen verschiedene Größen und Materialien verwendet werden.

Tischläufer dienen lediglich der Dekoration und können mit Stickereien oder Spitzen verziert sein. Sie werden in der Mitte von Festtafeln aufgelegt um die Eintönigkeit des Tafeltuches bei breiten Festtafeln (Mindesttafelbreite 120 cm) zu unterbrechen.
Auf ihnen werden Dekorationsgegenstände wie Blumen, Kerzenleuchter oder Spiegel platziert. Menagen, Aschenbecher, Bestecke usw. dürfen nicht darauf gestellt werden.

Mit **Tischbändern** werden vor allem Festtafeln dekoriert. Die Bänder werden glatt oder gedreht aufgelegt und sollten nicht länger sein als der Saum des Tafeltuches.

Die Geschichte des Bestecks

Messer, Löffel, Gabel – in dieser Reihenfolge entwickelten sich die einzelnen Besteckteile völlig unabhängig voneinander.

- Messer stammt aus dem urgermanischen Wort „mezzir-sahs", dies bedeutet „Speiseschwert".
- Löffel stammt aus den althochdeutschen Worten „Laffan" und „Leffil" und bedeutet „lecken".
- Gabel leitet sich vom lateinischen „gabalus" = gabelförmiger Galgen ab.

Bis ins hohe Mittelalter (15. Jahrhundert) wurde bei Tisch mit der Hand gegessen. Erst gegen Ende des 16. Jahrhunderts wurde es an italienischen Fürstenhöfen Sitte Besteck zu verwenden, das sich jeder Gast in speziellen Besteckköchern, die man am Gürtel trug, mitbrachte (die Köcher wurden „besteckt"). Im 18. Jahrhunderts wurde es Sitte, dass der Gastgeber jedem Gast Besteck an seinen Platz legte. Erst zu Beginn des 20. Jahrhunderts setzten sich Besteckgarnituren in der Gesamtbevölkerung durch.

3. **Essbesteck aus dem 17. Jahrhundert**

2.2 Besteck

Beim Kauf von Besteck sollte auf gediegene Verarbeitung geachtet werden.

- Die Klinge muß gerade im Heft (Griff) sitzen.
- Zwischen Heft und Klingenkropf soll kein Spalt sein, in den Flüssigkeit eindringen kann.
- Löffel- und Gabelrand sollen nicht scharf sein.
- Zwischen den Zinken der Gabel darf kein Schneidegrat mehr sichtbar sein.
- Die Oberfläche soll glatt und porenfrei sein um Speisesäuren und Spülmitteln keine Angriffsfläche zu bieten.

Besteckgruppen

Bestecke werden unterteilt in Grundbestecke, Spezialbestecke sowie Hilfs-, Vorlege- und Tranchierbestecke.

Materialien und Ausführungen

Es gibt Heftbesteck, Edelstahlbesteck, versilbertes Besteck und Silberbesteck. Für besondere Anlässe wird auch manchmal Material wie Perlmutter, vergoldetes Edelstahl- oder Echtsilberbesteck (Aurodurbesteck) verwendet.

Heftbesteck hat Griffe aus nichtmetallischen Werkstoffen wie Holz, Kunststoff, Horn.

Edelstahlbesteck gibt es in folgenden Qualitäten:

- Chromstahlbesteck (einfachste Qualität) ist magnetisch, aber gegen Rost und im Gastgewerbe vorkommende Säuren beständig. Gekennzeichnet ist es häufig mit „rostfrei", „stainless" oder „INOX".
- Chromnickelstahlbesteck ist silbrig glänzend und nicht magnetisch. Es wird oft mit der Zahlenkombination 18/8 oder 18/10 gekennzeichnet. Dies gibt den Anteil von 18 % Chrom und 8 % bzw. 10 % Nickel in der Legierung an. Je höher der Nickelgehalt, umso härter ist der Edelstahl.
- Chrommanganstahl hat die gleichen Eigenschaften wie Chromnickelstahl, ist jedoch noch stabiler.

Versilbertes Besteck besteht aus einem Metallkern und wird mit Ausnahme der Messerklingen mit einer Silberauflage überzogen (Elektrolyse).
Einfache Qualitäten bestehen aus einem Metallkern von niedrig legiertem Stahl, minderwertigem Alpaka (Kupfer-Nickel-Zink-Legierung) oder Chromstahl. Hochwertige Qualitäten haben einen Kern aus Chromnickelstahl oder aus Alpaka. Der Aufdruck, zum Beispiel 90, 100, 120, 150 gibt die Silberauflage in Gramm auf 24 m^2 Besteckoberfläche an, der Aufdruck 90/18 gibt die Silbermenge pro Stück, in diesem Fall 18 g pro Stück an.

Silberbesteck (Feinsilber) wird in der Gastronomie selten verwendet, da die Anschaffungskosten sehr hoch sind.
Silberbesteck ist in folgenden Silberlegierungen auf dem Markt:

- **800:** 800 Teile Silber und 200 Teile Kupfer.
- **925:** 925 Teile Silber und 75 Teile Kupfer (Sterlingsilber).

Silberbesteck mit einem höheren Silberanteil wird nicht eingesetzt, da es sich leicht verformt.

1. Herkömmliches Grundbesteck

2. Systembesteck

Herkömmliches Grundbesteck – Verwendung

■ Großes Grundbesteck

Löffel:	Suppen in tiefen Tellern
Gabel:	Hauptgerichte (Ausnahme Fisch)
Messer:	Hauptgerichte, die geschnitten werden müssen (Ausnahme Fisch)
Löffel/Gabel:	Vorlegebesteck und spezielle Gerichte: Spagetti, Eintöpfe

■ Mittelbesteck des Grundbestecks

Löffel:	Suppen in großen Tassen
Gabel:	Salatgabel
Messer:	Frühstücksmesser, Brotmesser
Löffel/Gabel:	Süßspeisen auf Tellern
Messer/Gabel:	Frühstück, Vorspeisen und Zwischengerichte, grätenfreie Räucherfische und Fischmarinaden, Käsedessert
Fischmesser/ Fischgabel:	Warme Fischgerichte sowie auch kalte, wenn diese Gräten enthalten bzw. filetiert werden müssen.

■ Kleines Besteck des Grundbestecks

Kleiner Löffel:	Suppen in kleinen Spezialtassen
Kleiner Löffel/ kleine Gabel:	Kaffee oder Kuchen sowie zusammen für kleine Gerichte (Vorspeisen oder Süßspeisen), die in Schälchen oder Gläsern angerichtet sind
Mokkalöffel:	Mokka

Systembesteck (Grundbesteck) – Verwendung

Jedes Besteckteil kann vielseitig verwendet werden, da die Unterschiede zwischen großem und mittlerem Besteck nicht bestehen.

■ Großes Besteck des Systembestecks

Löffel:	Suppen in Tellern und Tassen
Gabel:	Vorspeisen, Zwischengerichte, Hauptgerichte (auch für Fisch)
Messer:	Vorspeisen, Zwischengerichte, Hauptgänge (nicht für warme Fischgerichte)
Löffel/Gabel:	Vorlegebesteck und sämtliche Hauptgerichte, die mit Löffel und Gabel gegessen werden
Fischmesser:	Warme Fischgerichte sowie auch kalte,nicht grätenfreie Fischgerichte

■ Kleines Besteck des Systembestecks

Löffel:	Spezialsuppen in kleinen Tassen
Gabel:	Kuchen-, Austerngabel
Messer:	Brotmesser, Obstmesser
Löffel/Gabel:	Süßspeisen und Vorspeisen in Gläsern und Schalen
Messer/ Gabel/Löffel:	Als Bestecksatz für Kinder geeignet
Kaffeelöffel:	Kaffee, Frühstück (Ei, Jogurt usw.)

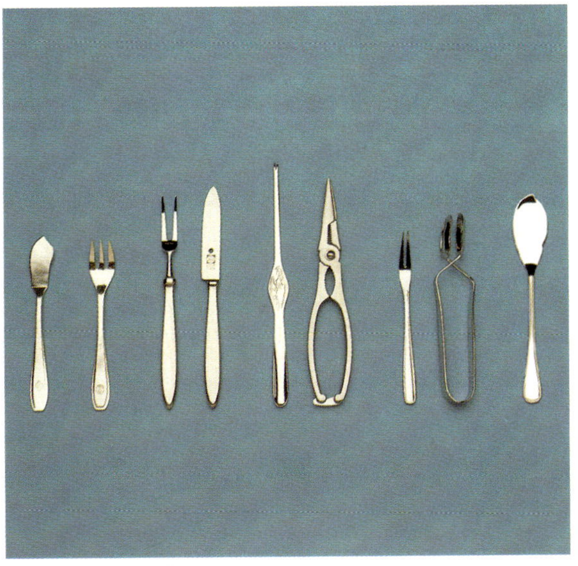

3. **Spezialbestecke**

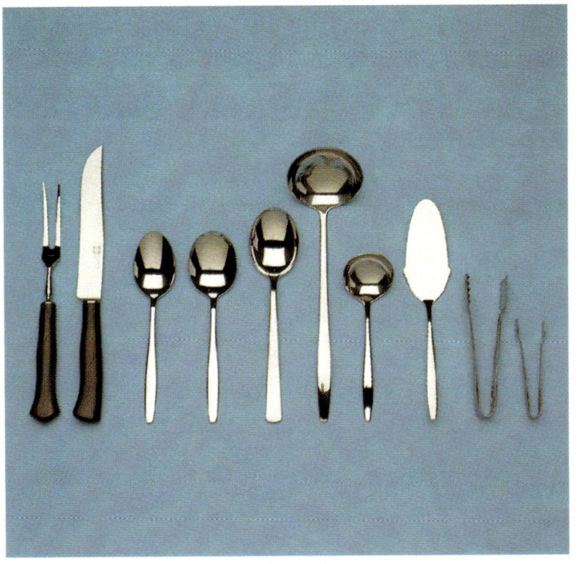

4. **Vorlege-, Tranchier- und Hilfsbestecke**

Spezialbestecke – Verwendung

Spezialbestecke werden bei bestimmten Gerichten eingedeckt.

- **Kaviar**messer: stumpfes Messer zum Verteilen des zarten Kaviars auf Toast oder Blinis (Buchweizenpfannkuchen)
- **Austern**gabel: zum Entfernen des Austernbartes und Lösen des Fleisches aus der Schale
- **Krebs**
  - -gabel: zum Festhalten des Krebses, wenn der Krebsschwanz geteilt wird; zum Verspeisen des Krebsfleisches
  - -messer: zum Zerteilen der Krebsschwänze; zum Knacken der Scheren und Beine werden diese durch das Loch in der Mitte der Messerklinge geschoben
- **Hummer**
  - -zange: zum Knacken von Scheren und Beinen;
  - -gabel/-spatel: vorne befindet sich die Gabel, hinten der Spatel – damit wird das Fleisch aus den Scheren und Beinen gezogen.
- **Schnecken**
  - -zange: zum Festhalten des Schneckenhauses
  - -gabel: zum Herausholen des Fleisches
- **Spargel**zange: zum Halten am hinteren Spargelende
- **Soßen**löffel: zu Speisen mit Soße (Gourmetlöffel)

Besteckpflege, Besteckreinigung

Heftbestecke müssen vor der Reinigung darauf geprüft werden, ob die angehefteten Griffe rillenfrei angebracht sind und das Besteck spülmaschinenfest ist.

Edelstahlbestecke sind in der Pflege anspruchslos. Anlaufverschmutzungen lassen sich mit Essigwasser oder durch Putzmittel auf Schlemmkreidebasis entfernen.

Versilbertes und Silberbesteck ist in der Pflege sehr zeitaufwendig. Ein Anlaufen ist nicht zu vermeiden. Die Ursache dafür ist die Reaktion des Metalls mit Schwefelwasserstoff in der Luft oder in Nahrungsmitteln (Ei, Senf). Geeignete Reinigungsmöglichkeiten sind:

- **Umweltfreundliche Poliermittel:** Sie sind auf der Basis von Schlemmkreide hergestellt, frei von Giftstoffen und hautverträglich.
- **Silberpoliermaschine:** Die Trommel der Silberpoliermaschine ist mit kleinen Stahlkügelchen und Spezialpolierseife etwa zur Hälfte gefüllt. Durch Drehen der Trommel werden die Silberteile poliert.
- **Silberbad:** Es setzt sich zusammen aus einem Aluminiumtopf, Scheiben aus Aluminium, heißem Wasser sowie je 1 Teelöffel Soda und Salz pro 2 Liter Wasser. Die eingelegten Silbergegenstände sollten mit dem Aluminium in Berührung kommen. Nach etwa 3 bis 4 Minuten werden sie herausgenommen und abgespült.

Polieren sofort nach Reinigen und Abspülen sowie Nachpolieren vor dem Eindecken sind unerlässlich.

1. Suppen- und Getränketassen

Die Geschichte des Porzellans

Porzellan ist in China seit ca. 1000 Jahren v. Chr. bekannt. Seit dem 13. Jahrhundert erreichten einzelne Stücke, von Kaufleuten mitgebracht, Europa. Marco Polo war einer von ihnen. Er soll dem Material auch den Namen gegeben haben („porcelle" nach einer wie Porzellan aussehenden Muschel). Mehr oder weniger geglückte Nachahmungsversuche wurden jahrhundertelang in Europa unternommen. 1708 gelang es J. Fr. Böttger in Dresden weißes Hartporzellan herzustellen. 1710 wurde die Porzellanmanufaktur Meißen gegründet. Meißen behauptete jahrzehntelang seine führende Stellung, auch noch als andere Manufakturen wie zum Beispiel Fürstenberg, Nymphenburg und Höchst entstanden. Die europäische Porzellankunst des 18. Jahrhunderts stand in engstem Zusammenhang mit der verfeinerten Kultur der Adelshöfe. Hervorragende Erzeugnisse in Gefäßkeramik und figürlichen Darstellungen wurden von Künstlern und Handwerkern geschaffen. Ein weiterer künstlerischer Aufschwung ging im 20. Jh. von Kopenhagen aus.

Gerschirrteile und ihre Verwendung

■ **Kannen:**	Kaffee, Tee, Mokka, Schokolade
■ **Getränketassen:**	Kaffee, Tee, Mokka, Espresso, Schokolade, Cappuccino
■ **Suppentassen:**	zweihenkelige Schwenktassen (ca. 0,2 l) für Brühen und gebundene Suppen; einhenkelige Tassen (ca. 0,1 l) für Spezialsuppen, doppelte Kraftbrühen
■ **Tiefe Teller**	
13 – 18 cm Ø:	Kompott, Süßspeisen, Salate
24 cm Ø:	Suppen und Eintöpfe, Nudelgerichte, Frühstück (Müsli, Porridge, Cereals)
■ **Flache Teller**	
13 - 17 cm Ø:	Brotteller, kleine Süßspeisen, Amuse gueule
18 - 21 cm Ø:	Frühstück, Obst, Kuchen, Salate
22 - 26 cm Ø:	Vorspeisen-, Zwischengerichte sowie Speisen, die vor- und nachgelegt werden
27 cm Ø und größer:	Für Tellergerichte und Speisen, die viel Platz benötigen, z. B. T-bone-Steak, Scholle, Stangenspargel

2.3 Geschirr (Porzellan)

Man unterscheidet Hart- und Weichporzellan. **Hartporzellan** besteht aus 50 % Kaolin, 25 % Feldspat und 25 % Quarz. **Weichporzellan** hat einen niedrigeren Kaolinanteil. Kaolin (Porzellanerde) ermöglicht die Bildsamkeit, Quarz und Feldspat machen es hart, hitzebeständig und chemisch widerstandsfähig. Nach der Aufbereitung der Rohstoffe zur Porzellanmasse erfolgt die Formgebung durch Gießen, Drehen oder Spritzgießen. Nach dem Trocknen der Porzellanrohlinge werden diese gebrannt und glasiert.

Porzellan wird in der Gastronomie zum Kochen und Servieren von Speisen verwendet. Auch das Essgeschirr besteht überwiegend aus Porzellan. Es hat gegenüber anderen Materialien, von denen auch gegessen wird, wie Kunststoff, Pappe, Holz, Metall viele Vorteile. Es ist

- wiederverwendbar und daher umweltfreundlich,
- unempfindlich gegen die in Nahrungsmitteln vorkommenden Laugen und Säuren,
- geruchs- und geschmacksneutral,
- kratzfest, durch seine glasierten harten, glatten Oberflächen leicht zu reinigen und deshalb hygienisch,
- ein schlechter Leiter und kann deshalb Hitze oder Kälte gut speichern.

Seine Formbeständigkeit und Korrosionsfestigkeit sind weitere Eigenschaften. Beinahe unbegrenzte Möglichkeiten der Form- und Farbgebung gestatten eine dem Stil des Hauses entsprechende Auswahl.

2. **Feuerfestes Geschirr**

3. **Stapelbares Hotelgeschirr**

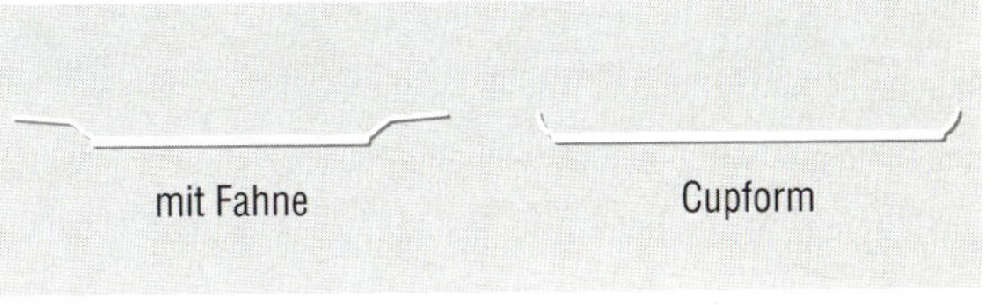

4. **Grundformen von Tellern**

Einkaufskriterien bei Hotelporzellan

- Die Serie sollte mindestens 10 bis 15 Jahre nachkaufbar sein (keine Auslaufmodelle kaufen).
- Das Geschirr sollte stapelbar sein. Dies verringert die Bruchgefahr, erleichtert das Abräumen und ist platzsparend bei der Aufbewahrung.
- Es muss spülmaschinenfest, salamanderfest (zum Überbacken von Speisen) und mikrowellengeeignet sein.
- Kannen und Krüge müssen Flüssigkeiten gut ausgießen lassen ohne nachzutropfen.
- Henkel von Kannen und Tassen müssen so ausgebildet sein, dass bequemes Handhaben möglich ist.
- Die Reinigung der Geschirrteile soll nicht durch Ecken, Kanten oder Rillen erschwert werden.

Tellerarten gibt es in zwei Grundformen, in Cupform oder mit Fahne. Teller in Cupform bieten bei gleichem Durchmesser eine größere Anrichtefläche.

- Platzteller (Deckteller) sind dekorative Unterteller, von denen nicht gegessen wird (Durchmesser 30 cm und mehr). Sie werden beim Eindecken des Tisches eingesetzt.
  Die jeweiligen Teller der verschiedenen Gänge, die darauf gestellt werden, müssen kleiner sein und dürfen den Dekor der Platzteller nicht verdecken. Ausgehoben werden sie meist vor dem Servieren der Süßspeise.
- Gedeckteller (Speiseteller) wird der Teller genannt, der unmittelbar vor dem Gast steht und von dem der Gast speist. Dies gilt für alle Tagesmahlzeiten, vom Frühstück bis zum Mitternachtsimbiss.
- Beiteller werden benutzt als
  - Beilagenteller für Toast, Butter, Salat
  - Ablageteller für Gräten, Knochen, Schalen, Blätter usw.; Größe je nach Verwendungszweck und Menge der Ablage.
- Unterteller in verschiedenen Größen. Auf sie werden Teller, Tassen, Cocktailgläser, Glasschalen usw. aufgesetzt. Sie erleichtern beim Servieren das Tragen und dienen zum Auffangen von leicht verschüttbaren Speisen.

Feuerfestes Porzellangeschirr ist Spezialgeschirr, das zum Anrichten, Servieren und auch zum Kochen, zum Beispiel von Käsefondue, verwendet wird. Der Vorteil dieses Geschirrs liegt auch darin, dass es Speisen, die in ihm serviert oder aus ihm gegessen werden, lange Zeit warm hält.

Reinigung und Pflege von Porzellangeschirr
Porzellan ist in der Geschirrspülmaschine schnell und hygienisch zu reinigen. Tüllen von Kännchen müssen in regelmäßigen Abständen mit einer Bürste gesäubert werden. Nicht gut zugängliche Teile wie Deckelunterseiten sowie Henkel müssen überprüft werden. Nach dem Reinigen ist das Porzellan zu polieren und vor Gebrauch nachzupolieren. Beschädigte Geschirrteile müssen aussortiert werden. Getränke und Speisen, die darin serviert werden, gelten als verdorben.

1. Schildern Sie die Geschichte des Porzellans.
2. Aus welchen Materialien wird Porzellan hergestellt?
3. Nennen Sie die wichtigsten Punkte, auf die beim Kauf von Hotelporzellan zu achten ist.

1. Weingläser

2.4 Gläser

Der Ursprung des Glases ist im Vorderen Orient zu suchen. Glas besteht aus Quarz, Quarzsand, Soda oder Pottasche und Kalk. Dazu kommen je nach Verwendungszweck Zusätze wie Borsäure zur Erhöhung der Temperaturwechselbeständigkeit, Metalloxide zur Färbung oder Bleioxide zur Senkung des Schmelzpunktes. Die in der Gastronomie verwendeten Gläser sind fast ausnahmslos durchsichtig, farblos und ohne Schliff. Für den Weinkenner ist dies besonders wichtig, da in einem ungeschliffenen Glas sehr gut die Farbe des Weines, seine Klarheit und der eventuell vorhandene Kohlensäuregehalt geprüft werden können.
Glas ist

- lichtdurchlässig, wenn es klar, rein und farblos geschmolzen wurde,
- geschmacksneutral,
- wegen seiner glatten, porenfreien Oberfläche schnell und einfach zu reinigen,
- empfindlich gegen hohe und wechselnde Temperaturen und leicht zerbrechlich.

Glassorten

Gebrauchsglas (Natronkalkglas) wird meist für einfache Gläser, Flaschen und Einmachgläser verwendet. Es ist oft etwas grau und stumpf und meist nicht besonders rein.

Kristallglas zeichnet sich durch warmen Glanz, hohe Lichtbrechung und Farblosigkeit aus. Beim Anstoßen geben diese Gläser einen glockenartigen Klang von sich. Kristallglas ist spülmaschinengeeignet, da es härter und chemisch widerstandsfähiger als Gebrauchsglas ist.

Bei bleihaltigen Glassorten unterscheidet man

- Kristall mit mehr als 5 % Bleioxid,
- Bleikristall mit 24 % Bleioxid,
- Hochbleikristall mit 30 % Bleioxid.

Kristallglas ist oft am silbernen, Bleikristallglas am goldenen Firmenetikett zu erkennen.

Feuerfestes Glas wird durch den Zusatz von Borsäure hergestellt. Sie verringert das Zusammenziehen und Ausdehnen des Glases bei Temperaturschwankungen.

Gläserformen

Sie wurden für einzelne Getränkearten speziell entwickelt und sollten dementsprechend eingesetzt werden. Die Formen der meisten Gläser sind so gestaltet, dass sie sich nach oben hin verjüngen um ein Entweichen der Aromastoffe zu vermindern. Typische Beispiele hierfür sind die bauchigen Wein- und Weinbrandgläser. Schlanke, hohe Gläser, die zum Ausschank von Bier und Sekt benutzt werden, haben den Vorteil, dass aus ihnen die Kohlensäure nur langsam entweichen kann.

Bechergläser sind zum Ausschank für Wasser, Säfte, Erfrischungsgetränke, Longdrinks sowie Bier gut geeignet.

Henkelgläser eignen sich zum Ausschank für Schoppenweine, Bowlen und heiße Punsche.

Stielgläser sind oft von besonders zarter, eleganter Form. Dies macht sie besonders geeignet aus ihnen hochwertige Weine, Weinbrände und Sekt zu trinken. Ein gutes Sektglas erkennt man an einem Moussierpunkt, einer aufgerauten oder erhabenen Stelle unten im Glas, von wo aus die Kohlensäure spiralförmig nach oben perlt.

2. **Gläser für Schankweine und Sekt**

Wissen Sie Bescheid?

1. Zählen Sie die verschiedenen Besteckgruppen auf.
2. Beschreiben Sie Spezialbestecke und erklären Sie ihre Verwendung.
3. Nennen Sie Reinigungsmöglichkeiten für Silberbesteck.
4. Welche Vorteile hat Porzellan als Essgeschirr gegenüber anderen Materialien?
5. Zählen Sie Grundformen von Gläsern auf.
6. Welche Auswirkungen hat die Glasform auf die Entfaltung des Buketts und das Entweichen der Kohlensäure?
7. Auf welche Punkte ist bei der Bestückung von Gläserspülmaschinen zu achten?
8. Erklären Sie das Polieren von Gläsern.
9. Suchen Sie sich aus den Beispielen von Seite 293 und 294 ein Menü aus. Beschreiben Sie dazu passend Tischwäsche, Besteck und Geschirr.

Reinigen von Gläsern und Karaffen

Maschinelle Glasreinigung. Die Glasreinigung in Spülmaschinen ist die heute am meisten angewandte Methode. Glas ist ein sehr empfindliches Spülgut, deshalb sind folgende Regeln zu beachten:

- Keine Mischbestückung zusammen mit anderen Materialien (Geschirr, Besteck).
- Gläserkörbe sind der beste mechanische Schutz gegen Bruch. Trinkgefäße sollten stets schräg in die Gläserkörbe der Maschine eingestellt werden, da auch kleinste Wasserreste auf der Standfläche einen Klartrockeneffekt zunichte machen. Henkelansätze von Krügen dürfen beim Spülen nicht gegeneinander schlagen.
- Gläserreinigung sollte nur durch spezielle Spülmittel erfolgen, da organische Säuren wie Zitronensäure Glasoberfläche und Dekore angreifen. Hinsichtlich der Dosierung sind die Angaben der Hersteller zu beachten.
- Mit einer Spültemperatur von maximal **55 °C** und Nachspültemperaturen von maximal **65 °C** erzielt man die besten Ergebnisse. Höhere Spültemperaturen führen zu Glasschäden, wie zum Beispiel Trübungen.
- Die Spülgänge sollten nicht länger als 150 Sekunden dauern, da sonst Glasoberfläche und Dekor stark angegriffen werden.
- Der Wasserdruck im Zulauf sollte zwischen 3 und 6 bar liegen, da sonst die Gläser in der Maschine „tanzen".
- Härtegrade des Wassers sollten nicht über 6° dH liegen.
- Gläser sollten nach der Entnahme aus der Spülmaschine auf Raumtemperatur abkühlen, bevor sie benutzt werden, da Kälteschocks zur Verkürzung der Gebrauchsdauer führen.

Manuelle Glasreinigung. Vor Spülbeginn ist es ratsam die Gläser nach Verschmutzungsgrad und Art zu sortieren. Am besten lassen sich Gläser in zwei nebeneinander liegenden Becken reinigen. Das erste Becken enthält eine Gläserbürste, heißes Wasser und spezielles Glasspülmittel, das zweite fließendes Wasser. Im ersten Becken werden die Gläser gereinigt und im zweiten Becken nachgespült. Zum Abtropfen werden sie kopfüber auf ein Gitter gestellt. Das Wasser soll ohne Tropfenbildung in einem geschlossenen Film ablaufen.

Karaffen werden nach Gebrauch ausgespült und gelegentlich mit einer Mischung von rohen Kartoffelwürfeln, Essig und Salz ausgeschwenkt und danach gründlich gespült.

Polieren und Nachpolieren der Gläser

Bevor die Gläser in die Schränke gestellt werden, sind sie mit einem Gläsertuch zu polieren. Zur Kontrolle wird stets gegen eine Lichtquelle poliert. Um Fingerspuren zu vermeiden, dürfen die Gläser nicht mit der bloßen Hand angefasst werden. Um ein „Abdrehen", das heißt ein Abbrechen des Stieles bei zarten Gläsern zu vermeiden, sollte beim Polieren immer am Stiel und nicht am Fuß angefasst werden. Nachpolieren von aus dem Schrank entnommenen Gläsern erfolgt, indem man sie über dampfendes Wasser hält. Sobald sie beschlagen, werden sie nachpoliert.

1. Biergläser

2. Spirituosengläser

3. Gläser für heiße und kalte Getränke

2.5 Tafelgeräte zum Servieren von Getränken und Speisen

Wein-/Sektkübel halten die Temperatur von Getränken konstant. Es gibt sie als Thermo- oder Tonkühler oder mit Wasser und Eis.
In **Gestellen** oder **Körben** werden alte Rotweine mit Depot (Ablagerungen) serviert und in **Karaffen** umgeleert (dekantiert).

Weinheber werden, mit Wein gefüllt, auf dem Tisch der Gäste eingesetzt. Ein mit Eis gefüllter Einsatz hält den Wein kühl.
Die Gäste füllen sich ihre Gläser selbst, indem sie das Glas unter den Ablauf halten und dabei das Ventil nach oben drücken.

In einen **Schinkenbock** werden ganze Schinken eingespannt, die Hachse wird mit einer Serviette umwickelt. Am Tisch des Gastes oder am Büfett wird die gewünschte Portionsmenge abgeschnitten.

Fingerbowlen werden zu 2/3 mit Wasser gefüllt. Dabei wird warmes Wasser bei fettigen, geruchsintensiven Speisen verwendet, kaltes, wenn nur Zuckerstoffe zu lösen sind. Sie werden zu Speisen gereicht, bei denen der Gast beim Essen die Finger zu Hilfe nimmt.

Chillcups (chill = kalt, frostig) sind Gefäße in Cupform, in die gestoßenes Eis eingesetzt wird. In das Eis wird wiederum ein Gefäß eingesetzt, das Butter, Kaviar oder andere Meeresfrüchte enthalten kann.

Rechauds,Warmhalteplatten werden beheizt durch Kerzen, Gas, Spiritus, Strom und dienen zum Warmhalten von Speisen. Unter **Clochen** (Glocken) werden Speisen warm gehalten, die jedoch nicht knusprig sein dürfen, da sie sonst aufweichen.

4. **Dekantierkaraffe**

5. **Schinkenbock**

6. **Rechaud**

7. **Cloche**

1. Vorbereitungsarbeiten im Office

Speisen/Getränke	Menagen
frische Austern auf Eis	Pfeffermühle, Tabasco
Tatar	Essig, Öl, Pfeffermühle, Paprika, Senf, Tomatenketchup
Weißwürste	Bayerischer Senf (süß)
roher Schinken	Pfeffermühle
feine, weiße Ragouts	Worcestershire-Soße
Wildpasteten	Cumberlandsoße, Preiselbeeren
Lammbraten	Mintsoße, französischer Senf
exotische Gerichte	Sambals, Chutneys, Ingwer, Curry
Camembert	Kümmel, Paprika
Tomatensaft	Pfeffermühle, Worcestershire- und Tobasco-Soße
Egg-nogg	Muskatmühle
Zutaten wie Zitrone, Kapern usw. werden von der Küche oder vom Büfett bereitgestellt.	

2. Beispiele von Speisen und dazu benötigte Menagen

3 Vorbereitungsarbeiten im Service

3.1 Vorbereitungsarbeiten im Office

Das Office ist die „Werkstatt" des Servierpersonals. Hier sind Laufzettel und Bekanntmachungen angeschlagen, an denen sich die täglichen Vorbereitungen orientieren. Im Office werden die Bereitstellungen (Mise-en-place) erledigt, die vor den Augen des Gastes nicht gemacht werden können. Checklisten für diese Arbeiten sind von Betrieb zu Betrieb unterschiedlich. *Beispiel:*

CHECKLISTE – Vorbereitungsdienst 10 bis 12 Uhr

Täglich:

- ❑ Polieren und Warmstellen der benötigten Geschirrteile
- ❑ Polieren der Gläser und benötigten Bestecke
- ❑ Reinigen von Untersetzern und Serviertabletts
- ❑ Reinigen und Erneuern von Kerzen in Ständern
- ❑ Abgabe und Anforderung der Tischwäsche
- ❑ Brechen von Servietten
- ❑ Reinigen und, wenn nötig, Auffüllen der Menagen
- ❑ Reinigen und Auffüllen der Flambier-, Aperitif- und Käsewagen
- ❑ Bereitstellen der Getränke- und Speisekarten
- ❑ Reinigen und Bereitstellen von Aschenbechern und Tischvasen

Montags, donnerstags, und samstags sowie bei Bedarf:

- ❑ Silberbesteck und Messinggeräte putzen
- ❑ Rechauds, Clochen, Wein- und Sektkübel reinigen
- ❑ Tabakwaren auffüllen und Luftfeuchtigkeit in der Klimabox kontrollieren
- ❑ Menagen leeren und wieder auffüllen

Bereitstellung der Menagen

Sie richtet sich nach dem Angebot von Speisen und Getränken. Sie erfolgt in

- Streuern bei Salz, Zucker, Pfeffer, Cayenne-Pfeffer, Kümmel, Paprika, Curry,
- Mühlen bei Muskatnuss, Pfeffer, Steinsalz,
- Flakons für Essig, Öl, Mintsoße,
- Flaschen bei Worcestershire-Soße, Tabasco,
- Gläsern oder Steintöpfchen für Senf (süß, mittelscharf, scharf), Chutney, Ingwer in Sirup, Tomatenketchup, Sambals, Gelees, Preiselbeeren, Cumberlandsoße.
- in manchen Betrieben auch in Portionstütchen

Pflege der Menagen

- Streuer sind öfter zu leeren, zu waschen und auszutrocken. Sie sollten nur halb gefüllt werden, damit dem Gast die Dosierung leichter fällt. In Salzstreuer gibt man einige Reiskörner; sie halten das Salz streufähig. Da Salz Feuchtigkeit anzieht, sollte die perforierte (gelochte) Oberfläche des Streuers nicht mit der Handfläche berührt werden.
- Pfeffermühlen aus Holz sind nur trocken zu reinigen, Mühlen aus Glas oder Acryl auch feucht.
- Senfgläser und -töpfchen, Öl- und Essigflakons, Würzflaschen und Gläser mit besonderen Soßen und Gelees werden vor Servicebeginn gereinigt, aufgefüllt und sofort nach Gebrauch wieder in einen servierfähigen Zustand versetzt.
  Zum Entnehmen der Gewürze, Soßen und Gelees dürfen keine Silberlöffel verwendet werden, da es zu Oxidation kommen kann.

3. Servant, die fahrbare Servicestation

4. Servicetisch für den Mittagsservice

1. Wonach richtet sich die Bereitstellung der Menagen?
2. Erstellen Sie für Ihren Betrieb eine Checkliste für den Vorbereitungsdienst zwischen 10 und 12 Uhr.
3. Beschreiben Sie, wie Menagen zu pflegen sind.
4. Zählen Sie Gründe für den Einsatz von Servicetischen auf und erklären Sie, wie die Oberfläche eingeteilt wird.

3.2 Vorbereitungsarbeiten im Restaurant

Der Gesamteindruck des Restaurants und seine Atmosphäre beeinflussen die Stimmung des Gastes erheblich. Eine vollständige und rechtzeitig abgeschlossene Vorbereitung spielt dabei eine große Rolle. Eine Checkliste bietet auch hier die Möglichkeit, die Mitarbeiter zu einer selbstständigeren Arbeitsweise zu führen und sich selber zu kontrollieren. *Beispiel:*

CHECKLISTE für den Mittagsservice

Sauberkeit und Ordnung des Raumes:
- ❑ Fußboden gesaugt/gewischt
- ❑ Reinigungsutensilien aufgeräumt
- ❑ Vorhänge zurückgezogen und in korrekter Stellung
- ❑ Fenster und Fensterbretter sauber
- ❑ Raumluft, Raumtemperatur kontrolliert

Tische, Stühle, Dekoration:
- ❑ Tische, Stühle korrekt ausgerichtet
- ❑ Tischwäsche einwandfrei
- ❑ Bestecke, Gläser einwandfrei
- ❑ Blumendekoration frisch

Bereitstellung:
- ❑ Servicetische, Servanten
- ❑ Vorlegebesteck
- ❑ Speise-, Getränkekarten

Sonstiges:
- ❑ Tischreservierungen
- ❑ Musik (Lautstärke)

Servicetische dienen zur Bereitstellung schnell benötigter Serviceartikel und werden in den einzelnen Stationen vorbereitet um sich den oft weiten Weg ins Office zu ersparen. Auf ihnen werden die für die nächste Servicezeit benötigten Geräte und Menagen bereitgestellt. Der Servicetisch wird in drei Zonen unterteilt:
- Die hintere Zone ist für Teller, Menagen, Tischgeräte und Tischwäsche bestimmt.
- Die mittlere Zone dient der Bereitlegung der Bestecke.
- Die vordere Zone bleibt frei für letzte Handgriffe vor dem Servieren, zum Beispiel zum Anlegen von Besteckteilen an Vorspeisen (Cocktails), und darf keinesfalls Sammelplatz für benutztes Geschirr, Gläser und sonstige Gegenstände werden.

Servanten sind fahrbare Servicestationen, in denen alles - vom Gast nicht einsehbar – aufbewahrt wird. Sie erfüllen den gleichen Zweck wie Servicetische.

Beistelltische (Gueridons) sind der Arbeitsplatz des Servierpersonals am Tisch des Gastes. Sie werden mit einer Serviette und ausreichend Vorlegebesteck versehen. Die Besteckteile werden so zurechtgelegt, dass sie mit der rechten Hand gegriffen werden können. Die Öffnungen zeigen nach links. Der Beistelltisch wird im Restaurantservice im Bedarfsfall an den Tisch des Gastes gestellt. Auf ihm wird tranchiert und angerichtet; hier werden auch die Speisen für den Nachservice warm gestellt. Er dient aber auch dazu die Tische der Gäste zu deren Bequemlichkeit zu entlasten, indem er zum Abstellen von Wein-, Sektkühlern oder Flaschen genutzt wird.

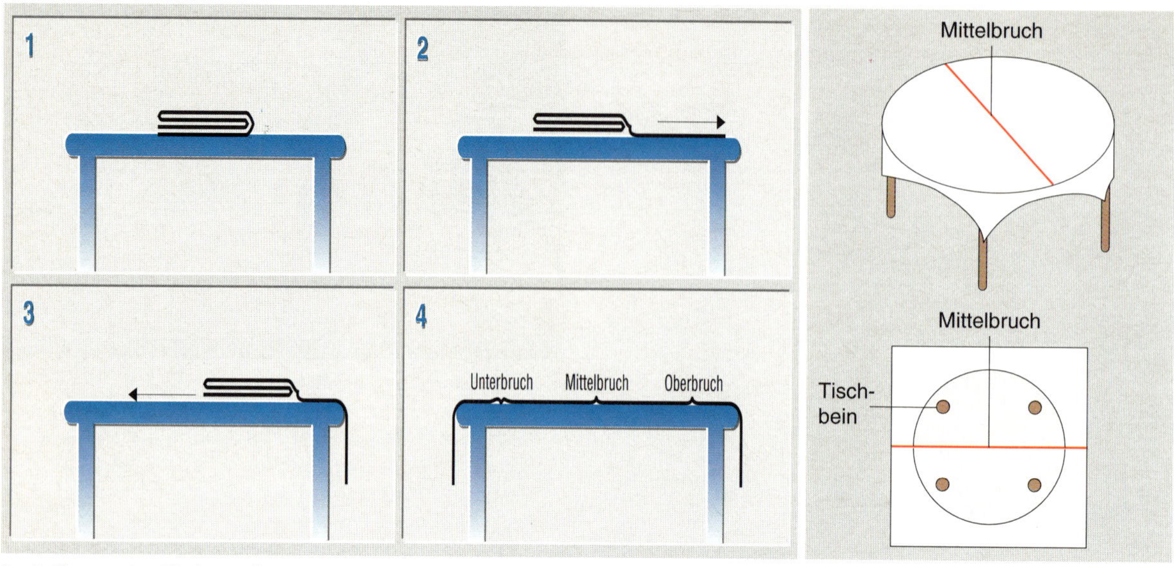

1. **Auflegen der Tischwäsche**

3.2.1 Auflegen der Tischwäsche

Zunächst werden die Tischplatten mit Tischdeckenunterlagen überzogen.

Tischdecken

Entfaltet man eine richtig gebügelte Tischdecke, so zeigen sich drei durchgehende Falten (Längsbrüche). Die Querbrüche sind unterbrochen. Da diese Brüche Schatten werfen, nach Möglichkeit jedoch schattenfrei eingedeckt werden soll, legt man die Tischdecke so auf, dass der Oberbruch so nahe wie möglich an der Lichtquelle ist oder mit dem Lichteinfall parallel verläuft. Die Tischdecke wird folgendermaßen aufgelegt:

- Tischdecke so entfalten, dass der Mittelbruch zum Auflegenden hin oben liegt.
- Auf Tischkantenhöhe (1) mittleres, loses Teil mit Zeige- und Mittelfinger, den Mittelbruch zwischen Daumen und Zeigefinger halten.
- Tischdecke anheben (2), freiliegende Kante in angemessener Länge über entgegengesetzte Tischkante schwingen.
- Etwas zurücktreten, dabei den Mittelbruch freigeben; mit Zeige- und Mittelfinger Decke ziehend ausbreiten (3).
- Ist eine Korrektur nötig, geschieht dies durch kurzes Anheben des Tischtuches, wobei Luft unter die Decke gebracht wird.

Beim Auswechseln einer verschmutzten Tischdecke vor den Augen des Gastes wird die frische Tischdecke ebenfalls so aufgelegt und die verschmutzte Tischdecke beim Auflegevorgang mit Ringfinger und kleinem Finger unter der frischen Tischdecke hervorgezogen.

Werden auf runde Tische eckige Tischtücher aufgelegt, so muss darauf geachtet werden, dass die Tischbeine von den herabhängenden Tischtuchecken verdeckt werden. Dies ist auf jeden Fall gewährleistet, wenn die Längsbrüche werden, dass sie parallel zu den Tischbeinpaaren verlaufen.

Tafeltücher

Sie müssen ihrer Größe wegen von mindestens zwei Personen aufgelegt werden. Benötigt man für eine Tafel mehrere Tücher, so ist auf folgende Punkte zu achten:

- Um Schattenwürfe der Nahtkanten zu vermeiden wird mit dem Eindecken immer bei der Lichtquelle bzw. an der Fensterseite begonnen (wie beim Tapezieren).
- Die Überlappungen müssen mindestens eine Handbreite betragen. Dabei ist darauf zu achten, dass Nahtkanten nicht durch ein Gedeck verlaufen.
- Die Brüche müssen genau ineinander verlaufen.
- Die Überhänge müssen gleich lang sein.

Deckservietten

Sie können auf zwei Arten aufgelegt werden:

- **Diagonal:** Die Ecken der Deckservietten dürfen nicht länger als der Überhang der Tischdecke sein.
- **Parallel:** Mit der Tischkante abschließend oder leicht überhängend, die gesamte Tischoberfläche bedeckend.

Mundservietten

Sie werden für die normalen Tagesmahlzeiten in einfache Formen gelegt. Kunstvolles Brechen der Mundservietten ist nur noch bei festlichen Anlässen üblich und sollte der Hygiene wegen mit Handschuhen durchgeführt werden.

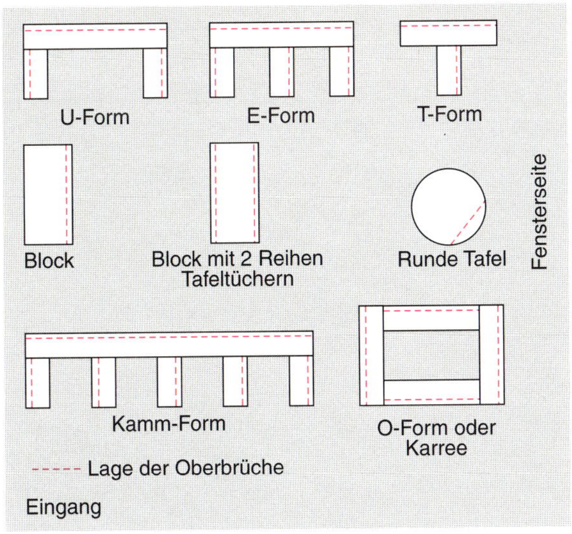

2. **Lage der Tafeltücher und Oberbrüche bei verschiedenen Tafelformen**

3. **Kleine Tischdekoration für das Abendessen à la Carte**

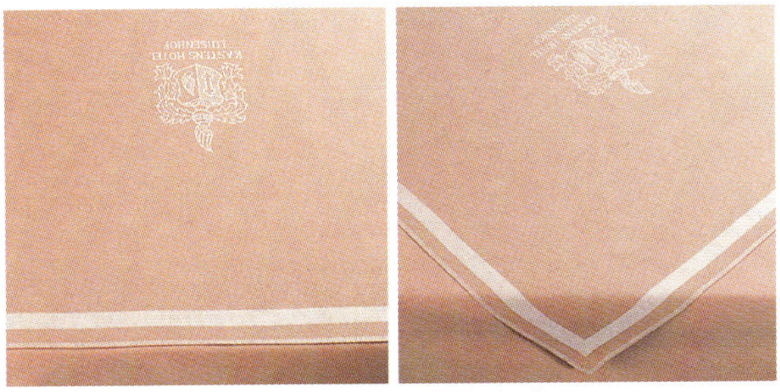

4. **Deckservietten unterschiedlich aufgelegt**

5. **Einfache Serviettenformen**

6. **Kunstvolle Serviettenformen**

3.2.2 Die Tischdekoration

Für die normalen Tagesmahlzeiten, Frühstück, Mittag- und Abendessen werden die Tische mit schönen, aber einfachen Dekorationen versehen (Dekorieren von Festtafeln, Seite 362, 366, 367).

- Zum Frühstücksservice erhalten die Tische als Dekoration einfache, kleine Vasen mit Blumen.
- Mittagstische im à la Carte werden mit etwas aufwendigeren Blumengestecken dekoriert.
- Beim Abendessen à-la-Carte-Service werden diese Blumengestecke durch einen Kerzenständer mit meist einer Kerze ergänzt.

Die hierfür verwendeten Blumen müssen in ihrer Farbe zu Raum-, Tischwäsche und Geschirr passen. Stark duftende oder Blütenstaub abgebende Blumen sind nicht geeignet.

1. Erstellen Sie eine Checkliste für Arbeiten des Frühdienstes im Office des Servierpersonals.
2. Welche Menagen werden zu Tatar, Tomatensaft, frischen Austern und Wildpasteten gereicht?
3. Erklären Sie, worauf beim Auflegen von Tisch- und Tafeltüchern zu achten ist.
4. Zeichnen Sie verschiedene Tafelformen und tragen Sie darauf die Lage der Oberbrüche ein.
5. Worauf ist zu achten, wenn eckige Tischtücher auf runde Tische aufgelegt werden?
6. Zählen Sie je fünf Formen von Mundservietten für einfache und festliche Anlässe auf.
7. Beschreiben Sie Dekorationsmöglichkeiten von Einzeltischen bei Tagesmahlzeiten.

3.2.3 Eindecken der Tische

Je nach Tagesmahlzeit (Frühstück, Mittag-, Abendessen oder aus mehreren Gängen bestehenden Menüs) werden verschiedene Geschirr-, Besteckteile und Gläser eingedeckt. Die grundlegenden Arbeitsgänge sind jeweils gleich.

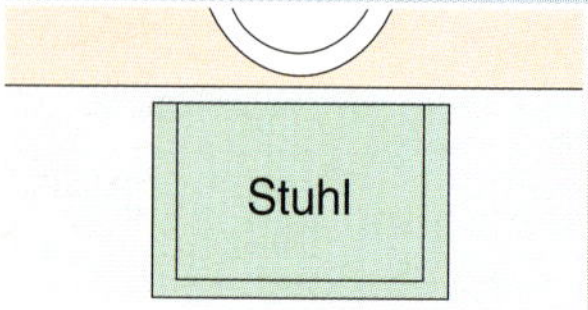

Der Mittelpunkt des Gedeckplatzes wird durch eine Serviette, einen Platzteller oder einen Gedeckteller fixiert.

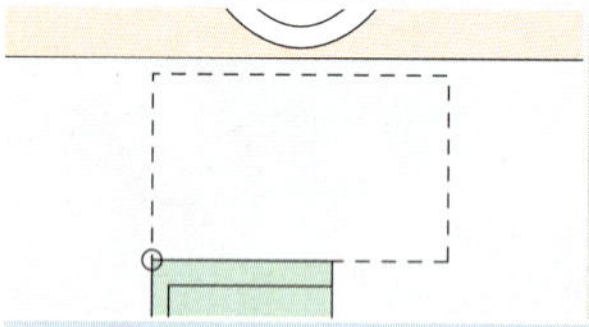

Die Stühle werden um 90 Grad abgedreht um beim Eindecken ungehindert um Tisch oder Tafel herumgehen zu können.

Besteck- und Geschirrteile, die rechts oder in der Mitte eingedeckt werden, werden in der linken Hand auf einer Handserviette oder einem Teller getragen und mit der rechten Hand aufgelegt.
Besteck- oder Geschirrteile, die links im Gedeck ihren Platz haben, werden entsprechend umgekehrt gehandhabt. Dadurch steht man beim Eindecken stets vor dem Gedeck und hat eine bessere Übersicht. Die Bestecke werden von innen nach außen aufgedeckt.

Begonnen wird meist mit dem **Messer** für den Hauptgang. Der Abstand von der Tischkante beträgt eine Fingerbreite. Die Messerschneiden zeigen immer nach links.

Der Abstand zwischen Messer und **Gabel** muss so groß sein, dass die Teller bequem dazwischen Platz haben und das Besteck weder verdecken noch auf ihm stehen. Liegen sich Gedecke gegenüber, müssen die Gabel und das gegenüberliegende Messer eine Linie bilden. Weitere Gabeln werden versetzt eingedeckt. Links dürfen maximal drei Besteckteile liegen.

Der **Suppenlöffel** und alle weiteren Besteckteile auf der rechten Seite werden mit dem gleichen Abstand von der Tischkante wie das Messer eingedeckt. Maximal dürfen rechts vier Besteckteile aufgelegt werden.

Das **Süßspeisenbesteck** wird oben quer eingedeckt. Es soll zur Tischkante einen Abstand haben, der größer ist als der Abstand zwischen Messer und Gabel.

Der **Brotteller** mit Messer kann in verschiedenen Höhen eingesetzt werden.
1. An der linken Einbuchtung der Gabel.
2. Eine Fingerbreite von der Tischkante entfernt.
3. Der obere Rand schließt mit der Gabelspitze des Hauptganges ab.

Beim Einsetzen der **Gläser** wird mit dem Richtglas begonnen. Richtglas ist das Glas, in dem das Getränk für den Hauptgang eingeschenkt wird. Es steht in einer gedachten verlängerten Linie oberhalb der Messerspitze des Messers, das für den Hauptgang bestimmt ist. Es dürfen maximal vier Gläser eingedeckt werden.

3.2.4 Einfache Gedecke und Festgedecke, Gläserstellungen

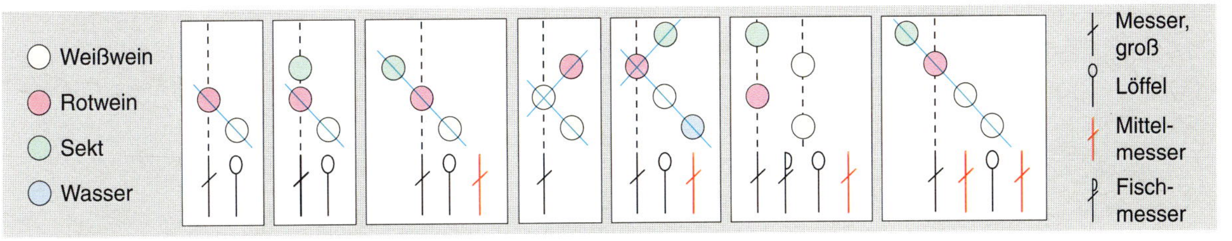

1. **Mögliche Gläserstellungen: Richtglas ist das Glas, in welches das Getränk des Hauptganges eingeschenkt wird. Es steht über der Messerspitze des Hauptgang-Messers.**

2. **Einfaches Gedeck: Suppe, Hauptgang und Süßspeise mit einem Universalglas**

3. **Vorgedeckt für à-la-Carte-Service mit einem Weißwein- und einem Rotweinglas**

4. **Suppe – Weißwein I**
   Fisch
   Hauptgang – Weißwein II
   Käse – Rotwein

5. **Cocktail – Weißwein**
   Suppe
   Hauptgang – Rotwein
   Süßspeise – Sekt

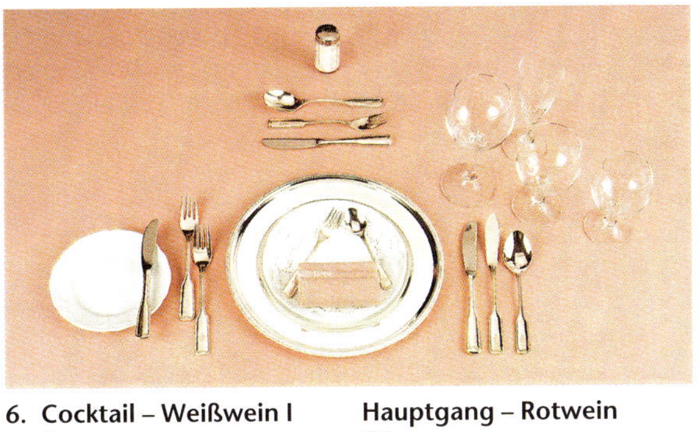

6. **Cocktail – Weißwein I**
   Suppe
   Fisch – Weißwein II
   Hauptgang – Rotwein
   Käse
   Süßspeise – Sekt

7. **Vorspeise – Weißwein I**
   Suppe
   Fisch – Weißwein II
   Hauptgang – Rotwein
   Käse
   Süßspeise – Sekt

Ausschließlich von links:

- ❑ Vorlegen
- ❑ Anbieten

Alle Artikel, die sich vor der linken Seite des Gastes befinden, werden von links eingesetzt, ausgehoben bzw. eingedeckt; z. B. Salat, Brotteller mit Messer, Gabeln.

Überwiegend von rechts:

- ❑ Einsetzen
- ❑ Einschenken
- ❑ Ausheben bzw. Eindecken

Alle Artikel, die sich direkt vor dem Gast oder vor der rechten Seite des Gastes befinden, werden von rechts eingesetzt, ausgehoben und eingedeckt.

1. Servierregeln

4 Grundlagen des Servierens

2. Einschenken von rechts

3. Salatbeilagen einsetzen von links

4.1 Servierregeln und „Verkehrsregeln"

Um einen reibungslosen Arbeitsablauf zu gewährleisten wurden Regeln aufgestellt.

„Verkehrsregeln" beim Arbeiten im Service:

- Der Gast hat immer „Vorfahrt".
- Unter Mitarbeitern gilt *rechts vor links* und *Last vor Hast.*
- Zu vermeiden ist, plötzlich stehen zu bleiben, rückwärts zu gehen oder überraschend die Richtung zu wechseln.
- Der Rückweg von Gästetischen sollte stets dazu genutzt werden, irgendwo etwas abzuräumen.

Servierregeln beim Arbeiten im Service:
Serviert wird von der rechten oder von der linken Seite des Gastes (s. oben). Nach Möglichkeit wird dabei stets in Blickrichtung weitergegangen; wird zum Beispiel von rechts eingesetzt, wird im Uhrzeigersinn weitergegangen, wird von links vorgelegt, entgegengesetzt. Ausnahmen gibt es im Bankettservice. Diese Regeln sind nur einzuhalten, wenn der Tisch rundum begehbar ist.

Reihenfolge des Servierens:
Ehrengäste, Jubilare usw. werden immer zuerst bedient. Bei einem kleineren Personenkreis gilt zusätzlich

- sehr alte vor sehr jungen Gästen,
- Damen vor Herren,
- Besteller, wenn nicht Ehrengast/Jubilar zuletzt.

Sitzen kleinere Kinder mit am Tisch, sollten sie vor den Erwachsenen ihre Speisen und Getränke erhalten.

4. Tellerservice

5. Service vom Beistelltisch oder Wagen

6. Plattenservice

4.2 Serviermethoden

Zum Servieren von Speisen gibt es verschiedene Möglichkeiten. Die angewandte Methode richtet sich nach
- dem Stil des Hauses,
- der Art und dem Ort der Veranstaltung,
- der Anrichteweise und der Anrichtemenge,
- der Art der Speisen,
- der Ausbildung und der Anzahl der Servierkräfte.

Welche Methode auch immer angewandt wird, die Servierregeln behalten stets ihre Gültigkeit.

Tellerservice – Amerikanische Serviermethode
Alle Gerichte werden an den Ausgabestellen gleich auf Tellern angerichtet und diese werden vom Servierpersonal beim Gast eingesetzt. Die Griffart, die beim Tragen von Tellern mit Speisen angewandt wird, sollte immer der 2er Obergriff (s. Seite 322) sein. Bei diesem Griff wird am ehesten vermieden, dass der Rand des oberen Tellers mit den Speisen des darunter stehenden Tellers in Berührung kommt. Der Einsatz dieser Serviermethode bietet sich an bei eiligen Gästen, Reisegesellschaften, Tagungen sowie bei kleinen Gerichten und verschiedenen Gängen im Menü.
Vorteile:
- Diese Methode ist personal-, zeit- und geschirrsparend.
- Sie ist gut kalkulierbar in der Materialmenge.

Nachteile:
- Der Gast hat wenig Einfluss auf die Portionsgröße.
- Sie ist unpersönlich, da nur ein kurzfristiger Kontakt zwischen Gast und Servierpersonal zustande kommt.

Plattenservice – Französische Serviermethode
Bei dieser Methode werden dem Gast die Speisen von der Platte/Schüssel aus angeboten; er kann sich selbst bedienen oder es wird ihm vorgelegt. Diese Serviermethode ist gut für ein einheitliches Essen bei einer geschlossenen Tafelrunde geeignet.
Vorteile:
Bei diesem eher persönlichen Service kann der Gast die Portionsgröße, die Anrichteweise auf dem Teller und – bei Auswahlmöglichkeit – die Art der Speise bestimmen.
Nachteile:
Der Gast wird verhältnismäßig oft „gestört"; vor allem, wenn die Breite der einzelnen Gedecke zu knapp bemessen wurde.

Service vom Beistelltisch oder Wagen – Englische Serviermethode
Bei der englischen Serviermethode sind die Speisen auf Platten angerichtet, diese werden präsentiert und nach den Wünschen der Gäste auf Teller angerichtet. Oft sind die Speisen noch nicht zerlegt und müssen tranchiert oder filetiert werden. Diese Serviermethode eignet sich nur für einen kleinen Personenkreis.
Vorteile:
- Der Service ist sehr persönlich und individuell.
- Der Gast hat eine Wahlmöglichkeit und kann bei Speisen, die am Tisch zubereitet werden, Wünsche äußern.

Nachteile:
- Diese Methode ist zeitraubend, erfordert großen Personal- und Geschirreinsatz und ist daher teuer.
- Sehr gut ausgebildetes Personal ist nötig.

4.3 Tragen und Abräumen von Geschirr

Beim Tragen von Speisen auf Tellern oder beim Abräumen von Tellern und Tassen ist darauf zu achten, dass nicht zu viel Geschirr auf einmal getragen wird, da dies überladen und unästhetisch wirkt. Die linke Hand ist dabei immer die Tragehand, die rechte Hand die Arbeitshand, in der nur in Ausnahmefällen etwas getragen werden sollte.

Mit dem Abräumen kann begonnen werden, wenn der letzte Gast am Tisch seine Mahlzeit beendet hat. Dies ist meist daran erkennbar, wenn er sein Besteck auf die rechte Seite des Tellers gelegt hat. Gekreuzt liegendes Besteck kann bedeuten, dass er noch weiteressen möchte oder Nachservice wünscht.

Das Ausheben, Stapeln und Zusammenstellen der Geschirr- und Besteckteile sollte so geräuscharm wie möglich erfolgen. Werden beim Abräumen Speisereste von einem auf den anderen Teller geschoben, wendet sich das Servierpersonal dabei diskret etwas von den Gästen ab. Sauberes Zusammenstellen vermeidet Bruch beim Abräumen am Tisch und spart Platz beim Abstellen in der Spülküche. Speisereste und Besteckteile werden durch exaktes Abräumen nicht in Abfall- bzw. Bestecksammelbehältern vermischt.

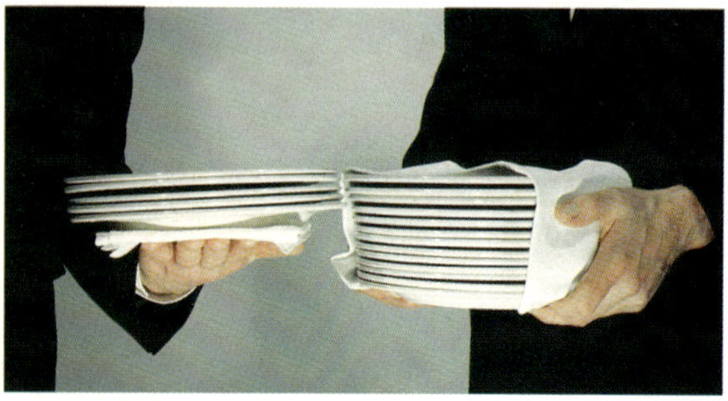

1. Tragen von Tellern im Restaurant: links wenige, rechts viele Teller

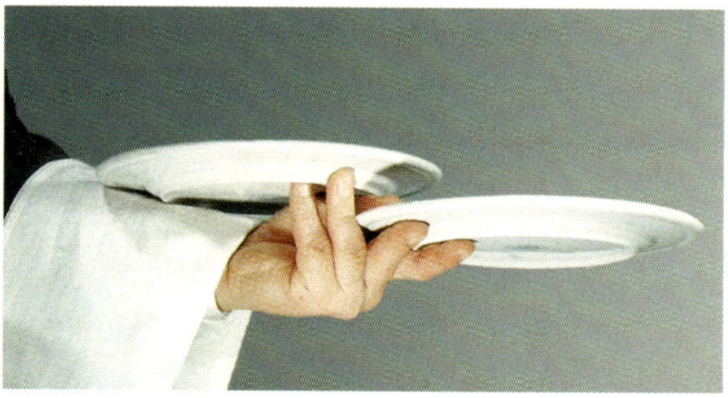

2. Zweier-Obergriff: sehr gut für das Servieren von Tellergerichten geeignet

3. Dreier-Untergriff: lediglich für flach angerichtete Speisen gut geeignet

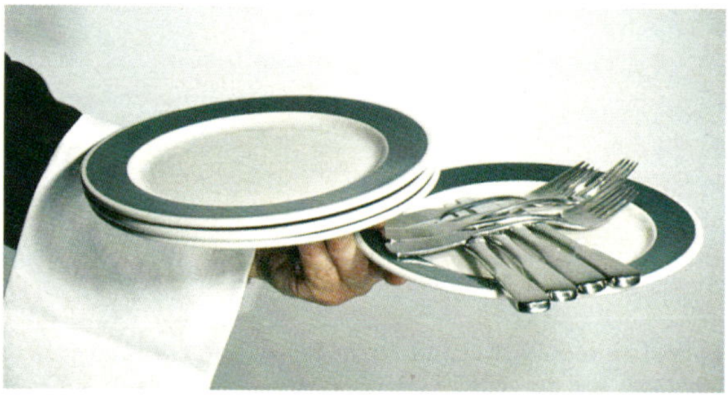

4. Abräumen von Tellern ohne Speisereste

5. Abräumen von Tellern mit Speiseresten im Dreier-Untergriff

6. Abräumen von Suppentassen im Zweier-Obergriff bei stapelbarem Geschirr

4.4 Griffarten für Bestecke beim Vorlegen

Werden Speisen am Beistelltisch vom Servierpersonal auf Teller angerichtet, wird grundsätzlich das Vorlegebesteck (Gabel und Löffel) in jeweils einer Hand gehalten.
Werden von Platte oder Schüssel Speisen direkt auf den vor dem Gast stehenden Teller vorgelegt, müssen die Besteckteile zum Vorlegen in der rechten Hand gehalten werden.

- Die nach oben zeigende linke Handfläche und der Unterarm werden mit einer länglich schmal gefalteten Serviette abgedeckt. Darauf wird die Platte mit Speisen gestellt.
- Das Vorlegebesteck wird in die rechte Hand genommen.
- Vorgelegt wird von links. Dabei muss, um nichts zu beschmutzen, der Plattenaußenrand, in senkrechter Linie gesehen, einen Abschluss mit dem Tellerinnenrand bilden.
  - Fleisch, Fisch usw. werden auf die Stelle des Tellers direkt vor dem Gast unten angerichtet,
  - Gemüse oben rechts,
  - Sättingungsbeilage oben links, da der Gast diese Beilage beim Essen oft mit der Gabel zerteilen muss.

Normalgriff zum Vorlegen von flachen, gut greifbaren Speisen wie Bratenscheiben, Steaks usw.

Zangengriff zum Vorlegen von großen, unförmigen Speisen wie Knödel oder Speisen, die locker aufgehäuft angerichtet werden wie Blattspinat, Pommes frites.

Spreizgriff zum Vorlegen von Soßen oder stark soßenhaltigen Speisen. Mit zwei Gabeln anstatt Löffel und Gabel für längliche Speisen wie Fischfilets oder Stangenspargel.

Seitengriff. Um zarte Speisen nicht zu deformieren und die auf der Speise befindliche Garnierung nicht zu zerstören wird der Löffel vorsichtig unter die Speise geschoben und mit der Gabel seitlich abgestützt.

Wissen Sie Bescheid?

1. Erklären Sie die Servierregeln.
2. Unterscheiden Sie die verschiedenen Serviermethoden in ihrer Arbeitsweise und in ihren Vor- und Nachteilen.
3. Zählen Sie verschiedene Möglichkeiten auf, wie mehrere Teller in einer Hand getragen werden können.
4. Demonstrieren Sie die verschiedenen Griffarten für das Vorlegebesteck, wenn Sie es in einer Hand halten.
5. Erklären Sie, wann und wie Sie Teller und Tassen abräumen.

7. **Normalgriff: gängigste Griffart für alle festen flachen Speisen**

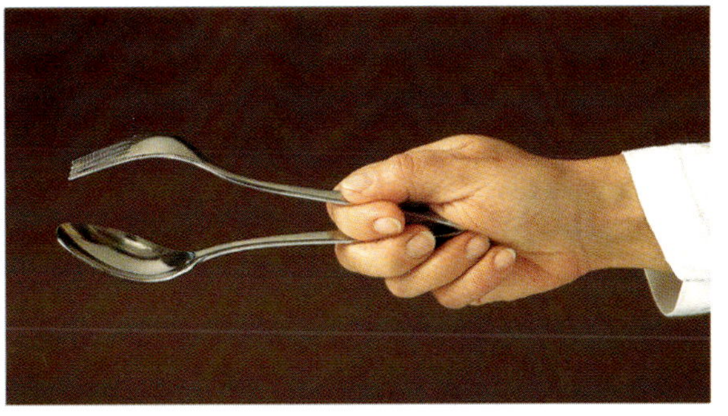

8. **Zangengriff: guter Halt für große Speisen**

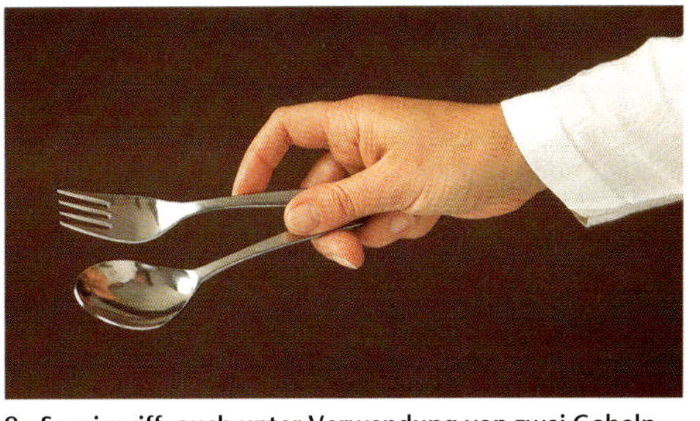

9. **Spreizgriff: auch unter Verwendung von zwei Gabeln möglich**

10. **Seitengriff: für zarte Gerichte, die platzen könnten (z. B. pochierte Eier)**

1. Tragen von Gläsern

2. Präsentieren von Wein

5 Servieren von Getränken

Tragen und Einsetzen von Gläsern

Gläser können, wenn sich keine Gäste im Restaurant befinden, am Stiel getragen werden, ansonsten werden sie immer auf einem Tablett transportiert.

Das Einsetzen geschieht von der rechten Seite; bei Henkelgläsern wird der Henkel nach rechts ausgerichtet. Gravuren oder Firmenzeichen müssen zum Gast zeigen. Bei Tischen ohne Tischwäsche werden Gläseruntersetzer benutzt.

Gläser müssen beim Einsetzen immer im untersten Bereich des Stiels oder am Henkel angefasst werden, beim Abräumen darf nie mit den Fingern in die Gläser gefasst werden. Getränke erhält das Servierpersonal durch Abgabe von Bons am Getränkebüfett oder durch Selbstbedienung an einer automatischen Schankanlage, wobei eine Registrierung der Menge automatisch erfolgt.

Auf Sauberkeit der Gläser, Flaschen und Karaffen hat das Servierpersonal selbst zu achten.

Servieren von Portionsflaschen und Karaffen

Portionsflaschen und Karaffen werden mit den dazugehörenden Gläsern auf einem Serviertablett zum Tisch des Gastes gebracht. Flaschen können erst am Beistelltisch geöffnet werden. Nach dem Einsetzen der Gläser werden die Getränke maßvoll eingeschenkt. Bei Getränken in Karaffen sollte vor dem Einschenken die Bestellung wiederholt werden. Bei Bier kann das Glas zum besseren Einschenken in der Hand gehalten werden.

Nach dem Einschenken werden Karaffen oder Flaschen auf Untersetzer rechts oberhalb des Glases eingesetzt. Das Etikett auf der Flasche muss dabei zum Gast zeigen.

5.1 Servieren von Wein in Flaschen

Weinflaschen werden im A-la-Carte-Geschäft immer im verschlossenen Zustand an den Tisch des Gastes gebracht und dort an einem Beistelltisch geöffnet. Um Flaschen mit Korken fachgerecht öffnen und servieren zu können werden folgende Arbeitsgeräte benötigt:

- Weinkübel eventuell mit Ständer,
- Korkenzieher mit Seelenachse und Messer,
- kleiner Teller für den Korken, eventuell einen Korkhalter,
- Trinkgläser, Probierglas, saubere Servietten.

Servieren von Weiß- und Roséwein

- Die Flasche wird in der Hand, die Gläser werden auf einem Tablett zum Tisch des Gastes gebracht; die Gläser werden eingesetzt.
- Die Flasche wird mit dem Hauptetikett zum Besteller von rechts präsentiert, damit er sich von der Richtigkeit der Ausführung seiner Bestellung überzeugen kann; dabei werden diskret Jahrgang, Lage, Rebsorte und Geschmacksrichtung genannt.
- Danach wird die Flasche auf dem Beistelltisch geöffnet. Das Etikett sollte dabei stets in Richtung Gast weisen. Die Flasche sollte beim Öffnungsvorgang so wenig wie möglich bewegt bzw. gedreht werden.
- Als Erstes wird die Flaschenkapsel großzügig auf oder unterhalb des Flaschenwulstes abgeschnitten. Um sich nicht zu verletzen wird das Messer links herum geführt.
- Nach dem Entfernen der Kapsel werden eventuelle Ablagerungen auf Flaschenhals und Korken mit einer sauberen Stoff- oder Papierserviette entfernt.

3. Flaschenhaltung beim Einschenken aus einer Bocksbeutelflasche

Mögliche Reklamationen und ihre eventuelle Behebung beim Servieren von Wein und Schaumwein

- Das Getränk schmeckt nach Kork oder riecht artfremd.
- Das Bukett ist abgebaut (eventuell Altersfirne).
- Der Schaumwein hat zu wenig Kohlensäure.
- Der Wein enthält Trübstoffe oder Korkkrümel.
  ➧ *Bei diesen Reklamationen ist nach einer Entschuldigung unverzüglich Ersatz anzubieten.*
- Der Gast hat sich die Art der Säure oder den Süßegrad des Weines anders vorgestellt.
- Im Wein befindet sich Weinstein (kein Qualitätsmangel).
  ➧ *Hier sollte im Ermessen des Hauses gehandelt werden, wobei freundliche, aufklärende Worte oft schon ausreichen.*
- Der Wein ist zu warm. ➧ *Bei zu warmen Getränken kann die Flasche am Büfett in Eis und Salz eingesetzt und langsam in eine Richtung gedreht werden; diesen Vorgang nennt man Frappieren.*
- Der Wein ist zu kalt. ➧ *Bei zu kühlen Getränken kann die Flasche mit feuchten, warmen Tüchern umhüllt werden (Chambrieren).*

- Der Korkenzieher wird in der Mitte des Korkens angesetzt und eingedreht. Der Korken soll dabei nicht durchbohrt werden, da Korkkrümel in den Wein fallen könnten.
- Der Korken wird langsam herausgezogen, zum Schluss durch leichtes Hin- und Herbewegen, damit durch das entstandene Vakuum in der Flasche keine Korkkrümel vom Flaschenrand in die Flasche gesaugt werden. Beim Herausziehen des Korkens darf nicht mit der Hand, die die Flasche festhält, der Flaschenmund berührt werden. Falls nötig wird eine Serviette zu Hilfe genommen.
- Der Korken wird diskret auf Geruch geprüft, mit einer Serviette abgedreht und auf einem kleinen Teller dem Gast präsentiert, damit dieser ebenfalls Geruch und Korkbrand (eingebrannte Zeichen) prüfen kann.
- Die Flaschenöffnung wird mit einer Serviette gereinigt.
- Die Flasche wird zum Einschenken so in die rechte Hand genommen, dass das Etikett zum Gast zeigt, die linke Hand liegt auf dem Rücken.
- Dem Besteller wird ein Probeschluck eingeschenkt.
- Während er verkostet, wird die Flasche erneut präsentiert.
- Nach dem Verkosten des Weines durch den Besteller oder auf dessen Wunsch durch das Servierpersonal, wird der Wein, wenn er für gut befunden wurde, in der Reihenfolge des klassischen Service eingeschenkt (Seite 320).
- Der Glasrand darf dabei nicht berührt werden. Der Wein muss geräuschfrei in das Glas fließen und nicht plätschern. Die Einschenkmenge soll je Glas etwa 0,1 l betragen. Um ein Nachtropfen zu verhindern wird die Flasche nach dem Einschenken kurz nach rechts abgedreht.
- Je nach Raumtemperatur und Verbleibdauer am Tisch kann der Wein in einen Weinkübel eingesetzt werden.

Servieren von Rotwein

Der Service von Rotwein verläuft im Prinzip wie der Service von Weiß- und Roséwein. Zusätzlich ist zu beachten:

- Die Flaschen können im Korb oder in einem Ausschankgestell liegend serviert werden.
- Um Rotweintropfen aufzufangen kann der Flaschenhals mit einer Manschette versehen werden.
- Beim Einschenken können die Gläser ausgehoben werden um eine Verunreinigung der Tischdecke durch Rotweintropfen zu vermeiden. Werden die Gläser beim Einschenken nicht ausgehoben, so sollten eventuell am Flaschenhals herunterlaufende Tropfen nach jedem Einschenken mit einer Papierserviette kurz abgewischt werden.
- Rotweinflaschen dürfen nicht in einen Kübel mit Eis und Wasser eingesetzt werden, da dadurch die Temperatur, die der Rotwein im Weinklimaschrank erhalten hat, verändert wird. Stattdessen kann er in Weinkübel eingesetzt werden, die die Temperatur des Weines konstant halten, wie es bei Thermokübeln der Fall ist.

Servieren von Bocksbeutelflaschen

Bocksbeutelflaschen müssen, im Gegensatz zu schlanken, hohen Flaschen, beim Einschenken flach auf die Handfläche gelegt werden. Bei dieser Haltung kann beim Einschenken die Luft besser in den Flascheninnenraum strömen. Dadurch wird ein Gluckern beim Einschenken vermieden.

Schildern Sie, wie Gläser, kleine Portionsflaschen und kleine Karaffen getragen werden.

1. Dekantierkaraffe im Thermobehälter

2. Dekantieren von Rotwein

3. Abnehmen des Sicherungsbügels bei Schaumwein

1. Beschreiben Sie genau die Arbeitsgänge beim Öffnen einer Rotweinflasche.
2. Wie reagieren Sie, wenn der Korken unangenehm riecht?
3. Von welcher Seite schenken Sie den Wein ein?

Dekantieren von Rotwein

Dekantieren von Rotwein ist notwendig, wenn bei Weinen mit Depot (Ablagerungen) die Gefahr der Trübung beim Einschenken zu groß ist. Ein weiterer Grund den Wein in eine Karaffe umzufüllen könnte sein, dass sich der Wein durch den dabei aufgenommenen Sauerstoff geschmacklich verbessert; was jedoch nicht immer der Fall ist.

Bereitstellung von zusätzlichen zu den sonst üblichen Arbeitsgeräten beim Öffnen von Wein zum Dekantieren:

- **Dekantierkaraffe:** Am besten eignet sich eine Karaffe mit langem Hals. Damit die muffige, abgestandene Luft in der Karaffe nicht mit dem Wein in Berührung kommt, muss die Karaffe vor dem Dekantieren viniert (mit etwas Wein ausgeschwenkt) werden.
- **Kerze im Ständer:** Sie dient vor allem bei älteren, dunklen Weinen zur rechtzeitigen Erkennung der Trübung.

Dekantieren und Servieren des Rotweines:

- Weinflasche im Korb liegend vorsichtig an den Tisch des Gastes bringen und präsentieren.
- Verschlusskapsel längs aufschneiden, im Ganzen entfernen und den Korken ziehen. Flaschenöffnung reinigen; dabei darf die Flasche nicht bewegt werden.
- Kerze entzünden und vor dem Kerzenlicht den Wein vorsichtig in die Karaffe umleeren, bei Erscheinen von Depot am Flaschenhals das Dekantieren abbrechen.
- Wein verkosten lassen und servieren (siehe Weißwein).
- Nach dem Einschenken kann die Karaffe mit dem Wein, damit er seine Temperatur nicht verändert, in einen passenden Thermobehälter eingesetzt werden.

5.2 Servieren von Schaumwein

Bereitstellung auf dem Beistelltisch:

- Schaumweinkühler, Serviette, kleiner Unterteller,
- Sektbrecher, falls die Drahtschlaufe nicht abbricht,
- Sektzange für festsitzende Naturkorken,
- zusätzliches Glas, falls der Schaumwein überschäumt.

Servieren des Schaumweines:

- Die Flasche wird wie bei Weißwein präsentiert.
- Beim Öffnen am Beistelltisch wird die Flasche mit der linken Hand am Hals gehalten und mit dem Daumen der Kork abgesichert. Die Flasche wird dabei schräg (nicht in Richtung Gast) gehalten.
- Durch Auf- und Abbewegen der Drahtschlaufe wird der Draht abgebrochen. Dadurch verbleibt der Daumen beim Abnehmen des Sicherungsbügels auf dem Korken.
- Mit der rechten Hand schlägt man rasch eine Serviette über Korken und Daumen der linken Hand und sichert gleichzeitig mit der rechten Hand und der Serviette ab.
- Durch langsames Herausdrehen des Korkens mit der rechten Hand wird die Flasche geräuschlos geöffnet.
- Der Flaschenhals wird mit einer Serviette gereinigt, der Korken (bei Naturkorken) dem Gast präsentiert.
- Nach der Verkostung wird nur wenig in die Gläser gegossen, da Schaumwein beim Eingießen in zimmerwarme Gläser stark aufschäumt, danach wird aufgefüllt.
- Die Schaumweinflasche wird anschließend in den Kühler eingesetzt und über den Flaschenhals eine schmal gefaltete Stoffserviette gelegt.

4. **Kaffeeservice: Einschenken aus großen Kannen**

Wissen Sie Bescheid?

1. Schildern Sie den Service von Portionsflaschen und kleinen Karaffen bei Säften, Bier und Wein.
2. Beschreiben Sie das Servieren von Flaschenwein vom Bonieren bis zum Einschenken in das Glas.
3. Wodurch unterscheidet sich der Service beim Servieren von Weißwein und Rotwein?
4. Erklären Sie den Begriff „Dekantieren".
5. Welche Arbeitsgeräte werden zum Dekantieren benötigt?
6. Beschreiben Sie den Dekantiervorgang.
7. Weine müssen in Ausnahmefällen frappiert werden. Beschreiben Sie den Arbeitsvorgang.
8. Schildern Sie das Öffnen und Servieren einer Flasche Schaumwein.
9. Auf welche gesetzlichen Bestimmungen ist beim Servieren von Spirituosen zu achten?

5.3 Servieren von Spirituosen, Longdrinks und Cocktails

Spirituosen werden entweder vom Büfettpersonal am Büfett oder vom fahrbaren Aperitif- bzw. Digestifwagen vor den Augen des Gastes am Tisch eingeschenkt.
Spirituosen müssen immer in Gläser eingeschenkt werden, die mit einem Füllstrich versehen sind (siehe Eichgesetz und Ausnahmeregelung Seite 343). Eiswürfel dürfen erst zugesetzt werden, nachdem der Gast die Möglichkeit gehabt hat die Spirituosenmenge zu überprüfen.

Servieren von Spirituosen:
- Die richtig temperierte Spirituose (Seite 344) wird auf einem Untersetzer mit Manschette angerichtet und auf einem Tablett dem Gast serviert. Je nach Gegebenheit wird von rechts eingesetzt oder von links angeboten.
- Bei Spirituosen mit Eis werden Eiswürfel in einem kleinen Behälter mit Eiszange dazu eingesetzt.
- Wird eine Spirituose mit einer Flüssigkeit aufgegossen, wie es bei **Longdrinks** der Fall ist (z. B. Gin Tonic), so soll dies erst nach dem Einsetzen der Getränke geschehen, sofern der Gast nicht selbst einschenken möchte.

Servieren von Cocktails:
Die **Cocktails** werden auf einem Untersetzer mit Manschette und einer kleinen Mundserviette angerichtet und dem Gast auf einem Tablett serviert. Bei Cocktails, die mit einer Garnitur versehen sind, die nicht vollständig verzehrbar ist, muss ein zusätzlicher Ablageteller und eventuell ein kleiner Löffel mit angerichtet werden.

5.4 Servieren von Aufgussgetränken

Beim Abholen der Getränke ist darauf zu achten, dass die Tabletts richtig angerichtet sind und gewärmte Tassen verwendet werden. Die Zugaben wie verschiedene Zuckersorten, Feingebäck usw. sind von Betrieb zu Betrieb unterschiedlich. (Anrichteweise siehe Seite 348).

Servieren von Aufgussgetränken in Kännchen
- Die Kännchen und Tassen werden mit den Zutaten auf einem kleinen Tablett zum Tisch des Gastes gebracht.
- Bei einfacherem Service werden die Tabletts rechts vom Gast mit ca. 45° Schrägung, Tasse links unten, Kännchen rechts oben, eingesetzt.
- Bei einem aufwendigeren Service wird die Tasse eingesetzt, das Getränk nach Befragen des Gastes eingeschenkt, das Kännchen rechts oberhalb der Tasse eingesetzt und die Zutaten dahinter oder rechts davor platziert.
- Bei Tee kann ein kleines Kännchen heißes Wasser und ein Stövchen (Kerzenrechaud) mit eingesetzt werden.

Servieren aus großen Kannen an Tafeln
- Um ein Ablaufen der Tropfen beim Eingießen zu verhindern sollte um die Kanne eine zusammengerollte Stoffserviette gebunden werden.
- Die Kanne wird in der linken Hand gehalten, dies erleichtert das Ausheben der Tassen und das Einschenken.
- Mit der rechten Hand wird die Untertasse mit der Tasse ausgehoben und diese mit dem Getränk bis ca. 1 cm unter den Rand gefüllt.

1. Käse und Handwerkszeuge zum Zerkleinern

6 Servieren von Käse

2. Aufschneiden von Käse

Nach dem Motto „Käse schließt den Magen" wird den Gästen als Abschluss eines Essens eine Käseauswahl angeboten. Besonders ansprechend ist das Servieren von Käseauswahlen auf dekorativ angerichteten Brettern oder vom Käsewagen. Steckschilder mit Namen und Herkunft der einzelnen Käsesorten oder die Deckel der Käseschachteln genügen als Dekoration.

Als Beigaben sollten für die unterschiedlichen Käsesorten Früchte wie Trauben, Melonen, Ananas, Nüsse, Tomaten, Radieschen, eventuell Kräuter und Zwiebeln bereitstehen. Verschiedene Brotsorten wie Weißbrot, Vollkornbrot und Pumpernickel runden das Angebot ab.

Die Käse werden nach ihrer Geschmacksintensität angeordnet: zuerst die milden, dann die mittelkräftigen und hinten die pikanten. Damit der Käse weich bleibt und nicht austrocknet, muss er entweder mit einer Käseglocke abgedeckt oder, falls vorhanden, in einer gekühlten Schauvitrine aufbewahrt werden.

Zum Aufschneiden und Vorlegen sollten mehrere Messer und Gabeln zur Verfügung stehen um die verschiedenen Geschmacksrichtungen nicht zu vermischen.

Für den Service sollten Personen zuständig sein, die sich in den einzelnen Geschmacksrichtungen bestens auskennen und auch über die Herstellung der Käsesorten Bescheid wissen.

Zwischendurch sollte das Käseangebot immer wieder sauber zusammengestellt und aufgefüllt werden. Ein Käseangebot, das nur aus Reststücken besteht, ist unappetitlich und nicht verkaufsfördernd.

1. Stellen Sie eine Käseauswahl zusammen, die jede Geschmacksrichtung befriedigt.
2. Wie wird eine Käseauswahl aufgebaut?
3. Worauf ist beim Aufschneiden von verschiedenen Käsen zu achten?
4. Welche Beigaben können eine Käseauswahl bereichern und abrunden?

7 Servieren von Tabakwaren

Aus der breiten Palette der Tabakwaren werden in der Gastronomie fast ausschließlich Zigaretten und Zigarren für den Gast bereitgehalten.

Aufbewahrung der Tabakwaren. Zigaretten sind in der Aufbewahrung durch ihre gute Verpackung problemlos. Schaden können sie lediglich bei sehr warmer, trockener Lagerung nehmen.
Zigarren bewahrt man fachgerecht in einer Klimabox bei einer Luftfeuchtigkeit von 60 % bis 70 % auf, die durch einen eingebauten Hygrometer kontrolliert wird. In eingebaute Behälter muss gelegentlich Wasser nachgefüllt werden.

Zigarettenservice. Wünscht ein Gast Zigaretten, so sollte keinesfalls auf Automaten im Haus verwiesen werden. Beim Servieren wird die eventuell geöffnete Zigarettenpackung auf einem Mittelteller angerichtet und ein Zündholzbriefchen des Hauses dazugelegt.

Zigarrenservice. Nach der äußeren Form werden Zigarren in verschiedene Grundformen unterteilt. Das Format sagt nichts über den Geschmack der Zigarren aus. Dieser wird nur durch die Tabakmischung und die Farbe des Deckblattes bestimmt.

Bereitstellung für den Zigarrenservice:
Eine zusammengestellte Auswahl wird übersichtlich angerichtet. Die Marken sollten namentlich gekennzeichnet und eventuell mit Preisen versehen sein.
Auf einem Extratablett werden bereitgestellt: Zigarrenabschneider, Zigarrenschere, Kerze, Fidibus, lange Streichhölzer.

Servieren der Zigarren:
Die Zigarrenauswahl wird dem Gast angeboten. Nachdem sich der Gast die Zigarre ausgesucht und zum Rauchen vorbereitet hat, entzündet man das Streichholz oder den Fidibus an der brennenden Kerze und reicht sie dem Gast mit der nicht brennenden Seite voraus.

Vier wichtige Zigarrengrundtypen:

Bezeichnung	Herkunft	Geschmacksrichtung
Sumatra	Holland	europäisch
Havanna	Kuba	amerikanisch
Bahia	Brasilien	südamerikanisch
Manuila	Philippinen	asiatisch

1. Auf welche Art werden Zigarren fachgerecht aufbewahrt?
2. Welche Arbeitsgeräte werden im Tabakwarenservice eingesetzt?
3. Beschreiben Sie das fachgerechte Servieren einer Zigarre.

3. Klimabox mit Hygrometer und Zigarrenauswahl

4. Bereitstellung im Tabakwarenservice

5. Zigarrenformate

Hauptmahlzeiten			Zwischenmahlzeiten
Frühstück	Breakfast	Petit déjeuner	
			2. Frühstück, auch Brotzeit genannt
Mittagessen	Lunch	Déjeuner	
			Nachmittagskaffee, Vesper
Abendessen	Dinner	Diner	

Besondere Arten von Mahlzeiten	
Gabelfrühstück	ca. 10 – 12 Uhr
Brunch	ca. 11 – 14 Uhr
Souper	nach 22 Uhr
Büfetts je nach Art von morgens bis nachts	

Besondere Formen
Festessen, Banketts, Arbeitsessen
Diner amical (Freundschaftsessen)
Diner maison (Hausessen)

1. Mahlzeiten im Tagesverlauf

2. Eingedecktes Frühstück

8 Servierarten – Frühstück- und Büfettservice

Je nach Tagesmahlzeit und Anlass werden den Gästen auf verschiedene Arten Speisen und Getränke angeboten. Die Methode, wie die Speisen und Getränke serviert werden (Serviermethoden Seite 321), behalten ihre Gültigkeit, unabhängig von der Servierart.

A-la-Carte-Service. Die Gäste erscheinen zu jeder Tagesmahlzeit und wählen nach der Karte das von ihnen Gewünschte aus.

Büfettservice. Ein Angebot in Büfettform ist für jede Tagesmahlzeit möglich. Der Gast bedient sich selbst, Küchen- oder Servierpersonal ist ihm dabei oft beratend behilflich.
Der Preis richtet sich nach der Entnahmemenge oder wird pauschal erhoben.

Bankettservice. Zu einem festgelegten Zeitpunkt wird ein vorbestelltes, abgesprochenes Essen einem größeren Personenkreis an großen, festlichen Tafeln serviert.

Table-d'hôte-Service. Wie beim Bankettservice wird zu einer bestimmten Uhrzeit das gleiche Menü für alle serviert. Die Gäste sitzen jedoch an Einzeltischen oder in kleineren Gruppen.
Dieser Service ist zum Beispiel üblich in Sanatorien, Heimen oder bei Reisegesellschaften.

A'part-Service. Dieser Service entspricht dem Table-d'hôte-Service; die Gäste erscheinen jedoch nicht zur gleichen Zeit.

8.1 Frühstück

Eine angenehme Frühstücksatmosphäre ist besonders wichtig. Für den abreisenden Gast ist es der letzte Eindruck, den er von dem Haus mitnimmt; der „Bleibegast" wird damit auf den Tag eingestimmt. Ein schneller, reibungsloser Ablauf muss besonders für Tagungsgäste, Geschäftsleute usw. gewährleistet sein, da sie oft unter Zeitdruck stehen.

Frühstücksraum. Ideal ist ein Raum, der nur für das Frühstück genutzt wird. Steht solch ein Raum nicht zur Verfügung und wird im Restaurant gefrühstückt, so muss gut gelüftet werden, da dem Raum vom Abend vorher viele Gerüche anhaften.

Frühstückstisch. Um nicht gleich nach dem Frühstück alle Tischdecken erneuern zu müssen sollten stets Deckservietten oder Sets aufgelegt werden. Als **Menagen** werden Salz- und Pfefferstreuer eingedeckt. Weitere Menagen müssen je nach Angebot bereitstehen. **Aschenbecher** sollten erst dann eingesetzt werden, wenn der Gast danach verlangt oder zu rauchen beginnt.

Servicetische. Sie müssen, wenn kein Frühstücksbüfett angeboten wird, mit allem bestückt sein, was der Gast für das zusätzliche Angebot aus der Frühstückskarte benötigt.
- Messer, Gabel für Eierspeisen, Früchte,
- Suppenlöffel für Cornflakes, Porridge, Müsli,
- kleine Löffel für gekochte Eier, Jogurt, Grapefruit,
- Zuckerstreuer, Pfeffermühle, Worchestershiresoße,
- Gläser für Säfte und Milchgetränke.

3. **Vorgedecktes, einfaches Frühstück**

4. **Vorgedecktes, erweitertes Frühstück**

1. Zählen Sie alle Mahlzeiten auf, die im Verlauf eines Tages in gastronomischen Betrieben angeboten werden.
2. Nennen Sie besondere Arten von Mahlzeiten.
3. Wie sollte der ideale Frühstücksraum beschaffen sein?
4. Aus welchen Gründen ist es besonders wichtig eine angenehme Frühstücksatmosphäre zu schaffen?

8.1.1 Einfaches Frühstück

Das einfache Frühstück besteht aus einem Frühstücksgetränk (Kaffee, Tee, Schokolade), Brötchen, Brot, Butter, Marmelade, Honig, manchmal auch etwas Wurst oder einem gekochten Ei. Durch das Angebot aus der Frühstückskarte kann das Frühstück erweitert werden.

Servieren eines Frühstücks:

- Fruchtsäfte und Obst werden vor dem Frühstück serviert, da sie erfrischend sind, Magen- und Darmtätigkeit anregen und den Blutzuckerspiegel anheben.
- Butter, Marmelade, Konfitüre und Honig werden oberhalb des Frühstückstellers platziert.
- Brötchen und Brot werden links, schräg oberhalb des Frühstückstellers eingesetzt.
- Das heiße Frühstücksgetränk wird zusammen mit einer angewärmten Tasse an den Tisch gebracht, die Tasse auf die Untertasse gestellt, das Kännchen schräg rechts darüber, Henkel nach rechts.
- Sahnekännchen und Zucker werden deutlich sichtbar dahinter gestellt.
- Gekochte Eier werden mit dem heißen Getränk serviert und oberhalb der Messerspitze auf der rechten Seite eingesetzt.

Bestellt ein Gast zu einem einfachen Frühstück Gerichte von der Frühstückskarte wie Spiegeleier mit Speck, Steaks, Cornflakes, Fischgerichte, Aufschnitt, so wird der Frühstücksteller mit Messer nach links gestellt und wird zum Brotteller mit Messer. Die auf Teller angerichteten zusätzlich bestellten Speisen werden vor dem Gast eingesetzt und das dazu benötigte Besteck wird eingedeckt.

Zusätzlich benötigte Besteckteile, Menagen und Zutaten bei einem erweiterten Frühstück

Gericht	Besteck	Menagen/Sonstiges
Rühreier	Gabel	Salz, Pfeffer
Spiegeleier mit Speck/ Schinken	Mittelmesser Mittelgabel	Salz, Pfeffer, eventuell Tomatenketchup
Haddock/ Kipper	Fischmesser Fischgabel	Worchestershiresoße, eventell braune Butter
Cornflakes/ Cereals	Suppenlöffel	Milch/Säfte, Zucker im Streuer, Honiggießer
Porridge	Löffel eventuell Gabel	heiße Milch Streuzucker
Grapefruit	Grapefruitlöffel Grapefruitmesser	Zucker im Streuer
Orange/ Pfirsich/Melone Apfel/Birne	Obstmesser eventuell Gabel	Fingerbowle
Tomatensaft/ Gemüsesäfte	langer Rührlöffel	Salz, Pfeffermühle Worchestershiresoße Tabasco

Vorteile für ...

den Gast

- umfangreiches Speisen- und Getränkeangebot
- der Gast kann sich nehmen, was und soviel er will
- keine Wartezeiten
- Zwischenmahlzeit (2. Frühstück) erübrigt sich meist

das Hotel

- personalsparend
- Einsatzmöglichkeit von Hilfskräften
- ruhigerer Küchenbetrieb, da kaum Extrabestellungen anfallen
- Rückgang der Frühstücksbestellungen beim Etagenservice

Nachteile für ...

den Gast

- erhöhter Einzel- und Pauschalpreis
- Unruhe im Frühstücksraum
- manchmal Gedränge am Frühstücksbüfett
- vergisst man etwas, muss man das Frühstück unterbrechen und es sich selbst holen

das Hotel

- Gäste weichen auf Halbpension aus, da durch das reichhaltige Frühstücksangebot oft auf das Mittagessen verzichtet wird
- Speisen werden mitgenommen
- größerer Geschirr-, Besteck- und Gläserbedarf

1. Vor- und Nachteile eines Frühstücksbüfetts

8.1.2 Frühstücksbüfett

Oft kommen viele Gäste, die es eilig haben, innerhalb einer kurzen Zeitspanne in den Frühstücksraum um ihre Frühstücksbestellungen und Extrawünsche aufzugeben. Gleichzeitig treffen meist dann auch noch Frühstücksbestellungen von der Etage ein. Hektisches Treiben in der Küche, am Büfett und im Servierraum ist die Folge.
Hier bringt der Einsatz eines Frühstücksbüfetts Vorteile, das einerseits das Personal entlastet, andererseits bei den Gästen wegen des individuell zusammenstellbaren Frühstücks beliebt ist (Vor- und Nachteile siehe oben).

8.1.3 Internationales Frühstück

Man kann davon ausgehen, dass ausländische Gäste bei den Mittags- und Abendmahlzeiten deutsche oder regionale Spezialitäten kennenlernen möchten. Beim Frühstück verzichten sie jedoch ungern auf ihre heimatlichen Gepflogenheiten. Wenn möglich sollte man ihnen entgegenkommen. Dies gilt insbesondere, wenn ein Haus von Personen bestimmter Nationalität stark frequentiert wird. Säfte, Getränke, Obst, Butter, Brötchen, Konfitüre, Eierspeisen usw. gleichen sich in allen Ländern mehr oder weniger, wenn sich auch die Zubereitung manchmal unterscheidet. Zusätzliche Angebote können sein für

- **Nord-Amerikaner, Briten**
  Sie schätzen ein kräftiges Frühstück; Engländer auch Early-morning-tea (Tee, der kurz nach dem Aufstehen auf dem Zimmer getrunken wird).
  - Orangen-Zimt-Toast, Rosinenbrot
  - Bagel, ein leicht gesüßtes Hefeteiggebäck in Bügelform, das mit unterschiedlichem Belag gegessen wird
  - Griddlecakes (kleine Pfannkuchen mit Ahornsirup)
  - Porridge (dickflüssiger, mit Wasser gekochter Haferflockenbrei, dazu Milch und Streuzucker). Der Gast bestimmt die Konsistenz durch Beigabe von heißer Milch selbst.
  - Cereals, Cornflakes
  - Haddock (geräucherter Schellfisch)
  - Kipper (geräucherter Hering ohne Gräten)
  - Steaks, Chops, Grillwürstchen, Speck (bacon)
  - Pies (kleine Blätterteig- oder Mürbteigpasteten mit verschiedenen Füllungen)

  Abgesehen davon, ob diese Gerichte Bestandteil des Angebots sind, sollte man diesem Gästekreis auf jeden Fall Eiswasser in der Karaffe mit Gläsern anbieten.
- **Franzosen**
  - Croissants (Plunderteighörnchen)
  - Brioches (Hefeteiggebäck)
  - Flute, Vissel oder Baguette (Stangenweißbrot in verschiedenen Stärken)
- **Holländer**
  - Holländischer Zwieback (mit Anisgeschmack)
  - Pfannkuchen in allen Variationen (zum Beispiel mit Äpfeln, Tomaten, Speck oder Schinken)
  - Borkenschokolade (grob geraspelte Schokolade)
- **Skandinavier**
  - Eiweißreiches Frühstück mit Fleisch- und Fischgerichten.

1. Beschreiben Sie gastgerecht folgende Frühstücksgerichte: Haddock, Pies, Croissants.
2. Wie servieren Sie einem Gast einen Porridge?

2. Tragen von großen Tabletts (Schlitten) mit Geschirr auf der Etage

Verhaltensregeln beim Etagenservice

- Anklopfen und nach Aufforderung eintreten. Unterbleibt die Aufforderung zum Eintreten nach wiederholtem Anklopfen, ist über das Haustelefon nachzufragen.
- Beim Eintreten und während des Aufenthaltes keine prüfenden Blicke durch das Zimmer schweifen lassen.
- Ein freundlicher Tagesgruß ist ausreichend; weitere Gesprächsinitiativen müssen vom Gast ausgehen.
- Den Gast fragen, wo er zu frühstücken wünscht, zum Beispiel im Zimmer, auf dem Balkon oder im Bett.
- Gewünschte Sonderbestellungen aufzählen.
- Das Frühstück, falls es sich nicht auf einem eingedeckten, fahrbaren Frühstückstisch befindet, dort eindecken, wo der Gast zu frühstücken wünscht.
- Extras, falls nötig, abzeichnen lassen.
- „Guten Appetit" wünschen und mit einem Gruß das Zimmer verlassen.

Diskretion ist beim Etagenservice unabdingbar!

8.1.4 Etagenfrühstück

Da beim Etagenfrühstück meist weite Wege zurückzulegen sind, ist eine gute Vorbereitung erforderlich.
Erleichterung bieten technische Gegebenheiten wie Speiseaufzüge oder Personalaufzüge sowie fahrbare, kleine Frühstückstische. Um morgens die Bestellungen schnell und exakt ausführen zu können werden auf die Zimmer Frühstückskarten gelegt, auf denen der Gast vor dem Zubettgehen seine Wünsche ankreuzt und diese Karte dann außen an seine Zimmertür hängt. Zur Einhaltung des Zeitplanes bieten sich auf der Karte zeitliche Angaben an, die dem Servierpersonal größeren Freiraum für die Ausführung der Bestellungen lassen.

Die Grundgedecke werden (wie im Frühstücksraum) am Vorabend hergerichtet. Je nach dem voraussichtlichen Bedarf werden Einer- und Zweier-Tabletts vorbereitet. Dies kann auf zwei Arten geschehen:

- Die Tabletts werden wie der Frühstückstisch vorbereitet; der Gast frühstückt vom Tablett.
- Die Tabletts werden bestückt; das Frühstück wird auf dem Tisch des Zimmers oder Balkons eingedeckt.

Auf der Etage werden im Office Zusatzgeschirr und -besteck, Gläser und Menagen für das Etagenfrühstück bereitgestellt.
Servierwagen und fahrbare Tische werden vorgedeckt.
Nachdem die Anhänger mit den Frühstücksbestellungen morgens eingesammelt wurden, werden sie nach Uhrzeit und Etage geordnet. Je eine Aufstellung darüber erhalten die Ausgabestelle und der Etagenservice.

SCHLOSS HOTEL

Bitte vor dem Schlafengehen oder vor 4 Uhr nachts an die Tür hängen.
Das Frühstück wird zwischen 6.30 und 11.00 Uhr serviert
Please hang outside door before retiring or before 4 a.m. Breakfast is served between 6.30 and 11.00 hr.

Zimmer Nr. / Room nr. ....
Name / Name ....
Anzahl der Personen / Nr. of persons ....

Einfaches Frühstück 12,– DM*		Continental Breakfast
Obstsaft	❑	fresh fruit juice
Körbchen Brotsortiment	❑	assorted breakfest bread
Toast	❑	toast
Butter, Gelee, Marmelade	❑	butter, jam, marmelade
Honig	❑	honey
Käse	❑	cheese
Wurst	❑	coldmeat
Kännchen Kaffee	❑	a pot of private blend coffee
Kännchen Tee	❑	a pot of tea
mit Milch	❑	with milk
oder Sahne	❑	or cream
oder Zitrone	❑	or lemon
Erweitertes Frühstück 18,– DM*		**Full American Breakfast**
Einfaches Frühstück + 2 frische Eier	❑	Continental Breakfast + two fresh eggs
... min. gekocht	❑	boiled ... min
Spiegelei	❑	fried egg
Rührei	❑	scrambled egg
Rührei mit Schinken	❑	scrambled egg with ham
Rührei mit Speck	❑	scrambled egg with bacon
Rührei mit Würstchen	❑	scrambled egg with sausages
Cornflakes	❑	cornflakes
oder Rice Krispies	❑	or rice krispies

Besondere Wünsche: Special requests:

....

Bitte servieren zwischen Please serve between

6.30 ❑ 7.00	8.00 ❑ 8.30	9.30 ❑ 10.00
7.00 ❑ 7.30	8.30 ❑ 9.30	10.00 ❑ 10.30
7.30 ❑ 8.30	9.00 ❑ 9.30	10.30 ❑ 11.00

*Zimmerbedienzuschlag inbegriffen * Incl. tray change

3. Frühstückskarte als Türanhänger für die Bestellung des Frühstücks auf das Zimmer

1. Büfett

2. Werbung zum Brunchbüfett

Vorschriften aus dem Lebensmittel- und Bedarfsgegenständegesetz und der Hygieneverordnung zum Aufbau von Selbstbedienungsbüfetts

- Die Theken müssen mit einer Abschirmung versehen sein (zum Beispiel aus Glas), die ein Anhusten, Anniesen und Berühren der Ware weitgehend verhindert.
- Salate und Soßen (Salatsoßen, Dressings, Marinaden) sollten stets unter Kühlung gehalten werden.
- Schüsseln und Platten sind so anzuordnen (im Allgemeinen in einer Reihe), dass eine Berührung der Lebensmittel während ihrer Entnahme durch den Gast vermieden wird.
- Das Entnahmebesteck soll so lang sein, dass es nicht in die Schüssel fallen kann. Der Handgriff muss den Schüsselrand deutlich überragen.
- Gerätschaften aus Holz (Schüsseln, Bestecke, Teller) sind ungeeignet, weil sie sich schon nach kurzer Gebrauchsdauer nicht mehr einwandfrei reinigen lassen.
- Die Angebotsmenge muss dem jeweiligen Bedarf angepasst sein. Deshalb ist nur der Bedarf für einige Stunden bereitzustellen und der Rest im Kühlschrank aufzubewahren.
- Lebensmittel, die bei Betriebsschluss noch in der Theke vorhanden sind, sollten am nächsten Tag nicht mehr angeboten werden.
- Ein Betriebsangehöriger muss für die saubere Wartung und sachgemäße Entnahme verantwortlich sein.

8.2 Büfettservice

Büfetts können zu jeder Tagesmahlzeit aufgebaut werden. Attraktiv aufgebaute Verkaufsbüfetts animieren den Gast sich zusätzlich zu dem von ihm bestellten Essen etwas auszusuchen. Von warmen bis kalten Gerichten, von Salaten bis Getränken kann alles in Büfettform angeboten werden.

Vorteile:

- Manche Gäste schätzen die zwanglose Art des Auswählens und Einnehmens von Speisen nach individuellen Wünschen.
- Durch Schauplatten können Leistung und Können der Küche besonders gut dargestellt werden.
- Durch die Selbstbedienung der Gäste können die Wünsche vieler schnell befriedigt werden.

Nachteile:

- Das vielfältige Angebot verleitet oft zur Entnahme größerer Mengen, die nachher nicht vollständig verzehrt werden.
- Das Vorlegebesteck wird von den Gästen oft wahllos ausgetauscht. Dies führt zu Geschmacksbeeinträchtigungen bei den einzelnen Speisen.
- Durch ungeschickte Handhabung der Vorlegebestecke werden die Speisen derangiert (in Unordnung gebracht) und sehen unappetitlich aus.

Büfetts werden grundsätzlich eingeteilt in:

- Verkaufsbüfetts: Der Gast bezahlt die von ihm entnommene Menge nach Stückzahl oder nach Gewicht.
- Büfetts mit einem Festpreis, bei denen die Entnahmemenge nicht begrenzt ist.

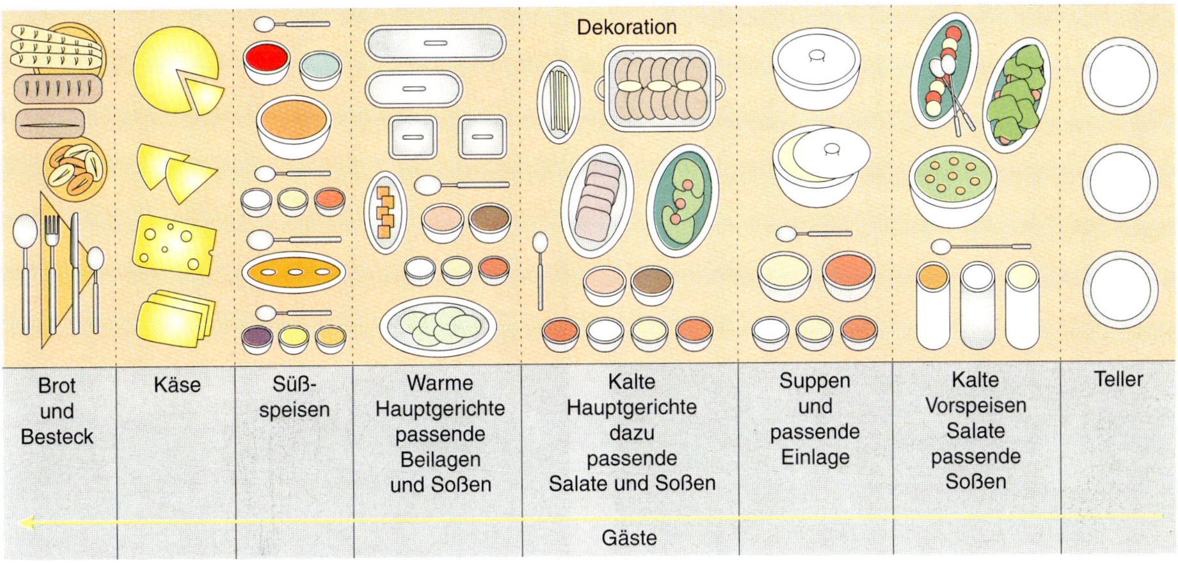

3. Aufbau eines Büfetts für Hauptmahlzeiten

Aufbau eines Büfetts

Bei einem Büfett werden die Tische bis zum Boden mit Tafeltüchern oder Skirtings eingekleidet. Das Dekorationsmaterial richtet sich nach der Art des Büfetts. Dekorationsmaterial, das mit Lebensmitteln nicht in Berührung kommen darf, sollte nicht verwendet werden. Bei einem großen Gästekreis ist es ratsam mehrere Büfetts (für jeweils etwa 100 Personen) im Raum verteilt aufzubauen.

Aufbau der Speisen bei Hauptmahlzeiten:

- Die Speisen werden wie in einer Menüfolge von rechts nach links aufgebaut.
- Die Platten werden mithilfe von Untersetzern auf der dem Gast abgewandten Seite unterlegt (Blickfang).
- Das Vorlegebesteck wird, vom Gast aus gesehen, am unteren Plattenrand nach rechts zeigend aufgelegt.
- Soßen und Salate müssen bei den passenden Speisen platziert werden.

Service an Büfetts

Obwohl sich die Gäste meist selbst bedienen, steht Personal aus Küche und Service bereit. Seine Aufgabe ist es,

- Gäste zu beraten und, wenn sie es wünschen, appetitlich aussehende Teller anzurichten,
- ganze Fleischstücke, Eisbomben usw. zu tranchieren sowie Käse am Käsebrett aufzuschneiden,
- fast geleerte Platten und Schüsseln wieder attraktiv zu gestalten um neue Blickpunkte zu schaffen,
- Gästen benutzte Teller abzunehmen und neue anzubieten (sie werden sonst oft auf dem Büfett abgestellt),
- auf den Gästetischen benutztes Geschirr und Besteck abzuräumen.

Büfetts als pauschales Angebot

Im Tagesverlauf werden den Gästen von morgens bis spät in die Nacht Büfetts zu einem pauschalen Preis angeboten.

Frühstücksbüfett, als erstes Angebot des Tages, wird von den meisten Gästen mit seiner oft sehr reichhaltigen Auswahl geschätzt (Seite 332).

Brunchbüfett, eine Kombination aus Frühstück (**Br**eakfast) und Mittagessen (**L**unch), findet auch in Europa immer mehr Liebhaber. Es wird in der Regel zwischen 11 und 14 Uhr eingenommen.
Das Angebot richtet sich nach dem kalkulierten Preis, der pauschal entrichtet wird. Getränke werden meist extra in Rechnung gestellt.
Das Angebot besteht einerseits aus dem des Frühstücksbüfetts und andererseits aus Gerichten , die zum Mittagessen angeboten werden, wie verschiedene Suppen, Würstchen, Gulasch, Fisch, Braten kalt und warm, diverse Salate, Süßspeisen und Käse.

Mittags- und Abendbüffets werden Pensionsgästen, vor allem in Ferienhotels, angeboten. Im A-la-Carte-Bereich beschränkt sich das pauschale Angebot meistens auf Salat- und Dessertbüfetts.

Galabüfetts zu festlichen privaten und geschäftlichen Anlässen runden das Angebot der pauschal zu bezahlenden Büfetts ab. Der Endpreis kann auch die Getränke beinhalten (à la discretion), wie bei Silvesterbällen oft üblich.

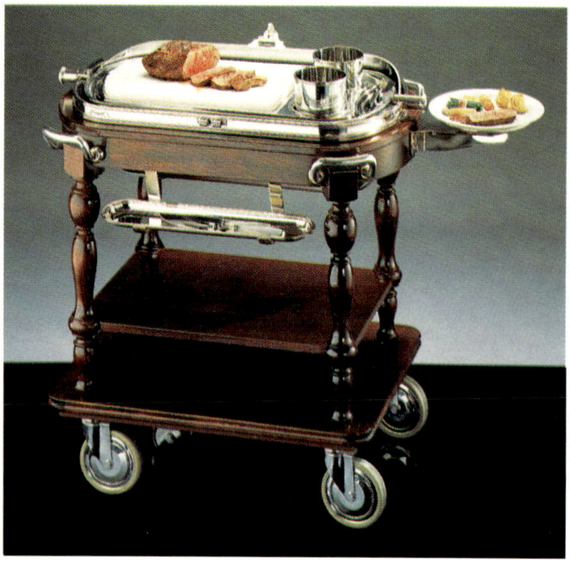

1. Fahrbarer Verkaufswagen für warme Gerichte

2. Fahrbarer Kuchenverkaufswagen mit Kühlung

Verkaufsbüfetts

Die Gäste bedienen sich an den Büfetts selbst, an der Kasse wird die Ware gezählt oder gewogen und der sich daraus ergebende Preis kassiert. In Hotels werden Verkaufsbüfetts bei Veranstaltungspausen von Schulungen, Diskussionsrunden und auch bei Abendveranstaltungen angeboten. Für die meist kurzen Pausen wird in einem separaten Raum ein Verkaufsbüfett aufgebaut, welches Getränke und Speisen enthält, die meist ohne oder mit nur einem Besteckteil verzehrt werden können, z. B. belegte Brote, Sandwiches, Pies, Canapés auf Tellern angerichtet, Salate, Suppen oder kleine Gerichte wie Reisfleisch.

Das Personal der Ausgabestelle errechnet den Endpreis der Bestellung sofort und kassiert bei der Abgabe der Ware.

Verkaufswagen im Restaurant

- Wagen für Aperitif und Digestif,
- Wagen mit Kühleinrichtungen für Vorspeisen und Nachspeisen (Sweet trolley),
- Wagen, beheizt mit Spiritus, Gas oder Strom für warme Hauptgerichte wie Braten, gekochtes Rindfleisch.

Das Angebot wird vom Servierpersonal – bei Wagen mit Speisen oft auch durch Küchenpersonal – dem Gast am Tisch präsentiert und die Ware angeboten. Danach wird das vom Gast Gewünschte auf dem Wagen angerichtet und serviert. Zusätzliche Beilagen zu warmen Speisen, die das Warenangebot des Wagens nicht enthält, werden auf Abruf aus der Küche geliefert. Nach dem Servieren muss umgehend boniert werden. Kassiert wird mit der Gesamtrechnung.

Wissen Sie Bescheid?

1. Beschreiben Sie den Serviceablauf für ein A-la-Carte-Frühstück.
2. Zählen Sie je drei Vor- und Nachteile auf, die ein Frühstücksbüfett für Gäste, Betrieb und Personal hat.
3. Nennen Sie Frühstücksspezialitäten verschiedener Nationalitäten.
4. Beschreiben Sie, wie Sie sich beim Servieren eines Frühstücks auf der Etage verhalten sollten.
5. Nennen Sie die wichtigsten Vorschriften aus dem Lebensmittel- und Bedarfsgegenständegesetz und der Hygieneverordnung beim Aufbau von Selbstbedienungsbüfetts.
6. Zeichnen Sie den richtigen Aufbau eines kalt/warmen Büfetts auf.
7. Bei welchen Gelegenheiten können Büfettangebote pauschal, stückweise oder nach Gewicht berechnet werden?
8. Welche Aufgaben fallen dem Servierpersonal bei Arbeiten am Büfett zu?
9. Nennen und erklären Sie verschiedene Abrechnungsmethoden und -möglichkeiten bei Verkaufsbüfett.
10. Stellen Sie ein Angebot zusammen, das Sie Ihren Gästen bei einem Brunchbüfett anbieten würden. Gestalten Sie eine Anzeige dafür.

Tisch **3 / 01** Bon #001
Datum: … -05-14 Zeit: 11:03:28
Service: Herr Kellner 1(1)

1 Montepulciano 0,2 (**110)**
1 x DM 9.00 = DM 9.00

1 Montepulciano 0,1 (**109)**
1 x DM 4.50 = DM 4.50

2 Els. Schnäpse 2cl (**110)**
2 x DM 4.50 = DM 9.00

Was ein Bon enthalten muss:	Was der Bon enthalten kann:
– Laufende Bonnummer	– Uhrzeit
– Datum	– Stations- und Tischnummer
– Warenart, Warenmenge	– Zimmernummer
– Warenpreis	– Sonderwünsche
– Nummer oder Zeichen der ausstellenden Person	

Ein Bon (Gutschein) ist wie Bargeld zu behandeln.
Je nach Betriebsart oder Veranstaltung werden verschiedene Arten von Bons eingesetzt.
Nach der Ausgabe von Ware für den Bon muss der Bon entwertet und aufbewahrt werden, damit er nicht wieder zum Einsatz gelangen kann.

3. **Angaben auf einem Bon**

9 Bonieren, Rechnung erstellen, Kassieren, Abrechnen mit dem Betrieb

9.1 Bonieren und Arten von Bons

Wertbons gibt es in Form von Münzen oder Abrissrollen. Die Wertbons können vor Servicebeginn vom Betrieb an das Servierpersonal verkauft werden. Dadurch erübrigt sich das Bonieren. Der Einsatz der Wertbons ist oft in Bierlokalen üblich. Wertbons werden auch bei Firmenfeiern von den Firmen an die Mitarbeiter ausgegeben, mit denen diese dann ihren Verzehr bezahlen.

Bonbücher gibt es mit Einzel- oder Doppelbons. Der Unterschied besteht darin, dass der Doppelbon noch einen zusätzlichen Abriss (Talon) hat. Bonbücher mit verschiedenen Farben, fortlaufenden Bon- und Kellnernummern erleichtern die Kontrolle.
Bonieren mit Bonbüchern:

- Zwischen perforierte Bonblätter und dem Durchschlag wird Durchschreibepapier eingelegt.
- Bei Dienstbeginn wird der erste Bon mit Datum und Namen versehen. Dieser Bon verbleibt im Bonbuch.
- Bei Bestellungen werden auf jeden Bon Warenmenge, -art und -preis handschriftlich eingetragen, wobei jeder Bon nur mit einer Warenart beschriftet werden darf.
- Der Bon wird entnommen, der Durchschlag verbleibt im Buch.

Vorteile: Bonbücher sind gut geeignet für Kleinbetriebe, Veranstaltungen außer Haus sowie für Aushilfskräfte.
Nachteile: Die Beschriftung ist zeitraubend. Eine Bonkontrolle ist unerlässlich, wobei der Originalbon mit dem Durchschlag verglichen werden muss.

4. **Modernes Kassensystem mit Funk und Handterminal**

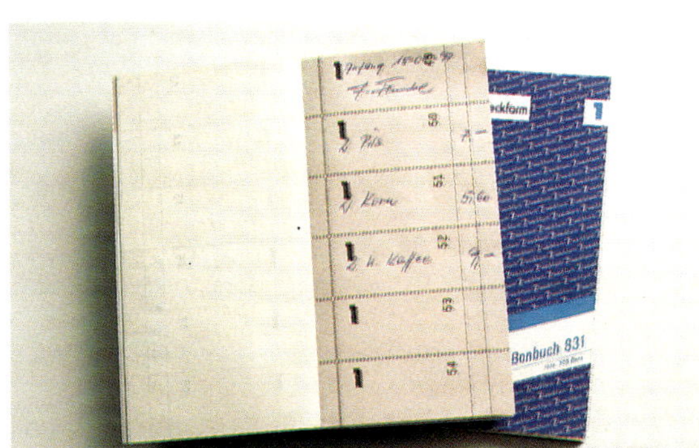
5. **Bonbücher**

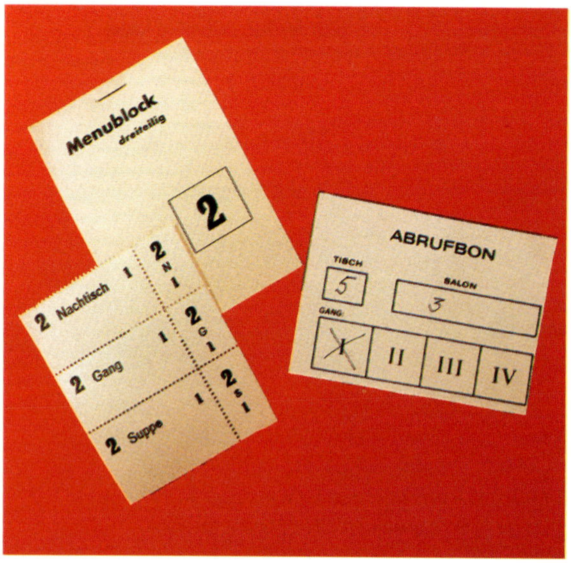

1. Begleit- und Abrufbon für die verschiedenen Gänge

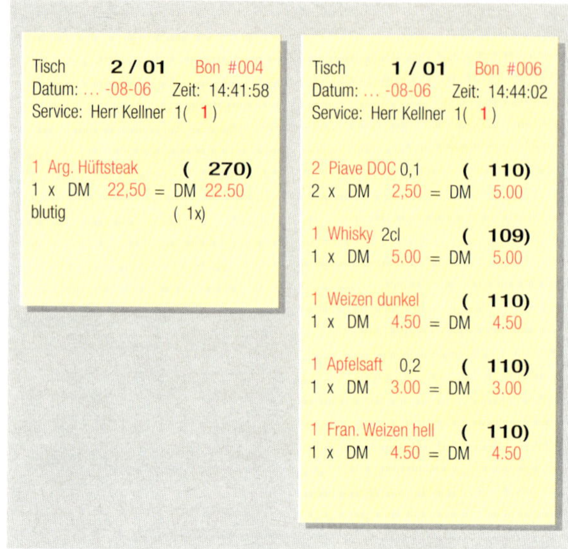

2. Einzel- und Sammelbon einer programmierbaren Kasse

Ein **Bonblock**, auch Captain- oder Parabonblock genannt, wird vor allem in Restaurants verwendet, wo ein Kassierer an einer Kasse die Rechnungen erstellt. Der Bonblock enthält Originalbons mit jeweils zwei Durchschlägen.
Bonieren mit dem Bonblock:

- Eine Durchschrift verbleibt als Gedächtnisstütze in der Station; der Originalbon und der zweite Durchschlag werden an der Kasse abgestempelt.
- Der Originalbon wird an der entsprechenden Ausgabestelle abgegeben.
- Der Durchschlag verbleibt zur Rechnungstellung an der Kasse.

Vorteil: Das Servierpersonal ist von der Rechnungstellung entlastet.
Nachteil: Das Verfahren ist aufwendig.

Der **Begleitbon** (Abrufbon) wird hauptsächlich in Hotels mit Pensionsgästen eingesetzt.
Bonieren mit Begleitbons:

- Um die einzelnen Gänge in der Küche abzurufen werden diese auf dem Bon angekreuzt und mit Tisch- und Zimmernummer des Gastes versehen.
- Stehen in den einzelnen Menügängen mehrere Speisen zur Wahl, muss der Bon entsprechend beschriftet werden.

Vorteil: Das Verfahren ermöglicht eine gute Kontrolle über die ausgegebenen Gänge während der Servicezeit.
Nachteil: Keine Kontrolle, ob die Zahl der in der Küche eingegangenen Bons mit der Anzahl der verpflegten Gäste übereinstimmt.

Der **Kassenbon** kommt bei mechanischen Kassen und bei vollautomatischen, programmierten Kassen zum Einsatz.
Bonieren mit mechanischen Kassen:

- Schlüssel in die Registrierkasse einführen
- Spartennummer und Warenpreis eintippen
- Bonausgabe drücken
- Bon mit Warenmenge, Warenart, Tischnummer und Sonderwünschen von Hand beschriften

Die Beschriftung mit fortlaufender Bonnummer, Personalnummer und Datum erfolgt durch die Kasse.
Vorteil: Die Kasse ist auch manuell ohne Strom bedienbar; die Endabrechnung geht schneller als bei Bonbüchern; der Umsatz der einzelnen Sparten ist jederzeit abrufbar.
Nachteil: Eingabefehler sind möglich; Sparten können verwechselt werden, etwa eine Küchenbestellung wird auf Büfett boniert; die Bonkontrolle ist unerlässlich.

Bonieren mit vollautomatischen, programmierten Kassen:

- Schlüssel oder Karte in die Kasse einführen
- Stations- bzw. Tischnummer eingeben
- Art des Bons (Einzel-, Sammelbon) eingeben
- Menge eingeben
- Code-Nummer des Artikels eingeben oder scannen
- Bonausgabetaste drücken

In die Kasse können alle Speisen, Getränke sowie die Preise einprogrammiert werden. Die einzelnen Artikel sind auf der Speisekarte mit einer Codenummer oder Codierung versehen. Weniger gängige Artikel können wie bei der mechanischen Kasse boniert werden.

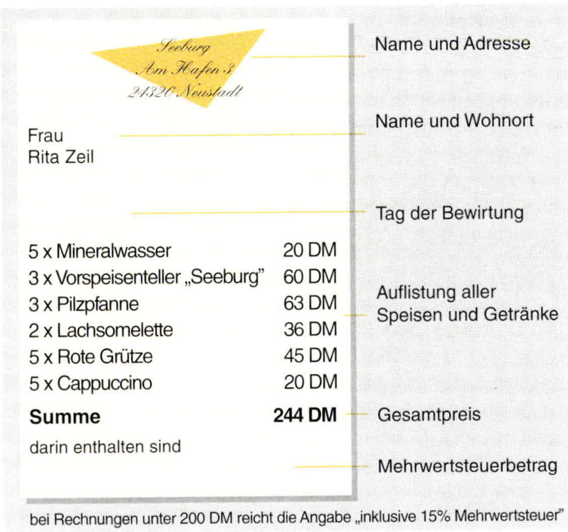

3. **Gastrechnung, den gesetzlichen Bestimmungen entsprechend**

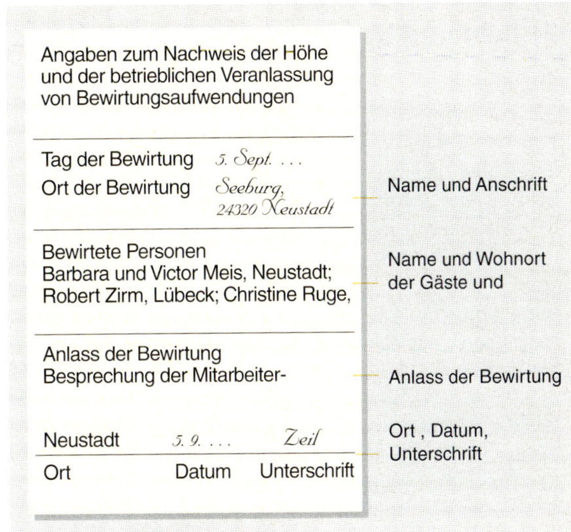

4. **Gastrechnung Rückseite**

Der Bondrucker druckt einen Bon mit allen Angaben aus. Er befindet sich entweder direkt an der Kasse selbst oder an den Produktions- bzw. Ausgabestellen und ist mit der Kasse verbunden. Gleichzeitig kann mit der Anlage die Gastrechnung erstellt werden. Die gespeicherten Daten werden auf das Rechnungsformular gedruckt. Endsumme und Mehrwertsteuer werden automatisch ausgewiesen.
Vorteil: Rechenfehler und Verwechseln der Sparten sind ausgeschlossen. Eine Kontrolle über die Menge der einzelnen ausgegebenen Artikel ist jederzeit möglich. Die Bonkontrolle kann entfallen.
Nachteil: Aushilfspersonal benötigt oft lange Einarbeitungszeit und blockiert die Kasse. Die Anschaffungs- und Wartungskosten sind verhältnismäßig hoch.

Portable Terminals

Neben programmierbaren Kassen und netzgebundenen Terminal-Versionen gibt es auch handliche, drahtlos arbeitende portable Terminals, über die das Servierpersonal direkt am Tisch des Gastes die Gastbestellung numerisch (durch Eingabe von Code-Nummern) aufnimmt. Per Funk wird der Bestellbon an der Ausgabestelle ausgedruckt.
Vorteil: Portable Terminals sind sehr gut einsetzbar im Saal- und Terrassengeschäft, sie sparen Wege.
Nachteil: Nur sehr gut geschultes Personal kann diese Terminals effektiv nutzen.

1. Nennen Sie Gründe, die bei manchen Bonierungsarten eine Bonkontrolle erfordern.
2. Geben Sie an, wann der Einsatz von Begleitbons sinnvoll ist.

9.2 Rechnungstellung an den Gast

Grundlage für die Erstellung der Rechnung sind die Bonierungen.
Die **Rechnungstellung** kann erfolgen
- **mündlich,** z. B., wenn ein Gast ein Bier getrunken hat,
- in **einfacher, handschriftlicher Form** mit Notizblock,
- durch einen **Registrierkassenbeleg,** wenn die Rechnung als Nachweis benötigt wird (Bewirtungskosten/Finanzamt).

Die Rechnung durch einen Registrierkassenbeleg muss folgende Angaben enthalten:
- Name und Anschrift des gastronomischen Betriebes
- Name und Wohnort des Gastgebers
- Tag der Bewirtung
- Verzehrte Speisen, Getränke etc. einzeln aufgeführt und jeweils mit dem Endpreis versehen. Abkürzungen (Spätb.) und Bezeichnungen (Tagesgericht 3) sind erlaubt.
- Summe
- Mehrwertsteuerprozentsatz/Mehrwertsteuerbetrag in DM

Bei Barzahlung erhält der Gast die quittierte Rechnung. Wird die Rechnung erst später bezahlt (Hausgast, Firmen etc.), ist die Rechnung vom Gast zu unterschreiben und für die Tagesabrechnung einzubehalten.
Bei Rechnungen (z. B. für Sonderveranstaltungen), die zu einem späteren Zeitpunkt in Rechnung gestellt und nicht bar bezahlt werden, kann die Rechnung mit Computer oder Schreibmaschine erstellt werden.

Risiken und Kosten der Zahlungsmittel

Risiken

Die Annahme von Zahlungsmitteln ist ein Vorgang, bei dem ein Fehler Verärgerung und Geldverlust für alle Beteiligten bedeuten kann. Mangelnde Aufmerksamkeit beim Servierpersonal und beim Gast können ebenso die Ursache sein wie ungenügende Kenntnisse über betriebsinterne Regelungen und die rechtliche Situation. Daraus können sich beim Kassiervorgang unangenehme Situationen entwickeln.Der Gast wird verärgert, weil das Servierpersonal das Zahlungsmittel auffällig prüft oder nicht annimmt.

Um diese Schwierigkeiten zu lösen muss der Kassierende wissen, welche Zahlungsmittel er annehmen bzw. ablehnen muss und wie er die Echtheit eines Zahlungsmittels sowie den rechtmäßigen Besitz unauffällig überprüfen kann. Nach dem Gesetz muss nur inländische Währung (Bargeld) angenommen werden. Der Betrieb legt fest, welche ausländischen Währungen, Schecks, Euroscheck- und Kreditkarten anzunehmen sind.

Bei Bargeld kann man die Echtheit durch Betrachten und Befühlen (besser durch ein Infratrot-Testgerät) prüfen. Die Prüfmöglichkeiten bei Schecks und Kreditkarten ergeben sich aus dem nebenstehenden Text.
Ein zusätzliches Risiko kann sich für den Betrieb bei der Annahme von instabilen ausländischen Währungen ergeben, wenn diese plötzlichen starken Kursschwankungen unterliegen.

Kosten

Die Kosten für den Verwaltungsaufwand bei der Abrechnung und Umwechslung von Schecks und ausländischem Bargeld können unterschiedlich hoch sein. Gutscheine und Wertbons müssen gekauft, ausgegeben, angenommen und verrechnet werden.

Beim Bezahlen mit Euroscheck- und Kreditkarten entstehen dem Betrieb Kosten für die Handmaschine bzw. das Terminal (Einrichtung zur elektronischen Zahlung). Außerdem wird vom Kartenaussteller der Kreditkarten ein gewisser Prozentsatz des Rechnungsbetrags (Agio) einbehalten, der ca. 2,5 - 4,5 Prozent betragen kann. Diese Kosten müssen bei der Kalkulation der Preise berücksichtigt werden, denn diese Zahlweise ist ein Serviceangebot an den Gast.
Es spricht vieles dafür, dass sich der elektronische Zahlungsverkehr ausweiten wird. Einerseits werden die Mehrkosten für elektronische Zahlungssysteme sinken, andererseits wird ihre Sicherheit verbessert: Die Karten werden mit einem Chip ausgerüstet, der sie fälschungssicher macht; ein Farbfoto des Karteninhabers auf der Karte schränkt den Missbrauch ebenfalls ein.

9.3 Kassieren

Bargeld in inländischer Währung ist das problemloseste Zahlungsmittel. In ausländischer Währung wird nach dem vom Betrieb vorgegebenen Tageskurs abgerechnet.
Gutscheine (Voucher), die auf den Betrieb ausgestellt sind, werden wie Bargeld behandelt. Sie können von Reisebüros, aber auch vom Betrieb selbst ausgestellt sein.
Wertbons können meist nur bis zur Höhe des Rechungsbetrages angenommen werden (keine Wechselgeldrückgabe)

Reisescheck (Travellercheque)
Auf einem Reisescheck ist die Höhe des Betrages in einer bestimmten Währung aufgedruckt. Die Unterschrift auf der Vorderseite des Reiseschecks ist beim Kauf unter Bankaufsicht zu leisten.

- Der Gast muss vor den Augen des Personals den Reisescheck ein zweites Mal unterschreiben.
- Die geleistete Unterschrift muss mit der Erstunterschrift verglichen werden.
- Im Zweifelsfall muss um einen Ausweis gebeten werden.

Scheck (eurocheque)

- Vorderseite des Schecks prüfen. Sie muss enthalten: Rechnungsbetrag in Zahlen und Worten, Ausstellungsort und -datum, Unterschrift des Ausstellers.
- Rückseite prüfen: Die eingetragene Nummer muss mit der Nummer auf der Scheckkarte übereinstimmen.
- Scheckkarte prüfen: Unterschrift sowie Kontonummer auf Scheck und Karte müssen übereinstimmen; das Ausstellungsdatum des Schecks muss innerhalb der Gültigkeitsdauer der Scheckkarte liegen und darf den jeweils gültigen Höchstbetrag nicht übersteigen.

Kreditkarte

- Als Erstes prüfen, ob das Haus mit dem auf der Karte angegebenen Kreditinstitut zusammenarbeitet.
- Gültigkeit der Kreditkarte prüfen, steht sie eventuell auf der Sperrliste (nur bei Handmaschinen nötig).
- Prüfen, ob die codierte Kartennummer mit der eingeprägten Nummer übereinstimmt (dies ist nur auf Terminals mit entsprechender Anzeige möglich).

Handmaschine	Elektronisches Terminal
• Karte einlegen • Beleg einlegen • Beleg durchziehen • Beleg ausfüllen • Beleg unterschreiben lassen • Unterschrift mit Unterschrift auf der Kreditkarte vergleichen • Durchschrift an den Gast • Original zur Abrechnung aufbewahren • Im Zweifelsfall telefonisch Genehmigungsnummer einholen	• Kreditkarte durch das Gerät ziehen • Betrag eingeben • Beleg entnehmen und unterschreiben lassen • Unterschrift mit Unterschrift auf der Kreditkarte vergleichen • Beleg an den Gast • Belegdurchschrift zur Abrechnung aufbewahren

9.4 Abrechnen mit dem Betrieb

Bei Dienstschluss füllt das Servierpersonal ein Abrechnungsformular aus und rechnet mit dem Betrieb ab.

Abrechnen mit Bonbüchern

- Die erste Durchschlagsseite des Bonbuchs wird addiert.
- Diese Summe wird auf die Rückseite des ersten Durchschlagblattes übertragen.
- Die Addition der zweiten Seite wird zu der Summe der ersten Seite hinzugezählt und diese Summe auf die Rückseite des zweiten Durchschlagblattes übertragen usw.

Abrechnen mit Restaurantkassen

Hier entfällt eine Abrechnung durch das Servierpersonal. Wünscht ein Gast zu zahlen, holt das Servierpersonal die ausgestellte Rechnung an der Kasse ab und liefert die Zahlungsmittel unmittelbar nach Erhalt beim Kassierer ab. Dieser trägt jede Rechnung (aufgespartet) in ein Restaurantjournal ein. Die Endabrechnung mit dem Betrieb fällt dem Kassierer zu.

Abrechnen mit mechanischen und vollautomatischen programmierten Kassen

Hier ist die Abrechnung wesentlich vereinfacht. Je nach Ausführung der Geräte werden die Tagesumsätze mit sogenannten X- oder Z-Schlüsseln für das Servierpersonal einzeln abgerufen und ausgedruckt. Der jeweilige Endbetrag sowie eventuelle Stornos erscheinen auf dem Ausdruck. Zum Abschluss wird eine Abrechnung erstellt, die je nach Betriebsart unterschiedlich gestaltet ist.

Abrechnungsvorgang mit dem Betrieb

Der durch Addieren des Bonbuchs ermittelte Endbetrag oder durch Kassenabschlag ausgedruckte Endbetrag ist der Umsatz, den das Servierpersonal bei Dienstschluss an das Hotel zu entrichten hat.
Zahlungsmöglichkeiten an das Hotel sind vom Gast erhaltene Wertbons oder Gutscheine, Bargeld, Schecks, Originale der Abrechnungsformulare von Kreditinstituten, Restanten (offene Rechnungen) von Hotelgästen, die mit der Hotelrechnung bezahlt werden oder von Gästen, denen die Rechnung zugesandt wird.

Ausfüllen des Abrechnungsformulars:

- Kassennummer des Servierpersonals eintragen,
- Name des Servierpersonals,
- Datum,
- Endsumme des Kassenabschlags eintragen,
- Restanten, Kreditkarten, Wertbons, Schecks von der Endsumme abziehen,
- Restbetrag errechnen (er ist in bar zu entrichten),
- Restanten gesondert aufführen.

Es folgt die Unterschrift des Servierpersonals.

Kellner-Abrechnung Name: Knon, Fritz
Kasse (3) Datum: ..-03-14

Restanten	Betrag		
		Kassenabschlag (x-Abschlag)	2.402,23
Münster, Zi. Nr. 241	86,40	·/. Restanten	445,20
Fa. Meyer, Karlsruhe	113,90	Zwischensumme	1.957,15
Frei, Zi. Nr. 408	90,85	·/. Kreditkarten	312,30
Graf, Calw	154,05	Zwischensumme	1.644,85
		·/. Schecks	173,85
		Bargeld	1.471,–
	445,20		

Knon
Unterschrift

1. Abrechnung des Restaurantpersonals

Wissen Sie Bescheid?

1. Zählen Sie auf, welche Angaben ein Bon enthalten muss und welche er zusätzlich enthalten kann.
2. Erklären Sie die Begriffe Wertbon, Begleitbon, Kassenbon.
3. Beschreiben Sie das Bonieren mit Bonbüchern.
4. Nennen Sie zwei Vor- und zwei Nachteile, die beim Einsatz von Bonbüchern entstehen.
5. Aus welchen Gründen ist beim Einsatz von Bonbüchern eine Bonkontrolle unerlässlich?
6. Wie wird eine Bonkontrolle durchgeführt?
7. In welchen Restaurants bietet sich der Einsatz von Bonblocks (Parabonblock) an?
8. Beschreiben Sie das Bonieren
   a) mit mechanischen Kassen,
   b) mit vollautomatischen Kassen.
9. Wie muss eine Rechnung für einen Gast ausgestellt werden, die er als Nachweis von Bewirtungskosten für das Finanzamt benötigt.
10. Beschreiben Sie, wie Sie bei der Annahme folgender Zahlungsmittel zu verfahren haben: Bargeld in deutscher Währung, Gutscheine, Wertbons, Reiseschecks, Euroschecks, Kreditkarten.
11. Zählen Sie Risiken und Kosten auf, die bei folgenden Zahlungsmitteln möglich sind: Bargeld in deutscher und in Fremdwährung, Kreditkarten.
12. Erläutern Sie den Begriff Restanten.
13. Erklären Sie den Abrechnungsvorgang bei Dienstschluss mit dem Betrieb.

Büfett

1. Büfettausgabe im Restaurant

1 Büfetts zur Warenausgabe

Das Büfett ist im Restaurant der Dreh- und Angelpunkt. Im Kleinbetrieb läuft alles über die Ausgabe eines Büfetts, in größeren Betrieben wird die Ausgabe auf mehrere Büfetts verteilt wie Getränke-, Kaffee-, Kuchenbüfett. Je nach Betriebsart wird die Ware an das Servierpersonal oder direkt an den Gast übergeben. Büfettkräfte müssen flexibel für den Einsatz an verschiedenen Ausgabestellen sein. Das tischweise Herrichten aller bestellten Artikel zum gleichen Zeitpunkt ist Voraussetzung für einen reibungslosen Ablauf der Warenausgabe.

Büfettkontrolle

Im Vergleich zur Wareneinsatzkontrolle für Speisen ist die Kontrolle – vor allem am Getränkebüfett – viel einfacher, da es sich um länger haltbare Produkte handelt und ein Schwund durch Verderb kaum eintreten kann. Die Kontrollen können täglich oder wöchentlich, müssen jedoch mindestens einmal monatlich erfolgen. Bei nur monatlichen Kontrollen sind zwischenzeitliche Stichproben bei einzelnen Artikeln zu empfehlen.
Durch Kontrollen soll erreicht werden,

- dass Ware nicht verschenkt, vom Personal verzehrt oder vertauscht wird,
- dass der tägliche Durchschnittsverbrauch besser kontrollierbar wird,
- dass der Sollbestand für die einzelnen Artikel gegenüber dem Verkauf nicht zu hoch ist und dadurch Überbestellungen im Warenlager erfolgen.

Eine monatliche Inventur, in der alles erfasst wird, ist am Büfett unerlässlich und leicht durchzuführen.

Warenanforderung am Büfett

Um eine Warenanforderung am Büfett durchführen zu können muss ein bestimmter Sollbestand für die einzelnen Artikel festgelegt werden.

Beispiel:

Sollbestand	Artikel 9 (Pils)	= 100 Flaschen
Istbestand	Artikel 9	= 40 Flaschen

Um wieder den Sollbestand zu erreichen müssen 60 Flaschen Artikel 9 (Pils) angefordert werden.

Durch die heute fast überall verwendeten elektronischen Registrierkassen im Service besteht die Möglichkeit den Kassenausdruck des Vortages mit dem tatsächlichen Verbrauch und der Warenanforderung zu vergleichen oder als Vorlage für die Warenanforderung zu benutzen.

Warenausgabe am Büfett

- Bei der Ausgabe der Ware ist auf Sauberkeit von Gläsern, Flaschen und Geschirr zu achten.
- Die Artikel müssen tischweise ausgegeben werden.
- Erst nach Erhalt eines Bons darf die Ware angerichtet und ausgegeben werden!
- Es darf nur die Warenmenge ausgegeben werden, die auf dem Bon steht. Die auszugebende Menge ist bei Getränken aus der Getränkekarte zu ersehen.
  - Nicht über den Füllstrich eingießen (Schankverlust),
  - vorgegebene Portionierung, z. B. bei Kuchen beachten.
- Jeder Bon muss sofort nach dem Herrichten der Ware entwertet und aufbewahrt werden.
- Abrisse der Bons (Talons) werden zu den bestellten Waren gelegt.

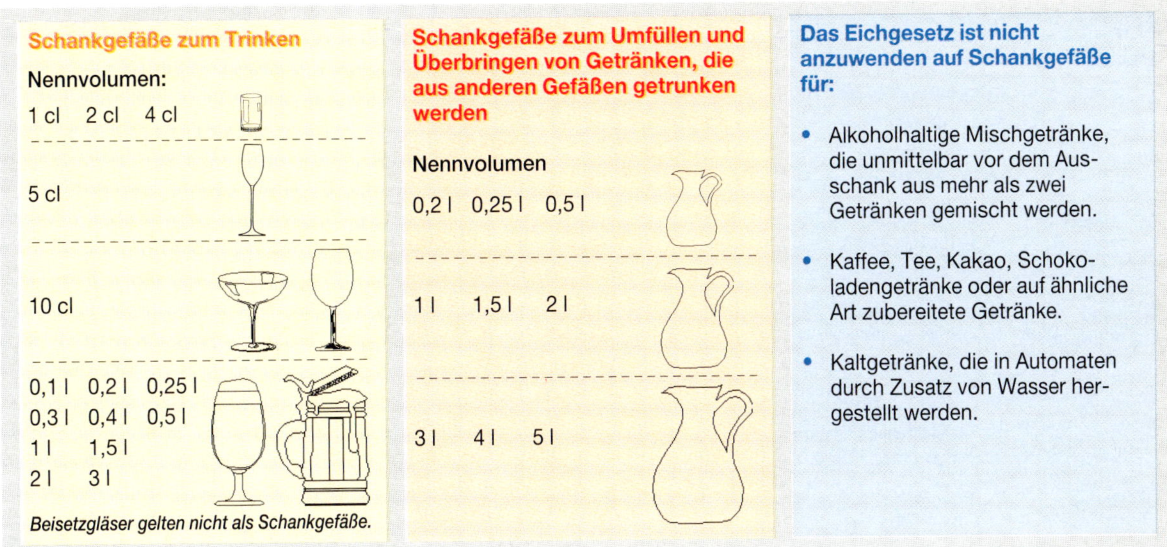

2. Einteilung von Schankgefäßen im Sinne des Eichgesetzes

1.1 Getränkebüfett

Der Standort des Getränkebüfetts sollte so gelegen sein, dass es dem Gast möglich ist das Einschenken und Bereiten der Getränke zu beobachten.

Technische Geräte und Maschinen am Getränkebüfett:
- Zapfanlage für Bier und alkoholfreie Getränke,
- Manometer (nicht absperrbarer Druckmesser, auf dem der höchstzulässige Überdruck rot markiert ist),
- Hebelkorkenzieher für Ausschankflaschen,
- Mixmaschine mit fest montierten Quirlen,
- Schrankspülmaschine für Gläser,
- Eiswürfelbereiter, Frostapparat.

Die Einrichtung des Getränkebüfetts umfasst:
- Kühleinrichtung mit Fächern und Schränken mit verschieden einstellbaren Temperaturen,
- Schauvitrinen, Gläser- und Schauschränke,
- Gläserspülbecken sowie Ausgabestellen.

Eichgesetz (Getränkeausschank)
Um den Verbraucher vor Betrug zu schützen wurde das Eichgesetz erlassen. Die bei dem jeweiligen Getränk auf der Getränkekarte angegebene Maßeinheit ist von der Büfettkraft als Mindestmaß einzuhalten.
Es werden unterschieden
- Schankgefäße, aus denen getrunken wird,
- Schankgefäße zum Umfüllen; sie dienen zum Überbringen von Getränken, die aus anderen Gefäßen getrunken werden.

Die Bereitstellung (Mise en place)
Die Warenanforderung bzw. Warenannahme oder -übergabe ist eine der ersten Tätigkeiten bei Arbeitsbeginn (Warenanforderung Seite 424).
Vor dem Einräumen der neuen Ware sind die dafür vorgesehenen Kühlschränke und Regale in regelmäßigen Abständen zu reinigen und, falls nötig, zu enteisen.

Annahme und Einräumen der Ware:
- Die angelieferte Ware muss mit der Warenanforderung verglichen werden.
- Zu kühlende Getränke müssen in die dafür vorgesehenen Kühlschränke verstaut werden, die angelieferte, noch nicht temperierte Ware nach hinten.
- Von Bier, Limonade usw. bleiben einige Flaschen ungekühlt, da nicht jeder Gast gekühlte Getränke wünscht.
- Das für Extraveranstaltungen angeforderte Material wird separat eingeräumt, damit es bei Gebrauch jederzeit griffbereit ist.
- Das Leergut ist zu sortieren und in die dafür vorgesehenen Container oder Lagerräume zu bringen.

Anrichte- und Hilfsmittel der Bereitstellung:
- Tabletts in verschiedenen Größen,
- Trinkhalme, Cocktailsticks,
- Gläser, Karaffen, Krüge,
- Wein- und Sektkühler,
- Eiswürfel,
- Gläsertücher, Spülmittel,
- Beigaben und Zutaten wie Zitronenscheiben, Kirschen, Oliven und Früchte für Säfte.

Getränke		Serviertemperatur
Wasser und Säfte	• Stille Wasser • Mineralwasser, Fruchtsäfte • Limonaden	Zimmertemperatur 10 °C bis 12 °C
Bier	• Helle Biere • Dunkle Biere	8 °C bis 10 °C 10 °C bis 12 °C
Spirituosen	• z. B. Cognac, Whisky, Calvados, Weinbrand, Rum • Obstbrände und -geiste • Spirituosen auf Basis Ethanol landw. Ursprungs, z. B. Gin, Aquavit, Genever	18 °C bis 20 °C ca. 10 °C eisgekühlt
Wein und Schaumwein/Sekt	• Junger, leichter Weißwein, z. B. Müller Thurgau Kabinett • Reife, kräftige Weißweine, z. B. Ruländer Spätlese • Roséweine, Weißherbst, Rotling • Junge leichte Rotweine, z. B. Portugieser, Trollinger • Reife gehaltvolle Rotweine, z. B. Spätburgunder Spätlese • Gehaltvolle und gerbstoffbetonte Rotweine, z. B. Barrique • Schaumwein/Sekt	8 °C bis 11 °C 11 °C bis 13 °C 9 °C bis 13 °C 14 °C bis 16 °C 17 °C bis 19 °C 6 °C bis 10 °C
Likörweine	• Trockene Likörweine • Süße Likörweine	ca. 10 °C 16 °C bis 20 °C

1. **Serviertemperaturen von Getränken**

Welches Glas für welches Getränk?

(Gläserarten Seite 310 bis 312)

Wein

- Römer: grün Moselweine, braungelb Rheinweine
- Henkelglas (Kandel): Rot- und Weißweine,Schorle
- Trevirisglas (Treviris = römisch Trier): Weißweine

Weitere Gläser tragen den Namen des Weines, der in ihnen serviert wird, z. B. Burgunderglas.

Schaumwein

- Sektflöte, Sektkelch: für Sekt und Champagner
- Spitzkelch (geeicht): oft für einfacheren Schaumwein
- Sektschale (Astischale): für Sektsorten, die eine große Oberflächenentwicklung benötigen wie Asti spumante.

Bier

- Bierbecher, Krug, Stiefel: überwiegend Exportbiere
- Kugel, Tulpe, Bierstange: überwiegend Pils

Weitere Gläser tragen den Namen des Bieres, das in ihnen serviert wird, zum Beispiel Weizen, Alt, Berliner Weiße.

Spirituosen

- Schwenker (Snifter): Weinbrände, Branntweine (Cognac, Armagnac), Calvados
- Stamper mit Stiel: Genever, Wodka, Aquavit
- Stamper ohne Stiel: einfachere Obstwässer und -geiste
- Tumbler mittel: Whisky/-ey, Campari, Pernod

Alkoholfreie Erfrischungsgetränke

- Tumbler groß/mittel oder Limonadengläser

Ausgabe von Getränken in Flaschen oder Karaffen

In vielen Restaurants werden Bier und alkoholfreie Getränke in Flaschen an den Tisch des Gastes gebracht. Bei der Ausgabe von Getränken in Flaschen hat die Büfettkraft auf folgende Punkte zu achten:

- Die Flaschen (einschließlich Flaschenboden) müssen sauber sein.
- Werden die Flaschen schon am Büfett geöffnet, muss bei Verschlüssen mit Kronkorken darauf geachtet werden, dass beim Öffnen keine Glassplitter vom Flaschenmund absplittern (in einem solchen Fall ist die Flasche aufzubewahren und als Bruch gutzuschreiben).
- Beim Ausschank in Karaffen ist auf die vorgegebene Füllmenge zu achten.
- Die jeweils zu dem Getränk passenden Gläser müssen für das Servierpersonal bereitgestellt werden.

Ausschank von Getränken in Gläsern

Der Ausschank in Gläser erfolgt durch das Büfettpersonal durch Einfüllen des bestellten Getränkes aus Flaschen in Gläser oder durch Zapfen aus der Schankanlage.

Automatische Büfettanlage. Bei einer computergesteuerten Schankanlage kann das Servierpersonal nach Identifizierung mittels Schlüssel die Getränke am Büfett selbst einschenken. Die auszugebende Menge ist programmiert. Statt einen Bon abzugeben wird die auszugebende Menge sofort von der computergesteuerten Schankanlage als Umsatz des entsprechenden Servierpersonals registriert.

Vorteil computergesteuerter Schankanlagen: Geringer Schankverlust durch exakte Portionierung.

	Störung			
	Bier läuft nicht	**Bier läuft trübe**	**Bier schäumt zu stark**	**Bier schäumt nicht**
mögliche Ursache	• Bierleitungshahn aufgedreht? • Bierleitung geknickt? • Bierleitung gequetscht? • Bierleitung verstopft? • Kohlensäureleitung aufgedreht? • Kohlensäureflasche leer? • Druck falsch eingestellt? • Leitung undicht? • Sitzen die Dichtungen richtig?	• Bierleitung sauber? • Neue Zinnleitung eingebaut? • Zu starker Kohlensäuredruck? • Druckminderventil in Ordnung? • Bierkühlung in Ordnung? (nicht unter 3 °C) • Zu lange Lagerdauer? (7-14 Tage) • Wie lange im Anstich? (normal 2 Tage) • „Nachtwächter" (nach 2 Gläsern weg)	• Kohlensäuredruck in Ordunung • Bier zu warm gelagert? • Druckminderventil in Ordnung? • Bierleitung gequetscht? • Bierschläuche durchhängend?	• Bier unter 5 °C • Liegt es am Gläserspülmittel? • Liegt es an der Gläserpflege? • Kohlensäuredruck hoch genug?

2. Beseitigung von Zapfstörungen

Bierausschank vom Fass
Damit ein Bier höchsten Ansprüchen von Auge und Gaumen gerecht wird, muss Folgendes beachtet werden:

- Die ersten Gläser Bier, die bei Servicebeginn gezapft werden, sind schal und ohne Kohlensäure, da das Bier nachts in der Leitung stand (sogenannte „Nachtwächter"). Diese Gläser Bier können nicht verkauft werden.
- Vor der Verwendung sind die Biergläser kurz mit kaltem Wasser auszuschwenken oder unter eine Gläserdusche zu halten um sie auf „bierfreundliche" Temperatur abzukühlen (anschließend nicht abtrocknen).
- Bierglas beim Anzapfen schräg halten.
- Bierhahn ganz öffnen.
- Bier an der Glasinnenwand herunterlaufen, nicht in das Glas klatschen lassen; dies führt zu Kohlensäureverlust.
- Glas beim Anzapfen so gut wie möglich füllen; ca. eine Minute stehen lassen.
- Ein- bis zweimal kurz nachzapfen ohne dabei den Hahn einzutauchen; sonst wird Luft in das Bier gedrückt und die Kohlensäure ausgetrieben.
- Nach etwa einer weiteren Minute durch halbes Öffnen des Zapfhahnes eine feste Schaumkrone aufsetzen.

Schankverlust durch Überlaufenlassen der Gläser und Abstreichen des Schaumes ist zu vermeiden.
Die Zapfzeit – auch bei Pils – sollte 2 bis 3 Minuten nicht übersteigen. Bei Kompensationshähnen zum Druckausgleich beträgt die Zapfzeit ca. 20 Sekunden.

(Bierkeller, Bierbestellung, Bierlagerung, Anstich und Reinigung Seite 146, Gläserreinigung Seite 312)

Wissen Sie Bescheid?

1. Nennen Sie verschiedene Arten von Büfetts zur Warenausgabe an Servierpersonal oder Gäste.
2. Erläutern Sie Möglichkeiten der Wareneinsatzkontrolle an Büfetts.
3. Nennen Sie drei Gründe für die regelmäßige Durchführung von Büfettkontrollen.
4. Beschreiben Sie, wie eine Warenanforderung am Getränkebüfett (Soll/Ist-Bestand) durchgeführt wird.
5. Erklären Sie den Vorgang der Warenannahme und das Einräumen der angeforderten Ware am Büfett.
6. Schildern Sie genau den Vorgang einer Warenausgabe am Büfett.
7. Beschreiben Sie, welche technischen Geräte an einem Getränkebüfett vorhanden sein können.
8. Aus welchem Grund muss auf Schankgefäßen zum Trinken oder zum Überbringen das Nennvolumen angegeben sein?
9. Nennen Sie Nennvolumina bei Schankgefäßen zum Trinken für Spirituosen, Likörweine, Weine und Bier.
10. Welche Getränke werden in folgenden Gläsern serviert: Römer grün, Sektschale, Schwenker?
11. Beschreiben Sie das Einschenken eines Glases Bier.
12. Nennen Sie drei mögliche Zapfstörungen und wie sie beseitigt werden können.

Herstellung einfacher Mischgetränke am Getränkebüfett

Cocktails

Kir
1/2 cl Cassislikör
5 cl trockenen Weißwein
1/2 cl = 1 Barlöffel Cassislikör in ein Sektglas oder kleines Weinglas geben, mit gut gekühltem Weißwein aufgießen.

Martinicocktail
4 cl Gin
2 cl Wermut weiß, trocken
1 Olive, Eiswürfel
Eiswürfel in ein Rührglas geben, Gin und Wermut zugießen, kaltrühren, mit Hilfe eines Barsiebes (Strainer) in ein Martiniglas passieren, mit Olive auf Spieß ausgarnieren.

Alexander
2 cl Creme de cacao
2 cl Brandy
2 cl Sahne
Eiswürfel
Eiswürfel in den Shaker (Schüttelbecher) geben, Brandy, Creme de cacao und Sahne dazugeben, kurz shaken, mithilfe des Barsiebes in ein Cocktailglas passieren.

Mischgetränke mit Bier

Radler bzw. Alsterwasser
1/2 Exportbier
1/2 Zitronenlimonade
Becherglas kalt ausspülen, mit Exportbier halb füllen, mit Limonade auffüllen.

Berliner Weiße
0,33 l Fl. Berliner Weiße
2 cl Himbeer- oder Waldmeistersirup
Berliner Weiße-Glas kalt ausspülen, je nach Bestellung Himbeer- oder Waldmeistersirup in das Glas geben, mit Berliner Weiße auffüllen, auf Unterteller stellen, Trinkhalm anlegen.

Herrengedeck
1 Fl. Pils
1 Piccolo
Als Gedeck mit Pilsglas auf Tablett anrichten, wird vom Gast meist selbst gemischt.

Mischgetränke mit Wein

Weinschorle sauer (Gespritzte)
1/2 Rot-/Weißwein
1/2 kohlensäurehaltiges Wasser
Henkelglas 0,2 l/0,25 l zur Hälfte mit Weißwein oder Rotwein füllen, mit kohlensäurehaltigem Wasser auffüllen.

Weinschorle süß
Zubereitung wie Schorle sauer, jedoch mit Zitronenlimonade auffüllen.

Mischgetränk mit Sekt

Kullerpfirsich
1 kleiner Pfirsich
0,2 l Sekt
Pfirsich waschen, mit einer Gabel rundherum einstechen, in ein stabiles, bauchiges Stielglas legen, mit Sekt auffüllen auf Unterteller anrichten, Gabel und Löffel anlegen.

Alkoholfreie Mischgetränke

Russisches Feuer
4 cl Sauerkrautsaft
2 cl Sangrita
1 Scheibe Salzgurke, Eiswürfel
Eiswürfel in den Shaker (Schüttelbecher) geben, Sangrita und Sauerkrautsaft dazugießen, kurz shaken, mithilfe des Barsiebes in Cocktailglas passieren, mit Salzgurke auf Spieß ausgarnieren.

Saftschorle
Herstellung siehe Weinschorle; statt Wein werden klare Säfte verwendet, z. B. Apfelsaft, Traubensaft, Johannisbeersaft.

Eiscreme-Soda
3 cl Himbeersirup
2 cl Sahne
2 Kugeln Vanilleeis
kohlensäurehaltiges Wasser
Himbeersirup, Sahne und Vanilleeis in einen hohen Tumbler geben, mit kohlensäurehaltigem Wasser langsam auffüllen, auf Unterteller anrichten, Trinkhalm und Löffel anlegen.

Grapefruit Highball
2 cl Grenadine
8 cl Grapefruitsaft
Ginger Ale
eventuell Eiswürfel
In hohem Tumbler Grenadine mit gut gekühltem Grapefruitsaft und Ginger Ale auffüllen, eventuell 2 - 3 Eiswürfel zugeben.

Erdbeer-Shake
100 g Erdbeeren
2 TL Puderzucker
1/8 l eiskalte Milch
Gewaschene, geputzte Erdbeeren mit dem Puderzucker (falls vorhanden 1 Kugel Erdbeereis) im Mixer pürieren, eiskalte Milch langsam dazugießen, im hohen Tumbler anrichten.

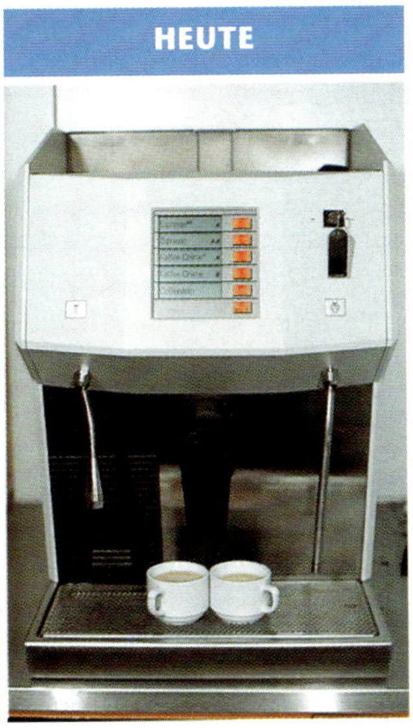

1. Kaffeemaschinen

Nicht immer liegt es am Kaffee, wenn er nicht schmeckt!

- Das Wasser kann zu hart sein.
- Es wurde abgestandenes Wasser aus dem Leitungsnetz verwendet.
- Tee- und Kaffeekannen wurden verwechselt.
- Kannen und Warmhaltebehälter haben innen Haarrisse, in denen sich Rückstände ablagern, die den Geschmack beeinflussen können.
- Die Kaffeemaschine wurde nicht gründlich gereinigt. Fette aus Kaffeerückständen, die ranzig wurden, lösten sich beim Brühvorgang.
- Einfülltrichter, Dosiergerät, Auffangbehälter oder Kaffeemühle sind mit alten, ranzig gewordenen Kaffeefetten behaftet.
- Metallkännchen sind oxidiert.
- Der Kaffee wurde zu lange warmgehalten.
- Die Warmhaltetemperatur (normal 75 °C bis 80 °C) war zu hoch oder der Kaffee hatte Luftkontakt.

1.2 Kaffee- und Teebüfett, Herstellung von Heißgetränken

Wenn es die Größe der Betriebsräume erlaubt, sollte ein separates Büfett für die Herstellung der Heißgetränke eingerichtet werden. Die Hauptaufgabe, die an diesem Büfett zu erfüllen ist, ist die Bereitstellung der Frühstücksgetränke sowie anderer Zutaten zum Frühstück und dem Nachmittagsgeschäft mit Kaffee und Kuchen. Geringerer Personaleinsatz ist bei den Hauptmahlzeiten mittags und abends nötig.
Technische Geräte und Maschinen:

- Maschine zur Herstellung von Kaffee, Tee, Kakao und anderen Aufgussgetränken,
- elektrische Saftpresse, eventuell mit Kühlung und Rührwerk,
- Eierkocher,
- Mikrowellengerät,
- Toaster und Aufbackgeräte,
- Sahnespender,
- Eiswürfelbereiter.

Die Einrichtung umfasst:

- Wärmeschränke für Kannen und Tassen,
- Regale für Geschirr und Gläser,
- Regale für die Bereitstellung der Tabletts für das Etagenfrühstück,
- Kühlschränke für Milch, Jogurt, Sahne, Butter, Konfitüre und Honig,
- Aufbewahrungsmöglichkeiten für Kaffee, Tee, Kakao, Feingebäck und verschiedene Zuckersorten.

Kaffeezubereitung
Die Qualität eines Kaffeegetränkes hängt ab von

- Bohnenqualität, Sortenwahl und Röstgrad,
- Wasserqualität (am besten mittelhart 7 ° bis 12 ° d.H.),
- Pulvermenge, Mahlungsgrad,
- Brühmethode, Brühtemperatur, Brühzeit.

Bei der Kaffeeherstellung unterscheidet man drucklose Brühung und Brühung mit Druckanwendung. Letztere nutzt das Pulver am besten aus. Die ideale Brühtemperatur liegt bei 90 °C bis 95 °C. Höhere Temperaturen fördern die Freisetzung bitterer Gerbstoffe. Unter 90 °C erhält man einen blassen, aromaschwachen Kaffee.

Druckloses Brühen erfolgt mit

- Filterverfahren durch Handaufguss oder in Kaffeemaschinen (Mahlgrad mittelfein).
- Perkolator, in dem durch Hitzeeinfluss das im unteren Behälter befindliche Wasser zum Kaffee nach oben steigt und nach Abstellen der Hitzezufuhr wie beim Filtern als Kaffee wieder abläuft (Mahlgrad mittelgrob).
- Frischbrühautomat, meist bei Selbstbedienung. Tasse für Tasse wird einzeln aufgebrüht.

Druckbrühverfahren erfolgt durch

- Dampfdrucksystem ca. 0,45 bar (Mahlgrad mittelfein).
- Kolben- oder Espressosystem; letzteres mit extra stark geröstetem Kaffeepulver, Mahlgrad sehr fein. Erhitztes Wasser wird unter hohem Druck (8 bis 12 bar) durch das „Kaffeebett" gepresst und sorgt für Schaumbildung (Crema) auf dem Kaffee, Schümlikaffee oder Espresso.

Herstellung von Getränken mit Kaffee

Cappuccino

▷ Tasse zu 3/4 mit starkem Kaffee füllen, mit aufgeschäumter Milch bedecken, mit Kakaopulver bestreuen.

Kaffee Melange

▷ Kaffee und heiße Milch (im Verhältnis 1:1) in einem hitzefesten Melange-Glas mischen, mit Sahnehaube bedecken, Streuzucker dazu reichen.

Eiskaffee

▷ 2 Kugeln Vanilleeis im Eiskaffeeglas anrichten, mit 1/8 l eiskaltem, starkem Kaffee übergießen, mit Schlagsahne ausgarnieren, mit etwas Mokkalikör beträufeln, Garnitur Waffel/Hippe.

Pharisäer

▷ 4 cl erwärmten Rum mit 1 Kaffeelöffel Zucker verrühren, mit starkem Kaffee auffüllen, mit halbfester Schlagsahne bedecken.

Irishcoffee

▷ 4 cl erwärmten Irish Whiskey mit 2 Kaffeelöffeln braunem Zucker im Irishcoffee-Glas verrühren, mit starkem, heißem Kaffee zu 3/4 auffüllen, behutsam mit halbsteifer Schlagsahne bedecken.

Holländischer Kaffee

▷ 3 cl Eierlikör in vorgewärmter Tasse mit starkem, heißem Kaffee verrühren, mit halbsteifer Schlagsahne bedecken, mit Kaffee- und Kakaopulver bestreuen.

Kaffee mit sonstigen Spirituosen

▷ Dazu eignen sich besonders Weinbrand, Cognac, Kirschwasser und Cointreau. Spirituose im Originalglas anrichten, zum angerichteten Kaffee auf das Tablett stellen. Das Mischungsverhältnis bestimmt der Gast selbst.

Mengenverhältnisse bei der Kaffeezubereitung

Die angegebenen Mengen schwanken je nach Art der Brühsysteme.
Bei gewerblichen Kaffeemaschinen in der Gastronomie können die niedrigeren Mengenangaben als Anhaltspunkte genommen werden:

Tasse Kaffee	*125 ml = 1/8 l*	→	*6 g bis 8 g*
Portion Kaffee	*250 ml = 1/4 l*	→	*10 g bis 15 g*
1 l Kaffee	*1000 ml = 1 l*	→	*35 g bis 50 g*
Tasse Mokka	*60 ml*	→	*6 g bis 7 g*
Espresso	*40 ml*	→	*6 g bis 7 g*
Tasse Instantkaffee	*125 ml = 1/8 l*	→	*1,5 g bis 2 g*

(Einkauf, Lagerung. Siehe Getränkekunde Seite 137.)

Anrichten der Kaffeetabletts

Zur Aufgabe der Büfettkraft gehört, nach dem Zubereiten der Kaffeegetränke, das Anrichten auf Tabletts. Lediglich beim Frühstück entfällt diese Arbeit.

Bereitstellung und Anrichteweise

- Kaffeetablett mit Manschette
- Untertasse mit Manschette und Kaffeelöffel
- Warme Kaffeekanne und Tasse
- Zucker, Süßstoff, Kaffeesahne
- Je nach Gepflogenheit des Hauses ein Glas Wasser, da das Wasser die Röststoffverträglichkeit erhöht
- Eventuell Feingebäck

Da das Tablett in einem Winkel von 45° vom Gast aus gesehen, eingesetzt wird, ist darauf zu achten, dass alles für den Gast übersichtlich angeordnet wird (Bild 2).

- Tasse auf Untertasse mit Löffel vorne
- Kaffeekännchen mit Kaffee hinten rechts
- Sahne und Zucker dazwischen

1. **Brühen mit Perkolator**

2. **Vorbereitetes Kaffeegedeck für den Service**

Teezubereitung

Damit das Teearoma voll zur Geltung kommt, sind alle Teegefäße vorzuwärmen. Bei der Bereitung von Einzelportionen bietet sich der Einsatz von Teebeuteln an. Bei losem Tee benötigt man pro Tasse 1 g bis 2 g Tee.

- Teebeutel oder losen Tee (im Teenetz) in ein vorgewärmtes Kännchen geben; bei losem Tee in Gläsern einTee-Ei verwenden;
- mit sprudelnd kochendem Wasser aufgießen;
- auf Tablett mit Untertasse, Tasse, Löffel, Ablageteller, bei losem Tee auch Teesieb, anrichten;
- bei Portionen ein Kännchen heißes Wasser und ein kleines Stövchen zusätzlich anrichten.

Als Beigaben zu Tee eignen sich kalte Milch, frische Sahne, Zitrone (Saft oder Stücke in der Presse), Zucker (auch Kandis oder brauner Zucker).

Ziehzeiten und Wirkung von Tee

- **Schwarzer Tee:** In den ersten 2 Minuten löst sich das anregende Tein (Coffein), ab 3. Minute die beruhigend wirkenden Gerbstoffe. Ab 5 Minuten wird er bitter.
- **Grüner Tee** (bis 6 Minuten): Er ist auch dann noch heller als schwarzer Tee; man trinkt ihn meist ohne jede Zugabe.
- **Teeähnliche Erzeugnisse wie Hagebutte, Malve:** 5 Minuten; manche Teemischungen bis 30 Minuten.

Kakaozubereitung

Bei der Herstellung von Kakaogetränken werden heiße Milch und Kakaopulver oder Milch und kakaohaltige (Instant-) Getränkepulver verwendet:

Tasse	*125 ml = 1/8 l*	→	*6 g bis 10 g*	*Kakaopulver*
Portion	*250 ml = 1/4 l*	→	*10 g bis 16 g*	*Kakaopulver*
Tasse	*125 ml = 1/8 l*	→	*15 g*	*Instantpulver*
Portion	*250 ml = 1/4 l*	→	*30 g*	*Instantpulver*

Herstellung von Kakaogetränk mit Kakaopulver

- 3/4 der Milchmenge zum Kochen bringen,
- Kakaopulver mit der restlichen Milch anrühren und zur kochenden Milch geben,
- durchkochen, anrichten und mit Streuzucker servieren.

Herstellung von Kakaogetränken mit kakaohaltigem (Instant-)Getränkepulver

- Kakao-Instantpulver in kalte Milch einrühren,
- falls das Getränk heiß gewünscht wird, erhitzen,
- anrichten, Zuckerzugabe ist nicht mehr nötig.

Trinkschokolade wird mit Getränkepulver hergestellt, welches mindestens 32 % Kakaoanteile enthält.
Fertiger Kakaotrunk ist ein gezuckertes Milchmischgetränk mit Kakao und kann auf Wunsch erhitzt werden.

Beschreiben Sie die Wirkung von Schwarztee bei Ziehzeiten von zwei, fünf und acht Minuten.

Herstellung von Getränken mit Tee

Eistee

Zutaten für 1 Liter

ca. 16 g Assamtee (8 TL), 500 g Eiswürfel, Saft einer Zitrone, Zucker nach Geschmack, 1/2 l Wasser

▷ Tee mit 1/2 l Wasser aufbrühen, 3 Minuten ziehen lassen, Tee auf die Eiswürfel, den Zucker und den Zitronensaft passieren. Der Kälteschock verhindert, dass sich auf dem Tee in eine Schicht absetzt; er bleibt klar.

Gewürztee

Zutaten für 1 Liter

10 g Assamtee, etwas Muskatblüte, 3 Nelken, eine kleine Zimtstange, 1/2 l Milch, 1/2 l Wasser, Zucker nach Geschmack

▷ Alle Zutaten zusammen kalt aufsetzen, zum Kochen bringen, ca. 10 Minuten köcheln lassen, abseihen.

Ostfriesentee

▷ Tee von Ostfriesenmischung herstellen, etwa 5 Minuten ziehen lassen, in jede Tasse 5 würfelzuckergroße Stücke Kandiszucker (Klüntjes) geben, Tee darübergießen und frische Sahne zugeben, nicht umrühren, es wird schichtweise abgetrunken.
Der Gast gießt auf die nicht aufgelösten Stücke Kandiszucker Tee und Sahne auf („Ostfriesenrecht" = 3 Tassen).

Teepunsch

Zutaten für 1 Liter

10 g Darjeelingtee, Saft von 1 bis 2 Zitronen, 100 g Zucker, 0,2 l Arrak, 3/4 l Wasser

▷ Tee mit 3/4 l Wasser aufbrühen, 3 Minuten ziehen lassen, Arrak mit Zucker erhitzen, Tee auf Arrak und Zucker passieren, Zitronensaft unterrühren.

1. Kuchenbüfett

2. Fachgerechtes Verpacken bei Außer-Haus-Verkauf

1.3 Kuchenbüfett

Das Kuchenbüfett dient mit seinen Schauvitrinen als Blickfang der Verkaufsförderung. Die hier arbeitende Büfettkraft kommt mit vielen Gästen in Kontakt.

Grundvorausetzungen sind:
- Gute Umgangsformen,
- freundliche, sympathische Wesensart,
- adrettes Aussehen,
- saubere, hygienische Arbeitsweise,
- Kenntnis über die angebotene Ware.

Die Sauberhaltung der Kühlvitrinen, der Sahnedosiergeräte, der Geräte und Handwerkszeuge ist erstes Gebot. Besonders wichtig ist das exakte Portionieren und Schneiden der Ware, denn nur glatte, saubere Schnittflächen ergeben ein appetitliches Aussehen. Tortenmesser zum Schneiden sollten in einem Behälter mit fließendem Wasser stehen. Ist dies nicht möglich, sollte mit zwei Wasserbehältern gearbeitet werden, denen 1 % Zitronensäure zugegeben wird (1 Behälter für Krem- und Sahnetorten, 1 Behälter für sonstige Kuchen).

Besonders für Anfänger an diesem Arbeitsplatz ist es wichtig ihre Arbeitsweise und ihre Handgriffe zu kontrollieren, da ihr Arbeitsplatz ständig von Gästen eingesehen und beobachtet wird.
Es ist für den Gast ein unappetitlicher Anblick, wenn
- fast leere Torten- und Kuchenplatten mit Krümeln bestreut in der Vitrine stehen,
- Schneidwerkzeug und Tortenheber verschmiert auf dem Büfett herumliegen,
- trockenes Gebäck mit der Hand statt mit der Gebäckzange angefasst wird,
- unbewusst Sahne- oder Zuckerreste von den Fingern abgeleckt werden.

Fliegen, Mücken oder Wespen müssen durch geeignete Maßnahmen von süßen Speisen ferngehalten werden.

Portionieren von Torten und Kuchen

Bei Torten und Kuchen sind die Portionen meist markiert, z. B. 4er, 6er, 12er, 16er, 18er Portionen.
Vorgehensweise bei Sahne- und Kremtorten:
- Tortenmesser in das Wasser tauchen und abstreifen,
- Messerspitze in der Mitte der Torte ansetzen und fast senkrecht einstechen,
- durch gefühlvolles Hin- und Herbewegen (nicht Quetschen) die Torte bis zum Boden durchschneiden,
- Tortenheber unter das abgeschnittene Stück schieben und dieses aufrecht stehend auf dem Kuchenteller anrichten.

Verkaufsweisen am Kuchenbüfett

- Der Gast sieht sich die Auswahl an, erkundigt sich beim Büfettpersonal manchmal noch nach den Besonderheiten der einzelnen Torten und Kuchen, begibt sich an seinen Tisch und bestellt beim Servierpersonal.
- Der Gast bestellt die Ware bei der Büfettkraft und erhält von ihr eine mit einer Nummer versehene Marke. Der angerichtete Kuchenteller wird von der Büfettkraft mit

Kleines Kuchen- und Torten-ABC

Baumkuchen: Dünner Teig aus Sahne, Butter, Mehl, Eiern und Zucker, hauchdünn lagenweise, nur durch Oberhitze gebräunt, auf sich drehenden Rollen gebacken; meist mit Schokoladen- oder Fondantüberzug (Zuckerglasur).

Berliner Pfannkuchen: Ballförmiges Hefeteiggebäck, in Fett schwimmend gebacken, mit Konfitürenfüllung.

Bienenstich: Hefeteigkuchen mit Zucker und Mandeln glasiert, Sahne- oder Kremfüllung.

Eclair (Liebesknochen): Längliches Gebäck aus Brandmasse, meist glasiert, mit Sahne- oder Kremfüllung.

Englischer oder Königskuchen: Schwere Sandkuchenmasse mit Einlage von kandierten Früchten, leicht mit Rum getränkt, aprikotiert, mit Mandeln und kandierten Kirschen garniert.

Frankfurter Kranz: Rührkuchen in Kranzform gebacken, mit Füllung von Butterkrem und Aprikosenkonfitüre, mit gehackten Haselnüssen bestreut.

Holländer Kirschschnitte: Glasiertes Blätterteiggebäck mit Kirschen und Sahne- oder Kremfüllung.

Linzer Torte: Flacher, würziger (Nelken) Mandelkuchen, mit Johannisbeerkonfitüre bedeckt gebacken.

Petit Fours: Kleine, zarte, gefüllte Gebäckteilchen, meist aus Biskuit, mit Fondantüberzug, bunt verziert.

Prinzregententorte: Biskuitboden, mit Schokoladenbutterkrem gefüllt, Schokoladenüberzug.

Sachertorte: Saftiger Schokoladenkuchen mit Mandeln, glasiert mit Aprikosenkonfitüre, Schokoladenüberzug.

Schwarzwälder Kirschtorte: Mit Kirschwasser getränkter heller und dunkler Biskuitboden, lagenweise mit gelierten Sauerkirschen und mit Kirschwasser abgeschmeckter Schlagsahne eingestrichen, bestreut mit Schokoladenspänen.

Zuger Kirschtorte: Mit Läuterzucker und Kirschwasser getränkter Biskuitboden mit etwas Butterkrem, Deckel und Boden der Kirschtorte bestehen aus einer dünnen Mandelbaisermasse. Puderzucker, Pistazien zum Garnieren.

---

der gleichen Nummer versehen. Das Servierpersonal erhält vom Gast die Marke, boniert und bekommt gegen Abgabe von Marke und Bon am Kuchenbüfett die Ware.

- Am Kuchenbüfett wird der Kuchen portioniert, zum Teil auf Platten, zum Teil schon auf Tellern angerichtet. Die Mengen werden notiert und dem Servierpersonal auf fahrbaren Wagen übergeben.
  Das Servierpersonal fährt von Tisch zu Tisch und verkauft. Danach wird die verkaufte Ware vom Servierpersonal boniert (Anfangsbestand minus Endbestand = Verkauf).
- Fahrbare gekühlte Verkaufswagen werden mit ganzen Kuchen, Besteck, Schneidwerkzeug und Geschirr versehen. Das Servierpersonal portioniert am Tisch des Gastes und rechnet mit Büfett oder Patisserie ab.

Außer-Haus-Verkauf

Im Gegensatz zu Konditoreien ist der Außer-Haus-Verkauf in der Gastronomie meist gering. Manchmal nehmen abreisende Gäste von Tagungen usw. regionale Spezialitäten oder Spezialitäten des Hauses mit. Der abreisende Gast muss (vor allem im Sommer) über die Haltbarkeit der Ware informiert werden.

Zur fachgerechten Verpackung müssen Tortenschachteln, Tragetaschen, Gebäckbeutelchen, festes Papier (welches nicht durchfettet oder durchnässt), Geschenkpapier und Schleifenband bereitstehen.

Wird die Ware nicht auf die Hotelrechnung gesetzt oder vom Servierpersonal boniert und kassiert, muss dies die Büfettkraft tun (Registrierkasse oder Bonbuch).

Wissen Sie Bescheid?

1. Erläutern Sie die Herstellung eines Kir und eines Martini-Cocktails.
2. Nennen Sie zwei bekannte Mischgetränke, zu denen Bier verwendet wird.
3. Beschreiben Sie die Herstellung eines Kullerpfirsichs.
4. Zählen Sie fünf Ursachen auf, an denen es liegen kann, wenn der Kaffee nicht schmeckt.
5. Erläutern Sie verschiedene Kaffee-Brühverfahren.
6. Nennen Sie die benötigten Kaffeemengen für die Herstellung einer Tasse Kaffee, einer Portion Kaffee sowie von 10 Litern Kaffee.
7. Erläutern Sie die Herstellung von Kaffee Melange, Pharisäer, Irish coffee und Eiskaffee.
8. Beschreiben Sie die Anrichtweise von Tee-, Kakao- und Kaffeegetränken auf dem Tablett.
9. Erklären Sie die Herstellung von Teepunsch und Eistee.
10. Geben Sie die benötigte Pulvermenge für eine Portion Kakao an,
    a) wenn Sie Kakaopulver,
    b) wenn Sie Instantpulver verwenden.
11. Nennen Sie fünf Punkte, die beim Arbeiten am Kuchenbüfett von Bedeutung sind.
12. Schildern Sie das Abschneiden einer Portion Sahne- oder Kremtorte.
13. Zählen Sie drei Möglichkeiten des Verkaufs am Kuchenbüfett auf.

Sonderveranstaltungen

1 Sonderveranstaltungen (Bankettgeschäft)

Sonderveranstaltungen werden von den Gästen zu verschiedenen Anlässen gebucht:
- Persönliche Anlässe wie Verlobung, Hochzeit, Taufe, Geburtstag, Kommunion/Konfirmation, Todesfall;
- Treffen von Vereinen, Reisegesellschaften;
- Tagungen, Kongresse und Seminare;
- Firmenfeiern, Ehrungen und Bälle.

Sonderveranstaltungen sind in der Gastronomie ein regelmäßiger, eigenständiger und wichtiger Bestandteil des Umsatzvolumens. Sie sind als „Volumenbringer" eine entscheidende Einflussgröße auf die Gewinnsituation im Verpflegungs- und Beherbergungsbereich vieler Betriebe. Dies ist auf folgende Eigenarten der Sonderveranstaltungen zurückzuführen:
- bessere Planungsmöglichkeiten, da Personenzahl, zeitlicher Ablauf und der Umfang der zu erbringenden Leistung genau bekannt sind;
- bessere Kapazitätsauslastung der Lokalitäten;
- erhöhte Zimmerbelegung durch Übernachtung von Teilnehmern der Sonderveranstaltungen;
- einfachere Dienstplangestaltung und gezielter Einsatz sowie bessere Auslastung des Personals;
- rationellere Arbeitsdurchführung aufgrund der großen Anzahl gleichartiger Speisen und Getränke;
- gut kalkulierbarer Wareneinsatz;
- Garantie für die Nutzung der bereitgestellten Räume im Tagungs-, Bankett- und Restaurantbereich sowie im Beherbergungsbereich.

1.1 Erstellen einer Verkaufsmappe

Die Unterlagen für den Verkauf von Sonderveranstaltungen werden vom Verkäufer in einer Mappe zusammengestellt. Die Unterlagen bestehen einerseits aus dem Angebot des Hauses, das auch dem Veranstalter, da es ihm zugesandt wurde, bekannt ist und andererseits aus internen Unterlagen wie zum Beispiel Gästekartei, Belegungsplan, Kapazitätsgrenzen von Küche und Service usw.

Folgende Unterlagen sollte eine Verkaufsmappe enthalten:
- Checkliste über das Angebot des Hauses
- Hotelorientierungsplan
- Raumbelegungsplan der Restaurations- und Tagungsräume
- Übersicht zum Stellen von Tischen und Tafelformen sowie Bestuhlungsmöglichkeiten in den Veranstaltungsräumen
- Pläne für Tisch- und Tafelformen
- Raumpläne
- Tafelstellplan
- Menü-, Büfett- und sonstige Vorschläge für Speisen
- Getränkevorschläge (inklusive interner Liste über Bestand von Weinen, die bevorzugt anzubieten bzw. nur noch in begrenzter Menge vorhanden sind)
- Veranstaltungsauftrag bzw. -plan (Laufzettel, circular, function sheet, avis)

Zusätzlich benötigt der Verkäufer:
- Visitenkarten, Schreibutensilien,
- Angaben über verfügbare Bettenkapazität am Tag der Veranstaltung,
- Prospekte vom Haus, Mappe mit Fotos von kalten Platten, Büfetts oder eingedeckten Festtafeln,
- Sonderangebote zum Beispiel in Form von Wochenend- oder Tagungspauschalen sowie Tagungspaketen,
- bei Verkaufsgesprächen außer Haus eventuell Wein für eine kleine Weinprobe,
- wenn es sich um Stammgäste handelt: Unterlagen von früheren Veranstaltungen um im Verkaufsgespräch darauf zurückgreifen zu können.

Die Checkliste

In einer Checkliste sind alle Leistungen aufgeführt, die ein Haus anbietet. Jedes Haus muss eine für sich individuell ausgearbeitete Checkliste erstellen.
Im Verkaufsgespräch wird die Checkliste mit dem Veranstalter Punkt für Punkt durchgegangen. Die zu besprechenden Punkte werden angekreuzt und nach ihrer Klärung exakt formuliert auf dem Veranstaltungsauftrag festgehalten.
Der Einsatz einer Checkliste soll dazu beitragen, dass nichts vergessen wird und alle Punkte in einem Verkaufsgespräch angesprochen werden. Dem Veranstalter zugesandte Checklisten und Planungshilfen erleichten diesem die Planung seiner Veranstaltung.

CHECKLISTE für Veranstaltungsbuchungen

Name:

Ort:

Straße:

Telefon:

Telefax:

Gesprächsdatum:

Datum der Veranstaltung:

Gesprächspartner im Hotel:

UNTERBRINGUNG

- Anzahl der Personen
- Arrangement
- Zimmer
- Daten der An- und Abreise
- Namensliste
- Gastgeschenke
- Informationsstand
- Art der Bezahlung
- Anfahrt
- Parkplatz (Garagen)
- Lagerraum

VERANSTALTUNG

- Teilnehmerzahl
- Tagungsprogramm
- Bestuhlungsplan
- Sitzordnung
- Pressetisch
- Namensschilder
- Tischdekoration
- Konferenzgetränke
- Fahne/Tischfähnchen
- Empfangstisch
- Gästebuch
- Informationsmaterial
- Garderobe
- Tabakwaren
- Musik
- Bühne
- Laufsteg
- Polizeistunden-verlängerung
- GEMA-Anmeldung

MAHLZEITEN

- Frühstück
- Mittagessen
- Abendessen
- Imbissauswahl
- Menü/Büfett
- Kaffeepausen
- Cocktail
- Spirituosen
- Kaffee/Tee
- Gebäck

RAHMENPROGRAMM

- Sonderdekorationen
- Proben
- Tombola

PERSONAL (zusätzlich)

- Stenotypist
- Dolmetscher
- Fotograf
- Entertainer
- Handwerker
- Wachpersonal
- Filmvorführer
- Hostessen

TECHNISCHES ZUBEHÖR

○ ohne Berechnung
△ Preis auf Anfrage

- Moderationskoffer △
- Flip-Chart ○
- Pinnwand ○
- Overhead-Projektor 400, 575 W ○
- Diaprojektor ○
- Diaprojektor mit Spezialobjektiv ○
- Infrarot-Fernbedienung ○
- Leinwand 2,5 m x 2,5 m ○
- Zeigestab ○
- Laserpointer △
-
- Kassettendeck △
- Tonbandgerät ○
- Faxgerät △
- Fotokopierer △
- Schreibmaschine ○
-
- Podest ○
- Rednertisch/-pult ○
- Mischpult und Boxen △
- Funkmikrofon mit Mikroport △
- Umhängemikrofon mit Kabel △
- Video Beamer Maschine △
- Video Beamer Maschine Datenprojektor, EGA und VGA △
- VHS-PAL, Videorecorder mit Bildschirm
- VHS-PAL,Secam, NTSC △
- U-Matic-PAL, Secam △
- U-Matic, PAL, High Band △
- U-Matic-Videorecorder (Low Band) △
- Farbmonitor 68, 72 cm △
- Videokamera VHS-Camcorder △
- S-VHS Camcorder △
- Video-Kassette △
-
- Scheinwerfer 500 - 1000 W △
- Strahler △
-
- Simultan-Dolmetscheranlage mit Kopfhörern

1. Checkliste und Planungshilfe

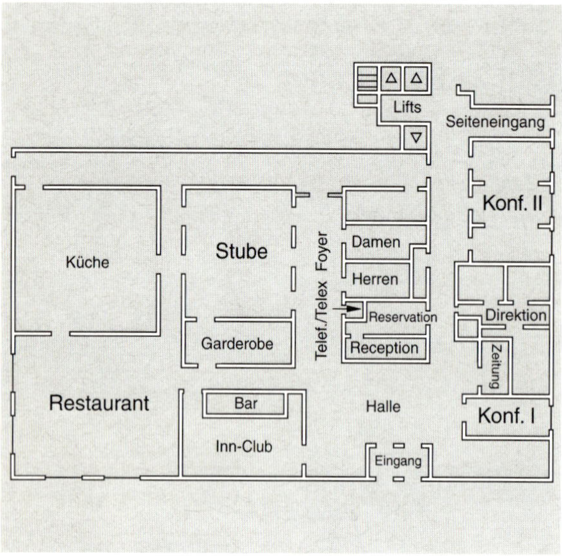

1. **Hotelorientierungsplan**

Datum	Raum			
	Restaurant	Stube	Konferenz 1	Konferenz 2
Mo. 11.07.	12.00 ME Fa.X Station 1 Laufzettel 117-2		10.00 - 18.00 16 Personen Tagung Fa. X Laufzettel 117-1	8.00 - 11.00 40 Personen Vortrag Fa. Y Theaterbestuhl. Miete 200,–
Di. 12.07.	12.30 ME 19.30 AE 130 Personen Fa. Solo Laufzettel 127-2	ganztägig à-la-carte-Gäste		9.00 - 11.00 70 Pers. Fa. Solo Tag. Laufz. 127-1 Begleitpersonen siehe Rahmenprogramm
Mi. 13.07.	12.30 ME. Fa. Y Station 2 à la carte 19.00 60 Person. Hochzeit Fam. K/W Laufzettel 140-1	12.00 ME Fa. ZZ Laufzettel 137-3	9.00 -17.00 16 Personen Tagung Fa. Y Laufzettel 137-1	8.00-16.00 60 Personen Tagung Fa. ZZ Laufzettel 137-2
Do.14.07.		14.00-17.00 ca. 90 Personen Einzeltische 4 Personen Selbstzahler		
Fr. 15.07.		19.00 40 Personen Hochzeit Fam. K. Laufzettel 157-1		
Sa. 16.07.				
So. 17.07.				

2. **Raumbelegungsplan (Veranstaltungsübersicht)**

Hotelorientierungsplan
Der Hotelorientierungsplan dient dazu dem Gast eine Übersicht über die Räumlichkeiten zu geben.

Raumbelegungsplan (Veranstaltungsübersicht)
Aus dem Raumbelegungsplan ist ersichtlich, welche Räume zu welchem Zeitpunkt durch wen belegt sind. Um Doppelbelegungen der einzelnen Räumen zu vermeiden darf nur ein Original dieses Planes existieren (manuell oder im Computer). Vorreservierungen (Optionen) müssen deutlich als solche gekennzeichnet werden.
Der Raumbelegungsplan enthält neben den eingetragenen Reservierungen auch Hinweise darüber, wo sich die Mitarbeiter über die Durchführung der eingetragenen Veranstaltungen genauer informieren können.

Tafelformen und ihre Verwendung
Je nach Veranstaltungsart stehen verschiedene Tafelformen zur Verfügung.

- **Blockform:** Die Tische werden in Zweierreihen aneinander gestellt. Eine Blocktafel sollte für maximal 50 Personen gestellt werden. Die Bestuhlung ist außen. Ehrengäste sitzen an der Kopfseite oder in der Mitte der Längsseite.
  Verwendung: Festlichkeiten, Konferenzen
- **U-Form, O-Form (Tafel):** Die Tische werden in Einerreihe zu einem U oder O gestellt; die Bestuhlung ist außen.
  Verwendung: Tagungen, Konferenzen, Seminare
- **U-Form (Block):** Der Kopf wird in Einerreihe gestellt, die beiden Schenkel als Zweierreihen; die Bestuhlung ist außen sowie an beiden Schenkeln innen; Ehrengäste sitzen an der Kopfseite.
  Verwendung: Festlichkeiten
- **E- und Kammform (Tafel):** Die Tische weden in Einerreihen zu einem E gestellt; bei der Kammform werden noch einige Schenkel hinzugefügt. Die Bestuhlung erfolgt am Kopf außen sowie beidseitig an jedem Schenkel, Ehrengäste sitzen an der Kopfseite.
  Verwendung: Große einfache Veranstaltungen
- **E- und Kammform (Block):** Die Schenkel werden in Zweierreihen gestellt.
  Verwendung: Große festliche Veranstaltungen
- **Aufgelockerte Tafelform:** Runde, eckige oder ovale Tische oder Blöcke werden für jeweils ca. 10 Personen raumfüllend gestellt; die Bestuhlung ist außen. Ehrengäste sitzen nach Möglichkeit an einem Tisch, der sich im Mittelpunkt der anderen Tische befindet.
  Verwendung: Festliche Anlässe jeder Art
- **Einzeltische:** Sie werden im Raum und an den Wänden verteilt und je nach Größe mit ein bis sechs Stühlen versehen.
  Verwendung: A-la-carte-Geschäft, Reisegesellschaften
- **Parlament:** Die Tische werden einzeln in Reihen mit Abstand, eventuell auch im Halbkreis aufgestellt und nur einer Seite mit Stühlen versehen.
  Verwendung: Vorträge, Schulungen

Raum	Länge m	Breite m	Höhe m	Parlament	Block	U-Form	E-Form	Kammform	Karree	8er Tische rund	T-Form	Theater	Einzelt. 4 Pers.	Cocktail	Stehbüfett
Restaurant	15,10	12,50	3,15	140	46	80	112	136	56	96	54	250	130	200	140
Stube	11,40	10,20	3,15	70	30	42	70	–	42	48	40	170	120	160	120
Konferenz I	8,20	3,50	2,55	20	18	18	–	–	–	16	16	30	20	30	20
Konferenz II	10,50	7,20	2,55	50	24	30	40	–	34	32	28	70	60	100	70

3. Übersicht zum Stellen von Tischen und Tafelformen sowie Bestuhlungsmöglichkeiten in den Veranstaltungsräumen

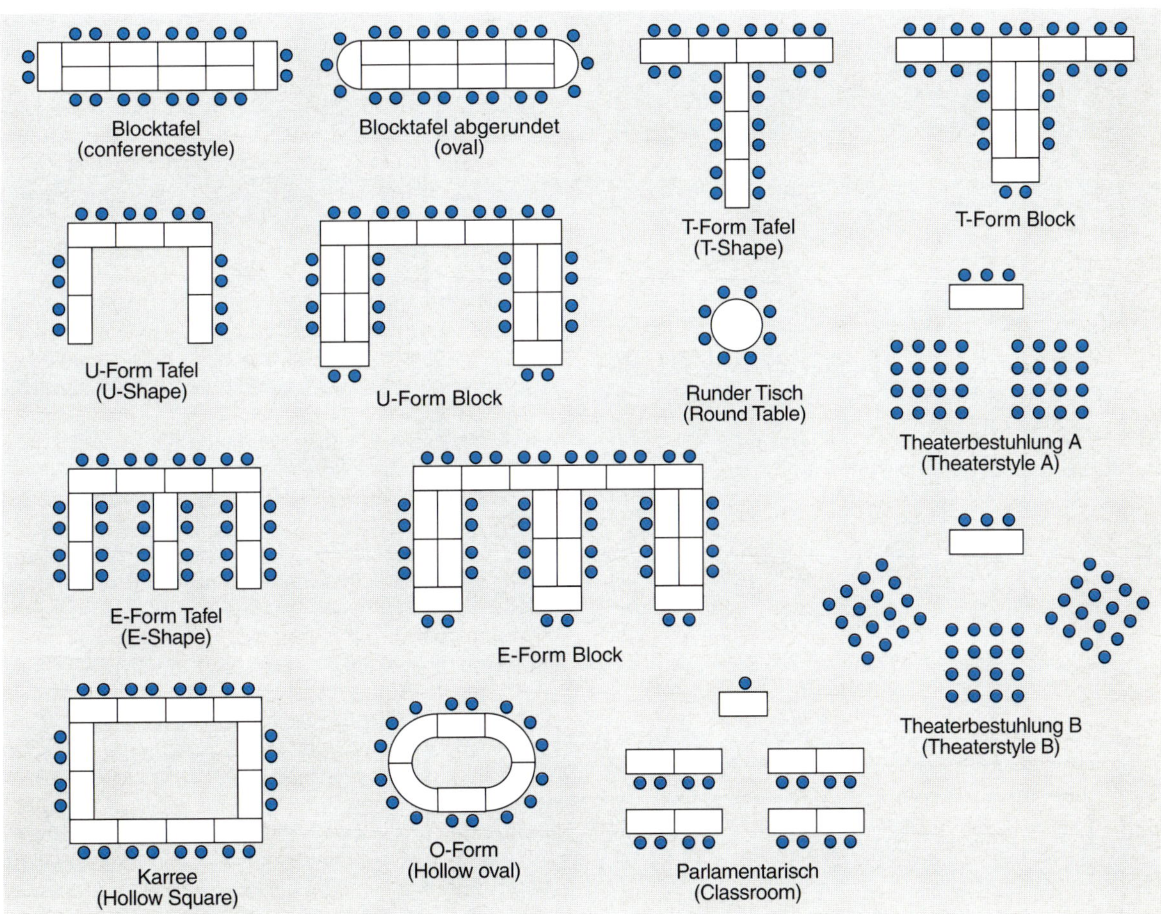

4. Tisch- und Tafelformen

Raumpläne

Anhand der Raumpläne können sich Veranstalter und Verkäufer orientieren, wie bei der Veranstaltung Bestuhlung, Tisch- oder Tafelformen sowie sonstige Aufbauten optimal für den jeweiligen Anlass gestellt werden können.

Bei Konferenzen und Präsentationen ist zu beachten:

- Lichteinfall bei Tageslicht,
- Anschlüsse für technische Einrichtungen,
- Aufbauten wie Stellwände und Tische bei Präsentationen.
- Laufstege bei Modenschauen.

Der Tafelstell- und Tafelorientierungsplan

Für die Stellform eines jeden Raumes bietet es sich an Pläne zu erstellen. Der jeweilige Plan ist auf die maximale Auslastung des entsprechenden Raumes ausgelegt. Wird eine Stellform für weniger Personen als maximal möglich benötigt so wird die Tafel um die entsprechende Länge gekürzt.

Einsatz des Tafelstell- und Tafelorientierungsplanes:

- Der Plan erleichtert das Stellen und Bestuhlen der Tafeln.
- Die einzelnen Service-Stationen können eingezeichnet werden.
- Der Veranstalter kann anhand des Planes die Tischordnung erstellen.

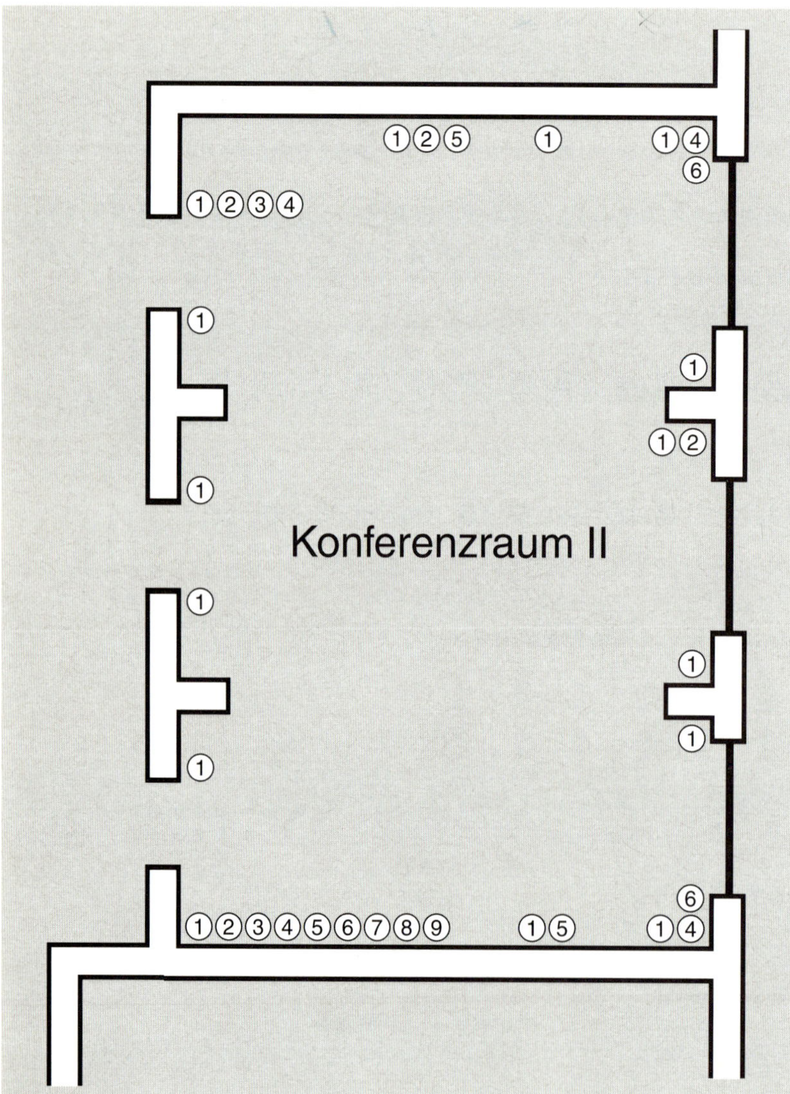

Technische Anschlüsse

① Steckdose 230 V
② Steckdose 400 V
③ Telefonanschluss
④ TV-Lautsprecheranschluss
⑤ Mikrofonanschluss
⑥ TV
⑦ Data-Anschluss
⑧ Kopierapparat
⑨ Telefax

Sämtliche Räume haben Air condition, Tageslicht und schallisolierte Fenster

1. **Raumplan (Räume und Technik)**

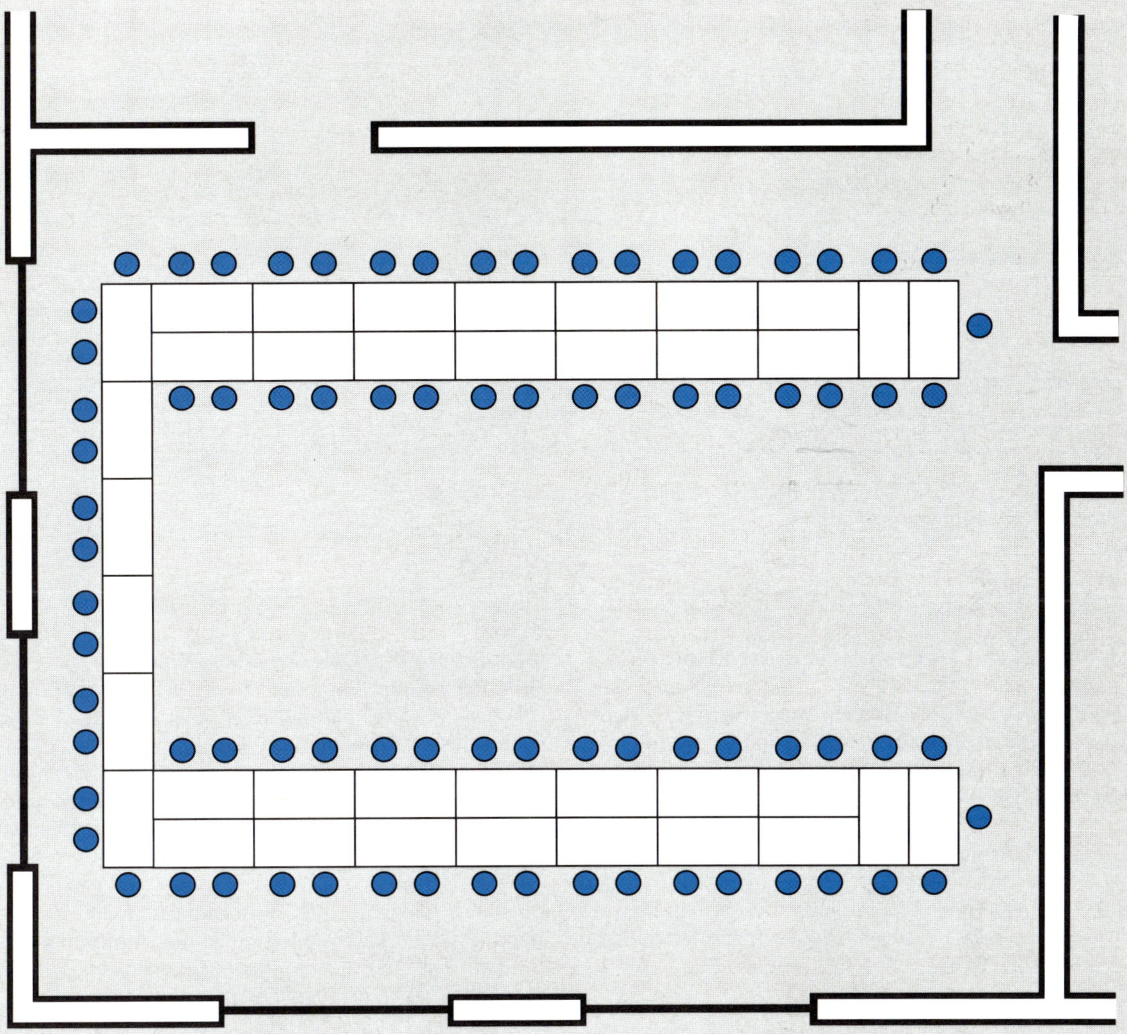

Stellplan
Restaurant U-Tafel (Block) 80 Personen
Raumgröße 1510 cm x 1250 cm
Bankettische 76 x 152 cm, Anzahl 38
Bankettstühle 80

Stirnseite Kopf			12 Stühle
Schenkel außen je	17	≙	34 Stühle
Schenkel innen je	16	≙	32 Stühle
Schenkelenden je	1	≙	2 Stühle (nur bestuhlen bei voller Personenzahl)
Total			80 Stühle

2. Tafelstellplan und Tafelorientierungsplan für Restaurant, U-Tafel bei maximaler Auslastung

<table>
<tr><th>Optimale Durchführung der verkauften Veranstaltung</th><th>Verringerung des Risikos</th><th>Erhaltung des Veranstalters als Gast für die Zukunft</th></tr>
<tr><td colspan="2">• Bei vorläufigen Buchungen sollte ein Termin für die endgültige Zu- oder Absage festgesetzt werden.</td><td rowspan="5">• Auf besondere Wünsche wird, wenn möglich, eingegangen.
• Die Adresse des Veranstalters und sonstige Unterlagen dienen bei Werbemaßnahmen und künftigen Verkaufsgesprächen als Grundlage
• Ein großer Teil von Veranstaltungen wird jährlich wiederholt. Deshalb sind Akten mit Verbesserungsvorschlägen aufzuheben.
• Bei der Preisgestaltung ist nicht allein nach der Wareneinsatzkalkulation, sondern auch nach einer detaillierten Berechnung zu kalkulieren. Dabei ist die optimale Nutzung der Küchenkapazität, von Räumen und Zimmern angemessen zu berücksichtigen.
• Nach jeder Veranstaltung sollte sich der Bankettleiter schriftlich beim Veranstalter bedanken.</td></tr>
<tr><td colspan="2">• Wenn möglich, sollte eine Garantie über die Mindestabnahme (Menüzahl, Getränkeumsatz) vereinbart werden.</td></tr>
<tr><td colspan="2">• Bei mehreren Veranstaltungen am gleichen Tag sollte versuchen werden, das gleiche oder ein ähnliches Menü zu verkaufen.</td></tr>
<tr><td colspan="2">• An Feiertagen (z.B. Weihnachten, Ostern) sollten vorrangig auf die Festmenüs abgestimmte Menüs angeboten werden.</td></tr>
<tr><td>• Alle Verkaufsgespräche werden vom Verkaufsleiter koordiniert und geplant.
• Der Küchenchef wird bei der Menübesprechung hinzugezogen.
• Ein Probeessen wird durchgeführt.
• Sämtliche Veranstaltungen der kommenden Woche werden mit den zuständigen Abteilungsleitern durchgesprochen.
• Alle betroffenen Abteilungen bekommen rechtzeitig und gleichzeitig detaillierte, schriftliche Informationen.</td><td>• Ein schriftlicher Vertrag dient als Grundlage des Geschäftes und wird bei Rechnungserstellung benötigt (besonders bei Großveranstaltungen).
• In Lager und Keller vorrätige Artikel sollten bevorzugt angeboten werden.
• Bei Konferenzen und Tagungen sollten auch Zimmer verkauft werden.</td></tr>
</table>

1. Verkauf von Sonderveranstaltungen

1.2 Absprache von Sonderveranstaltungen

Sonderveranstaltungen werden je nach Art des Betriebes von der Bankettabteilung, dem Geschäftsführer/Inhaber/Besitzer, dem Restaurant- oder Küchenleiter mit dem Veranstalter abgesprochen.

Fallbeispiel: Annahme einer Familienfeier
Das Ehepaar Kuban/Wöhrle möchte am Mittwoch, den 13.07.., ab ca. 19.00 Uhr in einem netten Rahmen mit 60 Personen seine Hochzeit feiern. Durch telefonische Anfrage erkundigt es sich, ob dies möglich ist.

Ablauf des Telefongesprächs
Um zu klären, ob die Veranstaltung angenommen werden kann, werden der Raumbelegungsplan (Seite 354) und der Plan über Tafelformen und Kapazität der Räume (Seite 355) benötigt.
Aus den beiden Plänen ist ersichtlich, dass zu dem gewünschten Termin das Restaurant zur Verfügung steht. An Tafelformen bieten sich die U-Form oder die aufgelockerte Tafelform mit runden Tischen an.
Ist der Gast mit dem Vorschlag einverstanden, ist Folgendes zu notieren und/oder zu vereinbaren:

- Name, Anschrift, Telefon-Nummer des Veranstalters
- Termin zur Absprache der Veranstaltung
- Zusendung von Unterlagen zur Vorabinformation
- Zeitliche Abstimmung der Reservierungsoption und Eintragung der Veranstaltung im Raumbelegungsplan
- Angabe des eigenen Namens und der Telefondurchwahlnummer und Faxnummer für Rückfragen.

Möglicher Ablauf des Verkaufsgesprächs
Der Veranstalter wird mit Handschlag, Tagesgruß und Namen mit Titel begrüßt. Danach nennt der Verkäufer deutlich seinen Namen und seine Position.
Nach einführenden Worten werden dem Veranstalter, wenn möglich, die vorgesehenen Räumlichkeiten gezeigt, damit dieser sich ein besseres Bild über den Rahmen seiner Veranstaltung machen kann.

Das anschließende Verkaufsgespräch sollte in einem störungsfreien Raum mit angenehmer Atmosphäre stattfinden. Die Verkaufsunterlagen (Verkaufsmappe) und Sonstiges haben bereitzuliegen. Dem Veranstalter sind auf Kosten des Hauses Getränke und eventuell ein kleiner Imbiss anzubieten.

Nicht geeignete Räume für Verkaufsgespräche sind:

- Restaurants, in denen eingedeckt oder gesaugt wird,
- Hotelbars, die vom Abend vorher etwas rauchig sind,
- Hotelhallen mit Publikumsverkehr.

Verabschieden und abschließende Arbeiten
Nach Beendigung des Verkaufsgesprächs wird der Veranstalter zum Ausgang begleitet und mit Handschlag verabschiedet. Abschließend wird die Reservierungsoption im Raumbelegungsplan in eine feste Reservierung umgewandelt. Der vom Veranstalter abgezeichnete Veranstaltungsauftrag wird vervielfältigt und an die für den Ablauf verantwortlichen Abteilungen weitergeleitet.

(Ablauf des Verkaufsgespräches Seite 281, 282)

Hotel
Bayerisches Haus

Veranstaltungs- ☒ **Auftrag** ☐ **Anfrage/Angebot** ☐ **Option bis** **5**

Tel: 09876 – 54321 Fax: 09876 – 54123 Lfd. Nr. 140.1

Hinweistafel Empfang: *Restaurant Hochzeit Fam. Kuban/Wöhrle*	Tag und Datum der Veranstaltung: *Mittwoch 13.07.*
Veranstalter: *Fam. Kuban*	Rechnung an: *Herrn Robert Kuban*
Bestellt durch: *Frau Maria Kuban*	*70190 Stuttgart Rudolfstr. 25*
75365 Calw Tel.: *07654/32109*	Raummiete: – –
Otto-Löhner-Str. 17 Fax.: *07654/32101*	angen. am: *04.-15.* durch: *Fü* Tel. ☐ Korr. ☐ Pers. ☒

Uhrzeit:	Personen:	Art der Veranstaltung:	Raum	Tischform	Tischwäsche
19.00	*52 E 8 K*	*Hochzeit*	*Restaurant*	☐	*weiß*

GETRÄNKE: Tagungsgetränke: ja / nein	VERANSTALTUNGSABLAUF / SPEISEFOLGE	
zum Empfang: *- alkoholfrei Florida Lady* *- Sherry fino* *- Hausmarke auf Wunsch mit Cassis/O.-Saft*	✱ Toast ☐ Tischrede Zeit: Beginn: *19.00* Essen: *20.00* Ende: *open end*	
zum Essen:	** 2 Minuten*	Servierart:
Nr. 4 1996 Neuweierer Mauerberg Riesling Kabinett trocken Q.b.A. Baden	*Garnelencocktail mit Toast und Butter*	*amerikanisch*
	Kraftbrühe von Wiesenchampignons	*amerikanisch*
	■ ca. 15 Minunten	
Nr. 28 1996 Sasbacher „Alde Gott" Spätburgunder Weißherbst Q.b.A. Baden	*Kalbsrückensteak in Trüffelbutter mit Safranreis, Mandelbällchen und Sommersalaten in der Knusperschüssel*	*Vorlegeservice (französisch)*
Sekt Hausmarke	*Eisbombe „Loreen" Haselnusseisbombe mit frischen Erdbeeren, Sahne und Feingebäck*	*Service-aufmarsch tranchieren*
nach dem Essen: *abfragen* *Mokka - Kaffee* *Williams - Kirsch - Remy - Calvados*		DM *86.-*

Garderobe ~~pauschal~~: *Haus* selbst: –	Bemerkungen: *Bar > Selbstzahler/ Kinder: alkoholfreie Getränke nach Wahl/1 x Vegetarier(streng)/Geschenktisch: Vasen*
Menükarten: *Druck auf Seide 12.- per Stück*	Hotelzimmer: *8* Einzelzimmer mit Dusche/WC *Bad* vom *13.07.* bis *14.07.* DM *180.-*
Blumen: *1 großes ovales Gesteck am Kopf 80.-* *6 kleinere ovale Gestecke je 3 längs à 65.-* } *weiß grün*	*6* Doppelzimmer mit Dusche/WC – vom *13.07.* bis *14.07.* DM *280.-*
Tabakwaren: *Selbstzahler* Kerzen: *weiß 8x3*	
Overheadprojektor: – Diaprojektor: –	Frühstücksbüfett DM *28.-* pro Person/Tag
Leinwand: – Flipchart: –	Mikro: – Rednerpult: –
Musik: *3 Personen* GEMA *Haus*	Fotograf: *Durch Veranstalter*
Verpflegung Musik: *Menü Hochzeit ohne Vorspeise 23.30 Uhr*	Bestätigung: JA/NEIN
Datum Veranstalter:	Direktion: Unterschrift *[Unterschrift]* Veranstaltungsleiter Unterschrift *[Unterschrift]*

2. **Veranstaltungsauftrag (Laufzettel/circular/function sheet/avis)**

CHECKLISTE für die Bereitstellung bei Sonderveranstaltungen

Datum der Veranstaltung:

Datum/Uhrzeit:

Raum:

- Stühle
- Sessel

TISCHE

mit Tischdeckenunterlagen

- 80 cm x 80 cm
- 152 cm x 76 cm
- 130 cm x 65 cm
- Ø 170 cm

TISCH- UND TAFELTÜCHER

- 130 cm x 130 cm
  Farbe:
- 180 cm x 120 cm
  Farbe:
- 530 cm x 120 cm
  Farbe:
- 290 cm x 210 cm
  Farbe:
- 600 cm x 210 cm
  Farbe:
- Ø 230 cm
  Farbe:
- Tischläufer
  Farbe:
- Deckservietten
  Farbe:

SERVIETTEN

- Mundservietten
  Farbe:
- Handservietten
  Farbe:

SONSTIGES

- Salz
- Pfeffer
- Essig
- Öl
- Senf
- Brotkörbe
- Kerzenhalter, 1er, 2er, 3er
- Kerzen
  Farbe:
- Ascher
- Tabletts
- Weinuntersetzer
- Belegdeckchen/Manschetten
- Tranchierbrett/-besteck
- Réchaudbatterie
- Aperitifwagen
- Vorspeisen-/Kuchenwagen
- Flambierwagen
- (Stand-) Kühler
- Menükarten
- Tischkarten

BESTECK

- Tafelmesser
- Tafelgabeln
- Tafellöffel
- Mittelmesser
- Mittelgabeln
- Mittellöffel
- Fischmesser
- Fischgabeln
- Gourmetlöffel
- Buttermesser
- Kuchengabeln
- Kaffeelöffel
- Mokkalöffel
- Vorleger
- Saucenkellen
- Gemüselöffe
- Spezialbestecke
  Art:
  Art:

GESCHIRR

- Platzteller
- Teller Ø 28 cm
- Teller Ø 26 cm
- Teller Ø 19 cm
- Teller Ø 15 cm
- Suppenteller
- Cocktailschalen
- Suppentassen 0,25 l
- Suppentassen 0,1 l
- Kaffeetassen/-untertassen
- Mokkatassen/-untertassen

GLÄSER

- Weißweingläser
- Roséweingläser
- Rotweingläser
- Rotweingläser, Burgund
- Rotweingläser, Bordeaux
- Sektgläser, Kelch
- Sektgläser, Flöte
- Sektgläser, Champagner
- Sektgläser, Schale
- Likörweingläser
- Wassergläser, Stiel
- Wassergläser, Becher
- Tumbler, klein
- Tumbler, groß
- Snifter

1. Checkliste für die Bereitstellung bei Sonderveranstaltungen

2. Eingedeckte Tafel

1.3 Eindecken von Festtafeln

Tafel stellen. Die Tafel wird durch Tische oder auch im Verbund mit Tisch-Steckplatten in der gewünschten Größe gestellt (Platz pro Gast ca. 65 bis 80 cm). Falls die Tische und Platten nicht mit Tischdeckenunterlagen überzogen sind, kann dies mit speziell für große Tafeln zurechtgeschnittenen Tischdeckenunterlagen erfolgen.

Tischwäsche. Die Tafel wird mit Tafeltüchern versehen (Seite 316).

Stühle. Die Stühle werden angestellt und genau ausgerichtet.

Platz fixieren. Der Platz vor dem Stuhl wird auf dem Tisch durch einen Platzteller oder eine Mundserviette fixiert.

Stühle abdrehen. Die Stühle werden um 90° abgedreht, damit beim Eindecken ungehindert um die Tafel herumgegangen werden kann.

Eindecken von Geschirr, Besteck und Gläsern. Die im Service für die Leitung zuständige Person erstellt ein Mustergedeck. Das Eindecken der Tafel erfolgt nach den auf den Seiten 318 und 319 beschriebenen Arbeitsgängen.

Menagen. Als Menagen werden auf Festtafeln zunächst nur Salzstreuer eingesetzt. Zu den einzelnen Gängen zusätzlich gehörende Menagen werden angeboten, wenn diese Gänge serviert werden.

Aschenbecher. Sie werden nicht eingedeckt. Beginnt ein Gast vor Beendigung des Essens zu rauchen, werden kleine Gedeckaschenbecher eingesetzt und nach Benutzung sofort wieder entfernt.

Menükarten werden aufgelegt, ***Tischkärtchen*** mit Namen an den entsprechenden Platz gestellt.

3. Verlängerung von Tafeln durch Steckplatten

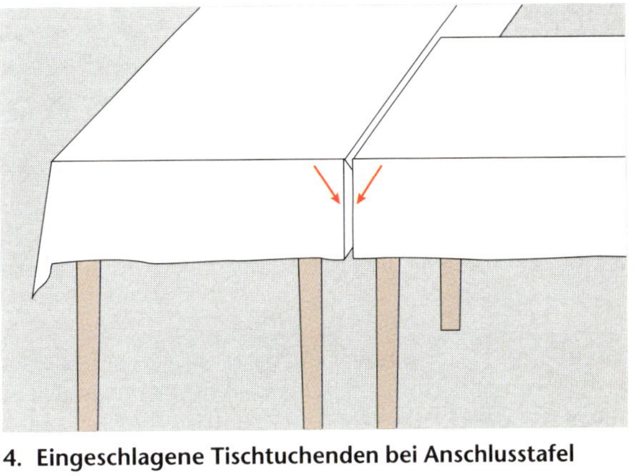

4. Eingeschlagene Tischtuchenden bei Anschlusstafel

1. Festliche Tischdekoration

2. Dekoration für Silvester

1.4 Dekorieren von Festtafeln

Auf das Wohlbefinden der Gäste hat die geschmack- und fantasievoll dekorierte Festtafel einen entscheidenden Einfluss. Durch die Harmonie von Funktion (Porzellan, Gläser, Besteck) und Ästhetik (Blumen, Kerzen, Bänder und andere Dekors) lassen sich Tischinszenierungen schaffen, die für die Gäste ein optisches Erlebnis sind.

Grundregeln

- Die Dekoration muss dem Anlass entsprechen.
- Die Tafel sollte mit Dekoration nicht überladen werden.
- Die Dekoration darf in der Höhe nicht den Blick über die Tafel zu anderen Pesonen hin versperren.
- Bei der Anordnung der Dekoration ist es ratsam von der Mitte der Tafel auszugehen um sie dann nach den Seiten hin auszurichten.

Dekorationsgegenstände

Tischläufer sind vor allem für längliche Festtafeln gut geeignet, deren Tischbreite jedoch mindestens 1,20 m betragen sollte. Sie werden längs, in der Mitte der Tafel, glatt oder leicht gerafft in einer Breite von ca. 30 bis 40 cm aufgelegt. Mit den Läufern wird die Eintönigkeit der Tafeltücher unterbrochen. Auf den Tischläufern wird die Dekoration angeordnet.

Tischbänder (Zierbänder) können glatt, gedreht oder als Schleifen oberhalb oder zwischen den Gedecken aufgelegt sowie an Gestecken, Kerzenhaltern und bis zum Fußboden reichenden Tischdecken befestigt werden.

Kerzen werden in Kandelabern (Ständer für mehrere Kerzen) eingesetzt. Zuvor werden sie kurz angezündet, wobei man sie kopfüber hält. Dadurch vermeidet man Dochttropfer, die sonst an der Kerze entlanglaufen; außerdem lassen sie sich bei Bedarf schneller anzünden. Die Kerzen bekommen einen guten Halt in den Kandelabern, wenn man das Fußende zuvor in heißes Wasser stellt oder sie mittels kleiner Plättchen aus Knetmasse befestigt. Kandelaber und Kerzen sollten so hoch sein, dass sich die Flamme der Kerzen über Augenhöhe befindet.

Spiegel können als Dekoration für sich oder als Unterlage für Gestecke, Kerzen oder sonstige Dekorationsgegenstände verwendet werden.

Tischkärtchen (Platzkärtchen) in originellen Aufmachungen tragen mit zur Dekoration bei, erleichtern es dem Gast seinen Platz zu finden und geben dem Servierpersonal die Möglichkeit den Gast mit seinem Namen anzusprechen.

Figuren, Schalen, Glaskugeln und andere zum Anlass passende Gegenstände werden zwischen Kerzen und Gestecken platziert.

Sonstige Dekorationen, die man je nach Anlass verwendet, setzen der Fantasie keine Grenzen, z. B.

- Laub, Zweige, Gräser, Moos, Wurzeln,
- frische Früchte, Obst, Gemüse, Getreide,
- Fischernetze, präparierte Schalen-/Krustentiere,
- Wimpel, Musikinstrumente, Luftballons usw.

3. **Farblich abgestimmter Blumenschmuck**

4. **Herbstliches Blumengesteck**

Blumen können als Schmuck einen Tisch oder eine Tafel auf ganz unterschiedliche Weise beleben. Blumen sind die traditionellste Art einen Tisch zu dekorieren. Sie können in Vasen, als Gestecke und Girlanden oder auch als einzelne Blüten auf dem Tisch angeordnet werden. Ein elegantes oder auch üppiges Gesteck, farblich passend zur Dekoration, wirkt festlich. Zu einer rustikalen Festtafel eignen sich auch bunte Wiesenblumen in Vasen.
Bei der Wahl der Blumen ist außer auf Farbe und Anlass auch darauf zu achten, dass sie nicht aufdringlich duften und keinen bzw. nur wenig Blütenstaub absondern, da dieser die Tischwäsche verunreinigt oder allergische Reaktionen bei den Gästen verursachen kann.

Behandlung und Pflege von Schnittblumen

- Frisch geschnittene Blumen zunächst bis zu den Blüten in einen Eimer mit kaltem Wasser stellen.
- Blumen (unter Wasser) mit einem scharfen Messer gerade anschneiden; dies dient der besseren Haltbarkeit. Für diese Arbeit keine Schere benutzen, da hierdurch die Leitgefäße der Blumen gequetscht werden und kein Wasser mehr aufnehmen können.
- Zweige schräg anschneiden; die Schrägung ist der Vasenwand anzupassen.
- Blütenstiele dürfen nie gebrochen oder gequetscht werden; Ausnahmen sind holzige Stiele, etwa von Rosen und Flieder, die leicht geklopft werden.
- Blumenstiele dürfen nie angetrocknet in Wasser gestellt werden; sie müssen vorher nochmals angeschnitten werden, da sich das Röhrensystem der Stengel verschlossen hat.

Blumen in Vasen

- Eine passende Vase bereitstellen; das Verhältnis Vase und herausragende Blumen soll ungefähr 1 : 1, höchstens 1 : 2 (Vase – Blumen) betragen.
- Die Befestigungen wie Blumenigel oder -kreuz müssen sich ca. 3 cm unterhalb des inneren Vasenrandes befinden.
- Die Blumen werden angeschnitten; die Blätter so weit von den Stielen entfernt, dass sie nicht mit dem Vasenwasser in Berührung kommen, da sie sonst faulen.
- Die längste Blume oder der längste Zweig werden zuerst in die Vase gestellt.
- Die kürzeren Blumen, Gräser, Rispen, Zweige werden so gesteckt, dass sie scheinbar aus einem Punkt herauswachsen.
- Die niedrigsten Zweige/Blätter sollen eine Verbindung zur Vase schaffen und den Vasenrand umspielen.
- Dem Wasser wird Frischhaltemittel zugegeben.
- Die Blumen müssen nachts kühl und dunkel stehen.
- Das Wasser ist täglich zu erneuern.

Blumengestecke

Blumengestecke sind die festlichste Form der Blumendekoration. Man unterscheidet runde Gestecke für quadratische oder runde Tische, längliche Gesteckformen für rechteckige oder ovale Tafeln.

1. Nennen Sie Grundregeln zum Dekorieren von Festtafeln.
2. Womit würden Sie einen herbstlichen Tisch dekorieren?
3. Wie werden Schnittblumen behandelt und gepflegt?

Mise en place der Arbeitsgeräte: Steckmasse oder Steckigel, Schale, Entdorner, Blumenschere, -messer und -draht

Bereitstellung: flache Schale mit eingepasster Steckmasse
Blumen: Liatris als Richtblume, Gerbera, Nelken, Eukalyptusblätter, Kapgrün

Steckmasse etwa 15 Minuten wässern (kann auch in Folie gewickelt werden), Richtblumen einstecken. Dieses Gesteck soll Dreiecksform erhalten.

Gerbera mit Blumendraht verstärken und auf etwa die Hälfte bis ein Drittel der Höhe aufbauen

Basis des Gestecks mit Nelken und Eukalyptusblättern abdecken.

Gesteck mit Beiwerk auffüllen, in diesem Fall mit Kapgrün

1. Arrangieren eines Blumengesteckes für eine festliche Tafel

2. Anbieten eines Aperitifs

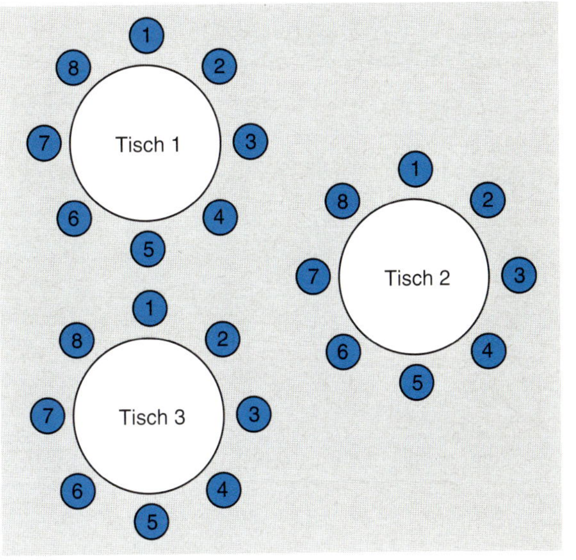

3. Tafelorientierungsplan

1.5 Ablauf der Veranstaltung

Empfang der Gäste. Das zuständige Personal empfängt die Gäste, nimmt ihnen die Garderobe ab und führt sie zu dem für den Empfang vorgesehenen Ort.

Für Geschenke, Post und Blumen muss ein Extratisch bereitstehen. Leere Blumenvasen sowie ein Abfallbehälter für Geschenkpapier müssen bereitgehalten werden. Bei einem Brautstrauß muss immer gefragt werden, ob er in Wasser gestellt werden soll oder ob er zum Trocknen vorgesehen ist.

Anbieten des Aperitifs. Den Aperitif nehmen die Gäste beim Empfang meist im Stehen ein. Trotzdem werden einige Tische und Stühle bereitgestellt. Cocktailbeilagen und Aschenbecher stehen im Raum auf den Tischen verteilt. Aperitifs können auf unterschiedliche Weise serviert werden:

- Eine Auswahl wird in Gläser eingeschenkt und auf Tabletts gesetzt. Das Servierpersonal geht damit zu den einzelnen Gästegruppen und bietet an.
- Ein fahrbarer Servierwagen wird mit Gläsern, Flaschen und Zutaten bestückt; das Servierpersonal arbeitet „im Gespann“: Einer erfragt den Wunsch des Gastes, der andere schenkt ein.
- Die Aperitifs werden an der Hausbar oder an einer kleinen improvisierten Bar ausgeschenkt. Die Getränke werden auf Bestellung zubereitet bzw. eingeschenkt.
- Die Gäste bedienten sich an einer kleinen improvisierten Bar selbst. Dies ist jedoch nur bei einem kleinen Personenkreis möglich.

Tafelorientierungsplan. Dieser wird anhand des Sitzplanes erstellt, der vom Veranstalter vorgegeben ist. Es gibt zwei Möglichkeiten einen Tafelorientierungsplan zu erstellen:

- Die Namen der Gäste werden in den Plan eingetragen.
- Die Sitzplätze werden im Plan mit Nummern versehen. In einer Anlage werden die Gästenamen alphabetisch geordnet eingetragen und mit der entsprechenden Nummer versehen. Bei einer aufgelockerten Tischform wird noch zusätzlich die Tischnummer eingetragen:

Tisch 1:	*Herr Arendt, Karl*	*Platz 3*
	Frau Arendt, Luise	*Platz 4*
Tisch 2:	*Herr Bell, Anton K.*	*Platz 7*
	Frau Bell, Barbara	*Platz 8*

Die Gäste finden dadurch schneller ihren Platz oder können von dem hierfür zuständigen Personal an ihren Platz geführt werden.

Serviceeinteilung. Ein Tafelorientierungsplan mit Einteilung der Stationen für den Service wird im Office ausgehängt. Das Servierpersonal kann sich dadurch mit seiner Station und den Namen der Gäste vertraut machen.

Grundsätzlich gilt Folgendes:

- Servierperson 1 ist die leitende Person der jeweiligen Station und hält während der Ansprachen Wache. Das restliche Servierpersonal verlässt den Raum.
- Servierperson 2 jeder Station ist zuständig für das Anzünden der Kerzen und das Abrufen der Gänge.
- Kollegiale Hilfe untereinander ist selbstverständlich.

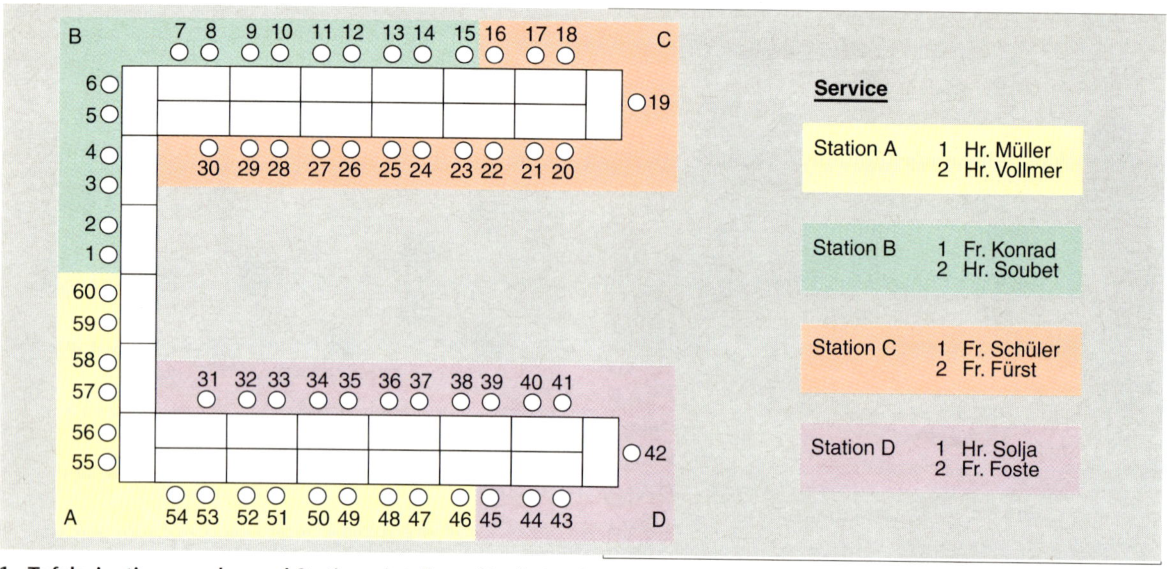

1. Tafelorientierungsplan und Stationseinteilung für die Hochzeit Familie Kuban/Wöhrle (Laufzettel Seite. 359)

	Station A		Station B		Station C		Station D	
	Service 1	Service 2	Service 1	Service 2	Service 1	Service 2	Service 1	Service2
Gäste platzieren zuständig für Getränkenachservice, sonstige Wünsche	60 - 55	54 - 46	1 - 6	7 - 15	16 - 24	25 - 30	31 - 36	37 - 45
Getränke								
Weißwein einschenken, für Kinder alkoholfreie Getränke nach Wahl	60 - 46		1 - 15		16 - 30		31 - 45	
Vorspeise								
Toast anbieten (Nachservice), Butter		60 - 46		1 - 15		16 - 30		31 - 45
Vorspeisen einsetzen	60 - 55	54 - 46	1 - 6	7 - 15	16 - 24	25 - 30	31 - 36	37 - 45
Vorspeisenteller und Besteck abräumen	60 - 55	54 - 46	1 - 6	7 - 15	16 - 24	25 - 30	31 - 36	37 45
Suppe								
Einsetzen der Suppe	60 - 55	54 - 46	1 - 6	7 - 15	16 - 24	25 - 30	31 - 36	37 45
Abräumen der Suppe	60 - 55	54 - 46	1 - 6	7 - 15	16 - 24	25 - 30	31 - 36	37 45
Abräumen der Brotteller und Messer	60 - 55	54 - 46	1 - 6	7 - 15	16 - 24	25 - 30	31 - 36	37 45
Hauptgang								
Rotwein einschenken, nicht benötigte Weißweingläser ausheben	60 - 46		1 - 15		16 - 30		31 - 45	
Salat einsetzen mit Gabel		60 - 46		1 - 15		16 - 30		31 - 45
28er Teller einsetzen	60 - 55	54 - 46	1 - 6	7 - 15	16 - 24	25 - 30	31 - 36	37 - 45
Fleisch vorlegen (kein Nachservice)	60 - 46		1 - 15		16 - 30		31 - 45	
Beilagen vorlegen (Nachservice)		60 - 46		1 - 15		16 - 30		31 - 45
Hauptgang abräumen								
28er Teller mit Besteck abräumen	60 - 55	54 - 46	1 - 6	7 - 15	16 - 24	25 - 30	31 - 36	37 45
Salatteller abräumen	60 - 55	54 - 46	1 - 6	7 - 15	16 - 24	25 - 30	31 - 36	37 45
Platzteller und Menagen ausheben	60 - 46		1 - 15	16 - 30	31 - 45			
Tische säubern		60 - 46		1 - 15		16 - 30		31 - 45
Dessertbesteck herunterziehen	60 - 55	54 - 46	1 - 6	7 - 15	16 - 24	25 - 30	31 - 36	37 - 45
Süßspeise								
Nicht benötigte Gläser ausheben		60 - 46		1 - 15		16 - 30		31 - 45
Sekt einschenken	60 - 46		1 - 15	16 - 30	31 - 45			
Eisbombe präsentieren, tranchieren, anrichten und einsetzen	60 - 46	60 - 46	1 - 15	1 - 15	16 - 30	6 - 30	31 - 45	31 - 45
Dessertteller abräumen	60 - 55	54 - 46	1 - 6	7 - 15	16 - 24	25 - 30	31 - 36	37 - 45
Heißgetränke und Digestif								
Im Gespann vom Wagen aus anbieten	60 - 46	60 - 46	1 - 15	1 - 15	16 - 30	16 - 30	31 - 45	31 - 45

2. Serviceablauf Hochzeit Familie Kuban/Wöhrle

Serviceablauf
Der Serviceablauf richtet sich nach der gestellten Form der Tische oder Tafeln und den Plätzen, an denen die Ehrengäste sitzen.
Gleichzeitige Arbeitsabläufe in allen Stationen zeichnen einen erstklassig organisierten Bankettservice aus. Das erfahrenste Servierpersonal wird für die wichtigsten Stationen eingeteilt. Um einen schnellen, reibungslosen Serviceablauf zu gewährleisten sollte eine Servicekraft bei Speisen (je nach Servierart) nicht mehr als 6 bis 10 Gäste, im Getränkeservice während der Menüfolge nicht mehr als 12 bis 15 Gäste zu betreuen haben.

Der Beginn des jeweiligen Serviceablaufes wird durch ein diskretes Zeichen einer leitenden Person angezeigt. Die Ehrengäste werden zuerst bedient. In den anderen Stationen kann nach jedem Gang ein Wechsel des Beginns erfolgen, damit der Eindruck einer Benachteiligung vermieden wird. Serviert wird nach den Servierregeln von Seite 320, 321.

Gründe für die Nichteinhaltung von Servierregeln können sein:
- **Aufgelockerte Tischform:** Ist ein gleichzeitiger Servicebeginn an allen Tischen aus personellen Gründen nicht möglich, wird tischweise serviert, wobei mit dem Tisch der Ehrengäste begonnen wird.
- **U-Form/E-Form/Kamm-Form:** Da die Ehrengäste bei diesen Tafelformen meist am Kopf sitzen, wird mit dem Servieren auch am Kopf oben in der Mitte begonnen und von dort aus nach beiden Außenseiten serviert. Infolgedessen muss teilweise während des Servierens von einem Gast zum anderen auch rückwärts gegangen werden.

Abschlussarbeiten
Getränke. Alle ausgeschenkten Flaschen sollten in der Nähe des Veranstaltungsraumes gesammelt werden, damit die verantwortliche Person im Service oder der Besteller einen Überblick über den Konsum erhält.
Blumen. Da die Blumen vom Veranstalter bezahlt werden, muss dieser gefragt werden, was mit ihnen geschehen soll.
Kuchen und sonstiges. In vielen Gegenden werden bei familiären Veranstaltungen Kuchen und Torten angeliefert und die nicht verzehrten Stücke den Teilnehmern nach Hause mitgegeben. Verpackungsmaterial ist bereitzustellen. Mit dem Veranstalter ist abzusprechen, ob er selber oder das Haus die Verteilung übernimmt.
Rechnung. Die Rechnung wird nach Möglichkeit am Abend der Veranstaltung erstellt, damit der Gastgeber oder Besteller gegenzeichnen kann (Seite 339).
Aufräumen. Sobald die letzten Gäste gegangen sind, muss der Veranstaltungsraum aufgeräumt und gelüftet werden.

Geschäftsbedingungen für Veranstaltungen (Auszug)

Kann eine Veranstaltung nicht durchgeführt werden ohne dass das Hotel dies zu verantworten hat, so behält sich das Hotel den Anspruch auf Zahlung der Miete und einer Entschädigung vor.

Zeitraum Abbestellung-Veranstaltung	Anspruch des Hotels
22 und mehr Tage	Berechnung der Miete* entfällt, vorausgesetzt, das Hotel kann anderweitig vermieten.
21 bis 15 Tage	Berechnung der Miete
14 bis 8 Tage	Berechnung der Miete zuzüglich Ersatz von 33% des entgangenen Umsatzes (Speisen); falls dieser noch nicht konkret festliegt, gilt Mindest-Menüpreis-Bankett x Personenzahl.
1 bis 0 Tage	Berechnung der Miete zuzüglich Ersatz von 66 % des entgangenen Umsatzes (Speisen); falls dieser noch nicht konkret festliegt, gilt Mindest-Menüpreis-Bankett x Personenzahl.

** Die Höhe der Miete ergibt sich aus der Auftragsbestätigung*

Wissen Sie Bescheid?

1. Aus welchen Gründen sind Sonderveranstaltungen für die Gastronomie meist gewinnbringender als der normale Restaurationsbetrieb?
2. Nennen Sie sämtliche Unterlagen, die ein Verkäufer von Sonderveranstaltungen bereithalten muss.
3. Erklären Sie den Aufbau und Einsatz der einzelnen Verkaufsunterlagen.
4. Schildern Sie den Verlauf eines Verkaufsgespräches von der telefonischen Anfrage über die Absprache bis zu den abschließenden Arbeiten.
5. Beschreiben Sie das Eindecken einer Festtafel.
6. Nennen Sie Gegenstände, die zum Dekorieren einer Festtafel verwendet werden können.
7. Erklären Sie, worauf beim Arrangieren eines Blumengesteckes besonders zu achten ist.
8. Schildern Sie den Ablauf eines festlichen Banketts vom Empfang bis zu den Abschlussarbeiten.

Empfang

1. Rezeption

1 Der Hotelempfang

Die Hotelzufahrt mit dem Hoteleingang und der Hotelhalle demonstrieren in ihrer Aufmachung den Stil und die Art des Hotels. Die Hotelhalle, in der die Rezeption und die Portiersloge untergebracht sind, ist die zentrale Anlaufstelle eines Hotels, die ein Hotelgast bei seiner Ankunft, während seines Aufenthaltes und bei seiner Abreise häufig aufsucht.
Die Aufteilung der Arbeitsbereiche hängt von Größe, Typ und Standard des Hotels ab und wird im Organigramm wiedergegeben. In einem Kleinbetrieb muss diese Aufgabe oft von einer Person bewältigt werden; in einem Großbetrieb geschieht dies durch Arbeitsteilung (Bild 2). Die Empfangsabteilung wird von dem/der Empfangschef/-in oder -direktor/-in geleitet.

Die Rezeption (Reception)
Die Aufgabe der Rezeptionsangestellten ist das Vergeben der Gästezimmer und Zimmerausweise. Von den Angestellten in diesem Bereich, die für die Reservierung zuständig sind, wird diese bearbeitet, bestätigt und in die jeweiligen Reservierungssysteme eingetragen.
Die **Journalführung** eröffnet für jeden ankommenden Gast ein Konto, zeichnet die täglich kreditierten Leistungen sowie Gegenleistungen auf und erstellt die Endabrechnung bei der Abreise. Sie führt separate Konten für Reisebüros, Firmen usw. Durch den täglichen Abschluss der Aufzeichnungen ermittelt sie die Ergebnisse für die Haupt- und Finanzbuchhaltung und die Statistik.
Die **Kassenführung** tätigt das Inkasso der Gästerechnungen. Rechnungen für Reisebüros usw. werden von ihr vorbereitet und an die Rechnungsabteilung weitergegeben. Sie ist zuständig für den Tausch von Devisen sowie für Safe- und Gästedepots. Außerdem ist sie zuständig für die Wechselgeldbeschaffung der Kassen sämtlicher Abteilungen des Hotels.
Der **Telefondienst** ist für die Betreuung der Fernsprechzentrale und für die Bedienung der Telefaxgeräte zuständig. Darüber hinaus wird von ihm die im Haus installierte Ruf-, Such- und Meldeanlage bedient.

Die Portiersloge (Concierge)
Die Portiersloge existiert nur in großen Hotels. In kleineren Hotels werden die Aufgaben dieser Abteilung von der Rezeption wahrgenommen. Die Portiersloge befindet sich stets in der Nähe der Rezeption. Aus der Sicht des Gastes ist sie die wichtigste Anlaufstelle in der Empfangshalle. Die wesentlichen Aufgaben dieser Stelle ergeben sich aus der Stellenbeschreibung (Seite 369).
Der Portalportier versieht seine Arbeit vor der Halle. Seine Arbeitskleidung ist die typische Uniform. Zu seinen Aufgaben zählt das Regeln der An- und Abfahrt der Gästefahrzeuge; er ist beim Ein- und Aussteigen behilflich. Er sorgt für Ordnung vor dem Hoteleingang, weist die Fahrzeuge in Parkplätze ein, besorgt Taxen und gibt Auskunft und Orientierungshinweise.
Der Hoteldiener ist zuständig für den Transport des Gepäcks von der Halle in die Zimmer und zurück. Zusätzlich versieht er seine Arbeit auch noch als „Mann für alle Fälle" (kleinere Reparaturen usw).
Der Page wird für Leistungen wie Botengänge und sonstige kleine Handreichungen eingesetzt, die dem Gast das Leben im Hotel angenehm machen.

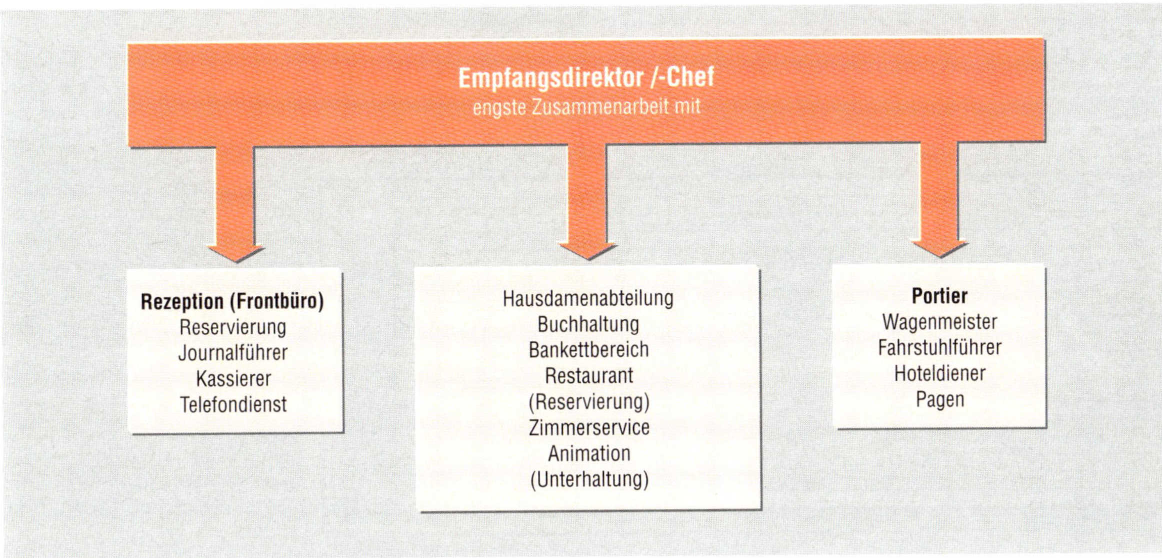

2. Organigramm der Arbeitsbereiche am Hotelempfang

1.1 Stellenbeschreibungen

Stellenbeschreibung des Empfangsdirektors/-chefs

- Abteilung: Beherbergungsbereich.
- Stellenanforderung: Kaufmännische und organisatorische Fähigkeiten, Menschenkenntnis sowie Persönlichkeitsmerkmale, die die Erfüllung von Repräsentationspflichten gewährleisten.
- Geschlecht: Weiblich, männlich.
- Qualifikation: Ausbildung im Gastgewerbe und Fachhochschule oder Hotelfachschule.
- Praktische Erfahrungen: Mehrjährige Tätigkeit als Empfangsassistent.
- Sprachkenntnisse: Deutsch, Englisch und Französisch in Wort und Schrift; weitere Sprachkenntnisse sind erwünscht.
- Unterstellt: Je nach Betriebsart dem Generaldirektor, dem Geschäftsführer, dem Betriebsinhaber.
- Überstellt: Dem gesamten Empfangspersonal, Portier, Rezeption (Frontbüro).
- Einzelaufgaben und Verantwortung:
  - Reservierung, Zimmerdisposition und Vermietung,
  - Korrespondenz, Telefonabteilung,
  - Betriebsbuchhaltung in der Empfangsabteilung,
  - Personaleinsatz und -überwachung, Budgeterstellung (Kostenplanung),
  - Gastkontakt, Verkauf, Information, Beschwerdenbearbeitung,
  - Ausbildung des unterstellten Personals.
- Arbeitsbedingungen: Bereitschaft unregelmäßige Arbeitszeiten auf sich zu nehmen.

Stellenbeschreibung des Portiers (Concierge)

- Abteilung: Beherbergungsbereich.
- Stellenanforderung: Gute Menschenkenntnis, diplomatisches Geschick, Souveränität in jeder Lage.
- Geschlecht: Weiblich, männlich.
- Praktische Erfahrungen: Der Portier sollte in seiner Berufspraxis alle Stationen der ihm unterstellten Stellen durchlaufen haben sowie die Arbeiten des Frontbüros, die Fakturierung und die Journalführung beherrschen.
- Sprachkenntnisse: Deutsch, Englisch, Französisch; sonstige Sprachkenntnisse sind erwünscht.
- Unterstellt: Empfangschef.
- Überstellt: Wagenmeister, Pagen, Hoteldiener, Fahrstuhlführer.
- Einzelaufgaben und Verantwortung:
  - Überwachung und Kontrolle des Halleneinganges und der Halle,
  - Versorgung der Fahrzeuge und des Gepäcks,
  - Aushändigen bzw. Empfangen von Zimmerschlüsseln,
  - Empfang der eingehenden Post (Separieren von Gäste- und Hotelpost), Bearbeitung eingehender Fernschreiben und Telegramme, Entgegennahme von Einschreibebriefen, Paketen, Wertsendungen usw.,
  - Frankieren und Versenden abgehender Post,
  - Führen der Weckliste sowie Überwachung des termingerechten Weckens,
  - Auskünfte über Reiseverbindungen,
  - Reservieren von Karten für Veranstaltungen,
  - Ansprechbereitschaft hinsichtlich Gästewünschen.
- Arbeitsbedingungen: Bereitschaft zu Schichtdienst.

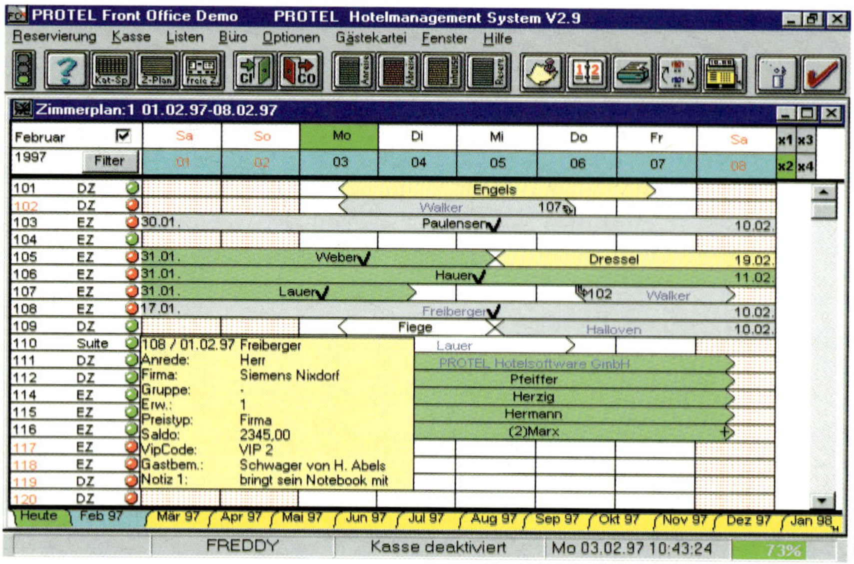

1. **Reservierung mit EDV**

Stammdaten

Unter Stammdaten versteht man Daten, die sich in der Regel nicht oder nur selten ändern und auf die, wenn sie einmal angelegt sind, während des Geschäftsablaufes ständig zurückgegriffen wird. Zu ihnen zählen am Empfang unter anderem:

- Zimmer/Zimmerkategorien, Zimmerpreise
- Namen und Adressen
- Preise für alle Leistungen, die das Haus bietet, z. B. ÜF, HP, VP

Bewegungsdaten

Diese Daten unterliegen einem ständigen Wechsel wie z. B. Zimmerreservierungen, Rechnungsbeträge usw.

1.2 Reservierungssysteme und Reservierungspläne am Empfang

Elektronische Datenverarbeitung (EDV)

Die elektronische Datenverarbeitung verdrängt am Empfang die anderen Reservierungssysteme immer mehr. Anstelle der Racks, Vordrucke und Bücher verfügt die EDV über Programme, die die gleichen Aufgaben schneller und übersichtlicher erfüllen. Im Bereich Reservierung übernehmen Programme folgende Funktionen:

- Anzeige des Zimmerbestandes
  - Eine Kontrolle der Verfügbarkeit sowie Alternativen werden dabei aufgezeigt.
- Bearbeitung der Reservierung
  - Der Zimmervorschlag erscheint automatisch.
  - Ein Austausch von Informationen mit der Gästekartei ist möglich.
  - Die Reservierung wird bearbeitet und bestätigt.

Je nach Art des Systems kann eine Reservierung direkt von einer Reservierungsstelle, an die es angeschlossen ist (Reisebüro, Hotelgruppe, Reservierungszentrale), per EDV gebucht werden. Wenn die Reservierungsstelle lediglich die freien Zimmerkontingente abrufen kann, wird die Reservierung per Telefax oder Telefon durchgegeben. Bei vorhandenen Reservierungsmöglichkeiten durch Online-Systeme können (auch vom Gast selbst, ohne Einschaltung von Reisemittlern) mit einem Online-Reservierungsformular Reisedaten, Reservierungswünsche sowie Adresse und eventuell Kreditkarten-Nummer eingegeben bzw. empfangen und die Reservierungen bestätigt werden.

Hoteldispograph

Der Hoteldispograph ist besonders für Hotels geeignet, die einen längeren Gästeaufenthalt verzeichnen und bei denen die Reservierungen Wochen bis Monate im Voraus erfolgen.

Die Zimmereinteilung auf dem Dispographen verläuft senkrecht, die Monats- und Datumseinteilung waagerecht. Die eingesetzten Terminstreifen, Namenskarten und verschiedenfarbigen Signalkärtchen (z. B. für Pensionsgäste, Reisegruppen usw.) gewährleisten einen schnellen Überblick über die Zimmerbelegungen des ganzen Jahres, lassen schlechte Belegungszeiten leicht erkennen und schließen Doppelbelegungen aus.

Reservierungsplan für kleine Betriebe

Für die einzelnen Monate werden manuell Vermietungspläne angelegt, die in ihrem Aufbau dem obigen PC-Bild gleichen.

Da häufig Änderungen eintreten, erfolgen die Eintragungen mit Bleistift. Überschneidungen und Doppelbelegungen sind bei diesem System kaum möglich. Ein einfaches System ist wichtig, da gerade in kleineren Häusern der Empfang nicht ständig besetzt ist und jeweils von dem gerade anwesenden Personal „nebenbei" mit übernommen wird.

1. Beschreiben Sie das Reservierungssystem Ihres Hauses.
2. Begründen Sie, weshalb Hotels je nach Zimmeranzahl unterschiedliche Reservierungssystem einsetzen.
3. Welche Vorteile haben sowohl Gäste als auch Hotels durch Zimmerbuchungen über Online-Systeme?

Leistungsprofil der EDV am Empfang

STAMMDATEN

- Zimmernummern
- Zimmerkategorien
- Zimmerpreise
  - Kategoriepreise
  - Saisonabstufungen
  - Spezialpreise
- Kategoriestamm
- Reservierungsarten
- Arrangements
- Währungen
- Zahlungsarten
- Mehrwertsteuersätze
- Nationalitätenschlüssel

RESERVIERUNG

- Eingabe der Reservierung
- Reservierung auf Zeit im Voraus
- Erfassung Gruppenreservierung
- Überbuchungsmöglichkeit
- Reservierungsänderungen

  Bildschirmanzeige
  - Zimmerverfügbarkeit
  - Forecasts (Vorschau)

  Formularausdruck
  - Reservierungsbestätigung
  - Arbeitslisten/Ankunfts-, No-show-Liste

CHECK-IN

- mit vorheriger Reservierung
- ohne vorherige Reservierung
- Gruppen-Check-In
- Zimmerzuweisung
- Belegungsvorschläge
- Kontingentverwaltung
- Anlegen des Gastkontos
- Erfassen der Belastungen

  Bildschirmanzeige
  - Zimmerverfügbarkeit
  - Zimmerstatus
  - Forecasts

GÄSTEVERWALTUNG

- Buchung der Fixleistungen
- Buchung der Extraleistungen
- Verbuchen An-/Teilzahlungen
- Verbuchen Telefon
- Kontrolle eines Kreditlimits
- Stornierungsmöglichkeiten

  Bildschirmanzeige
  - Statusberichte
  - Forecasts

  Ausdruck
  - Gastkontenauszug
  - Zwischenrechnungen
  - Arbeitslisten

CHECK-OUT

- Verrechnung von Nachlässen
- Korrekturmöglichkeiten
- Rechungsarten
  - Einzel-, Sammelrechnungen
  - Gruppenrechnungen
- Rechnungssplittung
  - Einzelrechnung
  - Sammelrechnung
  - Gruppenrechnung
  - Direktrechnung ohne Logis
- Währungsumrechnung
- Transfer nicht bezahlter Rechnungen in Debitorenverwaltung
- Löschung der Gastkonten

  Bildschirmanzeige
  - Forecasts

  Ausdruck
  - Rechnungen
  - diverse Arbeitslisten

GÄSTEDATEI

- Privatgäste
- Firmengäste
- Reisebürogäste
- Aktualisierung
- automatische Übernahme der Gastdaten aus Reservierungs-/Check-In-Vorgängen
- Gästeinformationen
  - Umsätze
  - Übernachtungen
  - Kennzeichen

STATISTIKEN/BERICHTE

- Kassenbericht
- Umsatzberichte
  - Zimmerumsatzbericht
  - Spartenbericht
  - Mehrwertsteuerbericht
  - Tagesbericht
  - Monatsumsatzbericht
  - offene Posten je Zimmer
  - Zimmerbelegungsstatistik
- Nationalitätenstatistik
- Gästeanalysen
- Debitorenbericht
- Verkaufsstatistiken

REISEBÜRO-/REISEVERANSTALTER-ABRECHNNUNG

KREDITKARTEN-ABRECHNUNG

TAGESABSCHLUSS

TEXTVERARBEITUNG

- Mailing mit Kundenselektion
- Selektionsmöglichkeiten
- Druck Meldescheine
- Druck Adressaufkleber

Zimmer Nr. 5017

Zimmerpreis **mit Frühstück**	in der Zeit vom 1.05. bis 30.09.	vom 1.10. bis 30.04.
Bei Verwendung als	DM	DM
Einbettzimmer	180,–	160,–
Zweibettzimmer	240,–	210,–
Preisaufschlag für Vollpension pro Person	64,–	64,–
Für Halbpension pro Person	32,–	32,–

Pensionspreis ab 1 Tagen Telefon-Einheiten DM 0,40
Garage DM 6,– Telex-Minuten DM

Inklusivpreise
einschließlich Frühstück (23,– DM), Service und Mehrwertsteuer.
Für Geld, Wert- und Schmucksachen, die nicht im Depot des Hotels abgegeben sind, wird keine Haftung übernommen.
Es wird gebeten, die Abreise bis 10 Uhr anzukündigen und das Zimmer bis 11 Uhr freizugeben, andernfalls wird eine weitere Nacht berechnet.

Die Hotelleitung

1. **Preisliste über Leistungen eines Hotels**

		national	International			national	international
A	=	**Anton**	Amsterdam	O	=	**Otto**	Oslo
Ä	=	**Ärger**		Ö	=	**Ökonom**	
B	=	**Berta**	Baltimore	P	=	**Paula**	Paris
C	=	**Cäsar**	Casablanca	Q	=	**Quelle**	Québec
CH	=	**Charlotte**		R	=	**Richard**	Roma
D	=	**Dora**	Danemark	S	=	**Samuel**	Santiago
E	=	**Emil**	Edison	SCH	=	**Schule**	
F	=	**Friedrich**	Florida	T	=	**Theodor**	Tripoli
G	=	**Gustav**	Gallipoli	U	=	**Ulrich**	Upsala
H	=	**Heinrich**	Havana	Ü	=	**Übermut**	
I	=	**Ida**	Italia	V	=	**Viktor**	Valencia
J	=	**Julius**	Jérusalem	W	=	**Wilhelm**	Washington
K	=	**Kaufmann**	Kilogramme	X	=	**Xanthippe**	Xanthippe
L	=	**Ludwig**	Liverpool	Y	=	**Ypsilon**	Yokohama
M	=	**Martha**	Madagaskar	Z	=	**Zacharias**	Zürich
N	=	**Nordpol**	New York				

2. **Buchstabiertafel national und international**

1.3 Formulare, Arbeitsunterlagen, Hilfsmittel und technische Einrichtungen am Empfang

Gesetzlich vorgeschriebene Formulare

- Preislisten über alle im Hotelbereich angebotenen Leistungen müssen laut Preisauszeichnungsverordnung ausliegen (z. B. über Zimmer, Telefon, Pension, Sauna).
- Meldescheine

Wichtige Arbeitsunterlagen

- Reservierungsliste, -übersicht und -blocks
- Zimmerverteilungsplan
- Zimmerausweise oder Hotelpässe
- Zimmerwechselbelege
- Wecklisten, Depotbelege, Schließfachausweis
- Gästekartei
- Rechnungsformulare, Quittungsblocks
- Message-Blocks (Benachrichtigungsvordrucke)
- Formulare für die einzelnen Reservierungssysteme
- Slips oder Clips für Gepäckkennzeichnung

Wichtige Hilfsmittel

- Kalender, Veranstaltungskalender und Prospekte
- Postleitzahlenverzeichnis
- Fernsprech-, Telefax- und Branchenverzeichnisse
- Devisenkurstabelle, Buchstabiertafel
- Stadtpläne mit Verkehrsverbindungen
- Kursbücher, Flugpläne
- Notrufnummernliste, Wochenendnotdienste Ärzte
- Liste nahe gelegener Einkaufsmöglichkeiten
- Liste der Ausgehmöglichkeiten

Technische Einrichtungen

Schlüssel- und Postverteilung. Eine übersichtliche Aufbewahrung von Schlüsseln und Post ist durch Racks (Regale) gewährleistet. Die Ausgabe erfolgt an nicht persönlich bekannte Gäste nach Nennung der Zimmernummer und Name oder Vorlage des Hotelpasses.

EDV-Anlage. Leistungen dieser am Empfang installierten Anlage Seite 371.

Kassen. Kassen für das Verbuchen der für die Gäste erbrachten Leistungen sowie mit der Hauptkasse verbundene Terminals für die Abrechnung.

Safes. Bereitstellung von Safes/Schließfächern, die das Hotel den Gästen zur Verfügung stellt.

Anrufbeantworter, der Anfragen von Gästen aufzeichnet, wenn der Empfang nicht besetzt ist; zum Beispiel in Kleinbetrieben, nachts oder an Ruhetagen.

Telefon und Telefax sind die von Gästen zur Zeit am häufigsten genutzten Geräte bei Buchungen.

Dienst-Integrierendes digitales Telekommunikationsnetz (**I**ntegrated **S**ervices **D**igital **N**etwork), das in Kombination mit anderen Geräten viele Leistungen erbringt, zum Beispiel:

- Telefon mit Mehrfachrufnummer,
- Rufnummererkennung um in der Rufphase gespeicherte Informationen über den Gast abrufen zu können,
- Konferenzschaltung - auch mit Bildtelefon,
- Anrufweiterschaltung zu Mobiltelefonen,
- in Verbindung mit PC bzw. NC geeignet zur Übermittlung von Daten oder Fax,
- Inanspruchnahme von Online-Diensten.

Reservierung durch:	Telefon	Telefax	Brief	Telegramm	Computer-Reservierungs-system	persönlich (mündlich)
1. Schritt	Vorreservierung (Option)					
2. Schritt	Eintragung in das jeweilige Reservierungssystem					
3. Schritt	Eintragung der Zimmerreservierung (vierfach möglich)					
4. Schritt	Ablage nach Anreisedatum	Ablage nach Namen	Ablage nach Reservierungstag (Eingangstag)	Bestätigung an an den Gast (wenn nötig)		
5. Schritt	Vor dem Anreisetag des Gastes wird die Anreiseliste erstellt und die Gästekartei ausgefüllt bzw. bereitgelegt (Korrespondenz als Anlage) um bei Ankunft des Gastes die Abstimmung reibungslos vornehmen zu können.					

3. Reservierungsvorgang

1.4 Möglichkeiten der Zimmerreservierung

Zimmerreservierungen werden in der Regel von der Rezeption oder dem Reservierungsbüro angenommen. Die Buchung der Zimmer kann erfolgen
- durch den Gast (oder eine Firma),
- über Reisemittler,
- über eine eigene Reservierungsgesellschaft.

Telefonische Reservierung
Die telefonische Reservierung erfordert einen klaren Überblick über das gesamte Reservierungssystem. Die Zuhilfenahme der Gästekartei ist hier besonders wichtig. Dies gilt vor allem dann, wenn ein Stammgast ein bestimmtes Zimmer wünscht, dieses jedoch schon vergeben ist. In solchen Fällen müssen während des Telefonats alle Möglichkeiten bedacht werden um den Wunsch dennoch erfüllen zu können. Das sofortige Ausfüllen des Reservierungsformulars während des Gesprächs ist von größter Wichtigkeit. Da bei Telefonaten Namen und Adresse oft schwer verstanden werden, jedoch nur exakte Eintragungen einen reibungslosen Ablauf gewährleisten, können die Angaben mithilfe der Buchstabiertafel der Deutschen Post AG buchstabiert werden. Eine schriftliche Bestätigung erfolgt bei telefonischer Reservierung auf Wunsch, in manchen Hotels jedoch prinzipiell.

Reservierung per Telefax (Fernkopierer)
Buchungen per Telefax sind von der Bearbeitung her wie schriftliche Reservierungswünsche zu behandeln und können per Telefax bestätigt werden.

Schriftliche Reservierung (Brief)
Die Reservierung per Brief ist von der Bearbeitung her die angenehmste Form der Reservierung, da ausreichend Zeit vorhanden ist diese zu bearbeiten. Sie hat jedoch den Nachteil, dass keine kurzfristige Kommunikation stattfinden kann, wie es bei anderen Reservierungsformen möglich ist. Gäste, die ihr Zimmer schriftlich reservieren, sind meistens Privatpersonen und haben sich ihre Wünsche gründlich überlegt. Wenn diese nicht erfüllt werden, ziehen sie oft ihre Reservierung zurück.
Bei der Bearbeitung und Beantwortung muss auf alle Punkte des Schreibens eingegangen und diese schriftlich bestätigt werden.

Telegrafische Reservierung (Telegramm)
Eine telegrafische Bestellung erfolgt in der Regel sehr kurzfristig und kann aus diesem Grund meist nicht bestätigt werden.

EDV-gestützte Reservierung (zum Beispiel Online)
Bei Online-Reservierungen muss bei der Zimmervergabe auf die angegebenen Wünsche der Gäste eingegangen und diese bestätigt werden. Werden durch Reisemittler Kontingente ohne Sonderwünsche abgerufen, haben bei dieser Art der Reservierung die Mitarbeiter am Empfang die Aufgabe die Zimmerverteilung vorzunehmen.

Mündliche Reservierung
Bestellt ein Gast, der gerade im Hotel weilt, mündlich ein Zimmer im Voraus, ist es ratsam ihm eine schriftliche Bestätigung auszuhändigen oder zuzuschicken.

Karteikarte	bestellt								storniert		
	Datum	durch	Vor- und Zuname des Gastes/ Telefon	bestellte Zimmer	reservierte Zimmer	Preis-angabe	Zeit der Ankunft	Zeit der Abreise	Datum	durch	Bemerkungen Sonderwünsche
18	2.8...	R. Franz	Regine Franz 0721/818105	1 Dopp. Z.	25	120,-	11.8... 11.00	26.8...			Theater-reservierung 12.8... 2 Personen
2	2.8...	Fa. Höpt	Arno Heil 0221/510687	1 Einz. Z.	18	94,-	18.8...	2.9...	2.8...	Familie Höpt	
14	2.8...	L. Müller	Ludwig Müller 0651/82533	1 Dopp. Z. 1 Einz. Z.	27/21	120,- 94,-	18.8...	2.9...			
37	2.8...	Fa. Kunze	Max Bauke 07231/32259	1 Einz. Z.	19	60,-	20.8... nach 22.00	23.8...			

1. Formular für Reservierungsannahme

2 Reservierungsannahme, Belegungsvorschau, Ankunftsliste

Zimmerarten (auszugsweise)

Das Angebot an Zimmern besteht aus den unterschiedlichsten Arten bzw. Typen. Sie unterscheiden sich in Lage und Ausstattung: Balkon, Meerblick, Park, Straßenseite, Ost, West, Süd, Bad, Dusche, WC, Telefon, Fernsehgerät, Bürogeräte

Einzelzimmer (Einbettzimmer): Wohn- und Schlafbereich sind nicht voneinander getrennt.

Doppelzimmer: Wohn- und Schlafbereich sind nicht voneinander getrennt – mit Doppelbetten oder großem französischem Bett (grand lit).

Zweibettzimmer: Zwei Betten, die voneinander getrennt aufgestellt werden können .

Mehrbettzimmer: Wie Doppelzimmer, jedoch noch mit Zusatzbetten.

Studio: Es ist ein Zimmer mit eingebauten Betten und eingebauten Schränken im Vorraum. Die Umwandlung des Schlafbereiches in einen Wohnbereich ist möglich.

Suite: Sie besteht stets aus mehreren zusammenhängenden Räumen und ist in Funktionsbereiche Schlafen, Wohnen, Umkleide, Sanitär und je nach Größe auch in Ess- und Arbeitsbereich aufgeteilt.

Hilfsmittel für die Annahme einer Reservierung

- vorhandene Reservierungssysteme
- Reservierungsliste
- Reservierungsbuch
- Logisbuch
- alphabetisches Verzeichnis der angemeldeten Gäste
- Gästekartei
- Vorordner mit Tages- und Monatseinteilung
- Formblätter für die Annahme der Reservierung oder der eventuell späteren Zimmerwechsel
- VIP-Laufzettel bzw. VIP-Liste

Erforderliche Angaben bei der Annahme einer Zimmerreservierung

- Name des Gastes
- Name und Adresse des Bestellers, Telefonnummer
- Ankunfts- und Abreisetag
- Ist eine garantierte Buchung erwünscht, wird das Zimmer auch über die dead-line hinaus (international 18.00 Uhr) freigehalten
- Gewünschte Zimmerart
- Art der Verpflegung (Frühstück, Halbpension, Vollpension) sowie Sonderwünsche
- Zahlungsweise, Selbstzahler oder auf Rechnung einer Firma

Ungenaue Aufnahme einer Reservierung verhindert die weitere exakte Bearbeitung und kann am Ankunftstag der Gäste zu unangenehmen Situationen führen.

BELEGUNGSVORSCHAU vom: 11.07. bis: 17.07.							
	Mo.	Di.	Mi.	Do.	Fr.	Sa.	So.
Personenzahl	160	180	100	154	96	34	42
Zimmeranzahl	92	110	90	77	60	23	20
Mittagessen	140	70	81	96	60	10	16
Abendessen	124	87	70	130	56	10	8
Gruppe	2	–	1 –	2	1	–	–
Verteiler: Direktion – Küche – Verkauf – Hausdame – Restaurant – Empfang							

2. Belegungsvorschau

BELEG ÜBER STORNIERUNG

Datum: 17.07. Bearbeiter: Fürst

Art der Stornierung: Fax

Betrag: 198,–

Begründung: Keine

zust. Abteilungsleiter Direktion

3. Stornierungsbeleg

Bearbeitung und Bestätigung der Reservierung

Nach dem Eintrag in das jeweilige Reservierungssystem muss die Reservierung vom Empfangsbüro schriftlich bestätigt werden.

Belegungsvorschau erstellen

Da der Arbeitsaufwand und die Aufgabenstellung der Mitarbeiter direkt von den Gästezahlen abhängt, ist ein ständiger Überblick über die zu erwartende Gästezahl der folgenden Woche erforderlich.
Anhand dieser Belegungsvorschau können die einzelnen Abteilungen disponieren.

- Etage: Dienstpläne, Reinigungspläne, Wäschebedarf, Durchführung notwendiger Reparaturen/Malerarbeiten.
- Küche/Einkauf: Dienstpläne, Wareneinkauf, Produktionsgestaltung.
- Restaurant/Büfett/Bar: Dienstpläne, Warenbereitstellung.

Ankunftsliste erstellen

Für jeden Tag ist eine Ankunftsliste über die zu erwartenden Gäste zu erstellen. Sie sollte folgende Angaben enthalten:

- Name, Vorname des Gastes,
- Zimmernummer und Zimmerkategorie,
- Ankunftszeit,
- bestellte Leistungen,
- Zimmerpreis.

Wird die Ankunftsliste durch EDV erstellt, so wird dabei die Reservierung automatisch in ein inaktives Gastkonto umgewandelt. Wurde die Zimmervergabe in der EDV nicht manuell vorgenommen, geschieht dies automatisch, wobei Anschlussbuchungen berücksichtigt werden.

Stornieren von Zimmern

Wird ein Zimmer – aus welchen Gründen auch immer – abbestellt (storniert), so ist ein Stornierungsbeleg auszustellen. Dabei ist zu klären, ob dem Besteller der Zimmerpreis sowie eventuelle Verpflegungsvereinbarungen abzüglich der ersparten Aufwendungen in Rechnung gestellt werden (No-show-Rechnung, Seite 383).
Gründe keine Rechnung zu stellen können sein:

- Durch starke Auslastung wird das Zimmer umgehend weitervermietet. In diesem Fall darf keine No-show-Rechnung erstellt werden.
- Das Zimmer wurde von einem Stammgast des Hauses storniert, den man unter keinen Umständen verlieren möchte.
- Imagepflege, Werbung.

1. Aus welchen Gründen wird für die einzelnen Abteilungen eine Belegungsvorschau erstellt?
2. Ihre Abteilung, in der Sie gerade tätig sind, erhält eine Belegungsvorschau vom Empfang. Beschreiben Sie, inwiefern Sie davon betroffen sind.
3. Welche Angaben muss eine Ankunftsliste über die Gäste des folgenden Tages enthalten?
4. Erklären Sie den Begriff „Stornieren eines Zimmers".
5. Was könnte einen Hotelier dazu veranlassen für ein storniertes Zimmer keine Ausfallrechnung zu stellen?
6. Beschreiben Sie die Zimmerarten Doppelzimmer, Zweibettzimmer und Suite.

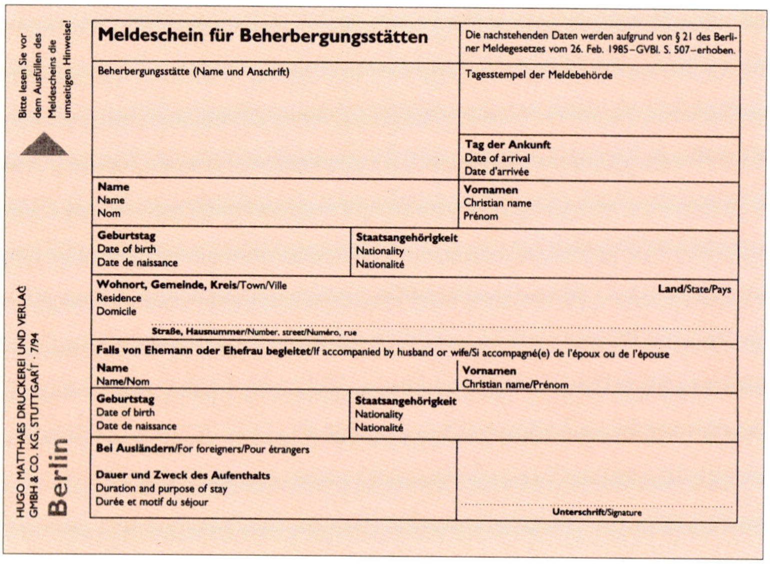

Bitte lesen Sie vor dem Ausfüllen des Meldescheins die umseitigen Hinweise!

Meldeschein für Beherbergungsstätten

Die nachstehenden Daten werden aufgrund von § 21 des Berliner Meldegesetzes vom 26. Feb. 1985–GVBl. S. 507–erhoben.

Beherbergungsstätte (Name und Anschrift)

Tagesstempel der Meldebehörde

Tag der Ankunft / Date of arrival / Date d'arrivée

Name / Name / Nom

Vornamen / Christian name / Prénom

Geburtstag / Date of birth / Date de naissance

Staatsangehörigkeit / Nationality / Nationalité

Wohnort, Gemeinde, Kreis/Town/Ville / Residence / Domicile

Land/State/Pays

Straße, Hausnummer/Number, street/Numéro, rue

Falls von Ehemann oder Ehefrau begleitet/If accompanied by husband or wife/Si accompagné(e) de l'époux ou de l'épouse

Name / Name/Nom

Vornamen / Christian name/Prénom

Geburtstag / Date of birth / Date de naissance

Staatsangehörigkeit / Nationality / Nationalité

Bei Ausländern/For foreigners/Pour étrangers

Dauer und Zweck des Aufenthalts / Duration and purpose of stay / Durée et motif du séjour

Unterschrift/Signature

HUGO MATTHAES DRUCKEREI UND VERLAG GMBH & CO. KG, STUTTGART · 7/94

Berlin

1. Meldeschein für einen Beherbergungsbetrieb

- Botschafter und Gesandte (auch deren Ehepartner): Eure Exzellenz
- Adel
  - Monarchen: Eure Majestät
  - Herzöge und Fürsten: Durchlaucht
  - Grafen: Graf/Gräfin
  - einfacher Adel: Herr/Frau von ...
- Militär, nach Dienstgraden, z. B.: Herr Major
- Beamte werden mit ihrem Titel angesprochen, z. B.: Herr Bundeskanzler, Frau Landrätin, Herr Senator
- Kirchliche Würdenträger
  - Kardinal: Eure Eminenz
  - katholische Bischöfe: Eure Exzellenz
  - protestantische Bischöfe: Frau Bischöfin
- Träger von mehreren Titeln werden mit ihrem höchsten Titel angesprochen.

2. Persönliche Anrede (Beispiele)

2.1 Gästeempfang – Musterablauf

Begrüßen des Gastes. Der Gast wird mit dem der Tageszeit angemessenen Gruß und Namen willkommen geheißen und, falls der Gast nicht bekannt ist, nach seinen Wünschen befragt.

Überprüfung der Reservierung. Nachdem sich der Gast geäußert hat (Namensnennung, Zimmerbestellung), wird die Reservierung überprüft. Hierzu gehören Details wie Zimmertyp, Anzahl der Nächte, Zimmerpreis und eventuelle Sonderwünsche. Ist der Zimmerpreis nicht vermerkt, muss er dem Gast genannt werden. Nachrichten oder Post werden ausgehändigt.

Eintragung. Dem Gast wird ein Meldeschein vorgelegt mit der Bitte sich einzutragen. Bei Stammgästen wird dieser Schein vor der Anreise vom Empfangspersonal ausgefüllt und nur zur Unterschrift vorgelegt.

Überprüfung der Eintragungen des Gastes. Das Formular wird auf vollständige Eintragungen überprüft und mit dem Abreisedatum versehen. Bei ausländischen Gästen werden die Angaben mit denen des Ausweises/Reisepasses verglichen (ausgenommen Ehegatten, minderjährige Kinder oder Reisegesellschaften). Falls es noch nicht geklärt ist, wird der Gast befragt, wie er seine Rechnung zu begleichen wünscht.

Hotelpass (Zimmerausweis)

Dem Gast wird, wenn es im Hause üblich ist, ein Hotelpass ausgehändigt, der die wichtigsten Informationen über das Haus enthält. Gleichzeitig kann dieser Hotelpass, der mit Name, Zimmernummer und Gültigkeitsdauer versehen ist, als Ausweis dienen um damit verschiedene Hoteleinrichtungen kostenlos oder kostengünstiger zu nutzen.

Kennzeichnen des Gepäcks und Begleiten des Gastes auf das Zimmer

Die Empfangsperson überreicht den Zimmerschlüssel, fragt den Gast nach dessen Gepäck und kennzeichnet die Gepäckstücke (zum Beispiel durch Clips), damit die Gepäckverteilung auf die Zimmer erfolgen kann. Neu ankommende Gäste sollten, wenn möglich, von einer Empfangsperson auf das Zimmer begleitet werden. Beim Betreten und Verlassen des Fahrstuhls lässt man dem Gast den Vortritt. Auf der Etage, auf den Fluren und beim Betreten des Zimmers geht die Empfangsperson voraus.

Erklären der Zimmereinrichtung/Fluchtwege

Dem Gast werden die technischen Einrichtungen wie die Bedienung der Schließanlage, der Minibar oder der Weck-, Telefon- und Klimaanlage erklärt sowie auf Fluchtwege hingewiesen. Mit dem Wunsch auf einen angenehmen Aufenthalt verlässt man das Zimmer.

Anlegen der Gastrechnung

Die Rechnung wird mit folgenden Angaben angelegt:
- Rechnungsnummer, Zimmernummer,
- Name des Gastes mit Anschrift und Nationalität,
- Personenzahl,
- Reservierungsstatus mit Erläuterungen für Spezialpreise,
- Initialen der Empfangsperson bzw. des Rechnungsschreibers.

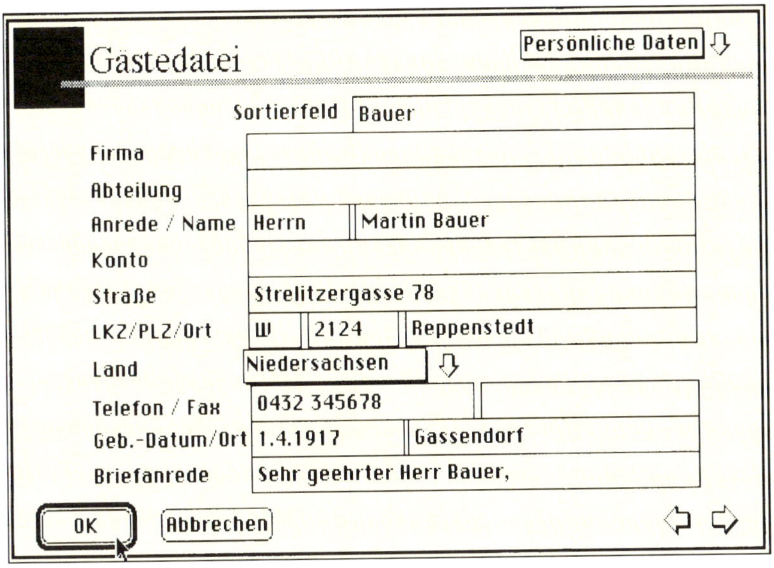

3. Gästekartei

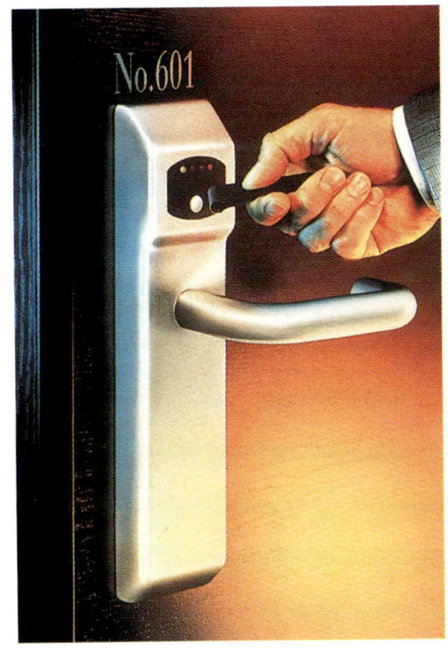

4. Schließsystem

2.2 Gästekartei/-datei

Eine wichtige Aufzeichnung im Frontbüro ist die Gästekartei. Je nach Einrichtung des Empfangs wird sie in Form von Karteiblättern geführt oder im Computer gespeichert. Die Gästekartei ist in zwei Bereiche aufgeteilt:
Der eine Teil enthält persönliche Angaben wie Name, Adresse, eventuell Gastkennzeichen. Diese Angaben erleichtern bei der Reservierung und bei der Ankunft die Abwicklung. Außerdem enthält er weitere für die Behandlung des Gastes wichtige Eintragungen.
Der andere Teil (guest-history) bezieht sich auf die bisherigen Aufenthalte und Umsatzwerte (Statistik).

Das Führen einer Gästekartei hat folgende Gründe:

- Statistische Auswertungen lassen den Gästekreis erkennen. Dadurch ist eine gezielte Werbung möglich.
- Es ist daraus zu erkennen, welche Zimmer von den Gästen bevorzugt belegt werden, welche Hoteleinrichtungen stark und welche kaum genutzt werden sowie welche Wünsche der Gäste häufig wiederkehren.
- Neue Mitarbeiter erfahren durch die Gästekartei spezielle Wünsche und Eigenheiten der Stammgäste.
- Reservierungsvorgang und Empfang können schneller abgewickelt werden.
- Notwendige Formalitäten, wie Ausfüllen des Meldescheins, können für den Gast vorbereitet werden.

Die Gästekartei ist nicht zur Einsicht für die Gäste gedacht. Bei den Eintragungen sind die Bestimmungen des Datenschutzes zu beachten.

2.3 Erfassen der vom Gast in Anspruch genommenen Leistungen

Die in allen Abteilungen des Hauses über den Gast gesammelten Belege von Leistungen, die er in Anspruch genommen hat (Zimmerbelegung, Speisen und Getränke, Bar, Wäsche, Telefon, Garage usw.), werden am Empfang gesammelt, geordnet und täglich auf das Konto des Gastes gebucht (Hoteljournal).

Hoteljournal

Für den Gast wird ein Konto im Hoteljournal eröffnet. Das Hoteljournal kann handschriftlich geführt werden, durch eine elektronische Hotelkasse oder durch EDV, in die die entsprechenden Angaben eingegeben werden.
Auch beim Einsatz modernster Technik sind Kenntnisse des Hoteljournals nötig um Eingaben und Korrekturen richtig durchführen zu können.
Das manuell geführte Hoteljournal (Seite 378) ist eine Mischung aus Kontokorrent-, Kassenbuchführung und Betriebsbuchhaltung.

- **Kontokorrent:** Leistungen werden nach Personen erfasst, wobei die Zimmernummer die Kontonummer des Gastes ist.
- **Kassenkonto:** Der Zahlungsverkehr mit dem Gast oder im Haus wird erfasst.
- **Betriebsbuchhaltung:** Die Umsätze werden auf verschiedene Sparten verteilt. Das Hoteljournal wird täglich addiert. Die Spalte 31 wird auf Spalte 26 des kommenden Tages übertragen.

Tag: Datum:

Nr.	Spalte	Rubrik
1	Lfd.-Nr.	
2	Zimmer-Nr.	
3	Name	
4	Personen	
5	Begleitung	
6	Anzahl der eingenommen Frühstücke	
7	Logis Inklusivpr.	
8	Garage	
9	Frühstückszimmer	Kaffeeküche
10	Etage	Kaffeeküche
11	Sonstige Räume	Kaffeeküche
12	Summe	
13	Restaurant	Hauptküche – Pâtisserie
14	Bar	Hauptküche – Pâtisserie
15	Café	Hauptküche – Pâtisserie
16	Etage	Hauptküche – Pâtisserie
17	Summe	Hauptküche – Pâtisserie
18	Getränkesteuerpflichtige Getränke	
19	Bier	
20	Getränkesteuerfreie Getränke	
20a	Summe	
21	Bäder	
22	Wäsche	
23	Zigaretten/Zigarren	
24	Telefon	
25	Tagerechnung	
26	Übertrag von gestern	
27	Total	
28	Kasse	
29	Debitoren	
30	Abzüge	
31	zu übertragen	
32	Bemerkung	
33	Zimmer-Nr.	

1. Manuell geführtes Hoteljournal

Spalte 1: Laufende Nummer
Spalte 2: Zimmernummer des Gastes. Mietet der Gast zwei Zimmer, so werden beide Nummern (z. B. 145/146) eingetragen
Spalte 3: Name des Gastes
Spalte 4: Personenzahl ohne Begleitperson
Spalte 5: Anzahl der Begleitpersonen
Spalte 6: Anzahl der abgegebenen Standard-Frühstücke; mit dieser Zahl erst kann der Inklusivumsatz vom Frühstücksumsatz bereinigt werden
Spalte 7: Inklusivpreis (Logis, Frühstück, Bedienung, Mehrwertsteuer)
Spalte 8: Preis der Garage
Spalte 9: In den Spalten 9 und 10 ist die Rubrikenkolonne „Kaffeeküche" untergebracht. Hier wird
und 10: sämtlicher Verzehr aus der Kaffeeküche eingetragen. Die Summen für die Spalten 9 und 10 werden aus den Hilfsbüchern entnommen, welche vom Oberkellner oder Etagenkellner geführt werden. Gleichzeitig ist so eine Kontrolle mit dem Etagenbogen leicht möglich. In Spalte 9 wird der im Frühstückszimmer eingenommene sonstige Verzehr eingetragen, sofern er aus der Kaffeeküche kommt. Der Frühstückspreis selbst ist im Endpreis enthalten.
Spalte 11: Verzehr aus der Kaffeeküche in sonstigen Räumen. (Die Untergliederung ist notwendig, um feststellen zu können, aus welchem Hilfsbuch die Zahlen entnommen werden müssen.)
Spalte 12: Summe aus den drei vorangegangenen Spalten
Spalte 13: In den Spalten 13 bis 17 ist die Rubrikenkolonne „Hauptküche" untergebracht. Hier wird ebenfalls sämtlicher Verzehr (wie bei „Kaffeküche"), detailliert nach Räumen, eingetragen. So kann schnell festgestellt werden, aus welchem Hilfsbuch der Betrag entnommen werden muss. Ebenso ist eine Kontrolle mit dem Etagenbogen möglich. In Spalte 13 wird der Restaurantverzehr eingetragen, der aus der Hauptküche gekommen ist.
Spalte 14: Barverzehr aus der Hauptküche
Spalte 15: Café: hier wird der Pâtisserieverzehr untergebracht
Spalte 16: Etage: Speisen/Getränke aus der Hauptküche, die im Hotelzimmer eingenommen wurden.
Spalte 17: Summenspalte der Rubrikenkolonne „Hauptküche" und „Pâtisserie". Auch diese Summenspalte wird mit den anderen Summenspalten in der Spalte „Tagesabrechnung" zusammengezogen.
Spalte 18: Hier wird der gesamte getränkesteuerplichtige Getränkeverzehr eingetragen (inkl. Sekt- und Getränkesteuer)
Spalte 19: Bierverzehr
Spalte 20: Getränkesteuerfreie Getränke
Spalte20a: Addition aller Getränke
Spalte 21: Eintragung der vom Zimmerdienst ausgestellten Bons für Bäder
Spalte 22: Eintragung der aus dem Wäschebuch entnommenen Posten
Spalte 23: Spalte für Tabakwaren
Spalte 24: Telefongespräche (Telefonbuch wird vom Telefondienst geführt)
Spalte 25: Die Spalten 25 und 29 enthalten die Abrechnungsspalten. Die Tagesabrechnung wird in der Spalte 25 zusammengezogen, d. h. sämtliche Summenspalten werden addiert.
Spalte 26: Übertrag vom Vortag
Spalte 27: Addition aus Spalte 25 und 26
Spalte 28: Kasse: Wenn der abreisende Gast seine Rechnung beglichen hat, wird hier der Rechnungsbetrag eingetragen. Bezahlt der Gast nur einen Teil seiner Rechnung, wird der Rest in der Spalte 29 („Debitoren") vermerkt und in das Debitorenbuch, welches als Hilfsbuch separat geführt wird, übertragen. Zimmernummer, Name und Personenangabe werden durchgestrichen.
Spalte 29: Debitorenspalte: Eintrag des noch ausstehenden Restbetrags
Spalte 30: Hier werden die Abzüge eingetragen, also Beträge welche dem Gast zu viel berechnet wurden und erst am Schluss bei der Rechnungsausstellung berücksichtigt werden.
Spalte 31: Hier erscheint der Betrag, welcher in das Hoteljournal für den nächsten Tag übertragen wird.
Spalte 32: Bemerkung
Spalte 33: Hier wird nochmals die Zimmernummer eingetragen um eine Linienkontrolle zu haben.

Depot-Schein № 008640

Zimmer Nr. 412 Tag 10.12.

von Herrn/Frau Prof. Dr. Krausag, Dieter

4600.-

viertausendsechshundert

zur Aufbewahrung erhalten zu haben bescheinigt:

			Quittung durch Unterschrift
Einzahlung	4600.-		
Erhoben am 12.12.	800.-	-	
Rest	3800.-	-	
Erhoben am 16.12.	650.-	-	
Rest	3150.-	-	
Erhoben am			
Rest			
Erhoben am			
Rest			
Erhoben am			
Rest			
Erhoben am			
Rest			

Bitte beachten Sie! Depotschein gut aufbewahren und vor Missbrauch schützen. Bei Verlust sofort die Hotelleitung verständigen, damit Zahlungen an Unbefugte verweigert werden

2. Depotschein

Datum 06. 05.

Uhrzeit 10 11 12 1 2 9 Uhrzeit 3 8 7 6 5 4

Was war

An Herrn Vandersee

Herrn/Frau Minten

von Firma Coolport

❒ war hier
☒ hat angerufen
❒ erbittet Rückruf unter ☎
❒ ruft wieder an am/um
❒ kommt wieder am/um
☒ erbittet Besprechungstermin 08.05. 19.00
am um

falls nicht möglich
bitte Fax unter 0705/950186

Aufgenommen:

3. Message

FUNDBUCH

Fundsache	Ohrringe Platin
wo gefunden	Zi. 208
wann gefunden	19. Aug. 10.00
von wem gefunden	Lehnert
registriert von	Helbig
Aufbewahrungsort	Safe
ausgegeben	27. Sept.
andere Verfügung	
Unterschrift des Erhalters	Eberlein

4. Fundbuch

3 Besondere Serviceleistungen des Empfangs

Bei der Betreuung der Gäste werden vom Empfangspersonal viele weitere Leistungen erbracht.

Depotschein

Gäste deponieren aus Sicherheitsgründen Bargeld am Empfang. Bei der Übergabe erhält der Gast vom Empfang einen ausgefüllten Depotschein; das Duplikat verbleibt im Depotbuch. Wünscht der Gast Bargeld aus seinem Depot, erhält er dies nur unter Vorlage seines Depotscheines. Der von ihm verlangte Betrag wird auf dem Depotschein von der noch vorhandenen Summe abgezogen, der Restbetrag vom Gast gegengezeichnet.

Schließfachausweis

Der Schließfachausweis zur Aufbewahrung von Wertgegenständen in Schließfächern wird mit der Aushändigung des Schlüssels ausgestellt und ausgegeben.

Übermitteln von Nachrichten

Es kommt häufig vor, dass Gästen, da sie nicht erreichbar waren, Nachrichten übermittelt werden müssen. Dafür werden Vordrucke (Messages) verwendet, die vom Empfangspersonal gewissenhaft auszufüllen sind. Nachrichten sind dem Gast umgehend zu übermitteln; nicht erst dann, wenn der Gast zufällig am Empfang erscheint!

Botengänge

Botengänge und Besorgungen jeglicher Art werden ebenfalls vom Empfang organisiert und in die Wege geleitet. Inwieweit dies als kostenloser Service geschieht, ist von Haus zu Haus unterschiedlich.

Fundsachen und liegen gebliebene Sachen

Im Hotel liegen gebliebene oder gefundene verlorene Sachen (Seite 460) werden vom Empfang aufbewahrt. Dabei ist in die Liste Folgendes einzutragen:

- Eintragung unter fortlaufender Nummer,
- Ort, Datum und Uhrzeit der liegen gebliebenen bzw. gefundenen Sache,
- Beschreibung des Gegenstandes,
- Name des „Finders".

Die Aufbewahrung erfolgt an einem geeigneten sicheren Ort. Pässe sowie Gegenstände von hohem Sachwert müssen der zuständigen Polizeibehörde gemeldet werden.
Ist der Eigentümer bekannt oder meldet er sich, werden ihm die Gegenstände, eventuell nach vorheriger Ankündigung oder Rückfrage, zugestellt. Dabei sollte – falls Anlass dazu besteht – diskret vorgegangen werden.
Bei Wertgegenständen, die nicht persönlich ausgehändigt werden können, muss die Sendung als Einschreiben oder Wertsendung deklariert werden, sodass das Hotel den Versand nachweisen kann.
Die Aufbewahrung der Gegenstände hat im Hotel kostenlos zu erfolgen. Kosten für Telefonate, Versand usw. können dem Gast in Rechnung gestellt werden.

Buchungen von Veranstaltungen

Viele Gäste lassen durch den Empfang Veranstaltungen buchen und Karten dafür besorgen. Die Karten werden vom Empfang bezahlt und das Konto des Gastes unter „Auslagen" belastet.

Weckliste Datum:

5:00	5:30	6:00	6:15	6:30	6:45	7:00	7:15	7:
105	109	107	305	119	403	101	211	
106	118	116		224		406	112	
		124		131		318		
		203		406		412		
						130		
						222		
						326		

1. Weckliste

ZIMMERWECHSEL

Datum: 17.07.

Von Zimmer: 106 nach Zimmer: 218

Inhalt (exakte Aufstellung):

Aus Schrank: 2 Anzüge, 4 Hemden, 3 Unterwäsche, 1 Paar Schuhe, 1 Reisetasche, 1 Koffer

4 Schubladen: mit Inhalt: 2x Schrank, 1 x Nachtk., 1 x Sideboard

Aus Bad: Rasierzeug, Waschutensilien

Unterschrift

(Hausdame) (Hausdiener) (Empfang)

(Dieser Laufzettel wird am Empfang abgelegt!)

2. Zimmerwechsel-Formular

Weckliste

In einer Weckliste werden die Uhrzeiten eingetragen, zu denen die Gäste geweckt werden möchten. Dies erfolgt telefonisch durch das Empfangspersonal.
Bei einem installierten automatischen Weckdienst wird die Weckzeit eingegeben und über „Sprachausgabe" bestätigt. Das Wecken erfolgt in diesem Fall automatisch. Falls der Gast nach mehreren Weckversuchen des Systems den Weckruf nicht bestätigt, wird der Empfang automatisch alarmiert und kann weitere Schritte einleiten (etwa telefonieren) um den Gast zu wecken.

Zimmerwechsel

Wenn Gäste einen Zimmerwechsel wünschen, wird dieser vom Empfang in die Wege geleitet. Alle von diesem Zimmerwechsel betroffenen Angestellten werden durch einen Laufzettel vom Zimmerwechsel informiert und müssen die Information bestätigen.

Vermittlung von Fremdleistungen

Obwohl ein Hotel sehr viele Leistungen erbringen kann, ist es dennoch oft nicht möglich dem Gast alle seine Wünsche in Eigenleistung zu erfüllen. Können Leistungen nicht durch das Haus und dessen Personal erfüllt werden, ist es auch hier Aufgabe des Empfangs Fremdleistungen zu vermitteln. Diese können sein:

- Engagieren von Dolmetschern, Hostessen, Schreibkräften, Chauffeuren usw.,
- Bestellen oder Besorgen von Blumen und Geschenken,
- Waschen oder Reinigen von Wäsche und Kleidung,
- Bestellen von Mietwagen usw.

Devisenumtausch

Bei der Annahme fremder Währungen ist zu beachten, dass die Banken ausschließlich Banknoten umtauschen; das heißt, dass vom Hotel keine Münzen angenommen werden können.
Beim Umtausch gibt es drei Möglichkeiten

- Umtausch von inländischer in ausländische Währung,
- Umtausch von ausländischer in inländische Währung,
- Umtausch von ausländischer Währung in eine andere ausländische Währung.

Grundlage für die Berechnung beim Umtausch bildet eine aktuelle Tabelle mit den Devisenkursen der gängigsten Fremdwährungen. Um Kursrisiken auszugleichen werden in der Regel die amtlichen Kurse um 5 % bis 10 % zu Gunsten des Hotels verändert. Die Tabelle beinhaltet:

- Die Währung des jeweiligen Landes.
- Den Geldkurs, zu welchem Preis das Hotel bzw. die Bank die fremde Währung ankauft.
- Den Briefkurs, zu welchem Preis das Hotel bzw. die Bank inländische in eine fremde Währung tauscht.

Beim Umtausch von einer ausländischen Währung in eine andere ausländische Währung (dieser Fall tritt häufig in grenznahen Gebieten ein) wird die Währung des Gastes zum Geldkurs in DM getauscht und diese dann nach dem Briefkurs in die gewünschte Fremdwährung.

1. Beschreiben Sie den Ablauf eines Zimmerwechsels.
2. Erklären Sie den Umtausch einer ausländischen Währung in eine andere ausländische Währung.

4. Auskunft der Bahn mit dem elektronischen Kursbuch auf CD-Rom

Animation

Manche Gäste möchten ihre Freizeit nicht in eigener Regie planen. Ihr erster Gang führt auch hier wieder zum Empfang. Mit zu den besonderen Dienstleistungen des Empfangspersonals gehört auch die Gäste bei ihrer Freizeitplanung zu unterstützen.

Viele Hotels bieten Animationsprogramme für ihre Gäste an und beschäftigen Animateure; darunter versteht man Mitarbeiter, deren ausschließliche Aufgabe es ist für die Unterhaltung der Gäste zu sorgen.

Es ist Aufgabe des Empfangspersonals das Angebot zu erläutern, Tipps zu geben und Anmeldungen weiterzuleiten. Je nach Art des Hotels und seiner Ausstattung kann das Animationsangebot beispielsweise beinhalten:

- Musikalische und andere kulturelle Veranstaltungen
- Shows, Spiele für Kinder und Erwachsene
- Sportliche Angebote

Schwieriger wird die Aufgabe des Empfangspersonals, wenn das Haus wenig Animation anbietet. Hier ist es besonders wichtig über externe Angebote Bescheid zu wissen um die Gäste informieren zu können. Hat das Hotel bei bestimmten Angeboten Sonderkonditionen ausgehandelt, so ist darauf hinzuweisen, dass bei Nutzung der Anlagen für Hotelgäste bei Vorlage ihres Hotelpasses ein vereinbarter Nachlass gewährt wird.

Eine Buchung der vom Gast gewünschten Zeit und Anlage, in der er seinem Freizeitvergnügen nachgehen möchte, sowie eine eventuelle Organisation der Beförderung zählen ebenfalls zu den Aufgaben des Empfangspersonals.

Informationsservice: Zug-, Flugverbindungen sowie Nahverkehrsverbindungen

Zu den Aufgaben des Empfangspersonals gehört es ebenfalls Gäste über Verkehrsverbindungen zu informieren. Der sicherste und einfachste Weg ist die telefonische Auskunft bei der Deutschen Bahn AG (Reiseinformationsdienst), am Flughafen oder den örtlichen Verkehrszentralen einzuholen.

Der Vorteil besteht vor allem darin, dass bei dieser Auskunft kurzfristige Fahr- oder Flugplanänderungen berücksichtigt sind und somit das Empfangspersonal und die Gäste vor unliebsamen Überraschungen bewahrt werden. Eine weitere Möglichkeit besteht darin Online-Dienste in Anspruch zu nehmen.

Sollte diese Vorgehensweise – aus welchen Gründen auch immer – nicht möglich sein, ist es Aufgabe des Empfangspersonals die Verbindungen aus Kursbüchern, Fahr- und Flugplänen herauszusuchen. Das amtliche Kursbuch der Deutschen Bahn AG enthält sämtliche Zugverbindungen mit Anschlusszügen (national/international). Zur Erläuterung der Abkürzungen, Ziffern und Zeichen dient der Kursbuchschlüssel im „Allgemeinen Teil“. Übersichtskarten und das Ortsverzeichnis unterstützen diese Arbeit. Dennoch ist die Struktur des Kursbuches ziemlich kompliziert.

Alternativ hierzu besteht die Möglichkeit über die hoteleigene EDV-Anlage ein Programm, das sämtliche Verkehrsverbindungen beinhaltet, zu nutzen. Allerdings hat auch dieses System den Nachteil, dass kurzfristige Fahr- bzw. Flugplanänderungen nicht berücksichtigt sind.

Besondere Vorkommnisse am Empfang

Beschwerden

Als Anlaufstelle werden Beschwerden bzw. Reklamationen der Gäste bevorzugt dem Empfangspersonal vorgetragen, auch wenn dieses nicht der Verursacher der Beschwerde ist. *Beispiele:*

Das Zimmerfrühstück wurde nicht rechtzeitig serviert.
In der Toilette fehlen Handtücher oder Papier.
Das Wasser im Schwimmbad ist zu kalt.

Behandlung und Verhalten bei Reklamationen – siehe auch Seite 283.

Wichtig ist es bei Beschwerden, die nicht den Empfang selber betreffen, dem Gast zu versichern, dass die Beschwerde weitergeleitet und, falls noch möglich, zur Zufriedenheit des Gastes geregelt wird.

Nach veranlasster Beseitigung des Missstandes ist der Gast beim nächsten Kontakt vom Empfangspersonal darauf anzusprechen, ob nun alles in Ordnung sei, wobei es sich für den Hinweis auf den Missstand nochmals bedankt.

VIPs (Very Important Persons – sehr wichtige Personen)

Gäste, die im Rampenlicht der Öffentlichkeit stehen, sind für jedes Hotel eine gute Werbung. Sie sorgen jedoch durch ihr Erscheinen für Aufregung und Unruhe im Hotel. Den damit verbundenen Aufwand trägt zum großen Teil das Empfangspersonal.

Berichterstattende Medien und Neugierige behindern den Betriebsablauf. Besondere Verhaltensregeln gegenüber diesem Gästekreis sind vom Empfangspersonal zu beachten:

- Vorausgehende Besichtigungen und Erkundigungen von Begleitpersonal und Sicherheitsorganen müssen unterstützt werden.
- Überprüfung des Personals durch Sicherheitsorgane kann bei einzelnen Mitarbeitern zu kurzfristiger Freistellung vom Dienst führen.
- Mit diplomatischem Geschick ist in Erfahrung zu bringen: Wünscht der Gast inkognito (unerkannt) zu bleiben? Liebt er Aufsehen oder ist die Publicity sogar gewollt und inszeniert?
- Eine VIP-Liste ist anzulegen um die betroffenen Abteilungen über die Eigenheiten der Gäste und deren Wünsche zu informieren.

Krankheitsfälle

Um Vermutungen oder Panik besonders über eventell ansteckende Krankheiten vorzubeugen, die sehr schnell in einem Hotel mit internationalem Gästekreis entstehen können, ist bei Krankheitsfällen größte Diskretion zu wahren. Dass einem kranken Gast Hilfeleistungen im Rahmen der Möglichkeiten des Hotels angeboten werden, ist selbstverständlich.

Wünscht der Gast einen Arzt, ist der Gast auf die Kostenhaftung aufmerksam zu machen.

Wird der Gast in ein Krankenhaus überwiesen, sollte es auf Transportwegen geschehen, die geringe Aufmerksamkeit erregen. Falls Eigentum des Gastes im Hotel verbleibt, wird es unter Zeugen registriert und verwahrt.

Todesfälle

Bei Todesfällen muss besonders diskret vorgegangen werden.

- Die vorgesetzte Stelle ist zu informieren.
- Im Zimmer des Gastes darf nichts angefasst bzw. verändert werden.
- Ein Arzt muss herbeigerufen werden, der den Tod bescheinigt.
- Wird ein natürlicher Tod bescheinigt, müssen die Angehörigen benachrichtigt werden, damit diese alles weitere veranlassen. Ist dies nicht möglich, muss ein Bestattungsinstitut beauftragt werden.
- Nach Freigabe der Leiche muss für einen diskreten Abtransport gesorgt werden.
- Anfallende Kosten (Telefonate, Reinigung, Desinfektion, Ausfallzeiten der Zimmervermietung usw.) sind zu registrieren und können den Erben in Rechnung gestellt werden.
- Bei einer vom Arzt festgestellten unnatürlichen Todesursache wird die Schutzpolizei benachrichtigt, die alles weitere veranlasst (Kriminalpolizei, Staatsanwaltschaft).

Gäste mit Tieren

Manche Gäste möchten sich auch auf Reisen nicht von ihren Haustieren trennen. In den meisten Fällen handelt es sich hierbei um Hunde.

Jedes Hotel entscheidet individuell, ob Tiere im Hotel geduldet werden oder nicht. Sofern Tiere im Hotel geduldet werden, trägt der Tierhalter die volle Verantwortung/-Haftung für eventuelle unliebsame Zwischenfälle (Stören anderer Gäste, verursachte Schäden an der Hoteleinrichtung und dem Inventar usw).

Lassen Gäste ihre „Lieblinge" frei und unbeaufsichtigt im Hotel herumlaufen, kann es zu Zwischenfällen mit anderen Tieren oder ängstlichen Gästen kommen. Besonders das Empfangspersonal muss hier freundlich, aber bestimmt eingreifen und die Gäste darum bitten die Tiere entsprechend zu beaufsichtigen und nicht frei herumlaufen zu lassen.

Dienstleistungen, für deren Ausführung der Empfang zu sorgen hat, können sein:

- Bereitstellung von Tierkörbchen und Tierdecken in den Zimmern durch das Etagenpersonal.
- Zubereiten von Frischfutter durch die Küche wie Hackfleisch,
- „Gassiführen" durch dafür vorgesehenes Hotelpersonal wie Pagen, Hausdiener.

Erfassen des Kassenbestandes
(Summe aller berechneten Leistungen und Verkäufe)

= **Tagesbruttoumsatz**

– Stornierungen
– Nachlässe (Rabatte)

= **Nettoumsatz**

– Debitoren bzw. Restanten
– Auszahlungen
+ Kassenendbestand vom Vortag

= **neuer Kassenbestand**

1. Kassenbericht

RECHNUNG K 1234/6789

Bezeichnung	Menge	Preis	MwSt.	Gesamt
Logis	3	150,00 DM	15 %	450,00 DM
Restaurant	1	43,00 DM	15 %	43,00 DM
Zwischensumme				**493,00 DM**
Auslage Theater	2	90,00 DM	0 %	180,00 DM
Auslage Blumen	1	49,00 DM	0 %	49,00 DM
Auslage Reinigung	1	17,50 DM	0 %	17,50 DM
Gesamtbetrag				**739,50 DM**
DEBITOR				- 739,50 DM
Mehrwertsteuer 15 % aus 493,00 DM				64,30 DM

2. Hotelrechnung (Ausschnitt)

4. Tagesabschluss und Rechnungserstellung

4.1 Tagesabschluss, Umsatz-, Kassenberichte

Zum Tagesabschluss werden
- Leistungen verbucht und Gastkonten aktualisiert,
- Umsatz- und Kassenberichte erstellt,
- Ankunfts-, Abreise- und No-show-Liste erstellt.

Erstellen von Umsatz- und Kassenberichten
Der Umsatz- und Kassenbericht gibt einen Überblick über die Geschäftsvorgänge eines Tages. Aus dem Bericht ist zu ersehen, über welche Beträge Gästerechnungen in den entsprechenden Sparten (Übernachtung, Frühstück, Restaurant, Bar, Garage usw.) erstellt wurden. Dabei ist darauf zu achten, dass sämtliche von den Gästen in den einzelnen Abteilungen gegengezeichneten offenen Rechnungen gebucht werden. Die für den Umsatz- und Kassenbericht benötigten Endsummen können auf verschiedene Art erstellt werden: manuell im Hoteljournal in dem sämtliche Sparten senkrecht addiert werden mit einer mechanischen oder elektronischen Hotelbuchungsmaschine mit gleichen Eingaben für die einzelnen Sparten wie im Hoteljournal, mit elektronischer Datenverarbeitung.

Nicht angereiste Gäste (No-show-Liste)
In einer Liste werden nach Zimmernummern oder alphabetisch alle Gäste eingetragen, die aufgrund der Ankunftsliste erwartet wurden, aber nicht eingetroffen sind.

Ankunfts-/Abreiseliste
Für den nächsten Tag muss eine Ankunfts- bzw. Abreiseliste erstellt werden.

4.2 Erstellen von Rechnungen

Am Hotelempfang werden täglich verschiedene Arten von Rechnungen erstellt. Diese Rechnungen müssen
- sämtliche Leistungen einzeln aufgeführt enthalten,
- Service und Mehrwertsteuer (Inklusivpreise) enthalten, die Mehrwertsteuer muss ausgewiesen sein.
- Auslagen werden ohne Mehrwertsteuer in Rechnung gestellt.

Restantenrechnungen. Als Restanten werden offene Rechnungen von Gästen bezeichnet, die noch im Haus weilen.

Debitorenrechnungen. Darunter versteht man Rechnungen, die von Gästen oder von Dritten, z. B. Firmen, nach der Abreise durch Überweisung beglichen werden.

Getrennte (geteilte) Rechnungen. In manchen Fällen muss bei der Abreise eine getrennte Rechnung für den Gast erstellt werden. Zum Beispiel
- Übernachtung und Frühstück werden von der Firma des Gastes bezahlt (Debitorenrechnung).
- Speisen, Getränke und Sonstiges gehen zulasten des Gastes und werden von ihm bei der Abreise bezahlt.

Ausfallrechnungen (No-show-Rechnungen). Diese Rechnungen können gestellt werden, wenn Gäste die Zimmerreservierung nicht rechtzeitig storniert haben oder ohne Stornierung nicht nutzten. Hat das Hotel keine Möglichkeit die Zimmer weiterzuvermieten, kann es nach den Richtlinien der DEHOGA folgende Forderungen stellen: 80 % für Übernachtungen, 60 % bei Pensionsvereinbarungen.

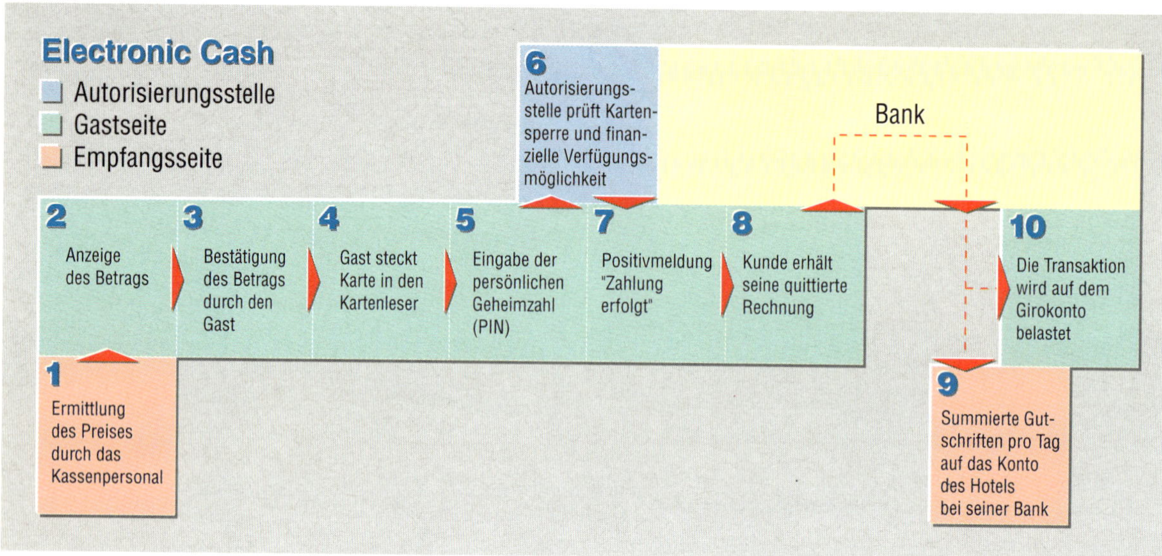

1. Abrechnung mit EC (Eurocheque und Electronic-cash)

5 Abrechnen mit Gästen, Abreise

5.1 Begleichen der Rechnung

Der Journalführer schließt das Konto erst ab, nachdem er sich in allen Betriebsabteilungen vergewissert hat, dass keine Rechnungen mehr offen stehen. Minibar oder Zusatzbestellungen beim Frühstück werden zum Beispiel oft übersehen oder wurden noch nicht gebucht. Nachberechnungen machen stets einen schlechten Eindruck. Wurde etwas nicht berechnet, so sind die Beträge in das Debitorenbuch einzutragen.
Wünscht der Gast seine Rechnung, wird diese ihm mit den dazugehörenden Anlagen diskret, eventuell im Kuvert, gereicht. Hat der Gast zu einzelnen Positionen auf der Rechnung Fragen, so werden ihm diese vom Empfangspersonal höflich erläutert.

Kassieren, Zahlungsmittel. Nachdem der Gast die Rechnung überprüft hat, wird diese auf unterschiedliche Art beglichen. Siehe auch Seite 340, Kapitel „Servierkunde".

Bargeld. Erfolgt die Bezahlung in ausländischer Währung, wird nach dem Tageskurs getauscht (Seite 380). Bei Barzahlung in DM ist auf Folgendes zu achten: Die Scheine sind auf Echtheit zu prüfen. Münzgeld mit DM-Aufdruck muss nur bis 20,00 DM, mit Pfennig-Aufdruck nur bis 5,00 DM in Zahlung genommen werden.

Reisescheck (Travellercheque). Vorgang der Annahme, Seite 340.

Kreditkarte. Vorgang der Annahme, Seite 340.

EC-Karte (Eurocheque) und Electronic-cash. Vorgang der Annahme und Bezahlung, Seite 340. Die Bezahlung kann auch durch Euroscheck, per Telecash oder per Electronic-cash erfolgen. Bei diesen Systemen kann der Gast ohne Scheckausstellung am Empfang bezahlen. Der Ablauf ist folgendermaßen:

- Das Empfangspersonal tippt die Höhe des zu zahlenden Betrages in die Kasse ein.
- Durch Knopfdruck bestätigt der Gast diesen zu zahlenden Betrag.
- Danach steckt der Gast seine Karte in den Kartenleser und gibt anschließend seine persönliche Geheimzahl (PIN) an einem Mini-Terminal ein.
- Die Daten werden auf elektronischem Weg an eine Autorisierungsstelle gesandt, die Bonität (Zahlungsfähigkeit) in Sekunden geprüft und, wenn diese vorhanden ist, die Zahlungsgarantie bestätigt.
- Der Gast erhält seine quittierte Rechnung.

Voucher (Gutschein). Voucher sind Gutscheine von Reisemittlern, bei denen der Gast die Leistungen, die das Hotel zu erbringen hat, gebucht und bezahlt hat. In den meisten Fällen geben die Gäste die Voucher schon bei der Anreise ab. Mit Vouchern ist folgendermaßen zu verfahren: Das Originalblatt gilt als Zahlungsmittel für das Hotel, die Durchschrift dient als Beleg.

Aushändigen der Rechnung

Nachdem der Gast die Rechnung beglichen hat, wird diese vom Empfangspersonal quittiert und dem Gast ausgehändigt.

Express-Check-out

Um sich nicht in die Warteschlange der abreisenden Gäste am Empfang einreihen zu müssen, wird dem abreisenden Gast in manchen Hotels als Dienstleistung Express-Abreise bzw. Express-Check-out angeboten. Die Abrechnung erfolgt dabei folgendermaßen:
Während der Zeit seines Aufenthalts im Hotel übergibt der Gast dem Empfangspersonal seine Kreditkarte. Von dieser wird ein Abzug auf ein Formular gezogen. Durch Abzeichnen dieses Formulars gibt der Gast sein Einverständnis den Hotelrechnungsbetrag von seinem Kreditkonto abzubuchen.

Sofern der Gast es wünscht, dass ihm die Hotelrechnung zugesandt wird, füllt er eine bestimmte Rubrik des Formulars aus und deponiert bei seiner Abreise den Hotelschlüssel und das Formular in einer dafür vorgesehenen Box.

LEISTUNGS-Gutschein/Voucher No.

An/to

Ort/Place

Straße/Street

Namen der Reisenden

Anzahl der Reisenden
Number of the Persons
davon
Erwachsene/Adults
Kinder/children

Bestellte Leistungen/Service ordered

Ankunft/Arrival ______ Uhr ______
Abreise/Departure ______ Uhr ______

Besondere Bemerkungen/Special remarks

❒ Einzelzimmer/single
❒ Doppezimmer/double
❒ Dreibettzimmer/triple
❒ Übernacht. ❒ Halbpen. ❒ Vollpension
❒ ______

Firmenstempel des Reiseunternehmens

Datum Unterschrift

2. Voucher (Gutschein)

5.2 Abreise (Check-out) – Musterablauf

Bei der Abreise des Gastes werden wieder fast alle Funktionen des Empfangs in Anspruch genommen. Der hotelerfahrene Gast teilt seine bevorstehende Abreise dem Empfang meist rechtzeitig mit. Sonderwünsche wie Wecken zu einer bestimmten Uhrzeit, Express-Check-out (siehe Exkurs), Bestellen von Taxi, Transport von Gepäck zum Flughafen oder Bahn müssen umgehend schriftlich festgehalten werden, da eine Panne bei der Abreise besonders peinlich ist und für das Hotel unter Umständen kostspielig werden kann, falls es für versäumte Termine, Flüge usw. haftbar gemacht wird.
Nachdem dem Gast die Rechnung ausgehändigt wurde und auf Wunsch die während des Aufenthalts von ihm abgezeichneten Extras (Bar, Speisen, Getränke, Restaurant, Zimmerservice) mit der Rechnung verglichen wurden, werden die Zahlungsformalitäten abgewickelt.
Folgende Punkte sollten beachtet werden:

- Sind alle Leistungen abgerechnet?
- Wurde auf dem Zimmer nichts liegen gelassen?
- Wurden hinterlegte Gelder und Wertsachen aus dem Depot dem Gast ausgehändigt?
- Wurde der Zimmerschlüssel abgegeben?
- Wohin sollen Post oder Sonstiges nachgesandt werden?

Nachdem von einem Angestellten das Gepäck zu Privatwagen, Taxi, Bus usw. gebracht wurde, wird der Gast nach Möglichkeit von einem Mitarbeiter des Empfangs verabschiedet. Dabei wird ihm für seinen Aufenthalt im Hotel gedankt und eine angenehme Weiterreise gewünscht.

Wissen Sie Bescheid?

1. Welche Hauptpunkte sind in der Stellenbeschreibung für Empfangschef und Portier aufgeführt?
2. Nennen Sie Abteilungen des Hotelempfangs und deren Funktion.
3. Beschreiben Sie verschiedene Reservierungssysteme und -pläne am Empfang.
4. Nennen Sie Reservierungsmöglichkeiten und deren Vor- und Nachteile.
5. Schildern Sie die Annahme einer Zimmerreservierung in allen Einzelheiten.
6. Nennen Sie Gründe, die die Führung einer Gästekartei notwendig machen.
7. Beschreiben Sie den Musterablauf der Anreise eines Gastes.
8. Aus welchem Grund sind trotz Einsatz moderner Buchungsautomaten Kenntnisse über ein manuell geführtes Hoteljournal erforderlich?
9. Nennen Sie zusätzliche Serviceleistungen, die der Empfang während der Anwesenheit eines Gastes erbringen muss.
10. Zählen Sie besondere Vorkommnisse auf, mit denen das Empfangspersonal konfrontiert werden kann, und beschreiben Sie, wie es sich dabei zu verhalten hat.
11. Beschreiben Sie die Aufgaben des Empfangs bei der Abreise des Gastes.
12. Worauf ist bei der Erstellung der Rechnung bei der Abreise zu achten?

Hausdamen-abteilung

1. In der Hausdamenabteilung

1 Hausdamenabteilung

Die Hausdamenabteilung (Housekeeping) betreut einen wesentlichen Leistungsbereich der Gastronomie. In ihrer Hand liegt die Pflege und Wartung sehr teurer Räume und Einrichtungen. Allein schon die hohen Investitionen für diese Räumlichkeiten erfordern ein modernes Management in dieser Abteilung. Mit fast allen Funktionsbereichen eines Hotelbetriebes muss die Hausdamenabteilung sehr eng zusammenarbeiten. Sie ist mitverantwortlich für die Atmosphäre eines Hotelbetriebes und muss Vorschläge zur ständigen Qualitätsverbesserung einbringen.

Die Hotelreinigung stellt die Hauptaufgabe dar und erfordert eine straffe Organisation und sorgfältige Planung.

Stellenbeschreibung Hausdame

- Abteilung: Beherbergungsbereich
- Stellenanforderung: Organisatorische Fähigkeiten, Menschenkenntnis
- Geschlecht: Weiblich, männlich
- Qualifikation: Ausbildung im Hotel- und Gaststättengewerbe (Hotelfachfrau/-mann) oder hauswirtschaftliche Ausbildung.
- Praktische Erfahrungen: Längere Tätigkeit als Assistent und Beherrschung aller Aufgaben der unterstellten Personen.
- Sprachkenntnisse: Englisch, Französisch ist erwünscht.
- Unterstellt: Je nach Betriebsart dem Direktor bzw. dem Betriebsinhaber.
- Überstellt: Sämtlichen Stellen, die für die Pflege und Reinigung des Hauses verantwortlich sind sowie der Wäscherei und der Floristen.
- Einzelaufgaben und Verantwortung:
  - In langfristigen Planungen muss aufgrund von Belegungsprognosen der benötigte Personalbestand ermittelt werden. Dazu zählt die Auswahl neuer Mitarbeiter und die Bestellung von Aushilfen in Übereinstimmung mit zu erwartender Kapazitätsauslastung.
  - Der Personaleinsatz und die Überwachung müssen in Dienst- und Urlaubsplänen sowie Leistungsstandards festgelegt werden.
  - Geeignete Reinigungsmittel und -geräte sind zu erproben und zu kaufen.
  - Reinigungspläne, Geräte- und Reinigungsmitteleinsatz sowie Wäsche- und Materialbestand sind festzulegen.
  - Reinigungs- und Wartungsverfahren sind in Arbeitsprogrammen, Standardisierungen und Checklisten, vor allem im Beherbergungsbereich, zu erstellen.
  - Erarbeitung von Kontrollverfahren zur Wäschebestandskontrolle, Instandhaltungsmeldungen, Mobiliar- und sonstige Einrichtungskontrolle, Materialverbrauch und permanente Zimmerzustandskontrollen.
  - Dekorationspläne für den Blumenschmuck der Zimmer sowie die Dekoration von Restaurant und der Banketträume bei Sonderveranstaltungen müssen mit den einzelnen Abteilungen abgesprochen und ausgearbeitet werden.
  - Renovierungspläne für die einzelnen Räumlichkeiten müssen in Zusammenarbeit mit dem technischen Leiter und der Direktion erstellt werden.
  - Die Arbeitsmethoden müssen zur Arbeitsvereinfachung und Leistungsverbesserung weiterentwickelt werden.

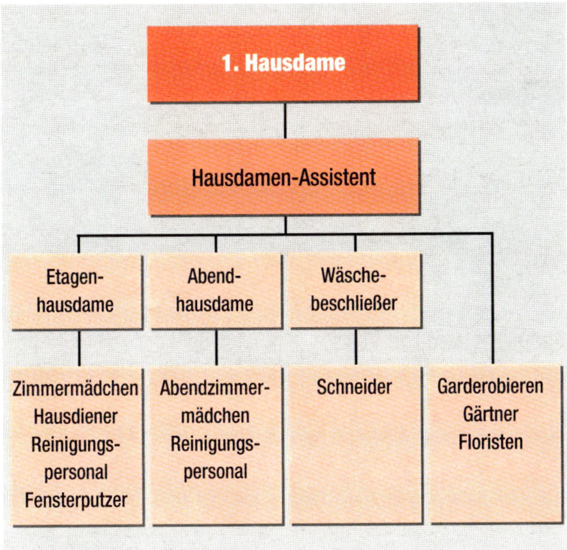

2. Personalstruktur in der Hausdamenabteilung

Gesamtverantwortlich
- Beherbergungsbereich: sämtliche Zimmer, Flure, Balkone
- Sanitär: Toiletten, Wasch-, Wickel- und Schminkräume
- Hoteleingang, Hotelhalle, Treppenhäuser
- Wäscherei und Wäschelager
- Reinigungsgeräte und Reinigungsmittel

Teilweise verantwortlich
Meist nur für Reinigung der Böden
- Empfang und Büros
- Animationsbereich (Fitnessraum, Schwimmbad, Sauna)
- Restaurant-, Bankett- und Tagungsräume
- Küchen und Magazine
- Sozialräume

Je nach Betriebsart verantwortlich
- Blumendekoration auf Zimmern, Fluren, Halle und Restaurant
- Instandhaltung der Bett-, Tisch- und Personalwäsche

3. Arbeitsbereiche der Hausdamenabteilung

Regeln für das Verhalten des Personals auf der Etage

Persönliches Verhalten

Jeder Gast, der einem begegnet, wird freundlich gegrüßt.
Rufen, Singen und laute Unterhaltungen auf den Fluren und in den Gästezimmern stören und sind zu unterlassen.
Einnahme von Speisen und Getränken sowie Rauchen auf Fluren und Gästezimmern sind untersagt.
Einschalten von Radio- und Fernsehgeräten sowie Benutzung der Telefone sind nicht gestattet.
Diskretion ist oberstes Gebot; Vorkommnisse, die dem Ruf des Hauses schaden könnten, werden vorsorglich den Vorgesetzten gemeldet.
Einladungen von Gästen müssen höflich abgelehnt werden.

Arbeitsverhalten

Arbeitsplatz ist der zugeteilte Flur und die dort befindlichen Gästezimmer. Der Arbeitsplatz darf während der Arbeitszeit nur mit Genehmigung verlassen werden.
Der Etagenschlüssel darf aus Sicherheitsgründen nie abgelegt oder verliehen werden.
Zimmertüren, an denen das Schild „Bitte nicht stören" hängt, dürfen nicht geöffnet werden.
Bevor ein Zimmer betreten wird, ist zu klopfen oder zu klingeln und auf Antwort zu warten. Erfolgt keine Antwort, kann das Zimmer betreten werden. Sofern die Gäste noch anwesend sind, entschuldigt man sich für die Störung und beginnt mit der Arbeit beim nächsten Zimmer.
Läutet in einem Zimmer das Telefon, darf auf keinen Fall der Hörer abgenommen werden. Dabei spielt es keine Rolle, ob das Zimmer belegt oder frei ist.
Die Reinigung des Zimmers muss stets bei geöffneter Zimmertür erfolgen.
Die Reinigung des Zimmers erfolgt jeweils nur durch eine Person; es sei denn, es wurde eine andere Einteilung vorgenommen.
Falls Gästeeigentum beschädigt wurde, muss dies sofort der vorgesetzten Person gemeldet werden, damit diese den Gast davon in Kenntnis setzen kann (Schadensregulierung).
Über liegen gebliebene Gegenstände oder vom Gast zur Reinigung bereitgelegte Kleidung ist umgehend die betreffende Stelle zu informieren.
Ausgefüllte Gästekommentare müssen ungeöffnet bzw. ungelesen abgegeben werden.

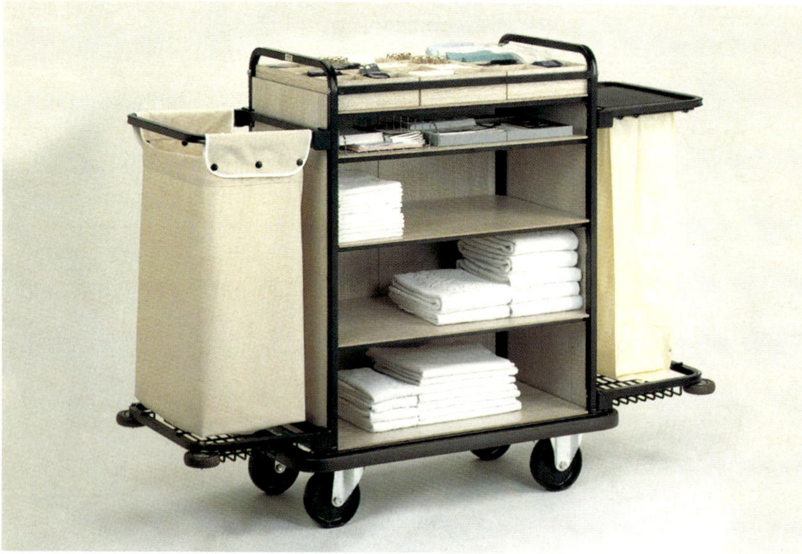

- Die oberste Ablage und/oder ein darunter liegendes, ausziehbares Fach werden mit Kleinutensilien bestückt.
- Die darunter liegenden Fächer enthalten Bettwäsche, Handtücher, Bademäntel usw. Die am wenigsten benötigten Wäschestücke sollten zuunterst liegen.
- Ein Extrawagen mit Putzmitteln und Wassereimern ist die ideale Ergänzung.

1. **Arbeitswagen auf der Etage**

Zimmer ▬

Anreisetag: ________ Abreisetag: ________

- ❍ Lichtkontrolle
- ❍ Fenster und Balkontür öffnen
- ❍ Betten abziehen und lüften
- ❍ Bad und WC herrichten
- ❍ Aschenbecher auswechseln
- ❍ Papierkorb leeren, säubern, desinfizieren
- ❍ Fenster auf Sauberkeit prüfen
- ❍ Balkon und Balkonpflanzen überprüfen
- ❍ Betten überziehen und machen
- ❍ abstauben
- ❍ Tischdecke auswechseln
- ❍ Blumen, Präsente, Schreibwaren überprüfen und ergänzen
- ❍ Boden reinigen und Bettvorlage erneuern
- ❍ Fenster und Balkontür schließen
- ❍ Gardinen richten

am Abreisetag:

- ❍ Inventarkontrolle auf Vollständigkeit
- ❍ Schrank und Nachttisch auswischen
- ❍ Kleiderbügel kontrollieren
- ❍ Kühlschrank reinigen

Fundsachen: ________
Defekte: ________
Unterschrift: ________

Bad und WC

- ❍ Lichtkontrolle
- ❍ Spiegel und Ablage
- ❍ Zahnbecher
- ❍ Wände
- ❍ Wanne
- ❍ Waschbecken innen und außen
- ❍ Toilette, Bidet innen und außen
- ❍ Armaturen
- ❍ Toiletteneimer
- ❍ Toilettenpapier, Hygienebeutel
- ❍ Seife, Erfrischungstuch, Bademittel
- ❍ Handtücher, Badetücher auswechseln
- ❍ Boden reinigen und Vorleger auswechseln

am Abreisetag:

- ❍ Desinfizieren

2. **Checkliste Bereitstellen/Kontrollieren eines Zimmers**

1.1 Arbeitsplanung zur Zimmerreinigung

Reinigungs- und Pflegemaßnahmen sind ständig wiederkehrende Arbeiten. Sie müssen deshalb gut organisiert werden, damit rationell gearbeitet wird. Außerdem ist eine ständige Ausführungskontrolle zu planen und durchzuführen, weil von ihrer Wirksamkeit der Hygienestandard eines Hotels abhängt.

Zur **Vorbereitung** gehört die Bereitstellung von

- Arbeitsmitteln zur Reinigung und Entsorgung wie Abfallsammelbeutel, Sack für Schmutzwäsche, Eimer, Putztücher, Leder-, Staubtuch, Bürsten, Staubsauger,
- Reinigungsmitteln wie Universal- und Spezialreiniger, Scheuermittel, Möbel- und Lederpflegemittel,
- Desinfektionsmitteln,
- Gebrauchsmitteln für den Gast wie Bettwäsche, Bade- und Handtücher, Toilettenpapier, Seife, Schreibwaren.

Sie werden auf dem dafür vorgesehenen Wagen eingeordnet, damit sie stets griffbereit sind.
Die Arbeitsplanung umfasst auch das Aufstellen einer Checkliste, in der alle Arbeiten in sinnvoller Reihenfolge aufgeführt und nach ihrer Durchführung abzuhaken sind. Solche Checklisten sollen verhindern, dass einzelne Tätigkeiten und Kontrollen aus Vergesslichkeit nicht ausgeführt werden. Sie sind auf die besonderen Gegebenheiten eines Hotels abzustimmen.
Die abgehakte und ausgefüllte Checkliste ist der Hausdame vorzulegen, die daraufhin die Zimmer überprüft.

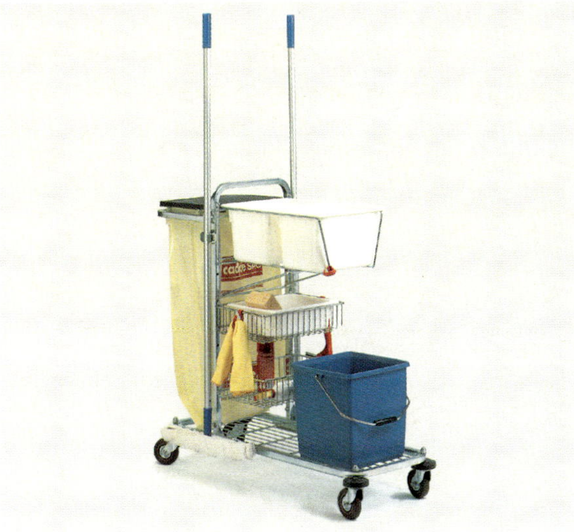

3. **Wagen für Putzmittel**

Zimmereingang: (eventuell an der Tür)	• Preisverzeichnis Zimmer (gesetzlich) • Beschreibung Fluchtweg (gesetzlich) • „Bitte nicht stören"-Schild • Türanhänger für die Frühstücksbestellung Zimmerservice
Kleiderschrank:	• Kleiderbügel • Wolldecke • Preisliste Wäsche/Reinigung
Nachttisch mit Telefon:	• Benutzungshinweis/Hausanschlüsse • Gebühren pro Einheit (gesetzlich) • Vorwahlverzeichnis • Verzeichnis wichiger Rufnummern
Tisch/Schreibtisch:	• Aschenbecher, Streichhölzer • Briefpapier, Kugelschreiber • Informationen über Veranstaltungen • Karte für Zimmerservice
Kommode:	• Fernsehzeitschrift • Bedienungsanleitung Fernsehgerät
Schublade:	• Kerze mit Ständer und Streichhölzer

4. **Checkliste über ausgelegte Informationen/Artikel in einem Hotelzimmer der Mittelklasse**

1.2 Musterablauf der Zimmerreinigung für einen Bleibegast

- Vor dem Anklopfen auf das „Nicht stören"-Schild achten; ist dieses nicht ausgehängt, anklopfen.
- Wenn sich niemand meldet, Tür öffnen; befindet sich niemand im Zimmer, Wagen vor die Tür schieben.
- Tür blockieren um ein Zuschlagen zu verhindern; Vorhänge öffnen, Lichter ausschalten.
- Gegebenenfalls vorhandene Frühstückstabletts oder -wagen (Trolleys) auf den Flur stellen, damit sie vom Zimmerservice entfernt werden können.
- Die Gläser von der Minibar auf den Wagen im Flur stellen.
- Umherliegende Zeitungen und Kleidungsstücke aufräumen; Schlafanzüge im Bad aufhängen; private Schriftstücke und Schreibutensilien an ihrem Platz belassen.
- Papierkörbe und Aschenbecher leeren; schmutzige Aschenbecher auf dem Wagen abstellen.
- Papierkörbe säubern, gereinigte Aschenbecher und frische Bettwäsche in das Zimmer bringen.
- Gardinen zurückschieben, Fenster-/Balkontür öffnen.
- Betten abziehen, dabei
  - Wolldecke entfernen und auf einen Stuhl legen,
  - Kopfkissen abziehen, den Schonbezug auf Zustand und Sauberkeit kontrollieren,
  - Bettlaken entfernen und ausschütteln (Fundsachen),
  - Matratzenschoner, falls nötig, auswechseln,
  - unter dem Bett nachsehen, ob sich dort heruntergefallene Gegenstände befinden.
- Gebrauchte Bett- und Badezimmerwäsche sowie die Vorlagen in den Wäschesack geben.
- Frische Bettwäsche bereitlegen, dabei auf einwandfreie Wäsche achten:
  - unteres Laken mit der rauhen Seite auf die Matratze legen,
  - Matratze anheben und Laken einschlagen,
  - oberes Laken mit der rauhen Seite nach oben auflegen; der Umschlag am Kopfende muss größer als am Fußende sein,
  - Wolldecke auflegen; am Kopfende ca. 15 cm kürzer als das obere Laken; überhängendes Lakenteil über die Decke schlagen,
  - Kopfkissen aufschütteln, beziehen und auflegen.
- Bettdecken und, wenn vorhanden, Tagesdecken auflegen.
- Vom Wagen die benötigten Reinigungsutensilien und -mittel holen.
- Putz- bzw. Lederlappen anfeuchten, staubwischen.
- Je nach Zimmereinrichtung notwendige Reinigungs-, Pflege- und Wartungsarbeiten durchführen (etwa bei Spiegel, Schreibtisch, Lampen, Telefon: Sprech-, Ohrmuschel oder Tastenblock, Radio: Funktionsprüfung, Fernsehapparat, Minibar, Tische, Heizkörperverkleidung usw.)
- Artikel wie Briefpapier, Hotelmagazine, Türhänger, Bibel, Telefonbuch und -anweisung, Streichholzbriefchen, Etagenservice-Karte usw. auffüllen bzw. auswechseln.
- Minibar überprüfen.
- Funktionsfähigkeit der Lampen prüfen.

1. Minibar – Auffüllwagen

Sehr geehrter Gast, wir bitten Sie, die entnommen Getränke anzukreuzen. *Danke!*

Dear guest, please indicate the drinks you have consumed on this form. *Thanks!*

Cher client, nous vous prions de vouloir noter, ci-dessous, les consommations prises. *Merci!*

Artikel – Item	Einheit/ Unit	Verbrauch/ Consumtion	Preis/ Price	Total/ DM
Sekt Hausmarke	0,2 l		11,00	
Weißwein	0,25 l		7,50	
Rotwein	0,25 l		7,50	
Pils	0,33 l		4,50	
Mineralwasser medium	0,5 l		6,00	
Mineralwasser	0,25 l		3,50	
Bitter Lemon	0,2 l		4,00	
Orangensaft	0,2 l		4,00	
Schokolade	100 g		3,50	
Erdnüsse	150 g		3,50	

Name:	Zimmer Nr.:	Total inkl. MwSt.: incl. Tax:
Datum:	Room No.:	Unterschrift/Signature:

2. Formular Minibar

Reinigung des Bades und der Toilette

- Bademattе vor das Bad legen um ein Nasswerden des Zimmerteppichs zu vermeiden.
- Papier- und Abfallkörbe leeren.
- Essigwasser oder anderes geeignetes Mittel in die Zahnputzgläser geben um Wasserstein zu entfernen.
- Toilettenreiniger in die Toilette geben.
- Kacheln, vor allem über der Badewanne bzw. in der Duschkabine reinigen, anschließend Bade- bzw. Duschwanne säubern, mit klarem Wasser nachspülen und trockenwischen; Wasserrückstände besonders auf Chromteilen vermeiden.
- Spiegel mit Lederlappen säubern.
- Mit den Toilettenutensilien des Gastes auf der Ablage nach Anweisung des Hauses verfahren; d. h. ob diese bei der Reinigung kurzfristig auf die Seite gestellt werden dürfen oder nicht.
- Zahnputzgläser reinigen, mit klarem Wasser ausspülen und trockenreiben.
- Waschbecken putzen, Stöpsel herausnehmen, gegebenenfalls Haare entfernen; Wasserüberlauföffnung reinigen; Chromteile wie bei Badewanne bzw. Dusche behandeln.
- Toilettenbecken mit der Toilettenbürste reinigen, Beckenrand und Sitzgarnitur allseitig gründlich reinigen; Deckel schließen.
- Toilettenartikel, die vom Haus gestellt werden (Seife, Schaumbad, Hygienebeutel, Einwegbadekappen, Toilettenpapier sowie Bade- und Handtücher und Waschlappen) erneuern bzw. ergänzen.
- Fußboden wischen; Vorlagen auslegen.

Staubsaugen

- Gegebenenfalls Balkon, danach das Zimmer saugen; Balkongeländer feucht abwischen.
- Balkontür/Fenster schließen (je nach Jahreszeit kippen).
- Gardinen/Sonnenvorhänge vorziehen.

Checkliste

- Checkliste abhaken; Reparaturen wie defekte Beleuchtungskörper, tropfende Wasserhähne usw. eintragen.
- Zimmertür schließen, abschließen.

Minibar kontrollieren und auffüllen

Mit der abschließenden Zimmerkontrolle wird auch die Minibar, in der in einem Kühlfach Getränke, in anderen Fächern Snacks wie Chips, Brezeln, Süßigkeiten oder auch Hygieneartikel zur Selbstbedienung bereitstehen, überprüft und aufgefüllt. Beim Bleibegast wird die Entnahme dem Empfang auf einem Formular gemeldet, der den Verbrauch auf die Rechnung des Gastes bucht. Beim abgereisten Gast wird nachträglich kontrolliert, ob die fehlenden Artikel mit den Angaben des Gastes übereinstimmen. Beim Auffüllen der Minibar ist auf Folgendes zu achten:

- Die einzelnen Fächer sind, sofern nötig, zu säubern.
- Nicht in die Minibar Gehörendes, das der abgereiste Gast zurückgelassen hat, ist zu entnehmen.
- Die Flaschenverschlüsse sind auf Beschädigung zu überprüfen (eventuelle Entnahme und Auffüllen mit anderer Flüssigkeit durch Gäste).
- Die Menge der aufgefüllten Artikel muss mit dem Verbrauch übereinstimmen (Soll/Ist-Bestand).
- Ein neues Entnahmeformular wird bereitgelegt.

Wäscheanforderungsliste vom 11.12..
Anfordernde Stelle Restaurant + Stube

	weiß	beige	altrosa
Tischdecken 130 x 130 cm	60	20	
Tischdecken 130 x 210 cm		5	
Tischdecken 150 ∅		3	
Tischdecken 200 ∅	2		
Tafeltücher 210 x 210 cm			
Tafeltücher 210 x 370 cm			
Deckservietten 80 x 80 cm			
Tischläufer 150 x 30 cm			
Skirting 240 cm	2	1	
Mundservietten 40 x 40 cm	200		
Mundservietten 50 x 50 cm		120	
Handservietten	20	10	
Poliertücher	60		

Moltons für Tischgröße 80 x80 cm ...., 80 x 160 cm ......5....., 100 cm ∅ ...., 150 cm ∅ ......1....., 160 x 160 cm ....,

Ausgabeperson ...[illegible]............... **Empfänger** ....[illegible]........

3. Wäscheanforderungsliste

Wissen Sie Bescheid?

1. Zeichnen Sie ein Organigramm von der Personalstruktur in der Hausdamenabteilung.
2. Erstellen Sie eine Stellenbeschreibung für die Leitung der Hausdamenabteilung.
3. Zählen Sie Arbeitsbereiche auf, für die die Hausdamenabteilung gesamtverantwortlich und teilweise verantwortlich ist.
4. Nennen Sie die wichtigsten Regeln für das persönliche Verhalten und das Arbeitsverhalten des Personals auf der Etage.
5. Schildern Sie den Musterablauf einer Zimmerreinigung bei einem Bleibegast.
6. Erstellen Sie eine Checkliste, die sich für die Bereitstellung eines Zimmers in Ihrem Hause eignen würde.
7. Nennen Sie die wichtigsten Punkte, auf die bei der Kontrolle der Minibar zu achten ist.

1.3 Wäschebereitstellung, Wäschekontrollen

Betriebseigene Wäsche/Leihwäsche (Leasing)

Die in einem Betrieb verwendete Wäsche kann Eigentum des Betriebes sein oder kann geliehen (geleast) werden. Bei Leihwäsche gehen die Anschaffungskosten zulasten des Verleihers; gleichzeitig übernimmt dieser die Reinigung, Pflege und Reparatur der Wäsche.

Die im Betrieb bereitgestellte Wäsche muss ausreichen um in einem bestimmten Turnus einen Wäschetausch ausführen sowie einen überraschenden Mehrverbrauch oder starke Verluste (Verschleiß, Diebstahl) auffangen zu können.

An Wäsche muss bereitgestellt werden

Betriebswäsche. Dazu zählen alle Wäschestücke, die für den Betriebsablauf erforderlich sind.

- Etage: Bettwäsche, Matratzenschoner, Tagesdecken, Wolldecken, Handtücher, Badelaken, Badevorlagen, Badeteppiche, Bademäntel
- Restaurant- und Banketträume: Moltons, Tischdecken, Tagungsdecken, Skirtings, Tafeltücher, Deckservietten, Mundservietten, Tischläufer, Sets
- Service: Poliertücher, Handservietten
- Küche: Vorstecker, Handtücher, Putz-/ Geschirrtücher
- In allen Räumen: Gardinen, Vorhänge.

Betriebsarbeitskleidung. Darunter versteht man eine bestimmte, vom Betrieb vorgeschriebene Kleidung, die sich von der üblichen Berufskleidung unterscheidet und vom Betrieb zur Verfügung gestellt wird.

Personalarbeitskleidung der allgemein üblichen Art, die auch Eigentum der Mitarbeiter sein kann und von dem Betrieb gereinigt bzw. gewaschen wird.

Wäscheausgabe

Die Wäscheausgabe für die einzelnen Abteilungen sollte, wie die Magazinausgabe, zu festgelegten Zeiten erfolgen. Sie kann auf verschiedene Arten durchgeführt werden:

- Frische Wäsche wird gegen die gleiche Menge gezählter schmutziger Wäsche, zum Beispiel für Küche, Restaurant, Etage, Bankettabteilung, getauscht.
- Frische Wäsche wird nach Vorlage einer Wäscheanforderungsliste an die einzelnen Abteilungen ausgegeben.

Wäschekontrollen

Die Wäschekontrollen beziehen sich auf Bestand, Verschmutzung, Verschleiß und Beschädigung.

Bestandskontrolle. Durch regelmäßige Bestandskontrollen (Inventur) werden vor allem Verluste festgestellt.

Verschmutzungskontrolle. Durch sie wird kontrolliert, welchen Verschmutzungsgrad die Wäsche hat. Wäsche, die einer schnellen Verschmutzung unterliegt (etwa Küchen-, Restaurantwäsche), wird in kurzen Zeitabständen gereinigt. Für Vorhänge, Gardinen, Tagesdecken wird ein längerfristiger Reinigungsturnus erstellt.

Verschleißkontrolle. Sie ist nötig um nicht mehr ansehnliche oder unbrauchbare Wäscheteile auszusortieren und durch neue zu ersetzen.

Beschädigungskontrolle. Die bei der Kontrolle ausgesonderten Teile müssen auf ihre Beschädigung hin überprüft werden. Dabei ist festzulegen, ob die Beschädigung behoben wird (wie Knopfannähen oder Kunststopfen eines kleinen Brandloches in einer teuren Decke) oder, da sich die Reparatur nicht mehr lohnt, das Wäschestück ausgetauscht wird.

Verwaltungsarbeiten im Büro

Buchführung dient der Information:
Ermittelt den Geschäftserfolg (Vermögen, Gewinn).

Buchführung dient als Entscheidungsgrundlage:
Liefert die Zahlen für die Statistik, für innerbetriebliche Kontrollen, Kostenrechnung und Kalkulation, Betriebsvergleiche und betriebliche Planungen.

Buchführung stellt Daten für die Besteuerung bereit:
Mehrwertsteuer, Gewerbesteuer, Körperschaftssteuer, Lohn- und Einkommensteuer, Abgaben an Gemeinden, Kurverwaltungen usw.

Buchführung kann als Beweismittel und Rechenschaftsgrundlegung dienen:
Bei Streitigkeiten mit Geschäftspartnern (Kunden, Lieferanten, Kreditgeber, Teilhaber) oder dem Finanzamt sowie bei Kreditanträgen, Erbstreitigkeiten oder bei einem Vergleich bzw. Konkurs.

1. Buchführung ist kein Selbstzweck

1 Betriebliches Rechnungswesen

Ohne Büroarbeit lässt sich ein gastgewerblicher Betrieb nicht führen. Büroarbeit besteht im Wesentlichen aus drei Teilbereichen:

Betriebliches Rechnungswesen (unterteilt in Buchführung, Kostenrechnung, Statistik und Planung), in dem alle Geschäftsvorfälle erfasst und ausgewertet werden. Dazu gehört die Hotelbuchhaltung, die vom Empfang geführt wird. Sie rechnet mit dem Beherbergungsgast ab und leitet die Einnahmen dem Büro (Kasse) weiter.

Schriftverkehr mit Gästen, Reiseveranstaltern, Lieferanten und Behörden.

Personalwesen, das vom Entwurf von Stellenangeboten bis zur Abmeldung ausscheidender Mitarbeiter die notwendigen Aufgaben durchführt.

Der Umfang der Büroarbeiten ist stark geprägt von der Art und Größe des Betriebes. Jeder Betrieb ist darauf ausgerichtet Gewinn zu erzielen. Dazu ist es erforderlich den Überblick über die Geschäftsvorfälle (Ausgaben und Einnahmen) zu behalten. Bei der Vielzahl der Vorgänge ist dies nur möglich, wenn jeder Vorgang aufgeschrieben wird.

Die chronologische (nach dem Zeitpunkt des Geschehens geordnete) Aufzeichnung bildet die Grundlage des betrieblichen Rechnungswesens.

Die ausgewerteten Daten bilden auch die Basis vieler betrieblicher Entscheidungen. Deshalb sind sie stets auf aktuellem Stand zu halten und sachgerecht, meist mithilfe der Datenverarbeitung, aufzubereiten um Fehlentscheidungen möglichst zu vermeiden.

Der Aufbau des betrieblichen Rechnungswesens ist von der Betriebsart und -größe abhängig. Man kann dabei vier Bereiche unterscheiden:

Buchführung. Sie dient dazu, Vorgänge, die das Kapital und das Betriebsvermögen betreffen, zu erfassen. Am Ende des Geschäftsjahres wird in der Gewinn- und Verlustrechnung der Betriebserfolg errechnet, indem man Aufwand und Ertrag gegenüberstellt. Außerdem liefert sie die Zahlen zur Erstellung einer Bilanz, in der Aktiva (Vermögenanlagen in z. B. Gebäude oder Maschinen) und Passiva (Herkunft des dafür bezahlten Geldes z. B. aus Eigenkapital oder Darlehen) zu einem bestimmten Zeitpunkt ermittelt und gegenübergestellt werden.

Kostenrechnung. In ihr werden alle innerbetrieblichen Kosten erfasst und zusammengestellt. Dadurch verfügt man über ein Mittel die Wirtschaftlichkeit zu überwachen und hat eine Grundlage für die Verkaufskalkulation.

Statistik. Mit ihrer Hilfe ordnet man alle verfügbaren Zahlen des Betriebs und wertet sie unter verschiedenen Gesichtspunkten aus, indem man sogenannte Kennzahlen (z. B. prozentuale Bettenauslastung) errechnet. Kennzahlen geben Aufschluss über den Geschäftsverlauf, Schwächen und Stärken des Betriebs und liefern Planungsdaten.

Planung. Die Ergebnisse der Buchführung, Kostenrechnung und Betriebsstatistik werden zur Entscheidung über die zukünftige Geschäftspolitik genutzt. Mit der Erstellung des Haushaltsplans (Budget) bekommt die Geschäftspolitik ihren konkreten finanziellen Rahmen.

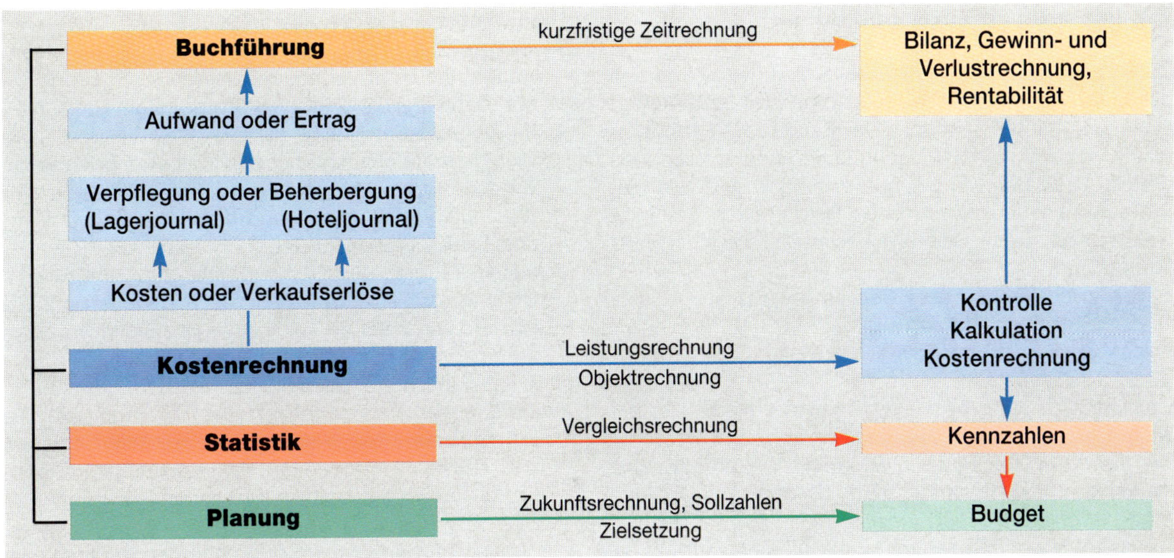

2. Zusammenspiel des Rechnungswesens eines Hotels

Die gesetzliche Forderung an eine Buchführungspflicht besteht nach den Vorschriften verschiedener Gesetze und Verordnungen, z. B. Handelsgesetzbuch (HGB), GmbH-Gesetz, Steuerrecht.

Die ordentlichen Buchführung
- Sie muss klar und übersichtlich sein.
- Alle Geschäftsvorfälle sind fortlaufend, vollständig, richtig und in einer lebenden Sprache zu buchen.
- Es darf keine Buchung ohne Beleg vorgenommen werden.
- Bücher, Blätter und Belege müssen fortlaufend nummeriert sein (Zwischenräume sind zu entwerten).
- Es sind keine Bleistift-Eintragungen zulässig.
- Der ursprüngliche Inhalt darf nicht unkenntlich gemacht werden (z. B. durch Radieren oder Übermalen).
- Kasseneinnahmen und -ausgaben sind täglich zu buchen.
- Inventar und Bilanz sind in Inlandswährung aufzustellen und vom Inhaber zu unterschreiben.

Nach § 39 HGB muss sich ein Sachverständiger (Betriebsprüfer, Steuerberater) innerhalb einer angemessenen Zeit einen Überblick über die Geschäftsvorfälle und die Vermögenslage des Betriebes verschaffen können.

Mögliche Folgen bei formellen und sachlichen Mängeln (die Beweislast liegt beim Steuerschuldner)
- Verwerfen (für ungültig erklären) der Buchführung
- Entzug von Steuervergünstigungen
- Schätzung der Besteuerungsgrundlage
- bei Steuerverkürzung: Geldbuße bis 100 000 DM
- bei Steuerhinterziehung: Geld- und Freiheitsstrafen

Aufbewahrungsfristen	
10 Jahre	**6 Jahre**
• Bilanzen, Inventare • Geschäftsbriefe • Jahresabschlüsse • Kassenbücher • Bankauszüge • Gewinn- und Verlustrechnungen	• Buchungsunterlagen • Bewirtungsunterlagen • Kalkulationsunterlagen • Quittungen • Reisekostenabrechnungen

1. Welche Teilbereiche umfasst die Verwaltungsarbeit im Büro?
2. Zählen Sie die vier Hauptbereiche des betrieblichen Rechnungswesens auf.
3. In welchen Fällen benötigt man die Zahlen der Buchführung als Beweismittel?
4. Welche Anforderungen werden an eine ordnungsgemäße Buchführung gestellt?
5. Nennen Sie mögliche rechtliche und finanzielle Folgen, die eine mangelhafte Buchführung haben kann.
6. Aus welchen Gründen müssen Geschäftsunterlagen aufbewahrt werden?
7. Welcher Bereich des betrieblichen Rechnungswesens liefert Kennzahlen für Vergleichszwecke?
8. Wie kommt ein Budget zustande?

1.1 Inventur, Inventar und Bilanz

Die **Inventur** (Bestandsaufnahme) erfasst die Menge und den Wert des Betriebsvermögens und der Schulden zu einem bestimmten Zeitpunkt. Die Menge der Vermögensteile wird dabei durch Wiegen, Zählen und Messen festgestellt. Die Daten werden in Inventurlisten festgehalten. Die aufgrund der Inventurlisten festgestellten Bestände werden nach ihrem Geldwert bewertet. Mögliche Wertansätze sind:

- der Anschaffungs- oder Herstellungswert,
- der Wiederbeschaffungswert,
- der Verkaufswert oder der Schätzwert.

Grundsätzlich sollte beim Vermögen der niedrigste, bei Schulden der höchste ermittelte Wert angesetzt werden.
Der Bewertung folgen die Gliederung, Ausrechnung und die Reinschrift im **Inventar** (Bestandsverzeichnis der Vermögenswerte und der Schulden).
Die Inventur wird mindestens einmal im Geschäftsjahr an einem bestimmten Stichtag durchgeführt (Stichtagsinventur). Wenn aktuellere Informationen über den Verlauf der Bestandsvorgänge erwünscht sind, muß entsprechend häufiger Inventur gemacht werden (z. B. monatlich).

Bei der **permanenten Inventur** schreibt man die Lagerbestände ständig fort (z. B. in der Lagerbuchhaltung) und überprüft die Richtigkeit der Bestandsentwicklung durch Stichproben-Kontrollen.
Mithilfe der Elektronischen Datenverarbeitung (EDV) ist die permanente Inventur rasch und genau durchführbar. Je aktueller und genauer die Daten der Inventur und ihre Auswertung sind, desto solider ist die Grundlage für betriebswirtschaftliche Entscheidungen.

Inventurliste 4.15 Weißweinlager

Nummer	Bezeichnung	Einheit	Ist-Menge
401	Müller-Thurgau	1,0 l	36
402	Riesling	0,7 l	28
403	Silvaner	0,7 l	19
404	Kerner	0,7 l	24
405	Scheurebe	0,7 l	20
406	Ruländer	0,7 l	14
407	Bacchus	0,7 l	21
408	Mario-Muskat	0,7 l	0
409	Faberrebe	0,7 l	0
410	Huxelrebe	0,7 l	25
411	Gutedel	1,0 l	48
412	Ortega	0,7 l	12

1. Inventurliste

Das Inventar wird in drei Abschnitte unterteilt.

Vermögen. Zum Anlagevermögen gehören Wertgegenstände, die nicht verbraucht werden (z. B. Grundstücke, Gebäude, Geschäftsausstattung). Zum Umlaufvermögen zählen Bestände, die sich laufend ändern (z. B. Warenvorräte, Bankguthaben). Die Vermögenswerte werden danach geordnet, wie schnell sie in Geld umzuwandeln sind, d. h. Grundstücke und Gebäude zuerst, Bankguthaben zuletzt.

Schulden. Sie werden nach ihrer „Fälligkeit" geordnet: Die langfristig fälligen Schulden (z. B. Hypotheken, Darlehen) werden vor die kurzfristigen Schulden wie Lieferanten- oder Bankverbindlichkeiten z. B. Kontokorrent-Kredit (Überziehungskredit eines Betriebs) gestellt.

Ermittlung des Reinvermögens (Betriebsvermögen). Die Differenz zwischen Vermögenswerten und Schulden stellt das Reinvermögen dar, das in der Bilanz in Eigenkapital und Fremdkapital aufgegliedert wird.

Die **Bilanz** ist eine Zusammenfassung des Inventars, die ohne Einzelangaben auskommt und bei der der Begriff „Schulden" durch „Fremdkapital" ersetzt wird. Sie stellt die Gesamtwerte der einzelnen Inventarposten in einem Konto dar, wobei auf der linken Seite alle Vermögenswerte (Aktiva) und auf der rechten Seite (Passiva) das aufgewendete Kapital (die Herkunft der Geldmittel für die Finanzierung der Vermögenswerte) aufgeführt sind. Daraus ergibt sich, dass Anlage- und Umlaufvermögen gleich groß sein müssen, wie das aufgebrachte Eigen- und Fremdkapital. Auf diesen Zusammenhang weist das italienische Wort für Bilanz (bilancia = Waage) hin.

Die Gliederung der Bilanz erfolgt nach den Grundsätzen, die beim Inventar beschrieben sind.

Bilanzbeurteilung

Um die wirtschaftliche Lage des Betriebs oder Unternehmens beurteilen zu können wird eine Bilanzanalyse durchgeführt. Dabei setzt man bestimmte Positionen der Bilanz zueinander ins Verhältnis. Beispiele sind die Relationen zwischen Eigen- und Fremdkapital oder Verbindlichkeiten zu Bankguthaben.

1. Nennen Sie Gesichtspunkte, die bei der Gliederung von Inventar und Bilanz sowie bei der Bewertung von Vermögensteilen eine Rolle spielen.
2. Definieren Sie die Begriffe Anlagevermögen, Umlaufvermögen und Reinvermögen.
3. Welche Vorgänge erhöhen das Eigenkapital?
4. Nennen Sie die Vor- und Nachteile der Stichtagsinventur im Vergleich mit der permanenten Inventur.
5. Welche Angaben stehen auf der rechten Bilanzseite (Passiva)?

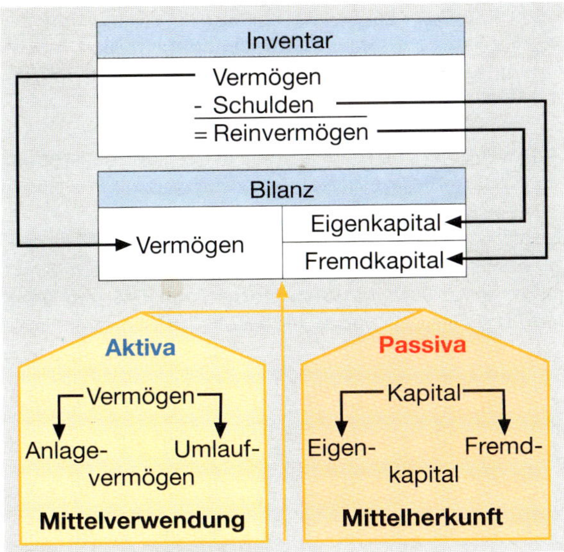

2. Vom Inventar zur Bilanz

Mittelverwendung	Mittelherkunft
Anlagevermögen bildet die Grundlage des Betriebes, meist langfristig an den Betrieb gebunden • Grundstücke • Gebäude • Fuhrpark • Geschäftsausstattung	**Eigenkapital** wurde vom Betriebsinhaber selbst aufgebracht bzw. vom Betrieb erwirtschaftet • Privateinlage • Erwirtschafteter Gewinn
Umlaufvermögen wird durch die Geschäftstätigkeit laufend verändert • Waren • Forderungen • Bargeld (Kasse) • Bankguthaben	**Fremdkapital** wurde von Kapitalgebern aufgebracht, die nicht am Betrieb beteiligt sind Langfristig: • Hypotheken • Darlehen Kurzfristig: • Lieferantenverbindlichkeiten • Kontokorrent-Kredit

3. Vermögen und Kapital sind gleich groß

Hotel Hexenberg,
75365 Calw
Inhaber: Karin Weihrauch
zum ....-12-31

Inventar

	DM	DM
A Vermögen		
I. Anlagevermögen		
1. Grundstücke und Gebäude	1 040 000	
2. Maschinen (Inventurliste 1)	268 000	
3. Fuhrpark (Inventurliste 2)	40 000	
4. Geschäftsausstattung (Inventurliste 3)	128 000	1 476 000
II. Umlaufvermögen		
1. Warenvorräte (Inventurliste 4)	88 000	
2. Forderungen (Inventurliste 5)	13 000	
3. Bargeld (Kasse)	5 600	
4. Bankguthaben	50 000	156 600
Summe des Vermögens		**1 632 600**
B Schulden		
I. Langfristige Schulden		
1. Hypothek	560 000	
2. Darlehen	140 000	700 000
II. Kurzfristige Schulden		
3. Lieferantenverbindlichkeiten	64 800	
4. Kontokorrent-Kredit	20 000	84 800
Summe der Schulden		**784 800**
C Ermittlung des Reinvermögens		
Summe des Vermögens		1 632 600
Summe der Schulden		784 800
Reinvermögen		**847 800**

4. Inventar eines Hotels

1.2 Auflösung der Bilanz in Konten

Um die Geschäftsvorfälle laufend verbuchen zu können werden die einzelnen Positionen in Konten aufgelöst **(T-Konten).** Weil das Vermögen auf der Aktivseite der Bilanz steht, wird bei den daraus erstellten Aktivkonten der **A**nfangs**b**estand (**AB**) auf der **S**ollseite (**S**), d. h. auf der linken Seite eines Kontos verbucht, die Schulden entsprechend auf der **H**abenseite (**H**) der Passivkonten.

1.3 Verbuchen von Geschäftsvorfällen

Bei der **einfachen Buchführung** werden die Geschäftsvorfälle in einem Kassenbuch täglich fortlaufend nummeriert eingetragen. An jedem Geschäftstag wird der Kassen-Endbestand errechnet und für den folgenden Tag als Anfangsbestand übernommen.
Bei der **doppelten Buchführung** werden alle Geschäftsvorfälle, zeitlich und sachlich geordnet, auf mindestens zwei Konten gebucht, im Haben und im Soll.
Jede Buchung wird in einem **Buchungssatz** ausgedrückt. Am Anfang des Satzes steht immer die Soll-Buchung, danach die Haben-Buchung verbunden mit dem Wort „an".

Bei **Aktivkonten** werden Mehrungen im Soll und Minderungen im Haben, bei **Passivkonten** Mehrungen im Haben und Minderungen im Soll gebucht.

Beispiel 1: *Folgender Geschäftsvorfall soll verbucht werden: „Wir haben bei einem Weinhändler Weine für 2000 DM auf Ziel gekauft". Buchungssatz:* ***„Waren an Lieferanten-Verbindlichkeiten 2 000 DM".*** *Der Vorgang wird auf dem Konto Waren auf der Soll-Seite mit 2 000 DM gebucht, auf dem Konto Lieferanten-Verbindlichkeiten auf der Haben-Seite.*

Waren S	H	*Lieferanten-Verbindlichkeiten* S	H
AB			*AB*
+ 2000			*+ 2000*

Der Bestand im Aktivkonto Waren hat zugenommen, der Bestand im Passivkonto Lieferanten-Verbindlichkeiten hat ebenfalls zugenommen. Man spricht von **Aktiv-Passiv-Mehrung.** Die Bilanzsumme vergrößert sich.

Beispiel 2: *Bei Bezahlung der Lieferantenverbindlichkeit durch Banküberweisung lautet der Buchungssatz:* ***„Lieferanten-Verbindlichkeiten an Bank".***

Lieferanten-Verbindlichkeiten S	H	*Bank* S	H
	AB	*AB*	
	+ 2000 (Bsp. 1)		*– 2000*
– 2000			

Der Bestand im Passivkonto Lieferanten-Verbindlichkeiten und im Aktivkonto Bank hat abgenommen. Man spricht von **Aktiv-Passiv-Minderung**. Die Bilanzsumme verringert sich.

Betrifft ein Vorgang mehr als zwei Konten, formuliert man einen **zusammengesetzten Buchungssatz.**

Beispiel 3: *Ein Gast bezahlt seine Rechnung nach 14 Tagen. Er bezahlt 1000 DM in bar und 2000 DM durch Banküberweisung. Buchungssatz:* ***„Kasse 1000 DM und Bank 2000 DM an Forderungen 3000 DM".***

Kasse S	H	*Bank* S	H	*Forderungen* S	H
AB		*AB*		*AB*	
+ 1000		*+ 2000*			*–3000*

Die Bestände der Konten Kasse und Bank haben zugenommen (Mehrung), der Bestand im Konto Forderungen hat abgenommen (Minderung), weil es sich bei allen drei Konten um Aktivkonten handelt. Man spricht von **Aktiv-Tausch.** Das Bilanzgleichgewicht bleibt erhalten.

Beispiel 4: *Der Betrieb nimmt zur Bezahlung einer Lieferantenrechnung, die als Lieferantenverbindlichkeit mit 10 000 DM gebucht ist, ein Darlehen bei der Bank auf. Der Buchungssatz lautet:* ***„Lieferanten-Verbindlichkeiten an Darlehen".***

Lieferanten-Verbindlichkeiten S	H	*Darlehen* S	H
	AB		*AB*
– 10 000			*+ 10 000*

Weil es sich um zwei Passivkonten handelt und das Konto Lieferanten-Verbindlichkeiten abgenommen (Minderung) und das Konto Darlehen zugenommen (Mehrung) hat, spricht man von einem **Passiv-Tausch.** Das Bilanzgleichgewicht bleibt erhalten.

Grundbuch und Hauptbuch

Im Grundbuch werden alle Geschäftsvorfälle mit den entsprechenden Buchungssätzen in ihrer zeitlichen Reihenfolge notiert. Eine geordnete Belegsammlung kann das Grundbuch ersetzen. Im Hauptbuch werden die Geschäftsvorfälle auf die einzelnen Konten nach zeitlichen und auch nach sachlichen Gesichtspunkten gegliedert.

Abschluss der Konten

Am Ende jeder Geschäftsperiode sind alle Konten abzuschließen. Dabei werden die Beträge im Soll bzw. Haben addiert und ihre Differenz auf der Seite des kleineren Betrages als Schlussbestand angeschrieben. Diesen Unterschiedsbetrag nennt man Saldo, den Vorgang Saldieren. Der Schlussbestand wird als Anfangsbestand in die neue Rechnungsperiode übernommen.

Bilanzvergleich
Beim Vergleich zwischen der neu erstellten Bilanz und den vorhergehenden Bilanzen können unter anderem Gewinn bzw. Verlust, die Geschäftsentwicklung, die Veränderung der Kapitalstruktur und des Verschuldungsgrades ermittelt werden.

1. Wie lauten die Buchungsregeln?
2. Formulieren Sie Buchungssätze für folgende Vorgänge:
   a) Kauf einer Waschmaschine (5 000 DM) auf Ziel
   b) Vom Bankkonto wird eine Hypothek (10 000 DM) bezahlt
   c) Eine Lieferantenrechnung wird überwiesen (4 800 DM)
   d) Ein Gast bezahlt seine Hotelrechnung bar (258 DM)

Bilanz zum 1. Januar ...

Aktiva		Passiva	
I. Anlagevermögen		**I. Eigenkapital**	847 800
1. Grundstücke und Gebäude	1 040 000		
2. Maschinen	268 000	**II. Fremdkapital**	
3. Fuhrpark	40 000	1. Hypothek	560 000
4. Geschäftsausstattung	128 000	2. Darlehen	140 000
II. Umlaufvermögen		3. Lieferanten-V.	64 800
1. Waren	88 000	4. Bank-Verbindl.	20 000
2. Forderungen	13 000		
3. Kasse	5 600		
4. Bank	50 000		
	1 632 600		1 632 600

Calw, 2. Januar ... Unterschrift des Inhabers

Aktivkonten

S	Grundstücke und Gebäude	H
AB	1 040 000	

S	Maschinen	H
AB	268 000	

S	Fuhrpark	H
AB	40 000	

Passivkonten

S	Eigenkapital	H
	AB	847 800

S	Hypothek	H
	AB	560 000

S	Darlehen	H
	AB	140 000

1. **Auflösung der Bilanz in Konten**

Grundbuch (zeitliche Ordnung)

Datum	Beleg	Geschäftsvorfall	Soll	Haben	DM
01. Juli	1)	Kauf von Waren (bar)	Waren	Kasse	400
02. Juli	2)	Kauf von Waren auf Ziel	Waren	Verbindlichkeit	900
03. Juli	3)	Bezahlung einer Lieferanten-Rechnung (Überweisung)	Verbindlichkeit	Bank	1 500
04. Juli	4)	Umwandlung einer Verbindlichkeit in ein Darlehen	Verbindlichkeit	Darlehen	5 000

Hauptbuch (sachliche Ordnung)

S	Waren	H
AB		
1) 400		
2) 900		

S	Darlehen	H
	AB	
	4) 5 000	

S	Kasse	H
AB	1) 400	

S	Verbindlichkeiten	H
3) 1 500	AB	
4) 5 000	2) 900	

S	Bank	H
AB	3) 1500	

2. **Zusammenhang Grund- und Hauptbuch**

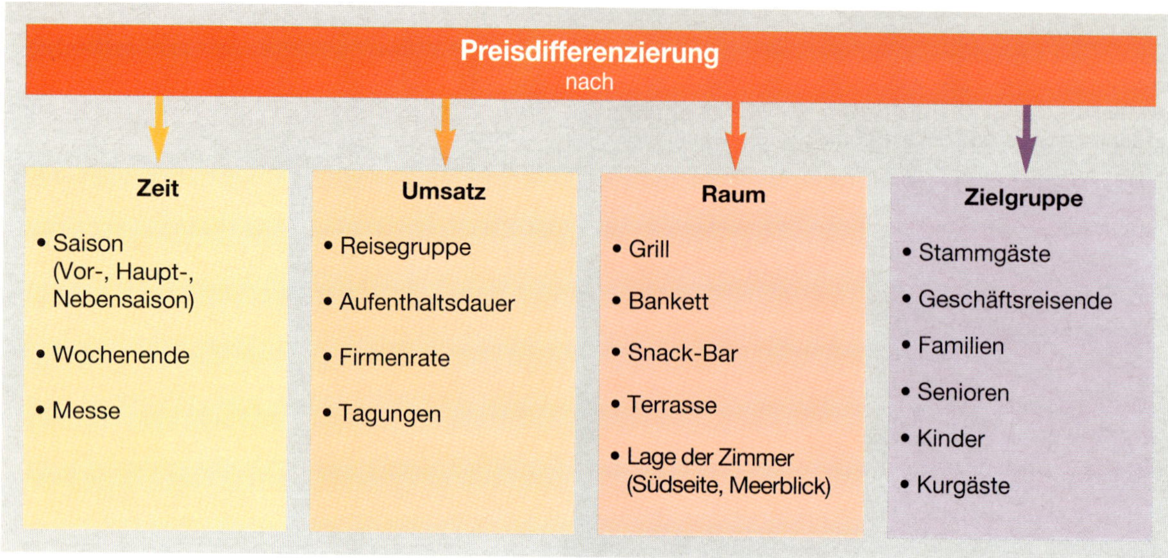

1. **Preisdifferenzierung im Gastgewerbe**

1.4 Preisgestaltung, Kostenrechnung und Kalkulation

Vollkosten-Rechnung

Diese Kalkulationsform geht, wie andere Berechnungsarten auch, davon aus, dass alle entstandenen Kosten über den Verkaufspreis erwirtschaftet werden müssen. Sie nimmt keine Rücksicht auf Einflussfaktoren wie Nachfrage- und Konkurrenzsituation oder Umsatzvolumen, sondern verteilt die Kosten über einen einheitlichen Kalkulationsfaktor.

Beispiel 1

Bezugspreis		*10,00 DM*
+ Gemeinkosten	*150 %*	*15,00 DM*
= Selbstkostenpreis		*25,00 DM*
+ Gewinn	*20 %*	*5,00 DM*
= Geschäftspreis		*30,00 DM*
+ Bedienungsgeld	*15 %*	*4,50 DM*
= Nettopreis		*34,50 DM*
+ Mehrwertsteuer	*15 %*	*5,18 DM*
= Brutto-Verkaufspreis		*39,68 DM*

Vereinfachen lässt sich diese Rechnung durch einen **Kalkulationsfaktor.** In einzelnen Betriebsteilen (Restaurant, Bar, Bankett) können unterschiedliche Kalkulationsfaktoren angesetzt werden.

Beispiel 2

Wareneinsatz		*10,00 DM*
Kalkulationsfaktor	*400 %*	▼
Brutto-Verkaufspreis		*40,00 DM*

Preisgestaltung

Nachfrageorientiert. „Angebot und Nachfrage regeln den Preis!“. Jedem ist verständlich, dass zu bestimmten Zeiten (z. B. Saison, Messezeit) höhere Preise angebracht sind, weil auch der Nutzen für den Gast höher ist. Wird jedoch ein bestimmtes Maß überschritten, schlägt das Verständnis in Ablehnung um und dies kann zum Verlust von Gästen führen.

Nutzenorientiert. Die Schwierigkeit der nutzenorientierten Preisgestaltung besteht darin, dass der Blickwinkel des Gastes individuell verschieden und subjektiv ist. Dies erfordert ein Sich-Hinein-Versetzen in die Situation des Gastes um seine Bedürfnisse zu erkennen. Gästeumfragen können ein Hilfsmittel dazu sein.

Konkurrenzorientiert. Um Gäste an den Betrieb zu binden muss das Preis-Leistungs-Verhältnis in den Augen der Gäste besser sein als das der Konkurrenten. Jeder Betrieb, der in der Konkurrenz zu anderen steht, wird mit seiner Leistung und seinen Preisen einen bestimmten Personenkreis ansprechen, d. h. sein eigenes Preis-Leistungs-Profil finden. Gefährlich ist die Übernahme der Konkurrenzpreise als alleinige Grundlage der eigenen Preisgestaltung, weil die Kostenstruktur der Betriebe unterschiedlich ist.

Preisdifferenzierung

- **nach Zeit:** Zu bestimmten, schwach frequentierten Zeiten kann ein Preisabschlag sinnvoll sein, z. B. „Wochenend-Pakete“ an schwach belegten Wochenenden oder eine „Happy-Hour“ zu einer bestimmten Tageszeit.

Vollkostenrechnung mit Kalkulationsfaktor

	Speisen	Getränke	insgesamt
Wareneinsatz	5 000 DM	3 000 DM	8 000 DM
Kalkulationsfaktor	400%	500%	
Brutto-Verkaufspreis	20 000 DM	15 000 DM	35 000 DM

(einschließlich Mehrwertsteuer und Bedienungsgeld)

Deckungsbeitragsrechnung der Speisen

Netto-Verkaufspreis (ca.)	10 000 DM	11 500 DM	21 500 DM
– Wareneinsatz	5 000 DM	3 000 DM	8 000 DM
= Rohertrag (ca.)	5 000 DM	8 500 DM	13 500 DM
– variable Kosten	2 000 DM	1 000 DM	3 000 DM
Deckungsbeitrag (ca.)	3 000 DM	7 000 DM	10 500 DM

2. Berechnung des Deckungsbeitrags am Beispiel eines Banketts

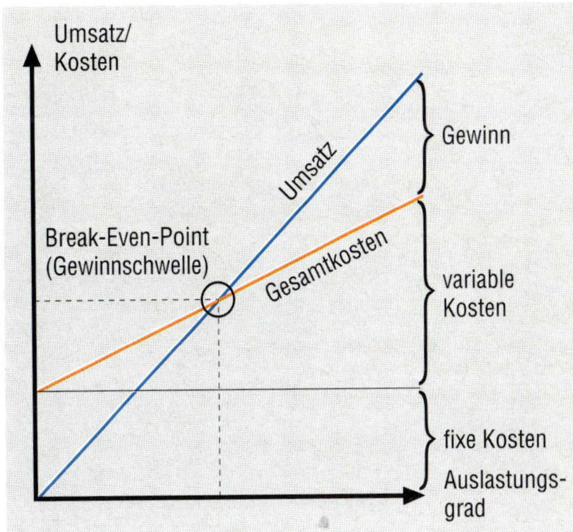

3. Break-Even-Point

- **nach Umsatz:** Vor allem im Beherbergungsbereich werden die Preise häufig nach dem Buchungsaufkommen abgestuft. Firmen- oder Reisegruppen-Sonderpreise sollen eine hohe Auslastung gewährleisten.
- **nach Raum:** Wenn die Gasträume eines Hauses auf unterschiedliches Publikum ausgerichtet sind, kann bei der gleichen Leistung, z. B. Speise oder Getränk, der Preis verschieden hoch sein.
- **nach Zielgruppe:** Sollen bestimmte Gästegruppen angesprochen werden (z. B. Kinder oder Kurgäste), kann dies durch ein spezielles Angebot geschehen.

Deckungsbeitragsrechnung

Ihr Ansatz ist die Überlegung, dass ein beträchtlicher Teil der Kosten unabhängig davon entsteht, ob Gäste die Leistungen in Anspruch nehmen oder nicht, und dass durch eine erhöhte Kapazitätsauslastung (auch zu Preisen, die zum Teil unter den errechneten Preisen der Vollkostenrechnung liegen) insgesamt ein besseres Geschäftsergebnis möglich ist.
Für die Deckungsbeitrags-Rechnung ist die Analyse der Kosten unter folgenden Gesichtspunkten notwendig:
Die **fixen Kosten,** z. B. für Pacht, fest angestelltes Personal, Abschreibungen für Geschäftsausstattung oder Versicherungsprämien, belasten den Betrieb und führen bei geringer Auslastung der Betriebskapazität und der Anwendung der Vollkostenrechnung zu relativ hohen Preisen.
Die **variablen Kosten,** die erst anfallen, wenn die Leistung in Anspruch genommen wird (z. B. Wareneinsatz, Löhne für Aushilfspersonal, Wäsche-Kosten), sind demnach der gastronomischen Leistung direkt zurechenbar.

Der **Deckungsbeitrag** bezieht sich auf den Betrag, den eine verkaufte Leistung zur Deckung der fixen Kosten erbringen kann .
Nach dem einfachen Kalkulationsschema der Vollkostenrechnung (Bild 2) würde der Preis für die Speisen des Banketts bei 20 000 DM (Wareneinsatz 5 000 DM x 400 %) liegen. Wenn, wie in diesem Fall, die Getränkepreise nach der Vollkostenrechnung kalkuliert sind, nimmt man bei den Speisen eine Mindereinnahme in Kauf, um einen Deckungsbeitrag von 10 500 DM durch die Ausrichtung des Banketts zu erwirtschaften.
Der Zusammenhang zwischen Gesamtkosten, Umsatz und Gewinn wird in Bild 3 dargestellt. Es ist erkennbar, bis zu welchem Umsatz sich ein Betrieb innerhalb der Verlustzone befindet. Ist der Umsatz so hoch, dass er die Gewinnschwelle (Break-Even-Point) überschreitet, sind die fixen und die variablen Kosten gedeckt.
Die Deckungsbeitrags-Rechnung ermöglicht eine flexiblere und marktorientiertere Preisgestaltung. Sie muss jedoch gewährleisten, dass, zumindest mittelfristig, alle Erlöse insgesamt auch alle anfallenden Kosten decken und einen angemessenen Gewinn ermöglichen.

1. Nennen Sie die Kalkulationsform, die ausschließlich die Kostenseite berücksichtigt.
2. Erläutern Sie die Vorteile der Deckungsbeitragsrechnung.
3. Worin unterscheiden sich fixe und variable Kosten?
4. Erklären Sie 4 Möglichkeiten der Preisdifferenzierung.
5. Warum ist die konkurrenzorientierte Preisgestaltung als alleinige Grundlage abzulehnen?

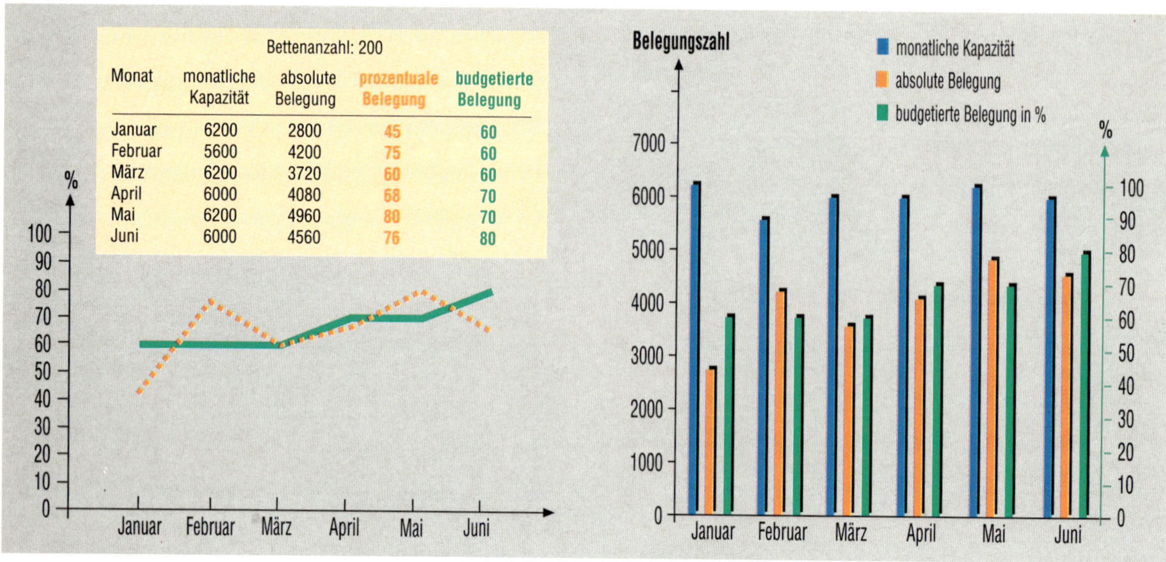

Bettenanzahl: 200

Monat	monatliche Kapazität	absolute Belegung	prozentuale Belegung	budgetierte Belegung
Januar	6200	2800	45	60
Februar	5600	4200	75	60
März	6200	3720	60	60
April	6000	4080	68	70
Mai	6200	4960	80	70
Juni	6000	4560	76	80

1. **Bettenbelegung – statischtisch aufbereitet**

1.5 Statistik

Zur Aufbereitung der Daten aus der Buchhaltung wird die Statistik bei der Erfassung, Verarbeitung und grafischen Darstellung der betrieblichen Vorgänge eingesetzt. Mit ihrer Hilfe können durch den Vergleich mit anderen Zeiträumen, Betrieben oder Planungsdaten wichtige Entscheidungshilfen geschaffen werden.

Ein Beispiel ist der Tagesumsatz, der nach Sparten (Beherbergung, Speisen, Getränke, Telefon, Garage) aufgeliedert und unter verschiedenen Gesichtspunkten (Auslastung, Aufenthaltsdauer, Umsatz usw.) analysiert werden kann.
Die elektronische Datenverarbeitung ermöglicht die schnelle Erfassung und Auswertung und kann durch entsprechende grafische Darstellungen Zusammenhänge und Entwicklungen (z. B. mit Kurven oder Diagrammen) auf einen Blick sichtbar machen.
Je schneller, genauer, deutlicher und übersichtlicher die Daten aufbereitet sind, desto besser kann auf Veränderungen am Beschaffungs- und Absatzmarkt reagiert werden.

Berechnung von Kennzahlen
Kennzahlen sind Verhältniszahlen mit Aussagekraft über betriebliche Vorgänge. Sie können Grundlage für Prognosen sein und als innerbetriebliches Kontrollinstrument für Soll-Ist-Vergleiche genutzt werden. Wurde beispielsweise ein durchschnittlicher Getränkeumsatz pro Gast von 18,00 DM als Soll-Wert vorgegeben und der Ist-Wert liegt bei 12,00 DM, so sind Maßnahmen gefragt, die umsatzsteigernd wirken, oder der Soll-Wert muss herabgesetzt werden.

Vorgaben: Anzahl der Gästeankünfte 4 015, Zimmeranzahl 60, Bettenanzahl 110, Anzahl der belegten Zimmer 13 140, Anzahl der belegten Betten (Übernachtungen) 20 075, Beherbergungsumsatz 2 956 500 DM, Betriebstage 365

Zimmerbelegung in Prozent	$\frac{\text{belegte Zimmer x 100}}{\text{Zimmeranzahl x Betriebstage}}$	$\frac{13\,140 \times 100}{60 \times 365}$	= 60 %
Bettenbelegung in Prozent	$\frac{\text{belegte Betten x 100}}{\text{Bettenanzahl x Betriebstage}}$	$\frac{20\,075 \times 100}{110 \times 365}$	= 50 %
Durchschnittliche Aufenthaltsdauer	$\frac{\text{Anzahl der Übernachtungen}}{\text{Anzahl der Ankünfte}}$	$\frac{20\,075}{4\,015}$	= 5 Tage
Durchschnittlicher Beherbergungsumsatz	$\frac{\text{Beherbergungsumsatz}}{\text{belegten Betten}}$	$\frac{2\,956\,500}{20\,075}$	= 147 %

2. **Kennzahlen-Berechnung im Beherbergungsbereich**

Budget März ...	Budget (Soll) in TDM	in %	Umsatz (Ist) in TDM	in %	Abweichungen in TDM	in %
Erlöse:						
Beherbergung	252,0	56,0	219,9	51,8	– 32,1	– 12,7
Food & Beverage	189,0	42,0	198,1	46,7	+ 9,1	+ 12,7
Sonstiges	9,0	2,0	6,5	1,5	– 2,5	– 27,7
Gesamt	450,0	100,0	424,5	100,0	– 25,5	– 5,7
Aufwendungen:						
Personal	130,0	37,5	131,7	37,6	+ 1,7	+ 1,3
Verwaltung	50,0	14,4	47,9	13,7	– 2,1	– 4,3
Waren	65,0	18,8	72,4	20,7	+ 7,4	+ 11,4
Energie/Wasser	...	...	...	...	...	...
...	...	...	...	...	...	...
Gesamt	346,5	100,0	350,4	100,0		
Betriebserfolg	103,5		74,1			

3. Beispiel für den Monats-Haushaltsplan eines Betriebes

1.6 Budget (Haushaltsplan)

Im Budget werden die Aufwendungen und Erlöse festgelegt, die in einer Zeiteinheit (z. B. Monat, Halbjahr, Jahr) geplant sind. Die Entscheidung, wofür man Geld ausgibt bzw. wie viel Geld erwirtschaftet werden soll, ist unverzichtbare Zielvorgabe und ein wichtiges Kontrollinstrument der Geschäftsleitung.
Das Budget wird anhand der aufbereiteten Daten des Rechnungswesens, die sich auf vergleichbare Zeiträume beziehen, erstellt. In die Prognose fließen außerdem Daten aus der Analyse des Standorts und der Konkurrenz mit ein. Berücksichtigt werden bereits vorliegende Buchungen, besondere Veranstaltungen am Ort und geplante Werbemaßnahmen.

Prognose der Wirtschaftlichkeit

Aus dem Budget lässt sich erkennen, ob mit den geplanten Daten ein Gewinn zu erwirtschaften ist. Im laufenden Vergleich mit den täglich eingehenden Ist-Daten können Abweichungen von den Zielvorgaben frühzeitig erkannt und wirksame Gegenmaßnahmen getroffen werden.
Diese vorausschauende Wirtschaftlichkeitsberechnung und -kontrolle ist insbesondere bei der Gründung eines gastgewerblichen Betriebs unerlässlich.

Prognose des Umsatzes

Die Umsatzzahlen sind in der Buchhaltung leicht zu erfassen und zum Soll-Ist-Vergleich zu nutzen. Der Umsatz ist für den Gesamtbetrieb und einzelne Betriebsteile festzulegen.

Prognose der Personalkosten

Eine längerfristige Planung der anfallenden Personalkosten basiert einerseits auf der Personalbedarfsplanung, die u. a. vom Auslastungsgrad abhängig ist, und der vorgesehenen Gehaltsstruktur für die geplanten Stellen. Zu den Personalkosten gehören auch die Lohnnebenkosten wie der Sozialversicherungsanteil des Arbeitgebers, die Lohnfortzahlungen im Krankheitsfall, Gratifikationen, Beiträge zur Vermögensbildung, Weiterbildungskosten, Kosten für Verpflegung und Logis, soweit sie den Eigenanteil des Personals überschreiten.

Prognose der Wareneinsatzquote

Um den wirtschaftlichen Wareneinsatz sicherzustellen sind z. B. für Speisen Mengen und Preise der eingesetzten Waren zu begrenzen und zu kontrollieren. Damit kann ein leichtfertiger Umgang mit den Waren erkannt und verhindert werden.

Prognose der sonstigen Kosten

Alle Kosten im Haushaltsplan sind, möglichst in viele Kostenstellen unterteilt, vorauszuberechnen. Je präziser die Vorhersage, desto leichter können Abweichungen zugeordnet, erklärt und gegebenenfalls korrigiert werden.

1. Wozu werden betriebliche Kennzahlen genutzt?
2. Berechnen Sie die Bettenbelegung in Prozent bei einer Bettenanzahl von 138, 21 800 belegten Betten und 325 Betriebstagen.
3. Listen Sie die Nachteile und Gefahren auf, die durch das Nichtaufstellen eines Budgets entstehen können.

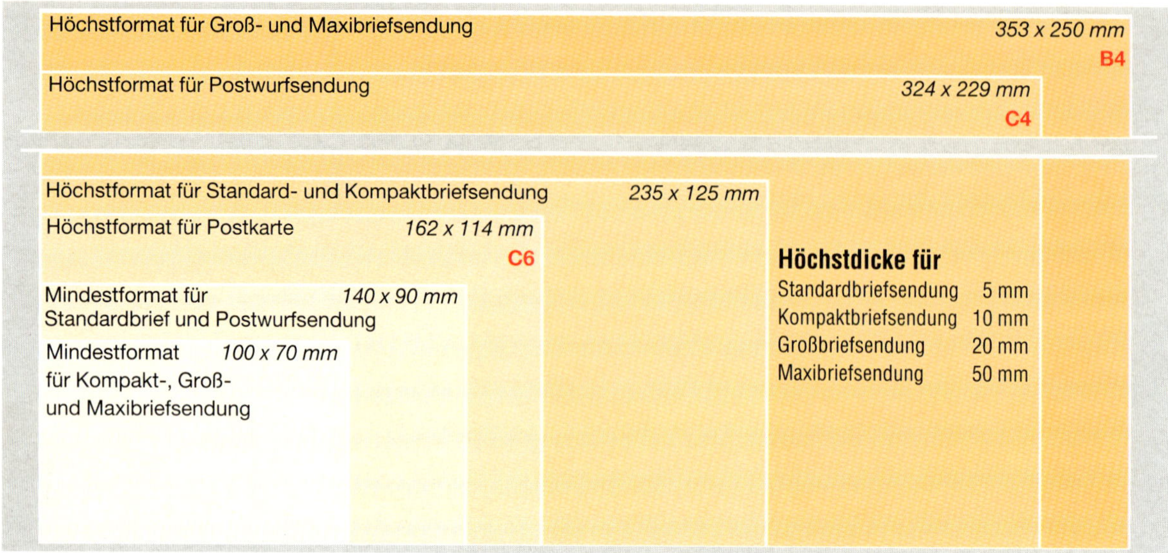

1. Formate für Briefsendungen

2 Schriftverkehr

Der Schriftverkehr ist trotz Telefon nach wie vor von großer Bedeutung. Das Telefon ermöglicht zwar den schnellen Informationsaustausch, doch mündliche Aussagen sind nur schwer nachprüfbar und haben bei einem Rechtsstreit eine weit geringere Beweiskraft als Schriftstücke. Für die telegrafische Übermittlung von Schriftstücken mittels Telefax gelten sinngemäß die gleichen Regeln und Normen wie für Briefe.

2.1 Regeln zu Form und Inhalt von Schriftstücken

Wichtig ist der Gesamteindruck eines Briefes, der durch folgende Punkte geprägt wird:

- die ansprechende Form des Schriftstückes,
- die einwandfreie Orthographie (Rechtschreibung),
- den grammatikalischen Aufbau und die Zeichensetzung.

Die Einhaltung der Stilregeln erleichtert das Lesen und die Verständlichkeit eines Schreibens:

- Schreiben Sie einfache, kurze Sätze.
- Verwenden Sie keine nichtssagenden Redewendungen.
- Bemühen Sie sich um genaue, treffende Ausdrücke.
- Weichen Sie nicht vom Thema ab. Vermeiden Sie Wiederholungen und „Kaufmannsdeutsch" (z. B. Der Eingang ihres o. a. Schreibens wird hiermit bestätigt.)
- Benutzen Sie Fach- und Fremdwörter nur, wenn davon auszugehen ist, dass sie dem Empfänger geläufig sind.
- Halten Sie den Brief möglichst kurz. Sie ersparen sich und dem Empfänger viel Zeit.

Arbeiten mit Textbausteinen

Bei der programmierten Textverarbeitung mit dem Computer können auf wirtschaftliche Weise Schriftstücke geplant, formuliert, geschrieben, verändert, registriert und abgerufen werden. Vorformulierte Teile eines Briefes können schnell kombiniert und individuell gestaltet werden.

Briefteil	Nr.	Textbaustein
Angebot	041	Gern übersenden wir Ihnen unseren Hausprospekt mit Preisliste. Unser Angebot ist verbindlich bis …
	042	Bei einem Aufenthalt über 21 Tage gewähren wir einen Nachlass von 4 Prozent auf den Übernachtungspreis.
Reklamation	051	Wir haben den reklamierten Sachverhalt überprüft und sind zu folgendem Ergebnis gekommen: …
	052	Wir entschuldigen uns für den bedauerlichen Vorfall und werden geeignete Maßnahmen treffen um Ähnliches in Zukunft auszuschließen.
Mahnung	061	Für die Rechnung vom … ist bis jetzt noch keine Überweisung eingegangen. Bitte sorgen Sie für eine Zahlung bis zum … .
	062	Wir berechnen Ihnen Verzugszinsen und Mahnkosten, wenn der Betrag bis zum … nicht eingegangen ist.

2. Textbausteine für Geschäftsbriefe

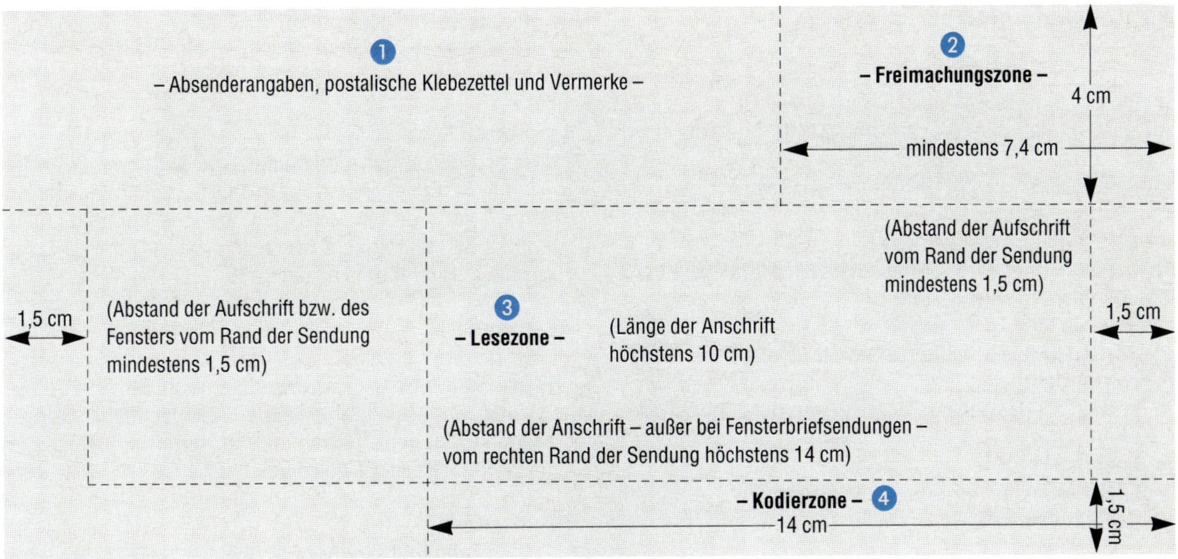

3. Automationsgerecht gegliederte Aufschrift einer Standardbriefsendung

Papierformate

Um die Abwicklung des Schriftverkehrs im Büro zu beschleunigen sind Bürogeräte (z. B. Schreibmaschinen, Drucker, Kopiergeräte) und Gebrauchsmaterial (z. B. Briefbögen, Briefhüllen) vereinheitlicht (genormt) und aufeinander abgestimmt. Genormte Papierformate erleichtern nicht nur das Schreiben, sondern auch die Ablage der Schriftstücke (Aufbewahren in Ordnern oder Hängeregistern).

Ihre Normung wurde international vorgenommen und entspricht somit den Bestimmungen der Internationalen Organisation für Standardisierung (ISO). Deshalb wurde die Bezeichnung DIN (Deutsche Industrie-Norm) aufgegeben.
A0 ist ein Papierformat von ca. 1 m^2 Fläche mit den Maßen 841 mm x 1189 mm. Durch wiederholtes halbieren der jeweils längeren Seite erhält man die nächst kleineren Formate mit den Bezeichnungen A1 bis A10. A10 hat etwa die Größe einer Briefmarke.
A4 ist das gebräuchlichste Format für den Schriftverkehr (Maße: 210 mm x 297 mm). Benutzt wird auch A5, das Halbbriefformat (148 mm x 210 mm), und die Postkarte (A6 = 105 mm x 148 mm).

Die Papierformate sind auf die genormten Briefumschläge abgestimmt (DIN 678 für Briefhüllen, DIN 680 für Fensterbriefhüllen). Das Umschlagformat C4 kann einen Brief der Größe A4 ungefalzt aufnehmen, C5 einmal gefalzt. Das Format DL (L = Lang) ist für zweifach gefalzte Geschäftsbriefe im A4-Format.

Beschriftung der Briefhüllen

Die Post verwendet automatische Lesegeräte zur Sortierung der Briefe. Deshalb muss die Anschrift deutlich lesbar in die dem Briefformat entsprechende Lesezone geschrieben werden.

Erläuterungen zu Bild 3:

1. Absenderangaben und sonstige Angaben (z. B. Abbildungen und Werbedrucke) haben hier ihren Platz. Sie dürfen auch auf der Umschlagrückseite stehen.
2. Die Freimachungszone muss von allen Angaben frei bleiben.
3. Die Versendeform (z. B. „Eilzustellung“, „Einschreiben“), die Sendungsart (z.B. Infopost) und/oder die Vorausverfügung (z. B. „Nicht nachsenden“) werden über die Anschrift geschrieben. Es folgt eine Leerzeile. Bei Platzmangel wird die Versendeform unterstrichen. Wichtig ist die genaue Anschrift einschließlich der fünfstelligen Postleitzahl.
   Auf Briefen in die meisten europäischen Staaten muss nicht unbedingt der Ländername angegeben werden. Es genügt vor die Postleitzahl das Nationalitätenkennzeichen zu setzen. Dabei ist es angebracht den Ortsnamen in der Sprache des Empfängerlandes zu schreiben (z. B. I-00100 Roma).
4. Die Kodierzone darf keine Beschriftung tragen.

1. Welche Vorteile haben schriftliche gegenüber mündlichen Absprachen?
2. Welche Nachteile können auftreten, wenn Textbausteine im Schriftverkehr verwendet werden?

2.2 Geschäftsbriefe

Viele gastgewerbliche Betriebe verwenden vorgedrucktes Briefpapier mit grafisch gestaltetem Briefkopf.
Bei Normbriefen der Form A4 umfasst der Briefkopf maximal 7 Zeilen.
Spezielle Vordrucke für Rechnungen, Bestellungen und Bestellungsannahme sind ebenfalls gebräuchlich und rationalisieren den Schriftverkehr.
Ein Geschäftsbrief wird formal nach DIN 5008 (Regeln für Maschinenschreiben) gestaltet.

Erläuterungen zur Gestaltung eines Geschäftsbriefes (Bild 1)

1. **Faltmarken**
Erleichtern das normgerechte Falzen der Schriftstücke.

2. **Lochmarken**
Erleichtern das normgerechte Lochen und Abheften der Schriftstücke.

3. **Warnzeichen**
Die Beschriftung sollte hier enden um einen sauberen unteren Rand zu erhalten.

4. **Briefkopf**
Er enthält den Namen des Betriebs und des Inhabers oder Leiters.

5. **Postanschrift des Absenders**
Sie steht im Kleindruck direkt über dem Anschriftenfeld des Empfängers. Dadurch ist sie bei Fensterbriefhüllen sichtbar und braucht nicht auf den Umschlag geschrieben zu werden.

6. **Anschrift**
Sinngemäß gelten die Regeln zur Beschriftung von Briefhüllen. Die Anschrift umfaßt 9 Zeilen und ist wie folgt gegliedert:
   - Sendungsart, Versendeform
   -
   - Frau, Herr, Firma
   - Empfänger
   - Postfach bzw. Straße, Hausnummer
   -
   - Postleitzahl, Bestimmungsort
   -
   - Bestimmungsland

7. **Eingangs- und Bearbeitungsvermerke**
Der Raum rechts neben dem Anschriftenfeld kann für Eingangseintragungen (Datum, Uhrzeit) und Hinweise zur Bearbeitung genutzt werden.

8. **Bezugszeichenzeile**
Sie erleichtert die Bearbeitung des Schriftverkehrs durch Hinweise auf den vorangegangenen Schriftwechsel. Die Buchstaben und Zahlenkombinationen geben Auskunft über die Bearbeiter des Schriftverkehrs.

9. **Betreff**
Er soll den Inhalt des Briefes kurz angeben. Er endet ohne Satzzeichen. Ist das Wort „Betreff" oder „betr." nicht vorgedruckt, wird es auch nicht geschrieben.
Dem Betreff folgen 2 Leerzeilen (bei A4) oder 1 Leerzeile bei kleineren Formaten.

10. **Anrede**
Ist der Brief an eine Person gerichtet, die dem Absender bekannt ist, so wird der Name in der Anrede benutzt, andernfalls sind beide Geschlechter anzusprechen (Sehr geehrte Damen und Herren, ...). Nach der Anrede wird klein weitergeschrieben.

11. **Brieftext**
Er soll den Empfänger über den Zweck des Schreibens vollständig informieren. Es darf nichts Wesentliches fehlen. Außerdem muss jeder Brief korrigiert werden.

12. **Hervorhebungen im Text**
Wichtige Worte oder Sätze können hervorgehoben werden durch Unterstreichen, Fett- oder Kursiv-Schreiben, Einrücken des Textes (Zeilenbeginn bei Grad 20), Schreiben in Großbuchstaben, Farbwechsel oder Änderung des Schrifttyps.

13. **Grußformel**
Text und Grußformel sollten durch eine Leerzeile getrennt werden. Üblich sind *Mit freundlichem Gruß* oder *Mit freundlichen Grüßen.* Die Formulierung *Hochachtungsvoll* signalisiert Distanz.

14. **Unterschriftenfeld**
Durch seine Unterschrift anerkennt der Unterschreibende den Inhalt des Schriftstückes. Für den Schriftzug sind mindestens 3 Zeilen vorzusehen. Der Name des Unterzeichnenden wird maschinenschriftlich wiederholt.

15. **Anlagen- und Verteilervermerke**
Mindestens eine Leerzeile sollte zwischen Unterschriftenwiederholung und Anlagenvermerk eingehalten werden.
Der Anlagenvermerk gibt Auskunft über die Anzahl und Art der Anlagen.
Der Verteilervermerk macht deutlich, welche Personen eine Kopie des Schreibens erhalten.

16. **Geschäftsangaben**
Sie enthalten Angaben über Fernschreibverbindungen, Telegrammkurzanschrift und die Bankverbindungen, Online- und Internet-Adressen.

4 **Hotel Hexenberg**
Inhaberin: Karin Weihrauch

5 Hotel Hexenberg · Postfach 323 · 75365 Calw

6 Frau
Gabriele Falkenstein
Heganweg 9

72280 Dornstetten

7

Ihr Zeichen, Ihre Nachricht vom	Unser Zeichen, unsere Nachricht vom	Telefon, Name (0 70 51) 25 53 -	Datum
gf-mb ..-09-22	cm-bp	4 43 Herr Marl	..-09-24

8 1

9 Information über unser Haus

10 Sehr geehrte Frau Falkenstein,

11 für Ihre freundliche Anfrage vom ..-09-22 sagen wir Ihnen besten Dank.

2 12 Gerne übersenden wir Ihnen den gewünschten Hotelprospekt mit Preisverzeichnis, aus dem die Leistungen unseres Hauses ersichtlich sind. Beachten Sie bitte auch unser Angebot **Bunter Herbst.**

Aus dem beigefügten Lageplan können Sie ersehen, dass unser Haus mit allen Verkehrsmitteln bequem zu erreichen ist.

Wir würden uns freuen Sie bald als Gast begrüßen zu dürfen.

13 Mit freundlichen Grüßen

Hotel Hexenberg

14 1 i.A. Claus Marl

Claus Marl

15 Anlagen
1 Hotelprospekt
1 Lageplan

3

16

Anschrift	Telefon	Telefax	Kontoverbindungen	
Am Hexenberg 5 75365 Calw	(0 70 51) 25 53 - 55	(0 70 51) 25 53 - 01	Calwer Volksbank Kreissparkasse Calw	(BLZ 606 911 80) Konto-Nr. 347 188 (BLZ 606 510 70) Konto-Nr. 26 681

1. Vorschriften für die Gestaltung eines Geschäftsbriefes nach DIN 5008

Schriftverkehr mit Lieferanten

Anfrage. Im Schriftwechsel mit Lieferanten tritt der Gastwirt oder Hotelier als Käufer auf. Er kann eine Anfrage an Lieferanten richten um Angebote zu erhalten. Eine Anfrage ist stets unverbindlich (ohne Kaufverpflichtung).

Bestellung der Waren. Hat man sich für ein Angebot entschieden, ist eine Bestellung abzugeben. Sie verpflichtet im Allgemeinen zur Abnahme und zur Bezahlung. Wichtig ist sich die Bestellung schriftlich bestätigen zu lassen, sofern Art und Umfang des Geschäftes dies sinnvoll erscheinen lassen. Man erhält dadurch die Möglichkeit zur Korrektur und im Streitfall ein wichtiges Beweismittel.

Folgende **Kaufformen** sind gebräuchlich:
- Kauf nach Probe: Man bestellt unter der Bedingung, dass die Ware der Probe entspricht. Zur Sicherung eines Beweismittels ist die Probe aufzubewahren.
- Kauf zur Probe: Man kauft einen kleinen Posten einer Ware um deren Verarbeitungs- und Absatzmöglichkeiten zu prüfen. Bei positivem Ergebnis wird der Kauf einer größeren Menge in Aussicht gestellt.
- Kauf auf Probe: Diese Einkaufsart wird besonders bei Geräten und Maschinen praktiziert. Sie können während einer vereinbarten Frist geprüft werden.
- Kauf auf Abruf: Der Kaufvertrag wird über eine große Warenmenge abgeschlossen und während eines vereinbarten Zeitraumes abgerufen. Vorteile für den Käufer: Mengenrabatt, Preisstabilität, geringerer Lageraufwand.
- Kommissionskauf: Der Käufer muss die Ware erst dann bezahlen, wenn er sie selbst verkauft hat.
- Fixkauf und Zweckkauf: Wird die Ware zu einem bestimmten Zweck an einem bestimmten Termin benötigt (Fisch für eine Fischwoche, Gänse für das Weihnachtsmenü), ist eine Lieferung nach diesem Termin sinnlos.
  Man vereinbart mit dem Lieferanten deshalb einen fixen (festen) Liefertermin. Trifft die Lieferung bis dahin nicht ein, befindet sich der Lieferant sofort im Lieferverzug. Der Käufer kann vom Vertrag zurücktreten, auf die Lieferung verzichten und gegebenenfalls Schadenersatz verlangen (siehe Deckungskauf).
- Deckungskauf: Ist man gezwungen bei einem anderen Lieferanten Waren einzukaufen, weil der vorgesehene Lieferant in Lieferungsverzug geraten ist oder die Ware durch einen Mangel nicht verwendbar ist, spricht man von einem Deckungskauf. Die Mehrkosten kann man dem leistungspflichtigen Lieferanten in Rechnung stellen.

Mängelrüge. Man unterscheidet Mängel
- in der Art, wenn ein falscher Artikel geliefert wurde (Erbsen statt Bohnen),
- in der Menge, wenn zu viel/zu wenig geliefert wurde,
- in der Einheit (0,75-l statt 1-l-Flaschen),
- in der Qualität (angefaultes Obst oder Gemüse).

Der Mangel muss bei der Warenannahme sofort angezeigt werden. Versteckte Mängel (Mängel, die nicht sofort feststellbar sind) sind innerhalb 6 Monaten zu rügen (falls im Kaufvertrag nicht anders geregelt). Die Fristen gelten nicht, wenn der Lieferant einen ihm bekannten Mangel arglistig verschwiegen hat.
Bei der Mängelrüge ist der Käufer verpflichtet die Art des Mangels anzugeben.

Bei mangelhafter Ware hat der Käufer
- Recht auf Verweigerung der Warenannahme,
- Recht auf Wandelung: der Vertrag wird rückgängig gemacht,
- Recht auf Minderung: der Kaufpreis wird herabgesetzt,
- Recht auf Ersatzlieferung oder Umtausch,
- Recht auf Schadenersatz (z. B. bei Deckungskauf).

Lieferungsverzug. Trifft die Ware nicht rechtzeitig ein, wird (außer bei Fixkauf) die Lieferung angemahnt. Durch die Mahnung gerät der Lieferant in Lieferungsverzug. Der Käufer kann auf einer Lieferung bestehen und eine angemessene Nachfrist setzen, nach deren Ablauf er die Warenannahme verweigern kann. Wird diese Frist nicht eingehalten, kann er die Lieferung ablehnen, vom Vertrag zurücktreten und unter Umständen Schadenersatz verlangen (siehe Deckungskauf).

Schriftverkehr mit Gästen

Gegenüber seinen Gästen tritt der Wirt als Verkäufer auf. Die Gäste haben sinngemäß die oben beschriebenen Rechte und Pflichten des Käufers.

Zahlungsverzug. Zahlt der Käufer nicht zum genau vereinbarten Datum den vereinbarten Preis, gerät er in Zahlungsverzug (Vorgehensweise und einzuhaltenden Fristen siehe Bild 3).

Schriftwechsel mit Behörden

Für die meisten Angelegenheiten, die mit Behörden zu regeln sind, gibt es Formulare. Aus ihnen sind die geforderten Daten ersichtlich.

Beispiele für Anlässe zum Behörden-Schriftwechsel
- Anmeldung eines Betriebes bei der zuständigen örtlichen Behörde, beim Finanzamt, bei der Berufsgenossenschaft und bei der Industrie- und Handelskammer,
- An- und Abmeldung des Personals bei der Krankenkasse,
- Gesuch um Erlass eines Mahnbescheides beim Amtsgericht.

Art des Geschäftsbriefes	Einleitung	Hauptteil	Schluss
Bestellung	Dank für das Angebot (und für Zusendung der Proben)	Genaue Beschreibung der gewünschten Ware nach Art und Qualität. (Art.-Nr. aus dem Angebot übernehmen.) Genaue Angabe der Bestellmenge und der Verpackungseinheit	nochmaliger Hinweis auf Punkte, die besonders wichtig sind. Sonderwünsche, Umtausch-, Rückgaberecht ansprechen. Mit freundlichen Grüßen
Mängelrüge	Bestätigung der Warenlieferung Hinweis auf Mängel	Genaue Mängelbeschreibung. Hinweis auf rechtliche Situation. Vorschlag zur Behandlung der Angelegenheit und/oder Bitte um Stellungnahme des Lieferanten.	Mit freundlichen Grüßen
Lieferungsverzug	Hinweis auf die Bestellung und den vereinbarten Liefertermin	Gründe für die schnellstmögliche Lieferung nennen. Nachfrist setzen. Auf rechtliche Folgen bei Überschreitung der Nachfrist hinweisen.	Mit freundlichen Grüßen
Lieferungsverzug bei Fixkauf	Hinweis auf Bestellung und Betonung des Fixkaufes	Feststellung der Nichterfüllung Darstellung der Rechtslage und Geltendmachung des Rechtes	Mit freundlichen Grüßen

1. Schriftverkehr mit Lieferanten

Art des Geschäftsbriefes	Einleitung	Hauptteil	Schluss
Antwort auf eine Anfrage	Dank für Anfrage. Hinweis auf mitgeschicktes Informationsmaterial.	Auflistung der interessierenden Angebotseinzelheiten (Zimmerausstattung, Zimmerpreise, Hervorhebung besonderer Angebote, evtl. Veranstaltungsübersicht der Stadt, der Region).	Mit freundlichen Grüßen
Antwort auf eine Bestellung	Dank für Bestellung. Zusicherung der sorgfältigen Ausführung.	Wiederholung wichtiger Details (z.B. Termin, Personenzahl, Rechnungsanschrift) evtl. Bezug auf schriftliches Angebot. Irrtümer, Unklarheiten, Änderungen telefonisch abklären und in Bestellungsannahme aufnehmen.	Mit freundlichen Grüßen
Antwort auf eine Reklamation	bedauern, dass der Gast nicht zufrieden war versichern, dass Reklamation sorgfältig geprüft wurde	Stellungnahme: Bei Widerlegung: Gründe darlegen. Bei Anerkennung: Klärungsvorschläge, Eingehen auf Wünsche des Gastes, Entschuldigung für mangelhafte Leistung.	Mit freundlichen Grüßen

2. Schriftverkehr mit Gästen

Zeitpunkt	Inhalt und Gliederung des Schreibens			
	Betreffangabe	**Einleitung**	**Hauptteil**	**Schluss**
nach Überschreitung des Zahlungstermins	Zahlungserinnerung	Hinweis auf offene Rechnung	Beifügung einer Rechnungskopie	Mit freundlichen Grüßen
14 Tage später	1. Mahnung	Hinweis auf offene Rechnung	zu zahlender Betrag, Setzen einer Zahlungsfrist	Mit freundlichen Grüßen
weitere 14 Tage später	2. Mahnung	Hinweis auf 1. Mahnung	offen stehender Betrag, Hinweis auf Verzugszinsen	Mit freundlichen Grüßen
weitere 14 Tage später	3. Mahnung	Hinweis auf vorangegangene Mahnschreiben	Setzen eines neuen Termins, Hinweis auf Einzug der Schuld durch Postnachnahme	Mit freundlichen Grüßen
weitere 7 Tage später	Zustellung der Postnachnahme			
nach Rückkunft der uneingelösten Postnachnahme	4. (letzte) Mahnung	Hinweis auf bisherige Mahnbemühungen	Setzen einer Frist, bei deren Nichteinhaltung gerichtliches Mahnverfahren eingeleitet wird. Nennen des Rechnungsbetrages einschl. aller Kosten	Hochachtungsvoll

3. Vorgehen bei Zahlungsverzug

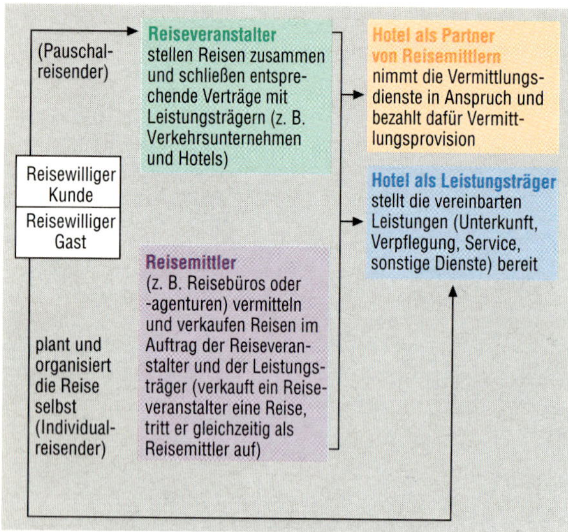

1. **Leistungen der Reiseveranstalter und Reisemittler**

2. **Verträge und Pflichten bei Einschaltung eines Reiseveranstalters**

3 Geschäftsverkehr mit Reiseveranstaltern

Reiseveranstalter und Kunde oder Gast

Der Reiseveranstalter versucht seinen Kunden attraktive Reisen anzubieten. Zu diesem Zweck handelt er mit den Leistungsträgern (z. B. Hotels, Busunternehmen, Fluggesellschaften) preisgünstige Leistungen aus und schließt entsprechende Verträge ab. Der Betreuungsumfang, den der Kunde vom Reiseveranstalter in Anspruch nimmt, kann neben der Reiseorganisation (Vornahme aller Buchungen, Visabeschaffung usw.) auch die Reiseleitung umfassen.
Tritt ein Kunde eine Reise nicht vertragsgemäß an, spricht man von einem No-show. Die anfallenden Kosten muss der Kunde tragen.

Reiseveranstalter und Hotel

Zur besseren Auslastung eines Hotels können Reisemittler eingeschaltet werden. Für ihren Aufwand zur Vermittlung eines Gastes erhalten sie eine Provision (Vermittlungsgebühr).
Reiseveranstalter veröffentlichen ihre touristischen Leistungspakete in Katalogen. Reisemittler (Reisebüros, Flug- und Schifffahrtsgesellschaften, Busunternehmen, Hotelzusammenschlüsse) vertreiben diese Angebote der Reiseveranstalter.

Ein Hotelunternehmen kann mit jedem Reisemittler vertragliche Beziehungen eingehen. Dabei übernimmt es die Verpflichtung beispielsweise eine bestimmte Anzahl von Zimmern (Kontingente) für einen vereinbarten Zeitraum bereitzuhalten. Der Reisemittler versucht diese vorläufig reservierten Zimmer, auf die er eine Option hat, zu vermitteln.
Kann er bis zu einem festgelegten Zeitpunkt das Kontingent nicht vollständig ausschöpfen, gibt er die nicht vermittelten Zimmer zur Disposition (zur Vergabe durch das Hotel) zurück. Diese Rücknahme der Vorreservierung nennt man Stornierung. Wird die Stornierung nach dem vertraglich festgelegten Zeitpunkt vorgenommen, muss der Reisemittler entsprechend dem ausgehandelten Vertrag eine Ausgleichszahlung an das Hotel leisten.
Diese Regelungen gelten sinngemäß auch für andere Hotel-Dienstleistungen wie Verpflegung oder Nutzung von Tagungsräumen.

Hotel und Kunde oder Gast

Es ist selbstverständlich, dass der durch einen Reiseveranstalter vermittelte Gast den gleichen Anspruch auf tadellose Dienstleistungen von Seiten des Hotels erwarten kann wie der Individualreisende.
Für das Hotelpersonal ergibt sich eventuell ein Unterschied bei der Bezahlung mit Gutschein (Voucher).

Abrechnung zwischen Hotel und Reiseveranstalter

Bei der **Abrechnung mit Hotelgutschein** (englisch hotel-voucher; französisch bon d´hôtel) bezahlt der Kunde/Gast den Reisepreis einschließlich der Hotelkosten an den Reiseveranstalter und erhält Reisegutscheine mit Durchschrift. Das Original der Reisegutscheine (mit A gekennzeichnet) behält der Kunde/Gast, die Durchschrift (mit B gekennzeichnet) gibt er als Quittung für erhaltene Leistung bei dem Leistungsträger, z. B. im Hotel, ab. Auf der Grundlage dieser Hotelgutscheine rechnet das Hotel mit dem Reiseveranstalter ab.

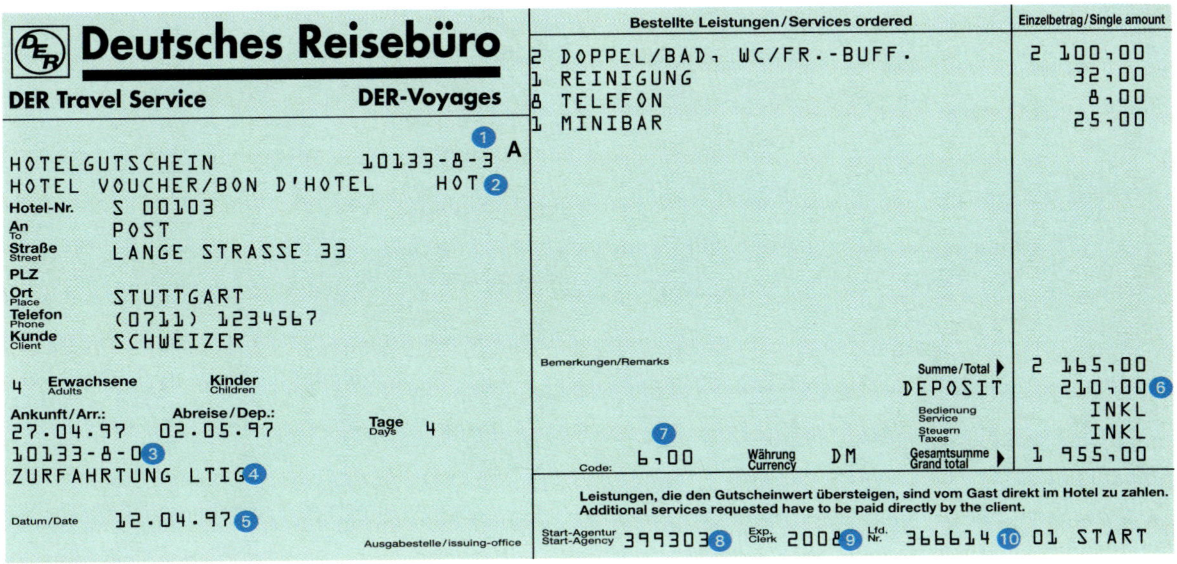
Deutsches Reisebüro
DER Travel Service DER-Voyages

HOTELGUTSCHEIN 10133-8-3 (1) A
HOTEL VOUCHER/BON D'HOTEL HOT (2)
Hotel-Nr. S 00103
An / To: POST
Straße / Street: LANGE STRASSE 33
PLZ
Ort / Place: STUTTGART
Telefon / Phone: (0711) 1234567
Kunde / Client: SCHWEIZER
4 Erwachsene / Adults; Kinder / Children
Ankunft/Arr.: 27.04.97 Abreise/Dep.: 02.05.97 Tage / Days: 4
10133-8-0 (3)
ZURFAHRTUNG LTIG (4)
Datum/Date: 12.04.97 (5)
Ausgabestelle/issuing-office

Bestellte Leistungen/Services ordered	Einzelbetrag/Single amount
2 DOPPEL/BAD, WC/FR.-BUFF.	2 100,00
1 REINIGUNG	32,00
8 TELEFON	8,00
1 MINIBAR	25,00
Summe/Total	2 165,00
DEPOSIT	210,00 (6)
Bedienung / Service	INKL
Steuern / Taxes	INKL
Gesamtsumme / Grand total	1 955,00

Bemerkungen/Remarks
Code: (7) 6,00 Währung / Currency: DM

Leistungen, die den Gutscheinwert übersteigen, sind vom Gast direkt im Hotel zu zahlen.
Additional services requested have to be paid directly by the client.

Start-Agentur / Start-Agency: 399303 (8) Exp. / Clerk: 2008 (9) Lfd. Nr.: 366614 (10) 01 START

3. Hotelgutschein (Voucher)

Bei der **Abrechnung ohne Hotelgutschein** quittiert ein Beauftragter des Reiseveranstalters, z. B. der Reiseleiter, die empfangenen Leistungen oder bezahlt direkt mit Scheck.

Abrechnung zwischen Hotel und Pauschalreisendem

Bei Abrechnung mit Hotelgutschein ist die Durchschrift anzunehmen. Damit sind die im Pauschalpreis enthaltenen Leistungen abgedeckt.
Sonstige Leistungen (Speisen, Getränke, Telefonate) werden direkt mit dem Gast abgerechnet.

Vorteile der Zusammenarbeit mit Reiseveranstaltern

Der indirekte Verkaufsweg mit Einschaltung von Reisemittlern kann

- eine preisgünstige Werbung darstellen,
- den Bekanntheitsgrad des Hotels bei potentiellen Gästen und anderen Reiseveranstaltern steigern,
- die Auslastung (Belegungszahlen) erhöhen,
- das Geschäftsergebnis verbessern (zu mehr Gewinn bzw. weniger Verlust beitragen).

Nachteile der Zusammenarbeit mit Reiseveranstaltern

- Teile des gastronomischen Angebots sind als Kontingent bei den Reiseveranstaltern gebunden und stehen relativ spät zur freien Disposition.
- Mögliche Beeinträchtigung des Hotel-Niveaus durch Gruppentourismus.
- Erzielung geringerer Preise.
- Provisionszahlungen an Reiseveranstalter.

Erläuterungen zum Hotelgutschein (Bild 3):

1. Hotelgutscheinnummer mit Prüfziffer
2. Reiseart
3. Anzahlungsgutscheinnummer
4. DB/DER-Bezeichnung
5. Ausstellungsdatum
6. Anzahlungsbetrag
7. Provisionssatz
8. vierstellige Agenturnummer und zweistellige Betriebsstellennummer
9. ausstellender Expedient
10. fortlaufende Nummerierung der Betriebsstelle

1. Erklären Sie die Begriffe Pauschal- und Individualreisender, Option und Stornierung.
2. Welche rechtlichen Folgen hat eine zu spät erfolgte Stornierung?
3. Diskutieren Sie die Vor- und Nachteile der Zusammenarbeit mit Reiseveranstaltern.

Abteilung	Anzahl der Mitarbeiter		Monatliche Kosten für den Betrieb (DM)	
	Min.	Max.	Min.	Max.
Direktion	2	2	17 000	17 000
Verwaltung	2	3	8 000	12 000
Verkaufsabteilung	2	2	10 400	10 400
Technik	2	3	6 400	9 600
Küche	15	18	48 300	63 900
Service	16	22	45 000	55 500
Empfang	10	13	32 400	38 700
Hausdamenbereich	20	25	48 000	57 000
Gesamt	59	75	215 500	264 100

1. Personalplanung eines Hotels

Abteilung Hotelempfang	Anzahl der Mitarbeiter		Monatliche Kosten für den Betrieb (DM)	
	Min.	Max.	Min.	Max.
Empfangschefin	1	1	5 000	5 000
Empfangssekretäre	2	3	8 000	12 000
Reservierung	1	2	3 800	7 600
Telefonzentrale	2	2	5 000	5 000
Hotelportier	2	3	5 000	7 500
Nachtportier	2	2	5 600	5 600
Gesamt	10	13	32 400	42 700

2. Personalplanung für den Empfang

4 Personalwesen

Zu den Aufgaben des Personalwesens gehört es
- einen Personalbedarfsplan zu erstellen,
- Personal anzuwerben (Stellenangebote),
- Arbeitsverträge vorzubereiten,
- falls erforderlich und vom Mitarbeiter gewünscht die Arbeitserlaubnis einzuholen,
- die Personalkartei zu führen,
- Arbeitszeugnisse zu entwerfen,
- An- und Abmeldungen (Sozialversicherungen) vorzunehmen.

4.1 Personalplanung und Personalbeschaffung

Voraussehbare Geschäftsentwicklung

Grundlage der Personalplanung ist die voraussichtliche Auslastung des Betriebs. Folgende Faktoren können u.a. bei der Personalbedarfsprognose hilfreich sein:
- Reservierungen (Zimmer, Tagungsräume, Bankette),
- geplante Veranstaltungen (Betrieb, Stadt, Region),
- Auswirkungen von Verkaufsförderungsaktionen,
- Belegungszahlen des Vorjahres (Trendvergleich).

Festgelegte Leistungsmaßstäbe

Erfahrungswerte und Zeitstudien bilden die Basis für Leistungsmaßstäbe in verschiedenen Hotelbereichen. Angestrebt wird eine sachgerechte Vorgabe der durchschnittlichen Arbeitszeit für eine bestimmte Aufgabe in festgelegter Qualität (z. B. vorgegebene Zeit für die Reinigung eines Bleibe- oder Abreisezimmers).
Bezogen auf den Personalbedarf im Hausdamenbereich sind die Qualifikation der eingesetzten Personen, die verfügbaren Geräte, Maschinen und Hilfsmittel sowie der Pflegeaufwand der Einrichtungen weitere wichtige Faktoren.

Berechnung des Personalbedarfs und der Personalkosten

Der Personalbedarf errechnet sich aus dem voraussehbaren Geschäftsverlauf und den festgelegten Leistungsmaßstäben. Entsprechend der geforderten Leistung sind die Anzahl und die Qualifikation der Arbeitskräfte festzulegen. Der errechnete quantitative und qualitative Personalbedarf ist mit den zu erwartenden Kosten für die einzelnen Arbeitsstellen zu multiplizieren um die voraussichtlichen Personalkosten zu ermitteln.

Personalbeschaffung

Personalbeschaffung kann teuer sein. Stellenanzeigen in Tages- und Fachzeitungen oder die Einschaltung von Personalberatungs-Unternehmen verursachen Kosten. Kostengünstiger ist im Allgemeinen die interne Stellenbesetzung durch Betriebsangehörige oder die Vermittlung von Arbeitskräften durch das Arbeitsamt.
Je nach Anforderungen der zu besetzenden Stelle ist die geeignete Personalbeschaffungsmaßnahme durchzuführen. Für Hilfs- und Fachpersonal niedriger Qualifikation werden häufig die Stellenanzeige in Tageszeitungen der Region eingesetzt und das Arbeitsamt eingeschaltet. Bei Führungskräften der unteren und mittleren Ebene sind außerdem Anzeigen in Fachzeitungen erfolgversprechend. Die Mitwirkung von Personalberatungs-Unternehmen ist in erster Linie bei Stellen der obersten Führungsebene gebräuchlich.

Informationsbereich	möglicher Beginn des Absatzes	möglicher Inhalt des Absatzes
Vorstellen des Stellenanbieters	Wir sind ...	Betriebsart, Standort, Größe, Kategorie, Tradition,Schwerpunkte, Produkt- und Dienstleistungspalette
Grund der Anzeige/Art der ausgeschriebenen Stelle	Wir haben ...	Genaue Angaben über die ausgeschriebene Stelle: Bezeichnung, Tätigkeitsbereich, Aufgaben, Verantwortlichkeiten, Kompetenz
Einstellungstermin und Dauer des Arbeitsverhältnisses	Wir möchten ...	Zeitpunkt (z. B. zum nächstmöglichen Termin) oder Zeitraum der Stellenbesetzung (Saison-, Jahres- oder Dauerstellung)
Geforderte Eigenschaften des Bewerbers	Wir suchen ...	Anforderungen wie Allgemeinbildung, berufliche Ausbildung und Erfahrung, besondere Kenntnisse und Fertigkeiten, personenbezogene Eigenschaften wie Führungswille, Kontaktfreudigkeit, Bereitschaft zur Übernahme von Verantwortung
Angebot an den Bewerber	Wir bieten ...	Leistungen, die in Aussicht gestellt werden: Bezahlung, Wohnmöglichkeit, Weiterbildungsmaßnahmen, Aufstiegschancen
Gewünschte Form der Kontaktaufnahme	Wir bitten ...	Adresse des Betriebs oder Chiffre-Nummer der Zeitung, Telefonnummer, Faxnummer, Name des Sachbearbeiters, der weitere Auskünfte gibt

3. **Aufbau eines Stellenangebotes**

Entwerfen von Stellenangeboten

Form und Inhalt der Anzeige hängen von der Bedeutung der Position ab, die zu besetzen ist.

Ziel eines Stellenangebotes ist es geeignete Personen anzusprechen und zu einer Bewerbung zu veranlassen. Dabei sollen sie ihre Forderungen und Wünsche äußern.

Die für die Einstellung zuständigen Personen und Stellen im Betrieb können dann (meist nach einem Vorstellungsgespräch) ihre Auswahlentscheidung treffen. Sachdienlich sind möglichst viele Informationen über den Betrieb und die ausgeschriebene Stelle.

Unter den Bewerbern findet eine Vorauswahl statt, denn es bewirbt sich nur, wer sich für ausreichend qualifiziert hält. Die Bewerber geben auf eine detaillierte Anzeige meist auch eine detaillierte Antwort. Ein ausführliches und gut gestaltetes Stellenangebot wirkt seriös. Alle Stellen müssen für Männer und Frauen ausgeschrieben werden, es sei denn, ein bestimmtes Geschlecht ist für die Ausübung der Tätigkeit unverzichtbar.

Betriebs- oder unternehmensinterne Stellenausschreibung

Durch ein Rundschreiben oder den Aushang am schwarzen Brett können die Mitarbeiter über die freien Stellen im Betrieb oder Unternehmen informiert werden.

Die interne Stellenbesetzung hat folgende Vorteile:

- Die Mitarbeiter sind eher bereit sich anzustrengen und zu qualifizieren, wenn ihnen die Möglichkeit geboten wird, in eine „bessere" Stelle aufzusteigen.
- Aufstiegswillige sind nicht gezwungen das Unternehmen zu wechseln. Realistische Karriereplanung innerhalb eines Unternehmens motiviert leistungsbereite Mitarbeiter und bindet sie an das Unternehmen.
- Die Wahrscheinlickeit einer optimalen Stellenbesetzung ist höher, weil Leistungfähigkeit und Leistungsbereitschaft der Mitarbeiter besser bekannt sind.
- Kürzere Einarbeitungszeiten, geringere Kosten.

Mögliche Nachteile interner Stellenbesetzung:

- Das Konkurrenzverhalten zwischen den Mitarbeitern beeinträchtigt das Betriebsklima.
- Betriebsangehörige fühlen sich übergangen. Deshalb müssen die Personalauswahlkriterien sachlich begründet und für alle Beteiligten nachvollziehbar sein.
- Die Chance mit neuen Mitarbeitern dem Unternehmen neue Ideen und Impulse zuzuführen wird vergeben.

Personalbeschaffung durch Stellenanzeigen

Der Erfolg von Stellenanzeigen hängt von der Attraktivität der Stelle und des Unternehmens sowie der Situation auf dem Arbeitsmarkt ab. Einen großen Einfluss hat die Gestaltung der Stellenanzeige (z. B. mit Originalschriftzügen und Firmenzeichen) und ihre Platzierung in einer Zeitung mit entsprechendem Leserkreis.

Der richtige Erscheinungszeitpunkts und die Häufigkeit der Veröffentlichungen steigern die Erfolgsaussichten.

1. Entwerfen Sie eine Stellenanzeige für eine Küchenhilfe und für eine Hausdame.
2. In welcher Zeitung und zu welchem Zeitpunkt soll die Anzeige erscheinen? Begründen Sie ihre Antwort.

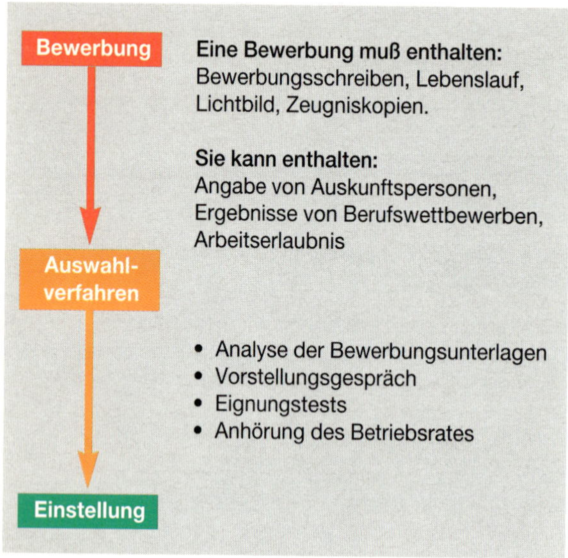

1. Ablauf bei der Stellenbesetzung

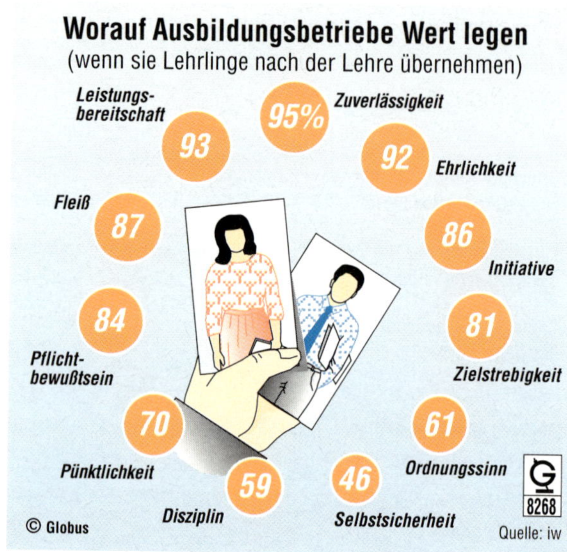

2. Beurteilung von Bewerbereigenschaften

Verfahren bei der Mitarbeiterauswahl

Die optimale Stellenbesetzung ist die wichtigste Voraussetzung für den Unternehmenserfolg. Fehler bei der Mitarbeiterauswahl sind kostspielig (fehlerhafte Arbeitsweise, hohe Kosten für Einweisung am Arbeitsplatz und für erneute Stellenbesetzung), schädigen den Ruf eines Hotels (durch mangelhafte Leistung des Mitarbeiters) und sind oft nur schwer zu korrigieren (wegen Kündigungsschutzgesetzen).

Das Anforderungsprofil für eine Stelle ergibt sich aus der Stellenbeschreibung und deckt sich im Idealfall mit Persönlichkeits- und Qualifikationsprofil des Bewerbers, die sich aus den Bewerbungsunterlagen ergeben.

Analyse der Bewerbungsunterlagen

Vollständigkeit der Unterlagen und Angaben, eine übersichtliche Darstellung und eine ansprechende äußere Form geben wichtige Hinweise auf den Bewerber. Inhaltlich sind folgende Kriterien bei Fachpersonal zu prüfen:

- Hat eine berufliche Entwicklung stattgefunden (Aufstieg in höhere Stellen und/oder Stellen in „besseren" Häusern)?
- Sind die Gründe für den/die Arbeitsplatzwechsel nachvollziehbar?
- Wird aus den Unterlagen deutlich, dass sich der Bewerber zielstrebig um seine Fortentwicklung bemüht (z. B. Teilnahme an Fachlehrgängen, Sprachkursen oder Wettbewerben)?

Sind die Angaben in den Bewerbungsunterlagen nicht ausreichend deutlich, können mit einem Befragungsbogen weitere Einzelheiten gezielt erfragt werden.

Vorstellungsgespräch

Ausgewählte Bewerber werden zu einem Vorstellungsgespräch eingeladen (die Unterlagen der anderen Bewerber werden zurückgeschickt). Die Kosten für die Anreise (wenn ausdrücklich darauf hingewiesen wurde, nur die für öffentliche Verkehrsmittel), für Verpflegung und eine eventuell nötige Übernachtung muss das Hotel tragen.

Zweck des Vorstellungsgesprächs ist das gegenseitige Kennenlernen und der Informationsaustausch.

Im Zentrum des Gesprächs stehen die persönliche und fachliche Eignung für die zu besetzende Stelle und die Fragen, die der Bewerber in Bezug auf Aufgabenbereich, Verantwortung, Bezahlung und Stelle hat.

Alle Fragen mit direktem Bezug zum künftigen Arbeitsverhältnis muss der Bewerber wahrheitsgemäß beantworten, sonst kann das Arbeitsverhältnis wegen arglistiger Täuschung angefochten werden. Grundsätzlich unzulässig sind Fragen, die das Persönlichkeitsrecht verletzen (z. B. nach Religions-, Gewerkschafts- oder Parteizugehörigkeit). Unzulässige Fragen müssen nicht beantwortet oder können ohne rechtliche Folgen falsch beantwortet werden.

Bei Gesprächsschluss wird in der Regel noch keine Entscheidung über die Einstellung gefällt. Häufig wird ein Termin für die Entscheidung festgelegt.

1. Vergleichen Sie den Ablauf der Stellenbesetzung in Bild 1 mit dem Ablauf bei der Besetzung Ihrer Ausbildungsstelle.
2. Welche Ziele werden bei einem Vorstellungsgespräch von den Gesprächspartnern verfolgt?

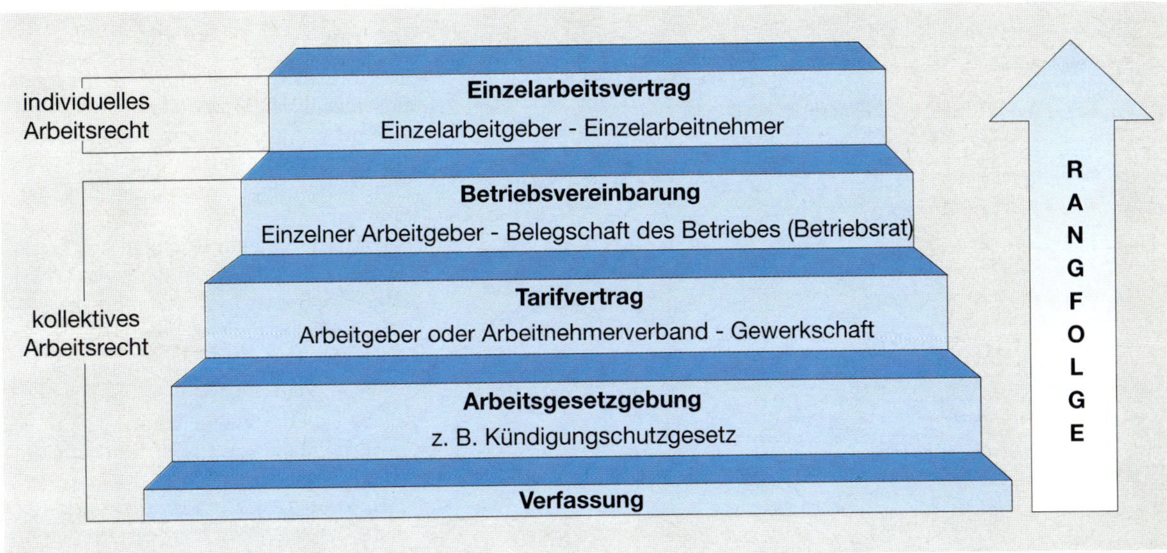

3. Rangprinzip: Der Einzelarbeitsvertrag darf nicht gegen die Verträge und Gesetze des kollektiven Arbeitsrechtes verstoßen

4.2 Arbeitsvertrag und Arbeitsformen

Regelungen bei Arbeitsverträgen

Durch den Abschluss eines schriftlichen Arbeitsvertrages erhalten beide Vertragspartner einen beweiskräftigen Beleg ihrer Vereinbarungen. Mündliche Absprachen sind rechtlich genauso bindend wie schriftliche, aber schwieriger zu beweisen.

Der Arbeitsvertrag muss dem **Rangprinzip** entsprechen. Dieses besagt:

Alle Vereinbarungen dürfen nicht gegen zwingende Vorschriften der Gesetze oder gegen unabdingbare Schutzbestimmungen des Tarifvertrages und der Arbeitsordnung verstoßen. Sofern sich der Inhalt des Arbeitsvertrages mit dem Inhalt des Tarifvertrages deckt, genügt der Vermerk „Anstellung gemäß Tarifvertrag". Singngemäß gelten dieselben Regeln, wenn in dem Betrieb Betriebsvereinbarungen geschlossen wurden.

Das Günstigkeitsprinzip gilt zugunsten des Arbeitnehmers: In der rangniedrigeren Regelung dürfen Abweichungen von der ranghöheren nur zugunsten des Arbeitnehmers vorgenommen werden. Andere Regelungen sind nichtig, d.h. sie sind als nicht getroffen zu betrachten. Ein Arbeitsvertrag sollte folgende Punkte enthalten (Formulare sind im Bürohandel erhältlich):

- Name und Adresse der Vertragspartner,
- Bezeichnung der Stelle (evtl. Stellenbeschreibung),
- Beginn des Arbeitsverhältnisses/Dauer der Probezeit,
- Vergütung (Bruttoeinkommen und sonstige Zuwendungen),
- Arbeitszeit (durchschnittliche wöchentliche),
- Dauer des Arbeitsverhältnisses und Kündigungsfristen,
- Unterschrift der Vertragspartner.

Arbeitsformen im Gastgewerbe

Durch das Angebot verschiedener Arbeitsformen versuchen Betriebe im Wettbewerb am Arbeitsmarkt erfolgreich zu sein. Folgende Konzepte sind üblich oder im Gespräch:

Teilzeitarbeit ist ein Sammelbegriff für Arbeitsverhältnisse, bei denen die tariflich vorgesehene wöchentliche Arbeitszeit unterschritten wird. Im Idealfall wird dabei den individuellen Bedürfnissen des Arbeitnehmers entsprochen, der Arbeitsmarkt entlastet und der Betrieb kann bei schwankendem Personalbedarf flexibel planen.

Job-Sharing besagt, dass sich zwei oder mehrere Mitarbeiter einen Arbeitsplatz teilen. Sie sprechen die Arbeitszeiten (in Abhängigkeit vom Dienstplan) untereinander ab. Die Arbeitszeit kann auf die individuellen Bedürfnisse besser abgestimmt werden.

Job-Enrichment soll die ganzheitliche Arbeitsweise ermöglichen. Planung und Durchführung der Aufgaben liegen bei einer Person oder Gruppe. Die Arbeitsqualität wird gesteigert, weil sich jeder verantwortlich fühlt.

Job-Rotation sieht einen regelmäßigen, systematischen und geplanten Wechsel von Arbeitsplätzen mit unterschiedlichen Aufgaben und Tätigkeiten vor. Vorteile: Gelegenheit zum Sammeln von Erfahrungen, Fertigkeiten und Kenntnisse werden erworben, Arbeitskräfte können flexibel eingesetzt werden.

Einsatz von Leih-Arbeitskräften. Verleihfirmen bieten qualifizierte Arbeitskräfte für kurzfristige (Stunden oder mehrere Monate) Arbeitseinsätze an.

Ausfertigung für den Arbeitnehmer

Bundesanstalt
für Arbeit

Arbeitserlaubnis

Dem oben genannten Arbeitnehmer wird hiermit eine Arbeitserlaubnis nach § 19 des Arbeitsförderungsgesetzes (AFG) vom 25.6.1969 (BGBl. I S. 582) in der jeweils geltenden Fassung in Verbindung mit der Arbeitserlaubnisverordnung (AEVO) erteilt.

Diese Arbeitserlaubnis gilt für		
	eine berufliche Tätigkeit nach Ziff. 20 nur bei dem unter Ziff. 21 genannten Betrieb	(§ 1 Abs. 1 Nr. 1 AEVO)
	eine berufliche Tätigkeit als ______	(§ 1 Abs. 1 Nr. 2 AEVO)
	jede berufliche Tätigkeit bei dem unter Ziff. 21 genannten Betrieb	(§ 1 Abs. 1 Nr. 2 AEVO)
	eine berufliche Tätigkeit jeder Art	(§ 19 Abs. 6 AFG/§ 2 AEVO)
	den Zeitraum	von … bis
	Geltungsbereich/Beschäftigungsort	

Diese Arbeitserlaubnis wird unter dem Vorbehalt des Widerrufs aus Gründen des Arbeitsmarktes gemäß § 7 Abs. 2 AEVO erteilt. Der Widerrufsvorbehalt gilt nicht, sofern diese Arbeitserlaubnis für länger als 3 Jahre oder unbefristet erteilt ist. Die Arbeitserlaubnis gemäß § 1 Abs. 1 Nr. 1 und § 1 Abs. 1 Nr. 2 AEVO gilt nicht für eine Beschäftigung als Leiharbeitnehmer.

Arbeitsamt	im Auftrag	Dienststempel
	Datum	

1. **Arbeitserlaubnis-Formular**

Asylrecht

Das Wort „Asyl" ist griechischen Ursprungs und bedeutet Zufluchtsstätte für Verfolgte. Im Grundgesetz der Bundesrepublik Deutschland ist das Asylrecht im Artikel 16 (2) als Grundrecht festgeschrieben: „Politisch Verfolgte genießen Asylrecht".
Dieses Recht hatte für die Väter des Grundgesetzes aufgrund der politischen Verfolgungen in Deutschland während der NS-Diktatur eine besondere Bedeutung.

- *Asylbewerber* haben einen Antrag auf Anerkennung des Asylrechts gestellt und warten auf die Entscheidung.
- *Asylberechtigte* sind als politisch Verfolgte anerkannt.
- *Abgelehnten Asylbewerbern* steht gegebenenfalls ihre Abschiebung bevor.

4.3 Rechtliche Voraussetzungen

Arbeitserlaubnis

Ausländische Arbeitnehmer, die aus Staaten außerhalb der Europäischen Union kommen, dürfen nur beschäftigt werden, wenn sie im Besitz einer gültigen Arbeitserlaubnis sind.
Bedingung der Erteilung einer Arbeitserlaubnis ist das Vorliegen einer Aufenthaltserlaubnis oder -berechtigung, die eine Arbeitsaufnahme nicht ausschließt. Sie wird von der Ausländerbehörde (Landratsamt) erteilt.
Die Arbeitserlaubnis ist beim Arbeitsamt des Beschäftigungsortes zu beantragen.

Die Erteilung der **Allgemeinen Arbeitserlaubnis** ist abhängig von der Lage des Arbeitsmarktes sowie von den Verhältnissen des einzelnen Falles. Sie wird für eine bestimmte berufliche Tätigkeit in einem bestimmten Betrieb erteilt.
Die Arbeitserlaubnis für eine erstmalige Beschäftigung kann erteilt werden für:

- Ehegatten ausländischer Arbeitnehmer, die sich ein Jahr rechtmäßig in Deutschland aufgehalten haben.
- Kinder von Ausländern, die sich bereits vor der Vollendung des 18. Lebensjahres rechtmäßig in Deutschland aufgehalten haben.
- Personen, die sich nach ihrem Antrag auf Anerkennung als Asylberechtigte ein Jahr in Deutschland aufgehalten haben. Zwischenstaatliche Vereinbarungen (z. B. mit Polen und Ungarn) ermöglichen eine befristete Beschäftigung von Arbeitnehmern.

Die **Besondere Arbeitserlaubnis** wird unabhängig von der Lage und Entwicklung des Arbeitsmarktes für Personen erteilt, die

- mit einem deutschen Familienangehörigen in familiärer Lebensgemeinschaft leben und eine gültige Aufenthaltserlaubnis besitzen,
- als Asylberechtigte unanfechtbar anerkannt sind,
- als Asylberechtigte oder ausländische Flüchtlinge einen gültigen deutschen Reiseausweis besitzen,
- aufgrund humanitärer Hilfsaktionen aufgenommen worden sind (z. B Kriegsflüchtlinge),
- nach dem Ausländergesetz übernommen worden sind und eine Aufenthaltsgenehmigung besitzen
- sich in den letzten sechs Jahren im Geltungsbereich dieser Verordnung ununterbrochen aufgehalten haben und eine Aufenthaltserlaubnis oder -befugnis besitzen.

Arbeitserlaubnisersatz ist eine Zulassungsbescheinigung für Fremdarbeitnehmer, die im Rahmen von Fremdarbeitnehmerabkommen zur sprachlichen und beruflichen Aus- und Fortbildung von der Zentralstelle für Arbeitsvermittlung in Frankfurt vermittelt werden.
Die Arbeitserlaubnis erlischt, wenn die Aufenthaltsgenehmigung abgelaufen oder erloschen ist oder der Arbeitnehmer länger als sechs Monate im Ausland verbringt (bei Mutterschaft im Ausland acht Monate).
Vor der Einstellung von Fremdarbeitern sollte beim zuständigen Arbeitsamt geklärt werden, ob eine Arbeitserlaubnis erteilt wird.

Meldetatbestand	Meldung (Formularnummer)	Frist
Beginn der Versicherungspflicht	Anmeldung (0)	2 Wochen
Beginn einer geringfügigen Beschäftigung	Anmeldung (0)	1 Woche
Beginn einer Beschäftigung z. B. im Gast- oder Baugewerbe	Sofortmeldung (0)	Tag des Beginns
Einmalzahlung	Sondermeldung (5)	unverzüglich
Unterbrechung der Entgeltzahlung um mehr als einen Kalendermonat	Abmeldung (3)	2 Wochen nach Ende des 1. Monats
Ende des Arbeitsverhältnisses	Abmeldung (3)	6 Wochen nach Ende des Entgelts
Ende der Versicherungspflicht	Abmeldung (2)	6 Wochen nach Ende
Ende durch Tod	Abmeldung (9)	6 Wochen nach Ende

3. **Beispiele für Meldetatbestände und Fristen bei der Sozialversicherung**

4.4 Personalverwaltung

Anmeldung zu den Sozialversicherungen

Obwohl die Versicherung eines Arbeitnehmers prinzipiell nicht von einer Meldung abhängig ist, ist der Beginn einer Beschäftigung innerhalb von zwei Wochen vom Arbeitgeber bei der zuständigen Krankenkasse zur Sozialversicherung anzumelden.

Meldepflichtig sind alle Beschäftigten, die kranken-, pflege-, renten- oder/und arbeitslosenversicherungspflichtig sind. Auch Beschäftigte, für die nur der Arbeitgeber Beitragsanteile zur Rentenversicherung abführt, sind zu melden. Jeder Arbeitnehmer besitzt oder erhält auf Antrag vom zuständigen Rentenversicherungsträger ein **Versicherungsnachweisheft**. Darin ist der erforderliche Versicherungsnachweis für Meldezwecke enthalten (Original mit zwei Durchschriften).

Das Formular ist bereits mit den Personalien und der Versicherungsnummer des Beschäftigten versehen. Die übrigen geforderten Angaben (z. B. Angaben zur Tätigkeit, Betriebsnummer, Beginn der Beschäftigung) sind mit der Schreibmaschine einzutragen.

Das Original bekommt die Krankenkasse, die 1. Durchschrift der Beschäftigte, die 2. Durchschrift der Arbeitgeber.

Der angemeldete Arbeitnehmer erhält einen **Sozialversicherungsausweis,** den er in bestimmten Branchen (z. B. im Gastgewerbe) mit einem Lichtbild versehen muss. Bei einer Kontrolle muss der Ausweis vorgelegt werden.

Die Anmeldung für die Unfallversicherung bei der Berufsgenossenschaft muss gesondert erfolgen.

Abmeldung eines Arbeitnehmers

Für die Abmeldung ist der Vordruck „Versicherungsnachweis" aus dem Versicherungsnachweisheft des Beschäftigten zu verwenden.

Das beim Arbeitgeber hinterlegte Versicherungsnachweisheft ist – nach Entnahme des für die Abmeldung erforderlichen Vordrucks – dem Beschäftigten auszuhändigen.

Führen der Personalkartei

In einer Personalkartei werden die Daten der Beschäftigten auf je einem Karteiblatt festgehalten. Die persönlichen und die betriebsbezogenen Daten wie Zugehörigkeit zu einer Abteilung, Berufs- und Stellenbezeichnung und Gehaltsgruppe bilden den Kopf des Karteiblattes. Alle wichtigen Vorfälle sind in zeitlicher Reihenfolge einzutragen, z. B. Versetzungen innerhalb des Betriebes, Beförderungen, Beurlaubungen, Abmahnungen, Teilnahme an Fortbildungsmaßnahmen, Ausstellung von Zwischenzeugnissen, Unfälle und Krankheiten.

Neben der Personalkartei wird die Personalakte geführt, in der die schriftlichen Unterlagen zu den entsprechenden Vorgängen gesammelt werden. Bei der Auswahl von Mitarbeitern für Fortbildungsmaßnahmen, bei der Besetzung frei werdender Positionen und bei der Zeugniserstellung sind diese Unterlagen hilfreich.

1. Für welchen Personenkreis ist eine Arbeitserlaubnis einzuholen?
2. Wozu dient der Sozialversicherungsausweis?
3. Erstellen Sie ein Formular für eine Personalkartei.

Sehr geehrte Frau Mayer,

leider sind Sie trotz mehrfacher mündlicher Ermahnung durch Ihre Vorgesetzte, Frau Lehmann, im vergangenen Monat an folgenden Tagen zu spät zum Dienst erschienen:

02.Dezember 8:15 Uhr 09.Dezember 8:10 Uhr
07.Dezember 8:30 Uhr 17.Dezember 8:25 Uhr

Auf Nachfrage von Frau Lehmann haben Sie jeweils erklärt, dass Sie verschlafen hätten. Aus dem Dienstplan konnten Sie entnehmen, dass Ihr Dienst pünktlich um 8:00 Uhr beginnt. An den aufgeführten Tagen haben Sie nachweislich die vertraglich vereinbarte Arbeitszeit nicht eingehalten.

Wir fordern Sie hiermit auf Ihren Dienst künftig pünktlich anzutreten. Bei erneuter Unpünktlickeit sehen wir uns leider gezwungen Ihnen die Kündigung auszusprechen.

Mit freundlichen Grüßen

1. **Abmahnungsschreiben – Beispiel**

Abmahnung	
Ja, wenn Pflichtverletzungen im Leistungsbereich vorliegen, z. B. • Schlechterfüllung vertraglicher Leistungen • Nichtbefolgen von Weisungen • unentschuldigtes Fernbleiben vom Dienst • unzulässiges Verlassen des Arbeitsplatzes • Zuspätkommen • unerlaubte Telefongespräche • Verstöße gegen die Hausordnung • ungenehmigte Nebentätigkeiten	**Nein,** wenn Störungen im Vertrauensbereich vorliegen, z. B. • strafbare Handlungen zum Nachteil des Arbeitgebers (Diebstahl, Betrug) • Verrat von wichtigen Betriebsgeheimnissen • üble Nachrede gegenüber Arbeitgeber • Vorlegen gefälschter Zeugnisse

2. **Abmahnung vor der Kündigung?**

4.5 Beendigung des Arbeitsverhälnisses

Abmahnung des Mitarbeiters

Vor einer Kündigung, die durch den Arbeitgeber mit einem Fehlverhalten oder mangelnder Leistung des Arbeitnehmers begründet wird, ist in der Regel eine Abmahnung notwendig, damit die Kündigung rechtswirksam wird. Dem Arbeitnehmer soll Gelegenheit gegeben werden, die gewünschten Anforderungen zu erfüllen.
Weil einer Abmahnung rechtliche Bedeutung zukommt, muss sie in Form und Inhalt korrekt abgefasst sein:

- das Fehlverhalten oder die mangelhafte Leistung muss schriftlich dargelegt und das erwartete Verhalten oder die erwartete Leistung muss aufgezeigt werden,
- Datum und gegebenfalls Uhrzeit der Vorfälle sind anzugeben,
- die Konsequenzen, die ein Nichtbeachten der gerügten Tatbestände hat, sind anzugeben.

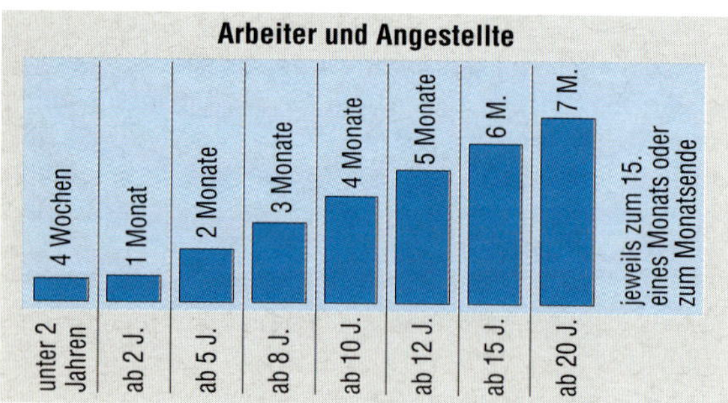

3. **Betriebszugehörigkeit und Kündigungsfristen**

Der Arbeitnehmer muss eine Gegendarstellung verfassen, sonst wird der Vorwurf in der Abmahnung bei einem eventuellen Kündigungschutzverfahren als wahr unterstellt. Abmahnung und Gegendarstellung sind in die Personalakte aufzunehmen. Die Anzahl der Abmahnungen, die zu einer Kündigung berechtigen, richtet sich nach der Schwere der Vorwürfe.
Die Abmahnung ist im Gegensatz zur Kündigung keine empfangsbedürftige Willenserklärung, aus Beweisgründen sollte man sie aber trotzdem unter Zeugen übergeben oder den Empfang durch Unterschrift bestätigen lassen. Eine Kündigung ohne Abmahnung ist möglich, wenn die Störung im Vertrauensbereich liegt.

Kündigung

Ein befristetes Arbeitsverhältnis endet mit dem Zeitablauf, wenn dessen Datum genau festgelegt wurde.
Ein unbefristetes Arbeitsverhältnis endet mit einem Aufhebungsvertrag „im gegenseitigen Einvernehmen" oder durch Kündigung des Arbeitgebers oder Arbeitnehmers.
Eine ordentliche (fristgerechte) Kündigung ist während der Laufzeit eines Arbeitsvertrages nicht möglich, wenn nichts anderes vereinbart wurde. Sie ist erst nach dem Ablauf einer Kündigungsfrist wirksam. Das Kündigungsschutzgesetz schützt die Interessen der Arbeitnehmer ab sechs Monaten Betriebszugehörigkeit.
Eine außerordentliche (fristlose) Kündigung ist nur zulässig, wenn die Fortsetzung des Arbeitsverhältnisses unzumutbar geworden ist, d. h. es kann nur „aus wichtigem Grund" gekündigt werden. (*Beispiele:* Verweigerung der Lohnzahlung, Diebstahl, Tätlichkeit, Betrug).

Hat die übertragenen Aufgaben ...	entspricht
... stets (jederzeit, immer, in jeder Hinsicht) zu unserer vollsten Zufriedenheit erledigt	Note 1
... stets zu unserer vollen Zufriedenheit erledigt	Note 2
... zu unserer vollen Zufriedenheit erledigt	Note 3
... zu unserer Zufriedenheit erledigt	Note 4
... im Großen und Ganzen zu unserer Zufriedenheit erledigt	Note 5
... hat sich bemüht die übertragenen Aufgaben zu unserer Zufriedenheit zu erledigen	Note 6

4. Beurteilung der Leistungen von Mitarbeitern

Wissen Sie Bescheid?

1. Nennen Sie die fünf wichtigsten Aufgaben des Personalwesens.
2. Welche Angaben werden für die Erstellung eines Personalplans benötigt?
3. Nennen Sie vier Punkte, die für die Wirksamkeit von Stellenanzeigen in einer Zeitung entscheidend sind.
4. Erklären Sie die einzelnen Ablaufschritte bei einer Stellenbesetzung.
5. Bei einem Arbeitsvertrag gelten Rang- und Günstigkeitsprinzip. Erläutern Sie beide Begriffe.
6. Zählen Sie sechs Vorgänge auf, die in die Personalakte aufzunehmen sind.
7. Erklären Sie den Unterschied zwischen Abmahnung und Kündigung des Arbeitsverhältnisses.
8. Welche Bedeutung hat das Arbeitzeugnis für einen Arbeitnehmer?

Ausstellen von Arbeitszeugnissen

Jeder Arbeitnehmer hat das Recht auf Ausstellung eines Arbeitszeugnisses durch den Arbeitgeber. Es muss Angaben über die Art der Tätigkeit und die Dauer der Beschäftigung enthalten (einfaches Arbeitszeugnis). Auf Verlangen des Arbeitnehmers müssen auch die Leistung und die Führung bewertet werden (qualifiziertes Arbeitszeugnis).

Das Arbeitszeugnis ist eine Gesamtbeurteilung der Eigenschaften des Arbeitnehmers im Betrieb und dient als Fähigkeitsnachweis. Es soll den künftigen Arbeitgeber wahrheitsgemäß über den Bewerber informieren. Der Zeugnisaussteller trägt für seine Aussagen die Beweislast.

Alle Aussagen müssen der Wahrheit entsprechen und dürfen das berufliche Weiterkommen des Beurteilten nicht behindern. Ungünstige Tatsachen dürfen nur insofern aufgeführt werden, als sie für die zukünftigen Arbeitgeber von berechtigtem Interesse sind.

Einmalige Vorfälle und Umstände, die für den Arbeitnehmer, seine Führung und Leistung nicht charakteristisch sind, sind nicht zu erwähnen.

Die Form des Ausdruckes und die Satzstellung darf nicht zu Mehrdeutungen oder Irrtümern führen. Hierzu zählt auch das Auslassen wichtiger Punkte, die den Leser des Zeugnisses zu unberechtigten, unwahren und für den Arbeitnehmer negativen Schlüssen führt. Wenn ungünstige Beurteilungen in das Zeugnis aufgenommen werden, sind sie korrekt zu formulieren und zu begründen.

Ein qualifiziertes Arbeitszeugnis enthält

- Ort und Datum der Ausstellung,
- persönliche Daten,
- Beginn und Ende des Arbeitsverhältnisses,
- Berufs- und Stellenangaben,
- Leistungsbeurteilung (Wissen und Können),
- besondere fachliche Fähigkeiten,
- berufliche Weiterbildung,
- Führungsbeurteilung (Fleiß, Pünktlichkeit, Zuverlässigkeit und Sozialverhalten gegenüber Gästen, Vorgesetzten und Kollegen),
- Vertrauenswürdigkeit,
- Führungseigenschaften (bei Führungskräften),
- Dank und gute Wünsche für die Zukunft,
- Unterschrift des Betriebsinhabers, Prokuristen oder Generalhandlungsbevollmächtigten.

Angaben über folgende Punkte darf ein Arbeitszeugnis **nicht** enthalten:

- Gesundheitszustand des Arbeitnehmers,
- Fehlzeiten,
- Höhe der Vergütung (Lohn/Gehalt),
- Funktion im Betriebsrat,
- Umstände aus dem Privatleben.

Beim Ausscheiden eines Mitarbeiters sind ihm neben dem Arbeitszeugnis zu übergeben:
Nachweis über Beiträge zur Renten-, Kranken-, Pflege- und Arbeitslosenversicherung, Lohnsteuerkarte.
Der Mitarbeiter muss den Empfang der Nachweise bestätigen.

Warenbeschaffung und Magazinverwaltung

Warenbeschaffung
- Bedarf ermitteln.
- Markt beobachten.
- Angebote einholen und auswerten.
- Mit Lieferanten verhandeln.
- Lieferanten bestimmen und Bezugsquellendatei anlegen.
- Einkaufszeitpunkt festlegen.
- Verträge abschließen und Waren bestellen.
- Einhalten der Vertragsbestimmungen überwachen.

Magazinverwaltung
- Menge, Packungsgröße, Qualität und Unversehrtheit der Waren bei der Anlieferung kontrollieren.
- Lieferscheine und Rechnungen auf sachliche und rechnerische Richtigkeit überprüfen und gegebenenfalls reklamieren.
- Lager-Karteien/-Dateien einrichten und führen.
- Waren sachgerecht lagern.
- Lagerbedingungen kontrollieren (Temperatur, Luftfeuchtigkeit).
- Waren ausgeben (auf Warenanforderungen der Abteilungen bzw. Stellen).
- Lagerkennzahlen ermitteln und auswerten.
- Wareneinsatzkontrolle durchführen.
- Lagerbestandskontrolle (Inventur) durchführen.

1. Einkaufsvorbereitungen

1 Warenbeschaffung

Als **Magazin** oder **Lager** bezeichnet man Vorratsräume für Lebensmittel und Lagerräume für Gebrauchsgegenstände wie Wäsche und Geschirr sowie für Möbel. Der Umfang der Lagerhaltung hängt von Größe und Art des Betriebs ab. Da jede Lagerhaltung Kosten verursacht, sind unnötige Lagerbestände abzubauen.

Lagerhaltung von Lebensmitteln
Neben der sachgerechten Aufbewahrungsweise sind vor allem Kontrolltätigkeiten durchzuführen. Beides ist nur möglich, wenn geeignete Räume und Einrichtungen vorhanden sind.
Entscheidende Bedeutung bei der Lagerhaltung von Lebensmitteln kommt der Kostenerfassung zu. Die Verbrauchszahlen, die von der Lagerbuchhaltung ermittelt werden, sind Grundlage für die Kalkulation in vielen Bereichen des Hotels.
Die Küchenverbrauchs- und Küchenergebniskontrolle ist nur mit ihrer Hilfe möglich. Gleiches gilt für den Büfett- bzw. Servicebereich.

Anforderungen an Magazinverwalter
Die Magazinverwaltung ist eine verantwortungsvolle Tätigkeit. Bei unsachgemäßer Arbeitsweise wie Unachtsamkeit bei der Warenannahme und -ausgabe und bei der Bestandsüberwachung, mangelhaftes Hygieneverhalten oder bei Bestechlichkeit und Unehrlichkeit können beträchtliche Verluste für den Betrieb entstehen.
Die Führung der Lagerbuchhaltung erfordert kaufmännisches Grundwissen und, beim Einsatz von Computern, Kenntnisse in elektronischer Datenverarbeitung.

Einkaufsvorbereitungen
Aufgabe des Einkaufs ist es absetzbare Ware in der erforderlichen Qualität und Menge zu einem möglichst niedrigen Preis zum vorgegebenen Zeitpunkt zu beschaffen.

Der erste Schritt zur Einkaufsvorbereitung ist die Bedarfsermittlung. Sie ist schwierig und risikoreich, weil die Feststellung des zukünftigen Bedarfs zu einem Teil auf einer Schätzung beruht. Die wichtigsten Faktoren, die bei der Bedarfsermittlung eine Rolle spielen, sind in Bild 2 aufgeführt.

Wann eine Ware einzukaufen ist (Zeitdisposition), ergibt sich vor allem aus der Beschaffungsdauer, das ist die Zeitspanne zwischen Bestellung und Lieferung, sowie der Bearbeitungsdauer, das heißt der Zeitspanne zwischen Warenanlieferung und Verarbeitungsende im Betrieb.
Bei Salaten, Gemüsen sowie bei Beerenfrüchten ist auf Frischanlieferung mehrmals pro Woche Wert zu legen.

Zu beachten sind auch
- die zu erwartende Preisentwicklung: Sie ist aus Gesprächen mit Lieferanten und aus Marktberichten zu erfahren,
- günstige Lieferangebote, zum Beispiel Sonderangebote des Erzeugers bzw. des Handels,
- saisonbedingte Qualitäts- und Preisschwankungen, etwa bei Beeren, exotischen Früchten und Gemüsen,
- Zeiten, in denen bestimmte Waren nicht auf dem Markt sind wie Pilze, Beeren, Wild, manche Gemüsearten.

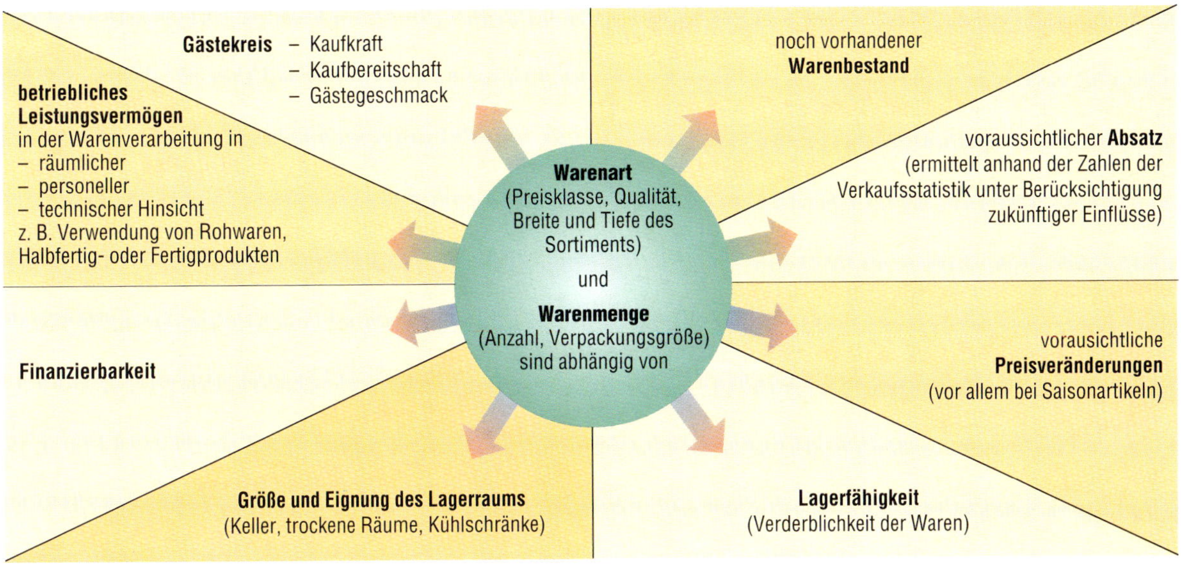

2. Faktoren bei der Ermittlung des Warenbedarfs

1.1 Einkauf

Ermittlung von Bezugsquellen

Aus den bisherigen Geschäftsverbindungen sind die Bezugsquellen vieler Waren bekannt. Neue Lieferanten findet man beispielsweise

- im Anzeigenteil von Tages- und Fachzeitschriften,
- beim Besuch von Ausstellungen, Messen und Märkten,
- durch Empfehlungen von Geschäftsfreunden, Berufsverbänden und der Industrie- und Handelskammern,
- durch übersandte Angebote (Prospekte, Kataloge ...),
- durch Vertreterbesuche und über Online-Dienste,
- in Branchenadressbüchern und im Branchenverzeichnis.

Um konkurrenzfähig zu bleiben, muss die Suche nach günstigen Einkaufsquellen stets weitergehen, weil günstiger Einkauf Wettbewerbsvorteile bringt.

Ermittlung der günstigsten Einkaufspreise

Den maximalen Bezugspreis einer Ware kann man durch Einsetzen des erzielbaren Verkaufspreises in ein Kalkulationsschema errechnen (Bild 3).

Beim Preisvergleich sind Angebotspreise der verschiedenen Lieferanten zuerst auf eine einheitliche Basis, den Bezugspreis, zu stellen. Dazu sind Preiszuschläge wie Verpackungs- und Frachtkosten und Preisabschläge wie Rabatt (zum Beispiel bei Abnahme großer Mengen) und Skonto (bei Einhaltung einer bestimmten Zahlungfrist) zu berücksichtigen. Auch der Zahlungstermin, die Verpackungskosten und die Übernahme des Transportrisikos sind beim Vergleich mit einzubeziehen.

Inklusivpreis	115 %	40,00 DM
– Mehrwertsteuer	15 %	5,22 DM
Nettopreis	115 %	34,88 DM
– Bedienungsgeld	15 %	4,55 DM
Geschäftspreis	120 %	30,33 DM
– Gewinn	20 %	5,06 DM
Selbstkostenpreis	250 %	25,27 DM
– Gemeinkosten	150 %	15,16 DM
Bezugspreis	100 %	10,11 DM

3. Berechnung des Bezugspreises bei vorgegebenem Menüpreis von maximal 40 DM (vom Bezugspreis aus gerechnet)

1. Nennen Sie zwei Faktoren, von denen der Umfang der Lagerhaltung abhängt.
2. Warum ist die Ermittlung des zukünftigen Warenbedarfs schwierig?
3. Wie ermittelt man Bezugsquellen?
4. Erläutern Sie den Begriff Bezugspreis. Wie wird er berechnet?

Angebot / Vertragsbedingungen	Schmidt KG	Melila GmbH	Elektra OHG
Preis/Stück	8 120,00 DM	8 350, 00 DM	7 890,00 DM
Lieferbedingungen	ab Werk	frei Haus	ab Werk
Zahlungsbedingungen	3 % Skonto 1 Monat Ziel	netto Kasse	2 % Skonto 3 Monate Ziel
Lieferzeit	10 Tage	sofort	3 Wochen
Bezugskosten	430,00 DM	entfällt	600,00 DM

Angebot / Preis	Schmidt KG	Melila GmbH	Elektra OHG
Lieferpreis – Rabatt	8 120,00 DM	8 350,00 DM	7 890,00 DM
= Zieleinkaufspreis – Skonto	8 120,00 DM 243,6 DM	8 350,00 DM –	7 890,00 DM 157,80 DM
= Bareinkaufspreis + Bezugskosten	7 876,00 DM 430,00 DM	8 350,00 DM –	7 732,00 DM 600,00 DM
= Einkaufspreis	8 306,00 DM	8 350,00 DM	8 332,20 DM

1. Beispiel für einen Angebotsvergleich um den günstigsten Bezugspreis einer Küchenmaschine zu ermitteln

1.2 Kaufvertrag

Beim Wareneinkauf kommt es immer zum Abschluss eines Kaufvertrages. Dazu sind das Angebot des Verkäufers an eine bestimmte Person und die Willenserklärung des Käufers, die Ware unter den angegebenen Bedingungen zu kaufen, notwendig. Liegt kein auf eine bestimmte Person bezogenes Angebot vor wie im Fall einer Preisliste oder bei Ware im Schaufenster, bedarf es der Bestellungsannahme durch den Verkäufer. Ein Kaufvertrag kommt immer durch zwei übereinstimmende Willenserklärungen zustande.

Pflichten der Vertragspartner

- Der Verkäufer muss
  - dem Käufer die Ware mangelfrei und rechtzeitig übergeben und ihm das Eigentum an der Ware verschaffen sowie
  - den Kaufpreis annehmen.
- Der Käufer muss
  - den vereinbarten Kaufpreis rechtzeitig zahlen
  - die Ware abnehmen.

Erfüllt ein Vertragspartner seine Pflichten nicht, kann der andere seine Rechte gerichtlich durchsetzen.

Einholen von Angeboten (Anfrage)
Durch die Anfrage soll erkundet werden, ob und zu welchen Bedingungen eine Ware bezogen werden kann. Da die Anfrage stets ohne Kaufverpflichtung bleibt, kann gleichzeitig bei mehreren Lieferanten angefragt werden um die günstigste Bezugsquelle zu ermitteln.

Vergleich der Angebote
Neben den Preisen, Lieferungs- und Zahlungsbedingungen (Konditionen) sind die eingegangenen Angebote hinsichtlich der Warenqualität und die für den Betrieb wirtschaftlichen Verpackungsgrößen zu vergleichen. Nachdem die in Frage kommenden Lieferanten ermittelt sind, ist es sinnvoll über günstigere Vertragsbedingungen zu verhandeln. Bestellt wird die unter allen Gesichtspunkten günstigste Ware.

Bestellung (Annahme des Angebots)
Bei der Bestellung wird die entsprechende Warenart und -menge angefordert. Der Kaufvertrag wird rechtsgültig. Wird ohne ein konkret vorliegendes Angebot bestellt, bedarf es der Bestellungsannahme durch den Verkäufer, damit ein rechtsgültiger Kaufvertrag zustande kommt. Dies gilt auch, wenn bei der Bestellung in einem oder mehreren Punkten (z. B. Mindestmenge, Lieferfrist oder Preis) vom konkreten Angebot abgewichen wurde.
(Fern)mündliche Bestellungen werden schriftlich bestätigt um Irrtümer zu vermeiden und um bei der Warenannahme die Lieferung kontrollieren zu können.

Widerruf der Bestellung
Eine Bestellung kann geändert oder rückgängig gemacht, das heißt für ungültig erklärt werden. Voraussetzung ist, dass der Widerruf vor Eingang der Bestellung oder zur gleichen Zeit den Verkäufer erreicht. Nur dann besteht ein rechtlicher Anspruch auf Anerkennung des Widerrufs, das heißt, die Ware muss nicht abgenommen und bezahlt werden. Aus rechtlicher Sicht bleibt die Ware bis zur vollständigen Bezahlung Eigentum des Verkäufers.

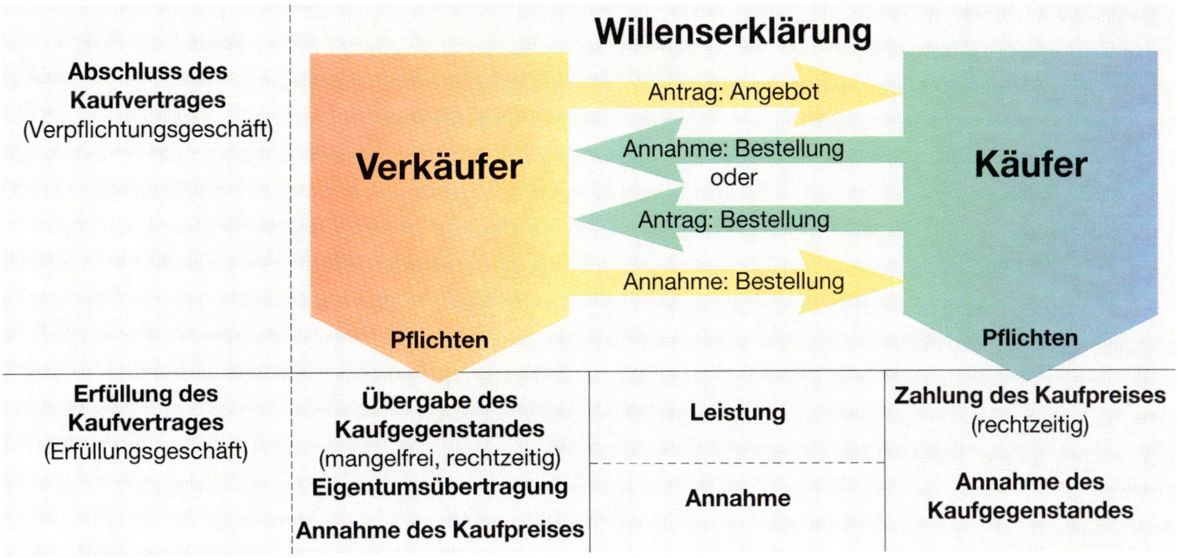

2. **Abschluss und Erfüllung des Kaufvertrags**

1.3 Wareneingang

Um den Betrieb vor Nachteilen zu schützen muss jede Lieferung geprüft werden. Bei den Kontrollen und Tätigkeiten des Wareneingangs unterscheidet man vier Stufen:

Stufe 1: Abnahme
(in Anwesenheit des Lieferanten durchzuführen)
Wichtige Regel: ohne Lieferschein kein Wareneingang! Nötigenfalls muss die Person, die die Lieferung annimmt, selbst einen Lieferschein ausstellen.

- Die Angaben auf dem Bestellschein und dem Lieferschein werden verglichen.
- Anhand der Begleitpapiere (Lieferschein, Frachtbrief) werden Anzahl und Richtigkeit der Stücke (Aufschrift, Gewicht) kontrolliert.
- Es wird die Verpackung, bei unverpackter Ware die Ware selbst, auf Unversehrtheit geprüft. Festgestellte Mängel lässt man sich vom Lieferanten oder Überbringer schriftlich bestätigen.

Stufe 2: Auspacken und Prüfen der Ware
Die eingegangenen Waren sind unverzüglich zu prüfen. Dies geschieht anhand der Bestellungsunterlagen. Kontrolliert werden Art, Menge, Verpackungsgröße, einwandfreie Beschaffenheit, Einhaltung der Lieferungsbedingungen, Preis (falls er auf dem Lieferschein angegeben ist) und das Mindesthaltbarkeitsdatum (MHD). Bis zum MHD geht der Hersteller eines Lebensmittels davon aus, dass die Qualität unter den vorgeschriebenen Lagerbedingungen voll erhalten bleibt. Eine Kontrolle, ob die Ware noch genussfähig ist, ist auch bei noch nicht abgelaufenem Mindesthaltbarkeitsdatum unerlässlich. Eine Qualitätskontrolle ist häufig erst beim Verbrauch der Ware möglich, weil z. B. Wein, Konserven oder Tiefkühlware erst dann genau kontrolliert werden können. Sollte sich ein Mangel zeigen, ist man verpflichtet den Verkäufer umgehend – ohne schuldhafte Verzögerung – zu informieren.

Stufe 3: Prüfung des Lieferscheins und der Rechnung

- Lieferschein und Rechnung werden mit den Bestellungsunterlagen verglichen.
- Dabei wird die rechnerische Richtigkeit der Einzelpreise und des Gesamtpreises unter Einbeziehung aller ausgehandelten Konditionen wie Frachtkosten, Rabatt, Skonto und der Mehrwertsteuer kontrolliert.

Stufe 4: Verbuchung des Wareneingangs
Die erfassten Daten werden in Wareneingangsbücher eingetragen. Es ist dafür zu sorgen, dass sämtliche Waren, auch solche, die sofort weiterverarbeitet werden, auf die beschriebene Weise angenommen werden, da sonst spätere Kontrollen nicht möglich sind. Nach der Warenannahme werden die Waren auf die Lagerstellen verteilt, die Lagerkarten berichtigt und die Waren hinter den Altbeständen einsortiert. Damit soll sichergestellt werden, dass Restbestände vor den frisch angelieferten Waren verbraucht werden. Die Bestände sind ständig daraufhin zu kontrollieren, dass Waren nicht überlagert und damit im Wert gemindert oder gar wertlos werden. Gegebenenfalls ist ein drohender Verderb den verantwortlichen Personen rechtzeitig mitzuteilen.

LAGERKARTEIKARTE

Warengattung:Obstkonserven **Artikel:Kaiserkirschen** **Kartennummer: 5/19**
Lagerstelle: Magazin **Einheitsmenge:1/1 Dose** **Bestellmenge: 24**
Lagerfach: 10/1 **Richtpreis : 4,00 DM** **Meldebestand: 24**
Lieferant: Fa. Holzmann / Fa. Böhm **Mindestbestand: 12**

Datum	Vorgang	Menge			Preis	Wert							Bemerkung
		Eingang	Verbrauch	Bestand		Eingang	Verbrauch					Bestand	
							Küche	Kond.	Büfett	Bar	Sonstige		
1.2.	Anfangsbestand	–	–	34	4.–	–	–	–	–	–	–	136.–	
4.2.	laut Bon	–	3	31	4.–	–	12	–	–	–	–	124.–	
9.2.	laut Bon	–	7	24	4.–	–	–	28.–	–	–	–	96.–	
12.2.	laut Bon	–	2	22	4.–	–	–	–	–	8.–	–	88.–	
19.2.	Holzmann	24	–	46	4.–	96.–	–	–	–	–	–	184.–	
19.2.	laut Bon	–	2	44	4.–	–	8.–	–	–	–	–	176.–	
21.2.	laut Bon	–	1	43	4.–	–	–	–	–	–	4.–	172.–	Privat
24.2.	laut Bon	–	6	37	4.–	–	–	24.–	–	–	–	148.–	
25.2.	laut Bon	–	2	35	4.–	–	–	–	–	8.–	–	140.–	
28.2. Monatsabschluss		24	23	35		96.–	20.–	52.–	–	16.–	4.–	140.–	
1.3.	Anfangsbestand	–	–	35	4.–	–	–	–	–	–	–	140.–	

1. **Muster einer Lagerkarteikarte**

2 Lagerhaltung

Die Lagerhaltung soll sicherstellen, dass stets genügend Waren für den Verkauf und die Fertigung bereitstehen. Die Lagerhaltung erfüllt folgende Funktionen:

- Ausgleich möglicher Unregelmäßigkeiten auf dem Beschaffungsmarkt, etwa im Hinblick auf saisonale Schwankungen bei der Gütererzeugung (Ernten) und bei Preisen.
- Erschließung günstiger Einkaufsmöglichkeiten durch Großeinkauf.
- Optimale Ausreifung (zum Beispiel bei Fleisch, Wein, Obst).
- Bereithaltung eines ausreichend breiten Angebots.

Geeignete Räume für die Lagerhaltung

- Trockene Räume für die Lagerung von feuchtigkeitsempfindlichen Nahrungsmitteln wie Salz, Zucker und Mehl. Von Nahrungsmitteln getrennt aufzubewahren sind Putz- und Reinigungsmittel sowie Wäsche, Möbel und Einrichtungsgegenstände, Besteck, Porzellan, Platten, Gläser.
- Separate Abstellräume für Leergut und Aufbewahrungsmöglichkeiten für Abfälle.
- Kellerräume oder gekühlte Räume für Wein, Schaumwein, Kartoffeln und Konserven.
- Kühlräume für Bier und Erfrischungsgetränke.
- Getrennte Kühlräume für Nahrungsmittel pflanzlichen und tierischen Ursprungs.
- Tiefkühlräume.

In gekühlten Räumen sind Thermometer und Luftfeuchtigkeitsmessgeräte (Hygrometer) anzubringen.

In vollklimatisierten Räumen wird neben der Temperatur auch die Luftfeuchtigkeit automatisch geregelt. Die günstigste relative Luftfeuchtigkeit für Nahrungsmittel liegt zwischen 75 % und 90 %.
Zu niedrige Luftfeuchtigkeit führt durch Austrocknung zur Verhärtung der Warenoberflächen und zu Gewichtsverlusten. Bei zu hoher Luftfeuchtigkeit kann sich auf der Oberfläche von Waren und Gegenständen Wasser niederschlagen, das die Vermehrung von Mikroorganismen und dadurch den Verderb beschleunigt.
Alle Räume müssen abschließbar sein.

Geeignete Lagereinrichtungen

- Waagen für die Warenannahme und -ausgabe.
- Transportmittel (Wagen, Karren).
- Regale und Lagergestelle.
- Hilfsmittel zur Gliederung nach Warengruppen und Warenartikeln und ihrer Kennzeichnung durch Lagerfachkarten. Häufig gebrauchte Waren sollten ihr Fach in der Nähe der Warenausgabe haben.
- Schreibtisch und Aktenschrank für Schreibarbeiten.

Kosten und Verluste bei der Lagerhaltung

Bei jeder Lagerhaltung entstehen Kosten und Verluste, die mit dem Umfang der Lagerhaltung steigen. Sie sind bei der Kalkulation den Gemeinkosten zuzurechnen.

- Kosten für die Lagerräume und die Lagereinrichtung: Dazu gehören Pacht, Instandhaltung, Abschreibung, Verzinsung des investierten Kapitals, Reinigung, Heizung, Kühlung, Beleuchtung, Schädlingsbekämpfung, Versicherungsprämien (Feuer- und Wasserschäden).

LAGERFACHKARTE							
Lieferant: Geflügelhof Ruf Anschrift: Ostweg 3, Kehl Telefon: 63620			Artikel: Frischeier Lieferfrist: 1 Tag		Kartennummer: 001 Bestellmenge: 180 Meldebestand: 120 Mindestbestand: 60		
Datum	Anfangsbestand	Zugang		Ausgabe		Endbestand	Bemerkung
		Menge	Preis	Menge	Abteilung		
1.2.	210	–	0,25	90	Küche	120	
2.2.	120	–	0,25	30	Büfett	90	
3.2.	90	180	0,25	–	–	270	
3.2.	270	–	0,25	90	Konditorei	180	
3.2.	180	–	0,25	30	Büfett	150	
4.2.	150	–	0,25	5	–	145	Brunch
4.2.	145	–	0,25	25	Büfett	120	
5.2.	120	–	0,25	40	–	80	Privat
5.2.	80	180	0,25	–	–	260	

2. Muster einer Lagerfachkarte

Inventurliste Nr. ...						
Halbjahr ...	31.Jul.	31.Aug.	30.Sep.	31.Okt.	30.Nov.	31.Dez.
Gemüsekonserven						
Artischockenböden	20	15	13	9	19	14
Artischockenherzen	8	16	12	10	6	16
Bohnenkerne (rot)	28	20	38	29	23	18
Bohnenkerne (weiß)	14	12	11	8	20	14
Champignons (Köpfe)	22	14	33	25	16	10
Champignons (Scheib.)	18	10	40	32	22	16
Karotten	8	24	16	12	6	16
Maiskörner	15	10	20	15	12	6
Maiskolben	12	9	19	15	13	9
Maronen	5	5	29	9	12	4
Pfifferlinge	16	10	17	17	13	6
Sojakeimlinge	21	15	9	22	14	9
Steinpilze	6	14	7	13	5	8

3. Inventurliste (Auszug)

- Zinsen für das in den Waren gebundene Kapital.
- Kosten für Wertverluste durch Preissenkungen auf dem Beschaffungsmarkt, Änderungen des Publikumsgeschmacks, Beschädigung, Verderb und Überlagerung.
- Kosten für Mengenverluste durch Schwund (Bruch, Gewichtsverluste) und Diebstahl.
- Kosten für die Lagerverwaltung beinhalten Kosten für Personal, Schreibgeräte und Materialien.

Kaufmännische Grundlagen

Zu den Hauptaufgaben der Lagerhaltung gehören
- die Erfassung von Wareneingang und Warenausgang,
- die Bestandsüberwachung,
- die Verbrauchsfeststellung.

Hierzu verwendet die Lagerbuchhaltung die Lagerfachkarte, in der die mengenmäßige Erfassung an der Lagerstelle (im Lagerfach) erfolgt und die Lagerkarteikarte, in der zusätzlich der Warenwert festgehalten wird. Der notwendige Vergleich zwischen den Zahlen in den Lagerkarten, dem Soll-Bestand und dem tatsächlichen Bestand, dem Ist-Bestand, wird bei der Inventur (Bestandsaufnahme) vorgenommen. Dieser Vergleich dient gleichzeitig der Kontrolle der Lagerbuchhaltung. Treten Differenzen zwischen Ist- und Soll-Bestand auf, so sind die Ursachen zu klären. Je kürzer die zeitlichen Abstände zwischen den Inventuren sind, umso früher werden Differenzen entdeckt und umso schneller können die Missstände abgestellt werden. Der festgestellte Ist-Bestand wird als neuer Anfangsbestand in die Lagerfachkarten übernommen. Der Verbrauch an Waren ergibt sich aus dem Abschluss der Lagerkarteikarten.

Inventur

Jeder Betrieb hat einmal jährlich eine Bilanz als Grundlage für die Besteuerung zu erstellen. In ihr sind die Lagerbestände als Vermögen enthalten. Dazu ist der Ist-Bestand durch Zählen, Wiegen und Messen festzustellen und zu bewerten. Die Aufnahme des Vermögens und der Schulden nennt man Inventur. Man unterscheidet die Stichtagsinventur, das ist die Bestandsaufnahme am Bilanzstichtag, und die laufende oder permanente Inventur, die Bestandsaufnahme über den gesamten Abrechnungszeitraum.
Voraussetzung für die permanente Inventur ist eine Lagerkartei, die eine Rückrechnung der Bestände auf den Bilanzstichtag erlaubt. Als Kontrolle für die Lagerbuchhaltung kann nur die Stichtagsinventur angesehen werden.

Umfang des Lagerbestandes

Der durchschnittliche Lagerbestand gibt den Durchschnitt der tatsächlichen Lagerbestände eines Artikels im Laufe einer Geschäftsperiode an. Man kann ihn aufgrund der Jahres-Inventurzahlen oder anhand der Monats-Inventurzahlen errechnen (S. 424, Bild 1).
Die Lagervorräte müssen so groß sein, dass ein reibungsloser Verkauf und eine störungsfreie Produktion gewährleistet sind. Zu kleine Lagerbestände behindern die Fertigung und verärgern die Gäste, weil der gewünschte Artikel nicht vorhanden ist. Sie erfordern unter Umständen teure Eilbestellungen.

1. Geben Sie die möglichen Vor- und Nachteile zu hoher und zu niedriger Lagerbestände an.
2. Wie kann die Lagerbuchhaltung kontrolliert werden?

- **durchschnittlicher Lagerbestand auf der Basis der Jahresinventur:**

$$= \frac{\text{Jahresanfangsbestand} + \text{Jahresendbestand}}{2}$$

z. B.:

$$\frac{340 + 550}{2} = 450 \text{ Flaschen}$$

- **durchschnittlicher Lagerbestand auf der Basis der 12 Monatsinventuren:**

$$= \frac{\text{Jahresanfangsbestand} + \text{12 Monatsinventuren}}{13}$$

z. B:

$$\frac{340 + 4860}{13} = \frac{5200}{13} = 400 \text{ Flaschen}$$

1. Berechnung des durchschnittlichen Lagerbestandes

- **Umschlagshäufigkeit**

$$\text{Umschlagshäufigkeit} = \frac{\text{Wareneinsatz}}{\text{durchschnittl. Lagerbestand}}$$

z. B.:

$$\frac{280\,000 \text{ DM}}{40\,000 \text{ DM}} = 7 \text{ (Umschlagshäufigkeit pro Jahr)}$$

- **durchschnittliche Lagerdauer**

$$\text{durchschnittl. Lagerdauer} = \frac{\text{360 (Tage des Jahres)}}{\text{Umschlagshäufigkeit}}$$

z. B.:

$$\frac{360}{7} \approx 51 \text{ (durchschnittliche Lagerdauer in Tagen)}$$

2. Berechnung der Umschlaghäufigkeit und der durchschnittlichen Lagerdauer

3 Warenausgabe

Die Geschäftsleitung legt zur Vermeidung zu hoher oder zu niedriger Bestände folgende Mengen fest:

- **Mindestbestand (R):** Diese Menge muss stets als „eiserne Reserve" im Lager sein.
- **Höchstbestand:** Er ist nach dem Eintreffen der Bestellung erreicht und hängt von der Bestellmenge und dem Meldebestand ab.
- **Meldebestand (MB):** Sobald er erreicht ist, muss der Artikel bestellt werden. Seine Höhe hängt von der Lieferzeit und der Absatzmenge des Artikels ab.

Beispiel:
Bei einem Tagesabsatz (A) von 2 Flaschen Cognac, einer Lieferzeit von 6 Tagen (T) und einem Mindestbestand (R) von 10 Flaschen ist der Meldebestand (MB):
MB = (A x T) + R = (2 x 6) + 10 = 22 Flaschen.

Lagerkennziffern
Neben dem durchschnittlichen Lagerbestand sind die Umschlagshäufigkeit und die durchschnittliche Lagerdauer die wichtigsten Lagerkennziffern.
Die Umschlagshäufigkeit der Waren wird in einer Zahl, dem Umschlagskoeffizienten, ausgedrückt und zu Vergleichszwecken herangezogen. Er gibt an, wie oft innerhalb eines Jahres der Wert oder die Menge des durchschnittlichen Lagerbestandes umgesetzt wird.
Der Umschlagskoeffizient lässt sich für einen Artikel, eine Warengruppe oder für das gesamte Lager errechnen.
Angestrebt wird eine hohe Umschlagshäufigkeit, weil dadurch die Kosten für die Lagerhaltung pro Wareneinheit gesenkt werden.

Sämtliche Waren dürfen nur gegen Quittung bzw. Anforderungsschein ausgegeben werden. Bei Entgegennahme der Scheine ist zu prüfen, ob sie von einer berechtigten Person (meist dem Abteilungsleiter) unterschrieben sind, und ob die Waren in Art und Menge genau bezeichnet sind.
Alle ausgegebenen Waren sind in die Lagerkarteikarten und gegebenenfalls Lagerfachkarten einzutragen. Die Warenausgabe sollte möglichst täglich erfolgen, damit in den Abteilungen nur kleine Vorräte gehalten werden. Für Ausnahmefälle, zum Beispiel bei unerwartet hohem Gästeandrang, sollte das Magazin für bestimmte Personen jederzeit zugänglich sein.

Magazine in den Abteilungen
Für den Tagesbedarf sind die Waren aus dem Magazin, soweit sie nicht sofort gebraucht werden, in den Abteilungen zu lagern. Zu große Tagesvorräte verführen zu gedankenlosem Verbrauch und zum Diebstahl. Zu geringe Vorräte können Störungen im Betriebsablauf verursachen.
In der Küche und den Nebenräumen lagern konservierte und frische Lebensmittel wie Fleisch, Fisch, Obst und Gemüse.
Am Büfett und in der Bar lagern Getränke in Flaschen.
Im Restaurant-Office sind Tischwäsche, Bestecke und sonstige Geräte zum Eindecken oder Servieren vorrätig.
Die Etage benötigt einen Vorrat an Bettwäsche, Handtüchern und Verbrauchsartikeln für den Gast.
Alle Abteilungen verfügen über einen Vorrat an Putzmitteln, die jedoch getrennt von Lebensmitteln aufzubewahren sind.

MAGAZIN-Anforderungsschein

Abteilung: Küche **Name:** K. Maier **Datum:** ... – 07 – 22

Artikel	Einheit	Angeforderte Menge	Erhaltene Menge	Einzelpreis	Gesamtpreis
Bohnen (rot)	1/1	3	3	2,80	8,40
Steinpilze	1/1	2	2	18,40	36,80
Maiskörner	1/2	6	6	1,48	8,88
Maiskolben	1/1	4	4	3,98	15,92
Pfifferlinge	1/1	4	4	12,20	28,80
					98,80

Ausgeliefert: Name: C. Wälde Datum: ... – 07 – 22

3. **Magazin-Anforderungsschein**

Wissen Sie Bescheid?

1. Ihr Betrieb bezieht monatlich 60 Flaschen eines bestimmten Rotweins zum Preis von 12,00 DM. Der Jahres-Anfangsbestand beträgt 90 Flaschen, der Endbestand 200 Flaschen.
   a) Berechnen Sie den durchschnittlichen Lagerbestand, die Umschlagshäufigkeit und die durchschnittliche Lagerdauer.
   b) Wie viel Kapital ist durchschnittlich gebunden?
   c) Wie viel Lagerzins muss dafür in der Kalkulation berücksichtigt werden (Zinssatz 12 %)?
   d) Wie könnten die Lagerkosten in diesem Beispiel gesenkt werden?
2. Erläutern Sie den Begriff Meldebestand.
3. Erstellen Sie eine Lagerfachkarte für Frischeier mit der Bestellmenge 360, dem Meldebestand 200, und einer Lieferzeit von 7 Tagen.

4 Wareneinsatzkontrolle

Die **Auswertung der Lagerkennziffern** eröffnet die Möglichkeit die wirtschaftliche Arbeitsweise eines Betriebes rechnerisch darzustellen und zu kontrollieren. Die grundsätzlichen Vorgehensweisen werden am Beispiel der Küche dargestellt.

Küchenverbrauchskontrolle

Der Materialverbrauch der Küche ist neben den Personalkosten der größte Kostenfaktor. Es lohnt sich deshalb ihn zu kontrollieren. Bei der Festlegung der Verkaufspreise wird mit einem bestimmten Wareneinsatz kalkuliert. Der Durchschnittswert für alle Speisen in Prozent ergibt den Soll-Wert des Wareneinsatzes.

Beispiel 1: Einzelspeise

Verkaufspreis .... 100 %
Wareneinsatz (Soll-Wert) .... 30 %
(Wird dieser Soll-Wert überschritten, ist der geplante Gewinn nicht erreichbar oder es ist sogar ein Verlust hinzunehmen.)

Verkaufspreis .... 32,00 DM = 100 %
Wareneinsatz (Ist-Wert) .... 8,00 DM = 25 %
(Der Ist-Wert ist günstiger als der Soll-Wert, das heißt, es wurde wirtschaftlicher als geplant gearbeitet.)

Verkaufspreis .... 24,00 DM = 100 %
Wareneinsatz (Ist-Wert) .... 8,00 DM = 33,33 %
(Der Soll-Wert ist günstiger als der Ist-Wert, das heißt, es wurde unwirtschaftlicher/mit zu hohem Wareneinsatz gearbeitet.)

Zur Überprüfung des Warenverbrauchs in der Küche wird der Wert der Waren, die laut Anforderungsschein in der Küche ausgegeben wurden, errechnet. Die noch im Tagesmagazin vorhandenen Bestandswerte werden von dieser Summe abgezogen. Das Ergebnis ist der Küchenverbrauch in einer bestimmten Zeit (Tag, Woche, Monat, Jahr).

Beispiel 2: Gesamt-Küchenumsatz

Warenverbrauch laut
Magazinabrechnung im Juli .... 102 000 DM
Bestand im Tagesmagazin (31.Juni) .... 2 000 DM
Küchenverbrauch an Waren im Juli: .... 100 000 DM

Nun wird der Küchenumsatz mit 100% vorgegeben und der Küchenverbrauch dazu in Prozent ausgerechnet. Die ermittelte Prozentzahl wird mit dem Soll-Wert verglichen, der bei der Kalkulation verwendet wurde,

Küchenumsatz laut Buchhaltung .... 300 000 DM
Küchenverbrauch an Waren .... 100 000 DM
Wareneinsatz .... = 33,33 %

Die ermittelte Prozentzahl wird mit der Zahl verglichen, die bei der Kalkulation verwendet wurde (Wareneinsatz = Ist-Wert = 33,33 % im Vergleich zum Soll-Wert = 30 %).

Lag der Verbrauch zu hoch, sind die Ursachen zu ermitteln (zum Beispiel gestiegene Materialkosten,Nichteinhaltung der vorgegebenen Portionsgewichte, unrealistische Kalkulation) und entsprechende Korrekturen sobald wie möglich vorzunehmen.

Betriebs-organisation

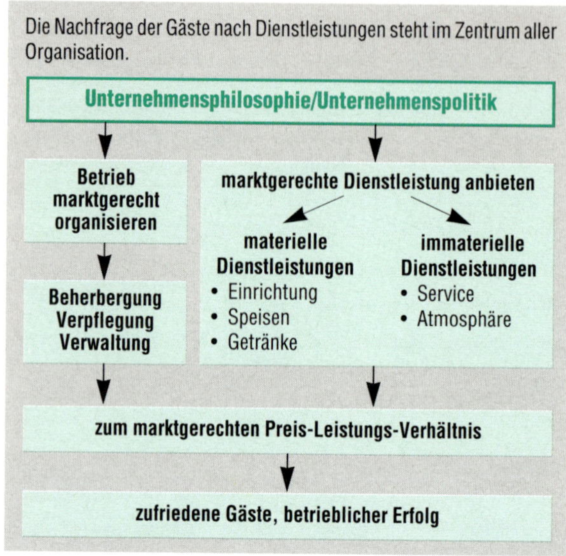

1. **Grundlagen der Betriebsorganisation im Gastgewerbe**

1 Grundlagen der Betriebsorganisation

Durch Organisieren soll eine möglichst wirtschaftliche Leistungserstellung erreicht und die Arbeit menschengerecht gestaltet werden.

Aufbauorganisation. Sie betrifft das Zusammenwirken von Mitarbeitern untereinander.

Ablauforganisation. Sie betrifft das Zusammenwirken zwischen Mitarbeitern und Sachmitteln wie Einrichtungen, Maschinen und Objekten (z. B. Rohstoffe) und zwischen Mitarbeitern, Sachmitteln und Gästen.

Die zwei Prinzipien der Wirtschaftlichkeit (Ökonomie):

Maximalprinzip. Mit gegebenen Mitteln wird ein möglichst hoher Ertrag erzielt.
Beispiel: Bei einer bestimmten Sitzplatzzahl im Restaurant wird versucht einen möglichst hohen Gewinn zu erwirtschaften.

Minimalprinzip. Eine vorgegebene Leistung wird mit möglichst geringen Mitteln erbracht.
Beispiel: Es wird angestrebt einen vorgegebenen Sauberkeitsstandard bei einer bestimmten Übernachtungszahl mit möglichst wenig Personal- und Sachkosten einzuhalten.

Organisieren bedeutet Arbeit auf Dauer so zu verteilen und den Arbeitsablauf so zu gestalten, dass alles reibungslos läuft. Zeigt sich, dass etwas besser getan werden kann, ist es entsprechend neu zu organisieren.

Disponieren ist ein nach Art, Zeit und Umfang auf den Bedarf abgestimmtes Verfügen über die Mitarbeiter und Mittel. Es geschieht lang- oder kurzfristig, laufend oder von Fall zu Fall.

Beispiel: Der Verkaufsleiter kann über die Vergabe eines Bankettraumes nur aufgrund der bisher angemeldeten Veranstaltungen entscheiden.

Improvisation ist gefordert, wenn bei unerwarteten Situationen nicht auf eine entsprechende organisatorische Regelung zurückgegriffen werden kann.
Beispiel: Ein Gast wünscht spontan eine Geburtstagstorte mit 30 Kerzen. Sie wird telefonisch bestellt und mit einem Taxi angeliefert.

Die Grenzen zwischen Organisation, Disposition und Improvisation sind fließend. Regelungen, die durch Improvisation entstanden sind, können in die Organisation oder Disposition aufgenommen werden (Prinzip der Substitution/des Ersetzens).

Zu viel Organisation engt ein und behindert die Kreativität. Organisation lässt innerhalb von festen Regeln Spielräume zu. Nicht der Weg zur Lösung ist genauestens geregelt, sondern vor allem das Ergebnis ist exakt definiert.

Prinzipien der Organisation

Mechanisierung. Nutzung der maschinellen Möglichkeiten, soweit sie die Wirtschaftlichkeit und/oder die Arbeitsumstände verbessern.

Standardisierung: Vereinheitlichung von Arbeitsweise und -qualität sollen die Arbeitsproduktivität erhöhen und den Qualitätsstandard sicherstellen.

Spezialisierung. Rationellere Aufgabenerfüllung durch schneller und sicherer ausgeführte Arbeitsvorgänge.

Koordinierung. Optimierung des Zusammenwirkens der Arbeitsfaktoren Menschen, Sachmittel und Objekte.

Organisation befasst sich mit Daueraufgaben

- Welche Tätigkeiten sind zu verrichten: *kochen, servieren, reinigen, verwalten ...*
- Wer verrichtet eine bestimmte Arbeit: *Küchenchef besorgt den Lebensmitteleinkauf*
- Welche Mittel stehen zur Verfügung: *Maschinen, Geräte, Einrichtungen, Geschirr ...*
- Welche Räume stehen zur Verfügung: *Restaurant, Magazin, Büfett, Office, Bar ...*
- Wer hat zu entscheiden und anzuordnen: *Direktor, Oberkellner, Empfangschef ...*
- Welches soll Ziel erreicht werden: *Umsatz pro Sitzplatz, Zimmerbelegungsquote ...*
- Wann beginnt und endet die Arbeit
- Wann ist der Betrieb geöffnet

2. **Organisationsbeispiele**

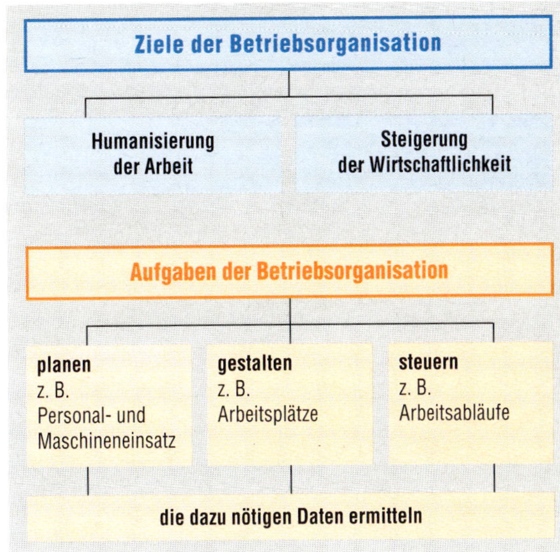

3. **Ziele und Aufgaben der Betriebsorganisation**

Aufgaben- und Arbeitsteilung

Zwei Ursachen führen zur Aufgaben- und Arbeitsteilung:

- Die Aufgabe ist zu groß um von einer Person bewältigt zu werden, etwa das Servieren eines Menüs für viele Gäste.
- Die Aufgabe setzt verschiedenartige Spezialkenntnisse und -fertigkeiten voraus, z. B. das Mixen von Bargetränken, Bedienen eines Buchungsautomaten. Spezialisierung ist die Folge von Arbeitsteilung. Jeder Mitarbeiter übernimmt eine bestimmte Aufgabe und einen persönlichen Arbeitsbereich.

Kompetenz und Verantwortung

Aus der Arbeitsteilung und Aufgabengliederung entstehen Arbeitsbereiche, die sich gegenseitig ergänzen und voneinander abhängen, z. B. Einkauf und Nahrungszubereitung, Servieren und Kassieren, Personal einstellen und Personal entlohnen.

Um die Aufgaben in seinem Arbeitsbereich erfüllen zu können und die Verantwortung dafür zu tragen muss ein Mitarbeiter auch die entsprechende Kompetenz (Befugnis, Zuständigkeit) dafür haben.

Die Elemente Aufgabe, Kompetenz und Verantwortung gehören untrennbar zusammen. Dabei ist ein ausgewogenes Verhältnis wichtig, denn ohne angemessene Kompetenz kann niemand die Verantwortung für eine Aufgabe übernehmen.

Beispiele sind Anweisungsbefugnis der Hausdame gegenüber der Etagenbeschließerin und des Küchenchefs über die Qualität der einzukaufenden Waren.

Führungsstile

Die sozialen Probleme der Arbeitsorganisation liegen in der Menschenführung. Die Führung ist abhängig von der Person und ihren Eigenschaften, Qualifikationen und Machtbefugnissen, kurz ihrer Autorität.

Patriarchalisches Ordnungsdenken. Diese Führungsform ist autoritär und basiert auf Befehlsführung. Die Machtbefugnisse werden voll ausgenutzt. Als Mittel werden Anordnung, Befehl, Druck und Zwang eingesetzt. Beim emanzipierten Menschen stößt dieses Führungsverhalten auf Ablehnung. Leistung, Aktivität und Eigeninitiative werden bei diesem Führungsverhalten eingeschränkt. Eine starke Fluktuation (häufiger Personalwechsel) im Betrieb ist meist die Folge.

Ein Vorgesetzter, der Autorität nur Kraft des übertragenen Amtes ausübt ohne die von den Mitarbeitern anerkannten persönlichen und charakterlichen Fähigkeiten zu besitzen, hat in einer zeitgemäßen Arbeitsorganisation keinen Erfolg.

Pluralistisches Ordnungsdenken. Diese Führungsform ist demokratisch und beruht auf persönlicher, freiwillig anerkannter Autorität. Die Machtbefugnisse sind gegeben, es werden jedoch überwiegend die Führungsmittel Vertrauen, Information, Anerkennung und sachliche Kritik eingesetzt. Mitdenkende, sich mitverantwortlich fühlende Mitarbeiter werden damit herangebildet. Durch Überzeugen von der Richtigkeit einer Maßnahme, Bekanntgabe der Zielsetzung sowie Lob und Anerkennung wird die Durchsetzung von organisatorischen Maßnahmen wesentlich erleichtert.

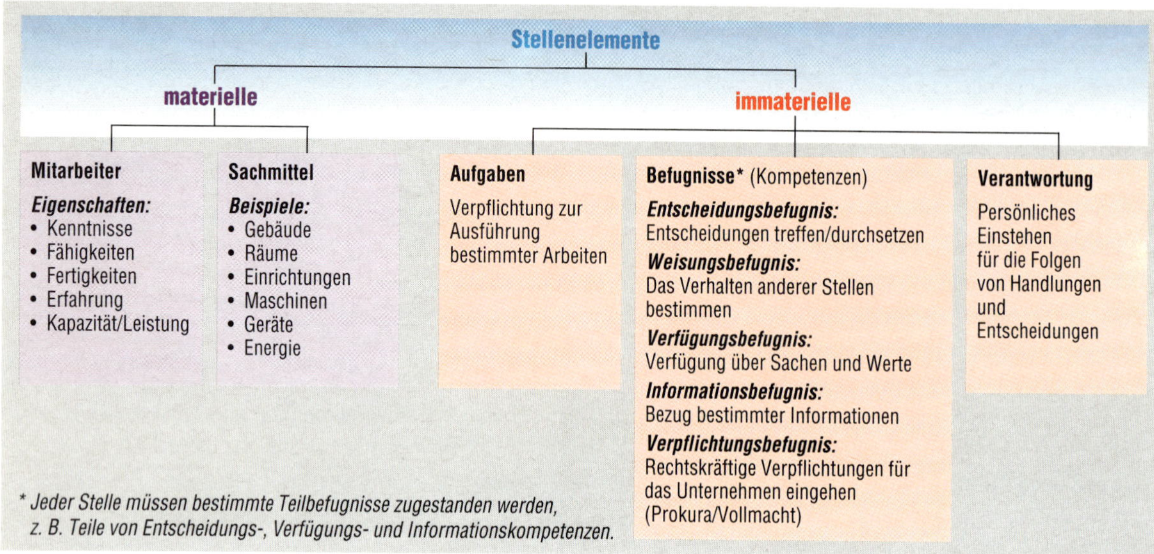

1. Elemente von Stellen

- Kaufmännischer Direktor,
- Leiter der Buchhaltung
- Buchhalter
- Lagerarbeiter
- Personalchef
- Ausbildungsleiter
- Hauptkassierer
- Hausmeister
- Technischer Leiter
- Leiter des Kontrollwesens
- Lagerverwalter
- Haushandwerker

2. Stellenplan der Verwaltung

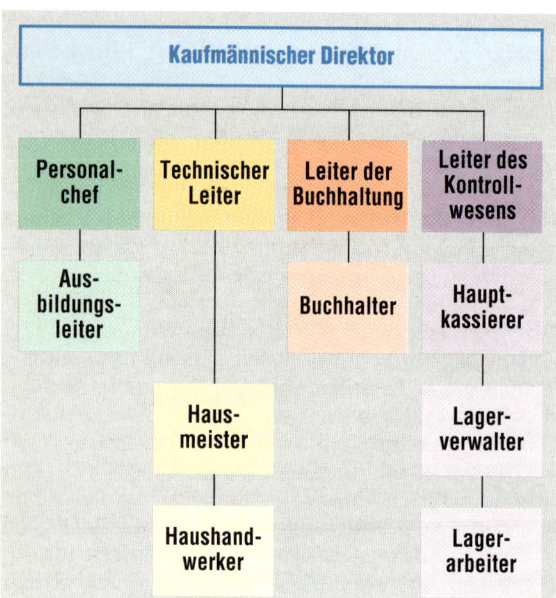

3. Organigramm der Verwaltung

2 Aufbauorganisation

2.1 Stellenplan und Organigramm

Um einen Betrieb organisieren zu können, muss die Betriebsaufgabe durch die Betriebsleitung klar vorgegeben sein. Damit sie rationell gelöst werden kann, ist sie in Teilaufgaben zu gliedern. Grundsätzlich führen zwei Verfahren zur Stellenbildung:

- Eine Teilaufgabe, die ein Einzelner nicht bewältigen kann, muss weiter unterteilt werden.
- Teilaufgaben, die zu klein sind um einen Mitarbeiter voll auszulasten, müssen zusammengefasst werden.

So entsteht eine Auflistung der erforderlichen Stellen, der Stellenplan. Setzt man den Stellenplan in eine hierarchische, das heißt die Rangordnung beachtende, Stellenstruktur um, erhält man die Aufbauorganisation, die in einem Organigramm zeichnerisch dargestellt werden kann. Stellen müssen gegenüber anderen Stellen abgrenzbar und mit anderen Stellen koordinierbar (abstimmbar) sein.

2.2 Stellenarten und Arbeitsplatz

Folgende Stellenarten werden unterschieden, wobei stets der Grundsatz der Einheit von Aufgabe, Befugnis und Verantwortung zu beachten ist.

Ausführungsstellen. Einzelaufgaben mit Dauercharakter. Inhaber einer Ausführungstelle tragen Verantwortung für Menschen, Material und Einrichtungen, die diese Stelle betreffen. Sie haben keine Leitungsfunktionen. *Beispiele:* Zimmermädchen und Pagen.

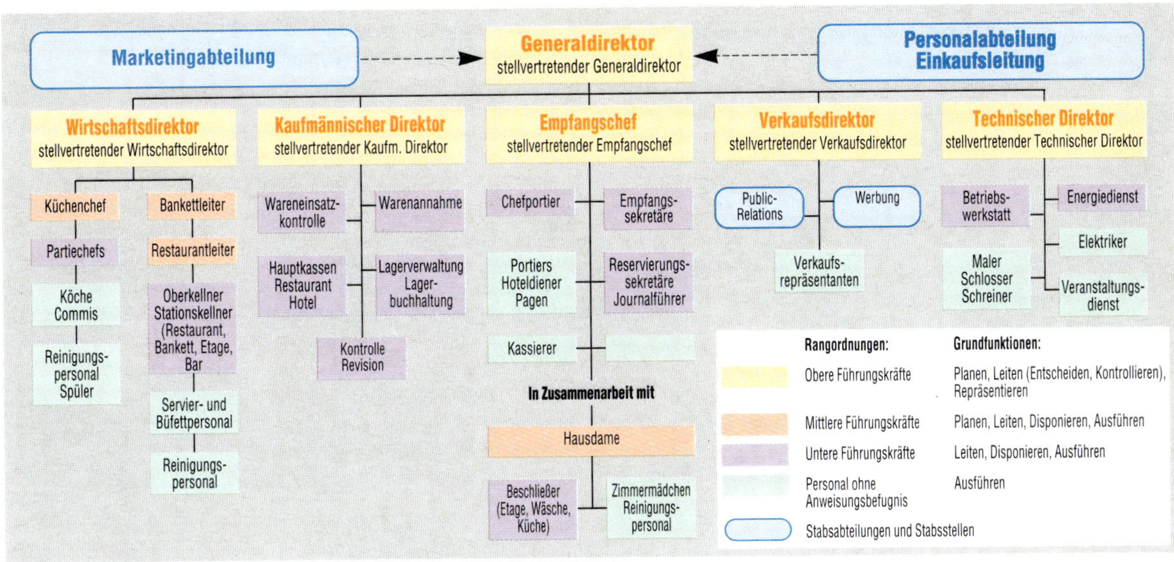

4. Organigramm eines Hotels mit Rangordnungen und Grundfunktionen

Abteilungen. Zusammenfassung von Stellen, deren Aufgaben und Ziele eng miteinander verknüpft sind.
Beispiel: Die Hauptabteilung Küche (Abteilungsleiter: Küchenchef) kann in die Unterabteilungen (Saucier, Entremetier, Gardemanger ...) unterteilt und mit der Hauptabteilung Service zum Wirtschaftsbereich (Bereichsleiter: Wirtschaftsdirektor) zusammengefasst werden.
Einem Stelleninhaber wird die Leitung der Abteilung übertragen. Diese Leitungsstellen nennt man Instanzen.

Instanzen. Leitungsstellen mit der Befugnis Anordnungen zu geben und Entscheidungen zu treffen, die auch für andere Stellen gültig sind. Die Instanzen können auf verschiedenen Ebenen (obere, mittlere und untere Führungsebene) angeordnet sein.

Stabstellen. Leitungshilfsstellen mit Vorschlagsrecht, die die Instanzen unterstützen wie Einkaufsleitung, Direktionsassistent. Ihnen werden z. B. folgende Aufgaben übertragen: Sammeln und Aufbereiten von Daten zur Entscheidungsfindung, Kontrolle der Wirksamkeit von Entscheidungen.

Stabsabteilungen. Mehrere Stabstellen sind zu einer Abteilung mit einer leitenden Stelle (Instanz) zusammengefasst, z. B. Personalabteilung, Marketingabteilung.

Der Arbeitsplatz ist der Ort, an dem eine Person die Aufgaben, die seiner Stelle entsprechen, wahrnimmt. Eine Hotelfachfrau kann beispielsweise an mehreren Arbeitsplätzen tätig sein (Magazinausgabe, Etagenkontrolle, Gästekorrespondenz). Andererseits können sich mehrere Mitarbeiter eine Stelle bzw. einen Arbeitsplatz teilen, wenn sie zeitlich nacheinander die Aufgaben übernehmen (etwa bei Schichtarbeit und bei Urlaubsvertretung).
In der Aufbauorganisation hat jeder Aufgabenträger einen abgegrenzten Funktionsbereich, der im Idealfall seinen Fähigkeiten entspricht. Überforderung führt zu nervösen, gereizten Mitarbeitern, deren Hektik sich auf andere überträgt. Unterforderung vermittelt zu wenig Erfolgserlebnisse und lässt dadurch nicht genügend Arbeitsfreude aufkommen.

2.3 Organisation der Arbeitsbereiche

Engagierte und gut ausgebildete Mitarbeiter sind ein kaum zu überschätzender Faktor bei der Erstellung gastronomischer Leistung. Durch gute Organisation in den Arbeitsbereichen werden diese Mitarbeiter herangezogen und im Betrieb gehalten. Ziel der Organisation der Arbeitsbereiche ist es

- festzustellen, welche Stellen in einem Bereich notwendig sind,
- die Beziehungen zwischen den Stellen durchschaubar zu machen,
- festzulegen, welche Aufgaben in einer Stelle zusammengefasst werden,
- durch die organisatorischen Maßnahmen zur allgemeinen Zufriedenheit und zur Steigerung des Leistungswillens beizutragen (Erstellen von Dienst-, Urlaubs- und Vertretungsplänen, Durchführung von Weiterbildungsmaßnahmen und innerbetrieblichen Stellenausschreibungen).

	Liniensystem	Stabliniensystem	Mehrliniensystem, Funktionssystem	Kooperationssystem, Teamwork (im Liniensystem)
Organisations-schema	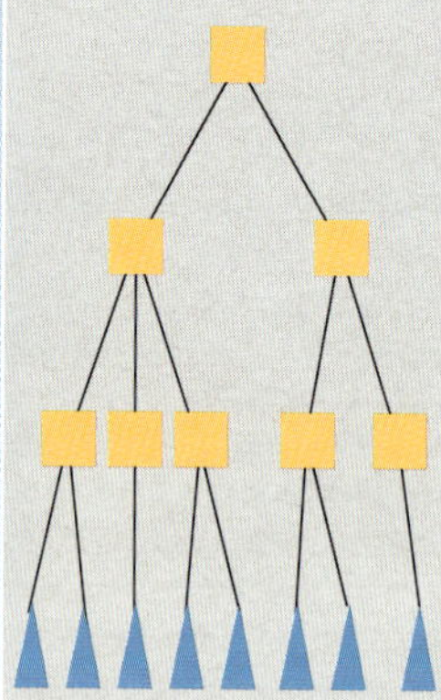	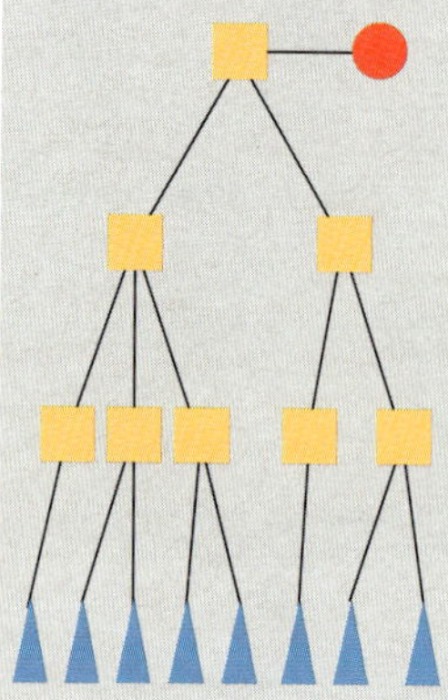	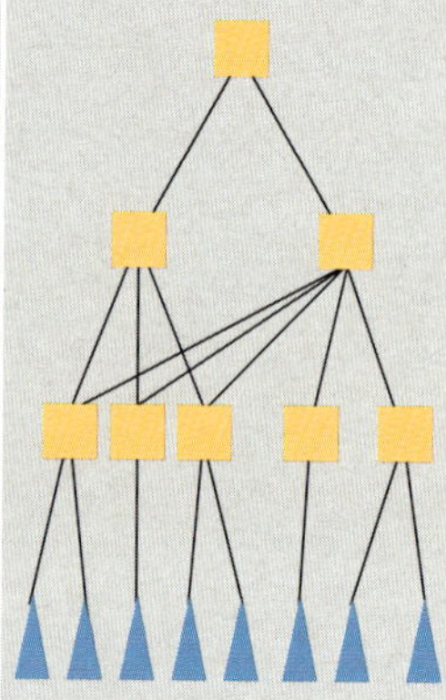	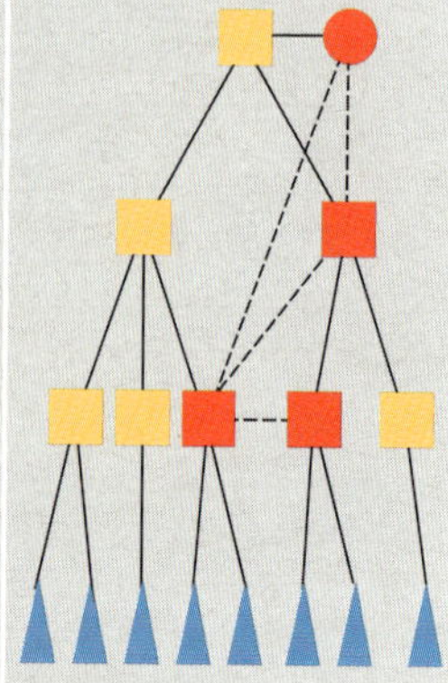
	Instanz	*Stabsabteilung*	*Ausführungsstelle*	*Stabsstelle*
Führungs-persönlichkeit	Generalist (Alleskönner)	Manager	Spezialisten (mittlere/untere Führungsebene)	Arbeitsgruppe (Teilnehmerwechsel nach Aufgabenstellung)
Befugnis der Führungskräfte	Vollkompetenz	Vollkompetenz; Teilkompetenz beim Stab	Vollkompetenz und Teilkompetenz	Voll- und Teilkompetenz; Teilkompetenz beim Stab
Beweglichkeit des Systems	gering	mittel	groß	groß
Vorteile	eindeutige Zuständigkeit, schnelle Entscheidungs-durchsetzung und Kontrolle	(wie Linie), bessere Entscheidungs-grundlagen durch Unterstützung von Spezialisten	Spezialist für jedes Sachgebiet erteilt Aufträge und kontrolliert	Lösung schwieriger Spezialprobleme und Sonderaufgaben wird von Spezialisten gemein-sam erarbeitet und in der Linie umgesetzt
Nachteile	• breites Fachwissen der Führungskräfte nötig • Entscheidungsstau bei Abwesenheit • langer Dienstweg kann zu „Verfälschungen“ von Informationen und Anweisungen führen	• Stäbe können sich gegen die Linien-instanzen nicht durchsetzen • Stäbe übernehmen aufgrund von Sach-wissen die Führung • hohe Stabskosten sind nur für Groß-betriebe finanzierbar	• Gefahr der Unter- oder Überlastung und Verunsicherung der einzelnen Mitarbeiter, weil mehrere Instanzen Anweisungen geben • Beurteilung und Kontrolle schwierig	• Überlastung der Teammitglieder durch Doppelfunktion in Linie oder Stab und Team • Vernachlässigung einer Funktion • schwierige Leistungskontrolle
Motivation der Mitarbeiter	gering	mittel	groß	sehr groß

1. Organisationssysteme

2.4 Organisationssysteme

Man kann vier idealtypische Organisationssysteme unterscheiden, die durch die Art der Weitergabe von Anweisungen und der Übertragung von Aufgaben und Kompetenzen definiert sind: das Liniensystem, das Stabliniensystem, das Mehrlinien- oder Funktionssystem und das Kooperationssystem. Die in der Praxis vorkommenden Organisationsformen sind fast ausschließlich Mischformen der genannten Modelle. Zwangsläufig werden bei der Entscheidung für eine Organisationsform hierarchische Strukturen (Über-, Unter- oder Gleichordnung) festgelegt.

Linienorganisation

Nach diesem System ist jede Stelle nur mit einer vorgesetzten Instanz verbunden. Sie erhält nur von ihr Anweisungen und jeder Mitarbeiter hat nur einen direkten Vorgesetzten (Einfachunterstellung). Alle Informationen nach unten wie nach oben gehen über diese Linie. Diese straffe und auf Funktionssicherheit ausgerichtete Organisationsform erweist sich in der Praxis als schwerfällig, Nachteile sind lange Dienstwege und starker Arbeitsanfall in den oberen Rangstufen.

Direkte Kontakte und Querverbindungen zwischen verschiedenen Abteilungen, Instanzen und Stellen werden durch dieses Organisationssystem behindert, obwohl sie gerade im Gastgewerbe unerlässlich sind um alle Aufgaben schnell und gut zu bewältigen. Die Vielseitigkeit der Aufgaben in der obersten Führung erfordern in der Linienorganisation den Alleskönner, den es selten gibt und dessen Ausbildung viel Zeit erfordert.

Stablinienorganisation

Das Stabliniensystem resultiert aus der Schwierigkeit Spezialisten in einer Linie unterzubringen. Die oberen Führungsebenen sollen bei diesem System durch Personen (Stabsstellen) oder Personengruppen (Stabsabteilungen) mit speziellen Kenntnissen und Aufgaben beraten und entlastet werden. Stäbe werden z. B. zur Lösung von Rechts-, Finanz- oder Organisationsproblemen eingesetzt und haben in der Regel keine Anweisungsbefugnis. Notwendige Anweisungen werden auf dem Dienstweg weitergeleitet (siehe Linienorganisation).

Inhaber der Stabsstellen sind Personen mit speziellen Kenntnissen wie Steuer-, Werbe- oder Datenverarbeitungsfachleute . Mehrere Stabsstellen bilden eine Stabsabteilung (z. B. Personalwesen), die in sich wieder eine Organisationsform hat.

Mehrliniensystem (Funktionen-Organisation)

Bei diesem System werden die Zuständigkeiten nach Funktionen (Beispiel: Fußbodenreinigung, Nasszellenreinigung, Wäschewechseldienst) aufgeteilt und entsprechende Abteilungen gebildet. Jede Abteilung wird von einem Leiter in Eigenverantwortung geführt. Die Abteilungsleiter können Anweisungen an Stellen in anderen Abteilungen geben (Mehrfachunterstellung), die im Allgemeinen nicht – Gegensatz zum Liniensystem – über den Leiter dieser Abteilung laufen (zum Beispiel würde ein Zimmermädchen von drei Abteilungsleitern Anweisungen bekommen). Die Anweisungsbefugnisse sind genau zu regeln und einzuhalten, da sonst bei den ausführenden Arbeitskräften leicht Unsicherheiten über die Dringlichkeit der angewiesenen Arbeiten entstehen.

Kooperationssystem oder Teamwork

Neben den bekannten Führungsstilen treten neue Formen der Führung auf, und zwar überall dort, wo Menschen mit verschiedenen Fähigkeiten (Spezialisten) zusammenarbeiten müssen. In dieser Situation der Zusammenarbeit tritt ein Führungsstil auf, bei dem die Führung nicht an eine Person gebunden ist. Ein Team kann aus Mitarbeitern einer Ebene, aber auch aus Mitgliedern verschiedener Ebenen des Betriebes bestehen. Für die Dauer der Teamarbeit sind alle Mitglieder gleichgestellt. Innerhalb eines Teams gibt es keinen Vorgesetzten. Der Teamleiter fungiert als Erster unter Gleichen. Das Team erkennt jeweils denjenigen als Leiter an, der imstande ist den Beitrag einzubringen, den die Gruppe in einer bestimmten Situation benötigt um weiterzukommen. Da die Führung nicht an eine Person gebunden ist, sondern je nach Situation wechselt, wird von einer **situationellen Führung** gesprochen.

Diese Form der Führung spielt eine große Rolle, wo Linien- und Stabsstellen zusammenarbeiten. Der Grundgedanke, dass die vollständige Verantwortung der Leitung beim Linienchef liegt, während der Stabsfunktionär nur beratend auftritt, ist nicht aufrechtzuerhalten. In Wirklichkeit übernimmt der Stabsfunktionär durch seine sachverständige Beratung einen Teil der Führung.

Das Teamwork-Konzept wird auch bei der Planung und Durchführung eines Projekts, etwa einer Werbekampagne, angewandt. Aus jeder betroffenen Abteilung gehört ein Fachmann dem Team an, der parallel zu seiner Arbeit im Projekt weiterhin seine Funktionen in Stab oder Linie wahrnehmen kann.

Wissen Sie Bescheid?

1. Erklären Sie den Begriff Organigramm.
2. Begründen Sie die Notwendigkeit der Aufbauorganisation.
3. Wodurch unterscheidet sich eine Stelle von einer Instanz?
4. Nennen Sie die Vor- und Nachteile, die die Einhaltung des Dienstweges bringen kann.
5. Für welche Arten von gastronomischen Betrieben ist das Liniensystem zweckmäßig?
6. Welche Nachteile könnten durch die Einführung des Kooperationssystems auftreten?

Stellenbezeichnung

Stellenbefugnisse
alle der Stelle zugewiesene Kompetenzen

Stellenvertretung
von welcher Stelle eine Vertretung erfolgt und welche Stelle vertreten wird

Stelleneinordnung
- Abteilungszugehörigkeit
- vorgesetzte Instanz
- untergebene Stellen
- Stellenart (Linie/Stab)

Stellenverantwortung
genau definierte Verantwortungsbereiche

Stellenanforderung
bezieht sich insbesondere auf
- Bildungs- und Ausbildungsstand
- Erfahrung
- Fach- und Allgemeinkenntnisse
- Fähigkeiten und Fertigkeiten
- Persönliche Eigenschaften

Stellenaufgaben
einzelne Sachaufgaben (Daueraufgaben) detailliert aufführen

Stellenziele
bezogen auf die Stellenaufgaben sind die bei ihrer Erledigung anzustrebenden Ziele soweit wie möglich ihrem Umfang nach anzugeben

1. Inhalt einer Stellenbeschreibung

3 Personalplanung durch Stellenbeschreibungen

Nur wenn ein Mitarbeiter genau weiß, welche Leistung von ihm erwartet wird, kann er diese Leistung erbringen. Er gewinnt dadurch an Selbstvertrauen, ist motiviert und wird mit der Zeit auch neue, anspruchsvollere Aufgaben meistern. In der Stellenbeschreibung werden die Ziele, Aufgaben und Kompetenzen sowie die inhaltliche Verknüpfung zu anderen Stellen und Instanzen festgelegt. Dieses wichtige Organisations-Hilfsmittel wird grundsätzlich sachbezogen und nicht personenbezogen abgefasst (wird die Stellenbeschreibung auf einen bestimmten Mitarbeiter zugeschnitten, kann sich ein Wechsel des Stelleninhabers negativ auch auf andere Stellen auswirken.) Der zuständige Abteilungsleiter soll bei den Stellenbeschreibungen mitwirken um die Sachbezogenheit zu gewährleisten. Stellenbeschreibungen sollten übersichtlich und nicht zu umfangreich sein.
Werden Stellenbeschreibungen erstmalig für eine bereits bestehende Stelle erstellt, kann mittels einer Ist-Aufnahme (durch Interview, Fragebogen oder Selbstaufschreibung) mithilfe des bisherigen Stelleninhabers eine Stellenbeschreibung erarbeitet werden. Organisatorische Verbesserungen sind anschließend aufzunehmen.
Für eine neu geschaffene Stelle ist der angestrebte Soll-Zustand zu formulieren.

Vorteile für den Mitarbeiter:
- Er erhält klare Informationen über Aufgabe, Kompetenz und Verantwortung.
- Er besitzt Handlungsfreiheit im Rahmen des Stellenbereiches gegenüber dem Vorgesetzten.
- Die Stellenbeschreibung dient der Selbstkontrolle.
- Sie erleichtert die Einarbeitung.
- Sie ist eine wichtige Unterlage für Stellenbewerber.
- Willkürliche Beurteilungen durch den Vorgesetzten sind nicht möglich.

Vorteile für den Vorgesetzten:
- Es ist leicht erkennbar, wenn der Stelleninhaber die übertragene Verantwortung nicht voll übernimmt.
- Sie ist eine objektive Grundlage für Dienstaufsicht und Erfolgskontrolle der Mitarbeiter.
- Sie dient als Hilfsmittel bei der Delegation von Aufgaben und bei der Beurteilung von Mitarbeitern.
- Die Entscheidung bei Einstellungen wird erleichtert.
- Das Verantwortungsbewusstsein wird durch klar definierte Aufgaben erhöht.
- Durch klar abgegrenzte Kompetenzbereiche verringert sich die Wahrscheinlichkeit von Konflikten.
- Sie erleichtert die Einarbeitung.
- Sie dient als Hilfsmittel bei der Neubildung von Stellen.
- Sie bildet eine objektive Grundlage für die Lohn- und Gehaltseingruppierung.

1. Nennen Sie zwei Gründe für die Erstellung einer Stellenbeschreibung.
2. Welche Angaben sollte sie enthalten?
3. Wie gehen Sie vor, wenn die Stellenbeschreibung erstmalig erstellt werden soll?
4. Erläutern Sie die Vorteile der Stellenbeschreibung für den Stelleninhaber und dessen Vorgesetzten.

Stellenbeschreibung: Wirtschaftsdirektor oder Wirtschaftsdirektorin

Bezeichnung der Stelle:
Wirtschaftsdirektor/in (Food + Beverage Manager)

Abteilung:
Food + Beverage

Geschlecht:
Männlich/weiblich.

Einstellungsalter:
ca. 26 - 40 Jahre

Über- und Unterstellungsverhältnis:
Er/sie untersteht als Abteilungsleiter bzw. Bereichsleiter dem Generaldirektor.
Ihm/ihr unterstehen folgende Abteilungen:
- Küchen
- Restaurants
- Bars
- Bankettabteilung
- Etagenservice

Persönliche Qualifikationen:
- Durchsetzungsfähigkeit
- Fantasie
- Praktische Veranlagung
- Urteilskraft
- Psychologische Kenntnisse
- Weitsichtigkeit

Ausbildung:
- Ausbildungsabschluss in einem gastgewerblichen Beruf.
- Abschluss einer Fachhochschule oder Hotelfachschule.
- Erfolgreiche Teilnahme an Management-Kursen.

Sprachvermögen in Wort und Schrift:
- Deutsch, Englisch und Französisch.

Berufliche Erfahrung:
- Mindestens 4-jährige Restaurant- und Bankett-erfahrung
- Mindestens 2-jährige Tätigkeit als Food + Beverage-Assistent/in

Innerbetriebliche Vorbereitung:
- Teilnahme am Trainigsprogramm zu den unternehmens- und betriebspolitischen Richtlinien

Arbeitsbedingungen:
- Er/sie muss unregelmäßige und betriebsabhängige Arbeitszeiten akzeptieren.

Aufgaben und Verantwortung:
- Er/sie ist für die Koordination (Abstimmung der Abläufe) innerhalb der gesamten Wirtschaftsabteilung zuständig.
- Er/sie ist verantwortlich für die Umsetzung der unternehmens- und betriebspolitischen Richtlinien in seinem /ihremTätigkeitsbereich.
- Er/sie unterstützt die Direktion bei der Ausarbeitung dieser Richtlinien.
- Er/sie arbeitet eng mit folgenden Stellen und Abteilungen zusammen:
  - Einkaufsabteilung
  - Verkaufsabteilung
  - Buchhaltung
  - Public-Relations-Abteilung
  - Wirtschafts-Analytiker

- Er/sie ist verantwortlich für
  - die Erstellung und Einhaltung von Qualitäts- und Quantitäts-Standards
  - preiswerten Einkauf für den Food + Beverage-Bereich
  - sachgerechte Lagerhaltung
  - sehr gute Zubereitung und Präsentation von Speisen und Getränken
  - sachgerechten und zuvorkommenden Service
  - aktiven Verkauf von Speisen und Getränken in allen Räumen mit Verzehrgelegenheit (Restaurants, Bars, Bankettsräumen, Etage usw.)

- Er/sie erarbeitet in Zusammenarbeit mit dem Wirtschaftsanalytiker Geschäftsprognosen und Haushaltsplan
- Er/sie überwacht und verantwortet die Einhaltung der Lohn- und Gehaltskosten für den Food + Beverage-Bereich.
- Er/sie informiert sich laufend über Neuheiten bei Produkten und technischen Ausrüstungen.

Hinweis:
Stellenbeschreibungen für den Empfangschef und für den Portier sind auf Seite 369, für die Hausdame auf Seite 386 zu finden.

Arbeitsgangbildung und Arbeitsgangreihung

I. Hierarchischer Abfertigungsablauf

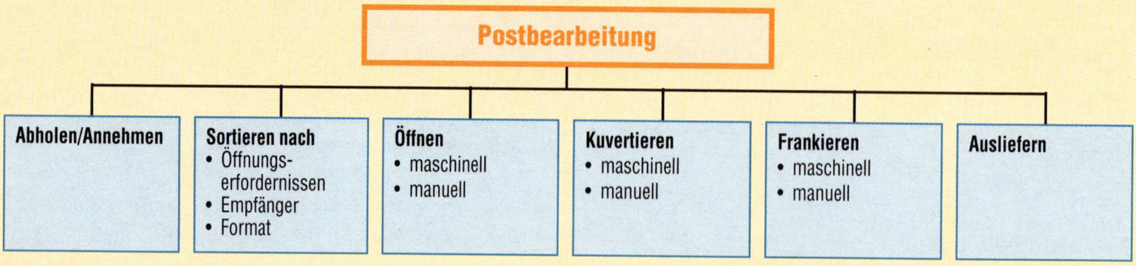

II. Arbeitsgangbildung (Auszug)

Arbeitsgang
Sortieren nach Öffnungs-erfordernissen

- **Eingabe**
  Eingangspost
- **Verarbeitung**
  - Nicht zu öffnende Post:
    Persönliche Post
    Fehlanlieferung
    Geschäftsleitungspost
    Personalabteilungspost
    Betriebsratspost ...
  - Zu öffnende Post
- **Ausgabe**
  Nach Öffnungserfordernissen

Arbeitsgang
Öffnen der öffnungs-fähigen Post

- **Eingabe**
  Zu öffnende Post
- **Verarbeitung**
  - Maschinelles Öffnen aller C 3 bis C 6 Kuverts
  - Manuelles Öffnen der übrigen Post
- **Ausgabe**
  - Schriftstücke
  - benutzte Kuverts

Arbeitsgang
Sortieren nach Empfänger

- **Eingabe**
  - Schriftstücke aus geöffneter Post
  - Ungeöffnete Post
- **Verarbeitung**
  Einlegen in Verteilerkästen nach Empfänger
- **Ausgabe**
  Post nach Empfängerstelle

III. Arbeitsgangreihung

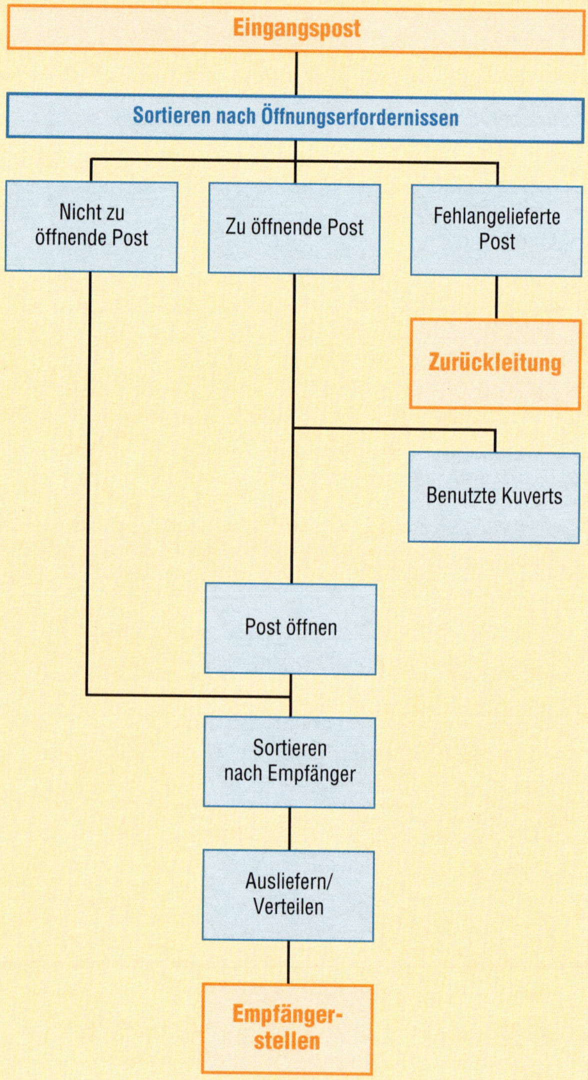

Aufgabe/Gesamtprozess: Beherbergung und Bewirtung des Gastes					
Teilprozesse (Beispiele)	**Gästeempfang**		**Verkauf/Servieren von Speisen**		
Prozessschritte	**Vorbereitungsarbeiten**	**Ablauf**	**Vorbereitungsarbeiten**	**Annahme d. Bestellung**	**Servieren**
Programmschritte	• Bereithalten von Unterlagen für Serviceleistungen (Stadt- und Fahrpläne, Veranstaltungsverzeichnisse ...) • Bereithalten von Formularen (Depotscheine für Hoteltresor, Meldeblock ...) • Führung der Gästekartei	• Begrüßung • Überprüfung der Reservierung • Ausfüllen des Meldeformulars durch den Gast • Überprüfen der Vollständigkeit und Eintragung des Abreisetages • Erfragung der Zahlungsweise • Begleitung zum Zimmer • Erklärung der Zimmereinrichtung	• Servietten falten • Teller polieren • Tischdecke auflegen • eindecken	• Speisekarte auflegen • Bestellung annehmen evtl. beraten • bonieren	• Speisen abholen • präsentieren und vorlegen • einsetzen • nachservieren • abräumen • kassieren

1. Gliederung von Arbeitsabläufen

4 Ablauforganisation

Die Ablauforganisation befasst sich mit dem reibungslosen Vollzug der Arbeiten und dem Ineinandergreifen der einzelnen Arbeitsstufen. Zielabschnitte der Ablauforganisation:

- Nutzung aller Möglichkeiten der Arbeitsvereinfachung.
- Sicherstellung eines rationellen Arbeitsablaufes ohne Stauungen, Engpässe und Leerlauf.
- Planung der termingerechten Fertigstellung der Erzeugnisse und Dienstleistungen.
- Gewährleistung der Produktqualität durch Kontrollen.
- Erhaltung des Arbeitswillens, z. B. durch gute Menschenführung und die Einhaltung der arbeitsrechtlichen Bestimmungen (Unfallschutz, Pausenregelung).

4.1 Phasen der Personaleinsatzplanung

Gliederung des Arbeitsablaufes

Alle Vorgänge zur Erfüllung der Aufgabe, die zeitlich und räumlich, neben- und nacheinander ablaufen, sind in die Planung einzubeziehen und aufzugliedern. Eine Aufgabe lässt sich in Teilprozesse aufteilen, die sich wiederum in Prozessschritte und in einzelne Programmschritte gliedern lassen.

Um eine rationelle Arbeitsausführung zu erreichen ist bei dieser Arbeitsablaufanalyse zu überprüfen, ob Programmschritte entfallen bzw. kombiniert, verbessert oder vereinfacht werden können.

Arbeitserleichterungen sind auch durch optimale Anordnung von Material, Geräten und Maschinen im Arbeitsbereich zu verwirklichen.

Entscheidungsphase (Arbeitsverteilung)
Diese Phase beinhaltet die personelle, zeitliche, räumliche und technische Konzeption.

Personell. Die Arbeit ist einzelnen Mitarbeitern oder Arbeitsgruppen zuzuordnen.

Zeitlich. Es ist festzulegen welche Teilaufgaben zu einem bestimmten Zeitpunkt auszuführen sind, wie viel Zeit dafür aufgewendet werden darf und zu welchem Zeitpunkt die Gesamtaufgabe ausgeführt sein muss.

Räumlich und technisch. Es muss festgelegt werden, in welchen Räumen und an welchen Arbeitsplätzen die Tätigkeiten auszuführen sind. Dabei ist zu beachten, dass eine Person an mehreren Arbeitsplätzen tätig sein kann.

Beispiele: Eine Hotelfachfrau arbeitet teils als Wäschebeschließerin, teils am Büfett oder Personal wird im Schichtbetrieb beschäftigt. Beim Einsatz von Teilzeit-Personal kann ein Arbeitsplatz von mehreren Personen nacheinander besetzt sein.

Anweisungsphase (Erstellen von Arbeitsanweisungen)
Es ist bekannt zu geben, wie die Arbeiten auszuführen sind (zu verwendende Rohstoffe, Art des Anrichtens und Servierens usw.). Arbeitsanweisungen werden mündlich oder schriftlich erteilt.

1. Stellen Sie die Aufgaben der Ablauf- und der Aufbauorganisation einander gegenüber.
2. Welche Stellen bzw. Instanzen sind bei der Planung der Aufbau- bzw. Ablauforganisation beteiligt?
3. Erstellen Sie die Gliederung eines Arbeitsablaufs am Beispiel „Neubeziehen eines Bettes".

Allgemeine Rationalisierungsmaßnahmen

- Grundsätzlich nur Waren und Dienstleistungen anbieten, die von einer ausreichenden Zahl von Gästen gewünscht und zum kalkulierten Preis abgenommen werden.
- Durch Schulung und Weiterbildung des Personals eine Leistungssteigerung herbeiführen.
- Personal so einarbeiten, dass es flexibel einsetzbar ist.
- Die Mitarbeiter durch die Einrichtung eines Vorschlagswesens zum Nachdenken über Verbesserung im Arbeitsablauf anregen.
- Entlohnung unter Leistungsgesichtspunkten vornehmen.
- Bei Neu- und Umbauten auf pflegeleichte Einrichtungen Wert legen.
- Personalintensive Arbeiten „außer Haus“ vergeben,etwa an Wäschereien, Reinigungsfirmen, Schreibbüros.
- Durch Einführung von Leistungsstandards und ihre Kontrolle Leerlauf vermeiden und den Leistungswillen der Mitarbeiter stärken.

Rationalisierung im Beherbergungsbereich

- Einrichtung einer automatischen Telefon- und Weckanlage.
- Aufstellen von Schuhputzautomaten auf den Fluren und Minibars in den Zimmern.
- Bedarfsweiser Einsatz von Hoteldienern und Pagen auf den Etagen und in der Halle durch die Verwendung eines Rufsystems.
- Ausstattung des Empfangs mit elektronischen Buchungsautomaten und computergesteuerten Reservierungssystemen.

Rationalisierung im Servicebereich

- Einsparung von Servierpersonal durch Aufstellen eines Frühstücksbüfetts.
- Einführung eines schnellen und sicheren Bonier- und Abrechnungssystems.
- Umstellen der Serviermethode.

Rationalisierung im Küchenbereich

- Modernere Küchentechnik und Anrichtemethode.
- Einsatz vorgefertigter Produkte, sofern sie dem Qualitätsstandard des Hauses genügen.

1. **Rationalisierungsmaßnahmen (Beispiele)**

4.2 Voraussetzungen für rationelle Leistungserstellung

Eine erfolgreiche Personaleinsatzplanung ist die Grundlage rationeller Leistungserstellung. Dieses Ziel kann erreicht werden durch Kombination von Maßnahmen der Arbeitsvereinfachung, Arbeitsleistungsstandardisierung, Arbeitsplatzbesetzung, Dienstplan-Einteilung, Arbeitsüberwachung.

Arbeitsvereinfachung

Fast jede Tätigkeit lässt sich vereinfachen. Die dadurch eingesparte Zeit und Arbeitskraft kann dem Betrieb und damit dem Gast in Form von erhöhtem Arbeitsinteresse und besserer Arbeitsqualität zugute kommen. Werden die Mitarbeiter an der Suche nach Arbeitsvereinfachung beteiligt, erhöht sich automatisch deren Leistung, weil die Aufmerksamkeit erhöht ist.

Arbeitsleistungsstandardisierung

Darunter versteht man die schriftliche Erfassung der von einem Mitarbeiter erwarteten Produktivität. Um den Betrieb auf einem hohen Leistungsstand zu halten müssen vorgegebene Leistungsstandards erreicht werden. Die Vorgesetzten haben die Aufgabe in ihrer Abteilung oder ihrem Bereich die Arbeitsergebnisse anhand des Leistungsstandards zu überprüfen und, wenn möglich, zu verbessern.

Leistungsstandards sind die Voraussetzung für Arbeitsplatzbesetzung, Arbeitskontrolle und die Dienstplangestaltung.

Im Gastgewerbe lassen sich grundsätzlich folgende Arten von Leistungsstandards anwenden:

Kostenstandard. Die Frage nach den Kosten für eine Aufgabe muss dabei beantwortet werden.

Zeitstandard. Gefragt wird nach der Zeit, in der die Aufgabe erfüllt sein muss.

Qualitätsstandard. Es ist zu fragen, wie und auf welchem Niveau die Aufgabe zu erfüllen ist.

Quantitätsstandard. Es ist festzulegen, wie viele und welche Mengeneinheiten in einer bestimmten Zeit bei der Aufgabenerfüllung erreicht sein müssen.

Arbeitsplatzbesetzung

Stellenbeschreibungen und Leistungsstandards ergeben die Qualifikationen, die von einem Mitarbeiter an einer bestimmten Stelle oder Instanz erwartet werden. Die Anzahl der einzustellenden Mitarbeiter muss der erwarteten Kapazitätsauslastung angepasst werden. Dies bedeutet, dass für jede Hotelabteilung die Mindest- und Höchstbesetzung mit Personal festzulegen ist. Aus Leistungsstandard und unter Berücksichtigung der Mindest- und Höchstbesetzung lassen sich sogenannte Personal-Planungs-Leitfäden erstellen, die den erforderliche Personalbestand bei jeder Auslastungsstufe angeben (Beispiel Seite 437).

1. Wie kann erreicht werden, dass die Arbeit rationell durchgeführt wird? Nennen Sie fünf Maßnahmen um dieses Ziel zu erreichen.
2. Welche Vorteile bietet die Arbeitsstandardisierung für den Unternehmer und für den Mitarbeiter?

Personal der Abteilungen	Mögliche Leistungsstandards
Empfang: Empfangssekretäre Portiers Hoteldiener	Anzahl der belegten Zimmer und/oder Anzahl der An- und Abreisen pro Arbeitsschicht
Hausdamenabteilung: Etagenbeschließer Reinigungspersonal Zimmermädchen	Anzahl der belegten Zimmer – nach Bleibe- und Abreisezimmer unterschieden, Anzahl der zu reinigenden Quadratmeter oder Fenster pro Stunde oder Arbeitsschicht
Service: *im Restaurant:* Restaurantfachleute aller Rangstufen	Verkaufte Gedecke und/oder Getränkeumsatz pro Arbeitsschicht oder Hauptmahlzeit
im Bankettservice:	Gästezahl pro Servicemitarbeiter
im Etagenservice:	Anzahl der Einsätze pro Arbeitsschicht
Küche: Köche aller Rangstufen	Verkaufte Gedecke oder Küchenumsatz pro Arbeitsschicht

2. **Leistungsstandard (Beispiel)**

Personal-Planungs-Leitfaden für Zimmermädchen								
Belegung in %	30	40	50	60	70	80	90	100
Belegte Zimmer	90	120	150	180	210	240	270	300
Tageszimmermädchen								
Leistungsstandard	15	15	15	15	15	15	15	15
Tageszimmermädchen im Dienst	6	8	10	12	14	16	18	20
Abendzimmermädchen								
Leistungsmaßstab	60	60	60	60	60	60	60	60
Abendzimmermädchen im Dienst	2	2	3	3	4	4	5	5
Gesamtzahl der Zimmermädchen im Dienst	8	10	13	15	18	20	23	25

3. **Personal-Planungs-Leitfaden (Beispiel)**

Der Betrieb ist verpflichtet den Dienstplan mit Beginn und Ende der Arbeitszeit und der Pausen an einer allgemein zugänglichen Stelle auszuhängen. Nach § 3 der Arbeitszeitordnung (AZO) beträgt die regelmäßige tägliche Arbeitszeit grundsätzlich acht Stunden. Davon gibt es jedoch gesetzliche und tarifliche Ausnahmen. Nach § 11 AZO darf auch in diesen Ausnahmefällen die Arbeitszeit grundsätzlich zehn Stunden täglich nicht überschreiten. Nach § 12 Abs. 1 AZO muss die Ruhezeit zwischen dem Ende der Arbeitszeit und dem Beginn der Arbeit am nächsten Tag mindestens 10 Stunden betragen. Wie die freien Tage verteilt werden, kann betrieblich geregelt werden. Es muss jedoch je Kalenderwoche (von Montag bis Sonntag) mindestens ein freier Tag gewährt werden. Oft enthalten Manteltarifverträge Vorschriften über die Gewährung zusammenhängender freier Tage oder freier Wochenenden und Urlaub.
Eine besondere Arbeitszeitform stellt der Teildienst mit einer Unterbrechung von mehreren Stunden dar. Die Möglichkeit der Gestaltung des Teildienstes ist oft in den Tarifverträgen geregelt.

1. Vorschriften zur Dienstplanerstellung

Dienstplan der Woche vom 1.10.... **bis** 7.10....

Name	Tage +/–	Mo	Di	Mi	Do	Fr	Sa	So	Tage +/–
Birkel, S.	+2	ergibt sich aus So-Übernachtung	F	F	F	F	A	A	+1
Claes, A.	/		F	F	M	F	A	A	/
Faber, G.	/		M	M	M	F	A	A	/
Gerns, J.	/		M	M	M	M	A	A	/
Koeve, C.	/		M	M	S	S	A	A	/
Laptalo, D.	-2		M	M	A	M	A	S	-2
Nebiat, Z.	/		A	k	k	M	A	M	/
Plesa, M.	/		S	S	S	M	S	M	+2
Sedlo, P.	/		S	A	A	S	M	F	/
Zapik, O.	/		M	A	A	F	F	F	/

Die Anzahl der benötigten Tageszimmermädchen errechnet sich aus der Anzahl der Zimmerreservierungen des Vortages.

Zeichenerklärung: k = krank, **U** = Urlaub
A = frei;
F = Frühschicht = von 7 - 16 Uhr anwesend incl. Pausen
M = Mittelschicht = von 9 - 18 Uhr anwesend incl. Pausen
S = Spätschicht = von 15 - 24 Uhr anwesend incl. Pausen

2. Dienstplan für Zimmermädchen

Tag/Datum	Zimmer reservierung	Anreise	Abreise
Montag, 1.10.	100	60	20
Dienstag, 2.10.	80	20	40
Mittwoch, 3.10.	50	40	70
Donnerstag, 4.10.	110	60	-
Freitag, 5.10.	30	10	90
Samstag, 6.10.	60	30	-
Sonntag, 7.10.	60	-	-

3. Angaben des Empfangs über die Zimmerbelegung

4.3 Dienstpläne, Urlaubspläne, Vertretungspläne

Die Arbeitsplatzbesetzung der einzelnen Stellen hängt vorwiegend von dem zu erwartenden Geschäftsvolumen ab. Einige Stellen sind jedoch zur Aufrechterhaltung der Betriebsbereitschaft auf jeden Fall zu besetzen.

Dienstplan

Er legt den kurzfristig erforderlichen Personaleinsatz fest. Das Ziel ist die Personalkosten in vertretbarer Höhe zu halten ohne die Leistungen für den Gast einzuschränken. Obwohl sich im Gastgewerbe wegen der nicht immer kalkulierbaren Gästezahl Leerzeiten nicht vermeiden lassen, können unnötige Zeitverluste mit gezielter Diensteinteilung verringert werden. Zeitverluste stellen eine große finanzielle Einbuße für den Betrieb dar und sind deshalb durch überlegte Dienstplangestaltung und Kontrollen abzubauen. Die gesetzlich, tariflich und durch Betriebsvereinbarungen festgelegten Arbeitszeitbeschränkungen sind bei der Dienstplangestaltung zu beachten.
Der Einsatz des Etagenpersonals erfolgt in Abstimmung mit den Angaben des Empfangs über die Zimmerbelegung.
Der Leistungsmaßstab, wie viele Zimmer ein Zimmermädchen in seiner Dienstzeit instand setzen muss, richtet sich nach der Einrichtung der Zimmer, der technischen Ausrüstung, den Arbeitswegen, der Qualität des Hotels, dem Gästewechsel sowie dem Wäschewechsel bei Feriengästen.
In Bild 2 und 3 wurde der Leistungsmaßstab auf 15 Zimmer pro Tageszimmermädchen sowie 60 Zimmer pro Abendzimmermädchen festgelegt.
Die Anzahl der benötigten Tageszimmermädchen errechnet sich aus der über Nacht belegten Zimmer geteilt durch 15, die Anzahl der Abendzimmermädchen aus den abends belegten Zimmern geteilt durch 60.

Urlaubsplan

Bei der Erstellung des Urlaubsplanes sind die Wünsche des Personals frühzeitig zu ermitteln und wenn möglich zu berücksichtigen. Vorgaben könnten sein:
In den Schulferien werden Personen mit schulpflichtigen Kindern bevorzugt oder mindestens ein Drittel des Urlaubs ist zwischen 10.Januar und 30.März zu nehmen.

Vertretungsplan

Er ist notwendig, wenn durch unvorhersehbare Umstände (Krankheit, Unfall) Personal ausfällt. Durch einen kurzfristig erstellten Vertretungsplan, der den Dienstplan ergänzt, lässt sich der Personalengpass überbrücken.

1. Welche Vorgaben sind beim Erstellen eines Dienstplans zu beachten?
2. Nennen Sie drei Umstände, die einen Vertretungsplan erforderlich machen.

URLAUBSPLAN (1. Halbjahr ...)				Abteilung: Etage					
	Monate							Arbeitstage		
Name	J	F	M	A	M	J	J	erhalten	Anspruch	Tage +/–
Birkel, S.							13.-27.	10	29	+19
Claes, A.	1.-9.					28. -	12.	11	31	+20
Faber, G.	10.-31.							17	26	+9
Gerns, J.			2-18					13	24	+11
Koeve, C.			20. -	6.				12	30	+18
Laptalo, D.					1.-24.			19	28	+9
Nebiat, Z.				8.-19.				8	22	+14
Plesa, M.								0	22	+22
Sedlo, P.					21. -	6.		14	26	+12
Zapik, O.						28. -	20.	17	16	-1

4. Urlaubsplan

WOCHENDIENSTPLAN						Abteilung: Restaurant						
Tage	Di., 2.		Mi., 3.		Do., 4.		Fr., 5.		Sa., 6.		So., 7.	
	Mittag	Abend	Mittag	Abend	Mittag	Abend	Mittag	Abend	Mittag	Abend	Mittag	Abend
Gästezahl	160	60	100	30	120	90	100	30	160	160	200	120
Leistungsmaßstab	40	30	40	30	40	30	40	30	40	30	40	30
benötigte Servicekräfte	4	2	3	2	3	3	3	2	4	5	5	4

Tage	Di., 2.		Mi., 3.		Do., 4.		Fr., 5.		Sa., 6.		So., 7.		
Name	Mittag	Abend	Mittag	Abend	Mittag	Abend	Mittag	Abend	Mittag	Abend	Mittag	Abend	Tage +/–
Bierski, F.		A	F		F		F		F		F		+5
Dierich, S.	F			A	F		F		F		F		-2
Haro, J.	F			A	F		F		F		F		+3
Jslak, T.	A		F			S		S		S		S	-4
Krauß, B.	F		F			S		A	F		F		-1
Lomas, V.		S		S		S		A		S		S	+6
Neufert, S.		S		S		A		S		S		S	+1
Schlutt, J.	Aushilfe									Aushilfe	Aushilfe		
Teiml, F.										Aushilfe		Aushilfe	

5. Dienstplan für ein Restaurant (Montags geschlossen): A = frei; F = Frühschicht; S = Spätschicht

Stationen	Ziele/Soll-Zustand	Kontrollmaßnahmen/Vergleich: Soll-Ist-Zustand
Einkauf	Für den vorgegebenen Zweck die am besten geeignete Ware zum günstigsten Preis erwerben	Vergleich der Angebote, Preislisten und Warenproben der in Frage kommenden Lieferanten
Warenannahme	Waren in bestellter Qualität und Quantität zum vereinbarten Preis annehmen	Kontrolle der Warenbegleitpapiere, Vergleich mit den Inventurzahlen und Warenausgabebelegen, Qualitätstest
Lagerung	Angemessenen Warenvorrat bei sachgemäßer Pflege sicher lagern	Kritische Überwachung des Schwundes (Bruch, Verderb, Diebstahl), Überprüfung der Lagerbuchhaltung, Inventur-Kontrollen
Warenausgabe	Nur befugten Personen gegen Belege Waren abgeben, mithilfe der Lagerbuchhaltung Rechenschaft über die täglichen Warenausgaben ablegen	Vergleich der Warenbegleitpapiere mit dem Warenbestand und den Warenausgabe-Belegen, Überprüfung der Lagerbuchhaltung, Inventur-Kontrollen
Vorbereitungsarbeiten	Waren mit geringstem Verlust garfertig vorbereiten, verwertbare Abschnitte sinnvoll verwenden	Kontrollen über Putz-, Schäl-, Entbein-, Parier-, Tranchierverluste und Vergleich mit vorgegebenen Werten, Überprüfung der raschen Weiterverwendung von Abschnitten
Zubereitungsarbeiten	Aus Waren nach vorgegebenen Richtlinien Speisen herstellen, anrichten und gegen Bon abgeben	Überprüfung der Garverluste, Kontrolle der Speisen, Vergleich mit Richtlinien, Kontrolle der benötigten Zeit, Bonkontrolle, Vergleich: Warenausgabebelge/Zubereitungsrichtlinien/ausgegebene Portionen, Nachkalkulation
Service	Speisen und Getränke nach vorgegebenen Richtlinien fachgerecht servieren	Vergleich des tatsächlichen Service mit den Serviceinstruktionen, Bon- und Abrechnungskontrollen, Erstellung eines täglichen Verkaufsberichts

1. Kontrollmaßnahmen bei den Stationen des Warenweges

4.4 Organisation von Kontrollen

Kontrollen sind ein Führungsmittel, das allen Mitarbeitern die Erfüllung ihrer Aufgaben erleichtern und den geplanten Qualitätsstandard bei geplantem Aufwand sicherstellen soll. Kontrollen sollen vorbeugend Fehler vermeiden. Deshalb sind sie ständiger Bestandteil der Arbeit aller Mitarbeiter.
Personal mit ausführenden Tätigkeiten hat die eigene Leistung zu kontrollieren. Dazu können eine genaue Arbeitsanweisung, Checklisten oder Fotos einen Beitrag leisten. Personal mit Leitungsfunktionen hat die Pflicht, Qualität und Quantität der Leistung aller unterstellten Mitarbeiter zu kontrollieren.
Damit Kontrollmaßnahmen nicht den Beigeschmack einer peinlichen Untersuchung bekommen, müssen kontrollierende Vorgesetzte frei von Misstrauen sein und jedem Mitarbeiter müssen die Maßstäbe (z. B. schriftliche Arbeitsanweisung, Checklisten, Fotos) bekannt sein, nach denen kontrolliert wird.
Die bei der Arbeitsüberwachung festgestellten Mängel können Anlass für gezielte Trainingsmaßnahmen für das betreffende Personal sein um durch praktisches Üben die optimale Erfüllung einer Aufgabe zu erreichen.
Mangelnde Einsatzplanung und unzureichende Überwachung der Dienstpläne können unerwünschte Folgen haben.

Beispiel: Ein Teil des Personals beginnt zu spät mit der Arbeit, beendet die Arbeit vor dem vorgesehenen Dienstschluss bzw. überzieht die Pausen.

Kontrollverfahren sind durch drei Phasen gekennzeichnet:
- Die **Planungsphase,** die eine Standardisierung anstrebt um Leistungsvorgabe (Soll-Zustand) und tatsächliche Leistung (Ist-Zustand) vergleichen zu können.
- Die **Vergleichsphase,** die Soll- und Ist-Zustand vergleicht und bei Abweichungen die Ursachen ermittelt.
- Die **Korrekturphase,** in der gegebenenfalls notwendige Maßnahmen zur Angleichung der Soll- und Ist-Werte festgelegt und durchgeführt werden.

Um den Standard des Betriebes aufrechtzuerhalten, müssen auch Kontrollen über Arbeitsweisen, Qualitäts- und Portionskontrollen sowie Sauberkeits- und Hygienekontrollen durchgeführt werden.

Checklisten/Kontrollformulare

Ständig wiederkehrende Arbeiten lassen sich schnell und sicher anhand von Listen kontrollieren, auf denen alle dazugehörigen Tätigkeiten aufgeführt sind. Es wird damit sichergestellt, dass bei Routinearbeiten einzelne Arbeitsgänge nicht vergessen oder in mangelhafter Qualität ausgeführt werden. Die Erstellung und Überarbeitung dieser Listen ist zwar aufwendig, erleichtert jedoch die Kontrolle.

1. Warum sind Kontrollmaßnahmen notwendig?
2. Wie kann man erreichen, dass Kontrollen von den Kontrollierten akzeptiert werden?
3. Listen Sie die Kontrollmaßnahmen auf, die in ihrer Abteilung durchgeführt werden.

zu reinigender Gegenstand	Reinigungs-/ Desinfektionsmittel	Dosierung/ Einwirkzeit	Maßnahmen	Häufigkeit	Verantwortlich	Kontrolle/ Datum/Zeichen
Theke aus Metall Abtropfflächen	Edelstahlreiniger	gebrauchsfertig	feucht auftragen, abwischen, trocknen	täglich	Büfettpersonal	
Unterbau, Seitenflächen	Edelstahlreiniger	gebrauchsfertig	aufsprühen, nachwischen	nach Bedarf, wöchentlich	Büfettpersonal	
Theke aus Kunststoff	Kunststoffreiniger	150 ml/8 l Wasser	nass wischen	täglich	Büfettpersonal	
Gläser-Spülbürsten	Bürstenreiniger	2 - 3 Essl. pro Eimer Wasser, 15 Minuten oder über Nacht	Bürsten in heißer Lösung einweichen, gut nachspülen	mindestens 2 x wöchentlich besser: jeweils nach Schankschluss	Büfettpersonal	
Druckspülgeräte Innen-Bürsten	Bürstenreiniger	2 - 3 Essl. pro Eimer Wasser, 15 Minuten oder über Nacht	Bürsten in heißer Lösung einweichen, gut nachspülen	mindestens 2 x wöchentlich besser: jeweils nach Schankschluss	Büfettpersonal	
Tropfmulden	Tropfmulden-Reiniger	gebrauchsfertig	vor Schankbeginn einstreuen, nach Schankschluss abspülen	täglich	Büfettpersonal	
Bier- und Getränkeleitungen	Bierrohr-Reiniger	5 %ige Lösung, 20 Minuten	Lösung durch die Leitungen pumpen, gut nachspülen	mindestens alle 14 Tage, für Weizenbier täglich	Zapfpersonal	
Zapfhähne	–	–	mit Bürste und Warmwasser	täglich	Zapfpersonal	
Kompensatorhahn	–	–	mit Reinigungsball und Wasser gründlich spülen	täglich	Zapfpersonal	
Verschlüsse	Bierrohr-Reiniger	5 %ige Lösung, 20 Minuten	Verschlüsse in die Lösung einlegen, gut nachspülen	gemäß Schankanlagen-VO	Zapfpersonal	
Zapfsäule Metall	Edelstahreiniger	gebrauchsfertig	feucht auftragen, abwischen, trocknen	täglich	Büfettpersonal	
Glasflächen, Spiegel	Glasflächenreiniger	gebrauchsfertig	aufsprühen, abwischen	täglich	Büfettpersonal	
Fußboden je nach Material	• Kunststoffreiniger • Steinfliesenreiniger • Marmorreiniger	150 ml/ 8 l Wasser 150 ml/10 l Wasser 150 ml/10 l Wasser	nass wischen nass wischen nass wischen	täglich täglich täglich	Reinigungspersonal Reinigungspersonal Reinigungspersonal	
Barhocker	–	–	mit Tuch und Warmwasser	täglich	Reinigungspersonal	
Kaffee-/Espresso-Maschinen	Kaffeemaschinen-reiniger	1/2 Essl. pro 1 l Wasser	mit Wasser durchlaufen lassen, nachspülen	alle 14 Tage oder nach Bedarf	Büfettpersonal	
Kühlschrank/ Kühlfach	Desinfektions-reiniger	80 ml/10 l Wasser	nass wischen	wöchentlich	Reinigungspersonal	
Abfallbehälter	Desinfektions-reiniger	80 ml/10 l Wasser	nass wischen	täglich	Reinigungspersonal	

2. Checkliste zur Hygiene am Getränkeausschank

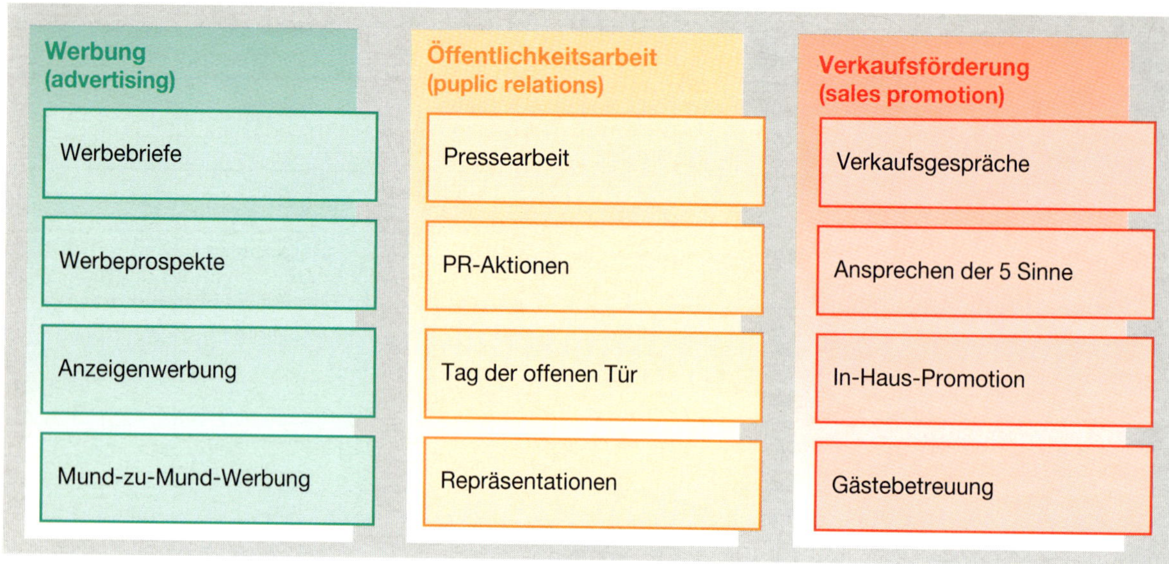

1. Kommunikationsmittel

5 Werbung, Öffentlichkeitsarbeit, Verkaufsförderung

Über die Kommunikationsmittel Werbung, Öffentlichkeitsarbeit und Verkaufsförderung sollen das Ansehen und der Bekanntheitsgrad des Betriebes in der Öffentlichkeit erhalten und gesteigert werden. Alle Maßnahmen dienen vorrangig dem Ziel Gäste an das Haus zu „binden“, neue Gäste zu gewinnen und den Verkauf von Waren und Dienstleistungen zu steigern.
Gute Werbung zeichnet sich durch Ehrlichkeit, Stetigkeit und Planmäßigkeit aus. Werbung ist ein Mittel des aktiven Verkaufs. Sie soll Aufmerksamkeit, Interesse und Wünsche wecken und die Gäste zur Aktion, das heißt zum Kauf anregen.
Da Werbung Kosten verursacht, muss jede Maßnahme gut durchdacht sein. Es empfiehlt sich einen zielorientierten **Werbeplan** auszuarbeiten, in dem die auf bestimmte Gästegruppen ausgerichteten Werbeideen und Werbebotschaften gesammelt und zeitlich gestaffelt sind.
Der finanzielle Rahmen ist in einem Werbebudget festzulegen und die Werbeträger und -mittel sind auszuwählen. Je präziser die quantitativen Ziele formuliert sind, desto eindeutiger kann der Erfolg oder Misserfolg ermittelt und bewertet werden. Beispiele für Zielformulierungen:

- Umsatzsteigerung bei Getränken gegenüber dem Vorjahr um 20 %,
- Anhebung der Zimmerauslastung auf 80 % in den nächsten 3 Monaten,
- Hebung des Bekanntheitsgrades um 15 % innerhalb einer Saison (durch Umfragen ermittelt).

Alle Werbemaßnahmen sind auf eine bestimmte **Zielgruppe** von Gästen auszurichten, weil das Angebot eines Betriebes nur für bestimmte Teile der Bevölkerung und nur zu bestimmten Gelegenheiten attraktiv ist.
Strebt man eine Erweiterung der Zielgruppe an, muss darauf geachtet werden, dass man die bisherigen Gäste nicht abschreckt.
Der Erfolg jeder Werbung ist davon abhängig, ob die **Werbebotschaft** Aufmerksamkeit erregt und in der Lage ist Gäste zu gewinnen. Sie muss die Besonderheiten und Stärken des Angebotes glaubwürdig vermitteln. Sie soll originell und aktuell sein (etwa saisonbezogen), kurz und leicht erfassbar sein (lange Erklärungen werden nicht aufgenommen), mehr anbieten als günstige Preise (freundlicher Service, Erlebnis, Atmosphäre) und zünden (den Kaufwunsch auslösen)!
Als **Werbebudget** bezeichnet man alle vorgesehenen Ausgaben für die Planung, Durchführung und Kontrolle der Werbung. Sie richten sich nach den Werbezielen, Werbeträgern und nach dem erwarteten Umsatz. Bei sinkenden Umsätzen wäre es verkehrt mit den Werbeanstrengungen nachzulassen, weil dann die Umsätze noch weiter zurückgehen.
Die Auswahl und Kombination der **Werbeträger und Werbemittel** ist auf die Zielgruppe, die Werbeziele und auf das Werbebudget auszurichten.
Fachleute (Werbekaufleute, -texter, -grafiker, -fotografen, -filmemacher) und Werbeagenturen können beim Entwerfen und Gestalten von Werbemitteln behilflich sein bzw. Werbekonzepte erarbeiten und durchführen.

Die exakte **Kontrolle** des Werbeerfolgs ist schwierig, weil ein direkter Zusammenhang von durchgeführter Werbe-

Einzelwerbung	Gemeinschaftswerbung	Verbundwerbung	Duettwerbung
wird von Gastronomen selbst betrieben, richtet sich ganz nach den Besonderheiten des Betriebes und dem Gästekreis.	wird von Interessengruppen gemacht um den Absatz bestimmter Produkte zu fördern; ohne Nennung eines bestimmten Hauses.	wird von mehreren Betrieben derselben Branche, Stadt oder Straße durchgeführt; die Werbemittel werden gemeinsam gestaltet; jeder Teilnehmer wird aufgeführt.	wird von zwei Partnern unterschiedlicher Branchen betrieben.
Beispiele: Hinweise auf zentrale Lage, Parkmöglichkeiten, Gartenterrasse, Kegelbahnen	***Beispiele:*** Werbung für Badischen Wein, Französischen Käse, Deutsche Gastronomie	***Beispiel:*** Gemeinsame Wildwoche der Restaurants einer Stadt.	***Beispiel:*** Ein Restaurant führt eine Elsässer Woche durch und ein Weinvertrieb nutzt die Weinkarte als Werbefläche.

offene Werbung
ist sofort als Werbung zu erkennen.
Beispiele: Schaufenster, Plakate, Zeitungsanzeigen

versteckte Werbung
Beispiele: gemütlich eingerichtetes Lokal, guter Service, Sonderveranstaltungen

direkte Werbung
wendet sich unmittelbar an den Gast.
Beispiele: Spezialitätenwoche (versteckt), Zündhölzer mit Werbeaufdrucken (offen)

indirekte Werbung
versucht auf Umwegen Gäste zu gewinnen.
Beispiele: Einrichtung einer Spielmöglichkeit für Kinder (versteckt), Verteilung von Luftballons (offen)

2. **Grundformen der Absatzwerbung**

maßnahme und Umsatzsteigerung oft nicht eindeutig nachzuweisen ist. Viele Werbebemühungen schlagen sich erst nach längerer Zeit in Verkaufszahlen nieder.
Trotz dieser Einschränkungen kann die Kontrolle wichtige Erkenntnisse über das Werbekonzept und den finanziellen Erfolg oder Misserfolg liefern. Je präziser die Zielformulierungen, desto genauer sind Unterschiede zwischen geplantem und tatsächlichem Erfolg erkennbar.
Weitere Indizien für den Werbeerfolg sind die Rücklaufquote (wurde z. B. einem Werbebrief eine Antwortkarte beigefügt, kann die Anzahl der zurückgekommenen Karten als Erfolgsindiz gewertet werden) sowie die Gästebefragung (wird mit einem Fragebogen erfasst, wodurch die Gäste auf den Betrieb aufmerksam wurden, kann auf die Wirksamkeit der Werbeträger und -mittel geschlossen werden).
Um den Werbeerfolg in Zahlen ausdrücken zu können müssen Umsatzvergleiche (Verhälnis: Umsatz zu Werbekosten, zur Sitzplatzzahl im Restaurant oder zum Gewinn) errechnet werden. Als Vergleichszahlen können die Umsätze des entsprechenden Zeitraumes im Vorjahr dienen, wenn man Angebots- und Preisveränderungen berücksichtigt.

1. Wie kann der Bekanntheitsgrad eines gastgewerblichen Betriebes gesteigert werden?
2. Aus welchen Gründen sollten die Werbeziele genau formuliert werden?
3. Nennen sie die Ihrer Meinung nach wichtigsten Werbeträger und Werbemittel für ein Hotel mit 50 Betten.

Werbeträger	Werbemittel
Zeitungen, Zeitschriften, Telefonbücher, Prospekte einer Stadt/Region	Anzeigen, Inserate
Werbefläche • des Hotels (Dach, Fassade, Eingang) • von Sportstätten, • Litfasssäulen, • Verkehrsmittel, • Bahnhöfe • Personen	Leuchtreklame, Transparente, Plakate, Aufkleber, T-Shirt, Abziehfolien
Kinowerbung	Dias, Filme
Radiowerbung	Tonband, Compact-Disk
Fernsehwerbung	Filme, Videoclips
Werbegeschenke mit Werbeaufdrucken	auf Feuerzeugen, Schreibutensilien, Kalendern, Streichhölzern, T-Shirts, Aufklebern, Regenschirmen, Handtüchern
Druckerzeugnisse	Werbebriefe, Handzettel, Plakate, Hausprospekte, Speise- und Getränkekarten
Online-Werbung	Angebotsseiten

3. **Auswahl von Werbeträgern und Werbemitteln**

Jahresterminplan – Kulinarische Aktionen													
Aktion	**Verkaufsförderndes Motto**	**Jan.**	**Feb.**	**März**	**April**	**Mai**	**Juni**	**Juli**	**Aug.**	**Sept.**	**Okt.**	**Nov.**	**Dez.**
Sonntagsbruch	Sonntagmorgen, ohne Sorgen!			x	x	x				x	x		x
Spargel	Spargel ist einfach Spitze!					x							
Fischgerichte	Vom Netz und von der Angel frisch auf den Tisch!		x								x		
Salatbüfett	Da haben Sie den Salat!					x		x	x				
Italienische Woche	Viva Italia!			x						x			x
Bretonische Woche	Crêpes, Hummer, Calvados, ... und Meer!	x										x	

1. Jahresplan für Spezialitätenwochen (Ausschnitt)

6 Absatzplanung und Sonderaktionen

Im Gastgewerbe ist die Absatzplanung besonders wichtig, weil sich die Leistungen grundsätzlich nicht speichern lassen. Nicht besetzte Restaurantplätze und nicht belegte Zimmer sind unwiederbringlich verlorene Aufwendungen.
Für den wirtschaftlichen Erfolg eines Betriebes sind daher die Vermeidung von Überproduktionen und die Durchführung absatzfördernder Maßnahmen von großer Bedeutung.

Absatzplanung
Sie stützt sich auf Vorausberechnungen über die Anzahl von Speisen und Zimmern (Betten), die an einem bestimmten Tag verkauft werden.
Grundlage der Vorausberechnungen sind vorliegende Buchungen und Erfahrungswerte, wobei möglichst alle Umfeldfaktoren (Saison, Wochentag, Witterung, Veranstaltungen) einbezogen werden müssen.
Im Normalfall lassen sich auf diese Art Zahlen errechnen, die zu 90 – 95 % zutreffen. Die dafür erforderlichen Zahlen lassen sich aus Menüstatistiken, Tagesberichten usw. entnehmen.
Im Verpflegungsbereich geben statistische Unterlagen über den prozentualen Anteil bestimmter Speisen am Gesamtspeisenabsatz Aufschluss über die zu erwartende Verkaufszahl eines bestimmten Gerichtes.
Zur Absatzplanung gehört aber nicht nur die Ermittlung und Festlegung der Produktionsmengen, sondern auch die Vorgabe von Qualitätsmerkmalen wie Portionsgröße, Rezeptur, Garnitur, Anrichteweise (Fotos) sowie Service-Instruktionen.

6.1 Allgemeine Maßnahmen zur Absatzförderung

Die heutige Marktsituation im Gastgewerbe ist durch ein Überangebot an Erzeugnissen und Dienstleistungen gekennzeichnet. Jeder Betrieb sucht deshalb nach Möglichkeiten der Absatzsteigerung.
Verkaufsförderungsmaßnahmen sind beispielsweise nötig oder sinnvoll, wenn

- ein Betrieb nur einen geringen Bekanntheitsgrad besitzt bzw. kein spezielles Profil im Wettbewerb hat,
- bestimmte werbeträchtige Möglichkeiten, die der Betrieb von sich aus bietet (Lage, Bauweise usw.), noch nicht ausgeschöpft wurden,
- bestimmte Zielgruppen immer wieder angesprochen werden sollen,
- die Betriebsferien zu Ende gegangen sind,
- besondere Veranstaltungen (Messen, Sportwettkämpfe, Kongresse, Feste) in der näheren Umgebung stattfinden,
- saisonal bedingte geschäftliche Schwankungen auftreten,
- die Geschäftsleitung wechselt,
- ein Umbau oder eine Erweiterung vorgenommen wurde.

Organisation der Absatzförderung
Wesentlich für den Erfolg der Verkaufsförderung ist nicht nur die Idee, sondern gleichermaßen ihre Planung, Vorbereitung und Durchführung. Im Verkauf geschultes Personal ist eine weitere, entscheidende Grundlage.

Aktionsprogramm: Meeresfrüchte, 1. bis 7. Februar				
Lokalität Thema Adressat/Gästekreis	• alle Gasträume • Spezialitäten aus dem Reiche Neptuns • gesamter Gästekreis			
Artikel	**Speisen:**	Austern, Fischsalate und -cocktails, Fischsuppen, Fischgerichte in allen Varianten, Salatbüfett	**Getränke:**	Bier, Wein, Grog, Toddies, Eierpunsch, Pharisäer, Aquavit
Dekoration	**Räume:**	Salzwasseraquarium (lebende Krustentiere) Fischernetze, Glasbojen, Masten Bilder/Fotos von Meeresmotiven und Fischfangszenen	**Tische:**	Tischsets mit Abbildungen von Meerestieren (Stilleben)
Musik	Mittags und abends Harmonikaspieler (Seemannslieder); am Eröffnungstag Shanty-Chor			
Personal	Das Personal trägt „leichte Fischerkleidung" (blau-weiß gestreiftes Hemd, Halstuch, Fischermütze).			
Werbung	**vor dem Haus:**	Plakate, Austernstand, Probetässchen Fischsuppe	**Werbemittel:**	Werbebriefe, Annoncen, Presse, Speisekarten sowie Rezepturen der angeboten Gerichte zum Mitnehmen

2. Aktionsprogramm für eine Spezialitätenwoche

Absatzförderung im ständigen Angebot

Die Präsentation von Getränken und Speisen entscheidet häufig darüber, ob die Gäste einen bestimmten Betrieb aufsuchen bzw. ein bestimmtes Produkt auswählen.

Büfetts, bei denen jeder seine Lieblingsgerichte bzw. -getränke aussuchen kann, sind für viele sehr attraktiv. Präsentationen, die Frische vermitteln oder einen besonderen Service beinhalten, regen zum Kauf an.

Beispiele:

- Die „gläserne Küche", bei der die Gäste einen freien Blick in die Küche haben und sich von der Frische der Zutaten und von der Arbeitsweise überzeugen können.
- Der Käse-, Dessert-, Aperitif- oder Vorspeisenwagen.
- Das Arbeiten am Tisch des Gastes.
- Informationsmaterial sowie Speisen- und Getränkekarten auf den Tischen.

6.2 Absatzförderung durch Spezialitätenwoche

Zu Beginn eines jeden Jahres sollten Verkaufsförderungsmaßnahmen wie Spezialitätenwochen und die voraussichtlichen Kosten und Erträge festgelegt werden. Besonders viele Ansatzpunkte der Verkaufsförderung bieten regionale oder länderspezifische Spezialitätenwochen. Dabei ist jedoch darauf zu achten, dass die Angebote im Trend liegen. Aktionswochen mit produktbezogenen Themen (Wochen mit Beeren, Spargel, Fisch, Weinen bestimmter Länder oder Regionen) können den Absatz der entsprechenden Produkte vervielfachen.

Bei allen Entscheidungen ist stets die Leistungsfähigkeit des Betriebes zu berücksichtigen. Geeignete Räume und qualifiziertes Personal in ausreichender Zahl sind Grundbedingung für das Gelingen von Aktionswochen.

Zur gastronomischen Vorbereitung gehören:

- Rezeptierung der Gerichte und Getränke mit exakten Angaben zur Zubereitung (Probekochen und Verkosten)
- Festlegung des Speisen- und Getränkeprogramms.
- Kalkulation auf der Basis der Rezepturen und der Einkaufspreise.
- Wareneinkauf planen: Artikel auswählen, Angebote einholen und prüfen, Einkauf veranlassen.
- Schulung des Verkaufspersonals speziell für die jeweilige Maßnahme.

Ziele von Aktionswochen

- Neue Gäste gewinnen und sie durch besondere Leistungen zu Stammgästen machen (Erhöhung der Frequenz) bzw. Stammgäste enger an das Haus binden.
- Gäste zu vermehrtem Konsum anregen, z. B. durch Zusatzverkäufe (Gäste nehmen außer einem Hauptgericht eine Vorspeise oder ein Dessert).
- Gästen Abwechslung bieten,
- Steigerung der Leistungsbereitschaft des Personals.
- Einblick in die Publikumserwartung gewinnen.
- Erkenntnisse sammeln, die bei der Lösung von Alltagsproblemen nützlich sind.
- Die Leistungsfähigkeit des Hauses demonstrieren.
- Zeiten schlechter Kapazitätsauslastung nutzbringend überbrücken.

Werbung für eine Fischwoche vom 1. bis 7. Februar

Werbezeitraum: Beginn: 7. Januar, Höhepunkt: 18. Januar, Erinnerungswerbung ab 23. Januar

Werbeetat: 4 % des angestrebten Umsatzes, das entspricht 4 500 DM

Werbemittel	Einsatzzeit	Kosten in DM		Zielgruppe
Werbebriefe	7. Januar bis 4. Februar		500,00	Stammgäste laut Gästekartei
Kurzfilm in drei örtlichen Kinos (Film vorhanden)	7. Januar bis 6. Februar	3 x 30 Vorführungen, Gesamtpreis von	1800,00	Kinobesucher
Anzeigen in der Regionalzeitung	7. Januar bis 4. Februar	12 Anzeigen, Gesamtpreis von	1200,00	Zeitungsleser der gesamten Region
Plakate (Druckvorlage vorhanden)	ab 7. Januar		300,00	Personen der näheren Umgebung
Broschüre mit Programm	ab 7. Januar		700,00	zur Auslage im Haus und Beilage in Briefen

1. **Planung: Werbung für eine Fischwoche**

Auswertung und Kontrolle
Nach der Aktion ist das Ergebnis festzustellen. Folgende Fragen sind zu beantworten:

- Wurde das Angebot positiv angenommen?
- Ist der erwartete Umsatz erreicht worden?
- Wurden die geplanten Kosten für Verbrauchsmengen, Werbung usw. eingehalten?
- Welche Werbemittel waren besonders effektiv?
- Kann ihr zeitlicher Einsatz optimiert werden?
- Welche Speisen und Getränke wurden von den Gästen bevorzugt bzw. nicht angenommen?
- Waren Zeitpunkt und Zeitraum günstig?
- Sollte die gleiche oder eine ähnlich angelegte Aktionswoche wiederholt werden?
- Sind neue Gäste gewonnen worden?
- Wie war die Reaktion des Personals?
- Welche Maßnahmen können aufgrund der gewonnenen Erkenntnisse ergriffen werden?
- Wie haben sich Kosten und Umsatz im Vergleich zur letzten Spezialitätenaktion mit dem gleichen Thema entwickelt?

So wichtig die Kontrolle der einzelnen Maßnahmen zur Werbung, Verkaufsförderung und Öffentlichkeitsarbeit ist, ebenso wichtig ist die ständige Überprüfung und Verbesserung der Gesamtkonzeption anhand der sich verändernden Umwelt.

Auf dem Prüfstand stehen die Unternehmensphilosophie, die angestrebten Ziele und die Mittel, mit denen diese Ziele erreicht werden sollen.

Wissen Sie Bescheid?

1. Erläutern Sie die Unterschiede zwischen Öffentlichkeitsarbeit, Werbung und Verkaufsförderung.
2. Welche Ziele verfolgt die Öffentlichkeitsarbeit?
3. Worin unterscheidet sich eine gute von einer schlechten Werbung?
4. Nennen Sie die Vorteile einer Werbeplanung. Welcher Zusammenhang besteht zwischen der Werbeplanung und dem Werbebudget?
5. Welche Unterlagen können für die Absatzplanung nützlich sein?
6. Zählen Sie die Tätigkeiten auf, die unter dem Begriff Absatzplanung zusammengefasst sind?
7. Machen Sie konkrete Vorschläge für die Absatzförderung im ständigen Angebot.
8. Welche Anlässe können ein Anstoß zur Durchführung einer Verkaufsaktion sein?
9. Geben Sie die Ziele an, die mit einer Spezialitätenwoche verfolgt werden können.
10. Welche Angebote bei Spezialitätenwochen liegen zur Zeit im Trend? Begründen Sie ihre Aussage.
11. Begründen Sie, warum die Auswertung einer Aktionswoche zu empfehlen ist.
12. Erstellen Sie einen Werbeplan für Weihnachten und Silvester gemäß Bild 1.
13. Erstellen Sie eine Checkliste für eine Spargel-Spezialitätenwoche.

Entscheidungen/Aufgaben	Zeitbedarf in Tagen	Wartezeit in Tagen	Instanz
Kontaktaufnahme mit Verkehrsamtsleitern, Reiseveranstaltern, Mitarbeitern von Fluggesellschaften, Botschaftsangehörigen	3	7	Direktion
Informations- und Materialsammlung Dekorationsgegenstände, Rezepte Spezielle Kleidung (Uniformen, Trachten) Musikkapellen, Folkloregruppen, auch auf Basis von Nr. 1	10	2	F+B-Manager
Entscheidung über Termin (Wochen) und über betroffene Räumlichkeiten	1		F+B-Manager
Kostenaufstellung und Umsatzprognose Erfassung sämtlicher Kosten Durchschnittliche Gästezahl pro Tag Durchschnittlicher Speiseumsatz pro Gast Durchschnittlicher Getränkeumsatz pro Gast Vergleich mit den Werten einer früheren Aktion	3		F+B-Manager
Gewinn- oder Verlustprognose erstellen **Entscheidung durch die Direktion**	1		F+B-Manager Direktion
Verträge mit ausländischen Partnern Art, Menge, Termine der Leistungen	1	5	
Anstellung von ausländischen Personen Personal/Künstler Verhandlung über Zahlungsweise, Währung, Reisekosten, Zoll, Visa, Gepäck, Versicherungen, Unterbringung und Verpflegung	4	5	Personalchef
Lebensmittel aus dem Ausland Anlieferungstermine/Spediteur Zoll- und Zahlungsbedingungen	4	5	F+B-Manager
Werbungs-, Verkaufsförderungs-Konzeption	5		Marketingdirektor
Vorbereitung für die Eröffnungsveranstaltung Einladungen: Stammgäste, VIPs, Botschafter Pressekonferenz (Informationsmaterial)	3		Marketingdirektor
Personalinformation und Personalschulung	2		F+B-Manager
Erstellung von Speise- und Getränkekarten	3	2	F+B-Manager
Dekoration der Räume	2		F+B-Manager
Delegation von Aufgaben und Verantwortung Genaue Anweisungen und Termine, Dienstpläne	1		F+B-Manager
Durchführung der Spezialitätenwoche	7		F+B-Manager
Kontrolle und Bewertung Vergleich der Ergebnisse mit den Prognosen Erfassung des Werbeerfolgs Erarbeitung von Verbesserungsvorschlägen	2		F+B-Manager Marketingdirektor

2. Checkliste Spezialitätenwoche

Wirtschaftskundliche Grundlagen

Betriebsarten	Anzahl	Umsatz pro Jahr
Beherbergungsbetriebe		
Hotels	12 598	19,2 Mrd. DM
Gasthöfe	8 661	3,9 Mrd. DM
Hotel garnis	8 555	4,2 Mrd. DM
Pensionen	6 988	1,5 Mrd. DM
andere	10 346	2,1 Mrd. DM
Bewirtungsbetriebe		
Speisewirtschaften	72 545	32,2 Mrd. DM
Schankwirtschaften	62 211	9,3 Mrd. DM
Imbisshallen	23 751	4,7 Mrd. DM
Bars, Tanzlokale, Diskotheken	6 014	2,8 Mrd. DM
Cafés	7 682	2,4 Mrd. DM
Eisdielen	5 550	1,3 Mrd. DM

1. Bedeutung des Gaststättengewerbes in Deutschland

1 Hotel- und Gaststättengewerbe als Teil der Volkswirtschaft

Innerhalb der Gesamtwirtschaft nimmt das Gastgewerbe folgende Aufgaben wahr:
- Anbieten von Übernachtungsmöglichkeiten in Beherbergungsbetrieben (Hotels, Gasthöfe, Pensionen, Kurheime)
- Anbieten von Räumen und von Speisen und Getränken in Bewirtungsbetrieben (z. B. Restaurants, Gaststätten, Kantinen, Vergnügungsbetriebe)
- Bereitstellung von Treffpunkten zur Unterhaltung in Bewirtungs- und Vergnügungsbetrieben (Tanzlokale)
- Bereitstellung von Tagungs- und Festräumen einschließlich Bewirtung (z. B. in Hotels, Kurhäusern, Saalbetrieben)

Der Fremdenverkehr (Tourismus) ist ohne ausreichende Unterbringungs- und Verköstigungsmöglichkeiten auf Reisen und am Zielort nicht denkbar. Dafür stellt das Gastgewerbe in Deutschland etwa 2,3 Millionen Betten in etwa 45 000 Beherbergungsbetrieben zur Verfügung. Zirka 180 000 Bewirtungsbetriebe halten ihr Angebot zum Teil von früh bis spät und an allen Tagen des Jahres für den Gast bereit. Diese Aufgabe wird durch große Investitionen und den Einsatz von über 1 228 000 Beschäftigten erfüllt.

Das Hotel- und Gaststättengewerbe erwirtschaftete einen Jahresumsatz von etwa 90 Milliarden DM (Vergleichszahlen der Autoindustrie: Beschäftigte 708 200/Jahresumsatz 136 Mrd. DM).

Diese Gelder gehen zum größten Teil auf folgenden Wegen wieder in den volkswirtschaftlichen Kreislauf zurück:
- Als Löhne, Gehälter und Unternehmergewinne in den Konsumbereich (z. B. für Nahrung, Wohnung, Kleidung) und in den Investitionsgüterbereich (z. B. für Gebäude, Einrichtungen und Maschinen).
- Über Investitionen und Instandhaltungsaufwendungen an das Handwerk und die Industrie.
- Für Beratungsgebühren z. B. an Rechtsanwälte und Steuerberater.
- Über die Beschaffung von Verbrauchsgegenständen wie Nahrungsmittel oder Waschmittel in die Landwirtschaft, in das Nahrungsmittelhandwerk (Bäcker, Fleischer, Brauer, Winzer), die Nahrungsmittelindustrie, die chemische Industrie und in den Handel.
- Über Energiebeschaffung an Versorgungsunternehmen.
- Über Steuern, Abgaben, Gebühren, Beiträge, Versicherungen, Zinsen an Bund, Länder, Gemeinden, Versicherungsunternehmen und Geldinstitute.

1. Welche Funktion nimmt das Beherbergungsgewerbe innerhalb der Volkswirtschaft wahr?
2. Stellen Sie eine Liste zusammen, in der das Dienstleistungsangebot der einzelnen Arten von Bewirtungsbetrieben aufgeführt ist.
3. Wie wird das Geld, das im Gastgewerbe eingenommen wird, wieder in den volkswirtschaftlichen Kreislauf zurückgeführt? Nennen Sie sechs konkrete Beispiele.
4. Zu welchen Tageszeiten stellt das Hotel- und Gaststättengewerbe seine Dienstleistungen bereit?
5. Welche Personengruppen nehmen diese Dienste in erster Linie in Anspruch? Stellen Sie eine Liste auf, in der die Nachfrage bestimmter Personengruppen nach gastronomischen Leistungen den Tageszeiten zugeordnet sind.
6. Warum kann die Autoindustrie mit weniger Personal einen höheren Umsatz erzielen?

Hotelklassifizierung

Die Fremdenverkehrsverbände und die Hotel- und Gaststättenverbände der Bundesländer haben sich auf einen bundeseinheitlichen Kriterienkatalog zur Hotelklassifizierung geeinigt.
Dieser Katalog führt 22 Kriterien auf, nach denen sich die Beherbergungsbetriebe wie Hotels, Hotels garnis, Gasthöfe und Pensionen klassifizieren lassen können. Je nach Dienstleistungsangebot, Ausstattung und Komfort werden bis zu fünf Sterne vergeben.

Die mit der Durchführung beauftragten Gesellschaften nehmen die Klassifizierung anhand der Angaben in Fragebögen vor, die die Betriebsinhaber ausgefüllt haben. Sie prüfen, ob die Angaben schlüssig sind und machen Stichproben nach dem Zufallsprinzip.
Die klassifizierten Betriebe werden von diesen Gesellschaften in den Werbemaßnahmen unterstützt, zum Beispiel indem in verschiedenen bundesweit vertriebenen Katalogen diese Betriebe gekennzeichnet werden.
Der Vorteil für den Gast liegt darin, dass er sich leichter und schneller einen Überblick über das für ihn in Frage kommende Angebot verschaffen und Vergleiche über Leistung und Preis anstellen kann.

Die jeweils für zwei Jahr gültige Hotelklassifizierung ist freiwillig und kostenpflichtig. Eine Nichtklassifizierung lässt deshalb keinerlei Rückschlüsse auf Qualität und Komfort eines Betriebes zu.

von den insgesamt ca. 45 000 Beherbergungsbetrieben sind zur Zeit 2 341 Betriebe klassifiziert:	
★	90
★ ★	543
★ ★ ★	1234
★ ★ ★ ★	449
★ ★ ★ ★ ★	25

2. Hotelklassifizierung

- **Rezeption:** Erreichbarkeit, Besetzungszeiten
- **Frühstück:** kontinentales, erweitertes, Büfett, Zimmerservice
- **Getränke:** Etagenservice (12 oder 24 Stunden), Minibar, Automat
- **Speisen:** Länge der Servicezeiten, Etagenservice
- **Telefon:** allgemein zugänglich, Zimmertelefon, Direktwahl
- **Telefonbereitschaft:** ob vorhanden, ständig besetzte Telefonzentrale
- **Zimmergröße:** Minimalgrößen von 8 bis 18 m^2 bei Einzelzimmer
- **Sanitärkomfort:** fließend Kalt- und Warmwasser, Dusche, Bad, WC
- **Ausstattung von Bad, Dusche, WC:** Anzahl der Waschbecken, separates WC
- **Anzahl der Suiten:** ob vorhanden bis mindestens 2
- **Zimmerausstattung:** Möbelierung, Beleuchtung, Bademantel ...
- **Gästeartikel gratis:** Schaumbad, Näh- und Schuhputzzeug, Schreibgeräte ...
- **Waschen und Bügeln der Gästewäsche:** Abgabezeiten, Rückgabezeitraum
- **Depotmöglichkeiten/Safe:** am Empfang, Safe im Zimmer
- **Aufenthaltsraum für Hausgäste:** Anzahl der Räume, Ausstattung, Service
- **Radio/Farbfernseher im Zimmer:** ob vorhanden, kostenlose Benutzung
- **Bargeldlose Zahlung:** ob möglich
- **Telefax:** ob vorhanden, am Empfang
- **Hotelbar:** ob vorhanden
- **Restaurant:** ob vorhanden, Anzahl

3. Bewertungskriterien

- **Allgemeine Hausbeschreibung**
  Nightclub, rollstuhlgerechte Zimmer, Zufahrt, Parkplätze, Zustellbare Kinderbetten, Klimaanlage im Zimmer, Schallschutzfenster, Garagen, Nichtraucherzimmer,
- **Zusätzliche Dienstleistungen**
  Diätküche, Kindermenü, Kinderermäßigung, Videogerät, Kosmetiker und/oder Friseur, Telefax im Zimmer
- **Freizeit- und Fitnesseinrichtung**
  Hallenbad, Golfplatz, beheiztes Freibad, Reithalle mit Pferd, Whirlpool, Tennishalle, Arzt im Haus, Solarium, Kegelbahn, Sportlehrer, Massagen, Kinderbetreuung, Tischtennis, Billard
- **Konferenz- und Bankettmöglichkeiten**
  Bankette über 100 Personen, Größe der Konferenzräume, Geräte für Konferenzen, Schreibbüro, Online-Dienst

4. Zusätzliche Bewertungskriterien (Auszug)

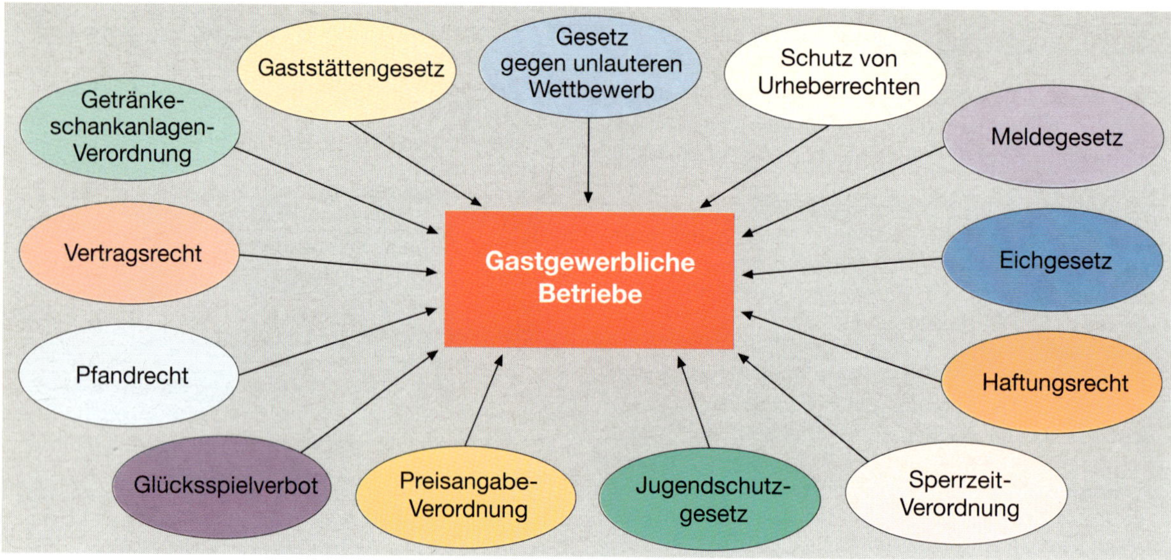

1. Gesetzliche Bestimmungen (Auszug)

2 Betriebs- und Unternehmensgründung

Der Betrieb ist der Ort, an dem produziert wird oder Dienstleistungen erbracht werden. Das Unternehmen ist die rechtliche und organisatorische Form, in die der Betrieb eingebettet ist.
Ein Unternehmen kann mehrere Betriebe bewirtschaften, z. B. Hotel- oder Restaurantketten.

Das Gaststättengesetz unterscheidet zwischen
- Schankwirtschaften: Es werden ausschließlich Getränke zum Verzehr an Ort und Stelle verabreicht,
- Speisewirtschaften: zubereitete Speisen werden zum Verzehr an Ort und Stelle verabreicht,
- Beherbergungsbetrieben: Gästen werden Übernachtungsmöglichkeiten bereitgestellt.

Verschiedene Voraussetzungen müssen erfüllt sein, damit man einen Betrieb eröffnen bzw. führen kann:
- Der Betriebsinhaber muss eine Erlaubnis (Konzession) zum Führen der entsprechenden Betriebsart (z. B. Hotel, Café) besitzen.
- Die Räumlichkeiten müssen den entsprechenden Vorschriften genügen.
- Eine ausreichende wirtschaftliche und finanzielle Basis muss vorhanden sein.
- Die Rechtsform des Unternehmens muss festgelegt sein. Der Betrieb ist anzumelden.

Anmeldungspflicht

Die meisten Unternehmen werden ins Handelsregister eingetragen. Vor der Anmeldung beim Registergericht des Amtsgerichts ist zu entscheiden, welche Rechtsform (z. B. Einzelunternehmen, Personengesellschaften wie OHG, KG oder Kapitalgesellschaften wie GmbH, AG) gewählt wird.
Außerdem ist die Anmeldung notwendig
- beim Gewerbeamt oder Steueramt der Gemeinde,
- beim Finanzamt,
- bei der Industrie- und Handelskammer,
- bei den Trägern der Sozialversicherung:
  - Krankenkasse (dies schließt die Anmeldung bei der Pflege-, Renten- und Arbeitslosenversicherung ein),
  - Berufsgenossenschaft für die Unfallversicherung.

2.1 Voraussetzungen für die Erteilung der Konzession

Man unterscheidet Real- und Personalkonzession (Bild 2).

Persönliche Voraussetzungen

Der Unternehmer muss rechts- und geschäftsfähig sein und die persönliche Zuverlässigkeit durch ein polizeiliches Führungszeugnis nachweisen können.
Als nicht zuverlässig gilt insbesondere,
- wer als Trinker eingestuft wird,
- wer befürchten lässt, dass er Unerfahrene, Leichtsinnige oder Willensschwache ausbeuten wird,
- wer dem Alkoholmissbrauch, verbotenem Glücksspiel, der Hehlerei oder der Unsittlichkeit Vorschub leisten wird,
- wer vermutlich die Vorschriften des Gesundheits- oder Lebensmittelrechts, des Arbeits- und Jugendschutzgesetzes und des Steuerrechts nicht einhalten wird.

Realkonzession	Personalkonzession			
wird nicht mehr erteilt, besteht aber noch bei älteren Betrieben	wird natürlichen Personen (Gastwirten, Geschäftsführern) oder juristischen Personen (Gesellschaften) erteilt			
Erlaubnis aufgrund alter Rechte, die an ein Grundstück gebunden sind; erlischt, wenn sie 3 Jahre nicht ausgeübt wird	**Dauererlaubnis** auf Lebzeiten; erlischt, – wenn sie 1 Jahr nicht ausgeübt wird – durch Verzicht – durch Entzug – durch den Tod des Inhabers	**vorläufige Erlaubnis** für meist 3 Monate (um einen konzessionierten Betrieb zu übernehmen	**Stellvertretererlaubnis** für Personen, die jemanden vertreten, der eine Dauererlaubnis besitzt	**Gestattung** zum vorübergehenden Betrieb eines Gastgewerbes (z. B. bei Vereinsfesten); ein Unterrichtungsnachweis ist nicht erforderlich

2. Arten von Konzessionen

Unterrichtungsnachweis

Der Bewerber um eine Konzession muss nachweisen, dass er über die Grundzüge der für den in Aussicht genommenen Betrieb notwendigen lebensmittelrechtlichen Kenntnisse unterrichtet worden ist und mit ihnen als vertraut gelten kann.

Diese Unterrichtung wird von den Industrie- und Handelskammern durchgeführt und soll die Gäste vor Gesundheitsschäden, Täuschung und Irreführung schützen. Weitere fachliche Kenntnisse werden nicht gefordert; eine Prüfung findet nicht statt. Die Berufsausbildung in einem Hotel- und Gaststättenberuf gilt auch als Nachweis.

Räumliche Begrenzung der Konzession

Die Konzession erstreckt sich auf alle **Betriebsräume.**
Sie müssen in ihrer Lage, Beschaffenheit, Einteilung und Ausstattung für den Betrieb geeignet sein. Zum Beispiel sind Mindestraumgrößen für Gasträume und Fremdenzimmer festgelegt. Außerdem gibt es in den einzelnen Bundesländern genaue Vorschriften über Fluchtwege, Toiletten, Küchen, Kühl- und Personalräume. Diese gesetzlichen Regelungen dienen dem Schutz von Gästen und Personal und zur Aufrechterhaltung der öffentlichen Ordnung.

Öffentliches Interesse

Der Betrieb darf einem wichtigen öffentlichen Interesse nicht entgegenstehen. Zum Beispiel erhält ein Betrieb keine Konzession, wenn er in der Nähe von Krankenhäusern liegt und voraussichtlich die Nachtruhe gestört wird.

Konzessionsfreie Betriebe (Beispiele)

- Milchbar ohne Alkoholausschank,
- Stehimbiss in einem Lebensmittelgeschäft während der Ladenöffnungszeiten (ohne Alkoholausschank),
- Abgabe von alkoholfreien Getränken aus Automaten,
- Abgabe von alkoholfreien Getränken und zubereiteten Speisen in Reisebussen,
- Strauß- oder Besenwirtschaften (Gastbetriebe in Weinbaugebieten, die selbst erzeugten Wein in den Räumen des Winzers ausschenken; höchstens vier Monate im Jahr. Die Abgabe einfacher Speisen ist gestattet, alkoholfreie Getränke müssen abgegeben werden);
- Betriebskantinen,
- Abgabe unentgeltlicher Kostproben,
- Beherbergungsbetriebe, die nicht mehr als acht Gäste gleichzeitig beherbergen können, wenn keine erlaubnisbedürftige Speise- und Schankwirtschaft mitbetrieben wird,
- Autobahnraststätten und Betriebe der Deutschen Bahn AG. Sie werden von den zuständigen Behörden genehmigt und überwacht.

1. Begründen Sie, warum nur persönliche zuverlässige Antragsteller eine Konzession erhalten.
2. Erläutern Sie den Begriff Unterrichtungsnachweis.
3. Nennen Sie 5 konzessionsfreie Betriebe. Begründen Sie, warum der Gesetzgeber in diesen Fällen keine Konzession verlangt.
4. In welchem Fall reicht eine Gestattung zum Betrieb eines Gastgewerbes aus?

2.2 Auswahl der Rechtsform des Unternehmens

Die Rechtsform eines Unternehmens ist neben der Wahl des Standorts und der Betriebsart von entscheidender Bedeutung für dessen Erfolg. In jedem speziellen Fall sind folgende Fragen zu klären:

- Wie groß ist das Unternehmen?
- Wer investiert in das Unternehmen?
- Sollen am Unternehmen eine Einzelperson oder mehrere Personen beteiligt sein?
- Wer soll das unternehmerische Risiko tragen und für Schulden haften?
- Wer soll das Unternehmen führen, die Entscheidungen treffen und Anordnungen erteilen?
- Wer soll das Unternehmen nach außen vertreten und zum Beispiel Verträge abschließen?
- Welche steuerlichen Vor- und Nachteile haben die verschiedenen Rechtsformen der Unternehmen?

Einzelunternehmung

Etwa 90 % aller Unternehmen in Deutschland werden als Einzelunternehmung geführt. Im Hotel- und Gaststättengewerbe ist der Anteil noch höher. Der Inhaber der Einzelunternehmung hat dabei das volle unternehmerische Risiko und haftet mit seinem gesamten Vermögen für die Verbindlichkeiten des Unternehmens (Vollhaftung). Andererseits ist er alleine gewinnberechtigt.

Weitere Vorteile sind eine hohe Flexibilität (bei Entscheidungen braucht niemand gefragt zu werden) und ein geringer bürokratischer Aufwand. Die Bereitschaft von Kreditinstituten einen Kredit einzuräumen ist höher, wenn mit dem Privatvermögen und nicht nur mit dem Betriebsvermögen gehaftet wird.

1. Welche Überlegungen sollten bei der Entscheidung für die Rechtsform eines Unternehmens angestellt werden?
2. Warum werden die meisten gastgewerblichen Betriebe als Einzelunternehmung geführt?

Grundform	Personengesellschaft			Kapitalgesellschaften		Sonderform
Rechtsform	Gesellschaft des bürgerlichen Rechts GbR	Offene Handelsgesellschaft OHG	Kommanditgesellschaft KG	Aktiengesellschaft AG	Gesellschaft mit beschränkter Haftung GmbH	GmbH & Co. KG
Rechtsnatur	natürliche Person			juristische Person		Sonderform
Mindestkapital	Keine Vorschriften			100 000 DM	50 000 DM	siehe GmbH
Haftung	unbeschränkt	unbeschränkt unmittelbar und solidarisch	Komplementär unbeschränkt Kommanditist beschränkt	beschränkt auf das Grundkapital (Aktienwert)	beschränkt auf das Stammkapital (Geschäftsanteile)	Komplementär (GmbH) beschränkt auf Gesellschaftsvermögen, Kommanditist beschränkt auf die Einlage
Geschäftsführung und Vertretung	jeder Gesellschafter	jeder Gesellschafter	nur der Komplementär	Vorstand	Geschäftsführer	Geschäftsführung der Komplementär-GmbH
Gesetzliche Gewinnverteilung	nach Köpfen	4 % der Kapitaleinlage, Rest nach Köpfen	4 % der Kapitaleinlage, Rest im angemessenen Verhältnis	anteilsmäßiger Gewinnbetrag (Dividende)	anteilsmäßiger Gewinnbetrag	siehe KG
Verlustbeteiligung	nach Köpfen	nach Köpfen	im angemessenen Verhältnis			

1. Beispiele für Rechtsformen von Unternehmen

2.3 Besonderheiten von Personen- und Kapitalgesellschaften

Personengesellschaften

Natürliche Personen sind die Träger der Personengesellschaften. Sie sind an den Entscheidungen beteiligt und für sie verantwortlich.

Die Gesellschaft des bürgerlichen Rechts (GbR). Sie entsteht durch einen Gesellschaftsvertrag, in dem sich die Gesellschafter gegenseitig versichern die Erreichung eines gemeinsamen Zwecks (ideeller oder wirtschaftlicher Art) in der durch den Vertrag bestimmten Weise zu fördern und die vereinbarten Beiträge zu leisten. Die Gesellschafter können den Vertragsinhalt (die Beziehungen untereinander und die Geschäftsführung und -vertretung) weitgehend nach ihren Vorstellungen bestimmen. Der Vertrag ist an keine Form gebunden. Kennzeichnend ist das gegenseitige Vertrauen der Gesellschafter. Wenn im Gesellschaftsvertrag nichts anderes vereinbart ist, gelten die gesetzlichen Regelungen.

Bei einer GbR haftet ein Gesellschafter selbstschuldnerisch (auch für Dinge, die er selbst nicht verschuldet hat) mit seinem gesamten Privatvermögen und den Gesellschaftsanteilen und gesamtschuldnerisch, das heißt ein Gläubiger kann von jedem einzelnen Gesellschafter die Gesamtschuld einfordern, bis sein Anspruch befriedigt ist (= Vollhaftung).

Durch die hohe Haftungsverpflichtung aller Gesellschafter hat die GbR eine hohe Kreditwürdigkeit. Die GbR bildet die Grundform der anderen Personengesellschaften.

Offene Handelsgesellschaft. Der Zweck einer OHG ist es ein Handelsgewerbe unter gemeinschaftlicher Firma (Name, unter dem ein Kaufmann seine Geschäfte betreibt, zum Beispiel Müller OHG) zu betreiben. Alle Gesellschafter haften mit ihrem vollen Vermögen (Privat- und Gesellschaftsvermögen) für die Schulden der OHG.

Kommanditgesellschaft. Die KG besteht aus mindestens einem Gesellschafter (Kommandist), dessen Haftung beschränkt ist auf die Vermögenseinlage, die er in das Unternehmen einbringt.

Und mindestens einem Gesellschafter (Komplementär) der unbeschränkt haftet . Eine Kommanditgesellschaft wird gegründet, wenn ein Unternehmer die Beteiligung von Kapitalgebern wünscht ohne sie voll an den unternehmerischen Entscheidungen zu beteiligen.

Stille Gesellschaft. Bei dieser Sonderform der Handelsgesellschaft kommt die Beteiligung eines Gesellschafters in Form einer Einlage im Firmennamen nicht zum Ausdruck, sie ist „still". Der Zweck ist die Eigenkapitalbasis des Unternehmens zu verbessern.

Der stille Gesellschafter hat Kontrollrechte, aber keine Mitbestimmungsrechte. Er ist am Gewinn bzw. Verlust anteilmäßig beteiligt.

Kapitalgesellschaften

Kennzeichnend sind die eigene Rechtspersönlichkeit und die Beschränkung der Haftung auf die Geschäftsanteile (Teilhaftung). Eine Kapitalgesellschaft gilt als eigenständige juristische Person, die zum Beispiel verklagt werden kann und selbst haftet.

Aktiengesellschaft (AG). Zu ihrer Gründung sind mindestens fünf Personen erforderlich, die für ihre Einlage Aktien (Anteilscheine für einen bestimmten Geldbetrag) erhalten. Die Aktionäre wählen in der Hauptversammlung einen Aufsichtsrat, der die Geschäftsleitung (Vorstand) bestimmt. Grundsatzentscheidungen werden von den Aktionären in der Hauptversammlung getroffen. Der Stimmenanteil hängt von der Anzahl der Aktien ab. Die Aktionäre haften nur mit ihrer Kapitaleinlage. AG sind verpflichtet, den von Sachverständigen geprüften Jahresabschluss zu veröffentlichen.

Gesellschaft mit beschränkter Haftung (GmbH). Die Rechte der Gesellschafter sind im Vergleich zur AG umfangreicher. Die GmbH hat zwei Organe: die Versammlung der Gesellschafter sowie einen oder mehrere Geschäftsführer mit Geschäfts- und Vertretungsbefugnis. Die Haftung beschränkt sich auf die Einlage (in der Praxis verlangen die Banken als Gläubiger oft eine persönliche Haftungserklärung eines GmbH-Gesellschafters).

Kennzeichen einer GmbH:

- Gesellschaftsvertrag muss notariell beurkundet sein.
- Die Unternehmensleitung wird unmittelbar von den Gesellschaftern bestimmt. Häufig sind die Gesellschafter Geschäftsführer der GmbH.
- Ein Stammkapital von 50 000 DM (davon 25 000 DM in bar) muss mindestens aufgebracht werden.

Mischform (GmbH & Co. KG)

Bei der GmbH & Co. KG besteht eine Kombination zwischen Personen- und Kapitalgesellschaft, bei der der Komplementär (der persönlich haftende Gesellschafter) eine GmbH ist. Somit ist die Haftung auf eine Kapitalgesellschaft beschränkt. Co. ist die Abkürzung für den französischen Begriff „Compagnie" oder den englischen Begriff „Company" (deutsch: Kompanie, Gesellschaft).

1. Nennen Sie die wichtigsten Unterschiede zwischen Einzelunternehmung und Personengesellschaft.
2. Erklären Sie die Begriffe Geschäftsführung und Vertretung.
3. Welchen Vorteil hat aus der Sicht eines Gläubigers die Gesellschaft des bürgerlichen Rechts gegenüber einer Kommanditgesellschaft?
4. Wie hoch muß das Mindestkapital einer GmbH bzw. einer Aktiengesellschaft sein?
5. Wer leitet die Geschäfte einer GmbH bzw. einer AG?
6. Welche Besonderheit zeichnet die GmbH & Co. KG aus? Welches Risiko geht ein Lieferant ein, der ihr einen Lieferantenkredit bewilligt?

Für Schank- und Speisewirtschaften und öffentliche Vergnügungsstätten ist eine Sperrzeit festgesetzt. Sie ist in den Bundesländern verschieden geregelt. Während dieser Zeit ruht der Gaststättenbetrieb und die Gäste dürfen sich nicht in den Gasträumen aufhalten.
Der Wirt ist verpflichtet den Gästen den Beginn der Sperrzeit anzukündigen und muss sie zum Verlassen der Gaststätte auffordern.
Es dürfen keine Speisen und Getränke mehr serviert werden, bereits Serviertes darf noch verzehrt werden.
Gästen, die der Aufforderung das Lokal zu verlassen nicht nachkommen, ist der Aufenthalt zu verleiden. Bewährte Mittel sind das Aufstuhlen, Ausfegen und Lüften. Bei hartnäckigen Gästen ist – in der Regel erst nach Androhung – die Polizei zu rufen.

Ausgenommen von den Sperrzeiten sind

- die Automatenabgabe von alkoholfreien Getränken, Bier und Speisen für Betriebsangehörige einer Firma während der Nachtschicht,
- Bundeswehreinrichtungen und ähnliche Einrichtungen,
- die Passagierverpflegung bei Schiffen, Zügen und Flugzeugen,
- Hotelgäste in Räumen, die nicht für die Allgemeinheit zugänglich sind,
- Privatgäste des Wirtes,
- Gäste in Gefahrensituationen, z. B. bei Sturm oder Demonstrationen.

Sonderregelungen gibt es für

- Bahnhofsgaststätten und Autobahnraststätten,
- bestimmte Betriebsarten (z. B. Vergnügungslokale): Hier kann die Sperrzeit auf Antrag und gegen Gebühr verkürzt werden,
- bestimmte Orte (Kur- oder Badeorte): Hier kann die Sperrzeit verkürzt oder verlängert werden,
- bestimmte Stadtteile (z. B. Altstadt),
- bestimmte Tage (z. B. Silvester, Nacht zum 1. Mai): Hier kann die Sperrzeit verkürzt oder ausgesetzt werden,
- Einzelfälle, wenn der Wirt eine einmalige Verkürzung beim Landratsamt oder der Ortspolizeibehörde beantragt.

1. § 18 Sperrzeiten-Regelungen

3 Gaststättengesetz

Das Gaststättengesetz besteht aus 38 Paragraphen (§§ 16, 17 und 27 sind aufgehoben).

§ 1 definiert den Begriff „Gaststätte" als Betrieb zur gewerbsmäßigen Bewirtung oder Beherbergung von Personen außerhalb ihrer Wohnung.

Die *§§ 2, 3, 4, 8, 9, 11, 12, 13, 14* und *24* behandeln die Fragen der Konzessionserteilung und -rücknahme, Widerruf und Erlöschen der Konzession sowie die konzessionsfreien Betriebe.

§ 5 erklärt, dass jederzeit Auflagen zum Schutze der Gäste und Beschäftigten gegen Gefahren für Leben, Gesundheit oder Sittlichkeit sowie allgemein gegen schädliche Umwelteinwirkungen erlassen werden können.

§ 6 bestimmt, dass neben alkoholhaltigen auch alkoholfreie Getränke anzubieten sind und dass mindestens ein alkoholfreies Getränk (bezogen auf die gleiche Menge) nicht teurer sein darf als das billigste alkoholische Getränk.

§ 7 regelt die Nebenleistungen. Er lautet:

(1) Im Gaststättengewerbe dürfen der Gewerbetreibende oder Dritte auch während der Ladenschlusszeiten Zubehörwaren an Gäste abgeben und ihnen Zubehörleistungen erbringen.

(2) Der Schank- oder Speisewirt darf außerhalb der Sperrzeiten zum alsbaldigen Verzehr und Verbrauch

1. Getränke und zubereitete Speisen, die er in seinem Betrieb verabreicht,
2. Flaschenbier, alkoholfreie Getränke, Tabak- und Süßwaren an jedermann über die Straße abgeben.

Dem Bereich **Zubehörwaren** werden auch z. B. Frischobst und Zeitungen zugeschlagen, unter **Zubehörleistungen** versteht man z. B. Leistungen von Sportlehrern, Friseuren oder Masseuren eines Hotels.

§ 10 handelt von der Weiterführung eines Gaststättengewerbes nach dem Tode des Erlaubnisinhabers. Er bestimmt, dass der Ehegatte oder der minderjährige Erbe, der Nachlassverwalter oder der Testamentsvollstrecker den Betrieb bis zur Dauer von 10 Jahren nach dem Erbfall weiterführen darf, wenn er der Erlaubnisbehörde unverzüglich Anzeige erstattet, dass er den Betrieb weiterführen will.

§ 15 regelt die Rücknahme und den Widerruf der Erlaubnis, wenn sich die persönlichen oder räumlichen Voraussetzungen, die zur Erteilung der Konzession notwendig waren, änderten.

Weitere Gründe sind, wenn

- der Betreiber den in der Konzession gesteckten Rahmen überschreitet oder Auflagen nicht erfüllt,
- Personen entgegen einem Verbot nach § 21 beschäftigt werden.

§ 18 (Bild 1)

§ 19 weist darauf hin, dass aus besonderem Anlass (z. B. Wahlen, Demonstrationen) der Ausschank alkoholischer Getränke ganz oder teilweise verboten werden kann.

§ 20 (Bild 2)

§ 21 besagt, dass die Beschäftigung einer Person in einem Gaststättenbetrieb untersagt werden kann, wenn Tatsachen die Annahme rechtfertigen, dass die Person die erforderliche Zuverlässigkeit nicht besitzt.

§ 20 verbietet

1. alkoholische Getränke an „erkennbar Betrunkene" zu verabreichen. Unter Umständen kann der Wirt für Schäden, die der Betrunkene erleidet oder verursacht, haftbar gemacht werden.
2. dass der Wirt die Speisenabgabe mit dem Verzehr von Getränken koppelt (Trinkzwangverbot) oder für die Speisen in diesem Fall einen Preisaufschlag verlangt. Der Wirt kann aber die Getränkeabgabe an den Verzehr von Speisen koppeln.
3. nur alkoholische Getränke anzubieten oder die Abgabe alkoholfreier Getränke vom Bestellen alkoholischer Getränke abhängig zu machen oder einen Preisaufschlag auf alkoholfreie Getränke zu erheben, wenn der Gast kein alkoholhaltiges Getränk bestellt (Koppelungsverbot bei Getränken).
4. die Abgabe von Branntwein oder überwiegend branntweinhaltigen Lebensmitteln aus Automaten. (Die Abgabe an Jugendliche ist nach dem Jugendschutzgesetz verboten.)

2. § 20 Abgabe alkoholischer Getränke

Gruppe	Hauptbetriebe	Nebenbetriebe
Bewirtungsbetriebe	Gaststätten, Restaurants, Raststätten, Eisdielen, Milchbars	Kantinen, Straußwirtschaften, Speisewagen der Deutschen Bahn
Beherbergungsbetriebe	Hotels, Gasthöfe, Pensionen	Sanatorien, Gästehäuser großer Unternehmen
Unterhaltungsbetriebe	Bars, Diskotheken, Kabaretts, Varietees	
Religiöse, soziale Einrichtungen		Heime, Hospize, Jugendherbergen

3. Beispiele für Haupt- und Nebenbetriebe

§ 22 bestimmt, dass den zuständigen Behörden der Zutritt zu den Geschäftsräumen und zum Grundstück zu gestatten ist, wenn sie Prüfungen und Besichtigungen vornehmen. Es ist ihnen Auskunft zu erteilen und Einsicht in die Geschäftsunterlagen zu gewähren.

§ 23 regelt den Ausschank von Getränken durch Vereine und Gesellschaften.

§ 25 behandelt Sonderregelungen für Betreuungseinrichtungen des Staates oder staatlicher Betriebe.

§ 26 befasst sich mit Sonderbestimmungen über den Ausschank selbst erzeugter Getränke (Strauß- und Besenwirtschaften Seite 451).

§ 28 zählt die Ordnungswidrigkeiten auf, die durch die Nichtbeachtung des Gaststättengesetzes begangen werden können.
Eine Ordnungswidrigkeit begeht, wer fahrlässig oder vorsätzlich handelt. Fahrlässig handelt, wer die erforderliche Sorgfalt außer Acht lässt; vorsätzlich handelt, wer die möglichen Folgen seines Tuns voraussieht und sie billigend in Kauf nimmt.

§§ 29-38 regeln den Erlass von Verwaltungsvorschriften, die Zuständigkeit von Behörden, die Gültigkeit mit dem Gaststättengesetz konkurrierender Gesetze und das Inkrafttreten.

Verstößen gegen das Gaststättengesetz

Die Konzession kann bei groben und wiederholten Verstößen befristet oder auf Dauer widerrufen werden. Ein Widerspruch gegen den Widerruf der Konzession ist grundsätzlich möglich und hat aufschiebende Wirkung. Schwerwiegende Verstöße können aber auch die Schließung des Betriebes nach sich ziehen. Weniger schwerwiegende Verstöße werden mit Geldbußen bis 10 000 DM belegt.

Beispiele für grobe Verstöße sind:
- Änderung der Betriebsart oder Ausübung des Gewerbes in nicht genehmigten Räumen,
- Führung des Betriebs durch einen Stellvertreter, der keine Personalkonzession besitzt,
- Verstöße gegen das Beschäftigungsverbot unzuverlässiger Personen,
- Nichterfüllung erteilter Auflagen (z. B. Umbau von Toilettenräumen, Sicherstellung eines Notausgangs),
- Dauerndes Missachten der Sperrzeit,
- Alkoholausschank trotz Verbots.

1. Nennen Sie acht gastgewerbliche Nebenbetriebe.
2. Was versteht man unter Strauß- und Besenwirtschaft?
3. Erklären Sie die Begriffe Zubehörwaren und Zubehörleistung.
4. In welchen Fällen finden die Vorschriften über die Sperrzeiten keine Anwendung?
5. Zählen sie die wichtigsten Regelungen auf, die im Zusammenhang mit der Abgabe alkoholischer Getränke zu beachten sind.
6. Nennen Sie vier grobe Verstöße gegen das Gaststättengesetz.
7. Mit welchen behördlichen Maßnahmen ist bei Missachtung der Vorschriften zu rechnen?
8. Das Gaststättengesetz definiert den Begriff der Ordnungswidrigkeit. Erläutern Sie die Definition anhand von zwei Praxisbeispielen.

Rechtsgeschäfte sind nichtig	Rechtsgeschäfte können angefochten werden
– wenn sie gegen ein gesetzliches Verbot verstoßen (Rauschgifthandel) – wenn sie gegen die guten Sitten verstoßen (bei Wucher, Ausnutzung einer Notlage, von Unerfahren-heit oder erheblicher Willensschwäche) – wenn gesetzliche Formvorschriften nicht eingehalten werden – wenn ein Schein- oder Scherzgeschäft vorliegt	– wegen arglistiger Täuschung (Vorlegen gefälschter Zeugnisse) – wegen widerrechtlicher Drohung (Versuch der Erpressung) – wegen Irrtums a) in der Erklärung (Tippfehler) b) in der Übermittlung (ein Telegrammtext wird durch einen Fehler der Post falsch übertragen) c) in der Person oder Sache (anstelle echten Kaviars wird irrtümlich Kaviarersatz bestellt)

1. **Nichtigkeit und Anfechtbarkeit von Verträgen (Beispiel)**

Rechte bei

mangelhafter Ware: Käufer kann wählen
- Wandelung (Rückgängigmachung des Kaufvertrags)
- Umtausch (Neulieferung einwandfreier Ware)
- Minderung (Preisnachlass)
- Schadenersatz (wenn zugesicherte Eigenschaft fehlt oder Mangel arglistig verschwiegen wurde)

Lieferungsverzug: Käufer muss mahnen
- nachträgliche Lieferung oder Schadenersatz
- nach angemessener Nachfrist: Rücktritt vom Vertrag und Schadenersatz

Annahmeverzug des Käufers:
- Ware auf Kosten des Käufers einlagern und auf Abnahme und Erstattung der Kosten klagen
- Versteigerung androhen und durchführen

Zahlungsverzug: Verkäufer muss mahnen
- Verzugszinsen und entstandene Kosten berechnen
- Mahn- und Klageverfahren durchführen

2. **Rechte bei Kaufvertrags-Störungen**

4 Allgemeine Verträge im Gastgewerbe

Verträge kommen durch inhaltlich übereinstimmende Willenserklärungen zustande. Seinen Willen kann man erklären durch:
- direkte Äußerung (z. B. „ich will ..."),
- schlüssiges Handeln (z. B. Geldstück in einen Automaten stecken) oder
- Schweigen oder Unterlassen, wenn keine eindeutige ablehnende Willenserklärung auf ein Angebot zu erwarten ist (z. B. Zusendung von Waren, wenn durch Verhandlungen der Vertragsinhalt weitgehend geklärt wurde).

Grundsätzlich besteht in Deutschland **Vertragsfreiheit** in zweierlei Hinsicht.
1. Der Inhalt des Vertrages kann zwischen den Vertragspartnern frei ausgehandelt werden, es sei denn, dass er gegen ein Gesetz oder die guten Sitten verstößt (Bild 1).
2. Die Vertragsform ist frei. Nur in besonderen Fällen ist die Schriftform vorgeschrieben (z. B. bei Ratenkauf- und Ausbildungsverträgen) die eigenhändig unterschrieben sein muss.
   Die öffentliche Beglaubigung (die Echtheit der Unterschrift wird von einem Notar beglaubigt) ist beispielsweise bei Anträgen zum Handelsregister oder Grundbuch erforderlich.
   Bei der notariellen Beurkundung protokolliert der Notar die Willenserklärungen und bestätigt die Echtheit des Inhalts und der Unterschriften. Veräußerung und Belastung von Grundstücken und Schenkungsversprechungen sind Beispiele.

4.1 Kaufvertrag

Verpflichtungsgeschäft

Die erste Willenserklärung bei einem Kaufvertrag wird als Antrag bezeichnet. Ein Antrag ist verbindlich, wenn
- der Verkäufer einer bestimmten Person eine bestimmte Ware anbietet (Angebote an die Allgemeinheit wie ausgehängte Speisen- oder Getränkekarten sind kein Antrag) oder
- der Käufer eine bestimmte Ware bestellt.

Damit ein Kaufvertrag zustande kommt, muss der Käufer einem Angebot zustimmen bzw. der Verkäufer eine Bestellung annehmen. Sind diese Voraussetzungen erfüllt, ist der erste Teil des Kaufs, das Verpflichtungsgeschäft, vollzogen.

Erfüllungsgeschäft

Der zweite Teil des Kaufs, das Erfüllungsgeschäft, läuft in folgender Reihenfolge ab:
- Der Verkäufer liefert und übereignet dem Verkäufer die Ware.
- Der Käufer nimmt die Ware an und bezahlt den Kaufpreis.
- Der Verkäufer nimmt den Kaufpreis an.

Sonderformen des Kaufvertrags

Kauf nach Probe. Eine Warenprobe wird bei einem Test für gut befunden und bestellt. Sollte die Lieferung in wesentlichen Punkten vom Muster abweichen, können Gewährleistungsansprüche geltend gemacht werden.

Der Franchise-Geber	Der Franchise-Nehmer
• stellt die Geschäftsidee, das Know-how und das geschützte Warenzeichen zur Verfügung • liefert ein komplettes, durchdachtes und am Markt erprobtes Betriebskonzept • entwickelt das Konzept ständig weiter • bietet Anschluss an ein eingeführtes Reservierungssystem/eine Verkaufsorganisation • bietet betriebswirtschaftliche und technische Unterstützung bei der Planung, der Finanzierung und beim Geschäftsablauf • hilft Personal zu finden und weiterzubilden • organisiert einen günstigen Einkauf der Betriebseinrichtung und der benötigten Waren • kontrolliert die präzise gefassten Vorgaben (Erscheinungsbild, Qualität, Arbeitsablauf) • unterstützt den Absatz durch ausgeklügelte und umfangreiche Werbemaßnahmen	• schließt sein selbstständiges Unternehmen dem Unternehmen des Franchise-Gebers an • verpflichtet sich das Betriebskonzept zu übernehmen (Produktpalette, Erscheinungsbild des Personals und des Betriebs, Qualitätsstandards usw.) • bezahlt eine einmalige Aufnahmegebühr • bezahlt einen bestimmten Umsatzanteil als Franchising-Gebühren • bezahlt einen Anteil an den Werbungskosten • nimmt an Erfahrungs-Austausch-Tagungen, die unter der Leitung des Franchise-Gebers für die Franchise-Nehmer organisiert werden, teil • gestattet die umfangreichen und detaillierten Kontrollmaßnahmen in seinem Betrieb • stellt die Betriebskennzahlen zur Verfügung

3. Besonderheiten des Franchising-Vertrags, Leistungen des Franchise-Geber und des Franchise-Nehmer

Kauf auf Probe. Wenn ein Käufer z. B. eine Maschine im Betrieb ausprobiert und nach einer vereinbarten Zeit die Zustimmung zum Kauf gibt, hat ein Kauf auf Probe stattgefunden. Stillschweigen über den vereinbarten Zeitpunkt hinaus gilt als Annahme des Angebots.

Fixkauf. Es wird ein bestimmter Zeitpunkt vereinbart, an dem der Verkäufer spätestens zu liefern hat. Ist der Zeitpunkt überschritten und der Käufer will auf Erfüllung bestehen, muss er dies dem Verkäufer sofort mitteilen. Kann der Verkäufer nicht liefern, muss er den Schaden (z. B. Ersatzkauf zu höherem Preis) ersetzen.

4.2 Sonstige wichtige Verträge

Werk- und Werklieferungsvertrag. Beim Werkvertrag verpflichtet sich ein Unternehmer ein Werk zu erstellen. Wenn die Bestandteile dieses Werkes (z. B. eines Kalten Büfetts) vom Besteller beschafft werden, handelt es sich um einen Werkvertrag.

Übernimmt das Unternehmen die Besorgung der Bestandteile, spricht man von einem Werklieferungsvertrag.

Werk- und Dienstvertrag. Bei Werkvertrag wird ein bestimmter Erfolg garantiert (z. B. Kaltes Büfett „reicht" für eine bestimmte Personenzahl). Beim Dienstvertrag, z. B. dem Arbeitsvertrag, garantiert der Arbeitnehmer keinen bestimmten Erfolg.

Weitere Beispiele für Dienstverträge sind: Arzt untersucht einen Patienten, Lehrer gibt Nachhilfeunterricht.

Miet- und Pachtverträge. Im Mietvertrag verpflichtet sich der Vermieter dem Mieter den Gebrauch der Sache zu gewähren. Im Pachtvertrag gewährt der Verpächter dem Pächter zusätzlich die Erträge („Früchte"), soweit sie nach den Regeln einer ordnungsgemäßen Wirtschaft als Ertrag anzusehen sind. Eine Wohnung wird daher gemietet, ein Betrieb gepachtet.

Rechtliche Folgen:

- Der Vermieter/Verpächter bleibt Eigentümer.
- Der Mieter/Pächter muss die Sache pfleglich behandeln.
- Eine Untervermietung oder -verpachtung bedarf der Zustimmung des Vermieters bzw. Verpächters.
- Die Kündigungsfrist eines Mietvertrages beträgt meist nicht mehr als ein Vierteljahr zum Quartalsende. Kündigungen von Pachtverträgen sind nur zum Ende des Pachtjahres zulässig.

Leasing-Verträge. Im Gastgewerbe erfolgt Leasing z. B. bei Wäsche, Maschinen und Fahrzeugen. Die Gegenstände werden auf Zeit gemietet. Wäsche wird von der Leasing-Firma auch gepflegt, Maschinen werden z. T. kostenlos gewartet und repariert. Weitere Vorteile:

- geringerer Kapitalbedarf, da die Anschaffungskosten entfallen oder gering sind,
- volle steuerliche Absetzbarkeit der Leasingraten im laufenden Geschäftsjahr,
- keine Probleme beim Austausch z. B. gebrauchter EDV-Geräte gegen neue, moderne Anlagen.

Franchising-Verträge. Zwei Unternehmen gehen beim Franchising eine sehr enge Zusammenarbeit ein, bleiben aber rechtlich und finanziell unabhängig (Bild 3).

Der Beherbergungswirt haftet gegenüber dem Gast in gewissen Fällen auch für Schäden, für die ihn oder sein Personal keine Schuld trifft (strenge Haftung).

In der Höhe unbeschränkte Haftung tritt ein:

- Für Schäden, die der Wirt oder sein Personal (im Dienst) verursachen (Körper- und Sachschäden).
- Für Schäden an Gegenständen, die zur Aufbewahrung übernommen wurden oder bei denen unberechtigterweise die Aufbewahrung abgelehnt wurde sowie für deren Verlust. Der Wirt darf die Aufbewahrung ablehnen bei sperrigen, gefährlichen oder für das betreffende Haus zu kostbaren Gegenständen. Er kann verlangen, dass der Gast ihm die aufzubewahrenden Sachen in einem versiegelten und verschlossenen Behältnis übergibt.
- Für Schäden und Verlust z. B. von im Voraus angeliefertem oder nach Abreise zurückgebliebenem Gepäck, wenn Personal es in seine Obhut übernommen hat, das dazu bestellt ist.

In der Höhe beschränkte Haftung in allen übrigen Fällen

Sie ist auf das 100fache des Bettenpreises pro Gast und Nacht (mindestens 1 000,00 DM und höchstens 6 000,00 DM pro Gast) begrenzt. Die Haftung für Geld, Wertpapiere und Kostbarkeiten ist auf 1 500,00 DM pro Gast und Nacht beschränkt.

Keine Haftung ist vorgesehen bei

- nicht eingebrachten Sachen wie z. B. Kraftfahrzeuge und deren Inhalt,
- lebenden Tieren,
- Dingen, die der Gast an anderen als den üblichen Orten ablegt, z. B. Brieftasche in der Telefonzelle oder Toilette.

1. Strenge Schadenshaftung des Beherbergungswirts nach § 701 BGB

4.3 Spezielle Verträge im Gastgewerbe

Durch die Eröffnung eines gastgewerblichen Betriebes fordert der Wirt die Allgemeinheit auf eine Bestellung abzugeben. Diese Aufforderung ist rechtlich nicht bindend; somit ist der Wirt nicht verpflichtet jeden Gast zu bedienen. Gründe für die Zurückweisung können unter anderem die Überfüllung des Restaurants, das Fehlen freier Zimmer oder die Trunkenheit des Gastes sein. Wegen seiner Hautfarbe darf kein Gast zurückgewiesen werden.

Bewirtungsvertrag

Kommt es zur Bestellung und Bestellungsannahme, ist der Bewirtungsvertrag geschlossen. Der Wirt ist zur Lieferung in einer angemessenen Zeit und in einwandfreier Qualität verpflichtet. Bei mangelhafter Lieferung hat der Gast ein Recht auf Wandelung, Ersatzlieferung oder Minderung. Bei einwandfreier Lieferung muss der Gast die Speisen und Getränke annehmen und bezahlen.

Was der Gast nicht verzehrt oder nicht mitnimmt, gehört dem Wirt. Kassiert werden kann sofort nach der Lieferung oder vor dem Verlassen der Gaststätte. Bei Bewirtungsvertrag ist Stundung nicht üblich (Ausnahmen: Hotelgäste, Reisegesellschaften, bei Sonder- oder Festveranstaltungen, wenn eine Gesamtrechnung erstellt wird). Ist ein Gast gewillt zu zahlen, kann dies aber im Moment nicht, ist der Betrag zu stunden, wenn Name und Adresse bekannt sind. Es darf kein Pfand gegen den Willen des Gastes einbehalten werden. (Gegensatz zum Beherbergungswirt). Die Verjährungsfrist für Zechschulden beträgt zwei Jahre vom Jahresschluss an gerechnet.

Zechprellerei. Sie liegt vor, wenn der Gast sich vor der Zahlung seiner Schuld drückt oder dies versucht. Zechprellerei ist ein Betrugsdelikt. Die Absicht muss nachgewiesen werden. Wenn der Gast nicht zahlen kann oder will und Name und Adresse nicht bekannt sind, so ist es am besten die Polizei zu verständigen. In diesem Fall darf der Gast bis zum Eintreffen der Polizei festgehalten werden.

Schadenshaftung des Schankwirtes. Bei der Schadenshaftung des Wirtes gegenüber dem Gast ist zwischen Schankwirt und Beherbergungswirt (Bild 1) zu unterscheiden. Der Schankwirt haftet nur für eigenes Verschulden und für das Verschulden seines Personals. Die Pflicht zur Haftung besteht auch, wenn noch kein Vertrag zwischen Gast und Wirt zustande kam, zum Beispiel beim Betreten des Grundstücks, Gebäudes oder Gastraumes oder bei im Voraus angeliefertem Gepäck (vorvertragliche Haftung). Ein Verschulden liegt auch vor, wenn Einrichtungsgegenstände oder Geräte, die der Gast benutzt, nicht in Ordnung oder unfallträchtig sind.

Produkthaftung. Seit Anfang 1990 sieht das Produkthaftungsgesetz eine verschuldensunabhängige Gefährdungshaftung vor. Danach haftet der Endprodukthersteller (der Wirt) für die Schadensfolgen, auch wenn der Fehler im Grundstoff oder Teilprodukt liegt (*Beispiel:* Der Wirt haftet für die Gesundheitsschäden, die ein Gast durch vergiftete Soße erleidet, obwohl das Soßenpulver der Firma XY das Gift enthielt). Speisen und andere Zubereitungen von Nahrungsmitteln fallen unter den Begriff Produkt.

§ 704 des Bürgerlichen Gesetzbuches besagt, dass der Beherbergungswirt für Wohnung und andere dem Gast gewährten Leistungen ein Pfandrecht an den eingebrachten Sachen des Gastes hat.

Pfandrecht bei freiwilliger Herausgabe
- alle Gegenstände sind geeignet

Pfandrecht – Selbsthilferecht des Gastwirts
- Der Wirt darf nur bei Personen pfänden (gegen ihren Willen), mit denen ein Beherbergungsvertrag besteht.
- Für alle Forderungen aus Zimmervermietung, Speise- und Getränkeverzehr, Nebenleistungen (Garage- und Kopierkosten) und Auslagen (Telefongebühren, Waschen der Privatwäsche, Taxikosten usw.) sowie Beschädigungen, die der Gast verursacht hat, kann ein Pfand sichergestellt werden.

Pfändbare Sachen
Nur eingebrachte Sachen wie Schmuck und manche Kleidungsgegenstände sind pfändbar.
Nicht eingebracht sind z. B. Sachen, die im Auto des Gastes liegen oder der Koffer im Schließfach am Flughafen.

Nicht pfändbare Sachen
- Sachen, die dem Gast nicht gehören, z. B. ein geliehener Laptop,
- das Fahrzeug des Gastes,
- die zur Erwerbstätigkeit benötigten Dinge, z. B. Werkzeuge, Taschenrechner, Computer, Musterkoffer,
- persönliche Dinge wie Trauring oder Brille,
- Tiere bis zu einem Wert von 200,00 DM, wenn der Gast nicht mit Tieren handelt.

Werden unpfändbare Sachen ohne Einwilligung des Gastes gepfändet, so ist der Wirt schadenersatzpflichtig. Der Wert der gepfändeten Sachen muss zu der Höhe der Schuld in angemessenem Verhältnis stehen. Der Wirt ist verpflichtet die gepfändeten Sachen kostenlos und sorgfältig aufzubewahren, das Pfand gegen Bezahlung der Schuld auszuhändigen, die öffentliche Versteigerung mindestens einen Monat vorher mitzuteilen und den Überschuss aus der Versteigerung (erzielter Betrag abzüglich Schuld und Kosten) dem Gast zu geben.

2. Pfandrecht des Beherbergungswirtes

Beherbergungsvertrag

Der Beherbergungsvertrag kommt zustande, wenn ein Gast oder Reiseveranstalter das Angebot des Beherbergungswirtes annimmt oder der Wirt die Bestellung des Gastes annimmt.
Ein gültiger Vertrag muss erfüllt werden. Der Wirt muss das Zimmer, die Gemeinschaftsräume und die sanitären Anlagen bereitstellen und der Gast muss sie annehmen. Nimmt der Gast das Zimmer nicht an, so kann der Wirt den Zimmerpreis abzüglich der Einsparungen (Wäsche, Frühstück) in Rechnung stellen. Dies ist auch bei frühzeitiger Abbestellung möglich, wenn das Zimmer nicht mehr vermietet werden kann.

Gesetzliche Bestimmung zum Meldewesen für Beherbergungsgäste. Durch das Meldewesen soll die Fahndungstätigkeit der Polizei nach gesuchten Personen unterstützt werden. Die Meldepflicht des Beherbergungswirtes ist nach Landesrecht verschieden geregelt.
Einige Bundesländer verlangen die Ausfüllung des Meldescheines, andere nur die Führung eines Meldeverzeichnisses oder Fremdenbuches.
Bei der Ankunft werden vom Gast im Meldeschein Angaben zur eigenen Person und zum Partner eingetragen und durch Unterschrift bestätigt. Minderjährige Kinder werden nur der Zahl nach auf demselben Meldeschein vermerkt. Der Wirt hat den Ankunftstag einzutragen.
Bei Reisegesellschaften über zehn Personen werden die Reisenden auf dem Meldeschein des Reiseleiters zahlenmäßig mit Angabe ihrer Staatsangehörigkeit erfasst.
Sind dem Wirt die Personalien des Gastes bekannt, kann er den Meldeschein für den Gast ausfüllen und ihm zur Unterschrift vorlegen. Gäste, die das Ausfüllen oder Unterschreiben verweigern, hat der Wirt der Polizei zu melden. Gäste, die länger als zwei Monate bleiben, haben sich bei der Einwohnermeldebehörde selbst an- und abzumelden.
In manchen Bundesländern muss der Meldeschein innerhalb von 24 Stunden bei der Polizei eingegangen sein. Andere Bundesländer fordern nur die Aufbewahrung der laufend nummerierten Meldescheine und die Eintragung des Abreisetages. Sie sind der Polizei auf Anforderung vorzulegen. Die vorgeschriebene Aufbewahrungsfrist beträgt je nach Bundesland zwei bis vier Jahre.

1. Erklären Sie den Unterschied zwischen nichtigen und anfechtbaren Rechtsgeschäften.
2. Nennen Sie die Voraussetzungen für das Zustandekommen eines Kaufvertrags.
3. Erläutern Sie die Rechte des Käufers bei Kaufvertrags-Störungen
4. Welche Vorteile bietet das Franchising?
5. Nennen Sie Dienste, die geleast werden können.
6. Erklären Sie den Ausdruck „strenge Haftung des Beherbergungswirtes".
7. Worin unterscheidet sich das Pfandrecht des Schankwirts vom Pfandrecht des Beherbergungswirts?
8. Erläutern Sie den Sinn des Meldewesens.

Fundsachen – verloren oder liegen gelassen

Liegen gelassene Sachen
Häufig bleiben Gegenstände liegen, die dem Gast gehören. Liegen gelassene Sachen werden **entdeckt** (nicht gefunden). Beispiel: Das Zimmermädchen entdeckt im Hotelzimmer einen Geldschein.

Behandlung von liegen gelassenen Sachen
- Der Entdecker muss den Gegenstand dem Wirt übergeben (in größeren Häusern am Empfang abgeben).
- Der Wirt muss den Gast benachrichtigen.
- Der Wirt muss den Gegenstand sorgfältig und kostenlos aufbewahren, bis sich der Eigentümer meldet (nach sechs Monate wie Fundsache behandeln).
- Kein „Finderlohn", nur Ersatz der eventuell entstandenen Kosten (z. B. Porto, Telefongebühren).
- Wenn sich der Eigentümer der liegen gelassenen Sache innerhalb von sechs Monaten nicht meldet bzw. ermittelt werden kann, muss der Wirt den Fund bei der Polizei melden. Sechs Monate nach der Meldung wird der Wirt Eigentümer.

Verlorene Sachen
Als verloren gelten Gegenstände, wenn sie dem Eigentümer unfreiwillig „entfallen" und deshalb „herrenlos" irgendwo liegen. Beispiel: Ein Ohrring wird auf dem Fußboden der Toilette gefunden.

Behandlung von gefundenen Sachen
- Der Finder muss den Gegenstand dem Wirt übergeben bzw. am Empfang abgeben.
- Der Wirt muss den Verlierer benachrichtigen oder den Fund bei der Polizei (Fundbüro) anmelden (mit Angabe des Finders).
- Der Wirt muss die Sache angemessen aufbewahren.
- Der Wirt muss die Sache dem Eigentümer herausgeben.
- Der Finder hat Anspruch auf Finderlohn und Kostenersatz.
- Wenn sich der Verlierer innerhalb von sechs Monaten nach der Meldung bei der Polizei nicht meldet, wird der Finder Eigentümer der Sache.

Automatenaufstellverträge

Automatenaufstellverträge werden zum Beispiel für Zigaretten, Spiel-, Musik- oder Schuhputzautomaten abgeschlossen. Sie räumen der Aufstellungsfirma das Recht ein die Automaten in den Betriebsräumen aufzustellen. Der Wirt erhält dafür meist eine Umsatzbeteiligung.

Die Aufstellung mancher Verkaufsautomaten ist genehmigungspflichtig. Auskunft erteilt die Gemeindeverwaltung. Geldspielautomaten mit Gewinnmöglichkeit bedürfen einer Aufstellungserlaubnis durch die Polizeibehörde.

Bierlieferungsvertrag

Der Bierlieferungsvertrag ist im Gesetz nicht ausdrücklich geregelt. Er enthält Elemente des Kauf-, Miet-, Werk- und Dienstleistungsvertrags. Vom normalen Kaufvertrag unterscheidet er sich durch eine Klausel, die besagt, dass das Bier und oft auch andere Getränke über einen längeren Zeitraum ausschließlich von einer Brauerei zu beziehen sind, weil sie eine Möglichkeit der langfristigen Kreditfinanzierung bei relativ geringer Sicherheitsleistungen darstellen.
Bierlieferungsverträge sind nur in schriftlicher Form gültig. Sie werden von vielen gastgewerblichen Betrieben eingegangen.

Vertragsgründe sind meist ein günstiges, langfristiges Darlehen und/oder die Beschaffung der Betriebseinrichtung, auch ohne weitere Sicherheiten. Die Rückzahlung des Kredites erfolgt über einen Zuschlag zum Biereinkaufspreis, zum Beispiel 8,00 DM pro Hektoliter.

Beendigung des Vertrages. Der Bierlieferungsvertrag endet nicht mit der Darlehensrückzahlung, sondern erst mit dem Ablauf des vertraglich festgelegten Zeitpunkts. Eine ordentliche Kündigung ist mit einer Frist von sechs Monaten möglich, wenn die Zinsen mehr als sechs Prozent betragen. Dieses Kündigungsrecht kann nicht durch Vertrag ausgeschlossen werden.

Unzulässige Wettbewerbsbeschränkungen. Für alle Bierlieferungsverträge (auch früher abgeschlossene) gilt seit dem 1. Januar 1989 EU-Recht. Danach sind wettbewerbsbeschränkende Bezugspflichten unzulässig. Nach höchstrichterlicher Rechtssprechung verstößt ein Vertrag nicht gegen die guten Sitten, wenn
- ein angemessenes Verhältnis zwischen Leistung und Gegenleistung besteht,
- die Einzelbedingungen akzeptabel sind,
- der Fremdbezug von ca. 15 % des Bierumsatzes möglich ist.

Die Höchstlaufzeit der Bierlieferungsverträge ist auf zehn Jahre begrenzt (fünf Jahre, wenn auch andere Getränke Vertragsbestandteil sind); Ausnahmen: Verträge, die vor dem 1. Januar 1984 abgeschlossen wurden oder wenn die Brauerei auch Verpächterin ist.

1. Welche Automaten bedürfen einer Aufstellungserlaubnis?
2. Nennen Sie Inhalt, maximale Dauer und Regelungen bei der Kündigung von Bierlieferungsverträgen.
3. Warum werden Bierlieferungsverträge abgeschlossen?

Mitteilung an die GEMA MK Gesch. Z.:
Tel.:
1. Veranstalter: (Name und Anschrift, bei Vereinen Vereinsname sowie Name und Adresse des Vorsitzenden)
2. Mitglied der Gesamtvertrags-Organisation:
3. Veranstaltungstag **): (Jahr, Monat, Tag) von bis Uhr
4. Veranstaltungsort und -raum:
5. Musik erfolgt durch *) ☐ Musiker-Zahl: ☐ Schallplatten ☐ Tonband ☐ Film
☐ Radio ☐ Fernsehen ☐ Sänger-Zahl: ☐ Musikbox ☐ Videoband
☐ Kassetten ☐ ohne*) ☐ mit *) Selbstaufnahmen
6. Art der Veranstaltung: (z. B. Tanz, Unterhaltungsmusik, geselliges Vergnügen, Bunter Abend, Konzert, Platzkonzert usw.)
7. Größe des Veranstaltungsraumes (Saal, Zelt, usw.) im qm: (von Wand zu Wand gemessen)
8. Zahl der Sitzplätze im Freien:
9. ☐ Kein Eintrittsgeld/Entgelt *)
☐ Eintrittsgeld / Unkostenbeitrag / Programmpreis / sonstiges Entgelt / Spendenrichtsatz
– jeweils Höchstbetrag (Vorverkauf oder Abendkasse) – DM
☐ mit ☐ ohne Verzehranteil *) ☐ mit ☐ ohne Werbung
10. Die Rechnung soll erhalten (Name und Anschrift): Tel.:
11. Mitveranstalter: Tel.:
12. Die umstehenden Bedingungen der GEMA werden anerkannt.
Datum: Unterschrift: (Vor- und Zuname, Funktion beim Veranstalter)
*) Zutreffendes bitte ankreuzen **) Bitte für jeden Veranstaltungstag gesonderte Karte oder Festfragebogen ausfüllen.

1. Vordruck für GEMA-Mitteilung

5 Der Wirt als Veranstalter

Die Erlaubnis zu öffentlichen Tanzveranstaltungen (nur in einigen Bundesländern) und Schaustellung von Personen ist je nach Bundesland beim Landratsamt, Ordnungsamt oder der örtlichen Polizeibehörde einzuholen. Die Erlaubnis ist gebührenpflichtig.

5.1 GEMA/Schutz der Urheberrechte

Zum Schutz der Urheberrechte wurden Gesellschaften gegründet, die für die geschützten Rechte beim Nutzer Gebühren erheben und an die Beteiligten weiterleiten:

GEMA – Gesellschaft für musikalische Aufführungs- und mechanische Vervielfältigungsrechte
GLV – Gesellschaft zur Verwertung von Leistungsschutzrechten
VG-Wort – Verwertungsgesellschaft Wort

An die GEMA sind bei entsprechenden Veranstaltungen neben den GEMA-Gebühren die Gebühren für die anderen Verwertungsgesellschaften abzuführen. Sie betragen jeweils 20 % der GEMA-Gebühren. Die Höhe der Gebühren ist je nach Veranstaltungsort und -umfang tariflich geregelt und im Bundesanzeiger veröffentlicht.
Der Wirt muss vor der Veranstaltung die Genehmigung zur Wiedergabe urheberrechtlich geschützter Werke einholen und danach eine Liste der genutzten Werke abgeben.
Die GEMA nimmt die Interessen der Berechtigten (z. B. Komponisten, Textdichter) wahr. Sie ist verpflichtet jedermann auf Verlangen die Nutzungsrechte zu angemessenen Bedingungen einzuräumen.

5.2 Glücksspiele

Nach § 284 Strafgesetzbuch wird mit Geldstrafe oder Gefängnis bis zu zwei Jahren bestraft, wer „öffentlich, ohne Erlaubnis" Glücksspiele veranstaltet. Erlaubt ist das Spielen ohne Einsatz oder um einen geringen Geldwert.
Glücksspiele sind z. B. Kartenglücksspiele wie Poker, Würfelspiele oder Lotteriespiele. Ihr Verbot bezieht sich sich nicht nur auf die Veranstaltung, sondern auch auf die Bereitstellung von Spielgeräten (Karten, Würfel), auf das Dulden und auf die Teilnahme.
Für Lotteriespiele muss eine Genehmigung der zuständigen Behörde eingeholt und eine Lotteriesteuer entrichtet werden.
Geschicklichkeitsspiele wie Skat, Doppelkopf bedürfen keiner Erlaubnis, wenn keine hohen Eintrittsgelder oder Sachgewinne gefordert bzw. ausgespielt werden.
Roulette, Bakkarat oder Black Jack und ähnliche Glücksspiele sind nur in Betrieben mit Ausnahmegenehmigung gestattet (Spielbanken). Auch wer gewerbsmäßig genehmigte mechanische Spielgeräte aufstellt, bei denen eine Gewinnausschüttung möglich ist, benötigt eine Genehmigung der Ortspolizeibehörde. Die Einnahmen der Aufsteller sind steuerpflichtig. Der Wirt, der solche Spielgeräte in seinem Lokal aufstellt, darf das Spielen an diesem Geräten nur Erwachsenen gestatten.

1. Welche Anmeldungen sind vor einer Tanzveranstaltung abzugeben?
2. Nennen Sie zwei Bereiche, auf die sich das Glücksspielverbot bezieht.

Zugabeverbot § 1: Es ist verboten im geschäftlichen Verkehr neben einer Ware oder einer Leistung eine Zugabe anzubieten.

Ausnahmen: (Beispiele)
- Reklamegegenstände von geringem Wert (Kalender)
- wenn die Zugabe in einem bestimmten oder auf bestimmte Art zu berechnenden Geldbetrag besteht
- wenn die Zugabe zu Waren in einer bestimmten oder auf bestimmte Art zu berechnende Menge der gleichen Ware besteht
- wenn die Zugabe nur in handelsüblichem Zubehör zur Ware oder in handelsüblichen Nebenleistungen besteht
- bei Zeitschriften mit belehrendem oder unterhaltendem Inhalt (Kundenzeitschrift)
- bei Auskünften oder Ratschlägen

Beispiel für verbotene Zugabe: Beim Kauf eines Hauptgerichts eine kostenlose Übernachtung anzubieten.

1. **Zugabeverordnung**

Nach dem Rabattgesetz dürfen Preisnachlässe (Rabatte) nur auf Waren bzw. Leistungen des täglichen Bedarfs im Einzelverkauf an den letzten Verbraucher zum Zwecke des Wettbewerbs angekündigt oder gewährt werden.

1. Nachlässe von den Preisen, die der Unternehmer allgemein fordert (Normalpreis)
   - Barzahlungsnachlässe (max. 3 %)
   - Mengennachlässe (bei Abnahme größerer Mengen) als Preisnachlässe oder als Warengewährung (Mehrlieferung der Ware)
2. Sonderpreise/Sondernachlässe für:
   - Personen, die die Ware in ihrer beruflichen oder gewerblichen Tätigkeit verwerten (Wiederverkäufer)
   - Personen, die große Mengen abnehmen (Großverbraucher)
   - Betriebsangehörige und ihre Familien (Eigenbedarf)
3. Treuerabatt
   Ist bei Markenware zulässig, indem Gutscheine beigepackt und gegen einen Barbetrag eingelöst werden.

2. **Gesetz über Preisnachlässe (Rabattgesetz)**

5.3 Preisauszeichnung

Die Position des Verbrauchers soll durch die Möglichkeit des Preisvergleichs gestärkt werden. Grundlage hierzu ist die Preisauszeichnung, die der Preisklarheit und der Preiswahrheit gegenüber Gästen und Kunden dient.
Zur Preisangabe ist jeder verpflichtet, der Waren oder Leistungen gegenüber Letztverbrauchern anbietet oder hierfür wirbt. Anzugeben sind jeweils die gültigen Endpreise einschließlich Bedienung, sonstiger Bestandteile (z. B. Konzertzuschlag) und gesetzlicher Umsatzsteuer (Mehrwertsteuer).
Das Speisen- und Getränkeangebot eines Betriebes ist in die Speise- und Getränkekarte aufzunehmen. Diese müssen als Preisverzeichnisse entweder in ausreichender Zahl auf den Tischen aufliegen oder jedem Gast vor Entgegennahme der Bestellung ausgehändigt werden. Auf sein Verlangen sind sie auch bei der Abrechnung vorzulegen. Außerdem müssen Gaststättenbetriebe neben dem Eingang zur Gaststätte ein Preisverzeichnis anbringen, aus dem die Preise für wesentliche Getränke und für Gedecke und Tagesgerichte ersichtlich sind.
Selbstbedienungsgaststätten, Erfrischungshallen, Kioske und Bierzelte müssen umfassende Preisverzeichnisse so anbringen, dass die Gäste sich leicht informieren können.
In jedem zur Beherbergung dienenden Zimmer ist gut wahrnehmbar angeordnet (nicht im Schrank!) ein Preisverzeichnis anzubringen, aus dem Zimmerpreis und sonstige Leistungen (Frühstück, Halbpension, Telefongebühr) ersichtlich sind.

5.4 Unlauterer Wettbewerb

Als unlauteren Wettbewerb bezeichnet man ein Verhalten im Wirtschaftsverkehr, durch das mit unzulässigen Mitteln versucht wird sich einen ungerechtfertigten Vorsprung vor den Konkurrenten zu verschaffen. Deshalb ist er gesetzlich verboten. Alle Werbemaßnahmen und Wettbewerbsmaßnahmen, die gegen gute Sitten verstoßen, sind unlauter.
- Gästefang durch Verlockung, z. B. unwahre und unbeweisbare Behauptungen wie „bestes Haus der Stadt" und ähnliche Renommierangaben.
- Irreführung des Gastes durch Warenunterscheidung, z. B. falsche Warenbezeichnung (Riesling-Silvaner statt Müller-Thurgau), falsche Herkunftsbezeichnung (Helgoländer Hummer statt Hummer aus dem Mittelmeer), falsche Qualitätsbezeichnung (Kraftbrühe statt Fleischbrühe oder Fruchtsaft statt Fruchtsaftgetränk).
- Ausbeutung fremder Leistung, z. B. durch Bestechung von Beschäftigten der Konkurrenz mit Schmiergeldern um Geschäftsgeheimnisse zu erkunden.
- Marktstörungen durch systematische Preisunterbietung um die Mitkonkurrenten zu schädigen.
- Anschwärzen von Konkurrenten, z. B. Schädigung des Ansehens durch üble Nachrede über Geschäft, Inhaber und Beschäftigte.

Gegen unlauteren Wettbewerb können Betroffene (eventuell auch Wirtschafts- und Verbraucherverbände) auf Unterlassung klagen. Schuldhafte Verstöße sind strafbar und können zu Schadenersatzansprüchen führen.

Jugendschutzgesetz

Durch die Einhaltung dieser Bestimmungen sollen Kinder und Jugendliche vor sittlichen und gesundheitlichen Gefahren (durch Alkohol und Nikotin) und vor Verwahrlosung geschützt werden. Zur Feststellung des Alters kann sich der Wirt den Ausweis vorlegen lassen.
Das Jugendschutzgesetz gilt nicht für verheiratete Jugendliche.

Der Wirt ist verpflichtet
- ein Exemplar des Gesetzestextes in den Gasträumen in deutlich erkennbarer Form auszuhängen und
- für die Einhaltung der Bestimmungen zu sorgen. In Zweifelsfällen muss der Wirt das Alter der Gäste überprüfen. Verstöße gegen das Jugendschutzgesetz können mit hohen Geldbußen geahndet werden.

Der Aufenthalt in Gaststätten ist Kindern und Jugendlichen bis 16 Jahren nur gestattet, wenn sie ein Erziehungsberechtigter begleitet.

Erziehungsberechtigt im Sinne dieses Gesetzes ist
- jede Person, der allein oder mit einer anderen Person nach den Vorschriften des Bürgerlichen Gesetzbuches die Personensorge zusteht (Eltern, Vormund);
- jede sonstige Person über 18 Jahre, soweit sie aufgrund einer Vereinbarung mit dem Personensorgeberechtigten Aufgaben der Personensorge wahrnimmt oder soweit sie das Kind oder den Jugendlichen im Rahmen der Ausbildung betreut (Lehrer und Ausbilder).

Geschützte Altersgruppen ▶	Kinder bis 14 Jahre		Jugendliche ab 14 bis 16 Jahre		Jugendliche ab 16 bis 18 Jahre	
Gefährdungsbereiche ▼	ohne Begleitung eines Erziehungsberechtigten	in Begleitung eines Erziehungsberechtigten	ohne Begleitung eines Erziehungsberechtigten	in Begleitung eines Erziehungsberechtigten	ohne Begleitung eines Erziehungsberechtigten	in Begleitung eines Erziehungsberechtigten
Aufenthalt in Gaststätten (zur Einnahme einer Mahlzeit oder eines Getränkes)	nicht erlaubt	erlaubt	nicht erlaubt	erlaubt	erlaubt bis 24:00	erlaubt
Aufenthalt in Nachtbars und Nachtclubs	nicht erlaubt	nicht erlaubt	nicht erlaubt	nicht erlaubt	nicht erlaubt	nicht erlaubt
Abgabe und Verzehr branntweinhaltiger Getränke oder überwiegend branntweinhaltiger Lebensmittel	nicht erlaubt	nicht erlaubt	nicht erlaubt	nicht erlaubt	nicht erlaubt	nicht erlaubt
Abgabe und Verzehr anderer alkoholischer Getränke z. B. Bier, Wein	nicht erlaubt	nicht erlaubt	nicht erlaubt	in Begleitung eines Personensorgeberechtigten	erlaubt	erlaubt
Anwesenheit bei öffentlichen Tanzveranstaltungen z. B. Disko	nicht erlaubt	erlaubt	nicht erlaubt	erlaubt	erlaubt bis 24:00	erlaubt
Tanzveranstaltungen anerkannter Träger der Jugendhilfe	erlaubt bis 22:00	erlaubt	erlaubt bis 24:00	erlaubt	erlaubt bis 24:00	erlaubt
Besuch öffentlicher Filmveranstaltungen soweit jeweils freigegeben:	erlaubt ab 6 Jahren: bis 20:00	erlaubt	erlaubt bis 22:00	erlaubt	erlaubt bis 24:00	erlaubt
Rauchen in der Öffentlichkeit	nicht erlaubt	nicht erlaubt	nicht erlaubt	nicht erlaubt	erlaubt	erlaubt

Legende: nicht erlaubt · erlaubt · in Begleitung eines Personensorgeberechtigten (§ 4 Abs. 2)

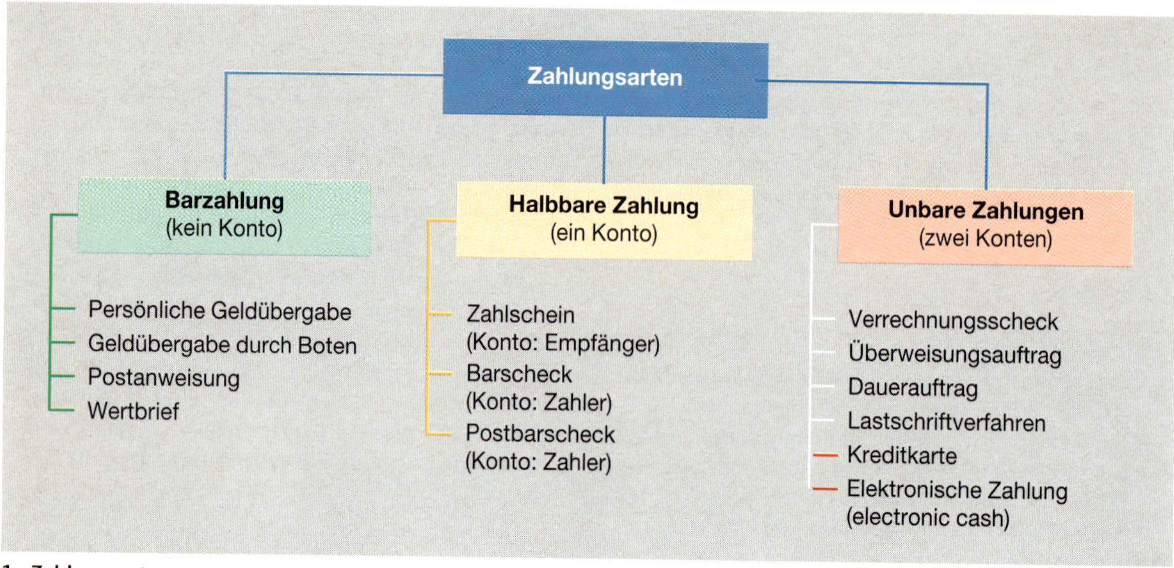

1. Zahlungsarten

6 Zahlungsverkehr

Zur Erfüllung des Kaufvertrages und ähnlicher Verträge muss der Leistungsempfänger (Schuldner) beim Leistungsersteller (Gläubiger) den vereinbarten Betrag bezahlen. Dies kann sofort nach Empfang der Leistung oder nach einer vereinbarten Zeit, in einer Summe oder in Teilbeträgen (Raten) geschehen.

Barzahlung

- **unmittelbare Barzahlung:** Der Zahler kann eine Quittung verlangen. Die Quittung sollte 6 Punkte enthalten:
  - Rechnungsbetrag,
  - Name des Zahlers,
  - Angabe der Ware oder der Dienstleistung, für die bezahlt wurde,
  - eigentliche Quittung: „bescheinigt, erhalten zu haben" oder Ähnliches,
  - Ort und Tag der Zahlung,
  - Unterschrift des Empfängers.
- **mittelbare Barzahlung:** Das Geld wird mit einem Wertbrief (Höchstbetrag 100 000,00 DM) übermittelt.

Halbbare Zahlung

- Bareinzahlung des Zahlers und Gutschrift auf dem Empfängerkonto mit Zahlschein (bei einem Kreditinstitut) oder mit Zahlkarte (beim Postscheckkonto),
- Abbuchung vom Konto des Zahlers und Barauszahlung an den Empfänger,
- mit Barscheck: Der auf Vorlage des Schecks ausgezahlte Betrag wird vom Konto des Zahlers abgebucht. Der Scheck ist nur eine Zahlungsanweisung. Das Geldinstitut ist nicht verpflichtet den Betrag auszuzahlen. (Ausnahme: Euroscheck mit Scheckkarte. Durch die Ausgabe verpflichtet sich das Geldinstitut jeden Scheck bis zu einem bestimmten Höchstbetrag einzulösen).
- mit Reiseschecks (Traveller cheques): Sie werden von Kreditinstituten gekauft und in Beträgen von z. B. 50, 100 oder 500 DM oder in ausländischer Währung ausgestellt. Jeder Scheck muss zweimal unterschrieben werden. Die erste Unterschrift wird beim Kauf im Kreditinstitut geleistet, die zweite bei der Zahlung unter den Augen des Empfängers. Im Zweifel ist die Unterschrift der Reisepapiere zum Vergleich heranzuziehen. Reiseschecks sind zeitlich unbegrenzt gültig.

Unbare Zahlung

Für die Abwicklung des unbaren Zahlungsverkehrs fallen meist Gebühren an.

- **Verrechnungsscheck:** Der Scheck trägt den Vermerk „Nur zur Verrechnung". Die Geldinstitute dürfen in diesem Fall den Betrag nicht bar auszahlen, sondern nur dem Konto des Empfängers gutschreiben.
- **Überweisung:** Bei der Überweisung erfolgt die Zahlung durch die Umbuchung des Betrages vom Konto des Zahlers auf das Konto des Empfängers.
- **Dauerauftrag:** Das Geldinstitut übernimmt im Auftrag des Zahlers regelmäßig wiederkehrende, in der Höhe des Betrages gleichbleibende Zahlungen an den Empfänger (z.B. Versicherungsprämien, Miete).
- **Lastschrift-Einzugsverkehr:**
  - Einzugsermächtigung: Der Zahler ermächtigt den Empfänger den jeweiligen (wechselnden) Betrag von seinem Konto einzuziehen.

Das Geldinstitut hebt die Belastung wieder auf, wenn der Zahler bei Erhalt der Lastschrift widerspricht.
- Dauerabbuchungsauftrag: Der Zahler beauftragt sein Geldinstitut den von der Bank des Empfängers geforderten Betrag von seinem Konto abzubuchen. Ein nachträglicher Widerspruch führt nicht zur Aufhebung der Lastschrift (Unterschied zum Dauerauftrag: Zahlungstermin und Höhe des Betrages sind nicht festgelegt).
- mit Scheckkarte bzw. Kreditkarte
- elektronische Zahlungsweise

Wechsel

Der Wechsel ist eine Zahlungsaufforderung des Gläubigers an den Schuldner. Wenn die gesetzlichen Bestimmungen im Wechselverkehr beachtet werden, ist der Wechsel ein sehr sicheres Zahlungsmittel, da im Falle des „Platzens“ eines Wechsels (Nichteinlösung) der Wechselprozess sehr rasch abgewickelt wird. Man unterscheidet
- Tageswechsel, der an einem bestimmten (eingetragenen) Datum fällig ist,
- Sichtwechsel, der bei „Sicht“ (Vorlage) fällig ist,
- Zeit-Sichtwechsel, der eine bestimmte Zeit nach der Vorlage fällig ist, z. B. 30 Tage nach Sicht.

Der Wechsel ist demnach Zahlungsmittel und Kreditmittel. Wer einen Wechsel ausstellt oder annimmt, sollte sich zuvor ausführliche über den Wechselverkehr informieren.

Argentinien	1 Pesos	ARS	= 100 Centavos
Australien	1 Dollar	AUD	= 100 Cents
Belgien	1 France	BEF	= 100 Centimes
Brasilien	1 Real	BRL	= 100 Centavos
Bulgarien	1 Lev	BGL	= 100 Stótinki
China	1 Yuan	CNY	= 100 Fen
Dänemark	1 Krone	DKK	= 100 Öre
Frankreich	1 France	FRF	= 100 Centimes
Großbritannien	1 Pfund	GBP	= 100 Pence
Israel	1 Schekel	ILS	= 100 Agorot
Italien	1 Lira	ITL	= 100 Centisimi
Japan	1 Yen	JPY	= 100 Sen
Kanada	1 Dollar	can$	= 100 Cents
Niederlande	1 Gulden	NLG	= 100 Cents
Norwegen	1 Krone	NOK	= 100 Öre
Österreich	1 Schilling	ATS	= 100 Groschen
Russland	1 Rubel	RUR	= 100 Kopeken
Schweden	1 Krone	SEK	= 100 Öre
Schweiz	1 Franken	CHF	= 100 Rappen
Spanien	1 Peseta	ESB	= 100 Centimas
Tschechien	1 Krone	CZK	= 100 Hellers
Türkei	1 Lira	TRL	= 100 Kurus
USA	1 Dollar	US-$	= 100 Cents

2. **Internationale Währungen**

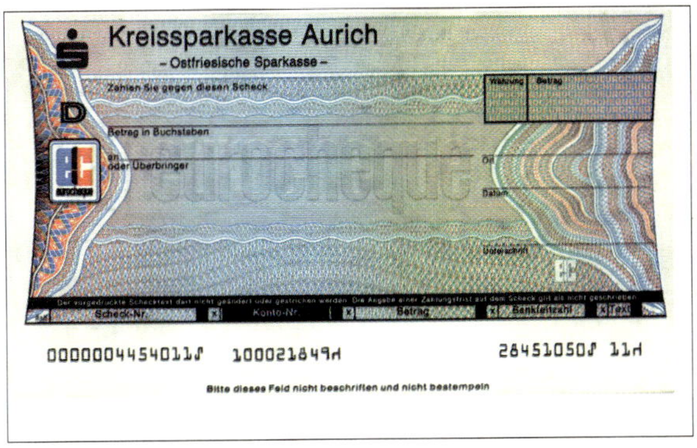

3. **Euroscheck**

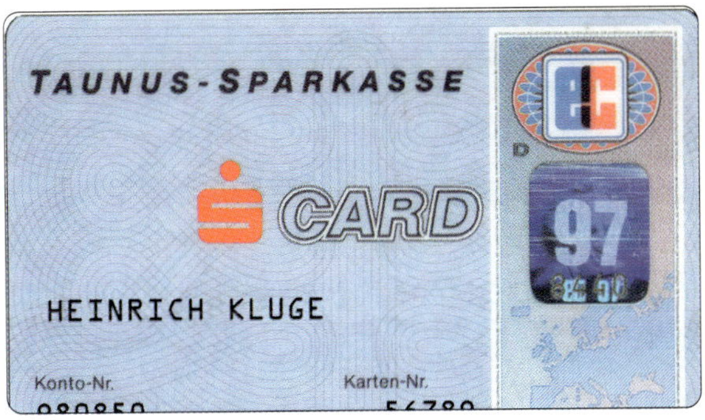

4. **Euroscheck-Karte**

5. **Reisescheck**

6. **Kreditkarte**

Industrie- und Handelskammern	Vorbereitungskurse und Abnahme von Prüfungen
Vereinigung der Hotelmeister	Lehrveranstaltungen mit spezifischer Themenstellung
Vereinigung der Hotelportiers	Lehrveranstaltungen mit spezifischer Themenstellung
Verband der Serviermeister und Restaurantkräfte	Lehrveranstaltungen mit spezifischer Themenstellung (z. B. Mix-, Flambier- und Tranchierkurse)
Verband der Köche und seine Zweigvereine	Vorbereitungskurse zum diätisch geschulten Koch Kurse und Vorträge mit spezieller und aktueller Themenstellung
Deutsche Barkeeper-Union	Fortbildung zum Barmeister
Hotelfachschulen	Vorbereitung auf Meisterprüfungen Studiengänge zum Betriebswirt im Hotel- und Gaststättengewerbe
Volkshochschulen	z. B. Koch-, Mix-, Flambier- und Servierkurse
Fernlehrinstitute	Vorbereitungskurse auf Gehilfen-, Meister- und Ausbilder-eignungsprüfung Kurse mit betriebswirtschaftlichen Themen, Sprachkurse

1. Beispiele für berufliche Fort- und Weiterbildung

7 Fort- und Weiterbildung

Besonders im Gastgewerbe mit Betrieben sehr unterschiedlicher Art und Größe, verschiedenem Gästekreis und Angebot ist stetiges Lernen erforderlich. Der sich wandelnde Publikumsgeschmack und das steigende Qualitäts- und Preisbewusstsein der Gäste verlangen die Weiterbildung aller Fachkräfte.

Durch den Einzug der elektronischen Datenverarbeitung (EDV) im Büro und Empfang verändern sich die Arbeitsplätze der dort Beschäftigten. Hier ist ein hohes Maß an Bereitschaft nötig sich völlig neuartiges Wissen anzueignen. Deshalb müssen sich Fachkräfte regelmäßig weiterbilden. Beruflicher Aufstieg in Führungspositionen setzt u. a. betriebswirtschaftliche Kenntnisse voraus, die durch Meisterkurse oder in dem Studium der Betriebswirtschaft, z. B. an einer Hotelfachschule, vermittelt werden (Abschluss: staatlich geprüfter Hotelbetriebswirt).

Im Umgang mit ausländischen Gästen sind Fremdsprachenkenntnisse erforderlich. Viele Institutionen bieten Sprachkurse, auch speziell auf die Situation im Gastgewerbe zugeschnittene, an.
Um für die Ausbildung von Auszubildenden verantwortlich zeichnen zu können muss die Ausbildereignungsprüfung nach der Ausbildereignungs-Verordnung (AEVO) abgelegt werden. Auch auf diese Prüfung kann man sich im Fernkurs vorbereiten.
Fachbücher und -zeitschriften, Fachgespräche mit Kollegen und Vorgesetzten haben hohen Informations- und Bildungswert. Besonders intensiv ist die Fortbildung durch Kurse.

8 Interessenvertretungen

Für die Vertretung ihrer Interessen gegenüber Dritten und zur Förderung ihrer Mitglieder und des Berufsstandes haben sich Wirte und Beschäftigte zusammengeschlossen.

8.1 Vertretung der wirtschaftlichen Interessen

Deutscher Hotel- und Gaststättenverband (DEHOGA). Der DEHOGA ist der Zusammenschluss gastgewerblicher Betriebe. Die Mitgliedschaft ist freiwillig und nur über einen der Landesverbände möglich. Die Aufgabe der DEHOGA umfasst die Interessenvertretung seiner Mitglieder in wirtschaftlicher, steuerlicher, tarifpolitischer und sozialpolitischer Hinsicht und die Repräsentation des Gastgewerbes.
Zu seinen Aufgaben gehören:
- Vertretung des Gewerbes gegenüber anderen Wirtschaftsverbänden und Behörden,
- Öffentlichkeitsarbeit (Public Relations),
- Dokumentations- und Forschungsarbeit,
- Mitwirkung bei Fragen der Berufsausbildung.

Als Arbeitgeberorganisation führt er die Tarifverhandlungen mit der Gewerkschaft Nahrung-Genuss-Gaststätten.

Internationale Hotel-Association (IHA). Die IHA mit Sitz in Paris hat sich aus einem Zusammenschluss der nationalen Hotelorganisationen einzelner Länder gebildet.

Gewerkschaft Nahrung-Genuss-Gaststätten (NGG). Die Interessen der Arbeitnehmer im Gastgewerbe werden durch die Gewerkschaft NGG vertreten. Die Mitgliedschaft ist freiwillig.

2. **Embleme der Verbände (DEHOGA, IHA, NGG)**

Im Vordergrund ihrer Tätigkeit steht die tarif- und sozialpolitische Interessenvertretung ihrer Mitglieder. Dazu zählen Fragen des Lohnes, der Arbeitszeit, der Arbeitsbedingungen und des Urlaubs.

Industrie- und Handelskammern (IHK). Die IHKs sind Selbstverwaltungsorganisationen in Form von Körperschaften des öffentlichen Rechts. Mitglieder sind die im Kammerbezirk tätigen Gewerbetreibenden, ohne das Handwerk.

Ihre Aufgaben sind unter anderem:

- Wahrnehmung der Gesamtinteressen des Gewerbetreibenden,
- Förderung der gewerblichen Wirtschaft,
- Unterstützung und Beratung der Behörden durch Vorschläge, Gutachten und Berichte,
- Mitwirkung an der Berufsausbildung und Ausstellung der Gehilfen- und Meisterbriefe.

8.2 Berufsständige Organisationen

Es handelt sich um Organisationen, in denen Arbeitgeber und Arbeitnehmer eines gastgewerblichen Berufes vertreten sind, z. B. Verband der Serviermeister und Restaurantfachkräfte, Barkeeper-Union und Sommelier-Union (Weinkellner-Union), Vereinigung der Hotelmeister bzw. Hotelportiers, Verband der Köche Deutschlands.

In solchen Organisationen werden Erfahrungen ausgetauscht, Wettbewerbe veranstaltet und Gelegenheit zur Weiterbildung geboten.

Wissen Sie Bescheid?

1. Welche Pflichten hat der Wirt als Veranstalter von Tanzveranstaltungen?
2. Worauf bezieht sich das Verbot von Glücksspielen?
3. Zählen Sie sechs Ausnahmen vom Zugabeverbot auf.
4. Erklären Sie den Unterschied zwischen Rabatt und Zugabe.
5. Nennen Sie 3 Beispiele für die Auswirkung der Preisangabe-Verordnung im Gastgewerbe.
6. Welche Regelung wurde missachtet, wenn ein Weinbrand als Cognac angeboten wird?
7. Erklären Sie die Begriffe Barzahlung, halbbare Zahlung und unbare Zahlung. Geben Sie die jeweiligen Vorteile und Nachteile an.
8. Nennen Sie die Vorzüge von Reiseschecks für den Zahler und den Empfänger.
9. Erläutern Sie die Rechtsstellung und die Aufgaben der Industrie- und Handelskammern. Welche Rolle spielen sie bei der Berufsausbildung?
10. Welche Funktionen haben Arbeitgeberverbände und Gewerkschaften?
11. Welche berufsständischen Organisationen könnten Sie in Ihrem beruflichen Werdegang unterstützen?
12. Erstellen Sie einen Plan mit sinnvollen Fort- und Weiterbildungsmaßnahmen, die Sie Ihrem Berufsziel näher bringen.

Fachausdrücke

A

à minute *(à la minute)*	auf Bestellung zubereitet oder hergerichtet
à part *(à part)*	in einem separaten Gefäß angerichtet
annoncieren *(annoncer)*	ausrufen von Bestellungen in der Küche
der Apéritif *(l'apéritif, m.)*	Getränk vor dem Essen zur Appetitanregung
der Aspik *(l'aspik, m.)*	durch Kollagen (Gelatine) gesulzte Flüssigkeit, bei Süßspeisen Gelee genannt
au four	im Ofen oder Salamander überbacken

B

der Baba *(le baba)*	Napfkuchen aus Hefeteig mit Rosinen und Korinthen
das Bain-marie *(le bain-marie)*	Wasserbad zum Warmhalten von Speisen
das Baiser *(la meringue)*	Gebäck aus gezuckertem Eischnee (Halbkugelform)
bardieren *(barder)*	in dünne Speckscheiben einhüllen zum Schutz vor starker Brathitze
das Barquette *(la barquette)*	(salzige) Mürbeteigschiffchen mit Füllung, als warme oder kalte Vorspeise
das Beignet *(le beignet)*	mit Backteig umhüllte und fritierte Früchte
die Beurre manié *(le beurre manié)*	gleiche Teile Butter und Mehl vermischen (Mehlbutter), zum Binden kleiner Flüssigkeitsmengen
blanchieren *(blanchir)*	abbrühen/abwällen in kochendem Wasser oder in heißem Fett
das Blankett *(la blanquette)*	in Flüssigkeit gekochte Würfel von weißem Fleisch, in legierter Soße angerichtet
die Bombage *(le bombage)*	verdorbene Konserve; Deckel und Boden sind nach außen gewölbt
die Boucherie *(la boucherie)*	Fleischerei; Stelle, an der Fleisch vorbereitet wird
die Bouillon *(le bouillon)*	Fleischbrühe
das Bouquet garni *(le bouquet garni)*	Kräuter und /oder Gemüse, zu einem Bündel gebunden (Würzmittel für Brühen)
braisieren *(braiser)*	schmoren
die Braisiere *(la braisière)*	Schmorpfanne mit Deckel
bridieren *(brider)*	mit einem Faden binden, damit eine bestimmte Form erhalten oder erreicht wird
die Brunoise	kleinwürfelig geschnittenes Gemüse
die Bordüre *(la bordure)*	Rand, zum Beispiel aus Kartoffelpüree oder Reis

C

das Canapé *(le canapé)*	kleine, mundgerechte, eventuell geröstete Weißbrotschnitten mit pikantem Belag; auch andere Brotsorten möglich
die Charlotte, russische *(le charlotte)*	Süßspeise aus bayerischer Krem, mit Löffelbiskuit oder Scheiben von Biskuitrollen eingehüllt
der Chaudeau *(le chaudeau)*	süßer Weinschaum
die Chaud-froid-Sauce *(le chaud-Froid)*	in kaltem Zustand gelierende Soße aus Velouté, Sahne und Aspik zum Überziehen von kalten Speisen
chemisieren *(chemiser)*	Formen auskleiden, zum Beispiel Aspik, Gelees, Massen, Eis
das Chinois *(le chinois)*	feinmaschiges Spitzsieb
die Cloche *(la cloche)*	Metallglocke zum Zudecken von Platten und Tellern beim Servieren
der Cocktail *(le cocktail)*	Mischgetränk oder im Glas servierte kalte, pikante Vorspeise
die Cocotte *(la cocotte)*	feuerfestes Geschirrporzellan, zum Garen und Anrichten von Speisen
das concassé	grob zerkleinert oder in kleine Würfel geschnitten, zum Beispiel Pfeffer, Tomaten
die Consommé *(le consommé)*	geklärte Brühe/Kraftbrühe
das Contrefilet *(le contrefilet)*	flaches Roastbeef
die Couleur *(la couleur)*	Zuckerfarbe, schwarz-braun; nicht kennzeichnungspflichtig
der Coup *(la coupe)*	Schale, Becher bzw. in Schale angerichtete Eisspeise
die Crème fraîche *(la crème fraîche)*	milder Sauerrahm mit 30 % bis 40 % Fettgehalt
die Crêpe *(la crêpe)*	dünne Eierpfannkuchen, als Süßspeise in vielen Geschmacksrichtungen zubereitet
der Croûton *(le croûton)*	geröstete Weißbrotschnitte, in Würfeln oder in anderen Formen

D	degorgieren *(dégorger)*	wässern um unerwünschte Stoffe zu entfernen, zum Beispiel Blut aus Bries oder Hirn; enthefen bei Champagner
	degraissieren *(dégraisser)*	entfetten bzw. abschäumen von Brühen, Suppen und Soßen
	dekantieren *(décanter)*	Trennung einer Flüssigkeit vom Bodensatz durch vorsichtiges Abschütten, zum Beispiel Rotwein
	das Depot *(la lie)*	Satz bei alten Weinen, wird beim Dekantieren abgetrennt
	der Digestif *(le digestif)*	verdauungsförderndes, meist stark alkoholisches Getränk, das nach dem Essen getrunken wird
	dressieren *(dresser)*	Geflügel oder Fisch mit einem Faden in Form binden oder Speisen beim Anrichten eine bestimmte Form geben
	der Dressing	Salatsoße
E	das Eclair *(l'eclair, m.)*	längliches, gefülltes Brandteiggebäck, evtl. mit Mokkaüberzug
	der Entremetier *(l'entremetier, m.)*	Abteilungskoch, zuständig für Beilagen und Eierspeisen, meist auch für Suppen
	das Escalope *(l'escalope, f.)*	Schnitzel
	das Etamine *(l'etamine, f.)*	leinwandbindiger Gazestoff zum Passieren von Soßen und Suppen
F	die Farce *(la farce)*	Masse, Füllmasse aus Fleisch, Fisch, Geflügel, Wild, Brot und anderem
	farcieren *(farcir)*	füllen
	der Flageolet *(flageolet)*	frische, nicht getrocknete Bohnenkerne
	flambieren *(flamber)*	mit Spirituosen übergießen und den Alkohol abbrennen; auch: Geflügel absengen
	der Fleuron *(le fleuron)*	Blätterteighalbmond
	die Foie gras *(le foi gras)*	Gänseleber
	der Fond *(le fond)*	Saft, Brühe
	die Fondue *(la fondue)*	Schweizer Gericht aus geschmolzenem Käse; Fleisch-Fondue: Fondue à la chinoise – in Fleischbrühe gegart; Fondue à la bourguignonne – in Öl fritiert
	frappieren *(frapper)*	schnelles Abkühlen, zum Beispiel bei Sekt
	das Frikassee *(le fricassée)*	Ragout von weißem Fleisch, in der Soße gegart
	die Friteuse *(la friteuse)*	Gerät zum Garen in heißem Fett
	die Fritüre *(la friture)*	Fettbad, Inhalt der Friteuse
	der Fümet *(le fumet)*	kräftig eingekochter Fond; Auszug, Extrakt, Essenz, zum Beispiel von Fleisch oder Pilzen
G	die Galantine *(la galantine)*	Rollpastete: Fleisch, mit einer Farce gefüllt und in Flüssigkeit gegart
	der Gardemanger *(le garde-manger)*	Abteilungskoch, zuständig für die Kalte Küche
	die Glace *(la glace)*	Eis, Speiseeis
	die Glace de viande *(la glace de viande)*	stark eingekochter Bratensaft (Fleischsaft)
	glasieren *(glacer)*	überglänzen von Speisen, zum Beispiel Braten oder Gemüse
	der Gourmand *(le gourmand)*	jemand, der gerne viel isst
	der Gourmet *(le gourmet)*	Feinschmecker
	goustieren *(goûter)*	verkosten, probieren
	gratinieren *(gratiner)*	im Ofen oder Salamander überbacken
	das Grenadine *(le grenadine)*	gespickte kleine Fleischscheibe, naturell gebraten
	der Gueridon *(le guéridon)*	kleiner Serviertisch
H	der Haut-goût *(le haut-goût)*	beim Abhängen von Wild und Wildgeflügel entstehender Geschmack
	Hors d´œuvre *(le hors d´œuvre)*	kalte (froid) oder warme (chaud) Vorspeise

J	die Julienne	in dünne Streifen geschnittene Gemüse (auch Streifen anderer Lebensmittel)
	die Jus *(le jus)*	Saft von Obst oder Gemüse; Bratensaft
K	kandieren	mit einer Zuckerlösung durchtränken
	der Karamell *(le caramel)*	hell gebräunter Zucker
	die Karkasse *(la carcasse)*	Knochengerüst, zum Beispiel bei Geflügel oder Rehrücken
	das Karree *(le carré)*	längs halbierter Rücken, zum Beispiel von Kalb, Schwein oder Hammel
	die Kasserolle *(la casserole)*	flacher Topf mit Deckel
	der Krokant	Mandeln mit Karamell vermischt (auch mit Nüssen)
	die Krokette *(la croquette)*	Massen verschiedener Art, zum Beispiel Kartoffeln, Pilze, Geflügel, geformt, paniert, fritiert
	die Kuvertüre *(la couverture)*	Schokolade, Schokoladenüberzugsmasse
L	der Läuterzucker	Zuckerwasser: viel Zucker wird durch Erhitzen in Wasser gelöst
	lardieren *(larder)*	mit dicken Speckstreifen (-balken) spicken, zum Beispiel Schmorbraten
	die Liaison *(la liaison)*	Mischung aus Sahne und Eigelb
	legieren *(lier)*	weiße Suppen oder helle Soßen mit einer Mischung aus Sahne und Eigelb binden
M	die Menagen *(les ménages)*	bei Tisch gebrauchte Würzmittel, zum Beispiel Salz, Pfeffer, Senf, Würzsoßen
	die Meringe *(la meringue)*	Schaumgebäck aus geschlagenem Eiklar und Zucker
	das Mie de pain *(la mie de pain)*	frisch geriebene Weißbrotkrume (ohne Kruste), als Lockerungs-, Panierungs- oder Bindemittel
	das Mise en place *(la mise en place)*	Vorbereiten und Bereitstellen von Zutaten und Geräten in Küche und Service
	die Mixed-pickles *(les mixed pickles)*	in Essig konserviertes Gemüse, zum Beispiel Mais, Gurke, Paprika
	der Molton *(le molleton)*	saugfähiges Baumwolltuch zwischen Tisch und Tischdecke
	montieren *(monter)*	aufbereiten; eine Suppe oder Soße mit Butter aufrühren
N	nappieren *(napper)*	mit einer deckenden Soße überziehen
P	die Panade *(la panade)*	Lockerungs- oder Bindemittel für Farcen, zum Beispiel Weißbrot, Reis, Brandteig
	panieren *(paner)*	umhüllen, einbröseln
	parieren *(parer)*	zurechtschneiden, zurichten, zum Beispiel Sehnen und Haut vom Fisch abschneiden
	die Parüren *(les parures)*	Stücke, die beim Parieren abgeschnitten werden
	der Pâtissier *(le pâtissier)*	Küchenkonditor, Süßspeisenkoch
	die Pâtisserie *(la pâtisserie)*	Küchenabteilung, in der Torten, Kuchen, Gebäck und Süßspeisen hergestellt werden
	das Petit four *(le petit four)*	kleine, bunt verzierte Gebäckstücke
	pikieren *(piquer)*	mit dünnen Speckstreifen spicken, zum Beispiel Rehrücken, Rinderfilet
	plattieren *(aplatir)*	flachklopfen, zum Beispiel Schnitzel, Koteletts
	pochieren *(pocher)*	garen in Formen im Wasserbad (indirektes Pochieren) oder in viel Flüssigkeit (direktes Pochieren) bei Temperaturen unter dem Siedepunkt (70 °C – 95 °C)
	poelieren *(poêler)*	hellbraun dünsten
	der Poissonier	Fischkoch
	der Porridge *(le porridge)*	Haferbrei, englisches Frühstücksgericht

R	die Reduktion *(la réduction)*	stark eingekochte Flüssigkeit
	reduzieren *(réduire)*	Flüssigkeit stark einkochen lassen
	der Rôtisseur *(le rêtisseur)*	Bratenkoch
	die Roux *(le roux)*	Mehlschwitze
	die Royal	Eierstich: Mischung aus Ei und Milch, indirekt pochiert
S	das Sabayon *(le sabayon)*	Weinschaum
	der Salamander	Gerät mit starker Oberhitze zum Überbacken
	das Salmis *(le salmis)*	braunes Ragout, meist von Wildgeflügel
	das Salpikon *(le salpikon)*	kleinwürfelig geschnittenes Ragout, auch von Früchten
	das Sandwich *(le sandwich)*	belegte Brotscheibe, mit einer weiteren Brotscheibe bedeckt
	der Saucier *(le saucier)*	Soßenkoch
	sautieren *(sauter)*	1. kleingeschnittene Stücke von sehr zartem Fleisch, Geflügel oder anderem in einer Schwenkkasserolle (Sauteuse) oder Pfanne gebraten 2. schwenken, anschwenken, zum Beispiel gegartes Gemüse in Butter
	der Savarin *(le savarin)*	in kleinen Ringformen gebackener Hefekuchen, mit aromatisiertem (mit Spirituosen versetztem) Läuterzucker getränkt
	das Sorbet *(le sorbet)*	nicht fest gefrorenes Eis(Schnee-Eis, Kaltgetränk)
	das Soufflé *(le soufflé)*	Auflauf
	die Surprise *(la surprise)*	Überraschung, zum Beispiel Omelette surprise – Überraschungsomelette
T	das Tamis *(le talmis)*	Sieb
	das Tartelette *(la tartellete)*	kleine, meist mit Früchten belegte Törtchen
	die Terrine *(la terrine)*	Suppenschüssel oder kalte Schüsselpastete
	das Torchon *(le torchon)*	Vorstecker (Anfasstuch) des Kochs
	tournieren *(tourner)*	zurechtschneiden, in Form schneiden, formen
	der Tournant *(le tournant)*	Vertretungskoch für die Abteilungsköche (Partie-Chefs)
	die Tranche *(la tranche)*	Scheibe, zum Beispiel Fleisch, Brot
	tranchieren *(trancher)*	zerschneiden, im Scheiben schneiden
Z	ziselieren *(ciseler)*	einritzen, einschneiden, einkerben

Fremdwörterverzeichnis

Kommunikation mit ausländischen Gästen gehört zum Tagesablauf der Restaurantfachleute. Zur Erleichterung dieser Aufgabe dienen die folgenden Seiten, in denen die wichtigsten Wörter für Tagesmahlzeiten, Fleisch, Fisch, Gemüse, Obst sowie Zubereitungsarten und Beschreibung der Speisen in Deutsch, Englisch, Französisch, Italienisch und Spanisch aufgeführt sind.

Deutsch	Englisch	Französisch	Italienisch	Spanisch
Mahlzeiten	**meals**	**repas**	**pasti**	**comidas**
Frühstück	breakfast	petit déjeuner	prima colazione	desayuno
Mittagessen	lunch	déjeuner	pranzo	almuerzo
Abendessen	supper	souper	cena	cena
Imbiss	snack	repas	spuntino/snack	aperitivo
Halbpension	half board	demi pension	mezza pensione	media pensión
Vollpension	full board	pension complàte	pensione completa	pensión completa
Menü Gänge	**course**	**service**	**portata**	**plato**
Vorspeise	appetizer/starter	hors-d'oeuvre	anti pasti	entremeses
Suppe	soup	potage	minestre	sopa
Hauptgang	main course, main dish	plat principal	piatto forte	plato fuerte
Süßspeise – Eisspeise	sweet – icecream	dessert – glace	dolci – gelati	dulce – helado
Käse	cheese	fromage	formaggi	queso
Getränke	**drinks**	**boisson**	**bevande**	**bebidas**
Milch	milk	lait	latte	leche
Mineralwasser	mineral water	eau minerale	acqua minerale	agua mineral
Wein – weiß/rosé/rot	wine – white/rosé/red	vin – blanc/rosé/rouge	vino – bianco/rosato/ rosso	vino – blanco/rosado/ tinto
Bier – hell/dunkel/ vom Fass	beer – light/dark/ draught beer	bière – blonde/brune/ à la pression	birra – chiara/scura/ alla spina	cerveza – clara/negra/ de barril
Kaffee – koffeinfreier	coffee – without caffeine	café – décaféiné	caffé – decaffeinato	café des cafeinado
Tee	tea	thé	tè	té
Fleisch	**meat**	**viandes**	**carni**	**carne**
Kalb	veal	veau	vitello	ternera
Kitz (kleine Ziege)	kid	chevreau	capretto	cabrito
Lamm	lamb	agneau	agnello	cordero
Rind	beef	boeuf	manzo	vaca
Schwein	pork	porc	maiale	cerdo
Spanferkel	sucking-pig	cochon de lait, porcelet	maialino di latte	lechón/cochinillede leche
Innereien	**offal**	**abats**	**frattaglie**	**asaduras**
Bries	sweetbread	ris	animelle	molleja
Herz	heart	coeur	cuore	corazón
Hirn	brains	cervelle	cervello	cerebro
Leber	liver	foie	fegato	higado
Niere	kidney	rognon	rognone	rinones
Zunge	tongue	langue	lingua	lengua
Geflügel	**poultry**	**volaille**	**pollame**	**aves**
Ente/junge Ente	duck/duckling	canard/caneton	anitra/anitra novella	pato
Gans	goose	oie	oca	ganso
Huhn	chicken	poulet	pollo	pollo, gallina
Perlhuhn	guinea-fowl/-hen	pintade	faraona	pintada
Taube	pigeon	pigeon	piccione	pichón
Truthahn	turkey	dinde	tacchino	pavo

Deutsch	Englisch	Französisch	Italienisch	Spanisch
Wildbret	**Game**	**gibier**	**selvaggina**	**caza**
Fasan	pheasant	faisan	fagiano	faisán
Frischling	young wild boar	marcassin	cinghialetto	jabato, cinghialetto
Gemse	chamois	chamois	camoscio	gamuza
Hase	hare	lièvre	lepre	liebre
Hirsch – Damhirsch	stag – fallow-deer	cerf – daim	cervo – daine	ciervo
Kaninchen	rabbit	lapin	coniglio	onejo
Rebhuhn	partridge	perdreau	pernice/stama	perdiz
Reh	venison	chevreuil	capriolo	corzo
Wachtel	quail	caille	quaglie	codorniz
Fisch	**Fish**	**Poission**	**Pesci**	**pescado**
Aal	eel	anguille	anguilla	anguila
Äsche	grayling	ombre	temolo	timalo
Dornhai	spiny dogfish	aiguillat	spinarolo	mielga
Felchen (Renke)	lavaret, lake whitefish	lavaret	lavareto, coregono	lavareto/corégono
Forelle	trout	truite	trota	trucha
Goldbarsch (Rotbarsch)	bergylt, rosefish	sébaste	sebaste, sebasto	gallineta
Goldbrasse	gilt-head	daurade	orata	dorada
Hecht	pike	brochet	luccio	lucio
Heilbutt	halibut	flétan	ippoglosso	rodaballo
Hering	herring	hareng	aringa	arenque
Kalmare	calamaries, squids	calmars	calamari	calamares
Karpfen	carp	carpe	carpa	carpa
Knurrhahn	gurnard, gurnet	grondin	gallinellla, cappone	rubio
Lachs	salmon	saumon	salmone	salmón
Leng	ling	lingue	molva	maruca
Makrele	mackerel	maquereau	sgombro, scombro	caballa
Matjeshering	white herring, matie	hareng vierge	aringa giovane	arengua virgen/fresco
Meeräsche	grey mullet	mulet, muge	cefalo, muggine	mujol
Merlan (Wittling)	whiting	merlan	merlano	merlán
Petersfisch	dory (also John Dory)	Saint-Pierre	San Pietro, posce gallo	pez de San Pedro
Rochen	skate, ray	raie	razza	raya
Sardellen	anchovies	anchois	acciughe, alici	anchoa
Sardinen	sardines, pilchards	sardines	sardine	sardina
Schellfisch	(fresh) haddock	aiglefin, égrefin	merluzzo nero	merluza
Schleie	tench	tanache	tinca	tenca
Scholle	plaice	plie, carrelet	platessa	platija
Seeteufel	angler, frog-fish	lotte (de mer), baudroie	pescatrice, rospo	rapc
Seezunge	sole	sole	sogliola	lenguado
Steinbutt	turbot	turbot	rombo (chiodato)	rodaballo
Stockfisch	salt cod, stockfish	morue	baccalà (stoccafisso)	bacalao
Stör	sturgeion	esturgeon	storione	esturiôn
Thunfisch	tunny, amer, tuna	thon	tonno	atún
Tintenfisch	cuttle-fish, ink-fish	seiches	seppie	jibias
Wels (Waller)	sheat-fish	glane, silure	siluro	siluro
Zander	pike-perch, zander	sandre (perche du Rhin)	sandra, luccioperca	lucioperca
Krusten- und Schalentiere	**shell fish etc.**	**crustacés etc.**	**crostacei etc.**	**crustáceos**
Austern	oysters	huîtres	ostriche	ostras
Garnelen (Krevetten)	shrimps	crevettes grises	gamberetti (grigi)	camarones
Hummer	lobster	homard	astice	bogavante
Jakobsmuscheln	scallops	coquilles Saint-Jaques	conchiglie dei pelegrini	conchas de peregrino
Krebse (Flusskrebse)	crayfish	écrevisses	gamberi (di fiume)	cangrejos de rio
Languste	crawfish	langouste	aragosta	langosta
Miesmuscheln	mussels	moules	cozze, mitili	mejillones
Scampi (Kaisergranat)	scampi	langoustines	scampi	cigalas
Schnecken	snails	escargots	lumache	caracol
Seeigel	sea-urchins	oursins	ricci di mare	erizos de mar
Taschenkrebs	crab	tourteau	granciporro, granchio	masera
Venusmuscheln	clams	clovisses, palourdes	vongole	almejas

Deutsch	Englisch	Französisch	Italienisch	Spanisch
Gemüse	**vegetables**	**légumes**	**verdure e legumi**	**legumbre**
Artischocke	artichoke	artichaud	carciofo	alcachofa
Aubergine	aubergine	aubergine	melanzane	berenjena
Blumenkohl	cauliflower	chou-fleur	cavofiore	coliflor
Bohnen grün	beans, green beans	haricots verts	fagiolini	judias verdes
Brokkoli	broccoli	brécoles	broccoli	brécoles /bróculis
Erbsen	peas	petits pois	piselli	guisantes
Gurke	cucumber	concombre	cetriolo	pepino
Karotten	carrots	carottes	carote	zanahorias
Kartoffeln	potatoes	pommes de terre	patate	patata
Kohl	cabbage	chou	cavolo	col, berza
Kohlrabi	kohlrabi	chou-rave	cavolo rapa	colinabo
Kopfsalat	lettuce	laitue	lattuga	lechuga
Lauch	leeks	poireaux	porri	puerro
Meerrettich	horse-radish	raifort	rafano	rábano picante
Pfifferlinge	chanterelles	chanterelles/girolles	gallinacci	rebozuelos
Pilze	mushrooms	champignons	funghi	setas
Rettich	radish	radis	ramolaccio/radice	rábano
Rosenkohl	Brussels sprouts	choux de Bruxelle	broccoletti de Bruxelles	coles de bruselas
Rote Rüben	beetroots, red beets	betteraves	barbabietole	pan tostado
Rübe	turnip	navet	rapa	nabos
Sauerkraut	sauerkraut (pickled cabbage)	choucroute	crauti	chucrut
Schikoree	Brussels chicory	endives	indiva belga	endibia de bruselas
Schwarzwurzeln	salsify/scorzonera	salsifis/scorsonêres	scorzonera/radici amare	escorzoneras
Sellerie	celery	céleri	sedano	apio
Spargel	asparagus	asperges	asparagi	espárrago
Spinat	spinach	épinards	spinaci	espinaca
Tomate	tomato	tomate	pomodoro	tomate
Wirsingkohl	savoy	chou de Milan	verza	berza
Zucchini	courgettes	courgettes	zucchine	calabazines
Zwiebel	onion	oignon	cipolla	cebolla
Obst	**fruits**	**fruits**	**frutta**	**fruta**
Ananas	pineapple	ananas	ananas	ananá, pina
Apfel	apple	pomme	mela	manzana
Birne	pear	poire	pera	pera
Brombeere	blackberry	mûre sauvage	mora di rovo	zarzamora
Dattel	date	datte	dattero	dátil
Erdbeere	strawberry	fraise	fragola	fresa
Granatapfel	pomegranate	grenade	melagrana	granada
Heidelbeere	bilberry/blueberry	myrtille	mirtillo	arándano
Himbeere	raspberry	framboise	lampone	frambuesa
Johannisbeere, rot/schwarz	currant, red ..., black ...	groseille, rouge, noire	ribes, rosso, nero	grosella, roja, negra
Kastanie	chestnut	châtaigne	castagna	castaña
Kirsche	cherry	cerise	ciliegia	cereza
Mandel	almond	amande	mandorla	almendra
Nuss (Walnuss)	walnut	noix	noce	nuez
Pfirsich	peach	pêche	pesca	melocotón
Pflaume	plum	prune	prugna, susina	ciruela
Preiselbeere	cranberry	airelle	mirtillo	arándano
Rhabarber	rhubarb	rhubarbe	rabarbaro	ruibarba
Sauerkirsche	morelo (sour cherry)	griotte	marasca/visciola/amarena	guinda
Stachelbeere	gooseberry	groseille à maquereau	uva spina	grosella espinosa
Trauben	grapes	raisin	uva	racimo
Zitrone	lemon	citron	limona	limón

Deutsch	Englisch	Französisch	Italienisch	Spanisch
Eierspeisen	**eggs**	**oeufs**	**uova**	**huevo**
gekochte Eier, 3 Minuten	boiled eggs	oeufs à la coque	uova al guscio/alla coque	huevos pasados por agua
gekochte Eier, 6 Minuten	soft boiled eggs	oeufs mollets	uova bazzote	huevos encerados
gekochte Eier, hart	hard boiled eggs	oeufs durs	uova sode	huevos duros
Spiegeleier	fried eggs (Am E = eggs sunny side up)	oeufs sur le plat	uova al piatto/uova fritte	huevos al plato
verlorene Eier	poached eggs	oeufs pochés	uova affogate/in camicia	huevos escalfados
Rühreier	scrambled eggs	oeufs brouillés	uova strapazzate	huevos revuettos
Sonstiges				
Klößchen	dumplings	gnocchi	gnocchi	noqui
Knödel	dumplings	boulettes	canederli	albóndigas
Nudeln	noodles	nouilles	pasta	tallarines
Reis	rice	riz	riso	arroz
Zerkleinerungsarten	**verbs describing ways of cutting**	**les différentes façons de découper**	**verbi che descrivono i vari modi di tagliare**	**modos di ferentes de desmenuzamiento**
fein gehackt (Hackfleisch)	minced	haché	sminuzzato	picado
gehackt (z. B. Kotelett)	chopped	haché/taillé	spezzato	picado
gerieben	grated	râpé	grattuggiato	raillado
geschält	peeled	épluché	sbucciato	pelado
geschnitten	cut	coupé	tagliato	cortado
geschnitten (in Scheiben)	sliced	couper en tranches (rondelles)	affettato	tajado
pürier/gestampft	mashed	faire en purée	passato	hecho puré
Garungsarten	**describing ways of cooking**	**différentes cuissons**	**modi di cottura**	**modos de cocción**
durchgebraten	well done	bien cuit	ben cotto	bien hecho
gebacken	baked	cuit	cotto al forno	al horno
fritiert	deep fried	frit	fritto	frito
gebraten (Braten)	roasted	rôti	arrosto	asado
gedünstet	stewed/smothered	étuvé/braisé	stufato/in umido	guisado/estofado
gegrillt	grilled (Am E = broiled)	grillé	cotto alla griglia	a la parrilla
gekocht	boiled/cooked	bouilli	bollito	hervido
geschmort	braised/stewed	braisé	brasato, stufato	estofado/braseado
Vorbereitungsarten	**describing preparation**	**les différentes préparations**	**preparazioni**	**modos diferentes de preparación**
gebeizt	pickled, marinated	mariné	marinato	macerado
gefüllt	stuffed	farci	farcito	rellenado
gepökelt	salt, cured, pickled	salé, saumuré	salato	salado
geräuchert	smoked	fumé	affumicato	ahumado
gespickt	larded	piqué, lardé	lardellato, steccato	mechado/cardeado
Beschreibung von Speisen	**food describing**	**décrire des aliments**	**adottare per i cibi**	**descripción de las comidas**
bitter	bitter	amer	amaro	amargo
getrocknet	dried	seché	asciutto	secado
kalt	cold	froid	freddo	frio
kremig	creamy	onctueux	cremoso	cremoso
leicht	light (= not heavy/rich)	léger	leggero	ligero
pikant	hot/spicy	piquant	piccante	picante
roh	raw	cru	crudo	crudo
saftig	juicy	juteux	sugoso	jugoso
sauer	sour/tart	aigre	acido/agro	ácido/agrio
schwer (im Magen liegend)	heavy	lourd	pesante	difícil de digerir
warm	hot	chaud	caldo	caliente
zart	tender/soft	tendre	tenero	tierno

Stichwörterverzeichnis